Das Verkaufsbuch Bäckerei und Konditorei

in Lernfeldern

von

Josef Loderbauer

6., überarbeitete Auflage

Registrieren Sie sich auf **www.ht-digital.de** und geben Sie dort den Code zur Freischaltung ein:

VHT-YNPH-YGST-YG2K

Handwerk und Technik · Hamburg

Der Lehrplan im ersten Ausbildungsjahr ist für die Bäcker/-innen, Konditor/-innen und Fachverkäufer/-innen Bäckerei/Konditorei gleich, daher werden auf den Seiten 24 bis 362 alle Berufsgruppen namentlich miteinbezogen.

ISBN 978-3-582-61139-0
Best.-Nr. 40311

Die Normblattangaben werden wiedergegeben mit Erlaubnis des DIN Deutsches Institut für Normung e.V. Maßgebend für das Anwenden der Norm ist deren Fassung mit dem neuesten Ausgabedatum, die bei der Beuth Verlag GmbH, Burggrafenstraße 6, 10787 Berlin, erhältlich ist.

Verlag Handwerk und Technik GmbH, Lademannbogen 135, 22339 Hamburg; Postfach 63 05 00, 22331 Hamburg – 2024
E-Mail: info@handwerk-technik.de – Internet: www.handwerk-technik.de

Umschlagfotos: Josef Loderbauer, 94496 Deggendorf
Illustrationen: Susanne Kleiber, 20251 Hamburg; Sylvia Wolf, 65185 Wiesbaden
Satz: tiff.any GmbH, 10999 Berlin
Korrekturausführung: PER MEDIEN & MARKETING GmbH, 38102 Braunschweig
Druck: Firmengruppe APPL aprinta Druck GmbH, 86650 Wemding

Vorwort

„Das Verkaufsbuch" enthält alle Lernfelder des bundesweit gültigen Rahmenlehrplans für die Berufsausbildung zur Fachverkäuferin/zum Fachverkäufer im Lebensmittelhandwerk Bäckerei/Konditorei.
Die Kapitel 1 bis 22 decken die Lerninhalte des 1. Ausbildungsjahres ab. **„Das Bäckerbuch"** und **„Das Konditorbuch"** enthält in diesen Kapiteln dieselben Inhalte und ist seitenidentisch. **Somit können beide Bücher auch in gemischten Klassen gleichzeitig eingesetzt werden.**

Der **Lernfeldgedanke** zieht sich wie ein roter Faden durch alle Inhalte dieses Fachbuchs:
- Jedes Kapitel beginnt mit einer Situation aus dem beruflichen Alltag und darauf abgestimmten Fragen, die im Kapitel beantwortet werden.
- Am Ende jedes Kapitels befinden sich Wiederholungsaufgaben mit abschließend einer handlungsorientierten Aufgabe sowie Rechenaufgaben zur Lernzielkontrolle.
- Den Abschluss eines jeden Lernfelds bildet eine Seite mit lernfeldorientierten Aufgaben.

Ab Kapitel 23 beginnen die Lerninhalte der Lernfelder 2.1 bis 3.5 speziell für Fachverkäuferinnen/Fachverkäufer der Bäckerei und Konditorei.
Zwei Englischseiten nach jedem Lernfeld fördern die Kompetenz beim Verkauf mit Englisch sprechenden Kunden. Nach praxisüblichen Verkaufssituationen sind Übungsaufgaben in Englisch zu lösen. Vokabeln, die in diesen Seiten vorkommen, erleichtern die Übersetzungen.

„Das Verkaufsbuch" eignet sich für:
- Auszubildende im Berufsschulunterricht
- Auszubildende in der betrieblichen Ausbildung
- Auszubildende zur gezielten Vorbereitung auf die Prüfungen als Fachverkäufer/in im Bäcker- und Konditorenhandwerk
- Fachverkäufer/innen als umfassendes Nachschlagwerk
- Weiterbildung im Verkauf

Zu den Inhalten des Verkaufsbuchs gehören:
- Verkaufsförderung durch Marketing.
- Inhaltsstoffe der Lebensmittel sowie die Grundlagen der gesunden Ernährung.
- Rohstoffe für die Erzeugnisse der Bäckerei und Konditorei einschließlich ihrer Verwendung und Eigenschaften.
- Praxisgerechte Rezepturen und Herstellungsabläufe für die fachgerechte Beratung der Kunden.
- Gesetzliche Bestimmungen und Leitsätze für die Rohstoffe und die Bäckerei- und Konditoreierzeugnisse sowie die Kennzeichnungsvorschriften im Verkauf.
- Verkaufsargumente für die Beratung bezüglich Qualitätsmerkmale, Frischhaltung und Lagerung sowie die besondere Eignung der Bäckerei- und Konditoreierzeugnisse.
- Aktionen zur Verkaufsförderung von der Planung bis zur Durchführung und der Auswertung.

Mit den **Englisch-Seiten** können Fachbegriffe auf Englisch in der Praxis geübt werden.

Wegen der besseren Lesbarkeit wird in diesem Fachbuch häufig von der Fachverkäuferin gesprochen. Die Fachverkäufer sind aber gleichermaßen angesprochen.

Der Autor und der Verlag wünschen viel Erfolg mit diesem modernen Fachbuch.

Josef Loderbauer (Autor)

Inhaltsverzeichnis

LF 1.1
Unterweisen
einer neuen Mitarbeiterin/
eines neuen Mitarbeiters

1 Bäckerei und Konditorei

Situation

Ihre Bäckerei plant eine Aktion, bei der den Kunden die lange Tradition des Backgewerbes von den Anfängen bis zur heutigen modernen Bäckerei nähergebracht werden soll. Dafür sollen Sie eine Wandtafel mit folgenden Themenschwerpunkten zusammenstellen:

- Wie entstand und entwickelte sich der Bäckerberuf?
- Wie entstand der Konditorberuf?
- Welchen Ursprung hatten die Gebäckformen, z. B. Zöpfe, Hörnchen, Stangen und andere Figurengebäcke?
- Welche Anforderungen werden heutzutage an einen modernen Bäckerei- und Konditoreibetrieb und deren Beschäftigte gestellt?
- Wie ist die Ausbildung zur Bäckerei- und Konditoreifachverkäufer/-in gesetzlich geregelt?

1.1 Geschichte der Bäckerei

Über einem erhitzten Stein getrockneter Fladen

Getreide hat bei der Ernährung der Menschen schon immer eine große Rolle gespielt. Bereits vor 8000 Jahren wurden aus Hirse, dem ersten Getreide, Brote in Form von Fladen gebacken. Aus zerdrückten und zerkleinerten Getreidekörnern mischte man mit Wasser einen Brei. Dieser wurde zuerst in der Sonne getrocknet und später auf heißen Steinen angebacken.

Der Sauerteig

Von den Ägyptern weiß man, dass sie bereits 1800 v. Chr. das erste lockere und gesäuerte Brot backten. Sie erfanden durch Zufall den Sauerteig. In einem aus Vergesslichkeit liegen gelassenen Brei entwickelten sich Hefen und Milchsäurebakterien aus der Luft. Dieser lockere, gesäuerte Brei wurde aus Sparsamkeit trotzdem gebacken. Da dieses Brot besser schmeckte und bekömmlicher war, wurde der weiche Teig so lange liegen gelassen, bis er gesäuert war. Erst dann wurde das Brot getrocknet bzw. gebacken.

Die Griechen verbesserten dann um 600 v. Chr. die Sauerteigführungen beim Brotbacken. Außerdem verfeinerten sie bei besonderen Anlässen das Brot mit Milch, Eiern, Honig, Fetten, Früchten, Gewürzen u. a.

Weizenteige bei den Römern

Die Römer, die hauptsächlich Weizenteige bevorzugten, übernahmen ab dem 3. Jahrhundert v. Chr. das Backverfahren von den Griechen. In dieser Zeit entstanden die ersten Großbäckereien, die teilweise schon mit zweistöckigen Backöfen arbeiteten, die mit Glas- oder Keramikscherben isoliert wurden.

Bäckerei im Römischen Reich: Wasserstelle (links), Getreidemühle (rechts), Backofen (Mitte)

Als die Römer Germanien einnahmen, bauten sie nördlich der Alpen bis zum Limes, der Grenze des Römischen Reiches, Getreidesilos für ihr Weizenmehl und gründeten dort Bäckereien, damit sie nicht auf ihr beliebtes Weizenbrot verzichten mussten.

Bis zu dieser Zeit backten die **Germanen,** die in unserem Gebiet angesiedelt waren, einfaches Fladenbrot, das in der Hauptsache aus Hirse, Gerste und Hafer bestand und in der Sonne getrocknet oder auf heißen Steinen geröstet wurde. Durch den Einfluss der Römer lernten die Germanen das Weizenmehl schätzen und modernere Backverfahren anzuwenden.

LF 1.1

Gewerbliche Bäckereien entstanden

Mittelalterliche Bäckerei

Im 8. Jahrhundert n. Chr. entstanden gewerbliche Bäckereien in Mitteleuropa, im Reich Karls des Großen. Nun arbeiteten Männer bei der gewerblichen Ausführung des Brotbackens, was vorher ausschließlich die Tätigkeit der Bäuerinnen auf dem Lande und der Hausfrauen in den Städten war.

Klosterbäckereien forschten

Die weitere Entwicklung der Backkunst war im frühen Mittelalter in erster Linie den Klöstern zu verdanken, die eigenständige Klosterbäckereien führten. In dieser Epoche waren Bäckereien und Brauereien häufig verbunden, da diese beiden Gewerbezweige sich der Technik der Gärung bedienten.

Zu Zünften organisierte Bäckereien im Mittelalter

Im 10. Jahrhundert (Mittelalter) organisierten sich die gewerbetreibenden Bäckereien und auch die anderen handwerklichen Berufe in den Städten zu Zünften, die sich bei der Ausübung ihres Gewerbes selbst strengen Vorschriften unterwarfen, z. B. bei dem Bau und der Beheizung der Backöfen und den Qualitätskontrollen der Backwaren. Es gab damals nicht nur hochwertige Roggen- und Weizenbrote, sondern auch Feingebackenes wie Roggenbrötchen, Speckkuchen und Eierbrote. In der Zunft, der heutigen Innung ähnlich, galt der Bäckermeister in der Gesellschaft als angesehener Herr, wobei der Geselle nur ein Backknecht war.

Lebkuchenherstellung und Wachszieherei

Lebkuchenbäckerei

Als die Bäcker im 15. Jahrhundert, zum Ende des Mittelalters, die Kunst des Brotbackens beherrschten, entwickelten sich in verschiedenen Regionen spezielle Brotsorten, die dort bevorzugt wurden. Es entstanden auch „Feine Backwaren", denen zum Süßen Trockenfrüchte und Honig zugegeben wurden. So spezialisierten sich anfangs im Nürnberger Raum und dann in verschiedenen anderen Regionen einige Bäcker als Lebküchner, Lebküchler oder Lebzelter. 1643 gründeten die Lebküchner in Nürnberg eine Lebkuchenzunft.

Die Lebkuchenhersteller betrieben mit dem Wachs, dem Nebenprodukt des Honigs, ein weiteres Gewerbe, die Wachszieherei. Sie belieferten Kirchen und Haushalte mit Kerzen und kunstvollen Wachsbildern.

1.2 Geschichte der Konditorei

Mit dem Seehandel kamen Anfang des 17. Jahrhunderts in die berühmten Hafenstädte Genua und Venedig größere Mengen an Zucker und Gewürzen aus dem Orient. Der Zucker blieb jedoch wegen seiner Kostbarkeit den Reichen vorbehalten.

Aus den Lebküchnern entwickelten sich die Zuckerbäcker, die in prunkliebenden, fürstlichen Höfen beschäftigt waren. Dort stellten sie ausschließlich Kunstwerke aus Zucker und Marzipan her und bezeichneten sich deshalb als Künstler.

Brunnentempel aus Zucker und Eiweißspritzglasur

Die Zuckerbäcker nannten sich dann im 17. Jahrhundert „Conditoren", das sich vom lateinischen „condire" ableitet, das würzen und einmachen bedeutet.

Der Kreativität der Hofkonditoren waren keine finanziellen Grenzen gesetzt. Sie sollten den verschwenderischen Lebensstil und die Pracht fürstlicher Hofhaltung in ihren Kunstwerken ausdrücken, weil dies Reichtum und Macht zeigte. So entwickelten sich die Konditoren zu Meistern der Dekoration und Tafelarchitektur, die den Kunstwerken der Bildhauer, Goldschmiede und Architekten gleich standen.

Zucker aus der Zuckerrübe

Die Konditorei verbreitete sich stark, als aus dem Luxusgut Zucker im 19. Jahrhundert Zucker aus der Zuckerrübe gewonnen werden konnte und er so zu einem erschwinglichen Lebensmittel in Europa wurde. Die Konditoren stellten nun Kuchen, Gebäcke und Torten her.

Schokolade in der Konditorei

Trinkschokolade im Café

Anfang des 19. Jahrhunderts kam die Schokolade nach Deutschland. Aus Schokolade wurden Figuren gegossen und die Kakaomalerei mit Kakaopulver wurde für Tortenverzierungen beliebt. Der „Chocolatier" entwickelte sich als Spezialist unter den Konditoren. Es entstanden die Schokoladentorten wie die Sacher- und Prinzregententorte.

Konditorei und Café

Der Beruf des Konditors entwickelte sich zu einem geschätzten und anerkannten Handwerksberuf, als zu den Gebäcken, Kuchen und Torten der Konditorei die damals neumodischen Getränke Kaffee, Tee und Schokolade gereicht wurden.
Deshalb führten Ende des 19. Jahrhunderts viele Konditoreien ein gemütliches Café. Den Cafés umgab ein Hauch von Bildung und Luxus, da sich dort Künstler, Schriftsteller, Händler und andere Reiche trafen.

Erst als es den Menschen wirtschaftlich besser ging, wurde die Konditorei und das Café von der Allgemeinheit regelmäßig besucht.

Aufgaben

1. Welche Form hatten die ersten Brote, die vor ca. 8 000 Jahren aus Hirse hergestellt wurden?
2. Wie wurden diese ersten Brote getrocknet bzw. gebacken?
3. Womit stellten die Ägypter bereits 1800 v. Chr. die ersten gelockerten Brote her?
4. Welche Art von Betrieben entstand bei den Römern ab dem 3. Jh. v. Chr., die Brote in modernen Öfen backten?
5. Wie entwickelte sich im 8. Jh. n. Chr. das Brotbacken im Reich Karls des Großen in Mitteleuropa?
6. Wie hießen im Mittelalter die Zusammenschlüsse der organisierten gewerbetreibenden Bäckereien in den Städten?
7. Wie nannten sich im 15. Jh. die Bäcker im Nürnberger Raum, und welche Gebäcke stellten sie aus Teigen her, die sie mit Honig süßten?
8. Wo waren die ersten Konditoren beschäftigt und welche Erzeugnisse stellten sie her, als Zucker noch eine Kostbarkeit der Reichen war?
9. Warum konnte sich die Konditorei im 19. Jahrhundert stark verbreiten?
10. Wie entwickelten sich die Konditorei und das Café, bis es von der Allgemeinheit angenommen wurde?
11. Ihr Betrieb plant eine Bilderausstellung zur Geschichte der Bäckerei und Konditorei, um den Kunden die lange Tradition des Backgewerbes und der süßen Genüsse zu veranschaulichen. Sie sammeln Themen für die Ausstellung.

LF 1.1

1.3 Die Brezel – Symbol der Bäckerei

Die Brezel war ursprünglich ein Fastengebäck.
Ein Mönch einer Klosterbäckerei erhielt den Auftrag, ein Fastengebäck zu erstellen, das zwar sättigte, jedoch nicht allzu gut schmeckte. Auch sollte dieses Gebäck eine religiöse Form bekommen, damit es sich von anderen Backwerken abhob. Der Mönch fertigte einen festen Teig aus Weizenmehl und Wasser – ohne Salz.
Er beobachtete täglich seine Mitbrüder beim Gang zu den Gebetsstunden, wenn sie demütig mit gesenkten Köpfen die Arme zum Gebet vor der Brust überkreuzten, wobei die Hände die Schultern berührten.

Brezeln

Deshalb formte er den festen Teig zu einem Strang und überkreuzte diesen, ähnlich wie die Mönche ihre Arme verschränkten.
Ein passender Name dafür war gleich gefunden. Da in den Klöstern im Mittelalter lateinisch gebetet wurde, nannte der Mönch dieses Fastengebäck „bracchium“, das im Lateinischen so viel wie überkreuzte Unterarme bedeutet. Im Althochdeutschen hieß dies „Brezitella“, woraus im Bayrischen die „Breze“ und im Schwäbischen die „Brezel“ abgeleitet wurde.
Später, als man dem einfachen Teig aus Weizenmehl und Wasser noch Salz und etwas Schmalz zumischte, entstand ein Gebäck, das nicht nur in der Fastenzeit beliebt war.
Als die „weißen Brezeln“ zum ersten Mal in München in mit Wasser verdünnte Lauge getaucht wurden, waren alle von der dunkelbraunen Gebäckkruste und dem besonderen Geschmack begeistert.
Die Brezel ist das **Berufssymbol der Bäcker** und ist der Mittelpunkt im deutschen Bäckerwappen.

Das deutsche Bäckerwappen

Zur Zeit der Türkenbelagerung kämpften bayerische Bäcker 1322 in der Schlacht vor Mühldorf gegen die Belagerer und retteten durch ihren Löwenmut dem Kaiser Krone und Reich.
Im Banner der Bäcker symbolisierte die Brezel den Berufsstand und der Kaiser ehrte die Bäcker für ihren Mut und ihre Stärke mit zwei Löwen und Schwerter in ihrem Wappen. Die kaiserliche Ehrung drückt die Kaiserkrone, die über der Brezel schwebt, aus. Dieses Wappen wurde dann zum deutschen Bäckerwappen.

Bäckerwappen

1.4 Der Baumkuchen – Symbol der Konditorei

Der Baumkuchen wird wegen seiner gehobenen Qualität und seines prächtigen sowie dekorativen Aussehens als der „König der Kuchen“ bezeichnet. Deshalb steht der Baumkuchen als Symbol der Konditorei und soll durch die besondere Form des Kuchens den kunstvollen Beruf darstellen. Der Baumkuchen ist auch der Mittelpunkt im Wappen des Deutschen Konditorenbundes.

Baumkuchen

Den Namen erlangt der Baumkuchen durch seine besondere Backweise. Die sehr eierreiche und somit fließfähige Sandmasse, wird in dünnen Schichten über eine sich drehende Walze aufgetragen und im Baumkuchenofen durch die hohe Hitze vor Heizschlangen, ähnlich einem Grill, gebacken. Jede Schicht der Baumkuchenmasse wird auf der Walze einzeln gebacken und erhält dabei eine hellbraune Oberfläche. Durch die vielen dünnen Schichten zeigt deshalb der Baumkuchen beim Anschneiden eine ringförmige Maserung, die den Jahresringen eines Baumes ähnelt. Außerdem lässt sich der aufgestellte Baumkuchen mit einem Baumstamm vergleichen.

Aufgaben

1. Welches Gebäck steht als Symbol für die Bäckerei?
2. Erklären Sie die Entstehung der Brezel.
3. Welches Gebäck symbolisiert die Konditorei?
4. Ein neuer Auszubildender hat von Ihrem Betrieb ein Berichtsheft bekommen. Auf dem Umschlag sieht er das deutsche Bäckerwappen. Er möchte von Ihnen wissen, was die zwei Löwen mit gekreuzten Schwertern, die eine Brezel festhalten, und die Krone darüber bedeuten.

1.5 Entstehung der Gebäckformen

Die abwechslungsreichen Gebäckformen entstanden bereits im Altertum durch Religionen und die verschiedenen Kulturen. Häufig dienten die unterschiedlich geformten Gebäcke als

- Totengebäcke,
- Symbole für Fruchtbarkeit und Erotik,
- Geisterbeschwörung,
- Opfergaben für Götter und Göttinnen oder
- Ersatz für ursprüngliche Ernte-, Tier- und Menschenopfer.

Religiöse „Gebildebrote" waren Brauch bei allen Festlichkeiten. Man wollte damit die Götter versöhnlich stimmen und andererseits Wünsche ausdrücken.

Viele dieser Gebildegebäcke wurden früher den Toten als Grabeinlage auf den langen Weg ins Jenseits und für das ewige Leben mitgegeben, damit sie immer etwas zu essen hatten und es ihnen immer gut gehen möge. Manchmal galten die Gebäcke als Symbol für besonders wichtige Dinge im Leben der Toten.

Christliche Gebäckformen entstanden hauptsächlich in den Klöstern, die die Backkunst zur damaligen Zeit am besten beherrschten. Dabei wurden viele heidnische Motive in christliche umgedeutet.
Zur volkstümlichen Brauchtumspflege kennt man bis heute noch gebietstypische Gebäckformen, die ihren Sinn beibehalten haben.

Gebäcke in Zopfform

Allen verflochtenen Gebäckformen wurde in der heidnischen Frühzeit eine Glücksbedeutung zugeschrieben. Die Teigstränge bei den Zöpfen, die nach innen geflochten wurden, sollten das Glück fangen und festhalten, aber auch Hexen, Dämonen und alles andere Schlechte nicht hereinlassen, sondern es vertreiben.

Gebäcke in Zopfform

Zöpfe als Totengebäcke

Überwiegend waren gebackene Zöpfe jedoch Totengebäcke. Sie dienten als Ersatz-Opfergabe für die Zöpfe aus Frauenhaaren.
Damit die Frauen ihren verstorbenen Ehegatten bis ins Jenseits verbunden blieben, schnitt man der Witwe und manchmal auch den Sklavinnen die Haarzöpfe ab und legte sie mit ins Grab, damit sie ihn symbolisch auf dem Weg ins Reich der Toten begleiteten.
Die Totengebäcke wurden früher häufig mit Mohn bestreut, da die Schlaf bringende Kraft des Mohns den Totenschlaf versinnbildlichen sollte.

Zöpfe für die Armen

Später gab man die Zopfgebäcke nicht mehr ins Grab, sondern verteilte sie bei der Beerdigung an die Armen. So entstanden dann die Seelenzöpfe, die an Allerheiligen im Totenmonat November gebietsweise bis heute noch Brauch sind. Diese Zöpfe wurden als Festtagsgebäcke auch den Patenkindern geschenkt. Die Qualität der Zöpfe zeigte den Wohlstand der Gegend auf.

LF 1.1

Hörnchen

Hörnchen stellen das Symbol des Glück bringenden Hufeisens dar und waren früher ein Totengebäck der Bauern.

Hörnchen

Das Pferd war von alters her ständiger Begleiter der Menschen bei der landwirtschaftlichen Arbeit. Der Wohlstand des Bauern und seines Anwesens wurde nach der Anzahl und der Pracht der Pferde gemessen. Starb der Bauer, nahm man von einem seiner besten Pferde ein Hufeisen ab und legte es in das Grab. Zumindest ein Teil seines Reichtums und Ansehens sollte ihn in die Ewigkeit begleiten.
Das Erbteil wurde jedoch für die Hinterbliebenen geschmälert, wenn das Pferd durch die Hufabnahme nicht mehr so leistungsfähig war. Deshalb backte man hufeisenförmige Gebäcke, die Hörnchen, und legte diese als Ersatz für die Hufeisen in die Grabstätte.

Gebäckringe

Laugenring

Auch die Laugenringe dienten als Totengebäcke. Verstarb eine wohlhabende Frau, so bekam sie ihren Schmuck mit ins Jenseits. Damit der wertvolle Familienschmuck erhalten blieb, legte man ein ringförmiges Gebäck als Symbol für Arm- oder Halsreifen bzw. Fingerschmuck in das Grab.

Brötchen in Stangenform und gedrückte Brötchen

Gedrückte Brötchen

Gebäckstangen

Sie wurden als Fruchtbarkeitsgebäcke verwendet. Viele Kinder waren die sicherste Altersversorgung der Eheleute. Deshalb wünschte man den Frischvermählten einen reichen Kindersegen und schenkte ihnen symbolisch Fruchtbarkeitsgebäcke, dem Mann eine Gebäckstange, der Frau das gedrückte Brötchen.

Schrippen

Schrippen

Diese länglichen Kleingebäcke mit dem kräftigen Ausbund (Rissbildung) in der Mitte sind das heidnische Symbol für Menschenopfer. Dieses in der gesamten Länge aufgerissene Gebäck sollte den entwürdigten Menschen versinnbildlichen.

Gebäckkränze

Gebäckkranz

Glück und Segen sollten Weizengebäcke in Kranzform spenden, z. B. zur Hochzeit, zur Hauseinweihung, als Geschenk für den Gastgeber. Kränze umschlossen um den Beschenkten herum das Glück.

Figurengebäcke

Figurengebäck

Figurengebäcke regten immer schon die Fantasie der Menschen an.
Gebäcke in Form von Männlein und Weiblein, Teufeln und Heiligen sowie Tieren und Früchten entstammen heidnischem, christlichem und volkstümlichem Kulturgut. Viele Figurengebäcke sind bis heute unverzichtbares Brauchtum.

Jede Zeitepoche unterliegt einer bestimmten Moderichtung. So entstehen speziell geformte Backwaren aus dem jeweiligen Zeitgeschmack heraus. Lud man sich früher z. B. einen Dichter oder Musiker ins Haus, ließ man beim Bäcker eine Lyra (altgriechisches Saiteninstrument) backen. Dank des Gestaltungsgeschicks der Bäcker können sie bis heute mit verschiedensten Motiven und Schriftbändern aus Weizenteig als Schaustücke jeden Anlass dekorieren.

Figuren zu Ostern

Figurengebäcke zu Ostern

Im Heidentum forderten die Götter Opfer. Man versuchte diese Götter zu versöhnen und sie milde zu stimmen, damit man vor Krankheit und Elend geschützt wurde. Der geeignete Zeitpunkt für solche Opferungen war das Frühlingsfest, die Zeit um Ostern.
Man formte als Scheinopfer Gebäcke zu Hasen, Hennen und Hähnen, die für Nachwuchs der Haus- und Hoftiere sorgen sollten und somit das Symbol der Fruchtbarkeit auch für den eigenen Kindersegen waren.

Der Hase war das heilige Tier der Frühlingsgöttin „Ostara". Dieser Göttin verdankt das Osterfest seinen Namen. Als Opfergabe verlangte sie grundsätzlich Eier, am besten waren bemalte. Der Osterhase und die bemalten Eier sind das heidnische und christliche Symbol für Fruchtbarkeit und Auferstehung.

Figuren zu Weihnachten

In der Weihnachtszeit stellte man Weihnachtsmänner und Tannenbäume als Symbol für diese Zeit her und auch kunstvolle Backwaren, z. B. reliefartige Spekulatius (knusprige Mürbeteiggebäcke). Die Model (Formen) zum Herstellen dieser Backwaren wurden vor allem im 17. und 18. Jahrhundert kunstvoll aus Holz geschnitzt und aus Ton sowie Metall gegossen. Diese Model sind bis heute wertvolle Ausstellungsstücke der Backwarenbranche.

Weihnachtsgebäcke

Aufgaben

1. Welche Zwecke erfüllten die verschiedenen Gebäcke häufig?
2. Wie wurden früher die Model hergestellt?
3. Ihr Betrieb plant eine Aktion zu verschiedenen traditionellen Gebäcken. Sie sollen dafür auf Plakaten für eine Informationsreihe die Entstehung der Gebäckformen im Altertum beschreiben, z. B.
   - Gebäcke in Zopfform,
   - Hörnchen,
   - Gebäckringe,
   - Brötchen in Stangenform und gedrückte Brötchen,
   - Schrippen,
   - Figurengebäcke zu Ostern und Weihnachten.

1.6 Erzeugnisse der Bäckerei und Konditorei

Typische Erzeugnisse, die nur in der Bäckerei bzw. Konditorei hergestellt werden:

Bäckerei

- Weizenbrote
- roggenhaltige Brote
- Vollkornbrote
- Brötchen
- Laugenbrezeln, Laugengebäcke
- Snacks

Arbeiten in der Bäckerei

Konditorei

- Anschnitttorten, Festtagstorten
- Desserts
- Petits Fours
- Marzipanartikel
- Schokoladenartikel
- Pralinen
- Speiseeis

Arbeiten in der Konditorei

Feine Backwaren, die in der Bäckerei wie auch in der Konditorei hergestellt werden:

- Hefeteiggebäcke
- Blätterteiggebäcke
- Plunderteiggebäcke
- Strudelteiggebäcke
- Mürbeteiggebäcke
- Lebkuchen
- Früchtebrot
- Obsttorten, Obstschnitten

- Gebäcke aus Massen, z. B.
  – Biskuitgebäcke
  – Tortenböden aus Wiener Masse
  – Kuchen aus Sandmasse
  – Röstmassegebäcke
  – Baisererzeugnisse
  – Brandmassegebäcke
  – Makronengebäcke

Mandelhörnchen

LF 1.1

Bäcker und Konditoren sind berufsverwandt, beide Berufe werden dem backenden Gewerbe zugeordnet. Viele Gebäcke werden sowohl in der Bäckerei als auch in der Konditorei hergestellt. Beide Berufe sind jedoch in Deutschland eigenständige Handwerksberufe, wobei das Berufsbild von den hauptsächlich hergestellten Erzeugnissen bestimmt wird.

Das Café

Im ruhigen, gemütlichen Bäckerei-/Konditorei-Café findet der Gast das gesamte Warensortiment der Bäckerei bzw. Konditorei sowie kleine Gerichte und Getränke aller Art. Bei schönem Wetter werden gerne Cafés mit Garten- oder Terrassenbetrieb besucht.

Stehcafé

LF 1.1

Für Gäste, die sich nicht so viel Zeit nehmen wollen oder die nur eine Kleinigkeit essen möchten, gibt es das **Stehcafé**, das im Verkaufsraum der Bäckerei integriert ist. Kleine Stehtische mit hohen Hockern (Stehhilfen) befinden sich im erweiterten Kundenbereich des Ladens.

Aufgaben

1. Nennen Sie Waren, die nur in der Bäckerei hergestellt werden.
2. Geben Sie die Erzeugnisse an, die in der Konditorei hergestellt werden.
3. Nennen Sie Erzeugnisse, die von beiden Berufen sowohl in der Bäckerei als auch in der Konditorei hergestellt werden.
4. Beschreiben Sie die beiden Cafétypen.
5. Die Kunden Ihrer Bäckerei sind mit Ihrem Angebot an Brot und Brötchen sehr zufrieden. Sie sind jedoch erstaunt, dass es im Gegensatz zur Konditorei in der Nähe Ihrer Bäckerei keine Pralinen aus eigener Herstellung gibt. Daher erläutern Sie die unterschiedlichen Berufsfelder und Erzeugnisse der Bäckerei und Konditorei.

1.7 Die Bäckerei und Konditorei heute

Die Anzahl der kleineren Bäckerei- und Konditoreibetriebe nimmt immer weiter ab, Großbetriebe mit vielen Filialen als Bäckereiläden oder Backshops in Supermärkten bzw. Konditorei-Cafés in Einkaufspassagen oder Fußgängerzonen sind im Trend.

Anforderungen an die Bäckerei- und Konditoreifachverkäuferin

An eine Fachverkäuferin werden folgende Voraussetzungen gestellt, die bei der Berufswahl berücksichtigt werden sollen:

- Charaktereigenschaften: Ehrlichkeit, Zuverlässigkeit, Hilfsbereitschaft
- anerzogenes Hygienebewusstsein
- feinmotorisches, handwerkliches Geschick
- geistige Gewandtheit, z. B. beim Umrechnen der Rezepturen
- Bereitschaft, in den Frühstunden mit der Arbeit zu beginnen oder abends bis Ladenschluss zu arbeiten
- Bereitschaft, mit modernen Maschinen und Technologien umzugehen und sich auf dem neuesten Stand zu halten
- Fähigkeit, selbstständig sowie im Team arbeiten zu können

Die Arbeit der Fachverkäuferin

Zur Ausbildung der Fachverkäuferin gehört das Einschätzenlernen der Kunden, um diese individuell bedienen zu können. Ebenso fördert eine gepflegte Ausdrucksweise den Kundenkontakt. Durch eine fachkundige, ehrliche Gesprächsführung lässt sich das Vertrauen am besten gewinnen.

Die Fachverkäuferin beherrscht die Verpackungstechniken. Die Backwaren werden mit verschiedenen, speziellen Verpackungsmaterialien praktisch für die Kunden zum Transport nach Hause verpackt.
Konditoreierzeugnisse verpackt die Fachverkäuferin kunstvoll in geschenkmäßigen Verpackungen mit Bändern und Schleifen.
Die Waren werden appetitlich und verkaufsfördernd in der Verkaufstheke und in den Regalen präsentiert und Schaufenster werden dem Anlass entsprechend dekorativ gestaltet.

Von der Fachverkäuferin selbst erstellte Preisschilder und Werbeplakate informieren die Kunden.

Kühlanlagen (→ S. 165 ff.) und Ladenbacköfen (→ S. 20) gehören in die modernen Filialen, vor allem in Bäckereiverkaufsläden. Die tiefgefrorenen Teiglinge werden nach Bedarf aufgetaut und im Ladenbackofen gebacken. Durch das täglich mehrmalige Backen können den Kunden den ganzen Tag über frische Backwaren angeboten werden.
Kaffeevollautomaten (→ S. 22) im Café erleichtern durch einfaches Bedienen die Herstellung von Kaffeegetränken, Tees sowie heißer Milch und ergeben beste Qualität der Getränke. Ein Sahneautomat liefert sofort frisch aufgeschlagene Sahne für Obsttortenstücke, Getränke und Eisbecher.
Spülmaschinen entlasten das Fachpersonal von zeitaufwendigen Spülarbeiten. Das Reinigungspersonal übernimmt häufig die gröberen Reinigungsarbeiten nach Ladenschluss.

Fachverkäuferin in der Produktion

Fachverkäuferin in der Produktion

Im Fachgeschäft erwarten die Kunden fachkundige Beratung über die Zutaten und den Gesundheitswert der Waren sowie deren Frischhaltung. Deshalb ist es wünschenswert, wenn die Fachverkäuferin gelegentlich als Fortbildungsmaßnahme in der Produktion mithilft. So kann sie die Waren beim Verkauf aus der praktischen Tätigkeit genau erklären.
Außerdem sollen alle Waren im Verkauf von den Fachverkäuferinnen gekostet und im Team besprochen werden. So kann der Geschmack und die Beschaffenheit der Waren aus Erfahrung erläutert werden.

Erwartungen der Kunden an eine gute Bäckerei/Konditorei

- Verbraucher erwarten täglich ein ausreichend großes Warenangebot.
- Sie erwarten gleichbleibend gute Qualitätswaren.
- Sie erwarten immer frische Backwaren.
  Deshalb werden im Fachgeschäft die Backwaren, die frisch am besten schmecken, z. B. Brötchen, Brezeln, Baguettes, Croissants, Plunder- und Blätterteiggebäcke, als Tiefkühlteiglinge in den Verkaufsstellen von Fachverkäuferinnen mehrmals täglich im Ladenbackofen gebacken. So können sie immer frisch angeboten werden.
- Sie erwarten Waren, die mit frischen, einwandfreien Rohstoffen hergestellt werden.
- Gesundheitsbewusste Verbraucher bevorzugen häufig Vollkornbrote und -brötchen sowie Öko- bzw. Bio-Erzeugnisse.

Frische Backwaren hoher Qualität

Einsatz von Convenience-Produkten

Aus Zeitgründen und zum Teil mangels Fachkräften verwenden viele Betriebe „Convenience-Produkte". Das können Fertigmischungen von der Backmittelindustrie und auch fertige Tiefkühlteiglinge sein. Dies führt zu einer Vereinheitlichung der Erzeugnisse in den Bäckereien und Konditoreien und kann manchmal zu einer Verringerung der Qualität der Waren führen. Außerdem gehen viele individuelle Rezepturen und Geschmacksrichtungen verschiedener Gebäcke verloren.

LF 1.1

!

Alle Bäckerei- und Konditoreierzeugnisse in diesem Fachbuch werden mit herkömmlichen Rezepturangaben und Herstellungsweisen beschrieben, die zwar ein großes Können der Fachkraft erfordern, aber auch hohe Qualität garantieren. Sie spiegeln zusätzlich die breite Palette der Tätigkeit in der Bäckerei und Konditorei wider.

Aufgaben

1. Welche Anforderungen werden an eine Bäckerei-/Konditoreifachverkäuferin gestellt, die bei der Berufswahl berücksichtigt werden sollten?
2. Beschreiben Sie die Aussage, dass die Bäckerei-/Konditoreifachverkäuferin Fortbildung in der Produktion machen soll.
3. Welche Erwartungen stellen Verbraucher an eine gute Bäckerei/Konditorei?
4. Informieren Sie sich im Internet über das Angebot an Convenience-Produkten. Diskutieren Sie mit anderen Auszubildenden das Pro und Kontra.

1.8 Berufsausbildung, Fort- und Weiterbildung

Berufsausbildung

Der Beruf des Bäckers und des Konditors zählt zu den Handwerksberufen. Deshalb ist auch der Beruf der Bäckerei-/Konditoreifachverkäuferin ein Handwerksberuf. Jeder Handwerksbetrieb ist bei der **Handwerkskammer** eingetragen, die in ihrer Region für die Berufsausbildung zuständig ist.

Die Berufsausbildung ist gesetzlich in der **„Verordnung über die Berufsausbildung zum Fachverkäufer im Lebensmittelhandwerk/zur Fachverkäuferin im Lebensmittelhandwerk, Schwerpunkt Bäckerei bzw. Konditorei“** festgelegt. Sie regelt die Berufsausbildung zur Bäckerei- und Konditoreifachverkäuferin wie folgt:

- Drei Jahre Ausbildung als Auszubildender/Auszubildende (Lehrling) in einer Bäckerei bzw. Konditorei. Bei guten betrieblichen und schulischen Leistungen kann die Ausbildungszeit verkürzt werden.
- Der regelmäßige Berufsschulbesuch in Fachklassen unterstützt und ergänzt die betriebliche Ausbildung und ist während der dreijährigen Ausbildungszeit verpflichtend.
- Die Zwischenprüfung vor dem Ende des zweiten Ausbildungsjahres ermittelt den derzeitigen Leistungsstand nach dem vorgegebenen Lehrplan in Theorie und Praxis. Sie ist Voraussetzung zur Zulassung zur Gesellenprüfung bzw. Abschlussprüfung.
- Die Gesellenprüfung für Bäcker und Konditoren sowie die Abschlussprüfung für Fachverkäuferinnen erfolgt am Ende des dritten Ausbildungsjahres in der Praxis und in der Theorie, die die Lerninhalte der Technologie, Mathematik sowie Wirtschafts- und Sozialkunde beinhaltet.

LF 1.1

Fachverkäuferinnen in der Berufsausbildung

Abschlusszeugnis

Bäckermeister/-in und Konditormeister/-in / Bachelor Professional

In den Handwerksberufen, bei denen die Gesundheit der Menschen nur durch hygienischen und fachlich richtigen Umgang mit Lebensmitteln gewährleistet ist, ist zum Führen eines Handwerks- und Ausbildungsbetriebs ein Meisterbrief Voraussetzung. Dazu zählen die Ernährungsberufe und somit auch der Beruf des Bäckers und Konditors. Der Nachweis des Prüfungszeugnisses als Bäckermeister/-in bzw. Konditormeister/-in zeigt dem Kunden, dass er sich in einem Fachgeschäft befindet, in dem er stets einwandfreie Qualitätswaren erhält.

Die Voraussetzungen und Anforderungen für die Meisterprüfung regeln die von den Handwerkskammern anerkannten Meisterschulen.

- Voraussetzung zur Anmeldung für die Meisterprüfung ist das Gesellenprüfungszeugnis als Bäcker/-in bzw. Konditor/-in.
- Die Meisterschulen bieten einen Meisterlehrgang vor den Prüfungen an, der gezielt auf die Prüfungsanforderungen vorbereitet.

Das Meisterprüfungszeugnis als Bäckermeister/-in bzw. Konditormeister/-in berechtigt,

- eine Meisterstelle in einer Bäckerei anzunehmen und den Bäckerei-/Konditoreibetrieb zu leiten,
- einen Bäckerei-/Konditoreibetrieb zu eröffnen und zu führen,
- Auszubildende (Lehrlinge) im Bäcker- und Konditorhandwerk auszubilden.

Fortbildung

Gut ausgebildete und vor allem vielseitige Bäcker, Konditoren und Fachverkäuferinnen werden immer benötigt. Wichtig ist, dass die Fachkräfte durch regelmäßige Fortbildungen auf dem neuesten Stand bleiben, z. B.:

- Anpassung des Warensortiments und der Qualität der Erzeugnisse an die Verbraucherwünsche.
- Handhabung computergesteuerter Maschinen und Kälteanlagen sowie Öfen und Ladenbacköfen.
- Optimale Präsentation der Waren im Laden sowie Aneignen modernster Verpackungstechnologien.

Auch mit dem Computer sollte die Fachverkäuferin vertraut sein. Bestellungen, Lieferscheine und Rechnungen werden mit dem Computer geschrieben, Preisschilder und Werbeplakate werden mit dem Computer erstellt.

Weiterbildung durch den Erwerb eines höheren Schulabschlusses

Weiterbildung

Bäcker, Konditoren und Fachverkäuferinnen haben verschiedene Möglichkeiten, sich schulisch weiterzubilden und den erlernten Beruf auszubauen. Dafür sind unterschiedliche schulische Voraussetzungen nötig, die nach der Gesellen- bzw. Abschlussprüfung erlangt werden können.

Die Berufe, die mit einer Weiterbildung eingeschlagen werden können, sind:

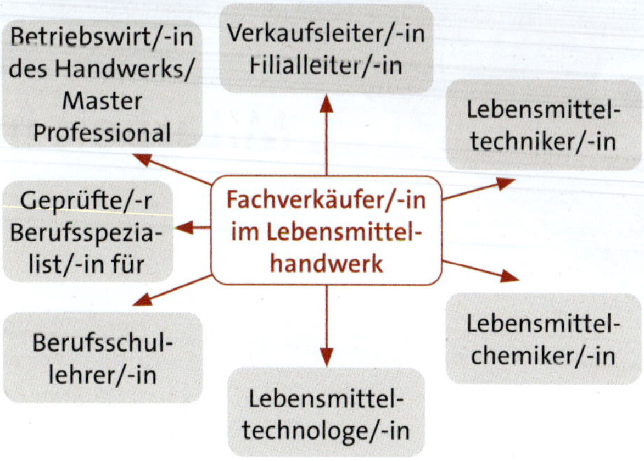

!

Alle Fachkräfte der Bäckerei und Konditorei sollten regelmäßig Fortbildungsveranstaltungen besuchen, um die immer vielseitiger werdenden Aufgaben erfüllen zu können.
Zur beruflichen Fortbildung zählen auch das regelmäßige Zurhandnehmen von Fachbüchern und das Lesen der Fachzeitschriften.

Aufgaben

1. Wie heißt die Organisation, in der alle Handwerksberufe zusammengeschlossen sind und die für die Berufsausbildung verantwortlich ist?
2. Erklären Sie, was die „Verordnung über die Berufsausbildung Bäcker/-in, Konditor/-in und Fachverkäufer/-in Bäckerei bzw. Konditorei“ über die Dauer der Ausbildung in Betrieb und Schule sowie über die Prüfungen festlegt.
3. Beschreiben Sie, wozu das Meisterprüfungszeugnis als Bäckermeister/-in bzw. Konditormeister/-in berechtigt.
4. Nennen Sie Berufe, die nach der Gesellen- bzw. Abschlussprüfung als Fachverkäufer/-in mit einer Weiterbildung eingeschlagen werden können.
5. Schüler einer Schule kommen in Ihren Bäckerei-/Konditoreibetrieb und informieren sich vor ihrem eigenen Berufseinstieg über den Beruf der Bäcker, Konditoren und Bäckerei-/Konditoreifachverkäufer-/in. Ein Schüler fragt Sie, wie lange die Ausbildung dauert und welche Prüfungen man dabei ablegen muss. Er möchte noch wissen, in welche Berufsschule er gehen müsste und wie oft der Unterricht stattfindet.
6. Sie haben große Zukunftspläne: Später möchten Sie Unternehmerin eines Franchisebetriebs, Lebensmitteltechniker/-in oder Lebensmittelkontrolleur/-in werden. Recherchieren Sie im Internet, welche weiteren Qualifizierungen, z. B. höherer Bildungsabschluss, Sie erlangen müssen.

2 Mitarbeit in Produktion und Verkauf

Situation

Eine Schulklasse hat sich zur Betriebsbesichtigung angekündigt. Sie sollen sich entsprechend darauf vorbereiten und die Schüler herumführen.

- Welche Produktions- und welche Verkaufsräume gibt es?
- Welche wichtigen Maschinen befinden sich im Verkauf der Bäckerei und Konditorei?
- Mit welchen Geräten und Werkzeugen arbeiten Sie häufig?
- Welche Arbeitsabläufe werden in Ihrem Betrieb mit dem Computer gesteuert?
- Warum sind Teamwork und ein gutes Betriebsklima wichtig für den Erfolg eines Betriebs?
- Welche Anforderungen werden an die Bäckerei- und Konditorei-erzeugnisse gestellt?

LF 1.1

2.1 Produktions- und Verkaufsräume

Bäckereien und Konditoreien haben in der Öffentlichkeit bei den Verbrauchern ein bestimmtes Image. Dazu gehört, dass der Bäckerei-/Konditoreibetrieb rundum einladend aussehen muss.

Kunden erwarten heutzutage:

- eine saubere, ansprechende Hausfassade
- eine moderne Ladeneinrichtung
- einen hell beleuchteten Laden
- übersichtlich präsentierte Waren

Betriebsräume

Um einen reibungslosen, rationellen Arbeitsablauf zu ermöglichen, wird in der Bäckerei/Konditorei eine bestimmte Anzahl von Betriebsräumen mit festgelegten Funktionen benötigt. Die Wege des Personals bei der Arbeit, von den Maschinen zum Arbeitstisch und von Raum zu Raum, sollen so kurz wie möglich sein. Konditoreien und auch einige Bäckereien führen ein Café.

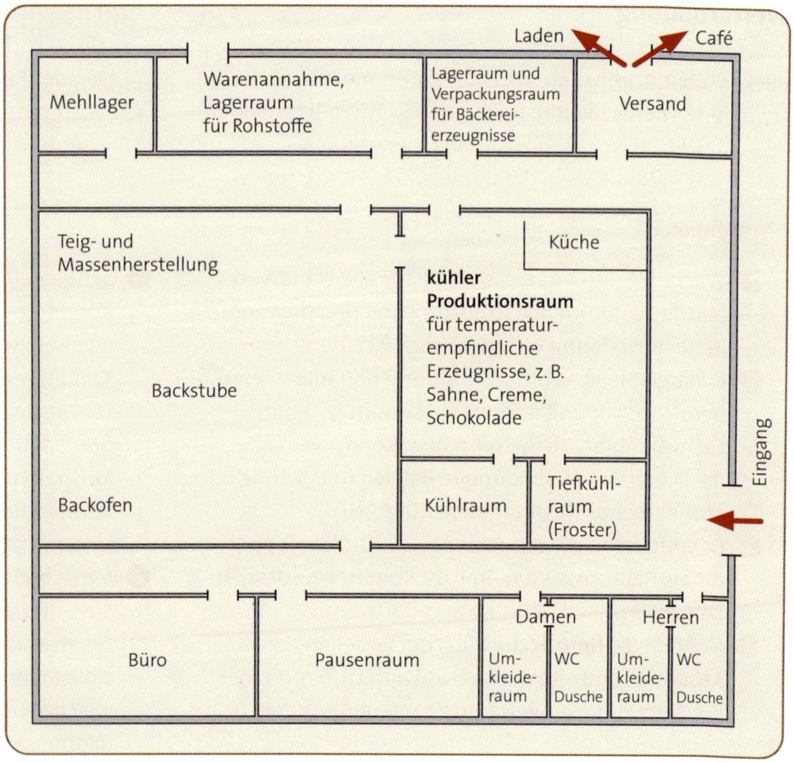

Grundriss der Produktionsräume

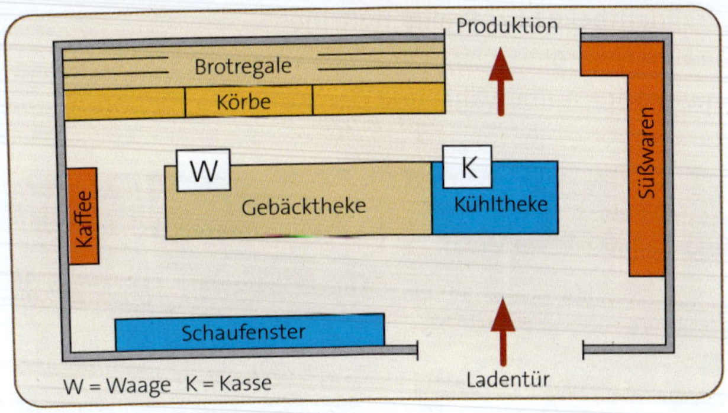

Grundriss Verkaufsraum

Aufgaben

1. Skizzieren Sie den Grundriss der Betriebsräume in Ihrer Bäckerei bzw. Konditorei und vergleichen Sie diesen mit dem Beispiel im Buch.
2. Die Waren Ihrer Bäckerei/Konditorei sollen verkaufsfördernd präsentiert werden. Informieren Sie sich darüber, welche Einrichtungsgegenstände es gibt und für welche Backwaren diese geeignet sind. Stellen Sie Ihre Ergebnisse in der Klasse zur Diskussion.

Rechenaufgaben

1. Der Boden der Backstube soll mit Kunststoffboden ausgelegt werden. Die Backstube hat folgende Maße: Länge 13,50 m; Breite 940 cm.
   a) Wie viel m^2 Kunststoffbelag werden benötigt?
   b) Am Rand des Bodens soll der Kunststoffbelag abgerundet etwas hochgezogen werden. Wie viel m sind dies, wenn eine Tür 14 dm und die andere 120 cm breit ist?
2. Eine Frosteranlage verbraucht in der Stunde 2,4 kW. Eine Kilowattstunde kostet 0,17 €. Berechnen Sie, welche Betriebskosten die Anlage jährlich verursacht.
3. Der Produktionsraum einer Bäckerei/Konditorei misst 10,20 m × 7,80 m. Je Arbeitskraft ist mindestens 4 m^2 Arbeitsfläche vorgeschrieben. Wie viele Personen dürfen höchstens beschäftigt sein, wenn die Einrichtung insgesamt 17 m^2 beansprucht?
4. Eine Kühlanlage hat folgende Abmessungen: Länge 4 m, Tiefe 3 m und Höhe 2,40 m. Sie ist in 4 gleich große Kühlzellen für die Gärunterbrechung und Gärverzögerung eingeteilt. Berechnen Sie das Volumen einer Kühlzelle.

2.2 Ladeneinrichtung, Maschinen, Geräte und Werkzeuge

Ladeneinrichtung

Der Laden ist der hauptsächliche Arbeitsraum des Verkaufspersonals. Die Waren, Geräte und Werkzeuge sowie das Verpackungsmaterial müssen deshalb in greifbarer Nähe angeordnet sein. Sämtliche Arbeitsvorgänge müssen in kurzen Wegen erledigt werden können.

Brotregale
Die schräg gestellten Brotregale befinden sich im Bedienungsbereich hinter den Fachverkäuferinnen, in Augenhöhe der Kunden.

Brotregale

Brötchenkörbe
Kleingebäcke werden gruppenweise und somit übersichtlich in Körben unter den Brotregalen angeordnet.

Kleingebäcke in Körben

Brotständer für Stangenbrote
Stangenbrote, z. B. Baguettes werden stehend und somit platzsparend in einem Brotständer neben den Brotregalen angebracht.

Stangenbrote im Brotständer

LF 1.1

Verkaufstheke

Die Verkaufstheke ist zweckmäßig unterteilt in die:

Gebäcktheke
In der ungekühlten Gebäcktheke werden die Feinen Backwaren nach Gebäckarten gruppenweise nebeneinander auf Thekenblechen ausgestellt.

Gebäcktheke

Kühltheke
Torten, Schnitten und Desserts mit leicht verderblichen Füllungen wie Sahne und Cremes befinden sich in der Kühltheke.

LF 1.1

Kühltheke

Snacktheke
Belegte Snacks auf Thekenblechen, Tabletts oder Snackwellen stehen auf einer gekühlten Thekenplatte, damit die Beläge, wie Wurst, Schinken, Käse und Gemüse möglichst lange frisch bleiben.

Snacktheke

Pralinentheke bzw. Pralinenvitrine
Pralinen werden in einer speziellen, mit Glas verschlossenen Vitrine aufbewahrt und den Kunden angeboten.

Pralinen in einer Pralinenvitrine

Verpackungsmaterial in der Verkaufstheke
Im Arbeitsbereich der Verkäuferin, an der Rückseite der Verkaufstheke, unter der Arbeitsplatte, sind die Fächer für das Verpackungsmaterial angeordnet, sodass dies sofort greifbar ist.

Verkaufstheke im Bereich des Verkaufspersonals

Ladenbackofen

Im Ladenbackofen, in dem mehrere Backbleche Platz haben, werden Teiglinge nach Bedarf mehrmals täglich gebacken und können den Kunden ständig frisch angeboten werden.

Ladenbackofen

Elektronische Kasse

Jede Fachverkäuferin hat ihren separaten Zugang zur Kasse, sodass die eingegebenen Beträge mit Zeitangabe gespeichert werden. Das Display der Kasse ist für die Fachverkäuferin sowie für den Kunden einsehbar. Der Kassenbon wird nach den Eingaben in die Kasse sofort für den Kunden ausgedruckt. Vielfach ist in den elektronischen Kassen auch eine **Waage** integriert.

Elektronische Kasse

Speiseeismaschine und Eistheke

Die in Milch oder Wasser verrührten Zutaten für Speiseeis werden in der Eismaschine unter ständiger Bewegung eines Rührwerks bei starker Kälte gefroren.

Speiseeismaschine

Das aus der Eismaschine entnommene Speiseeis wird in Eisschalen aus Edelstahl gefüllt. Die verschiedenen Eissorten in den Eisschalen werden nebeneinander in die Eistheke gestellt und bei –12 bis –15 °C gekühlt den Kunden angeboten.

Präsentation von Speiseeis in der Eistheke

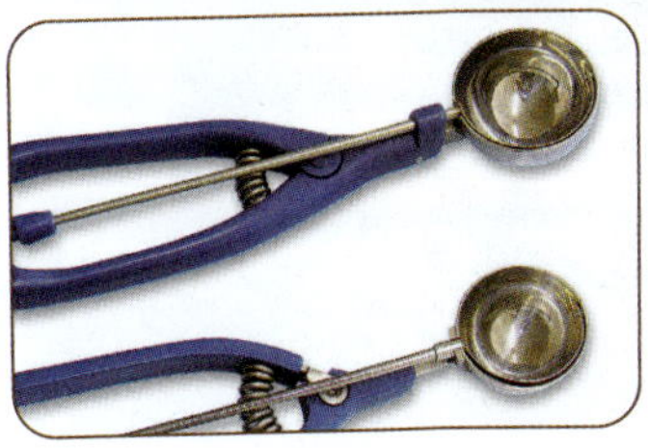

Verschieden große Eisportionierer

Mithilfe eines **Eisportionierers**, der in einem Wasserbehälter an der Eistheke befeuchtet wird, werden beim Verkauf die Eiskugeln aus der Eistheke entnommen.

Maschinen und Geräte im Verkauf der Bäckerei und Konditorei

Maschinen und Geräte erleichtern die Arbeit des Verkaufspersonals und erhöhen die Qualität der Erzeugnisse.

Brotschneidemaschine

Brotschneidemaschine

Brote werden in der Brotschneidemaschine exakt zu gleichmäßig dicken Scheiben geschnitten. Die Brotscheiben werden verpackt und als Schnittbrote verkauft.

Aufschnittmaschine

Wurst und Käse für Snacks und zum Herrichten von Frühstück werden in der Aufschnittmaschine in der gewünschten Stärke geschnitten.

Aufschnittmaschine zum Schneiden von Wurst und Käse

Mikrowellengerät

Im Mikrowellengerät können Speisen in der Caféküche in kurzer Zeit erwärmt und erhitzt werden. Beispielsweise werden auch Fondant (Zuckerglasur), süße Soßen, z. B. Vanillesoße, und Himbeeren zum Vanilleeis im Mikrowellengerät erwärmt. Ebenso ist ein schnelles Auftauen von Backwaren und Speisen möglich.

Mikrowellengerät

Sahneautomat

Sahneautomat

Vor allem im Café und beim Eisverkauf wird der Sahneautomat verwendet. Auf Knopfdruck erhält man sofort lockere, frisch aufgeschlagene Sahne, z. B. für Obsttorten mit Sahne, auf Eisbecher, Eiskaffee und Kaffeegetränke.

Kaffeevollautomat
Im Kaffeevollautomat werden alle Kaffeegetränke, auch mit Milchschaum, auf Knopfdruck frisch aufgebrüht und können sofort serviert werden. Aus dem Kaffeevollautomat kann auch kochendes Wasser zur Teezubereitung entnommen werden. Außerdem wird Milch, z. B. für heiße Schokolade erwärmt.

Kaffeevollautomat

LF 1.1

Verpackungsgerät zum Einschweißen
Backwaren werden im Verpackungsgerät in Folien versiegelt (verschlossen) und in einer heißen Haube schrumpft beim Einschweißen die Folie zusammen und legt sich direkt an der Ware an. Die Backwaren sind so gut sichtbar und zur längeren Frischhaltung luftdicht verschlossen.

Verpackungsmaschine

Mixstab (Pürierstab)
Zum Pürieren von Früchten und Vermischen von Milchmixgetränken.

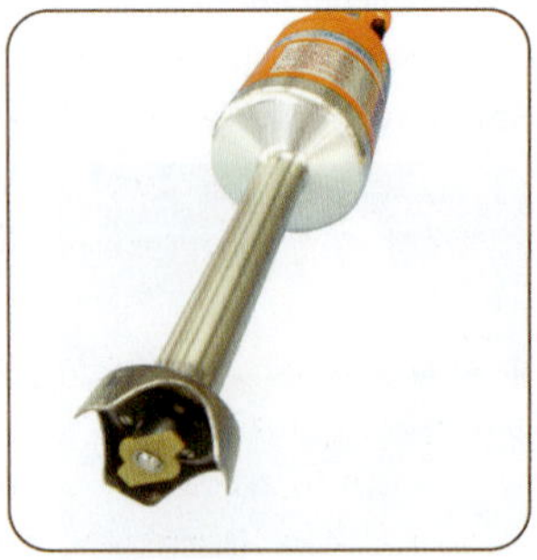

Pürierstab (Mixstab)

Arbeitsgeräte und Werkzeuge

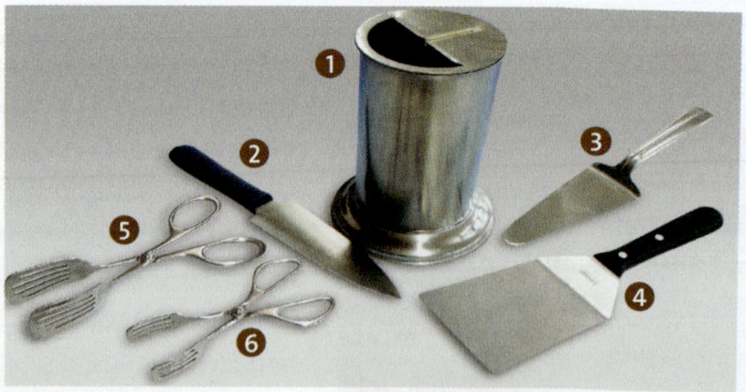

❶ Messerbehälter
❷ Tortenmesser
❸ Tortenheber
❹ Gebäckheber
❺ Gebäckzange
❻ Pralinenzange

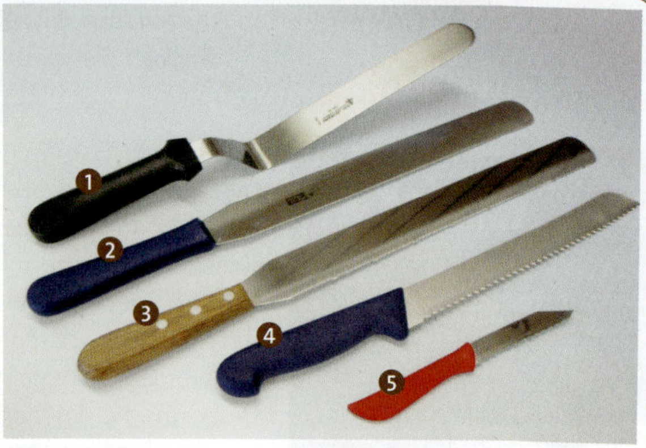

❶ Winkelpalette
❷ Palette
❸ Sägemesser
❹ Wellenschliffmesser (Brotmesser)
❺ Teigmesser

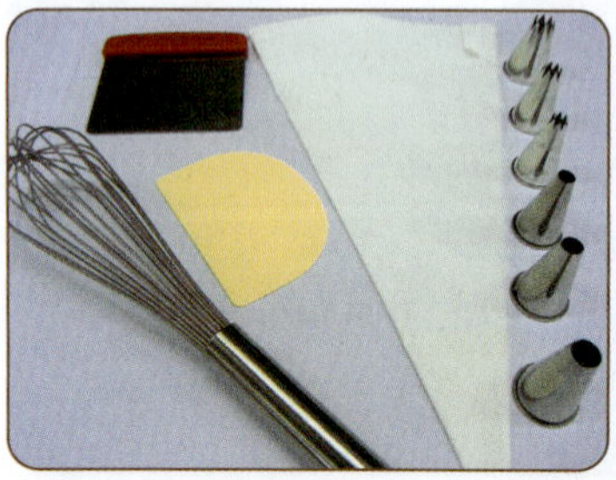

Rührbesen (Handrührbesen), Schaber, Spachtel, Dressierbeutel (Spritzbeutel), Lochtüllen, Sterntüllen

Papierabreißrolle mit Rollenpapier

Bleche, Tabletts und Platten zum Ausstellen der Waren

Standardgebäcke befinden sich auf großflächigen Thekenblechen und Rahmenblechen aus Aluminium. Auf Tabletts aus Edelstahl und Kunststoff werden kleinere Warenmengen ausgestellt. Besonders hochwertig erscheinen Erzeugnisse auf Silbertabletts. Für Torten sind die runden Tortenplatten geeignet.

Thekenblech, Schnittenblech, Tabletts, Tortenplatte

Geräte zum Schreiben von Werbeplakaten und Preisschildern

Material zum Plakatschreiben

Wichtige Maschinen in der Produktion

Knetmaschine

Die Zutaten für Teige werden in der Knetmaschine zusammengemischt und intensiv verknetet.

Spiralkneter

Rührmaschine

Eiermassen werden in einer Rührmaschine mittels eines Rührbesens aufgeschlagen und die fettreichen Massen für Kuchen sowie Buttercremes werden schaumig geschlagen.

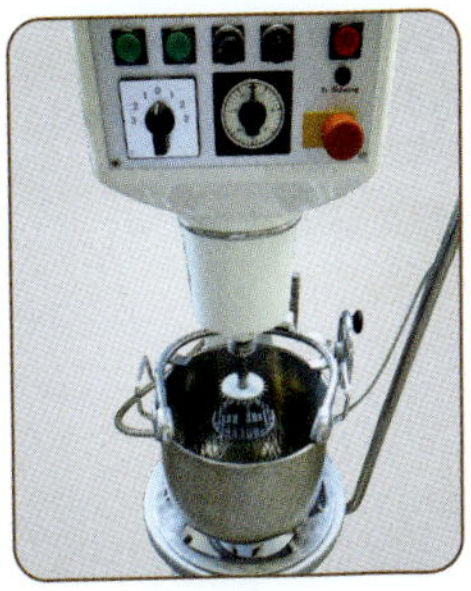

Rührmaschine

Teigausrollmaschine

Hefe-, Blätter- und Mürbeteige werden bis auf den Viertelmillimeter genau zwischen zwei Rollwalzen in der Teigausrollmaschine exakt gleichmäßig dick ausgerollt.

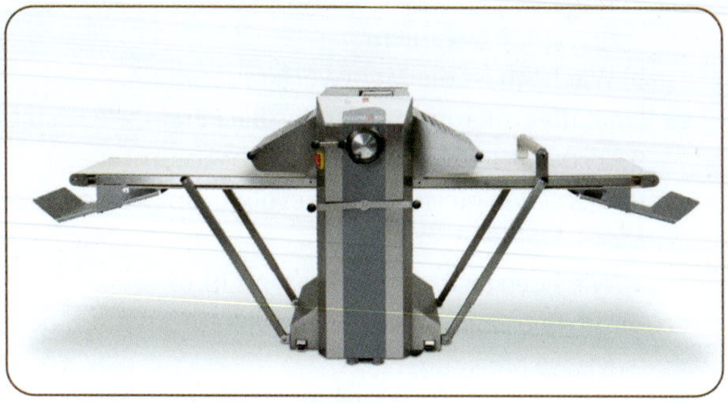

Teigausrollmaschine

Aufgaben

1. Welche Einrichtungen und Backwaren befinden sich im Arbeitsbereich eines Bäckereiladens hinter der Fachverkäuferin? Beschreiben Sie auch wie die Backwaren übersichtlich angeordnet werden.
2. Benennen Sie die verschiedenen Bereiche der Verkaufstheke in Bäckerei-/Konditoreiläden und geben Sie die Erzeugnisse an, die in den Thekenbereich ausgestellt werden.
3. Nennen Sie Maschinen und Geräte im Verkauf Ihrer Bäckerei-/Konditorei und beschreiben Sie deren Aufgabenbereich.
4. Nennen Sie Arbeitsgeräte und Werkzeuge im Bäckerei-/Konditoreiverkauf.
5. Auf welchen Blechen, Tabletts und Platten befinden sich die Waren in Ihrer Bäckerei/Konditorei?
6. Nennen Sie wichtige Maschinen zur Herstellung von Teigen und Massen sowie zum Ausrollen der Teige in der Produktion der Bäckerei/Konditorei.
7. Nennen Sie das Material und die Geräte, die zum Erstellen von Plakaten/Preisschildern benötigt werden.
8. Überlegen Sie sich, warum die Brotregale im Bäckerladen schräg angeordnet sind. Erkundigen Sie sich auch, welche Temperaturen das Wasser im Messerbehälter der Verkaufstheke ständig haben sollte und wie die Wassertemperatur konstant gehalten wird.

LF 1.1

Rechenaufgaben

1. Eine Rührmaschine kostet netto 9 400,00 €. Hinzu kommen noch 19 % Mehrwertsteuer.
   a) Wie viel € muss die Konditorei für die Rührmaschine bezahlen?
   b) Wie hoch ist die Mehrwertsteuer in €?
2. Ein Kaffeevollautomat für das Bäckerei-Café kostet 9 225,00 €. Bei einer Fachmesse bekommt die Bäckerei den gleichen Kaffeevollautomaten zum Messepreis von 8 118,00 €.
   a) Wie hoch ist die Preisersparnis in €?
   b) Um wie viel % ist der Kaffeevollautomat auf der Messe preisgünstiger?
3. Eine Konditorei kauft folgende Geräte und Werkzeuge:

15	Teigmesser	je	2,40 €
8	Kuchenformen	je	23,20 €
5	Alu-Bleche	je	11,90 €
6	Paletten	je	19,50 €
2	Sägemesser	je	22,90 €
25	Tortenscheiben	je	2,80 €
4	Sätze Tüllen	je	8,60 €
8	Dressierbeutel	je	5,30 €

   a) Berechnen Sie den Gesamtpreis.
   b) Die Konditorei bekommt für diese Waren einen Ausstellungsrabatt von 15 %. Wie hoch ist der Nettoverkaufspreis?
4. Ein Tortenring hat einen Durchmesser von 26 cm und eine Höhe von 5 cm. Wie viel Liter Biskuitmasse sind für 8 Ringe notwendig, wenn sie zu 3/4 gefüllt werden?
5. Für eine Teigteil- und Schleifmaschine werden nach Abzug von 2,5 % Skonto 19 750,00 € bezahlt. Wie viel kostete die Maschine ursprünglich und wie hoch ist der Rabatt in €?
6. Der Neupreis einer Knetmaschine beträgt 28 125 €. Für die gleiche Maschine in gebrauchtem Zustand wird einer Konditorei 9 562,50 € Rabatt gewährt.
   a) Wie viel muss die Konditorei für die gebrauchte Knetmaschine bezahlen?
   b) Berechnen Sie den Rabatt in %.
7. Die Rechnung für eine Verpackungsmaschine über 15 280 € wird zu spät beglichen, sodass nun 15 639,08 € fällig werden. Wie viel € und % kostet diese Maschine jetzt mehr?

LF 1.1

2.3 EDV im Bäckerei- und Konditoreibetrieb

EDV = **E**lektronische **D**aten**v**erarbeitung.

Computereinsatz in der Bäckerei/Konditorei

Interneteinsatz in der Bäckerei und Konditorei

Internet ist die Abkürzung für „**Inter**connected **net**work". In dem weltweiten Netzwerk des Internets sind Computer verbunden, die Informationen untereinander austauschen können.

Link ist die Kurzbezeichnung für „Hyper**link**". Ein Link ist eine Verbindung, Verknüpfung oder ein Verweis von einem Dokument einer Homepage.

Online-Shopping ist das Kaufen über das Internet.

Internetadresse

Die Internetadresse wird in folgender Form geschrieben: *www.baeckerhandwerk.de.*

!

Die einzelnen Teile der Internetadresse stehen für:
- **www** = World Wide Web = Internet
- **Bäcker** = die Netzadresse des Homepage-Inhabers
- **de** = Deutschland

Ist die Internetadresse international, wird statt „de“ häufig das Kürzel „com“ angegeben.

Die Trennung der einzelnen Adressteile erfolgt durch Punkte oder Minuszeichen. Alle Eingaben werden in Kleinbuchstaben und ohne Leertaste geschrieben.

Um eine gewünschte Adresse oder Informationen über ein Thema zu finden, gibt man in einer „Suchmaschine“, z. B. www.google.de, ein Schlagwort/Suchwort ein und erhält daraufhin eine Ergebnisliste der Interneteinträge.

Homepage einer Bäckerei und Konditorei

Die Homepage einer Bäckerei/Konditorei enthält z. B.:

- Startseite mit Firmenlogo und ansprechenden Bildern der Firmenfassade, des Ladens, des Caféraums, des Firmenautos, der Backstube oder eines Bäckers/Konditors bei einer typischen Tätigkeit
- das Warenangebot mit Bildern
- Spezialitäten der Bäckerei/Konditorei mit Bildern
- saisonale Spezialitäten mit Angaben der Besonderheiten, z. B. Lebkuchen, Stollen, Osterbrot, Siedegebäcke
- Festtagstorten, z. B. Hochzeitstorten, Geburtstagstorten mit Bildern
- Aktionen und Angebote
- eine Bestellseite, auf der die Kunden Waren der Bäckerei/Konditorei per E-Mail bestellen können (oder einen Online-Shop)
- Adresse, Telefonnummer und E-Mail-Adresse

Homepage

E-Mail

Ein Teil des Schriftverkehrs in der Bäckerei/Konditorei wird per E-Mail erledigt. Dieser englische Begriff steht für „electronic mail“ und bedeutet elektronische Post.
Das Kennzeichen der E-Mail-Adresse ist das @ (gesprochen: ett), z. B. *Frischback@t-online.de*.

Bei Bäckereien/Konditoreien, die sich im Internet darstellen, können die Kunden Bestellungen per E-Mail aufgeben.

Die Vorteile der E-Mail gegenüber dem Postverkehr sind:

- Die Nachrichten sind sekundenschnell beim Empfänger.
- Bestellungen können auch außerhalb der Geschäftszeiten dem Empfänger zugeschickt werden und dieser kann sie jederzeit lesen.

Künstliche Intelligenz in der Bäckerei, Konditorei und im Café

Wie viele Brote, Brötchen, Brezeln, Snacks und sonstige Backwaren werden für den nächsten Tag im Verkauf der Bäckerei benötigt? Wie viele Feine Backwaren, Dessert, Torten usw. soll die Konditorei für den Laden und das Café am Wochenende herstellen?
Die Betriebsleiter und Fachkräfte im Betrieb schätzen dies ungefähr mittels langjähriger Erfahrungswerte. Genauer berechnet dies die **„künstliche Intelligenz“**.

Funktion der künstlichen Intelligenz (KI)

Die **„KI“** stellt Erfahrungswerte mit Algorithmen her. Ein Algorithmus vergleicht wiederkehrende Daten aus der Vergangenheit miteinander, sodass Prognosen (Vorhersagen) abgeleitet werden können.
Dafür werden in ein spezielles Computerprogramm tägliche Verkaufsdaten über einen längeren Zeitraum eingegeben. Die Tagesergebnisse werden mit Datum eingetragen, um auch zukünftig zuverlässige Ergebnisse zu erzielen.

Die KI vergleicht die Verkaufszahlen der einzelnen Waren in den zurückliegenden Tagen, Monaten und Jahren im Hauptgeschäft und in jeder Filiale. Berücksichtigt werden

- der Warenumsatz zeitlich im Tagesverlauf,
- die Wochenenden und Feiertage,
- die Urlaubs- bzw. Ferienzeiten,
- schlechtes oder gutes und heißes Wetter,
- saisonale Ereignisse wie Weihnachten, Ostern oder Karneval,
- Festtage wie Muttertag oder Valentinstag.

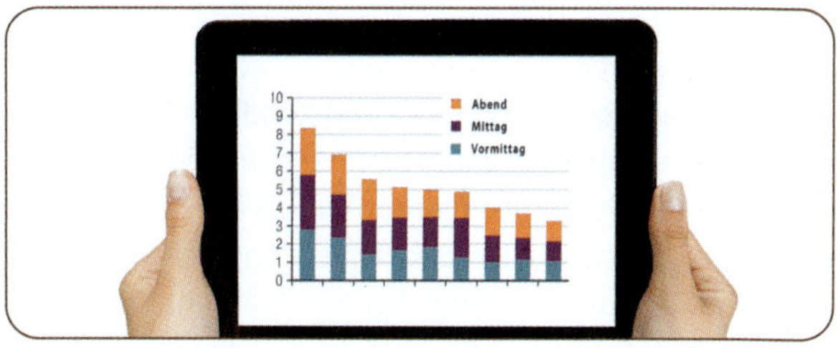

Auswertungen der KI

Vorteil der KI
Die KI prognostiziert (sagt voraus) aus den Erfahrungswerten der Vergangenheit die benötigten Warenmengen für jeden Tag. Dies erleichtert die tägliche Planung für die erforderlichen Warenmengen der Bäckereien, Konditoreien und Cafés.

Die Kunden erwarten bis Ladenschluss noch eine gewisse Warenauswahl, dennoch sollen möglichst wenige Waren übrigbleiben.

- Werden zu wenig Waren hergestellt, wird weniger verkauft und die Kunden sind unzufrieden.
- Eine Überproduktion von Waren verursacht hohe Kosten, z. B. durch erhöhten Rohstoffverbrauch und Retouren von Broten, Brötchen und Feine Backwaren von den Filialen. Diese Waren können nach Ladenschluss der Tafel gespendet werden, damit sie nicht verderben und im Müll entsorgt werden müssen.

Aufgaben

1. Nennen Sie die Maschinen, Kälteanlagen und Öfen, bei denen die Arbeitsabläufe Computer programmiert und so automatisch durchgeführt werden.
2. Nennen Sie die Internetadresse Ihrer Bäckerei/Konditorei und erklären Sie die einzelnen Teile der Internetadresse.
3. Erläutern Sie den Begriff „Homepage".
4. Nennen Sie die E-Mail-Adresse Ihres Betriebs.
5. Wie funktioniert die künstliche Intelligenz mit Algorithmen?
6. Welche Vorteile bringt die künstliche Intelligenz für die Planung der erforderlichen Warenmengen, die täglich im Betrieb benötigt werden?
7. Suchen Sie Internetadressen heraus, die für Ihre Ausbildung von Bedeutung sind.
8. Immer mehr Kunden möchten ihre Bestellung per Internet abwickeln. Erarbeiten Sie eine Checkliste für die Erstellung einer Homepage Ihrer Bäckerei/Konditorei. Welche Inhalte sollen den Kunden über die Homepage angeboten werden?

LF 1.1

2.4 Zusammenarbeit im Team

Arbeitsbereiche und Arbeitsaufgaben in der Bäckerei und Konditorei

Die Größe des Betriebs und das Warenangebot bestimmen weitgehend den Aufgabenbereich der Beschäftigten in der Bäckerei/Konditorei.

Kleinere Bäckereien und Konditoreien
Bäcker bzw. Konditoren sind für die gesamten Arbeitsbereiche, für die Herstellung aller Waren zuständig. Dafür sind gute Fachkräfte erforderlich, die in abwechslungsreicher Arbeit die breite Palette der Bäckerei-/Konditoreierzeugnisse selbstständig herstellen. Die Waren haben einen kurzen Weg aus der Produktion zum Laden und die Fachverkäuferinnen haben einen guten und engen Kontakt zu den Kollegen in der Produktion.

Mittlere und große Bäckereien und Konditoreien
In diesen Betrieben ist die Arbeit meist in bestimmte Arbeitsbereiche (Posten) aufgeteilt, sodass jeder für spezielle Arbeiten zuständig ist, z. B. im Bereich der Teigherstellung und Teigaufarbeitung, bei der Massenherstellung und den anderen Feinen Backwaren, als Ofenposten beim Backen, bei der Fertigung von Sahne- und Cremeerzeugnissen, bei der Speisenzubereitung.
Die Waren müssen täglich zu den vielen, zum Teil weit entfernten Filialen transportiert werden. Die Fachverkäuferinnen in den Filialen haben daher nur telefonischen Kontakt zum Produktionsbetrieb.

Zusammenarbeit: Produktion und Verkauf

Die Produktion und der Verkauf sollen sich durch Informationen wechselseitig ergänzen.

Bäcker/Konditoren geben fachliche Informationen über die Waren an die → **Fachverkäuferinnen und Bedienungen für die Beratung der Kunden**

Fachverkäuferinnen und Bedienungen geben Negatives der Waren und Reklamationen der Kunden an die → **Bäcker/Konditoren, damit Fehler künftig vermieden werden**

Teamwork bzw. Teamarbeit

Nur „zusammen“ ergeben die Beschäftigten einen erfolgreichen Bäckerei-/Konditoreibetrieb. Deshalb ist Teamwork bzw. Teamarbeit das Schlagwort für gute Zusammenarbeit. Alle Beschäftigten sollen sich hilfsbereit ergänzen und so auch auftretende Schwierigkeiten ohne Probleme zusammen lösen. Teamgeist und somit gute Stimmung während der Arbeit sind nur in einem guten Betriebsklima vorhanden. Die Betriebsleitung und jeder Mitarbeiter selbst sind für ein angenehmes Miteinander verantwortlich.

Erfolg durch Teamwork

Betriebsklima

> **!** Der Ausspruch „Ein gutes Betriebsklima erledigt die halbe Arbeit und ist Voraussetzung für den Betriebserfolg“ ist eine Weisheit.

Freundliches Miteinander

Bei einem guten Betriebsklima arbeiten alle Beschäftigten gerne miteinander und fühlen sich dem Betrieb zugehörig. Dies erleichtert allen die Arbeit und erhöht so die Leistungsfähigkeit.
Jeder zufriedene Mitarbeiter identifiziert sich mit dem Betrieb und setzt sich deshalb für die Bäckerei/Konditorei ein und redet gut über die Firma.
Auch die Kunden erkennen gute Beziehungen innerhalb eines Teams an freundlichen und leistungsbereiten Beschäftigten.

> **!** Jeder Betrieb braucht seine Mitarbeiter, die Mitarbeiter brauchen ihren Betrieb. Geht es dem Betrieb gut, dann sind auch die Mitarbeiter zufrieden.

Einfluss der Mitarbeiter auf das Betriebsklima

Jeder einzelne Mitarbeiter kann und muss etwas zu einem guten Betriebsklima beitragen. Folgende Beispiele fördern eine angenehme Zusammenarbeit:

- Den Tag im Betrieb pünktlich und ohne Hektik beginnen.
- Alle Mitarbeiter freundlich grüßen. Ein paar nette Worte wirken Wunder und kommen wie ein Echo zurück.
- Die gewöhnlichen Anstandsregeln beachten, also z. B. sich nicht in die Privatangelegenheiten anderer einmischen oder bei Intrigen oder Klatsch mitmachen.
- Fehler nicht immer bei anderen suchen; eigene Fehler einsehen und vermeiden.
- Grundsätzlich hilfsbereit sein, ohne sich dabei ausnutzen zu lassen.
- Berechtigte Kritik an Kollegen selbst ruhig vortragen, nicht hinter dem Rücken der Betroffenen nörgeln.
- Nicht in der Öffentlichkeit über die Firma herziehen, da dies Kunden abschreckt.

> **!** Erfüllt ein Mitarbeiter aus eigener Schuld die gestellten Aufgaben über einen längeren Zeitraum nicht und fügt sich nicht in das Team ein, so ist das geschäftsschädigend und trübt das Betriebsklima.

LF 1.1

Einfluss der Betriebsleitung auf das Betriebsklima

Die Betriebsleitung trifft die ersten wichtigen Entscheidungen bei der Einstellung des Personals. Beim Vorstellungsgespräch haben freundliche, interessierte und motivierte Bewerber/-innen die besten Chancen. Fachverkäuferinnen und Bedienungen, denen z. B. die natürliche Freundlichkeit fehlt, die gelangweilt und deprimiert wirken, passen nicht in ein leistungsstarkes Team. Die Beziehungen innerhalb des Teams sind sehr wichtig.

Einsatzbereitschaft der Mitarbeiter steigern
Dieses Ziel kann die Betriebsleitung erreichen durch:
- leistungsgerechte Bezahlung
- korrekte Freizeitregelung wie Arbeitszeiten, freie Tage, Urlaub u. a.
- Eingehen auf Wünsche, z. B. bei der Urlaubszeit
- freundliche Behandlung des Personals ohne Verletzung der Würde
- Honorierung von besonderen Leistungen, z. B. Überstunden bezahlen, Beförderungen durchführen

> **!** Mitarbeitergespräche ermöglichen nicht nur den regelmäßigen Kontakt zum Mitarbeiter, sondern es können auch Probleme angesprochen und vor allem Unzufriedenheiten ausgeräumt werden.

Verantwortungsbewusstsein der Mitarbeiter steigern
Jeder Einzelne soll nach seinen Fähigkeiten in den Betriebsablauf eingebunden sein, d. h., er soll selbstständig Aufgaben erfüllen, für die er die Verantwortung trägt. So wird das Gefühl vermittelt, gebraucht zu werden und wichtig zu sein. Jeder Mitarbeiter wird gleichermaßen geschätzt.

Leistungsbereitschaft der Mitarbeiter steigern
Jeder Mensch braucht Lob. Deshalb sollen Mitarbeiter zur rechten Zeit gelobt werden, z. B. bei außergewöhnlichen Leistungen oder bei ständig guten Leistungen.
Echtes Lob motiviert, spornt an und stärkt gleichzeitig die Identifikation mit dem Betrieb.
Vergessenes Lob oder ständig fehlende Anerkennung demotivieren, die Leistungsbereitschaft lässt nach.

Kritik angemessen anbringen
- Berechtigte Kritik ist wichtig und hat den Sinn, es beim nächsten Mal besser zu machen.
- Dabei sollten jedoch vom Kritisierenden Verbesserungsvorschläge gemacht werden, z. B. den Arbeitsvorgang vormachen und praktizierbare Hilfen anbieten.
- Der kritisierte Mitarbeiter muss die Möglichkeit zur Stellungnahme haben.
- Vergleiche mit anderen Kollegen sollten unbedingt vermieden werden, z. B.: „Deine Kollegin hat beim Garnieren und Modellieren von Torten und Desserts viel mehr Geschick als du."
- Kritik darf nie beleidigend sein.
- Kritik möglichst nicht vor der Belegschaft anbringen und auf keinen Fall vor den Kunden.
- Der Kritisierte sollte sich nicht in Zeitnot befinden, damit er die Kritik genau aufnimmt.

!
Vorgesetzte, die den Faktor Mensch vernachlässigen, schaden deshalb letztlich der Firma. Nur zufriedene Mitarbeiter sind leistungsfähig und leistungsbereit.

LF 1.1

Aufgaben

1. Beschreiben Sie die Größe Ihrer Bäckerei/Konditorei. Wie ist Ihr Kontakt zur Produktion und zur Betriebsleitung?
2. Erklären Sie die wechselseitige Zusammenarbeit im Bäckerei-/Konditoreibetrieb:
   - Bäcker/Konditoren mit Fachverkäuferinnen
   - Fachverkäuferinnen mit Bäckern/Konditoren
3. Erklären Sie den Begriff „Teamwork" in Ihrem Betrieb.
4. Erläutern Sie den Begriff „gutes Betriebsklima".
5. Geben Sie Beispiele, wie jeder Mitarbeiter etwas zu einem guten Betriebsklima beitragen kann.
6. Nennen Sie Möglichkeiten, wie die Betriebsleitung bei folgenden Punkten die Mitarbeiter motivieren und so das Betriebsklima verbessern kann:
   - Einstellung des Personals
   - Steigern der Einsatzbereitschaft
   - Steigern des Verantwortungsbewusstseins
   - Steigern der Leistungsbereitschaft
   - Anbringen von Kritik
7. Schon seit Längerem reklamieren Kunden, dass die Plundergebäcke zu wenig Füllung enthalten würden. Trotzdem ändert Ihr Chef nichts. Beraten Sie sich mit Ihren Kolleginnen und Kollegen, wie Sie die Kommunikation verbessern können.
8. Überlegen Sie, wie Sie Ihre Mitarbeiterinnen und Mitarbeiter motivieren und ihnen gegenüber Kritik anbringen würden, wenn Sie die Chefin bzw. der Chef einer Bäckerei/Konditorei wären.

Rechenaufgaben

1. Eine Konditorin hat einen Bruttolohn von 1950,00 €. Die gesetzlichen Abzüge belaufen sich auf 673,85 €. Für eine zusätzliche Rentenversicherung werden ihr monatlich 30,80 € abgezogen. Wie viel € bekommt sie ausbezahlt?
2. Eine Bäckerin möchte 1 140,00 € netto verdienen. Sie weiß, dass sie 40 % Abzüge hat. Wie viel € müsste sie beim Vorstellungsgespräch als Bruttolohn verlangen?
3. Vom Bruttogehalt von 1 820,00 € werden einer ledigen Fachverkäuferin 570,40 € Lohnsteuer abgezogen. Nach der Hochzeit zahlt ihr der Betrieb brutto 2 180,00 €, von denen sie 27 % Steuern bezahlen muss.
   a) Wie viel verdient die ledige Fachverkäuferin netto?
   b) Wie viel Prozent werden der ledigen Fachverkäuferin abgezogen?
   c) Wie viel € verdient sie, wenn sie verheiratet ist?

2.5 Anforderungen an Bäckerei- und Konditoreierzeugnisse

Frische Bäckerei- und Konditoreierzeugnisse bester Qualität

Die Kunden der Bäckerei/Konditorei erwarten
- gesunde Lebensmittel,
- absolute Frische,
- besten Geschmack,
- appetitliches Aussehen,
- lange Frischhaltung.

Damit die Erwartungen der Kunden erfüllt werden, sollten kritische Qualitätsbeurteilungen in regelmäßigen Abständen durch das Personal in der Produktion und im Verkauf durchgeführt werden. Dadurch können Schwachpunkte erkannt und beseitigt werden.

Beurteilungen der Erzeugnisse im Betrieb

- Die Bäcker/Konditoren und die Fachverkäuferinnen im Betrieb, die unmittelbaren Fachkräfte, sollten immer wieder selbst ihre Waren objektiv testen und beurteilen.
- Das Verkaufspersonal und die Bedienungen sollten den Bäckern/Konditoren Rückmeldungen der Kundeneindrücke über die Waren geben. Die Urteile der Kunden und deren Kaufverhalten geben wichtige Hinweise zur Verbesserung der Erzeugnisse.

Gebäckprüfung (Gebäckbeurteilung) durch Fachverbände

Fachorganisationen, z. B. die DLG (Deutsche Landwirtschafts-Gesellschaft) und der Zentralverband des Deutschen Bäckerhandwerks und der Deutsche Konditorenbund, führen Gebäckprüfungen durch, an denen sich Bäckereien und Konditoreien freiwillig mit Backwaren beteiligen können. Die verschiedenen Gebäcke werden von fachkundigen Prüfern auf ihre Qualität und Mängel getestet, z. B. bei Brot- und Stollenprüfungen.

!

Die DLG-Prüfer bewerten die Gebäcke nach ihrem eigenen DLG-Schema.

Die Prüfmerkmale sind:
1. Form, Aussehen
2. Oberflächen-, Krusteneigenschaften
3. Lockerung, Krumenbild
4. Struktur, Elastizität
5. Geruch
6. Geschmack

Jedes Prüfungsmerkmal wird bei den entsprechenden Erzeugnissen detailliert bewertet.

Bewertung der geprüften Backwaren

Bei einer Gebäckprüfung, z. B. bei einer Brotprüfung, kann eine Bäckerei/Konditorei jedes Gebäck, das sie im Laden anbietet, auf dessen Qualität testen lassen. Dabei wird jedes zu prüfende Gebäck mit einer Nummer versehen und anonym von den DLG-Prüfern bewertet, um Beeinflussungen der Prüfer auszuschalten.

Bei dem zu prüfenden Gebäck wird jedes der sechs oben genannten Prüfmerkmale mit den Punkten von 5 bis 0 bewertet.

LF 1.1

5-Punkte-Skala und Bewertungstabelle

Punkte	Qualitätsbeschreibung	Allgemeine Eigenschaften
5	sehr gut	keine Abweichung von den Qualitätserwartungen
4	gut	geringfügige Abweichungen
3	zufriedenstellend	leichte Abweichungen
2	weniger zufriedenstellend	deutliche Abweichungen
1	nicht zufriedenstellend	starke Abweichungen
0	ungenügend	nicht bewertbar

Jedes Prüfmerkmal wird unterschiedlich gewichtet:

Prüfmerkmale	**Gewichtungsfaktoren**
Form, Aussehen	× 2
Oberflächen-, Krusteneigenschaften	× 2
Lockerung, Krumenbild	× 3
Struktur, Elastizität	× 4
Geruch	× 3
Geschmack	× 6
	Gewichtungsfaktoren 20

Die erreichten Punkte von jedem Prüfungsmerkmal werden mit dem entsprechenden Gewichtungsfaktor multipliziert. Die addierten Punkte werden durch die Gewichtungsfaktoren 20 dividiert. Das Ergebnis ergibt die erzielte Qualitätszahl.

Beispiel für ein Gebäck mit 92 erreichten Punkten:

$$\frac{92 \text{ (erreichte Punkte)}}{20 \text{ (Gewichtungsfaktoren)}} = \mathbf{4{,}60 \text{ (erzielte Qualitätszahl)}}$$

LF 1.1

DLG-Preise

Einwandfrei geprüfte Backwaren werden mit folgenden DLG-Preisen prämiert:

DLG-Preise	Qualitätszahl für das geprüfte Gebäck
Goldener DLG-Preis	5,00
Silberner DLG-Preis	4,50 – 4,99
Bronzener DLG-Preis	4,00 – 4,49

DLG-Urkunde

Für die prämierten Backwaren erhält die Bäckerei/Konditorei auch eine DLG-Urkunde. Diese werbewirksame Urkunde mit dem DLG-Preis sollte an einer für die Kunden gut sichtbaren Stelle im Laden platziert werden. Ebenso kann die Fachverkäuferin im Verkaufsgespräch das prämierte Gebäck hervorheben.

Bedeutung der Gebäckprüfungen für eine Bäckerei/Konditorei

- Die Mängel der Gebäcke werden bei der Beurteilung im Detail festgehalten und dem Betrieb schriftlich mitgeteilt.
- So kann jeder Betrieb künftig die Fehler bei der Gebäckherstellung gezielt abstellen und somit Qualitätsverbesserungen der Gebäcke erreichen.
- Einwandfrei geprüfte Backwaren werden mit dem DLG-Preis prämiert. Die prämierten Gebäcke dürfen mit dem Gütesiegel versehen werden und sind somit gute Werbemittel.

DLG-Urkunde

Frische – ein wichtiges Qualitätsmerkmal

> **!** Bäckerei-/Konditoreierzeugnisse werden als frisch bezeichnet, solange sie ihre typischen Qualitätsmerkmale aufweisen.

Frische ist bei den Backwaren unterschiedlich.

Gebäckbeispiele	Frischeanforderung
Brötchen, Brezeln, Baguettes, Plundergebäcke, Croissants, Blätterteiggebäcke mit Füllungen	Gebäcke, die frisch gegessen werden sollen – je frischer, desto besser
Sahnetorten, Sahnedesserts, Bienenstich, Pflaumenkuchen, Berliner	Gebäcke, die am Tag der Herstellung verkauft und gegessen werden sollen
Brote, Hefezöpfe, pikante Blätterteiggebäcke ohne Füllung wie Käsestangen und Käsegebäcke	Gebäcke, die frisch am Tag der Herstellung verkauft werden sollen, die jedoch bei den Kunden noch einige Tage ihre Frischeeigenschaften behalten
Mürbeteiggebäcke, Kuchen aus Sandmasse, Käsekuchen, Lebkuchen, Stollen, Makronen	Dauerbackwaren, die längere Zeit ihre Frischeeigenschaften behalten

> **!** Die Kunden erhalten auf Fragen zur Gebäckfrische grundsätzlich ehrliche Antworten.

Die Frische der Backwaren ist sensorisch, d. h. mit den Sinnen feststellbar.

Sinne	Frische Backwaren	Ältere Backwaren
Augen	• appetitliche Farbe • gute Lockerung und schöner Stand sowie Form	• verblassen • werden runzlig und fallen etwas ein
Geruch	riechen intensiv, z. B. beim Ausbacken im Ladenbackofen	verlieren zunehmend die Aromastoffe
Geschmack	voller typischer Geschmack	schmecken zunehmend leerer
Tasten	weiche Krume	zunehmend trockenere Krume

Frische Bäckerei- und Konditoreierzeugnisse bester Qualität

Bio- oder Öko-Backwaren

Bio-Siegel

DE-ÖKO-000
EU-Landwirtschaft

EU-Bio-Logo mit Kontrollstellencode

Immer mehr gesundheitsbewusste Menschen bevorzugen Backwaren, die mit Zutaten aus „kontrolliert ökologischem Anbau“ hergestellt werden. Diese Bio- oder Öko-Backwaren werden mit dem Bio-Siegel und/oder mit dem EU-Bio-Logo auf dem Preisschild in der Bäckerei/Konditorei gekennzeichnet. Das Preisschild sollte zudem den Kontrollstellencode enthalten oder es hängt die Öko-Bescheinigung im Laden aus. Für vorverpackte Bio-Lebensmittel ist das EU-Bio-Logo auf der Verpackung Pflicht.

Ökologische oder biologische Landwirtschaft

Grundlage für beide Kennzeichnungen (Bio-Siegel, EU-Bio-Logo) sind die EU-Rechtsvorschriften für den ökologischen Landbau, die genau definieren, wie landwirtschaftliche Erzeugnisse und Lebensmittel, die als Öko-Produkte gekennzeichnet sind, erzeugt und hergestellt werden müssen. Ökologische bzw. biologische Landwirtschaft verzichtet z. B. grundsätzlich auf den Einsatz von chemisch-synthetischen Pflanzenschutzmitteln und löslichen mineralischen Düngemitteln.

Beim Wachstum der Lebensmittel steht der Naturkreislauf im Vordergrund. Dabei bleiben Natur und Umwelt weitgehend geschont.

Weitere Beispiele der ökologischen bzw. biologischen Landwirtschaft:

- Es wird auf Gentechnik verzichtet.
- Boden, Wasser und Luft werden geschützt und die Artenvielfalt erhalten.
- Vorbeugend zum Pflanzenschutz werden auf den Anbauflächen jährlich andere Pflanzen angebaut (wechselnde Fruchtfolge).
- Die Tierhaltung erfolgt artgerecht mit ausreichendem Auslauf.
- Es wird eine Kreislaufwirtschaft mit möglichst geschlossenen Nährstoffzyklen angestrebt, das heißt z. B., dass Futtermittel für die Tiere im eigenen Betrieb hergestellt und nicht zugekauft werden.

LF 1.1

> **!** Bio- bzw. Öko-Bäckereien und -Konditoreien stellen überwiegend Vollkornbackwaren mit Getreide aus kontrolliert biologischem Anbau her, die grundsätzlich ohne chemische Schadstoffe sind.

Bio-Backwaren aus Vollkornmehl

Naturbelassene Lebensmittel

Für die gesunde Ernährung verarbeiten Bio- bzw. Öko-Bäckereien und -Konditoreien möglichst naturbelassene, unbehandelte Lebensmittel, damit alle gesunden Nährstoffe wie Vitamine, Mineralstoffe und Ballaststoffe in den Backwaren erhalten bleiben.

Naturbelassene Lebensmittel	Behandelte Lebensmittel
Vollkornmehl	geschältes Getreide, z. B. Mehl der Type 405 und 550
frisches Obst und Gemüse	Obst- und Gemüsekonserven
tiefgefrorene Lebensmittel	Lebensmittel mit chemischen Konservierungsstoffen, Lebensmittel in Konserven

LF 1.1

Frische Lebensmittel

Frische Lebensmittel schmecken gut und enthalten meist keine haltbar machenden chemischen Stoffe.

Deshalb bevorzugen gesundheitsbewusste Kunden Lebensmittel, die durch kurze Transportwege frisch sind und die Umwelt schonen, z. B.

- saisonales Obst und Gemüse, das in der momentanen Jahreszeit geerntet wird,
- Lebensmittel aus der Region.

Frisches Gemüse

Aufgaben

1. Welche Erwartungen haben Verbraucher an die Erzeugnisse aus dem Fachbetrieb?
2. Welche Möglichkeiten hat die Bäckerei/Konditorei selbst, ihre Erzeugnisse zu prüfen und zu beurteilen?
3. Nennen Sie die Fachorganisationen, die Gebäckprüfungen durchführen.
4. Mit welchen DLG-Preisen werden einwandfrei geprüfte Backwaren ausgezeichnet?
5. Erläutern Sie, was eine Bäckerei/Konditorei mit einer DLG-Urkunde bewirken kann.
6. Erklären Sie die Bedeutung der Gebäckbeurteilungen für eine Bäckerei/Konditorei.
7. Wie lange werden Bäckerei-/Konditoreierzeugnisse als frisch bezeichnet?
8. Nennen Sie die Sinne, mit denen die Frische der Backwaren feststellbar ist und geben Sie Beispiele, wie frische Backwaren und ältere Gebäcke sensorisch erkannt werden.
9. Erklären Sie, welche Backwaren Bio- bzw. Öko-Bäckereien/Konditoreien überwiegend herstellen und welches Getreide sie dafür verwenden.
10. Beschreiben Sie das Aussehen des staatlichen Bio-Siegels und des EU-Bio-Logos.
11. Beschreiben Sie Grundsätze der ökologischen bzw. biologischen Landwirtschaft in Bezug auf
    - Düngung der Anbauflächen,
    - vorbeugenden Pflanzenschutz,
    - Tierhaltung,
    - Futtermittel für die Tiere.
12. Nennen Sie Beispiele aus der Bäckerei/Konditorei für naturbelassene Lebensmittel und stellen Sie diesen behandelte Rohstoffe gegenüber.
13. Nennen Sie Lebensmittel, die durch kurze Transportwege frisch erhältlich sind und die Umwelt schonen.
14. Ihr Chef legt immer großen Wert auf die betriebsinterne Gebäckbeurteilung, denn er möchte nur beste Qualitätswaren herstellen und verkaufen. Nun wurden die Butterstollen sogar mit dem goldenen DLG-Preis ausgezeichnet. Die Urkunde haben Sie in das Schaufenster gehängt, um die Auszeichnung für Werbezwecke zu nutzen. Erklären Sie den nachfragenden Kunden, warum die Butterstollen mit diesem Preis ausgezeichnet wurden und welche Kriterien bei der Gebäckprüfung eine Rolle spielen.

3 Arbeitssicherheit – Unfallverhütung

Situation

Sie beobachten, wie ein Mitarbeiter Ihres Betriebs beim Tragen eines Korbs mit tiefgefrorenen Teiglingen die Treppe hinabstürzt. Er hat eine Platzwunde am Kopf und klagt über heftige Schmerzen im Knie. Sie rufen sofort die Rettungsleitstelle an und beauftragen den Ersthelfer, Erste Hilfe zu leisten. Später sollen Sie mit Ihrem Kollegen eine detaillierte Unfallschilderung für die Berufsgenossenschaft erstellen und Möglichkeiten der Unfallvermeidung diskutieren.

- Welche Inhalte hat der Unfallbericht?
- Welche Aufgaben hat die Berufsgenossenschaft?
- Welche Arbeitskleidung ist in der Produktion der Bäckerei/Konditorei erforderlich?
- Welche Unfallverhütungsvorschriften sind zu beachten?
- Wie sind die Arbeitsschutzvorschriften für die Betriebsräume?
- Welche Erste-Hilfe-Maßnahmen sind im Falle eines Unfalls durchzuführen?

Der Schutz vor Unfällen während der Arbeit und die Maßnahmen zur Unfallverhütung müssen bei Arbeitgebern und Arbeitnehmern gleichermaßen Grundvoraussetzungen für die Beschäftigung im Betrieb sein. Nicht beachtete Unfallverhütung hat für alle Beteiligten negative Folgen. Auswirkungen können sein:

Für den Betrieb
- Arbeitsausfall des Verletzten ergibt Mehrarbeit für die Kollegen
- Kosten für anfallende Mehrarbeit der übrigen Beschäftigten im Betrieb und für Aushilfskräfte
- Gehaltsfortzahlung ohne Arbeitsleistung
- Strafe wegen Missachtung der Unfallverhütungsvorschriften

Für den Verletzten
- Schmerzen
- Krankenhausaufenthalt und Arztbesuche
- Belastung für die Familie
- bleibende körperliche Schäden
- Berufsaufgabe

Für die Versicherung, die Unternehmen und die Allgemeinheit
- Bezahlung des Verdienstausfalls bei längerer Krankheit
- Kosten für ärztliche Versorgung und Medikamente
- Rehabilitationskosten z. B. Krankengymnastik, Kuraufenthalt, Teilhabe am Arbeitsleben
- Bezahlung der Rente

3.1 Berufsgenossenschaft

Jeder Gewerbebetrieb muss Mitglied in der für den entsprechenden Berufszweig zuständigen Berufsgenossenschaft sein. Für das Lebensmittelgewerbe – und somit für Bäckerei-/Konditoreibetriebe – ist die **Berufsgenossenschaft Nahrungsmittel und Gastgewerbe (BGN)** zuständig, die ihren Hauptsitz in Mannheim hat.

Die BGN ist Träger der gesetzlichen Unfallversicherung. Laut Gesetz ist jeder Beschäftigte, auch Auszubildende und Aushilfen, gegen Arbeits- und Wegeunfälle sowie Berufskrankheiten bei der BGN versichert. Die Beiträge für diese Pflichtversicherung jedes Arbeitnehmers bezahlt zu 100 % der Arbeitgeber.

Arbeitsunfälle

> **!** Arbeitsunfälle sind Unfälle am Arbeitsplatz bei betrieblicher Tätigkeit, Betriebswegeunfälle, Wegeunfälle auf dem direkten Weg von und zur Arbeit.

Unfälle während der Arbeitspausen, bei denen keine betrieblichen Tätigkeiten ausgeführt werden, z. B. beim Essen in der Kantine, werden nicht von der Unfallversicherung übernommen, sondern von der Krankenkasse.
Unfälle auf dem Weg von und zur Berufsschule und in der Berufsschule fallen nicht unter die Zuständigkeit der Berufsgenossenschaft, sondern werden von den Unfallkassen der Länder getragen.

Berufskrankheiten

Ist eine Krankheit als Folge der beruflichen Tätigkeit erwiesen, spricht man von einer Berufskrankheit. Als Berufskrankheit werden aber nur bestimmte Erkrankungen anerkannt, die entstehen, weil die Betroffenen durch ihre Arbeit den gesundheitsschädigenden Einwirkungen in höherem Maß als die gesamte Bevölkerung ausgesetzt sind. Die von der Bundesregierung und vom Bundesrat erlassene Berufskrankheitenliste führt diese Erkrankungen auf. Die Berufsgenossenschaft wird in den meisten Fällen den Zusammenhang zwischen der Ausübung der Berufstätigkeit und der Erkrankung durch einen medizinischen Sachverständigen (Gutachter) prüfen lassen.

> **!** **Anerkannte Berufskrankheiten**
>
> - Mehlasthma, das Atembeschwerden verursacht und hauptsächlich durch Mehlstaub ausgelöst wird. Dieser kann auch weitere Symptome wie Hustenreiz, Augentränen, Fließschnupfen und Nieszwang nach sich ziehen.
> - Berufliche Hauterkrankungen (Ekzeme), also Hautausschläge, Juckreiz, Rötung. Sie werden überwiegend hervorgerufen durch Feuchtarbeit, Teigsäuren und Backmittel.
>
> 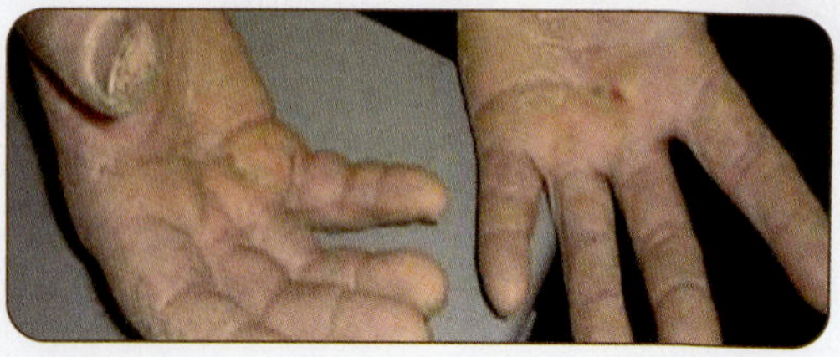
>
> *Ekzem (Hauterkrankung)*
>
> - Skeletterkrankungen mit Schäden an der Wirbelsäule, die Rückenleiden hervorrufen. Sie entstehen durch Heben und Tragen schwerer Lasten oder durch langjährige Tätigkeiten mit ständig gebückter Oberkörperhaltung oder Drehbewegungen.

Kariesbildung durch überdurchschnittlichen Kontakt vor allem mit Zucker beim Abschmecken sowie stärkehaltigen Lebensmitteln und Säuren kann durch regelmäßige Mundpflege (Zähneputzen) vorgebeugt werden und zählt deshalb bei Bäckern, Konditoren und Fachverkäuferinnen nicht zu den anerkannten Berufskrankheiten.

Unfallanzeige

Anzeigepflichtig ist der Unternehmer.

- Nach einem Arbeitsunfall mit einer Arbeitsunfähigkeit von drei Tagen und mehr muss eine Unfallanzeige ausgefüllt und an die Berufsgenossenschaft geschickt werden. Die Anzeige muss innerhalb von drei Tagen erstattet werden, nachdem der Unternehmer von dem Unfall Kenntnis erhalten hat.
- Tödliche Unfälle und Massenunfälle (> 3 Verletzte) müssen der BGN sofort, d. h. noch am selben Tag gemeldet werden.

Auf dem vorgedruckten Formular der Unfallanzeige müssen die berufliche Tätigkeit und der Unfallhergang genau beschrieben werden.

Leistungen der Unfallversicherung

Die Berufsgenossenschaft trägt die Kosten, die durch einen Arbeitsunfall oder durch Berufskrankheiten entstehen. Dies sind im Einzelnen:

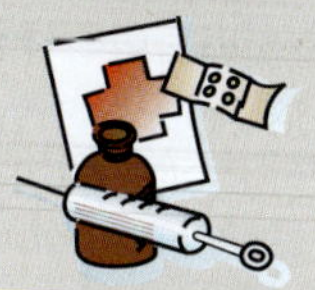

Medizinische Rehabilitation, z. B.
- ambulante Heilbehandlung (Arztkosten, Krankengymnastik, Medikamente)
- stationärer Krankenhausaufenthalt

Leistungen zur Teilhabe am Arbeitsleben, z. B. Umschulungsmaßnahmen

Leistungen zur Pflegebedürftigkeit, z. B. Pflegedienst, Pflegeheim

Geldleistungen, z. B.
- Verletztengeld als Lohnersatz
- Rente
- Sterbegeld
- Hinterbliebenenrente

(Quelle: nach BGN)

Verantwortung für Sicherheit und Gesundheit im Betrieb

Die Sicherheit und Gesundheit im Betrieb ist gesetzlich geregelt, z. B. im Arbeitsschutzgesetz und durch die Unfallverhütungsvorschriften. Der Betriebsinhaber muss sich über die Gesetze und Vorschriften selbst informieren.

Grundsätzlich ist der Unternehmer für die Sicherheit und Gesundheit im Betrieb verantwortlich. Er hat deshalb folgende Verpflichtungen zu erfüllen:
- Er muss dafür sorgen, dass die Gesetze und Vorschriften eingehalten werden.
- Er ist verpflichtet, alle Mitarbeiter/-innen regelmäßig zu sicherem und gesundheitsförderndem Verhalten am Arbeitsplatz anzuhalten, zu unterweisen, zu informieren und als Vorbild mit gutem Beispiel voranzugehen.

Aber auch die Mitarbeiter sind verpflichtet alles zu tun, damit ein sicheres Arbeiten gewährleistet ist. Sie müssen sich an die Vorschriften halten, da dies sonst arbeitsrechtliche Folgen haben kann.

Aufgaben

1. Nennen Sie die Berufsgenossenschaft für das Lebensmittelgewerbe und somit für Bäckereien und Konditoreien.
2. Nennen Sie den Träger der gesetzlichen Unfallversicherung, die eine Pflichtversicherung ist.
3. Wer bezahlt die Beiträge zur Unfallversicherung?
4. Die Berufsgenossenschaft erkennt zwei Arten von Arbeitsunfällen an. Nennen Sie diese.
5. Nennen Sie die drei anerkannten Berufskrankheiten bei Bäckern/Konditoren.
6. Beschreiben Sie, wann eine Unfallanzeige bei Arbeitsunfällen an die Berufsgenossenschaft geschickt werden muss.
7. Wer hat die Anzeigepflicht bei Arbeitsunfällen an die Berufsgenossenschaft?
8. Nennen Sie die vier Leistungen mit Beispielen, die die Berufsgenossenschaft bei Arbeitsunfällen erbringt.
9. Einer Ihrer Kollegen fürchtet um seinen Arbeitsplatz, weil er immer wieder Atembeschwerden in der Backstube bekommt. Er befürchtet, Mehlasthma zu haben. Informieren Sie sich, wodurch diese Krankheit ausgelöst wird und ob sie geheilt werden kann.

3.2 Arbeitsstättenverordnung

Damit die Gesundheit der Beschäftigten im Betrieb geschützt wird, müssen die Arbeitsräume den Unfallverhütungsvorschriften der Berufsgenossenschaft entsprechen. Außerdem müssen die Betriebsräume den Beschäftigten ein gesundes, menschengerechtes Umfeld bei ihrer täglichen Arbeit bieten. Diese Arbeitsschutzvorschriften, für deren Einhaltung der Betriebsinhaber verantwortlich ist, werden von der Berufsgenossenschaft festgelegt.

Arbeitsschutzvorschriften für Arbeitsräume

Arbeitsräume
- Sie müssen ausreichend beleuchtet sein.
- Gekennzeichnete Fluchtwege und Notausgänge sind erforderlich. Sie dürfen nicht eingeengt werden, sind immer freizuhalten und müssen allen Mitarbeitern bekannt gemacht werden.

LF 1.1

Fußböden

- Sie dürfen keine Stolperstellen aufweisen. Als Stolperstellen gelten bereits Höhenunterschiede über 4 mm.
- Sie müssen wegen der Sturzgefahr rutschhemmend sein.
- Sie müssen wie die Wände leicht zu reinigen sein.

Schädigende Umgebungseinflüsse

Starker Lärm, ständiger Staub und Schmutz sowie ausstrahlende Gifte gefährden die Gesundheit der Beschäftigten und müssen deshalb vermieden werden.

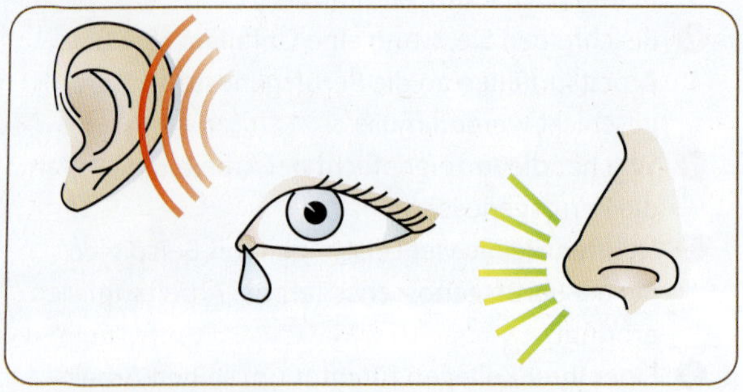

Schädigende Umgebungseinflüsse

Mehlabsaugpaneele (© Aigner Absaugtechnik)

Schutz gegen Brandgefahr

- Es müssen geprüfte Feuerlöscher angebracht sein. Die Füllmenge und Anzahl der Feuerlöscher ergibt sich in Bäckereien und Konditoreien nach der Flächengröße der Räume. Eine Funktionsüberprüfung muss alle zwei Jahre durch einen Fachbetrieb erfolgen.
- Die Beschäftigten sind in die richtige Handhabung der Feuerlöscher einzuweisen.
- Die Feuerlöscher müssen jedem Betriebsangehörigen leicht zugänglich sein.

Arbeitsschutzvorschriften für Sozialräume

Die Arbeitsstättenverordnung schreibt folgende Sozialräume im Bäckerei-/Konditoreibetrieb vor sowie deren zweckmäßige Einrichtungen:

Pausenräume

Bei mehr als zehn Beschäftigten, dazu zählen die Bäcker, Konditoren und Fachverkäuferinnen sowie das Bedienungspersonal, muss der Betrieb einen Pausenraum bereitstellen. Darin müssen Tische und Sitzgelegenheiten entsprechend der Anzahl der Beschäftigten stehen. Für schwangere Beschäftigte müssen Sitz- und Liegemöglichkeiten zum zwischenzeitlichen Ausruhen vorhanden sein.

Der Arbeitgeber muss geeignete Maßnahmen ergreifen, um Nichtraucher vor Belästigungen durch Tabakrauch zu schützen.

Umkleideräume

Da die Bäckerinnen und Bäcker, Konditorinnen und Konditoren sowie die Fachverkäufer/-innen und Bedienungen Berufskleidung tragen müssen, sind Umkleideräume, getrennt nach Frauen und Männern, vorgeschrieben, die wie folgt ausgestattet sein müssen:

- ein abschließbarer Kleiderschrank für jeden Beschäftigten
- für je vier Schrankeinheiten im Umkleideraum mindestens eine Sitzgelegenheit
- Spiegel
- Abfallbehälter

Waschräume

Auch die Anforderungen an die Waschräume sind festgelegt:

- getrennte Waschräume für Frauen und Männer
- fließend warmes und kaltes Wasser in den Waschräumen
- Mittel zur hygienischen Reinigung müssen vorhanden sein; zulässig sind Seifenspender und zum Abtrocknen der Hände Einmalhandtücher.
- In jedem Waschraum muss ein Abfallbehälter stehen.
- Wasch- und Umkleideräume müssen voneinander getrennt sein, aber einen unmittelbaren Zugang zueinander haben.

Toiletten

Die Toiletten müssen folgende Anforderungen erfüllen:

- Bei mehr als fünf Beschäftigten müssen sie ausschließlich dem Personal zur Verfügung stehen.

- Es müssen getrennte Toilettenräume für Frauen und Männer bei mehr als fünf Beschäftigten verschiedenen Geschlechts im Betrieb vorhanden sein.
- Toilettenräume müssen in unmittelbarer Nähe von Pausen-, Umkleide- und Waschräumen sein. Sie dürfen höchstens eine Geschosshöhe vom Arbeitsplatz entfernt sein, wobei der Weg zu den Toiletten nicht durchs Freie führen soll.
- Handwaschbecken, Seifenspender und Einmalhandtücher müssen vorhanden sein.
- Toilettenräume müssen ausreichend belüftbar sein.

Hygienisches Reinigen der Hände

Aufgaben

1. Wie heißt die Berufsgenossenschaft für Ernährungsberufe?
2. Geben Sie an, wer im Betrieb in der Unfallversicherung der Berufsgenossenschaft versichert sein muss.
3. Wer ist für die Sicherheit und Gesundheit der Beschäftigten im Betrieb verantwortlich? Nennen Sie Verpflichtungen des Verantwortlichen.
4. Welche Verpflichtungen haben die Beschäftigten für ihre eigene Sicherheit und Gesundheit während der Arbeit?
5. Beschreiben Sie die wichtigsten Arbeitsschutzvorschriften nach der Arbeitsstättenverordnung
   - für die Arbeitsräume,
   - für die Fußböden,
   - gegen schädigende Umgebungseinflüsse,
   - für den Schutz gegen Brandgefahr.
6. Nennen Sie die nach der Arbeitsstättenverordnung vorgeschriebenen Sozialräume in Bäckerei- und Konditoreibetrieben und erklären Sie deren Einrichtungen.
7. Da Sie sich vor der Arbeit Ihre Berufskleidung anziehen müssen, hätten Sie gerne in Ihrem Betrieb einen abschließbaren Schrank, in dem Sie Ihre persönlichen Sachen unterbringen können. Ihr Chef meint aber, dass dafür kein Platz vorhanden sei. Schauen Sie in der Arbeitsstättenverordnung nach, ob auch etwas über Kleiderschränke in der Verordnung steht und welche Vorschriften der Betrieb noch beachten muss.

3.3 Unfallgefahren und Unfallverhütung

Bei Unfällen ist keine Erkenntnis zutreffender:
„Gefahr erkannt – Gefahr gebannt.“
Unfälle im Betrieb werden meistens verursacht durch:

- Nichterkennen der Gefahrenquellen
- Leichtsinn
- Bequemlichkeit
- Nichtbeachtung der Unfallvorschriften, oft auch durch zu hastiges und unüberlegtes Arbeiten
- Übermüdung, z. B. durch fehlende Pausen

Um Unfälle im Betrieb zu vermeiden, sollen deshalb alle Beschäftigten regelmäßig auf die Gefahrenquellen im Betrieb aufmerksam gemacht werden. Besonders wichtig ist, dass vor allem neu in das Berufsleben eintretende Auszubildende und neue Anlernkräfte von den Ersthelfern im Betrieb und von erfahrenen Berufskollegen auf die Unfallgefahren hingewiesen werden. Diese Sicherheitsunterweisungen sollen möglichst praxisnah geschehen, d. h. an den entsprechenden Maschinen und Geräten sowie bei den gefährlichen Stoffen in der Bäckerei und Konditorei.

Werden die Gefahrenquellen erkannt und sofort ausgeschaltet, können Arbeitsunfälle zur Ausnahme werden.

Gefahrenquellen	Vorbeugungsmaßnahmen
Zur Vermeidung von Stürzen	
Nasse Fußböden und Treppen	Verschüttete Flüssigkeiten umgehend aufwischen und gründlich trocknen.
Beschmutzte Fußböden und Treppen	Zu Boden Gefallenes wie Cremes, Früchte u. a. sofort entfernen und aufwischen.
Fettige Fußböden	Mit heißem Wasser, das ein fettlösendes Mittel enthält, sofort säubern.
Beschädigte Fußböden und Treppen	Schäden wie Stolperstellen müssen schnellstens behoben werden.
Ungesicherte Treppen	Zu jeder Treppe gehört ein Handlauf. Auf Treppen dürfen keine Gegenstände abgestellt werden. Treppen müssen gut beleuchtet sein.

LF 1.1

Gefahrenquellen	Vorbeugungsmaßnahmen
Zur Vermeidung von Stürzen	
Schlechte Beleuchtung in den Arbeitsräumen	Sämtliche Arbeitsbereiche im Betrieb müssen ausreichend beleuchtet sein.
Hindernisse im Arbeitsbereich, z. B. Körbe, Bleche, Eimer, Schachteln	Der Arbeitsplatz sowie die Arbeitswege müssen frei und aufgeräumt sein, um Stolperstellen zu vermeiden.
Stromkabel führen über Lauf- und Fahrwege	Sie dürfen nicht von den Maschinen über den Arbeitsweg zur Steckdose führen. Es sind Stolperstellen und die Kabel werden dabei beschädigt.
Leitern und Steighilfen 	Vor dem Besteigen der Leiter muss deren sicherer Stand geprüft werden. Auf der obersten Stufe der Leiter bzw. Staffelei sich nicht zu weit hinausbeugen. Übereinandergestellte Hocker, Stühle, Kisten, Körbe u. a. sind keine Steighilfen, sondern selbst gebaute Fallen. *Selbst gebaute Falle*
Schlechtes Schuhwerk	Für die Arbeit eignen sich nur Schuhe mit festem Sitz am Fuß und Fersenhalt sowie rutschhemmenden Sohlen.  *Vorschriftsmäßiges Schuhwerk*
Zur Vermeidung von Schnittverletzungen	
Messer im Spülwasser	Messer und scharfe Geräte in einen Behälter neben die Spüle stellen oder ordentlich in die Spülmaschine einräumen. Sie dürfen nicht im Spülwasser liegen, weil sie dort nicht sichtbar sind und somit eine zusätzliche Gefahrenquelle darstellen.

Gefahrenquellen	Vorbeugungsmaßnahmen
Abwaschen und Abtrocknen von Messern	Mit einem Spüllappen und dem Geschirrtuch nur über die stumpfe Seite des Messers fahren.
Herumliegende Messer	Die Messer nach dem Gebrauch sofort wieder in die dafür vorgesehenen Behälter legen.
Herabfallende Messer	Nicht versuchen, diese beim Herabfallen aufzufangen.
Öffnen von Dosen	Nur stabile, scharf schneidende Dosenöffner verwenden. Die Dosen vorsichtig öffnen, damit man sich nicht an dem scharfen Blech der geöffneten Dose schneidet.
Zur Vermeidung von Verletzungen an Maschinen	
Maschinen	• Grundsätzlich nie in eine laufende Maschine greifen. • Nicht bei laufenden Maschinen hinter die Schutzvorrichtung fassen. Bei leichtsinnigem Umgang können Quetschungen, Prellungen, Knochenbrüche, Schnittverletzungen u. a. die Folgen sein.
Zur Vermeidung von Verletzungen durch Strom	
Reinigen von Maschinen und Steckdosen	Vor dem Nassreinigen der Maschinen den Stecker herausziehen. Weder mit trockenen noch mit nassen Händen in die Strom führende Steckdose fassen.
Schadhafte Kabel, Stecker und Steckdosen *Schadhafter Stecker*	Beschädigte Strom führende Teile umgehend von Elektropersonal reparieren lassen. Den Stecker nicht am Kabel aus der Steckdose herausziehen, damit das Kabel nicht beschädigt wird. 

Gefahrenquellen	Vorbeugungsmaßnahmen
Zur Vermeidung von Verbrennungen	
Backofen: Einschieben und Herausnehmen der Backbleche	Beim Einschieben der Backbleche in den Herd und beim Herausnehmen den Schieber verwenden und nicht mit dem Arm in den Herd greifen. Heiße Backbleche und Backformen mit Ofenhandschuhen anfassen.
Fettbackgerät: • mit heißem Siedefett	Das Fettbackgerät muss standfest angebracht sein und darf nicht mit heißem Siedefett bewegt werden. Verbrennungen beim Ablassen von altem Fett vermeiden und heißes Fett nur sicher transportieren.
• beim Fettbrand	Mit einem Feuerlöscher löschen bzw. den Deckel auf das Fettbackgerät legen, um die Flammen durch Luftabschluss zu ersticken. Nie mit Wasser löschen, da schon kleinste Mengen Wasser eine gefährliche Stichflamme erzeugen.
Zur Vermeidung von Verkühlungen	
Tiefkühlraum (Frosterraum)	Den Tiefkühlraum grundsätzlich nur mit kälteschützender Bekleidung betreten; ein Anorak und Handschuhe sollten deshalb vor dem Frosterraum für jeden erreichbar angebracht sein.
Zur Vermeidung von Verätzungen	
Brezellauge, Natronlauge  *Ätzend*  *Giftig*	Beim Umgang mit Brezellauge immer Schutzkleidung, z. B. Gummihandschuhe, tragen. Konzentriert arbeiten, damit die Lauge nicht in die Augen spritzt. Brezellauge und andere gefährliche Stoffe nur in gut gekennzeichnete Behältnisse abfüllen.

Die Unfallversicherung kommt zwar für Unfälle und deren Folgen auf, sie kann jedoch gesundheitliche Beeinträchtigungen und den Verlust der Lebensfreude durch keinen Geldbetrag ausgleichen. Es lohnt sich deshalb, über Unfallgefahren nachzudenken und vorbeugende Maßnahmen zu berücksichtigen.

Auch sollten bei der Arbeit die nötigen Pausen eingelegt werden, damit nicht durch Überbeanspruchung die Konzentration nachlässt und damit die Unfallgefahr steigt.

§

Gesetzliche Bestimmung beim Umgang mit Maschinen
Nach dem Jugendarbeitsschutzgesetz dürfen Jugendliche über 16 und unter 17 Jahren zu Ausbildungszwecken an Maschinen arbeiten, wenn sie über die Unfallgefahren belehrt worden sind und eine Aufsichtsperson anwesend ist.

!

Bei jeder Arbeit ist die Sicherheit vorrangig. Sicherheit geht auch vor Schnelligkeit. Nur wer konzentriert arbeitet, bleibt auf Dauer gesund und leistungsfähig.

Aufgaben

1. Geben Sie betriebliche Gefahrenquellen an, die Stürze verursachen können, und beschreiben Sie dazu die vorbeugenden Maßnahmen.
2. Nennen Sie Beispiele, wodurch Schnittverletzungen durch Messer beim Abwaschen vermieden werden können.
3. Beschreiben Sie zwei Vorbeugemaßnahmen, damit Unfälle an Maschinen verhindert werden.
4. Geben Sie Gefahrenquellen durch Strom an und wie Verletzungen vermieden werden können.
5. Wie können Verbrennungen beim Arbeiten am Backofen und mit einem Fettbackgerät entstehen?
6. Erklären Sie, wie ein Fettbrand im Fettbackgerät gelöscht werden soll.
7. Erläutern Sie, was beim Betreten des Frosterraums beachtet werden soll, um Verkühlungen zu vermeiden.
8. a) Worin wird Natronlauge aufbewahrt?
   b) Wie kann man Verätzungen durch Natron- bzw. Brezellauge in der Backstube vorbeugen?
9. Beim Backen der Berliner war morgens Fett auf den Boden gespritzt und nicht sofort vom Fußboden aufgewischt worden. Ihre Chefin war sehr wütend darüber und nimmt dies zum Anlass, mit allen Beschäftigten eine Unterweisung über die Unfallgefahren durchzuführen. Sie werden von ihr aufgefordert, Gefahrenquellen in der Bäckerei/Konditorei zu benennen.

3.4 Erste Hilfe

Erste Hilfe ist die sofortige Hilfe bei Unfällen oder plötzlich auftretenden (akuten) Erkrankungen bzw. Verletzungen. Sie ist eine sehr wirksame Hilfe, da sie

- den ersten Schmerz lindert,
- dem Verletzten die Angst nimmt und
- die Unfall- bzw. Krankheitsfolgen mildert.

Verletzte brauchen deshalb Erste Hilfe. Diese zu leisten, gehört zur selbstverständlichen Menschlichkeit.

> **!** Erste Hilfe muss und kann jeder leisten! Alle Menschen sind im Notfall zur Ersten Hilfe verpflichtet. Unterlassene Hilfeleistung ist eine Straftat.

Telefonischer Notruf

LF 1.1

Um telefonisch Hilfe anfordern zu können, müssen die Notrufnummern bekannt sein. Sie sollten möglichst am Telefon sichtbar vermerkt oder im Telefon gespeichert sein, damit der Anrufende trotz der ersten Aufregung die korrekte Nummer wählt.
Damit die Rettungsstellen schnellstmöglich Hilfe leisten können, müssen beim Telefonieren wichtige Angaben gemacht werden.

> **!**
>
> **Notrufnummern**
>
> **112** = Rettungsleitstelle (Krankenwagen, Notarzt, Feuerwehr)
>
> **110** = allgemeiner Notruf (Polizei)
>
> **Angaben beim Notruf**
>
> **Wo** ist der Unfall bzw. die Erkrankung passiert?
> - genaue Ortsbeschreibung
>
> **Was** ist passiert?
> - kurze Beschreibung der Unfallsituation bzw. des Krankheitsverlaufs
>
> **Wie viele** Verletzte sind es?
> - evtl. wird ein weiterer Krankenwagen benötigt
>
> **Welche** Art der Verletzung ist es?
> - damit notwendige Hilfsmittel mitgebracht werden oder ein Notarzt mitkommt
>
> **Warten** auf Rückfragen (ggf. Name und Telefonnummer für Rückrufe angeben)

Beispiel:

Wo?	Bäckerei/Konditorei Backherz, Rosengasse 12
Was?	Mein Kollege ist ausgerutscht und mit dem Kopf auf die Kante einer Maschine aufgeschlagen.
Wie viele?	Es ist ein Verletzter.
Welche?	Er hat eine Platzwunde am Kopf und ist bewusstlos.
Warten.	Mein Name ist Fritz Hurtig. Ich bleibe beim Verletzten.

Ersthelfer

Anerkannter Ersthelfer ist, wer eine **Erste-Hilfe-Ausbildung von neun Unterrichtsstunden** erfolgreich bei einer zur Ausbildung berechtigten Hilfsorganisation abgelegt hat. Diese Ausbildung muss alle zwei Jahre wiederholt werden.

Jeder Arbeitgeber hat dafür zu sorgen, dass genügend Beschäftigte als Ersthelfer ausgebildet sind und diese jedem Mitarbeiter im Betrieb bekannt sind.

> **§** **Gesetzliche Bestimmung über die Anzahl der Ersthelfer im Betrieb**
>
> In Betrieben von zwei bis zu 20 anwesenden Beschäftigten ist mindestens ein ausgebildeter Ersthelfer bzw. eine Ersthelferin erforderlich.
> Bei mehr als 20 anwesenden Beschäftigten in der Bäckerei müssen mindestens 10 % der Beschäftigten als Ersthelfer ausgebildet sein.

Erste-Hilfe-Material

- Das vorhandene Erste-Hilfe-Material muss der Betriebsgröße entsprechen.
- Der Verbandskasten muss gegen schädigende Einflüsse wie Hitze und Nässe geschützt sein.
- Für den vollständigen und einwandfreien Inhalt des Verbandskastens muss ein Mitarbeiter bzw. eine Mitarbeiterin verantwortlich sein.

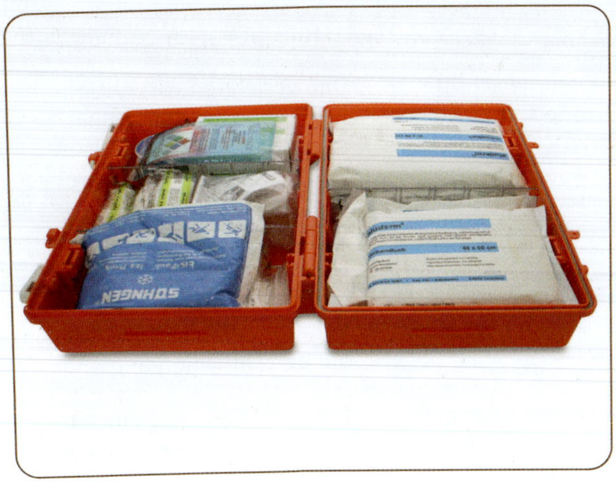

Verbandskasten

Der Verbandskasten ist durch ein weißes Kreuz auf grünem Feld zu erkennen.

!

Beachten Sie beim Verbandskasten

So sollte es im Notfall nicht sein

- Der Standort des Verbandskastens muss jedem bekannt und für jeden Betriebsangehörigen leicht erreichbar und zugänglich sein.
- Er muss stets aufgefüllt und übersichtlich eingeräumt sein.
- Erste-Hilfe-Material mit abgelaufenem Verfallsdatum und nicht mehr einwandfreies Material müssen erneuert werden.

!

Grundsätze bei der Ersten Hilfe

- Immer Ruhe bewahren, um effektiv arbeiten zu können und den Verletzten nicht zu beunruhigen.
- Den Verletzten möglichst nicht alleine lassen.
- Den Verletzten trösten.
- Wenn nötig, die Rettungsleitstelle benachrichtigen.

Ist dem Ersthelfer bzw. der Ersthelferin die Schwere der Verletzung unklar, sollte sofort die Rettungsleitstelle verständigt oder der Arzt aufgesucht werden.

Erste-Hilfe-Maßnahmen

Unfälle/Erkrankungen	Erste-Hilfe-Maßnahmen
Kleine Schnittverletzungen	Wundschnellverband (Heftpflaster) anlegen. Dabei das Mullkissen, das nicht berührt werden darf, auf die Wunde legen und das Pflaster auf die unverletzte Haut kleben. 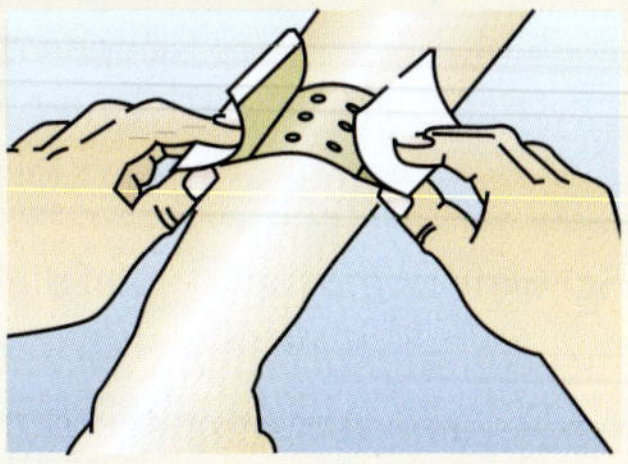 *Wundschnellverband anlegen*
Platzwunden und schwere Schnittverletzungen	Verbandspäckchen anlegen oder sterile Wundauflage (Kompresse) auflegen und mit einer Mullbinde umwickeln, dann sofort den Arzt aufsuchen, falls die Wunde genäht werden muss. Die Seite der Wundauflage nicht mit den Fingern berühren (Infektionsgefahr). Wenn möglich, sollte das verletzte Glied hochgehalten oder -gelagert werden, damit das Blut von der Wunde zurückfließen kann. 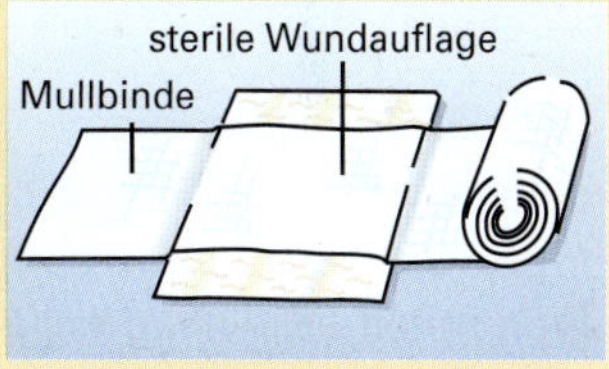 *Verbandspäckchen*
Schwellungen, z. B. durch Quetschungen, Prellungen oder Verstauchungen	Sofort kühlendes Material auf die Schwellung geben, damit die Bildung des Blutergusses gehemmt wird und sich somit die Schwellung nicht verstärkt, z. B. Eiswürfel, Gefrierakku, Eisspray. Die Kältemittel nicht direkt auf die blanke Haut geben, um Hautschäden durch Erfrierungen zu vermeiden.

Unfälle/Erkrankungen	Erste-Hilfe-Maßnahmen
Verbrennungen	Die Brandwunde sofort in kaltes Wasser tauchen oder unter fließendes kaltes Wasser halten, bis die Schmerzen nachlassen. Großflächige Brandwunden, z. B. größer als eine Handfläche, mit einem Brandwundentuch abdecken und umgehend den Arzt aufsuchen. Durch Verbrennung angeklebte Kleider nicht wegreißen.
Schwindelgefühle	Bei dieser Kreislaufschwäche hinsetzen oder in Rückenlage entspannen, bis Besserung eintritt.
Bei Schockanzeichen wie Schwindel, Blässe, Schweiß auf der Stirn, Zittern und bei kurzer Ohnmacht	In Rückenlage Beine hochlagern, bis durch die bessere Blutversorgung des Herzens und somit der Organe erkennbare Besserung eintritt. 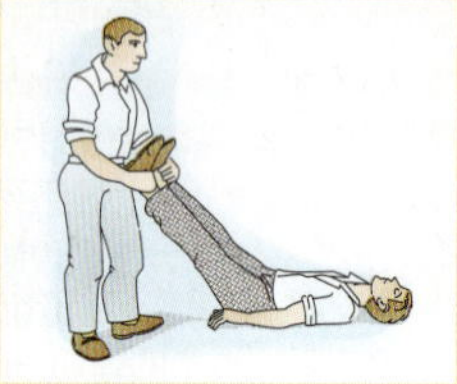 *Schocklagerung*

LF 1.1

Unfälle/Erkrankungen	Erste-Hilfe-Maßnahmen
Gehirnerschütterung	Den Verletzten vorsichtig hinlegen und sofort ohne Erschütterung zum Arzt bringen oder die Rettungsleitstelle verständigen. Merkmale: Übelkeit, Schwindel, Kopfschmerzen, Gedächtnislücken, Erinnerungslücken in Bezug auf den Unfallhergang
Verätzungen der Augen durch Spritzer von Natron- bzw. Brezellauge	Das betroffene Auge fortlaufend von der Nase her nach außen mit Wasser spülen, mindestens 20 Minuten, bis der Schmerz aufhört oder ein Arzt die Behandlung übernimmt. Ansonsten beide Augen verbinden und vom Augenarzt behandeln lassen. 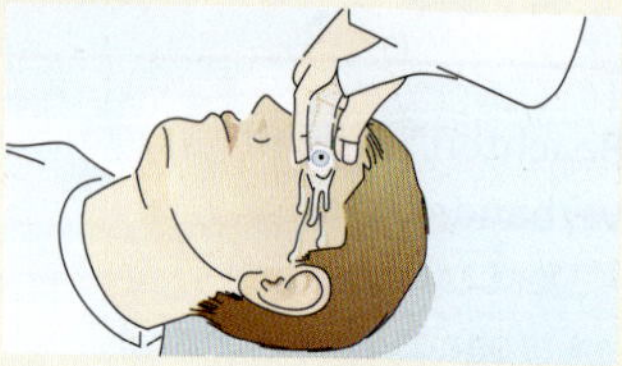 *Augenspülung*

Blutende Verletzungen werden wegen der Infektionsgefahr grundsätzlich mit Einmalhandschuhen versorgt.

Aufgaben

1. Erklären Sie den Begriff „Erste Hilfe".
2. Nennen Sie die Telefonnummern und die Rettungsstellen zum Anfordern von Hilfe.
3. Nennen Sie die fünf Angaben, die beim telefonischen Notruf erforderlich sind.
4. Erklären Sie, wie man Ersthelfer in einem Betrieb werden kann.
5. Wie viele Beschäftigte müssen in der Bäckerei/Konditorei als Ersthelfer ausgebildet sein
   - bei zwei bis 20 Beschäftigten im Betrieb,
   - bei über 20 Beschäftigten im Betrieb?
6. Welchen Anforderungen (Standort, Inhalt) muss der Verbandskasten im Betrieb entsprechen?
7. Nennen Sie die vier Grundsätze, die bei der Ersten Hilfe beachtet werden sollten.
8. Beschreiben Sie die Erste-Hilfe-Maßnahmen bei folgenden Arbeitsunfällen bzw. Erkrankungen:
   - Platzwunden und schwere Schnittverletzungen
   - Schwellungen durch Quetschungen, Prellungen oder Verstauchungen
   - Verbrennungen
   - Schwindelgefühl
   - Gehirnerschütterung
   - Schock und Ohnmacht
   - Verätzungen, z. B. durch Brezellauge
9. Sie sind in Ihrer Bäckerei/Konditorei Ersthelfer/-in und sollen ein Merkblatt für die Sicherheit der Beschäftigten im Betrieb verfassen. Dies soll gut sichtbar im Pausenraum ausgehängt werden und mögliche Unfälle/Erkrankungen in der Bäckerei/Konditorei sowie die entsprechenden Erste-Hilfe-Maßnahmen beinhalten.

3.5 Ergonomie

Ergonomie ist die Wissenschaft, die erklärt, wie der menschliche Körper bei bestimmten Arbeiten nicht zu stark belastet oder geschädigt wird.
Die tägliche Arbeit sollte so geleistet werden können, dass sie für den Körper wenig belastend ist. Nur so können die Leistungsfähigkeit erhalten und Langzeitschäden verhindert werden.

!

Die stärksten Beanspruchungen für den Körper sind eine ständig einseitige Belastung und eine schlechte Körperhaltung beim Arbeiten. Die Folgen davon sind Rückenschmerzen, Muskelverspannungen und Ermüdungserscheinungen.

Erkennt man die einseitigen bzw. falschen Belastungen für den Körper, können Gegenmaßnahmen ergriffen werden:

Falsche Körperhaltung

Richtige Körperhaltung

Falsche Sitzhaltung

Richtige Sitzhaltung

Ergonomisches Modellieren

Falsches Tragen

Richtiges Tragen

Falsches Hochheben

Richtiges Hochheben

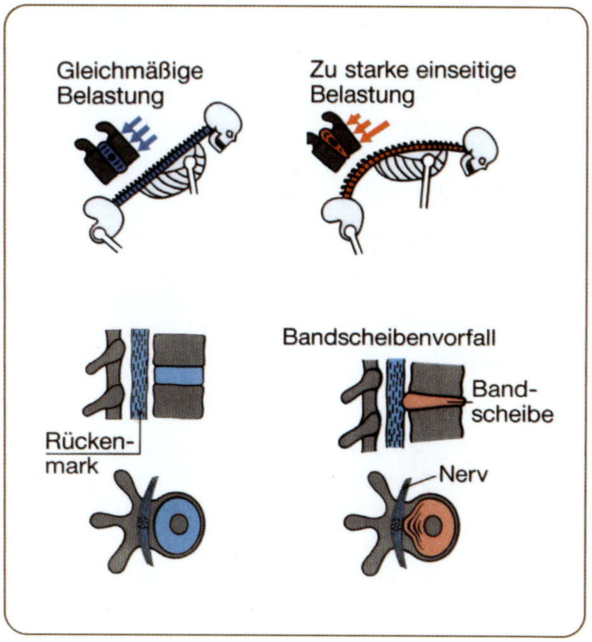

Auswirkungen von Hebetechniken

!

Nur durch ständig körpergerechtes Arbeiten bleibt der Körper leistungsfähig und können körperliche Langzeitschäden, z. B. Rückenschäden, verhindert werden. Bei Jugendlichen ist die körpergerechte Arbeit besonders wichtig, weil die Organe noch im Wachstum und somit nicht fertig ausgebildet sind.

LF 1.1

Belastungen	Negative Auswirkungen auf den Körper	Abhilfen bei der Arbeit
Schlechte Beleuchtung	• Konzentrationsstörungen • Kopfschmerzen	Beim Arbeiten generell für gute Lichtverhältnisse sorgen, wie geeignete Beleuchtungsstärke und geringe Blendwirkung.
Zu enge Arbeitskleidung und unbequeme Arbeitsschuhe	• Beine und Füße schmerzen • Bewegungen werden beeinträchtigt	Keine beengende Kleidung und bequeme Schuhe tragen.
Langes Stehen, vor allem auf einer Stelle	• Ermüdungserscheinungen • schmerzende Beine	Bestimmte Arbeiten im Sitzen oder mit einer Stehhilfe verrichten, damit das Körpergewicht entlastet wird. In den Pausen sitzen und evtl. Füße hochlagern.
Falsches Sitzen über längere Zeit	Durch diese falschen Körperhaltungen ergeben sich: • Rückenschmerzen • Muskelverspannungen • Ermüdungserscheinungen	Beim Sitzen den Oberkörper aufrecht halten. Nach vorne geneigte Schultern vermeiden. Die Wirbelsäule durch die Stuhllehne stützen.
Langes Bücken und lang anhaltende gebückte Körperhaltung, z. B. durch zu niedrige Arbeitstische		Möglichst alle Arbeiten bei aufrechter Körperhaltung erledigen, z. B. durch • Anpassen der Arbeitstischhöhe an die Körpergröße oder • eine entsprechende Unterlage unter dem Arbeitsgerät.
Falsches Hochheben und Absetzen von schweren Gegenständen		In die Hocke gehen und Gegenstände mit aufrechtem Oberkörper hochheben und genauso wieder absetzen.
Falsches Tragen von schweren Gegenständen	*Falsche Körperhaltung* – *Richtige Körperhaltung*	Die Last dicht vor dem Körper tragen oder beide Körperseiten gleichmäßig belasten. Dabei den Oberkörper aufrecht halten.

LF 1.1

Aufgaben

1. Erklären Sie den Begriff „Ergonomie".
2. Nennen Sie die zwei stärksten Beanspruchungen für den Körper beim Arbeiten.
3. Nennen Sie die drei Folgen der stärksten Beanspruchungen des Körpers beim Arbeiten.
4. Ständig anhaltende Belastungen wirken sich negativ auf den Körper aus. Nennen Sie die Auswirkungen bei folgenden Belastungen und beschreiben Sie, wie sie verhindert werden können:
   - schlechte Beleuchtung
   - zu enge Arbeitskleidung und unbequeme Arbeitsschuhe
   - langes Stehen, vor allem auf einer Stelle
   - falsches Sitzen über längere Zeit
   - langes Bücken und lang anhaltende gebückte Körperhaltung, z. B. zu niedrige Arbeitstische
   - falsches Hochheben und Absetzen von schweren Gegenständen
   - falsches Tragen von schweren Gegenständen
5. Warum ist ergonomisches Arbeiten vor allem bei Jugendlichen besonders wichig?
6. Warum ist langes Stehen auf einer Stelle während der Arbeit belastender als Stehen und zwischendurch häufiges Gehen?
7. Eine Ihrer Kolleginnen klagt über häufige Rückenschmerzen, vor allem beim Hochheben der Gebäckkörbe und beim längeren Arbeiten am Computer. Einer anderen Kollegin schmerzen oft die Füße und Beine während der Arbeit. Erklären Sie Ihren Kolleginnen die Ursachen hierfür und geben Sie ihnen Tipps, wie sie ihren Körper bei der Arbeit entlasten und schwere Gegenstände rückenschonend hochheben können.

4

Umweltschutz – Nachhaltigkeit

Situation

Die neue Praktikantin legt großen Wert auf Ordnung und Sauberkeit. Deshalb stellt sie die Spülmaschine sofort an, nachdem sie einige Teile hineingestellt hat. Damit die Arbeitstische besonders sauber werden, nimmt sie übertrieben viel Spülmittel, sodass das Reinigungswasser überschäumt. Als sie das Fettbackgerät säubern soll, will sie das verbrauchte Fett in den Ausguss schütten.

Damit die Praktikantin bei ihren Tätigkeiten auch an den Umweltschutz denkt, bittet Ihr Chef Sie, die Praktikantin in Bezug auf die Wasserreinhaltung, Abfallentsorgung und Energieeinsparung in der Bäckerei/Konditorei zu unterrichten.

- Was bedeutet Nachhaltigkeit im Umweltschutz?
- Was sind die drei Säulen der Nachhaltigkeit und was bedeuten sie?
- Mit welchen ökologischen Maßnahmen kann die Bäckerei/Konditorei einen Beitrag zum Umweltschutz leisten?
- Wie kann jeder Betrieb mit nachhaltiger Ökonomie umweltbewusst handeln?
- Welche Möglichkeiten der sozialen Nachhaltigkeit hat die Bäckerei/Konditorei für die Beschäftigten?

LF 1.1

4.1 Nachhaltigkeit

Umweltschutz geht uns alle an!

Alle Menschen sind aufgefordert, die Umwelt so wenig wie möglich zu belasten.

Eine intakte Umwelt alleine reicht jedoch nicht, wir sollten „nachhaltig" handeln.

> **!**
> Nachhaltigkeit bedeutet, dass die Menschen Natur und Umwelt erhalten, damit auch künftige Generationen gut und gesund auf der Welt leben können.
> Wir schützen die natürlichen Ressourcen (sprich: Ressurssen) wie Flüsse, Seen, Böden und Wälder, die für das Klima und die gesunde Luft wichtig sind. Ressourcen sind auch Öl, Gas und andere Bodenschätze, die nicht ausgebeutet werden dürfen. Die Menschen sollen auch in Zukunft in einer gut funktionierenden Wirtschaft ihre Bedürfnisse und Wünsche erfüllen können.

Den ersten Grundgedanken der Nachhaltigkeit hat die Forstwirtschaft schon im 18. Jahrhundert einfach erklärt: Wir dürfen nicht mehr Bäume fällen als gleichzeitig nachwachsen, damit auch die Menschen in Zukunft intakte Wälder und ausreichend Holz zur Verfügung haben.

4.2 Drei Säulen der Nachhaltigkeit

Nachhaltigkeit ist nicht nur auf den Umweltschutz beschränkt. Man spricht von den „drei Säulen der Nachhaltigkeit".

Die drei Säulen in der Nachhaltigkeit sind gleichwertig.

Ökologie bezieht sich auf die Natur und Umwelt.

Ökonomie bezieht sich auf die Wirtschaftlichkeit der Unternehmen.

Soziales bezieht sich auf die Menschen im Unternehmen und in der Gesellschaft.

Ökologie in der Bäckerei und Konditorei

Gesunde Backwaren herstellen

- Die Nachfrage der Verbraucherinnen und Verbaucher für gesunde Lebensmittel nimmt immer mehr zu. Viele Betriebe haben deshalb Öko-Backwaren im Sortiment. Durch den umweltschonenden, biologischen Anbau der Lebensmittel, ohne chemische Dünger und Pflanzenschutzmittel, sind die Lebensmittel gesünder und Allergien können verringert werden. Ebenso wird der Boden und das Grundwasser geschont.
- Backwaren und andere Bäckerei-/Konditoreierzeugnisse mit natürlichen Rohstoffen und mit eigenen Rezepten in herkömmlicher Weise hergestellt, schmecken gut und sind gesund. Denn es wird auf die vielen künstlichen Lebensmittelzusatzstoffe verzichtet, die in Convenience-Produkten, z. B. in Backmischungen und in Fertigcremes, enthalten sind. Die Herstellung der Convenience-Produkte sowie deren Verpackungsmaterialien sind umweltbelastend.

LF 1.1

Lebensmittel aus der Region

- Um dem ökologischen Gedanken gerecht zu werden, kaufen Bäckereien/Konditoreien bevorzugt regionale Rohstoffe von umweltbewussten Lieferanten. Kurze Transportwege schonen die Umwelt und sind wirtschaftlich (ökonomisch) vorteilhaft. Werbewirksam ist zudem, der Kundschaft die regionalen Anbieter bekanntzugeben, z. B. Mühle, Bauernhof, Obsthändler, Fleischerei.
- Wenn möglich saisonale Lebensmittel, die in der Region erhältlich sind, verarbeiten, z. B. heimisches Obst und Gemüse. Weite Transportwege aus entlegenen Ländern belasten die Umwelt durch Ressourcenverbrauch sowie Abgase und Lärm.

Abfälle vermeiden

Die umweltschonendste Methode ist, keinen Abfall zu verursachen.

Auch in der Bäckerei/Konditorei gibt es einige Möglichkeiten der Abfallvermeidung, z. B.:

- Papiertüten und Papierfalttaschen sowie Stofftaschen im Verkauf benutzen, keine Plastiktaschen.
- Unnötige Verpackungen meiden, z. B. Folien zum Verpacken und Einschweißen der Waren überlegt einsetzen.
- Pfandsystem einführen, z. B. Coffee-to-go in Mehrwegbechern anbieten, Pfandflaschen anstelle von Einwegflaschen oder Dosen anbieten.
- Produkte in Kanistern zum Nachfüllen in Flaschen verwenden, z. B. Aromen in Tropfflaschen nachfüllen, Seife in Seifenspendern nachfüllen, Trennmittel in Sprühflaschen füllen statt in Spraydosen.
- Keine Portionsverpackungen im Café anbieten, sondern z. B. Butter, Konfitüren und Honig in Schälchen beim Frühstück servieren.

! Die Einsparungen bei Verpackungen für Bäckerei- und Konditoreierzeugnisse dürfen nicht auf Kosten der Hygiene gehen. Ebenso darf die Betriebshygiene nicht unter einem übertriebenen Umweltdenken leiden.

Abfälle trennen

Nicht jeder Abfall ist zu vermeiden. Die anfallenden Abfallmengen können jedoch um ein Vielfaches verringert werden, indem Müll sortiert und die getrennten Abfälle der Wiederverwertung (Recycling) zugeführt werden.

In jedem Betrieb sollten Abfallbehälter für verschiedene Materialien aufgestellt werden.

Wegen der geringeren Restmüllmenge gelangen weniger Schadstoffe aus Müllverbrennungsanlagen und Mülldeponien in die Luft. Giftige Stoffe versickern nicht im Boden, das Grundwasser bleibt unbelastet.

Beispiel der Abfallsortierung in der Bäckerei/Konditorei

Recycling ist die Wiederverwertung bereits benutzter Rohstoffe. Beim Recyclingverfahren werden die getrennten

Abfälle wieder zu neuen Produkten verwertet. So werden keine neuen Rohstoffe benötigt.

Durch Abfalltrennung werden Rohstoffvorräte der Erde geschont.

- **Plastik** (Kunststoff) wird eingeschmolzen und daraus wird wieder Kunststoff gegossen.
- Aus **Altpapier** wird wieder neues, brauchbares Papier hergestellt.
- **Lebensmittelabfälle** (Bioabfälle) werden kompostiert und z. B. landwirtschaftlichen Betrieben übergeben.
- **Altes Siedefett** vom Fettbackgerät wird zu Kraftstoff für Motoren verarbeitet.
- Aus **Altglas** (Konservengläser, Glasflaschen von Getränken u. a.) wird neues Glas hergestellt.
- **Weißblech und Aluminium** werden wieder zu Konservendosen sowie Deckeln für Joghurt-, Quark- und Sahnebecher verarbeitet.

Sondermüll

Medikamente, Batterien, Farben, Säuren und Laugen sind Giftstoffe und gehören in den Sondermüll. Sie dürfen nicht in den Restmüll gegeben werden. Flüssige Giftstoffe nicht wegschütten, da sie sonst in das Grundwasser gelangen und es stark belasten.

Verbrauchtes Siedefett

Flüssiges verbrauchtes Siedefett ist gesundheitsschädlich und darf nicht in den Ausguss oder Gully geschüttet werden.

Es belastet die Kläranlagen und anschließend das Grundwasser. Deshalb wird es z. B. in einen Fettabscheider gegeben und von dort gesondert entsorgt.

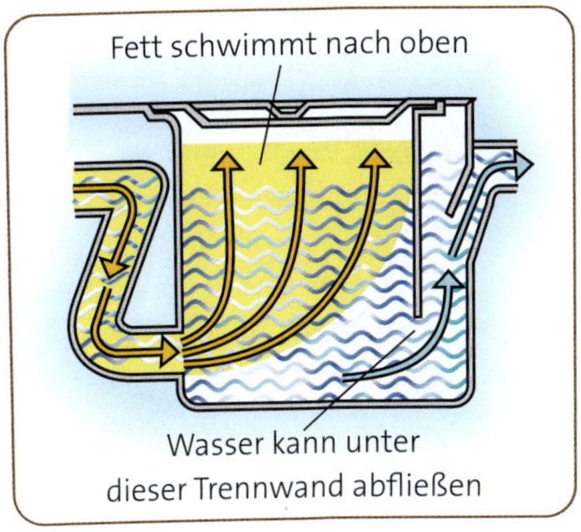

Fettabscheider

Wasser sparen und reinhalten

Wasser ist ein wertvolles Gut, das vor allem in der niederschlagsarmen Jahreszeit knapp werden kann.

Obwohl Hygiene in der Bäckerei/Konditorei oberstes Gebot ist, sollte Wasser sparsam verwendet werden.

Beim Reinigen der Arbeitsgeräte wird in der Spülmaschine weniger Wasser verbraucht als beim Spülen mit der Hand. Die Spülmaschine jedoch nur vollbeladen einschalten und nur die vorgeschriebene Dosierung Reinigungsmittel dazugeben.

Damit das Trinkwasser sauber bleibt, sollten chemische Reinigungsmittel sparsam verwendet werden. Auf Desinfektionsmittel soll ganz verzichtet werden. Reinigungsmittel gelangen mit dem Abwasser in die Kanalisation und von dort in die Kläranlagen. Dort können sie nur schwer aus dem Wasser gefiltert werden, wodurch das Grundwasser verunreinigt wird.

Energie sparen

Die meiste Energie wird in der Bäckerei/Konditorei für Backöfen und Kälteanlagen benötigt.

Durch überlegtes Handeln während der Arbeit kann umweltbelastende und teure Energie gespart werden, z. B.:

- Backöfen nur voll beschicken.

Backöfen nur voll beschicken

- Leere einzelne Backöfen im Etagenofen ausschalten. Diese Backöfen verbrauchen unnötig viele Ressourcen (Öl, Gas, Strom) und verursachen Kosten.

Leere Backöfen ausschalten

LF 1.1

- Kälteanlagen wie Kühl- und Frosterräume sowie Gärverzögerer und Gärunterbrecher mit möglichst vielen Waren auslasten. Gering gefüllte Kühlanlagen benötigen mehr Energie als volle Kühlräume und -schränke.
- In den Kühlanlagen nur die benötigten Kältegrade einstellen, nicht kälter. -20 °C im Frosterraum haben keinen Vorteil, da nur -18 °C benötigt werden. Die Haltbarkeit der Erzeugnisse wird dadurch nicht verlängert. Deshalb sollte die Kühltemperatur ständig kontrolliert werden.
- Kühlräume nur kurzzeitig öffnen. Warme Außenluft entnimmt die Kälte aus dem Kühlraum.

Ökonomie in der Bäckerei und Konditorei

LF 1.1

Beispiele ökonomischer Nachhaltigkeit sind:
- Nachhaltige Betriebe setzen die Marketingziele erfolgreich um, damit die Betriebe Gewinn erwirtschaften und langfristig gesichert sind. Gewinne werden z. B. in moderne, nachhaltige und umweltgerechte Technologien investiert.
- Betriebe, die Gewinne erwirtschaften, sichern die Arbeitsplätze der Mitarbeitenden.
- Für ein funktionierendes Unternehmen ist es wichtig, Nachwuchs auszubilden und Mitarbeiterinnen und Mitarbeiter regelmäßig zu schulen.
- Umweltbewusste Betriebe bevorzugen erneuerbare (regenerative) Stromquellen, z. B. Sonnenenergie, Windkraft und Wasserkraft.

Soziales in der Bäckerei und Konditorei

Das Wohlbefinden und die Gesundheit der Menschen sind wichtig und schützenswert.
Beispiele sozialer Nachhaltigkeit sind:
- Die Würde des Menschen und die freie Entfaltung der Persönlichkeit müssen gesichert sein.
- Durch faire (gerechte) Bezahlung für ihre Arbeit soll die Existenz der Menschen gesichert sein. So leisten sie gute Arbeit und bleiben dem Betrieb treu.
- Bei fairen Arbeitszeiten sind die Beschäftigten engagiert und bleiben gesund.
- Auf Arbeitsschutz achten, damit die Beschäftigten gesund bleiben.
- Chancengleichheit und Gleichberechtigung der Geschlechter soll gegeben sein.
- Den Beschäftigten Fort- und Weiterbildung ermöglichen. Auch soll ihre Persönlichkeitsentwicklung gefördert werden.
- Die Betriebe handeln gesellschaftlich verantwortungsvoll, z. B. übrig gebliebene Waren an soziale Organisationen spenden.

Negatives Beispiel: Ein Betrieb, der nur Öko-Backwaren verkauft, aber die Beschäftigten untertariflich bezahlt, handelt nicht nachhaltig.

Aufgaben

1. Erklären Sie den Begriff „Nachhaltigkeit“.
2. Nennen Sie die drei Säulen der Nachhaltigkeit und ihre Bedeutung.
3. Beschreiben Sie Beispiele nachhaltiger Ökologie in der Bäckerei/Konditorei bei
   - gesunden Backwaren,
   - Lebensmitteln aus der Region.
4. Erläutern Sie den Begriff „Recycling“.
5. Nennen Sie Möglichkeiten, Abfall in der Bäckerei/Konditorei zu vermeiden.
6. Welche Abfälle können in der Bäckerei/Konditorei getrennt und dem Recyclingverfahren zugeführt werden?
7. Geben Sie die Stoffe an, die zum Sondermüll gehören.
8. Warum darf Sondermüll nicht in den Restmüll gegeben werden?
9. Wie wird verbrauchtes Siedefett entsorgt?
10. Beschreiben Sie den grundsätzlichen Umgang mit Wasser und Reinigungsmittel.
11. Nennen Sie Beispiele, wie in der Bäckerei/Konditorei während der Arbeit Energie gespart werden kann.
12. Erklären Sie an Beispielen, wie Betriebe die nachhaltige Ökonomie umsetzen können.
13. Soziales ist eine wichtige Säule der Nachhaltigkeit. Nennen Sie Beispiele, welche Aufgaben die Betriebe für die Beschäftigten erfüllen sollen.
14. Ihr Chef möchte Ihren Betrieb nachhaltiger gestalten. Erstellen Sie eine Checkliste für Ihren Chef und notieren Sie mindestens jeweils drei Punkte, welche Maßnahmen ergriffen werden können, damit der Betrieb ökologisch, ökonomisch und sozial nachhaltiger wird.
15. Diskutieren Sie mit Ihren Kolleginnen und Kollegen, welche Möglichkeiten auch in der Freizeit bestehen, Wasser und Energie einzusparen.

5

Hygiene

Situation

Ihr Chef plant eine Mitarbeiterschulung zur Lebensmittelhygiene für alle Beschäftigten. Sie sollen ihm behilflich sein und eine Zusammenfassung der wichtigsten Punkte erstellen.

- Welche Hygienemaßnahmen müssen in der Bäckerei/Konditorei eingehalten werden?
- Wie werden die Hygienemaßnahmen kontrolliert und dokumentiert?
- Welche Mikroorganismen und tierischen Schädlinge können in der Bäckerei/Konditorei auftreten?
- Welche Grundsätze sind beim Reinigen des Betriebs zu beachten?
- Welche Vorteile bietet ein Reinigungsplan?

LF 1.1

Hygiene ist in Lebensmittelbetrieben das oberste Gebot und deshalb gesetzlich vorgeschrieben. Nur in hygienischen Betrieben fühlen sich Bäcker, Konditoren und Fachverkäuferinnen während der Arbeit wohl und sehen auch die Waren sauber und appetitlich aus. Hygiene ist deshalb allgemein eine wichtige Voraussetzung für den Verkaufserfolg und die beste Werbung für einen Betrieb.

Betriebshygiene	Produkthygiene	Personalhygiene
Betriebsräume, Einrichtungsgegenstände, Maschinen und Geräte	Umgang mit Lebensmitteln und Bäckerei-/Konditoreierzeugnissen	für alle Beschäftigten im Betrieb

5.1 Hygiene in der Bäckerei und Konditorei

Die Durchführung der Hygiene in Lebensmittelbetrieben basiert auf dem international anerkannten „HACCP-Konzept“ (Hazard Analysis and Critical Control Points) und gilt für alle Beschäftigten in Lebensmittelbetrieben.

„HACCP“ bedeutet:

H	= Hazard	= Gefahr, Risiko	**Gefahrenanalyse kritischer Kontrollpunkte**
A	= Analysis	= Analyse (Untersuchung)	
C	= Critical	= kritisch	
C	= Control	= Kontroll-	
P	= Points	= Punkte	

Die Hygiene wird nach den europäischen Richtlinien (EG-Richtlinien) in drei Bereiche unterteilt, die sehr eng miteinander verbunden sind.

Betriebshygiene

Die Betriebshygiene umfasst die Hygiene in allen Betriebsräumen, in denen Lebensmittel und Bäckerei-/Konditoreiwaren hergestellt, gelagert und verkauft werden. Auch die Sozialräume und die Toiletten fallen unter die Betriebshygiene.

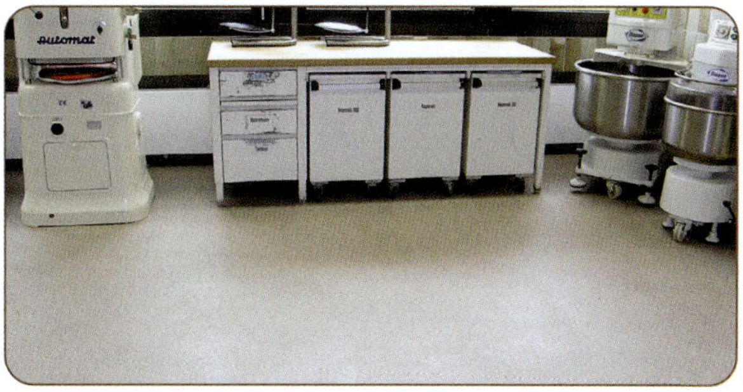

Rutschfester und leicht zu reinigender Fußboden

Anforderungen an die Betriebsräume

- Betriebsräume müssen in einem guten baulichen Zustand und leicht zu reinigen sein.
- Fensterbretter sind stets sauber zu halten und dürfen nicht als Abstellfläche benutzt werden.
- Spülbecken zum Reinigen von Geräten und zum Abwaschen der Lebensmittel müssen vom Handwaschbecken getrennt sein, z. B. eine Spüle mit zwei getrennten Becken.
- In jeder Toilette müssen ein Handwaschbecken mit Warm- und Kaltwasserzufuhr sowie Mittel zum hygienischen Waschen und Trocknen der Hände vorhanden sein. Flüssigseife und Spender mit Einmalhandtüchern sind ideal.
- Die Türen der Toiletten dürfen nicht direkt in die Betriebsräume zu öffnen sein.

Handwaschbecken

LF 1.1

So darf es nicht sein

- Die Betriebsräume dürfen nicht für betriebsfremde Zwecke benutzt werden. Sie müssen frei von lebensmittelfremden Gerüchen sein.

Reinigungsplan

Damit der gesamte Betrieb regelmäßig gereinigt wird, ist ein Reinigungsplan hilfreich, den der Betriebsinhaber für die Produktions-, Lager- und Verpackungsräume sowie für Laden und Café aufstellt.
Der Reinigungsplan wird in Form einer Checkliste schriftlich festgehalten und für alle Beschäftigten ausgehängt.

Reinigungsplan (Reinigungsbeispiele)	Täglich	Wöchentlich	Monatlich	Name, wer für die Reinigung zuständig ist
Arbeitstische zum Arbeitsende nass abwaschen und abtrocknen.	X			Lisa
Knetkessel der Knetmaschine nach der letzten Teigherstellung auswaschen und austrocknen. Maschinenkörper abfegen und vom groben Schmutz befreien.	X			Christian
Gesamte Knetmaschine abwaschen und abtrocknen.		X		Christian
Fußboden zwischendurch fegen und zum Arbeitsende nass wischen.	X			Julia
Etagenofen: Backflächen auskehren oder saugen. Fronten des Ofens abfegen und abwischen.	X			Thomas
Rohstofflager: • Boden kehren, Waren sauber einordnen, offene Behälter verschließen.	X			Michael
• Boden nass wischen.		X		Reinigungshilfe: Frau Weber
• Regale nass auswaschen und grundreinigen.			X	Reinigungshilfe: Frau Weber
Kühlraum und Tiefkühlraum: • Boden kehren, Türklinke nass abwaschen und abtrocknen. Regale aufräumen, verdorbene Waren entsorgen.	X			Michael
• Regale nass auswaschen.		X		Reinigungshilfe: Frau Weber
• Wände nass abwaschen, Kühlaggregat reinigen, Türdichtungen reinigen.			X	Reinigungshilfe: Frau Weber

Der Reinigungsplan beinhaltet:
- **Was** wird gereinigt?
- **Wann** und wie oft wird gereinigt?
- **Wie** wird gereinigt?
- **Womit** wird gereinigt?
- **Wer** ist für welche Reinigung verantwortlich?

Kontrollplan

Der Betriebsinhaber sollte einen Verantwortlichen bestimmen, der die Reinigungsmaßnahmen überwacht und für die Abschaffung der Mängel sorgt.
Das folgende Beispiel stellt nur ein Teil eines Kontrollplans dar, der beliebig fortgesetzt werden kann.

Kontrollplan der Hygiene in der Produktion	Anmerkungen
Fußböden und Wände	*Eine Wandfliese neben der Spülmaschine ist beschädigt und muss erneuert werden.*
Fenster und Türen	*Fensterbretter nicht als Abstellflächen benutzen.*
Spülbecken und Waschbecken	*in Ordnung*
Arbeitstische	*Die Rollhölzer im Mittelteil des Metalltisches nach jedem Gebrauch sauber abwischen.*
Maschinen und Anlagen	*Der Stecker der Teigausrollmaschine hat einen Sprung und muss umgehend vom Elektriker erneuert werden.*
Geräte	*in Ordnung*
Backofen	*in Ordnung*
Kontrolle durchgeführt am: 23.09. ...	**Name/Unterschrift**

Der Hygiene- oder Reinigungsplan ist nicht nur eine Anweisung, sondern vor allem eine Hilfestellung für das Personal. Auch die Lebensmittelkontrolleure können so leichter überprüfen, ob alle kritischen Punkte erfasst worden sind und zu welchem Zeitpunkt gereinigt wurde.

Wichtig ist, dass die Reinigungsmaßnahmen praktiziert werden. Allein das Anlegen und Ausfüllen von Checklisten garantiert noch lange nicht, dass alles sauber ist.

Produkthygiene

Die Produkthygiene ist die Hygiene an den Lebensmitteln selbst und den daraus hergestellten Bäckerei-/Konditoreierzeugnissen. Sie dürfen auch durch die Lagerung nicht beeinträchtigt werden.
Außerdem müssen Lebensmittel in der Bäckerei/Konditorei vor schädigenden Umwelteinflüssen wie Straßenstaub, Autoabgasen, Zigarettenrauch u. a. geschützt werden. Ebenso sind Haustiere in den Betriebsräumen verboten.

Warenannahme und Warenüberprüfung

Die Lebensmittelhygiene erfordert eine korrekte Wareneingangskontrolle bei der Warenannahme einer Lieferung.

LF 1.1

Lebensmittel, die nicht angenommen werden dürfen

Wenn sie z. B. durch tierische Schädlinge, Mikroorganismen oder Schmutz nicht mehr einwandfrei oder in einem gesundheitlich bedenklichen Zustand sind.

Kontrolle der verpackten Lebensmittel

- Die Verpackungen auf Beschädigungen und Verschmutzungen kontrollieren.
- Sind die Verpackungen in einem nicht einwandfreien Zustand, werden die Lebensmittel selbst auf Verderb geprüft.
- Das Mindesthaltbarkeitsdatum der verpackten Lebensmittel prüfen. Ware mit abgelaufenem Mindesthaltbarkeitsdatum nicht annehmen.

Kontrolle der unverpackten Lebensmittel

Sie werden stichprobenartig auf Verderb kontrolliert.

Anforderungen an kühlpflichtige Lebensmittel

Sie müssen gekühlt angeliefert und sofort nach der Anlieferung und Prüfung kühl gelagert werden, z. B. Sahne, Milch, Butter, Käse, Eier.
Tiefkühlwaren müssen in gefrorenem Zustand bei –18 °C geliefert und sofort bei der Anlieferung im Betrieb in den Froster gegeben werden, damit die Tiefkühltemperatur von –18 °C nicht unterbrochen wird.

Kühlpflichtige Lebensmittel

Lagerung der Rohstoffe

Fachgerechte Lagerung der Rohstoffe schützt vor Lebensmittelverderb und vermeidet Schädlingsbefall.

Rohstoffe in Behältern

Hauptsächlich ist bei der Lagerung zu beachten:
- Lebensmittel in einem kühlen und trockenen Lagerraum aufbewahren.
- Rohstoffvorräte sollten in verschließbaren oder abdeckbaren, lebensmittelgeeigneten Behältern aufbewahrt werden, z. B. in Plastikwannen.
- Neu gelieferte, frische Lebensmittel hinten im Regal einräumen und ältere Ware nach vorne stellen, damit sie zuerst verbraucht wird (FIFO – first in, first out).
- Lebensmittel mit abegelaufenem Mindesthaltbarkeitsdatum dürfen nicht mehr im Lagerraum sein.

Lagerung im Kühlschrank oder Kühlraum

Es ist vorgeschrieben, dass Lebensmittel und Bäckerei-/Konditoreierzeugnisse, die in kurzer Zeit leicht verderblich sind, gekühlt gelagert werden müssen, z. B. Erzeugnisse mit Sahne, Creme und nicht erhitzten Eiern sowie Füllungen wie Nuss- und Mohnfüllung.

Prüfung der Rohstoffe beim Verarbeiten nach der Lagerung

Vor der Verarbeitung sollten die Rohstoffe sensorisch (mit den Sinnen) geprüft werden, ob sie in einem einwandfreien Zustand sind, z. B. an den Eiern beim Aufschlagen riechen, ob sie frisch sind, Käse und Konfitüre anschauen, ob sich Schimmel darauf befindet, geriebene Nüsse probieren, ob sie einen ranzigen Beigeschmack haben.

LF 1.1

Schädlingsbefall ist regelmäßig zu kontrollieren und gegebenenfalls fachgerecht zu bekämpfen. Dabei ist zu beachten, dass
- nur für den Lebensmittelbetrieb zugelassene Schädlingsbekämpfungsmittel verwendet werden,
- diese Mittel nur in Räumen angewendet werden, in denen keine offenen Lebensmittel lagern.

Gefährliche und ungenießbare Stoffe sind in gekennzeichneten Behältnissen, evtl. mit Gefahrensymbolen, aufzubewahren, z. B. Natronlauge, Reinigungsmittel. Bei der Lagerung darf keine Verwechslung mit Lebensmitteln möglich sein.

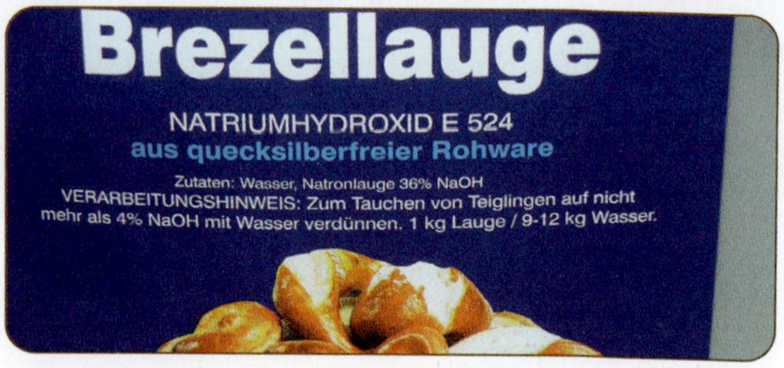

Kennzeichnung der Natronlauge für Brezellauge

Der Laderaum des Transportfahrzeugs für Bäckerei-/Konditoreierzeugnisse muss in einem hygienisch einwandfreien Zustand und frei von Fremdgerüchen sein. Auch beim Transport dürfen Lebensmittel nicht nachteilig beeinflusst werden.

Verkauf von Lebensmitteln

- Leicht verderbliche Waren im Laden in der Kühltheke anbieten.
- Nicht mehr frische oder verdorbene Waren sofort aus dem Laden entfernen.
- Unverpackte Bäckerei-/Konditoreierzeugnisse müssen im Laden hinter dem Glas der Verkaufstheke platziert werden, sodass sie nicht vom Kunden angehaucht oder angehustet werden können. Deshalb dürfen diese offenen Waren z. B. nicht auf die Verkaufstheke gestellt werden.
- Lebensmittel und Bäckerei-/Konditoreierzeugnisse zur Selbstbedienung müssen verpackt angeboten werden.
- Auch Kostproben dürfen nicht unabgedeckt auf der Verkaufstheke stehen.
- Schilder dürfen nicht in den Bäckerei-/Konditoreierzeugnissen stecken.
- Von den Kunden zurückgenommene unverpackte Bäckerei-/Konditoreierzeugnisse dürfen nicht wieder verkauft oder verarbeitet werden.

Lebensmittelabfälle und andere Abfälle dürfen nicht in Räumen gesammelt und gelagert werden, in denen Lebensmittel hergestellt, behandelt und verkauft werden, damit sie die Lebensmittel nicht nachteilig beeinflussen.

Die Abfalllager müssen sauber und frei von tierischen Schädlingen sein. Lebensmittelabfallbehälter sollen verschlossen sein.

Personalhygiene

!

Die Personalhygiene umfasst
- die persönliche Sauberkeit der Beschäftigten,
- saubere, vollständige Berufskleidung,
- Gesundheit der Beschäftigten, damit keine gesundheitsschädigenden Mikroorganismen auf Lebensmittel übertragen werden.

„Der erste Eindruck ist der entscheidende." Dies gilt vor allem für Fachverkäuferinnen und Bedienungen sowie für Ausfahrer, die das Aushängeschild eines Bäckerei-/Konditoreibetriebs sind.
Auch wenn nur wenige Kunden die Bäcker und Konditoren in der Produktion sehen, wirken gepflegte Mitarbeiter bei der Arbeit auf betriebsfremde Personen besonders positiv. Die Hygiene und Sauberkeit eines Betriebs ist nach außen sichtbar und gern Gesprächsthema zwischen Mitarbeitern und Bekannten sowie Kunden untereinander. Auch wenn Stammkunden die Mitarbeiter eines Betriebs in der Freizeit sehen, übertragen sie ihren Eindruck von der Person auf die Hygiene in der Bäckerei/Konditorei.

Infektionsschutzgesetz

!

Jede Person, die mit Lebensmitteln umgeht, muss bei erstmaligem Arbeitsantritt eine maximal drei Monate alte Bescheinigung über die Belehrung des Infektionsschutzgesetzes vorlegen, dass sie über ansteckende Krankheiten und daraus folgende Tätigkeitsverbote unterrichtet wurde.
Die Unterrichtung über das Infektionsschutzgesetz und die Bescheinigung darüber müssen vom Gesundheitsamt oder von einem vom Gesundheitsamt beauftragten Arzt erfolgen.

Die Belehrung über das Infektionsschutzgesetz muss bei der mindestens einmal jährlich stattfindenden Hygieneschulung wiederholt werden → Seite 55.

Tätigkeitsverbot (Arbeitsverbot) nach dem Infektionsschutzgesetz verbietet die Arbeit von Personen bei
- ansteckenden Krankheiten, z. B. Salmonellose, Typhus, Cholera, Hepatitis A und E,
- infizierten Wunden oder Hautkrankheiten, bei denen die Möglichkeit besteht, dass deren Krankheitserreger auf Lebensmittel übertragen werden können. Zum Beispiel können Verletzungen an der Hand mit Staphylokokken (Eitererreger) infiziert sein, die zu den gesundheitsschädlichen Bakterien zählen.

Treten bei Beschäftigten Krankheiten auf, die zu einem Tätigkeitsverbot führen, müssen diese unverzüglich dem Arbeitgeber mitgeteilt werden, der sofort eine weitere Beschäftigung im Betrieb untersagt.

Personen, die an ansteckenden Krankheiten leiden, dürfen erst wieder beschäftigt werden, wenn sie durch ein Zeugnis des Gesundheitsamtes nachweisen, dass hiergegen keine Bedenken vorliegen.

Das Wissen der Beschäftigten über ansteckende Krankheiten und deren Tätigkeitsverbot hat folgenden Sinn:
- Vorbeugung übertragbarer Krankheiten durch Menschen
- Infektionen (Ansteckung durch Krankheiten) erkennen
- Verhinderung der Weiterverbreitung ansteckender Krankheiten

Übertragung von Keimen auf Lebensmittel

Beschäftigte in der Bäckerei/Konditorei können gesundheitsschädliche Keime auf Lebensmittel übertragen, was zu einer Weiterverbreitung auf andere Personen führt. Dies geschieht durch:
- unsaubere Hände und Fingernägel
- Uhren und Schmuck wie Fingerringe und Armbänder, weil sich darunter gesundheitsschädliche Mikroorganismen verbreiten
- ungepflegte Haare, durch Absonderungen aus Haaren und Kopfhaut
- infizierte Wunden (Wunden mit Krankheitskeimen)
- Schnittwunden und andere offene Wunden an Händen und Armen; sie müssen mit einem wasserdichten Verband sauber und vollständig abgedeckt werden
- Husten und Niesen auf Lebensmittel
  Durch die beim Niesen und Husten entstehenden Tröpfchen gelangen krankheitsauslösende Erreger auf die Lebensmittel. Außerdem wirkt es sehr abstoßend. Deshalb muss man sich vorher von den Lebensmitteln abwenden.

Körperhygiene

Zur gründlichen persönlichen Körperhygiene der Beschäftigten gehören:
- tägliches Duschen
- regelmäßig Haare waschen
- täglich gründliche Mund- und Zahnpflege
- stets saubere Hände
- lange Haare hinten zusammen- oder hochbinden Ein Hygienerisiko stellen nicht nur ausfallende Haare dar, sondern auch Fett- und Schuppenabsonderungen sowie aus den Haaren fallende Keime.
- Pflege der Fingernägel, die kurz geschnitten und frei von Schmutz unter den Fingernägeln sein müssen.

Hier ist einiges aus hygienischer Sicht nicht in Ordnung

Hygienisches Arbeiten

LF 1.1

Sauberkeit der Hände

Zu einem bedeutenden Bereich der Personalhygiene zählt die Sauberkeit und Pflege der Hände. Für Bäcker, Konditoren und das Verkaufspersonal sollten deshalb saubere Hände bei der Arbeit eine Selbstverständlichkeit sein.

!

Gründliches Händewaschen erfolgt immer
- unmittelbar vor Arbeitsbeginn,
- nach jeder Arbeitsunterbrechung,
- nach Verschmutzungen der Hände während der Arbeit,
- vor dem Umgang mit leicht zu infizierenden Lebensmitteln wie Eiern, Sahne, Cremes und Speiseeis,
- nach dem Aufschlagen von Eiern,
- nach dem Naseputzen und nach dem Husten, wenn man die Hand vor den Mund hält,
- nach jedem Toilettenbesuch,
- nach dem Anfassen von schmutzigen Gegenständen und Abfällen,
- nach Beendigung von Reinigungsarbeiten.

Berufskleidung

Im Produktionsbereich eines Lebensmittelbetriebs müssen die Beschäftigten eine entsprechende Berufskleidung tragen. Straßenkleidung und Straßenschuhe sind während der Arbeit nicht erlaubt. Auch ist das Aufbewahren der Straßenkleidung und Straßenschuhe im Produktionsbereich nicht gestattet. Sie sind in den Umkleideräumen unterzubringen.

Anforderungen an die Berufskleidung

- Sie muss ständig in einem sauberen und gebügelten Zustand sein und sollte unter Umständen täglich gewechselt werden.
- Arbeitskleidung für Bäcker/Konditoren ist kochfest. Straßenkleidung kann für den Bäckerei-/Konditoreibetrieb nicht ausreichend gereinigt werden.
- Ein weißes kurzärmeliges Hemd oder eine weiße Konditorjacke tragen. Ärmellose T-Shirts sind nicht geeignet, da sie den Achselschweiß nicht aufsaugen.
- Die weiße Arbeitsschürze muss grundsätzlich vor Arbeitsbeginn sauber sein. Sie wird am stärksten beansprucht. Wenn sie nach dem Waschen nicht mehr weiß wird, muss sie erneuert werden.
- Vor dem Toilettenbesuch wird die Arbeitsschürze abgenommen.
- Die Beschäftigten sollten in den Produktionsräumen die Haare mit einer geeigneten Kopfbedeckung bedecken, z. B. mit Mütze, Tuch oder Haarnetz.
- Die gepflegten und sauberen Arbeitsschuhe sollten regelmäßig gereinigt werden.

Bäcker/Konditor in korrekter Berufsbekleidung

!

Bedeutung des Erscheinungsbilds der Mitarbeiter
- Ein gepflegtes Äußeres stärkt das Selbstbewusstsein und das Selbstwertgefühl jedes einzelnen Mitarbeiters; dies sind Voraussetzungen für den Betriebserfolg.
- Gepflegtes Aussehen aller Mitarbeiter ist die beste Werbung für den Betrieb und wirkt auf Kunden kaufmotivierend.

!

Verbote in den Produktionsräumen
- Das Rauchen und Schnupfen ist in den Betriebsräumen verboten.
- Das Essen und Trinken in den Produktionsräumen ist verboten. Dafür sind Pausen da, die in den Pausenräumen gehalten werden.
- Es ist verboten, Glasflaschen in die Produktionsräume zu bringen (Gefahr durch Glassplitter).
- Das Tragen von Schmuckstücken, z. B. Fingerringen, Armbändern und Uhren, ist bei der Arbeit verboten. Darunter könnten sich Lebensmittelreste absetzen und gesundheitsschädliche Mikroorganismen vermehren.

Hygieneschulung

Damit die Maßnahmen der Hygiene im Betrieb ständig eingehalten werden, ist es für jede Bäckerei/Konditorei gesetzlich Pflicht, dass alle Beschäftigten regelmäßig zur Lebensmittelhygiene geschult werden. Die Schulung soll die Notwendigkeit der Hygiene klarstellen und die Beschäftigten zum hygienischen Handeln motivieren. Dabei sollte geeignetes Schulungsmaterial zur Verfügung stehen.

!

Eine Hygieneschulung muss mindestens einmal jährlich für alle Beschäftigten im Bäckerei-/Konditoreibetrieb durchgeführt werden.

Zum Arbeitsbeginn eines neuen Mitarbeiters, der bisher noch nicht mit Lebensmitteln gearbeitet hat, muss ebenso eine Hygieneschulung stattfinden.

Die Hygieneschulung kann z. B. ein Bäckermeister/Konditormeister des Betriebs durchführen. Der Betriebsinhaber sollte über die gehaltene Hygieneunterweisung einen Nachweisplan anlegen, auf dem die teilgenommenen Personen des Betriebs jeweils unterschreiben.

Themen bei einer Hygieneschulung sind vor allem:
- Arten der Mikroorganismen und deren Lebensbedingungen.
- Das Erkennen von eiweiß- und wasserreichen Lebensmitteln und Bäckerei-/Konditoreiwaren, die durch Mikroorganismen leicht verderblich sind, z. B. Eier, Milcherzeugnisse, Füllungen, Cremes, Sahne, Speiseeis.
- Fachgerechte Lagerung der verschiedenen Rohstoffe und Bäckerei /Konditoreierzeugnisse.
- Schimmelbefall und vorbeugende Maßnahmen.
- Vermeidung des Infizierens der Lebensmittel durch Salmonellen.
- Reinigungsmaßnahmen im Betrieb.
- Körperhygiene und Sinn der sauberen und vollständigen Berufskleidung während der Arbeit.

Hygieneschulung der Mitarbeiter

LF 1.1

Aufgaben

1. Die Hygiene in Lebensmittelbetrieben wird in drei Bereiche eingeteilt. Nennen Sie diese.
2. Erklären Sie den Begriff der Betriebshygiene.
3. Beschreiben Sie einige hygienische Anforderungen an die Betriebsräume.
4. Nennen Sie die fünf Fragen, die ein Reinigungsplan in der Bäckerei/Konditorei beinhalten sollte (5-W-Fragen).
5. Erstellen Sie einen funktionsfähigen Reinigungsplan bezogen auf Ihren Betrieb oder auf den praktischen Unterricht in Ihrer Berufsschule.
6. Erläutern Sie, was man unter Produkthygiene versteht.
7. Beschreiben Sie die Grundsätze einer Warenannahme und Warenüberprüfung:
   - Lebensmittel, die nicht angenommen werden dürfen
   - Kontrolle der verpackten Lebensmittel
   - Kontrolle der unverpackten Lebensmittel
   - Anforderungen an kühlpflichtige Lebensmittel
8. Wie sollten leicht verderbliche Waren gelagert werden?

→

9 Beschreiben Sie,
- wie der Lagerraum für Rohstoffe sein soll,
- worin die Rohstoffe gelagert werden sollen,
- wie neu gelieferte Rohstoffe eingeräumt werden sollen,
- wie festgestellt werden kann, dass sich keine alten Rohstoffe im Lagerraum befinden.

10 Wo müssen die während der Arbeit anfallenden Abfälle gelagert werden?

11 Erklären Sie die besondere Aufbewahrung von
- gefährlichen und
- ungenießbaren Stoffen

in der Bäckerei/Konditorei.

12 Beschreiben Sie, wie offene Ware im Verkauf angeboten werden muss.

13 Wie müssen Waren zur Selbstbedienung angeboten werden?

14 Nennen Sie die drei Punkte, die die Personalhygiene umfasst.

15 Erklären Sie die Vorschrift nach dem Infektionsschutzgesetz für Personen, die mit Lebensmitteln umgehen, bei erstmaligem Arbeitsantritt in einem Lebensmittelbetrieb.

16 Nennen Sie Krankheiten, bei denen Tätigkeitsverbot in der Bäckerei/Konditorei besteht.

17 Nennen Sie den Sinn der Vorschrift des Infektionsschutzgesetzes.

18 Geben Sie Beispiele an, wodurch Keime von den Beschäftigten der Bäckerei/Konditorei auf Lebensmittel übertragen und verbreitet werden können.

19 Nennen Sie die fünf Grundsätze, die zur täglichen persönlichen Körperhygiene gehören.

20 Geben Sie Beispiele an, wann sich Mitarbeiter bei der täglichen Arbeit gründlich die Hände waschen.

21 Beschreiben Sie die Anforderungen an die Berufskleidung für Mitarbeiter.

22 Nennen Sie die hygienischen Vorschriften in den Produktionsräumen in Bezug auf
- Rauchen und Schnupfen,
- Essen und Trinken,
- Glasflaschen,
- Tragen von Fingerringen, Armbändern und Uhren bei der Arbeit.

23 Wann muss eine Hygieneschulung für die Mitarbeiter im Betrieb erfolgen?

24 Geben Sie Beispiele an, welche Inhalte eine Hygieneschulung für die Beschäftigten in der Bäckerei/Konditorei enthalten sollte.

25 Ihr Kollege ist der Meinung, dass Ihr Chef es mit dem Saubermachen und den Hygienevorschriften ganz schön übertreibt. Sogar hinter den Maschinen muss er wöchentlich saubermachen und auf den Fensterbänken darf er nicht einmal die Gewürze lagern. Erläutern Sie Ihrem Kollegen die verschiedenen Anforderungen an die Betriebsstätten, damit er den Sinn erkennt.

26 Sie beschweren sich, dass Sie die meisten Reinigungsarbeiten in der Bäckerei/Konditorei erledigen müssen und dass einige Putzarbeiten im Betrieb vernachlässigt werden. Bei der Personalversammlung stellen Sie deshalb mit Ihren Kolleginnen und Kollegen sowie Ihrem Chef einen Reinigungsplan für die Betriebsräume in Ihrer Bäckerei/Konditorei auf.

LF 1.1

5.2 Mikroorganismen

Mikroorganismen werden auch als Keime oder Erreger bezeichnet. Sie verändern Lebensmittel. Mikroorganismen sind Kleinstlebewesen, die überall in der Natur vorkommen und nicht mit bloßem Auge, sondern nur unter dem Mikroskop zu erkennen sind. Die Bezeichnung „Mikroorganismen" ist aus dem Griechischen abgeleitet und bedeutet:

mikros = klein
organismen = Lebewesen

→ Kleinlebewesen

Arten der Mikroorganismen

Es werden unterschieden:
- Bakterien
- Schimmelpilze
- Hefen

„Sporen" nennt man die Überlebensformen der widerstandsfähigen Mikroorganismen. Sie überleben sogar Hitze und Kälte sowie oft monatelangen Nahrungs- und Feuchtigkeitsmangel. Sporen enthalten in winzigen stabilen Hüllen nur die Erbanlagen der Mikroorganismen. Bei günstigen Lebensbedingungen bilden sich aus den Sporen wieder wachstumsfähige Mikroorganismen.

Bakterien	Schimmelpilze	Hefen
nützlich: Milchsäurebakterien • im Sauerteig • in säuerlichen Milcherzeugnissen • im Sauerkraut	**nützlich:** • Edelschimmelpilze im Käse	**nützlich:** • Backhefe • Brauhefe • Weinhefe
schädlich: • Salmonellen • Kolibakterien • Staphylokokken (Eitererreger) • Botulinusbakterien • Milchsäurebakterien machen Milch und Sahne sauer	**schädlich:** Schimmelpilze auf verschimmelten Lebensmitteln 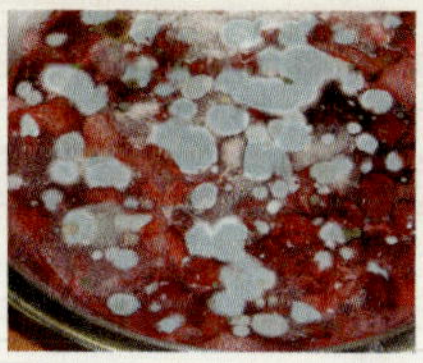	**schädlich:** Hefepilze aus der Luft vergären Konfitüren, Cremes, Fruchtsäfte

Mikroorganismen befinden sich überall: in der Luft, im Boden, im Wasser, in Mensch und Tier. Außer auf den bevorzugten Lebensmitteln sind sie auch an Berufskleidung, Geräten, Maschinen und Einrichtungsgegenständen und vor allem an den Händen zu finden.

Unsauberkeit fördert das Wachstum der Mikroorganismen enorm. Nicht die Mikroorganismen selbst, sondern ihre Ausscheidungsprodukte verändern die Lebensmittel.

Lebensbedingungen der Mikroorganismen

Mikroorganismen finden in der Bäckerei/Konditorei ideale Vermehrungsbedingungen. Je zahlreicher sie auftreten, desto gefährlicher sind sie. Manche der winzigen Kleinlebewesen werden mit bloßem Auge sichtbar, wenn sie sich in großen Mengen ausgebreitet haben. Hierbei spricht man von „Kolonien", z. B. Schimmelrasen, Backhefe im Paket.

Das Wachstum und die Vermehrung der Mikroorganismen sind abhängig von

- Nahrung,
- Wassergehalt,
- Temperatur,
- Sauerstoff,
- pH-Wert.

Nahrung

Als Nahrung dienen die energieliefernden Nährstoffe wie Zucker, Eiweiß und Fett. Die meisten Mikroorganismen bevorzugen jedoch einen bestimmten Nährstoff, z. B. die Salmonellen das Eiweiß oder die Hefen den Zucker.

Wassergehalt

Mikroorganismen vermehren sich in Lebensmitteln nur, wenn genügend Wasser vorhanden ist. Sie benötigen das freie, ungebundene Wasser in Lebensmitteln, da sie Nährstoffe nur in Wasser gelöst aufnehmen können.

Nicht der Gesamtgehalt des Wassers in einem Lebensmittel ist entscheidend, sondern der Wasseranteil, der nicht im Lebensmittel von Salz, Zucker, Eiweiß u. a. gebunden wird und deswegen frei verfügbar ist.

Je feuchter ein Lebensmittel ist, desto mehr Wasser steht den Mikroorganismen zur Verfügung, umso besser vermehren sie sich.

a_w-Wert

Das freie, ungebundene Wasser in den Lebensmitteln bezeichnet man als **„aktives Wasser"** (a_w-Wert). Der **„a_w-Wert"** gibt die Wasseraktivität im Bereich von 1 bis 0 an. Der Lebensmittelverderb erfolgt bei einem a_w-Wert von 0,6 bis 1.

Wasser hat den a_w-Wert 1 — 1 = reines Wasser

Je höher der a_w-Wert, umso schneller vermehren sich die Mikroorganismen, z. B. bei Speiseeis, Obsttorten, weichen Füllungen wie Vanillecreme, gebundenen Sauerkirschen, Apfelfüllung.

feuchte Lebensmittel →

schnelle Vermehrung der Mikroorganismen = schneller Verderb

Kaum verderblich sind Gebäcke mit einem geringen a_w-Wert, z. B. Mürbeteiggebäcke, Florentiner, Sandkuchen, Blätterteiggebäcke ohne Füllung.

geringer Wassergehalt = langsamer Verderb

— 0,6 —

Liegt der a_w-Wert unter 0,6, können die Mikroorganismen die trockenen Lebensmittel nicht mehr verderben, z. B. bei getrockneten Gewürzen, getrockneten Baisers, Trockenfrüchten, Nudeln, Semmelbröseln, Knäckebrote.

trockene Lebensmittel →

keine Vermehrung der Mikroorganismen möglich = kein Verderb

0 = wasserfreie Stoffe

LF 1.1

Senken des a_w-Werts

Senkt man den a_w-Wert der Lebensmittel, wird deren Verderb gehemmt bzw. verhindert. Sie sind länger haltbar.

Salz oder Zucker
Salz und Zucker sind Wasser anziehend (hygroskopisch) und binden deshalb das freie Wasser der Lebensmittel, z.B. bei Konfitüren, Dickzuckerfrüchten, gepökeltem Fleisch, Salzheringen.

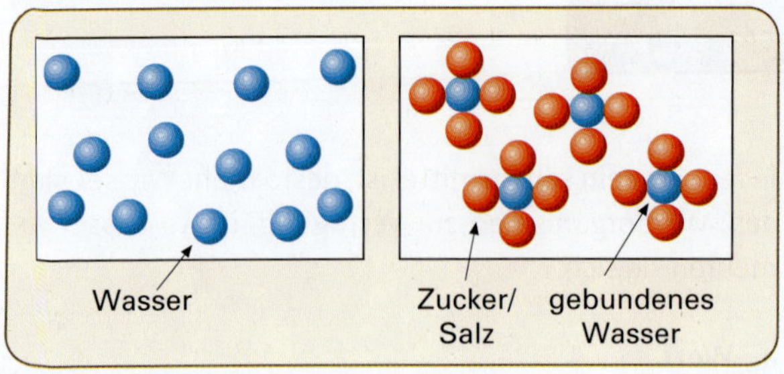

Zucker und Salz binden Wasser

Trocknen
Durch Trocknen wird den Lebensmitteln ein Großteil des Wassers entzogen, z.B. bei Trockenfrüchten, Zwieback, Trockenzwiebeln, Knäckebroten.

Tiefgefrieren
Das freie Wasser der Lebensmittel wird dabei zu Eis und ist somit für die Mikroorganismen nicht mehr verfügbar. Die Lebensmittel sind dadurch langfristig haltbar.

Temperatur

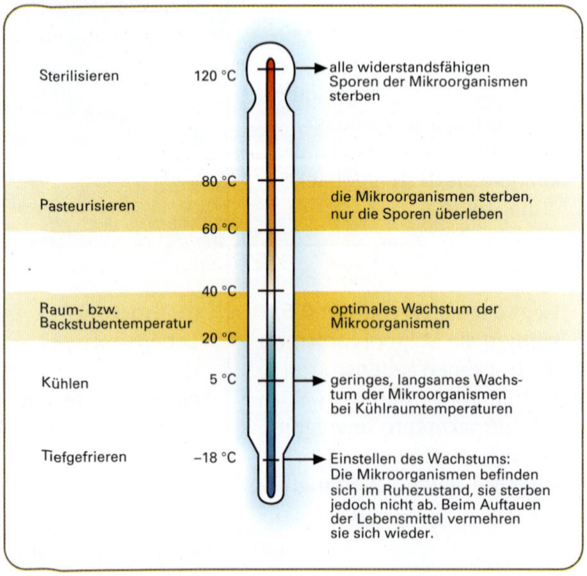

Wachstum der Mikroorganismen bei verschiedenen Temperaturen

Durch Temperaturveränderungen kann man das Wachstum der Mikroorganismen beeinflussen.

Sauerstoff

Die meisten Mikroorganismen benötigen zum Wachstum Sauerstoff. Auch das Ranzigwerden von Fetten wird ohne Sauerstoff verzögert. Bei Vakuumverpackungen nimmt man den sauerstoffabhängigen Mikroorganismen durch Sauerstoffentzug die Lebensgrundlage.

Sauerstoffabhängigkeit von Mikroorganismen

Sauerstoffabhängigkeit	Beispiele
Mikroorganismen, die zum Wachstum Sauerstoff benötigen (Aerobier)	Schimmelpilze, Hefen zum Wachstum
Mikroorganismen, die ohne Sauerstoff leben können (Anaerobier)	Botulinusbakterien, Hefen zum Gären
Mikroorganismen, die mit und ohne Sauerstoff leben können (fakultative Anaerobier)	Milchsäurebakterien, Fäulniserreger, Eitererreger

pH-Wert

Der pH-Wert ist eine Maßzahl für die Stärke der Säure oder der Lauge (Base) in einer wässrigen Lösung.

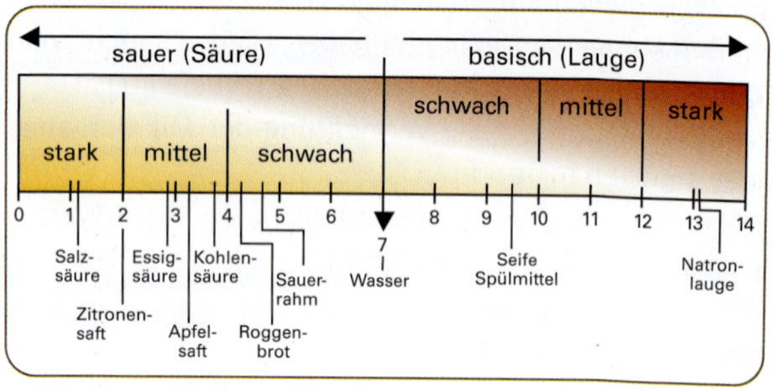

pH-Werte

Für die Entwicklung der Mikroorganismen ist der pH-Wert der Lebensmittel von großer Bedeutung. Auch sind die Mikroorganismen nur in einem bestimmten pH-Bereich lebensfähig.

- Um den pH-Wert 7 ist das Wachstum der meisten Mikroorganismen am günstigsten.
- Ab dem pH-Wert 4,2 und darunter können schädliche Mikroorganismen nicht mehr leben.
- Auch der stark laugige Bereich schadet den Mikroorganismen. Die meisten stellen ihre Aktivität bei einem pH-Wert von 10 ein.

LF 1.1

Säuren und Laugen

Starke Laugen sind ähnlich giftig wie starke Säuren, z. B. Natronlauge und Salzsäure. In schwacher Form werden Laugen meist zur Reinigung verwendet (Seife, Waschlauge). Eine geringe Laugenkonzentration von ca. 3,5 % besitzt auch die Brezellauge.

> **!** Beim Umgang mit Lebensmitteln müssen den schädlichen und genussuntauglichen Mikroorganismen die günstigen Lebensbedingungen entzogen werden. Ist nur eine der Lebensbedingungen nicht gegeben, wird die Vermehrung und somit auch der Verderb der Lebensmittel gehemmt oder verhindert.

Vermehrungsgeschwindigkeit der Mikroorganismen

Je mehr Anfangskeime auf den Lebensmitteln vorhanden sind, umso schneller steigt die Zahl der Mikroorganismen an und umso schneller verderben die Lebensmittel. Deshalb ist besonders darauf zu achten, dass der Anfangskeimgehalt auf Lebensmitteln und Bäckerei-/Konditoreierzeugnissen möglichst niedrig gehalten wird.

Beispiele, in welcher Zeit sich die Mikroorganismen bei optimalen Bedingungen auf das Doppelte vermehren:

Salmonellen	20 Minuten
Kolibakterien	20 Minuten
Schimmelpilze	60 Minuten
Milchsäurebakterien	100 Minuten
Hefen (nicht Backhefe)	120 Minuten
Backhefe	240 Minuten

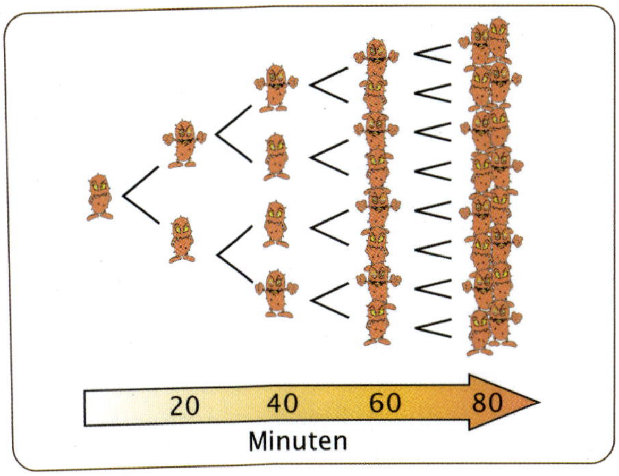

Vermehrungsgeschwindigkeit von Mikroorganismen

Geht man von Tausenden Anfangskeimen in Lebensmitteln aus, werden in wenigen Stunden daraus Millionen.

Aufgaben

1. Nennen Sie die drei wichtigen Arten der Mikroorganismen und geben Sie jeweils nützliche und schädliche Mikroorganismen an.
2. Erklären Sie den Begriff „Sporen".
3. Erläutern Sie den a_w-Wert.
4. Nennen Sie Beispiele für Bäckerei-/Konditoreierzeugnisse mit folgendem a_w-Wert und beschreiben Sie die Besonderheiten in den Bereichen:
   - a_w-Wert von 1 bis 0,6
   - a_w-Wert von 0,6 bis 0
5. Geben Sie Beispiele an, womit man den a_w-Wert von Lebensmitteln und Bäckerei-/Konditoreierzeugnissen senken kann.
6. Beschreiben Sie die Lebensweise der Mikroorganismen bei folgenden Temperaturen:
   - 120 °C (Sterilisieren)
   - 60 bis 80 °C (Pasteurisieren)
   - 20 bis 40 °C (Raum- und Backstubentemperatur)
   - 5 °C (Kühlung)
   - −18 °C (Tiefgefrieren)
7. Erklären Sie folgende pH-Werte von Lebensmitteln und Bäckerei-/Konditoreierzeugnissen:
   - pH-Wert = 7
   - pH-Wert über 7
   - pH-Wert unter 7
8. Ihre neue Kollegin hält die Hygienemaßnahmen in Ihrem Betrieb für übertrieben. Sie erklären ihr, warum es so wichtig ist, die Keimanzahl von Anfang an so gering wie möglich zu halten.

Rechenaufgaben

1. Auf einer Arbeitsschürze wurden je cm^2 24 Mikroorganismen festgestellt.
   a) Berechnen Sie die Gesamtzahl der Mikroorganismen auf der Arbeitsschürze, die 60 cm breit und 1,10 m lang ist.
   b) Wie hoch wäre die Keimzahl nach 1 Minute, wenn sie sich alle 20 Sekunden verdoppeln?
2. Schimmelpilze verdoppeln sich bei idealen Verhältnissen alle 60 Minuten. Wie viele davon bilden sich aus 300 Erregern in 5 Stunden?

LF 1.1

5.3 Schädliche Mikroorganismen

Krank machende Mikroorganismen bewirken Magen- und Darmerkrankungen mit Übelkeit, Erbrechen, Durchfall und Kopfschmerzen. Sie werden hauptsächlich durch Unsauberkeit auf Lebensmittel übertragen oder sie vermehren sich sehr stark durch falsche oder zu lange Lagerung der Lebensmittel.

Schimmelpilze

Vorkommen
Die Sporen der Schimmelpilze werden vom Luftzug getragen und gelangen so auf Lebensmittel.

Übertragung
Sie können durch menschlichen Kontakt, z. B. durch die Hände, Kleidung, Arbeitsgeräte und Einrichtungsgegenstände, auf die Lebensmittel übertragen werden.

LF 1.1

Anfällige Lebensmittel
Schimmelpilze bevorzugen feuchte Lebensmittel, z. B. Konfitüren, Füllungen wie Nuss-, Mohn-, Kirsch-, Apfel-, Quarkfüllung, Vanillecreme und die Krume der Backwaren.

Verschimmelte Lebensmittel wegwerfen

Auf trockenen Lebensmitteln, z. B. auf Semmelbröseln, können sie nicht wachsen. Auch die trockene Kruste von Backwaren kann deshalb nicht schimmeln. Gelangen die Schimmelpilze jedoch in die feuchte Gebäckkrume, entsteht der Schimmel im Inneren der Gebäcke.

Schimmelpilze nehmen aber auch die Feuchtigkeit aus der Umgebungsluft zum Wachstum auf. So können auch trockene Lebensmittel und Bäckerei-/Konditoreierzeugnisse bei feuchter Lagerung außen schimmeln.

Infizierte Lebensmittel
Gesundheitsgefährdende Schimmelpilze, die sich zu einem Fadengeflecht (Myzel) und später zu einem Schimmelrasen vermehren, geben unsichtbare Pilzgifte ab, die sogenannten **Mykotoxine** (Toxine sind Giftstoffe), die tief in die Lebensmittel eindringen. Auch Kochen zerstört diese Gifte nicht. Mykotoxine schädigen die Leber und können Krebs, vor allem Leberkrebs, verursachen.

Giftstoffe (Mykotoxine) durchdringen das Lebensmittel

Weil nicht die Schimmelpilze, sondern deren Gifte die Gesundheit der Menschen schädigen, zählen sie zu den Lebensmittel vergiftenden Mikroorganismen.

Von Schimmel befallene Teigtücher sind gesundheitsschädlich und ekelerregend

!

Verschimmelte Lebensmittel müssen sofort weggeworfen und aus den Betriebsräumen entfernt werden. Sie dürfen nicht an Tiere verfüttert werden. Man soll die Lebensmittel auch nicht essen, nachdem der Schimmelrasen entfernt wurde, weil man nicht weiß, wie tief die Giftstoffe (Mykotoxine) in die Lebensmittel vorgedrungen sind.
Nüsse mit braunen Stellen im Kern dürfen nicht mehr gegessen werden, sie enthalten besonders viele gesundheitsschädigende Schimmelpilzgifte (Aflatoxine).

Vorbeugende Maßnahmen gegen Schimmelbefall auf Lebensmitteln und Bäckerei-/Konditoreierzeugnissen

- Auf Betriebs-, Produkt- und Personalhygiene im gesamten Betrieb achten.
- Säure hemmt die Vermehrung der Schimmelpilze, sodass auch Weizenbrote mit Weizensauerteig vor allem in den Sommermonaten nicht so schnell schimmeln.
- Teigtücher, z. B. in Kippkästen der Teiglinge für Berliner und anderer Siedegebäcke, die im Gärraum feucht werden, werden täglich nach Arbeitsschluss in einem gut belüfteten Raum getrocknet.
- Bei verpackten Lebensmitteln fehlt den Schimmelpilzen der lebensnotwendige Sauerstoff, z. B. verlängert sich die Frischhaltung der Bäckerei-/Konditoreierzeugnisse beim luftdichten Verpacken mit Folie und vakuumverpackte Lebensmittel können nicht schimmeln.
- Lebensmittel und Bäckerei-/Konditoreierzeugnisse entsprechend kühl und trocken lagern.

Salmonellen

Vorkommen

Salmonellen sind Bakterien, die sich im Magen- und Darmbereich von Mensch und Tier befinden.

Übertragung

Der Mensch infiziert (anstecken) sich jedoch meist über mit Salmonellen behaftete Lebensmittel.

Anfällige Lebensmittel

Gefährliche Salmonellenträger sind:

- Eier
- Geflügel
- Hackfleisch
- Fisch

Salmonellengefährdete Lebensmittel

In der Bäckerei/Konditorei sind vor allem eihaltige Speisen mit rohen, unerhitzten Eiern gefährdet, z. B. Cremes, Tiramisudesserts und eihaltige Salate und Mayonnaise. Auch Fleisch, Wurst und Fisch sind gefährdet.

Infizierte Lebensmittel

Salmonellenbehaftete Lebensmittel sind nicht erkennbar. Sie verändern weder das Aussehen noch sind sie durch einen unangenehmen Geruch oder Geschmack feststellbar. Gefährlich sind Salmonellen auch wegen der schnellen Vermehrung, besonders bei 20 bis 45 °C. Sie verdoppeln sich beispielsweise bei ca. 35 °C schon nach 20 Minuten, d. h., aus 1000 Anfangskeimen werden nach drei Stunden über eine Million Salmonellen.

Werden salmonelleninfizierte Lebensmittel verzehrt, führt dies meistens nach 12 bis 36 Stunden zu grippeähnlichen Krankheitserscheinungen wie Übelkeit, Kopfschmerzen, Bauchschmerzen, Erbrechen, Durchfall, Gliederschmerzen und Fieber.

LF 1.1

Salmonellenerkrankung

Stellt der Arzt bei einer oder einem Beschäftigten mit Lebensmitteln Salmonellose (Salmonellenerkrankung) fest, so muss dies beim Betriebsinhaber und dem Gesundheitsamt gemeldet werden (Meldepflicht). Es besteht so lange Tätigkeitsverbot, bis sie/ihn der Arzt beim Gesundheitsamt wieder gesund meldet.

Bekämpfung der Salmonellen

Salmonellen werden sicher durch Hitze zerstört:

- beim Kochen der Lebensmittel,
- beim Erhitzen der Lebensmittel auf 80 °C, 10 Minuten lang, z. B. beim Pasteurisieren der Eier.

Vorbeugende Maßnahmen gegen Salmonellen

- Gründliches Händewaschen nach dem Toilettenbesuch und nach dem Aufschlagen von Eiern vermeidet eine Salmonellenübertragung.
- Für nicht gekochte bzw. erhitzte Erzeugnisse:
  - nur frische Eier (bis ca. 1 Woche alt) oder
  - pasteurisierte Eier verwenden.
- Aufgetaute Eier: Gefriereier kühl lagern und am selben Tag verarbeiten.
- Aufgetaute eihaltige Speisen, die nicht erhitzt wurden, sofort verzehren.
- Leicht verderbliche Lebensmittel und Erzeugnisse aus Sahne, Milch, Eiern im Kühlschrank/Kühlraum (unter 10 °C) nicht zu lange aufbewahren.

Staphylokokken (Eitererreger)

Vorkommen
Staphylokokken befinden sich hauptsächlich im Nasen- und Rachenraum der Menschen und auch in Wunden.
Übertragung
Sie werden durch Niesen und Husten auf Lebensmittel übertragen und häufig über offene Wunden an Händen und Armen.
Die Staphylokokken vermehren sich sehr schnell auf den Lebensmitteln und bilden schädliche Gifte, die plötzliches Erbrechen, Durchfall und Kreislaufstörungen verursachen.
Vorbeugung
Wunden müssen dicht abgedeckt werden.
Selbstverständlich wendet man sich beim Niesen und Husten von Lebensmitteln ab.
Die meisten Eitererreger werden bei über 80 °C abgetötet.
Anfällige Lebensmittel
Besonders anfällig sind eier- und eiweißreiche Lebensmittel, z. B. Milch, Milcherzeugnisse, Cremes, Speiseeis, Fisch und Fleisch.

Botulinusbakterien (Clostridium botulinum)

Die Sporen der Botulinusbakterien, die nur ohne Sauerstoff wachsen, vergiften Lebensmittel in Konservendosen, wenn diese nicht lange genug über 120 °C erhitzt wurden. Der durch die giftigen Gase gewölbte, aufgeblähte Dosendeckel wird als **„Bombage“** bezeichnet.

Einwandfreie Konservendose

Bombage

Kolibakterien (Coli-Bakterien)

Vorkommen
Kolibakterien befinden sich im Darm von Mensch und Tier und sind deshalb in Fäkalien enthalten.
Übertragung
- Kolibakterien können durch mangelnde Hygiene nach dem Toilettenbesuch in Lebensmittel kommen.
- Sie können in das Trinkwasser durch starke fäkale Verunreinigung (Verunreinigung mit Stuhl) gelangen.

Vorbeugen
Beim Kochen von Wasser sterben Kolibakterien.

Fäulniserreger

Fäulniserreger findet man in verfaultem Obst und Gemüse. Da diese unappetitlich aussehen sowie unangenehm riechen und schmecken, sind Vergiftungen selten.

Aufgaben

1. Welche Lebensmittel sind besonders für Schimmelbefall gefährdet?
2. Erklären Sie die Tätigkeit der Schimmelpilze auf und in Lebensmitteln und nennen Sie die gesundheitsgefährdende Wirkung.
3. Was machen Sie mit verschimmelten Lebensmitteln und Erzeugnissen? Begründen Sie.
4. Nennen Sie vorbeugende Maßnahmen, um einen Schimmelbefall zu vermeiden:
   - während der Produktion, • bei der Lagerung.
5. Zählen Sie Lebensmittel auf, die gefährliche Salmonellenträger sind.
6. Nennen Sie die zwei Möglichkeiten, wie Salmonellen in Lebensmitteln abgetötet werden können.
7. Geben Sie Vorbeugemaßnahmen gegen die Vermehrung von Salmonellen an.
8. Wie können Staphylokokken (Eitererreger) auf Lebensmittel übertragen werden?
9. Nennen Sie Vorbeugemaßnahmen, damit Staphylokokken nicht auf Lebensmittel übertragen werden in Bezug auf
   - Wunden,
   - Niesen und Husten.
10. Woran kann man mit Botulinusbakterien infizierte Lebensmittel in Konservendosen äußerlich erkennen?
11. Wie heißen die Bakterien, die vor allem Obst und Gemüse verderben?
12. Ihr Chef beauftragt Sie, während der in der nächsten Woche stattfindenden Hygieneschulung einen Vortrag über schädliche Mikroorganismen und deren Lebensbedingungen zu halten.

5.4 Tierische Schädlinge

Die Betriebsräume in der Bäckerei/Konditorei müssen unbedingt frei von Schädlingen gehalten werden.

Schädlinge wie Insekten und Nager
- verursachen Fressschäden,
- verursachen Verunreinigungen durch Ausscheidungen, die für unangenehmen Geruch und Geschmack sorgen,
- übertragen Mikroorganismen auf Lebensmittel,
- sind ekelerregend.

Mehlschädlinge

Sie sind deshalb so unangenehm, weil sie sich so schnell vermehren und dadurch das Mehl verunreinigen. Mehlschädlinge entwickeln sich dort im Mehl, wo es längere Zeit unbewegt liegt, z. B. Mehlstaub, der in Ecken, Rändern und Ritzen von Mehllager, Maschinen, Arbeitstischen, Schubladen liegt.

Die häufigsten Mehlschädlinge sind Mehlmotten und Mehlwürmer.

Mehlmotten

Mehlmotte

Mehlmotten sind graue Falter. Ein Mehlmottenweibchen legt im Laufe seines Lebens 200 bis 300 Eier in das Mehl ab. Aus den daraus entstehenden Raupen (Larven), die sich an geschützten Stellen wie Ritzen, Fugen, Ecken bei starker Fresslust vier- bis fünfmal häuten, entwickeln sich Puppen. Diese spinnen mit weißen klebrigen Fäden ein Gespinst um sich. Aus der Puppe schlüpft dann der fertige Falter.

Die Entwicklungsgeschwindigkeit hängt von der Temperatur ab.
Da Mehlmotten kälteempfindlich sind, bietet die warme Backstube ideale Bedingungen.

Larve der Mehlmotte

Mehlwürmer

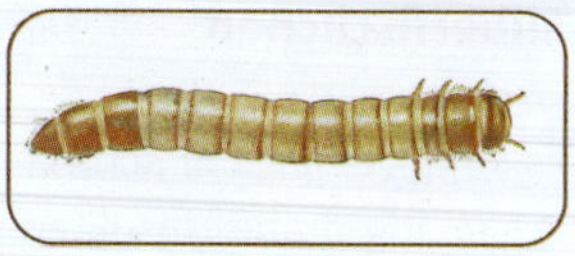
Mehlwurm

Die gelblich-braunen zwei bis drei Zentimeter langen Mehlwürmer häuten sich mehrmals im Mehl und verunreinigen es. Sie sind unappetitlich und ekelerregend. In liegen gebliebenen Mehlresten und im Mehlstaub in Ecken von Räumen, Schubladen und Maschinen finden sie günstige Entwicklungsmöglichkeiten.

Mehl- und Brotkäfer

Sie sind mittlerweile in der modernen Bäckerei/Konditorei unbekannt. Wegen der etwas längeren Entwicklungszeit können sie sich nur noch in grob unsauberen Betrieben vermehren.

Mehlkäfer

Brotkäfer

Mehlmilben

Die mit bloßem Auge nicht sichtbaren Mehlmilben,die das Mehl genussuntauglich machen und bei Menschen Allergien auslösen können, befinden sich nur in feuchten Mehlen und sind aufgrund der trockenen Mehllagerung nicht mehr anzutreffen.

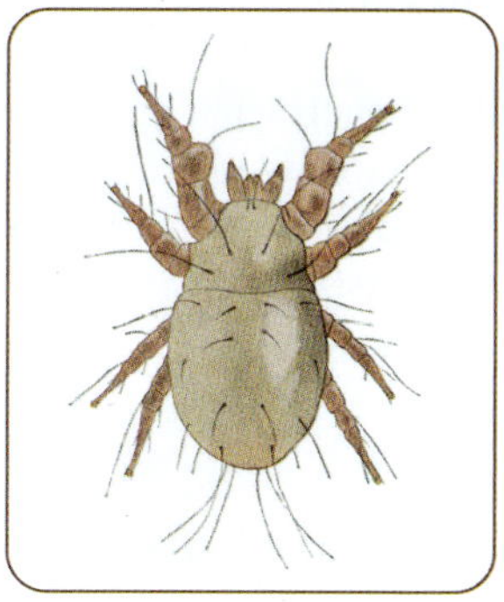
Mehlmilbe

Schaben (Kakerlaken)

Sie haben eine braune bis schwarze Farbe und sind bis zu drei Zentimeter lang.

Schabe

LF 1.1

Silberfischchen

Silberfischchen

Es sind kleine, sehr schmale, silbrig-graue Insekten. Sie werden kaum bemerkt, da sie beim Eintreten der Menschen in den Raum regungslos liegen bleiben. Silberfischchen fressen alles, sogar Verpackungsmaterial.

Schaben und Silberfischchen
- sind nachtaktiv,
- leben tagsüber versteckt in Ritzen und Fugen von Mauern und Fliesen,
- befinden sich an feuchten und warmen Orten, z. B. in der Nähe von Wasserleitungen und Schwadenrohren.

LF 1.1

Schaben und Silberfischchen vermehren sich bei guten Bedingungen sehr stark, legen bei Dunkelheit weite Wege zurück und verunreinigen die Lebensmittel durch Keimübertragungen. Da diese Schädlinge sich bei Störungen durch Licht und Geräusche in ihre Schlupfwinkel zurückziehen und dadurch nicht sichtbar sind, werden sie nicht immer ausreichend bekämpft.

Fliegen

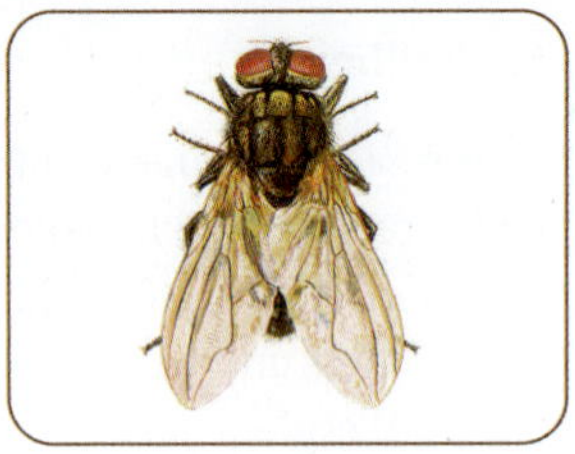

Fliege

Ihre hauptsächlichen Brutstätten sind Abfall und Kot. Von dort übertragen sie krankheitserregende Mikroorganismen auf die Lebensmittel.

Mäuse und Ratten

Maus

Diese Nagetiere hinterlassen deutliche Fressschäden und Verunreinigungen sowie üblen Geruch. Sie halten sich gerne im Müll auf und transportieren von dort über Fell und Pfoten schädigende Mikroorganismen auf die Lebensmittel. Auch enthält der Kot eine große Anzahl von Mikroorganismen, die an die Lebensmittel gelangen.

Mäuse kommen vor allem in der kalten Jahreszeit durch offene Türen und Kellerfenster.

Sind Ratten im Lebensmittelbetrieb, ist dies ein Zeichen von großer Unsauberkeit. Sie werden durch offene Abfallbehälter und Komposthaufen angelockt, wenn dort Küchenabfälle, besonders mit Fleischresten, entsorgt werden.

!

Vorbeugende Maßnahmen gegen Schädlinge

Mehlschädlinge
Regelmäßige Reinigung, damit Ecken und Fugen der Räume, Einrichtungsgegenstände und Maschinen mehlfrei sind. Das Mehl darf nicht so lange unbewegt liegen, bis sich die Schädlinge entwickelt haben.

Schaben und Silberfischchen
Ritzen und Spalten in Fliesen und Mauern verschließen, vor allem im Bereich von Wasserrohren, Wasserhähnen und Spülbecken, damit ihre Schlupfwinkel versperrt sind.

Fliegen
Abfallbehälter verschließen und regelmäßig reinigen.
Fliegengitter an den Fenstern anbringen.
Lebensmittel abdecken oder verpacken.

Mäuse
Türen möglichst schließen und Kellerfenster vergittern, damit sie nicht ins Haus gelangen.
Sofort Fallen aufstellen, wo Fraß- und Kotspuren sind.

!

Schädlinge sofort bekämpfen,
- weil sie sich schnell vermehren,
- weil bereits bei einer geringen Anzahl von Schädlingen Gesundheitsgefahren für Menschen durch die Übertragung von Mikroorganismen bestehen,
- weil Schädlinge im Betrieb auf grobe Unsauberkeit hinweisen.

In Lebensmittelbetrieben darf kein Gift gestreut und giftige Schädlingsbekämpfungsmittel dürfen nicht gesprüht werden, da sie mit Lebensmitteln in Berührung kommen können.

Aufgaben

1. Beschreiben Sie vier Faktoren, warum die Betriebsräume in der Bäckerei/Konditorei frei von Schädlingen sein müssen.
2. An welchen Stellen können sich Mehlschädlinge besonders gut vermehren?
3. Nennen Sie die zwei am häufigsten vorkommenden Mehlschädlinge und beschreiben Sie diese.
4. Beschreiben Sie die Lebensweisen der Schaben und Silberfischchen und nennen Sie die Lebensräume.
5. Nennen Sie die zwei hauptsächlichen Brutstätten der Fliegen.
6. Erklären Sie, wie Fliegen Lebensmittel infizieren können.
7. Erläutern Sie, welche Schäden Mäuse und Ratten anrichten können, wenn sie an Lebensmittel gelangen.
8. Erklären Sie, warum Schädlinge sofort bekämpft werden müssen.
9. Beschreiben Sie die Vorbeugemaßnahmen gegen
   - Mehlschädlinge,
   - Schaben, Silberfischchen,
   - Fliegen,
   - Mäuse.
10. Sie erzählen Ihrer Chefin, dass Sie im Mehllager kleine graue Falter gesehen haben. Sie ist froh, dass Sie ihr das sofort berichten, da die Schädlinge umgehend bekämpft werden müssen. Stellen Sie eine Übersicht mit entsprechenden Abbildungen der tierischen Schädlinge zusammen, die zukünftig in einer Mappe in den Mitarbeiterräumen Ihres Betriebs liegt, damit die Kollegen Schädlinge sofort erkennen und beseitigen können.

Rechenaufgabe

Für eine einmalige Generalreinigung des Betriebs als Vorbeugemaßnahmen gegen Schädlinge bezahlt eine Bäckerei/Konditorei 465,00 € netto plus 19 % Mehrwertsteuer. Die Reinigungsfirma gewährt 8 % Rabatt. Wenn die Bäckerei/Konditorei den Betrag innerhalb 10 Tagen bezahlt, gewährt die Reinigungsfirma 2 % Skonto.

a) Berechnen Sie die Reinigungskosten nach Abzug des Rabatts.

b) Wie viel muss die Bäckerei/Konditorei zahlen, wenn sie den Betrag innerhalb von 10 Tagen überweist?

5.5 Reinigen des Betriebs

Das Reinigen der Betriebsräume, Einrichtungsgegenstände, Maschinen und Geräte gehört zur täglichen Arbeit.

Gründe für die regelmäßige Reinigung sind:

- Die Lebensmittel werden vor Verderb bewahrt.
- Die Gesundheit der Beschäftigten und der Verbraucher wird geschützt.
- Ein sauberer Betrieb hat ein werbewirksames Aussehen.
- Die Funktionsfähigkeit und Nutzungsdauer der Räume, Einrichtungsgegenstände, Maschinen und Geräte werden verlängert.

Die gründlichere Reinigung erfolgt durch die Nassreinigung.

Zum Nassreinigen benötigt man

- Wasser (nur Trinkwasser ist erlaubt),
- Reinigungsmittel,
- mechanische Mittel.

Einfluss des Wassers beim Reinigen

Die günstigste Wassertemperatur beim Spülen und Reinigen von Hand liegt bei ca. 50 bis 60 °C. Bei höheren Wassertemperaturen wird das Wasser für die Haut unverträglich. Kühleres Wasser erzielt nicht die wichtigen folgenden Wirkungen.

> **!**
> **Wirkung des warmen Wassers**
> Speisereste und Schmutz lösen sich in warmem Wasser und werden somit von den verschmutzten Gegenständen weggespült, bis sie sauber sind.

Das Wassermolekül

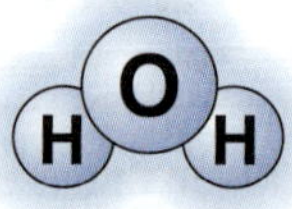

Wasser-molekül

Ein Wassermolekül besteht aus

- 1 Atom Sauerstoff und
- 2 Atomen Wasserstoff.

Die Randschichten der Moleküle ziehen sich zusammen, das führt zur Oberflächenspannung des Wassers. Deutlich sichtbar ist dies bei Wassertropfen, z. B. wenn der Wasserhahn tropft oder auch wenn sich das Wasser bei einem übervollen Wasserglas über den Glasrand wölbt.

Einfluss der Reinigungsmittel

Durch die Zugabe von Reinigungsmitteln wird die Oberflächenspannung des Wassers zerstört.

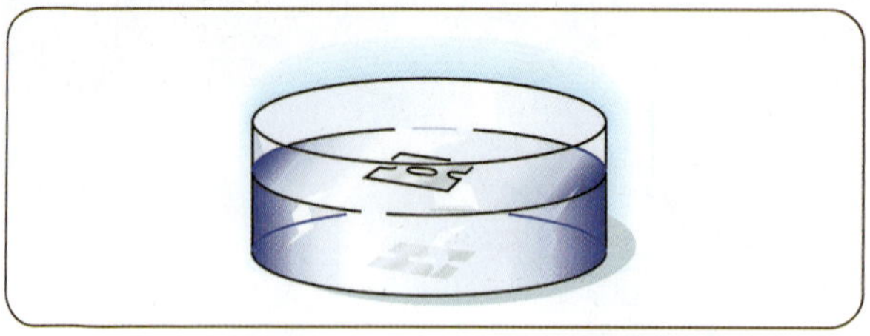

Wasser ohne Spülmittel

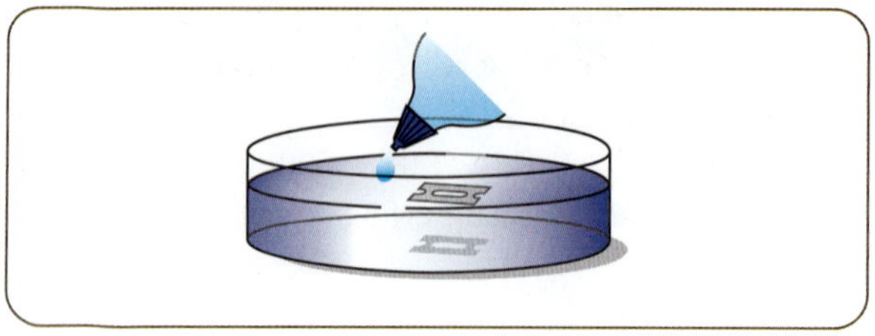

Zugabe von Spülmittel

Wasser mit Spülmittel

Aufgrund der Oberflächenspannung schwimmt in dem Versuch die Rasierklinge auf dem Wasser. Durch die Zugabe von Reinigungsmittel wird das Wasser „entspannt". Die Rasierklinge fällt deshalb zu Boden.

Nach dem Reinigen mit klarem Wasser bleibt ein schmieriger Fettfilm auf den Gegenständen. Das Wasser kann wegen der Oberflächenspannung nur schlecht in den Schmutz eindringen.

„Entspanntes Wasser" kann sich leichter unter den Schmutz schieben, ihn abheben und wegspülen. Deshalb löst sich auch der Fettfilm durch Zugabe von Reinigungsmittel.

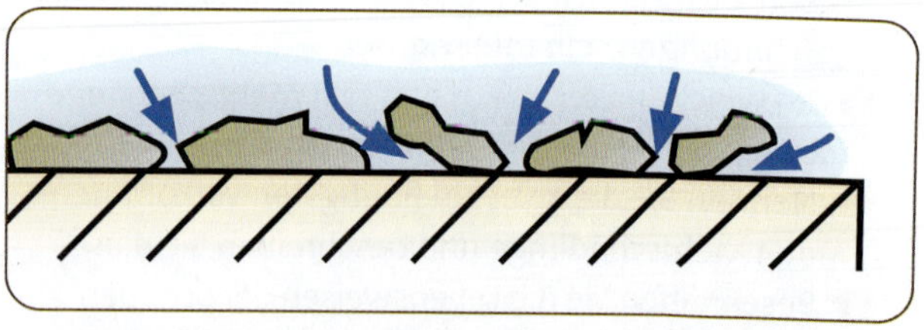

Entspanntes Wasser kann in den Schmutz eindringen

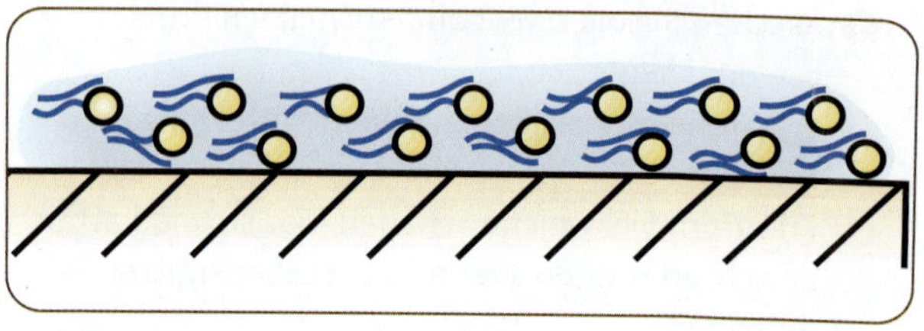

Fett wird durch das Reinigungsmittel im Wasser feinstverteilt und weggespült

Reinigungsmittel

Spülmittel eignen sich für den Abwasch leicht verschmutzter Gegenstände, z. B. Messer, Schaber, Schüsseln.
Für Spülmaschinen benötigt man besondere Spülmittel mit zusätzlichem Klarspüler. Außerdem wird Salz zur Enthärtung des Wassers zugegeben.

Spülmaschine

Reinigungsmittel für Oberflächen sind besonders schonende Mittel, die schnell reinigen sowie eine glanzbringende und schmutzabweisende Wirkung besitzen, z. B. für Glas (Fenster und Vitrinen), Edelstahl, Kunststoff.

Reinigungsmittel für Fußböden besitzen fett- und kalklösende Mittel mit stärkerer Reinigungswirkung.

Reinigungsmittel für hartnäckigen Schmutz besitzen aggressive chemische Zusätze. Sie werden z. B. verwendet für eingebrannte Bleche, eingebrannten Staub an den Glastüren der Backöfen, festen Schmutz an Fliesen. Meist werden diese Mittel in Verbindung mit Schwämmen, Edelstahlspiralen u. a. angewendet.

Grundsätze beim Reinigen

- Grundsätzlich in warmes Wasser etwas Reinigungsmittel geben, da Gegenstände nur so schmutz- und fettfrei werden.
- Alle Reinigungsmittel belasten das Abwasser. Darum nicht zu viel Reinigungsmittel verwenden; nur so viel wie nötig.
- Angetrockneten Schmutz zuerst einweichen und dann entfernen.
- Nach dem Reinigen der Gegenstände werden Reinigungsmittelreste mit ausreichend klarem Wasser von den Gegenständen abgespült.

Putztücher, Schwämme und Bürsten müssen nach jedem Gebrauch unter fließend warmem Wasser ausgewaschen und häufig erneuert werden. Wird mit unsauberen Tüchern, Schwämmen und Bürsten „gesäubert", ist dies eine Keimverbreitung und -vermehrung und keine Reinigung.

Mechanische Hilfsmittel zum Entfernen von Schmutz

- Weiche Putztücher und Schwämme helfen leichten Schmutz wegzuwischen. Auch empfindliche Oberflächen werden auf diese Weise schonend behandelt.
- Spülbürsten sorgen bei hartnäckigerem Schmutz für eine gründliche Reinigung.
- Scheuerschwämme und Edelstahlspiralen sind bei festsitzendem Schmutz am wirksamsten.
- Edelstahlspiralen beseitigen auch eingebrannte Stellen in Edelstahlschüsseln und Schnittenblechen, ohne dass sie die Oberfläche beschädigen.

Mechanische Hilfsmittel für die Reinigung

LF 1.1

Hochdruckreiniger

Wasserdruck wird zum Reinigen in der Spülmaschine oder bei der Grobreinigung von Böden und Fliesen mit Hochdruckreinigern genutzt. Dabei wird das Wasser mit großem Druck durch Düsen gepresst und hebt den Schmutz an der Stelle ab, die vom Wasserstrahl getroffen wird.

Aufgaben

1. Nennen Sie die günstigste Wassertemperatur beim Spülen und Reinigen.
2. Warum wird warmes Wasser zum Spülen und Reinigen benötigt?
3. Geben Sie die Zusammensetzung eines Wassermoleküls an und beschreiben Sie, wie es zur Oberflächenspannung des Wassers kommt.
4. Erklären Sie, warum Reinigungsmittel zum Reinigen in das Wasser gegeben wird.
5. Nennen Sie verschiedene Reinigungsmittel für bestimmte Anwendungen und beschreiben Sie diese.
6. Womit müssen Reinigungsmittelreste auf Gegenständen am Schluss des Reinigens entfernt werden?
7. Warum sollen Reinigungsmittel sparsam dosiert werden?
8. Nennen Sie mechanische Hilfsmittel zum Entfernen von Schmutz.
9. Erklären Sie, was geschieht, wenn mit unsauberen Tüchern, Schwämmen und Bürsten gereinigt wird, die nicht nach jedem Gebrauch sauber gemacht werden.
10. Beschreiben Sie, wie Gegenstände in der Spülmaschine gereinigt werden.
11. Die neue Auszubildende Ihres Betriebs ist diese Woche laut Reinigungsplan für das Saubermachen des Ladens, der Regale und Verkaufstheke sowie der Tabletts und Kleingeräte eingeteilt. Erklären Sie ihr, wie und mit welchen Reinigungsmitteln der unterschiedliche Schmutz am besten entfernt werden kann, insbesondere der Fettfilm auf Tabletts und der eingebrannte Schmutz auf den Backblechen. Erstellen Sie gemeinsam mit der Auszubildenden eine entsprechende Tabelle.

Berufliche Handlung

Eine neue Auszubildende beginnt in Ihrem Betrieb ihre Ausbildung zur Konditorin/Bäckerin/Fachverkäuferin. Von Ihrem Chef werden Sie beauftragt, die neue Kollegin in den Betrieb einzuweisen und ihr die typischen Gebäcke zu erklären. Sie sind ihr auch bei den ersten Einträgen in das Berichtsheft behilflich, in das sie alles Wissenswerte über ihren Ausbildungsberuf schreiben soll.

Konditor/Bäcker/Fachverkäuferin – ein Handwerksberuf

1. Geben Sie an, welches Gebäck den Berufsstand der Konditorei und der Bäckerei symbolisiert.
2. Die neue Auszubildende soll in ihrem Berichtsheft kurz die Geschichte und die Entstehung der Konditorei/Bäckerei beschreiben. Erläutern Sie wichtige Epochen. Benennen und erklären Sie das Gebäck, das den Beruf der Konditorei/Bäckerei symbolisiert.
3. Schreiben Sie für die Auszubildende typische Gebäcke der Bäckerei und dann Erzeugnisse der Konditorei auf, sodass sie den Unterschied und die Verwandtschaft der Berufe anhand der Waren erkennen kann.
4. Bevor der erste Berufsschulbesuch beginnt, erzählen Sie der neuen Auszubildenden den Ablauf der Ausbildung im Konditoreibetrieb/Bäckereibetrieb und in der Berufsschule und welche Prüfungen sie ablegen muss, bis sie Gesellin bzw. Fachverkäuferin ist.
5. Überlegen Sie zusammen mit Ihrer Kollegin, welche Möglichkeiten der Weiterbildung man als Konditor, Bäcker und Fachverkäuferin hat und welche Berufe dann eingeschlagen werden können.

Produktion und Verkauf in der Bäckerei/Konditorei

6. Erläutern Sie der Auszubildenden bei der Betriebsbesichtigung die Produktions- und Sozialräume, die in jeder Bäckerei/Konditorei erforderlich sind.
7. Benennen und erklären Sie die Verwendung der einzelnen Maschinen, Geräte und Werkzeuge in der Produktion und im Verkaufsbereich.

Sicherheit am Arbeitsplatz

8. Weisen Sie die neue Auszubildende bei der Vorstellung der Maschinen eindeutig auf die Unfallgefahren hin. Zählen Sie außerdem weitere Gefahrenquellen im Betrieb auf.
9. Erklären Sie der jungen Kollegin das ergonomische Arbeiten in der Bäckerei/Konditorei, damit sie durch einseitige Arbeiten keine Rückenschmerzen und Muskelverspannungen bekommt sowie Ermüdungserscheinungen auftreten.
10. Zeigen Sie der neuen Auszubildenden, wo sich der Verbandskasten befindet, und erläutern Sie ihr zusammen mit dem Ersthelfer Ihres Betriebs Erste-Hilfe-Maßnahmen bei möglichen Arbeitsunfällen, z. B. nach Stürzen, Schnittverletzungen, Quetschungen, Verbrennungen und Ätzungen durch Brezellauge.

Umweltschutz

11. Anfallende Abfälle müssen getrennt werden, damit diese dem Recycling zugeführt werden können und so die Abfallmenge verringert wird. Erläutern Sie, wie dies in Ihrem Betrieb gehandhabt wird.
12. Energieverschwendung belastet die Umwelt und kostet Geld. Zählen Sie deshalb der neuen Auszubildenden einige Möglichkeiten auf, in der Bäckerei/Konditorei Energie zu sparen.

Hygiene

13. Erstellen Sie mit Ihrer neuen Kollegin ein Beispiel eines Reinigungsplans für Ihren Betrieb, in den sie miteinbezogen wird.
14. Nehmen Sie die eingetroffene Warenlieferung zusammen mit Ihrer neuen Kollegin an und erklären Sie ihr, wie die Waren kontrolliert werden. Weisen Sie auch auf die Besonderheiten bei Tiefkühlwaren und leicht verderblichen Waren hin.
15. Erläutern Sie die persönliche Hygiene in Bezug auf Berufskleidung und begründen Sie, warum das Tragen von Ringen und Armbändern während der Arbeit in der Produktion nicht erlaubt ist.
16. Unterstützen Sie die Auszubildende beim Eintrag in ihr Berichtsheft über Mikroorganismen und ihre Lebensbedingungen. Geben Sie außerdem Auskunft über Schimmelpilze und Salmonellen in der Bäckerei/Konditorei und erklären Sie die Vorbeugemaßnahmen, damit diese Mikroorganismen gar nicht erst auftreten.
17. Beim Abspülen von Tabletts im Spülbecken wundert sich die neue Auszubildende, warum sie den Fettfilm auf den Tabletts nicht entfernen kann. Erläutern Sie das richtige Abwaschen.

LF 1.2
Herstellen einfacher Teige und Massen

6 Inhaltsstoffe der Lebensmittel

Situation

Ihre Bäckerei/Konditorei möchte eine Kundenaktion zum Thema „Vollkornbrote und Vollkornbackwaren" durchführen. Mit Ihren Kolleginnen und Kollegen sollen Sie mögliche Inhalte für einen Flyer sammeln.

- Welche energieliefernden und nicht energieliefernden Nährstoffe sind in diesen Backwaren enthalten?
- Welche Bedeutung haben die enthaltenen Nährstoffe für den menschlichen Körper?
- Welche Empfehlungen für eine gesunde Ernährung können Sie Ihren Kunden geben?
- Welche Vollkornbrote und Vollkornbackwaren bietet Ihre Bäckerei/Konditorei an bzw. könnten in Ihrem Betrieb hergestellt werden?

Alle Lebensmittel, die gegessen und getrunken werden, bestehen aus verschiedenen Nährstoffen. Diese Nährstoffe werden in drei Gruppen eingeteilt.

Energieliefernde Nährstoffe	Nicht energieliefernde Nährstoffe = Wirkstoffe	Vom Körper nicht verwertbare Nährstoffe
Sie geben dem Körper Wärme und Kraft.	Sie nehmen Einfluss auf Gesundheit und Wohlbefinden.	Sie fördern die Verdauung und werden dann ausgeschieden.
Kohlenhydrate Fette Eiweiße	Wasser Mineralstoffe Vitamine sekundäre Pflanzenstoffe	Ballaststoffe

Jeder einzelne Nährstoff ist gleich wichtig für den menschlichen Körper. Nur die Gesamtheit ermöglicht ein gesundes Leben. Pflanzliche und tierische Lebensmittel ergänzen sich bei einer abwechslungsreichen Ernährung.

Pflanzliche Lebensmittel	Tierische Lebensmittel
Getreideerzeugnisse, Obst, Gemüse, Öle usw.	Milch, Milcherzeugnisse, Eier, Fleisch, Fisch usw.

6.1 Kohlenhydrate

Aufbau der Kohlenhydrate

Die Kohlenhydrate werden in den **Pflanzen** aufgebaut.

!

- Die Pflanze nimmt in den Blättern das **Wasser (H_2O)** des Bodens, das durch die Wurzeln in die Pflanze gelangt, und **Kohlenstoffdioxid (CO_2)** aus der Luft auf.
- Aus H_2O und CO_2 baut das **Chlorophyll (Blattgrün)** mithilfe der **Sonnenenergie** den **Zucker** auf.
- Die Pflanze gibt dabei **Sauerstoff (O_2)** an die Luft ab.

Diesen Vorgang des Zuckeraufbaus in den Pflanzen nennt man **Fotosynthese**.

Begriffserklärungen

Da Licht die Energie für den Kohlenhydrataufbau liefert, heißt der Vorgang **„Fotosynthese"**.
Foto steht für Licht, Synthese heißt Aufbau.
Kohlenhydrate heißen so, weil sie aus **Kohlenstoff** und Wasser **(Hydro)** aufgebaut sind.

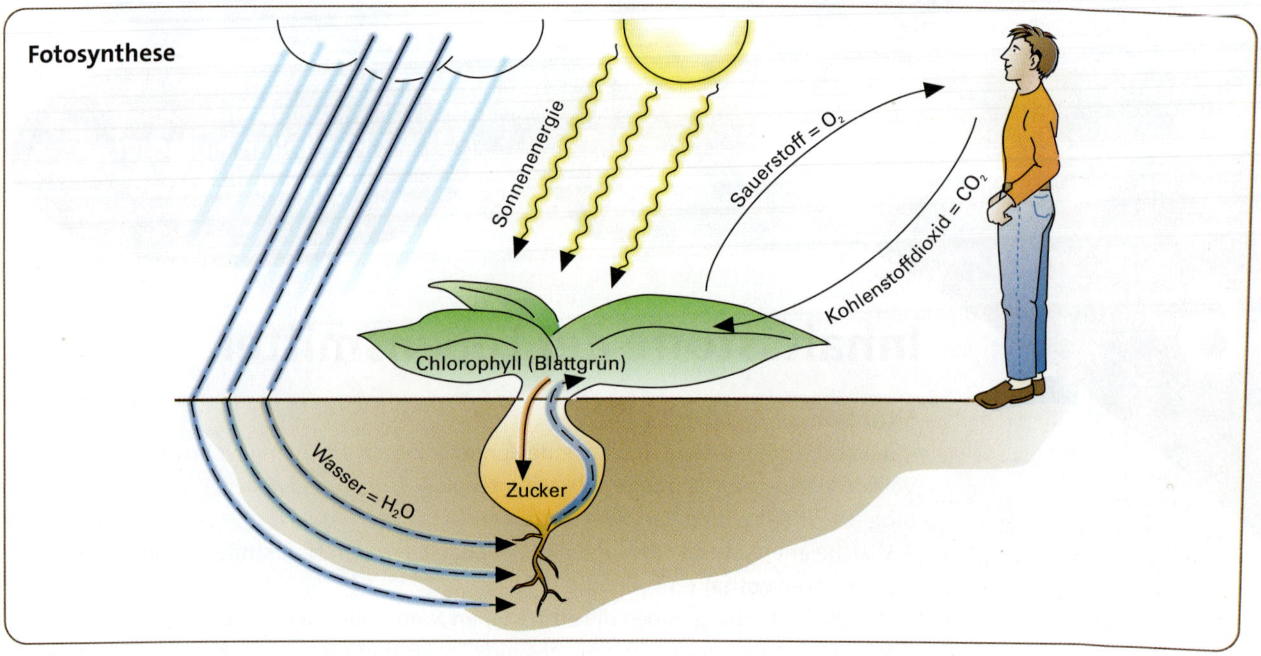

LF 1.2

Einteilung der Kohlenhydrate

Die Kohlenhydrate werden in drei Gruppen unterteilt:

- Einfachzucker = Monosaccharide (mono = ein)
- Doppelzucker = Disaccharide (di = zwei)
- Vielfachzucker = Polysaccharide (poly = viel)

Saccharide = Zucker

Einfachzucker (Monosaccharide)

Die Einfachzucker sind die **kleinsten Bausteine der Kohlenhydrate**.

Traubenzucker = Glukose | Fruchtzucker = Fruktose | Schleimzucker = Galaktose

Haushaltszucker = Saccharose (Doppelzucker)

Doppelzucker (Disaccharide)

In den Pflanzen werden zwei Einfachzucker unterschiedlich kombiniert und zu Doppelzucker aufgebaut.

1 Traubenzucker + 1 Fruchtzucker → Rüben- bzw. Rohrzucker = Saccharose

1 Traubenzucker + 1 Traubenzucker → Malzzucker = Maltose

1 Traubenzucker + 1 Schleimzucker → Milchzucker = Laktose

Wird Rüben- bzw. Rohrzucker durch Enzyme gespalten, so entsteht **Invertzucker**.
Invertzucker besteht aus Trauben- und Fruchtzucker und zählt zum Einfachzucker, weil der Doppelzucker gespalten ist. Honig besteht z. B. zu 70 % aus Invertzucker.

Vielfachzucker (Polysaccharide)

Zellulose = Ballaststoffe	Stärke	Dextrine
		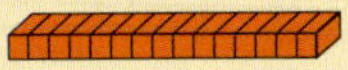
Die Traubenzuckermoleküle sind dicht zusammengepresst und deshalb nicht verdaulich, z. B. in den Schalen der Getreidekörner. Zellulose kann nicht gespalten werden, weil es in der Natur dafür keine Enzyme gibt.	Stärke ist aus vielen Traubenzuckern zusammengesetzt und gilt in der Natur als Zuckerreserve, die bei Bedarf schnell zu Trauben--zucker abgebaut werden kann. Stärke ist besonders im Mehl aller Getreidearten und in Kartoffeln enthalten.	Durch Hitze ab ca. 120 °C oder durch Enzyme wird die Stärke zu Dextrinen gespalten. Dextrine enthalten deshalb weniger Traubenzucker als die Stärke. Dextrine sind braun, z. B. auf der Gebäckkruste.

Zellulose (Ballaststoffe), Stärke, Dextrine

Süßkraft der Kohlenhydrate

Die Süße der Kohlenhydrate ist unterschiedlich stark. Allgemein gilt: Je mehr Traubenzuckereinheiten die Kohlenhydrate haben, desto weniger süß schmecken sie. Allgemein wird Rüben- und Rohrzucker (Kristallzucker) zum Süßen verwendet. Fruchtzucker besitzt jedoch die stärkste Süßkraft, sodass deren Stärke der Süße mit 100 % angegeben wird.

Lebensmittel, die Kohlenhydrate enthalten

Kohlenhydratarten	Süßkraft
Fruchtzucker (100 %)	
Rüben- bzw. Rohrzucker (ca. 80 %)	
Traubenzucker (ca. 50 %)	
Malzzucker (ca. 40 %), intensiver Malzgeschmack	
Milch- und Schleimzucker (ca. 25 %)	
Dextrine	kaum süß schmeckend
Stärke	nicht süß schmeckend
Zellulose	nicht süß schmeckend

Beispiele für Kohlenhydratarten, die in bestimmten Lebensmitteln überwiegend vorkommen, und deren Süßkraft:

Kohlenhydrate	Lebensmittel	Süßkraft
Trauben- und Fruchtzucker	Obst, Honig	süß
Rohr- und Rübenzucker	Kristallzucker (Haushaltszucker) und Puderzucker sowie die damit gesüßten Lebensmittel	süß
Malzzucker	gekeimtes Getreide, Bier, Malzbonbons	leicht süß
Milchzucker	Milch und Milcherzeugnisse	kaum süß
Stärke	Getreide, Brote, Brötchen und alle Backwaren mit Mehl, Nudeln, Kartoffeln	nicht süß
Zellulose (Ballaststoffe)	Vollkornerzeugnisse	nicht süß

Aufgaben

1. Nennen Sie
   - drei energieliefernde Nährstoffe,
   - vier nicht energieliefernde Nährstoffe,
   - einen vom menschlichen Körper nicht verwertbaren Nährstoff.
2. Geben Sie Beispiele für pflanzliche und tierische Lebensmittel.
3. Erklären Sie den Aufbau des Zuckers in der Pflanze.
4. Nennen Sie die drei Kohlenhydratgruppen und geben Sie jeweils drei Kohlenhydratarten an.
5. Aus welchen Einfachzuckern bestehen
   - Rüben- und Rohrzucker,
   - Malzzucker,
   - Milchzucker?
6. Beschreiben Sie, wie Dextrine entstehen und woraus sie zusammengesetzt sind.
7. Erklären Sie, woraus sich Stärke zusammensetzt.
8. Welche Kohlenhydratart hat die größte Süßkraft und welche liegt an zweiter Stelle, die hauptsächlich zum Süßen verwendet wird?
9. Nennen Sie die Kohlenhydratarten, die in folgenden Lebensmitteln überwiegend vorkommen:
   - Obst, Honig
   - Kristallzucker und die damit gesüßten Lebensmittel
   - Milch und Milcherzeugnisse
   - Bier
   - Getreide, Backwaren, Nudeln, Kartoffeln
   - Vollkornerzeugnisse
10. Sie haben gelesen, dass 55 % des täglichen Energiebedarfs durch Kohlenhydrate gedeckt werden sollen. Nun wundert es Sie nicht mehr, dass die Kunden oft nach kohlenhydratreichen Erzeugnissen fragen. Welche Erzeugnisse empfehlen Sie ihnen?

LF 1.2

Rechenaufgabe

Ein Honig besteht aus 17 % Wasser, 8 % Malzzucker und 4 % Rübenzucker. Der Rest ist Invertzucker.

a) Wie viel % Invertzucker enthält dieser Honig?

b) Berechnen Sie den Gesamtzuckergehalt in kg von 12,500 kg Honig.

c) Wie viel g Doppelzucker sind in den 12,500 kg Honig enthalten?

6.2 Fette (Lipide)

Grundsätzlich werden pflanzliche und tierische Fette unterschieden.

Pflanzliche Fette	Tierische Fette
Der bei der Fotosynthese gebildete Zucker wird in den Samen und Früchten der Pflanzen zu Fett umgewandelt.	Tierische Fette entstehen durch die Umwandlung von Pflanzenfetten und Kohlenhydraten im Tierkörper.

Chemische Zusammensetzung der Fette

Ein Fettmolekül ist eine Verbindung von **einem Glyzerin** und **drei Fettsäuren**. Dies ist der kleinste Fettbaustein.

Glyzerin ist bei allen Fettmolekülen der gleiche Bestandteil. Die vom Glyzerin gebundenen Fettsäuren unterscheiden sich jedoch. Deshalb gibt es unterschiedliche Fette.

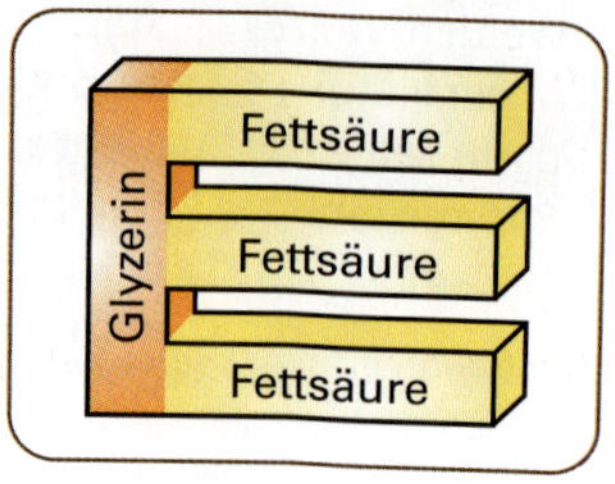

Fettsäuren

Fettsäuren bestehen aus einer Kette von C-Atomen (Kohlenstoffatomen), die H-Atome und O-Atome (Wasserstoff- und Sauerstoffatome) binden. Die chemische Struktur der unterschiedlichen Fettsäuren ist dafür ausschlaggebend, ob Fette fest, weich oder flüssig sind.

Die wichtigsten Fettsäuren sind:

Gesättigte Fettsäuren

- Stearinsäure
- Palmitinsäure

Alle Kohlenstoffatome (C-Atome) binden Wasserstoffatome (H-Atome) und sind somit mit Wasserstoffatomen gesättigt.

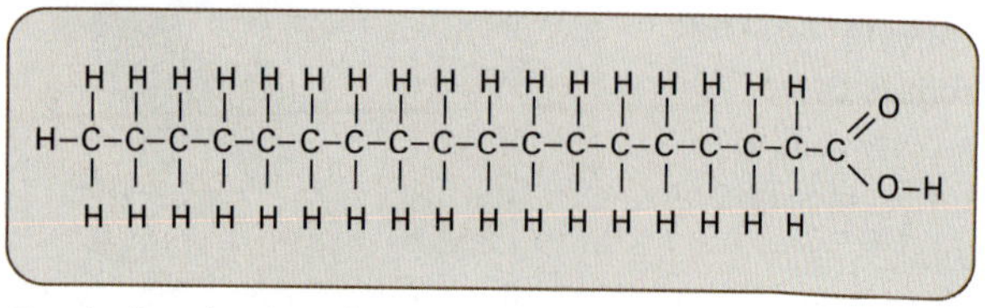

Stearinsäure (gesättigt)

Gesättigte Fettsäuren am Glyzerin ergeben feste Fette.

Ungesättigte Fettsäuren

Man unterscheidet:
- einfach ungesättigte Fettsäure = **Ölsäure**
- zweifach ungesättigte Fettsäure = **Linolsäure**
- dreifach ungesättigte Fettsäure = **Linolensäure**

Verbinden sich zwei C-Atome doppelt, konnen keine Wasserstoffatome mehr gebunden werden. So sind die C-Atome wegen der fehlenden H-Atome ungesättigt.

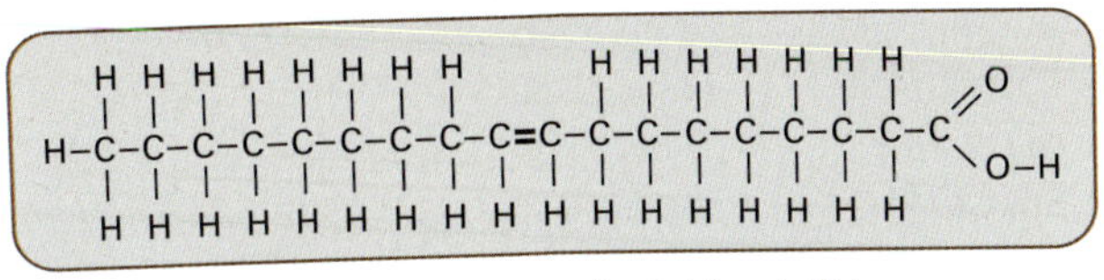

Ölsäure mit einer Doppelbindung der Kohlenstoffatome (einfach ungesättigt)

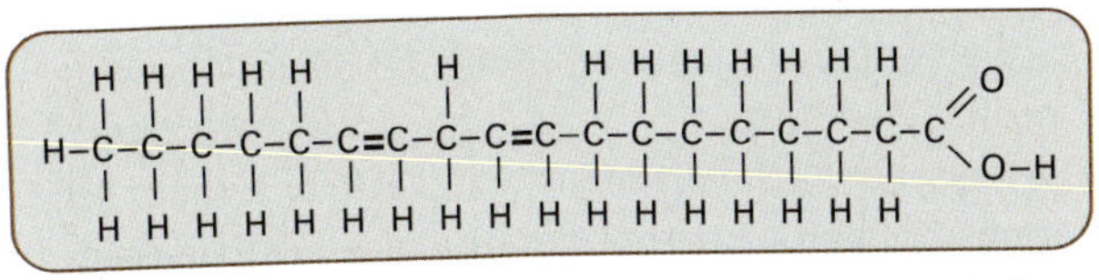

Linolsäure mit zwei Doppelbindungen (zweifach ungesättigt)

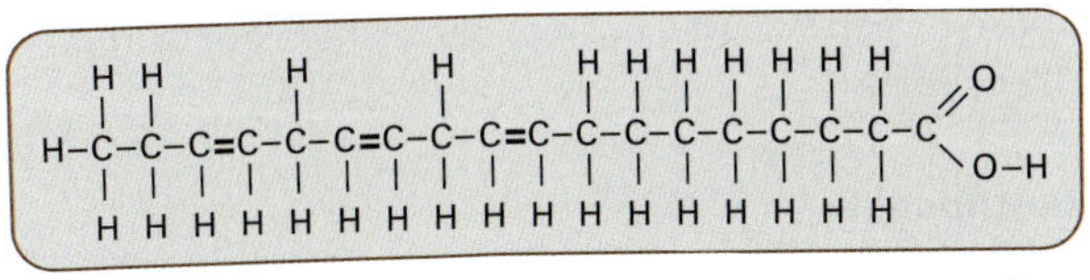

Linolensäure mit drei Doppelbindungen (dreifach ungesättigt)

Ungesättigte Fettsäuren, die an Glyzerin gebunden sind, ergeben **Öle**.

Zwei- und dreifach ungesättigte Fettsäuren kann der Körper nicht selbst bilden, sie müssen deshalb mit den Lebensmitteln bei der Ernährung aufgenommen werden. Sie befinden sich hauptsächlich in Pflanzenölen. Wegen ihrer Wichtigkeit für den Körper bezeichnet man sie als **essenzielle Fettsäuren** (lebensnotwendige Fettsäuren).

Bedeutung der ungesättigten Fettsäuren für die Ernährung

- Öle mit den ungesättigten Fettsäuren sind leichter verdaulich als gesättigte Fettsäuren.
- Nur in Fetten mit ungesättigten Fettsäuren, vor allem in Ölen, können sich die fettlöslichen Vitamine (A, D, E und K) lösen. Nur in gelöster Form können sie vom Dünndarm in die Blutbahn übergehen und dort ihre Aufgaben im Körper erfüllen. Bei zu fettarmer Ernährung besteht die Gefahr eines Vitaminmangels im Körper.

Tierische und pflanzliche Fette

Fette werden wie folgt unterschieden:

	Pflanzliche Fette	Tierische Fette
flüssig	Olivenöl Sonnenblumenöl Weizenkeimöl Sojaöl Rapsöl	Fischöle
fest	Palmkernfett Kakaobutter	Butter, Schweineschmalz, Gänseschmalz

Fetthaltige Lebensmittel, die in der Bäckerei/Konditorei verarbeitet werden:

Pflanzliche Rohstoffe	Tierische Rohstoffe
Speiseöle, Margarine, Nüsse, Mandeln, Sesam, Mohn, Leinsamen, Sonnenblumenkerne, Kürbiskerne, Schokolade, Fettglasur	Butter, Schlagsahne, Käse, Eigelb

Fetthärtung

Generell gilt, dass Fette mit gesättigten Fettsäuren bei Raumtemperatur fest und Fette mit ungesättigten Fettsäuren flüssig sind. Deshalb werden Speiseöle zu weichen oder festen Fetten gehärtet, damit sie sich für spezielle Verwendungen eignen.
Beispiele:
Erdnussöl mit seinem niedrigen Rauchpunkt (→ Seite 74) wird zu Erdnussfett gehärtet und eignet sich somit als Siedefett zum Backen von Berlinern.
Pflanzliche Öle werden zu Margarinen gehärtet, sodass sich Creme- und Backmargarine schaumig schlagen lässt und Ziehmargarine beim Tourieren von Plunder- und Blätterteig ausrollfähig ist.

Möglichkeiten der Fetthärtung

Umesterung

Ungesättigte Fettsäuren werden vom Glyzerin getrennt und an ihre Stelle gesättigte Fettsäuren gegeben. So wird flüssiges Fett zu weichem oder festem Fett.

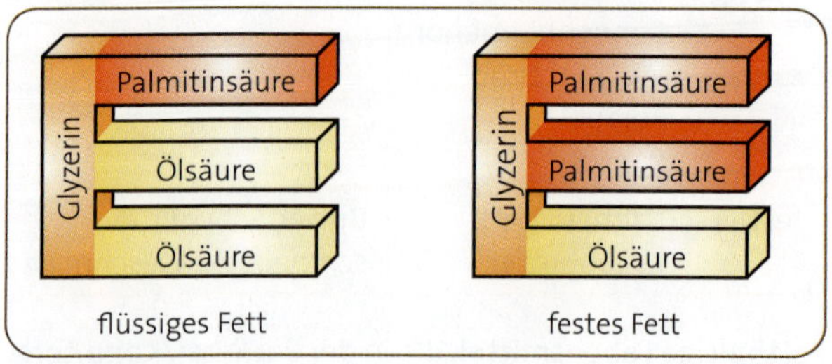

Beispiel für eine Umesterung

Hydrierung

Den ungesättigten Fettsäuren werden Wasserstoffatome zugesetzt, sodass sie zu gesättigten Fettsäuren umgewandelt werden (→ Seite 73), z. B.

LF 1.2

$C_{17}H_{33}COOH$ = Ölsäure = ungesättigt
\+ **2 H**-Atome
= $C_{17}H_{35}COOH$ = Stearinsäure = gesättigt

Bei der Fetthärtung durch Hydrierung enstehen **Transfettsäuren**, die den Cholesterinspiegel erhöhen können.

Eigenschaften der Fette

Die wichtigsten Eigenschaften der Fette sind:

- Schmelzbereich
- Rauchpunkt
- Löslichkeit
- Emulgierbarkeit

Schmelzbereich

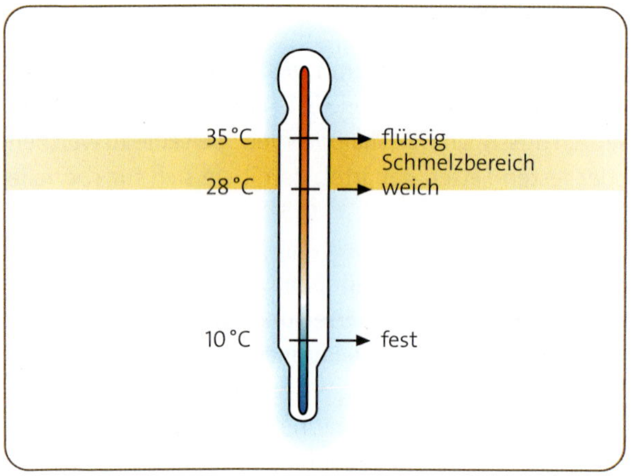

Schmelzbereich der Butter

Den Temperaturbereich, in dem feste Fette durch Erwärmung **flüssig** werden, bezeichnet man als Schmelzbereich.

Je fester die Fette sind, desto höher liegt gewöhnlich der Schmelzbereich, z. B.

• Erdnussfett, Ziehmargarine	35 bis 40 °C
• Butter	28 bis 35 °C
• Kakaobutter	23 bis 35 °C
• Margarine	25 bis 35 °C
• Speiseöle	−10 bis 0 °C

Vorteile der Fette mit einem Schmelzbereich unterhalb der menschlichen Körpertemperatur von 37 °C:

- Sie schmelzen im Mund und werden somit geschmacklich als angenehmer empfunden, als die im Mund noch festen Fette.
- Je weiter der Schmelzbereich der Fette unterhalb der menschlichen Körpertemperatur liegt, desto leichter verdaulich sind sie, weil sie vom Körper besser aufgenommen werden als Fette mit höherem Schmelzpunkt. Speiseöle und Butter sind deshalb gut verdauliche Fette.

Rauchpunkt

Der Rauch- oder Siedepunkt ist der Temperaturbereich, in dem das Fett sichtbar zu rauchen beginnt. Dabei zersetzt sich das Fett, indem sich Fettsäuren vom Glyzerin trennen. Das Fett ist dann gesundheitsschädlich.

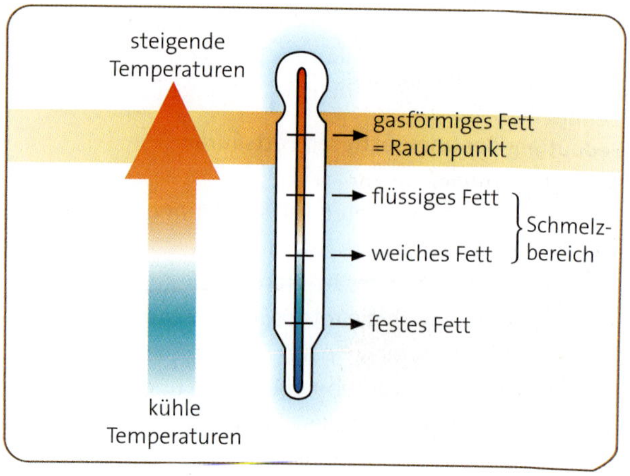

Rauchpunkt der Fette

Siedefette zum Backen von Berlinern und zum Frittieren müssen einen Rauchpunkt von über 200 °C besitzen, obwohl die Back- oder Frittiertemperatur bei 170 bis 180 °C liegt.
Zum Beispiel ist gehärtetes Erdnussfett mit einem Rauchpunkt von ca. 230 °C das ideale Siedefett. Butter, Margarine sowie Öle und Butterschmalz sind dazu nicht geeignet.

Der Rauchpunkt der Fette ist sehr unterschiedlich

Der Rauchpunkt des Siedefetts senkt sich durch die anhaltende Hitze bei jedem Gebrauch. Hat der Rauchpunkt nach ca. 20 Backstunden die Backtemperatur der Berliner von ca. 180 °C erreicht, muss das nun verbrauchte Siedefett vollständig erneuert werden.

Anzeichen, die auf den Rauchpunkt eines heißen Siedefetts bei 180 °C hinweisen:
- sehr dunkles bis schwarzes Fett
- Fett raucht
- beißender Geruch des Fettrauchs
- Fettgeruch und -geschmack haben sich nachteilig verändert

Durch die Geschmacksveränderung des Siedefetts bekommen auch die Berliner einen Geschmack von verdorbenem Fett, das außerdem für den Körper unverträglich und gesundheitsschädlich ist. Dieses Siedefett muss sofort völlig erneuert werden.

Dunkles, rauchendes Siedefett

Löslichkeit

Fette sind in Wasser nicht löslich, weil Fett und Wasser sich abstoßen.

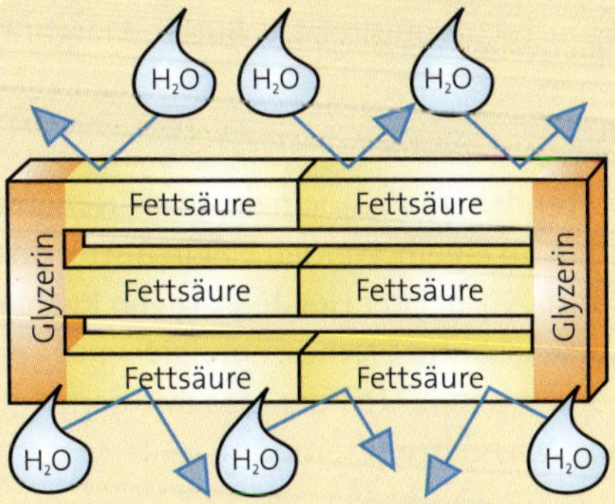

Deshalb eignet sich Fett als **Trennmittel,** z. B. beim Einfetten von Backblechen und Backformen, sodass die Gebäcke nicht ankleben, weil Fett das Wasser der Teige und Massen abstößt.

Gewicht der Fette

Fett ist leichter als Wasser.

Deshalb setzt sich der Rahm (Milchfett) auf der unbehandelten Milch vom Bauern oben ab. Ebenso schwimmen Fettaugen oben auf der Fleischbrühe.

Fett setzt sich an der Wasseroberfläche ab

Emulgierbarkeit von Fett und Wasser

Öle und andere Fette lassen sich mit Wasser auch durch starkes Rühren nicht mischen. Sie setzen sich an der Oberfläche ab.

!
- Um Fett und Wasser vermischen zu können, benötigt man einen **„Emulgator"**.
- Werden Fett und Wasser durch einen Emulgator gleichmäßig und dauerhaft miteinander vermischt, spricht man von einer **„Emulsion"**.
- Den Vorgang der Vermischung von Fett und Wasser nennt man **„Emulgieren"**.

Die Emulsionen werden unterteilt in:
- Fett-in-Wasser-Emulsion, z. B. Milch, Sahne
  Dabei wird flüssiges Fett so fein im Wasser verteilt, dass sich selbst bei längerem Stehenlassen kein Fett oben absetzt.
- Wasser-in-Fett-Emulsion, z. B. Butter, Margarine

Lezithin

Ein bedeutender Emulgator in der Bäckerei/Konditorei ist das Lezithin im Eigelb. Werden Eier in Butter oder Margarine gerührt, z. B. bei der Herstellung von Kuchenmassen, Spritzmürbeteig und Cremes, emulgiert das Lezithin des Eigelbs den Wasseranteil der Eier mit dem Fett, sodass eine glatte Masse bzw. Creme entsteht.

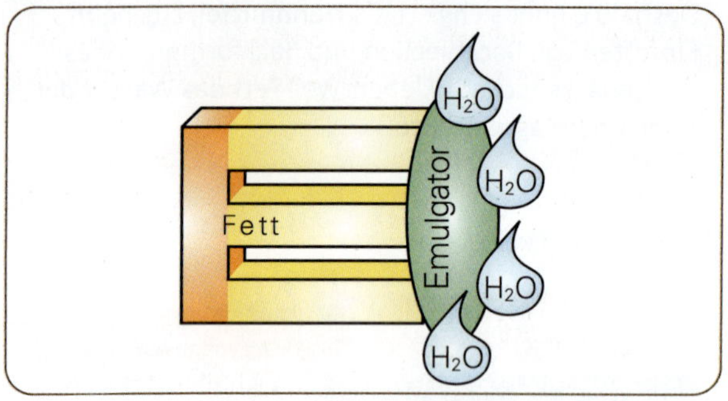

Der Emulgator bindet Fett und Wasser

Lezithin wird in der Lebensmittelindustrie auch künstlich hergestellt, z. B. für Backmittel sowie Backmischungen und Fertigcremes der Convenience-Produkte. Bei der Herstellung im All-in-Verfahren werden somit Fett und Wasser in Teigen und Massen emulgiert.

Fette sind Geschmacksträger

Fette selbst geben den Lebensmitteln und Backwaren einen guten Geschmack. Außerdem binden Fette die Geruchs- und Geschmacksstoffe anderer Zutaten, z. B. die Gewürze und Aromen in fetthaltigen Massen oder die geschmacksgebenden Zutaten in Buttercreme.

Verderb der Fette

Bei längerer und vor allem bei unsachgemäßer Lagerung verderben Fette und werden **„ranzig"**.

Beim Fettverderb wird das Fett zersetzt, d. h., die Fettsäuren werden vom Glyzerin getrennt und liegen dann als freie Fettsäuren vor, die ranzig riechen. Zersetztes Fett ist gesundheitsschädlich.

!

Fette werden zersetzt und verderben durch:
- Mikroorganismen • Enzyme • Sauerstoff

Die Zersetzung von Fett wird bei der Lagerung beschleunigt durch:
- Feuchtigkeit • Licht • Wärme

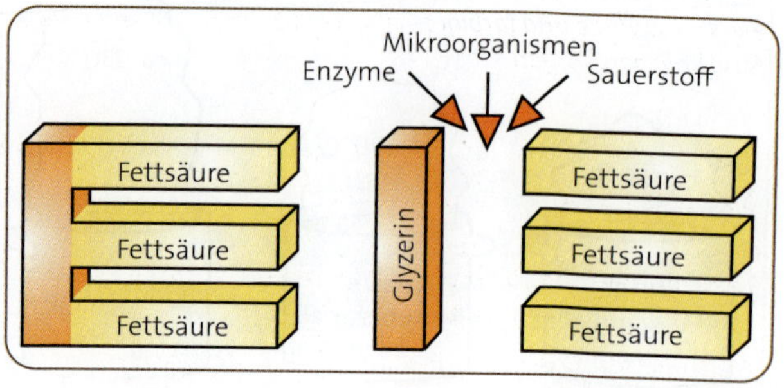

Genusstaugliches Fett *Ranziges, verdorbenes Fett*

Zu beachten ist, dass Fette sofort Fremdgerüche annehmen, da sie Geruchsstoffe binden und dadurch einen negativen Beigeschmack bekommen. Fette binden nicht nur angenehme Geruchs- und Geschmacksstoffe, z. B. Aromapasten in Buttercreme, sondern auch unangenehme Fremdgerüche, wie stark riechende Lebensmittel bei der Lagerung in der Kühlung.

Lagerbedingungen für Fette

Bei der Aufbewahrung von Fetten müssen die Tätigkeit der Mikroorganismen und Enzyme gehemmt sowie die Einwirkung von Sauerstoff vermindert werden, damit die Fette nicht verderben. Dies bedeutet für die Lagerung der Fette:
- kühl
- trocken
- dunkel
- frei von Fremdgerüchen
- luftdicht in luftundurchlässigem Papier verpacken, Öle in Flaschen gut verschließen

Nur durch eine sachgemäße Lagerung bleiben Fette lange genusstauglich.
Feste Fette sind länger lagerfähig als Öle.

Fettähnliche Stoffe (Fettbegleitstoffe)

Fettähnliche Stoffe bestehen aus einem Glyzerin mit nur einer oder zwei Fettsäuren und anderen Säuren. Sie kommen immer gemeinsam mit Fetten vor und werden deshalb auch als Fettbegleitstoffe bezeichnet.

Eigelb, Gewürze und farbiges Gemüse mit einem hohen Anteil an fettähnlichen Stoffen

Zu den fettähnlichen Stoffen zählen Lezithin, Karotin, ätherische Öle und Cholesterin.

Lezithin befindet sich vor allem im Eigelb und in Sojabohnen. Bei der Herstellung von z.B. Feinen Backwaren, Cremes und Speiseeis dient es als Emulgator.

Ätherische Öle sind die Geruchs- und Geschmacksstoffe (Aromastoffe) in Gewürzen, Kaffee und Tee. Sie bewirken den feinen Geruch und Geschmack von Lebensmitteln. Auch beim Kauen der Lebensmittel werden die ätherischen Öle sofort frei und geben den beliebten Geschmack. Aufgrund der Flüchtigkeit sind sie jedoch schlecht lagerfähig.

Karotin ist ein natürlicher Farbstoff, der sich im Eigelb sowie in allen farbigen Gemüsesorten befindet. Karotin ist die Vorstufe des Vitamin A, das erst im Körper seine gesunde Wirkung ausübt.

Cholesterin ist für den Stoffwechsel im menschlichen Körper wichtig, sodass der Körper selbst Cholesterin bildet.
Ist der Cholesteringehalt durch eine Stoffwechselerkrankung im Blut zu hoch, führt dies zur Verengung der Blutgefäße im Körper. Dadurch steigt das Risiko für Arterienverkalkung, Durchblutungsstörung, Herzinfarkt und Gehirnschlag. Menschen mit einem zu hohen Cholesterinwert im Blut sollten möglichst wenig cholesterinhaltige Lebensmittel essen.
Cholesterin ist nur in tierischen Lebensmitteln enthalten, z.B. in Butter, Sahne, Käse, im Eigelb, fettem Fleisch, fetten Wurstwaren.

Aufgaben

1. Nennen Sie die chemische Zusammensetzung der Fette.
2. Geben Sie bedeutende Fettsäuren an:
   - gesättigte Fettsäuren
   - ungesättigte Fettsäuren
3. Beschreiben Sie die Bedeutung der ungesättigten Fettsäuren für die Verdauung und für die Aufnahme der fettlöslichen Vitamine in die Blutbahn.
4. Nennen Sie fettreiche pflanzliche und tierische Lebensmittel, die in der Bäckerei/Konditorei verwendet werden.
5. Beschreiben Sie die Fetthärtung bei der
   - Umesterung,
   - Hydrierung.
6. Erklären Sie den
   - Schmelzbereich der Fette,
   - Rauchpunkt der Fette.
7. Nennen Sie die Anzeichen, wenn Siedefett den Rauchpunkt erreicht hat.
8. Welche Eigenschaft haben Fette wegen der Wasser abweisenden Wirkung der Fettsäuren?
9. Erklären Sie, warum der Rahm auf der Rohmilch schwimmt.
10. Erläutern Sie die Begriffe „Emulsion" und „Emulgator".
11. Erklären Sie, warum fetthaltige Lebensmittel sowie Backwaren geschmackvoller sind als fettarme.
12. a) Nennen Sie drei Faktoren, die Fette verderben.
    b) Durch welche drei Einflüsse wird der Fettverderb bei falscher Lagerung beschleunigt?
13. a) Erklären Sie, was beim Fettverderb geschieht.
    b) Wie nennt man verdorbenes Fett?
14. Beschreiben Sie die fachgerechte Lagerung von Fetten.
15. In welchen Lebensmitteln kommen folgende fettähnliche Stoffe vorwiegend vor und welche bedeutenden Eigenschaften haben sie:
    - Lezithin,
    - Karotin,
    - ätherische Öle,
    - Cholesterin?
16. Da Ihre Freundin schlanker werden möchte, geben Sie ihr den Tipp, fettarme Lebensmittel zu bevorzugen. Als Sie Ihre Freundin das nächste Mal treffen, beschwert sie sich, dass die fettarmen Lebensmittel nicht so gut schmecken wie die fettreichen. Erklären Sie ihr, woran das liegt.

6.3 Eiweiß (Protein)

Eiweiße werden in Pflanzen gebildet.
Das Tiereiweiß stammt von der pflanzlichen Nahrung, die die Tiere zu sich nehmen.

Aufbau von Eiweiß

Eiweiße sind wie die Kohlenhydrate und Fette aus den Grundelementen C, H und O aufgebaut, zusätzlich aber aus zwei weiteren Elementen: Stickstoff und Schwefel.

Elemente	**Chemisches Symbol**	
Kohlenstoff	C = Carbon	
Sauerstoff	O = Oxygen	**Aminosäure**
Wasserstoff	H = Hydrogen	(kleinster
Stickstoff	N = Nitrogen	Eiweißbaustein)
Schwefel	S = Schwefel	

LF 1.2

Eine Verknüpfung von mindestens 100 Aminosäuren wird als Eiweiß oder Protein bezeichnet. Statt Eiweiße kann man deshalb auch den Begriff „Proteine" verwenden, da beide Begriffe dieselbe Bedeutung haben.

Eiweiße des Weizenmehls

Der Kleber

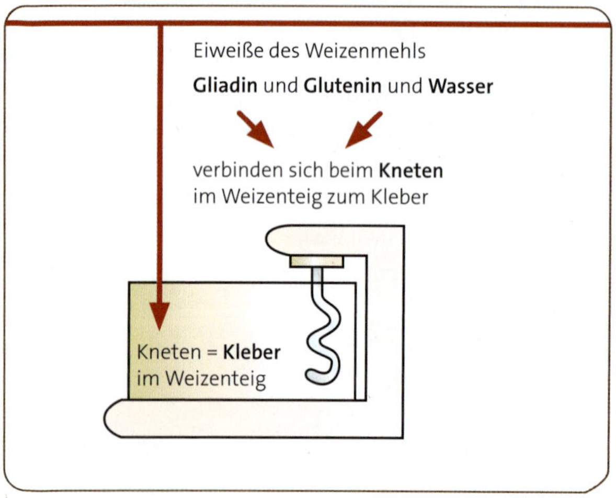

Entstehung des Klebers

Gliadin und **Glutenin,** die Eiweiße des Weizenmehls, verbinden sich beim Kneten während der Teigbereitung mit Wasser zum **„Kleber"**. Gliadin und Glutenin werden deshalb auch als **Klebereiweiß** bezeichnet.

Eigenschaften des Klebers

- **quellfähig**
  Durch die Quellfähigkeit bindet der Kleber einen Großteil des Teigwassers, es entsteht ein Teig, der beim Anfassen kaum klebt.

- **elastisch**
  Durch die Elastizität des Klebers kann der Weizenteig ausgerollt und geformt werden, z. B. zu Strängen.

- **dehnbar**
  Durch die Dehnbarkeit kann der Kleber die Gärgase im Teig als Poren festhalten, indem sich der Kleber ballonartig ausdehnt, ohne zu platzen. Der Teig wird dadurch gelockert und die Gebäckkrume wird verdaulich und gut bekömmlich.

Die Klebereigenschaften können nachgewiesen werden durch **Auswaschen des Klebers** aus einem Weizenteig:

100 g Weizenmehl
60 g Wasser
2 g Salz
} zu einem Weizenteig kneten

Dieser Weizenteig wird unter einem dünnen Wasserstrahl durch ständiges Kneten mit der Hand ausgewaschen. Er wird so lange geknetet, bis alle in Wasser löslichen Teile des Teigs herausgewaschen sind und dann nur noch klares Wasser abfließt.

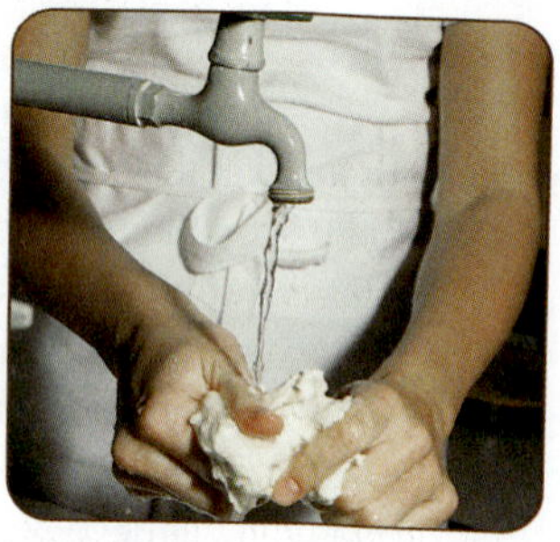

Auswaschen des Klebers

Feuchtkleber

Übrig bleibt der wasserunlösliche Kleber, der als „Feuchtkleber" bezeichnet wird. Die kaugummiartige Struktur des Feuchtklebers ist elastisch und dehnbar.

Dehnfähiger, elastischer Kleber

Trockenkleber

Der Feuchtkleber wird zu einer Kugel geformt und im Ofen bzw. im Mikrowellengerät erhitzt. Dabei verdunstet das Wasser und es entsteht der „Trockenkleber". Der durch die Hitze gebildete Wasserdampf wird vom Kleber zu vielen kleinen Poren festgehalten. Dabei dehnt er sich aus und bekommt ein großes Volumen.

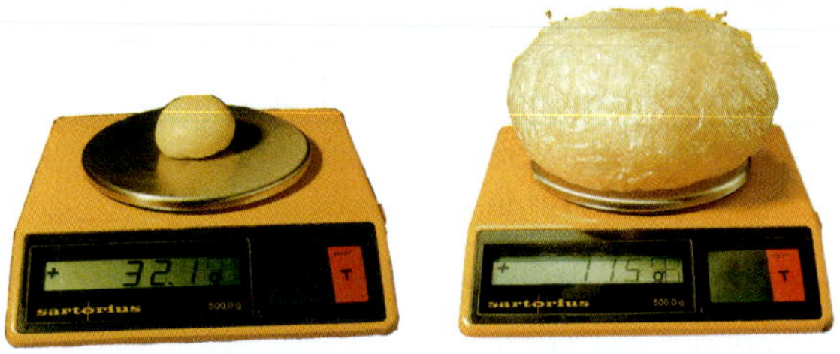

Feuchtkleber | Trockenkleber

Trockenkleber im Anschnitt

Die Eigenschaften des Klebers sind mit einem Kaugummi vergleichbar. Bläst man in den Kaugummi vor dem Mund Luft hinein, wird diese zu einer großen Blase festgehalten.

> **!**
>
> In den Weizenteigen hält der Kleber das Kohlenstoffdioxid, das von der Hefe beim Gären gebildet wird, als Poren fest.
> Die Gase in den Poren dehnen sich zu Beginn des Backens weiter aus, werden aber immer noch vom Kleber festgehalten.

Getreidearten wie Hafer, Gerste, Mais, Hirse und Reis besitzen zwar Eiweiß, jedoch keine Klebereiweiße. Aus diesem Getreide können nur Fladen (flache Gebäcke) hergestellt werden, weil sie die Gärgase nicht festhalten können.
Bei der Herstellung von Brot und Brötchen werden sie deshalb dem Brotgetreide wie Weizen und Roggen zugegeben, weil sie alleine nicht „backfähig" sind.

Eiweiße des Roggenmehls

Die Eiweiße Gliadin und Glutenin des Roggenmehls sind von wassergierigen Schleimstoffen, den sogenannten **Pentosanen**, durchzogen. Pentosane sind Quellstoffe, die einen großen Anteil Wasser im Roggenteig binden können.

> **!**
>
> **Roggenteige besitzen keinen Kleber**
> Bei der Teigknetung legen sich die Pentosane zwischen Gliadin und Glutenin des Roggenmehls und verhindern eine Kleberbildung.

Weitere Eiweiße

Albumine und **Globuline** sind Eiweiße von Milch und Eiern.

Kasein ist das Haupteiweiß der Milch, das durch Säure gerinnt und die saure Milch deshalb fest werden lässt.

Mucineiweiße befinden sich im Eiklar. Sie halten beim Aufschlagen des Eischnees die eingeschlagene Luft fest.

Aufgeschlagenes Eiklar = Eischnee

Kollagen wird aus Knochen und Häuten von Tieren gewonnen. Gelatine besteht aus Kollagen. Sie wird als Bindemittel, z. B. für Schlagsahne, verwendet. Kollagen ist wie alle Eiweiße quellfähig und bindet so größere Wassermengen und stabilisiert die Schlagsahne.

Gelatine

Eigenschaften der Eiweiße

Denaturierung der Eiweiße

Denaturierte Eiweiße sind geronnene (fest gewordene) Eiweiße, die nicht mehr in ihre ursprüngliche (flüssige) Form gebracht werden können.
Denaturierte Eiweiße in unserer Nahrung sind leichter verdaulich als urspüngliche Eiweiße.

Folgende Vorgänge bewirken eine Denaturierung:

Hitze bei 60 bis 70 °C
- Die Eiweiße im Eigelb und Eiklar werden fest, z. B. beim Spiegelei und gekochten Ei oder in Teigen und Massen beim Backen.

Geronnenes Eiweiß

- Auf der erhitzten Milch bilden geronnene Albumine und Globuline die Haut auf der Milch (es ist kein Fett).
- Der feuchte Kleber im Teig gibt beim Gerinnen während des Backens Wasser ab, das von der aufquellenden und verkleisternden Stärke gebunden wird. Dadurch entsteht eine verdauliche Krume.

Säure
Beim Sauerwerden der Milch gerinnt das Kasein durch die sich bildende Milchsäure. Das Kasein flockt aus, es wird fest, so entstehen z. B. Dickmilch (Sauermilch), Joghurt, Sauermilchkäse wie Quark, Mozzarella.

Lab
Dies ist ein Enzym aus dem Rindermagen. Das Kasein der Milch gerinnt auch in Verbindung mit dem Enzym Lab, z. B. bei der Herstellung von Süßmilchkäse wie Camembert, Edamer, Gouda, Emmentaler u. a.

Quellfähigkeit der Eiweiße

Eiweiße quellen in Teigen, Massen und Schlagsahne auf und nehmen dabei einen großen Teil des Wassers auf und binden dieses. Diese quellfähige Eigenschaft nutzt man, indem man Eiweiße in Backmittel und in Backmischungen gibt.

LF 1.2

Biologische Wertigkeit von Eiweiß

Der Körper benötigt zum Aufbau und zur Erneuerung der Zellen Eiweiß. Zum Aufbau von Körpereiweiß wird jede der 20 verschiedenen Aminosäuren, die es gibt, benötigt.

- Zwölf Aminosäuren kann der Körper selbst mit ausreichend eiweißreichen Lebensmitteln bei der Ernährung bilden.
- Acht der Aminosäuren kann der Körper selbst nicht aufbauen. Diese Aminosäuren müssen mit den Lebensmitteln bei der Ernährung dem Körper zugeführt werden. Sie werden deshalb als essenzielle (unentbehrliche) Aminosäuren bezeichnet.

Die tägliche Zufuhr eiweißhaltiger Lebensmittel ist deshalb lebensnotwendig.

Die wichtigsten Eiweißlieferanten sind:
- Milch und Milcherzeugnisse
- Eier
- Fleisch
- Fisch
- Getreideerzeugnisse
- Erbsen, Linsen
- Nüsse
- Mandeln

Eiweißreiche Lebensmittel

Biologische Wertigkeit

Körpereiweiß enthält zu 100 % alle Aminosäuren, auch die essenziellen, und ist somit biologisch vollwertig. Schon das Fehlen einer einzigen essenziellen (unentbehrlichen) Aminosäure führt zur Abnahme der „biologischen Wertigkeit“.

> **!** Die biologische Wertigkeit gibt an, wie viel Gramm Körpereiweiß aus 100 g Eiweiß, das ein Lebensmittel enthält, aufgebaut werden kann.

Biologische Wertigkeit von Eiweißen folgender Lebensmittel:

Die Prozentzahlen in der Abbildung geben die biologische Wertigkeit der Eiweiße dieser Lebensmittel an, z. B. kann der Körper aus 100 g Milcheiweiß 86 g zum Zellaufbau verwenden, da es dem Körpereiweiß gleich ist.
Der Rest dieser Eiweiße wird im Körper verbrannt und zur Energiegewinnung verwendet. Enthält unsere Nahrung mehr Eiweiß, als unser Körper benötigt, wird auch dieses überschüssige Eiweiß verbrannt.

Unsere Ernährung sollte aus abwechslungsreichen und eiweißhaltigen Lebensmitteln bestehen. Fehlen einem Lebensmittel essenzielle Aminosäuren, können diese aus anderen Lebensmitteln ergänzt werden. Zusammen sind die Eiweiße der verschiedenen Lebensmittel unserer Nahrung biologisch höherwertiger. Pflanzliche und tierische Lebensmittel ergänzen sich sehr gut.

Beispielsweise wird bei einer Mahlzeit Brot gegessen und Milch getrunken. Die Eiweiße beider Lebensmittel besitzen unterschiedlich viele essenzielle Aminosäuren, die sich zu biologisch höherwertigem Eiweiß ergänzen.

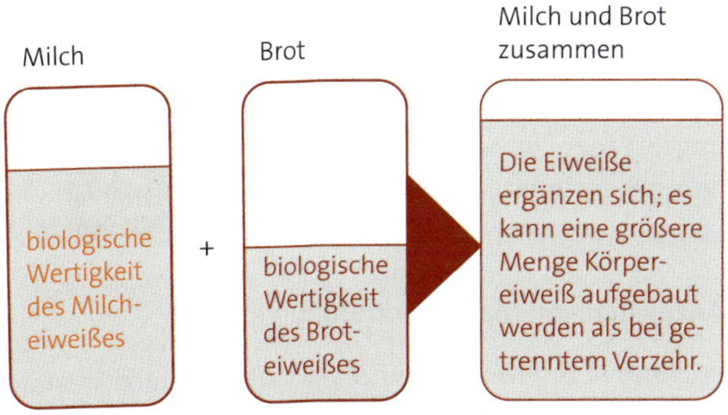

Erhöhung der biologischen Wertigkeit durch gleichzeitigen Verzehr von verschiedenen Lebensmitteln

Aufgaben

1. Wie heißt der kleinste Eiweißbaustein?
2. Erläutern Sie den Begriff „Protein" bzw. „Eiweiß".
3. Nennen Sie die Eiweiße des Weizenmehls, die den Kleber bilden.
4. Erklären Sie, wie sich der Kleber im Weizenteig bildet.
5. Beschreiben Sie die drei wichtigsten Eigenschaften des Klebers und seine Fähigkeiten bei der Teigbereitung und im Teig.
6. Erklären Sie, warum in Roggenteigen keine Kleberbildung möglich ist.
7. Erläutern Sie, warum z. B. aus Gerste, Hafer, Mais nur flache Fladen gebacken werden.
8. Beschreiben Sie die Eigenschaft der Mucineiweiße im Eiklar.
9. Aus welchem Eiweiß besteht Gelatine und woraus wird es gewonnen?
10. Erklären Sie, warum Gelatine z. B. in der Schlagsahne als Bindemittel verwendet werden kann.
11. Wird Milch auf 60 bis 70 °C erhitzt, entsteht an der Oberfläche der abgekühlten Milch eine Haut. Woraus besteht die Haut und wie entsteht sie?
12. Erläutern Sie, warum Milch, die zu Sauermilch und Joghurt verarbeitet wird, ausflockt, d. h. fest wird.
13. Welche Eigenschaften haben Eiweiße in Wasser, z. B. in Teigen, Massen und Schlagsahne?
14. Nennen Sie eiweißreiche Lebensmittel.
15. Erklären Sie den Begriff „essenzielle Aminosäuren".
16. Warum ist das Körpereiweiß zu 100 % biologisch vollwertig?
17. Erläutern Sie die biologische Wertigkeit der Eiweiße in Lebensmitteln.
18. Was besagt die biologische Wertigkeit der Milch von 86 %?
19. Beschreiben Sie, warum unsere Nahrung aus abwechslungsreichen und eiweißreichen Lebensmitteln bestehen soll.
20. Bei einer Fortbildungsveranstaltung sollen Sie folgende Aufgaben in Gruppenarbeit lösen:
    - Warum können Weizenteige ausgerollt und geformt werden und warum ist die Krume der Weizengebäcke so schön gelockert?
    - Warum lässt sich Eiklar zu einem lockeren, großvolumigen Eischnee aufschlagen?
    - Warum werden Eier, die in die Pfanne geschlagen oder gekocht werden, fest?

LF 1.2

6.4 Vitamine

Vita (lateinisch) bedeutet Leben.
Vitamine sind essenzielle, d.h. unentbehrliche Stoffe, die der Körper selbst nicht oder nicht ausreichend bilden kann. Sie müssen deshalb mit den Lebensmitteln bei der Ernährung dem Körper zugeführt werden.

Obwohl die Vitamine nur in Milligramm in den Lebensmitteln enthalten sind, beeinflussen sie sehr stark die Gesundheit, das Wohlbefinden und die Leistungsfähigkeit des Körpers.
Weil die Vitamine so wichtig sind, sind sie ein zugkräftiges Werbeargument, z.B. bei Vollkornerzeugnissen sowie Frischobst und Gemüse.
Die internationale Bezeichnung der Vitamine wird manchmal statt der bekannten Großbuchstaben verwendet, z.B. Ascorbinsäure statt Vitamin C.

Vitaminhaltige Lebensmittel und Mangelerkrankungen

LF 1.2

Die einzelnen Lebensmittel enthalten meistens nur bestimmte Vitamine. Werden dem Körper zu wenig Vitamine zugeführt oder fehlen einzelne Vitamine, treten Mangelerscheinungen mit unterschiedlichen Anzeichen auf.

Vitamine werden nach ihrer Löslichkeit eingeteilt.

Wasserlösliche Vitamine

Bezeichnungen	Hauptsächliches Vorkommen	Mangelerkrankungen
Vitamin-B-Gruppe (B_1 = Thiamin, B_2 = Riboflavin, B_6 = Pyridoxin, B_{12} = Cobalamin) Folsäure Niacin Biotin Pantothensäure	Vollkornerzeugnisse, Hefe, Schweinefleisch, Fisch, Obst, Gemüse, Milch, Milcherzeugnisse	Hauterkrankungen, Hautveränderungen, Müdigkeit und Schwäche, Nervenstörungen
Vitamin C (Ascorbinsäure)	Obst, vor allem Beerenobst, Kiwis und Zitrusfrüchte, Gemüse, Kartoffeln	Zahnfleischerkrankungen (Skorbut), verzögerte Wundheilung, Anfälligkeit für Infektionen, Müdigkeit, Schwäche

Die Vitamine der B-Gruppe und Vitamin C der Lebensmittel lösen sich im Wasser bei der Ernährung und können so im Körper ihre Aufgaben erfüllen.
Diese Vitamine werden aber auch leicht aus Lebensmitteln herausgelöst, wenn diese längere Zeit beim Abwaschen im Wasser liegen und das Wasser dann weggeschüttet wird.

Fettlösliche Vitamine

Bezeichnungen	Hauptsächliches Vorkommen	Mangelerkrankungen
Vitamin A (Retinol)	alle roten, gelben und grünen Gemüse, z.B. Karotten, Milch und Milcherzeugnisse, Eigelb	Sehschwäche, Nachtblindheit, Infektionsanfälligkeit, Wachstumsstörungen, trockene Schleimhaut
Vitamin D (Calciferol)	Milch und Milcherzeugnisse, Eigelb, Leber, Pilze, Fisch	Rachitis (Knochenerweichung)
Vitamin E (Tocopherol)	Speiseöle, Ölsamen wie Nüsse, Sonnenblumenkerne, Vollkornprodukte, Eigelb, Fisch	kommen kaum vor, da es im Fettgewebe gespeichert werden kann und deshalb bei Bedarf vorhanden ist
Vitamin K (Chinon)	Grüngemüse, alle Kohlsorten, Sauerkraut	gestörte Blutgerinnung; kommt jedoch bei gesunden Menschen nicht vor

Die Vitamine A, D, E und K benötigen Fett, damit sie wirksam werden. Um ihre Aufgaben im Körper erfüllen zu können, müssen sie zuerst in den Lebensmitteln oder in den Verdauungsorganen in Fett gelöst werden, z.B. im Speiseöl in Rohkostsalaten.

Anzeichen von Mangelerkrankungen

Leichter Vitaminmangel einzelner oder mehrerer Vitamine macht sich anfangs häufig mit Müdigkeit und Unwohlsein bemerkbar.

Häufige Anzeichen von länger anhaltendem Vitaminmangel können sein:
- ständige Müdigkeit
- erhöhte Nervosität
- Konzentrationsschwäche
- häufige Erkrankungen
- unreine Haut

Aufgabe der Vitamine im Körper

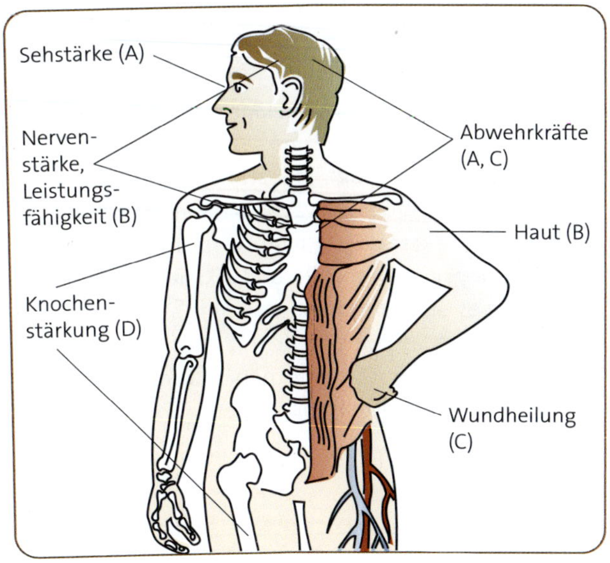

Vitaminbedarf

Der Vitaminbedarf ist nicht bei allen Menschen gleich. Einen erhöhten Vitaminbedarf haben:
- Kinder und Jugendliche im Wachstum
- ältere Menschen
- Schwangere und stillende Mütter
- kranke Menschen

Durch schädliche Lebens- und Essgewohnheiten benötigt der Körper ebenfalls eine erhöhte Vitaminmenge. Zu den sogenannten „Vitaminräubern“ zählen:
- Stress
- Rauchen
- hoher Alkoholkonsum
- hoher Zuckerverzehr
- Medikamenteneinnahme

Vitaminreiche Lebensmittel

!

Durch abwechslungs- und vitaminreiche Kost können wir unseren Körper vor Vitamin-Mangelerscheinungen schützen. Besonders empfehlenswert ist eine gemischte, ausgewogene Ernährung.

Zu einer ausgewogenen Ernährung gehören:
- Milch und Milcherzeugnisse – enthalten alle Vitamine
- viel frisches und rohes, auch tiefgefrorenes Obst und Gemüse – enthält vor allem Vitamin C
- Vollkornbrote und andere Vollkornerzeugnisse – enthalten vor allem Vitamine der B-Gruppe

Vitaminreiche Lebensmittel

!

Empfindlichkeit der Vitamine

Vitamine sind empfindliche Inhaltsstoffe der Lebensmittel. Zerstört werden sie vorrangig durch:

- **Hitze** – Eine kurzzeitige höhere Erhitzung der Lebensmittel ist weniger vitaminschädlich als ein längerfristiges Warmhalten.

- **Licht** – Sonnenlicht zerstört Vitamine in den Lebensmitteln sehr schnell, z. B. Obst und Gemüse, das im Freien ausgestellt wird.

- **Sauerstoff** – Bei längerer Lagerung gelangt Luft (Sauerstoff) an unverpackte Lebensmittel, deshalb vor allem frische Lebensmittel häufiger in kleinen Mengen einkaufen.

LF 1.2

Erhaltung der Vitamine in den Lebensmitteln

Lebensmittel sollten möglichst frisch gegessen werden, weil die Vitamine bei zunehmender Lagerdauer zerstört werden.

Ideale Lagerung der Lebensmittel:
- kühl und dunkel
- verpackt bei längerer Lagerung

Aufgaben

1. Erklären Sie den Begriff „essenzielle Vitamine".
2. Nennen Sie die zwei Gruppen der Vitamine, die nach ihrer Löslichkeit benannt werden, und geben Sie die dazugehörigen Vitamine an.
3. Nennen Sie die Anzeichen von Vitaminmangel:
   - bei leichtem Vitaminmangel einzelner oder mehrerer Vitamine,
   - bei länger anhaltendem, verstärktem Vitaminmangel.
4. Welche Aufgaben im Körper haben
   - Vitamin A,
   - Vitamin-B-Gruppe,
   - Vitamin C,
   - Vitamin D?
5. Wie können Sie sich vor Vitamin-Mangelerscheinungen schützen?
6. Nennen Sie die Lebensmittel, die einen hohen Anteil folgender Vitamine enthalten:
   - Vitamin A
   - Vitamine der B-Gruppe
   - Vitamin C
   - Vitamin D
7. Nennen Sie besonders vitaminreiche Lebensmittel.
8. Nennen Sie Einflüsse auf Lebensmittel, die Vitamine zerstören.
9. Wie sollten Lebensmittel gelagert werden, um die Vitamine darin zu erhalten?
10. Ihre Mitschülerin klagt über ständige Müdigkeit und Konzentrationsschwäche. Außerdem ist sie recht häufig krank. Sie fragen sie nach ihren Ernährungsgewohnheiten und erklären ihr, wie wichtig es ist, ausreichend Vitamine aufzunehmen. Stellen Sie gemeinsam mit Ihrer Mitschülerin eine Liste mit vitaminarmen und vitaminreichen Lebensmitteln zusammen.

LF 1.2

6.5 Mineralstoffe

Vorkommen

Die Mineralstoffe gelangen aus dem Boden in die Pflanzen. Tiere fressen die mineralstoffhaltigen Pflanzen. Somit befinden sich sowohl in pflanzlichen als auch in tierischen Lebensmitteln Mineralstoffe in ausreichender Menge.

Bedeutung für den Körper

Mineralstoffe sind ebenso wichtig wie die Vitamine und können ebenfalls vom Körper nicht selbst gebildet werden. Deshalb zählen Mineralstoffe auch zu den „essenziellen Nährstoffen".

Der Mensch benötigt Mineralstoffe als

Baustoffe	Wirkstoffe
zum Aufbau des Körpers als Bestandteile von z. B. Knochen, Zähnen und Blut.	da sie bei den Stoffwechselvorgängen mitwirken. Sie regeln z. B. den Wasserhaushalt im Körper und sorgen für die normale Erregbarkeit der Nerven und Muskeln.

Wege der Mineralstoffe in den menschlichen Körper

Bedarf an Mineralstoffen

Da der Mensch täglich Mineralstoffe ausscheidet, müssen diese dem Körper durch Lebensmittel bei der Ernährung wieder zugeführt werden.

Der Bedarf an Mineralstoffen erhöht sich durch
- starkes Schwitzen, z. B. bei schwerer Arbeit, Sport, warmem Klima,
- anhaltende Durchfälle und häufiges Erbrechen,
- Schwangerschaft und Stillzeit.

Mit Mineralwasser, bei Durchfall mit Tee, kann man Mineralstoffverlusten entgegenwirken.

Eigenschaften der Mineralstoffe

Im Gegensatz zu den Vitaminen sind Mineralstoffe unempfindliche Bestandteile unserer Nahrung, denen z. B. Hitze, Licht und Sauerstoff nichts anhaben können.
Da jedoch alle Mineralstoffe im Wasser löslich sind, werden sie im Wasser aus den Lebensmitteln ausgelaugt (= herausgezogen) und befinden sich dann im Wasser, z. B. in Konservendosen oder beim Blanchieren (Weichwerden im Wasser) von Obst und Gemüse. Wird das Wasser dann weggeschüttet, gehen die Mineralstoffe verloren.

Mineralstoffe sind mineralisch. Werden Lebensmittel verbrannt, bleiben sie als Asche übrig, da sie nicht verbrennen → Seite 96.

Wichtige Mengenelemente

Mengenelemente sind Mineralstoffe, die **über 50 mg** je Kilogramm Körpergewicht im Körper enthalten sind.

Bezeichnungen	Vorkommen	Wichtigste Aufgaben	Mangelerscheinungen
Natrium (Na)	Bestandteil des Speisesalzes und dadurch in allen gesalzenen Lebensmitteln	bindet Wasser und regelt den Wasserhaushalt im Körper	treten nur bei starkem Wasserverlust durch starkes Schwitzen und Durchfall auf, wobei der Körper viel Kochsalz verliert; die Folgen: • Kreislaufstörungen • Übelkeit
Chlorid (Cl)	Bestandteil des Speisesalzes und dadurch in allen gesalzenen Lebensmitteln	Bildung der Salzsäure im Magen; reguliert das Wasser in den Körperzellen und im Gewebe (zwischen den Körperzellen)	Schwierigkeiten bei der Eiweißverdauung im Magen; ein Chloridmangel ist kaum möglich, weil in unserer Nahrung ausreichend Kochsalz vorhanden ist
Kalium (K)	Gemüse, Obst, Kartoffeln, Milch, Milcherzeugnisse, Vollkornerzeugnisse	wirkt auf die Funktionen der Nerven und Herzmuskeln; regelt den Wasserhaushalt im Körper	• Muskelschwäche • Störung der Herztätigkeit • Wasseransammlung im Gewebe (zwischen den Körperzellen)
Kalzium (Ca)	Milch, Milcherzeugnisse (der tägliche Bedarf ist ohne diese Lebensmittel nicht zu decken), grünes Gemüse, Mineralwässer	Baustoff für Knochen und Zähne; Blutgerinnung für die Bewegungen der Muskeln	• Knochenbrüchigkeit (Osteoporose), • Übererregbarkeit der Muskeln und Nerven Mangelerscheinungen treten häufig bei Kindern, Jugendlichen, Schwangeren und Stillenden wegen des verstärkten Knochenaufbaus auf
Phosphor (P)	Milch, Milcherzeugnisse, Fisch, Phosphatzusatz, z. B. bei Cola-Getränken, Wurst, Schmelzkäse	dient mit Kalzium zum Aufbau der Knochen und Zähne	kein Mangel, da es in allen Lebensmitteln ausreichend enthalten ist
Magnesium (Mg)	Vollkornerzeugnisse, Milch, Milcherzeugnisse, Nüsse, Fleisch, grüne Gemüsesorten	für die Bewegungen der Muskeln; aktiviert die Enzyme	Muskelkrämpfe

Wichtige Spurenelemente

Spurenelemente sind Mineralstoffe, die **unter 50 mg** je Kilogramm Körpergewicht im Körper enthalten sind.

Bezeichnungen	Vorkommen	Wichtigste Aufgaben	Mangelerscheinungen
Eisen (Fe)	Fleisch, Vollkornerzeugnisse, Gemüse, Leber	Bestandteil des roten Blutfarbstoffs; transportiert den Sauerstoff im Blut in die Körperzellen	Blutarmut Anzeichen von Eisenmangel sind: • Müdigkeit, Erschöpfung • Konzentrationsstörungen • Infektionsanfälligkeit
Jod (I)	Seefisch, Milch, jodiertes Speisesalz	Bestandteil des Schilddrüsenhormons	Kropfbildung
Fluorid (F)	schwarzer Tee, Mineralwässer	härtet den Zahnschmelz	erhöhte Kariesanfälligkeit
Zink (Zn)	Fleisch, Vollkornerzeugnisse, Milcherzeugnisse	Aufbau von Insulin; Bestandteil der Enzyme; stärkt die Abwehrkräfte	• Wachstumsstörung • erhöhte Krankheitsanfälligkeit

LF 1.2

Weitere wichtige Spurenelemente sind Mangan (Mn), Kupfer (Cu), Selen (Se), Chrom (Cr), Kobalt (Co), Molybdän (Mb).

Aufgabe der Mineralstoffe im Körper

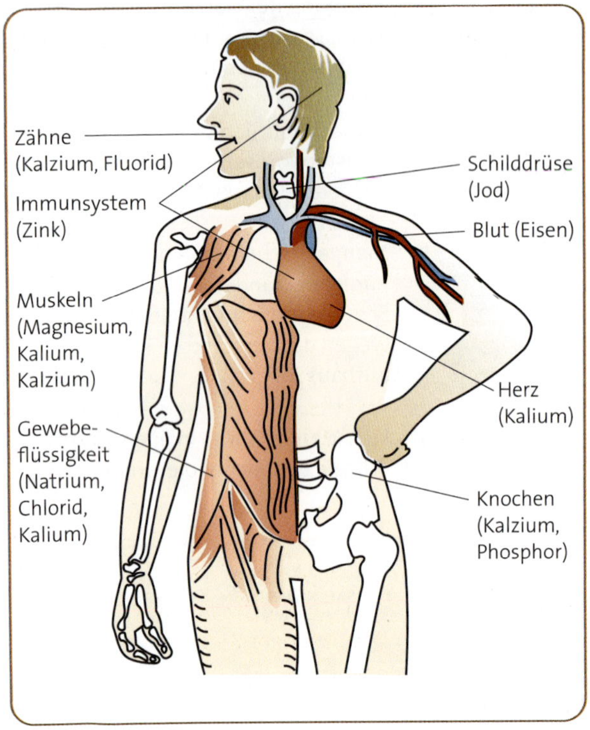

Mineralstoffhaltige Lebensmittel

Unser Speiseplan sollte regelmäßig die hauptsächlichen Mineralstoffträger enthalten:

- Milch und Milcherzeugnisse
- Vollkornerzeugnisse
- Obst und Gemüse
- Fleisch
- Fisch
- Mineralwässer

Nur durch eine abwechslungsreiche Kost werden dem Körper alle Mineralstoffe in ausreichender Menge zugeführt.

Mineralstoffhaltiges Lebensmittel

Aufgaben

1. Warum werden Mineralstoffe als essenzielle Nährstoffe bezeichnet?
2. Warum benötigt der Körper Mineralstoffe?
3. Erklären Sie, warum Lebensmittel nicht zu lange im Wasser liegen sollten.
4. Nennen Sie die zwei Arten der Mineralstoffe, die nach dem mengenmäßigen Bedarf im Körper unterschieden werden, und geben Sie jeweils einige Beispiele dazu an.
5. Beschreiben Sie die hauptsächlichen Mangelerkrankungen, wenn folgende Mineralstoffe dem Körper fehlen:
   - Natrium
   - Chlorid
   - Kalzium
   - Kalium
   - Magnesium
   - Eisen
   - Jod
   - Fluorid
   - Zink
6. Nennen Sie die Mineralstoffe mit Formelzeichen, die zur Gesunderhaltung wichtig sind für:
   - den Wasserhaushalt im Körper
   - den Baustoff der Knochen und Zähne
   - die Funktionen der Nerven, Muskeln und Herzmuskeln
   - die Bewegungen der Muskeln
   - die Blutbildung
   - das Schilddrüsenhormon
   - die Härtung des Zahnschmelzes
   - die Stärkung der Abwehrkräfte
7. Nennen Sie mineralstoffhaltige Lebensmittel.
8. Ein Kunde möchte von Ihnen wissen, warum alle Erzeugnisse Ihres Betriebs mit Jodsalz hergestellt werden. Nachdem Sie ihm seine Frage beantwortet haben, sagt er erstaunt: „Ich wusste gar nicht, dass ein Mineralstoff so wichtig sein kann.“ Welche Mineralstoffe, die der Körper unbedingt benötigt, können Sie ihm noch nennen?

LF 1.2

6.6 Wasser

Der Mensch kann zwar einige Tage hungern, doch ohne Wasser kommt der Körper nicht lange aus. Sinkt der Wasserspiegel im Körper, verspürt man Durst.

Bestandteile des Wassers

Wasser besteht aus unzähligen Wassermolekülen.

Wassermolekül

2 Atome Wasserstoff (H_2) und 1 Atom Sauerstoff (O) bilden ein Wassermolekül (H_2O).

- Leitungswasser enthält außer H_2O noch Mineralstoffe, die das Wasser aus den Erdschichten gelöst hat. Diese beeinflussen den Geschmack und die Klarheit des Wassers.
- Frisches Leitungswasser ist mit Sauerstoff angereichert und wirkt erfrischend.

Die Wasserhärte

Die Härte des Wassers wird von den Mineralstoffen im Wasser bestimmt, vor allem von Kalzium und Magnesium, die sich aus dem Quellboden im Wasser lösen.

Die Wasserwerke teilen das Wasser in folgende Härtebereiche ein: **weich – mittel – hart**.
Die Wasserhärte der jeweiligen Region wird von den Wasserversorgungsbetrieben bekannt gegeben.

Wassergeschmack
Die Menge der Mineralstoffe beeinflusst den Geschmack des Wassers und auch der Getränke, die mit Wasser hergestellt werden, z. B. Kaffee, Tee, Bier. Weiches bis mittelhartes Wasser schmeckt am besten.

Reinigungswirkung
Mineralstoffe im Wasser verringern die Reinigungswirkung der Reinigungsmittel. Je härter das Wasser, desto mehr Spül- und Reinigungsmittel werden benötigt.

Verkalkungen
Je höher der Härtebereich des Wassers ist, desto schneller verkalken Maschinen und Geräte. Wird Wasser erhitzt, bilden sich Kalkablagerungen an der Innenseite von Rohren und Gefäßen, z. B. Schwadenrohre des Gärraums und des Backofens. Diese Ablagerungen müssen regelmäßig mit Entkalkungsmitteln entfernt werden.

Anforderungen an das Trinkwasser

Wasser aus der Wasserleitung erfüllt nach der Trinkwasserverordnung höchste Anforderungen und ist deshalb von bester Qualität und Sauberkeit.

- Es darf keine krankheitserregenden Mikroorganismen enthalten.
- Es muss frei von giftigen Stoffen sein.
- Es muss klar und geruchlos sein.

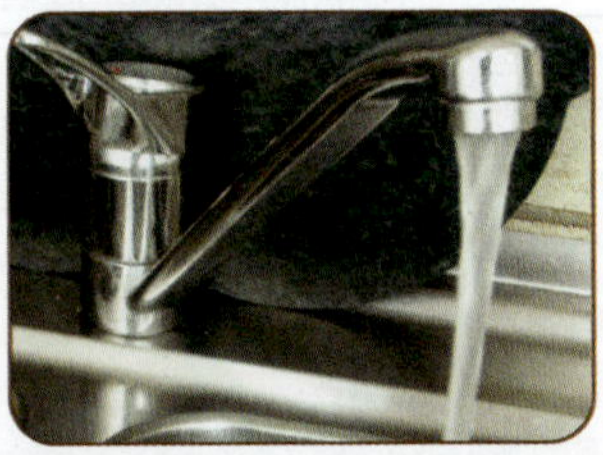
Trinkwasser

Aggregatzustände des Wassers

Die Temperaturen beeinflussen die Beschaffenheit des bei Raumtemperatur flüssigen Wassers. Entzieht man dem Wasser Wärme, bis eine Temperatur von unter 0 °C entsteht, gefriert es zu Eis. Führt man Wärme zu, wird das Eis wieder flüssig, bei 100 °C verdampft Wasser.

LF 1.2

!

Gefrierpunkt	=	die Temperatur, bei der Wasser zu Eis wird
Siedepunkt	=	die Temperatur, bei der Wasser zu Dampf wird
Aggregatzustand	=	die Zustandsform des Wassers: fest, flüssig oder gasförmig

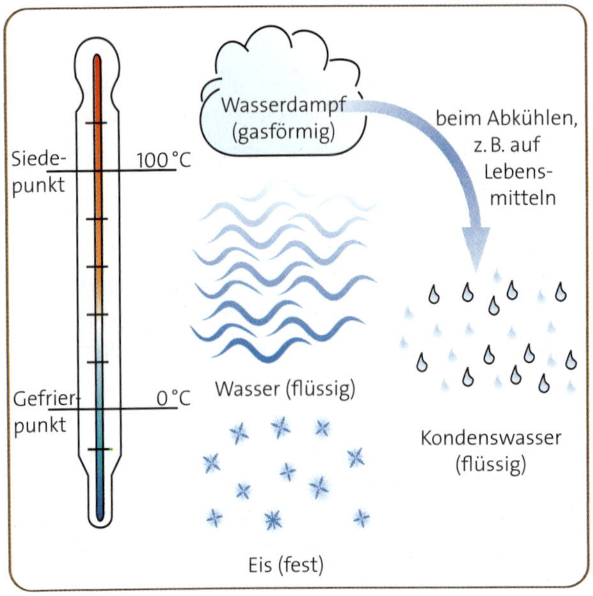

Aggregatzustände des Wassers bei normalem Luftdruck

Veränderter Siede- und Gefrierpunkt

Bei Normalluftdruck verdampft Wasser bei 100 °C. Im Vakuum verdampft es bereits bei wesentlich geringeren Temperaturen, da der Druck der Luft fehlt.
Auf einem Berg von ca. 3000 m Höhe kocht Wasser wegen des geringeren Luftdrucks bereits bei 89 °C.

Wird Zucker im Wasser gelöst, z. B. beim Läuterzucker, erhöht sich der Siedepunkt auf ca. 102 °C. Je mehr Zucker im Wasser gelöst ist, umso höher ist die Temperatur, bis Wasser kocht.

Zusätze im Wasser, wie Salz und Alkohol, setzen den Gefrierpunkt unter 0 °C herab.

Kondenswasser

- Beim Schwadengeben in den Gärraum und in den Backofen wird kochendes Wasser durch die Schwadenrohre geschickt und dringt als Wasserdampf in den Gärraum bzw. den Backofen ein.
- Der Wasserdampf kühlt an den Teiglingen ab, wird somit wieder flüssig und lagert sich als Kondenswasser auf der Oberfläche der Teiglinge ab.
- Die Oberflächen der Teiglinge bleiben also feucht und elastisch und können dem Gasdruck aus dem Teiginneren zur Lockerung und Volumenvergrößerung nachgeben.

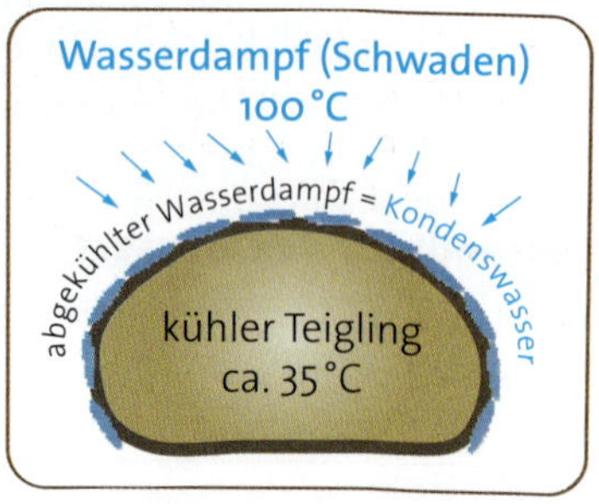

Wirkung des Kondenswassers

Täglicher Wasserbedarf des Körpers

Damit die Körperfunktionen reibungslos ablaufen können, benötigt der Körper ständig Wasser. Deshalb sollte den ganzen Tag über ausreichend Wasser getrunken werden. Neben dem Wasser aus Getränken ergänzt auch das Wasser der Lebensmittel, die gegessen werden, den Wasserhaushalt des Körpers. Es gibt kaum ein Lebensmittel, das kein Wasser enthält.

Der Körper verliert ständig Wasser
- durch Schweiß über die Haut,
- durch Urin über die Nieren,
- durch Kot über den Darm,
- mit der Luft, die ausgeatmet wird.

> **!**
> Um den Wassergehalt des Körpers konstant zu halten, benötigen Erwachsene täglich bis zu drei Liter Wasser. Davon sollten ca. eineinhalb bis zwei Liter als Getränke getrunken werden, der Rest, ca. ein Liter, wird durch wasserhaltige Lebensmittel abgedeckt.

Wasser enthält keine energieliefernden Nährstoffe und somit keine Kalorien. Es kann daher in unbegrenzten Mengen getrunken werden.

Erhöhter Wasserbedarf

Der Wasserbedarf des Körpers und somit der Durst steigen erheblich bei

- körperlicher Anstrengung durch Arbeit und Sport,
- großer Hitze im Sommer oder in der Backstube,
- stark gesalzenen oder gesüßten Speisen,
- ballaststoffreicher Kost (Vollkornerzeugnisse), die sehr viel Wasser aufsaugt,
- Krankheiten wie Fieber oder Durchfall.

Unter diesen Umständen sollte man besonders viel Flüssigkeit (alkoholfrei) trinken, auch wenn der Durst manchmal nicht so groß ist. Somit beugt man Schwäche und weiteren Störungen im Körper vor.

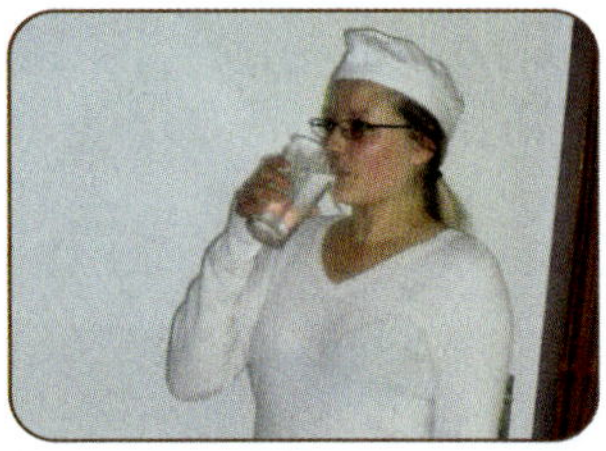

Regelmäßig Wasser trinken

Aufgaben des Wassers im Körper

Baustoff

Der Körper besteht zu ca. 65 % aus Wasser. Wasser ist Bestandteil aller Körperzellen und -flüssigkeiten.
Die Wasserverteilung im Körper:

- ca. 70 % als Zellflüssigkeit innerhalb der Zellen
- ca. 20 % als Gewebeflüssigkeit zwischen den Zellen = freies Wasser (a_w-Wert)
- ca. 10 % im Blut

Lösungsmittel

Das Wasser löst die Nahrung bei der Verdauung. Die gelösten Nährstoffe können vom Darm in die Blutgefäße des Körpers übergehen.

Transportmittel

- Durch das wasserhaltige Blut werden die Nährstoffe in den gesamten Körper transportiert.
- Unbrauchbare Stoffe werden durch das Wasser aus dem Körper befördert, z. B. mit Schweiß und Urin. Somit ist Wasser auch **Entgiftungsmittel.**

LF 1.2

Wärmeregulation

Durch Hitze und größere Anstrengung wird es dem Körper „zu warm". Er reagiert mit Schweiß auf der Haut. Bei der Verdunstung des Schweißes wird dem Körper Wärme entzogen und er kühlt ab.

Aufgaben

1. Geben Sie den chemischen Aufbau und die Formel eines Wassermoleküls an.
2. Welche zwei Bestandteile besitzt frisches Leitungswasser außer H_2O noch?
3. Wodurch wird die Härte des Wassers bestimmt?
4. Beschreiben Sie die Auswirkungen bei zunehmendem Härtebereich des Wassers
   - auf Maschinen und Schwadenrohre,
   - beim Verbrauch von Spül- und Reinigungsmitteln.
5. Nennen Sie die drei Anforderungen, die nach der Trinkwasserverordnung an das Trinkwasser gestellt werden.
6. Beschreiben Sie die Aggregatzustände des Wassers bei normalem Luftdruck mit den entsprechenden Temperaturgraden.
7. Womit kann der Siedepunkt des Wassers erhöht und der Gefrierpunkt herabgesetzt werden?
8. Beschreiben Sie die Veränderungen des Wasserdampfes beim Schwadengeben auf den Teiglingen.
9. Wodurch verliert der Körper ständig Wasser?
10. Beschreiben Sie, wodurch der tägliche Wasserbedarf der Menschen gedeckt wird, und geben Sie in etwa die Menge an.
11. Nennen Sie Ursachen, die den täglichen Wasserbedarf des Körpers erhöhen.
12. Nennen und erklären Sie die vier Aufgaben des Wassers im Körper.
13. Schon wieder müssen Sie den Kaffeevollautomaten im Café entkalken. Erklären Sie, warum der Kaffeevollautomat regelmäßig entkalkt werden muss.

6.7 Ballaststoffe und sekundäre Pflanzenstoffe

Ballaststoffe

Ballaststoffe sind nur in pflanzlichen Lebensmitteln enthalten. Sie zählen zu den Vielfachzuckern der Kohlenhydrate. Wichtige Ballaststoffe sind:
- Zellulose: in den Schalen der Getreidekörner,
- Pentosane: quellfähige, wassergierige Schleimstoffe des Getreides, vor allem im Roggen,
- Pektine: Bindemittel im Obst.

Täglich sollten 30–40 g Ballaststoffe aufgenommen werden. 1 Scheibe Vollkornbrot (50 g) enthält 3,3 g Ballaststoffe. 1 Weizenbrötchen (50 g) enthält 1,5 g Ballaststoffe.

Ballaststoffreiche Lebensmittel

- **Getreideerzeugnisse**
  Die Schalen des Getreidekorns bestehen überwiegend aus Ballaststoffen und sind die hauptsächlichen Ballaststoffträger unserer Nahrung.
  Besonders ballaststoffreich sind deshalb
  – Vollkorn- und Schrotbrote bzw. -brötchen,
  – Vollkornbackwaren,
  – Vollkornhaferflocken.
  Einen hohen Ballaststoffanteil haben auch roggenhaltige Brote und Brötchen, die mit schalenreichen Mehlen (Mehle mit hoher Typenzahl) hergestellt werden.
- **Obst**, vor allem Nüsse, Mandeln und Trockenfrüchte
- **Gemüse**, besonders Hülsenfrüchte wie Bohnen, Erbsen und Linsen

LF 1.2

Wirkung der Ballaststoffe im Körper

Ballaststoffe sind Inhaltsstoffe der Lebensmittel, die im Körper nicht verdaut (zerkleinert) werden können und somit nicht vom Körper verwertet werden. Sie gelangen vom Dünndarm in den Dickdarm und werden dann ausgeschieden. Deshalb liefern sie dem Körper auch keine Energie (Joule bzw. Kalorien). Aus diesem Grund nannte man sie irrtümlicherweise „Ballaststoffe", weil sie als Ballast (wertlos) empfunden wurden.

Ballaststoffe binden im Körper viel Wasser, quellen dabei auf und vergrößern sich. Wegen der starken Wasserbindung sollte ausreichend Wasser getrunken werden.

Ballaststoffe erfüllen wichtige Aufgaben im Körper:

Ballaststoffe regen die Verdauung an
- Im Dickdarm saugen die Ballaststoffe Wasser auf, quellen und vergrößern sich dabei.
- Die durch die Quellung vergrößerten Ballaststoffe reizen die Darmwand des Dickdarms. Dadurch wird die Darmtätigkeit zum schnellen Abtransport und Ausscheiden des Stuhls angeregt.
- Gleichzeitig wird durch die Wasseraufnahme bei der Verquellung der Ballaststoffe der Kot weich und kann so leicht aus dem Dickdarm befördert und ausgeschieden werden.

Bei Ballaststoffmangel bleibt der Kot zu lange im Dickdarm, weil die Darmwände nicht zum Abtransport aktiviert werden. Bei der langen Verweildauer im Dickdarm wird dem Kot zunehmend Wasser entzogen, der immer trockener und fester wird. Dies führt zu Verstopfung.

Ballaststoffreiche Lebensmittel

Ballaststoffmangel führt zu Verstopfung

Ballaststoffe geben ein Sättigungsgefühl

Die Ballaststoffe quellen im Magen auf und füllen ihn. Sie bleiben recht lange im Magen und im Dünndarm. Die Folge ist ein schnelles und lange anhaltendes Sättigungsgefühl, ohne dem Körper Energie zuzuführen. Ballaststoffreiche Nahrung eignet sich daher zum Abnehmen. Bei einer ballaststoffreichen Ernährung ist auf eine erhöhte Getränkemenge zu achten.

Sekundäre Pflanzenstoffe

Sekundäre Pflanzenstoffe befinden sich in geringen Mengen in pflanzlichen Lebensmitteln, hauptsächlich in den Schalen und Randschichten von Obst und Gemüse, aber auch in Getreide und Ölsamen. Die Pflanzen produzieren diese Stoffe als Abwehrstoffe gegen Schädlinge und Krankheiten.

Ihren Namen haben die sekundären Pflanzenstoffe, weil sie keine Energie liefern. Deshalb wurden sie früher als sekundäre (zweitrangige) Nährstoffe bezeichnet

Sekundäre Pflanzenstoffe erfüllen gesundheitsfördernde Wirkungen im menschlichen Körper, z. B.

- Unterstützung der Verdauung,
- Beeinflussung der Stoffwechselvorgänge,
- Senkung des Cholesterinspiegels im Blut,
- Regulation des Blutzuckerspiegels im Blut,
- Stärkung des Immunsystems,
- Schutz vor Krebs.

Zu den sekundären Pflanzenstoffen gehören z. B. Carotinoide, Flavonoide, Sulfide, Phytosterine und Polyphenole.

Carotinoide sind in Obst und Gemüse für die gelbe und rote Färbung verantwortlich. Sie kommen hauptsächlich in Paprika, Tomate, Karotten, Aprikosen, Grünkohl und Spinat vor.

Flavonoide befinden sich vor allem in Grünkohl, Brokkoli, Endivien, Sellerie, Preiselbeeren und Kresse. Auch Kopfsalat, Tomaten, rote Paprika, Äpfel und Weintrauben haben einen relativ hohen Gehalt.

Sulfide, also schwefelhaltige Substanzen, kommen hauptsächlich in Knoblauch und Zwiebelgewächsen vor.

Phytosterine befinden sich insbesondere in Sonnenblumenkernen, Sojabohnen und Getreidekeimlingen.

Polyphenole kommen in den Randschichten von Gemüse, Obst und Getreide vor.

Da vor allem Obst und Gemüse reich an sekundären Pflanzenstoffen sind, sollten sie regelmäßig gegessen werden → Seite 140.

Lebensmittel mit sekundären Pflanzenstoffen

Das Fehlen von sekundären Pflanzenstoffen in der Ernährung führt nicht unmittelbar zu Mangelerscheinungen, begünstigt aber die Entstehung verschiedener Krankheiten.

LF 1.2

Aufgaben

1. Nennen Sie drei wichtige Ballaststoffe.
2. Nennen Sie ballaststoffreiche Lebensmittel.
3. Erklären Sie, wie es sich mit der Verdauung und dem Energiewert der Ballaststoffe im menschlichen Körper verhält.
4. Geben Sie die Eigenschaften der Ballaststoffe im Körper an.
5. Nennen und erklären Sie die zwei bedeutenden Aufgaben, die die Ballaststoffe im Körper erfüllen.
6. Welche gesundheitsfördernden Wirkungen haben sekundäre Pflanzenstoffe im menschlichen Körper?
7. Nennen Sie die zwei Lebensmittelgruppen, die besonders reich an sekundären Pflanzenstoffen sind.
8. Ihre Kollegin, die an Gesundheitsfragen sehr interessiert ist, fragt Sie: „Warum wird bei den Diätplänen, z. B. bei den Frühjahrskuren in den Zeitschriften, als Brot grundsätzlich Vollkornbrot empfohlen? Ist das am gesündesten?“
9. Informieren Sie sich in Nährwerttabellen, in wie vielen Scheiben Roggenbrot und Toastbrot jeweils 30 g Ballaststoffe enthalten sind.

6.8 Farbstoffe und Aromastoffe

Aroma ist der Geruch und/oder Geschmack der Lebensmittel. Farb- sowie Aromastoffe in den Lebensmitteln bestimmen maßgeblich den Genusswert der Lebensmittel sowie den der daraus hergestellten Bäckerei-/Konditoreierzeugnisse.

!

Wirkungen von Farb- und Aromastoffen
Farbstoffe geben den Lebensmitteln ein schönes, ansprechendes Aussehen.
Aromastoffe verbessern das Aroma der Lebensmittel. Dadurch regen sie die Produktion der Verdauungssäfte im Körper an. „Es läuft einem das Wasser im Munde zusammen."
Dies wirkt **appetitanregend** und **verdauungsfördernd.**

LF 1.2

Farbstoffe

Jedes Lebensmittel hat von Natur aus eine typische Farbe, z. B. gelber Eidotter, rote Erdbeeren, Kirschen und Himbeeren, blaue bzw. rote Weintrauben, braune Schokolade usw.

Farbige Obstschnitten

Farbstoffe beleben das Aussehen unserer Lebensmittel sowie der Bäckerei-/Konditoreierzeugnisse und wirken deshalb verkaufsfördernd.

Färben durch Hitze

Lebensmittel erhalten durch Hitze eine ansprechende Braunfärbung und einen verbesserten Geschmack, z. B.:

- braune Gebäckkruste beim Backen
- hellbraune gehobelte Mandeln nach dem Rösten
- Braunfärbung des Zuckers beim Karamellisieren
- Braunfärbung der Kakao- und Kaffeebohnen beim Rösten

Aromastoffe

!

Als Aromen werden die Geruchs- und/oder Geschmacksstoffe der Lebensmittel bzw. Backwaren bezeichnet. Riechen und Schmecken stehen häufig in engem Zusammenhang.

Wichtige Geruchs- und Geschmacksstoffe

Geruchs- und Geschmacksstoffe	Lebensmittelbeispiele
ätherische Öle = intensives Aroma	Kaffee, Tee, Gewürze, Orangen- und Zitronenschalen, Zwiebeln, Knoblauch
Bitterstoffe = bitter im Geschmack	Kakao, Grapefruit, Hopfen
Gerbstoffe = herb-bitterer Geschmack	Kaffee, Tee, Kakao, Rotwein, Quitten
Säuren = säuerlicher Geschmack	Fruchtsäuren wie Zitronen-, Wein-, Apfelsäure; Milch-, Essigsäure

Bei Lebensmitteln mit ätherischen Ölen geht das Aroma bei längerer Lagerung verloren.

Aufgaben

1. Welche Wirkungen üben Farb- und Aromastoffe in Lebensmitteln auf Mensch und Körper aus?
2. Nennen Sie Lebensmittel, die von Natur aus eine kräftige Farbe besitzen.
3. Geben Sie Lebensmittelbeispiele an, die bei Hitze eine ansprechende Braunfärbung erhalten.
4. Nennen Sie vier Geruchs- und Geschmacksstoffe und geben Sie jeweils Lebensmittelbeispiele an.
5. Erklären Sie, was man unter Aromen versteht.
6. Sie servieren einem Gast im Café eine Tasse Kaffee. Der Gast bedankt sich und sagt: „Der Kaffee riecht schon richtig gut und er schmeckt bei Ihnen ja sowieso immer hervorragend." Der Kunde möchte von Ihnen wissen, ob diese Tatsache an der Herstellung oder an den Inhaltsstoffen des Kaffees liegt.

7 Rohstoffe und Zutaten

Situation

Ihre Bäckerei/Konditorei ist besonders stolz darauf, dass die Waren weitgehend ohne Backmischungen und Fertigmischungen hergestellt werden.
Deshalb werden in Ihrer Bäckerei/Konditorei viele verschiedene Rohstoffe verarbeitet. In dieser Woche sollen Sie die Rohstoffe bestellen und sofort nach der Annahme der Lieferung fachgerecht lagern.

- Welche Rohstoffe werden in der Bäckerei/Konditorei hauptsächlich verarbeitet?
- Wie wirken sich die Rohstoffe auf die Teige bzw. auf die Gebäcke aus?
- Wie werden die Rohstoffe fachgerecht gelagert?
- Welche Convenience-Produkte gibt es in der Bäckerei/Konditorei?

Rohstoffe sind Lebensmittel. Sie bestimmen die Qualität und den Gesundheitswert der Bäckerei-/Konditoreierzeugnisse.

Zutaten sind Lebensmittel und auch Lebensmittelzusatzstoffe → Seite 231. Sie werden für die Herstellung der Bäckerei-/Konditoreierzeugnisse verwendet.
Das Wissen über die Zusammensetzung und Eigenschaften der Zutaten ist deshalb für jede Fachkraft wichtig.

7.1 Getreide und Mahlerzeugnisse

Als der Mensch sesshaft wurde, züchtete er aus den Wildgräsern die Getreidearten. Die Getreidekörner zerrieb und zerquetschte er zwischen Steinen und bereitete daraus mit Wasser einen Brei, den er auf erhitzten Steinen trocknete bzw. erhitzte.

Welche Grasarten während des langen Entwicklungswegs zu Getreidearten gezüchtet wurden, wurde durch Klima, Bodenbeschaffenheit, Ertragsreichtum und Geschmack des Getreides bestimmt. So wurden unabhängig voneinander in verschiedenen Kontinenten, Ländern und Gebieten Getreidearten gezüchtet, angebaut und kultiviert.

Hirse ist das älteste Getreide. Aus dem Dinkel wurde der ertragreiche Weizen gezüchtet. Über das römische Reich kam der Weizen in unsere Gegend. Erst viel später züchtete man in Gegenden mit rauem Klima und kargem Boden, wo der Weizen nicht gedieh, den anspruchslosen Roggen.

Als Amerika entdeckt wurde, erfuhren die Europäer der „alten Welt“ vom Mais. Mais war schon immer das Getreide der Ureinwohner Amerikas.
Der Reis spielte in den asiatischen Ländern für die Ernährung eine bedeutende Rolle und wurde dort seit jeher kultiviert.

Getreide war und ist das wichtigste Grundnahrungsmittel und für die Ernährung der Weltbevölkerung von größter Bedeutung.

Getreidekörner: Roggen und Weizen

Getreidearten

Die Getreidearten werden allgemein als **„Korn“** bezeichnet und nach ihrer **Backfähigkeit** eingeteilt.

Bestimmungen der Leitsätze
Getreide wird unterteilt in:
Brotgetreide
Getreidearten, die allein backfähig sind, werden als Brotgetreide bezeichnet. Die Bestandteile der Mehle dieser Getreidearten können die Lockerungsgase der Teige und Massen zu Poren festhalten, woraus lockere, verdauliche Gebäcke werden.
Sonstiges Getreide
Die „sonstigen Getreide“ sind nicht alleine backfähig und können deshalb nur als Zugabe zum Brotgetreide verarbeitet werden.

LF 1.2

Brotgetreide	Sonstiges Getreide
• Roggen • Weizen • Urformen des Weizens: Dinkel, Emmer, Einkorn	Gerste, Hafer, Hirse, Mais, Reis

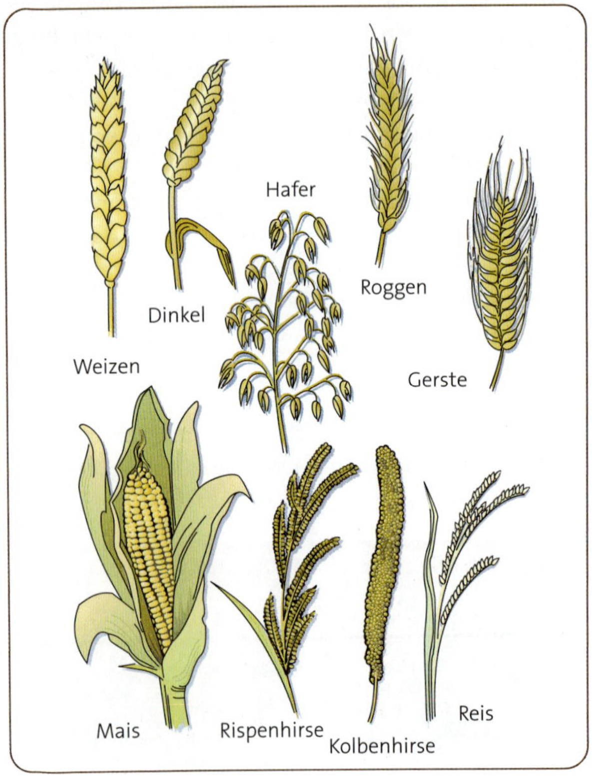

Getreidearten

Dinkel, Emmer und Einkorn
gehören zu den ältesten Weizenarten, sind jedoch nicht so ertragreich wie der überwiegend angebaute Weizen. Hauptsächlich wird Dinkel in der Bäckerei verarbeitet.

Da Dinkel, Emmer und Einkorn kleberreich sind, sind sie wie der Weizen für Menschen mit Glutenunverträglichkeit nicht geeignet.

Vorzüge gegenüber Weizen
- Dinkel, Emmer und Einkorn enthalten besonders gesunde, biologisch wertvolle Eiweiße und sind reich an Mineralstoffen.
- Diese Weizenarten werden von den meisten Menschen, die auf Weizen allergisch reagieren, vertragen.

Pseudogetreide
Dazu gehören **Amaranth**, **Buchweizen** und **Quinoa**. Pseudogetreide wird aus Samen von Pflanzen gewonnen, die nicht zum Getreide gehören, jedoch wie Getreide zu Backwaren verarbeitet werden.

Amaranth, Buchweizen und Quinoa enthalten kein Klebereiweiß und werden deshalb für glutenfreie Brote und Kleingebäcke verwendet. Diese eignen sich für Menschen mit Glutenunverträglichkeit (Zöliakie).

Durch den fehlenden Kleber kann Pseudogetreide die Lockerungsgase im Teig nicht festhalten. Deshalb müssen bei der Teigherstellung glutenfreie bindende Rohstoffe verwendet werden, z. B. Maismehl oder Kartoffelstärke.

Aufbau des Getreidekorns

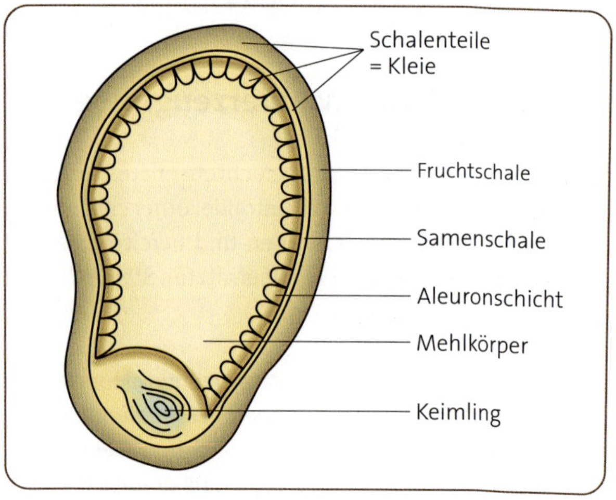

Aufbau des Getreidekorns

Die Zusammensetzung eines Getreidekorns ist bei allen Getreidearten ähnlich.

Bestandteil	Besonderheit	Inhaltsstoffe
Fruchtschale	holzig, hart und unverdaulich	Diese Schalenteile bestehen vorwiegend aus Zellulose und sind der hauptsächliche Ballaststofflieferant in der Ernährung. Sie enthalten sehr viele Mineralstoffe und Vitamine.
Samenschale	dunkelbraun, macht das Mehl dunkel	
Aleuronschicht	Diese wabenförmigen Zellen zählen auch zu den Schalenteilen.	Sie enthält viel: • biologisch hochwertiges Eiweiß (Aleuroneiweiß) • Mineralstoffe • Vitamine • Enzyme
Keimling	Bei der Vermahlung wird der Keimling entfernt, ausgenommen beim Vollkornschrot bzw. -mehl.	Aus dem Keimling wächst im Ackerboden eine neue Getreidepflanze. Deshalb ist er reich an: • Eiweiß • ungesättigten Fettsäuren • Vitaminen, vor allem B-Vitaminen • Mineralstoffen • Enzymen
Mehlkörper	Er hat einen Anteil von ca. 80 % am Getreidekorn.	Im Mehlkörper sind ca.: • 70 % Stärke • 13 % Eiweiß

Zu den Schalen des Getreidekorns zählen die Frucht- und Samenschale sowie die Aleuronschicht, die ca. 15 % des Getreidekorns ausmachen. Diese Schalenteile werden auch als **„Kleie"** bezeichnet. Kleie fällt bei der Vermahlung des Getreides an und wird teilweise für Spezialbrote, z. B. Weizenkleiebrot, verwendet.

Die Menge der jeweiligen Inhaltsstoffe in den Getreidekörnern ist abhängig von der Bodenbeschaffenheit und dem Klima. Infolge der unterschiedlichen Witterung ist die Qualität der Mehle von Jahr zu Jahr verschieden. Die Qualität des Weizens wird weitgehend vom Anteil des Klebereiweißes bestimmt.

Vermahlung des Getreides

Bei der Vermahlung des Getreides zu Mehl werden zuerst die Keimlinge von den Getreidekörnern getrennt. Dann werden die Getreidekörner zwischen zwei Mahlwalzen zerschnitten und zerkleinert.

Der Walzenstuhl

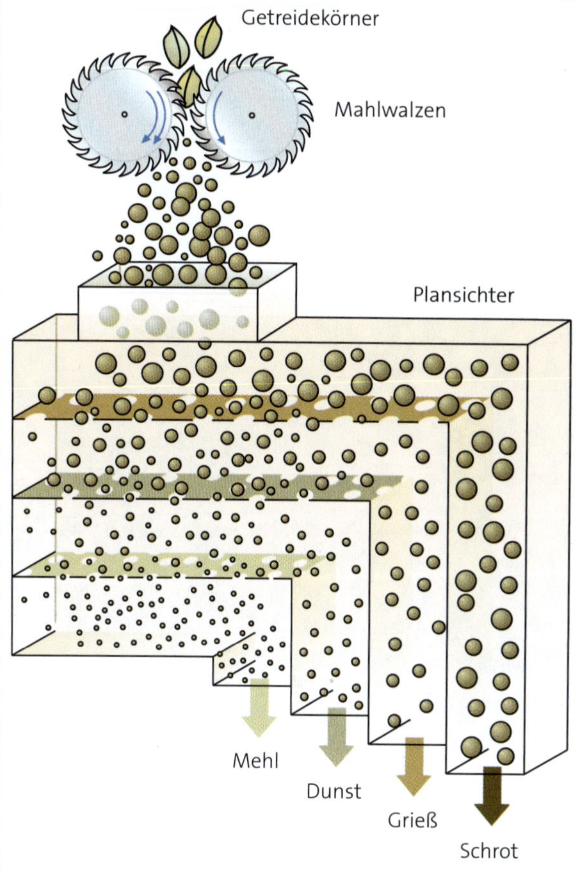

Mahlwalzen und Plansichter

Im Walzenstuhl befinden sich zwei geriffelte Mahlwalzen, die in engem Abstand zueinander laufen. Diese geriffelten Walzen zerschneiden die Getreidekörner in unterschiedlich große Bestandteile.

Der Plansichter

Der Plansichter ist eine rüttelnde Siebmaschine mit unterschiedlich großen Siebbespannungen (Maschen).
Die verschieden großen Bruchstücke der Getreidekörner, die beim Zerkleinern im Walzenstuhl entstehen, werden im Plansichter in vier Feinheitsgrade gesiebt.

LF 1.2

Feinheitsgrade der Mahlerzeugnisse

Mehl enthält feine Schalenteile und wird sofort in Mehlsilos geleitet.

Dunst ist mit griffigen, kleinkörnigen Schalenteilen behaftetes Mehl. Der Feinheitsgrad liegt zwischen Mehl und Grieß. Dunst wird auch als „doppelgriffiges" Mehl bezeichnet. Wegen des Anteils an etwas gröberen Schalenteilen kann es mehr Flüssigkeit aufnehmen als Mehl.

Grieß ist mit gröberen Schalenteilen behaftetes Mehl und deshalb körnig. Die Beschaffenheit ist grobkörniger als bei Dunst.

Schrot sind die groben Schalenteile, an denen noch Mehl haftet. Schrot wird nochmals durch die Mahlwalzen gegeben, wo das Mehl von den Schalenteilen entfernt und im Plansichter in seine Feinheitsgrade gesiebt wird.

Weizenkörner *Weizenschrot*

LF 1.2

Mehltypen

Ermitteln der Mehltypen

Die Mineralstoffe befinden sich überwiegend an den Schalenteilen der Getreidekörner. Je mehr Schalenteile sich im Mehl befinden, desto mehr Mineralstoffe enthält das Mehl.
Die Mineralstoffe sind die einzigen Bestandteile des Mehls, die nicht verbrennen.

Schalenloses Mehl gibt es nicht, da die Schalenteile der Getreidekörner bei der Vermahlung nicht ganz vom Mehl getrennt werden können.
Um den Schalenanteil eines Mehls zu ermitteln, wird Mehl verbrannt.

> **!** In der Mühle wird wasserfreies Mehl bei 900 °C verbrannt. Dabei bleiben die unverbrennbaren Mineralstoffe in Form von Asche übrig. Der Aschegehalt (Mineralstoffgehalt) wird gewogen und so die Mehltype bestimmt.

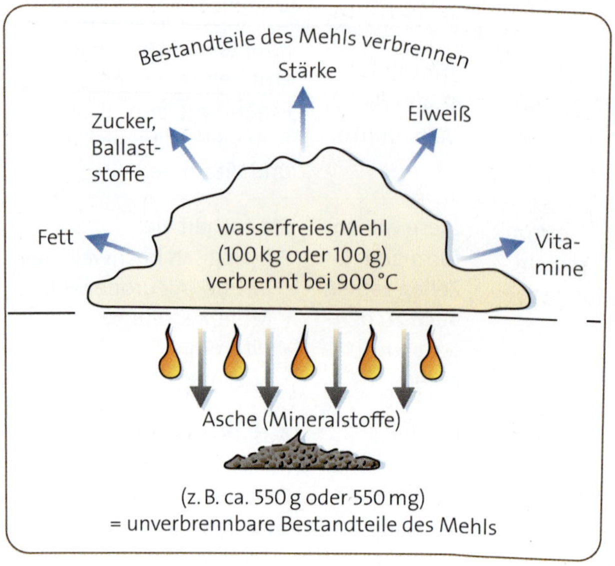

Beispiel:
Bleiben beim Verbrennen von 100 g (100 kg) wasserfreiem Mehl ca. 550 mg (550 g) Mineralstoffe als Asche übrig, so spricht man von der Mehltype 550.

Mehltypenermittlung durch Verbrennen von Mehl

Einteilung und Bedeutung der Mehltypen

> **!** Die Mehltype gibt an, wie viel g Mineralstoffe in 100 kg wasserfreiem Mehl enthalten sind.

> **!** Für Vollkornmehle und Vollkornschrote gibt es keine Mehltypen, da in diesen Mahlerzeugnissen sämtliche Getreidebestandteile mit Keimlingen und den gesamten Schalenteilen enthalten sind.

Nur Brotgetreide wird in Mehltypen eingeteilt. Bestimmte Mehltypen, vor allem die Weizenmehltypen, sind speziell für bestimmte Backwaren zu verwenden.

Weizenmehltypen	Verwendungsmöglichkeiten
405	Mürbeteige, Massen
550	Brötchen, Brezeln, Weizenbrote, Hefeteige, Blätterteige, aber auch für Mürbeteige und Massen verwendbar
812 1050 1600	roggenhaltige Kleingebäcke, Weizenmischbrote, Roggenmischbrote, Roggenbrote, Lebkuchenteige
1700 = Weizenbackschrot	Schrotbrote, Schrotbrötchen
Roggenmehltypen	
815 997 1150 1370 1740	roggenhaltige Kleingebäcke, Weizenmischbrote, Roggenmischbrote, Roggenbrote, Lebkuchenteige, Früchtebrote
1800 = Roggenbackschrot	Schrotbrote, Schrotbrötchen
Dinkelmehltypen	
630 812 1050	für alle Backwaren, die aus Dinkel hergestellt werden, z. B. Dinkelbrötchen, Dinkelbrote

Weizenmehl Type 550, Weizenmehl Type 1050

Aussagewerte der Mehltypen in der Praxis
Von den Mehltypen kann man ableiten,
- ob es sich um Weizen- oder Roggenmehl bzw. Dinkelmehl handelt,
- ob es ein helles, schalenärmeres oder dunkles, schalenreicheres Mehl ist,
- für welche Backwaren sich das Mehl eignet,
- wie hoch der Gehalt an Ballaststoffen, Mineralstoffen und Vitaminen ist.

Farbe der Mehle
Die Schalen der Getreidekörner haben eine wesentlich dunklere Farbe als Mehl. Je mehr Schalenanteile im Mehl sind und je höher die Typenzahl ist, desto dunkler ist das Mehl. Je heller das Mehl ist, desto niedriger ist die Typenzahl.
An der Farbe kann man deshalb in etwa die Mehltypen erkennen. Besonders deutliche Farbunterschiede der Mehle sind durch das Einwirken von Wasser beim **„Pekarisieren"** zu erkennen. Dabei werden Mehle verschiedener Typen auf einem Brett nebeneinander glatt gedrückt und in Wasser gehalten.

Pekarisierte Mehle

Ausmahlungsgrad

> **!** Der Ausmahlungsgrad gibt die Mehlmenge an, die man aus 100 Teilen Getreide bei der Vermahlung erhält.
> Beispiel: Werden 100 kg Getreide vermahlen und erhält man daraus 65 kg Mehl, so beträgt der Ausmahlungsgrad 0–65 %. 35 kg sind Schalenteile und anhaftendes Mehl sowie Keimlinge.

LF 1.2

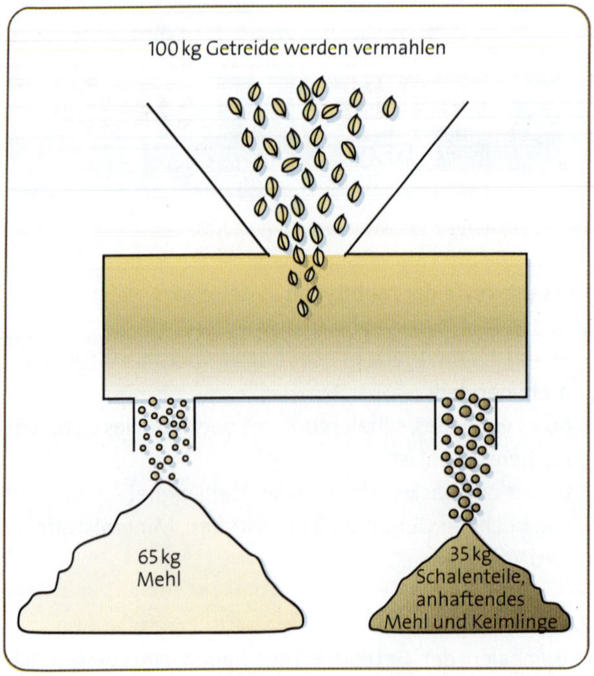

Ausmahlungsgrad 0 – 65 % = Mehltype 550

LF 1.2

Ganz können die Schalenteile des Getreidekorns nicht vom Mehl getrennt werden, da sie miteinander verwachsen sind. Schalenloses Mehl gibt es nicht.

Der Ausmahlungsgrad gibt die Prozentanteile an, die das Mehl von den Getreidekörnern von innen nach außen hin enthält.

Mahlerzeugnisse	Mehltypen	Ausmahlungsgrad
Weizenmehl:	Mehltype 405	0–40 %
Weizenmehl:	Mehltype 550	0–65 %
Roggenmehl:	Mehltype 997	0–75 %
Weizenmehl:	Mehltype 1050	0–80 %
Roggenmehl:	Mehltype 1150	0–80 %
Roggenbackschrot:	Mehltype 1800	0–95 %
Vollkornschrot, Vollkornmehl:	ohne Type	0–100 %

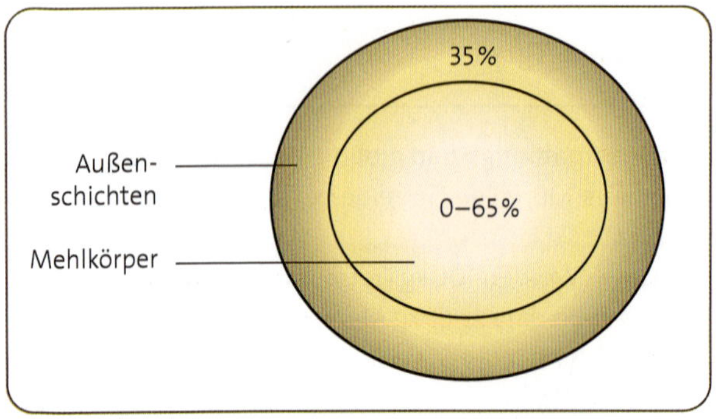

Anteile der Außenschichten und des Mehlkörpers am Getreidekorn

Aussage des Ausmahlungsgrads

Niedriger Ausmahlungsgrad	Hoher Ausmahlungsgrad
• niedrige Mehltypen • helle Mehle • schalenarme Mehle • Mehle mit geringem Anteil an Ballaststoffen, Mineralstoffen und Vitaminen	• hohe Mehltypen • dunkle Mehle • Mehle mit hohem Schalenanteil • Mehle mit hohem Anteil an Ballaststoffen, Mineralstoffen und Vitaminen

Verteilung von Stärke und Klebereiweiß im Mehlkörper des Weizenkorns

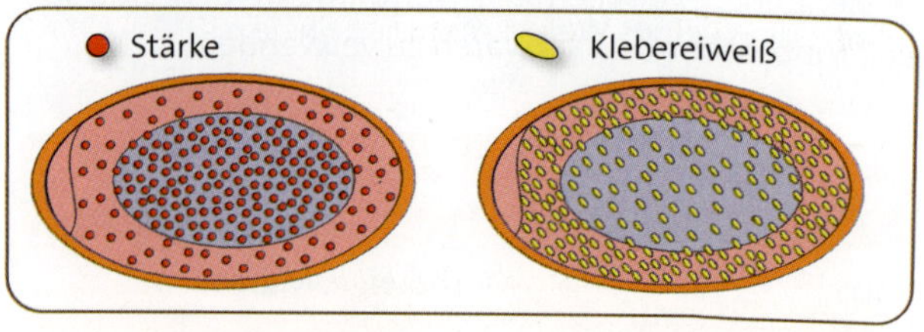

Innenbereich des Mehlkörpers im Weizenkorn	Außenbereich des Mehlkörpers im Weizenkorn zu den Schalen hin
• hoher Anteil an Stärke • weniger Klebereiweiß als außen	• weniger Stärke als innen • höherer Anteil an Klebereiweiß

Auszugsmehl oder Weißmehl

Das Mehl mit dem niedrigsten Ausmahlungsgrad, 0–40 %, ist das Weizenmehl der **Type 405**. Da hier das Mehl sozusagen aus dem Inneren des Getreidekorns herausgezogen wird, bezeichnet man das Weizenmehl 405 auch als „Auszugsmehl" oder „Weißmehl", weil es das hellste Mehl ist. Es ist das Mehl

- mit dem geringsten Anteil an Schalen und somit
- mit den wenigsten Ballaststoffen, Mineralstoffen und Vitaminen,
- mit der hellsten Farbe,
- mit dem höchsten Anteil an Stärke und einem hohen Gehalt an Klebereiweiß.

!

Das feine Mehl der Type 405 eignet sich ideal für Mürbeteige und Massen, da es den höchsten Stärkeanteil enthält und der Kleberanteil nicht ausschlaggebend ist.

Kleberstärkstes Mehl

Weizenmehl mit der **Type 550** ist das kleberstärkste Mehl. Es hat einen Ausmahlungsgrad von 0–65 % und somit etwas mehr Schalenanteile als das Mehl der Type 405. Die Klebereiweiße im Mehlkörper des Getreidekorns liegen mehr zu den Schalen hin. Deshalb hat das Mehl der Type 550 mehr Klebereiweiß als das Mehl der Type 405, das jedoch mehr Stärke besitzt.

Das Weizenmehl der Type 550 ist wegen des hohen Klebergehalts das beste Mehl für Hefeteige, Blätterteige, Brötchen und Weizenbrote. Es ist aber trotzdem ein feines, helles, schalenarmes Mehl, sodass es für alle Feinen Backwaren verwendet werden kann.

Inhaltsstoffe eines Weizenmehls der Type 550

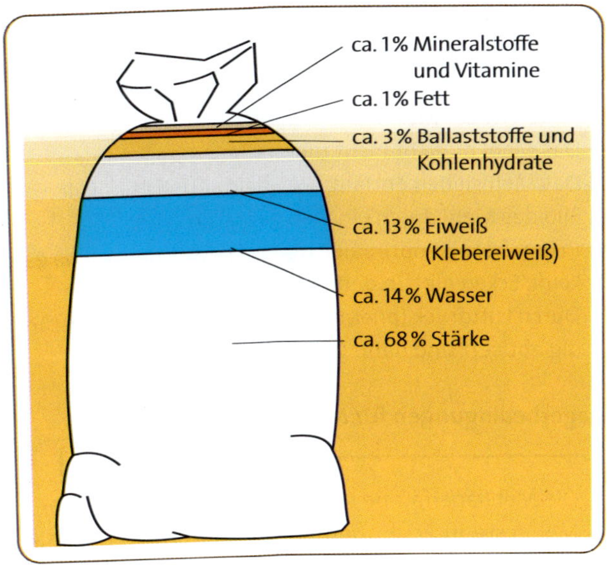

Getreidemahlerzeugnisse sind

- Mehle der verschiedenen Mehltypen,
- Backschrot,
- Vollkornschrot und Vollkornmehl.

Roggengetreidekörner und -vollkornschrot

Vollkornschrot, Vollkornmehl	Backschrot
Die „vollen", ganzen Getreidekörner werden in der Mühle in Bruchstücke zu **Vollkornschrot** zerkleinert (vermahlen). Beim **Vollkornmehl** werden die vollen, ganzen Getreidekörner winzig fein wie Mehl zerkleinert.	In der Mühle werden von den Getreidekörnern die Keimlinge entfernt. Die Getreidekörner ohne Keimling, jedoch mit den Schalenteilen werden dann in Bruchstücke zu **Backschrot** zerkleinert.
Vollkornschrot und Vollkornmehl enthalten alle Bestandteile der Getreidekörner. Sie haben wegen der Getreideschalen und der Keimlinge mit den ungesättigten Fettsäuren und hochwertigen Eiweißen einen hohen Gesundheitswert.	Backschrot ist gemahlenes (zerkleinertes) Getreide ohne Keimling, das aus Mehl und den Schalen der Getreidekörner besteht. Wegen der Getreideschalen ist Backschrot reich an Ballaststoffen, Mineralstoffen und Vitaminen.

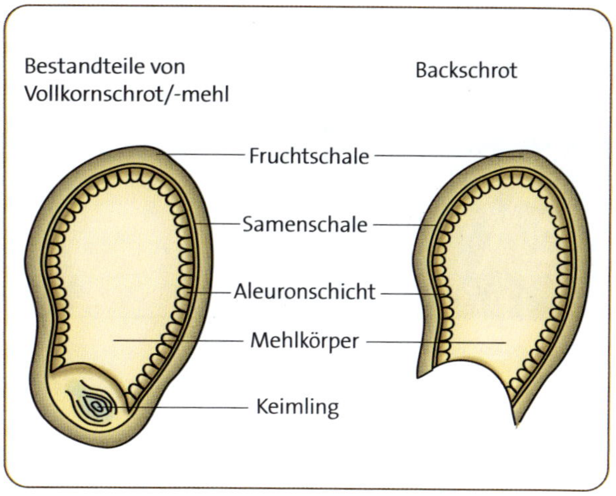

Verwendung von Vollkornmehl

Jeder Teig und jede Masse lässt sich mit Vollkornmehl zubereiten. Die ganzen (vollen) Getreidekörner werden so fein wie Mehl vermahlen.
Die Vollkornerzeugnisse gehören zur vollwertigen Ernährung (→ Seite 189), da sie alle wichtigen Nahrungsinhaltsstoffe der Getreidekörner enthalten, die dem Körper Energie geben und zur Gesunderhaltung Ballaststoffe, Mineralstoffe und Vitamine besitzen.

Lagerung der Mahlerzeugnisse

Während der Lagerung verändern Enzyme und der Sauerstoff der Luft die Nährstoffe der Mehle.
Bei zu lange gelagerten Mehlen wird durch zu starken Nährstoffabbau die Backfähigkeit beeinträchtigt, z. B. Kleberschwächung durch Eiweißabbau, zu starker Stärkeabbau (Verzuckerung). Hat das Mehl einen unangenehmen Geruch oder Geschmack, gilt es als verdorben.

Weizen- und Roggenmehle sind bei idealer Lagerung einige Wochen ohne Qualitätsminderung lagerfähig. Roggenmehle sind wegen der höheren Enzymaktivität empfindlicher bei falscher Lagerung.

Vollkornschrote und Vollkornmehle sind wegen des hohen Ölgehalts und der Enzyme der Keimlinge nur kurz lagerfähig. Bei zu langer Lagerung wird das Öl ranzig. Viele Betriebe haben deshalb eigene Getreidemühlen. Sie vermahlen das Getreide und verarbeiten es frisch.

LF 1.2

Vermahlen von Getreide

Mehllagerung

Die Mehle werden gewöhnlich in den Mühlen in Säcken abgefüllt, zu den Bäckereien und Konditoreien geliefert und dort in geeigneten Lagerräumen gelagert.
Große Bäckereien/Konditoreien lagern die Mehle in isolierten Silos. Jede Mehltype befindet sich in einer separaten Silokammer, wo das Mehl bei guten Lagerbedingungen aufbewahrt wird.
Das Mehl wird im Mehltankwagen geliefert und mithilfe von Luft aus dem Mehltankwagen in die Silos gefüllt. Mittels einer computergesteuerten Abwiegestation wird das Gewicht der benötigten Mehlmenge eingetippt, wobei das Mehl vom Silo in die Knetmaschine geleitet wird.

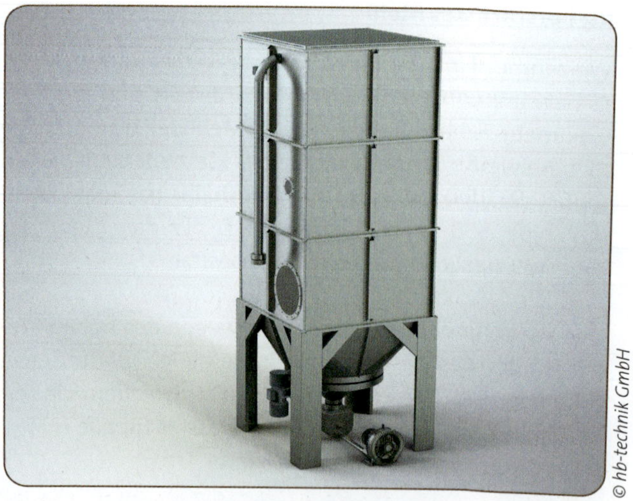

© hb-technik GmbH

Mehlsilo

Vorteile der Mehlsilos gegenüber Mehl in Säcken

- Der Einkauf ist preisgünstiger, weil das kostenaufwendige Abfüllen in Mehlsäcke und das zeitaufwendige Anliefern der Mehlsäcke entfällt.
- Das Mehl braucht nicht mehr abgewogen werden.
- Das Mehlsieben entfällt, weil beim Austritt aus dem Silo das Mehl durch ein Sieb geblasen wird.
- In den Silos ist optimale Hygiene gewährleistet, da es keine Ecken gibt, in denen Mehl liegen bleibt.
- Durch Luftdruck (pneumatisch) kann das Silo vollständig entleert und dann gereinigt werden.

Lagerbedingungen für Mehle

!

Die Mehllagerräume müssen besonders sauber sein. Mehlreste in Ecken und Fugen sind Brutstätten für Mehlschädlinge.

Lagerbedingungen	Begründung
kühl, 15 bis 20 °C	geringe Enzymtätigkeit
trocken, bei normaler Luftfeuchtigkeit der Räume von 50 bis 60 %	Mehl nimmt Luftfeuchtigkeit auf, wobei sich Klumpen bilden, und die Tätigkeit der Enzyme wird beschleunigt.
in gut belüftetem Lagerraum oder in Mehlsilos mit Luftumwälzlüftung	Mehl muss belüftet werden, sonst entsteht ein geschmacklicher Nachteil, Mehl gibt auch etwas Feuchtigkeit ab.
frei von Fremdgerüchen	Mehl nimmt Fremdgerüche an.

Aufgaben

1. Erklären Sie, was man unter Rohstoffen und Zutaten für Bäckerei-/Konditoreierzeugnisse versteht.
2. Erläutern Sie „backfähiges Getreide“ und geben Sie an, wie backfähiges Getreide nach den Leitsätzen benannt wird.
3. Geben Sie an, in welche zwei Gruppen Getreide unterteilt wird, und nennen Sie jeweils die Getreidearten.
4. Nennen Sie drei Urformen des Weizens (ältesten Weizenarten) und erklären Sie zwei Vorzüge gegenüber Weizen.
5. Nennen Sie drei Pseudogetreide und erläutern Sie, warum sie nicht zum Getreide gehören.
6. Warum wird Pseudogetreide für Backwaren verwendet, die sich für zöliakiekranke Menschen eignen?
7. Beschreiben Sie den Getreidekornaufbau und geben Sie die Inhaltsstoffe der Bestandteile an.
8. Was versteht man unter „Kleie“?
9. Erläutern Sie, was bei der Vermahlung der Getreidekörner zu Mehl geschieht.
10. Erklären Sie die Vorgänge bei der Vermahlung im
    - Walzenstuhl,
    - Plansichter.
11. Nennen Sie die vier Mahlerzeugnisse, die man aus dem Plansichter erhält, und beschreiben Sie deren Feinheitsgrade.
12. Erläutern Sie, wie die Mehltypen in der Mühle ermittelt werden.
13. Was besagt die Mehltype?
14. Welche Getreidearten werden in Mehltypen eingeteilt und welche Mahlerzeugnisse bekommen keine Typenbezeichnung?
15. Nennen Sie die Mehltypen und geben Sie an, wozu sich diese Mehle besonders eignen:
    - Weizenmehltypen
    - Roggenmehltypen
    - Dinkelmehltypen
16. Welche praktischen Aussagewerte kann man von den Mehltypen ableiten?
17. Warum sind Mehle mit hoher Typenzahl dunkler als Mehle mit niedrigenTypenzahlen?
18. Erklären Sie den Ausmahlungsgrad.
19. Beschreiben Sie den Ausmahlungsgrad 0–65 % von Mehl der Type 550.
20. Welche Aussagen leiten Sie von Mehlen mit niedrigen und hohen Ausmahlungsgraden ab?
21. Beschreiben Sie Auszugsmehl bzw. Weißmehl und geben Sie an, für welche Backwaren es sich besonders eignet.
22. Begründen Sie, warum das Mehl der Type 405 den höchsten Anteil an Stärke und einen relativ hohen Anteil an Klebereiweiß besitzt.
23. Nennen Sie das kleberstärkste Mehl.
24. Geben Sie die hauptsächlichen Inhaltsstoffe der Mehle an, z. B. vom Mehl der Type 550.
25. Nennen Sie drei Getreidemahlerzeugnisse.
26. Beschreiben und unterscheiden Sie Vollkornschrot, Vollkornmehl und Backschrot.
27. Erklären Sie, warum Vollkornerzeugnisse zur vollwertigen Ernährung gehören.
28. Beschreiben Sie die idealen Lagerbedingungen für Mehle.
29. Drücken Sie eine Handvoll Mehl fest zusammen. Wie sieht das Mehl aus, wenn Sie die Faust öffnen? Begründen Sie Ihre Feststellung. Wie würde das Mehl nach dem Zusammendrücken aussehen, wenn es kein Wasser enthielte?
30. Ihre neue Kollegin stellt die regelmäßige Brotlieferung für ein Krankenhaus zusammen und fragt Sie, warum vom Krankenhaus so häufig Vollkorn- und Schrotbrote bestellt werden.

LF 1.2

Rechenaufgaben

1. Ein Getreidekorn besteht aus 8 % Frucht- und Samenschale, 7 % Aleuronschicht, 5 % Keimling und der Rest ist der Mehlkörper. Wie viel kg kommen auf die einzelnen Bestandteile des Getreidekorns bei 50 kg Vollkornmehl?
2. Die Mahlausbeute von 750 kg Getreide beträgt 0–73 %. Berechnen Sie den Mehlanteil in kg.
3. Weizenmehl der Type 550 enthält 68 % Stärke und 13 % Klebereiweiß. Wie viel kg Stärke und wie viel kg Klebereiweiß befinden sich in 2 100 kg Weizenmehl?

7.2 Backmittel

Schon immer suchte man nach Hilfsmitteln bei der Backwarenherstellung. Früher bezeichnete man diese Stoffe als „Backhilfsmittel".
Backmittel werden in Bäckereien überwiegend für Brötchen und Brote verwendet.
Backmischungen und Fertigprodukte (Convenience-Produkte), → Seite 105, die in Bäckereien, aber auch in Konditoreien verwendet werden können, enthalten Backmittel.

!

Backmittel sind Mischungen aus verschiedenen
- Lebensmitteln und
- Lebensmittelzusatzstoffen.

Lebensmittel	Lebensmittelzusatzstoffe
• Trauben- und Rübenzucker • Malzmehl, Malzextrakt • Quellmehle (verkleisterte Stärke) • Sojamehl (Sojaeiweiß) • getrockneter Vollsauer als Sauerteigersatz	• fettähnliche Stoffe als Emulgator • Aminosäuren als Teigstabilisator • Ascorbinsäure (Vitamin C) als Teigstabilisator • Säuren, z. B. Zitronen- und Milchsäure, in Teigsäuerungsmitteln • Bindemittel, z. B. Guarkernmehl, Johannisbrotkernmehl, zur Frischhaltung der Brote

Wirkungen der Backmittel
- Sie erleichtern die Verarbeitung der Teige.
- Sie verbessern die Gärstabilität der Teiglinge.
- Sie bewirken eine gleichbleibende Qualität der Backwaren.

Deklaration von Backmitteln
Backmittel müssen bei unverpackter Ware nicht deklariert (gekennzeichnet) werden, da die Lebensmittelzusatzstoffe nur in geringen Mengen enthalten sind. Backmittel werden in kleinen Mengen, ca. 3 % vom Mehlanteil, für Weizenteige verwendet.

Bei Backwaren in vorverpackten Waren müssen Backmittel im Zutatenverzeichnis aufgeführt werden. Es reicht die einfache Bezeichnung „Backmittel". Sie müssen nicht einzeln aufgeführt werden.

Verwendung und Zusammensetzung der Backmittel

Backmittel werden in der Bäckerei nach ihrer Verwendung eingeteilt in:
- Backmittel für Brötchen und andere Weizenkleingebäcke
- Backmittel für Weizenbrote und Toastbrote
- Backmittel als Teigsäuerungsmittel für roggenhaltige Brote und Kleingebäcke
- Backmittel für die längere Frischhaltung von Backwaren

Die Backmittel werden nach ihrem Verwendungszweck mit den entsprechenden Lebensmitteln und Lebensmittelzusatzstoffen in der Backmittelindustrie gemischt, die jeweils bestimmte Wirkungen in den Teigen und Backwaren erzielen.

Backmittel für verschiedene Backwaren

Bestandteile der Backmittel

Malzmehl

Malzmehl zählte zu den ersten Backmitteln in der Bäckerei. Getreidekörner werden in Wasser gegeben. Nachdem sie bei der Quellung Wasser gebunden haben, keimen die Getreidekörner. Dabei bauen Enzyme (Amylasen) die Stärke zu Malzzucker ab. Um das Malz lagerfähig zu machen, wird es mittels Heißluft gedarrt, d. h. getrocknet. Das getrocknete Malz wird zu Malzmehl gemahlen.

Wird Malz bei heißen Temperaturen gedarrt (getrocknet), färbt es sich stark dunkel. Dunkles Malzmehl wird verwendet, wenn die Krume von roggenhaltigen Brötchen und Broten dunkel gefärbt werden soll. Auch dunkles Bier erhält die dunkle Farbe durch dunkel gedarrtes Malzmehl.

Malzmehl

Malzextrakt

Malzextrakt ist zähflüssiges oder pulverförmiges Malz aus überwiegend Malz- und Traubenzucker mit ausgeprägtem Malzgeschmack.

Wirkungen von Malzmehl und Malzextrakt

Sie dienen als Nahrung für die Hefe und beschleunigen so die Gärung. Sie verbessern somit das Gebäckvolumen, den Geschmack und die Krustenbräunung der Gebäcke.

Dunkle Brotkrume durch gedarrtes, dunkles Malzmehl

Rübenzucker und Traubenzucker

Sie verbessern die Hefegärung, woraus lockere Gebäcke mit großem Volumen entstehen.
Die Zuckerstoffe ergeben eine schöne Krustenbräunung und eine rösche Kruste. Auch der Geschmack der Backwaren wird etwas verfeinert.

Quellmehl

Quellmehl besteht aus bereits verkleisterter Getreide- oder Kartoffelstärke. Es ist stark quellfähig und bindet somit viel Teigwasser. Dadurch erhöht sich die Teigausbeute und durch den höheren Wasseranteil bleiben die Brote länger frisch.
Quellmehl hat die gleiche Wirkung wie gebackenes Brot, das man in Wasser eingeweicht oder fein gerieben zum Brotteig gibt. Anstelle dieses fertig gebackenen Brots bietet die Backmittelindustrie Quellmehl an.

Emulgatoren

Emulgatoren sind fettähnliche Stoffe, z. B.
- Lezithin aus der Sojabohne,
- Mono- und Diglyzeride mit einem oder zwei Fettsäuren am Glyzerin.

Sie vermischen Fett mit Wasser zu einer homogenen Einheit. Dies führt zu einem guten Gashaltevermögen der Teige.

Aminosäuren

Die kleinsten Eiweißbausteine stärken den Kleber im Weizenteig und sorgen für geschmeidige, elastische Teige sowie lockere Gebäcke.

Ascorbinsäure

Ascorbinsäure ist von der Industrie erzeugtes Vitamin C zur Stärkung des Klebers als Stabilisator für Weizenteige. Dies ergibt gärstabile Teige und lockere Gebäcke mit guter schnitt- und bestreichfähiger Krume.

Sojamehl (Sojaeiweiß)

Es ist quellfähig, sodass die Teige besser zu verarbeiten sind und die Gebäcke ein schönes Volumen bekommen.

Enzyme

Hauptsächlich werden Amylasen für Weizenteige zum Abbau von Stärke in vergärbaren Zucker eingesetzt. Sie können nur im Teig wirken, da sie durch die Hitze beim Backen zerstört werden.

LF 1.2

Verarbeitung von Backmitteln

Backmittel werden bei der Teigbereitung zum Mehl gegeben. Die zu verarbeitende Menge der Backmittel wird von den Backmittelherstellern genau angegeben. Sie bezieht sich auf die Mehlmenge im Teig.

Bestandteile und Wirkungen der Backmittel für Brötchen und Weizenbrote

Ob Bäckereien Teigsäuerungsmittel als Backmittel für Sauerteig verwenden, muss jeder Betrieb selbst entscheiden. Für Brötchen und Weizenbrote verwenden die meisten Bäckereien Backmittel, da sie die Qualität und das Aussehen entscheidend beeinflussen.

Wirkungen der Backmittel

Optimales Weizenbrot mithilfe von Backmitteln

Backwaren	Inhaltsstoffe der Backmittel	Wirkung
Weizenkleingebäcke wie z. B. Bröchen, Weizenbrote, Hefeteige	Malzmehl, Malzextrakt, Rübenzucker, Traubenzucker, Enzyme	Sie stehen der Hefe schnell zur Verfügung und bräunen beim Backen. Sie verbessern deshalb Gärung, Volumen, Rösche, Bräunung, Aroma.
Weizenkleingebäcke, Weizenbrote, Toastbrote, Hefeteige	Emulgatoren wie Lezithin, Mono- und Diglyzeride, Diacetylweinsäureester (DAWE)	Sie erhöhen die Gärstabilität. Sie bewirken eine gleichmäßige Porung der Gebäckkrume. Sie vergrößern das Gebäckvolumen.
Weizenteige für Brötchen, Weizenbrote, Hefeteiggebäcke	Genusssäuren (Zitronen-, Milchsäure), Salze, Ascorbinsäure, Emulgatoren	Sie stabilisieren den Kleber. Auswirkungen: • Gebäckkrume wird verfeinert. • Gebäckvolumen wird vergrößert. • Gebäckform wird verschönert.
Roggenhaltige Brote	Quellmehl, Guarkernmehl (Bindemittel)	Sie erhöhen die Teigausbeute, da sie quellen und dabei Teigwasser binden. Sie verbessern die Schnitt- und Bestreichfähigkeit der Gebäckkrume. Sie verlängern die Frischhaltung.
Roggenhaltige Teige für Brote und Kleingebäcke	Säuren wie Milch-, Essigsäure, saure Salze	Sie dienen als Teigsäuerungsmittel als Ersatz für den Sauerteig.
Bio-Backwaren	Bio-Backmittel aus biologischem Anbau, z. B. Bio-Zuckerstoffe, Bio-Sojalezithin, Bio-Trockensauer	Sie wirken wie die anderen Backmittel.

LF 1.2

Aufgaben

1. Erklären Sie den Begriff „Backmittel“.
2. Nennen Sie die Wirkungen der Backmittel auf die Teige und Backwaren.
3. Beschreiben Sie die Einteilung der Backmittel nach ihrer Verwendung.
4. Erklären Sie folgende Bestandteile der Backmittel und deren Wirkungen auf Teig und Gebäck:
   - Malzmehl
   - Quellmehl
   - Emulgatoren
   - Aminosäuren
   - Ascorbinsäure
   - Sojamehl
   - Enzyme
5. Welche Bestandteile in den Backmitteln für Brötchen und Weizenbrote haben folgende Wirkungen auf Teige und Gebäcke:
   - verstärken die Hefegärung und bräunen beim Backen die Gebäckkruste,
   - quellen auf und binden Wasser im Teig,
   - stärken den Kleber im Weizenteig und machen ihn dehnbarer?
6. Wie werden pulverförmige Backmittel verarbeitet?
7. Ein gesundheitsbewusster Kunde hat in einer Zeitschrift gelesen, dass Bäcker und Konditoren von der Industrie hergestellte Backmittel in die Backwaren geben. Er fürchtet, dass es sich hierbei um chemische, künstliche Mittel handelt. Erläutern Sie ihm, woraus Backmittel bestehen und dass diese gesundheitsverträglich sind.

Rechenaufgaben

1. Ein Brotteig wird mit 18,500 kg Weizenmehl hergestellt. Es werden 3 % Backmittel zugegeben. Ermitteln Sie die Backmittelmenge in g.
2. Für einen Weizenmischteig für Snacks mit 60 % Weizenmehl und 40 % Roggenmehl werden 4 % Teigsäuerungsmittel zugegeben. Dies sind 840 g. Berechnen Sie, wie viel kg Weizen- und Roggenmehl für den Teig verwendet werden.
3. Durch die Verwendung von Backmittel vergrößert sich Weizenbrot um 13 %, sodass es jetzt ein Volumen von 0,850 dm^3 besitzt. Berechnen Sie das Volumen des Weizenbrots ohne Backmittel.

7.3 Convenience-Produkte

Der englische Begriff „Convenience" heißt übersetzt so viel wie „Bequemlichkeit". Convenience-Produkte erleichtern und verkürzen die Herstellung der Bäckerei-/Konditoreierzeugnisse.
Bei den Convenience-Produkten unterscheidet man drei Gruppen:
- Backmischungen
- Fertigprodukte
- tiefgefrorene Fertigerzeugnisse

Backmischungen

Backmischungen sind Mehle bzw. Vollkornschrote/Vollkornmehle oder Backschrote, in denen die Zutaten für die entsprechenden Teige in Pulverform enthalten sind.

Bei der Teigbereitung werden zu den Mehlmischungen nur noch die Flüssigkeit wie Wasser oder Milch und manchmal noch Hefe, Eier und Margarine zugegeben.

Backmischungen gibt es z. B. für:
- Vollkorn- und Schrotbrote
- Vollkorn- und Schrotbrötchen
- Spezialbrote/Spezialbrötchen wie
  – Mehrkornbrote bzw. -brötchen, auch mit verschiedenen Ölsamen wie Sonnenblumenkernen, Leinsamen, Kürbiskernen,
  – Haferbrote, Kartoffelbrote, Sauermilchbrote, Buttermilchbrote
- Weizenteige für Pizzas, Baguettes, Ciabattas
- Hefeteig (Hefeteigmehl)
- Hefeteig für Berliner
- Mürbeteig
- Blätterteig
- Sandmasse für Kuchen
- Biskuitmasse und Wiener Masse für Tortenböden

Beispiel für die Inhaltsstoffe einer Backmischung für Schrotbrote mit Ölsamen
- Weizen- und Roggenbackschrot
- Sonnenblumenkerne, Leinsamen u. a.
- Teigsäuerungsmittel oder getrockneter Vollsauer
- Backmittel
- Salz
- Brotgewürz

Bei der Teigbereitung werden der Backmischung nur noch Wasser und Hefe zugegeben.

Fertigprodukte

Massen, Sahneerzeugnisse, Cremes, Füllungen und Sauerteig werden auch in der Industrie hergestellt. Gebrauchsfertig werden sie im Großhandel den Bäckereien/Konditoreien angeboten.

Pulverförmige Fertigprodukte
- Brandmassen für Windbeutel, Spritzkuchen (Strauben)
- Röstmassen für Bienenstichaufstrich, Florentiner
- Käsekuchen, Käsetorten
- Kaltcreme, Mohn-, Nuss-, Quarkfüllung
- Sahneerzeugnisse wie Käsesahne, Joghurtsahne

Diese pulverförmigen Fertigprodukte werden im Betrieb mit Wasser angerührt und sind so gebrauchsfertig.

Fertigprodukte für **Fettcremes** bestehen aus Margarine und Emulgatoren. Sie werden mit Cremenmargarine und Wasser glatt gerührt und sind so zum Einstreichen für Cremetorten und Cremedesserts fertig.

Dekormittel: Dekorpuder (süßer Schnee), Belegkirschen, Schokoladen-, Krokantstreusel

Vorbehandlung eines Fertigprodukts für Käsesahne

In der Industrie: Fond herstellen	Bearbeitung zu einem gebrauchsfertigen Fertigprodukt	Käsesahneherstellung mit der vorbehandelten Fertigmischung im Betrieb
Milch, Zucker und Eigelb zu einem Fond auf ca. 85 °C erhitzen, dann Aromen, Bindemittel und Emulgatoren zugeben.	Diesen Fond gefriertrocknen und pulverisieren.	Das pulverförmige Convenience-Produkt mit Wasser anrühren, Quark dazugeben, aufgeschlagene Schlagsahne unterheben.

Tiefgefrorene Fertigerzeugnisse

Der Großhandel bietet den Bäckereien/Konditoreien tiefgefrorene Fertigerzeugnisse an:
- als fertig aufgearbeitete Teiglinge
- in teilgebackenem Zustand
- als fertig gebackene Waren

LF 1.2

Vorteilhaft sind diese tiefgefrorenen fertigen Erzeugnisse, wenn nur kleine Mengen benötigt werden und sich so die aufwendige Herstellung nicht lohnt. In der Bäckerei/Konditorei wird die tägliche Ration nur noch aufgetaut und evtl. gebacken, z. B.:

- Laugenbrezeln und Laugengebäcke
- Ciabattas, Bagels
- Pizzas und überbackene Snacks
- Blätterteigstückchen
- Plunderteigstückchen, Croissants
- Donuts, Muffins
- Berliner und andere Siedegebäcke

Tiefgefrorene Fertigerzeugnisse

Lebensmittelzusatzstoffe in Convenience-Produkten

Damit die Convenience-Produkte die gewünschten Eigenschaften haben, enthalten sie zahlreiche Lebensmittelzusatzstoffe (→ Seite 231). Aus Gesundheitsgründen lehnen viele Kunden diese ab.

Beispiele für Inhaltsstoffe von Convenience-Produkten

Kaltcremepulver	Haselnussfüllung
modifizierte Stärke Zucker Vollmilchpulver Dextrine Molkepulver Milchzucker Stärke Vanille Salz Emulgator: E 472 (Mono- und Diglyzerid-Ester) Verdickungsmittel: • E 401 (Na-Alginat) • E 339 (Na-Phosphat) • E 450 a (Diphosphat) • E 578 (Ca-Gluconat)	Haselnüsse Zucker Maisquellmehl Weizengrieß gehärtetes Pflanzenöl Hühnereiweiß Sojamehl Weizenkleber Salz Kakao Karamell Gewürze und Aromen Stabilisator E 263 (Ca-Alginat) Verdickungsmittel E 401 (Na-Alginat)

Beurteilung von Convenience-Produkten

Viele Betriebe verwenden heutzutage Convenience-Produkte, vor allem wegen des geringen Arbeits- und Zeitaufwands bei der Herstellung der Bäckerei-/Konditoreierzeugnisse. Trotzdem sind die Nachteile schwerwiegend und überlegenswert.

Vorteile	Nachteile
• schnelle Herstellung • einfache Herstellung, z. B. durch stabile, maschinengerechte Teige, elastische, gut streichfähige Massen, Füllungen und Cremes • sichere Herstellung bei gleichbleibender Qualität • bessere Schnittfähigkeit der Erzeugnisse • bequeme Sortimentserweiterung • Bestimmungen der Leitsätze werden eingehalten	• im Geschmack und Aussehen einheitliche Produkte in den meisten Betrieben • betriebseigene Rezepturkenntnisse und Herstellungstechniken gehen verloren • Imageverlust des Bäcker- und Konditorberufs, Nichtfachkräfte und Seiteneinsteiger stellen die gleichen Erzeugnisse her wie Bäcker/Konditoren • sehr hoher Einkaufspreis der Convenience-Produkte • in den Convenience-Produkten befinden sich Zusatzstoffe, die viele Kunden ablehnen

Wichtige Überlegungen für den Fachbetrieb bei der Verwendung von Convenience-Produkten

Wegen der Verwendung von Convenience-Produkten für Bäckerei-/Konditoreierzeugnisse beklagen viele Kunden die Einheitlichkeit und mittelmäßige Qualität der Waren. Sie fragen sich: „Warum soll ich in meinem Stammgeschäft einkaufen, wenn ich dieselbe Ware auch in den anderen Bäckereien/Konditoreien und Verkaufsstellen bekomme?“

In vielen Cafés (ohne Bäckerei/Konditorei) und Ausflugslokalen wird deshalb geworben mit: „Kuchen und Torten hausgemacht.“

> **!** Seien Sie kritisch bei der Qualitätsbeurteilung Ihrer Bäckerei-/Konditoreierzeugnisse und beachten Sie dabei nicht nur die einfache Herstellungsweise. Nehmen Sie auch besonders die Reklamationen der Kunden ernst und gehen Sie auf die Kundenwünsche ein.

Convenience-Produkte zur Weiterverarbeitung

Bestimmte Produkte zur Weiterverarbeitung werden von allen Betrieben vom Großhandel bezogen und nicht selbst hergestellt, z. B.:

- Marzipan- und Persipanrohmasse sowie Nugatmasse
- Ziehfett in Plattenform
- Dosenfrüchte
- Konfitüren, Gelees, Marmeladen
- Fondant

Diese verarbeitungsfertigen Produkte sind von hoher Qualität, die in der Bäckerei/Konditorei wegen fehlender Herstellungsanlagen nicht eingehalten werden könnte. Außerdem würden die Herstellungskosten in der Bäckerei/Konditorei bei Weitem höher liegen.

Da diese Produkte in speziellen Industriebetrieben hergestellt und von den Bäckereien/Konditoreien so weiterverarbeitet werden, gehören sie auch zu den Convenience-Produkten. Bei diesen hochwertigen Produkten treffen die Nachteile der anderen Convenience-Produkte nicht zu.

Aufgaben

1. Erläutern Sie den Begriff „Convenience-Produkte".
2. Was versteht man unter „Backmischungen"?
3. Für welche Backwaren bietet die Backmittelindustrie Backmischungen an?
4. Nennen Sie Beispiele für Fertigprodukte, die der Großhandel Bäckereien/Konditoreien anbietet.
5. In welchem Zustand bietet der Großhandel tiefgefrorene Fertigerzeugnisse an?
6. Nennen Sie Beispiele für tiefgefrorene Fertigerzeugnisse in Bäckereien/Konditoreien.
7. Beschreiben Sie die Vor- und Nachteile von Convenience-Produkten.
8. Nennen Sie Convenience-Produkte zur Weiterverarbeitung in der Bäckerei/Konditorei.
9. Ihre Kollegin aus dem Verkaufsbereich kommt auf Sie zu und fragt Sie nach den Rohstoffen der Käsesahnetorte. Da Sie dafür ein Convenience-Produkt verwenden, versuchen Sie anhand der herkömmlichen Herstellung die genaue Zusammensetzung zu nennen. Die Fachverkäuferin möchte wissen, was Convenience-Produkte sind und welche Convenience-Produkte in der Bäckerei/Konditorei verwendet werden.

7.4 Milch und Milcherzeugnisse

Nach dem Milchgesetz versteht man unter der einfachen Bezeichnung „Milch" ausschließlich Kuhmilch.
Die anderen Milchsorten müssen den Namen der Tiere führen, von denen sie gewonnen wurden, z. B.

- Ziegenmilch,
- Schafsmilch.

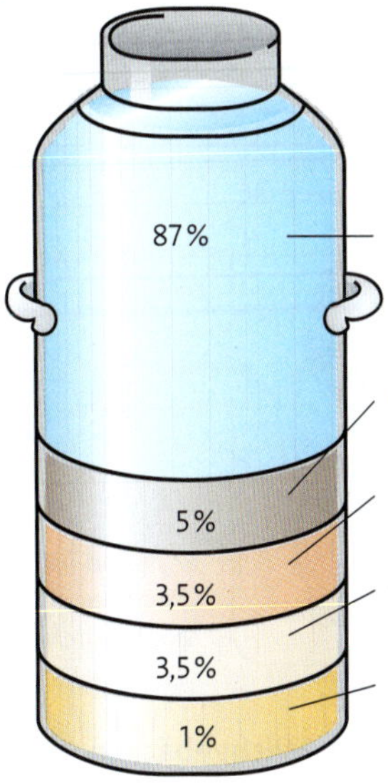

Zusammensetzung der Milch

Milch ist ein besonders wertvolles Lebensmittel und für die Ernährung wichtig. Sie enthält insbesondere viel Kalzium für den Knochenaufbau und unentbehrliche Aminosäuren für den Aufbau der Körperzellen.

Einfluss der Milch auf die Teige

- Es kann mehr Milch als Wasser in den Teig gegeben werden, sodass dies eine höhere Teigausbeute ergibt.
- Durch die Milch entstehen wolligere, trockenere Teige gegenüber den Teigen, die mit Wasser hergestellt werden.

Einfluss der Milch auf die Gare

- Milchzucker ist von der Hefe im Teig nicht vergärbar, da weder das Mehl noch die Hefe das Milchzucker spaltende Enzym Laktase enthält.
- Milchfett und Milcheiweiß verbessern den Kleber, sodass durch das gute Gashaltevermögen die Gärstabilität (Teige vergären nicht so schnell) erhöht wird.
- Milchteige gären deshalb auch etwas langsamer.

LF 1.2

Einfluss der Milch auf die Backwaren

Milch anstelle von Wasser verfeinert die Backwaren, wie z. B. Hefeteiggebäcke und Milchbrötchen.

> **!**
> Milchgebäcke besitzen im Vergleich zu Gebäcken, die mit Wasser hergestellt werden,
> - eine stärker gebräunte Kruste,
> - eine weiche Kruste (Gebäcke mit Wasser sind rösch),
> - eine weichere, feinporige Krume,
> - einen feinen Milchgeschmack,
> - eine längere Frischhaltung.

Brötchen mit Wasser und Milchbrötchen

Begründung der Unterschiede von Milchgebäcken gegenüber mit Wasser hergestellten Backwaren

Unterschiede	Begründungen
• weichere, feinporige Krume, • weiche Kruste	Das Milchfett macht den Kleber elastischer, der die Gärgase besonders gut zu vielen gleichmäßigen Poren festhält. Durch das Milchfett wird die Krume weicher und auch die Kruste bleibt weich.
feiner Milchgeschmack	Die Nährstoffe Milchzucker, Milchfett und Milcheiweiß ergeben einen volleren Geschmack.
braunere Krustenfarbe	Der Milchzucker wird von der Hefe nicht vergoren. Er bildet beim Backen mit den Aminosäuren bräunende Stoffe (Melanoidine). Diese färben die Gebäckkruste so intensiv.
längere Frischhaltung	Das Fett und Lezithin in der Milch wirken emulgierend. Das Milcheiweiß quillt stark auf und bindet Wasser. Dadurch wird die Wasserverdunstung beim Altern der Backwaren verzögert.

> **Bestimmungen der Leitsätze**
> Für Milchbrötchen und Milchbrote müssen auf 100 kg Mehl mindestens 50 Liter Vollmilch verwendet werden.

Bearbeitung der Milch in der Molkerei

Haltbarmachung durch Wärmebehandlung

Milch hat eine kurze Lagerfähigkeit. Deshalb wird sie in der Molkerei mit Wärme behandelt → Seite 170.

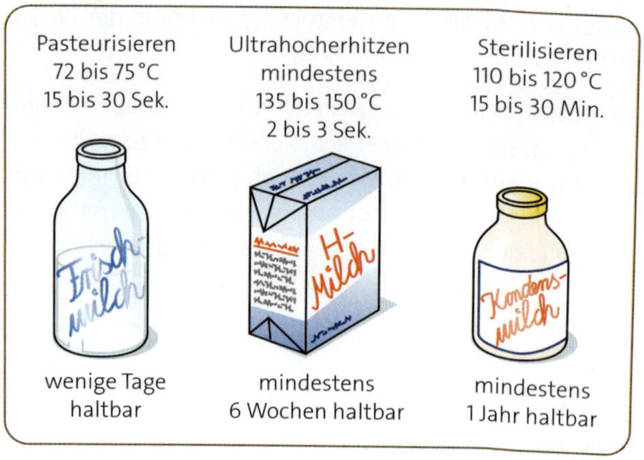

Die Haltbarkeit bezieht sich auf verschlossene Milchpackungen.

Homogenisieren

Die großen Fettkügelchen der Rohmilch steigen nach oben, sie rahmen auf. Beim Homogenisieren werden diese Fettkügelchen durch feine Düsen gepresst und dabei sehr stark zerkleinert.

Dadurch werden sie in der Milch gleichmäßig verteilt, sie schweben und können nicht mehr aufrahmen (aufsteigen). Deshalb kann sich bei homogenisierter Milch an der Oberfläche keine Rahmschicht mehr bilden.

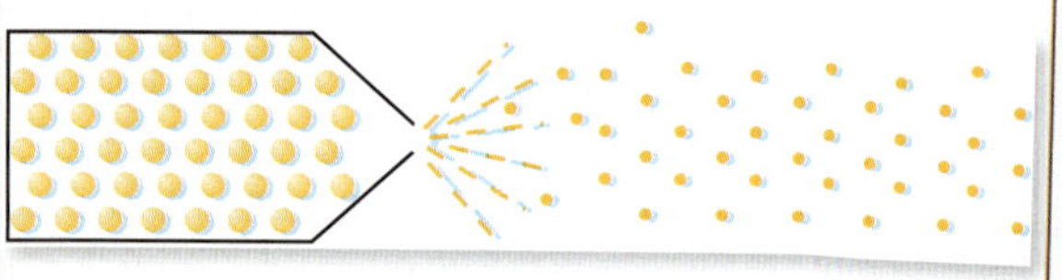

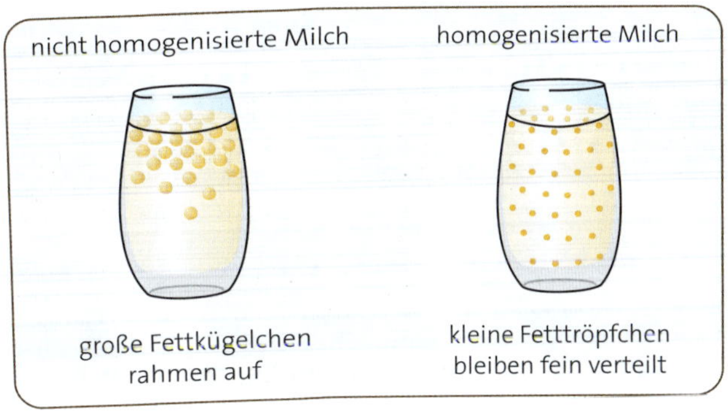

Kondensieren

Bei der Herstellung von Kondensmilch wird Milch eingedickt. Dabei verdampft im Vakuum bei 60 bis 70 °C ca. die Hälfte des Wassers der Milch.

Kondensmilch

Diese Milch wird in der Molkerei in drei Stufen bearbeitet: Sie wird

- kondensiert (eingedickt),
- homogenisiert (Fettverteilung) und
- sterilisiert (konserviert).

Verpackte Kondensmilch gibt es in Fettgehaltsstufen von 1 bis 15 %. Sie wird als Zugabe für Kaffee verwendet.

Kondensmilch in Dose, Flasche und Tetra Pak

Trocknen

Sämtliche Milchsorten und Milcherzeugnisse gibt es getrocknet in Pulverform im Handel: Vollmilch-, Magermilch-, Buttermilch-, Sauermilch-, Sahne-, Joghurt- und Quarkpulver.

Milchpulver

Der Milch bzw. den Milcherzeugnissen wird durch Verdampfen fast das gesamte Wasser entzogen. Dabei bleiben die anderen Nährstoffe in Pulverform übrig. Milchpulver-Erzeugnisse dürfen höchstens noch 5 % Wasser enthalten und sind deshalb sehr lange lagerfähig.

Milchpulver wird überwiegend durch „Sprühtrocknung“ gewonnen. Die durch feine Düsen gesprühte Milch wird mittels heißer Luft getrocknet → Seite 171.

Verarbeitung von Vollmilchpulver

Statt Vollmilch kann man auch Vollmilchpulver mit Wasser in der Bäckerei/Konditorei verwenden.

> **!**
> Damit man 1 l Vollmilch erhält, wiegt man 139 g (≈ 140 g) Vollmilchpulver ab und füllt mit 900 g Wasser zu einem Liter auf.

Bei der Verarbeitung wird Vollmilchpulver einfach unter die Zutaten gemischt und braucht nicht vorher mit Wasser aufgelöst zu werden.

Verwendung von Vollmilchpulver

Vollmilchpulver wirkt backtechnisch in Hefeteigen ebenso günstig wie flüssige Milch. Ist jedoch der Geschmack der Milch im Erzeugnis entscheidend, eignet sich Milchpulver wegen des geschmacklichen Nachteils nicht, z. B. für Cremes und Milchgetränke. Vollmilchpulver wird deshalb verwendet zur

- Teigherstellung und
- Zubereitung von Füllungen, da hier der nachteilige Geschmack wegen der anderen Zutaten nicht so auffällt.

Vollmilchpulver befindet sich auch in Convenience-Produkten, z. B. in Backmischungen für Hefeteige und im Kaltcremepulver.

Vorteile von Milchpulver	Nachteile von Milchpulver
• gute Lagerfähigkeit, weil es bei trockener Aufbewahrung nicht verdirbt • Milchpulver steht immer zur Verfügung • Milchpulver ist preisgünstiger als Milch	• geschmacklich nicht so gut wie Milch • zum direkten Verzehr nicht geeignet wegen der geschmacklichen Nachteile

Milchsorten

Milchsorten, die nicht in der Molkerei hitzebehandelt und homogenisiert werden:

- **Rohmilch** ist unbehandelte Milch, die ständig gekühlt werden muss. Der Verkauf erfolgt direkt beim Bauern, „Milch ab Hof".
- **Vorzugsmilch** ist ebenfalls unbehandelte Milch, die bereits im Erzeugerbetrieb in Flaschen abgefüllt und angeboten wird. Diese Milch darf auch im Lebensmittelhandel verkauft werden.

Roh- und Vorzugsmilch sind nur kurze Zeit haltbar, ca. zwei Tage. In der Bäckerei/Konditorei finden sie keine Verwendung.

Milchsorten, die in der Molkerei hitzebehandelt und homogenisiert werden:

- **Frischmilch** ist pasteurisierte Milch mit unterschiedlichem Fettgehalt.
- **H-Milch** ist durch Ultrahocherhitzen für längere Zeit haltbar gemachte Milch mit unterschiedlichem Fettgehalt.

LF 1.2

Diese Sorten werden auch als „Trinkmilch" bezeichnet.

H-Milch und Frischmilch

Fettgehalt der Milch aus der Molkerei

Vollmilch	fettarme Milch (teilentrahmte Milch)	entrahmte Milch (Magermilch)
mindestens 3,5 % Fett	1,5 bis 1,8 % Fett	höchstens 0,5 % Fett

Da die fast fettlose Magermilch, die geschmacklich nicht so gut ist, sich nicht gut zum Trinken eignet, wird hauptsächlich Magermilchpulver in der Molkerei hergestellt. Magermilchpulver besitzt einen hohen Eiweißanteil, der besonders quellfähig ist und somit viel Wasser bindet. Deshalb wird Magermilchpulver z. B. für die Speiseeisherstellung als Quellmittel verwendet.

Vollmilch und fettarme Milch

Säuern der Milch

Zum Säuern der noch nicht erhitzten Milch gibt man in der Molkerei Milchsäurebakterien zu.

Milch wird mit **Milchsäurebakterien angereichert.**

↓

Diese **vergären den Milchzucker.**

↓

Dabei entsteht **Milchsäure.**

↓

Durch die Milchsäure **gerinnt das Milcheiweiß Kasein feinflockig.** Die saure Milch wird dick. Sie ist gut bekömmlich und fördert die Verdauung.

Statt mit Milchsäurebakterien kann Milch auch mit speziellen Säurebakterien gesäuert werden, die einen besonderen Geschmack ergeben:
Joghurt: Säuerung durch Joghurtkulturen
Kefir: Säuerung durch Kefirkulturen

Geronnene Sauermilch

Gesäuerte Milcherzeugnisse durch Milchsäure
- Sauermilch
- Sauerrahm
- Buttermilch

Speziell gesäuerte Milcherzeugnisse
- Joghurt (Joghurtbakterien – Joghurtsäure)
- Kefir (Kefirpilze – Kefirsäure mit etwas Kohlensäure)

Buttermilch ist ein Nebenprodukt der Butterherstellung. Sie ist ein fettarmes Erfrischungsgetränk (höchstens 1% Fett) mit den vielen wertvollen Nährstoffen der Milch. Sie schmeckt leicht säuerlich und ist deshalb besonders erfrischend.

Sahne (Rahm)

Sahne ist Milch, der in der Molkerei zusätzlich Milchfett zugegeben wird. Die Sahne wird nach dem vorgeschriebenen Milchfettanteil unterschieden.

Schlagsahne

Schlagsahne, auch Schlagrahm genannt, besteht aus Milch und enthält mindestens 30% Milchfett. Die Bezeichnung „Schlagsahne" wird sowohl für den flüssigen als auch den aufgeschlagenen Zustand verwendet.

Kaffeesahne

ist Sahne mit mindestens 10% Milchfettanteil.

Gesäuerte Sahne

Die Sahne wird mit Milchsäurebakterien angereichert und durch die entstehende Milchsäure leicht gesäuert. Man unterscheidet
- **saure Sahne** (Sauerrahm): mindestens 10% Milchfett
- **Schmand:** mindestens 20% Milchfett
- **Crème fraîche:** mindestens 30% Milchfett

Crème fraîche und Schmand

Lagerung von Milch und Milcherzeugnissen

Milch und Milcherzeugnisse sind leicht verderblich und werden deshalb im Kühlschrank bzw. Kühlraum aufbewahrt.

Käse

Mit dem Begriff „Käse" sind alle Käsesorten aus Kuhmilch gemeint.
Käse aus anderen Tiermilcharten müssen beim Verkauf entsprechend bezeichnet werden, z.B. Schafskäse und Ziegenkäse.

Käseherstellung

Zu Beginn der Käseherstellung wird das Kasein, die Eiweiße der Milch, zum Gerinnen gebracht. Dadurch wird die Milch dick, sodass man vom Dicklegen der Milch spricht.
Im nächsten Schritt wird das Wasser der geronnenen Milch, die Molke, abgelassen. Die Käsesorten werden unterschiedlich lange gelagert, wobei zunehmend Wasser verdunstet und der Käse fester wird.

Möglichkeiten der Milchgerinnung bei der Käseherstellung:

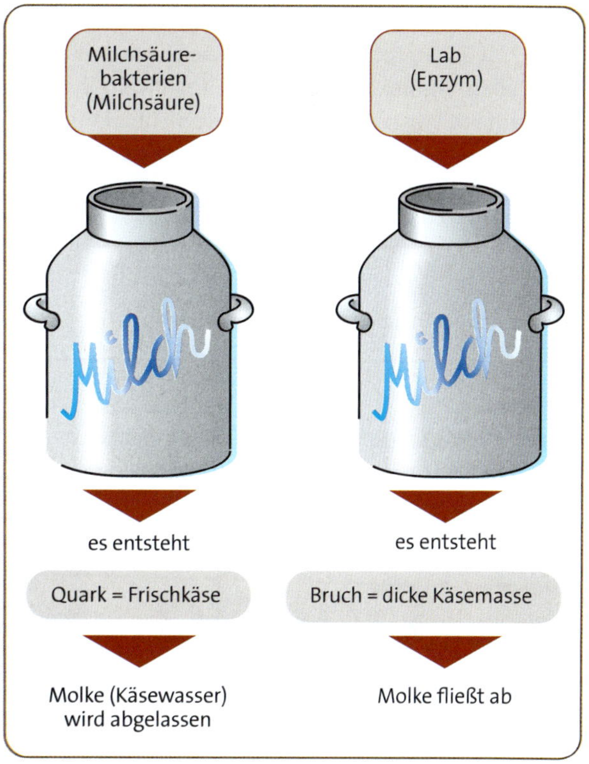

Milchsäure für Sauermilchkäse	Lab für Süßmilchkäse
Milchsäurebakterien werden in die Milch gegeben und bilden darin Säure. Durch die Säure gerinnt das Eiweiß „Kasein“. Beim Gerinnen quillt Kasein und bindet dabei Wasser. Die gequollenen Eiweißteilchen verkleben miteinander und die Milch wird dick. Mit der leicht gesäuerten Milch entsteht Sauermilchkäse.	Lab sind Enzyme, die in die Milch gegeben werden und das Kasein spalten, sodass die Milch gerinnt. Die Milch wird so dickgelegt, ohne sauer zu werden, sodass daraus Süßmilchkäse entsteht. Dies sind ca. 80 % aller Käsesorten.

Fettgehalt von Käse

LF 1.2

Die Angabe des Fettgehalts von Käse auf der Verpackung ist vorgeschrieben. Entweder wird der Fettgehalt der Trockenmasse angegeben oder es wird die Fettgehaltsstufe des Käses benannt.

Fett in der Trockenmasse

Käse besteht aus Wasser und Trockenmasse, die sich aus Fett, Eiweiß, Mineralstoffen und Vitaminen zusammensetzt. Es wird der Fettgehalt der Trockenmasse in Prozent angegeben. Während der langen Reifezeit verdunstet im Käse laufend Wasser, er verliert an Gewicht, die Trockenmasse dagegen bleibt gleich. Deshalb muss die Fettgehaltsangabe im Käse zunehmend vergrößert werden.

!

Angabe des Fettgehalts im Käse:
Prozent Fett in der Trockenmasse = % Fett i. Tr.

Beispiel:
Auf der Käseverpackung steht: **„40 % Fett i. Tr.“.**
Wie viel Gramm Fett enthalten 100 g von diesem Käse?
(→ Zeichnung rechts oben)

Verpackung mit Angabe des Fettgehalts

100 % Trockenmasse ≙ 53 g
40 % davon ≙ x g

$$\frac{53\,g \times 40}{100} = 21{,}2$$, also rund **21 g Fettgehalt**

100 g von diesem Schnittkäse enthalten 21 g Fett.

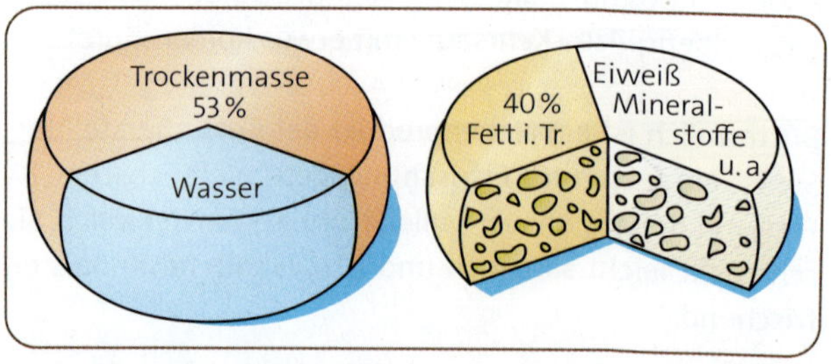

Zusammensetzung der Trockenmasse

Angabe des Fettgehalts in Fettgehaltsstufen

Fettgehaltsstufen	Fett i. Tr.
Doppelrahmkäse	mind. 60 %, höchstens 87 %
Rahmkäse	mindestens 50 %
Vollfettkäse	mindestens 45 %
Fettkäse	mindestens 40 %
Dreiviertelfettkäse	mindestens 30 %
Halbfettkäse	mindestens 20 %
Viertelfettkäse	mindestens 10 %
Magerkäse	weniger als 10 %

Fettreicher Käse ist geschmackvoller als fettarmer, da Fett ein Geschmacksträger ist.
Für Feine Backwaren mit Quark sollte fettarmer Quark verwendet werden, z. B. 10 bis 20 % Fett i. Tr., da diese Backwaren in der Rezeptur geschmacksgebende Fette enthalten.

Einteilung der Käsearten nach dem Wassergehalt

Je niedriger der Wassergehalt, desto höher ist der Anteil an Trockenmasse, umso fester ist der Käse.

Verschiedene Käsesorten

Käsegruppen, Wassergehalt	Beispiele von Käsesorten
Frischkäse mehr als 73 % Wasser	• Quark • Mascarpone • Mozzarella • Philadelphia
Weichkäse mehr als 67 % Wasser	• Camembert, außen mit Weißschimmel • Feta • Roquefort • Edelpilzkäse mit Blauschimmel, z. B. Bavaria Blue
halbfester Schnittkäse 61 bis 69 % Wasser	• Butterkäse • Edelpilzkäse mit Blauschimmel, z. B. Gorgonzola
Schnittkäse 54 bis 63 % Wasser	• Edamer • Gouda
Hartkäse 56 % und weniger Wasser	• Emmentaler • Parmesan • Bergkäse

Verwendung der Käsesorten in der Bäckerei/Konditorei

Käsesorten	Erzeugnisse
Quark (Frischkäse)	Quarkfüllung für Plunder- und Blätterteiggebäcke, Käsesahnetorten, Käsetorten, Käsekuchen, Quarkeis (Speiseeis)
Mascarpone (italienischer Frischkäse)	Tiramisudesserts
Emmentaler Edamer Gouda Parmesan	Käsebrötchen, Laugen-Käse-Stangen, Käsestangen aus Blätterteig, Käsegebäck aus Mürbeteig und Blätterteig, Pizzas, Zwiebelkuchen, Quiches, Salate
Schafskäse Emmentaler Camembert Mozzarella	Salate, Snacks

Käsestreuselkuchen und Käsekuchen

Käse-Wurst-Snack

Kanapee mit Käse belegt

LF 1.2

Überbackener Käse

Mit Käse überbackene Speisen schmecken heiß oder warm am besten, da zerlaufener Käse beim Auskühlen zäh wird.

Snack mit Käse überbacken

Käse zum Verzehr

Käse am Stück, z. B. auf einer Käseplatte, schmeckt am besten, wenn er Zimmertemperatur hat, erst dann entwickelt er sein volles Aroma. Man sollte ihn deshalb ca. eine Stunde vor dem Verzehr aus der Kühlung nehmen.

Käseplatte

Lagerung von Käse

- Käse gehört zu den leicht verderblichen Lebensmitteln und muss deshalb im Kühlschrank bzw. Kühlraum gelagert werden.
- Unverpackte Käsesorten trocknen schnell aus und verlieren an Aroma. Geriebenen Käse luftdicht in Folienbeuteln verschweißen und geöffnete Beutel möglichst schnell verarbeiten.
- Die Schnittstellen von Käsestücken sofort nach dem Schneiden mit selbstklebender Folie abdecken.

Aufgaben

1. Von welchem Tier ist Milch (mit dieser einfachen Bezeichnung) nach dem Milchgesetz?
2. Erklären Sie, warum Milch ein besonders wertvolles Lebensmittel ist.
3. Nennen Sie die Einflüsse der Milch auf
   - die Teige,
   - die Gare.
4. Nennen Sie wegen der Einflüsse der Milch die Unterschiede von Milchgebäcken zu Gebäcken, die mit Wasser hergestellt werden.
5. Begründen Sie, warum Milchgebäcke folgende Qualitätsmerkmale aufweisen:
   - feinporige Krume, weiche Kruste
   - feiner Milchgeschmack
   - starke Krustenbräune
   - gute Frischhaltung
6. Erläutern Sie die Bestimmungen der Leitsätze für Milchbrötchen und Milchbrote.
7. Nennen und beschreiben Sie die drei Haltbarmachungsverfahren der Milch in der Molkerei durch Hitze und geben Sie jeweils die Haltbarkeit der behandelten Milch an.
8. Erklären Sie folgende Verfahren bei der Bearbeitung von Milch in der Molkerei:
   - Homogenisieren
   - Kondensieren
9. Beschreiben Sie die drei Stufen, wie Milch in der Molkerei zu Kondensmilch bearbeitet wird, und geben Sie die überwiegende Verwendung von Kondensmilch an.
10. Wie wird Milchpulver hergestellt?
11. Welche Menge Vollmilchpulver und Wasser sind zur Erzeugung von 1 Liter Vollmilch notwendig?
12. Nennen Sie die drei Milchsorten, die nach ihrem Fettgehalt unterschieden werden, und geben Sie den vorgeschriebenen Fettgehalt an.
13. Beschreiben Sie das Säuern der Milch.
14. Geben Sie gesäuerte Milcherzeugnisse an.
15. Erklären Sie Buttermilch und Joghurt.
16. Erläutern Sie, wie Sahne in der Molkerei hergestellt wird.
17. Was versteht man unter
    - Schlagsahne,
    - Kaffeesahne?
18. Nennen und unterscheiden Sie drei gesäuerte Sahnesorten.
19. Wie müssen Milch und Milcherzeugnisse aufbewahrt werden?
20. Beschreiben Sie die Gerinnung der Milch für
    - Süßmilchkäse,
    - Sauermilchkäse.
21. Erklären Sie folgende Angabe auf der Käseverpackung: 50 % Fett i. Tr.
22. Nennen Sie die Fettgehaltsstufen, die den Fettgehalt von Käse angeben.
23. Nennen Sie die fünf Käsegruppen und geben Sie jeweils Beispiele bekannter Käsesorten an.
24. Nennen Sie Käsesorten und ihre Verwendung in der Bäckerei/Konditorei.
25. Was beachten Sie beim Verzehr von Käse, der vom Stück geschnitten wird?
26. Erklären Sie, wie Backwaren, die mit Käse überbacken sind, am besten schmecken.
27. Wie wird Käse gelagert?
28. Mit Ihrer neuen Kollegin sollen Sie die Bestellung für die Molkerei schreiben. Auf der Bestellkarte sind alle Molkereierzeugnisse aufgelistet.
    a) Erklären Sie der neuen Kollegin den Unterschied zwischen Frischmilch, H-Milch und Kondensmilch sowie Schlagsahne und Kaffeesahne.
    b) Müssen Sie für eine Käse- und Käsesahnetorte Käse oder Quark bestellen?
    c) Warum steht beim Quark wohl nicht homogenisiert dabei?

LF 1.2

Rechenaufgaben

1. Berechnen Sie den Fettgehalt folgender Käsesorten je 100 g Käse:
   Emmentaler: 45 % Fett i. Tr., Trockenmasse = 62 %
   Camembert: 50 % Fett i. Tr., Trockenmasse = 48,4 %
2. Zur Herstellung von Vollmilch werden Vollmilchpulver und Wasser im Verhältnis 1,5 : 8,5 gemischt.
   a) Wie viel Vollmilchpulver und Wasser werden für 3,2 l Vollmilch benötigt?
   b) Wie viel Liter Wasser müssen zu 900 g Vollmilchpulver zugegeben werden, um Vollmilch zu erhalten?

7.5 Speisefette

Butter

Butter wird aus Milchfett, dem Rahm der Milch von Kühen, gewonnen. Durch Zentrifugieren (Schleudern) ballen sich die Fettkügelchen des Rahms zu Fettklumpen zusammen. Die fettlose Buttermilch fließt dabei ab.

Butter wird in der Bäckerei/Konditorei für Qualitätswaren verwendet. Geschmacklich übertrifft Butter die Margarine deutlich und hat daher bei den Kunden den höchsten Stellenwert. Diese Tatsache kann für Werbezwecke genutzt werden.

!

Zusammensetzung der Butter

mindestens	82 %	Milchfett
höchstens	16 %	Wasser
höchstens	2 %	Milcheiweiß, Milchzucker, Mineralstoffe, fettlösliche Vitamine A, D, E und K

Butter enthält zur appetitlichen Gelbfärbung Beta-Karotin, einen natürlichen Farbstoff.

Handelsklassen

Butter, die in der Molkerei hergestellt wird, wird nach einer Qualitätsprüfung in zwei Handelsklassen eingeteilt.

- **Deutsche Markenbutter**: beste Qualität
- **Deutsche Molkereibutter**: etwas geringere Qualität

Butter mit der einfachen Bezeichnung „Markenbutter" ist Butter aus dem Ausland, die den Qualitätsanforderungen deutscher Markenbutter entspricht.

Geschmackssorten

Die Butterverordnung unterscheidet Deutsche Markenbutter und Molkereibutter nach drei Geschmackssorten:

- **Sauerrahmbutter**
  mit Milchsäure gesäuerter Rahm (pH-Wert nicht über 5,1)
- **Mild gesäuerte Butter**
  aus leicht mit Milchsäure gesäuertem Rahm (pH-Wert bis 6,3)
- **Süßrahmbutter**
  aus nicht gesäuertem Rahm (pH-Wert nicht unter 6,4)

Bei Sauerrahmbutter und mild gesäuerter Butter wird der Rahm mit Milchsäurebakterien angereichert. Es bildet sich darin Milchsäure.

Mild gesäuerte Butter, Süßrahmbutter

Landbutter ist Butter, die nicht in der Molkerei, sondern im Milcherzeugerbetrieb (Bauernhof) hergestellt wird. Sie unterliegt keiner amtlichen Qualitätsprüfung und wird nicht in der Bäckerei/Konditorei verarbeitet.

Verwendung von Butter in der Bäckerei/Konditorei

„Alles in Butter", freut sich der Volksmund und meint, dass alles gut ist. Auch in der Bäckerei/Konditorei sind Backwaren mit Butter für die Kunden ein Zeichen höchster Güte. Beispiele für Erzeugnisse mit Butter:

- Buttertoastbrote
- Buttermürbeteige: Buttergebäcke (Plätzchen), Butterspekulatius
- Butterhefeteige: Butterhefezöpfe, Butterkuchen, Butterstollen
- Buttercroissants, Butterplundergebäcke
- Butterblätterteiggebäcke
- Buttercreme

LF 1.2

Butterhefezopf, Butterkuchen und Buttertoastbrot

§

Gesetzliche Bestimmungen
Für die Erzeugnisse, die das Wort „Butter" in der Bezeichnung haben, darf bei der Herstellung außer Butter kein anderes Fett verwendet werden.

Werbeaussagen für Butter
- Butter gibt den Erzeugnissen den feinen Buttergeschmack.
- Außerdem ist Butter leicht verdaulich, d. h. gut bekömmlich, da sie einen niedrigen Schmelzpunkt wegen des hohen Anteils an Ölsäuren hat.

Butterfett

Der Butter wird das Wasser entzogen, evtl. noch Milchzucker und Milcheiweiß, sodass Butterfett einen besonders hohen Anteil an Milchfett besitzt.

Arten von Butterfett
- **Butterreinfett**, häufig **Butterschmalz** genannt, enthält mindestens 99,8 % Milchfett ≈ 100 %.
- **Butterfett** enthält mindestens 96 % Milchfett.

LF 1.2

Da bei der Herstellung von Butterreinfett und Butterfett ein Teil der Aromen verloren geht, sind sie geschmacklich nicht so gut wie Butter. Deshalb werden die preisgünstigen Butterfette nur für Teige verwendet.

Butterreinfett und Butterfett können für Backwaren anstelle von Butter verwendet werden. Diese Backwaren dürfen im Gebäcknamen das Wort Butter enthalten. Berechnung:
1 kg Butter wird ersetzt durch 820 g Butterreinfett bzw. 850 g Butterfett.

Fraktioniertes Butterfett enthält mindestens 99,8 % Milchfett. Durch Kristallisieren der Fettsäuren des Milchfetts wird der Schmelzpunkt der Butter wesentlich erhöht. So ist fraktionierte Butter leichter zu verarbeiten, z. B. zum Tourieren von Plunder- und Blätterteig.
Nachteil: Bei der Verwendung von fraktionierter Butter ist die Bezeichnung Butter im Namen der Gebäcke nicht zulässig.

Lagerung von Butterfett
In Folie verpackt ist Butterfett in der Kühlung bis zu 12 Monate haltbar.

Butterreinfett

Margarine

Margarine wurde als Butterersatz entwickelt und besteht zu mindestens 80 % aus Fett und ca. 18 % Wasser. Sie enthält noch Lezithin als Emulgator und Karotin zur leichten Gelbfärbung.

Ziehmargarine wird auch mit einem Anteil an Butter angeboten, um die Qualität geschmacklich zu verbessern.

Spezialmargarine

Spezialmargarinen besitzen maßgeschneiderte Eigenschaften für das Zubereiten bestimmter Bäckerei-/Konditoreierzeugnisse. Sie lassen sich durch spezielle Zusätze leichter verarbeiten als Butter.

Spezialmargarine	Spezielle Verwendung	Vorzüge
Backmargarine	Hefeteige, Mürbeteige und Sandmassen	Enthaltene Emulgatoren ermöglichen ein schnelles Vermischen des Fetts mit den anderen Zutaten. Sie eignet sich deshalb für Teige und Massen, die geknetet und gerührt werden.
Ziehmargarine	zum Tourieren von Blätter- und Plunderteigen	Ziehmargarine ist geschmeidig und beim Ausrollen schmiert und reißt sie nicht. So sind beim Tourieren hauchdünne Ziehfettschichten zwischen den Teigschichten möglich.
Crememargarine	Fettcremes	Cremmargarine ist weich und hat einen niedrigen Schmelzpunkt. Deshalb hat sie beim Schaumigschlagen ein gutes Luftaufnahmevermögen. Die dadurch lockeren, geschmeidigen und glatten Fettcremes lassen sich gut einstreichen und zum Garnieren für Torten und Desserts verwenden.

Back-, Creme- und Ziehmargarine

Siedefett

Siedefett wird zum Backen von Siedegebäcken (Berliner) im Fettbackgerät und für die Fritteuse verwendet. Für Siedefette eignen sich Erdnussöl sowie Palmkern- und Kokosfett. Diese Fette werden gehärtet, damit sie gut erhitzbar sind.

Anforderungen an Siedefette

- Siedefette sind geschmacksneutrale Fette.
- Sie besitzen einen hohen Rauchpunkt, damit sie durch die hohe Backhitze nicht geschädigt werden.

Backen im Siedefett

Die Voraussetzung für Siedefett ist der hohe Rauchpunkt von ca. 230 °C. Die Backtemperatur für Siedegebäcke beträgt 170 bis 180 °C. Obwohl sich der Rauchpunkt durch mehrfachen Gebrauch erniedrigt, ist dieses hitzebeständige Fett lange Zeit verwendbar → Seite 74.

Speiseöle

Speiseöle werden aus ölhaltigen Pflanzen gewonnen, z. B. Olivenöl, Sonnenblumenöl, Weizenkeimöl. Sie werden in der Bäckerei/Konditorei verwendet

- für Kuchen aus Sandmasse, wobei statt Butter oder Backmargarine Speiseöl verwendet wird. Diese Kuchen sind etwas lockerer und weicher;
- für Strudel-, Pizza-, Ciabatta und Fladenbrotteige;
- in der Küche, z. B. für Salate und zum Braten von Fleisch in der Pfanne.

Speiseöl für Salat

Lagerung von Speisefetten

- Fette in der Kühlung (Kühlschrank oder Kühlraum) lagern.
- Da Fette schnell Fremdgerüche annehmen, sollten sie nicht mit stark riechenden Lebensmitteln zusammen gelagert werden.
- Fett vor Sauerstoff schützen, da Sauerstoff den Fettverderb fördert.
  - Fette in luftundurchlässiges Material (Fettpapier) einwickeln.
  - Öle in verschlossenen Flaschen lagern.

Bei idealer Lagerung sind Fette längere Zeit lagerfähig. Nach der Butterverordnung sollte das Mindesthaltbarkeitsdatum beachtet werden, das sich auf den Hinweis „gekühlt" bezieht. Es wird von 10 °C Lagertemperatur in der Kühlung ausgegangen.

LF 1.2

Wirkung von Fett auf den Teig

!

Geringe Mengen Fett, bis ca. 10 % auf das Mehl berechnet, bewirken:

- Der Kleber in Weizenteigen wird elastischer, sodass die Teige rollfähiger und formbarer sind, z. B. Strudelteige.
- Der Kleber wird stabiler und dehnbarer und hält die Gärgase in Hefeteigen besser zu Poren fest. Dadurch wird die Gärstabilität verbessert → Seite 268.

Größere Mengen Fett im Hefeteig bewirken:

- Je mehr Fett im Hefeteig, desto weicher wird er. Deshalb muss die Milchmenge reduziert werden.
- Fettreiche Hefeteige benötigen einen Vorteig, in dem sich während der Stehzeit eine triebkräftige Hefe für den Teig entwickelt.
  Begründung: In fettreichen Hefeteigen ist die Milchmenge für die Hefe zu gering, sodass der Hefe zu wenig Wasser zur Bildung der Gärgase für die Lockerung zur Verfügung steht.

Wirkung von Fett auf das Gebäck

Eine geringe Menge Fett im Gebäck bewirkt	Je höher der Fettanteil im Gebäck, desto
• ein großes Gebäckvolumen • gleichmäßige Porung mit guter Lockerung • eine weiche, elastische Krume • einen feinen mildaromatischen Geschmack • eine kurze Frischhaltung • ein gut verdauliches, bekömmliches Gebäck	• geringeres Gebäckvolumen • kleiner die Porung • mürber die Krume (mürbe = weich, zart, brüchig) • geschmackvoller das Gebäck • länger die Frischhaltung • schwerer für kranke Menschen verdaulich

LF 1.2

Aufgaben

1. Woraus wird Butter hergestellt?
2. Nennen Sie die Zusammensetzung von Butter mit ihren vorgeschriebenen Anteilen.
3. Nennen Sie die zwei Handelsklassen von Butter in Bezug auf die Qualität.
4. Geben Sie die drei Geschmackssorten von Butter an.
5. Geben Sie Beispiele für Bäckerei-/Konditoreierzeugnisse an, in denen das Wort Butter im Namen des Erzeugnisses enthalten ist.
6. Erläutern Sie die gesetzlichen Bestimmungen bei Erzeugnissen der Bäckerei/Kondiotrei, die das Wort „Butter" in der Bezeichnung haben.
7. Warum ist Butter in den Bäckerei-/Konditoreierzeugnissen so beliebt? →
8. Welchen Mindestmilchfettanteil haben
   - Butterreinfett bzw. Butterschmalz,
   - Butterfett?
9. Welchen Nachteil hat fraktioniertes Butterfett gegenüber Butterreinfett und Butterfett?
10. Nennen Sie die drei Spezialmargarinesorten und deren Verwendung sowie ihre Vorzüge.
11. Welche Fette werden für Siedefette verwendet?
12. Nennen Sie die Anforderungen an Siedefette.
13. Woraus werden Speiseöle gewonnen?
14. Wofür wird Speiseöl verwendet?
15. Beschreiben Sie die Lagerung von Speisefetten.
16. Erklären Sie, wie sich eine geringe Menge Fett, bis zu 10 % auf das Mehl berechnet, auswirkt.
17. Erläutern Sie, wie sich größere Mengen Fett auf Hefeteige auswirken.
18. Warum benötigen fettreiche Hefeteige einen Vorteig?
19. Beschreiben Sie die Wirkungen einer geringen sowie einer großen Menge Fett auf das Gebäck in Bezug auf
    - Gebäckvolumen,
    - Porung, Lockerung,
    - Krumenbeschaffenheit,
    - Gebäckgeschmack,
    - Frischhaltung,
    - Verdaulichkeit.
20. Ihr Chef bat Sie, das Fett für den Hefeteig aus dem Kühlraum zu holen. Im Kühlraum waren Sie unschlüssig, welches Fett er gemeint haben könnte. Erstellen Sie eine Übersicht zu den Speisefetten, die Sie in der Bäckerei/Konditorei verwenden, und geben Sie jeweils zwei Beispiele für deren Verwendung an.

Rechenaufgaben

1. Für einen Hefeteig aus 1 kg Weizenmehl benötigt man 150 g Butter. Statt Butter soll Butterschmalz (Butterreinfett) verwendet werden. Wie viel Butterschmalz muss eingewogen werden, um den gleichen Fettgehalt wie mit Butter zu bekommen? Butter besitzt 82 % Milchfett, bei Butterschmalz berechnet man 100 % Milchfett.
2. Ein leichter Hefeteig wird mit 400 g Milch und 120 g Fett auf 1 000 g Weizenmehl hergestellt. Bei einem schweren Hefeteig mit 450 g Fett muss die Milchmenge von 400 g um 40 % der Differenz der höheren Fettmenge verringert werden. Berechnen Sie die benötigte Milchmenge für einen schweren Hefeteig aus 8 kg Weizenmehl.

7.6 Zucker

Schon immer hatte der Mensch das Verlangen nach Süßigkeiten.
Indien gilt als die Heimat des Rohrzuckers. Später wurde das Zuckerrohr in allen tropischen und subtropischen Ländern der Erde angebaut, vor allem in Mittelamerika.

Der Zucker blieb in Europa lange Zeit ein Privileg der Herrschaftshäuser. Speisen mit Zucker galten als Statussymbol. An der Süße der Tafel konnte man den gesellschaftlichen Rang erkennen. Zucker wurde in kostbaren Silberdosen aufbewahrt und in Apotheken verkauft.

Seit der Züchtung der ertragreichen Zuckerrübe – um das Jahr 1900 – wurde der Rübenzucker für alle Volksschichten erschwinglich. In dieser Zeit gab es immer mehr **„Zuckerbäcker“**, aus denen dann später die Konditoren entstanden .

Der Zuckerhut

Der erste gereinigte Zucker wurde in Kegelform gewonnen und als Zuckerhut benannt. Der Zuckerhut ist bis heute das Symbol des Zuckers. Zuckerrohrsirup wurde in kegelförmige Gefäße gegeben, die an der Kegelspitze ein kleines Loch hatten. Durch diese Öffnung konnte die Flüssigkeit mit den Nichtzuckerstoffen ablaufen, während der Zucker kristallisierte. Die Form wurde dann umgedreht, sodass der Zuckerhut, der ein Gewicht von 11 bis 17 kg hatte, herausrutschte.

Herstellung eines Zuckerhuts

Zuckergewinnung aus der Zuckerrübe

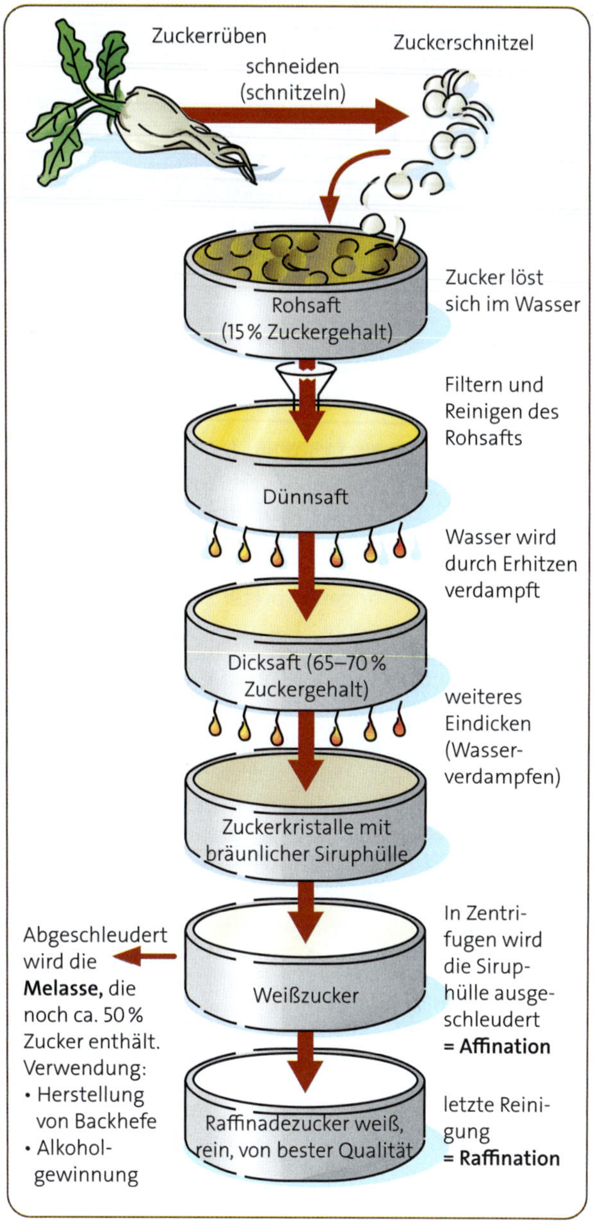

Zuckersorten

Zucker (international = Saccharose) wird aus Zuckerrohr und Zuckerrüben gewonnen; beide Sorten sind chemisch gleich. In Mitteleuropa hat Rübenzucker die größte Bedeutung.

Zuckerrübe und Zuckerrohr

Zuckerarten

In der Bäckerei/Konditorei wird nur der **Raffinadezucker** verarbeitet. Es ist besonders reiner, weißer Zucker von höchster Qualität.

Zuckerarten: Kristallzucker, Puderzucker, Würfelzucker, brauner Zucker, weißer Kandis, brauner Kandis

LF 1.2

Zuckerarten

Zuckerkristalle	Besonderheiten	Verwendung
Kristallzucker	feinkörniger Zucker (Raffinadezucker)	für fast alle Erzeugnisse der Bäckerei/Konditorei
Puderzucker	besonders fein vermahlener Kristallzucker, bei dem die Kristallteilchen nicht mehr fühlbar sind	• zum Bestauben von Backwaren • zum Anwirken von Marzipan • für Eiweißglasur • für Puderzuckerglasur • zum Karamellisieren von Krokant
Dekorpuder (süßer Schnee)	mit Fett und Stärke behandelter Puderzucker; Dekorpuder schmilzt nicht auf warmen und kalten Backwaren	als Puderzuckerersatz auf heiße und feuchte Gebäcke wie Berliner, Käsekuchen, Käsesahne, Stollen u. a.
Hagelzucker	grobkörniger, hagelähnlicher Zucker, bei dem mehrere Zuckerkristalle durch Anfeuchten aneinanderhaften; er schmilzt nicht beim Backen	als Dekor für Mürbeteige, Lebkuchenteige, Hefezöpfe
Würfelzucker	angefeuchteter Zucker, der zu Platten gepresst, getrocknet und in Würfel geschnitten wird	zum Süßen von z. B. Kaffee und Tee
Brauner Zucker	brauner Kristallzucker, der noch nicht vollständig gereinigt ist und an dessen Zuckerkristallen noch gelbbrauner Sirup haftet; deshalb der malzige Geschmack	Braune Lebkuchen; der besondere karamellartige Geschmack ist hier erwünscht
Weißer Kandis	große und harte Zuckerkristalle, die durch langsames Auskristallisieren einer Zuckerlösung entstehen	zum Süßen von Tee; der Kandis löst sich darin nur langsam auf; zerkleinert als Teigzugabe für Printen (Braune Lebkuchen)
Brauner Kandis	große braune Zuckerkristalle; die mit Karamell braun gefärbte Zuckerlösung lässt man langsam auskristallisieren	zum Süßen für heiße Teegetränke; zerkleinert als Teigzugabe für Printen

Kristallzucker und brauner Zucker

Weißer und brauner Kandis

Gelöster Zucker	Besonderheiten	Verwendung
Flüssigzucker	in Wasser aufgelöster Zucker, mindestens 62 % Zuckergehalt	zum Süßen von Schlagsahne im Sahnebläser und im Sahneautomat
Glukosesirup	klarer zäher Sirup von geringer Süßkraft aus mindestens 70 % Zucker (Traubenzucker und Dextrine) und Wasser. Die Zugabe von Glukosesirup verlängert die Frischhaltung der Erzeugnisse, da es das Auskristallisieren des Zuckers verhindert.	zur längeren Frischhaltung von Marzipan, Lebkuchen, Füllungen, Pralinen u. a. Glukosesirup ist stark hygroskopisch (Wasser anziehend), sodass die Erzeugnisse länger frisch bleiben.
Rübensirup (Rübensaft, Rübenkraut)	zähflüssiger Sirup aus eingedicktem Zuckerrübensaft mit 60 bis 70 % Zuckergehalt	Lebkuchen, Vollkornbrote; dadurch werden die Aromabildung sowie die Bräunung gefördert und die Backwaren bleiben lange weich.
Läuterzucker	Zucker und Wasser gekocht und abgekühlt. Der abgekühlte Läuterzucker wird mit Spirituosen, z. B. mit Rum, abgeschmeckt (Rumtränke). (Unreinheiten wurden früher beim Kochen des Zuckerwassers abgeschöpft = geläutert, daher der Name)	zum Tränken von Tortenböden

Fondant

Fondant (französisch: fondre = schmelzen) ist gekochter Zucker, der als Zuckerglasur zum Glasieren auf die Aprikotur, z. B. für Plunder- und Blätterteiggebäcke, Hefezöpfe und Berliner, verwendet wird.

Zucker wird mit ca. 10 % Glukosesirup auf 117 °C erhitzt (starker Flug). Der heiße Zucker wird in einem Rührwerk abgekühlt und dabei tabliert, d. h. ständig in Bewegung gehalten.

Dabei können sich nur winzige Zuckerkristalle bilden, die ein milchig weißes Aussehen ergeben. Durch die Bewegungen beim Tablieren entsteht eine geschmeidige Zuckermasse mit zartem Schmelz.

Fondant

Zucker mit Zugaben	Besonderheiten	Verwendung
• **Zimtzucker** • **Vanillezucker**	• Kristallzucker mit etwas Zimt vermischt • Kristallzucker mit pulverförmiger, natürlicher Vanille	heiße Backwaren werden in Zucker gewälzt, sodass die Zuckerkristalle am Gebäck haften bleiben; • Zimtzucker, z. B. für Siedegebäcke, Streusel-, Butterkuchen; • Vanillezucker, z. B. für Vanillekipferl, Stollen
Gelierzucker	Zucker mit Pektinen (Bindemittel, meist aus Äpfeln) und Zitronen- oder Weinsäure zur Geschmacksverbesserung	zum Süßen und Gelieren bei der Herstellung von Konfitüren, Marmeladen und Gelees
Bunter Streuzucker	Zucker wird mit 30 % Stärke vermischt, mit Lebensmittelfarben eingefärbt und zu kleinen Kügelchen geformt; bunter Streuzucker schmilzt nicht beim Backen.	als Dekor für Mürbeteiggebäcke und Lebkuchen

Eigenschaften des Zuckers

Zucker ist löslich

!

Zucker kann nur in Wasser gelöst werden. Je kleiner die Zuckerkristalle, desto schneller lösen sie sich im Wasser. Am schnellsten löst sich deshalb Puderzucker.

Für wasserarme Teige, die frisch verarbeitet werden, z. B. Spritzmürbeteige, verwendet man deshalb Puderzucker.

Zuckerlösungen
Wasser kann aber nur eine bestimmte Menge Zucker lösen. Kann der gesamte Zucker, den man in das Wasser gibt, vom Wasser aufgenommen werden, spricht man von einer **„ungesättigten Zuckerlösung“.**
Befindet sich jedoch in einer Zuckerlösung eine zu hohe Zuckermenge, die das Wasser nicht mehr aufnehmen kann, nennt man dies eine **„übersättigte Zuckerlösung“**.

LF 1.2

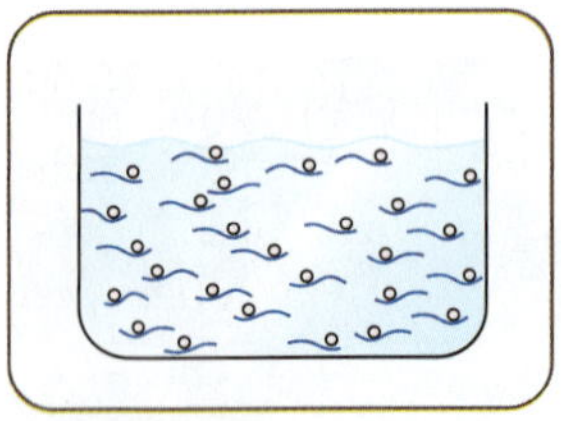
Ungesättigte Zuckerlösung

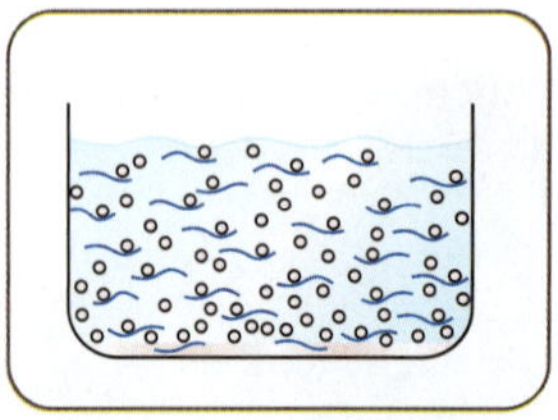
Übersättigte Zuckerlösung

Die Löslichkeit der Zuckermenge in Wasser ist auch von der Temperatur abhängig. Je wärmer das Wasser, desto mehr Zucker kann darin gelöst werden. Deshalb wird Läuterzucker gekocht, damit der Zucker darin nicht auskristallisiert.
In einem Liter Wasser mit 20 °C können ca. 2 kg Zucker gelöst werden und bei 90 °C ca. 4 kg. Beim Abkühlen kristallisiert der Zucker in der übersättigten Zuckerlösung wieder nach einiger Zeit.

Verhindern des Auskristallisierens

Der hohe Zuckeranteil im Wasser kristallisiert bei längerer Lagerung aus, z. B. beim Läuterzucker und Honig. Durch Anwärmen lösen sich die Zuckerkristalle wieder auf.

Glukosesirup in Bäckerei-/Konditoreierzeugnissen verhindert das Auskristallisieren des Zuckers. Schon eine geringe Menge Glukosesirup verzögert das Auskristallisieren, z. B. im Marzipan, in Füllungen, Lebkuchen, Pralinen. Dadurch wird die Frischhaltung dieser Erzeugnisse verlängert.

Der Grund hierfür liegt darin, dass Trauben- und Fruchtzucker eine größere Wasseranziehungskraft als Doppelzucker haben. Dadurch ist in den Bäckerei-/Konditoreierzeugnissen keine Kristallbildung des Zuckers möglich.

Glukosesirup

Zucker besitzt Dekorwirkung

Zucker in verschiedenen Formen verschönert die Backwaren und gibt ihnen ein appetitliches Aussehen, z. B. durch

- das Bestauben von Berlinern, Käsesahnetorten mit Puderzucker bzw. Dekorpuder (süßer Schnee),
- das Bestreuen von Lebkuchen, Hefezöpfen mit Hagelzucker,
- das Überziehen von Punschtorten, Desserts mit Fondant.

Puderzucker als Dekor

Zuckerglasur als Dekor

Zucker schmilzt beim Erhitzen und wird braun

Bei Raumtemperatur ist Zucker fest. Bei Temperaturen über 100 °C wird Zucker flüssig und bei steigenden Temperaturen wird er braun. Erhitzter flüssiger Zucker wird beim Abkühlen wieder hart.

Geschmolzener Zucker, Karamell, Zuckercouleur

Zucker bei verschiedenen Temperaturen

Über 100 °C	Ab 145 bis 180 °C	Bei ca. 200 °C
Zucker schmilzt = **geschmolzener Zucker**	Zucker ist braun = **Karamell**	Zucker ist dunkelbraun bis schwarz = **Zuckercouleur**
Beim Abkühlen wird der geschmolzene Zucker hart, z. B. bildet gekochte Aprikotur mit ihrem hohen Zuckergehalt nach dem Abkühlen eine feste, dünne Isolierschicht auf den Gebäcken. Zuckerreiche Gebäcke wie Mürbeteiggebäcke und Braune Lebkuchen sind nach dem Backen knusprig.	Das Bräunen des Zuckers beim Erhitzen nennt man **Karamellisieren**. Der abgekühlte Karamell wird hart. Bei 145 bis 150 °C ist der Zucker durchsichtig klar und wird gelblich. Der eigentliche Karamell, mit brauner Farbe und dem Karamellgeschmack, entsteht bei ca. 180 °C.	Zuckercouleur wird als Farbstoff verwendet, z. B. für Glasuren, Liköre, Cola, Soßen. Nicht mit Zuckercouleur gefärbt werden dürfen Lebensmittel, die mit Malz, Kakao, Schokolade, Kaffee und Tee hergestellt werden, um keine bessere Beschaffenheit vorzutäuschen.

Verwendung von karamellisiertem Zucker

- Für Krokant werden in karamellisierten Zucker gehobelte oder gehackte Mandeln bzw. Nüsse gerührt.
- Mandeln und Nüsse werden mit karamellisiertem Zucker überzogen, z. B. bei gebrannten Mandeln.
- Karamellisierter Zucker wird als Geschmacksstoff für Cremes und Speiseeis verwendet.

Krokant, hart und brüchig

LF 1.2

Beispiele für Karamellisieren beim Backen von Gebäcken durch Backhitze

- Die Gebäckkruste bekommt ihre appetitliche Braunfärbung im Backofen.
- Bei gezuckerten Blätterteigstücken karamellisiert der Zucker an den Rändern der Gebäcke, z. B. Teeblätter, Schweinsohren.
- Zuckerreiche Gebäcke aus Röstmasse karamellisieren im Backofen, z. B. Bienenstichaufstrich und Florentiner.

Karamellisierter Zucker an den Gebäckrändern der Blätterteiggebäcke

Zucker zieht Wasser an

Zucker ist in und auf Bäckerei-/Konditoreierzeugnissen Wasser anziehend (hygroskopisch), lässt man z. B. die Apfelfüllung mit Zucker stehen, entzieht der Zucker den Apfelspalten Wasser und die Apfelfüllung wird wässrig.

Zucker zieht auch bei der Lagerung Luftfeuchtigkeit an. Bilden sich während der Lagerung Klumpen im Kristallzucker und Puderzucker, ist dies kein Qualitätsnachteil. Die Klumpen lösen sich im Wasser sofort wieder auf.

Zucker sollte deshalb in einem trockenen Raum oder in einem verschlossenen Behälter gelagert werden. So ist Zucker fast unbegrenzt haltbar.

Zucker wirkt konservierend

LF 1.2

Kirschen mit Zucker konserviert (Belegkirschen)

Große Mengen Zucker in den Lebensmitteln binden durch die Wasser anziehende Wirkung das freie Wasser. Den Mikroorganismen fehlt somit das lebensnotwendige Wasser, sodass die Lebensmittel nicht so schnell verderben können. Je höher der Zuckeranteil in den Lebensmitteln ist, umso länger bleiben sie haltbar, z. B. Dickzuckerfrüchte, Konfitüren, getrocknete Baisererzeugnisse.

In Braunen Lebkuchen wird der hohe Zuckergehalt beim Backen flüssig und nach dem Abkühlen hart. Erst bei der Lagerung wird der Zucker wieder weich. Somit sind Braune Lebkuchen Dauerbackwaren, die in luftdicht verschlossenen Behältern lange weich bleiben.

Zucker ist vergärbar

Gärfähige Mikroorganismen benötigen Zucker als Nahrung zur Gärung. In der Bäckerei/Konditorei unterscheidet man zwei Gärungsarten:

Alkoholische Gärung	Milchsäuregärung
Die Hefe vergärt den Zucker zu Alkohol und Kohlenstoffdioxid in den Teigen, z. B. im Hefeteig.	Milchsäurebakterien vergären den Zucker zu Milchsäure, z. B. saure Milch und Sauerteig.

Zucker für die Hefegärung

- Traubenzucker (Einfachzucker) kann sofort von der Hefe aufgenommen und vergärt werden.
- Malz- und Rübenzucker (Doppelzucker) im Teig müssen erst von Enzymen zu Traubenzucker abgebaut werden.
- Milchzucker (Doppelzucker) kann von der Hefe nicht vergärt werden. Weder die Mehle noch die Hefe haben das Enzym, das den Milchzucker abbauen kann.

Lockere Gebäcke durch Hefegärung

Einfluss der Zuckermenge auf die Gärung der Hefeteige

Ein geringer Zuckerzusatz als Hefenahrung im Hefeteig fördert die Gare.

Je höher der Zuckeranteil im Hefeteig ist, desto mehr Wasser bindet der Zucker. Je weniger Wasser der Hefe zur Verfügung steht, desto langsamer ist die Gare.

Für alle Hefeteige gibt man 100 bis 120 g Zucker auf 1 kg Mehl (10 bis 12 %). Deshalb sind Gebäckfehler durch eine zu hohe Zuckermenge ausgeschlossen.

Teige und Massen mit einem hohen Zuckergehalt müssen durch Backpulver gelockert werden, um eine ausreichende Lockerung zu erzielen.

Zuckeranteil bezogen auf das Mehl	Einfluss auf das Gärverhalten
bis 2 %	schnellere Gare als bei Teigen ohne Zuckerzusatz wegen der Hefenahrung
ca. 10 %	etwas langsamere Gare als bei zuckerlosen Teigen; ergibt bei ausreichender Gärzeit eine gut gelockerte Krume und ein großes Gebäckvolumen
ab 20 %	schleppende Gare; trotz langer Gärzeit entsteht eine ungenügende Gebäcklockerung und ein kleines Volumen

Hefegebäcke mit 2 %, 10 %, 30 % Zuckeranteil

Wirkung von Zucker auf die Gebäcke

Zucker süßt

Zucker soll die Waren geschmacklich verbessern und dabei den Genusswert erhöhen. In der Bäckerei/Konditorei wird überwiegend Rübenzucker als Kristall- und Puderzucker verwendet.

Süßes Makronentörtchen

Zucker verstärkt die Gebäckbräunung

Je höher der Zuckeranteil im Gebäck, desto intensiver die Krustenbräunung. Braune Lebkuchen haben ihren Namen wegen der starken Bräunung der Backwaren durch den sehr hohen Zuckergehalt.

Vergisst man den Zucker bei der Herstellung von z. B. Mürbeteig, wartet man vergebens auf die Bräunung der Gebäcke im Ofen.
Erst kurz vor der Verbrennung werden die Mürbeteiggebäcke dunkelbraun und schmecken bitter.

Mürbeteiggebäck mit und ohne Zucker

LF 1.2

Aufgaben

1. Wie heißt der reinste Zucker von bester Qualität, der in der Bäckerei/Konditorei verarbeitet wird?
2. Nennen Sie die zwei Zuckersorten, die aus den stark zuckerhaltigen Pflanzen gewonnen werden.
3. Beschreiben Sie folgende Zuckerarten und ihre Verwendungsmöglichkeiten im Betrieb:
   - Kristallzucker
   - Dekorpuder (süßer Schnee)
   - Würfelzucker
   - weißer Kandis
   - Puderzucker
   - Hagelzucker
   - brauner Zucker
   - brauner Kandis
4. Beschreiben Sie folgende Zuckerarten, die in Wasser gelöst sind:
   - Flüssigzucker
   - Rübensirup
   - Glukosesirup
   - Läuterzucker
5. Erklären Sie Fondant.
6. Erläutern Sie folgende Zucker mit Zugaben:
   - Zimtzucker
   - Vanillezucker
   - Gelierzucker
7. Worin kann Zucker nur gelöst werden?
8. Beschreiben Sie eine
   - ungesättigte Zuckerlösung,
   - übersättigte Zuckerlösung.
9. Nennen Sie Bäckerei-/Konditoreierzeugnisse, in die Glukosesirup gegeben wird, und erklären Sie, warum Glukosesirup zugegeben wird.
10. Erklären Sie die Eigenschaft des Zuckers bei folgenden Temperaturen:
    - über 100 °C
    - 145 bis 180 °C
    - 200 °C
11. Nennen Sie Beispiele der Verwendung von karamellisiertem Zucker.
12. Geben Sie Beispiele des Karamellisierens durch die Backhitze bei Gebäcken.
13. Erklären Sie die konservierende Wirkung hoher Zuckermengen in Lebensmitteln.
14. Beschreiben Sie die zwei Gärungsarten in der Bäckerei/Konditorei.
15. Welche Zuckerart kann sofort von der Hefe vergärt werden?
16. Warum kann Milchzucker nicht von der Hefe vergärt werden?
17. Nennen Sie die zwei hauptsächlichen Wirkungen von Zucker auf die Gebäcke.
18. Von Ihrem Lehrer in der Berufsschule erhalten Sie die Aufgabe, die Zuckerherstellung zu beschreiben und die verschiedenen Zuckerarten aufzulisten, die in Ihrem Betrieb als Zutat, als Dekormittel und im Café verwendet werden.

7.7 Honig

Bevor man in Europa den Zucker kannte, wurde Honig neben süßen Früchten zum Süßen von Speisen verwendet.

Honig wird von den Bienen aus süßen Säften der Natur erzeugt, indem sie ihn in Wachswaben speichern und zu einem süßen, sehr aromatischen Nahrungs- und Genussmittel reifen lassen. Honig ist ein aromatisches naturbelassenes Lebensmittel. Die Begriffe „Imkerhonig" oder „Bienenhonig" sind nicht aussagekräftig, da jeder Honig von einem Imker bearbeitet bzw. von Bienen erzeugt wird.

Waldhonig, der auch als Honigtau bezeichnet wird, wird von den Bienen aus dem süßen Sekret (Absonderungen) von Blatt- und Schildläusen erzeugt. Es wird von den Bienen zu einem dunkelfarbigen Honig verarbeitet

Es gibt auch hochwertigen Honig in kandiertem Zustand.

LF 1.2

Blütenhonig, Waldhonig

Qualitätsangaben

- **Speisehonig** ist beste Qualität
- **Backhonig** ist zweite Qualität, nur zur Verarbeitung für Backwaren, er ist deklarationspflichtig

Zusammensetzung von Honig

Honig besitzt einen hohen Anteil an Invertzucker. Dieser besteht aus Trauben- und Fruchtzucker, die bei der Verdauung direkt in die Blutbahn übergehen und dem Körper sofort Energie spenden.

Der Gehalt an Vitaminen und Mineralstoffen im Honig ist gering.

Der Honiggeschmack und der Geruch von Honiggebäcken sind besonders intensiv, da sich viele verschiedene Aromastoffe bei der Reifung des Honigs in den Waben bilden.

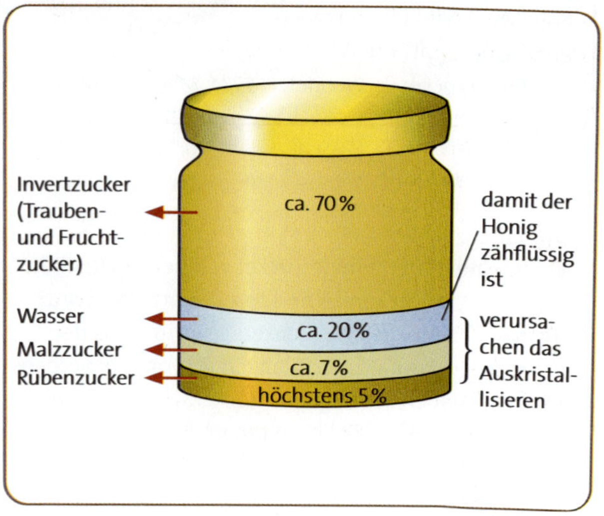

Zusammensetzung von Honig

Honig nach pflanzlicher Herkunft	Blütenhonig	Waldhonig = Honigtauhonig
Begriffserklärung	Blütenhonig besteht aus dem Nektar verschiedener Blüten.	Waldhonig wird erzeugt aus dem zuckerreichen Saft auf Nadeln, Blättern und Stängeln von Bäumen und Sträuchern.
Bei der Benennung einer Pflanzenart muss der Nektar überwiegend aus der entsprechenden Blüte bzw. aus Nadeln oder Blättern des Baums stammen, z. B.	• Akazienhonig • Heidehonig • Rapshonig • Kleehonig • Lindenhonig	• Tannenhonig • Fichtenhonig • Blatthonig
Farbe	hell, durchscheinend	dunkel
Geschmack	mildes Honigaroma	kräftig-würziges Honigaroma

Lagerung von Honig

Honig sollte wie folgt aufbewahrt werden:
- kühl, ideal bei 18 °C
- lichtgeschützt
- frei von Fremdgerüchen
- in gut verschließbaren Gläsern oder Eimern

Bei richtiger Lagerung ist Honig wegen des hohen Zuckergehalts nahezu unbegrenzt haltbar.

Der Zucker des Honigs kristallisiert grundsätzlich nach längerer Lagerzeit aus. Dabei wird der Honig körnig und trüb, er **„kandiert“.** Dies ist jedoch kein Qualitätsverlust.

Kandierter, d. h. körniger und nicht mehr fließfähiger Honig, ist von einwandfreier Qualität. Bei langer Lagerung kristallisiert der gelöste Zucker im Honig zu körnigen Zuckerkristallen, die sich am Boden absetzen.

Im Wasserbad wird der Honig wieder kristallfrei. Dabei sollte er nicht über 40 °C (Bienenstocktemperatur) erwärmt werden, da sonst Aroma verloren geht.

Verwendung von Honig

In der Bäckerei/Konditorei verwendet man Honig hauptsächlich für die Herstellung von
- Honigkuchen und Honiglebkuchen,
- Röstmassengebäcken wie Bienenstichaufstrich, Florentinern und Müsliriegeln.

Honiglebkuchen

Wirkung von Honig auf Backwaren

Honig in Backwaren
- bräunt die Gebäcke intensiv,
- gibt nicht nur einen süßen, sondern auch einen aromatischen Honiggeschmack und -geruch.
- Honig und Honiglebkuchen trocknen nicht wie andere Gebäcke aus, weil sie mit Honig und deshalb ohne Wasser hergestellt werden. Sie bleiben lange weich, da der hohe Anteil an Invertzucker nicht kristallisiert. Deshalb zählen sie zu den „Dauerbackwaren“.

Honig zum Frühstück im Café

Honig als Naturprodukt gehört beim Frühstück zum Angebot als Brotaufstrich. Um Verpackungsabfall zu vermeiden, wird er vom Glas heraus auf Schälchen oder in einer Spenderflasche serviert.

Honig in der Spenderflasche

Invertzuckercreme

!

Invertzuckercreme ist ein künstlich nachgemachter Honig, der früher als **„Kunsthonig“** bezeichnet wurde.

Dieser preisgünstige Honigersatz von geringer Qualität findet vorrangig für Braune Lebkuchen Verwendung.

Invertzuckercreme schmeckt im Gegensatz zu Honig nur süß, es fehlt das typische Honigaroma.

LF 1.2

Aufgaben

1. Nennen Sie die Honigarten, die sich nach der pflanzlichen Herkunft unterscheiden, sowie deren Farbe und Geschmack.
2. Aus welchem Zucker besteht Honig hauptsächlich?
3. Aus wie viel Prozent Zucker besteht Honig insgesamt?
4. Beschreiben Sie die optimale Lagerung von Honig.
5. Erklären Sie das Kandieren von Honig. Wie erhält man daraus wieder kristallfreien Honig?
6. Nennen Sie Verwendungsmöglichkeiten für Honig in der Bäckerei/Konditorei.
7. Welche Wirkung hat Honig auf die Backwaren?
8. Erklären Sie den Begriff „Invertzuckercreme“.
9. Ein Kunde möchte von Ihnen wissen, warum die Honiglebkuchen eine so intensive braune Färbung haben und warum sie so lange lagerfähig sind.

7.8 Speisesalz

Zusammensetzung von Speisesalz
Salz ist eine Verbindung aus den Mineralstoffen Natrium (Na) und Chlorid (Cl) = Natriumchlorid mit der chemischen Formel NaCl.

In der Bäckerei/Konditorei ist Speisesalz das wichtigste Würzmittel. In jeden Teig wird Salz eingewogen und Massen werden mit einer Prise Salz geschmacklich abgerundet.

Würzmittel, die nicht zu den Gewürzen zählen:

- Salz
- Zucker
- Säure
- Alkohol

Handelssorten und deren Gewinnung

LF 1.2

Die Erde und die Meere bergen nahezu unerschöpfliche Mengen an Salz, die unterschiedlich gewonnen werden.

Steinsalz

Steinsalz wird aus unterirdischen versteinerten Salzlagerstätten im Salzbergwerk abgebaut. Die Salzablagerungen bildeten sich durch Verdunstung salzhaltiger Meere über diesem Land. In Millionen von Jahren entstand dieses Salzgestein.

Salzbergwerk

Siedesalz (Salinensalz)

Über eine Bohrung wird Wasser in das Salzbergwerk auf das Salzgestein gepumpt. Das Wasser löst das Steinsalz. Die dabei entstandene Salzlösung, die **Sole**, wird nach Übertage gefördert und in **Salinen** verdampft (gesiedet). Kristallisiertes Salz bleibt übrig.

Meersalz

Meerwasser, das durchschnittlich 3,5% Speisesalz enthält, wird in flache, seichte Becken geleitet. In diesen sogenannten **Salzgärten** verdunstet das Wasser, das kristallisierte Salz bleibt übrig.
Meersalz enthält neben Natrium und Chlorid noch weitere Mineralstoffe in sehr geringen Mengen, wie z. B. Magnesium, Jod und Fluorid. Meersalz wird deshalb häufig für Bio-Backwaren verwendet.

Salzgarten

Behandeltes Speisesalz

Jodsalz (jodiertes Kochsalz)

Dem Speisesalz wird der Mineralstoff Jod zugesetzt. Jod beugt einem Jodmangel im menschlichen Körper vor und ist für das Funktionieren der Schilddrüse sehr wichtig. Bei Jodmangel vergrößert sich die Schilddrüse, was zur Kropfbildung führen kann.

Jod ist im Salz geschmacklich nicht erkennbar. Da Jod ein Lebensmittelzusatzstoff ist, muss es als „Jodsalz" bei vorverpackten Waren gekennzeichnet werden.

Brezelsalz

Brezelsalz ist grobkörniges Salz, das auf Laugenbrezeln und Salzbrötchen gestreut wird.
Die feinen Salzkristalle des Speisesalzes werden unter hohem Druck zu großen hagelähnlichen Körnern gepresst. Diese verändern sich während des Backens nicht, auch nicht durch Wasserdampf im Ofen.

Eigenschaft von Salz

Speisesalz zieht Wasser stark an (hygroskopische Wirkung).

Lagerung von Salz

Wegen dieser Wasser anziehenden Eigenschaft sollte Salz in einem trockenen Raum, am besten in verschließbaren Plastikbehältern, gelagert werden. Salzklumpen lösen sich jedoch im Wasser wieder auf.
Speisesalz verdirbt nicht und ist bei trockener Lagerung unbegrenzt haltbar.

Salz nicht in Metallbehältern aufbewahren wegen der Rostbildung.

Die richtige Salzmenge

Teige	Die Prozentzahlen beziehen sich auf das Mehl	Die Grammangaben beziehen sich auf 1 kg Mehl im Teig
Brötchen, Brote	2 %	20 g
Blätterteige	2 %	20 g
Hefeteige	1 %	10 g
Mürbeteige	0,5 %	5 g

Salz fördert den Geschmack der Backwaren

!

Grundsätzlich wird bei allen Massen und anderen süßen Erzeugnissen der Geschmack mit einer Prise Salz abgerundet (eine Prise entspricht ca. 2 g Salz auf 1 kg Mehl).

Die richtige Salzmenge gibt den Backwaren einen angenehmen Geschmack. Salz darf auf keinen Fall vorschmecken.

Zu wenig Salz = fader, leerer Geschmack der Backwaren
Zu viel Salz = übertönt den eigentlichen Geschmack der Gebäcke und macht sie ungenießbar

Wirkungen der richtigen Salzmenge auf Teige und Gebäcke

Salz stärkt den Kleber

Durch Salz wird der Kleber dehnbarer und stabiler. Dadurch wird das Gashaltevermögen des Klebers im Teig verbessert. Die Teiglinge erreichen somit einen schönen Stand.

Auswirkung auf die Backwaren

Durch den gestärkten, elastischen Kleber erhält das Gebäck

- eine gleichmäßige Porung und somit eine feine, elastische Krume,
- eine schöne Gebäckform,
- ein großes Gebäckvolumen.

Weizenbrot mit gleichmäßiger Porung und schöner Gebäckform

Unterschiedliche Salzmengen im Teig

Die Fachkraft erkennt, ob ein Teig aus Versehen zu wenig oder zu viel Salz enthält.

Erkennungsmerkmale	Ungesalzene Teige, zu wenig gesalzene Teige	Zu stark gesalzene Teige
Gärverlauf	Zu schnelle Gare der Teiglinge im Gärraum. Schnelle Tätigkeit der Enzyme, die für die Hefenahrung den Zuckerabbau beschleunigen.	Zu langsame, schwache Gare der Teiglinge. Salz hemmt die Aktivität der Hefeenzyme und der zuckerabbauenden Enzyme, was die Hefegärung bremst.
Stand der Teiglinge bei der Gare	Die Teiglinge laufen breit. Der zu schwache Kleber kann die Gase nicht gut festhalten.	Die Teiglinge bleiben trotz langer Gare klein. Durch die gehemmte Hefegärung können die wenigen Gärgase den zu stabilen Kleber nicht dehnen.
Widerstand der Teiglinge beim Abtasten im Gärraum	Sehr weiche und lockere Teiglinge, die zum Einfallen neigen.	Zu stabil und widerstandsfähige Teiglinge.
Gebäckform	Zu flache Gebäckform.	Zu kleine und runde Gebäckform.
Lockerung der Gebäcke	Grobe, unregelmäßige Porung.	Kleine Porung und ungenügend gelockerte Gebäcke.

LF 1.2

Teig und Gebäcke ohne Salz, mit der richtigen Menge Salz, mit der doppelten Menge Salz

LF 1.2

Aufgaben

1. Aus welchen Mineralstoffen setzt sich Salz zusammen und wie lautet die chemische Formel?
2. Welche Würzmittel gehören nicht zu den Gewürzen?
3. Erklären Sie Jodsalz und die Wirkung von Jod im Körper.
4. Welche Eigenschaft hat Salz?
5. Geben Sie die richtige Salzmenge auf 1 kg Mehl im Teig für folgende Gebäcke an: Brötchen, Brote, Blätterteige, Hefeteige, Mürbeteige.
6. Was bedeutet eine Prise Salz?
7. Erklären Sie die Auswirkungen der richtigen Salzmenge auf die Teige und Gebäcke.
8. Beschreiben Sie die folgenden Erkennungsmerkmale von Teigen mit zu wenig oder keinem Salz und von Teigen mit zu viel Salz:
   - Gärverlauf
   - Stand der Teiglinge bei der Gare
   - Widerstand der Teiglinge beim Abtasten im Gärraum
   - Gebäckform
   - Lockerung der Gebäcke
9. Gestern haben Sie aus Versehen zu wenig Salz in den Hefeteig für Hefezöpfe eingewogen. Trotz der kurzen Gärzeit, die die Teiglinge benötigen, waren die Gebäcke zu flach und hatten eine unregelmäßige Porung. Begründen Sie dies.

7.9 Gewürze – Aromen – Ölsamen

Gewürze

Als die ersten Gewürze aus dem Fernen Osten – in erster Linie aus China und Indien – nach Europa gebracht wurden, galten sie als Geschenke für Könige.
Die Gewürze wurden aufbewahrt wie Gold und Edelsteine und wurden außerdem als Zahlungsmittel verwendet. Daher kommt der Ausdruck „gepfefferte Preise". Dies verdeutlicht den hohen Stellenwert der Gewürze seit jeher.

Anbaugebiete

Gewürze stammen vorrangig aus tropischen und subtropischen Gebieten.

Was sind Gewürze?

> **!** Gewürze sind getrocknete Teile bestimmter Pflanzen, die besonders viele Geruchs- und Geschmacksstoffe enthalten.

Pflanzenteile – Gewürze

Pflanzenteile der Gewürze

Gewürznelken

Koriander

Pfeffer

Vanilleschoten

Anis

Macis

Kardamom

Zimtstangen

Ingwer

Knoblauch

Geschmacks- und geruchsgebende Bestandteile der Gewürze

- **Ätherische Öle** sind die hauptsächlichen Geschmacks- und Geruchsgeber.
- **Gerbstoffe** schmecken bitter.
- **Harze** schmecken scharf.

Eigenschaften der ätherischen Öle

- Sie sind **fettlöslich** und werden deshalb in den Fetten gebunden. Dadurch schmecken fetthaltige Lebensmittel aromatischer als fettarme.
- Es sind **flüchtige Öle,** d. h., sie „verduften" in der Luft.
  Vorteil: Man kann Gewürze in den Lebensmitteln riechen und beim Kauen im Mund schmecken, weil die ätherischen Öle frei werden.
  Nachteil: Die Gewürze verlieren nach einiger Zeit der Lagerung ihr Aroma.

Hauptsächliche Wirkung der Gewürze

- Sie verbessern den Geruch und Geschmack der Lebensmittel und erhöhen somit den Genusswert.
- Sie regen den Appetit an.
- Sie fördern die Verdauung und verbessern die Bekömmlichkeit der Speisen.

Verwendung der Gewürze

In der Bäckerei/Konditorei werden meistens gemahlene Gewürze verarbeitet. Für Gewürzbrote und roggenhaltige Kleingebäcke werden aber auch ganze, unzerkleinerte Gewürze verwendet.

!

Richtiges Würzen

Am Würzen erkennt man die Fachkraft. Nur die richtige Menge der Gewürze bringt die gewünschte Verbesserung der Bäckerei-/Konditoreierzeugnisse.

- Nur hochwertige Gewürze verwenden.
- Gewürze sollen den Geschmack der Erzeugnisse abrunden und so verbessern. Nur die richtige Gewürzmenge hat diesen Erfolg. Deshalb die Gewürze genau abwiegen bzw. dosieren.
  Das Würzen erfordert viel Gefühl und Erfahrung.
  - Zu wenig Gewürze bewirken einen leeren, faden Geschmack der Waren.
  - Zu viel Gewürze übertönen den Eigengeschmack der Bäckerei-/Konditoreierzeugnisse und machen die Waren sogar ungenießbar.
- Einzelne Gewürze dürfen beim Verzehr der Waren grundsätzlich nicht vorschmecken. Verschiedene Gewürze zusammen sollen ein abgestimmtes, feinwürziges Aroma ergeben.
- Ein einzelnes Gewürz darf nur dann geschmacklich dominieren, wenn es im Namen der Backwaren enthalten ist, z. B. Anisplätzchen, Zimtsterne, Zitronenkuchen, Vanillekipferl.

Lagerung der Gewürze

Lagerung von Gewürzen	Begründung
luftdicht, in gut schließenden Behältern	So bleiben die ätherischen Öle in den Gewürzen und können sich nicht verflüchtigen.
trocken	Gewürze sind trocken und deshalb Wasser anziehend.
kühl	Ätherische Öle entweichen bei Wärme schneller.
lichtgeschützt (dunkel)	Sonnenlicht verändert die Farbe und den Geschmack der Gewürze.

Grundsätzlich sollen Gewürze in kleinen Mengen eingekauft werden, weil sie bei längerer Lagerung ihr Aroma verlieren. Gemahlene Gewürze sind nicht so lange lagerfähig wie ganze Gewürze.

Backwaren und Füllungen mit Gewürzen

Backwaren	Gewürze
roggenhaltige Brote	Kümmel, Fenchel, Koriander, Anis = Brotgewürze
Gewürzbrote	Brotgewürze in gemahlener und ganzer Form
Zwiebelbrote	Röstzwiebeln
roggenhaltige Kleingebäcke	gemahlener Kümmel, evtl. Kümmelkörner
Gebäcke mit Nüssen und Mandeln	Zimt
Nussfüllung, gebundene Sauerkirschen	Zimt
Käsegebäcke aus Mürbeteig und Blätterteig, Zwiebelkuchen, Quiches	süßer Paprika (Edelpaprika) und Pfeffer
Pizzas	Paprika, Pfeffer, Oregano

Gewürzmischungen

> **!** Für bestimmte Backwaren werden von der Gewürzindustrie passende Gewürze mengenmäßig abgestimmt und gemischt angeboten.

Die Gewürzmischungen werden nach ihrem Verwendungszweck benannt, z. B. Lebkuchengewürz, Stollengewürz, Brotgewürz.

Die Kennzeichnung der einzelnen Gewürze auf der Verpackung der Gewürzmischung bzw. auf den Backwaren ist nicht erforderlich. Es reicht der Name der Gewürzmischung, z. B. Spekulatiusgewürz.

Backwaren	Gewürzmischungen
roggenhaltige Brote	Brotgewürze aus Kümmel, Fenchel, Koriander und Anis
Lebkuchen Printen Stollen Spekulatius	Die Gewürze werden den Backwaren entsprechend gemischt. Typische Gewürze dafür sind: • Vanille • Anis • Zimt • Koriander • Nelken • Kardamom • Piment • Muskatnuss • Ingwer • Macis

Lebkuchengewürzmischung

Gemahlene Brotgewürze (oben) Kümmel, Koriander, Fenchel, Anis

Vorteile der Gewürzmischungen
- Die Backwaren sind immer gleichbleibend gut gewürzt.
- Das zeitaufwendige Abwiegen der einzelnen Gewürze entfällt.
- Der Einkauf vieler verschiedener Gewürze sowie die platzaufwendige Lagerung erübrigen sich.

Aromen

Aromen werden Lebensmitteln zugesetzt, um ihnen einen besonderen Geruch und/oder Geschmack zu geben. Sie sind konzentrierte Geschmacks- und Geruchsstoffe, die nicht zum direkten Verzehr bestimmt sind.

§

Nach der Aromenverordnung wird unterschieden zwischen:

- **„Natürlichen Aromen“** oder **„natürlichen Aromastoffen“**, die natürlichen Ursprungs sind.
- **„Aromen“** oder **„Aromastoffen“**, die künstliche Aromen sind und chemisch hergestellt werden.

Natürliche Vanillearomen, oben, als Paste und flüssig; unten, Vanillepulver und Vanilleschote

Natürliche und künstliche Aromastoffe müssen gesundheitlich unbedenklich sein. Deshalb muss jeder Aromastoff von der Europäischen Behörde für Lebensmittelsicherheit zugelassen und anschließend im Aromastoff-Verzeichnis aufgeführt werden. Nur zugelassene Aromastoffe, die im Aromastoff-Verzeichnis stehen, dürfen verwendet werden.

Begriffserklärungen bei der Deklaration von Aromen gemäß der Aromenverordnung

Aromen in vorverpackten Waren müssen im Zutatenverzeichnis auf der Verpackung stehen. Aromen in unverpackten Waren müssen nicht deklariert werden.

Natürliche Aromen müssen natürlichen Ursprungs sein. Sie werden aus pflanzlichen und tierischen Stoffen gewonnen. Ist ein Aroma im Namen einer Ware enthalten, dann dürfen in diesem Erzeugnis nur natürliche Aromen verwendet werden, z. B. bei Zitronenkuchen, Eierlikörkuchen, Vanilleeis.

Name des Aromas mit dem Begriff „natürlich“
Beispiel: „natürliches Erdbeeraroma“
Das Aroma muss mindestens aus 95 % Erdbeeren stammen, bis 5 % andere natürliche Aromastoffe, die nicht aus Erdbeeren stammen, sind erlaubt. Weitere Beispiele: „natürliches Vanillearoma“, „natürliches Zitronenaroma“.

„Natürliches Aroma mit anderen Aromen“
Beispiel: „natürliches Erdbeeraroma mit anderen Aromen“
Der überwiegende Teil (über 50 %) der Aromen muss aus Erdbeeren stammen und mindestens 5 % müssen aus anderen natürlichen Aromen sein, z. B. Apfelaroma. Der Geschmack der Erdbeeren muss in diesem Aroma erkennbar sein.

„Natürliches Aroma“
Der Name eines Aromas wird nicht genannt. Dieses Aroma besteht aus einem Gemisch natürlicher Aromen, z. B. Apfel und Vanille. Die enthaltenen natürlichen Aromen werden jedoch nicht genannt.

Aromen
Es sind künstliche Aromen, die chemisch hergestellt und wie folgt deklariert werden: „Aroma“ oder z. B. „Erdbeeraroma“.

Qualitätsbewusste Kunden erwarten in der Bäckerei/Konditorei die Verwendung von natürlichen Aromen.

Aromapasten
Aromapasten sind pastenförmige „Compounds“ (Aromapasten) aus hochwertigen, natürlichen Aromen, sie verbessern Sahne- und Cremeerzeugnisse sowie Speiseeis.

Aromapasten

Flüssige Aromen

Flüssige Aromen werden für Teige und Massen von Feinen Backwaren sowie für Füllungen, z. B. Nuss-, Mohnfüllung, Vanillecreme, verwendet.

Da Aromen konzentrierte Geschmacks- und Geruchsstoffe sind, werden sie nur in kleinen Mengen verarbeitet. Deshalb befinden sich flüssige Aromen in Tropfflaschen, damit sie tropfenweise in dosierter Menge verwendet werden können. Eine zu große Aromazugabe verdirbt den Geschmack der Gebäcke.

Flüssige Aromen in Tropfflaschen sowie Compounds

Wie bei den Gewürzen erfordert die Dosierung der Aromen viel Erfahrung und Gefühl.

> **!** Vanille- und Zitronenaroma sind Standardaromen in der Bäckerei/Konditorei, sie werden für fast alle Teige und Massen der Feinen Backwaren verwendet.

Ölsamen

> **!** Ölsamen sind die fetthaltigen Samen verschiedener Pflanzen. Sie besitzen einen hohen Anteil an ungesättigten Fettsäuren. Ölsamen zählen nicht zu den Getreidearten und nicht zu den Gewürzen.

Sonnenblumenkerne, Kürbiskerne, Mohn und Sesam besitzen 40 bis 50 % Fett, wobei ein Großteil davon ungesättigte Fettsäuren sind. Außerdem enthalten sie noch 10 bis 15 % Ballaststoffe.

Leinsamen besitzen zwar nur 30 bis 35 % ungesättigte Fettsäuren, enthalten jedoch ca. 40 % Ballaststoffe, an denen Mineralstoffe und Vitamine gebunden sind.

Mohnsamen in Mohnfrüchten

Verwendung von Ölsamen in der Bäckerei/Konditorei

Mohn

- Teiglinge für Mohnbrötchen werden mit Wasser bestrichen und in ungemahlenen Mohn getaucht.
- Teiglinge von Käsemürbeteig und Käseblätterteig können zur optischen Verschönerung mit Mohn bestreut werden.
- Gemahlenen Mohn für Mohnfüllung: Mohnkuchen, Mohnschnecken, Mohnstollen u. a.

Mohnfüllung

Das Aroma der Mohnsamen wird erst durch Vermahlen freigesetzt. In der Mohnmühle werden die Mohnsamen durch geriffelte Metallwalzen zerquetscht, sodass der hohe Anteil an ungesättigten Fettsäuren und die Aromastoffe frei werden.

Bei der Herstellung der Mohnfüllung wird der gemahlene Mohn mit kochender Milch abgebrüht, damit Geschmacksstoffe besser zur Geltung kommen (Mohnfüllung → Seite 326).

Sesam

Die Sesamsamen sind in geröstetem Zustand geschmackvoller. Da Sesam meistens auf der Gebäckoberfläche liegt, wird er beim Backen automatisch geröstet.

Verwendung:

- Die mit Wasser bestrichenen Teiglinge für Sesambrötchen werden in Sesam getaucht.
- Für Sesambrot wird der Sesam geröstet und in den Brotteig gemischt. Die Oberfläche der Brote wird in ungerösteten Sesam getaucht.
- Die Oberfläche von Käsemürbeteig und Käseblätterteig kann mit Sesam bestreut werden.

Sesam

Mohn

Sonnenblumenkerne, Kürbiskerne, Leinsamen

- Im Sonnenblumen-, Kürbiskern- und Leinsamenbrot bzw. -brötchen müssen mindestens 8 % der entsprechenden Ölsamen (vom Mehl berechnet) enthalten sein.
- Die Ölsamen sind oft Zugabe in Mehrkornbroten und -brötchen.

Vor der Verarbeitung lässt man Leinsamen und Sonnenblumenkerne häufig im Wasser mindestens zwei Stunden quellen.

Auch **Mandeln** und **Nüsse** gehören zu den Ölsamen. Da sie aber auch als Schalenobst bezeichnet werden, werden sie im Kapitel „Obst“ beschrieben → Seite 144.

Leinsamen

Kürbiskerne

Sonnenblumenkerne

Aufgaben

1. Erklären Sie den Begriff „Gewürze“.
2. Geben Sie die Pflanzenteile an, die als Gewürze dienen, und nennen Sie jeweils Gewürzbeispiele.
3. Nennen Sie die drei geschmacks- und geruchsgebenden Stoffe der Gewürze und deren Geschmack.
4. Beschreiben Sie die zwei Eigenschaften der ätherischen Öle.
5. Geben Sie die drei hauptsächlichen Wirkungen der Gewürze an.
6. Wie werden Gewürze richtig gelagert?
7. Erklären Sie das richtige Würzen.
8. Nennen Sie die vier wichtigsten Brotgewürze.
9. Nennen Sie die Gewürze, die in folgende Gebäcke und Füllungen gegeben werden:
   - roggenhaltige Kleingebäcke
   - Nussgebäcke, Nussfüllung
   - Käsegebäcke, Zwiebelkuchen, Quiches
   - Pizzas
10. Erläutern Sie „Gewürzmischungen“.
11. Zählen Sie geeignete Gewürze auf, die für Lebkuchen- und Stollengewürz gemischt werden.
12. Nennen Sie drei Vorteile der Gewürzmischungen.
13. Erklären Sie, was man unter Aromen versteht.
14. Wie werden Aromen nach der Aromaverordnung unterschieden?
15. Beschreiben Sie folgende Deklaration der Aromen im Zutatenverzeichnis auf vorverpackten Waren:
    - natürliches Vanillearoma
    - natürliches Apfelaroma mit anderen natürlichen Aromen
    - natürliches Aroma
    - Aroma oder Zitronenaroma
16. Erklären Sie Aromapasten und flüssige Aromen.
17. Auf welchen Bäckerei-/Konditoreierzeugnissen müssen natürliche und künstliche Aromen deklariert werden?
18. Welche Aromen müssen in Bäckerei-/Konditoreierzeugnissen enthalten sein, bei denen im Warennamen ein Aroma enthalten ist, z. B. Vanillehörnchen, Zitronenkuchen?
19. Nennen Sie die Standardaromen, die in fast alle Teige und Massen für Feine Backwaren gegeben werden.
20. Erläutern Sie den Begriff „Ölsamen“.
21. Nennen Sie Ölsamen und deren Verwendung in der Bäckerei/Konditorei.
22. Beschreiben Sie, wie bei der Herstellung einer Mohnfüllung das Mohnaroma frei wird.
23. Wie wird Sesam vor der Teigzugabe für Sesambrot behandelt, damit er geschmacklich besser wird?
24. „Weißt du, woran man eine Fachkraft erkennt?“, fragt Sie der Chef und fährt fort: „Am richtigen Würzen, denn Gewürze und Aromen stehen häufig ohne Gewichtsangaben in Rezepten für Feine Backwaren und Speisen, sind aber entscheidend für deren Qualität.“ Wiegen Sie bei der Herstellung von Feinen Backwaren für verschiedene Gebäcke einige Male die Aromen und Gewürze ab und probieren Sie dann die Gebäcke, ob sie ausgewogen schmecken. So können Sie die richtige Menge der Gewürze und Aromen feststellen, damit Sie in Zukunft mit Fingerspitzengefühl nicht zu viel und nicht zu wenig würzen.

LF 1.2

7.10 Eier

Nach den gesetzlichen Bestimmungen dürfen als Eier nur **Hühnereier** dem Verbraucher im Geschäft angeboten und in Lebensmittelbetrieben verarbeitet werden.
Bei Eiern anderer Tiere ist die Gefahr der Infektion durch Salmonellen besonders groß, vor allem bei Enteneiern.

Aufbau des Eies

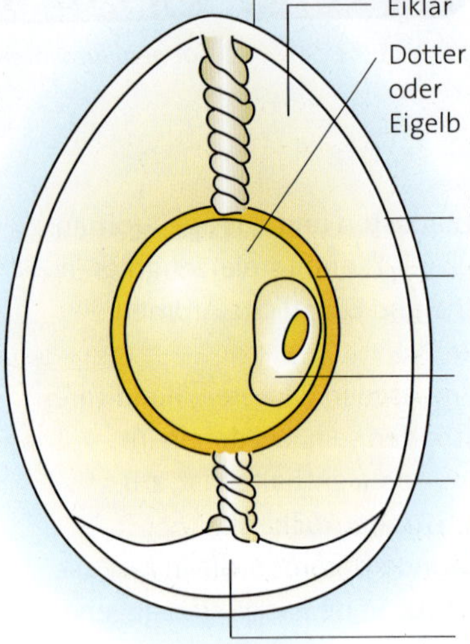

LF 1.2

!

- Unter dem Begriff **„Ei“** versteht man das ganze Ei mit Schale.
- Das **Vollei** ist das Eiklar und Eigelb ohne Schale. In den Rezepturen wird das Gewicht vom Vollei angegeben.

1 Vollei ≈ 50 g
1 Eiklar ≈ 30 g (32 g)
1 Eigelb ≈ 20 g (18 g)

Diese Gewichtseinheiten berechnet man in der Praxis in etwa für Eier mittlerer Größe.

Zusammensetzung der Eier

Eier enthalten sehr viele wichtige Nährstoffe für den Körper. Die Nährstoffe im Ei sind jedoch nicht gleichmäßig verteilt.

Nährstoffe	Vollei	Eigelb	Eiklar
Wasser	74 %	50 %	87 %
Eiweiß	13 %	16 %	12 %
Fett	11 %	32 %	–
Kohlenhydrate	1 %	–	1 %
Mineralstoffe/ Vitamine	1 %	2 %	–

Fettähnliche Stoffe, die sich im Eigelb befinden:
- Lezithin (Emulgator),
- Karotin (natürlicher Farbstoff) und
- Cholesterin (beeinflusst den Fettgehalt im Blut).

Einteilung der Eier nach Güteklassen

Güteklassen	Bedingungen
Klasse A auch in Verbindung mit dem Wort **„frisch“** erlaubt	Es sind **frische Eier**, die nicht haltbar gemacht und nicht unter +5 °C gelagert wurden. • Die Schalen müssen sauber und unverletzt sein. • Sie dürfen nicht gewaschen werden, weil das Wasser durch die poröse Schale die innere Schalenhaut beschädigt, die ein Schutz gegen das Eindringen der Mikroorganismen von außen ist. • Sie müssen frei von Fremdgerüchen sein. Im Lebensmittelgeschäft dürfen nur Eier der Klasse A angeboten werden.
Klasse B darf auch als „2. Qualität“ oder „haltbar gemacht“ bezeichnet werden	Diese Eier dürfen nur zur gewerblichen Verarbeitung verwendet werden. Wie bei den Eiern der Klasse A müssen • die Schalen unverletzt und • die Eier frei von Fremdgerüchen sein. • Klasse-B-Eier sind meist haltbar gemachte Eier, z. B. durch Lagerung in einem Gasgemisch oder in der Kühlung unter +5 °C. Diese Eier dürfen auch gereinigt worden sein.

Einteilung der Eier nach Gewichtsklassen

Gewichtsklasse Eier der Klasse A	Größe	Gewicht
XL	sehr groß	73 g und mehr
L	groß	63 bis unter 73 g
M	mittel	53 bis unter 63 g
S	klein	unter 53 g

Angaben auf der Eierverpackung der Klasse-A-Eier:
- Güteklasse
- Gewichtsklasse
- Mindesthaltbarkeitsdatum
- Verbraucherhinweis: „bei 5 bis 8 °C kühlen“ und „nach Ablauf des Mindesthaltbarkeitsdatums durcherhitzen“

Technologische Eigenschaften der Eier

Der Hauptrohstoff der meisten Massen sind die Eier. Auch Hefeteige für Berliner sind besonders eierreich. Die Zugabe von Eiern hebt allgemein die Qualität der Backwaren. Die Vorteile der Eier für Gebäcke ergeben sich aus den unterschiedlichen Bestandteilen und Eigenschaften von Eiklar und Eigelb.

Eier werden in der Bäckerei/Konditorei auch getrennt als Eiklar und Eigelb verarbeitet und wirken unterschiedlich auf die Backwaren.

Eigelbe und Eiklar

Eiklar

Das Eiweiß im Eiklar kann beim Aufschlagen die eingeschlagene Luft festhalten. Dadurch entsteht ein lockerer und stabiler Eischnee.

!

Auswirkungen von Eischnee auf die Gebäcke
- Die Gebäcke werden lockerer.
- Die Gebäcke bekommen ein größeres Volumen.
- Die Gebäcke trocknen wegen der großporigen Krume etwas schneller aus.

Aufgeschlagener Eischnee

Eigelb

Technologische Eigenschaften von Eigelb:
- Der hohe Fettanteil im Eigelb gibt eine elastische, zarte Gebäckkrume
- Das Lezithin im Eigelb ist ein guter Emulgator, der Fett und Wasser in Teigen und Massen vermischt und so auch die anderen Zutaten zu einer Einheit bindet.
- Eigelb bräunt durch den Farbstoff Karotin die Gebäckkrume und die Gebäckkruste beim Backen.

LF 1.2

!

Auswirkungen von Eigelb auf die Gebäcke
- Der hohe Fettgehalt des Eigelbs verfeinert den Gebäckgeschmack.
- Die Farbe des Eigelbs ergibt eine appetitlich gelbe Gebäckkrume.
- Durch das Bestreichen der Teiglinge mit Eistreiche entsteht beim Backen eine schöne Bräunung der Gebäckkruste.
- Das Lezithin und der hohe Fettanteil im Eigelb ergeben eine feinporige und weiche Krume.
- Durch den hohen Fettanteil des Eigelbs bleiben die Gebäcke etwas länger frisch.

Hefezopf – ohne und mit Eistreiche

Aufschlagen von Eiern bei der Verarbeitung

Eier stets in einem separaten Gefäß, z. B. Literbecher, aufschlagen. Hineingefallene Eierschalen sind daraus leicht zu entfernen. Auch können beim Trennen der Eier Eigelbreste mit einem Löffel aus dem Eiklar entnommen werden.

Hygieneregeln beim Aufschlagen von Eiern

Eier enthalten an der Schale Salmonellen. Um eine Salmonellenvermehrung und -verschleppung innerhalb des Betriebs zu vermeiden bzw. zu vermindern, sind folgende Hygienemaßnahmen zu befolgen:

Eierschalen nicht mit den Fingern ausschaben

Eierschalen sofort nach dem Aufschlagen in den Bioabfall entsorgen

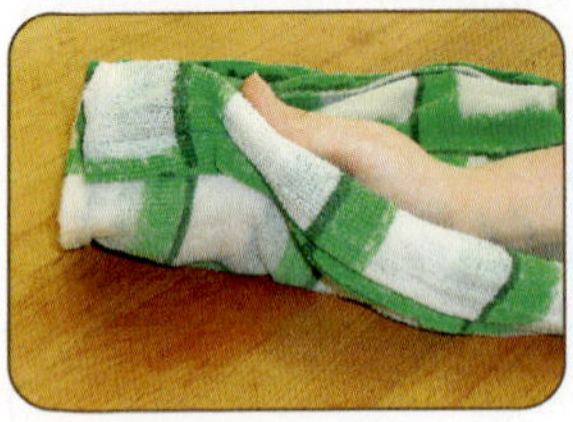

Arbeitstisch sofort abwaschen

Hände sofort gründlich waschen

Lagerung der Eier

Eier sollten nur kurzfristig im Kühlschrank oder Kühlraum bei 5 bis 8 °C gelagert werden.

Nach Ablauf des Mindesthaltbarkeitsdatums sollen Eier wegen der erhöhten Salmonellengefahr nur erhitzt verzehrt werden.

Veränderungen in den Eiern während der Lagerung

- Das Aroma wird zunehmend geringer. Durch die poröse Kalkschale verdunsten Wasser und auch Aromastoffe.
- Die Luftkammer vergrößert sich.
- Die Salmonellengefahr erhöht sich mit zunehmendem Alter der Eier.
- Bakterien und Enzyme verändern den Eiinhalt, bis er bei alten Eiern übel riecht und faul ist.
- Eigelb läuft in das Eiklar über, da sich die Dotterhaut auflöst und das zähflüssige Eiklar immer flüssiger wird. Dies ist vor allem beim Trennen der Eier gut sichtbar.

Verarbeiten der aufgeschlagenen Eier

Aufgeschlagene Eier müssen wegen der Salmonellengefahr sofort verarbeitet werden oder sie werden in die Kühlung gegeben und noch am selben Tag verarbeitet.
Am besten ist es, die Eier erst unmittelbar vor dem Verarbeiten aufzuschlagen, um eine Vermehrung der Salmonellen während der Stehzeit auszuschließen.

Frischeprüfung der Eier

Schüttelprobe

Hierbei wird das Ei kräftig am Ohr geschüttelt. Beim alten Ei ertönt ein Schwappen, beim frischen Ei ist kein Geräusch hörbar.

Geruchsprobe

Frische Eier haben beim Aufschlagen einen angenehmen frischen Geruch und weisen keinen Nebengeruch auf.

Eier trennen

Bei frischen Eiern lassen sich Dotter und Eiklar sauber trennen. Fließt der Dotter in das Eiklar, ist das ein Zeichen für ältere Eier.

Eier aufschlagen

Frisches Ei:
stabiler, gewölbter Dotter, zäh fließendes Eiklar

Altes Ei:
breit laufender Dotter, wässriges Eiklar

Schwimmprobe

Legt man ein rohes Ei in ein mit Salzwasser gefülltes Glas, so ist je nach Frischezustand des Eis Folgendes zu beobachten:

Frisches Ei: bleibt am Boden liegen

Altes Ei: das dicke Ende richtet sich nach oben auf

Verdorbenes Ei: schwimmt an der Oberfläche mit der Luftkammer nach oben

Haltbar gemachte Eier in der Bäckerei/ Konditorei

Die gebräuchlichsten Eikonserven sind:

Vollei-, Eigelb- und Eiweißpulver

Mit diesen Eikonserven stehen zu jeder Zeit gesundheitlich und technologisch einwandfreie Eier zur Verfügung. Außerdem sind sie meist preisgünstiger als Frischeier. Hauptsächlich wird Eiweißpulver verwendet, z. B. für Baisererzeugnisse, Makronenmassen, Lebkuchenmassen (Oblatenlebkuchen). Eiweißpulver ist bei trockener Aufbewahrung fast unbegrenzt haltbar.
Sind pulverförmige Eiprodukte mit Wasser angerührt, sollten sie umgehend verbraucht werden, spätestens am Ende des Herstellungstags nach Aufbewahrung in der Kühlung.

Gefriereier

Sie werden bei –18 °C gelagert. Beim Auftauen der Eier vermehren sich die Salmonellen wieder.
Die Eier sollen deshalb nach dem Auftauen sofort verbraucht werden. Daher soll nur die dem Bedarf entsprechende Menge aufgetaut werden.
Aufgetaute Eier dürfen auf keinen Fall wieder tiefgefroren werden.

Pasteurisierte Volleier, Eigelbe und Eiklar

Um der Salmonellengefahr vorzubeugen, vor allem bei Erzeugnissen mit unerhitzten Eiern, werden pasteurisierte Eier aus dem Tetra Pak verarbeitet.

Eikonserven im Tetra Pak

LF 1.2

Aufgaben

1. Welche Eier dürfen den Verbrauchern im Geschäft angeboten oder in Lebensmittelbetrieben nur verarbeitet werden?
2. Benennen Sie die Bestandteile des Eies.
3. Was versteht man unter „Vollei“?
4. In welchem Teil des Eies befinden sich die Fette, Mineralstoffe und Vitamine?
5. Nennen Sie die drei fettähnlichen Stoffe, die sich im Fett des Eigelbs befinden.
6. Beschreiben Sie die zwei Güteklassen der Eier.
7. Nennen Sie die vier Gewichtsklassen der Eier.
8. Nennen Sie die Auswirkungen von Eischnee auf die Gebäcke.
9. Nennen Sie die Auswirkungen von Eigelb auf die Gebäcke.
10. Wohin sollten Eier beim Aufschlagen gegeben werden? Begründen Sie dies.
11. Beschreiben Sie die Hygieneregeln beim Aufschlagen von Eiern.
12. Wann sollten aufgeschlagene Eier verarbeitet werden?
13. Geben Sie drei gebräuchliche Eikonserven an.
14. Der Chef bittet Sie, die Eierlieferung anzunehmen.
    a) Sie sollen zunächst eine Stichprobe für die Frischeprüfung nehmen. Wie gehen Sie vor?
    b) Die Lieferung ist in Ordnung. Ihr Chef bittet Sie, die Eier sofort fachgerecht zu lagern.
    c) Welche Auswirkungen hätte eine lange Lagerdauer auf die Eier und auf die technologischen Eigenschaften von Eigelb und Eiklar?

Rechenaufgaben

1. Eiklar hat nach dem Aufschlagen ein Volumen von 9,6 l. Dies ist eine Volumenzunahme von 400 %.
   a) Wie viel l Eiklar wurden aufgeschlagen?
   b) Von wie vielen Eiern wurde das Eiklar verwendet, wenn 1 Eiklar 30 ml entspricht?
2. Eiweißpulver wird aus Eiklar hergestellt, das aus 87 % Wasser, 12 % Eiweiß und 1 % Kohlenhydraten besteht. Wie viel kg Eiklar wird für 2 500 g Eiweißpulver benötigt, das neben den Trockenbestandteilen noch 3 % Wasser enthält?

7.11 Obst (Früchte)

Obst ist in der Bäckerei/Konditorei ganzjährig ein beliebter Rohstoff. Die Gründe dafür sind
- die Vielfalt der Früchte mit den unterschiedlichen Geschmacksrichtungen,
- die ansprechenden Farben der verschiedenen Obstsorten verschönern die Waren,
- der hohe Saftanteil gibt den Backwaren eine besondere Frische,
- die leichte Verdaulichkeit,
- der geringe Energiegehalt von Frischobst,
- der hohe Anteil an Vitaminen, Mineralstoffen und Ballaststoffen.

Obst ist der Sammelname für essbare Früchte und Samen von mehrjährigen Pflanzen.

Einteilung der Früchte

Obstgruppen	Begriffserklärungen	Obstsorten
Kernobst	Obstsorten, deren Samen Kerne sind	Äpfel, Birnen, Quitten
Steinobst	Obstsorten, deren Samen Steine sind	Kirschen, Pflaumen, Zwetschgen, Aprikosen, Pfirsiche
Beerenobst	Obstsorten, deren Samen sich im Fruchtfleisch der Früchte befinden	Erd-, Him-, Johannis-, Heidel-, Stachel-, Preiselbeeren, Weintrauben (Weinbeeren)
Schalenobst	essbare Samen der Früchte mit harter Schale	Mandeln, Hasel-, Wal-, Erd-, Kokosnüsse, Pistazien
Südfrüchte	Obstsorten, die nur in warmen südlichen Gebieten wachsen	Ananas, Bananen, Zitrusfrüchte, Feigen, Datteln, exotische Früchte

LF 1.2

Verschiedene Obstsorten

Frischobst

> **!** Als Frischobst bezeichnet man saftreiche Früchte wie Kern-, Stein-, Beerenobst und Südfrüchte.

Kernobst

Äpfel

Nur frisch geschälte und geschnittene Äpfel ergeben die beste Qualität der Apfelgebäcke. Es müssen backfähige Äpfel mit leicht säuerlichem Apfelgeschmack verwendet werden. Backfähige Äpfel besitzen ein festes Fruchtfleisch und haben nach dem Backen noch einen weichen Biss und den vollen Apfelgeschmack.

Backfähige Apfelsorten sind z. B. Boskop, Cox Orange, Grafensteiner, Jonagold, Elstar.

Apfelfüllungen finden Verwendung in
- Apfelkuchen,
- Apfelstrudel,
- Plundergebäcken,
- Blätterteiggebäcken.

Im Handel werden haltbar gemachte Apfelsorten angeboten, die schon geschält und sofort verarbeitungsfähig sind, jedoch nicht die Qualität der frischen Äpfel erreichen:
- Dunstäpfel in Dosen
- Trockenäpfel in Ringen, Spalten und Würfeln
- Frischäpfel, vakuumverpackt, in Scheiben, Spalten und Würfeln

Backfähige Äpfel

Birnen

Birnen sind säurearme Früchte mit süßlichem Geschmack. Am besten schmecken frische und reife Birnen. Sie sind bedingt backfähig.

Birnen finden Verwendung in

- Obsttorten und Obstschnitten,
- Birnensahnetorten und -desserts,
- Eisbechern,
- Obstsalat.

Birnen

Quitten

Quitten sind gelbliche birnen- oder apfelförmige Früchte. Wegen ihres festen Fruchtfleisches und des herb-bitteren Geschmacks sind sie roh nicht genießbar.

Quitten werden mit Zucker zu Quittengelee oder Quittenkonfitüre gekocht. Der herb-bittere Geschmack zusammen mit dem Zucker ergeben den besonderen Geschmack.

Apfelquitte Birnenquitte

Steinobst

Pflaumen

Pflaumen sind saftreiche, süß-aromatische Früchte. Sie sind nicht backfähig. Das Fruchtfleisch löst sich schlecht vom Stein.

Zur Familie der Pflaumen gehören

- Renekloden (Reneclauden) – grün- und gelbschalige – und
- Mirabellen – gelbe Schalen.

Pflaumen werden verwendet für Pflaumenmus und Obstsalate.

Renekloden, Mirabellen, Pflaumen

Zwetschgen

Zur Gattung der Pflaumen gehören auch die Zwetschgen. Sie besitzen im Gegensatz zu den übrigen Pflaumen ein festes Fruchtfleisch, das sich leicht entsteinen lässt, und haben einen geringeren Wassergehalt. Deshalb sind Zwetschgen gut backfähig und werden für Zwetschgenkuchen verwendet, der häufig als Pflaumenkuchen bezeichnet wird.

Kirschen

Kirschen

Vom Geschmack her unterscheidet man Süßkirschen und Sauerkirschen.

Nur in der Erntezeit sind die Kirschen als Frischfrüchte erhältlich, da sie nicht lagerfähig sind. Ansonsten werden sie das ganze Jahr über als Dosenfrüchte angeboten.

Süßkirschen werden verwendet

- zum Belegen von Obsttorten und Obstschnitten,
- als Dekor auf Schwarzwälder Kirschsahnetorten,
- für Obstsalate.

Süßkirschen in Dosen sind oft mit Lebensmittelfarbe hellrot eingefärbt und haben durch das Konservieren einen geminderten Kirschgeschmack.

Sauerkirschen werden fast nur als Dosenfrüchte in der Bäckerei und Konditorei verarbeitet.
Sauerkirschen werden verwendet

- in Kirschkuchen: Sauerkirschen in die Kuchenmasse gerührt, ergeben einen erfrischenden, säuerlichen Geschmack im Kuchen.
- als gebundene Sauerkirschen als Füllung: Der Saft aus der Sauerkirschdose wird mit Stärke gebunden und anschließend werden die Sauerkirschen eingerührt.

Sauerkirschen, Sauerkirschsaft, gebundene Sauerkirschen

LF 1.2

Pfirsiche und Aprikosen
Pfirsiche und Aprikosen werden in der Bäckerei/Konditorei meistens als Dosenfrüchte verarbeitet.
Sie werden verwendet

- zum Belegen für Obsttorten und Obstschnitten,
- als Beilage für Sahnetorten bzw. -desserts, z. B. Käsesahnetorte,
- für Obstsalat.

Pfirsich

Aprikose

Beerenobst

Beerenobst ist sehr reich an Vitamin C, ebenso wie Orangen und Zitronen; Johannisbeeren weisen sogar einen wesentlich höheren Vitamin-C-Gehalt auf.
Beerenobst ist das ganze Jahr über als Tiefkühlobst erhältlich, das von bester Qualität ist.
Wegen des hohen Wasseranteils ist Beerenobst als Frischobst schlecht lagerfähig und fault schnell. Zum Beerenobst gehören z. B. Stachelbeeren, Himbeeren, Erdbeeren, Johannisbeeren.
Beerenobst wird in der Bäckerei/Konditorei meistens für Obsttorten und Obstschnitten verwendet.

Stachelbeeren

Himbeeren

Erdbeeren

Rote Johannisbeeren

Südfrüchte

Bananen
Bananen haben nur in reifem Zustand ihr volles, süßes Aroma, unreife Bananen sind stärkehaltig und haben kaum Geschmackswerte.
Reife Bananen sind erkennbar an den kräftig gelben Schalen, auf denen sich hellbraune sommersprossenartige Tupfen befinden.
Es sollten wegen des vollen Geschmacks nur reife Bananen verarbeitet werden.
Damit geschälte und geschnittene Bananen nicht braun werden, bestreicht man sie mit Säure, z. B. mit Zitronensaft.

Bananen werden verwendet

- zum Belegen von Obsttorten und Obstschnitten,
- auf den Tortenböden in den Schokoladen-Bananen-Sahnetorten,
- für Schokoladen-Bananen-Schnitten,
- für Obstsalat.

Reife Bananen

Ananas

Nur die frische Ananas besitzt das süßsäuerliche typische Ananasaroma und verfügt über verdauungsfördernde Enzyme. Dosenfrüchte haben den Vorteil der schnelleren und sauberen Verarbeitung. Die gewünschte volle Reife hat die Ananas, wenn sich die inneren Rosettenblätter leicht herauszupfen lassen. Beim Riechen außen an der Ananasschale kann man an der reifen Frucht das volle, intensive Ananasaroma als Geruch wahrnehmen.

Frische Ananas und Dosenananas

Zubereitung einer frischen Ananas

- Die Ananasfrucht in Scheiben schneiden.
- Die Schale mit den holzigen Augen entfernen. Dabei entsteht viel Verschnitt.
- Den inneren holzigen Kern (Strunk) herausschneiden.

Die ganze oder halbierte Ananasfrucht mit den Rosettenblättern wirkt als Blickfang auf einem kalten Büfett sehr dekorativ.

Schneiden von Ananas

Ananas wird verwendet

- zum Belegen von Obsttorten und Obstschnitten,
- für Ananas-Sahnetorten,
- für Ananastörtchen,
- für Obstsalat.

Zitrusfrüchte

- Zitronen
- Orangen (Apfelsinen)
- Mandarinen (Sammelbegriff für verschiedene Sorten, z. B. Clementinen)
- Grapefruits

Zitrone, Mandarine, Orange, Grapefruit

Besonderheiten der Zitrusfrüchte

- Zitrusfrüchte sind reich an Vitamin C.
- Wegen des hohen Anteils an Fruchtsäuren besitzen sie einen erfrischenden Geschmack.
- Zitronen und Orangen, bei denen die Schalen als Gewürze abgerieben werden, müssen ungespritzt und unbehandelt sein. Auch Früchte, die als Fruchtscheiben für Eisbecher und Getränke verwendet werden, müssen unbehandelt sein.

LF 1.2

Verwendung der Zitrusfrüchte

- Mandarinen für Obsttorten und Obstschnitten
- Mandarinen und Orangen für Sahnetorten und Sahneschnitten
- Mandarinen und Orangen für Obstsalat
- Zitronensaft für Zitroneneis
- Orangen für Orangensaft
- Zitronen- und Orangenscheiben für Eisbecher und Getränke

Exotische Früchte

Als „Exoten" werden Früchte aus tropischen und subtropischen Gebieten ferner Länder bezeichnet. Es werden einige Sorten im Süden Europas angebaut.

Als exotische Frischfrüchte werden in der Bäckerei/Konditorei hauptsächlich Kiwis zum Belegen von Obsttorten und Obstschnitten verarbeitet. Der Vitamin-C-Gehalt von Kiwis ist sehr hoch.

Aber auch andere exotische Früchte, z. B. Maracuja (Passionsfrucht), Kaki, Granatapfel, Mango und Karambole (Sternfrucht) werden als Geschmacksgeber für Sahnetorten, Sahnedesserts und Speiseeis verwendet.

Einige exotische Früchte eignen sich als Dekor und Zusatz für Sahnetorten, Sahnedesserts, Eisbecher und Obstsalate, z. B. Kiwis, Physalis und Karambolen.

Physalis

Kiwis

Maracujas (Passionsfrucht)

Granatäpfel

Kakis

Karambolen

LF 1.2

Grundsätze beim Verarbeiten von Frischobst

- Die schönsten Früchte müssen nicht am besten schmecken und am gesündesten sein.
- Als Dekor nur die schönsten Früchte verwenden.
- Wird Obst geschält, ist nur der Geschmack der Früchte wichtig und nicht das Aussehen der Schale.
- Nur frisches Obst kaufen, da bei der Lagerung und durch Sonnenbestrahlung Vitamine und manchmal Aromastoffe verloren gehen.

!

Nur reifes Frischobst verwenden. Es besitzt
- die gewünschte Süße,
- das volle typische Fruchtaroma,
- die gewünschte Festigkeit des Fruchtfleisches.

Lagerung von Frischobst

- je kühler der Raum, desto besser, ideal sind ca. 3 °C
- hohe Luftfeuchtigkeit, ideal sind 85 bis 90 %
- luftig
- lichtgeschützt
- vor Druck schützen, nicht übereinanderstapeln

Schalenobst

Schalenfrüchte sind von einer harten, nicht essbaren Schale umgeben. Wegen des hohen Fettanteils werden die Samen dieser Früchte **Ölsamen** genannt.
Mandeln und Nüsse besitzen sehr viele B-Vitamine und Mineralstoffe und werden deshalb als „Nervennahrung" bezeichnet.

Mandeln in der Schale (Krachmandeln) und Mandeln mit der braunen Pergamenthaut sowie geschälte Mandeln

Mandeln

Mandeln sind die süßen Mandeln, die in verschiedenen Formen verarbeitet werden.

Geschälte Mandeln – halbiert, gestiftelt, gehobelt, gerieben

Formen der Mandeln	Verwendung
halbierte Mandeln	zur Dekoration von Lebkuchen, Früchtebroten, Mürbeteiggebäcken
gestiftelte Mandeln	Aufstreuen auf Hefezöpfe, in den Stollenteig, Mandelsplitterpralinen
gehobelte Mandeln	Aufstreuen auf Hefezöpfe, Bienenstichaufstrich, Florentiner, Butterkuchen
geriebene Mandeln	Mandelmürbeteiggebäcke, Mandelkuchen

Bittermandeln sehen wie süße Mandeln aus und unterscheiden sich durch ihren intensiv bitteren Geschmack, sodass sie nicht genießbar sind. Bittere Mandeln enthalten Amygdalin, das im Körper zur giftigen Blausäure umgewandelt wird. Deshalb werden sie nicht in der Bäckerei/Konditorei verwendet.
Bittermandelaroma ist chemisch hergestelltes Aroma, das z. B. für Hefeteiggebäcke wie Gugelhupf (Napfkuchen) verwendet wird.

Nüsse

Hasel- und Walnüsse

Bestimmungen der Leitsätze
Unter dem Begriff „Nüsse" versteht man nur Hasel- und Walnüsse. Nur **Hasel-** und **Walnüsse** dürfen deshalb für Erzeugnisse verwendet werden, die das Wort „Nuss" im Namen enthalten, z. B. Nussfüllung, Nusskuchen, Nussspritzgebäck, Nussmakronen, Nusslebkuchen, Nusseis.

Haselnüsse mit Pergamentschale und geschält

Walnüsse in der Schale und halbiert

Alle anderen Nusssorten wie **Erd-** und **Kokosnüsse** gelten als Nussersatz und dürfen für die genannten Nusserzeugnisse sowie für nusshaltige Qualitätswaren wie Elisenlebkuchen, Krokant u. a. nicht verwendet werden. Erdnüsse werden gewöhnlich nicht verarbeitet.

Erdnüsse

Kokosraspeln (Kokosflocken) sind das geraspelte und getrocknete weiße Fruchtfleisch der Kokosnüsse. Verwendet werden sie z. B. für die Kokosmakronenmasse.

Kokosnüsse und -raspeln

Pistazien

Pistazien sind hellgrüne ovale Kerne mit einem mandelähnlichen Geschmack. Verwendet werden sie als Geschmacksstoff z. B. für Pistazieneis und Pistazienmarzipan, für Pralinen sowie als färbender Dekor auf Torten und Desserts.

Pistazien

Lagerung von Schalenobst

In einem kühlen Lagerraum und frei von Fremdgerüchen. Am besten werden Schalenfrüchte verpackt in Folie oder geschlossenen Behältern gelagert.
Bei zu langer oder falscher Lagerung werden Mandeln und Nüsse ranzig.
Nüsse, die braune Stellen im Kern aufweisen, dürfen keinesfalls mehr gegessen werden, da sie krebserregende Schimmelpilze (Aflatoxine) enthalten.

LF 1.2

Zusammensetzung von Frischobst und Schalenobst

!
Frischobst sind wasserreiche, energiearme sowie wegen der Fruchtsäure erfrischende Früchte.
Schalenobst bildet aufgrund der Zusammensetzung eine große Ausnahme unter den Früchten. Es sind sehr energiereiche und wasserarme Früchte.

Frischobst	Schalenobst
80 bis 90 % Wasser 5 bis 20 % Kohlenhydrate ca. 1 % Eiweiß ca. 1 % Fett reich an Vitaminen, Mineralstoffen und Pektinen (Ballaststoffe); unterschiedlich hoher Anteil an Fruchtsäure	40 bis 65 % Fett 10 bis 20 % Kohlenhydrate 10 bis 20 % Eiweiß 5 bis 10 % Wasser 2 bis 5 % Ballaststoffe ca. 2 % Mineralstoffe, Vitamine

Haltbar gemachtes Obst

Trockenobst

Da Frischobst nur kurzzeitig haltbar ist, entzieht man den Früchten einen Großteil der Feuchtigkeit durch Verdunsten in Trockenanlagen oder in südlichen Ländern durch Sonnentrocknung. Durch den geringen Wasseranteil erhöht sich der Gesamtzuckeranteil der Trockenfrüchte bis auf 75 %.

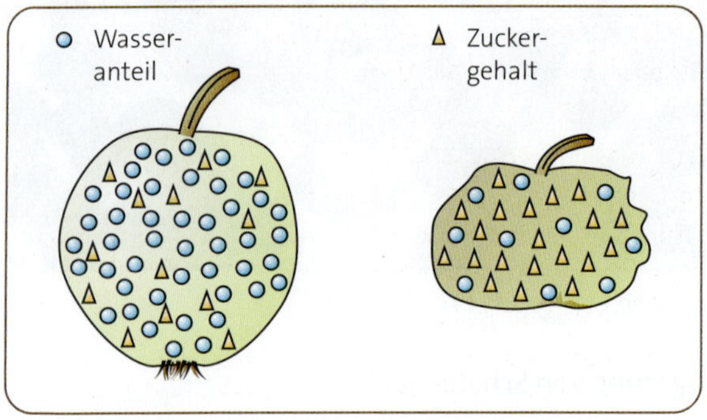

Frischobst *Getrocknetes Obst*

Getrocknete Weintrauben

Man unterscheidet drei Weintraubensorten:

Weintraubensorten	Besonderheiten	Geschmack
Rosinen	kernreich, dunkelbraun	süß
Sultaninen	kernlos, hellbraun	süßlicher Traubengeschmack
Korinthen	kernlos, blauschwarz	herbsüß

Sultaninen und Korinthen

Der Begriff „Rosinen" ist für Rosinen sowie auch für Sultaninen gebräuchlich. In der Bäckerei/Konditorei werden wegen der vorteilhaften Eigenschaften nur Sultaninen verwendet.

Korinthen werden kaum verarbeitet. Manchmal gibt man sie in kleinen Mengen zur Geschmacksabrundung in die Früchtemischung der Stollenteige. Den Namen haben Korinthen, weil sie vorwiegend aus der Gegend um Korinth in Griechenland stammten.

Behandlung der Sultaninen vor der Verarbeitung

Sultaninen und Korinthen kurz in kaltem Wasser **waschen** und sofort absieben, damit sich der Zucker mit den Geschmacksstoffen nicht im Wasser löst.

Sultaninen werden z. B. für Stollen, Früchtebrot, Osterbrot (Osterfladen), Gugelhupf (Napfkuchen) mindestens einen Tag vor der Verarbeitung abgewaschen und **mit Rum vermischt.** Die Sultaninen nehmen in den vielen Stunden das Rumaroma auf. Sie werden dabei in einem temperierten Raum aufbewahrt und in warmem Zustand in den Hefeteig gegeben.

Datteln

Datteln sind glänzende, dunkelbraune, süße Früchte, die im Inneren einen Stein besitzen. Sie werden für Früchtebrote und Pralinen verarbeitet.

Datteln

Feigen

Feigen sind kernreiche, graubraune, süße Trockenfrüchte. In der Bäckerei/Konditorei werden sie hauptsächlich für Früchtebrote verwendet.

Feigen, frisch und getrocknet

Getrocknete Früchte	Behandlung vor der Verarbeitung	Verwendung
Trockenäpfel, Trockenbirnen (Kletzen), Trockenpflaumen (Zwetschgen), Trockenaprikosen, Trockenpfirsiche	Den Trockenfrüchten in Stücken oder Scheiben gibt man Wasser hinzu und lässt sie quellen.	Füllungen
	Die Trockenfrüchte in kühlem Wasser weichen lassen oder in heißem Wasser bei ca. 90 °C weich ziehen lassen. Aus den weichen Äpfeln und Birnen wird anschließend das Kerngehäuse herausgeschnitten.	Früchtebrote

Lagerung von Trockenobst

Trockenobst wird in einem kühlen Lagerraum in geschlossenen Behältern gelagert.

Trockenobst: Bananen, Aprikosen, Pflaumen, Äpfel

Dosenobst

Das Obst wird in Dosen in Zuckerlösung (Zuckerwasser) gegeben, luftdicht verschlossen und sterilisiert. Dosenobst sind deshalb süße Kompottfrüchte, die mindestens ein Jahr haltbar sind.

Dosenfrüchte

Nachteile von Dosenobst gegenüber Frischobst

- Die Früchte verlieren zum Teil ihren typischen Geschmack und die erfrischende Fruchtsäure.
- Den aufgeweichten Früchten fehlt der natürliche Biss, der Frischobst auszeichnet.
- Den Früchten fehlen die Vitamine und zum Teil auch Mineralstoffe.

Gefrierobst

Durch das Tiefgefrieren von frischen Früchten kann der Betrieb seinen Kunden das ganze Jahr über, auch während der Wintermonate, ein großes Früchteangebot bieten.

Zum Tiefgefrieren eignen sich nur

- Beerenobst wie Erd-, Heidel-, Him-, Stachel- und Johannisbeeren,
- Steinobst wie Sauerkirschen,
- Kiwis, in Scheiben geschnitten.

Die anderen Früchte würden beim Auftauen matschig werden und wären somit unansehnlich und nicht mehr verarbeitungsfähig.

LF 1.2

Fachlich richtiges Tiefgefrieren von Obst

- Das Obst einzeln auf Bleche locker verteilen, damit sie beim Gefrieren nicht zusammenkleben.
- Die Früchte bei ca. –35 °C schockfrosten.
- Danach das tiefgefrorene Obst portionsweise in Folientüten verpacken und bei –18 °C im Froster lagern. Die Früchte können so nach Bedarf in kleinen Portionen aus dem Froster genommen werden.

Werden bei der Verarbeitung zu große Mengen aus dem Froster entnommen, beginnt der Auftauprozess. Wird dieses Obst wieder in die Tiefkühlanlage gegeben, vereist es darin mit großen Eiskristallen. Beim Auftauen wird es wässrig und matschig.

Gefrorene Johannisbeeren, auf dem Blech gefroren und portioniert

Vorteile von tiefgefrorenem Obst gegenüber Dosenobst

- Der Geschmack der frischen Früchte bleibt erhalten.
- Die Vitamine bleiben weitgehend erhalten.
- Die natürliche Farbe der Früchte verändert sich nicht.

Verarbeiten der tiefgefrorenen Früchte

- **für Obsttorten und Obstschnitten:**
  Auf die Tortenböden in Tortenringe bzw. auf die Kapseln in den Schnittenblechen wird das Obst in gefrorenem Zustand gegeben und sofort mit Geleeguss geliert, bis es vollständig bedeckt ist.
- **zum Pürieren zu Fruchtmark:**
  Das gefrorene Obst im Kühlschrank bzw. Kühlraum oder in einem kühlen Raum auftauen und dann bald im Mixer oder mit dem Pürierstab (Mixstab) zu Fruchtmark pürieren, da es sonst matschig wird.

Früchte, in Alkohol gelegt

Dieses Konservierungsverfahren wird überwiegend bei **Pralinen** mit Früchten in Alkohol, z. B. Weinbrandkirsch-Pralinen, und beim **„Rumtopf"** angewendet.
Die Früchte werden dabei von hochprozentigem Rum, mindestens 54 % vol., umspült. Der Alkohol entzieht den Früchten das freie Wasser, sodass diese nicht verderben können.
Rumtopf kann für Eisbecher verwendet werden.

LF 1.2

Dickzuckerfrüchte (kandierte Früchte)

Dickzuckerfrüchte sind mit Zucker konservierte Früchte, Fruchtstücke oder bestimmte Pflanzenteile. In Zuckerlösungen reichern sich die Zellen der Früchte durch und durch mit Zucker an.
Dickzuckerfrüchte schmecken deshalb sehr süß und besitzen nur noch einen geringen Eigengeschmack.
Sie werden auch als „kandierte Früchte" bezeichnet.

Obwohl Wurzeln und Schilfgewächse nicht zu den Früchten gehören, werden Ingwer und Angelika trotzdem zu den Dickzuckerfrüchten gezählt.

Wegen der kräftigen Farben werden Dickzuckerfrüchte vor allem als Dekormittel verwendet.

Angelika

Orangeat und Zitronat
Die dicken Schalen der Zitrusfrüchte werden in Zuckerlösungen gelegt, woraus Dickzuckerfrüchte entstehen. Die Dickzuckerfrüchte werden meist in kleine Würfel von 3 mm geschnitten, da nicht der Biss, sondern der Geschmack von Orangeat und Zitronat in den Backwaren erwünscht ist.

Orangeat	Zitronat
aus Pomeranzen (Bitterorangen)	aus Zedrat-Zitronen (Sukkade-Zitronen)

Orangeat, Zitronat

Verwendungsbeispiele für Orangeat und Zitronat
Stollen, Osterfladen (Osterbrote), Gugelhupfe (Napfkuchen), Englische Kuchen, Lebkuchensorten

In Zucker gelegt werden	Dickzuckerfrüchte	Verwendungsbeispiele
ganze Früchte	Belegkirschen	Englische Kuchen, Florentiner, Dekor für Braune Lebkuchen, Früchtebrote, Punschtorten, Desserts
Fruchtschalen	Zitronat, Orangeat	Stollen, Lebkuchen, Gugelhupfe (Napfkuchen), Osterbrote (Osterfladen), Englische Kuchen
Fruchtstücke, Fruchtscheiben	Ananasstückchen, Orangen- und Zitronenscheiben	als Pralinen mit zartbitterer Schokoladenkuvertüre überzogen
Wurzeln (Gewürzwurzel)	Ingwer	Ingwerpralinen
Stängel der Engelwurz	Angelika	als Dekor für Torten, Desserts

Herstellung von Dickzuckerfrüchten

Bei der Herstellung der Dickzuckerfrüchte werden die Früchte sechs Tage in eine Zuckerlösung gelegt. Die Zuckerkonzentration der Zuckerlösung wird täglich erhöht, wobei der Zuckergehalt mit einer Zuckerwaage in Baumégrade (°Bé) festgestellt wird. In der gekochten und dann abgekühlten Zuckerlösung bleiben die Früchte 24 Stunden liegen.

1. Tag: Eine Zuckerlösung im Verhältnis von 1 l Wasser mit ca. 650 g Zucker anrühren, entspricht 16 °Bé.
2. Tag: Die Konzentration der Zuckerlösung auf 20 °Bé erhöhen; 1 l Wasser enthält ca. 850 g Zucker.
3. Tag: 1 l Wasser enthält ca. 1000 g Zucker; 24 °Bé.
4. Tag: 1 l Wasser enthält ca. 1150 g Zucker; 28 °Bé.
5. Tag: 1 l Wasser enthält ca. 1300 g Zucker; 32 °Bé.
6. Tag: 1 l Wasser enthält ca. 1500 g Zucker; 36 °Bé.

Täglich erhöhte Zuckerkonzentration der Lösung

Nach sechs Tagen haben sich die Früchte in den Zuckerlösungen durch und durch mit Zucker angereichert. Nach dem Abtropfen der Dickzuckerfrüchte lässt man sie einige Tage liegen und sie sind dann gebrauchsfertig.

Zuckerwaage

Der Zuckergehalt und somit die Konzentration der Zuckerlösung wird mit einer Zuckerwaage, die wie ein Thermometer aussieht, festgestellt. Auf der Skala der Zuckerwaage werden 0° bis 50° Baumé (Bé) angegeben.
In reinem Wasser steht die Zuckerwaage auf 0° Bé. Mit steigendem Zuckergehalt im Wasser nimmt die Dichte bzw. die Konzentration der Zuckerlösung zu, sodass die Zuckerwaage weniger tief eintaucht und nach oben steigt. Die Baumégrade werden an der Zuckerwaage auf der Oberfläche der Zuckerlösung gemessen.

1 cm^3 Wasser wiegt 1 g
1 cm^3 Zucker wiegt 1,61 g

Zuckerwaage in einer Zuckerlösung

Lagerung der Dickzuckerfrüchte

- In einem kühlen Raum lagern.
- In Folie verpackt trocknen sie bei der Lagerung nicht aus.

Dickzuckerfrüchte sind sehr lange lagerfähig und können nicht verderben. Durch den hohen Zuckeranteil in den Früchten steht den Mikroorganismen kein freies Wasser zur Verfügung.

Aufgaben

1. Nennen Sie die fünf Obstgruppen und geben Sie jeweils Früchte dazu an.
2. Erläutern Sie den Begriff „Frischobst“.
3. Beschreiben Sie die Eigenschaft von backfähigen Äpfeln und nennen Sie einige Apfelsorten.
4. Für welche Backwaren werden Apfelfüllungen verwendet?
5. Erklären Sie die Eigenschaften der Birnen und geben Sie Verwendungsbeispiele an.
6. Beschreiben Sie Quitten und geben Sie an, wofür sie verwendet werden.
7. Beschreiben Sie Pflaumen und nennen Sie Pflaumenarten.
8. Nennen Sie die backfähige Pflaumenart und beschreiben Sie deren Unterschied zu anderen Pflaumensorten.
9. Nennen Sie die zwei Kirscharten, die sich geschmacklich unterscheiden, und geben Sie jeweils Verwendungsbeispiele an.
10. Wie erkennt man den vollen Reifezustand von
    - Bananen,
    - Ananas?
11. Nennen Sie die Zitrusfrüchte und geben Sie an, welche Besonderheiten sie haben.
12. Nennen Sie exotische Früchte und geben Sie Verwendungsbeispiele an. →

LF 1.2

13 Beschreiben Sie die Grundsätze beim Verarbeiten von Frischobst.
14 Erklären Sie, warum man nur reifes Frischobst in der Bäckerei/Konditorei verwenden sollte.
15 Wie sollte Frischobst gelagert werden?
16 Warum wird Schalenobst als solches bezeichnet?
17 Nennen Sie Schalenfrüchte, die in der Bäckerei/Konditorei verwendet werden.
18 In welchen Formen werden Mandeln in der Bäckerei/Konditorei verarbeitet?
19 Warum sind Bittermandeln ungenießbar?
20 Welche zwei Nusssorten dürfen nach den Bestimmungen der Leitsätze als Nüsse bezeichnet werden? Geben Sie auch Beispiele für Nusserzeugnisse in der Bäckerei/Konditorei.
21 Wie sollte Obst gelagert werden?
- Frischobst
- Schalenobst

22 Warum sollen Nüsse mit braunen Stellen im Kern nicht gegessen werden?
23 Nennen Sie die Inhaltsstoffe von
- Frischobst,
- Schalenobst.

24 Erklären Sie Trockenobst.
25 Nennen Sie die drei getrockneten Weintraubensorten und beschreiben Sie jeweils deren Besonderheiten und den Geschmack.
26 Erläutern Sie, wie Sultaninen und Korinthen vor der Verarbeitung gewaschen werden.
27 Wie werden Sultaninen für Stollen, Früchtebrote u. a. vorbehandelt?
28 Beschreiben Sie, wie Trockenobst vor der Verarbeitung weich gemacht wird:
- für Füllungen
- für Früchtebrote

29 Erläutern Sie die Herstellung von Dosenobst.
30 Nennen Sie die Nachteile von Dosenobst gegenüber Frischobst.
31 Nennen Sie die Obstsorten, die sich zum Tiefgefrieren eignen.
32 Erklären Sie, wie Obst tiefgefroren wird.
33 Beschreiben Sie, wie tiefgefrorene Beerenfrüchte für Obsttorten und Obstschnitten verarbeitet werden.
34 Nennen Sie die drei Vorteile von tiefgefrorenen Früchten gegenüber Dosenfrüchten.
35 Erklären Sie, wie Früchte in Alkohol gelegt werden und wie die Haltbarkeit von Früchten in Alkohol ist.
36 Nennen Sie Dickzuckerfrüchte und geben Sie jeweils Verwendungsbeispiele an.
37 Aus welchen Früchten und welchen Fruchtteilen werden Orangeat und Zitronat gewonnen?
38 Beschreiben Sie die Herstellung von Dickzuckerfrüchten.
39 Wie sollten Dickzuckerfrüchte gelagert werden und warum verderben sie nicht?
40 Die Sommersaison hat begonnen und die Nachfrage nach Obsttorten und Obstschnitten steigt. Um den Kunden einen Überblick über die in der Bäckerei/Konditorei verarbeiteten Früchte zu geben, sollen Sie mit zwei anderen Mitschülern eine Infotafel erstellen, die im Verkaufsraum aufgehängt werden soll.
a) Fertigen Sie zunächst eine Mind-Map an, in der Sie die drei Hauptäste mit „Frischobst", „Schalenobst" und „haltbar gemachtem Obst" beschriften. Ergänzen Sie dann in einem Brainstorming alle anderen Zweige der Mind-Map.
b) Überlegen Sie sich eine Gestaltung für die Infotafel.
c) Geben Sie zu jedem Obst ein Verwendungsbeispiel an.
d) Präsentieren Sie Ihre Infotafel vor der Klasse.

Rechenaufgaben

1 3,500 kg Orangen werden gepresst. Dies ergibt 1900 g (ml) Orangensaft.
a) Berechnen Sie den Verlust in Gramm und in Prozent.
b) Welchen Wert in € haben 200 g (ml) Orangensaft, wenn die 3 1/2 kg Orangen 4,90 € gekostet haben?

2 Bei Erdbeeren ist mit einem durchschnittlichen Verlust durch Verderb von 12 % zu rechnen.
a) Wie viel kg Erdbeeren müssen eingekauft werden, damit 7,400 kg zur Verfügung stehen?
b) Die Erdbeeren sind in 250-g-Schalen abgepackt. Wie viele Schalen müssen eingekauft werden?

8 Feine Backwaren aus Hefeteig – Grundlagen

Situation

Sie sollen einen Hefeteig für Rohrnudeln und Rosinenbrötchen herstellen.

- Was versteht man unter einem Hefeteig im Vergleich zu Brötchen- und Brotteigen?
- Was besagt der Begriff Feine Backwaren?
- Welche Zutaten werden für einen Hefeteig benötigt?
- Wie werden die einzelnen Zutaten fachgerecht verarbeitet?
- Was ist hinsichtlich der Teigtemperatur, Knetzeit und Teigruhe zu beachten?

LF 1.2

Begriff: Hefeteig

Hefeteige sind Weizenteige, die mit Hefe gelockert und mit feinen Zutaten wie Fett und Zucker zu „Feinen Backwaren" verarbeitet werden. Deshalb werden sie auch als „Hefefeinteige" bezeichnet.
Hefefeinteige unterscheiden sich deutlich von den ebenfalls mit Hefe gelockerten Teigen für Brötchen und Brote, die kein oder wenig Fett und Zucker enthalten.
Allgemein werden Hefefeinteige als „Hefeteige" bezeichnet.

Begriff: Feine Backwaren

Feine Backwaren aus Hefeteig

Grundzutaten für alle Hefeteige

- Weizenmehl, Type 550
- Milch
- Hefe
- Margarine oder Butter
- Zucker
- Vollei
- Salz
- Vanille- und Zitronenaroma

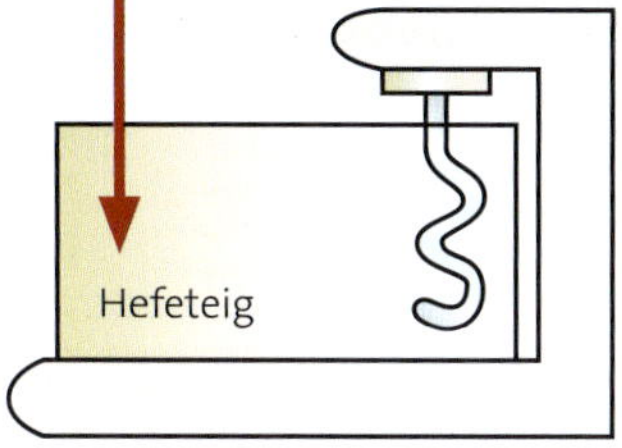

Für verschiedene Gebäcke gibt man in den Hefeteig zusätzlich Früchte, z.B. Sultaninen für Hefezöpfe sowie Zitronat, Orangeat und Mandeln für Stollen und Osterfladen.

Bestimmungen der Leitsätze

Feine Backwaren enthalten nach den Leitsätzen über 10 % Fett und/oder Zucker bezogen auf das Mehl.

Enthalten Backwaren weniger als 10 % Fett und/oder Zucker bezogen auf das Mehl (100 %), werden sie als Brote oder Kleingebäcke, z. B. Brötchen, bezeichnet.

Rezeptbeispiel: Hefeteig

1000 g Weizenmehl, Type 550 400 g Milch 60 g Hefe 120 g Zucker 120 g Butter oder Margarine 100 g Eier (2 Stück) 10 g Salz 5 g Zitronenaroma 5 g Vanillearoma **1820 g Hefeteiggewicht**	**Teigtemperatur:** 26 °C **Knetzeit im Spiralkneter:** • 2 bis 4 Minuten im Langsamgang mischen • 7 Minuten im Schnellgang kneten **Teigruhe:** ca. 15 Minuten, den Teig mit Folie abdecken

Herrichten der Zutaten

Zutaten für die Hefeteigherstellung

Alle Zutaten abwiegen und wie folgt in den Knetkessel der Knetmaschine geben:

Weizenmehl

Das Weizenmehl grundsätzlich sieben und in die Knetmaschine geben. Mehl aus dem Mehlsilo wird beim Austritt nach der Absperrklappe automatisch durch ein Sieb befördert. Gesiebtes Weizenmehl ist aufgelockert und kann somit mehr Wasser beim Kneten im Teig aufnehmen.

Milch

Milch wird mit 16 bis 20 °C in den Knetkessel geschüttet. Mit der Milchtemperatur wird die gewünschte Teigtemperatur von ca. 26 °C erreicht.

Hefe

Die abgewogene Hefe auf das Weizenmehl in den Knetkessel bröckeln.

Fett: Butter oder Backmargarine

Das Fett aus der Kühlung nehmen und etwas temperiert in die Knetmaschine geben.

- Zu kaltes Fett direkt aus der Kühlung ist zu fest, sodass es sich beim Kneten nicht mit den anderen Zutaten vermischt und im fertigen Hefeteig Fettbröckchen übrig bleiben.
- Ist das Fett zu warm oder wird Öl verwendet, muss es erst nach der Mischphase im Langsamgang beim Kneten zugegeben werden, damit es die Kleberbildung nicht behindert.

Eier

Für 1 Ei mittlerer Größe rechnet man in der Rezeptur ca. 50 g. Die Eier zuerst in ein Gefäß, z. B. Literbecher, aufschlagen und dann in die Knetmaschine geben. Hineingefallene Eierschalen können so leicht entfernt werden.

Zucker und Salz

Zucker und Salz getrennt hintereinander abwiegen und in die Knetmaschine geben. Wird Salz auf den Zucker gewogen, kann der überschüssige Anteil nur schwer herausgenommen werden.

Aromen

Natürliches Zitronen- und Vanillearoma werden bei kleineren Hefeteigen nicht gewogen, sondern gefühlsmäßig aus der Tropfflasche in kleinen Mengen zugegeben.

Eine ausführliche Beschreibung der Hefeteige erfolgt im Kapitel „Feine Backwaren aus Hefeteig" → Seite 261.

Aufgaben

1. Erklären Sie die Bestimmungen der Leitsätze für Feine Backwaren.
2. Wie werden die Backwaren bezeichnet, die nicht die Bestimmungen für Feine Backwaren erfüllen?
3. Geben Sie ein Grundrezept für Hefeteig an und beschreiben Sie die Teigherstellung.
4. Nennen Sie die Grundzutaten der Hefeteige und beschreiben Sie, wie die einzelnen Zutaten zur Teigbereitung in die Knetmaschine gegeben werden.
5. Um sich einen Überblick über die Hefeteiggebäcke zu machen, zählen Sie und Ihre Mitschüler die Hefeteiggebäcke auf, die in den Bäckereien/Konditoreien angeboten werden.

LF 1.2

9 Feine Backwaren aus ausrollfähigem Mürbeteig

Situation

Sie sollen einer neuen Kollegin die Herstellung eines ausrollfähigen Mürbeteigs erklären.

- Mit welchen Zutaten werden Mürbeteige hergestellt?
- Was versteht man unter 1-2-3-Mürbeteig?
- Wie wird ausrollfähiger Mürbeteig hergestellt und gelagert?
- Was ist bei der Verwendung der drei Grundzutaten zu beachten?
- Warum wird für Mürbeteige kein Triebmittel benötigt?
- Wie binden sich die Zutaten im Mürbeteig und was ist bei der Lagerung von ausrollfähigem Mürbeteig zu beachten?

Die Bezeichnung „Mürbeteig" stammt von der charakteristischen mürben Beschaffenheit der Mürbeteiggebäcke.

!

mürbe = weich im Biss, leicht brüchig
Das Gegenteil von mürbe ist knusprig.
Durch den hohen Fettanteil erhalten die Gebäcke die mürbe Beschaffenheit.

Zutaten für die Mürbeteigherstellung

Arten der Mürbeteige

- ausrollfähiger Mürbeteig → Seite 335
- spritzfähiger Mürbeteig → Seite 345
- Streusel → Seite 348

Zutaten der Mürbeteige

Alle Mürbeteigarten werden aus drei Grundzutaten und mit gebäckverbessernden Zutaten hergestellt.

Grundzutaten

Weizenmehl Type 405 oder 550	Fett (Butter oder Backmargarine)	Zucker

Gebäckverbessernde Zutaten

Eier	Salz	natüliches Zitronen- und Vanillearoma

Mürbeteige sind die einzigen Teige, die ohne Flüssigkeit wie Milch oder Wasser hergestellt werden.

Bestimmungen der Leitsätze
Für Buttergebäcke (Buttermürbeteiggebäcke) darf außer Butter kein anderes Fett verwendet werden.
Es müssen mindestens 10 Teile Butter auf 100 Teile Weizenmehl enthalten sein.

Ausrollfähiger Mürbeteig

Den Namen hat dieser Mürbeteig, weil er bei der Verarbeitung ausgerollt wird.

1-2-3-Mürbeteig

1-2-3-Mürbeteig bezeichnet das Mengenverhältnis der Grundzutaten.

Mengenangabe der Grundzutaten

Grundrezept 1-2-3-Mürbeteig:

1 Teil Zucker	1000 g
2 Teile Fett	2000 g
3 Teile Weizenmehl, Type 405 oder 550	3000 g
Vollei verbessern die Bindung der Zutaten und den Gebäckgeschmack	200 g
Salz (5 g auf 1 kg Weizenmehl)	15 g
natürliches Zitronen- und Vanillearoma	ca. 20 g
Mürbeteiggewicht	**6235 g**

Ausrollfähiger Mürbeteig

Mürbeteigherstellung

Zucker, Fett, Eier, Eigelbe, Salz und Aromen in der Knetmaschine glatt arbeiten.

↓

Das gesiebte Weizenmehl zum Schluss nur kurz unterarbeiten, bis das Mehl im Mürbeteig nicht mehr sichtbar ist.

↓

- Den Mürbeteig in einen Behälter, z. B. eine Plastikwanne, geben und verschließen.
- Bei kühler Lagerung kann der Mürbeteig einige Tage auf Vorrat hergestellt werden.

Weizenmehl in die glatt gearbeiteten Zutaten kneten

Bindung der Zutaten im Mürbeteig
Bei der Mürbeteigherstellung umschließt das Fett die Mehlteilchen, sodass ein glatter Teig entsteht. Das Weizenmehl ist somit im Fett gleichmäßig verteilt und vermischt.

Mürbeteig lagern
Den Mürbeteig mindestens einen Tag vor der Verarbeitung herstellen und im Kühlschrank oder Kühlraum lagern. In dieser Zeit löst sich der Zucker völlig auf und die Zutaten verbinden sich zu einem glatten, gut ausrollfähigen Mürbeteig.

Grundzutaten der Mürbeteige

Weizenmehl
Für Mürbeteige werden feine, schalenarme Weizenmehle der Type 405 oder 550 verwendet. Besonders gut eignet sich das kleberschwächere Weizenmehl der Type 405, da im Mürbeteig keine Kleberbildung möglich ist.

LF 1.2

Fett bindet den Mürbeteig

Das Fett muss für die Verarbeitung zum Mürbeteig eine kühle Raumtemperatur aufweisen. Das geschmeidige Fett kann die Mehlteilchen umschließen.
Fett direkt aus der Kühlung ist zu hart und lässt sich schlecht vermischen, es bleiben Fettbrocken im Mürbeteig.
Zu warmes Fett wird ölig und kann das Weizenmehl nicht binden.

Zucker im Mürbeteig

Bei der Verarbeitung des Mürbeteigs muss der Zucker im Teig gelöst sein. Bei nicht gelöstem Kristallzucker im Mürbeteig laufen die Gebäcke leicht breit, da die Zuckerkristalle im Ofen schmelzen.
Da sich Zucker nur im Wasser löst und nicht im Fett, lässt man den Mürbeteig vor der Verarbeitung über Nacht stehen, bis sich der Zucker gelöst hat.
Wird der Mürbeteig frisch verarbeitet, verwendet man Puderzucker statt Kristallzucker, da sich dieser schnell im Mürbeteig auflöst.

1-2-3-Mürbeteig ohne Triebmittel

1-2-3-Mürbeteig benötigt kein Triebmittel und wird ohne Backpulver hergestellt.
Da der Mürbeteig ohne Wasser bzw. Milch hergestellt und das Wasser der Eier vom Zucker gebunden wird, kann sich im Teig kein Kleber bilden. Der Mürbeteig hat somit kein Gashaltevermögen, das Lockerungsgase zu Poren festhalten kann, sodass bei der Herstellung kein Backpulver zugegeben wird.

Ausgerollter und ausgestochener 1-2-3-Mürbeteig

Die genaue Beschreibung der Mürbeteige erfolgt im Kapitel „Feine Backwaren aus Mürbeteig" → Seite 334.

Aufgaben

1. Was versteht man unter einem „mürben Gebäck" wie Mürbeteiggebäck?
2. Nennen Sie die drei Grundzutaten, aus denen die Mürbeteige bestehen. Geben Sie auch die drei gebäckverbessernden Zutaten an, die mit den Grundzutaten verarbeitet werden.
3. Erläutern Sie die Bestimmungen der Leitsätze für Buttergebäcke.
4. Erklären Sie den Begriff „1-2-3-Mürbeteig" und geben Sie ein Grundrezept an.
5. Beschreiben Sie die Herstellung von ausrollfähigem Mürbeteig.
6. Was sollte bei der Verarbeitung folgender Zutaten für Mürbeteig beachtet werden?
   - Weizenmehl
   - Fett
   - Zucker
7. Erklären Sie, warum 1-2-3-Mürbeteig ohne Backpulver hergestellt wird.
8. Zusammen mit Ihren Mitschülern überlegen Sie, welche Mürbeteiggebäcke in den Bäckereien/Konditoreien angeboten werden.

LF 1.2

Rechenaufgaben

1. Pfauenaugen werden aus Mürbeteig mit folgendem Rezept hergestellt: 2,400 kg Weizenmehl, 1600 g Butter, 0,800 kg Zucker, 200 g Eier, 17 g Salz, 20 g Aromen. Wie viel Pfauenaugen erhält man, wenn ein Pfauenauge 73 g wiegt?
2. Es wird ein 1-2-3-Mürbeteig mit 5,400 kg Weizenmehl hergestellt. Berechnen Sie die Materialkosten der Grundzutaten dieses Mürbeteigs bei folgenden Preisen:
   Butter: 4,50 €/kg
   Weizenmehl: 40 €/dt
   Zucker: 0,90 €/kg
3. Die Materialkosten für 90 Pfauenaugen betragen 22,50 €, die Betriebskosten 220 %. Risiko und Gewinn werden mit 31 % angesetzt und die Mehrwertsteuer beträgt 7 %. Berechnen Sie den Verkaufspreis für ein Pfauenauge.
4. 10,500 kg 1-2-3-Mürbeteig wurde mit den drei Hauptzutaten hergestellt. Berechnen Sie, wie viel g der einzelnen Zutaten für diesen Mürbeteig verwendet wurden.

10 Feine Backwaren aus Massen – Grundlagen

LF 1.2

Situation

Ein Kollege hat eine Biskuitmasse für Löffelbiskuits aufgeschlagen, die viel zu weich ist und einen schlechten Stand hat, sodass sie schon beim Aufdressieren breit läuft. Sie sollen ihm das richtige Aufschlagen von Eischnee und Eigelb zeigen.

- Was geschieht beim Aufschlagen von Eiklar zu Eischnee?
- Woran ist optimal aufgeschlagener Eischnee zu erkennen?
- Welche Merkmale hat schaumig geschlagenes Eigelb?
- Wie wird Biskuitmasse als Zweikesselmasse hergestellt?
- Welche Qualitätsmerkmale zeichnen Biskuitgebäcke aus und wie ist die Frischhaltung?

10.1 Aufschlagen von Eiklar und Eigelb

Für lockere und fettarme Gebäcke aus Massen werden grundsätzlich Eier aufgeschlagen. Besonders locker werden diese Massen und erhalten einen stabilen Stand, wenn Eier in Eiklar und Eigelb getrennt und diese separat aufgeschlagen werden.

Eiklar wird in der Praxis umgangssprachlich als Eiweiß bezeichnet. Dieser Ausdruck ist nicht korrekt, weil Eiklar nur zu 12% aus Eiweiß und zu 87% aus Wasser und 1% aus Kohlenhydraten besteht.

Eier, Eiklar und Eigelb werden mit einem feindrahtigen Rührbesen (Schlagbesen) bei voller Umdrehungszahl der Rührmaschine aufgeschlagen. Dabei werden unzählige Luftbläschen eingeschlagen und festgehalten. Die Eiermasse wird dabei großvolumig und stabil. Die zahlreichen luftgefüllten Bläschen ergeben eine gleichmäßige Porung im Gebäck und sorgen für besonders lockere und zarte Gebäcke.

Feindrahtiger Rührbesen

Aufschlagen von Eiklar zu Eischnee

Eiklar ist gut aufschlagfähig, d. h., es bekommt beim Aufschlagen zu Eischnee ein großes Volumen und einen stabilen Stand.

Beim Aufschlagen von Eiklar wird mithilfe des Rührbesens Luft eingeschlagen. Diese wird vom Eiweiß des Eiklars festgehalten. Dabei entstehen viele kleine Luftbläschen, die von dünnen Eiweißhüllen umschlossen sind.

Aufschlagen von Eiklar zu Eischnee

Zeitliche Dauer des Aufschlagens von Eischnee

Nur bei der richtigen Aufschlagzeit erhält man einen standfesten Eischnee mit großem Volumen, der für die Qualität und das Aussehen der Gebäcke entscheidend ist. In zu kurz aufgeschlagenem Eischnee ist noch zu wenig Luft eingeschlagen worden.

Der häufigste Fehler ist zu lang aufgeschlagener Eischnee. Durch das fortwährende Einschlagen von Luft entstehen große Luftbläschen. Die dünnen Eiweißhüllen, die die Luftbläschen umschließen, werden überdehnt und reißen leicht. Beim Melieren halten die großen Poren des Eischnees dem Druck schlecht stand und die Masse fällt zusammen, z. B. beim Melieren von Eischnee in das Eigelb und von Weizenmehl und Weizenpuder in die Eiermasse.

Aufschlagzeit	Merkmale
Zu kurz aufgeschlagener Eischnee	• weich, schmierig • schlechter Stand • geringes Volumen 
Richtig aufgeschlagener Eischnee	• stabiler Stand • großes Volumen • cremiges, glattes Aussehen • beim Herausnehmen des Rührbesens zieht der Eischnee Spitzen 
Zu lange aufgeschlagener Eischnee	• sehr großes Volumen • flockige Beschaffenheit • raue, grobe Oberfläche des Eischnees 

Beschaffenheit und Aussehen von optimalem Eischnee

!

- Eischnee mit vielen kleinen Poren (Luftbläschen) hat den stabilsten Stand. Die kleinen Poren fallen nicht so schnell zusammen, weil sie dem Druck bei der Weiterverarbeitung gut standhalten können.

- Cremiger und glatter Eischnee lässt sich am besten mit den anderen Zutaten vermischen, sodass das Volumen erhalten bleibt.

Technologie beim Aufschlagen von Eischnee

Damit ein optimaler Eischnee aufgeschlagen werden kann, muss man die technologischen Eigenschaften des Eiklars kennen.

- Frisch aufgeschlagenes Eiklar verwenden, da nur dieses gut aufschlagfähig ist. Bei der Alterung des Eiklars wird das Eiweiß zersetzt. Somit kann die eingeschlagene Luft nur noch schlecht festgehalten werden. Der Eischnee hat dann ein kleines Volumen und einen schlechten Stand. Außerdem ist er zu weich und schmierig.
- Eiklar grundsätzlich mit Zucker und einer Prise Salz aufschlagen. Salz und auch Zucker stabilisieren das Eiweiß, das dann die Luftbläschen besser festhalten kann.
  Begründung:
  Zucker bindet einen Teil des Wassers vom Eiklar und stabilisiert somit den Eischnee.
  Salz macht die Eiweiße elastischer.

Einflüsse, die die Schaumbildung von Eischnee verhindern

Schon eine geringe Menge Fett und Spülmittelreste verhindern die Entstehung des Eischnees beim Aufschlagen. Fett und Spülmittel zerstören die Eiweißhäute, die die Luftbläschen nur noch schwach umschließen können. Dadurch entsteht ein schmieriger, nicht standhafter Eischnee mit geringem Volumen.

Häufige Ursachen sind:

- Eigelb im Eiklar, das beim Trennen der Eier in das Eiklar gelangt.
- Kessel und Rührbesen sind entweder unsauber und fettig oder enthalten Spülmittelreste.

Bevor das Eiklar in den Kessel gegeben wird, immer prüfen, ob der Kessel und der Rührbesen fett- und spülmittelfrei sind.

Veränderungen des Eischnees nach dem Aufschlagen

Lässt man aufgeschlagenen Eischnee einige Zeit im Kessel stehen, setzt sich Flüssigkeit ab. Das Eiweiß bildet sich langsam wieder in den flüssigen Zustand zurück. Die Stabilität geht somit verloren, das Volumen wird geringer. Eischnee sollte deshalb sofort nach dem Aufschlagen verarbeitet werden.

Zuckerzugabe beim Aufschlagen von Eischnee

Zeitpunkt der Zuckerzugabe beim Aufschlagen
500 g Eiklar werden jeweils, wie in der folgenden Tabelle beschrieben, mit 500 g Zucker aufgeschlagen, bis es Eischnee ist, wobei der Zucker zu verschiedenen Zeitpunkten zugegeben wird.

Zeitpunkt	Ergebnis
Der gesamte Zucker wird sofort zu Anfang zugegeben.	Dies ist ein stabiler und feinporiger cremiger Eischnee, der glatt aussieht. Mit den vielen kleinen, gleichmäßigen Poren hat er einen guten Stand. Er lässt sich bei der Weiterverarbeitung am besten mit den anderen Zutaten vermischen.
Der Zucker wird während des Aufschlagens nach der Hälfte bis ca. drei Viertel der Aufschlagzeit nach und nach zugegeben.	Es ist ein stabiler, mit großen Poren sehr lockerer Eischnee. Er ist gut verarbeitungsfähig.
Der Zucker wird zum Schluss in den fertigen Eischnee gegeben.	Der Eischnee ist großporig und hat eine raue Oberfläche. Er neigt zum Flockigwerden und lässt sich nicht so gut mit den anderen Zutaten mischen.

!

Fazit für den Zeitpunkt der Zuckerzugabe
Beim Aufschlagen des Eischnees sollte der Zucker sofort zu Anfang zugegeben werden.
Dies ergibt einen feinporigen Eischnee, der seinen stabilen Stand behält und sich am besten weiterverarbeiten lässt.
Daraus entstehen auch feinporige Gebäcke, die nicht so schnell austrocknen.

LF 1.2

Zuckermenge im Eiklar
Die Zuckermenge beeinflusst die Porengröße und somit die Stabilität des Eischnees. Die folgende Tabelle zeigt die Ergebnisse beim Aufschlagen mit verschiedenen Zuckermengen. Der Zucker wird sofort in das Eiklar gegeben.

Zuckermenge	Ergebnis
500 g Eiklar ohne Zucker	ergeben das größte Eischneevolumen. Durch die großen Poren ist er jedoch sehr unstabil
500 g Eiklar mit 250 g Zucker	ergeben jeweils einen kleinporigen, aber großvolumigen Eischnee, der stabil ist
500 g Eiklar mit 500 g Zucker	
500 g Eiklar mit 1000 g Zucker	ergeben einen schmierigen Eischnee mit kleinem Volumen und schlechtem Stand

!

Fazit für die Zuckermenge
- Den besten Eischnee erhält man, wenn Eiklar mit Zucker aufgeschlagen wird, da Zucker Wasser bindet. Die Zuckermenge darf die Gewichtsmenge des Eiklars nicht übersteigen.
- Eiklar nicht ohne Zucker aufschlagen.
- Das Gewicht des Zuckers sollte nicht höher als das des Eiklars sein, sonst ergibt dies einen unbefriedigenden Eischnee.

Eischneefehler

Fehler	Ursachen
Eischnee lässt sich schlecht mit dem schaumig geschlagenen Eigelb vermischen und muss zu lange verrührt werden. Dabei fällt der flockige Eischnee und somit die Masse zusammen. Nicht vermischte, flockige Eischneestücke bleiben im Gebäck als „Schneenester" sichtbar.	• zu lange geschlagener, flockiger Eischnee (häufigste Ursache) • der Zucker wurde beim Aufschlagen zu spät in das Eiklar gegeben

→

Fehler	Ursachen
Der Eischnee lässt sich nicht gut aufschlagen. Er bleibt schmierig, hat einen schlechten Stand und ein geringes Volumen.	• fettiger, unsauberer/mit Spülmittel behafteter Rührkessel/Rührbesen • Eigelbreste im Eiklar • der Eischnee wird mit einem höheren Zuckergehalt, als das Eiklargewicht beträgt, aufgeschlagen
Gebäcke mit Eischnee haben eine breit gelaufene Gebäckform und ein zu kleines Volumen.	• zu kurz geschlagener Eischnee • zu lange geschlagener Eischnee (häufigste Ursache)

Schaumigschlagen von Eigelb

Eigelb wird grundsätzlich mit etwas Zucker schaumig geschlagen. Die Eigelbmasse wird dadurch stabiler, weil Zucker Wasser bindet.
Eigelb hat einen Fettgehalt von ca. 32 %. Das Fett schädigt die Dehnbarkeit des Eiweißes im Eigelb, weshalb die Luft beim Aufschlagen schlecht festgehalten werden kann. Beim Schaumigschlagen des Eigelbs erhöht sich das Volumen dadurch nur leicht.

!

Merkmale von schaumig geschlagenem Eigelb
- Schaumig geschlagenes Eigelb ist stabil und zäh fließend.
- Die Rillen des Rührbesens im schaumigen Eigelb sind deutlich sichtbar.
- Schaumiges Eigelb hat eine hellgelbe Farbe.

Nur eine stabile, zähfließende Eigelbmasse bindet sich gut mit dem Eischnee, sodass die Lockerung und das Volumen des Eischnees in der Masse erhalten bleiben.

Schaumiges, stabiles Eigelb

Melieren

Unter Melieren versteht man das vorsichtige Unterheben von Zutaten in die aufgeschlagenen Massen, bis die Zutaten vollständig vermischt sind. Dabei darf die eingeschlagene Luft nicht aus der Masse herausgeschlagen werden.

Beispiele des Melierens:
- Eischnee in das schaumige Eigelb, z. B. bei der Biskuitmasse, melieren.
- Gesiebtes Weizenmehl und Weizenstärke in die aufgeschlagene Eiermasse bei der Biskuit- und Wiener Masse melieren.
- Flüssiges Fett in die aufgeschlagene Eiermasse bei der Wiener Masse melieren.
- Puderzucker in den Eischnee bei der Baisermasse melieren.

Melieren von Mehl, Weizenstärke und Kakaopulver bei der Schokoladen-Wiener-Masse

Richtiges Melieren von Eischnee in das schaumige Eigelb
Damit die Poren des Eischnees erhalten bleiben und nicht zerdrückt werden, wird grundsätzlich der Eischnee in die schaumige Eigelbmasse meliert.
- Zuerst einen kleinen Teil des Eischnees melieren, da die Eigelbmasse nicht zu viel Eischnee auf einmal aufnehmen kann.
- Den restlichen Eischnee nach und nach flott unterheben, bis er nicht mehr sichtbar ist.

Melieren des Eischnees in das schaumige Eigelb

LF 1.2

Aufgaben

1. Beschreiben Sie, was beim Aufschlagen von Eischnee geschieht.
2. Beschreiben Sie die Merkmale von
   - zu kurz aufgeschlagenem Eischnee,
   - richtig aufgeschlagenem Eischnee,
   - zu lange aufgeschlagenem Eischnee.
3. Wie sind die Beschaffenheit und das Aussehen von optimal aufgeschlagenem Eischnee?
4. Welche Einflüsse verhindern die Schaumbildung von Eischnee? Geben Sie häufige Ursachen an.
5. Begründen Sie folgende Technologie beim Aufschlagen von Eischnee:
   - Warum werden nur frische Eier verwendet?
   - Warum wird Eiklar mit Zucker und Salz zu Eischnee aufgeschlagen?
6. Warum sollte Eischnee sofort nach dem Aufschlagen verarbeitet werden?
7. Erklären Sie, zu welchem Zeitpunkt der Zucker in das Eiklar gegeben wird, damit ein optimaler Eischnee entsteht. Begründen Sie die Maßnahme.
8. Erläutern Sie, welche Zuckermenge im Eiklar den besten Eischnee ergibt und ab welcher Zuckermenge der Eischnee ein unbefriedigendes Ergebnis aufweist.
9. Nennen Sie die Ursachen folgender Eischneefehler:
   - Der Eischnee ist flockig und lässt sich mit den anderen Zutaten schlecht vermischen.
   - Der Eischnee lässt sich nicht gut aufschlagen. Er bleibt schmierig, hat einen schlechten Stand und ein geringes Volumen.
   - Gebäcke mit Eischnee haben eine breitgelaufene Gebäckform und ein geringes Volumen.
10. Mit welchem Rohstoff wird Eigelb grundsätzlich schaumig geschlagen und warum?
11. Erklären Sie, warum sich beim Schaumigschlagen von Eigelb das Volumen des Eigelbs nur leicht vergrößert.
12. Woran erkennt man, ob Eigelb beim Aufschlagen schaumig ist?
13. Beschreiben Sie, was man unter dem Fachausdruck „Melieren“ versteht.
14. Nennen Sie Beispiele des Melierens bei Massen.
15. Erklären Sie, wie Eischnee und schaumig geschlagenes Eigelb fachgerecht meliert werden.
16. Die richtige Aufschlagzeit von Eischnee ist eine wichtige Voraussetzung für beste Gebäckqualität. Um den richtigen Zeitpunkt zu erkennen, schlagen Sie Eiweiß so auf, wie es in der Tabelle auf → Seite 157 abgebildet ist und achten dabei auf die Merkmale.

LF 1.2

Rechenaufgaben

1. Eiklar besteht aus 12 % Eiweiß, 87 % Wasser und 1 % Kohlenhydrate. Ermitteln Sie die Anteile der jeweiligen Nährstoffe von 1,800 kg Eiklar in g.
2. Es werden 850 ml Eiklar zu Eischnee aufgeschlagen. Das Volumen des Eischnees beträgt 4,590 l. Um wie viel % hat sich das Volumen vergrößert?
3. 675 g Eigelb und Zucker wurden im Verhältnis von 2:1 zu einer Eigelbmasse schaumig geschlagen. Das Eigelb besitzt 32 % Fettanteil.
   a) Wie viel g Eigelb und wie viel g Zucker befinden sich in der Eigelbmasse?
   b) Wie viel g Fett enthält das Eigelb?
4. 780 ml Eiklar hat beim Aufschlagen zu Eischnee eine Volumenzunahme von 560 %. Wie viel ml, l und dm³ hat das Volumen des Eischnees?
5. Bei der Herstellung einer Biskuitmasse hat der Eischnee 3,200 l und die Eigelbmasse 600 ml Volumen. Nach dem Melieren des Eischnees in die Eigelbmasse und des Weizenmehls in die Eiermasse verringert sich das Volumen um 18 %. Berechnen Sie das Volumen in l und ml der Biskuitmasse.
6. Die Materialkosten für 45 Sahneomeletts betragen 19,25 €, die Betriebskosten 220 %. Risiko und Gewinn werden mit 31 % angesetzt. Berechnen Sie den Ladenpreis für ein Sahneomelett.
7. Drei Bäckerinnen/Konditorinnen benötigen für die Herstellung von verschiedenen Biskuitgebäcken 3 Stunden und 45 Minuten. Wie viele Stunden und Minuten benötigen zwei Bäckerinnen/Konditorinnen für die gleiche Arbeit?

10.2 Biskuitmasse

Im Gegensatz zu den Teigen sind die Hauptrohstoffe der Massen häufig Eier und Zucker, die zur Lockerung aufgeschlagen werden. Beispielhaft für die verschiedenen Massen, die im hinteren Teil des Fachbuchs beschrieben werden, wird hier die Biskuitmasse aufgeführt.

Biskuitmasse ist eine eireiche Masse ohne Fettzugabe in der Rezeptur. Deshalb sind Biskuitgebäcke besonders locker und gut bekömmlich.

- Die Lockerung der Biskuitgebäcke erfolgt nur durch die eingeschlagene Luft beim Aufschlagen der Eier.
- Weizenstärke wird in der Praxis wegen der pulvrigen Beschaffenheit als Weizenpuder bezeichnet. Weizenmehl und Weizenpuder werden im Verhältnis 1 : 1 gemischt. Durch den Weizenpuder werden die Biskuitgebäcke lockerer.

Grundrezept:

●●●●	4	Teile Vollei
●●	2	Teile Zucker
●●	2	Teile Weizenmehl/ Weizenpuder
	1	Prise Salz (ca. 2 g)
		natürliches Zitronen- und Vanillearoma

Gebräuchlichste Herstellung als „Zweikesselmasse“

- 1. Kessel: Eigelb mit ca. ⅓ des Zuckers und den Aromen schaumig schlagen.
- 2. Kessel: Eiklar mit ca. ⅔ des Zuckers und Salz zu Eischnee aufschlagen.
- Den Eischnee in das schaumige Eigelb melieren.
- Das Gemisch aus Weizenmehl und Weizenpuder unterheben.

Biskuitgebäcke

Löffelbiskuits

! Löffelbiskuits werden aus einer eigelbreichen Biskuitmasse hergestellt. Die Gebäcke sind deshalb etwas weicher und nicht so trocken. Typisch für Löffelbiskuits ist die Zuckerkruste.

Rezeptbeispiel: Löffelbiskuitmasse

240 g	Eigelb (12 Stück)	schaumig schlagen
100 g	Zucker	
	Vanillearoma	
270 g	Eiklar (9 Stück)	zu Eischnee aufschlagen; den Eischnee in die Eigelbmasse melieren
150 g	Zucker	
1	Prise Salz (ca. 2 g)	
125 g	Weizenmehl, Type 405 oder 550	sieben und zum Schluss in die Eiermasse melieren
125 g	Weizenpuder	
1010 g	**Masse**	

Aufdressieren

Die Masse mit einer Lochtülle von 13 oder 15 mm ca. 10 cm lang aufdressieren.

! Der Fachausdruck „Aufdressieren“ bezeichnet das Aufspritzen von Massen, Schlagsahne und Buttercreme zu verschiedenen Formen. Dabei wird die Masse bzw. Schlagsahne oder Creme in einen Dressierbeutel, auch Spritzbeutel genannt, gefüllt und aufdressiert (aufgespritzt).
In den Dressierbeutel wird ein Einsatz gegeben, meist eine Loch- oder Sterntülle, um exakte Formen aufdressieren (aufspritzen) zu können.

Zuckerkruste

Die Löffelbiskuits kräftig mit Zucker bestreuen oder in Zucker tauchen, damit nach dem Backen eine Zuckerkruste entsteht.

Backen: 180 °C, bei offenem Zug
Backzeit: ca. 20 Minuten
Die Löffelbiskuits gut ausbacken, da sie sonst bei der Lagerung zu weich werden.

Löffelbiskuits

Othelloschalen

Die Biskuitmasse für Othelloschalen wird mit etwas mehr Eiklar als Eigelb hergestellt. Wegen des höheren Eischneeanteils sind die Gebäcke besonders locker, aber auch etwas trocken.

Rezeptbeispiel: Othelloschalen

200 g Eigelb (10 Stück) 20 g Wasser 70 g Zucker Zitronen- und Vanillearoma	Eigelb mit Wasser entzähen und dann mit Zucker und Aromen schaumig schlagen
360 g Eiklar (12 Stück) 130 g Zucker 1 Prise Salz (ca. 2 g)	zu Eischnee aufschlagen und in das schaumige Eigelb melieren
110 g Weizenmehl, Type 405 oder 550 110 g Weizenstärke	sieben und in die Masse melieren
1000 g Masse	

Aufdressieren

Die Biskuitmasse mit einer 15-mm-Lochtülle halbkugelförmig aufdressieren. Ideal sind Knopfbleche, die gefettet und bemehlt werden, oder auf mit Backpapier belegte Backbleche aufdressieren.

Aufdressieren der Othelloschalen

Backen: 180 °C, bei offenem Zug
Backzeit: ca. 20 Minuten
Nach dem Backen die Othelloschalen sofort vom Blech bzw. Papier lösen.

Schokoküsse mit Othelloschalen

Jedes Dessert besteht aus zwei Biskuitschalen. Die untere Schale an der Rundung gerade schneiden, damit sie gut stehen kann. Die Othelloschalen mit Schokoladenkuvertüre oder Fettglasur überziehen.

Schokokuss

Füllungen

- Vanillecreme
- Schlagsahne
- bayerische Creme – Vanillecreme und Schlagsahne (→ Seite 570)

Füllung mit Sterntülle auf die untere Schale aufdressieren.

Biskuitböden, Biskuitkapseln, Sahneomeletts

Rezeptbeispiel: Biskuitböden, Biskuitkapseln und Omeletts

1000 g Vollei (20 Stück)
500 g Zucker
250 g Weizenmehl, Type 405 oder 550
250 g Weizenstärke
1 Prise Salz (ca. 2 g)
Zitronen- und Vanillearoma

2000 g Masse

Herstellung der Biskuitgebäcke

Die Eier trennen, den Zucker aufteilen und die Biskuitmasse in der Zweikesselmasse wie beschrieben herstellen.

Biskuitböden

Die Masse in Tortenringe einfüllen.
Backen: 200 °C
Backzeit: ca. 30 Minuten

Die Böden sofort nach dem Backen auf mit Tüchern belegte oder mit Mehl bestaubte Bretter stürzen, damit die Oberfläche der Biskuitböden glatt wird und der Boden von unten her ausdampfen kann.

Biskuitrouladen

Die Masse gleichmäßig auf ein mit Backpapier belegtes Backblech zu Kapseln streichen.

Aufgestrichene Biskuitkapsel

Backen: 220 °C, bei geschlossenem Zug hellbraun ausbacken.
Bei dieser hohen Backhitze backen die Kapseln schnell aus und bleiben weich und biegsam.

Füllungen:
- Schlagsahne, evtl. mit Früchten
- Buttercreme, Fettcreme
- Konfitüre

Erdbeersahneroulade

Sahneomeletts

Die Masse mit einer Lochtülle von 11 mm spiralförmig auf ein mit Backpapier belegtes Backblech dressieren oder mit einer Schablone aufstreichen. Der Durchmesser der Omeletts beträgt 12 bis 13 cm.

Sahneomeletts

Backen: 220 °C, bei geschlossenem Zug hellbraun ausbacken, sodass die Omeletts geschmeidig sind.

Füllung
Schlagsahne abschmecken, z. B. mit Vanille oder Eierlikör. Eine Hälfte der Omeletts spiralförmig mit der Schlagsahne füllen.
Die andere Hälfte nach oben klappen und auf der Schlagsahne andrücken. Den Biskuit leicht mit Puderzucker bestauben. Mit Früchten ausgarnieren.

Anisplätzchen

Die Biskuitmasse, mit Anis geschmacklich dominant gewürzt, wird tupfenförmig auf Backbleche dressiert und bei 180 °C mit offenem Zug gebacken.

Anisplätzchen

Herstellung mit Convenience-Produkten

Convenience-Produkte für Biskuitmassen sind Backmischungen oder Aufschlagmittel mit Emulgatoren und Backpulver als Lockerungsmittel. Sie werden im **„All-in-Verfahren"** glatt gerührt und verarbeitet. Beim All-in-Verfahren werden alle Zutaten in den Kessel gegeben und einige Minuten zu einer glatten Masse zusammengerührt.

LF 1.2

Fehler der Biskuitgebäcke

Gebäckfehler	Ursachen
Biskuitgebäcke haben ein geringes Volumen oder sie sind etwas breit gelaufen.	• Eischnee wurde entweder zu kurz oder zu lange aufgeschlagen. • Eigelb wurde nicht ausreichend schaumig geschlagen, sodass es beim Melieren mit dem Eischnee noch flüssig war. • Beim Melieren wurde zu unvorsichtig und zu lange gerührt, sodass dabei die eingeschlagene Luft wieder entweicht.
Gebäcke sind leicht eingefallen und haben eine runzelige Gebäckoberfläche.	Gebäcke wurden zu kurz gebacken, sodass das Gebäckgerüst noch zu weich war.
Kapseln brechen beim Rollen für Rouladen.	• Kapseln wurden zu lange gebacken, sodass sie hart und nicht mehr biegsam sind. • Bei zu geringer Backhitze wurden die Kapseln trocken.

Verkaufsargumente

Qualitätsmerkmale für die Kundenberatung

- Biskuitgebäcke sind sehr eireiche Gebäcke, die kein zusätzliches Fett enthalten.
- Deshalb sind diese Gebäcke sehr locker und gut bekömmlich.
- Füllungen wie Schlagsahne sowie Früchte bei Obsttorten bzw. Obstschnitten bestimmen den Geschmack der Erzeugnisse.

Frischhaltung und Lagerung der Biskuitgebäcke

Biskuitgebäcke ohne Füllung sind frisch, so lange sie innen weich und zart sind.

- **Löffelbiskuits und Anisplätzchen** sind verpackt längere Zeit bei Raumtemperatur lagerfähig. In Gebäcktütchen oder in Gebäckschalen verpackt, trocknen sie nicht so schnell aus.
- **Biskuittortenböden** bleiben einige Tage in einem kühlen Raum frisch. Ziehen sie sich zusammen und lösen sich so etwas vom Tortenring, trocknen sie aus.
- **Kapseln** für Rouladen und **Omeletts** für Sahneomeletts sind nur in frischem Zustand besonders weich und somit gut rollfähig, ohne zu brechen.
- Die Frischhaltung der einzelnen Biskuitgebäcke ist abhängig von der Füllung bzw. dem Obstbelag.

Tiefgefrieren der ungefüllten Biskuitgebäcke

Die frisch zu verarbeitenden Kapseln, Omeletts und Othelloschalen eignen sich gut zum Tiefgefrieren. Nach dem Backen werden sie in noch warmem Zustand in den Froster gegeben. Nach dem Auftauen bei Raumtemperatur sollten die Biskuitgebäcke bald verarbeitet werden.
Biskuitböden, Löffelbiskuits und Anisplätzchen werden gewöhnlich nicht tiefgefroren, weil sie längere Zeit lagerfähig sind.

Besondere Eignung der Biskuitgebäcke

- Alle Erzeugnisse aus Biskuitmasse sind vorzügliche Gebäcke zum Kaffee und Tee.
- Löffelbiskuits sind gelegentlich für Kleinkinder geeignet, da sie kein Fett enthalten. Deshalb sind sie besonders leicht kaubar und gut verdaulich.
- Biskuitgebäcke ohne Sahnefüllung sind für Menschen, die kein Fett vertragen, besonders geeignet, da diese Gebäcke kein Fett enthalten und somit gut verdaulich sind.
- Anisplätzchen sind besonders in der Vorweihnachtszeit beliebt und passen gut zu Gebäckmischungen.

LF 1.2

Aufgaben

1. Aus welchen Zutaten und in welchem Verhältnis zueinander wird Biskuitmasse hergestellt?
2. Beschreiben Sie das gebräuchlichste Herstellungsverfahren von Biskuitmassen als Zweikesselmasse.
3. Nennen Sie Gebäcke aus Biskuitmasse und geben Sie an, womit sie gefüllt werden.
4. Beschreiben Sie, wie Löffelbiskuits aufdressiert werden und wie die Oberfläche der Löffelbiskuits behandelt wird.
5. Erklären Sie das Backen von Löffelbiskuits, Biskuitböden und Biskuitkapseln.
6. Stellen Sie mit dem Rezept von → Seite 162 Biskuitböden, Biskuitkapseln und Sahneomeletts mit der Zweikesselmasse her. Geben Sie die Eigelb- und Eiklarmenge mit dem Zuckeranteil zum Aufschlagen an.
7. Geben Sie die Ursachen folgender Fehler der Biskuitgebäcke an:
   - Biskuitgebäcke haben ein geringes Volumen oder sie sind etwas breit gelaufen
   - Gebäcke sind leicht eingefallen und haben eine runzelige Gebäckoberfläche
   - Kapseln brechen beim Rollen für Rouladen
8. Wie lange werden Biskuitgebäcke als frisch bezeichnet?
9. Beschreiben Sie die Frischhaltung und Lagerfähigkeit von
   - Löffelbiskuits,
   - Biskuitböden, ungefüllt,
   - Kapseln für Rouladen und Omeletts für Sahneomeletts.
10. Geben Sie Auskunft über das Tiefgefrieren von Kapseln, Omeletts und Othelloschalen.
11. Zu welchen Gelegenheiten können Biskuitgebäcke empfohlen werden?
12. Für welche Gruppen von Menschen sind Biskuitgebäcke ohne Sahnefüllung besonders zu empfehlen?
13. Ein Kunde kann sich nicht entscheiden, ob er Löffelbiskuits oder Othelloschalen kaufen soll. Bei der Beratung erläutern Sie ihm die Qualitätsmerkmale der Biskuitgebäcke.

11 Haltbarmachen und Lagern der Lebensmittel

Situation

In Ihrem Betrieb werden sowohl haltbar gemachte Lebensmittel verwendet als auch Bäckerei-/Konditoreierzeugnisse haltbar gemacht. Um die Lebensmittel haltbar zu machen, stehen verschiedene Verfahren zur Verfügung. Die meisten Backwaren werden jedoch frisch verkauft. Damit sie von bester Qualität sind, müssen bestimmte Lagerbedingungen eingehalten werden. Einer Kundin erläutern Sie die speziellen Merkmale von eingeschweißten und frischen Hefezöpfen.

- Welche Haltbarmachungsmethoden sind in der Bäckerei/Konditorei üblich?
- Wie wirken sich die verschiedenen Haltbarmachungsmethoden auf die Lagerdauer aus?
- Was geschieht beim Altwerden der Gebäcke?
- Welche Anforderungen werden an einen Lagerraum für Backwaren gestellt?
- Welche Vorteile bieten die Gärverzögerung und die Gärunterbrechung?

LF 1.2

Die Haltbarmachung der Lebensmittel wird allgemein als **Konservierung** bezeichnet.

Vorgänge beim Haltbarmachen (Konservieren)

Bei der Haltbarmachung der Lebensmittel, Teiglinge sowie der Bäckerei-/Konditoreierzeugnisse werden den Mikroorganismen die Lebensbedingungen wie Wasser, Wärme und Sauerstoff entzogen, sodass sie sich nur noch gering oder gar nicht vermehren können.
Auch die Tätigkeit der Enzyme, die die Lebensmittel und Waren bei der Lagerung nachteilig verändern, wird beim Konservieren gehemmt oder eingestellt.

Ziele der Haltbarmachung (Konservierung)

- Lebensmittel sowie Bäckerei-/Konditoreierzeugnisse werden vor dem Verderb geschützt.
- Lebensmittel sowie Bäckerei-/Konditoreierzeugnisse sollen bei der Lagerung ihre natürlichen Eigenschaften behalten wie
  - den Gesundheitswert,
  - den Genusswert,
  - das Aussehen.

11.1 Haltbarmachen durch Kälte

Bei der Konservierung durch Kälte unterscheidet man
- Kühlen,
- Tiefgefrieren (Frosten),
- Gärverzögerung,
- Gärunterbrechung.

Kühlen

In der Kühlung, d. h. im Kühlschrank oder Kühlraum, herrschen **Temperaturen von 2 bis 10 °C.** Bei diesen kühlen Temperaturen sind die Lebensmittel einige Tage länger haltbar als bei Raumtemperatur.

Auch im **Sahneklimaschrank** sind Kühlschranktemperaturen mit hoher **relativer Luftfeuchtigkeit zwischen 80 % und 96 %.** Damit werden Hautbildungen und das Austrocknen der Oberflächen von Sahneerzeugnissen verhindert.

Tiefgefrieren (Frosten)

Durch das Tiefgefrieren, auch Frosten genannt, werden Lebensmittel und Bäckerei-/Konditoreierzeugnisse langfristig haltbar gemacht. Die Mikroorganismen und Enzyme stellen ihre Tätigkeit völlig ein, weil das lebensnotwendige freie Wasser der Lebensmittel zu Eis gefroren ist. Beim Auftauen vermehren sich die Mikroorganismen wieder und werden wie die Enzyme wieder aktiv.

Während des Tiefgefrierens verdunstet etwas Wasser. Deshalb werden Lebensmittel und Bäckerei-/Konditoreiwaren immer in Folien verpackt tiefgefroren.

Das fachgerechte Tiefgefrieren erfolgt gewöhnlich in zwei Abschnitten:

Schockfrosten
Bei ca. –35 °C werden die Lebensmittel schnell, d. h. schockartig gefroren, bis sie im Inneren –7 °C erreicht haben.

↓

Lagerung im Froster
Nach dem Schockfrosten wird die Ware bei –18 °C im Frosterschrank bzw. Frosterraum gelagert.

Die Lagertemperatur im Froster muss immer gleichbleibend um –18 °C sein, damit kein Auftauprozess beginnt und die Lebensmittel keine Qualitätseinbußen erleiden.

Die Kerntemperatur von –7 °C haben Teiglinge und Gebäcke beim Schockfrosten nach ca. 30 Minuten erreicht und können dann im Froster gelagert werden.

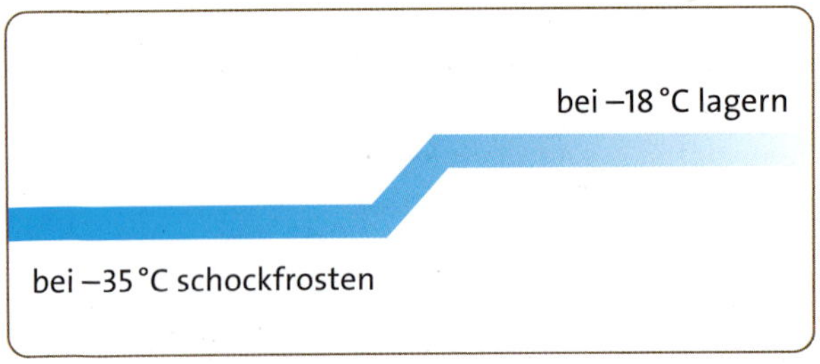

Der Tiefkühlschrank bzw. Tiefkühlraum muss mit einem Thermometer ausgestattet sein. Die Lagertemperatur im Froster sollte täglich kontrolliert werden und am besten als Beleg für die Lebensmittelkontrolle protokolliert werden.

Das richtige Tiefgefrieren

- Teiglinge und Backwaren werden mit einer Folie eng abgedeckt, damit sie nicht austrocknen. Beim Langzeitfrosten sollten sie dicht an dicht in Tiefgefrierbeutel gegeben werden.
- Es sollten nur frische Bäckerei-/Konditoreierzeugnisse gefrostet werden.
- Backwaren sollten im warmen Zustand bei ca. 60 bis 70 °C schockgefrostet werden.

Tiefgefrorene Teiglinge in Folie

Rezepturmäßige Voraussetzungen der Waren zum Frosten

- Waren aus Teigen und Massen mit Fett und/oder Zuckeranteil
- Waren aus Teigen mit Roggenmehl und Vollkorn

Je mehr Fett und/oder Zucker sowie Roggenmehl und Vollkorn in den Waren enthalten ist, desto besser eignen sie sich zum Tiefgefrieren und desto länger können sie im Froster gelagert werden.

Roggenmehl und die Schalen des Vollkorns binden Wasser stärker als Weizenmehl. Teige und Massen mit Fett und Zucker besitzen wenig freies Wasser.

Eiskristallbildung in Lebensmitteln und Backwaren beim Tiefgefrieren

Beim schnellen Tiefgefrieren, ca. –35 °C, beim Schockfrosten:

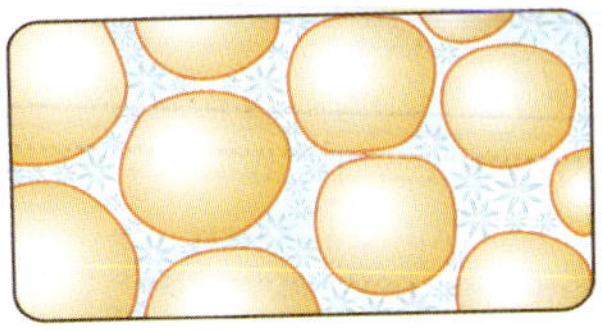

Die starke Kälte durchdringt sehr schnell die Lebensmittel, Teiglinge und Gebäcke bis ins Innere. Das Wasser in den Zellzwischenräumen der Lebensmittel bildet sich zu kleinen Eiskristallen. Diese können die Zellen nicht beschädigen.

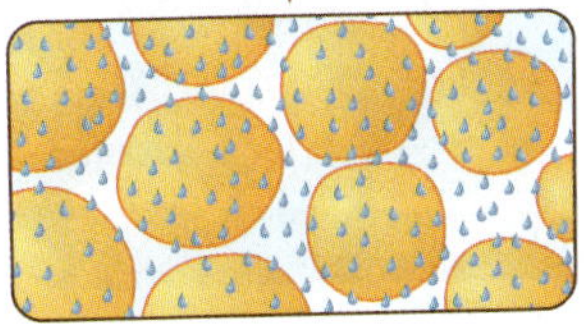

Beim Auftauen bleibt das Wasser in den unbeschädigten Zellen erhalten. Die Lebensmittel und Backwaren trocknen nicht aus.

Bei zu langsamer Kälteeinwirkung bei Frostertemperatur von –18 °C:

Bei geringer Kälte bilden sich aus dem Wasser in den Zellzwischenräumen große Eiskristalle mit scharfen Kanten. Die großen Eiskristalle beschädigen die Zellwände der Lebensmittel.

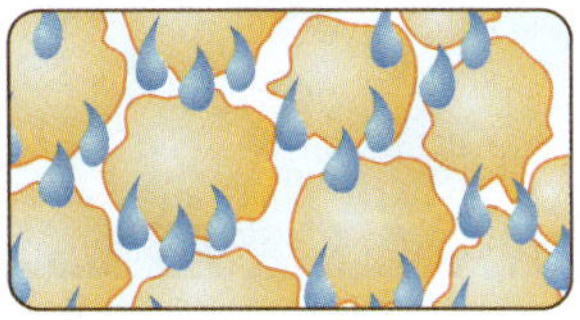

Beim Auftauen läuft das Wasser aus den beschädigten Zellen, sodass die Lebensmittel und Backwaren trockener werden.

Backwaren, die sich zum Tiefgefrieren eignen

Geeignete Waren zum Frosten	Begründungen
• Brezeln, als Teiglinge, aber auch als Gebäcke • roggenhaltige Kleingebäcke und Brote • Vollkornbrötchen und Vollkornbrote • Weizenbrote, Baguettes, Ciabattas, Toastbrote • Gebäcke aus Hefeteigen • Siedegebäcke, z. B. Berliner • Plunder- und Blätterteigstücke als Teiglinge • ungefüllte Gebäcke aus Massen, z.B. Windbeutel • eingesetzte Torten und Rouladen aus Sahnecreme • gebackene und ungebackene, fertig belegte Pizzas • Zwiebelkuchen und Quiches gebacken	• Feste Teige, z.B. Brezelteig, besitzen einen geringen Wasseranteil, der von den Mehlbestandteilen gebunden wird. • Die schalenreichen Roggenmehle und die Schalen der Getreidekörner von Vollkornschrot sind quellfähig und binden viel Wasser. • Ein geringer Fettanteil im Teig macht die Krume geschmeidig und weich, sodass sie nach dem Auftauen nicht spröde ist. • Hefeteige enthalten durch den Fettanteil wenig Milch. Das Wasser der Milch wird vom Zucker gebunden.

LF 1.2

Auswirkungen bei zu langer Lagerung von Backwaren im Froster

- Die Gebäcke trocknen aus.
- Die Gebäcke verlieren an Geschmack.
- Durch die Wasserverdunstung löst sich die Kruste von der Krume.

Backwaren, die sich nicht zum Tiefgefrieren eignen

Nicht geeignete Waren	Negative Auswirkungen durch das Frosten
Backwaren mit Obst	Nach dem Auftauen gibt das Obst viel Flüssigkeit ab und wird matschig.
mit Fondant glasierte und mit Schokoladenkuvertüre oder Fettglasur überzogene Waren	Fondant, Schokoladenkuvertüre und Fettglasur sehen nach dem Auftauen nicht mehr schön aus.
gebackene Plunder- und Blätterteigstücke	Nach dem Auftauen blättern beim Glasieren die oberen Gebäckschichten stark ab, die Gebäcke werden unansehnlich.
Fertig gebackene Brötchen sollen im Fachgeschäft nicht gefrostet werden. Auch beim Kunden sollen sie möglichst frisch und nicht länger als ca. zwei Tage tiefgefroren werden.	Aufgebackene Brötchen weisen folgende Fehler auf: • Beim Schneiden der Brötchen bröselt die Kruste und löst sich etwas von der Krume. • Die Krume ist trockener als bei frischen Brötchen. • Die Brötchen sind leer im Geschmack.

Auftauen und Backen von TK-Teiglingen
Tiefkühlteiglinge werden bei Raumtemperatur vollständig aufgetaut. Teiglinge mit Hefe werden anschließend in den Gärraum gegeben und danach gebacken.
Die Auftauphase soll nicht zu schnell bei zu hohen Temperaturen erfolgen, da der Teig ein schlechter Wärmeleiter ist und sich von außen nach innen verschiedene Reifeschichten ergeben, was eine schlechtere Gebäckqualität zur Folge hat.

Backen von TK-Brezelteiglingen
Tiefgefrorene Brezelteiglinge können in gefrorenem Zustand, leicht angetaut in Brezellauge getaucht und gebacken werden.
Auch belaugte, tiefgefrorene Brezelteiglinge können gefroren in den Backofen geschoben und gebacken werden.

Aufbacken von Backwaren direkt vor dem Verzehr
Vor dem Aufbacken von z. B. Hefeteiggebäcken, Brezeln, roggenhaltigen Kleingebäcken und Vollkornbrötchen werden diese bei Raumtemperatur aufgetaut.
Möglichkeiten zum Aufbacken sind:

- Gebäcke ca. drei Minuten bei hoher Backhitze, ca. 230 °C, mit Schwaden in den Ofen schieben.
- Kunden können im Haushalt die Gebäcke auf den Aufsatz des Toastgeräts oder auf eine andere starke Wärmequelle legen.

LF 1.2

Nach dem Aufbacken sollen die Gebäcke möglichst schnell verzehrt werden, da sie sonst trocken und spröde werden.

Auftauen von Sahneerzeugnissen
Sahnecremetorten, -rouladen und -desserts werden in der Kühlung langsam aufgetaut, am besten im Sahneklimaschrank bei hoher Luftfeuchtigkeit. Dadurch wird vor allem eine Hautbildung vermieden. Bei Sahnetorten dauert das Auftauen vier bis fünf Stunden.

Aufgetaute Lebensmittel und Bäckerei-/Konditoreierzeugnisse

- Sie dürfen nicht wieder tiefgefroren werden, da sie dann trockener werden.
- Bei feuchten Lebensmitteln würden sich bei jedem Auftauen die Mikroorganismen vermehren, die dann gesundheitsschädlich sind.

Fehler beim Frosten

- Eine vereiste Oberfläche bei tiefgefrorenen Lebensmitteln bzw. Waren deutet auf einen bereits erfolgten Auftauprozess bei Temperaturen über (wärmer) –18 °C hin. Beim Antauen bilden sich große Eiskristalle.
- Werden Lebensmittel oder Backwaren vor dem Frosten nicht mit Folie abgedeckt oder ist die Folie beschädigt, trocknen diese Waren an den Randschichten der unbedeckten Stellen aus. Diese deutlich helleren Stellen an der Oberfläche der Waren bezeichnet man als **„Gefrierbrand"**.

Maßnahmen gegen fehlerhaftes Frosten

- Das Thermometer, das sich im Tiefkühlraum bzw. -schrank befindet, muss kontrolliert werden.
  Die exakte Temperatur im Froster sollte täglich in einer Liste notiert werden. Diese Dokumentation wird den Lebensmittelkontrolleuren vorgelegt.
- Das Verpacken der Lebensmittel und Backerzeugnisse in Folie vor dem Tiefgefrieren muss sorgfältig erfolgen, damit keine freien, unbedeckten Stellen entstehen, die einen Gefrierbrand verursachen.

Vereiste Himbeeren

Gärverzögerung und Gärunterbrechung

Diese Haltbarmachungsmethoden in Kühlzellen, die bei Teigen mit Hefe angewendet werden, gehören zum Standard der Bäckerei/Konditorei. Durch Kälte wird die Hefegärung verlangsamt oder eingestellt und die Enzyme können bei diesen kühlen Temperaturen die Nährstoffe nicht mehr abbauen.

Kühlzelle für die Gärverzögerung und Gärunterbrechung

Zeitpunkt der Kühlung

Nachdem die Teiglinge geformt sind, werden sie entweder sofort oder spätestens bei halber Gare in die Kühlzellen geschoben. Eine besonders hohe Luftfeuchtigkeit von 90 bis 95 % verhindert das Austrocknen der Oberfläche der Teiglinge.

Restgare der Teiglinge bis zum Backen

Die computergesteuerten Zellen (Räume), die gärverzögern und gärunterbrechen können, werden mittels Zeitschaltuhren zu Gärräumen. Zur eingestellten Zeit geht die Kälte in den Kühlzellen in Wärme wie im Gärraum über. Bei ca. 32 °C und 70 % relativer Luftfeuchtigkeit erfolgt die restliche Gare bis zur endgültigen Gärreife, bei der dann die Teiglinge in den Backofen geschoben werden.

Vorteile der Gärverzögerung und Gärunterbrechung

- Die Herstellung von Croissants, Plunderteiglingen, Brötchen, Baguettes, Brezeln u. a. kann in der Bäckerei/Konditorei zu beliebigen Betriebszeiten erfolgen. So können auch Wochenenden und Feiertage problemlos überbrückt werden.
- In gekühltem Zustand können die Teiglinge in die Filialen gebracht und dort mehrmals täglich frisch gebacken werden.
- Es sind immer Teiglinge vorhanden, die entsprechend dem Bedarf gebacken werden können. Die Waren können so im Laden nicht ausgehen und den Kunden können jederzeit frische Backwaren angeboten werden.

	Gärverzögerung	Gärunterbrechung
Lagertemperatur	ca. +5 bis –5 °C	bei einer Lagerzeit bis zu einem Tag: –10 °C bei ein bis drei Tagen Lagerzeit: –18 °C
relative Luftfeuchtigkeit	90 bis 95 %	90 bis 95 %
Lagerzeit	bis 24 Stunden	bis 72 Stunden (3 Tage)
Tätigkeit der Hefe und Enzyme	Die Hefetätigkeit wird je nach Lagertemperatur stark gebremst. Die Enzyme arbeiten sehr langsam.	Die Hefe und Enzyme stellen ihre Tätigkeit völlig ein.

LF 1.2

Aufgaben

1. Erklären Sie, was bei der Haltbarmachung von Lebensmitteln, Teiglingen sowie Bäckerei-/Konditoreierzeugnissen geschieht.
2. Nennen Sie die zwei Ziele der Konservierung von Lebensmitteln sowie Bäckerei-/Konditoreierzeugnissen.
3. Geben Sie die vier physikalischen Konservierungsverfahren durch Kälte an.
4. Bei welchen Temperaturen werden Lebensmittel im Kühlschrank und Kühlraum gekühlt?
5. Nennen Sie die zwei Abschnitte des Tiefgefrierens und geben Sie jeweils die benötigten Temperaturen an.
6. Erläutern Sie das richtige Tiefgefrieren
   - bei Teiglingen und Backwaren,
   - für Bäckerei-/Konditoreierzeugnisse.
7. Erklären Sie die Vorgänge der Eiskristallbildung in Lebensmitteln und Backwaren sowie die Auswirkungen beim Auftauen
   - beim Schockfrosten,
   - bei zu langsamer Kälteeinwirkung bei Frostertemperatur von –18 °C.
8. Welche Nachteile entstehen bei zu langer Lagerung der Backwaren im Froster?
9. Geben Sie die rezepturmäßigen Voraussetzungen an, damit sich Backwaren besonders gut zum Frosten eignen.
10. Nennen Sie Backwaren, die sich zum Tiefgefrieren eignen, und begründen Sie die Eignung.
11. Nennen Sie Backwaren, die sich nicht zum Tiefgefrieren eignen, und geben Sie jeweils die negativen Auswirkungen durch das Frosten an.
12. Beschreiben Sie das richtige Auftauen und Backen von Tiefkühlteiglingen.
13. Erläutern Sie das Backen von TK-Brezelteiglingen.
14. Erklären Sie das Aufbacken von Backwaren kurz vor dem Verzehr.
15. Wie sollten Sahneerzeugnisse aufgetaut werden?
16. Warum dürfen aufgetaute Lebensmittel nicht wieder tiefgefroren werden? →

17 Was bedeutet eine vereiste Oberfläche auf tiefgefrorenen Lebensmitteln?

18 Was versteht man unter einem „Gefrierbrand"?

19 Erklären Sie, wie man einen Gefrierbrand auf Lebensmitteln und Bäckerei-/Konditoreierzeugnissen vermeiden kann.

20 Beschreiben Sie die Daten der Gärverzögerung und Gärunterbrechung:
- Lagertemperatur
- relative Luftfeuchtigkeit
- Lagerzeit
- Tätigkeit der Hefe und Enzyme

21 Erklären Sie die Vorteile der Gärverzögerung und der Gärunterbrechung.

22 Die Bäckerei/Konditorei, in der Sie arbeiten, hat auch am Sonntag den Laden geöffnet. Da am Samstag und Sonntag weniger Bäcker/Konditoren in der Produktion arbeiten, muss an den Tagen zuvor so viel wie möglich vorbereitet werden. Aber nicht alle Erzeugnisse eignen sich dafür, denn die Qualität muss auf jeden Fall gewährleistet bleiben. Stellen Sie deshalb eine Liste zusammen, welche Erzeugnisse von den Kunden gewünscht werden und welche sich davon vorbereiten lassen. Dabei unterscheiden Sie auch, wann die Teiglinge bzw. Waren hergestellt werden können und wie sie bis zum Samstag bzw. Sonntag zu lagern sind.

11.2 Haltbarmachen durch Hitze

LF 1.2

Das Ziel der Konservierung durch Hitze ist das Abtöten der Mikroorganismen und die Vernichtung der Enzyme in den zuvor verpackten Lebensmitteln.

Je höher und länger die Erhitzung der Lebensmittel, desto größer sind die Nachteile:
- Vitamine werden zerstört.
- Eiweiße gerinnen (denaturieren).
- Die natürlichen Farben verblassen, z. B. bei Früchten.

Konservierungsverfahren durch Hitze …	… und deren Auswirkungen
Ultrahocherhitzen Milch und Sahne werden in luftdicht verschlossenen Behältern 2 bis 3 Sekunden auf 135 bis 150 °C erhitzt.	Mikroorganismen und Enzyme werden abgetötet. Dieses Verfahren wird hauptsächlich bei der H-Milch und der H-Sahne (haltbar gemachte Milch und Sahne) angewendet, die in verschlossenen Packungen ungekühlt mindestens sechs Wochen lagerfähig sind. Durch dieses sehr kurze Erhitzen sind die Vitaminverluste und die Eiweißgerinnung nicht allzu hoch.
Sterilisieren Die Lebensmittel werden in luftdicht verschlossenen Behältern 15 bis 30 Minuten auf 110 bis 120 °C erhitzt.	Enzyme und Mikroorganismen sowie deren hartnäckige Sporen sterben ab. Die Erzeugnisse sind deshalb keimfrei und als verschlossene Konserve mindestens ein Jahr haltbar. Unerwünschte Auswirkungen: • Vitaminverluste • Aromaveränderungen • Eiweißgerinnung • Farbverblassung beim Obst
Pasteurisieren Pasteurisieren ist Erhitzen der luftdicht verpackten Lebensmittel unter 100 °C. Das häufigste Verfahren ist die Kurzzeiterhitzung: 15 bis 30 Sekunden auf 72 bis 75 °C.	Die meisten Mikroorganismen und alle Enzyme sterben ab. Die Haltbarkeitsdauer dieser verpackten Lebensmittel ist trotz kühler Lagerung begrenzt, z. B.: • Milch und Sahne: ein paar Tage lagerfähig • Eier im Tetra Pak • Fruchtsäfte und Bier: einige Monate lagerfähig Vitaminverlust und Eiweißgerinnung sind minimal.

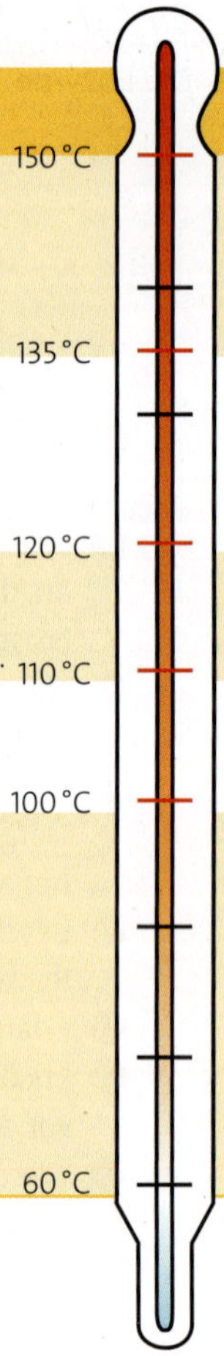

Aufgaben

1. Erklären Sie den Zweck der Haltbarmachung durch Hitze und geben Sie mögliche Nachteile der Lebensmittel durch diese Konservierung an.
2. Beschreiben Sie folgende Haltbarmachungsverfahren durch Hitze mit den erforderlichen Temperaturen. Geben Sie jeweils die Auswirkungen der Konservierung auf die Lebensmittel an:
   - Pasteurisieren
   - Sterilisieren
   - Ultrahocherhitzen
3. Jedes Jahr im Herbst entsaften Sie zu Hause frische Äpfel, um daraus Apfelsaft herzustellen. Der Saft muss jedoch recht bald getrunken werden, da er sonst gärig wird. Sie fragen Ihre Chefin, warum die Säfte, die Sie im Café ausschenken, viel länger haltbar sind.
4. Ihre Kollegin möchte von der Chefin wissen, ob sie bei der Molkerei Frischmilch oder H-Milch für das Café bestellen soll. Überlegen Sie, ob es überhaupt einen Unterschied zwischen diesen beiden Milchsorten gibt und warum man die Milch im Café nicht einfach mit dem Milchpulver herstellt, das manchmal auch in der Backstube verwendet wird.

11.3 Haltbarmachen durch Wasserentzug

Lebensmittel verderben, wenn Mikroorganismen und Enzyme ausreichend freies Wasser in den Lebensmitteln zur Verfügung haben.
Je weniger Wasser den Mikroorganismen und Enzymen zur Verfügung steht, desto geringer ist ihre Aktivität. Deswegen wird den Lebensmitteln durch Wärme Wasser entzogen, dabei werden sie getrocknet.

Lufttrocknung von Obst

Diese **Verdunstungstrocknung bei 80 bis 100 °C** wird bei Trockenfrüchten wie Weinbeeren (Rosinen, Sultaninen, Korinthen), Feigen, Äpfeln, Birnen, Aprikosen, Zwetschgen u. a. angewandt. Getrocknetes Obst wird jedoch durch die Lufteinwirkung zunehmend dunkler. Um die natürliche helle Farbe zu erhalten, werden Trockenfrüchte leicht geschwefelt → Seite 174.

Trockenobst

Sprüh- und Walzentrocknung

Diese **Verdampfungstrocknung bei über 100 °C heißer Luft bzw. heißen Walzen** erfolgt bei flüssigen Lebensmitteln wie

- Milch und Milcherzeugnissen (Milch-, Sauermilch-, Buttermilcherzeugnisse, Sahne-, Joghurterzeugnisse, Quarkpulver),
- Eiern (Vollei-, Eiweiß- und Eigelbpulver),
- Kaffee (Kaffeepulver = Extraktkaffee, Instantkaffee).

Milchpulver, Eiweißpulver, Kaffeepulver

Bei der **Sprühtrocknung** werden die flüssigen Lebensmittel durch Düsen in kleinste Tröpfchen zerstäubt. Im heißen Luftstrom wird das Wasser entzogen.
Bei der **Walzentrocknung** werden die flüssigen Lebensmittel in dünner Schicht auf beheizte Walzen aufgetragen. Die Lebensmittel trocknen dabei und können mit einem Schaber von den Walzen geschabt werden.

Nachteile der Sprüh- und Walzentrocknung:
- Der Geschmack der Lebensmittel wird nachteilig verändert.
- Vitamine werden zum großen Teil zerstört.

LF 1.2

Gefriertrocknen

Dies ist das schonendste Trocknungsverfahren. Die Lebensmittel werden zunächst auf −20 bis −30 °C tiefgefroren. Das Gefriertrocknen findet dann bei −20 bis −30 °C unter Vakuum statt. Dabei wird Eis durch zugefügte Wärmestrahlung aus den Lebensmitteln verdampft, ohne vorher zu schmelzen. Die gefriergetrockneten Erzeugnisse werden vakuumverpackt.

Bei der Gefriertrocknung behalten die Lebensmittel weitgehend ihr natürliches Aroma und es finden keine Farbveränderungen statt. Es entsteht fast kein Vitaminverlust. Deshalb wird diese Konservierungsmethode immer häufiger angewandt, vor allem bei den Convenience-Produkten wie

- Sahnecreme (z. B. Käsesahne-, Joghurtsahnepulver),
- Röstmassen (z. B. Bienenstichaufstrich und Florentiner),
- löslicher Kaffee,
- Fruchtextrakten (Fruchtsaftpulver),
- gefriergetrockneter Sauerteig.

LF 1.2

Gefriergetrocknete Produkte: Sauerteig, Convenience-Produkt für Erdbeersahne, Kaffee

Aufgaben

1. Erklären Sie den Sinn der Haltbarmachung von Lebensmitteln durch Wasserentzug.
2. Beschreiben Sie folgende Haltbarmachungsmethoden und geben Sie Beispiele für
   - das Lufttrocknen von Obst,
   - die Sprüh- und Walzentrocknung,
   - das Gefriertrocknen.
3. Nennen Sie die Vorteile des Gefriertrocknens gegenüber den anderen Haltbarmachungsmethoden durch Trocknen.
4. Informieren Sie sich über das Angebot an gefriergetrockneten Convenience-Produkten und überlegen Sie, ob deren Einsatz sinnvoll ist.

11.4 Haltbarmachen durch Verpacken in Folien

Das Verpacken in Folien ist eine häufige Verpackungsart für Bäckerei-/Konditoreierzeugnisse, da in den Folien die Waren gut sichtbar sind.

Vorteile der Waren, die in Folien verpackt sind

- In Folien verpackte Bäckerei-/Konditoreierzeugnisse halten länger frisch, weil die Waren von der Luft abgeschirmt sind und so nicht so schnell austrocknen.
- Die Folien bilden eine hygienische Schutzhülle, die die Waren vor äußeren Einflüssen schützt, z. B. Staub, Mikroorganismen.
- In Folien verpackte Waren dürfen zur Selbstbedienung angeboten werden.
- Die Kunden können die in Folien verpackten Waren problemlos nach Hause transportieren.

Folien sind nicht nur eine Schutzhülle der Waren, sondern werden mit Aufkleber des Firmenlogos besonders gute Werbeträger.

Verpacken der Waren in Folien und Folientüten

Die Erzeugnisse werden dabei einfach in Folien verpackt, sodass die Luft nicht mehr an die Waren gelangen kann, z. B.:

- Beim Einschlagen der Waren mit selbstklebenden Folien haften die Enden der Folien aneinander und verschließen somit die Waren.
- Waren werden in Folientütchen oder Folienbeutel gegeben, die mit Clips oder Ringelbändern verschlossen werden, z. B. Gebäcktütchen, Schnittbrot.
- Stollen werden in Schläuche aus Folie gegeben und an den beiden Enden mit Clips oder Ringelbändern verschlossen.

Folientütchen

Stollen im Folienschlauch

Einschweißen

Darunter versteht man das luftdichte Verschließen der Waren mit Folien in einer Verpackungsmaschine.

- Die Ware in eine Halbschlauchfolie, die an zwei Seiten geschlossen ist, legen und die Folie durch das Schließen einer durchsichtigen Haube wie ein Rechteck an allen vier Seiten mit heißen Schweißdrähten verschweißen (versiegeln, verschließen).
- Sofort wird in den durch eine Haube abgeschlossenen Raum, in dem die verschweißte Ware liegt, Hitze eingebracht.
- Dabei schrumpft die Folie, die sich dabei zusammenzieht und sich direkt an die Ware anlegt.
- Die eingeschweißte Ware ist klar und deutlich sichtbar und die Folie zieht sich straff über die Ware.

Während bei den kompakten Maschinen das Verschweißen der Folie und das Schrumpfen in einem Arbeitsgang erfolgen, werden in großen Verpackungsmaschinen die eingeschweißten Waren durch einen heißen Schrumpftunnel gegeben, in dem sich die Folien um die Waren zusammenziehen.

Einschweißen in Folie

In Folie eingeschweißte Ware

Vakuumverpacken (Vakuumieren)

Die meisten Mikroorganismen benötigen Sauerstoff. Im Vakuumiergerät wird die Luft aus der Verpackung herausgesaugt und die Öffnung der Folie sofort verschlossen, sodass die Verpackung innen frei von Sauerstoff ist. Dabei zieht sich die Folie zusammen und umschließt die Waren ganz eng.

In dieser sauerstofffreien Verpackung wird der Verderb der Lebensmittel durch Schimmelpilze, Hefen, Eitererreger u. a. stark gehemmt und auch das Ranzigwerden von Fetten verzögert. Außerdem werden flüchtige Aromastoffe im Vakuum gut erhalten.

Vakuumierte Nüsse

LF 1.2

Aufgaben

1. Nennen Sie die Vorteile der Waren, die in Folien verpackt sind.
2. Geben Sie Möglichkeiten an, bei denen Waren in der Bäckerei/Konditorei einfach in Folien und Folientütchen bzw. Folienbeuteln verpackt werden.
3. Erklären Sie das Vakuumverpacken.
4. Beschreiben Sie das Einschweißen von Waren.
5. Eine Kundin möchte von Ihnen wissen, warum die in Folientüten verpackten und die eingepackten Gebäcke länger frisch bleiben als die Gebäcke, die in Papiertüten verpackt sind.

Rechenaufgabe

Teegebäcke werden in Folientütchen verpackt und mit Ringelbändern verschlossen. Ein Gebäcktütchen kostet im Verkauf 4,70 €. Für das Verpackungsmaterial werden 4,2 % berechnet. Wie viel kostet das Verpackungsmaterial für 80 Gebäcktütchen?

11.5 Haltbarmachen durch chemische Konservierungsstoffe

Chemische Konservierungsstoffe zählen nach dem Lebensmittel- und Futtermittelgesetzbuch (LFGB) zu den Lebensmittelzusatzstoffen. Gründe für ihren Einsatz bei der Lebensmittelverarbeitung sind:

- die Verlängerung der Frischhaltung und der Haltbarkeit der Lebensmittel,
- Erhaltung des schönen Aussehens der Lebensmittel während der Lagerung.

Chemische Konservierungsstoffe

Säuren

Chemisch (künstlich) hergestellte Säuren für Lebensmittel sind z. B.

- Sorbinsäure = E 200
- Benzoesäure = E 210
- PHB-Ester = E 214 bis 219
- Propionsäure = E 280

LF 1.2

> **!** Säuren verzögern die Schimmelbildung in Lebensmitteln.

Mit chemischen Säuren werden vorwiegend Schnittbrote, Fruchtsaftgetränke, Limonaden, Mayonnaisen, Salate und Fruchtjoghurts konserviert.

Schwefeldioxid

Geschwefelt werden können:

- Trockenfrüchte wie Sultaninen, Trockenäpfel, Feigen u. a.,
- Zitronat, Orangeat,
- Dickzuckerfrüchte,
- Konfitüre, Gelee und Marmeladen.

Ungeschwefelte und geschwefelte Aprikosen

> **!** Schwefeldioxid wird auf Früchte und in Fruchtzubereitungen gegeben, damit sie ihre helle, appetitliche Farbe behalten und nicht nachdunkeln.

Der Zusatz von Schwefel ist deklarationspflichtig. Auch bei unverpackter Ware muss die Angabe „geschwefelt" gut sichtbar neben der Ware stehen. Die Verwendung von Schwefeldioxid wird auf vorverpackten Waren auch mit den Nummern E 220 bis 224, E 226 bis 228 angegeben.

Die Deklaration kann entfallen, wenn die geschwefelten Lebensmittel keine konservierende Wirkung auf das Gebäck haben, z. B. geschwefelte Trockenfrüchte in den Backwaren.

Oberflächenbehandlungsmittel

> **!** Oberflächenbehandlungsmittel werden auf die Schalen der Zitrusfrüchte und Bananen gegeben, damit diese keine Flecken und braune Stellen bekommen bzw. faulen.

Zu den Oberflächenbehandlungsmitteln zählen:

- Orthophenylphenol = E 231
- Natriumorthophenylphenol = E 232
- Thiabendazol (Pflanzenschutzmittel ohne E-Nummer)

Früchte, die mit Oberflächenbehandlungsmitteln konserviert wurden, sind gekennzeichnet, mit Ausnahme der Verwendung von Thiabendazol für Bananen. Deshalb müssen nach dem Schälen von Bananen die Hände gewaschen werden.
Wenn die Schalen von Zitronen und Orangen als Gewürz verwendet werden oder mit anderen Lebensmitteln in Berührung kommen, dürfen nur unbehandelte Früchte verwendet werden. Dies gilt z. B. für:

- Zitronen- oder Orangenschalen, die als Gewürze abgerieben werden.
- Zitronenscheiben in Getränken und Orangenscheiben als Dekor für Getränke und Eisbecher.
- Zitronen- und Orangenschalen, die in den Punsch (Getränk aus Wein mit Rum) gelegt werden.
- Ganze oder geteilte Zitronen und Orangen als Dekor für kalte Büfetts und Eisbüfetts.

Unbehandelte Zitrusfrüchte als Dekor für Getränke

Antioxidantien

> **!** Antioxidantien hemmen die Reaktion von Sauerstoff mit Lebensmitteln und verhindern dadurch den Verderb.

Antioxidantien können u.a. in Marzipanrohmasse, Nugatmasse, Knabbergebäcke, Kaugummi und auf Walnusskerne gegeben werden. Sie werden mit den E-Nummern E 320 und E 321 gekennzeichnet → Seite 242.

Deklaration für chemische Konservierungsstoffe

Viele Menschen reagieren allergisch auf bestimmte Lebensmittelzusatzstoffe. Dies kann sich beispielsweise in Unwohlsein und Hautausschlägen äußern. Deshalb müssen chemische Konservierungsstoffe als Information für die Verbraucher deklariert werden. Sie werden mit ihrem chemischen Namen oder mit E-Nummern gekennzeichnet, die in allen Ländern der Europäischen Union gleich sind. Außerdem muss die Klassenzugehörigkeit angegeben werden, also z.B. Konservierungsstoff oder Antioxidationsmittel. Die Deklaration der verwendeten chemischen Konservierungsstoffe erfolgt

- bei vorverpackten Waren im Zutatenverzeichnis auf der Verpackung,
- bei unverpackten Backwaren auf einem Schild neben der Ware,
- bei Speisen im Café in der Speise- oder Getränkekarte, z.B. mit Sternchen als Fußnote.

Werbewirksame Hinweise im Verkauf

Immer mehr Kunden bevorzugen Lebensmittel ohne chemische Konservierungsstoffe. Deshalb sollte in der Bäckerei/Konditorei auf Waren ohne chemische Konservierungsstoffe hingewiesen werden, z.B.:

- Ein deutlich lesbarer Zusatz auf vorverpacktem Schnittbrot: „ohne chemische Konservierungsstoffe".
- Beim Verkaufsgespräch weist die Fachverkäuferin auf die natürlichen Backwaren ohne chemische Konservierungsstoffe hin, z.B.
  „In unseren Backwaren befinden sich keine chemischen Konservierungsmittel, da wir grundsätzlich nur frische Lebensmittel verarbeiten und nur frische Ware anbieten."
  Oder im Café: „Wir verwenden selbstverständlich nur Zitronen (Orangen) mit unbehandelten Schalen für die Getränke bzw. Eisbecher."

Werbeplakat

Aufgaben

1. Beschreiben Sie die zwei Gründe für den Einsatz von chemischen Konservierungsstoffen in Lebensmitteln.
2. Erläutern Sie die Wirkung von Säuren als chemische Konservierungsmittel in Lebensmitteln.
3. Nennen Sie Säuren, die als Konservierungsstoffe eingesetzt werden, und geben Sie Verwendungsbeispiele an.
4. Geben Sie Beispiele für Rohstoffe aus der Bäckerei/Konditorei an, die manchmal im Handel geschwefelt angeboten werden.
5. Warum werden Lebensmittel geschwefelt?
6. Welche Früchte werden mit Oberflächenbehandlungsmitteln haltbar gemacht?
7. Nennen Sie Beispiele, für die nur unbehandelte Zitronen und Orangen verwendet werden dürfen.
8. Wie heißen die chemischen Konservierungsstoffe, die den Verderb der Lebensmittel durch Sauerstoff verhindern?
9. Erklären Sie, wie Backwaren und Speisen mit chemischen Konservierungsstoffen in der Bäckerei/Konditorei und im Café deklariert werden müssen.
10. Vergleichen Sie im Lebensmittelgeschäft die Zutatenverzeichnisse folgender vorverpackter Lebensmittel:
    - vorverpacktes Schnittbrot
    - Trockenfrüchte
    - Zitrusfrüchte und Bananen
    - Feinkostsalat

    Stellen Sie eine Liste der verwendeten chemischen Konservierungsstoffe zusammen.

11.6 Alterung der Backwaren

Backwaren behalten nur eine bestimmte Zeit ihre Frische, weil schon nach dem Backen der Alterungsprozess der Gebäcke beginnt.

Die Krume wird zunehmend trockener und später hart.
Bei der Lagerung der Backwaren kommt es zur Entquellung der Stärke, der sogenannten „Retrogradation" (lateinisch – Rückbildung). Dabei gibt die Stärke das im Ofen bei der Verkleisterung gebundene Wasser langsam wieder ab. Dieses frei werdende Wasser wandert zur Kruste. Die Krume verliert ihre Elastizität, wird trockener und später hart. Alte Gebäcke haben sogar Risse in der Krume.

Die Kruste wird zunehmend weicher und zäh.
Die trockene Kruste nimmt das freie Wasser der feuchten Krume und das entstehende Wasser der entquellenden Stärke auf. Die Kruste wird weicher und zäh. Vor allem die Rösche von Brötchen, Brezeln und Broten geht dadurch verloren. Später verdunstet das Wasser auf der Kruste, die dann hart wird.

LF 1.2

Die Backwaren verlieren an Aroma (Geruch und Geschmack).
Die Geschmacks- und Geruchsstoffe der Krume wandern mit dem Wasser nach und nach von der Krume zur Kruste und gehen dort in die Luft über. Deshalb schmecken alternde Gebäcke nicht mehr so gut, und werden zunehmend leerer im Geschmack.

Die Backwaren verlieren an Gewicht
Durch die Wasserverdunstung verlieren die Backwaren bei der Alterung zunehmend an Gewicht.

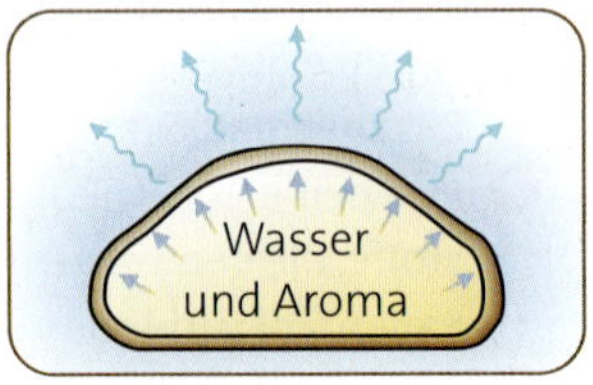

Gewichts- und Aromaverlust bei der Alterung

Altes, ausgetrocknetes Weizenbrot

Maßnahmen zur Verlangsamung des Alterungsprozesses

Das Altwerden der Gebäcke kann nicht verhindert, sondern nur verzögert werden.

Teigführung
Bei Teigen, die durch eine lange Teigruhe und Gare lange quellen, wird das Altern der Gebäcke verzögert. Beim Quellen binden das Eiweiß, die Stärke und die Schalenteile des Mehls intensiv das Wasser der Teige.
Eine lange Quellzeit ist bei folgenden Teigführungen gegeben:
- Vorteig bzw. Sauerteig herstellen
- möglichst weiche Teige herstellen
- kühle Wasser- bzw. Milchtemperatur bei der Teigherstellung einhalten
- geringe Hefemenge verwenden
- ausreichend lange Teigruhe nach dem Kneten geben

Brösel in Füllungen
Mohn- und Nussfüllungen werden mit süßen Bröseln hergestellt. Die bereits verkleisterte Stärke der Brösel nimmt viel Wasser auf, sodass die Füllungen mit hohem Wasseranteil hergestellt werden können. Die Hefeteiggebäcke bleiben somit länger frisch, weil die Mohn- und Nussfüllung durch das in den Bröseln gebundene Wasser länger feucht bleibt. Die Füllungen geben außerdem nach und nach Feuchtigkeit an die Gebäcke ab.

Rohstoffe in Teigen und Massen

Roggenmehl und Vollkornschrot bzw. Vollkornmehl
Backwaren mit Roggenmehl und Vollkorn halten länger frisch, da sie besonders viele wasserbindende Pentosanen und einen hohen Anteil an Schalenteilen der Getreidekörner enthalten. Diese quellen und binden einen hohen Wasseranteil.
Je mehr Roggenmehl und Vollkorn in den Teigen enthalten sind, desto mehr Wasser kann bei der Teigherstellung zugegeben und gebunden werden.

Milch, Eier und wenig Fett
Das Fett und die Eiweiße der Milch und Eier sowie die Zugabe einer geringen Menge Fett halten die Krume der Gebäcke etwas länger weich. Außerdem macht das Fett den Kleber in den Weizenteigen geschmeidiger und dehnfähiger, sodass eine feinporigere Krume entsteht.

Größere Fettmenge in Teigen und Massen

> **!**
> Je mehr Fett in den Gebäcken ist, desto länger bleiben diese frisch. Fett macht Teige und Massen weich. Somit benötigen diese bei der Herstellung wenig Wasser. Die Stärke kann beim Backen also nur wenig Wasser verkleistern. Dadurch kann bei der Lagerung der Gebäcke die Stärke kaum Wasser abgeben, das aus den Gebäcken in Luft übergeht. Durch den hohen Fettanteil bleiben die Gebäcke trotzdem längere Zeit weich und mürbe.

Krustenstärke der Brote

Brote werden z. B. bei 250 °C in den Ofen geschoben und dann bei reduzierter Backhitze von 200 °C ausgebacken. Eine hohe Anfangshitze beim Backen von Broten ergibt eine kräftige Krustenbildung, die das Austrocknen der Brotkrume bei der Lagerung verzögert. Je kräftiger die Kruste ist, desto länger ist die Frischhaltung. Vorteilhaft ist auch eine glatte, nicht gerissene Brotkruste.

Kräftige Brotkruste

Einflüsse auf die Alterung der Backwaren

Die Alterung der Gebäcke ist abhängig von
- der Lagertemperatur,
- der Größe der Gebäcke,
- den Getreidemahlerzeugnissen und
- der Verpackung.

Lagertemperatur der Backwaren

Am schnellsten altern Backwaren im Kühlschrank bzw. Kühlraum, da bei diesen kühlen Temperaturen die Stärke das gebundene Wasser am schlechtesten halten kann und so die schnellste Entquellung der Stärke erfolgt. Deshalb sollte z. B. Kuchen oder Schnittbrot nicht in die Kühlung gestellt werden.

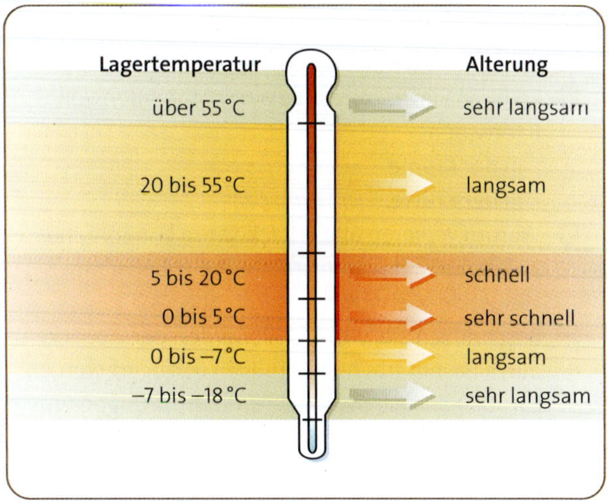

Größe der Gebäcke

Kleine Gebäcke, z. B. Brötchen, Brezeln, Stangenweißbrote, altern schneller als große Gebäcke wie Brote. Bei kleinen Gebäcken mit geringem Volumen ist der Weg des Wassers von der Krume zur Kruste kurz und durch die relativ große Oberfläche der kleinen Gebäcke verdunstet es an der Kruste schnell.

Getreidemahlerzeugnisse in den Backwaren

- Weizengebäcke altern schneller als roggenhaltige Gebäcke.
- Gebäcke aus hellen Mehlen altern schneller als Gebäcke mit Mehlen hoher Typenzahlen oder gar mit Vollkornschrot bzw. Vollkornmehl.

Unverpackte und vorverpackte Gebäcke

Verpackte Gebäcke bleiben länger frisch als unverpackte, da sie durch den Luftabschluss der Verpackung nicht so schnell austrocknen können.

Eingeschweißte Hefegebäcke

Aufgaben

1. Erklären Sie die Vorgänge beim Altwerden von Backwaren
   - in der Krume,
   - in der Kruste.
2. Warum verlieren ältere Backwaren zunehmend an Aroma und warum entsteht ein Gewichtsverlust der Gebäcke?
3. Beschreiben Sie, wie das Altwerden der Gebäcke durch bestimmte Teigführungen verzögert werden kann. Geben Sie Beispiele für Teigführungen an.
4. Erklären Sie, warum süße Brösel in Mohn- und Nussfüllung die Frischhaltung der Füllungen und Hefeteiggebäcke verlängern.
5. Erläutern Sie die verlängerte Frischhaltung der Backwaren durch folgende Zutaten in die Teige:
   - Roggenmehl und Vollkornschrot bzw. Vollkornmehl
   - Milch, Eier, eine kleine Menge Fett
6. Erklären Sie die Aussage: „Je mehr Fett in den Backwaren, desto länger sind sie frisch."
7. Beschreiben Sie, wie eine stabile Kruste bei Broten erreicht wird und warum die Krustenstärke die Frischhaltung der Brote beeinflusst.
8. Geben Sie an, wie langsam bzw. schnell Gebäcke bei folgenden Lagertemperaturen altern:
   - 20 bis 55 °C
   - 5 bis 20 °C
   - 0 bis 5 °C
   - 0 bis –7 °C
   - –7 bis –18 °C
9. Erklären Sie, wie die Größe der Gebäcke das Altwerden der Gebäcke beeinflusst.
10. Welche Getreidemahlerzeugnisse in den Gebäcken gewährleisten eine kürzere und welche eine längere Alterung?
11. Warum altern vorverpackte Bäckerei-/Konditoreierzeugnisse nicht so schnell wie unverpackte?
12. Die weiche Krume und die dünne rösche Kruste der Laugenbrezeln werden schon nach einigen Stunden trocken und die Kruste weich. Erklären Sie den Vorgang der Alterung.
13. Insbesondere vor Feiertagen fragen Kunden oft nach Backwaren, die besonders lange ihre Frischeeigenschaften behalten. Welche Backwaren empfehlen Sie diesen Kunden und was raten Sie den Kunden für die anschließende Lagerung?

LF 1.2

11.7 Lagerung der Backwaren in der Bäckerei und Konditorei

Backwaren werden als „frisch" bezeichnet, solange sie alle typischen „Frischeeigenschaften" aufweisen. Beim Altwerden der Backwaren entstehen Qualitätsverluste in Bezug auf

- Feuchtigkeitsgehalt,
- Rösche der Kruste,
- Geruch und Geschmack (Aroma),
- Aussehen.

Die richtige Lagerung kann die Frischhaltung der Backwaren verlängern.

Gebäcke mit allen Frischeeigenschaften

Behandlung ofenheißer Backwaren

> **!** Ofenheiße Backwaren müssen sofort nach dem Backen von jeder Seite ausdampfen und auskühlen können, damit der Wasserdampf entweichen kann.

Können ofenheiße Gebäcke nicht ausdampfen, wird die Kruste durch entstehendes Kondenswasser feucht und bei Brötchen und Broten geht die Rösche verloren.

Bei Backwaren mit größerem Volumen wie Kuchen kann sogar ein Wasserstreifen in der Krume entstehen, da die Feuchtigkeit nicht aus dem Inneren der Gebäcke entweichen kann.

Beispiele für das fachgerechte Ausdampfen ofenheißer Gebäcke:

- Brötchen und andere Kleingebäcke auf den Lochblechen ausdampfen lassen und nicht zu hoch übereinander in Körbe schütten.
- Kapseln aus Biskuit- bzw. Wiener Masse sofort nach dem Backen vom Backblech schieben, am besten auf Bretter.

- Kuchen aus den Formen nehmen und auf ein Gitter setzen.
- Blechkuchen nach dem Ausbacken auf Gitter schieben, damit sie auch von unten ausdampfen können.
- Tortenböden sofort nach dem Ausbacken vom Backblech nehmen, umdrehen und auf bemehlte Bretter legen.
- Brote nebeneinander auf Bretter setzen.

Frische Brötchen und Kleingebäcke in kalter Luft

Werden frische Backwaren in die kalte Luft gestellt, z. B. vom Frühstücksservice bei der Anlieferung, entsteht durch den großen Temperaturunterschied zwischen Kruste und Luft auf der Gebäckkruste Kondenswasser, wobei die Rösche der Brötchen und anderer Kleingebäcke verloren geht.

Kuchen aus den Formen nehmen und auf einem Gitter auskühlen lassen

Rohrnudeln zum Auskühlen aus der Rein stürzen

Anforderungen an den Lagerraum für Backwaren

Dieser Raum dient der kurzzeitigen Aufbewahrung verkaufsfertiger Backwaren.

- 15 bis 20 °C Raumtemperatur sind ideal.
- Der Raum sollte normale Luftfeuchtigkeit aufweisen, ca. 60 %.
  Enthält der Lagerraum zu wenig Luftfeuchtigkeit, so trocknen die Backwaren schnell aus. Bei zu hoher Luftfeuchtigkeit wird die Kruste schnell weich.
- Im Lagerraum dürfen ausschließlich Lebensmittel aufbewahrt werden, sodass der Raum frei von Fremdgerüchen ist.
- Der Raum muss durch ein Fenster gut belüftbar sein.
- Es muss ein lichtgeschützter Raum sein. Durch Sonneneinstrahlung werden Fettverderb, Vitaminverluste und Farbveränderungen in Lebensmitteln gefördert.
- Selbstverständlich muss der Lagerraum stets sauber gehalten werden.

Aufgaben

1. Wie lange werden Backwaren als „frisch“ bezeichnet?
2. Erklären Sie, warum Gebäcke nach dem Backen ausdampfen und auskühlen sollen.
3. Beschreiben Sie, wie Gebäcke sofort nach dem Ausbacken behandelt werden, damit sie auskühlen können:
   - Brötchen und andere Kleingebäcke
   - Kuchen in Formen
   - Blechkuchen
   - Tortenböden
   - Kapseln aus Biskuit- oder Wiener Masse
   - Brote
4. Beschreiben Sie die Anforderungen an einen Lagerraum für Backwaren.
5. Für den Frühstücksservice verpackt eine Fachverkäuferin die ofenheißen Brötchen und Laugenbrezeln, die bestellt wurden, in Tüten und stellt sie zum Einladen für die Lieferung in den kühlen Verladeraum. Sie sehen die vorbereiteten Tüten und erläutern ihr, warum dies zu Beschwerden der Kunden führen kann.

LF 1.2

Rechenaufgaben

1. 12 Tortenböden wiegen sofort nach dem Ausbacken 9,840 kg. Nach 2 Tagen werden sie verarbeitet und wiegen dann 2,75 % weniger.
   a) Wie viel g Lagerverlust haben die Tortenböden nach 2 Tagen?
   b) Berechnen Sie das Gewicht von einem Tortenboden nach 2 Tagen in g.
2. Der Lagerverlust von Muffins beträgt nach 2 Tagen 1,8 %. Ein Muffin wiegt dann nach 2 Tagen 138 g. Berechnen Sie das Gewicht des Muffins im frischen Zustand.

Berufliche Handlung

Sie sind in Ihrer Bäckerei/Konditorei zusammen mit einem Kollegen für den Einkauf der Rohstoffe zuständig. Deshalb sollen Sie eine betriebsinterne Fortbildungsreihe mit folgenden Themen vorbereiten:
- in der Bäckerei/Konditorei verwendete Rohstoffe
- Inhaltsstoffe der in der Bäckerei/Konditorei verarbeiteten Rohstoffe
- Verarbeiten der Rohstoffe zu Standardgebäcken aus Hefeteig, Mürbeteig und Biskuitmasse
- Haltbarmachen und Lagern der Lebensmittel

LF 1.2

Rohstoffe

1. Erläutern Sie, warum in der Bäckerei/Konditorei überwiegend die Mehle zweier verschiedener Getreidearten eingekauft und verarbeitet werden.
2. Begründen Sie, warum für Hefeteige und Blätterteige das Mehl der Type 550 verwendet wird.
3. Erklären Sie, warum Backwaren mit Vollkornmehl besonders gesund sind.
4. Backmittelhersteller bieten Backmittel für Weizengebäcke und Säuerungsmittel für roggenhaltige Backwaren an. Außerdem haben sie verschiedene Backmischungen und Fertigprodukte, z. B. für Hefeteige und Tortenböden sowie für Brandmasse, Käsesahne und Füllungen im Verkaufsprogramm. Informieren Sie sich über die Zusammensetzung der Backmittel, Backmischungen sowie Fertigprodukte und diskutieren Sie, ob deren Verwendung vorteilhaft ist.
5. Die Warenlieferung enthält Spezialmargarinesorten wie Back-, Zieh- und Crememargarine sowie Siedefette. Geben Sie Beispiele für deren Verwendungsmöglichkeiten an und begründen Sie, warum sie sich für diese Waren besonders eignen.
6. Stellen Sie eine Tabelle mit den in der Bäckerei/Konditorei verwendeten Gewürzen zusammen und geben Sie an, aus welchen Pflanzenteilen sie gewonnen werden. Beschreiben Sie auch die Verwendung dieser Gewürze.

Inhaltsstoffe der Lebensmittel

7. Kneten Sie aus Weizenmehl, Wasser und etwas Salz einen Teig und waschen Sie dann den Kleber aus. Erklären Sie dabei, wie aus dem Eiweiß des Weizenmehls der Kleber entsteht und welche drei Eigenschaften der Kleber im Weizenteig hat.
8. Stellen Sie eine Liste mit vitaminreichen Lebensmitteln zusammen und finden Sie Beispiele für Mangelerkrankungen, die bei lang anhaltendem Vitaminmangel auftreten können.
9. Neben den Vitaminen gehören die Mineralstoffe zu den unentbehrlichen Nährstoffen. Nennen Sie wichtige Mineralstoffe und beschreiben Sie deren Aufgaben im Körper.
10. Diskutieren Sie, welche Aufgaben die Ballaststoffe im Körper haben.

Feine Backwaren aus Hefeteig

11. Erklären Sie die Begriffe
    - Hefeteig und
    - Feine Backwaren.
12. Geben Sie die Grundzutaten für einen Hefeteig an und erstellen Sie ein Grundrezept einschließlich einer Beschreibung der fachgerechten Verarbeitung der einzelnen Zutaten zu einem Hefeteig.

Feine Backwaren aus ausrollfähigem Mürbeteig

13. Zählen Sie die drei Grundzutaten und die drei gebäckverbessernden Zutaten der Mürbeteige auf.
14. Beschreiben Sie die Rezeptzusammensetzung, Herstellung und Lagerung des 1-2-3-Mürbeteigs.

Feine Backwaren aus Massen

15. Erarbeiten Sie ein Grundrezept einer Biskuitmasse in der gebräuchlichsten Herstellung als Zweikesselmasse.
16. Erläutern Sie für die Herstellung einer Biskuitmasse die technologischen Eigenschaften von Eigelb und Eiklar mithilfe folgender Arbeitsschritte:
    - Schaumigschlagen von Eigelben
    - Eischnee aufschlagen
    - Melieren

Haltbarmachen und Lagern der Lebensmittel

17. Zeigen Sie anhand verschiedener Lebensmittel, Teiglinge sowie Bäckerei-/Konditoreierzeugnisse, wie sie fachgerecht tiefgefroren und anschließend wieder aufgetaut werden.
18. Definieren Sie die Verfahren der in jedem Betrieb üblichen Gärverzögerung und Gärunterbrechung.

LF 1.3
Gestalten, Werben, Beraten und Verkaufen

12 Ernährung

Situation

In Ihrem Betrieb läuft eine Aktion zum Thema „Gesund ernähren". Auf diese Aktion haben Sie sich intensiv vorbereitet, indem Sie Informationen über die vollwertige Ernährung, ernährungsbedingte Krankheiten und verschiedene Allergien gesammelt haben. Die Kunden nehmen die Aktion gut an und stellen viele Fragen:

- Wie errechnet sich der Gesamtumsatz?
- Mit welchen Maßeinheiten wird der Energiegehalt der Lebensmittel angegeben und welchen Energiegehalt besitzen die einzelnen Nährstoffe?
- Welche Aufgaben erfüllen die einzelnen Nährstoffe im Körper?
- Was versteht man unter einer „ausgewogenen Ernährung"?
- Wie entstehen Über- und Untergewicht und wie können diese ernährungsbedingten Störungen vermieden werden?
- Wie entsteht Diabetes mellitus und welche Ernährungsregeln sollten Diabetiker beachten?
- Welche Lebensmittelbestandteile lösen häufig Allergien aus und welche Lebensmittelintoleranzen kommen vor?

Essen und Trinken sollte grundsätzlich etwas Angenehmes sein. Nur „gut schmeckende" Lebensmittel sind auch gesund. Werden diese in der angemessenen Menge und zur richtigen Zeit eingenommen, kann der Körper die einzelnen Inhaltsstoffe der Lebensmittel optimal verwerten. Der Mensch fühlt sich somit wohl und ist dadurch auch leistungsfähig.

12.1 Enzyme

Alle Stoffwechselvorgänge im menschlichen und tierischen Körper sowie in den Pflanzen werden von Enzymen gesteuert. Auch in Lebensmitteln und Teigen wirken Enzyme. Enzyme werden auch künstlich hergestellt, z. B. das Labenzym für die Käseherstellung und Enzyme für Backmittel.

Tätigkeit der Enzyme

Enzyme bestehen hauptsächlich aus Eiweißen. Sie bauen Nährstoffe auf und ab, d. h., kleine Bausteine der Nährstoffe werden zu größeren Nährstoffen aufgebaut (zusammengesetzt) und größer aufgebaute Nährstoffe werden zu kleineren Nährstoffen abgebaut.

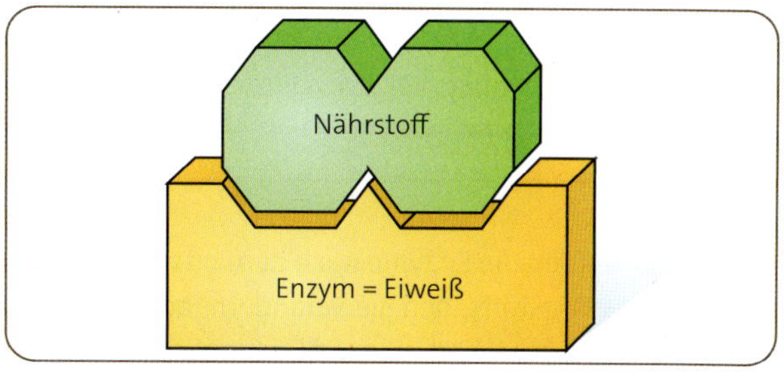

Aufbauende Enzyme

In der Pflanze werden kleine Bausteine der Nährstoffe zusammengebaut, z. B. baut ein Enzym aus zwei Einfachzuckern einen Doppelzucker auf.

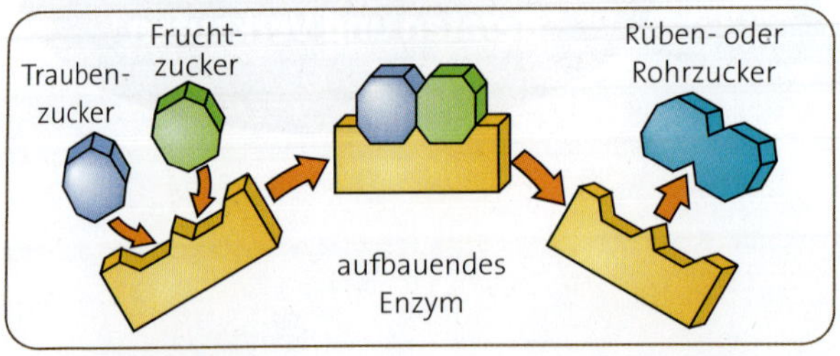

Abbauende Enzyme

Größere, zusammengesetzte Nährstoffe werden in kleinere Bausteine der Nährstoffe gespalten (abgebaut), z. B. baut ein Enzym bei der Verdauung einen Doppelzucker in zwei Einfachzucker ab.

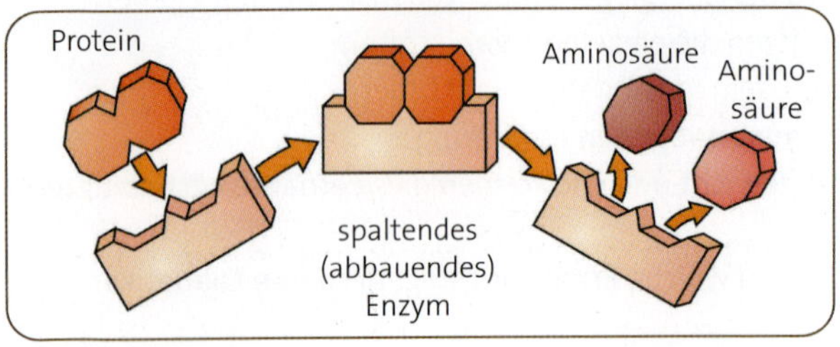

LF 1.3

Bedeutend für die Ernährung und für die Technologie der Bäckerei/Konditorei sind die abbauenden Enzyme, die jeden Nährstoff in seinen kleinsten Baustein zerlegen.
Auch in der Natur erfolgt ständig der Abbau größerer Nährstoffe, wie z. B. in der Banane. Unreife Bananen mit grüner Schale schmecken wegen des hohen Stärkeanteils kaum süß. Während der Reifung der Bananen zerlegen Enzyme einen Großteil der Stärke zu Malz- und Traubenzucker. Reife Bananen schmecken somit süß-aromatisch.

Enzyme sind Spezialisten

> **!**
> Enzyme wirken nach dem „Schlüssel-Schloss-Prinzip", d. h., jedes Enzym kann nur einen bestimmten Nährstoff auf- bzw. abbauen. Für jeden einzelnen Nährstoff ist ein anderes Enzym zuständig.

Deswegen werden die Enzyme nach dem internationalen Namen des Nährstoffs, den sie verändern, benannt. Diesem Nährstoffnamen fügt man die Endung „ase" an, z. B.:

Nährstoffnamen	Namen der Enzyme
• Lipide (Fette)	• Lipase
• Proteine (Eiweiße)	• Protease
• Amylose (Stärke)	• Amylase
• Maltose (Malzzucker)	• Maltase
• Laktose (Milchzucker)	• Laktase
• Saccharose (Rohr- und Rübenzucker)	• Saccharase

Es werden drei Enzymgruppen unterschieden:

Kohlenhydratspaltende Enzyme

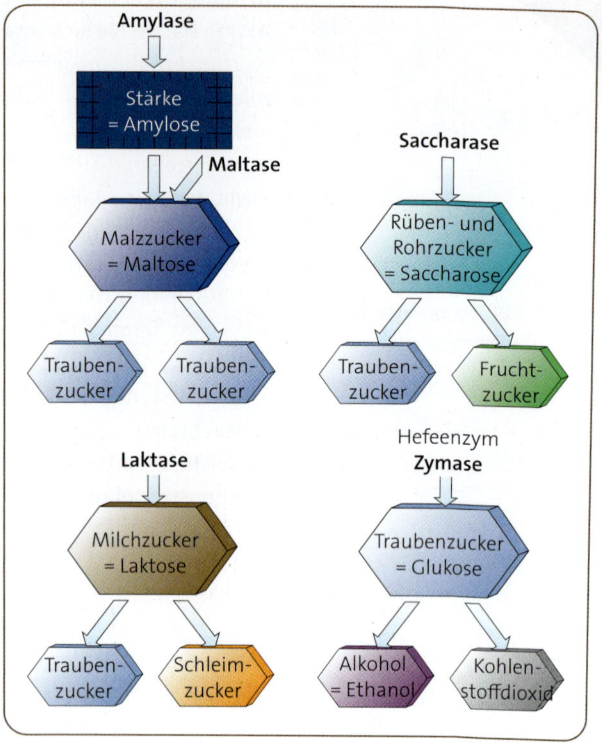

Auch die Hefe besitzt ein Enzym, die Zymase, das den Traubenzucker des Teigs in Alkohol und Kohlenstoffdioxid spaltet.

Eiweißspaltende Enzyme

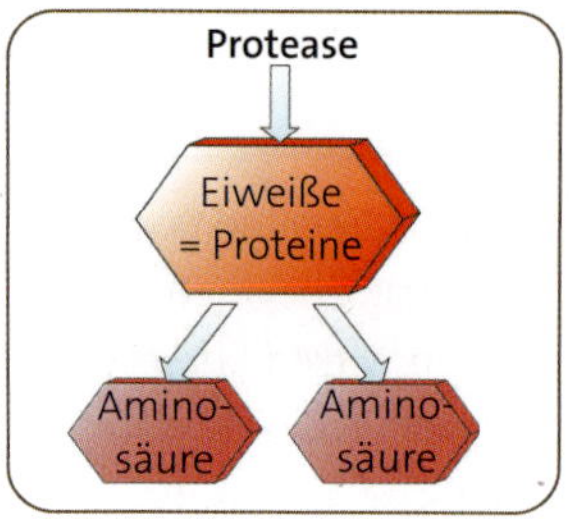

Fettspaltende Enzyme

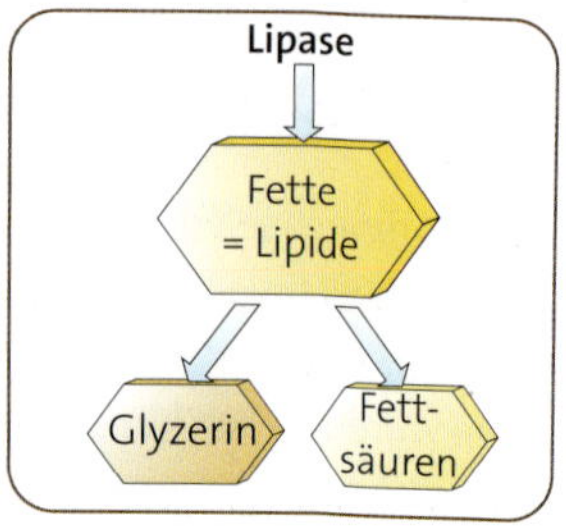

Bedingungen für die Enzymaktivität

Wärme

Die Temperaturen der Lebensmittel oder Teige bestimmen die Enzymtätigkeit.

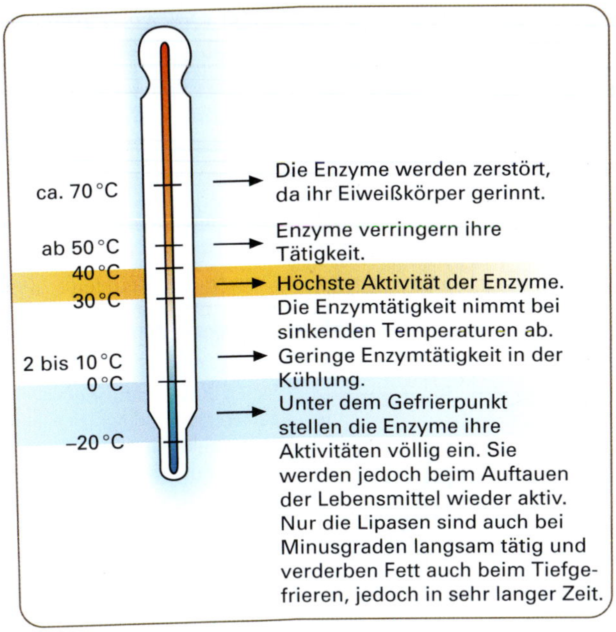

Wasser

Je höher der Wassergehalt in Lebensmitteln, desto schneller läuft die Enzymtätigkeit ab. In trockenen Lebensmitteln stellen die Enzyme ihre Tätigkeit ein a_W-Wert, → Seite 57.

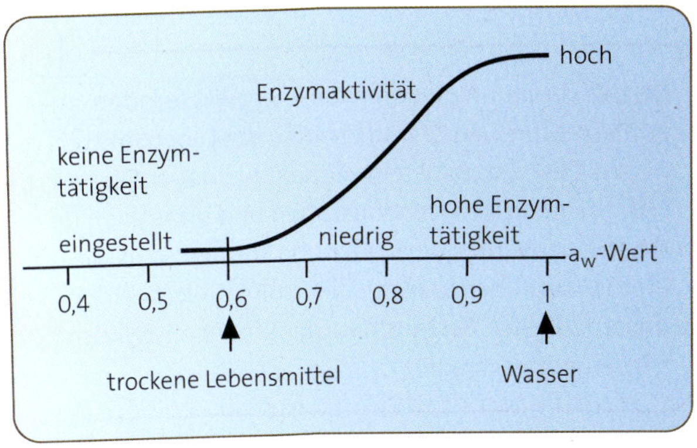

Enzymtätigkeit in Abhängigkeit vom Wassergehalt

pH-Wert

Eine verstärkte Enzymtätigkeit erfolgt bei einem neutralen pH-Wert von 7 bis zu einem sauren pH-Wert von 4. Bei einem pH-Wert unter 4 werden die Enzyme durch die starke Säure zerstört. Auch im laugigen Bereich von Seife und Waschmittel können Enzyme nicht tätig sein.

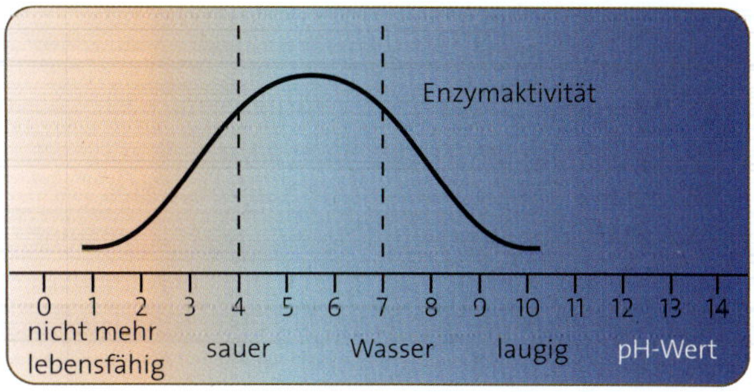

Enzymtätigkeit

Die Tätigkeit der Enzyme in Lebensmitteln kann wie folgt verhindert werden:

Die Enzyme stellen ihre Tätigkeit ein, sie werden jedoch nicht zerstört	Die Enzyme werden zerstört
• in getrockneten Lebensmitteln • in tiefgefrorenen Lebensmitteln	• durch Säure, z. B. Zitronensaft • durch Erhitzen von Lebensmitteln auf ca. 70 °C • durch hohen Salz- und Alkoholgehalt, z. B. in gepökeltem Fleisch und in Spirituosen

Erwünschte Enzymtätigkeit	Unerwünschte Enzymtätigkeit
• Bei der Hefegärung in Teigen und für die Herstellung alkoholischer Getränke spalten Enzyme den Traubenzucker in Kohlenstoffdioxid und Alkohol. • Beim Reifen von Obst wird die geschmacklose Stärke der unreifen Früchte zu Zucker abgebaut, sodass das Obst den süßlichen und vollen Fruchtgeschmack erhält. • Bei der Verdauung bauen Enzyme Kohlenhydrate, Fette und Eiweiße in ihre kleinsten Bestandteile ab, die somit in die Blutbahn übergeführt werden können.	• Geschälte und geschnittene Äpfel und Bananen werden durch Enzyme in Verbindung mit Sauerstoff braun. • Reifes Obst fault durch fortlaufenden Enzymabbau. • Bei der Lagerung von Fett trennen Enzyme die Fettsäuren vom Glyzerin, sodass Fette ranzig werden.

LF 1.3

Aufgaben

1. Woraus bestehen Enzyme hauptsächlich?
2. Erklären Sie die Tätigkeit der Enzyme.
3. Enzyme sind Spezialisten. Erläutern Sie dies.
4. Nach welchen Namen werden die Enzyme benannt und welche Endung fügt man an die Enzymnamen?
5. Beschreiben Sie den enzymatischen Abbau der Stärke im Teig bis zum kleinsten Baustein der Kohlenhydrate und der Hefegärung.
6. Beschreiben Sie den enzymatischen Abbau von
   - Fett,
   - Eiweiß.
7. Wie verläuft die Enzymtätigkeit bei folgenden Temperaturen?
   - ca. 70 °C
   - ab 50 °C
   - 30 bis 40 °C
   - 2 bis 10 °C
   - 0 bis –20 °C
8. Welche Enzyme verursachen sogar bei Minustemperaturen den langsamen Verderb des Nährstoffs?
9. Beschreiben Sie den Einfluss auf die Enzymtätigkeit in Bezug auf
   - den Wassergehalt und
   - den pH-Wert in Lebensmitteln und Teigen.
10. Nennen Sie erwünschte und unerwünschte Enzymtätigkeiten in Lebensmitteln.
11. Nennen Sie Möglichkeiten, wie die Tätigkeit der Enzyme in Lebensmitteln eingestellt bzw. gehemmt werden kann.
12. Ihr Kollege hat einen Obstsalat hergestellt. Nach kurzer Zeit ist das Obst jedoch braun und der Salat ist unansehnlich und kann nicht mehr serviert werden. Sie erläutern Ihrem Kollegen, wie es zum Braunwerden des Obstes kommt und wie er es hätte verhindern können.

LF 1.3

Rechenaufgaben

1. Nach dem Herstellen eines Vorteigs für einen Hefeteig hat der Vorteig ein Volumen von 4 360 ml. Durch den enzymatischen Abbau bei der Gärung besitzt der reife Vorteig 7,194 l Volumen. Um wie viel % vergrößerte sich das Volumen des Vorteigs?
2. Ein Betrieb kauft 37,500 kg Bananen, von denen 1 kg 1,85 € kostet. Durch enzymatischen Abbau verfaulten 8 % der Bananen. Wie viel € beträgt der Verlust?

12.2 Stoffwechsel

Beim Stoffwechsel werden die zusammengesetzten Nährstoffe der Lebensmittel im Körper zerkleinert und in Wasser gelöst, sodass sie im Körper ihre Aufgaben erfüllen können. Die für den Körper nicht verwertbaren Bestandteile der Lebensmittel werden ausgeschieden.

Der Stoffwechsel vollzieht sich über fünf Stufen.

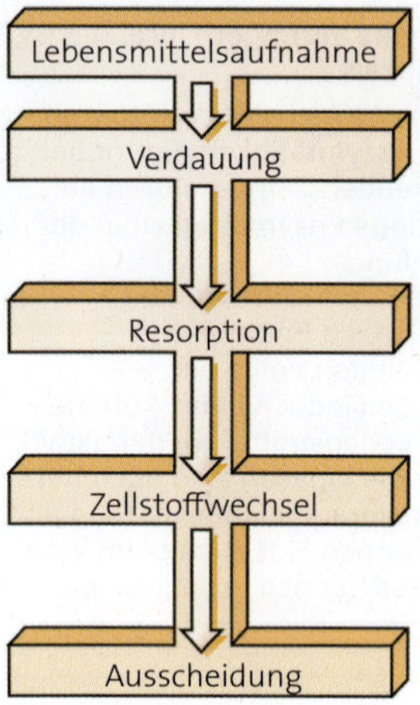

= Aufnahme der Lebensmittel beim Essen

= Die energieliefernden Nährstoffe werden in ihre kleinsten Bausteine zerlegt.

= Die in den Verdauungssäften gelösten Nährstoffe gehen in die Blutbahnen über.

= Die Nährstoffe werden zum Aufbau der Körperzellen und zur Energiegewinnung genutzt.

= Die nicht verwertbaren Bestandteile der Lebensmittel und des Zellstoffwechsels werden vom Körper ausgeschieden.

Verdauung

!

Bei der Verdauung werden die energieliefernden Kohlenhydrate, Fette und Eiweiße der Lebensmittel in ihre kleinsten Bausteine zerlegt (verdaut). Diese lösen sich mit den Mineralstoffen und Vitaminen im Wasser der Verdauungssäfte und können so in die Blutbahnen überführt werden. Zuletzt werden die unverdaulichen Bestandteile der Lebensmittel vom Körper ausgeschieden.

Die Verdauungsorgane

Die Speisen durchlaufen die Verdauungsorgane, in die die Verdauungssäfte einfließen. Die Verdauung beginnt bereits durch Kauen der Lebensmittel im Mund und endet beim Ausscheiden der für den Körper unbrauchbaren Bestandteile der Lebensmittel aus dem Dickdarm.

Jedes Verdauungsorgan erfüllt bestimmte Aufgaben. Die Verdauungssäfte enthalten die Enzyme, die die energieliefernden Nährstoffe in den Verdauungsorganen stufenweise in ihre kleinsten Bestandteile zerkleinern.

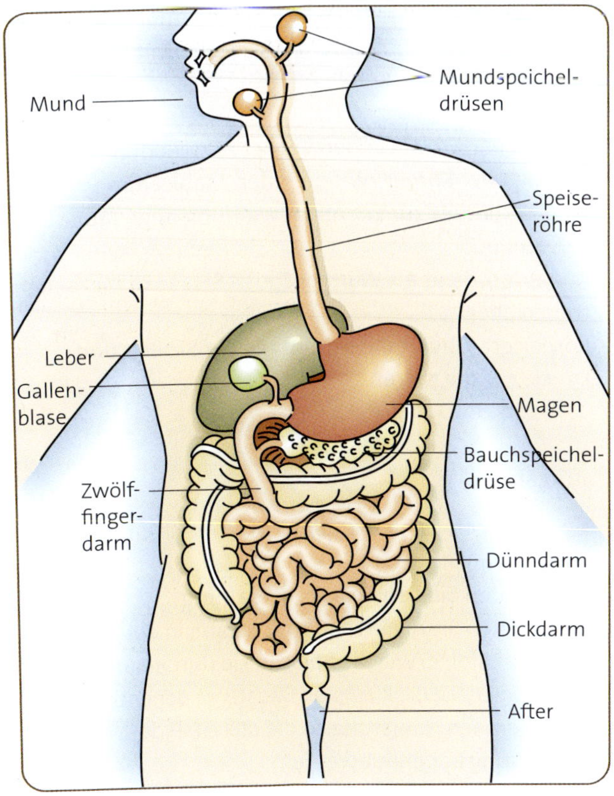

Weg der Nahrung durch die Verdauungsorgane

Abgebaut werden
- Kohlenhydrate zu Einfachzucker,
- Fett zu Glyzerin und Fettsäuren,
- Eiweiße zu Aminosäuren.

Mineralstoffe und Vitamine werden nicht abgebaut, da sie direkt vom Körper aufgenommen werden können. Die vollständig abgebauten energieliefernden Nährstoffe sowie die Mineralstoffe und Vitamine werden in den Verdauungssäften gelöst. Der Verdauungsvorgang ist beendet, wenn die unverdaulichen Bestandteile der Lebensmittel ausgeschieden werden.

Förderung der Verdauung

Schönes Aussehen sowie die Geruchs- und Geschmacksstoffe der Lebensmittel regen beim Essen den Appetit an. Dadurch bilden sich ausreichend Verdauungssäfte, die viele Enzyme enthalten und somit die Nährstoffe schnell abbauen.

Schön aussehendes und aromatisches Essen fördert somit die Verdauung. Dies besagen auch schon die bekannten Sprichwörter:
„Das Auge isst mit."
„Es läuft einem das Wasser im Munde zusammen."

Resorption

Die Verdauung ist beendet, wenn alle Nährstoffe in ihre kleinsten Bestandteile abgebaut und in den Verdauungssäften gelöst sind.

> **!** Die Resorption ist der nach der Verdauung stattfindende Übergang der im Wasser gelösten Nährstoffe vom Darm in die Blutbahnen.

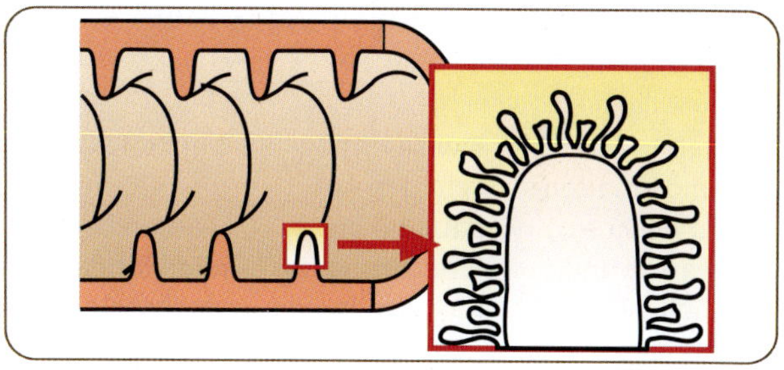

Die in den Verdauungssäften gelösten Nährstoffe gehen durch die Darmzotten der Dünndarmwand in die Blutbahnen über

Mithilfe der unverdaulichen Ballaststoffe wird der Dünndarm in Bewegung versetzt. Nur durch die Bewegung können die Darmzotten an der Darmwand die Nährstoffe aufnehmen und in die Blutbahnen überführen. Ballaststoffreiche Lebensmittel fördern somit den Übergang der Nährstoffe in die Blutbahnen. Eine ballaststoffarme Ernährung führt deshalb zu Darmträgheit und somit zu Verstopfung.

Ballaststoffärmere und ballaststoffreiche Backwaren

LF 1.3

Zellstoffwechsel

> **!**
> Beim Zellstoffwechsel erfüllen die Nährstoffe im Körper ihre Aufgaben.
> Bei den Vorgängen in den Körperzellen werden die Stoffe (Nährstoffe) umgewandelt, z. B. wird aus Fetten, Kohlenhydraten und Eiweiß Energie gewonnen.

Aufgaben der Nährstoffe im Körper

Energielieferanten	Baustoffe	Wirkstoffe
Kohlenhydrate, Fette, Eiweiße	**Eiweiße, Mineralstoffe, Wasser**	**Mineralstoffe, Vitamine, sekundäre Pflanzenstoffe**
Sie liefern Energie und erhalten somit die Körperwärme und ermöglichen Leistungen durch Muskelbewegungen.	• Eiweiß ermöglicht den Aufbau und die Erneuerung der Körperzellen. • Mineralstoffe sind Bestandteile der Knochen, der Zähne und des Blutes. • Im Wasser sind alle Nährstoffe gelöst und alle Stoffwechselvorgänge können nur mit Wasser ablaufen.	• Mineralstoffe und Vitamine werden bei allen Stoffwechselvorgängen für einen reibungslosen Ablauf benötigt und regeln so die Gesundheit des Körpers. • Sekundäre Pflanzenstoffe haben viele verschiedene gesundheitsfördernde und krebshemmende Wirkungen.

LF 1.3

Körperfett

Werden zu viele Lebensmittel gegessen, erhält der Körper mehr Nährstoffe als er benötigt. Das Zuviel an Kohlenhydraten, Fett und Eiweiß wird im Körper als Reserve zu Körperfett umgewandelt. Eine ständig erhöhte Lebensmittelzufuhr führt deshalb zu Übergewicht, das den Körper belastet.

Die Energie, die der Körper zwischen den Mahlzeiten benötigt, wird von der Reserve des Körperfetts entnommen. Deshalb kann der Körper eine bestimmte Zeit ohne Nahrung auskommen.

Der Körperfettanteil sollte bei Frauen möglichst unter 25 % und bei Männern unter 20 % liegen. Mit zunehmendem Alter steigt der Anteil.

Etwas Körperfett ist für den Körper notwendig:

- Benötigt der Körper zwischen den Mahlzeiten Energie, wird Körperfett zur Energiegewinnung abgebaut und verwendet.
- Körperfett dient als Wärmeschutz. Schlanke Menschen frieren eher.
- Körperfett schützt innere Organe vor Stößen und Druck, z. B. die Nieren.

Aufgaben

1. Der Stoffwechsel vollzieht sich über fünf Stufen. Nennen Sie diese.
2. Erklären Sie den Begriff „Verdauung“.
3. Nennen Sie die Verdauungsorgane in der Reihenfolge, wie die Speisen sie durchlaufen.
4. Nennen Sie die kleinsten Bausteine der energieliefernden Nährstoffe, in die diese bei der Verdauung abgebaut werden:
   - Kohlenhydrate
   - Fette
   - Eiweiße
5. Nennen Sie die drei nicht energieliefernden Nährstoffe, die bei der Verdauung nicht abgebaut werden, weil sie direkt vom Körper aufgenommen werden können.
6. Wie kann beim Essen der Appetit angeregt und somit die Verdauung gefördert werden?
7. Erklären Sie den Begriff „Resorption“.
8. Erklären Sie den Begriff „Zellstoffwechsel“.
9. Welche Aufgaben erfüllen folgende Gruppen der Nährstoffe beim Zellstoffwechsel?
   - Kohlenhydrate, Fette, Eiweiße
   - Eiweiße, Mineralstoffe, Wasser
   - Mineralstoffe, Vitamine, sekundäre Pflanzenstoffe
10. Erläutern Sie, wie Körperfett entsteht.
11. Wenn der Mensch zu viel gegessen hat, fühlt er sich unwohl. Das Unwohlsein bessert sich nach einiger Zeit. Begründen Sie dies mit dem Vorgang der Verdauung.

12.3 Nährstoffbedarf

Damit dem Menschen ausreichend Energie zur Aufrechterhaltung der Körperwärme und zum Aufbau der Muskeln zur Verfügung steht, benötigt er Kohlenhydrate und Fette. Reichen diese nicht aus, wird Eiweiß für die Energiegewinnung umgewandelt.

Maßeinheiten zur Angabe des Energiegehalts

!

Der Energiegehalt der Lebensmittel wird häufig in zwei Maßeinheiten angegeben:
mit der internationalen Maßeinheit **Kilojoule**
mit der allgemein geläufigen Maßeinheit **Kilokalorie**
Die Abkürzungen für diese Maßeinheiten sind:
- Kilojoule = kJ
- Kilokalorie = kcal

Die Umrechnungsgrundlagen für diese Maßeinheiten sind:
- 1 kJ entspricht 0,24 kcal
- 1 kcal entspricht 4,2 kJ

Energiegehalt der energieliefernden Nährstoffe

1 g Fett ≙ 37 kJ oder 9 kcal

1 g Kohlenhydrate ≙ 17 kJ oder 4 kcal

1 g Eiweiß ≙ 17 kJ oder 4 kcal

Auch Alkohol liefert Energie.
1 g Alkohol ≙ 29 kJ oder 7 kcal.

Fett-, kohlenhydrat- und eiweißreiche Lebensmittel

Beispiele für den Energiegehalt von jeweils 50 g folgender Lebensmittel:
- 1 Brötchen: 27 g KH, 4 g Eiweiß, 0,7 g Fett

1 Scheibe
- Roggenmischbrot: 22 g KH, 3 g Eiweiß, 0,5 g Fett
- Vollkornbrot: 19 g KH, 3,2 g Eiweiß, 0,5 g Fett

Energiebedarf des Körpers

Der Körper benötigt zu jeder Zeit Energie, ob in Ruhe oder wenn er Leistung bringt.

Grundumsatz

!

Der Grundumsatz ist die Energiemenge, die der Körper bei völliger Ruhe und Entspannung benötigt (umsetzt), um lebenswichtige Funktionen aufrechtzuerhalten.

Beim Grundumsatz wird Energie für folgende Funktionen verbraucht:
- zur Erhaltung der Körpertemperatur
- für Herzschlag und Kreislauf
- zur Atmung
- für Stoffwechselvorgänge
- für die Gehirntätigkeit

Eine genaue Bestimmung der benötigten Energiemenge für den Grundumsatz ist schwierig. Er ist bei allen Menschen unterschiedlich und vorwiegend von folgenden Faktoren abhängig:
- **vom Alter**
  Je älter der Mensch ist, desto geringer wird der Grundumsatz, da sich die Stoffwechselvorgänge, wie z. B. Atmung und Puls, im Alter verlangsamen. Die Energiezufuhr sollte im Alter verringert werden.
- **vom Geschlecht**
  Bei Frauen ist der Grundumsatz um ca. 10 % geringer als bei Männern, da Männer bei gleichem Gewicht mehr Muskelmasse besitzen. Frauen benötigen deswegen weniger Lebensmittel.
- **von der Körpergröße**
  Mit zunehmender Körpergröße erhöht sich der Grundumsatz. Aufgrund des höheren Blutanteils, des größeren Kreislaufs und erhöhten Wärmeverlustes durch die große Körperoberfläche werden mehr Nährstoffe benötigt.

LF 1.3

Leistungsumsatz

> **!** Der Leistungsumsatz ist die Energiemenge, die der Körper bei geistiger und vor allem körperlicher Tätigkeit benötigt (umsetzt).

Je schwerer die körperliche Arbeit und je stärker die sportliche Belastung ist, desto höher ist der Leistungsumsatz. In unserer Gesellschaft werden schwere körperliche Arbeiten jedoch immer seltener.

Beim Sport steigt der Leistungsumsatz

Gesamtumsatz

> **!** Der Energiebedarf, den der Körper täglich benötigt, wird als Gesamtumsatz bezeichnet. Er setzt sich zusammen aus dem Grundumsatz und dem Leistungsumsatz.

Da der Grundumsatz den Hauptanteil des Gesamtumsatzes ausmacht, neigen Menschen mit geringem Grundumsatz zu Übergewicht.

Die Nahrungsmenge muss insgesamt dem täglichen Energiebedarf entsprechen – auf Dauer darf es nicht zu viel und nicht zu wenig sein.

LF 1.3

Aufgaben

1. Mit welchen Maßeinheiten wird der Energiegehalt der Nährstoffe gemessen? Geben Sie auch die Abkürzungen dieser Maßeinheiten an:
   - internationale Maßeinheit
   - allgemein geläufige Maßeinheit
2. Nennen Sie den Energiegehalt von
   - 1 g Fett,
   - 1 g Kohlenhydrate,
   - 1 g Eiweiß,
   - 1 g Alkohol.
3. Erklären Sie den Begriff „Grundumsatz".
4. Nennen Sie Funktionen, für die der Körper bei völliger Ruhe (Grundumsatz) ständig Energie benötigt.
5. Nennen Sie Faktoren, die den Grundumsatz beeinflussen können.
6. Was versteht man unter „Leistungsumsatz"?
7. Erläutern Sie den Begriff „Gesamtumsatz".
8. Informieren Sie sich im Internet über den durchschnittlichen Energiebedarf von Jugendlichen und vergleichen Sie die dort zugrunde gelegte körperliche Aktivität mit ihrer eigenen körperlichen Aktivität.

Rechenaufgaben

1. Eine Fachverkäuferin treibt regelmäßig Sport und hat daher einen erhöhten Energiebedarf von täglich 14 000 kJ. Der Energiebedarf sollte durch Eiweiße, Fette und Kohlenhydrate im Verhältnis 1:2:5 gedeckt werden. Wie viel g der einzelnen Nährstoffe sollte die Fachverkäuferin täglich zu sich nehmen?
2. Der Nährstoffgehalt von 100 g Sandkuchen beläuft sich auf 59 g Kohlenhydrate, 22 g Fett und 12 g Eiweiß.
   Berechnen Sie den Energiegehalt eines Sandkuchens, der 350 g wiegt. (Energiewerte für Kohlenhydrate, Fette und Eiweiß → Seite 187.)
3. Eine Bäckerin isst bei einer Party 125 g Haselnüsse. Berechnen Sie den Energiegehalt der Nüsse in kJ und kcal. Die Nüsse enthalten 18 % Eiweiß, 14 % Kohlenhydrate und 56 % Fett. 1 kcal entspricht 4,2 kJ.

12.4 Ernährungsgrundsätze

Hungergefühl entsteht, wenn der Blutzuckerspiegel sinkt oder der Magen leer ist.

Durst stellt sich ein, wenn ca. 0,5 % des Körpergewichts an Wasser verloren gehen.

Appetit tritt auf, wenn man schöne Speisen sieht und bei Speisen, die gut riechen. Oft genügt schon die Vorstellung von leckeren Speisen oder Getränken, um Appetit auszulösen. Appetit kann man auch bekommen, wenn man satt ist.

Ausgewogene Ernährung

!

Ausgewogene Ernährung bedeutet, dass das regelmäßige Essen alle Nährstoffe in den richtigen Mengen enthält. Schon das Fehlen eines einzigen Nährstoffs kann zu gesundheitlichen Beeinträchtigungen und Krankheiten führen.

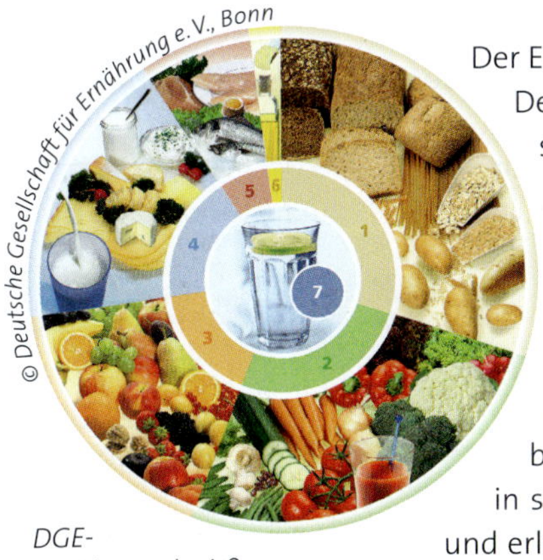

DGE-Ernährungskreis®

Der Ernährungskreis der Deutschen Gesellschaft für Ernährung e.V. (DGE) dient als Wegweiser für eine vollwertige Ernährung. Er teilt das reichhaltige Lebensmittelangebot in sieben Gruppen ein und erleichtert so die tägliche Lebensmittelauswahl. Je größer ein Kreissegment ist, desto größere Mengen sollten täglich aus der Gruppe verzehrt werden. Lebensmittel aus kleinen Segmenten sollten sparsam verwendet werden. Für eine abwechslungsreiche Ernährung sollte die Lebensmittelvielfalt der einzelnen Gruppen genutzt werden.

Die empfohlene tägliche Aufnahme der energieliefernden Nährstoffe bei einer vollwertigen Ernährung beträgt:

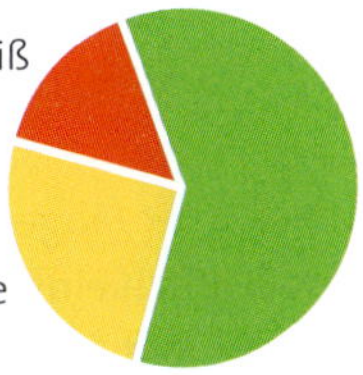

Verteilung der Nährstoffe

Regeln für die gesunde Ernährung

- Abwechslungsreiche Lebensmittel essen, damit der Körper alle Nährstoffe erhält.
- Täglich Gemüse und Obst wegen der vielen Vitamine und Mineralstoffe essen.
- Täglich Milch und Milcherzeugnisse verzehren, da diese alle Nährstoffe enthalten und vor allem Eiweiß und Kalzium.
- Regelmäßig Vollkornerzeugnisse essen, z. B. Vollkornbrot und Getreideerzeugnisse im Müsli, vor allem wegen der vielen Ballaststoffe.
- Reichlich Flüssigkeit trinken.
- Die Speisen, die wir essen, sollen überwiegend stärkehaltige Lebensmittel enthalten, z. B. Brot, Vollkornerzeugnisse, Kartoffeln, Nudeln und Reis. Begründung: Stärke wird bei der Verdauung langsam zu Traubenzucker abgebaut. Dadurch erfolgt bei der Resorption ein langsamer und schrittweiser Übergang vom Dünndarm in die Blutbahnen. Durch die längere Verweildauer im Darm fühlt sich der Körper satt und wegen der langsamen Resorption wird der Körper über eine längere Zeit gleichmäßig mit Energie versorgt.
- Wenig Fett und fettreiche Lebensmittel essen.
- Zucker und salzhaltige Lebensmittel in Maßen verzehren.

LF 1.3

Häufig fehlen bei einer falschen Ernährung Lebensmittel mit einem hohen Gehalt an Vitaminen, Mineralstoffen und Ballaststoffen. Mangelerkrankungen und Verdauungsstörungen sind die Folge.

Lebensmittel für eine ausgewogene Ernährung

Immer mehr Bäckereien und Konditoreien bieten neben den Vollkornerzeugnissen auch Bio- und Ökobackwaren an, um den Trend nach einer gesundheits- und umweltbewussten Ernährung zu befriedigen → Seite 31.

Verteilung der Mahlzeiten

Das Hungergefühl ist bei den Menschen unterschiedlich. Ob drei Mahlzeiten oder mehrere kleine Mahlzeiten täglich ausreichen, sollte jeder Mensch nach seinem Wohlbefinden selbst entscheiden.
Wichtig ist, dass die benötigte Energiemenge (kJ bzw. kcal) nicht überschritten wird.
Deshalb gilt die Regel:
- Essen sollte man nur, wenn man hungrig ist.
- Mit dem Essen aufhören, wenn man satt ist.

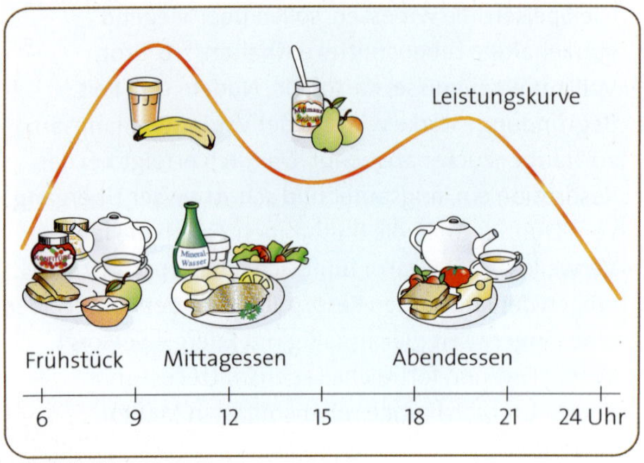

Verteilung der drei Hauptmahlzeiten mit zwei Zwischenmahlzeiten

LF 1.3

Auswirkungen unterschiedlicher Anzahl an Mahlzeiten

Vorteil von drei Mahlzeiten täglich	Vorteil mehrerer kleiner Mahlzeiten täglich
Der Blutzuckerspiegel sinkt zwischen den Mahlzeiten etwas, sodass der Körper Fett für die benötigte Energie verbrennt. **Übergewicht kann somit vermieden werden.**	Die Lebensmittel werden in kurzen Abständen dem Körper zugeführt. Dadurch bleibt der Blutzuckerspiegel im Körper für die benötigte Energie gleich. **Ein Leistungsabfall während des Tages wird verhindert.**

Idealgewicht

Das ideale Gewicht hat jeder, der sich wohl fühlt und bei seinen Tätigkeiten während der Arbeit und in der Freizeit nicht beeinträchtigt ist. Übergewicht kann durch richtige Ernährung und ausreichend Bewegung vermieden werden.

!

Essen und Trinken bereiten Lebensfreude!
Die Voraussetzungen dafür sind:
- Das Essen muss gut schmecken. Es wäre falsch, mit Widerwillen zu essen, nur weil es gesund ist.
- Das Essen und die Getränke sollten appetitlich hergerichtet werden. „Das Auge isst und trinkt mit.“
- Möglichst nicht alleine essen. In Gesellschaft schmeckt es besser.
- Zeit lassen zum Essen. So schmeckt es besser und wird leichter verdaut.

Freizeitverhalten

Richtige Freizeitbeschäftigungen beeinflussen das körperliche Wohlbefinden. Beispiele:
- Körperliche Fitness durch ausreichend Bewegung oder regelmäßiges Sporttreiben.
- Geistige Fitness, die für geistige Abwechslung sorgt.

Die Freizeitbeschäftigungen sollen Spaß machen, manchmal auch in angenehmer Gesellschaft.

Ernährungsbedingte Gesundheitsstörungen

Durch eine falsche Ernährungsweise und zu wenig Bewegung können sich schwerwiegende Folgen ergeben wie Leistungsabfall, Krankheit, Übergewicht und Untergewicht.

Leistungsabfall und Krankheit

Mangelerscheinungen

Bei falsch zusammengesetzter Ernährung über einen längeren Zeitraum, vor allem bei fehlenden Vitaminen und Mineralstoffen, kommt es zu **Mangelerscheinungen**. Folgen können beispielsweise häufige Erkrankungen, ständige Müdigkeit, Kreislaufstörungen und unreine Haut sein.

Verdauungsstörungen

Eine ballaststoffarme Ernährung über längere Zeit führt zu **Verstopfung.** Sie entsteht z. B. durch einseitige Ernährung, ständige Konservenkost oder Fast Food.

Übergewicht

Isst man langfristig ständig zu viel, bei gleichzeitiger Bewegungsarmut, entsteht Übergewicht. Der Körper bekommt dabei mehr Energie als er verbraucht. Die nicht benötigten energieliefernden Nährstoffe wandelt er in Körperfett um. Ignoriert man Übergewicht, kann es zur Fettsucht kommen.

Vermeidung von Übergewicht

- Wenige energiereiche Lebensmittel und Getränke essen und trinken, d. h. fett-, zucker- und alkoholarm.
- Vermehrt Vollkornerzeugnisse essen, da Ballaststoffe zu einem lang anhaltenden Sättigungsgefühl führen.
- Kleinere Zwischenmahlzeiten einnehmen, damit Heißhunger verhindert wird.
- Den Leistungsumsatz durch regelmäßige Bewegung und Sport steigern.

Schnelle **„Abmagerungskuren"** haben meist nicht den gewünschten Erfolg. Abnehmen ist mühsam und dauert genauso lange wie das Erreichen des Übergewichts, das sich auch nicht von heute auf morgen einstellt. Nur eine langfristig bedarfsgerechte Ernährung führt zum Abbau von Körperfett und damit oft zu seelischer Ausgeglichenheit.

Übergewicht fördert Krankheiten

- Rücken- und Gelenkbeschwerden
- Herz- und Kreislaufbeschwerden
- Stoffwechselstörungen (Zuckerkrankheit, Gicht, erhöhter Cholesterinspiegel)
- Bluthochdruck
- seelische Störungen

Untergewicht

Der stete Drang, das Idealgewicht zu erreichen, kann zu physischen und psychischen Störungen führen.
Bei längerfristig zu geringer Nahrungsaufnahme entsteht Untergewicht oder sogar Magersucht durch Nahrungsverweigerung oder Bulimie (Ess-Brech-Sucht).
Schmackhaftes, schön hergerichtetes Essen fördert den Appetit und in Gesellschaft ist die Bereitschaft zum Essen höher. So kann die Aufnahme der vom Körper benötigten Nahrungsmenge wieder erreicht werden.

> **!** Alle Ernährungsfehler verursachen anfangs Leistungsabfall und später Krankheiten.

Body-Mass-Index (BMI)

Das Körpergewicht wird mithilfe des Body-Mass-Index beurteilt. Die Formel für die Berechnung lautet:

$$\text{BMI} = \frac{\text{Körpergewicht in kg}}{(\text{Körpergröße in m})^2}$$

Untergewicht: BMI kleiner als 18,5
Normalgewicht: BMI = 18,5 bis unter 25
Übergewicht: BMI = 25 bis unter 30
Fettsucht: BMI größer als 30

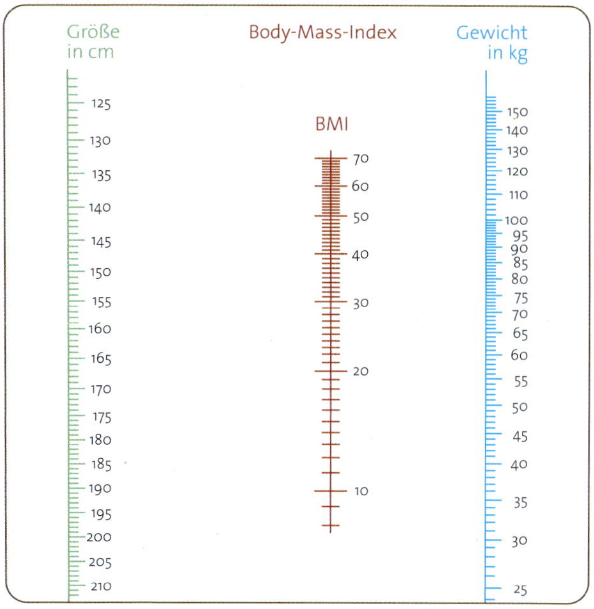

Body-Mass-Index: Durch das Ziehen einer Linie zwischen der Körpergröße und dem Körpergewicht lässt sich auf der mittleren Skala der BMI ablesen

Aufgaben

1. Erklären Sie den Begriff „ausgewogene Ernährung".
2. Welche Lebensmittel sollten bei einer gesunden Ernährung regelmäßig gegessen werden?
3. Erläutern Sie, warum überwiegend stärkehaltige Lebensmittel gegessen werden sollen.
4. Beschreiben Sie, warum mehrere kleine Mahlzeiten gesünder sind als wenige große.
5. Welche Voraussetzungen müssen gegeben sein, damit Essen und Trinken Lebensfreude bereitet?
6. Nennen Sie körperliche Mangelerscheinungen und erläutern Sie, wie es dazu kommt.
7. Wie kann es bei falscher Ernährung zu Verdauungsstörungen kommen?
8. Erklären Sie, wie es zu Übergewicht kommt. →

LF 1.3

9 Nennen Sie Möglichkeiten, wie Übergewicht vermieden werden kann.
10 Welche Krankheiten kann Übergewicht fördern?
11 Erläutern Sie, wie es zu Untergewicht kommt.
12 Berechnen Sie Ihren persönlichen BMI anhand des Body-Mass-Index auf → Seite 191 rechnerisch und durch Ablesen in der Tabelle.
13 Ihr Mitschüler hat schon oft Diäten gemacht und jedes Mal einige Kilogramm abgenommen. Allerdings hat er meistens nach kurzer Zeit wieder zugenommen. Sie geben ihm Tipps, wie er am besten schlank werden und schlank bleiben kann.

Rechenaufgaben

1 Ein Konditor wiegt 70 kg und ist 1,80 m groß. Berechnen Sie den BMI und beurteilen Sie sein Gewicht.
2 Eine Mitschülerin ist 169 cm groß und wiegt 82 kg. Wie viel kg muss sie abnehmen, um Normalgewicht zu erreichen?

LF 1.3

12.5 Diabetes mellitus (Zuckerkrankheit)

Bei der Zuckerkrankheit liegt eine Störung des Zuckerstoffwechsels vor. Es gibt zwei Formen: Diabetes Typ 1 leidet an Insulinmangel. Beim Diabetes Typ 2 (90 % der Diabetiker) ist das Insulin unwirksam (resistent). Die Ursachen von Typ 2 Diabetes sind Übergewicht, Bewegungsmangel und auch Erbanlage.

Der Blutzuckerspiegel

!

Die Körperzellen und das Gehirn benötigen ständig Zucker, der sie mit Energie versorgt. Deshalb befindet sich im Blut stets etwas Zucker, der sogenannte „Blutzucker“.
Der Anteil des Zuckers im Blut wird als Blutzuckerspiegel bezeichnet. Der Blutzuckerspiegel soll immer möglichst gleich (konstant) sein, 80 bis 120 mg in 100 ml Blut ≙ ca. 1 g Zucker in 1 l Blut.

Kohlenhydratstoffwechsel bei gesunden Menschen

- Kohlenhydrate werden bei der Verdauung überwiegend zu Traubenzucker abgebaut.
- Der Traubenzucker geht bei der Resorption sofort in das Blut über. Dabei steigt der Blutzuckerspiegel.
- Bei steigendem Zuckeranteil im Blut (steigendem Blutzuckerspiegel) wird das Hormon Insulin vermehrt in der Bauchspeicheldrüse erzeugt.
- Ist ausreichend Zucker im Blut, transportiert das Insulin den überschüssigen Traubenzucker in die Leber und Muskulatur und speichert ihn dort als Zuckerreserve.
- Es wird ständig Zucker im Blut zur Energiegewinnung verbraucht. Sobald der Blutzuckerspiegel sinkt, z. B. zwischen den Mahlzeiten oder durch körperliche Anstrengung, wird der gespeicherte Zucker abgegeben, sodass der Blutzuckerspiegel immer konstant (gleich) bleibt.

Ursache der Zuckerkrankheit (Diabetes mellitus)

!

Bei zuckerkranken Menschen erzeugt die Bauchspeicheldrüse zu wenig oder kein Insulin oder das Insulin wirkt nicht. Deshalb ist Diabetes eine Zuckerstoffwechselkrankheit, weil der überschüssige Zucker im Körper nicht als Zuckerreserve gespeichert werden kann.

Überzucker

Bei der Kohlenhydrataufnahme, vor allem beim Verzehr von Zucker, steigt der Blutzuckerspiegel beim Diabetiker zu hoch an. Es entsteht Überzucker, weil der Zucker durch Insulinmangel in der Leber und Muskulatur nicht gespeichert werden kann und so im Blut bleibt.

Auswirkungen des zu hohen Blutzuckerspiegels

- Der zu hohe Zuckeranteil im Blut entzieht den Körperzellen Wasser und auch Kalium. Dies führt zu verstärktem Durstgefühl und auch zu Wadenkrämpfen.
- Da bei ständigem Durstgefühl viel Wasser getrunken wird, kann der zu hohe Zuckergehalt über die Nieren mit dem Urin ausgeschieden werden. Dies erklärt das häufige Wasserlassen der Diabetiker.

Unterzucker

Wenn der Zucker im Blut durch die ständige Energiegewinnung aufgebraucht ist, sind keine Zuckerreserven in Leber und Muskulatur vorhanden. Dadurch sinkt der Blutzuckerspiegel, es entsteht Unterzucker. Der Diabetiker bekommt schnell einen Schwächeanfall und muss sich hinlegen. Er muss sofort Süßigkeiten oder süße Säfte bekommen, sonst fällt er in eine Bewusstlosigkeit, in das sogenannte Zuckerkoma.

Mögliche Anzeichen für die Zuckerkrankheit

- anhaltende Müdigkeit
- anhaltendes Durstgefühl
- sehr häufige Harnflut
- Sehstörungen
- Gewichtsabnahme trotz normaler Ernährung

Ernährungsregeln für Diabetiker

- Eine ausgewogene Ernährung und regelmäßige körperliche Bewegung sind die Grundregeln.
- Vollkornerzeugnisse wie Vollkornbrote bevorzugen. Die Ballaststoffe verzögern stark die Resorption von Traubenzucker, der somit langsam und schrittweise in die Blutbahnen übergeht.
- Stärkehaltige Lebensmittel wie Brote, Brötchen, Kartoffeln und Reis sind erlaubt, da die Stärke bei der Verdauung langsam abgebaut wird und somit nach und nach resorbiert wird (in das Blut übergeht).
- Zuckerhaltige Lebensmittel und Getränke stark einschränken, da der Zucker sofort in das Blut übergeht und der Blutzuckerspiegel sofort hoch ansteigt.
- Täglich ausreichend vitamin- und mineralstoffreiches Gemüse und Obst essen.
- Die Kohlenhydratzufuhr sollte auf mehrere Mahlzeiten (bis zu sechs) verteilt werden.

Empfehlenswerte Lebensmittel für Diabetiker

Süßungsmittel

Diabetikererzeugnisse, z. B. Diabetiker-Spritzgebäcke, Diabetiker-Pralinen, wurden früher in der Bäckerei und Konditorei angeboten. Die Diabetikerwaren wurden statt mit Zucker mit natürlichen **Zuckeraustauschstoffen** hergestellt. Diese haben etwa 40 % weniger Kalorien als Zucker und können vom Körper beim Stoffwechsel genutzt werden. Die Diabetikererzeugnisse brachten jedoch für Zuckerkranke keine Vorteile. Sie verursachten sogar beim Verzehr größerer Mengen Magen- und Darmbeschwerden. Außerdem waren Diabetikerwaren sehr teuer.

Süßstoffe sind chemisch hergestellte Süßungsmittel, z. B. Saccharin, Cyclamat, Aspartam und Acesulfam. Sie besitzen eine hohe Süßungskraft und haben keinen Energiegehalt (keine Kalorien). Statt Zucker werden Süßstoffe zum Süßen von zuckerarmen und zuckerlosen Getränken sowie industriell hergestellten Süßwaren und Süßspeisen verwendet, z. B. für Light-Getränke und zuckerlose Kaugummis. Süßstoffe eignen sich auch als Zuckerersatz, um Übergewicht zu vermeiden, z. B. in Tablettenform für Heißgetränke.

Berechnung der Kohlenhydrate für Diabetiker

Diabetiker, die Insulin zuführen, müssen die Kohlenhydrate, die sie essen, berechnen, um ein unkontrolliertes Ansteigen oder Absinken des Blutzuckerspiegels zu vermeiden und um die Insulinzufuhr zu berechnen.

!

Die verdaulichen Kohlenhydrate in Lebensmitteln werden umgerechnet und bezeichnet als

- **Broteinheiten (BE)** oder
- **Kohlenhydrateinheiten (KE** bzw. **KHE).**

1 Broteinheit (BE) ≙ 12 g und
1 Kohlenhydrateinheit (KE) ≙ 10 g
verdauliche Kohlenhydrate (ohne Ballaststoffe)

1 BE entspricht z. B.	1 KE entspricht z. B.
21 g Toastbrot	18 g Toastbrot
150 g Erdbeeren	130 g Erdbeeren
250 g Milch	210 g Milch

LF 1.3

Aufgaben

1. Erläutern Sie den Begriff „Blutzuckerspiegel".
2. Erklären Sie den Kohlenhydratstoffwechsel bei gesunden Menschen.
3. Beschreiben Sie die Ursachen der Zuckerkrankheit.
4. Erklären Sie, wie es zum veränderten Blutzuckerspiegel kommt:
   - bei Überzucker
   - bei Unterzucker
5. Süßen Sie jeweils eine Tasse Kaffee oder Tee mit Zucker und mit Süßstoff. Beurteilen Sie den Geschmack der Getränke und diskutieren Sie mit Kolleginnen und Kollegen über Vor- und Nachteile von Zucker und Süßstoff.

12.6 Lebensmittelallergien und Lebensmittelunverträglichkeiten

Allergien

> **!** Bei einer Allergie verträgt der Körper Stoffe in Lebensmitteln oder aus der Umwelt nicht. Diese unverträglichen Stoffe lösen eine Krankheit, eine Allergie, aus.

Mehlstaub kann eine Allergie auslösen

Die unverträglichen Stoffe werden als Allergene bezeichnet, z. B. Blütenpollen, Medikamente, Tierhaare, Chemikalien.

LF 1.3

Auch Umgebungseinflüsse, vor allem Staub, können allergische Reaktionen im Körper auslösen, z. B. der Mehlstaub. Verursacht Mehlstaub bei Bäckern und Konditoren eine Allergie, zählt diese als anerkannte Berufskrankheit → Seite 34.

Eine Allergie kann plötzlich und in jedem Alter auftreten und verschieden stark wirken. Allergische Erkrankungen sind nicht ansteckend.
Allergien können erblich bedingt sein, aber auch die belastete Umwelt ist ein auslösender Faktor. In den Industrieländern nehmen Allergien alarmierend zu.

Lebensmittelallergien

Bei einer Lebensmittelallergie verträgt der Körper bestimmte Stoffe in Lebensmitteln nicht, und zwar bereits in kleinsten Mengen. Dies können bestimmte Früchte wie Äpfel, Kiwis oder rohes Gemüse wie Zwiebeln, Karotten sein.
Lebensmittel, die bei vielen Menschen allergische und unverträgliche Reaktionen auslösen, müssen nach der Lebensmittelinformations-Verordnung auf vorverpackten Waren im Zutatenverzeichnis deklariert werden → Seite 239. Die Allergiekennzeichnung ist auch bei unverpackten Waren vorgeschrieben.

Einige allergene Lebensmittel

Symptome, die auf eine Allergie hinweisen

- Hautausschläge (Hautekzeme), juckende Haut
- Asthma (Atemnot)
- Schnupfen, Fließschnupfen, Nieszwang
- ständiger Hustenreiz
- tränende Augen

Auch allgemeines Unwohlsein, Migräne und ständige Müdigkeit können auf Allergien hindeuten.

Eine Allergie, z. B. gegen Milch, kann bei einem Allergiker Hautekzeme und bei einem anderen Asthma bewirken. Es können aber auch mehrere Symptome gleichzeitig auftreten.
Bei häufigem Kontakt mit dem unverträglichen Lebensmittel wird die Allergie chronisch (anhaltend, dauernd).

Lebensmittelunverträglichkeiten (Lebensmittelintoleranzen)

> **!** Bei einer Lebensmittelunverträglichkeit, Lebensmittelintoleranz genannt, kann der Körper im Darm bestimmte Lebensmittel nicht abbauen (verdauen) und vom Darm nicht in die Blutbahnen überführen (resorbieren).

Laktoseintoleranz (Milchzuckerunverträglichkeit)

Laktose ist der Doppelzucker der Milch, der bei der Verdauung gesunder Menschen in Einfachzucker gespalten und in den Blutkreislauf aufgenommen wird.
Besitzt der Körper zu wenige oder keine Enzyme, die die Laktose abbauen, kann der Milchzucker nicht in den Blutkreislauf gelangen und wird von den Darmbakterien vergoren. Dies führt vorwiegend zu Blähungen, Bauchschmerzen und Durchfall.

Die Betroffenen müssen auf Milch und Milcherzeugnisse ganz oder teilweise verzichten, manchmal auch auf Gebäcke, die mit Milch hergestellt sind, z. B. Milchbrötchen und Hefeteiggebäcke. Da Laktoseintoleranz weit verbreitet ist, wird im Handel u. a. laktosefreie Milch angeboten.

Fruktoseintoleranz (Fruchtzuckerunverträglichkeit)

Der Fruchtzucker in Lebensmitteln kann bei diesen Menschen nur schlecht vom Dünndarm in die Blutbahnen resorbiert werden. Dies führt bei einer Fruktoseintoleranz zu Übelkeit und Bauchschmerzen sowie zu Blähungen und Durchfall.
Die betroffenen Menschen müssen vor allem Obst und Obstsäfte meiden sowie zuckerhaltige Lebensmittel reduzieren, weil Rübenzucker aus je einem Molekül Fruchtzucker und Traubenzucker besteht.

Zöliakie

Zöliakie ist eine Erkrankung des Dünndarms, die durch eine Unverträglichkeit gegenüber dem Eiweiß **Gluten** (Klebereiweiß) ausgelöst wird.
Gluten befindet sich in den Getreidearten Weizen, Dinkel, Roggen, Gerste und Hafer.

Backwaren für Zöliakiekranke werden mit glutenfreien Mehlen, die für Zöliakiekranke verträglich sind, hergestellt. Getreide ohne Gluten sind Mais, Reis und Hirse sowie die Pseudogetreide Buchweizen, Amaranth und Quinoa.

Gluten- und laktosefreies Brot

Bei glutenhaltigen Lebensmitteln kommt es zu einer Entzündung der Schleimhaut des Dünndarms. Dabei werden die Darmzotten geschädigt, sie verkleinern sich und werden flach. Deshalb können nur noch wenige Nährstoffe über den Darm in das Blut aufgenommen werden.
Häufige Beschwerden bei Zöliakie sind Durchfall, Bauchschmerzen und Blähungen.

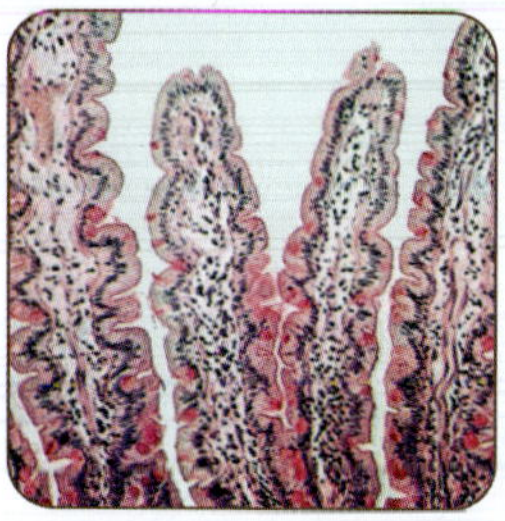

Normale Dünndarmschleimhaut mit Darmzotten

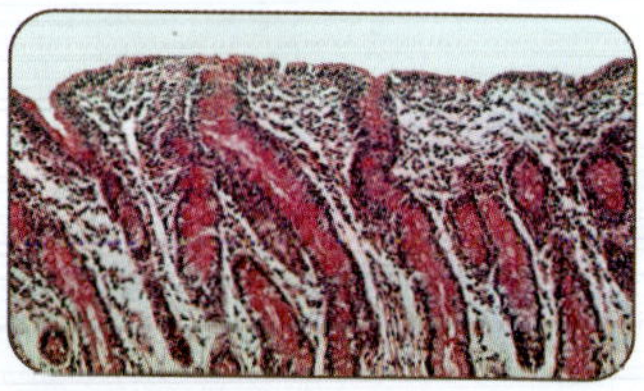

Geschädigte Dünndarmschleimhaut mit flachen Darmzotten

Maßnahmen gegen Allergien und Intoleranzen

- Die wirksamste Methode ist das Herausfinden der Allergene und unverträglichen Lebensmittel, damit der Kontakt mit diesen Stoffen gemieden wird.
- Medikamente, die der Arzt verschreibt.
- Die Stärkung des Immunsystems verringert die Anfälligkeit, z. B. durch
  - ausgewogene Ernährung,
  - ausreichend Bewegung und Sport,
  - schadstoffarme Wohn- und Arbeitsumgebung.

Aufgaben

1. Erklären Sie den Begriff „Allergie".
2. Nennen Sie Lebensmittel, die häufig Allergien auslösen.
3. Nennen Sie Symptome, die auf eine Allergie hinweisen.
4. Erläutern Sie eine Lebensmittelintoleranz.
5. Beschreiben Sie die
   - Laktoseintoleranz,
   - Fruktoseintoleranz.
6. Beschreiben Sie Zöliakie:
   - Ursache (Auslöser)
   - Lebensmittel, in denen der auslösende Stoff enthalten ist
   - geschädigtes Organ im Körper
7. Nennen Sie Maßnahmen, die gegen Allergien und Intoleranzen getroffen werden können.
8. Sie beobachten, dass Ihre Freundin immer nach dem Genuss von Nusskuchen und Marzipanpralinen husten muss. Ihre Freundin meint, es sei eine verschleppte Erkältung. Sie befürchten jedoch, dass es eine Allergie sein könnte, und geben ihr Ratschläge für eine Ernährungsumstellung.

13 Verkaufsförderung durch Marketing

Situation

Der Umsatz Ihrer Bäckerei/Konditorei stagniert. Im Team mit dem Betriebsleiter suchen Sie ein passendes Marketingkonzept, um den Umsatz zu steigern. Dabei diskutieren Sie sowohl Maßnahmen, die die Produktion betreffen als auch Maßnahmen, die das Personal betreffen.

- Nach welchen Gesichtspunkten ermittelt eine Bäckerei/Konditorei einen Standort für eine neue Filiale?
- Wie kann eine Bäckerei/Konditorei das Marketingziel erreichen?
- Wie können die Waren in den Verkaufsläden optimal präsentiert werden?
- Ist die Einrichtung der Bäckerei/Konditorei modern und freundlich?
- Ist der Service des Verkaufspersonals verbesserungsfähig?
- Welche Werbemittel können eingesetzt werden?
- Wie werden Plakate und Preisschilder geschrieben, damit sie als Werbemittel bei den Kunden ankommen?

LF 1.3

13.1 Marketing

Klagen über schlechte Geschäfte und starken Wettbewerb sind oft ein Mangel an Einfällen und Aktivitäten.

Marketing kommt vom englischen Wort „market", der Markt, und weist auf marktorientierte Maßnahmen im Betrieb hin.

!

Begriffserklärung: Marketing
Marketing bedeutet, Maßnahmen im Betrieb zu ergreifen, damit viele Waren gewinnbringend verkauft werden und sich so der Betrieb auf längere Sicht auf dem Markt behauptet.

Marketing ist z. B. bei der Eröffnung eines Geschäfts, bei der Einführung neuer Waren und zur Erreichung eines verstärkten Absatzes bestimmter Waren erforderlich.

Marketingziel

Das Marketingziel eines Betriebs ist es, möglichst viele Waren gewinnbringend zu verkaufen. Die Grundsätze dabei sind:

- Den bestehenden Kundenstamm erhalten.
- Neue Kunden dazugewinnen.
- Neue Verkaufsmöglichkeiten finden.

↓

Marketingkonzepte

Um das Marketingziel zu erreichen, müssen die Konzepte eines Betriebs festgelegt werden:

- Den richtigen Standort des Betriebs bzw. der Filiale finden.
- Die Größe des Betriebs sowie die Anzahl der Filialen festlegen.
- Ein einheitliches Erscheinungsbild für den gesamten Betrieb festlegen (CI-Linie = Corporate Identity).
- Den Laden und das Café modern einrichten und gestalten.

- Das Angebot, die Qualität und das Preisniveau der Waren bestimmen.
- Das Personal für die Produktion und den Verkauf nach gewünschter fachlicher und sozialer Kompetenz einstellen.

↓

Marketingmaßnahmen

Wenn die grundsätzlichen Konzepte eines Betriebs feststehen, müssen Maßnahmen ergriffen werden, z. B.:

- Wünsche und Bedürfnisse der Verbraucher ermitteln, damit sich das Angebot der Bäckerei/Konditorei danach ausrichtet. So bleiben bestehende Kunden dem Betrieb erhalten und neue Kunden können gewonnen werden.
- Die Möglichkeit schaffen, dass in den Verkaufsläden den ganzen Tag über frische Backwaren angeboten werden können.
- Die Waren beim Verkauf so präsentieren, dass sie zum Kauf anregen.
- Den Kunden Kostproben anbieten.
- Möglichkeiten der Werbung und Öffentlichkeitsarbeit (Public Relations) nutzen, damit die Verbraucher über die Bäckerei/Konditorei informiert sind.

Möglichkeiten der Marketingkonzepte

Jede Bäckerei/Konditorei legt sich auf ein für den Betrieb passendes Marketingkonzept fest, mit dem das Marketingziel erreicht werden soll, z. B.:

- Ein großer Betrieb sieht große Absatzziele, wenn in einem weiten Umkreis Großabnehmer, viele Wiederverkäufer und Filialen beliefert werden können.
- Ein kleinerer Betrieb ist für den Betriebsinhaber überschaubar. Mit wenig Personal kann sich die Bäckerei/Konditorei auf ein geringeres Warenangebot beschränken und auf mehrere Filialen und große Lieferungen verzichten. Das Warenangebot bezieht sich direkt auf die Bedürfnisse der Kunden in der engeren Umgebung.
- Ein Betrieb setzt auf gesundheitsbewusste Kunden und bietet verstärkt Bio- und Vollkornerzeugnisse an. Der Betrieb baut sich ein unverwechselbares Image auf.
- Eine Bäckerei/Konditorei mit Café hebt sich mit hochwertigen Qualitätswaren und einem besonderen Service im Café von anderen Betrieben ab. Der Betrieb baut auf qualitätsbewusste Kunden und nicht zu sehr auf „Billigeinkäufer".
- Eine Bäckerei/Konditorei versucht mit einem erweiterten Snackbereich oder mit einem anderen Spezialbereich einen verstärkten Absatz zu erzielen. Der Betrieb unterscheidet sich durch die Spezialisierung von den Mitbewerbern.

Franchisebetriebe

Franchisefiliale

!

Ein Franchisebetrieb ist ein gepachteter Betrieb, der zu einem Großbetrieb gehört. Der Pächter des Franchisebetriebs ist ein selbstständiger Unternehmer, der den Betrieb wie eine Art Filiale mit den Waren des Großbetriebs führt.

Franchisegeber

Großbetriebe führen ihre Filialen nicht selbst. Sie verpachten diese und sind somit Franchisegeber.
Die Vorreiter des sogenannten **Franchising** sind bekannte Unternehmen wie Burger King, Mc Donald's, Nordsee u. a.

Franchisenehmer

Die Pächter der Filialen sind Franchisenehmer, die sich gegenüber dem Franchisegeber wie folgt verpflichten:

- Die Filialen werden mit dem Firmennamen und Firmenlogo des Großbetriebs geführt.
- Die Filialen werden mit den Waren des Franchisegebers beliefert.
- Die Waren werden unter den gemeinsamen Warenbezeichnungen angeboten und verkauft.

Der Franchisegeber bietet dem Franchisenehmer geschäftlichen Beistand, Beratung, Schulung, Werbung und Verkaufsförderung. In welchem Umfang dies geschieht, wird vertraglich festgelegt.

Vorteile für den Franchisegeber

- Er kann ein großes Vertriebsnetz mit seinem marktbewährten Firmen- und Warenzeichen aufbauen, ohne die Kosten der Filialen zu tragen.
- Er erspart sich den Aufwand, geeignetes Verkaufspersonal zu suchen und dieses zu führen.
- Er nutzt die Motivation des Franchisenehmers als freier Unternehmer.

Vorteile für den Franchisenehmer
- Er ist selbstständiger Unternehmer.
- Er profitiert vom Bekanntheitsgrad des Großbetriebs.
- Er spart die Investitionskosten für die Gründung eines eigenen Geschäfts.
- Er benötigt nur geringe geschäftliche Erfahrungen aufgrund der Hilfe des Franchisegebers.
- Er nutzt die Erfahrung und das Know-how des Franchisegebers, um sich am Markt zu etablieren.

Standortbestimmung einer Bäckerei und Konditorei

Etablierte Bäckereien/Konditoreien innerhalb von Ortschaften können oft aus Platzmangel wenig an ihrem Standort ändern. Wollen sie sich vergrößern, verlagern sie deshalb häufig die Produktion an den Stadtrand, in Industriegebiete oder auf das Land.
Die Chance der Umsatzsteigerung sehen viele Betriebe mit der Eröffnung von Filialen und Verkaufsstellen in Einkaufszentren bzw. Einkaufspassagen. Die Produktion und die Verkaufsstätten sind somit getrennt.

LF 1.3

Ermittlungen zur Standortbestimmung

Die Standortbestimmung einer Bäckerei/Konditorei bzw. Filiale und eines Cafés erfolgt weitgehend nach folgenden Gesichtspunkten:
- Die Anzahl der Menschen im Umfeld des Standorts, die täglich als Kunden bzw. Gäste für ein Café infrage kommen: „Verkaufen kann man nur, wo Kunden sind."
- Für manche Standorte sind ausreichend Parkplätze wichtig.
- Manchmal ist eine gute Anbindung an öffentliche Verkehrsmittel von Bedeutung.
- Die Konkurrenzsituation am Standort ist zu beachten.
  - Anzahl der Mitbewerber in dem Einkaufsgebiet erfassen.
  - Sind das Angebot und die Leistungsfähigkeit der Mitbewerber gleich oder unterscheiden sie sich vom eigenen?

Begehrte Standorte für Filialen
- Innenstadt, Stadtkern
- Fußgängerzone
- Einkaufspassage, Einkaufszentrum
- Nähe menschenreicher Betriebe, z. B. Bank, Post, Ämter, Ärztehaus, Büros
- Nähe von Schule, Krankenhaus, Bahnhof, Bushaltestelle
- Nähe von Sportanlage, Kurviertel, Urlaubszentrum
- Wohngebiet

Konditorei an einer belebten Straße

Aufgaben

1. Erklären Sie den Begriff „Marketing".
2. Erläutern Sie das Marketingziel.
3. Nennen Sie Marketingkonzepte, die eine Bäckerei/Konditorei festlegt, um das Marketingziel zu erreichen.
4. Beschreiben Sie Marketingmaßnahmen, die ein Bäckerei-/Konditoreibetrieb ergreifen kann.
5. Auf welche Möglichkeiten der Marketingkonzepte können sich Bäckerei-/Konditoreibetriebe festlegen?
6. Was versteht man unter einem Franchisebetrieb?
7. Erklären Sie folgende Begriffe:
   - Franchisegeber
   - Franchisenehmer
8. Nennen Sie einige Vorteile der Franchisebetriebe
   - für den Franchisegeber,
   - für den Franchisenehmer.
9. Welche Ermittlungen müssen zur Standortbestimmung einer Bäckerei/Konditorei bzw. Filiale und eines Cafés durchgeführt werden?
10. Nennen Sie begehrte Standorte einer Bäckerei/Konditorei für eine Filiale evtl. mit Café.
11. Überlegen Sie, welche Gründe für die Standortwahl Ihrer Bäckerei/Konditorei ausschlaggebend gewesen sein könnten. Gibt es in der Umgebung weitere Standorte, die Sie für geeignet halten? Führen Sie entsprechende Standortanalysen durch.

Rechenaufgabe

Eine Filiale einer Bäckerei/Konditorei erzielte täglich durchschnittlich 2 400,00 €, 6 Tage wöchentlich. Nach dem Umbau und einer Neugestaltung sowie einem erweiterten Warenangebot erhöhte sich der tägliche durchschnittliche Umsatz auf 3 720,00 €. Um wie viel % erhöhte sich der Umsatz und wie viel € nimmt die Bäckerei/Konditorei jetzt wöchentlich ein?

13.2 Marketing als Mittel der Verkaufsförderung

Da sich der Markt und die Kundenbedürfnisse in einem ständigen Wandel befinden, muss der Bäckerei-/Konditoreibetrieb möglichst schnell mit entsprechenden Marketingstrategien reagieren. Hilfreich können Marketingprognosen sein, die den Trend des Konsumverhaltens erforschen.
Gute Bäckereien/Konditoreien sorgen dafür, dass die Mitarbeiter in Produktion und Verkauf regelmäßig Fortbildungen besuchen, um aktuell informiert zu sein.

Erfolgreiche Bäckereien/Konditoreien erfüllen die Erwartungen der Kunden mit folgenden Grundsätzen der Verkaufsförderung:

Produktion

- Ein modern eingerichteter Produktionsbetrieb erleichtert die Arbeit der Bäcker/Konditoren und ermöglicht die Herstellung schön aussehender Qualitätswaren.
- Das Bestreben der Bäcker/Konditoren soll es sein, Waren mit besten Rohstoffen und von hoher und gleichbleibender Qualität herzustellen und appetitlich aussehend in den Verkauf zu bringen.
- Nur gut ausgebildete Bäcker/Konditoren können kontinuierlich gute Qualitätswaren herstellen.

Frische Backwaren von hoher Qualität

Verkauf

- Kunden und Gäste fühlen sich in hellen, modern eingerichteten Verkaufsläden und Cafés wohl.
- Backwaren, die nur in besonders frischem Zustand von bester Qualität sind und gut schmecken, z. B. Plunder- und Blätterteiggebäcke, grundsätzlich frisch anbieten. Die Frage: „Sind die Waren frisch?" brauchen Stammkunden nicht zu stellen.
- Gute Bäckereien/Konditoreien zeichnen sich durch sauber gekleidete Fachverkäuferinnen aus, die ihren Beruf gerne ausüben und freundlich bedienen. Die Kunden honorieren dies als treue Stammkunden, bei denen die Fachverkäuferinnen persönliche Wünsche wie selbstverständlich berücksichtigen.
- Qualitätsware kostet ihren Preis. Das Preis-Leistungs-Verhältnis sollte angemessen sein. Die Kunden sollen das Gefühl haben, dass der Preis für die Waren gerecht ist. Qualitätsbewusste Kunden wissen, dass ein Fachbetrieb nicht mit den ständigen Niedrigpreisen der Discounter mithalten kann.

Freundliche Fachbedienung mit frischer Qualitätsware

LF 1.3

Möglichkeiten, den Kunden die Frische der Waren zu zeigen

- Im Ladenbackofen wird mehrmals täglich frisch gebacken. Die sichtbare Frische und die Duftwirkung beeindrucken alle Kunden.
- Die Fachverkäuferin belegt Snacks vor den Augen der Kunden. Die Kunden sehen, dass nur frische Gebäcke und Zutaten verwendet werden.
- Ständiger lebendiger Kundenbesuch im Laden und Café lässt wegen des dauernden Absatzes auf frische Ware schließen.

!

Ein Fachbetrieb sollte grundsätzlich die Erwartungen der Kunden erfüllen und sich möglichst von den Mitbewerbern etwas abheben.
Voraussetzungen für einen guten Verkaufserfolg eines Betriebs sind allgemein
- das Anbieten von Qualitätswaren,
- freundliche Fachverkäuferinnen und Bedienungen
- und ein angemessenes Preis-Leistungs-Verhältnis.

Jederzeit frische Brötchen aus dem Ladenbackofen

Aufgaben

1. Beschreiben Sie, wie erfolgreiche Betriebe die Erwartungen der Kunden erfüllen in Bezug auf
   - Produktion und
   - Verkauf.
2. Welche Möglichkeiten haben Bäckereien/Konditoreien, im Verkauf den Kunden die Frische der Waren zu zeigen?
3. Ihre Bäckerei/Konditorei soll grundlegend modernisiert werden. Vom Betriebsleiter erhalten Sie die Aufgabe, sich über moderne und energiesparende Ladenbacköfen zu informieren, sowie Vorschläge für eine einheitliche Kleidung des Verkaufspersonals zu machen. Außerdem soll der Verkaufsraum einladender gestaltet werden.

LF 1.3

13.3 Marktbeobachtung und Bedarfsermittlung

Kundenwünsche und Bedürfnisse

Grundsätzlich sollen die Kunden und ihre Wünsche bei der Marketingplanung im Mittelpunkt stehen. Die Bäckerei/Konditorei muss die Waren herstellen, die von den Kunden gewünscht werden, und nicht die, die der Bäcker/Konditor oder die Fachverkäuferin für richtig halten.

Die Verbraucher können in einem freien Markt wählen, in welcher Bäckerei/Konditorei sie einkaufen wollen. Sind die Kunden mit dem Betrieb zufrieden, kaufen sie weiterhin dort ein und das Marketingziel ist erreicht.

Möglichkeiten, die Wünsche und Bedürfnisse der Kunden zu ermitteln

- Fachverkäuferinnen und Bedienungen hören die Kundenwünsche und Kundenanregungen und geben diese an den Betrieb weiter.
- Die Kunden befragen, mit welchem Angebot sie zufrieden sind und welche Waren sie zusätzlich wünschen.
- Bäckerei-/Konditoreiwaren, die sich gut verkaufen, sind bei den Kunden beliebt.
- Bei sinkendem Absatz einiger Waren nach Gründen fragen: Sind die Waren eventuell „out", weil z. B. die Rezepturen zu fett- und zuckerreich sind?
- Lesen von Fachzeitschriften und modernen Fachbüchern, um sich über die Trends zu informieren.
- Das Beste von guten Bäckerei-/Konditoreibetrieben, aber auch von Betrieben anderer Branchen abschauen und nachmachen.

Neue Verkaufsformen (Absatzmöglichkeiten)

Neben den Kundenwünschen sollte der Bäckerei-/Konditoreibetrieb auch über neue, moderne Verkaufsformen nachdenken, die wirtschaftlich rentabel sind, z. B.:

- Das Angebot der Bäckerei-/Konditoreierzeugnisse im Café mit kleinen Speisen ergänzen.
- Ein Filialcafé als Bistro-Café für junge Gäste einrichten oder als Café für eine spezielle Zielgruppe.
- Einen Partyservice anbieten, z. B. Lieferung von Kanapees zum Stehempfang einer Feier.
- Waren für ein Kuchen- und Tortenbüfett zur Hochzeit oder zur Familienfeier liefern und dort eine feierliche Tafel herrichten und dekorieren.

Herstellung von Omeletts im Bistro-Café

Die Chancen des Markts nutzen

Die Marktchancen sind besonders groß, wenn sich der Betrieb Wettbewerbsvorteile gegenüber anderen Mitbewerbern schafft. Die Überlegungen des Bäckerei-/Konditoreibetriebs sind:

- Was können wir besonders gut?
- Was können die Mitbewerber nicht so gut wie wir?
- Welche Möglichkeiten der Verbesserung bieten sich in der Lage unseres Betriebs an, z. B. Ladenöffnung zur Straße hin, Café mit Wintergarten oder Garten- bzw. Terrassenbetrieb mit besonderem Ambiente?
- Welche Öffnungszeiten für Laden und Café kommen den Menschen im Umkreis am besten entgegen?
- Wie können wir unsere Waren einem breiteren Kundenkreis zukommen lassen? Ist es z. B. sinnvoll, die Waren im Internet zu präsentieren und dort Spezialitäten der Bäckerei/Konditorei anzubieten?

Spezialitäten der Bäckerei anbieten

- Welche Waren liegen im Trend? (z. B. Bio-Backwaren, Vollkornerzeugnisse mit Ölsamen, fett- und zuckerarme Waren)
- Welche Jahreszeit können wir für den Verkauf besonderer Erzeugnisse nutzen, z. B. im Sommer verschiedene Salatspezialitäten im Café und Terrassenbetrieb anbieten?
- Welche Aktionstage oder -wochen können wir für außergewöhnliche Angebote nutzen?

Café mit Terrasse

- Außerdem sollen die aktuellen Trends bei der Zusammenstellung des Angebots berücksichtigt werden.
- Da der Außer-Haus-Verzehr einen immer größeren Stellenwert einnimmt und da Bäckerei-/Konditoreierzeugnisse immer häufiger als Ersatz für eine Mittagsmahlzeit dienen, sollte ein vielseitiges Angebot an warmen und kalten Speisen im Café vorhanden sein.
- Da immer mehr Kunden aus Gesundheits- bzw. Allergiegründen auf eine vollwertige Ernährung achten, besteht eine große Nachfrage nach gesunden, nicht so fetthaltigen Backwaren, Vollkorn- oder Bioerzeugnissen sowie nach Erzeugnissen mit bestimmten Rohstoffen, z. B. Dinkel, oder Erzeugnisse ohne Rohstoffe, auf die Kunden allergisch reagieren.
- Je nach Standort der Bäckerei/Konditorei sollten internationale Spezialitäten im Laden und als Speisen im Café zum Standardsortiment gehören.

Marketingmaßnahmen im Team erfüllen

Die Marketingmaßnahmen können nur dann erfolgreich umgesetzt werden, wenn möglichst alle Beschäftigten im Betrieb in die Aufgaben eingebunden werden. So können die Meinungen der Kunden und anderer Verbraucher im Betrieb zusammengefasst und in die Marketingplanungen mit einbezogen werden. Außerdem haben viele Mitarbeiter aufgrund ihrer Erfahrung und Beobachtungen eigene Ideen für Verbesserungen, die die Betriebsleitung kritisch prüfen sollte.

LF 1.3

Marketinganalyse

Nachdem die Wünsche und die Bedürfnisse der Kunden und die Trends erforscht sind, kann der Betrieb diese analysieren. Dabei werden die für die Bäckerei/Konditorei möglichen Verbesserungen zusammengefasst und beurteilt. So entsteht eine eigene Betriebsphilosophie, die speziell für den Betrieb passt.

Aufgaben

1. Warum sollen in Bäckereien/Konditoreien grundsätzlich die Wünsche und Bedürfnisse der Kunden im Mittelpunkt der Marketingplanung stehen?
2. Nennen Sie Möglichkeiten, die Wünsche und Bedürfnisse der Kunden im Bäckerei-/Konditoreibetrieb zu ermitteln.
3. Beschreiben Sie Möglichkeiten neuer Verkaufsformen für Bäckerei-/Konditoreibetriebe. →

4 Welche Überlegungen sollte ein Bäckerei-/Konditoreibetrieb anstellen, um die Chancen des Markts zu nutzen?
5 Warum sollten Marketingmaßnahmen des Bäckerei-/Konditoreibetriebs im Team mit den Beschäftigten erfolgen?
6 Erklären Sie die Wichtigkeit der Marketinganalyse für eine Bäckerei/Konditorei.
7 Nur zufriedene Kunden sorgen für einen guten Umsatz. Dafür müssen die Wünsche der Kunden ermittelt werden. Diskutieren Sie mit Ihren Kollegen und Kolleginnen, welche Waren die Kunden in Ihrem Betrieb besonders wünschen und welche Waren Sie vielleicht neu in Ihr Sortiment aufnehmen sollten. Dies bezieht sich auf das Angebot an Feinen Backwaren, Torten, Desserts, Pralinen und Speiseeis sowie Broten und Kleingebäcken.

LF 1.3

Rechenaufgaben

1 Für die Pacht eines Konditorei-Cafés bezahlte der Betrieb bisher jährlich 33 960,00 €. Der Pachtzins wird um 6,5 % erhöht. Berechnen Sie die neue monatliche Pacht für die Filiale.
2 Eine Kantine bezahlt für gelieferte Backwaren an die Bäckerei 2 660,08 €. Die Bäckerei gewährte 18 % Rabatt. Wie hoch ist der ursprüngliche Preis der Backwaren?
3 Die Filialen einer Konditorei erzielen durchschnittlich folgende Umsätze:
Filiale A: 980,50 €
Filiale B: 1 440,10 €
Filiale C: 240,70 €
Filiale D: 1 185,80 €
a) Wie viel € Umsatz machen die 4 Filialen?
b) Nachdem die Filiale C wegen schlechter Rendite geschlossen wurde, erzielen die drei Filialen einen Gewinn von 23 %, die Mehrwertsteuer beträgt 7 %.
Berechnen Sie den Gewinn der drei noch existierenden Filialen in €.
4 Nachdem das Snackangebot in der Bäckerei erweitert wurde, erhöhte sich der Snackumsatz um 507,40 €, das sind 21,5 %.
Wie viel € betrug der Snackumsatz vorher?

13.4 Warenpräsentation

Sinn einer fachgerechten Warenpräsentation

Nur Bäckerei-/Konditoreierzeugnisse, die den Kunden beim Verkauf appetitlich und übersichtlich präsentiert werden, regen die Kauflust an. So wird das Gefühl der Kunden angesprochen und es werden häufig ungeplante Käufe getätigt. „Die Augen müssen stehen bleiben, damit die Füße nicht vorbeigehen."
„Der Kunde isst zuerst mit den Augen." Deshalb ist neben der ansprechenden Präsentation der Waren eine herausragende Hygiene im gesamten Betrieb eine Voraussetzung für den Verkaufserfolg.

Regale

Brotregale befinden sich im Bäckereiladen hinter dem Verkaufstisch der Fachverkäuferinnen. In den schräg gestellten Brotregalen können die Kunden das gesamte Brotangebot betrachten. Zur besseren Übersicht werden die Brote nach Sorten geordnet in den Regalreihen ausgestellt.

Brotregale

Vorverpackte Bäckerei-/Konditoreierzeugnisse werden in gut sichtbaren Regalen ausgestellt, z. B. eingeschweißte Kuchen, Gebäckteller, Marzipanartikel, Gebäcktütchen, verpackte Pralinen oder Baumkuchen.

Vorverpackte Waren in Regalen

Eistheke

Die Speiseeissorten werden in Eisschalen aus Edelstahl in der Eistheke bei –14 bis –16 °C übersichtlich und ansprechend in Zweierreihen nebeneinander präsentiert. Die einzelnen Eissorten werden farblich abwechselnd ausgestellt, damit ein lebhafter Farbkontrast entsteht.

Präsentation von Speiseeis in der Eistheke

Verkaufstheke

Die Verkaufstheke, die in die Gebäcktheke und Kühltheke unterteilt ist, ist der zentrale Arbeitsbereich des Verkaufspersonals. Die ausgestellten Waren werden in der Verkaufstheke vom warmen Licht der Leuchtröhren hell und in schönen Farben ausgeleuchtet.

Die Gebäcktheke
In der Gebäcktheke werden Feine Backwaren ausgestellt, die bei Raumtemperatur verkauft werden. Deshalb ist die Gebäcktheke ungekühlt.
Auf nebeneinander liegenden Thekenblechen bzw. Tabletts werden die Waren nach Gebäckgruppen übersichtlich angeordnet. Jedes Thekenblech bzw. Tablett enthält eine Gebäckart, z. B. Plunder-, Blätterteig-, Hefeteig- und Mürbeteiggebäcke, Blechkuchen und Kuchen aus Sandmasse.

Gebäcktheke

Die Kühltheke
In die Kühltheke werden leicht verderbliche Erzeugnisse gestellt, z. B. Torten und Desserts mit Sahne, Cremes sowie Käsetorten und Obsttorten. Diese Waren werden gruppenweise ausgestellt, damit die Kunden sie gut erkennen können, z. B. in einem Bereich die Sahneerzeugnisse im anderen die Cremeerzeugnisse usw.

Warenpräsentation in der Kühltheke

Bewegliche Verkaufsvitrinen
Sie bieten ein erweitertes Ausstellungsfeld, vor allem für spezielle Erzeugnisse, z. B. Snacks oder Pralinen.

Grundregeln der Warenpräsentation

!

- In Regalen und in der Verkaufstheke werden zusammengehörende Warengruppen den Kunden präsentiert. Somit wird die Vielfalt der Bäckerei-/Konditoreierzeugnisse für die Kunden und auch für das Verkaufspersonal übersichtlich. Dies erleichtert den Kunden die Kaufentscheidung und fördert einen reibungslosen Verkaufsablauf.
- Das gesamte Warenangebot muss für die Kunden gut sichtbar sein. Versteckte oder verdeckte Ware wird nicht verkauft.
- Nur volle Thekenbleche, Tabletts und Tortenplatten regen die Kauflust an. Sind sie halbvoll, werden sie möglichst schnell wieder aufgefüllt oder passende Waren zusammengeben. Dies muss auch bei Kundenandrang erfolgen.
- Den Anschnitt von Torten, Desserts und Kuchen grundsätzlich zur Kundenseite richten. Dadurch erübrigen sich häufig Fragen über die Waren.
- Die Preisangabe für alle Waren ist nicht nur Pflicht, sondern auch ein Service für die Kunden zur Orientierung und zum Vergleich.
- Von Kunden besonders begehrte Waren oder Waren, die die Bäckerei/Konditorei bevorzugt anbieten möchte, sollen im zentralen Kundenbereich platziert werden, damit sie nicht zu übersehen sind.

Eine volle Verkaufstheke regt zum Kauf an

Tortenanschnitte zeigen zur Kundenseite

LF 1.3

Präsentieren der Waren auf Blechen und Tabletts

Thekenbleche, Schnittenbleche, Tabletts, Tortenplatten

Thekenblech, Schnittenblech, Edelstahltablett, Kunststofftablett, Silbertablett, Tortenplatte

- Thekenbleche für die Verkaufstheke von 60 × 40 cm Größe sind meist aus Aluminium oder auch golden verzinkt.
- Tabletts für den gewöhnlichen Verkauf sind kleinere, rechteckige Platten aus Kunststoff, meistens in weißer oder schwarzer Farbe.
- Edelstahl- und Silbertabletts werden mit hochwertigen Waren, z. B. Pralinen, belegt. Sie steigern optisch den Wert der Bäckerei-/Konditoreierzeugnisse.
- Tortenplatten sind aus Kunststoff oder Edelstahl mit einem „Fuß“, damit die Torten etwas höher gestellt besser zur Geltung kommen und von den Fachverkäuferinnen leicht aus der Theke genommen und zurückgestellt werden können.
- Schnittenbleche sind aus Aluminium mit einem seitlichen Rahmen von 5 cm Höhe. Die Größen sind 60 × 40 cm, 60 × 20 cm und 60 × 10 cm. In den Schnittenblechen werden Blechkuchen gebacken und darin in Stücke geschnitten. Auch Obst- und Sahneschnitten werden in diesen Rahmenblechen hergestellt. Die Schnitten werden im Blech in der Verkaufstheke ausgestellt und beim Verkauf daraus entnommen.

Erdbeerschnitten im Rahmenblech (Schnittenblech)

Anforderungen an die Warenunterlagen

Nur unbeschädigte und saubere Platten wirken in der Verkaufstheke werbewirksam.

- Thekenbleche, Tabletts und Tortenplatten müssen vor dem Belegen äußerst sauber gereinigt und ohne Fingerabdrücke sein.
- Sie dürfen nicht verbogen sein und keine abgestoßenen Ecken haben.
- Die glatten Tabletts dürfen nicht zerkratzt sein und keinen Sprung aufweisen.

Belegen von Thekenblechen und Tabletts

Die Waren müssen so auf Thekenbleche und Tabletts gelegt werden, dass sie gut sichtbar sind und schön aussehen. Insgesamt sollen die Tabletts platzsparend belegt werden, dass möglichst viele Waren daraufpassen. Beim Belegen dürfen die Waren nicht beschädigt werden.

Gebäcke in Reihen, nebeneinander belegen

Lockere, druckempfindliche Waren sowie Erzeugnisse mit Füllungen oder Obst auf der Oberflache, werden nebeneinander aufgelegt, damit sie nicht beschädigt werden, z. B. Berliner, Bienenstich, Blätterteig- und Plundergebäcke sowie Desserts. Die Gebäcke werden in geraden Reihen direkt nebeneinander gelegt.

Gefüllte Blätterteigstückchen nebeneinander gelegt

Erdbeer-Plundergebäcke nebeneinander gelegt

Gebäcke in Reihen fächerartig aneinanderlegen

Stabile Gebäcke, z. B. Plunderhörnchen, Croissants, Plunderschnecken, Florentiner, Nussbeugel, werden fächerartig, d. h. leicht schräg aneinander in Reihen aufgelegt, sodass jedes Gebäckstück sichtbar ist. Diese Methode ist platzsparend und die Gebäcke kommen gut zur Geltung.

Zu beachten ist dabei:

- Die verschiedenen Gebäcke liegen in geraden Reihen direkt nebeneinander.
- Die Gebäcke einer Reihe schräg aneinanderlehnen, sodass die einzelnen Gebäcke immer noch gut sichtbar sind. Die Gebäcke dabei nicht zu schräg stellen, da sie sonst zu sehr verdeckt sind.
- Die Abstände der einzelnen Gebäcke sind dabei wie bei einem Fächer exakt gleich. Nur so wirkt die Belegung gleichmäßig und nicht abgehackt oder unterbrochen.

Fächerartig gelegte Plundergebäcke

LF 1.3

Belegen von Gebäcken in Hörnchenform

Gebäcke in Hörnchenform, z. B. Nussbeugel und Schokoladenbögen aus Spritzmürbeteig, werden fächerartig gelegt. Dabei können die Enden nach oben oder nach unten aufgelegt werden oder abwechselnd eine Reihe mit den Enden nach oben und eine Reihe mit den Enden nach unten, sodass ein Formenkontrast entsteht.

Fächerartig gelegte Gebäcke in Hörnchenform

Schäden, die beim Stapeln entstehen

Nur stabile Waren dürfen übereinandergelegt werden. Zerdrückte Backwaren und beschädigte Gebäckoberflächen sowie Garnierungen dürfen im Fachgeschäft nicht vorkommen. Beispiele für Schäden, die beim Stapeln entstehen:

- Druckstellen und puderzuckerfreie Stellen an Berlinern
- blinde Stellen bei mit Schokoladenkuvertüre bzw. Fettglasur überzogenen Gebäcken
- beschädigte Fondantstellen von glasierten Backwaren
- zusammengeklebte Gebäcke mit Füllungen und Obst an der Oberfläche kleben zusammen

Pralinen auf Tabletts belegen

Pralinen auf einer Spiegelplatte

Stabile Pralinen werden auf einem Tablett pyramidenförmig aufgelegt und gestapelt. Dabei wird jede Pralinensorte auf ein eigenes Tablett gelegt. Möglichst volle Tabletts werden in einer speziellen Pralinetheke bei 15 bis 18 °C und geringer Luftfeuchtigkeit nebeneinander nach Sorten angeordnet.

Zur besonderen Präsentation können Pralinen auch nebeneinander auf Silbertabletts oder Spiegelplatten gelegt werden.

Pralinen in einer Pralinenvitrine

Farbkontrast

Bei farblich unterschiedlichen Gebäcken, wie z. B. bei Teegebäcken und Florentinern, sowie bei Pralinen ergeben die verschiedenen Farben der Erzeugnisse ein abwechslungsreiches Gesamtbild.

Bei den Gebäcken und Pralinen wird eine helle und eine dunkle Reihe im Wechsel gelegt, sodass ein lebhafter Farbkontrast entsteht. Auch bei Gebäcken, die zwei deutlich unterscheidbare Farben besitzen, kann beim Belegen ein schöner Farbkontrast erzielt werden.

Beispiele:

- Teegebäcke, die halb mit Schokolade überzogen sind. Die Gebäckreihen werden so gelegt, dass bei den Teegebäcken links die helle und rechts die Schokoladenseite liegt. So entstehen helle und dunkle Gebäckstreifen.
- Bei Florentinern wird abwechselnd eine Reihe mit der goldbraunen Mandeloberfläche und die nächste Reihe mit der dunklen Schokoladenseite nach oben gelegt.

Farbkontrast bei Florentinern

Formenkontrast

Gebäcke und Pralinen mit unterschiedlichen Formen werden reihenweise abwechselnd in unterschiedlichen Formen aufgelegt, sodass der Formenkontrast Abwechslung bringt.

Nur gleich große Gebäcke auf einem Tablett ergeben eine homogene Einheit.

Teegebäcke mit Formenkontrast

Dekorationstische gestalten

Dekorationstisch

Beim Dekorieren von Tischen gibt es keine allgemein gültigen Patentrezepte. Mit Kreativität und Fantasie entstehen abwechslungsreiche und interessante Gestaltungen.

Grundaufbau
Die Waren auf eine Ebene zu stellen, wirkt öde und laienhaft. Ein Unterbau für Absätze und Stufen unter dem Dekorationstuch bringt Abwechslung und belebt, die einzelnen Waren werden gleichzeitig übersichtlicher dargestellt. Der Unterbau soll hinten etwas höher aufgebaut werden.

Dekorationstuch
Es wird über den Unterbau gelegt und muss genügend groß sein, damit es gerafft werden kann. Straffe, glatte Tuchstellen zwischen den Absätzen wirken unschön. Das Dekorationstuch ist farblich mit dem Ausstellungsmotiv und der Ware abzustimmen.

Dekorationstuch auf dem Unterbau

Dekorationstipps
- Größere Waren hinten aufstellen, kleine und flache vorne, damit die Ausstellungsstücke nicht verdeckt werden.
- Tabletts und Platten können zur besseren Draufsicht leicht schräg gestellt werden.
- Die richtige Warenmenge ausstellen. Zu viel Ware wirkt erdrückend und unübersichtlich, zu wenig Ware wirkt leer und nicht ansprechend.
- Zusammengehörende Waren in separaten Gruppen ausstellen.
- Nur einwandfreie und schöne Ware ausstellen.
- Beim Dekorieren darauf achten, dass die Waren sicher stehen und nicht rutschen oder umfallen.

Zum Schluss die Dekoration kritisch betrachten, um Fehler korrigieren zu können.

Licht und Farben in der Bäckerei und Konditorei

Beleuchtung des Ladens und Cafés

Die Bäckerei/Konditorei rückt sich durch ausreichende Beleuchtung in das rechte Licht, damit der Betrieb beachtet wird. Dass Licht Aufmerksamkeit erzeugt und verkaufsfördernd wirkt, besagt schon das altbekannte Sprichwort: „Licht lockt Leute an."

Wirkungen der Beleuchtung

- Einen hell beleuchteten Verkaufsraum betreten die Kunden gerne, da sie sich dort wohlfühlen und sofort alles überblicken.
- Die richtige Beleuchtung bewirkt im Café eine angenehme Atmosphäre.
- Gut ausgeleuchtete Waren sind deutlich zu erkennen und erscheinen in schönen warmen Farben, sodass die Waren sogar hochwertiger wirken.
- Mit einem Lichtstrahl auf einen bestimmten Punkt kann man auf etwas Besonderes hinweisen, z. B. Spotleuchten auf eine Ware oder ein Plakat richten.

Hell beleuchteter Verkaufsraum

Die **Außenbeleuchtung** macht vor allem in den Abendstunden auf den Betrieb aufmerksam. Beleuchtete Firmenzeichen und auch Lichtreklame an der Fassade sowie beleuchtete Schaufenster strahlen hell nach außen und sind gut erkennbar.

Farben wirken auf die Sinne der Menschen

Wenn Licht auf Gegenstände trifft, sehen wir Farben. Bei absoluter Dunkelheit sind alle Gegenstände farblos. Die verschiedenen Wellenlängen des Lichts empfinden wir als unterschiedliche Farben. Absorbiert (aufnehmen, schlucken) ein Gegenstand alle Lichtstrahlen, ist er schwarz, reflektiert (zurückwerfen) er alle Strahlen, sehen wir ihn weiß.

Die Farbgestaltung spielt im Bäckerei-/Konditoreibetrieb eine bedeutende Rolle. Obsttorten werden mit verschiedenfarbigen Früchten belegt, damit ein schöner Farbkontrast entsteht, Eisbecher werden farblich abwechslungsreich zubereitet, Marzipanfiguren und -früchte werden mit Lebensmittelfarbe geschminkt, die Farbe des Dekorationstuchs entscheidet über die Wirkung des dekorierten Schaufensters usw.

Farben beleben

Farben wirken auf Kunden im Verkauf

Farben beleben, Farbloses wirkt langweilig.

- Die verschiedenen Farben der Erzeugnisse zusammen mit den Farben der Einrichtung des Ladens und der Dekoration wirken auf die Kunden harmonisch.
- Mit einer einheitlichen Berufskleidung in schönen Farben haben die Fachverkäuferinnen und Bedienungen im Café eine einladende Wirkung auf die Kunden.
- Die Farben des Verpackungsmaterials, der Papiertüten und des Rollenpapiers werten die Waren auf.
- Beim Verpacken nutzt die Fachverkäuferin das Farbenspiel der Verpackungsmaterialien.

Farben sind auch der Mode unterworfen, vor allem bei der Berufskleidung und der Einrichtung des Ladens und Cafés.

Wenn Farben jedoch nicht zusammenpassen, können sie sich auch „beißen" und haben eine negative Wirkung.

Farben wirken auf das Gemüt

Beruhigende Farben			
Grün	Braun	Beige	Gelb

Lebhafte, anregende Farben	
Rot	Orange

Farben verändern Maße

Helle und dunkle Farben der Wände, Böden und Decken der Räume wirken optisch auf die Raum- bzw. Schaufenstergröße und auf Gegenstände sowie Personen.

Räume

- Bei hellen Farben wirken Räume und Schaufenster größer.
- Bei dunklen Farben werden Räume und Schaufenster optisch verkleinert.
- Dunkle Decken drücken den Raum, der somit niedriger wirkt.

Gegenstände und Personen

- Helle Gegenstände wirken entfernter.
- Dunkle Gegenstände wirken näher.
- Helle Farben und farbliche Querstreifen lassen die Körperstatur dicker erscheinen.
- Dunkle Farben, vor allem Schwarz, und längs gestreifte Farben wirken bei Körpern schlanker.

Farben dienen als Symbole

Farben	Symbole
Rot	Liebe, Signal für Auffallendes
Schwarz	Trauer, Eleganz
Weiß	Feierlichkeit, Festlichkeit, Sauberkeit, Beginn (Geburt, Hochzeit)
Grün	Hoffnung, Natur, Jugend, Erholung
Braun	Ruhe, Ausgeglichenheit, Geborgenheit
Gelb	Freundlichkeit, Lebendigkeit
Blau	Treue, Freundschaft, Freiheit
Orange	Freude, Reife

Die Symbole der Farben werden in der Bäckerei/Konditorei genutzt, z. B.:

- weiße Hochzeitstorte
- rote Marzipanrosen auf Torten zur Hochzeit, zum Geburtstag, zum Muttertag
- grüne Dekoration zu Ostern

Die Sprache bedient sich der Farben

Farben in Sprichwörtern besitzen eine bestimmte Aussagekraft, z. B.

- Es ist der blaue Montag. Sie macht blau. Er ist blau.
- Ich sehe schwarz. Er ist ein Schwarzfahrer. Ein rabenschwarzer Tag.
- Sie sieht alles durch die rosarote Brille.
- Er ist ein grüner Junge. Er ist noch grün hinter den Ohren.
- Ich habe eine weiße Weste.
- Es ist der graue Alltag.
- Sie ist gelb vor Neid.

Die Wirkung der Farben beim Dekorieren

Harmonische Farbauswahl

Dekorationsart	Farben
Farben, die den Backwaren eine gesunde, natürliche Wirkung geben	Braun, Beige und Hellgelb
Farben, die bei Tischtüchern, Dekorationstüchern, Tabletts und Dekorationsmaterial eine festliche, feierliche Stimmung hervorrufen	Weiß, Silber, Gold, Rosa, Hellgelb, Hellblau
Auffallende Signalfarben, die auf etwas Besonderes hinweisen sollen, z. B. Plakat- oder Schriftfarben	Rot und kräftiges Orange

Aufgaben

1. Welchen Sinn hat eine fachgerechte Warenpräsentation im Verkauf?
2. Erklären Sie, was im Bäckerei-/Konditoreiladen in Regalen dekorativ für Kunden gut sichtbar ausgestellt werden kann.
3. Beschreiben Sie, wie Speiseeis im Konditoreiverkauf angeboten wird.
4. Beschreiben Sie, welche Waren in die Verkaufstheke gegeben und wie sie ausgestellt werden:
   - in der Gebäcktheke
   - in der Kühltheke
5. Beschreiben Sie die Grundregeln der Warenpräsentation in Bezug auf
   - Übersichtlichkeit und Sichtbarkeit der Waren für die Kunden,
   - Warenmengen auf Thekenblechen, Tabletts und auf Tortenplatten,
   - Anschnitt von Torten, Desserts und Kuchen,
   - die Preisangabe.

→

6 Erläutern Sie, wo Waren, die von den Kunden besonders begehrt sind und Waren, die der Betrieb bevorzugt anbieten möchte, im Laden platziert werden.

7 Beschreiben Sie Thekenbleche, Schnittenbleche, Tabletts und Tortenplatten im Verkauf.

8 Erläutern Sie, welche Anforderungen die Unterlagen der Waren im Laden erfüllen müssen.

9 Erklären Sie das richtige Belegen mit Bäckerei-/Konditoreierzeugnissen und geben Sie die entsprechenden Waren an:
- Gebäcke nebeneinanderlegen
- Gebäcke fächerartig legen
- Belegen der Gebäcke in Hörnchenform

10 Welche Schäden können beim Stapeln verschiedener empfindlicher Waren entstehen?

11 Wie werden Pralinen für die Pralinentheke gelegt?

12 Beschreiben Sie, wie beim Belegen mit verschiedenfarbigen Bäckerei-/Konditoreierzeugnissen ein schöner Farbkontrast entsteht.

13 Erläutern Sie den Formenkontrast beim Belegen mit Bäckerei-/Konditoreierzeugnissen.

14 Beschreiben Sie das Gestalten von Dekorationstischen:
- Grundaufbau
- Dekorationstuch
- Dekorationstipps

15 Welche Wirkungen hat die Beleuchtung im Verkaufsraum?

16 Nennen Sie Beispiele, wie Farben auf Kunden im Verkauf wirken.

17 Was symbolisieren folgende Farben:
- Rot
- Schwarz
- Weiß
- Grün
- Braun
- Gelb

18 Farben verändern das Empfinden für Größen. Wie wirken
- helle Räume und dunkle Räume,
- dunkle Decken,
- Entfernung dunkler und heller Gegenstände,
- helle und dunkle Farben auf die Körperstatur,
- quer gestreift und längs gestreift auf die Körperstatur?

19 Nennen Sie verkaufswirksame Farben beim Dekorieren,
- die den Backwaren eine gesunde, natürliche Wirkung geben,
- die eine festliche, feierliche Stimmung hervorrufen,
- die als Signalfarben auf etwas Besonderes hinweisen sollen.

20 Ihre Bäckerei/Konditorei will ein Bistro eröffnen, das insbesondere junge Leute ansprechen soll. Ihr Chef bittet Sie, Vorschläge für die Einrichtung und die farbliche Gestaltung zu machen.

LF 1.3

Rechenaufgaben

1 Im Brotregal sind vier Reihen übereinander angeordnet. Zusammen sind sie 12,16 m lang. Durchschnittlich benötigt jedes Brot 19 cm Platz. Berechnen Sie, wie viel Brote auf einer Reihe im Brotregal Platz haben.

2 Auf fünf Thekenblechen von je 60 × 40 cm haben 160 Plunderhörnchen Platz, wenn sie nebeneinandergelegt werden. Werden die Plunderhörnchen jedoch fächerartig gelegt, haben 38 % mehr Platz. Berechnen Sie die Anzahl der Plunderhörnchen auf einem Thekenblech, wenn sie fächerartig aufgelegt werden.

3 Eine Gebäcktheke ist 60 cm tief und wird auf zwei Ebenen mit Blechen belegt. Ein Rahmenblech misst 60 × 20 cm und ein Thekenblech 60 × 40 cm. Die Gebäcktheke ist 380 cm lang und voll mit Blechen belegt. In der oberen Ebene der Gebäcktheke befinden sich neben den Thekenblechen 5 Rahmenbleche. In der unteren Ebene befinden sich 4 Thekenbleche und der Rest sind Rahmenbleche.

a) Wie viel Rahmenbleche und wie viel Thekenbleche befinden sich in der voll belegten Gebäcktheke?

b) Berechnen Sie, wie viel m² alle Bleche in den zwei Ebenen der Gebäcktheke besitzen.

4 Ein Dekorationstuch ist 3,40 m lang und 225 cm breit. Ein kleineres Dekorationstuch zur Verschönerung besitzt ⅖ der Fläche des Dekorationstuchs. Ermitteln Sie die Fläche des kleineren Tuchs.

13.5 Werbemittel

„Tue Gutes und rede darüber."

Bei der Werbung stellt die Bäckerei/Konditorei ihre Erzeugnisse und den Betrieb selbst in den Mittelpunkt. Vielleicht fällt erst durch die Werbung vielen Verbrauchern auf, welche Vorzüge der Betrieb hat.
Regelmäßige Werbung ist auch wichtig, um bei den Kunden immer interessant und in Erinnerung zu bleiben.

Sinn der Werbung

- Der Bäckerei-/Konditoreibetrieb wird den Verbrauchern in Erinnerung gebracht.
- Die Waren werden den Verbrauchern vorgestellt oder gezielte Informationen werden vermittelt.
- Der Wunsch zum Kauf in der Bäckerei/Konditorei soll erzeugt werden.

Mund-zu-Mund-Werbung

Qualitätswaren und freundliche Fachverkäuferinnen sind die besten Werbemittel für eine Bäckerei/Konditorei. Der gute Ruf (das Image) wird dann durch zufriedene Kunden und Gäste weiterverbreitet. Die Mund-zu-Mund-Werbung ist die billigste Werbung mit der größten Wirkung.

Mund-zu-Mund-Werbung unter Kunden

Werbemittel für den Betrieb

Beschriftetes Verpackungsmaterial

Trotz der Mund-zu-Mund-Werbung kann die Bäckerei/Konditorei auf weitere Werbemöglichkeiten nicht verzichten, um die Aufmerksamkeit eines größeren Kundenbereichs auf den Betrieb zu lenken.

Werbemittel für den Betrieb sind:

- originelle und aktuelle Schaufenstergestaltung
- Werbeplakate als Blickfang für den Laden und das Schaufenster
- leicht lesbare, saubere Preisschilder
- beschriftetes Verpackungsmaterial, z. B. Papiertüten, Rollenpapier, Papierfalttaschen und Stofftaschen mit Firmenaufdruck
- Speisekarte oder Broschüre auf jedem Tisch im Café, evtl. mit kleinen Geschichten oder Anekdoten über den Betrieb oder über bekannte Backwaren des Betriebs
- einladend gestaltete Werbetafeln vor dem Laden als Außenaufsteller
- Lieferfahrzeuge als fahrende Werbeträger
- Aufdrucke der Bäckerei/Konditorei in oder an öffentlichen Verkehrsmitteln
- Artikel oder Inserate in Zeitungen, Zeitschriften, Katalogen, Tourismusbroschüren
- Flyer (Handzettel)
- Präsentation im Internet → Seite 25
- regionale, lokale Rundfunk- und Fernsehwerbung

LF 1.3

Werbeaussagen in der Werbung

Werbung soll bei den Kunden ankommen und möglichst lange in Erinnerung bleiben.

- Werbeaussagen sollen Informationen enthalten, die den Verstand ansprechen.
- Wenn Werbeaussagen auch die Gefühle der Verbraucher ansprechen, kommen sie besonders gut an. Manchmal werden sogar lustige, originelle Werbesprüche im Alltag von den Menschen übernommen.

Werbung soll Appetit machen

Inhaltliche Voraussetzungen für eine Werbung
- einprägsame Werbeaussagen
- überzeugendes Werbeangebot
- aktuelle Werbung
- ehrliche Werbung

Was die Bäckerei/Konditorei anbietet, muss die Verbraucher überzeugen. Die Werbeaussagen müssen sich bei den Verbrauchern einprägen.

Werbung muss sich lohnen. Unwirksame Werbung verursacht unnötig Kosten. Die Werbemaßnahmen der Bäckerei/Konditorei müssen ständig überprüft werden. Der Werbeerfolg ist jedoch nicht direkt ablesbar. Manchmal stellt er sich erst langfristig ein.

Erfolgreicher Werbetext

> !
>
> Der Text der Werbung soll
> - kurz,
> - leicht zu erfassen und
> - originell sein.
>
> So werden die Werbeaussagen als sympathisch empfunden und treffen das Gefühl der Kunden.

LF 1.3

Werbemaßnahmen im Laden
- Kostproben bestimmter Erzeugnisse an Probiertagen
- Werbegeschenke
- Angebotswoche mit preisgünstigen Erzeugnissen
- Durchführung von Aktionen, z. B. „Erfrischendes aus Obst", „Erdbeerwoche", „Tag der pikanten Leckereien", „Zeit der süßen Verführungen"

Öffentlichkeitsarbeit (Public Relations)

Durch Public Relations die Aufmerksamkeit wecken

Die Öffentlichkeit sollte mit guten, sympathischen Nachrichten von der Bäckerei/Konditorei versorgt und dabei auf den Betrieb aufmerksam gemacht werden.

Möglichkeiten für Public Relations sind:
- Imagewerbung durch den Zentralverband des Deutschen Bäckerhandwerks, den Deutschen Konditorenbund und durch die Landesverbände. Diese Fachverbände stellen das Bäcker- und Konditorenhandwerk sympathisch dar und versuchen, das Ansehen zu verbessern.
- Spende an einen Sportverein oder an eine gemeinnützige Einrichtung.
- Teilnahme an Festen, an denen viele Kunden und andere Menschen, die Kunden werden könnten, teilnehmen.
- Artikel in Zeitungen und Zeitschriften sowie Beiträge in regionalen Rundfunk- und Fernsehsendern.

Verbotene Werbung

Werbung muss „rechtmäßig" sein, damit die Verbraucher und Mitbewerber der Werbung nicht schutzlos ausgesetzt sind.
Nach dem Gesetz des „unlauteren Wettbewerbs (UWG)" muss die Werbung ehrlich und fair ablaufen.

Verboten sind bei vergleichender Werbung geschäftsschädigende Äußerungen über Mitbewerber, z. B.:
- vergleichende Werbung, die nicht nachprüfbar ist, z. B. „Unsere Waren schmecken von allen Bäckereien/Konditoreien in der Gegend am besten".
- Werbung, bei der Mitbewerber bzw. ihre Erzeugnisse herabgesetzt werden, z. B. „Bei uns im Café erfüllen wir Ihnen jeden Wunsch, sodass Sie sich wohlfühlen. Im Café nebenan werden Sie gar nicht beachtet. Wollen Sie diesen schlechten Service?"

Verboten ist irreführende Werbung, z. B.:
- „In unserer Aktionswoche erhalten Sie alle Backwaren zu einem reduzierten Preis von 20 %."
  Tatsächlich bezieht sich das Angebot jedoch nur auf Hefezöpfe.
- „Unser Angebot: Sachertorte zum halben Preis."
  Tatsächlich erhalten Kunden in dieser Zeit keine Sachertorten, da der Betrieb diese Ware gar nicht im Laden anbietet. Die Kunden sollen mit dieser Werbeaussage in den Laden gelockt werden.
- „Unsere Kuchen werden mit reiner Butter hergestellt."
  Tatsächlich wird für die Kuchen nur Margarine verwendet.

Verboten ist krankheits- und gesundheitsbezogene Werbung, z. B.:

- Unsere leichten Joghurttörtchen sind Schlankmacher.
- Unsere vitamin- und mineralstoffreichen Vollkorngebäcke stabilisieren Herz und Kreislauf und fördern somit das Wohlbefinden.
- Unser frischer Zwiebelkuchen sollte Ihre tägliche Zwischenmahlzeit sein, da er Allergien verringert.

Aufgaben

1. Nennen Sie den Sinn der Werbung.
2. Mund-zu-Mund-Werbung ist die beste und billigste Werbung. Was versteht man darunter?
3. Nennen Sie mögliche Werbemittel für den Bäckerei-/Konditoreibetrieb.
4. Was sollen Werbeaussagen beinhalten und wie kommen sie bei den Verbrauchern besonders gut an?
5. Welche inhaltliche Voraussetzung soll eine Werbung enthalten?
6. Wie soll ein erfolgreicher Werbetext gestaltet sein?
7. Nennen Sie mögliche Werbemaßnahmen im Laden der Bäckerei/Konditorei.
8. Mit welchen Möglichkeiten der Öffentlichkeitsarbeit (Public Relations) kann der Betrieb auf sich aufmerksam machen?
9. Nennen Sie Beispiele für verbotene Werbung:
   - vergleichende Werbung
   - irreführende Werbung
   - krankheits- und gesundheitsbezogene Werbung
10. Nach der Renovierung soll Ihre Bäckerei/Konditorei in zwei Wochen wieder eröffnet werden. Um die Kunden darüber zu informieren, schreiben Sie einen Artikel für die Lokalzeitung und entwerfen eine Anzeige.

Rechenaufgabe

Die Werbungskosten einer Bäckerei/Konditorei belaufen sich auf 240,50 €. Davon werden 45,80 € zum Schreiben von Plakaten verwendet und 62,30 € für den Verband als Abgabe zur Imagewerbung.

a) Wie viel € der Werbungskosten werden für andere Werbemittel eingesetzt?

b) Ermitteln Sie, wie viel % der Werbungskosen zum Plakatschreiben und wie viel % für die Imagewerbung ausgegeben werden.

13.6 Plakate als Werbemittel

Werbeplakate machen die Kundschaft auf den Betrieb aufmerksam und animieren zum Kauf der Waren.

Werbeplakat Vollkornbrote

Plakate informieren die Kundinnen und Kunden über

- Waren der Bäckerei/Konditorei mit Preisangaben,
- besondere oder neue Erzeugnisse der Bäckerei/Konditorei,
- Aktionen und Veranstaltungen des Betriebs.

!

Voraussetzung für erfolgreiche Werbeplakate

- Die Werbebotschaft auf einem Plakat ist in wenigen Sekunden zu erfassen.
- Der erste Blick auf das Plakat weckt bei den Kunden sofort Interesse und ruft angenehme Gefühle hervor.

Werbeplakat mit Preisangabe

Möglichkeiten der Erstellung der Werbeplakate

- Mit dem Computer sind Plakate etwas leichter zu gestalten, da die Elemente beliebig geändert werden können.
- Bei Fachkräften mit schöner Handschrift zeigen die Plakate die handwerkliche Kunst der Bäckerei/ Konditorei.

Bei selbst erstellten Werbeplakaten weist die Bäckerei/ Konditorei auf ihre eigenen Waren und Aktionen hin. Industriell bedruckte Plakate wirken allgemein, da sie in allen Betrieben ausgestellt werden.

Werbeplakat handschriftlich gestalten

LF 1.3

Grundsätze beim Erstellen von Werbeplakaten
Die Regeln bei der Gestaltung der handgeschriebenen Plakate und der am Computer sind gleich.

Plakatmaterial

- Für handgeschriebene Plakate eignen sich stabile Plakatkartons.
- Am Computer erstellte Plakate werden auf hochwertiges, stabiles Papier gedruckt, das nicht so leicht reißt. Empfehlenswert ist Papier mit 120 bis 210 g/m².

Farbige Plakate wirken lebhaft und sind auffällig. Helle Plakatfarben verwenden, damit die dunkle Schrift gut sichtbar ist.
Bei weißen Plakaten hat die dunkle Schrift eine gute Fernwirkung.

Die Farbe des Plakats sollte zur angebotenen Ware bzw. zur Jahreszeit passen, z. B. Hellgrün für ein Osterplakat, ein helles Rot für Muttertagsartikel.

Farbiges Plakat mit gut lesbarer Schrift

Plakatgröße
Gut sichtbar sind Plakate der Größe DIN A3.
Im Laden können DIN-A4-Plakate ausreichen, da die Kunden näher davorstehen.
Plakate in Hochformat sind manchmal besser zu platzieren als Plakate in Querformat.

Text

- Den Text kurzfassen.
- Leicht verständlichen Text positiv formulieren.
- Originelle Texte, auch mit Humor, werden gerne gelesen.
- Im Text dürfen keine Rechtschreibfehler vorkommen, auch keine falschen Satzzeichen.
- Der Text muss fachlich richtig sein, z. B.
  – „feinwürzig“ passt zu Lebkuchen, aber nicht zu Hefezöpfen;
  – „frisch“ passt zu Croissants und Berlinern, jedoch nicht zu Dauerbackwaren und Stollen.

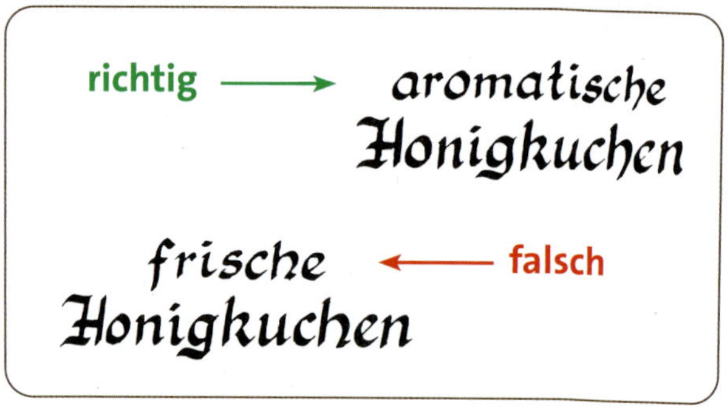

Der Text muss fachlich stimmen

Werbewirksamer Text

Schrift
- Gut lesbare Schriftart wählen.
- Das Wesentliche im Text, z. B. die angebotene Ware, hervorheben, z. B.
  – größere Buchstaben verwenden,
  – das ganze Wort in Großbuchstaben schreiben,
  – das Wort diagonal auf dem Plakat platzieren,
  – auffallende Schriftfarbe einsetzen, ideal ist die Signalfarbe Rot.
- Zusätzliche Informationen kleiner schreiben. Wird der gesamte Text gleich groß geschrieben, wirkt das Plakat unübersichtlich.

Bilder
- Ein Bild unterstützt und veranschaulicht die Aussage des Textes. Es belebt das Plakat und wird zum Eye-catcher (Blickfang).
- Nur scharfe Bilder mit schönen Farben machen das Plakat attraktiv.

Es dürfen nur Bilder, die dem Betrieb gehören, verwendet werden. Bilder, z. B. aus dem Internet zu verwenden, ist strafbar und verstößt gegen das Urheberrecht.

Bei handschriftlich erstellten Plakaten passen stilisierte Zeichnungen, die mit wenigen Strichen die Grundstruktur des natürlichen Bildes darstellen.

Wareninformation mit stilisierter Zeichnung

Logo der Bäckerei/Konditorei
Ein gut sichtbares Logo auf dem Plakat weist eindeutig auf die werbende Bäckerei/Konditorei hin.

Regeln für übersichtliche Werbeplakate
- Höchstens zwei oder drei verschiedene Schriftarten und Schriftfarben verwenden.
- Ein Bild reicht gewöhnlich.
- Text und Bild müssen sich deutlich von der Farbe des Plakats abheben.
- Die richtige Platzeinteilung auf dem Plakat ergibt ein harmonisches Gesamtbild. Größere Leerflächen oder dicht gedrängte Stellen vermeiden.
- Nur ein sauberes Plakat ist werbewirksam. Fingerabdrücke oder Flecken bzw. eingerissene Stellen sind tabu.

Arten der Werbeplakate

Plakate als Informationsplakate
Diese Werbeplakate informieren über spezielle Waren der Bäckerei/Konditorei, enthalten jedoch keine Preisangabe. Auch Aktionen werden den Kunden bekanntgegeben.

LF 1.3

Waren werden angeboten

Formplakate

Abwechslungsreich sind Formplakate. Die Form lässt häufig bereits auf den Anlass schließen, z. B. Plakat in Herzform zum Muttertag, Sternschnuppenform an Weihnachten.

Sternschnuppenförmiges Weihnachtsplakat

Herzförmiges Muttertagsplakat

LF 1.3

Plakat als Wareninformation mit Preis

Die angebotene Ware steht auf diesen Plakaten im Mittelpunkt. Deshalb wird die Warenbezeichnung hervorgehoben, z. B. durch größere Schrift und die Signalfarbe Rot.

Werbeplakat mit Preis

Einteilung und Schriftgrößen eines Plakats mit Preis

- Der Warenname soll möglichst in einer Zeile stehen und nicht getrennt werden.
- Den Warennamen und den Euro-Betrag etwas größer schreiben als die anderen Informationen.

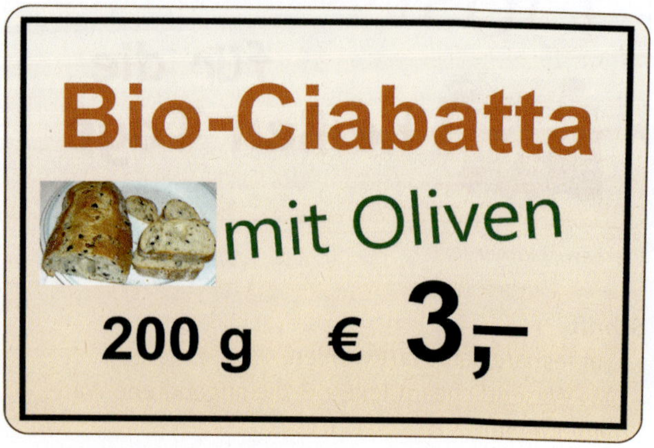

Übersichtliches Werbeplakat mit Preisangabe

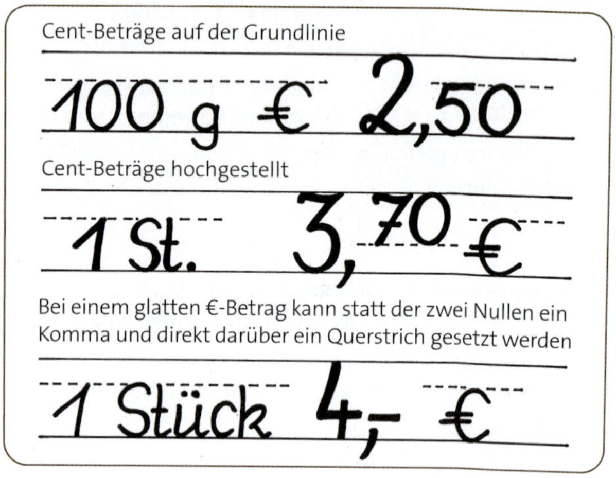

Die untere Zeile eines Werbeplakats enthält die Mengenangabe und den Preis in Euro.

- Der Preis ist für die Kunden der wichtigere Teil und wird deshalb größer geschrieben als die Mengenangabe.
- Damit der Gesamtpreis deutlich erkennbar ist, sollte der Euro-Betrag größer geschrieben werden als der Cent-Betrag. Den Cent-Betrag etwas kleiner, ca. ⅔ Höhe, auf der Grundlinie oder nach oben versetzt schreiben.
- Nach dem Euro-Betrag ein deutliches Komma auf die Grundlinie setzen.
- Das €-Zeichen sollte vor oder hinter dem Preis stehen.
- Das Wort „Stück“ wird ausgeschrieben oder mit „St.“ abgekürzt.

Preisschilder

Sämtliche Waren, die den Kunden im Verkauf angeboten werden, müssen mit dem Preis ausgezeichnet werden. Deshalb stehen die Preisschilder unmissverständlich bei der Ware.

Im Brotregal befinden sich die Preisschilder meistens in einer Schiene an dem Regal, auf dem das Brot liegt.

Preisschilder am Brotregal

In der Verkaufstheke können sie auf kleinen Ständern befestigt werden oder Preisschildkärtchen stehen unmittelbar neben den Waren.

Angaben auf Preisschildern

- der Name der Ware (Bezeichnung)
- die Mengenangabe in Gewicht oder Stück
- der Preis mit €-Zeichen
- evtl. der Grundpreis von 1 kg oder 100 g der Ware

Grundsätze beim Schreiben von Preisschildern

- Preisschilder sind reine Informationsschilder und müssen leicht lesbar sein. Deshalb werden sie gewöhnlich mit schwarzer Druckschrift auf weißem Untergrund geschrieben, ohne schnörkelhafte Schrift.
- Das Preisschild ohne Grundpreisangabe auf zwei Zeilen (Reihen) schreiben.
- Ein Preisschild mit Grundpreisangabe erfordert drei Zeilen und somit ein größeres Format.
- Die Größenverhältnisse der Schrift sind wie beim Werbeplakat mit Preisangabe.

Allgemeines Preisschild

Preisschild mit Grundpreisangabe

Flyer (Handzettel)

!

Begriffserklärung
Flyer enthalten mehr Informationen als Plakate. Sie werden an möglichst viele Kunden verteilt, damit sie viele Menschen ansprechen.

Flyer werden mit dem Computer erstellt und anschließend entweder selbst ausgedruckt oder von einer Druckerei gedruckt. Ein- oder zweiseitige Flyer werden meist im A4-Format oder A5-Format gestaltet. Eine A4-Seite lässt sich auch zu einem Flyer falten, und zwar durch eine einfache oder zweifache Faltung. Mehrblättrige Flyer sind sehr kostenaufwendig und werden daher nicht so häufig angefertigt.

Die Bäckerei/Konditorei informiert mit Flyern über
- Aktionen des Betriebs,
- Veranstaltungen,
- die Besonderheiten oder Einführung neuer Bäckerei-/Konditoreierzeugnisse,
- Bekanntgaben der Innungen.

Grundregeln beim Erstellen von Flyern

- Übersichtliche Darstellung und Einteilung des Textes.
- Wichtiges muss auffallen.
- Informationen für alle Menschen klar und deutlich formulieren.
- Das Beschriebene mit Bildern veranschaulichen und auflockern.
- Ort und Zeitangabe müssen schnell zu finden sein.
- Die Kunden zum Besuch auffordern.
- Nicht zu viele Farben und Schriftgrößen verwenden.

Die Flyer werden frühzeitig im Laden ausgelegt oder verteilt, damit möglichst viele Kunden erreicht werden.

LF 1.3

Frische Berliner zum Karneval

Schaubacken
am
Freitag, den 17. Februar
Samstag, den 18. Februar
von 10.00 bis 17.00 Uhr

Kommen Sie vorbei und schauen Sie uns beim Backen zu.
Sie erhalten Berliner frisch aus dem Siedefett.

Probieren Sie unsere Berliner
- fettarm, eireich, locker und gut bekömmlich
- gebacken in frischem Siedefett
- mit verschiedenen Füllungen

Füllungen für jeden Geschmack
- Johannisbeerkonfitüre
- Hiffenmark (Hagebuttenmark)
- Vanillecreme
- Eierlikörcreme

Besuchen Sie uns!

Ihre Bäckerei/Konditorei - Café Fröhlich
Berliner Straße 17, 47872 Siededorf

Flyer

Rechenaufgaben

1. Ein Preisschild ist 28 cm lang und 14 cm breit. Es wird zu einem Kärtchen gefaltet und somit nur auf einer Hälfte beschrieben.
   a) Wie viel cm^2 werden für das Preisschild beschrieben?
   b) Die Bäckerei/Konditorei hat 1,60 m^2 Plakatkarton, aus dem die Kärtchen für die Preisschilder geschnitten werden. Berechnen Sie, wie viel Kärtchen daraus geschnitten werden können.
2. Aus vier Plakatkartons mit je 68 cm × 47 cm sollen acht Formplakate geschnitten werden. Es entsteht ein Verschnitt von 17,5 %. Berechnen Sie die Fläche eines Formplakats.
3. Für Plakate und Preisschilder sowie ein Plakatschreibset bezahlt eine Bäckerei/Konditorei 195,00 € als Messepreis. Der Messerabatt beträgt 15 %. Berechnen Sie den ursprünglichen Preis.
4. Ein DIN-A3-Plakat ist 420 mm lang und 297 mm breit. Das Bild auf dem Werbeplakat soll 24 % der Plakatfläche betragen.
   Berechnen Sie die Bildgröße in cm^2. Runden Sie.

Aufgaben

1. Welche Informationen des Bäckerei-/Konditoreibetriebs übermitteln Werbeplakate an die Kunden? Nennen Sie drei Möglichkeiten.
2. Welche zwei Voraussetzungen müssen Werbeplakate erfüllen, damit sie bei den Kunden erfolgreich ankommen?
3. Geben Sie zwei Möglichkeiten an, wie Werbeplakate erstellt werden können. Welches Material wird für die Plakate jeweils verwendet?
4. Erklären Sie, welche Farbe die Plakate haben sollten, um die größte Aufmerksamkeit zu erzielen.
5. Nennen Sie die ideale Plakatgröße, damit die Werbebotschaft gut sichtbar ist.
6. Beschreiben Sie die Grundsätze beim Verfassen des Textes für ein Werbeplakat.
   - Textgröße
   - Formulierung des Textes
   - korrekter Text
7. Erläutern Sie, was bei der Schrift beachtet werden soll.
   - Schriftart
   - bei wichtigen Textteilen
   - bei zusätzlichen Informationen
8. Dürfen Werbeplakate Bilder bzw. Zeichnungen enthalten?
9. Beschreiben Sie die Regeln, um ein übersichtliches Werbeplakat zu erstellen.
10. Erklären Sie, welche Angaben Plakate als Wareninformation mit Preis enthalten müssen.
11. Welche Informationen müssen Preisschilder enthalten?
12. Erläutern Sie die Angabe des Grundpreises auf Preisschilder.
13. Erklären Sie den Begriff „Flyer“.
14. Nennen Sie die Grundregeln beim Erstellen eines Flyers.
15. Sie sollen in Ihrem Betrieb Plakate als Wareninformation mit Preis und Preisschilder schreiben. Informieren Sie sich, wie die Warenmenge und der Preis korrekt angegeben werden.

14

Das Verkaufen

Situation

Im Rahmen Ihrer Ausbildung sollen Sie auch im Verkauf Erfahrungen sammeln. Dafür erhalten Sie die passende Kleidung und anschließend üben Sie in einem Rollenspiel den komplexen Verkaufsvorgang. Dabei ist Ihre Chefin die Kundin.
Der Verkaufsvorgang beginnt mit der Begrüßung der Kundin über die Beratung und Verpackung der Waren bis hin zum Kassieren und der Verabschiedung.

- Worauf ist bei der verbalen und nonverbalen Ausdrucksweise beim Verkaufsvorgang zu achten?
- Womit beginnt der Verkaufsvorgang und welche Ähnlichkeit hat die Verabschiedung mit dem Beginn?
- Wie wird der Kaufwunsch erfragt?
- Welche Erwartungen stellen die Kunden an die Beratung beim Verkauf?
- Wie erfolgt das richtige Kassieren?
- Wie werden Brote, Brötchen und andere Kleingebäcke, Feine Backwaren sowie Torten und Desserts verpackt?

LF 1.3

Der Betriebsinhaber kann die Gehälter für das Personal nur bezahlen, wenn er vorher von den Kunden genügend Geld eingenommen hat. Der Betriebserfolg ergibt sich deshalb auch über den Verkauf. Leider ist es einfacher, zehn Torten herzustellen als eine zu verkaufen.

Kaufmotive

Damit die Kunden etwas kaufen, müssen Kaufmotive vorhanden sein.
Bei verstandesmäßigen Motiven geht der Kunde in das Bäckerei- und Konditoreigeschäft und weiß genau, was er kaufen möchte.
Die meisten Kaufmotive werden jedoch vom Gefühl geleitet. Ein gepflegtes Geschäft spricht von außen das Gefühl der Menschen an. Freundliches Verkaufspersonal und Qualitätswaren tragen weiterhin zur gefühlsmäßigen Kaufmotivation bei, denn Sympathie und Qualität gehören zu den wichtigsten Motiven. Aber auch die Neugierde auf neue Waren, der Preis und gesundheitsbezogene Aspekte spielen eine große Rolle.

Gepflegtes Bäckerei- und Konditoreigeschäft

Menschen gehen nur dann gerne in den Laden, wenn der Betrieb von außen gepflegt aussieht.
Ein Geschäft wirkt einladend durch

- eine saubere Hausfassade,
- Sauberkeit auf dem Gehweg vor dem Betrieb,
- eine von außen sichtbare moderne Ladeneinrichtung,
- einen positiven hygienischen Gesamteindruck.

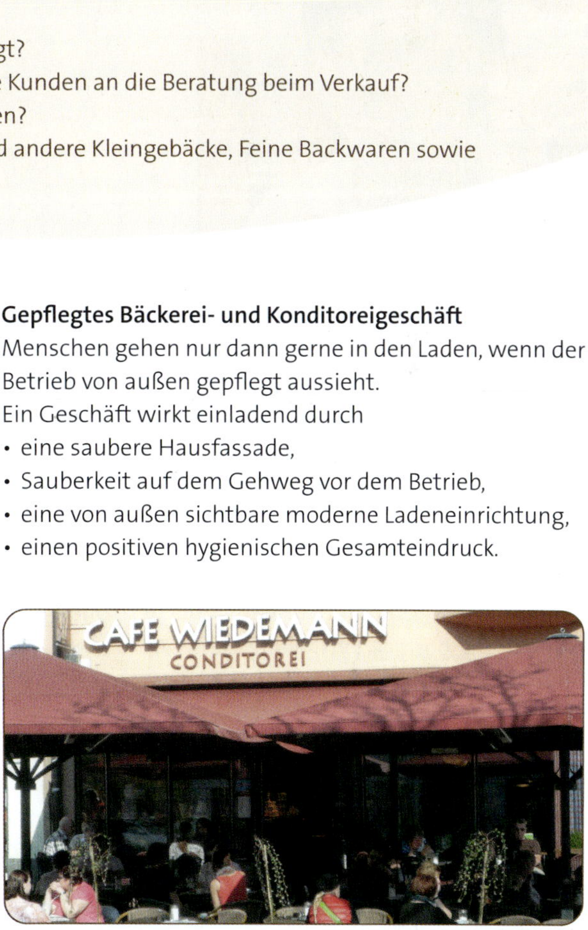

Positiver Gesamteindruck einer Außenfassade

14.1 Das Verkaufspersonal

Eigenschaften der Fachverkäuferinnen

Kunden lassen sich gerne von netten Fachverkäuferinnen bedienen. Deshalb sollte eine Fachverkäuferin

- eine natürliche, freundliche Ausstrahlung haben,
- kontaktfreudig sein, d. h. gerne mit Menschen umgehen und reden,
- eine positive Grundeinstellung zur Arbeit im Verkauf haben und mit dem Geschäft zufrieden sein.
- Auch schlechte Laune durch Stress oder privaten Ärger darf die Fachverkäuferin sich nicht anmerken lassen, die Kunden können nichts dafür.

Personen, denen diese Eigenschaften fehlen, sind nicht zum Verkauf geeignet.

Freundliche Fachverkäuferin

LF 1.3

Körpersprache (nonverbale Ausdrucksweise)

Sofort die Sympathie gewinnen

Sofort beim Eintritt in den Laden und bei der Begrüßung kann die Fachverkäuferin die Sympathie der Kunden gewinnen. Die positive Einstellung zum Einkauf kann wie folgt durch die Körpersprache erreicht werden:

- Eine gepflegte Fachverkäuferin mit sauberer Berufskleidung sehen alle Kunden gerne. So ergibt sich eine gewisse Zuwendung.
- Eine aufrechte Körperhaltung strahlt Einsatzbereitschaft aus und sagt aus, dass die Fachverkäuferin für die Kunden da ist.
- Ein Lächeln der Fachverkäuferin gewinnt immer die Sympathie der Kunden.

Nonverbale Ausdrucksweisen beim Kundengespräch

- Die Fachverkäuferin schaut den Kunden an, wenn sie mit ihm spricht. Dies gehört zur Höflichkeit und zeigt dem Kunden, dass sie sich nur auf ihn konzentriert.
- Mimik (Gesichtsausdruck) und Gestik (Hand- und Armbewegung) der Fachverkäuferin unterstützen positiv das Gesprochene, z. B. mit der offenen Hand auf die Ware hindeuten oder das Brot in die Hand nehmen bzw. die Tortenplatte mit der Torte hochheben, um sie dem Kunden zu zeigen.
  An der Mimik der Kunden kann auch die Fachverkäuferin die Zustimmung und Abneigung erkennen.

So gewinnt die Fachverkäuferin die Sympathie der Kunden

Wirkt die Fachverkäuferin auf die Kunden sympathisch, fühlen sie sofort eine Zuneigung zum Betrieb. Erfahrungsgemäß verzeihen sie dann auch kleine Fehler, die sich manchmal beim Verkaufsvorgang ergeben können.

Die Sprache (verbale Ausdrucksweise)

Die Sprache der Fachverkäuferin soll von den Kunden verstanden werden und für die Kunden sympathisch wirken:

- Verständlich sprechen; verständliches Deutsch mit nicht zu starkem Dialekt bei Kunden aus anderen Gegenden sprechen.
- Laut sprechen, aber mit angenehmer Lautstärke.
- Richtiges Sprachtempo – nicht zu schnell und nicht zu langsam sprechen.
- Ein freundlicher Tonfall ergibt sich ganz von selbst bei innerer Zufriedenheit und beim Lächeln der Fachverkäuferin.

> **!** Die Körpersprache und das Gesprochene sollen sich gegenseitig ergänzen. Nur gemeinsam ergeben sie eine erfolgreiche Kommunikation im Verkauf.

Die volle Aufmerksamkeit gehört dem Kunden.

- Beim Kundeneintritt in den Laden bricht die Fachverkäuferin andere Arbeiten ab und wendet sich sofort dem Kunden zu.
- Gespräche mit Kolleginnen und Kollegen werden sofort beendet und auch während des Verkaufens nicht weitergeführt. Dies wäre unhöflich und die Kunden spüren, dass sie nebenbei abserviert werden und man für sie keine Zeit hat.

Die Aufmerksamkeit soll dem Kunden und nicht der Kollegin gehören

Aufgaben

1. Welche Eigenschaften sollte eine Fachverkäuferin besitzen, um erfolgreich verkaufen zu können?
2. Beschreiben Sie, wie eine Fachverkäuferin mit der Körpersprache (nonverbale Ausdrucksweise) sofort beim Eintritt in den Laden die Sympathie der Kunden gewinnen kann.
3. Erläutern Sie, durch welche nonverbalen Ausdrucksweisen sich die Fachverkäuferin beim Gespräch mit dem Kunden auszeichnen kann.
4. Erklären Sie, wie die Sprache der Fachverkäuferin sein soll, damit sie vom Kunden verstanden wird und sympathisch wirkt.
5. Wie zeigt eine Fachverkäuferin dem Kunden schon beim Eintritt in den Laden, dass die ganze Aufmerksamkeit ihm gehört?
6. Sie nehmen gerade eine Kundenbestellung am Telefon auf, als ein Kunde den Laden betritt. Wie verhalten Sie sich beiden Kunden gegenüber?

14.2 Der Verkaufsvorgang

Der Verkaufsvorgang unterteilt sich in:

Begrüßen
↓
Erfragen des Kaufwunsches
↓
Empfehlen und Beraten, wenn der Kunde Fragen hat
↓
Herrichten und Verpacken der gewünschten Waren
↓
Kassieren
↓
Verabschieden

Begrüßung

- Den Kunden mit einem Lächeln anschauen.
- Freundlich mit passender Grußformel grüßen – Freundlichkeit steckt an.
- Begleitpersonen gleichermaßen grüßen.
- Bekannte Kunden mit Namen begrüßen, Kinder mit dem Vornamen. Dies bezeugt die Wertschätzung der Kunden.

LF 1.3

Erfragen des Kaufwunsches

Häufig schließt sich an den Gruß die Frage nach dem Kaufwunsch an, z. B. „Guten Tag, Frau Schöne. Was wünschen Sie bitte?"

Begrüßung und Erfragung des Kaufwunsches

Möglichkeiten der Fragestellung:
- Was darf es sein?
- Was kann ich für Sie tun?
- Was hätten Sie gerne?
- Welchen Wunsch haben Sie?
- Was darf ich Ihnen geben?
- Womit kann ich Ihnen helfen?

!

Nicht immer die gleiche Frage stellen – dies wirkt gedankenlos und niveauarm.
Mechanische Fragen wirken unpersönlich, z. B. „Bitte schön?".

In jedem Fall verkaufshemmend ist das Hochhalten des Kopfs und den Kunden dabei fragend anzusehen.

Beginn der häufigsten Form des Verkaufs

Meistens äußern die Kunden sofort nach dem Erfragen durch die Fachverkäuferin ihren Kaufwunsch genau, z. B. „Ich hätte gerne zwei Stück Apfelkuchen."

Die Fachverkäuferin richtet daraufhin die gewünschten Waren her und verpackt sie. Dies ist die einfachste und häufigste Form des Verkaufens, da die verlangte Ware nur übergeben wird. Die Kunden benötigen dabei nicht den Rat der Fachverkäuferin.

LF 1.3

Bedienen einer Kundin

Komplexer wird der Verkauf, wenn Kunden Fragen stellen und die Fachverkäuferin zufriedenstellende Erklärungen gibt, indem sie Waren empfiehlt oder den Kunden berät.

Waren empfehlen

Kunden benötigen den Rat der Fachverkäuferin,
- wenn sie das Warenangebot der Bäckerei/Konditorei nicht kennen, oder
- wenn sie nicht wissen, welche Waren sich für einen bestimmten Anlass eignen.

Die Fachverkäuferin empfiehlt dann passende Waren.

Beispiel:
Kunde: „Ich hätte gerne lockere Hefeteiggebäcke. Welche haben Sie?"
Fachverkäuferin: „Da kann ich Ihnen die frischen Hefezöpfe oder die feinen Rosinenbrötchen, aber auch die Berliner mit Vanillecreme gefüllt, empfehlen."

Beispiel:
Kunde: „Haben Sie Blätterteiggebäcke zum Kaffee?"
Fachverkäuferin: „ Zum Kaffee schmecken die frischen Blätterteigstücke, die mit Quark, Sauerkirschen oder Äpfeln gefüllt sind, besonders gut. Außerdem kann ich Ihnen die ungefüllten zart-splittrigen Schweinsohren mit karamellisiertem Zucker empfehlen."

Kunden beraten

Manchmal wollen Kunden Auskünfte über bestimmte Waren haben und erwarten eine Beratung, z. B. über
- bestimmte Zutaten in den Waren,
- den Gesundheitswert verschiedener Zutaten in den Waren,
- spezielle Qualitätsmerkmale der Waren,
- die Frische und Lagerung der Waren.

Die **Verkaufsargumente** und **Qualitätsmerkmale** für Bäckerei-/Konditoreierzeugnisse werden in diesem Buch jeweils detailliert bei der Beschreibung der einzelnen Erzeugnisse genannt.

Bei der Beratung gibt die Fachverkäuferin genaue Antworten auf alle Fragen. Die Mimik der Kunden ist bei der Beratung für die Fachverkäuferin hilfreich, denn sie zeigt, ob die Kunden mit den Auskünften zufrieden sind.
Nach der Beratung können sich die Kunden leichter entscheiden, was sie kaufen sollen. Da sie nun über die Waren Bescheid wissen, haben sie auch das gute Gefühl, die richtige Ware eingekauft zu haben.
Die Kundenberatung setzt jedoch ein gutes Fachwissen voraus.

Beispiel:
Kunde:
„Woraus besteht eine Sachertorte?"
Fachverkäuferin:
„Der Sacherboden ist ein Tortenboden, der mit einem hohen Schokoladenanteil und nur mit Butter als Fett hergestellt wird. Der schokoladenhaltige Tortenboden wird mit Aprikosenkonfitüre extra gefüllt, die einen hohen Aprikosenanteil enthält. Überzogen ist diese Schokoladentorte mit Schokoladenkuvertüre."

Beispiel:
Kunde:
„Worin unterscheiden sich Plundergebäcke von Blätterteiggebäcken?“
Fachverkäuferin:
„Plundergebäcke werden aus einem Hefeteig hergestellt, in den schichtweise Fett eingerollt wird, sodass der Plunderteig abwechselnd aus dünnen Schichten Hefeteig und Fett besteht. Das Einrollen von Fett nennt man Tourieren. Blätterteig ist ein Weizenteig, der hauptsächlich aus Weizenmehl und Wasser besteht, in den jedoch ein wesentlich höherer Fettanteil schichtweise eingerollt (touriert) wird. Deshalb sind Blätterteiggebäcke splittriger im Biss als Plundergebäcke.
Gefüllte Plunder- und Blätterteiggebäcke enthalten häufig die gleichen Füllungen, z. B. Quark-, Kirsch-, Apfelfüllung oder Vanillecreme.“

> **!** Beim Empfehlen und Beraten zeigt die Fachverkäuferin mit einer Handbewegung auf die Ware, die sie gerade nennt.

Beim Empfehlen und Beraten die Ware zeigen

Kassieren

Das Kassieren muss klar und ohne Missverständnisse erfolgen. Folgende Reihenfolge sollte beim Kassieren eingehalten werden:
- Deutlich den zu bezahlenden Betrag nennen.
- Den Geldbetrag vom Kunden nehmen und sich dafür bedanken.
- Den Geldbetrag sichtbar neben der Kasse ablegen.
- Dem Kunden in übersichtlicher Weise das herauszugebende Geld vorzählen, damit der Kunde mitzählen kann.

Beispiel:
Die Waren kosten 8,60 €, der Kunde bezahlt mit einem 20-€-Schein.
– Es kostet 8,60 €,
– und 1,40 € sind 10,00 €,
– und 10,00 € sind 20,00 €.

- Hat der Kunde das erhaltene Geld akzeptiert, das Geld in die Kasse legen.
- Auf Wunsch erhält der Kunde einen Kassenzettel.
- Zum Schluss sich nochmals bedanken.

Kassieren

Verabschieden

Bei der Verabschiedung wird der gute Gesamteindruck, den der Kunde hat, abgerundet.
- Den Kunden mit Blickkontakt und einem passenden Gruß verabschieden und sich dabei nochmals bedanken.
- Bekannte Kunden mit Namen ansprechen und Kinder mit Vornamen.
- Begleitpersonen ebenfalls verabschieden.
- Vielfach bieten sich zum Schluss noch persönliche Wünsche an, z. B. „Schönes Wochenende“ oder „Einen schönen Tag noch“.

Zusätzliche Verabschiedung

Es ist unhöflich, wenn sich die Fachverkäuferin schon während der Verabschiedung einem neuen Kunden oder einer neuen Tätigkeit zuwendet bzw. sich mit den Kolleginnen unterhält.

LF 1.3

Reklamation

Grundsätzlich muss bei einer Reklamation mit viel Fingerspitzengefühl vorgegangen werden. Jede Reklamation muss ernst genommen und freundlich entgegengenommen werden. Ehrliche Reklamationen sind sogar hilfreich für den Betrieb.
Bei berechtigten Reklamationen und bei nicht ganz eindeutigen Reklamationen sollte großzügig verfahren werden. Der Kunde erhält eine Ersatzware und möglichst noch eine kleine Zugabe, um ihn wieder freundlich zu stimmen. Außerdem entschuldigt man sich für den Fehler. Statt der Ersatzware kann auf Wunsch des Kunden auch das Geld zurückgegeben werden.
Bei einer unberechtigten Reklamation wird dem Kunden freundlich eine fachlich fundierte Erklärung gegeben. Trotzdem sollte möglichst großzügig gehandelt werden.

Aufgaben

1. Nennen Sie die einzelnen Abschnitte, in die sich der Verkaufsvorgang unterteilt.
2. Beschreiben Sie, wie Kunden begrüßt werden.
3. Nennen Sie Möglichkeiten der Fragestellung beim Erfragen des Kaufwunsches.
4. Empfehlen Sie Waren, z. B.:
   - Ein Kunde möchte pikante Blätterteiggebäcke für eine Feier.
   - Ein Kunde wünscht Mürbeteiggebäcke.
5. Wann erwarten Kunden eine Beratung und wie erfüllt die Fachverkäuferin die Wünsche dabei?
6. Ein Kunde möchte von Ihnen beraten werden, z. B.
   - „Könnten Sie mir erklären, woraus Streuselkuchen besteht?"
   - „Wie lange sind Mürbeteiggebäcke frisch und wie sollte ich sie am besten zu Hause aufbewahren?"
7. Beschreiben Sie den Vorgang des Kassierens. Die Ware kostet 13,50 €. Der Kunde bezahlt mit einem 50-€-Schein.
8. Erklären Sie die Verabschiedung von Kunden.
9. Erläutern Sie, wie Sie mit berechtigten und unberechtigten Reklamationen umgehen.
10. In Ihre Bäckerei/Konditorei kommen immer wieder ausländische Kunden zum Einkaufen. Damit Sie auch diese Kunden zufriedenstellend bedienen können, stellen Sie für das Verkaufspersonal einen Merkzettel zusammen, der die wichtigsten Begrüßungs- und Verabschiedungsformeln eines Verkaufsgesprächs auf Englisch enthält.

14.3 Fachgerechtes Verpacken von Bäckerei- und Konditoreiwaren

Die beim Verkaufsvorgang gewünschten Waren werden den Kunden grundsätzlich verpackt überreicht.

In diesem Kapitel wird das Verpacken der Standardwaren der Bäckerei/Konditorei beschrieben, das im Laden zu den gängigen Aufgaben bei jedem Verkaufsvorgang gehört.

Sinn des Verpackens

- Die Kunden können die Waren unbeschädigt nach Hause bringen.
- Verpackte Ware kann hygienisch übergeben werden und ist vor unangenehmen äußeren Einflüssen geschützt.
- Werbewirksam sind bedrucktes Verpackungsmaterial und Aufkleber auf der Verpackung.

Verpackungsmaterial als Werbeträger

Richtige Größe des Verpackungsmaterials

Mit geschultem Auge verwendet die Fachverkäuferin stets die passende Größe des Verpackungsmaterials. Zu knapp und zu groß bemessene Tüten, Rollenpapier und Pappteller sind für den Betrieb unwirtschaftlich und verärgern umweltbewusste Kunden.

Zu knapp bemessenes Verpackungsmaterial	Zu groß bemessenes Verpackungsmaterial
• Zu kleine Tüten können nicht geschlossen werden und reißen leicht ein. • Zu kleines Rollenpapier zerdrückt Tortenstücke und Desserts. Die Hohlpakete können schlecht geschlossen werden und sind seitlich offen, sodass sie leicht aufgehen.	• Zu viel Verpackungsmaterial kostet den Betrieb unnötig Geld. • Die unschöne, faltenreiche Verpackung mit zu großem Papier sieht laienhaft aus. • Die Kunden lehnen diese Verschwendung aus Umweltgründen ab.

Das Verpackungsmaterial soll umweltverträglich sein, aus Papier und Pappe. Auch Stofftaschen sind oft verwendbar; auf Plastiktaschen verzichten.

Zu große und zu kleine Tüte

Verpackungsmaterial für die Erzeugnisse

Material	Eigenschaften und Verwendung
Papiertüten	Sie sind luftdurchlässig.
Beschichtete Papiertüten	Sie sind fettabweisend und weichen deshalb nicht durch. Für Gebäcke mit fettiger Oberfläche, z. B. Siedegebäcke wie Berliner.
Seidenpapier (Bäckerseide)	Es ist weiches, luftdurchlässiges, in Bögen geschnittenes Papier zum Verpacken von Broten.
Rollenpapier auf einer Abreißrolle	Abreißbares, luftdurchlässiges Verpackungspapier für Hohlpakete, z. B. für Torten und Desserts.
Pappteller	Es sind rechteckige Tabletts (Teller) aus stabiler Pappe, die in verschiedenen Größen im Handel sind. Darauf werden Torten, Desserts und druckempfindliche Feine Backwaren gelegt.
Pergaminpapier	Es ist wasser- und fettundurchlässiges Papier zur Trennung zwischen Tortenstücken und Desserts. Diese durchscheinenden Papiere sind praktischerweise schon in der Größe für Tortenstücke geschnitten.
Papierfalttaschen	Es sind Papiertragetaschen aus stabilem weißen Papier mit verstärktem Henkel.
Tortenschachteln	Es sind faltbare Kartons in Tortengröße. →
Verpackungskartons	Kartons verschiedener Größen, in die eine größere Anzahl druckempfindlicher Waren verpackt werden, z. B. Berliner, Sahne- und Cremedesserts sowie Tortenstücke. So können die Kunden die Waren unversehrt nach Hause transportieren.

Papiertüte, Papierfalttasche, fettabweisende Tüte, Baguettetüte

Abreißen eines Rollenpapiers

LF 1.3

Anfassen der Waren beim Verpacken

Aus hygienischer Sicht können allgemein Backwaren mit trockener, fester Kruste wie Kleingebäcke und Brote mit bloßen Händen angefasst werden. Die Hände einer Fachverkäuferin sind stets sauber und werden den gesamten Arbeitstag über häufig gewaschen.
Dünne, eng anliegende Plastikhandschuhe sollten nicht über Stunden getragen werden. Die Hände schwitzen und die Haut weicht auf, sodass es zu Hautschädigungen kommen kann.

Für Feine Backwaren, z. B. Gebäckstückchen und Schnitten auf Blechen, sowie Torten und Desserts werden immer Gebäckzange, Gebäckheber (Winkelpalette) bzw. Tortenmesser verwendet.
Diese Bäckerei-/Konditoreierzeugnisse werden grundsätzlich nicht mit den Fingern berührt.

Brote

Brote können vom Brotregal angefasst werden mit
- bloßer Hand,
- Plastikhandschuh.

Brötchen und Kleingebäcke

Brötchen, Brezeln und andere Kleingebäcke können angefasst werden mit
- bloßen Händen,
- Plastikhandschuh oder
- Gebäckzange.

Feine Backwaren

- Feine Backwaren als Gebäckstückchen, z. B. Plunder- und Blätterteigstückchen, Berliner und Mürbeteiggebäcke, grundsätzlich mit der Gebäckzange anfassen und in Papiertüten oder auf Pappteller geben.
- Feine Backwaren als Schnitten von den Blechen mit einem Gebäckheber (kurze Winkelpalette) nehmen und zum Verpacken auf Pappteller legen.

Feine Backwaren mit einer Gebäckzange anfassen

Tortenstücke und Desserts

Tortenstücke und Desserts mit einem Tortenmesser oder Tortenheber von der Tortenplatte bzw. dem Thekenblech nehmen und auf Pappteller legen.

Verpacken von Broten

Verpackungspapiere für Brote sind:
- Rollenpapier
- Papiertüten in Brotgröße
- in Bögen geschnittenes Seidenpapier (Bäckerseide)

Die Brote sollen ganz verpackt sein und nicht aus der Verpackung hinausragen, egal mit welcher Methode die Brote verpackt werden. So können die Kunden die Brote hygienisch nach Hause bringen.
Das Verpackungspapier dient nicht zur längeren Frischhaltung der Brote, weil es luftdurchlässig ist.

Stabil verpacktes Brot mit seitlich eingedrehten Stirnseiten

Verpacken in Papiertüten

In Papiertüten verschiedener Größen werden verpackt:
- Kleingebäcke: Brötchen, Vollkorn- und Mehrkornbrötchen, Brezeln, roggenhaltige Kleingebäcke
- Feine Backwaren, z. B. Hefeteig-, Plunder-, Blätterteig-, Mürbeteiggebäcke
- Lange, schmale Papiertüten, Baguettetüten genannt, sind speziell für Stangenweißbrote und Baguettes geeignet.
- Papiertüten, die an der Innenseite mit einem fettabweisenden Material beschichtet sind, werden für Siedegebäcke wie Berliner verwendet, damit die fetthaltige Oberfläche das Papier nicht durchweicht.

Die Papiertüten werden nach dem Verpacken gut verschlossen und dürfen, wenn die Kunden sie in Empfang nehmen, nicht aufgehen.
Die Papiertüte wird mit der von der Fachverkäuferin verschlossenen Seite dem Kunden überreicht, damit er diese am Verschluss problemlos greifen kann.
Ofenheiße Brötchen und andere Kleingebäcke dürfen in Papiertüten verpackt und verschlossen werden, weil die Tüten luftdurchlässig sind und so die Feuchtigkeit entweichen kann.

Gebäcktüten verschiedenartig verschlossen

Hohlpakete

Begriffserklärung: Hohlpaket
In einem Hohlpaket ist zwischen der Oberfläche der verpackten Ware und dem Verpackungspapier etwas Hohlraum. Somit wird die Warenoberfläche nicht beschädigt und klebt nicht am Verpackungspapier.

Tortenstücke und Desserts, die mit Schlagsahne oder Cremes gefüllt oder mit Obst belegt sind, sind druckempfindlich und werden deshalb in Hohlpakete verpackt.
Im Hohlpaket werden die Waren nicht vom Verpackungspapier beschädigt, kleben nicht an und das Papier weicht so nicht durch. Die Waren sehen somit nach dem Auspacken nach wie vor schön aus.

Hohlraum im Hohlpaket

Herstellen eines Hohlpakets

Das Verpackungspapier für ein Hohlpaket je nach Papptellergröße von einer 30, 40 oder 50 cm breiten Papierrolle in zwei- bis zweieinhalbfacher Papptellerlänge abreißen. Den Pappteller mit der Ware in die Mitte des Verpackungspapiers stellen.

Tortenstücke auf dem Verpackungspapier

Die zwei gegenüberliegenden Seiten des Verpackungspapiers übereinanderschlagen und das Papier in der Mitte hochziehen, sodass ein Hohlraum entsteht.

Überschlagen des Verpackungspapiers

Beim seitlichen Verschließen des Hohlpakets das Papier von unten nach oben ziehen und dann die Ecken einschlagen, bis die Seite stabil verschlossen ist.
Durch das Hochziehen entsteht der Druck des Verpackungspapiers unten auf den Pappteller.

LF 1.3

Merkmale eines korrekten Hohlpakets

- Das Verpackungspapier ist glatt und nicht zerknittert.
- Der Papieranfang liegt gerade in der Mitte oder seitlich oben an einer Kante.
- Das Hohlpaket ist rechteckig und läuft nicht spitz zu, damit die Ware seitlich nicht beschädigt wird.
- Das Hohlpaket muss stabil sein, damit es der Kunde in die Hand nehmen kann und sich dabei die Verpackung nicht öffnet.
- Die Seiten sind geschlossen und weisen keine Öffnungen auf.

Korrektes Hohlpaket

Papierfalttaschen

Kauft ein Kunde mehrere Tortenstücke oder Desserts, entsteht ein großes Hohlpaket, oder mehrere kleine Hohlpakete. Diese sind für den Kunden unhandlich und schlecht zu tragen. In einer Falttasche aus stabilem Papier mit verstärkten Henkeln lassen sie sich leicht und schadlos transportieren.

Eine Papierfalttasche ist ein Service der Bäckerei/Konditorei zum Tragen mehrerer verpackter Feiner Backwaren.

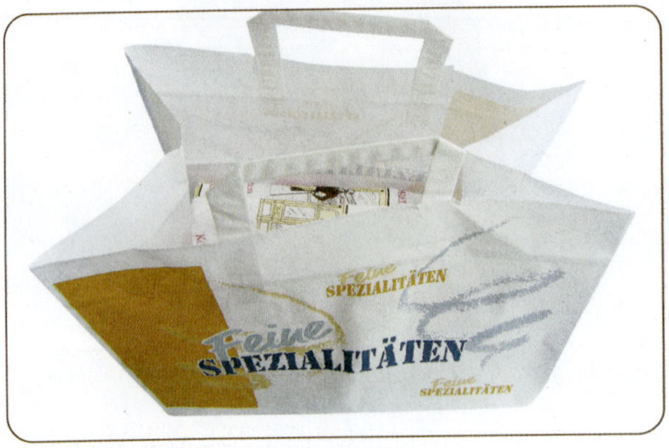

Papierfalttasche für einen bequemen Transport

LF 1.3

Tortenkartons

Ganze Torten sowie größere Mengen Desserts und Feine Backwaren werden in Tortenkartons verpackt. Am besten bleibt dabei eine Seite des Kartons offen um die Torte bzw. Desserts dort hineinzuschieben. Beim Einheben in den Karton könnten die Waren beschädigt werden.

Ganze Torte in einen Tortenkarton verpacken

Abschneiden von Torten

Torten mit dem Sägemesser, das zuvor in heißes Wasser getaucht wurde, gerade und senkrecht abschneiden. Durch das warme, feuchte Messer entsteht eine glatte Schnittfläche.

- Der Messerbehälter ist in der Verkaufstheke integriert. Es fließt immer wieder Frischwasser dazu, damit es stets sauber bleibt. Das Wasser wird mit Heizschlangen heiß gehalten.

Messerbehälter

- Das Tortenmesser im gummierten Schlitz des Messerbehälters nach oben ziehen, damit Tortenreste und Wassertropfen abgestreift werden. Das Tortenmesser nach jedem Schneidevorgang in das Wasser des Messerbehälters tauchen und abstreifen.

- Beim Schneiden der Torten schaut die Messerspitze schräg nach unten. Dabei mit dem Sägemesser den Tortenboden mit etwas Druck leicht durchsägen, nicht nur drücken.
- Beim Anschneiden einer ganzen Torte die Messerspitze beim ersten Schnitt über dem Mittelpunkt ansetzen und schneiden, damit beim Herausnehmen nicht das dünne Innenteil des ersten Tortenstücks in der Torte hängen bleibt.

Anschneiden einer Torte

- Das abgeschnittene Tortenstück mit dem Tortenmesser hochheben und auf ein Trennpapier (Pergaminpapier) legen. Anschließend das Tortenstück von unten nach oben einschlagen.
  Das beschichtete, wasser- und fettundurchlässige Pergaminpapier verhindert das Durchweichen des Verpackungspapiers. Außerdem kleben die Torten- und Dessertstücke im Hohlpaket nicht zusammen.
- Bei zwei und mehr Tortenstücken werden die Tortenstücke versetzt zueinander gestellt. So werden sie platzsparend aufgelegt und stehen stabil aneinander.

- Wird nur ein Tortenstück gewünscht, wird es auf einen Pappteller gelegt, da sonst das Tortenstück umfallen würde.
- Die Tortenstücke werden dann in ein Hohlpaket verpackt.

Tortenstücke in Pergaminpapier einschlagen

Einzelnes Tortenstück, gelegt

Verpacken von Bäckerei-/Konditoreierzeugnissen in Folie und Einschweißen dieser Erzeugnisse → Seite 172.

Aufgaben

1. Erklären Sie, warum Bäckerei-/Konditoreierzeugnisse den Kunden grundsätzlich verpackt überreicht werden.
2. Nennen Sie die Nachteile von
   - zu klein bemessenem Verpackungsmaterial,
   - zu groß bemessenem Verpackungsmaterial.
3. Nennen Sie die Verpackungsmaterialien im Verkauf und geben Sie jeweils deren Eigenschaften an. →
4. Beschreiben Sie, wie folgende Backwaren beim Verpacken angefasst werden:
   - Brote
   - Brötchen und andere Kleingebäcke
   - Feine Backwaren als Gebäckstückchen
   - Feine Backwaren als Schnitten auf Blechen
   - Torten und Desserts
5. Geben Sie Backwaren an, die in Papiertüten verpackt werden.
6. Wie werden die in Papiertüten verpackten Waren den Kunden überreicht?
7. In welche Tüten werden Siedegebäcke wie Berliner am besten verpackt?
8. Erklären Sie, was ein Hohlpaket ist.
9. Nennen Sie die Merkmale, wie ein korrekt verpacktes Hohlpaket aussieht.
10. Beschreiben Sie das Abschneiden von Torten:
    - benötigte Geräte
    - Messerhaltung und Technik beim Abschneiden von Tortenstücken
11. Erläutern Sie, wie eine ganze Torte angeschnitten wird, damit das dünne Innenteil des ersten Tortenstücks nicht in der Torte hängen bleibt.
12. Verpackungsmaterial dient nicht nur der Verpackung, sondern kann auch für Werbezwecke genutzt werden. Machen Sie Vorschläge, wie es in Ihrem Betrieb bedruckt werden könnte.

Rechenaufgaben

1. Ein Betrieb bestellt Verpackungsmaterial für 892,70 €. Wie hoch ist die im Bruttorechnungsbetrag enthaltene Mehrwertsteuer von 19 % in €?
2. 50 Tortenschachteln kosten 41,60 € zuzüglich 19 % Mehrwertsteuer. Wie viel muss der Betrieb beim Verkauf von vier Torten für vier Tortenschachteln kalkulieren?
3. Papiertüten kosten 278,30 € ohne Mehrwertsteuer. Möchte der Betrieb einen speziellen Werbedruck auf den Tüten, kosten sie 343,70 €.
   a) Um wie viel % sind die Papiertüten mit speziellem Aufdruck teurer?
   b) Bei der Abnahme der 5-fachen Menge der Papiertüten mit Werbedruck bekommt der Betrieb 12 % Rabatt. Berechnen Sie den Betrag für die Tüten der 5-fachen Menge, den der Betrieb inklusive 19 % Mehrwertsteuer bezahlen muss.

15 Rechtliche Vorschriften

LF 1.3

Situation

Der Betriebsinhaber erwartet, dass bald die Lebensmittelkontrolleure zu einer Überprüfung Ihres Betriebs kommen werden. Er bittet daher alle Mitarbeiter in der Produktion und im Verkauf zu kontrollieren, ob in ihren jeweiligen Bereichen alle Vorschriften des Lebensmittel- und Futtermittelgesetzbuchs, der Leitsätze und der Lebensmittelinformations-Verordnung umgesetzt werden.

- Ist die Berufskleidung sauber und vorschriftsmäßig?
- Sind alle Einrichtungsgegenstände, Maschinen und Geräte hygienisch einwandfrei?
- Erfolgt die Lagerung der Lebensmittel ordnungsgemäß?
- Sind die Bezeichnungen für die Bäckerei-/Konditoreierzeugnisse korrekt?
- Befinden sich auf den vorverpackten Waren vollständige Zutatenverzeichnisse?
- Werden die allergenen und unverträglichen Stoffe in unverpackten Waren angegeben?
- Sind alle Waren mit Preisangaben versehen?
- Gibt es Preisverzeichnisse vor und im Café?

Lebensmittelrechtliche Bestimmungen

Schon immer wurden Bestimmungen für Lebensmittel zum Schutz der Menschen festgeschrieben. Auf Brunnenvergiften und Weinpanschen stand früher die Todesstrafe. Im Mittelalter wurden Betrüger, die die Qualitätsanforderungen von Broten und Feinbackwaren nicht einhielten, an den Pranger gestellt oder von den Zunftmitgliedern mit Berufsverbot belegt.

Das aus dem Jahre 1516 stammende Reinheitsgebot für die Bierherstellung gilt als das erste deutsche Lebensmittelgesetz. Der Bayernherzog Wilhelm IV. legte dabei fest, dass Bier nur mit Wasser, Hopfen, Malz und Hefe hergestellt werden darf.

Lebensmittelrecht

Das Lebensmittelrecht enthält Gesetze und Verordnungen des Lebensmittel- und Futtermittelgesetzbuchs.

Gesetze, z. B.:

- Milch- und Margarinegesetz
- Weingesetz
- Gaststättengesetz
- Öko-Kennzeichnungsgesetz, Öko-Landbaugesetz

Verordnungen sind gesetzliche Bestimmungen, z. B.:

- Lebensmittelhygiene-Verordnung
- Lebensmittelinformations-Verordnung
- Trinkwasserverordnung
- Preisangabeverordnung

Leitsätze: Das Lebensmittelrecht enthält auch die Leitsätze, die die Bezeichnungen von Waren und deren Mindestanforderung für die Qualität bestimmen, z. B.: Brote und Kleingebäcke, Feine Backwaren, Speiseeis, Rohmassen aus Ölsamen und Süßwaren.

15.1 Lebensmittel- und Futtermittelgesetzbuch (LFGB)

Inhalt des LFGB

Das Lebensmittel- und Futtermittelgesetzbuch enthält Gesetze und Verordnungen, die von allen Lebensmittelbetrieben eingehalten werden müssen, damit die Verbraucher gesunde Lebensmittel erhalten.

Begriffsbestimmungen, die im LFGB festgelegt sind:

§

Lebensmittel
sind Speisen und Getränke, die von Menschen zur Ernährung oder zum Genuss verzehrt werden, z. B. Backwaren, Süßigkeiten, Obst, Gemüse, Milch, Wasser, Getränke aller Art, Fleisch, Wurstwaren, Fische.
Nicht zu den Lebensmitteln zählen Arzneimittel und Tabakwaren.

Lebensmittel

§

Lebensmittelzusatzstoffe
sind Stoffe, die Lebensmitteln zugesetzt werden, um bestimmte Eigenschaften zu erzielen.
Es dürfen nur „zugelassene Lebensmittelzusatzstoffe“ verwendet werden, die gesundheitlich unbedenklich sind. Diese sind einzeln mit Namen im LFGB aufgelistet, z. B.:

- künstliche Farb- und Aromastoffe
- chemische Konservierungsstoffe
- chemische Lockerungsmittel, z. B. Backpulver
- Brezellauge
- Emulgatoren
- Süßstoffe
- Mineralstoffe, außer Speisesalz
- Vitamine

Brezellauge

Lebensmittelfarben

§

Bedarfsgegenstände
sind Gegenstände, die bei der Herstellung, dem Verkauf sowie beim Verzehr von Lebensmitteln verwendet werden und dabei mit Lebensmitteln in Berührung kommen, z. B. Knetmaschine, Arbeitstisch, Messer, Verpackungsmaterial.

§

Verbraucher
Verbraucher ist derjenige, an den beispielsweise Lebensmittel zum Verbrauchen gegeben werden, z. B. sind die Kunden der Bäckerei/Konditorei Verbraucher. Zu den Verbrauchern zählen auch Gaststätten und Kantinen, die die Lebensmittel innerhalb ihres Betriebs verbrauchen.

Das LFGB schützt die Verbraucher

Das Lebensmittel- und Futtermittelgesetzbuch schützt die Verbraucher in zweierlei Hinsicht.

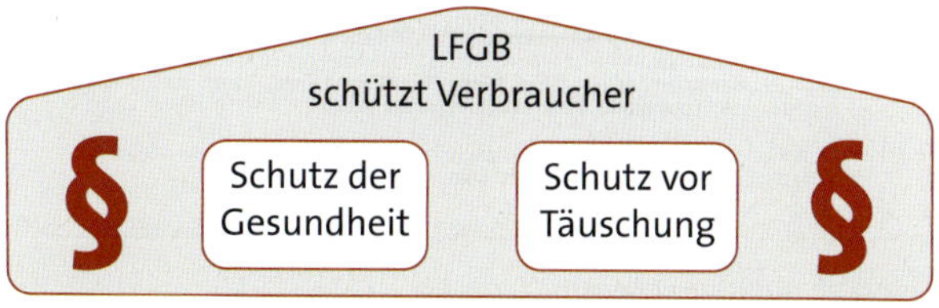

LF 1.3

Schutz der Gesundheit

Es dürfen nur gesundheitlich einwandfreie Lebensmittel verarbeitet und in den Verkauf gebracht werden. Auch ist der hygienische Umgang mit Lebensmitteln gesetzlich geregelt, damit insgesamt die Gesundheit der Verbraucher gewährleistet ist.

Schutz vor Täuschung

Durch wahrheitsgetreue Deklaration (Kennzeichnung) muss die Qualität der Erzeugnisse für die Verbraucher erkennbar sein. Auch höherwertige Rohstoffe dürfen nicht vorgetäuscht werden. Dadurch wird verhindert, dass die Verbraucher getäuscht und irregeführt werden, z. B.

- Irreführende Auszeichnungen sind verboten, z. B.
  - Sauerteigbrote, die mit Teigsäuerungsmittel gesäuert wurden,
  - Buttergebäcke, die mit Margarine hergestellt wurden,
  - Marzipanartikel, die mit Persipanrohmasse hergestellt wurden,
  - Nürnberger Lebkuchen, die nicht in Nürnberg hergestellt wurden.
- Es darf keine gelbe Lebensmittelfarbe in Massen und Teige gegeben werden, um einen hohen Eieranteil in Gebäcken vorzutäuschen.
- Geringwertigere Lebensmittel müssen deklariert (gekennzeichnet) werden, um nicht mit hochwertigen Qualitätswaren verwechselt zu werden, z. B. könnte Fettglasur mit Schokoladenkuvertüre verwechselt werden.

Leitsätze

Die Leitsätze stehen im Deutschen Lebensmittelbuch, das im LFGB im Lebensmittelrecht aufgeführt ist.

Leitsätze für Feine Backwaren

vom 17./18. September 1991 (Beilage Nr. 86 b zum BAnz. vom 8. Mai 1992, GMBl. Nr. 17 S. 325 vom 8. Mai 1992), zuletzt geändert am 08. 01. 2010 (BAnz. Nr. 16 vom 29. 01. 2010, GMBl Nr. 5/6 S. 120 ff vom 04. 02. 2010)

Der Begriff „Feine Backwaren" schließt die Gebäckkategorie Dauerbackwaren ein.

I. Allgemeine Beurteilungsmerkmale

1. Begriffsbestimmungen

Feine Backwaren werden aus Teigen oder Massen durch Backen, Rösten, Trocknen, Kochextrusion oder andere Verfahren hergestellt. Die Teige oder Massen werden unter Verwendung von Getreide und/oder Getreideerzeugnissen, Stärken, Fetten, Zuckerarten bereitet. Feine Backwaren unterscheiden sich von Brot und Kleingebäck dadurch, daß ihr Gehalt an Fett und/oder Zuckerarten mehr als 10 Teile auf 90 Teile Getreide und/oder Getreideerzeugnisse und/oder Stärken beträgt. Soweit in den Besonderen Beurteilungsmerkmalen aufgeführt, können bestimmten Erzeugnissen auch geringere Anteile an Fetten und/oder Zuckerarten zugesetzt werden.

Dauerbackwaren sind Feine Backwaren, deren Genießbarkeit durch eine längere, sachgemäße Lagerung nicht beeinträchtigt wird.

Die in den Leitsätzen angegebenen Mengen sind Gewichtsangaben, in Teilen oder

Leitsätze aus dem Lebensmittelrecht

Begriff: Leitsätze
In den Leitsätzen sind Bezeichnungen für Bäckerei- und Konditoreierzeugnisse festgelegt. Für die Herstellung dieser Waren sind bestimmte Zutaten und deren Mindestmengen vorgeschrieben. Sie geben den Verbrauchern und Lebensmittelkontrolleuren eine Orientierungshilfe.

Rechtliche Grundlagen der Leitsätze
Die Leitsätze sind gesetzlich nicht bindend. Sie sollten trotzdem eingehalten werden, da sie als Richtlinien bei den Lebensmittelkontrollen → Seite 235 gelten.

Die Leitsätze dienen zur Qualitätsorientierung für Verbraucher. Da sie jedoch keine gesetzlichen Vorschriften sind, kann man von den Bestimmungen der Leitsätze etwas abweichen, wenn diese Abweichungen beim Verkauf deutlich gekennzeichnet werden.
Beispiel: Sachertorten bestehen nach den Leitsätzen aus schokoladenhaltigen Wiener Böden, die mit Aprikosenkonfitüre extra gefüllt und mit Schokoladenkuvertüre überzogen sind. Die abgeänderten Leitsätze sind korrekt, wenn auf einem Preisschild z. B. „Sachertorte mit Johannisbeerkonfitüre gefüllt" angegeben wird.

Beispiele für Leitsätze

Begriffe	Bestimmungen
Roggenbrote	enthalten mindestens 90 % Roggenmehl
Feine Backwaren	Sie enthalten auf 90 Teile Mehl mehr als 10 Teile Fett und/oder Zucker.
Erzeugnisse, die im Namen das Wort Butter enthalten, z. B. Buttergebäcke, Butterkuchen, Buttercreme	Sie dürfen nur mit Butter hergestellt werden, die Verwendung anderer Fette ist nicht erlaubt.
Erzeugnisse, die das Wort „Schokolade" oder „Schoko" als Abkürzung enthalten, z. B. Schokoladenboden, Schokoladenspritzgebäck, Schokoeis	Sie müssen Schokoladenkuvertüre oder Kakaopulver enthalten. Die Kakaoerzeugnisse müssen im Erzeugnis geschmacklich deutlich wahrnehmbar sein.

LF 1.3

Schokoladenboden enthält Kakaopulver, Schokoladensahne und Schokoladenkuvertüre

Herkunftsbezeichnungen der Waren

Die Herkunft traditioneller Spezialitäten bestimmter Gebiete wird nach den EU-Vorschriften gesetzlich geschützt. Die Qualitätsanforderungen dieser Erzeugnisse sind in den Leitsätzen vorgeschrieben.

Unterschiede der geografischen Angaben:

Geschützte Ursprungsbezeichnung (g. U.)

Alle Erzeugungsschritte vom Rohstoff bis zum fertigen Erzeugnis müssen in dem genannten Gebiet erfolgen.

- Die komplette Herstellung des Erzeugnisses mit sämtlichen Produktionsschritten muss in der betreffenden Region erfolgen.
- Auch die verwendeten Rohstoffe müssen aus dem Gebiet stammen.

Beispiele:

Allgäuer Bergkäse

Die bergigen und klimatischen Verhältnisse im Allgäu beeinflussen die Qualität der Milch, aus der der Käse hergestellt wird. Außerdem ist die Qualität der Käseherstellung durch die lange Tradition in dem Gebiet gewährleistet.

Weine

Weine, die aus den anerkannten deutschen Weinanbaugebieten stammen: Die Lese und Herstellung des Weins erfolgt in dem genannten Weinanbaugebiet.

Geschützte geografische Angabe (g.g.A.)

Es besteht eine langjährige Tradition des Erzeugnisses in dem Herkunftsgebiet.

- Das Erzeugnis muss in dem genannten Gebiet hergestellt werden.
- Die Rohstoffe dürfen aus einem anderen Gebiet stammen.

Beispiel:

Nürnberger Lebkuchen müssen in Nürnberg hergestellt werden. Die verwendeten Zutaten dürfen aus anderen Gebieten stammen, z. B. Gewürze, Mandeln, Nüsse, Honig u. a.

Weitere Beispiele aus der Bäckerei/Konditorei: Lübecker Marzipan, Dresdner Stollen, Aachener Printen

Lübecker Marzipan – geschützte geografische Angabe

LF 1.3

Garantiert traditionelle Spezialität (g.t.S.)

Diese Erzeugnisse geben einen Hinweis auf die traditionelle Zusammensetzung der Zutaten und das typische Herstellungsverfahren.

Es beinhaltet keine geografische Herkunftsangabe. Garantiert traditionelle Spezialität wurde früher Gattungsbezeichnung genannt.

Die Waren dürfen in der traditionellen Weise überall hergestellt werden.

Beispiele:

Wiener Masse, Schwarzwälder Kirschsahnetorte, Linzer Torte, Leipziger Lerchen

Leipziger Lerchen

Aufgaben

1. Was beinhaltet das Lebensmittel- und Futtermittelgesetzbuch (LFGB)?
2. Erläutern Sie folgende Begriffe des LFGB und geben Sie Beispiele an:
   - Lebensmittel
   - Bedarfsgegenstände
   - Lebensmittelzusatzstoffe
   - Verbraucher
3. Das LFGB schützt die Verbraucher. Erklären Sie folgende Schutzfunktionen und nennen Sie Beispiele aus der Bäckerei/Konditorei:
   - Schutz der Gesundheit
   - Schutz vor Täuschung
4. Erklären Sie den Begriff „Leitsätze".
5. Welche rechtlichen Grundlagen haben die Leitsätze?
6. Nennen Sie Beispiele für Leitsätze für Bäckerei-/Konditoreierzeugnisse.
7. Erklären Sie folgende Begriffe und nennen Sie jeweils Beispiele für Bäckerei-/Konditoreierzeugnisse:
   - Geschützte Ursprungsbezeichnung
   - Garantiert traditionelle Spezialität
8. Was besagt die Angabe "geschützte Ursprungsbezeichnung"? Nennen Sie Beispiele.
9. Ein Kunde kauft in Ihrer Bäckerei/Konditorei Berliner. Er fragt Sie nach dem Herstellungsort. Als er erfährt, dass die Berliner nicht in Berlin hergestellt wurden, meint er, dass hier eine Täuschung des Verbrauchers vorläge. Geben Sie Auskunft.

LF 1.3

Rechenaufgaben

1. Eine Bäckerei/Konditorei bezieht fertig gemischten Cocktail-Salat von der Industrie. In einem Karton befinden sich 40 abgepackte Portionen mit je 375 g. Dem Salat dürfen laut Gesetz höchstens 2 % Sorbinsäure als Lebensmittelzusatzstoff zur Konservierung zugegeben werden. In dem gesamten Salat des Kartons befinden sich tatsächlich 225 g Sorbinsäure.
   a) Wie viel kg Salat befinden sich in einem Karton?
   b) Wie viel % Sorbinsäure als Lebensmittelzusatzstoff wurden in den Cocktail-Salat gegeben?
   c) Wie viel g Sorbinsäure hätten laut Gesetz noch zugegeben werden dürfen?
2. Nach den Leitsätzen muss Butterstollen mindestens 40 % Butter und 70 % Trockenfrüchte enthalten, bezogen auf das Mehl im Stollen. Eine Bäckerei/Konditorei benötigt 40 Stollen mit einem Stollenteiggewicht von je 825 g. Der Mehlanteil im Stollenteig beträgt 32 %. Es sollen 5 kg Butter und 7 500 g Trockenfrüchte verarbeitet werden.
   a) Wie viel kg Stollenteig werden benötigt?
   b) Wie viel % Butter und wie viel % Trockenfrüchte befinden sich in diesem Stollenteig?
   c) Um wie viel % über- bzw. unterbieten diese Butterstollen die vorgeschriebenen Mindestangaben der Leitsätze?
3. Elisenlebkuchen müssen nach den Leitsätzen mindestens 25 % Mandeln und/oder Nüsse enthalten. Eine Masse für Elisenlebkuchen wird aus folgenden Rohstoffen hergestellt: 2 kg Eiklar, 3,600 kg Zucker, 600 g Orangeat, 600 g Zitronat, 500 g süße Brösel, 500 g Weizenmehl und 120 g Lebkuchengewürz.
   Wie viel kg Mandeln und/oder Nüsse müssen in die Masse gegeben werden, um die Mindestanforderung zu erfüllen?
4. Mittelschwerer Hefeteig in der Rezeptur einer Bäckerei/Konditorei enthält 12,600 kg Butter. Das sind 20 % mehr als im leichten Hefeteig. Wie viel kg Butter enthält der leichte Hefeteig?
5. Bauernbrote bzw. Landbrote müssen nach den Leitsätzen mindestens ⅔ Natursauerteig, bezogen auf die Gesamtsäuerungsmenge des Brotteigs, enthalten. Eine Bäckerei stellt dieses Roggenmischbrot mit 60 kg Gesamtmehl her. 80 % des Mehlanteils sind Roggenmehl, wobei davon 45 % versäuert werden.
   Berechnen Sie den Mindestanteil des Roggenmehls, der mit Natursauerteig versäuert werden muss.

15.2 Lebensmittelüberwachung

Überwachungsbehörden

Vom örtlichen Gewerbeaufsichtsamt aus erfolgt die Lebensmittelüberwachung aller Lebensmittelbetriebe. Die Betriebskontrollen werden von fachlich ausgebildeten Lebensmittelkontrolleuren durchgeführt. Bestimmte Hygienekontrollen können auch vom Gesundheitsamt ausgehen.

Im Lebensmittelbetrieb werden kontrolliert

- Hygiene im gesamten Lebensmittelbetrieb und in allen Räumen
- Einhaltung der Vorschriften für Sozialräume und deren Einrichtungen
- Einhaltung der Leitsätze und gesetzlichen Bestimmungen der Bäckerei- und Konditoreiwaren
- korrekte Kennzeichnung der Waren im Verkauf
  - Kennzeichnung der vorverpackten Waren
  - Deklaration allergener und unverträglicher Zutaten
  - Einhaltung der angegebenen Gewichtsangaben, z. B. bei eingeschweißten Gebäckschalen und anderen vorverpackten Waren
- Einhaltung der Preisangabenpflicht im Verkauf

Kontrolle der Hygiene im Lebensmittelbetrieb

Betriebshygiene

- Sämtliche Betriebsräume: Produktion, Lagerung, Kühlanlagen, Laden, Café
- Einrichtungsgegenstände in allen Betriebsräumen
- Arbeitstische
- Maschinen
- Geräte
- Lieferfahrzeuge

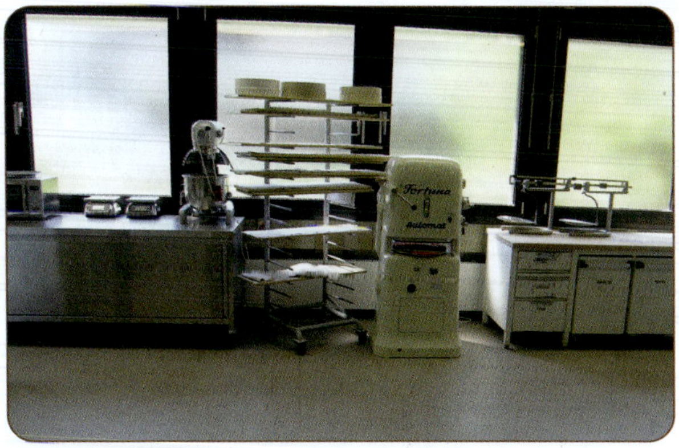

Vorbildlich gereinigte Backstube

Personalhygiene

- Die Vollständigkeit und Sauberkeit der Berufskleidung aller Beschäftigten im Betrieb.
- Die Kopfbedeckung in der Produktion und Zusammenbinden langer Haare bei allen Beschäftigten im gesamten Betrieb.
- Das hygienische Herstellen der Waren.
- Der Betriebsinhaber muss die Bescheinigung über die Belehrung des Infektionsschutzgesetzes der Beschäftigten und das Protokoll über die jährliche Hygienebelehrung vorlegen.

LF 1.3

Lebensmittelhygiene

- Der einwandfreie, gesundheitlich unbedenkliche Zustand der Rohstoffe und deren Lagerung im Betrieb.
- Das Mindesthaltbarkeitsdatum der Rohstoffe bei der Lagerung.
- Die Einhaltung der vorgeschriebenen Temperaturen in den Kühlanlagen.
- Die Kontrolle des Einfrierdatums auf der Verpackung, ob die Tiefkühlzeiten der Lebensmittel bei längerer Lagerung im Froster in Ordnung sind.
- Der gesundheitlich unbedenkliche Zustand der Erzeugnisse sowie deren hygienische Lagerung.
- Der hygienische Transport der Bäckerei-/Konditoreierzeugnisse in den Lieferfahrzeugen.

Probenentnahme der Lebensmittelkontrolleure

Die Lebensmittelkontrolleure sind berechtigt, Proben von Rohstoffen und Waren gegen Empfangsbescheinigung mitzunehmen und im Labor des Lebensmitteluntersuchungsamts analysieren zu lassen. Auch Arbeitsgeräte (Bedarfsgegenstände) können auf ihre lebensmittelrechtliche Tauglichkeit untersucht werden, z. B. Arbeitsgeräte aus Plastik oder Edelstahl.

Lebensmittelkontrolle im Labor

Probe zur Kontrolle – Gegenprobe als Beweis

Die Lebensmittelkontrolleure nehmen ein Stück eines Erzeugnisses des Betriebs als Probe zum Kontrollieren mit. Ein zweites Stück desselben Erzeugnisses versiegeln sie mit Datum und geben es dem Betriebsinhaber als amtliche Gegenprobe.

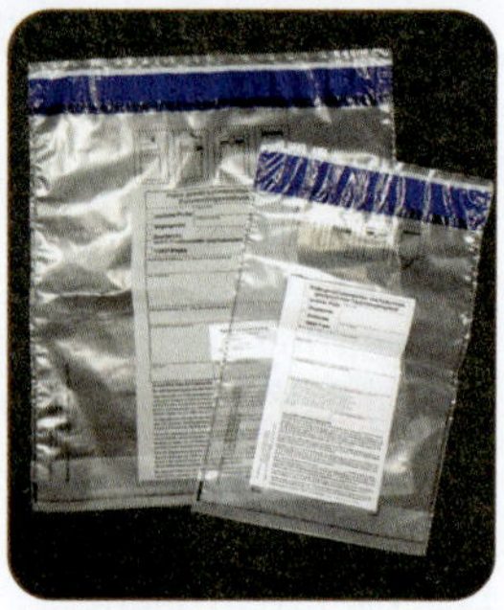

Versiegelte Proben und Gegenprobe

Der Betriebsinhaber kann die Gegenprobe von einem vereidigten anerkannten Sachverständigen überprüfen lassen und hat somit ein Beweismittel bei Anschuldigungen aufgrund des behördlichen Untersuchungsergebnisses.
Kühlpflichtige und tiefgefrorene Waren werden sofort in die entsprechenden Kühlbehältnisse gegeben.

Zeitpunkt der Betriebskontrollen

Die Kontrollen der Lebensmittelüberwachung werden unangemeldet durchgeführt. Die Kontrolle erfolgt
- als Routinekontrolle in unregelmäßigen Abständen,
- bei einer Beschwerde eines Verbrauchers.

Haben Lebensmittelkontrolleure Beanstandungen oder nach Beschwerden der Verbraucher wird der Betrieb öfter kontrolliert.

Die unangemeldete Kontrolle beabsichtigt, dass keine Missstände beseitigt werden können, z. B. um eine einwandfreie Betriebshygiene oder Warendeklaration vorzutäuschen.

Pflichten des Lebensmittelbetriebs bei einer Kontrolle

Der Betriebsinhaber und alle Beschäftigten sind verpflichtet, die Maßnahmen der Lebensmittelkontrolleure zu dulden und sie sogar bei ihrer Arbeit zu unterstützen. Dazu gehört auch die Auskunftspflicht über die Herkunft der Rohstoffe und deren Herstellungsverfahren, die bei den Warenproben nicht zu beurteilen sind.

Pflichten der Lebensmittelkontrolleure

Die kontrollierenden Beamten der Lebensmittelüberwachung haben gewisse Regeln gegenüber dem Lebensmittelbetrieb einzuhalten:
- Die Betriebskontrolle darf nur während der üblichen Arbeits- und Geschäftszeiten erfolgen, außer es liegt ein dringender oder begründeter Fall vor.
- Die Beamten müssen auf Verlangen ihren Dienstausweis vorzeigen.
- Die Lebensmittelkontrolleure unterliegen der Schweigepflicht über die Besuche der Betriebe.
- Sie müssen unbestechlich sein.
- Die Kontrolleure müssen unauffällig, ohne Uniform und amtliches Dienstauto auftreten, sodass Kunden und Nachbarn die Überwachung nicht registrieren.

Ausweis eines Lebensmittelkontrolleurs

Verstöße gegen das Lebensmittelrecht

Haben die Lebensmittelkontrolleure etwas zu beanstanden, wird der Betrieb zuerst verwarnt und bekommt eine verhältnismäßige Geldstrafe, die sich im Wiederholungsfall erhöht.

Zeigen Geldstrafen keine Wirkung, droht eine vorübergehende Betriebsschließung. Stellen beispielsweise die Lebensmittelkontrolleure in dem Betrieb grob unhygienische Zustände fest, wird der Betrieb eine entsprechende Zeit für Säuberungsarbeiten geschlossen. Sind bei der anschließenden Kontrolle die beanstandeten Mängel beseitigt, darf der Betrieb wieder öffnen.

Die letzte Konsequenz ist eine Gewerbeuntersagung. Wer die Gesundheit von Menschen gefährdet, kann sogar mit Freiheitsentzug bestraft werden, z. B. bei Salmonellenerkrankung der Kunden durch infiziertes Speiseeis oder infizierte Eier.

Aufgaben

1. Wer kommt vom Gewerbeaufsichtsamt zur Überprüfung der Lebensmittelbetriebe?
2. Beschreiben Sie, was die Überwachungsbehörden im Lebensmittelbetrieb überprüfen.
3. Erklären Sie, was von den Lebensmittelkontrolleuren in Bezug auf Hygiene in einem Lebensmittelbetrieb kontrolliert wird:
   - Betriebshygiene
   - Personalhygiene
   - Lebensmittelhygiene
4. Erläutern Sie, wie eine Probeentnahme durch die Lebensmittelkontrolleure abläuft. Beschreiben Sie die Maßnahmen einer Gegenprobe.
5. Zu welchem Zeitpunkt erfolgen die Betriebskontrollen?
6. Nennen Sie bei einer Betriebskontrolle
   - die Pflichten des Lebensmittelbetriebs,
   - die Pflichten der Lebensmittelkontrolleure.
7. Beschreiben Sie die Maßnahmen der Lebensmittelkontrolleure bei Beanstandungen und Verstößen gegen das Lebensmittelrecht.
8. Sie sind in Ihrem Betrieb für korrekte Lagerung der Rohstoffe und Bäckerei-/Konditoreierzeugnisse verantwortlich. Lebensmittelkontrolleure sollen nichts zu beanstanden haben. Damit alle Anforderungen erfüllt werden, erstellen Sie eine Liste mit den Punkten, die für die hygienische Warenlagerung von Bedeutung sind.

Rechenaufgaben

1. Die Lebensmittelkontrolleure beanstanden in einer Bäckerei/Konditorei zum zweiten Mal einen Verstoß gegen das Lebensmittelrecht. Der Betriebsinhaber wird zu einer Geldbuße von 1 869,97 € verpflichtet. Die Strafe ist um 34 % höher als bei der ersten Beanstandung. Ermitteln Sie den Betrag, den der Betrieb beim ersten Mal bezahlen musste.
2. Im letzten Jahr ermittelten die Lebensmittelkontrolleure 84 Verstöße gegen das Lebensmittelrecht. Das sind 16 mehr als ein Jahr zuvor. Um wie viel % haben die Verstöße zugenommen?

15.3 Kennzeichnung von Lebensmitteln

Preisangabenverordnung

> **!**
>
> **Preisangabenpflicht**
> Alle Erzeugnisse, die den Kunden angeboten werden, müssen mit Preisen ausgezeichnet sein.
>
> **Endpreise der Waren**
> Die Preise für Lebensmittel und Erzeugnisse beinhalten grundsätzlich die Mehrwertsteuer und sind somit Endpreise (Bruttoverkaufspreise).

Grundpreisangabe

Bäckerei-/Konditoreierzeugnisse, die nach Gewicht oder Volumen verkauft werden, müssen bei der Auszeichnung neben dem Endpreis auch den Grundpreis je kg oder Liter enthalten.
Bei einem Gewicht oder Volumen bis zu 250 g bzw. 250 ml kann auch der Grundpreis für 100 g oder 100 ml der Ware angegeben werden.
Die Verbraucher können somit die Preise bei Waren unterschiedlicher Mengen leichter vergleichen, z. B.:

- Eine Teegebäckmischung von 250 g kostet 4,75 €, 100 g kosten 1,90 €.
- 400 g Sandkuchen kosten 4,60 €, 1 kg kostet 11,50 €.
- 750 g Stollen kosten 12,30 €, 1 kg kostet 16,40 €.

Die Grundpreisangabe gilt für vorverpackte Waren sowie für unverpackte Ware und auch für die Werbung, z. B. Plakate, Flyer, Inserate.

> **!**
>
> Der Grundpreis auf dem Preisschild darf nicht gegenüber dem Endpreis hervorgehoben werden, z. B. nicht größer geschrieben werden. Dies wäre eine Täuschung und Irreführung.

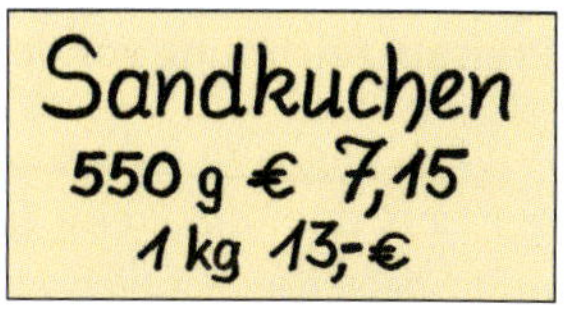

Preisschilder mit Grundpreisangabe

Preisangabe ohne Grundpreis

Die Angabe des Grundpreises entfällt,

- wenn der Grundpreis mit dem Endpreis identisch ist: bei 1 kg Stollen oder 100 g Butterplätzchen.
- bei Stückangaben, z. B. Plunder- und Blätterteiggebäcke, Torten- und Dessertstückchen.

Preisschild eindeutig bei den Waren

Möglichkeiten der Preisangabe

- Preisschilder
- Sammelpreisliste
- Preisschilder in Preisschienen in Verkaufstheken und an Brotregalen
- Preisetiketten auf vorverpackten Waren

Bereiche der Preisangabe

Überall dort, wo Waren angeboten werden, besteht die Preisangabenpflicht, z. B.

- im Laden,
- beim Eisverkauf,
- in Verkaufstheken, Vitrinen und Schaukästen,
- im Schaufenster,
- im Café,
- bei Werbemaßnahmen, z. B. Inseraten, Prospekten.

> **!** Die Preise müssen eindeutig und gut sichtbar bei den Waren stehen.

Preisauszeichnung vor dem Café

Am Eingang zum Café ist ein Preisverzeichnis anzubringen, aus dem die Preise für die wesentlichen Getränke und Speisen ersichtlich sind. So können sich die Menschen schon vor dem Betreten des Cafés über die Waren und Preise informieren und dann entscheiden, ob sie in das Café gehen möchten.

Speise- und Getränkekarte im Schaukasten vor dem Café

Preisauszeichnung im Café

Im Café müssen Getränke- und Speisekarten auf jedem Tisch liegen. Die Bedienung darf dem Gast diese Karten auch zum Tisch bringen und sie nach der Bestellung wieder einsammeln. Werden die Karten bei der Abrechnung nochmals verlangt, müssen sie dem Gast wieder vorgelegt werden.

Alle Preise müssen Endpreise sein, also inklusive Bedienung und Mehrwertsteuer.

Gast mit Getränke- und Speisekarte am Tisch im Café

Vorteile der Preisauszeichnung für die Kunden

- Die Kunden können Preisvergleiche anstellen.
- Da der Preis bekannt ist, können die Kunden sofort entscheiden, ob sie den Preis akzeptieren.
- Die meist unangenehmen Fragen nach dem Preis bleiben den Kunden erspart.

Die Lebensmittelinformations-Verordnung (LMIV)

Bezeichnung

> **!** Die Bezeichnung ist der vorgeschriebene Name eines Lebensmittels bzw. eines Bäckerei-/Konditoreierzeugnisses. Bezeichnungen sind verkehrsübliche Begriffe, unter denen die meisten Verbraucher die Waren und deren Zusammensetzungen erkennen. Beispiele: Roggenmischbrote, Marmorkuchen, Schokoladenspritzgebäcke

Fantasienamen und Markennamen

Die Bezeichnungen dürfen nicht durch Fantasienamen oder selbsternannte Markennamen ersetzt werden. Diese Begriffe können nur zusätzlich in Verbindung mit den Bezeichnungen angegeben werden.
Beispiele:
Weltmeisterbrote – Mehrkornbrote
Rembrandkuchen – Nusskuchen
Bärentatzen – Schokoladenspritzgebäcke

Beschreibende Bezeichnungen

Bei fremdsprachlichen Bezeichnungen, die in Deutschland für die meisten Verbraucher nicht verständlich sind, sind erklärende Hinweise erforderlich. Durch diese ergänzenden Informationen zu den Bezeichnungen müssen die Waren erkennbar und Irreführungen ausgeschlossen sein. Beispiel einer fremdsprachlichen Bezeichnung mit erklärender Beschreibung:
„Sorrentino-Torte“ – Es ist eine italienische Sahnetorte mit Amaretto.
Die korrekte Kennzeichnung wäre: Sorrentino-Torte – Amarettosahnetorte.

In Deutschland längst bekannte fremdsprachliche Bezeichnungen benötigen keine Hinweise, z. B. Ciabattas, Baguettes, Croissants, Tiramisudesserts, Petits Fours.

Vorverpackte Waren

> **!** Vorverpackte Waren sind Waren, die den Kunden in verschlossenen Verpackungen angeboten werden. Das Verpacken und Verschließen der Waren erfolgt in Abwesenheit der Kunden. An die Waren gelangen die Kunden nur durch Öffnen der Verpackungen.

Beispiele vorverpackter Waren in der Bäckerei/Konditorei:

- In Folie eingeschweißt: Kuchen aus Sandmasse (Sandkuchen, Marmorkuchen), Hefezöpfe, Stollen, Gebäckschalen, Marzipanfiguren, Baumkuchenringe
- In Folientütchen mit Clips oder Ringelbänder verschlossen: Teegebäcke, Pralinen, Lebkuchen, Baumkuchenspitzen, Marzipankartoffeln
- Waren in Kartons oder durchsichtigen Plastikverpackungen: Pralinen, Lebkuchen in Schachteln

Angaben auf vorverpackten Waren

> **!** Gesetzlich vorgeschriebene Angaben nach der Lebensmittelinformations-Verordnung sind:
> - Bezeichnung (Name der Ware)
> - Zutatenverzeichnis
> - QUID-Kennzeichnung in Prozent nach den Zutaten
> - Angabe allergener und nichtverträglicher Zutaten
> - Nährwertdeklaration (Nährwertkennzeichnung)
> - Mindesthaltbarkeitsdatum
> - Gewicht der Waren bzw. Mengenangabe
> - Name/Anschrift der Firma des Herstellers

LF 1.3

Vorschriften der Zutatenkennzeichnung

Rohstoffe sind Lebensmittel. Zutaten können Lebensmittel und Lebensmittelzusatzstoffe sein. Deshalb wird zur Information der Wareninhaltsstoffe ein Zutatenverzeichnis angegeben.

- Alle Zutaten in den Waren müssen im Zutatenverzeichnis gewichtsmäßig in absteigender Reihenfolge angegeben werden.
- Bei vorverpackten Waren mit verschiedenen Erzeugnissen, z. B. Teegebäckmischung oder Pralinenmischung, werden die Zutaten der verschiedenen Gebäcke bzw. Pralinen zusammengefasst und entsprechend ihren Gewichtsanteilen angegeben. Dies bezieht sich auch auf die Allergenkennzeichnung.
- Zutaten, deren Anteile in der Ware nicht mehr als zwei Prozent betragen, müssen am Ende des Zutatenverzeichnisses nicht einzeln aufgeführt werden, sondern mit dem Sammelbegriff angegeben werden, z. B. Gewürze, Gewürzmischung, natürliche Aromen, Kräutermischung.

> **!** Die Zutaten, die allergische oder unverträgliche Reaktionen auslösen, müssen im Zutatenverzeichnis z. B. in fetter Schrift hervorgehoben werden.

Kennzeichnung zusammengesetzter Zutaten

Zusammengesetzte Zutaten werden als Zutatenklassen bezeichnet, bei denen die Zutaten im Zutatenverzeichnis einzeln angegeben werden müssen.
Beispiele der Kennzeichnung: Marzipan (Mandeln, Zucker), Johannisbeerkonfitüre (Zucker, Johannisbeeren), Nugatmasse (Haselnüsse, Zucker, Schokolade)

Vorschriften der Nährwertdeklaration

Die Nährwertkennzeichnung bezieht sich auf 100 g der Ware oder 100 ml bei Flüssigkeiten. Zusätzlich darf in unmittelbarer Nähe die Angabe pro Portion oder Verzehrseinheit der Ware gekennzeichnet werden.
Die Nährwertangaben müssen der Reihe nach enthalten:

- Den Brennwert der Zutaten, zuerst in Kilojoule (kJ) und dann in Kilokalorien (kcal), Abkürzungen sind erlaubt.
- Die Nährstoffangaben werden in Gramm (g) angegeben:
  - Fett, davon die gesättigten Fettsäuren
  - Kohlenhydrate, davon Zucker
  - Eiweiß
  - Salz

LF 1.3

Beispiel der Nährwertdeklaration von 100 g Marmorkuchen
Brennwert: 1 343 kJ/418 kcal
24 g Fett, davon 11 g gesättigte Fettsäuren
45 g Kohlenhydrate, davon 25 g Zucker
5 g Eiweiß
0,08 g Salz

Der anzugebende Brennwert der Zutaten wird mit folgenden Umrechnungsfaktoren berechnet:

- Kohlenhydrate: 17 kJ/g bzw. 4 kcal/g
- Eiweiß: 17 kJ/g bzw. 4 kcal/g
- Fette: 37 kJ/g bzw. 9 kcal/g
- Ballaststoffe: 8 kJ/g bzw. 2 kcal/g
- Alkohol (Ethylalkohol): 29 kJ/g bzw. 7 kcal/g

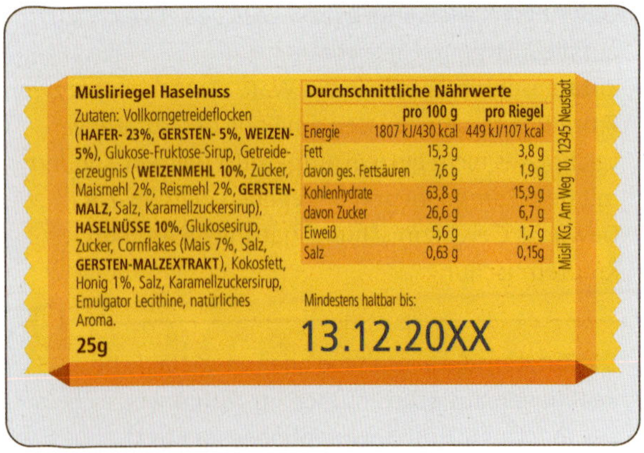

Zutatenverzeichnis und Nährwertdeklaration

Angaben für tiefgefrorene Erzeugnisse

Bei tiefgefrorenen vorverpackten Bäckerei-/Konditoreiwaren muss die Bezeichnung der Waren mit folgenden Hinweisen auf der Verpackung ergänzt werden:

- Bei Waren, die tiefgefroren im Verkauf angeboten werden: „tiefgefroren" bzw. „wieder eingefroren".
- Bei Waren, die vor dem Verkauf tiefgefroren wurden und bei denen durch das Auftauen negative Auswirkungen zu erwarten sind, müssen im Verkauf in aufgetautem Zustand mit „aufgetaut" deklariert werden.
  Der Auftauhinweis entfällt, wenn tiefgefrorene Lebensmittel für Bäckerei-/Konditoreierzeugnisse verwendet wurden oder wenn tiefgefrorene Teiglinge, z. B. Brezeln oder Snacks wie Pizzaschnitten gebacken wurden.

QUID-Angaben

QUID (**Qu**antitative **I**ngredients **D**eclaration) ist die Angabe der Menge bestimmter Zutaten in den Waren. Die Kennzeichnung erfolgt in Gewichtsprozenten entweder

- nach der Bezeichnung der Ware oder
- im Zutatenverzeichnis hinter den Zutaten in Klammern.

Beispiele der QUID-Angabe nach der Bezeichnung:
Marzipanstollen, Mandelhörnchen, Buttergebäcke, Leinsamenbrote, Roggen- und Weizenmischbrote.
Kennzeichnungsbeispiele:

- Marzipanstollen mit 15 % Marzipan
- Mohnzöpfe mit 30 % Mohnfüllung
- Käsestangen mit 28 % Emmentaler Käse

Bei Marzipan oder Füllungen reicht die prozentuale Angabe, z. B. bei Marzipanstollen, Quarkstrudel, Nussplunderhörnchen. Es müssen nicht die einzelnen Zutaten genannt werden.

Beispiele der QUID-Angabe im Zutatenverzeichnis:

- Mohnstollen
  Zutaten: Weizenmehl, Butter, Milch, Zucker, Eier, Mohnfüllung (55 %), Stollengewürzmischung, Salz
- Schokoladenkuchen
  Zutaten: Butter, Zucker, Eier, Weizenmehl, Weizenstärke, Kakaopulver (6 %), Schokolade (3,5 %), Backpulver, Salz

Verpflichtende QUID-Angaben im Zutatenverzeichnis

Werden Zutaten auf der Verpackung durch Worte, Bilder oder graphischen Darstellungen hervorgehoben, müssen die QUID-Angaben nach den Zutaten im Zutatenverzeichnis mit Gewichtsprozenten in Klammern gekennzeichnet werden.

Beispiele:

- **Zutaten mit Worten hervorgehoben:** „Frankfurter Kranz mit knusprigem Krokant“, „Joghurttörtchen mit besonders viel Erdbeeren“ oder „Zimtsterne mit feinen Mandeln“
- **Zutaten mit einem Bild oder einer Zeichnung auf der Verpackung dargestellt:** Bild mit Kirschen bei Kirschkuchen, Bild mit Käsesorten bei Käsegebäcken oder Zeichnung eines Milchglases beim Sauermilchbrot

Das Gesamtbild eines Erzeugnisses hebt keine einzelne Zutat hervor, z. B. Stollen oder Früchtebrot im Anschnitt.

Die QUID-Angabe kann entfallen

- bei Sauerteigbroten, weil hier die Verfahrensart der Säuerung charakterisiert wird. Es ist nicht die Sauerteigmenge entscheidend, sondern die Tatsache, dass ein Sauerteig statt Teigsäuerungsmittel verwendet wurde.
- bei Roggenbroten und Roggenvollkornbroten, weil diese mindestens 90 % Roggenmehl bzw. Roggenvollkornschrot enthalten und die Mehlauswahl nicht gegeben ist.
- bei Mehrkornbroten, weil der Anteil der verschiedenen Getreidearten der Gesamtgetreidemenge entspricht. Die verwendeten Getreidearten sind als Zutaten im Zutatenverzeichnis gewichtsmäßig in absteigender Reihenfolge angegeben.
- bei Aufstreubrötchen, z. B. Sesam-, Mohn-, Kürbiskern- und Salzbrötchen, da nur eine geringe Menge zur Geschmacksgebung vorhanden ist.
- bei Bezeichnungen mit geschmacksbezogenen Zutaten, wenn die Zutaten nur bis zu 5 % betragen, z. B. Zimtsterne, Zitronenkuchen, Anisplätzchen.
- bei z. B. Teegebäcken oder Eiswaffeln wird bei den Gebäckenamen auf die Verwendung hingewiesen.

Freiwillige Nährwertdeklaration

Zur genaueren Information können noch freiwillig eines oder mehrere der folgenden Nährstoffe, in Gramm (g) angegeben, ergänzt werden.

- einfach ungesättigte Fettsäuren
- mehrfach ungesättigte Fettsäuren
- Stärke
- Ballaststoffe
- Vitamine und Mineralstoffe

Kennzeichnung auf vorverpackten Waren

Die Angaben müssen im Sichtfeld auf der Verpackung der vorverpackten Waren für die Verbraucher leicht erkennbar sein:

- in deutscher Sprache,
- deutlich sichtbar,
- gut lesbar und
- in Mindestschriftgröße von 1,2 mm

Der Preis muss aufgrund der Preisangabenpflicht zusätzlich auf den vorverpackten Waren stehen.

Kennzeichnung von allergenen und unverträglichen Lebensmitteln

Auf vorverpackten Waren müssen Zutaten, die allergische oder andere unverträgliche Reaktionen auslösen, im Zutatenverzeichnis extra angegeben werden. Auch bei unverpackten Waren müssen diese Zutaten gekennzeichnet werden, z. B. auf den Preisschildern.

Die deklarationspflichtigen Zutaten sind in der Lebensmittelinformations-Verordnung aufgeführt:

- glutenhaltiges Getreide: Weizen, Roggen, Dinkel, Gerste, Hafer und die Erzeugnisse aus diesen glutenhaltigen Getreidearten
- Eier und Erzeugnisse mit Eiern
- Milch und Milcherzeugnisse (einschließlich Laktose)
- Schalenfrüchte: Mandeln, Haselnüsse, Walnüsse, Pistazien, Kaschunüsse, Paranüsse, Pecannüsse und Erzeugnisse daraus
- Erdnüsse und Erzeugnisse mit Erdnüssen
- Sesamsamen und Erzeugnisse mit Sesam
- Soja und Erzeugnisse mit Soja
- Sellerie und Erzeugnisse mit Sellerie
- Senf und Erzeugnisse mit Senf
- Fische und Erzeugnisse mit Fischen
- Krebstiere und Erzeugnisse mit Krebstieren
- Schwefeldioxid und Sulfite in einer Konzentration von mehr als 10 mg/kg oder 10 mg/l werden als SO_2 angegeben
- Lupinen und daraus gewonnene Erzeugnisse
- Weichtiere und daraus gewonnene Erzeugnisse

LF 1.3

Einige allergene Lebensmittel

Mindesthaltbarkeitsdatum (MHD)

!

Aussagen des MHD
- Bis zum Zeitpunkt des Mindesthaltbarkeitsdatums behalten die Lebensmittel sowie Bäckerei-/Konditoreierzeugnisse in vorverpackten Waren bei richtiger Aufbewahrung ihre Frischeeigenschaften.
- Das MHD ist kein Verfalldatum. Die Lebensmittel und Waren müssen nach Ablauf des Mindesthaltbarkeitsdatums nicht verdorben sein, die Frischeeigenschaften sind jedoch nicht mehr garantiert.
- Der Betriebsinhaber legt das Mindesthaltbarkeitsdatum fest.

Das MHD sollte nicht zu lange ausgedehnt werden, da die Frische in der Bäckerei/Konditorei als stärkstes Werbemittel gilt. Kunden erwarten grundsätzlich frische Waren. Deshalb sollte auch das Mindesthaltbarkeitsdatum auf vorverpackten Waren im Verkauf regelmäßig kontrolliert werden. Die Waren werden somit bereits vor dem Ablauf des Mindesthaltbarkeitsdatums aus dem Verkauf genommen.

LF 1.3

Nicht vorverpackte Waren

Nicht vorverpackte Waren sind nach der LMIV Waren, die im Laden den Kunden unverpackt angeboten werden. Die meisten Waren werden in der Bäckerei/Konditorei unverpackt angeboten und erst beim Verkauf verpackt und dann den Kunden überreicht, z. B. Brötchen in Papiertüten, Brote und Feine Backwaren in Papiertüten oder Rollenpapier, Torten und Desserts in Hohlpaketen.

Kennzeichnung nicht vorverpackter Waren

Kennzeichnungspflichtig bei nicht vorverpackten Waren im Laden sind
- der Preis,
- die allergenen Zutaten und
- die Lebensmittelzusatzstoffe in den Waren.

Die Preisangabe muss eindeutig bei der Ware stehen und gut sichtbar sein. Aus hygienischen Gründen dürfen Preisschilder jedoch nicht auf Backwaren gestellt oder hineingesteckt werden, sondern müssen unmissverständlich bei der Ware angebracht werden.

Lebensmittelzusatzstoff-Durchführungsverordnung (LMZDV)

!

Die LMZDV regelt die Kennzeichnung der Lebensmittelzusatzstoffe in nicht vorverpackten Lebensmitteln.

Folgende Lebensmittelzusatzstoffe müssen auf dem Preisschild oder auf einem Schild neben der Ware sowie in der Speisekarte deutlich sichtbar gekennzeichnet sein:

Lebensmittel mit
- künstlichen Farbstoffen: „mit Farbstoff“
- Lebensmittelzusatzstoffen zur Konservierung: „mit Konservierungsstoff“ oder „konserviert“
- Antioxidationsmitteln: „mit Antioxidationsmittel“
- Geschmacksverstärkern: „mit Geschmacksverstärker“
- Süßungsmitteln (synthetische Süßstoffe): „mit Süßungsmittel(n)“ oder mit der E-Nummer „Süßungsmittel: E 954“
- über 10 Prozent Zuckeralkohole als Süßungsmittel (früher Zuckeraustauschstoffe): „kann bei übermäßigem Verzehr abführend wirken“
- Süßungsmitteln und Zucker: „mit Zucker und Süßungsmittel(n)“
- Vitaminen, die als Zusatzstoffe verwendet werden: „Vitamine“.
- Frisches Obst und Gemüse mit Oberflächenbehandlungsmittel, z. B. Zitrusfrüchte, Bananen: „gewachst“.

Farbstoffe in der Bäckerei und Konditorei

Färbende Stoffe für Bäckerei-/Konditoreierzeugnisse unterscheidet man in:

Natürliche Farbstoffe	Künstliche Farbstoffe
• Eigelb • Fruchtsäfte und Gemüsesäfte • Kakaopulver • Schokoladenkuvertüre • Fettglasur • karamellisierter Zucker	Lebensmittelfarben (chemisch hergstellt)

Marmorkuchen, mit Kakaopulver gefärbte Sandmasse

Die Lebensmittelindustrie färbt bestimmte blasse Lebensmittel mit Farbstoffen, um ein appetitlicheres Aussehen zu erzeugen. Gelblich färbende, natürliche Farbstoffe wie Beta-Karotine (aus Karotten) oder Riboflavin (Vitamin B_2) dienen zum Färben für z. B. Vanilleeis, Butter, Margarine, Kaltcremepulver.

§

Gesetzliche Bestimmungen

Künstliche Farbstoffe dürfen nicht verwendet werden, wenn sie in Lebensmitteln sowie Bäckerei-/Konditoreierzeugnissen eine bessere Qualität vortäuschen.

Nicht mit künstlichen Lebensmittelfarben gefärbt werden dürfen:

- Brote, Brötchen und ähnliche Backwaren
- Erzeugnisse mit Eiern, z. B. Kuchen
- Nudeln

In der **Verordnung (EG) Nr. 1333/2008 über Zusatzstoffe** ist festgelegt, welche Lebensmittel mit künstlichen Farbstoffen eingefärbt werden dürfen. Dies sind in der Bäckerei/Konditorei z. B.

- Marzipan,
- Fondant,
- Tortenguss,
- Cremes,
- Dickzuckerfrüchte (außer Zitronat und Orangeat).

Gefärbte Marzipanrose

Deklaration künstlich gefärbter Waren

§

Gesetzliche Bestimmungen

Bei Lebensmitteln sowie Bäckerei-/Konditoreierzeugnissen, die mit künstlichen Farbstoffen gefärbt sind, ist auf vorverpackten Waren im Zutatenverzeichnis und bei nicht vorverpackten Waren (unverpackt) auf einem Preisschild oder Schild folgende Deklaration vorgeschrieben:
Alle zugelassenen Lebensmittelzusatzstoffe erhalten eine E-Nummer, die in ganz Europa gilt. E-Nummern, die mit der Zahl „1" beginnen, sind Farbstoffe.

Neben der Deklaration „mit Farbstoff" kann auch der Name des Farbstoffs oder die E-Nummer angegeben werden, z. B.:

- „mit Farbstoff Riboflavin" oder
- „mit Farbstoff E 101"

Aufgaben

1. Was besagt die Preisangabenverordnung in Bezug auf
   - die Preisangabenpflicht,
   - die Endpreise der Waren.
2. Erklären Sie die Grundpreisangabe und geben Sie ein Beispiel.
3. In welchem Verhältnis muss die Größe des tatsächlichen Preises gegenüber der Grundpreisangabe stehen?
4. Nennen Sie die drei Vorteile der Preisauszeichnung für die Kunden.
5. Erläutern Sie den Begriff „vorverpackte Waren".
6. Was versteht man nach der Lebensmittelinformations-Verordnung unter einer „Bezeichnung"?
7. Nennen Sie die acht Angaben, die auf vorverpackten Waren stehen müssen.
8. In welcher Reihenfolge werden die Zutaten im Zutatenverzeichnis angegeben?
9. Wie werden Kunden über Zutaten in Waren informiert, die allergische und unverträgliche Reaktionen auslösen können?
10. Erklären Sie, was die QUID-Angaben bei der Kennzeichnung vorverpackter Waren aussagt.
11. Erklären Sie, was das Mindesthaltbarkeitsdatum auf vorverpackten Waren aussagt.
12. Was versteht man nach der LMIV unter „nicht vorverpackten Waren"?
13. Welche drei Angaben sind bei nicht vorverpackten Waren kennzeichnungspflichtig?
14. Was besagt die Lebensmittelzusatzstoff-Durchführungsverordnung?
15. Wo müssen die Preisschilder für die Waren angebracht werden?
16. Zählen Sie natürliche und künstliche Farbstoffe für Erzeugnisse der Bäckerei/Konditorei auf.
17. Nennen Sie Waren, die nicht künstlich gefärbt werden dürfen.
18. Beschreiben Sie die gesetzliche Bestimmung für die Deklaration bei Waren, die mit Lebensmittelfarben gefärbt werden.
19. Nennen Sie die Möglichkeiten, künstliche Farbstoffe in den Bäckerei-/Konditoreierzeugnissen zu deklarieren.
20. In Ihrer Bäckerei/Konditorei werden Marzipanfiguren mit Lebensmittelfarben gefärbt. Beschreiben Sie, was Fachkräfte grundsätzlich beim Färben von Waren beachten sollen.

15.4 Vertragsrecht

Was ist ein Vertrag?

Bei einem Vertrag bestehen ein Angebot für eine Ware oder Dienstleistung und eine Nachfrage nach dieser Ware oder Dienstleistung. Voraussetzungen für das Zustandekommen eines Vertrags sind:

Einer will verkaufen, der andere will kaufen.

Bestellung (Verkäufer) → Angebot (Käufer)

Wenn Kunden im Laden einkaufen, kommt es zum Kaufvertrag mit allen seinen rechtlichen Folgen. Rein rechtlich ist es bei einem Vertrag gleich, ob ein Stück Torte oder ein Computer bzw. Auto verkauft wird. In jedem Fall müssen die Vertragspartner ihre vereinbarten Leistungen und Gegenleistungen erbringen.

LF 1.3

Mündlicher Kaufvertrag

Ein Bäckerei-/Konditoreibetrieb ist sowohl Käufer, z. B. beim Einkauf von Rohstoffen und Maschinen, als auch Verkäufer der Erzeugnisse im Laden.

Mündlicher Kaufvertrag

Im Laden

Die Bäckerei/Konditorei bietet Waren im Laden an. Die Kunden äußern den Kaufwunsch gegenüber der Fachverkäuferin. Die Fachverkäuferin verpackt die gewünschte Ware und der Kunde bezahlt. Bei diesem üblichen Verkaufsvorgang handelt es sich um einen mündlichen Vertrag.

Am Telefon

Als mündlicher Vertrag gilt auch eine telefonische Bestellung.

Abschluss eines mündlichen Vertrags im Café

Im Café

Das Angebot im Café wird in der Speise- und Getränkekarte bekannt gegeben. Der Gast bestellt Speisen und Getränke. Das Bestellte wird in einwandfreiem Zustand und in angemessener Zeit serviert. Vor dem Verlassen des Cafés bezahlt der Gast. Auch dieser „Bewirtungsvertrag" ist ein mündlicher Vertrag.

! Ein mündlicher Kaufvertrag hat die gleiche Rechtswirkung wie ein schriftlicher Kaufvertrag.

Schriftlicher Kaufvertrag

Bestellt ein Betrieb Rohstoffe, Geräte oder Maschinen, z. B. nach Katalogvorlage mit Preisangabe beim Großhandel oder entsprechend einem Angebot, geschieht dies meistens in schriftlicher Form, häufig per Fax oder E-Mail.

Die schriftliche Bestellung ist verpflichtend, da sich die Bäckerei/Konditorei mit dem Angebot einverstanden erklärt. Der Kaufvertrag ist dadurch abgeschlossen, beide Vertragspartner müssen nun ihre Pflichten erfüllen.

Schriftlicher Kaufvertrag per E-Mail

Nimmt ein Vertreter einer Firma eine Bestellung im Betrieb auf und der Betrieb unterschreibt die Bestellung, ist auch hier ein schriftlicher Vertrag abgeschlossen worden.

Vertragsinhalt

Um Unstimmigkeiten zu vermeiden, sollten der Kaufvertrag und das Angebot möglichst genaue Angaben enthalten:
- Art der Ware und Qualität
- Menge
- Preis
- Lieferbedingungen
- Zahlungsbedingungen
- Erfüllungsort und Gerichtsstand

Pflichten der Vertragspartner

Verkäufer
- Die Angaben zu den Waren, z. B. über die Qualität, müssen stimmen.
- Die angegebenen Preise müssen eingehalten werden.
- Die angebotene Ware muss in einwandfreiem Zustand sein.
- Zusätzliche Vereinbarungen müssen eingehalten werden, z. B. Liefertermin.

Käufer
- Die bestellte Ware muss angenommen werden.
- Der Preis muss rechtzeitig bezahlt werden.

Annahme einer Warenlieferung

Anhand des Lieferscheins wird jede Ware sofort bei der Anlieferung im Betrieb einzeln kontrolliert, ob
- alle im Lieferschein genannten Waren in der aufgeführten Menge geliefert wurden,
- die bestellte Ware in der vereinbarten Menge geliefert wurde (Belegvergleich mit der Bestellung),
- sich die Waren in einwandfreiem Zustand befinden.

Unterschreiben des Lieferscheins
Erst wenn die Bedingungen in Ordnung sind, wird der Lieferschein unterschrieben.
Wird eine Ware beanstandet, muss sie dem Verkäufer zurückgegeben werden. Mängel und Rückgaben werden auf dem Lieferschein schriftlich vermerkt.

Bis zur Übergabe haftet der Verkäufer für die Ware. Nach der Empfangsbestätigung ist der Käufer verantwortlich.

Überprüfung der Rechnung

Die Rechnung wird mit den gelieferten Rohstoffen und Waren auf dem Lieferschein verglichen.
Überprüft werden
- die in Rechnung gestellten Leistungen,
- die vereinbarten Preise und Preisnachlässe,
- die rechnerische Richtigkeit.

Rechtsansprüche bei vorhandenen Mängeln einer Lieferung

Nacherfüllung (Nachbesserung oder Ersatzlieferung)
Der Käufer hat zunächst nur Anspruch darauf, dass die fehlerhafte Ware ersetzt oder der Fehler behoben wird.

Nach Überschreitung einer angemessenen Frist oder zwei erfolglosen Versuchen der Fehlerbehebung gibt es folgende Möglichkeiten für den Käufer:
- **Minderung**
  Der Käufer bekommt einen Preisnachlass auf die beanstandete Ware. Diese Möglichkeit wird in Anspruch genommen, wenn die Ware trotz ihrer Wertminderung noch einen Nutzen für den Betrieb hat.
- **Rücktritt und Schadensersatz**
  Beim Rücktritt vom Vertrag werden die vom Käufer oder Verkäufer bereits empfangenen Leistungen zurückgegeben. Außerdem hat der Käufer Anspruch auf Schadensersatz.

Rechnungserstellung

Eine Rechnung enthält eine genaue Aufstellung über die ausgehändigten Waren, die Preise und die Zahlungsbedingungen. Dazu gehören folgende rechtlich vorgeschriebenen und kaufmännisch notwendigen Bestandteile:
- Rechnungsaussteller
- Rechnungsempfänger
- Rechnungsnummer
- Liefer- und Rechnungsdatum
- Kundennummer
- Einzelbeträge und Summe der Einzelbeträge
- Mehrwertsteuersatz und -betrag
- Rechnungsbetrag
- Zahlungsbedingungen
- Bankverbindung
- Steuernummer
- eventuell Rabatt und Skonto

Als Bestätigung für entgegengenommenes Geld kann eine vom Betrieb unterschriebene Quittung auf den Namen des Kunden ausgestellt werden.

Aufgaben

1. Erklären Sie, was man unter einem Vertrag versteht.
2. Beschreiben Sie einen mündlichen Kaufvertrag im
   - Laden,
   - Café.
3. Erläutern Sie einen schriftlichen Kaufvertrag im Bäckerei-/Konditoreibetrieb.
4. Welche Pflichten haben die Vertragspartner?
   - der Verkäufer
   - der Käufer
5. Beschreiben Sie, was Sie bei der Annahme einer Lieferung beachten.
6. Wann kann man einen Lieferschein unterschreiben?
7. Beschreiben Sie, was Sie bei der Überprüfung einer Rechnung beachten.
8. Nennen Sie die Rechtsansprüche, die ein Betrieb bei Mängeln einer Lieferung hat.
9. Zählen Sie die Bestandteile einer Rechnung auf.
10. Sie liefern für eine Geburtstagsparty folgende Waren: 2 Obsttorten, 20 Berliner und 10 Prinzregentenschnitten. Erstellen Sie dafür eine Rechnung.

Rechenaufgaben

LF 1.3

1. Für eine Einweihungsfeier bekommt eine Bäckerei/Konditorei einen Großauftrag für 1 850 Kanapees, die an drei Tagen geliefert werden sollen. Am ersten Tag werden 38 % davon benötigt, am nächsten Tag 620 Stück und am dritten Tag der Rest.
   a) Wie viele Kanapees werden am ersten Tag benötigt?
   b) Berechnen Sie die Anzahl der Kanapees, die am dritten Tag geliefert werden müssen.
2. Eine Bäckerei/Konditorei kauft für 32 000,00 € einen Backofen. Wegen Zahlungsschwierigkeiten bezahlt die Bäckerei/Konditorei erst acht Monate später, als im Kaufvertrag vereinbart wurde, und muss dafür 5,8 % Verzugszinsen bezahlen. Berechnen Sie den Gesamtbetrag, den die Bäckerei/Konditorei für den Backofen bezahlen muss.
3. Eine Firma liefert an eine Bäckerei/Konditorei einen neuen Kaffeevollautomaten für 11 275,00 €. Die Zubehörteile kosten zusätzlich 223,50 €. Die Chefin entdeckt Beschädigungen an der Oberfläche der Kaffeemaschine und bekommt 8 % Preisnachlass für den Mangel.
   a) Wie viel € Preisnachlass bekommt die Bäckerei/Konditorei?
   b) Berechnen Sie den Betrag für den Kaffeevollautomaten mit Zubehör, den die Bäckerei/Konditorei bezahlen muss.
4. Eine Bäckerei/Konditorei bestellt bei einer Firma eine Kühlanlage, die 32 500,00 € kostet. Nachdem die Firma wegen interner Schwierigkeiten 4 Monate später als vereinbart die Kühlanlage liefert, bezahlt die Bäckerei/Konditorei 720,00 € weniger als vereinbart.
   a) Wie viel bezahlt die Bäckerei/Konditorei für die Kühlanlage?
   b) Wie viel % zog die Bäckerei/Konditorei der Firma wegen des Lieferverzugs ab?

15.5 Rechtliche Bestimmungen für ein Café

Die Vorschriften zum Führen eines Cafés sind im Gaststättengesetz festgelegt.

Gaststättenkonzession

! Eine Gaststättenkonzession benötigt, wer alkoholische Getränke ausschenkt.

Café mit Alkoholausschank

Die Gaststättenkonzession ist die Erlaubnis zum Führen eines Cafés. Voraussetzungen sind geeignete Räumlichkeiten nach der Arbeitsstättenverordnung und das Wissen der Beschäftigten zum Führen eines Cafés. Mit dem erfolgreichen Abschluss in einem Lebensmittelberuf ist man somit berechtigt, ein Café zu führen.

Wird kein Alkohol ausgeschenkt, ist nur eine Gewerbeanmeldung erforderlich.

Alkoholausschank im Café

Die Gaststättenkonzession dient dem Schutz der Bevölkerung, insbesondere dem Schutz vor Alkoholmissbrauch.

§

Gesetzliche Bestimmungen der Alkohollizenz

- Bier und Wein dürfen nicht an Jugendliche unter 16 Jahren abgegeben werden.
- Spirituosen dürfen nicht an Jugendliche unter 18 Jahren abgegeben werden.
- An erkennbar Betrunkene dürfen keine alkoholischen Getränke mehr abgegeben werden.

Vorschriften für das Café

- Im Café besteht kein Trink- und Speisenzwang, d. h., Backwaren und andere Speisen können auch ohne Getränke bestellt und verzehrt oder Getränke können ohne Speisen bestellt werden.
- Neben den gesetzlichen Bestimmungen über den Alkoholausschank muss das Jugendschutzgesetz im Café eingehalten werden.
- Gemäß dem Eichgesetz muss das Volumen der Gläser deutlich mit dem Eichstrich und mit der Volumenangabe gekennzeichnet sein, wenn die Getränke ohne Flasche serviert werden, damit der Gast eine Kontrolle hat.

- Beschmutzt das Bedienungspersonal die Bekleidung eines Gastes, z. B. durch verschüttete Getränke oder Speisen, haftet der Cafébesitzer für den Schaden. Dies gilt nicht, wenn der Gast den Schaden selbst verursacht hat.
- Für den Verlust von z. B. Kleidung, Schmuck oder Taschen im Café haftet der Cafébesitzer nicht.

Aufgaben

1. Wann benötigt ein Café eine Gaststättenkonzession?
2. Erklären Sie den Begriff „Gaststättenkonzession" und welche Voraussetzungen ein Betrieb dafür erfüllen muss.
3. Ab welchem Alter darf man an Jugendliche Alkohol ausschenken?
   - Bier und Wein
   - Spirituosen
4. Im Café besteht kein Trink- und Speisenzwang. Erklären Sie dies.
5. Informieren Sie sich im Internet über das Jugendschutzgesetz und notieren Sie die Vorschriften, die im Café berücksichtigt werden müssen.

LF 1.3

Rechenaufgaben

1. Laut Gaststättengesetz ist mindestens ein alkoholfreies Getränk anzubieten, das nicht teurer ist als das preiswerteste alkoholische Getränk in gleicher Menge.
   In einem Café kosten 0,2 l Mineralwasser als preiswertestes alkoholfreies Getränk 1,80 € und als preiswertestes alkoholisches Getränk 0,33 l Bier 3,00 €.
   Ermitteln Sie, ob die gesetzliche Bestimmung eingehalten wird.
2. Die Weinbrandschwenker im Café enthalten die Eichstriche für einen einfachen und einen doppelten Weinbrand. Ein einfacher Weinbrand enthält 2 cl.
   Berechnen Sie, wie viel doppelte Weinbrand für Kaffee mit Schuss aus einer Weinbrandflasche von 0,75 l ausgeschenkt werden können, bei 4 % Schankverlust.

Berufliche Handlung

Immer mehr Menschen leiden an Übergewicht, Lebensmittelallergien sowie Lebensmittelunverträglichkeiten und an Diabetes mellitus. Ihre Bäckerei/Konditorei plant eine Erweiterung der Brot- und Snackangebote für diese Zielgruppen, um der steigenden Nachfrage gerecht zu werden und um neue Kunden zu gewinnen.

Ernährung

1. Stellen Sie die Grundlagen einer ausgewogenen und gesunden Ernährung zusammen.
2. Viele Menschen klagen über ernährungsbedingte Gesundheitsstörungen. Erklären Sie, wie Übergewicht und Untergewicht vermieden werden können.
3. Nennen und erläutern Sie die häufig vorkommende Lebensmittelunverträglichkeit, die durch die Aufnahme von Gluten ausgelöst wird.
4. Zählen Sie Lebensmittel auf, die oft Allergien auslösen.
5. Beschreiben Sie die Ursachen und Ernährungsgrundlagen bei Diabetes mellitus.

Auswahl der Bäckerei-/Konditoreierzeugnisse

6. Ergänzen Sie folgende Tabelle, nachdem Sie diese auf ein Blatt Papier übertragen haben.

Gesundheitsstörungen oder Krankheiten	Geeignete Speisen im Café
Übergewicht	
Lebensmittelallergien	
Zöliakie	
Diabetes mellitus	

7. Machen Sie Vorschläge für Brote als Zugabe für Speisen und Frühstück und geeignete Speisen im Café, die für möglichst viele der Zielgruppen geeignet sind.

Marketing

8. Erläutern Sie allgemein, was Marketingziele sind.
9. Nennen Sie Marketingmaßnahmen, die eine Bäckerei/Konditorei ergreifen muss, um die Marketingziele zu erreichen.

Verkaufsförderung

10. Erklären Sie, wie Bäckerei-/Konditoreierzeugnisse in den Regalen und in der Verkaufstheke optimal präsentiert werden können.
11. Die Sortimentserweiterung soll durch Werbemaßnahmen bekannt gemacht werden. Wählen Sie drei Maßnahmen aus und begründen Sie.
12. Formulieren Sie die Grundsätze beim Plakatschreiben sowie die Einteilung und die Schriftgrößen, die sowohl für die Gestaltung per Hand als auch für die Gestaltung per Computer gelten.
13. Entwerfen Sie ein Werbeplakat für den Laden, auf dem Sie die neuen Speisen vorstellen.

Das Verkaufen

14. Der Erfolg der Sortimentserweiterung hängt nicht nur von den neuen Produkten ab, sondern auch vom Verkaufspersonal. Nennen Sie die Eigenschaften, die eine Fachverkäuferin haben sollte.
15. Erklären Sie, wie eine Fachverkäuferin durch die nonverbale Ausdrucksweise und mit der Sprache die Sympathie der Kunden gewinnt.
16. Ein an Diabetes mellitus erkrankter Kunde wünscht zucker- und fettarme Gebäcke zum Nachmittagskaffee. Beschreiben Sie den Verkaufsvorgang von der Begrüßung, über das Empfehlen und Beraten, bis hin zum Kassieren und der Verabschiedung.
17. Wählen Sie für Brote, Brötchen, Snacks und Feine Backwaren sowie für Torten und Desserts jeweils geeignete Verpackungsmaterialien aus.

Rechtliche Vorschriften

18. Für ein neues Gebäck schlägt eine Kollegin den Namen „echtes Hamburger Fitnessbrot" vor. Diskutieren Sie, ob dies zulässig ist und nennen Sie die Bestimmungen der Leitsätze.
19. Alle im Laden und im Schaufenster angebotenen Bäckerei-/Konditoreierzeugnisse müssen mit dem Preis ausgezeichnet werden. Schreiben Sie zwei Preisschilder für 100 g Teegebäck und ein Stück Sachertorte, die den Bestimmungen der Preisangabenverordnung entsprechen.
20. Glutenfreie Brote bieten Sie als vorverpackte Waren an. Geben Sie die Angaben an, die nach der Lebensmittelinformations-Verordnung im Zutatenverzeichnis gekennzeichnet werden müssen.

LF 1.4
Herstellen von Feinen Backwaren aus Teigen

16 Lockerung

Situation

Ihre Kunden loben besonders häufig den lockeren Butterkuchen und Marmorkuchen. Ein Kunde, der auch selbst gerne backt, fragt Sie, ob er Marmorkuchen auch mit Hefe backen könne und Butterkuchen mit Backpulver. Sie erläutern ihm, wie die verschiedenen Lockerungsmittel wirken, welche Bedingungen sie benötigen und für welche Gebäcke sie geeignet sind.

- Was geschieht beim Vorgang der Lockerung?
- Welche Lockerungsmittel gibt es?
- Warum müssen Backwaren gelockert werden?
- Woraus besteht Hefe und wie lockert sie Teige?
- Was haben alle chemischen Lockerungsmittel gemeinsam?
- Welche chemischen Lockerungsmittel werden in Ihrer Bäckerei-/Konditorei verwendet und wie reagieren sie?
- Wieso gehören auch Milch, Sahne und Eier zu den Lockerungsmitteln?

Vorgang der Lockerung

Bei der Lockerung der Teige und Massen bilden sich **Gase**.

Der Kleber bzw. die verkleisterte Stärke in den Teigen und Massen hält die Gase als **„Poren"** fest.

Die Backhitze und die Aromastoffe können erst jetzt durch die Poren den Teig/die Masse durchdringen.

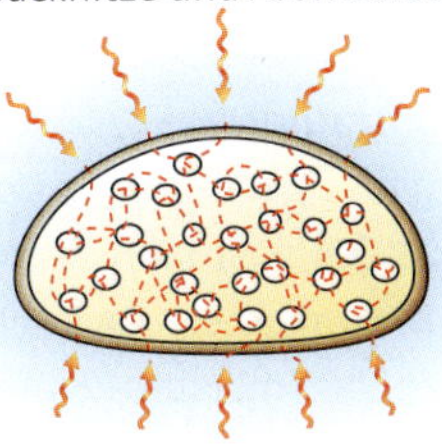

Auswirkung der Lockerung auf die Backwaren

- großes Gebäckvolumen
- verdauliche, bekömmliche Gebäcke entstehen, weil die Hitze die Teige bzw. Massen durchdringt, d. h., sie werden gebacken
- die ausgebackene Krume wird schnitt- und bestreichfähig
- das gewünschte gute Aroma entsteht, da die Aromastoffe durch die Poren in das Gebäck eindringen können

Ungelockerter und gelockerter Hefezopf

Die Qualität der meisten Backwaren erkennt der Bäcker/Konditor an der gleichmäßigen, feinporigen Krume.

Porung der Krume	Auswirkungen
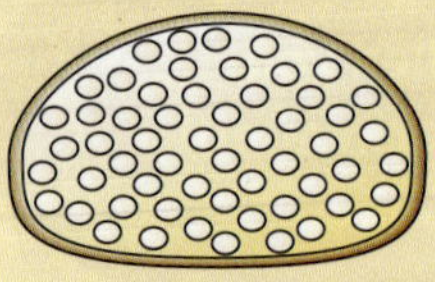	**Gleichmäßig feine Porung** Bei dieser für die meisten Gebäcke idealen Porung befinden sich viele kleine, gleichmäßig große Poren aneinander. Gebäcke mit feinporiger Krume haben • den optimal guten Geschmack, • eine feine, zarte Krume, • eine schöne Form, • ein großes Volumen, • eine lange anhaltende Frische.
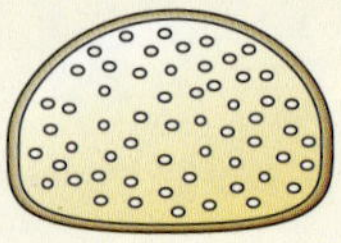	**Zu kleine Porung** Die Poren sind zu klein und liegen zu eng aneinander. Die Gebäcke haben • ein zu kleines Gebäckvolumen, • eine zu feste Krume, • eine ungenügende Lockerung.
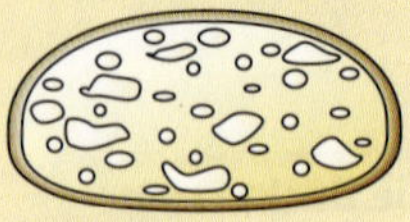	**Zu grobe, ungleichmäßige Porung** Die Poren sind unregelmäßig groß und die zu großen Poren sind breitlaufend. Die Gebäcke sind deshalb • zu flach und zu breit, • zu trocken, • zu leer im Geschmack.

Arten der Lockerung

Lockerungsart	Lockerungsmittel
Biologische Lockerung	• Hefe • Sauerteig
Chemische Lockerung	• Backpulver • Hirschhornsalz • Pottasche
Physikalische Lockerung	• Luft • Wasserdampf

LF 1.4

16.1 Hefe – Backhefe (biologische Lockerung)

Aufbau der Hefezelle

Die Hefezelle ist ein ovaler einzelliger Pilz, der nicht ganz 1/100 mm groß ist. Jede Zelle dieser Mikroorganismen ist ein selbstständiges Lebewesen.

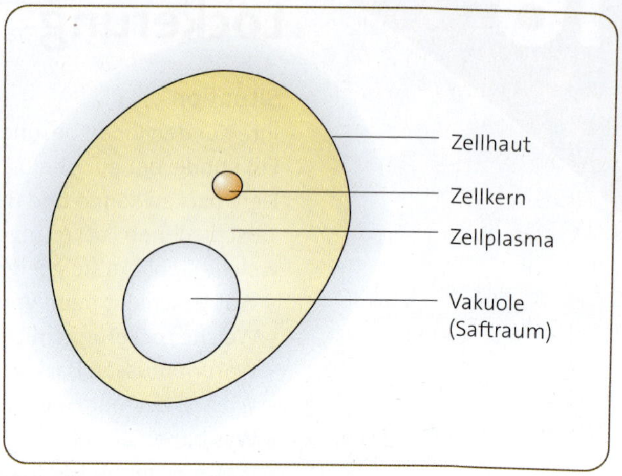

Hefezelle

Zellhaut
Durch die poröse Zellhaut nimmt die Hefe die in Wasser gelösten Nährstoffe und den Sauerstoff auf.
Ebenso gibt sie über die Zellhaut wieder Gase ab, z. B. die Gärgase.

Zellkern
Er ist für die Vermehrung zuständig. Dabei spaltet sich der Zellkern in zwei Teile, wobei ein Teil des Zellkerns in die neu entstehende Hefezelle, die sogenannte Tochterzelle, übergeht.

Zellplasma
Es besteht hauptsächlich aus Wasser und Eiweiß. Außerdem enthält es sehr viele B-Vitamine.
Im Zellplasma finden alle Stoffwechselvorgänge der Hefezelle statt, z. B. die Gärung.

Vakuole (Saftraum)
Sie ist mit Flüssigkeit gefüllt und kann ihre Größe verändern. Ist das Zellplasma in der frischen Hefe gut genährt, zieht sich die Vakuole zusammen. Bei altem, schlecht ernährtem Zellplasma (alte Hefe) vergrößert sich die Vakuole. Die Hefe enthält daher weniger Zellplasma und ist somit triebschwächer.

Hefezellen (Mikroorganismen) kommen in der Natur sehr zahlreich vor. Diese wilden Hefen befinden sich in der Luft und siedeln sich dort an, wo sie ideale Lebensbedingungen vorfinden. So entstanden die ersten gelockerten Backwaren. Auch offene Fruchtsäfte beginnen zu gären. Die Backhefe wird in der Hefefabrik gezüchtet. Das Lebewesen Hefe lockert die Teige, deshalb spricht man von einer biologischen Lockerung.

Lebensbedingungen der Hefe

Wie alle Lebewesen benötigt auch die Hefe bestimmte Bedingungen zum Leben.

- **Nahrung:** Die Hefe benötigt hauptsächlich Traubenzucker. Diesen bekommt sie vom Mehl aus den Teigen.
- **Wasser:** Wasser löst den Traubenzucker, der nur in gelöster Form von der Hefe aufgenommen werden kann. In weichen Teigen erfolgt deshalb eine starke Hefetätigkeit, weil sich darin die Hefe besser ernähren kann.
- **Sauerstoff:** Sauerstoff benötigt die Hefe nur für die Vermehrung, um die Nahrung zu verbrennen. Hat die Hefe keinen Sauerstoff mehr, hört die Vermehrung auf und es beginnt sofort die Gärung. Die Gärung erfolgt somit in den sauerstoffarmen Teigen.
- **Temperaturen** beeinflussen die Tätigkeiten der Hefezellen.

Hefe bei verschiedenen Temperaturen

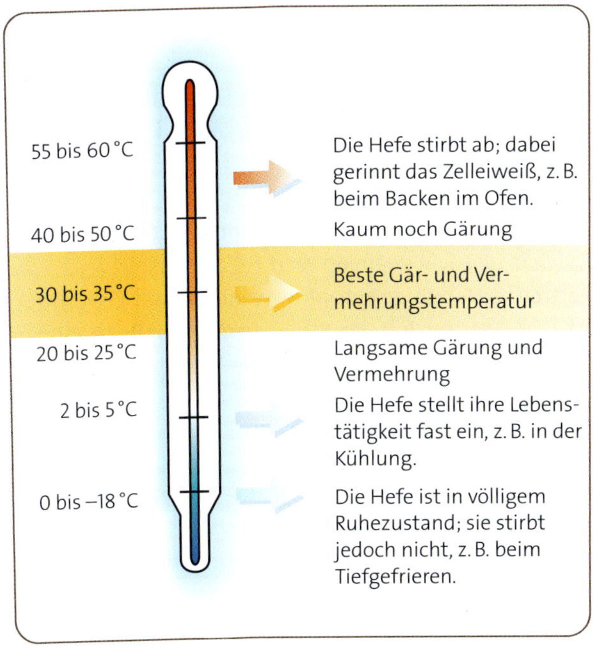

Hefetätigkeit bei verschiedenen Temperaturen

!

Bei 30 bis 35 °C erfolgt die schnellste Gärung und auch Vermehrung.
- Bekommt die Hefe genügend Sauerstoff zum Atmen, vermehrt sie sich.
- Erhält die Hefe keinen Sauerstoff, z. B. im Teig, so gärt sie.

Die Gärraumtemperatur sollte deshalb 30 bis 35 °C betragen, damit die Hefe im Teiginneren die ideale Temperatur zum Gären erhält.

Hefevermehrung

Bei der Hefevermehrung sind die günstigsten Lebensbedingungen erforderlich. Auch Sauerstoff wird benötigt.

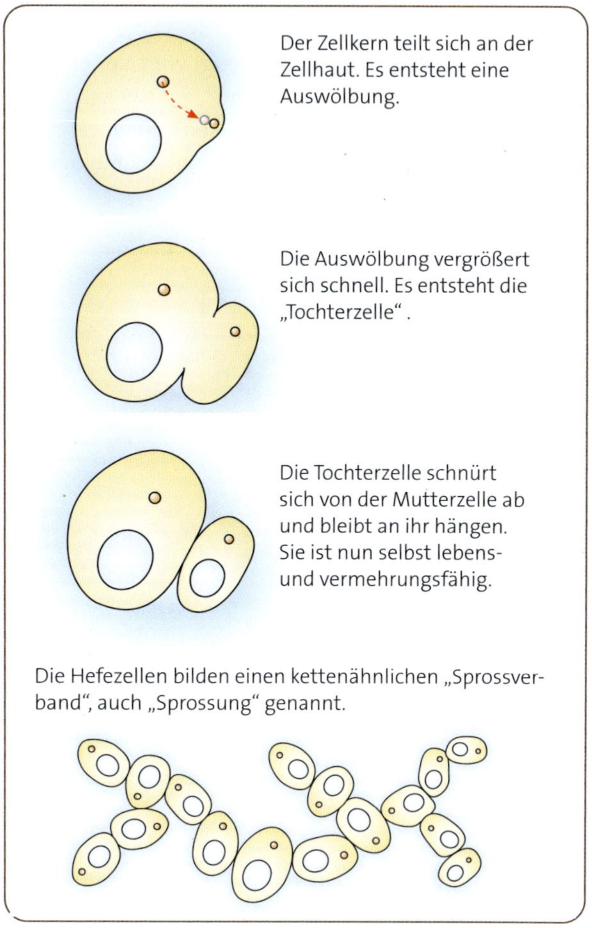

Hefesprossung

Eine Hefevermehrung ist bei den kurzen Vorteigführungen nicht möglich, da die Vermehrung erst ab ca. zwei Stunden Stehzeit beginnt.

Hefegärung

Der in den Teigen vorhandene Sauerstoff ist von den Hefen schnell verbraucht. Dann schaltet die Hefe automatisch auf Gärung um.

!

- Bei der Hefegärung nimmt die Hefe den im Wasser gelösten Traubenzucker als Nahrung auf.
- Die Hefe **„vergärt"** nun den Traubenzucker, d. h., in der Hefe spaltet das Hefeenzym „Zymase" den Traubenzucker in **Alkohol (Ethanol)** und **Kohlenstoffdioxid (CO_2)** und gibt diese Spaltprodukte in den Teig ab.
- Im Teig wird das Kohlenstoffdioxid zur Lockerung als Poren festgehalten. Der Alkohol verbessert den Geschmack der Backwaren.

Da bei der Hefegärung Alkohol erzeugt wird, spricht man auch von der **„alkoholischen Gärung"**.
Weil die Teige durch das „Lebewesen" Hefe gelockert werden, nennt man diese Lockerung auch **„biologische Lockerung"**.

LF 1.4

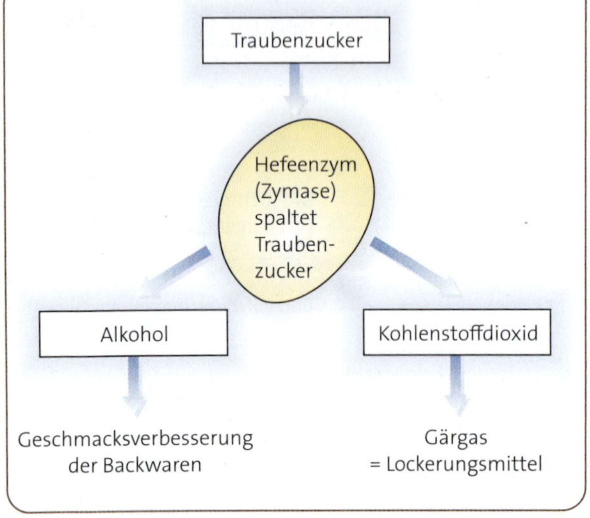

Hefegärung

Im Teig kann die Hefe den Traubenzucker, der im freien Wasser des Teigs gelöst ist, sofort vergären. Malz- und Rübenzucker müssen erst von den Hefeenzymen zu Traubenzucker abgebaut werden.
Damit genügend Hefenahrung vorhanden ist, bauen die mehleigenen Enzyme im Teig die Stärke des Mehls zu Malzzucker und dann zu Traubenzucker ab.

Auch der im Wasser gelöste Zucker der Hefeteige wird zum Teil von den Enzymen in Traubenzucker abgebaut und dient so als Hefenahrung, die die Gärung beschleunigt.

Milchzucker vergärt nicht, da weder in der Hefe noch im Mehl Enzyme zum Abbau für diesen Doppelzucker vorhanden sind. Der Milchzucker der Milch bleibt deshalb im Teig erhalten. Beim Backen bräunt er die Kruste der Hefeteiggebäcke intensiv.

Hefezugabe für Teige

Die Hefe wird für die Teigherstellung auf das Weizenmehl gebröckelt. Beim Kneten wird die Hefe im Teig gleichmäßig fein verteilt, sodass die Gärung und somit die Lockerung im gesamten Teig gleichmäßig erfolgt.

Hefe auf das Mehl gebröckelt

Die stärkste und somit schnellste Hefegärung erfolgt in weichen Teigen, da darin genügend Wasser zur Verfügung steht und sich ausreichend Traubenzucker als Nahrung im Wasser löst. Weiche Teige sind leichte und mittelschwere Hefeteige, bei denen durch die geringe Fettmenge mehr Milch in den Teig gegeben wird.
Fettreiche Hefeteige enthalten wenig Wasser. Die Gärung ist darin gering, z. B. im Stollenteig. Deshalb benötigen schwere Hefeteige unbedingt einen Vorteig.

Hefezugabe auf 1 kg Mehl für

Roggenteige:	10 bis 15 g
Weizenmisch- und Roggenmischteige:	15 bis 25 g
Teige für Baguettes, Ciabattas:	20 bis 30 g
Pizzateige:	20 bis 30 g
Teige für Brötchen, Weizenbrote:	40 g
leichte und mittelschwere Hefeteige:	60 bis 80 g
schwere Hefeteige (Stollen):	80 bis 100 g

Bei der Verwendung einer zu großen Hefemenge altern Backwaren schneller

Bei normaler Hefemenge und somit langsamer Gare der Teiglinge haben die Mehlbestandteile ausreichend Zeit, zu quellen und das Teigwasser zu binden. Das gebundene Wasser wird bei der Lagerung der Gebäcke nur langsam abgegeben, sodass sich die Frischhaltung der Gebäcke verlängert. Bei zu großer Hefemenge und somit zu schneller Gare ist die Quellzeit zu gering.

Einfluss der Zutaten im Teig auf die Hefe

Salz

Kommen Salz und Hefe einige Zeit direkt zusammen, zieht das Salz das Wasser aus der Hefezelle, was zur Schwächung der Hefegärung führt. Daher beim Einwiegen der Zutaten zum Teig die Hefe und das Salz trennen.

Zucker

Eine geringe Menge Zucker im Teig, bis zu 2 % auf das Mehl berechnet, fördert die Hefegärung.
10 bis 12 % Zucker im Hefeteig verlangsamen die Gärung etwas, ohne dass dadurch Gebäckfehler auftreten.

Fett

Fett selbst beeinflusst die Hefe bei der Gärung in keiner Weise. Trotzdem erfolgt in fettreichen Teigen eine geringere Gärung.
Je höher der Fettanteil im Hefeteig, desto geringer ist die Milch- und somit die Wassermenge. Je weniger Wasser im Hefeteig enthalten ist, desto schwächer und langsamer ist die Hefegärung. Dies führt zu ungenügend gelockerten Hefeteiggebäcken.
Schwere, fettreiche Hefeteige benötigen deshalb einen Vorteig, der bei der Teigherstellung eine triebkräftige Hefe besitzt, sodass die Teige ausreichend gelockert werden.

Handelsformen der Hefe

Presshefe wiegt meistens 500 g. Sie wird in den meisten Bäckereien/Konditoreien verarbeitet.
Für den Haushalt wird Presshefe in 42-g-Würfeln angeboten, eine für den Haushalt geeignete Menge.

Flüssighefe wird in Tanks – vorrangig für die Backwarenindustrie – geliefert. Sie ist wegen des hohen Wassergehalts nur ca. zwei Tage haltbar. Deshalb wird sie immer frisch angeliefert.

Trockenhefe ist gefriergetrocknete Backhefe, die als Pulver und Granulat angeboten wird.

Bei kühler und trockener Aufbewahrung ist Trockenhefe ein Jahr und länger lagerfähig. In unseren Bäckereien/Konditoreien hat sie keine Bedeutung, sondern nur in Ländern mit sehr heißem Klima, wo die Presshefe schnell verderben würde.

Presshefe – Haushaltshefe 42 g und 500-g-Hefe für Backbetriebe

Lagerung der Presshefe

Die Hefe ist ca. zwei Wochen lagerfähig. Die ideale Hefelagerung erfolgt

- bei 2 bis 5 °C im Kühlschrank bzw. Kühlraum, da bei diesen kühlen Temperaturen die Hefe kaum aktiv ist,
- luftgeschützt, im luftundurchlässigen Originalverpackungspapier, damit die Oberfläche nicht so schnell austrocknet.

Tiefgefrorene Backhefe verliert deutlich an Triebkraft. Nach dem Auftauen muss die Hefe sofort verarbeitet werden, da sie schnell verdirbt.

Beurteilung der Frische

Nur frische Hefe ist triebkräftig und besitzt den typisch angenehmen Geruch und Geschmack sowie das appetitlich helle Aussehen.

Das Lebewesen Hefe bekommt von der Hefefabrik für die Zeit der Lagerung einen Nahrungsvorrat mit. Dieser reicht für die Ruhezeit bei der Lagerung aus. Bei zu langer bzw. falscher Lagerung ist der Nahrungsvorrat aufgebraucht, die Hefe verdaut sich dann selbst und stirbt dadurch ab. Diese Hefe ist für den Bäcker/Konditor unbrauchbar.
Die Frische der Hefe und somit die gute Gärfähigkeit ist optisch leicht feststellbar.

LF 1.4

Frischeprüfung der Presshefe

Erkennung	Frische Hefe	Alte Hefe	Verdorbene Hefe

Farbe	hellgrau, außen wie innen gleich	braune Oberfläche, vor allem an den Kanten	dunkelbraune, dicke äußere Schicht
Festigkeit	kompakt, etwas elastisch, glatte Oberfläche	rissige Oberfläche, die leicht bröckelt	zuerst ausgetrocknete, stark rissige und dann schmierige Oberfläche
Aufbrechen der Hefe	muschelartiger, kompakter Bruch (kreisförmige Ringe im Inneren), die Hefe bröckelt nicht	bröckelt sofort auseinander	zähe Konsistenz, innen klebrig
Geruch und Geschmack	angenehm frischer Hefegeruch und -geschmack	unangenehm bitter	faulig, ekelerregend

LF 1.4

Aufgaben

1. Nennen Sie die vier Auswirkungen der Lockerung auf die Backwaren.
2. Wie wirken sich bei fast allen Backwaren folgende Porungen in der Krume aus?
   - gleichmäßig feine Porung
   - zu kleine Porung
   - zu grobe ungleichmäßige Porung
3. Geben Sie die drei Lockerungsarten an und nennen Sie die in der Bäckerei/Konditorei dafür üblichen Lockerungsmittel.
4. Beschreiben Sie den Aufbau der Hefezelle und erklären Sie deren Eigenschaften und Aufgaben.
5. Welche Lebensbedingungen benötigen die Hefezellen?
6. Beschreiben Sie die Hefetätigkeit bei folgenden Temperaturen:
   - 55 bis 60 °C
   - 40 bis 50 °C
   - 30 bis 35 °C
   - 20 bis 25 °C
   - 2 bis 5 °C
   - 0 bis −18 °C
7. Erklären Sie den Vorgang der Hefevermehrung.
8. Erklären Sie den Vorgang der Hefegärung.
9. Wie wird Hefe zur Teigherstellung in den Knetkessel gegeben?
10. Warum altern Backwaren schneller, wenn eine zu große Hefemenge in den Teig gegeben wurde?
11. Warum dürfen Salz und Hefe bei der Teigbereitung nicht zu lange zusammenkommen?
12. Beschreiben Sie, warum bei fettreichen Teigen die Gärung gering ist und wie man dies ausgleichen kann.
13. Nennen Sie die Handelsformen der Hefe.
14. Geben Sie die idealen Lagerbedingungen für Hefe an und begründen Sie die einzelnen Punkte.
15. Beschreiben Sie frische und alte Hefe in Bezug auf
    - Farbe,
    - Aufbrechen der Hefe,
    - Festigkeit,
    - Geruch und Geschmack.
16. Eine Kundin möchte von Ihnen wissen, ob sie den ganzen Hefewürfel bei der Zubereitung von Hefeteig mit 250 g Mehl verwenden könne, weil die restliche Hefe ja sowieso sehr schnell verderben würde.

16.2 Chemische Lockerung

Die drei in der Bäckerei/Konditorei gebräuchlichen chemischen Lockerungsmittel sind
- **Backpulver,**
- **Hirschhornsalz (Ammonium),**
- **Pottasche.**

Chemische Lockerungsmittel

Die Lockerung erfolgt durch eine chemische Reaktion, daher werden sie als chemische Lockerungsmittel bezeichnet. Bei der Reaktion aller chemischen Lockerungsmittel wird Kohlenstoffdioxid (CO_2) als Lockerungsgas in Massen und Teigen erzeugt.

Chemische Lockerungsmittel werden für Massen und Teige mit hohem Fett- und Zuckeranteil eingesetzt. Diese Massen und Teige enthalten für die Hefegärung zu wenig Wasser, das zu einer ungenügenden Lockerung führen würde.

Chemische Lockerungsmittel sind Lebensmittelzusatzstoffe, die bei unverpackten Backwaren nicht deklariert werden müssen, da sie durch die chemische Reaktion in den Massen und Teigen im fertigen Erzeugnis nicht mehr vorhanden sind.

Backpulver

Bestandteile	Wirkung
• Natron • Säure	Natron enthält das Lockerungsgas CO_2. Säure treibt das Kohlenstoffdioxid (CO_2) aus dem Natron, und zwar bei Feuchtigkeit und vor allem bei Hitze.
Stärke	Die Stärke nimmt die Luftfeuchtigkeit bei der Lagerung auf und hält so das Backpulver trocken. In trockenem Zustand reagieren Säure und Natron nicht.

Wirkung von Backpulver

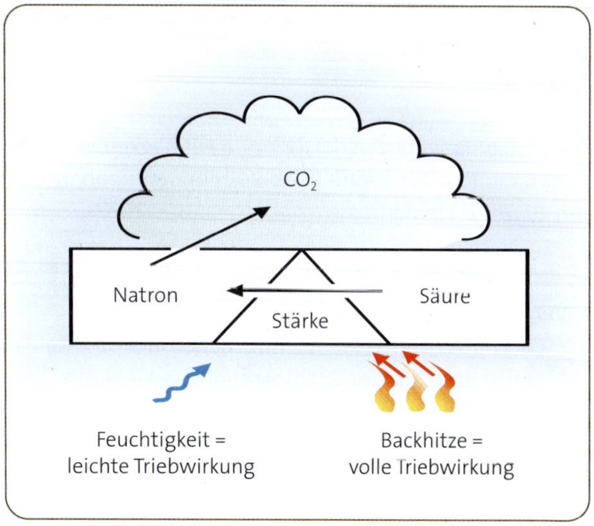

Triebwirkung von Backpulver

- Durch die Feuchtigkeit in der Masse bzw. im Teig findet darin eine leichte Kohlenstoffdioxidbildung statt.
- Die volle Triebwirkung setzt im Ofen ein. Durch Backhitze treibt die Säure das Kohlenstoffdioxid (CO_2) vollständig aus dem Natron. Das CO_2 dehnt sich durch die Backhitze in den Massen und Teigen weiter aus, dies bewirkt eine verstärkte Lockerung.

Gelockerter Sandkuchen

Versuche

a) Backpulver im Wasser auflösen, z. B. im Reagenzglas: ergibt leichtes Schäumen, bei dem nur etwas Kohlenstoffdioxid nach oben steigt.

b) Backpulverlösung erhitzen: ergibt starkes Schäumen und starke CO_2-Entwicklung. Stülpt man über das Reagenzglas einen Luftballon, so wird er durch das CO_2 aufgeblasen.

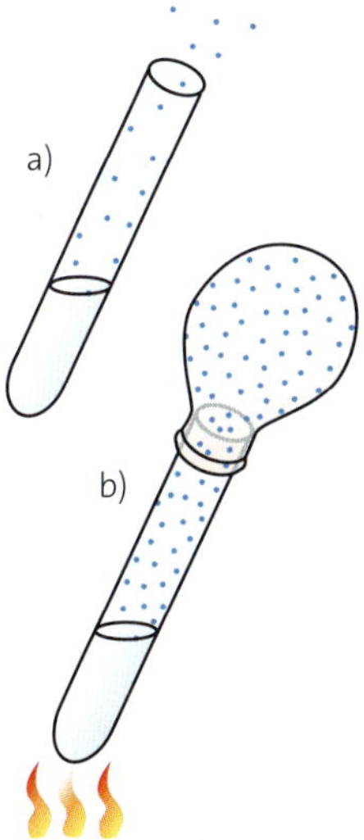

LF 1.4

Verwendung von Backpulver

Backpulver wird für fett- und zuckerreiche Massen und Teige verwendet, z. B. Kuchen aus Sandmasse, Spekulatius, Donuts.

Die Mengenangabe auf der Rezeptur für Backpulver sollte genau eingehalten werden. Abweichende Zugaben führen zu Gebäckfehlern.

!

Verarbeitung von Backpulver

- Backpulver abmessen oder abwiegen, auf das Mehl geben und mit dem Mehl sieben. Das Mehl mit Backpulver bei der Herstellung in die Massen und Teige geben.
- Massen in Formen und aufgearbeitete Teige mit Backpulver sollen sofort in den Ofen geschoben werden. Das Backpulver setzt bereits in Verbindung mit der Feuchtigkeit der Massen und Teige etwas Kohlenstoffdioxid frei, das dann zur vollständigen Lockerung im Backofen fehlt.

Zu viel Backpulver

Durch zu starke CO_2-Entwicklung werden die Massen zunächst sehr stark gehoben, dann kann der übergroße Gasdruck nicht mehr festgehalten werden und die Gebäcke fallen vor dem Ausbacken ein. Die Folgen sind ein unschönes, eingefallenes Gebäck und ein Wasserstreifen in der Krume.

LF 1.4

Zu wenig Backpulver

Durch zu geringe Triebwirkung ergeben sich ein zu kleines Gebäckvolumen und eine ungenügende Lockerung der Backwaren.

Links: mangelhaft gelockertes Gebäck durch zu wenig Backpulver
Rechts: zusammengefallenes Gebäck mit Wasserstreifen durch zu viel Backpulver

Lagerung von Backpulver

Backpulver in einem gut verschlossenen Behälter in einem kühlen Raum aufbewahren.
Bei feuchter oder zu warmer Lagerung würde im Backpulver bereits während der Lagerung eine leichte Triebentwicklung entstehen. Das dabei entweichende Kohlenstoffdioxid fehlt dann bei der Lockerung der Backwaren.

Hirschhornsalz

Der Name Hirschhornsalz kommt daher, weil früher das Geweih (Horn) der Hirsche geraspelt und anschließend trocken erhitzt wurde.
Hirschhornsalz wird wegen der enthaltenen Ammoniumsalze auch kurz als Ammonium bezeichnet. Weitere Namen ergeben sich nach der chemischen Zusammensetzung AHC-Trieb (Ammoniumhydrogencarbonat) und von der veralteten Bezeichnung ABC-Trieb (Ammoniumbicarbonat).

Wirkung von Hirschhornsalz

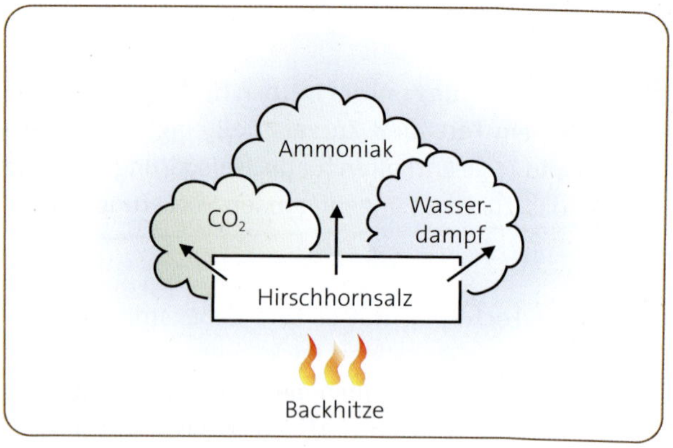

Triebwirkung von Hirschhornsalz

Hirschhornsalz zerfällt durch die Hitze im Backofen – ab ca. 60 °C – vollständig in drei Gase:

- Ammoniak: ergibt den stechenden Geruch und Geschmack
- Kohlenstoffdioxid: ist das hauptsächliche Lockerungsmittel
- Wasserdampf: entweicht

Hirschhornsalz lockert die Gebäcke großporig.

Gelockerte Amerikaner

Versuche

a) Hirschhornsalz im trockenen Zustand erhitzen, z. B. im Reagenzglas:
Es zersetzt sich und verflüchtigt sich ohne Rückstände. Dabei wird das hochsteigende Gas sichtbar und am Glasrand entsteht Kondenswasser. Das stark riechende Ammoniakgas wird frei.

b) 5 g Hirschhornsalz und 50 g Wasser erhitzen:
Das CO_2 steigt nach oben und wird frei. Das Ammoniak hat sich im Wasser gelöst, es bleibt darin als giftiger Salmiakgeist zurück, der deutlich zu riechen ist.

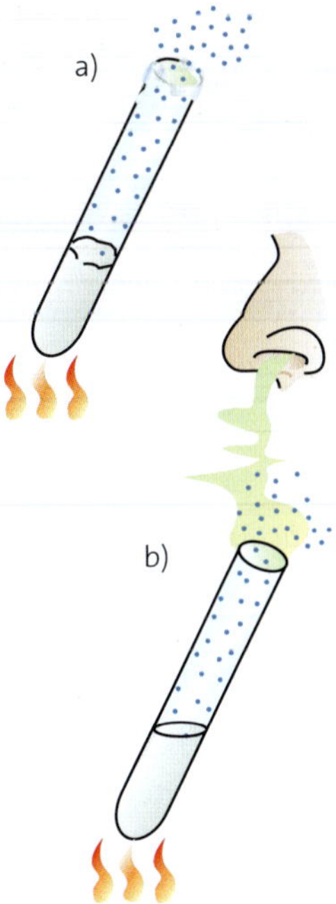

Verwendung von Hirschhornsalz

Hirschhornsalz darf nur für **flache Gebäcke** verwendet werden, z. B. Lebkuchen und Kekse. Die Ausnahme sind Amerikaner, die aus einer milchhaltigen Masse bestehen. Aus den flachen Gebäcken kann das unangenehm stechend riechende und schmeckende Ammoniak beim Backen entweichen wie auch aus den großen Poren der Amerikaner.

In Backwaren mit größerem Volumen, mit feuchter Gebäckkrume kann das Ammoniak nicht entweichen und bildet mit der Gebäckfeuchtigkeit den gesundheitsschädlichen Salmiakgeist. Außerdem entsteht eine dunkle Gebäckkrume, die laugig schmeckt und übel riecht. Aus diesem Grund darf Hirschhornsalz nur für Flachgebäcke verwendet werden.

Braune Lebkuchen

!

Verarbeitung von Hirschhornsalz
Hirschhornsalz wird in genügend kalter Flüssigkeit wie Wasser oder Milch aufgelöst und dann im Teig bzw. in der Amerikanermasse gründlich verknetet bzw. verrührt, damit es gleichmäßig verteilt ist. Nicht aufgelöste Kristalle des Hirschhornsalzes bilden an der Gebäckoberfläche dunkle Punkte.

Hirschhornsalz hat eine sehr starke Triebwirkung. Es sollten deshalb die im Rezept stehenden Grammangaben mit einer genauen Waage sorgfältig abgewogen werden.

Lagerung von Hirschhornsalz

Da Hirschhornsalz sehr hygroskopisch (wasseranziehend) ist, muss es in gut verschließbaren Behältern gelagert werden.

Pottasche

Den Namen hat Pottasche, weil sie früher aus Holz- und Pflanzenteilen in großen Töpfen (engl. pots) hergestellt und aus Pflanzenasche ausgelaugt wurde.

Wirkung von Pottasche

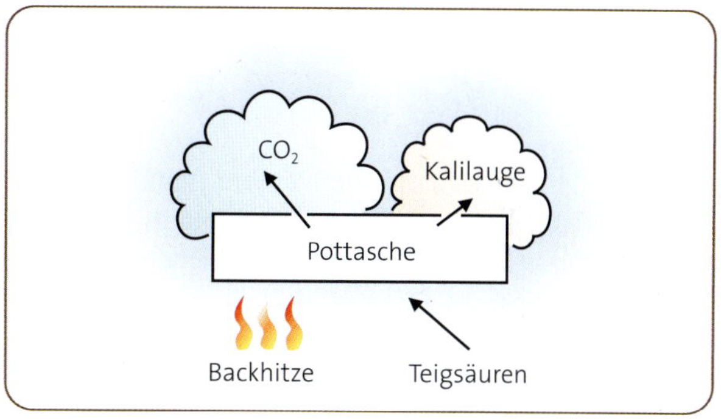

Triebwirkung von Pottasche

- Durch die Backhitze erfolgt eine leichte Kohlenstoffdioxidbildung im Teig.
- Durch die **Teigsäuren** setzt die volle Triebkraft ein.
- Zurück bleibt das Kaliumoxid, das mit der Feuchtigkeit des Teigs die schwache Kalilauge bildet.

Gelockerter Brauner Lebkuchen

LF 1.4

Versuche

5 g Pottasche in 50 g Wasser auflösen:

a) Beim Erhitzen entsteht nur eine leichte CO_2-Bildung.

b) Gibt man Säure, z. B. Fruchtsäure oder Zitronensaft, dazu, entsteht sofort eine heftige CO_2-Bildung.

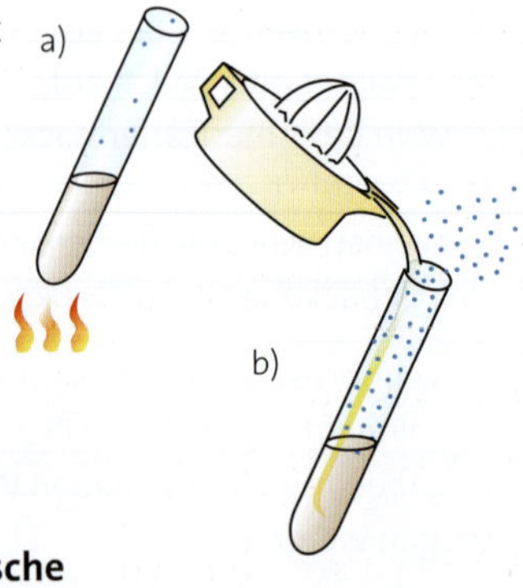

Verwendung von Pottasche

Pottasche wird für **Braune Lebkuchen** verwendet. Die Milchsäure, die bei der Lagerung der Lebkuchenteige entsteht, und die Säure des Honigs sind für die Reaktion der Triebwirkung verantwortlich.

Die bei der Lockerung durch Pottasche entstehende Kalilauge schwächt den Kleber des Lebkuchenteigs, sodass der Teig beim Backen leicht in die Breite treibt.
Durch die Kalilauge bleiben die Braunen Lebkuchen etwas länger weich und der Geschmack wird von der schwachen Lauge beeinflusst.

LF 1.4

Pottasche wird für Braune Lebkuchen immer zusammen mit Hirschhornsalz verarbeitet.

Breite Porung von Lebkuchen durch Pottasche

Durch Pottasche entstehen breite, flache Poren. Hirschhornsalz lockert großporiger nach oben.

!

Verarbeitung der Pottasche

Die körnchenförmige Pottasche wird bei der Verarbeitung in kalter Flüssigkeit wie Wasser oder Milch aufgelöst, damit sie sich gleichmäßig im Teig verteilt.

Bei der Verwendung mit Hirschhornsalz werden Pottasche und Hirschhornsalz getrennt voneinander aufgelöst und auch einzeln nacheinander in den Lebkuchenteig gegeben. Beim Zusammentreffen der gelösten Triebmittel reagieren sie sofort und würden ihre Triebkraft im Lebkuchenteig verlieren.

Aufgaben

1. Nennen Sie die drei in der Bäckerei/Konditorei gebräuchlichen chemischen Lockerungsmittel.
2. Welches Lockerungsgas bilden alle chemischen Lockerungsmittel?
3. Nennen Sie die Bestandteile von Backpulver und erklären Sie, wie die Lockerung durch Backpulver zustande kommt.
4. Für welche Teige und Massen wird Backpulver verwendet? Geben Sie auch Gebäckbeispiele an.
5. Beschreiben Sie, wie Backpulver verarbeitet wird.
6. Erklären Sie, warum aufgearbeitete Teige und Massen in Formen mit Backpulver sofort in den Backofen geschoben werden sollten.
7. Beschreiben Sie die Folgen, wenn zu viel Backpulver in eine Masse gegeben wird.
8. Wie sollte Backpulver gelagert werden?
9. Erklären Sie die Wirkung von Hirschhornsalz bei der Lockerung.
10. Für welche Gebäcke darf Hirschhornsalz nur verwendet werden?
11. Wie wird Hirschhornsalz bei der Teigherstellung und für die Amerikanermasse verarbeitet?
12. Wie sollte Hirschhornsalz gelagert werden?
13. Erklären Sie die Wirkung von Pottasche bei der Lockerung.
14. Für welche Backwaren wird Pottasche verwendet?
15. Beschreiben Sie, wie Pottasche bei der Teigherstellung verarbeitet wird und wie Pottasche und Hirschhornsalz in den Teig gegeben werden.
16. Ein Kunde erzählt Ihnen, dass er einen Marmorkuchen gebacken habe der zuerst im Backofen sehr schön aufgegangen sei. Dann sei er jedoch plötzlich in der Mitte eingefallen. Sie erklären dem Kunden, woran dies gelegen haben könnte.

16.3 Physikalische Lockerung

Die physikalischen Lockerungsmittel sind:
- Luft
- Wasserdampf

Lockerung durch Luft

Durch Luft gelockerte Rohstoffe

Aufgeschlagen werden:	Aufgeblasen (aufgeschlagen) werden:	Schaumig geschlagen werden:
• **Eiklar,** z. B. für Eischnee • **Vollei (Eier),** z. B. für – Wiener Masse – Biskuitmasse – Eiermasse der französischen Buttercreme	• **Schlagsahne,** z. B. für Sahnetorten, Sahnedesserts • **Milch,** z. B. für Kaffeegetränke wie Cappuccino und Latte Macchiato	• **Butter** • **Margarine,** z. B. für – Kuchen aus Sandmasse – Fettcremes, Buttercremes – Spritzgebäcke

Schlagsahne wird in der Bäckerei/Konditorei fast nur noch aufgeblasen, z. B. im Sahnebläser. Trotzdem spricht man noch – nach der alten Herstellungsweise – von „aufgeschlagener Sahne".
Auch Milch wird im Kaffeevollautomaten für Kaffeegetränke durch Aufblasen zu einem Milchschaum stabilisiert.

Cappuccino mit aufgeschäumter Milchhaube

Aufschlagen bzw. Aufblasen von Eiklar, Eiern, Schlagsahne und Milch

Das Eiweiß im Eiklar, in der Schlagsahne und in der Milch ist viskos, d. h., es ist zähfließend und dehnfähig. Es kann deshalb beim Aufschlagen bzw. Aufblasen die eingebrachte Luft gut festhalten.

Lockerer Eischnee

Bei Schlagsahne und Milch umschließt das elastische Fett außen die Luftbläschen und stabilisiert sie.

Schaumigschlagen von Butter und Margarine

Butter und Margarine werden schaumig geschlagen und nicht aufgeschlagen. Fett wird zwar durch Schaumigschlagen gelockert, es kann jedoch nicht die eingeschlagene Luft festhalten. Somit vergrößert sich das Volumen von Fett nur gering.

Lockerung durch Wasserdampf

Mit Wasserdampf werden gelockert:
- Blätterteiggebäcke
- Plunderteiggebäcke
- Gebäcke aus Brandmasse

LF 1.4

Blätterteig

Blätterteig besteht aus vielen dünnen Teig- und Fettschichten. Die Lockerung geschieht folgendermaßen:
- Das eingerollte, tourierte Ziehfett wird im Ofen durch die Backhitze flüssig.
- Das flüssige Ziehfett isoliert die einzelnen Teigschichten voneinander.
- Fett ist ein guter Wärmeleiter, sodass die Backhitze zwischen die Teigschichten gelangt und so im Teiginneren Temperaturen über 100 °C entstehen.
- Durch die hohe Backhitze verdampft das Teigwasser, sodass der Wasserdampf die vielen hauchdünnen Teigschichten einzeln wie Blätter nach oben drückt und dadurch die lockere Blätterung entsteht.
- Da die blättrigen Teigschichten locker übereinanderliegen und die Backhitze dazwischen über 100 °C beträgt, backen die inneren Schichten leicht rösch aus. Die Blätterteiggebäcke erhalten so die splittrige, rösche Beschaffenheit.

Blättrig gelockertes, splittriges Blätterteiggebäck

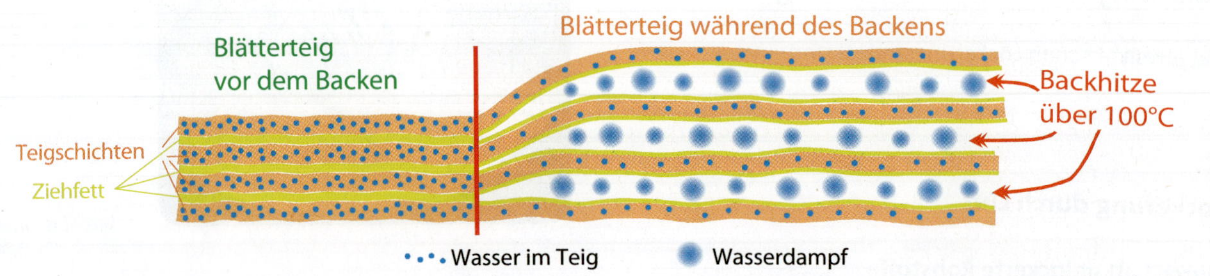

Lockerung von Blätterteig

Plunderteig

Der Plunderteig ist ein Hefeteig mit eingerolltem (touriertem) Ziehfett. Plunderteig wird gelockert durch zwei verschiedene Lockerungsarten:

- biologisch durch Hefe
- physikalisch durch Wasserdampf (wie beim Blätterteig)

Gelockertes Plundergebäck

Brandmasse

Brandmasse besitzt einen besonders hohen Anteil an Wasser. Bei der Herstellung wird die Masse abgeröstet, wobei die Stärke des Mehls bei der Verkleisterung Wasser bindet und der Kleber gerinnt, sodass eine zähe, dehnbare Masse entsteht.

- Das freie Wasser in den aufdressierten (aufgespritzten) Brandmassestücken verdampft während des Backens.
- Der starke Druck des Wasserdampfs drückt heftig nach oben und die zähe, elastische Brandmasse gibt nach und hält aber den Wasserdampf im Inneren des Stücks fest.
- Das Volumen des Brandmassestücks vergrößert sich dabei sehr stark und so lange, bis sich durch die Backhitze eine stabile Kruste gebildet hat.
- Durch die starke Ausdehnung des Wasserdampfs entstehen im Inneren der Brandmassegebäcke große Hohlräume, umgeben mit weichen Wänden.

Großes Volumen und große Hohlräume in den Brandmassegebäcken

Aufgaben

1. Nennen Sie die zwei physikalischen Lockerungsmittel.
2. Nennen Sie die Rohstoffe, die bei folgender Bearbeitung durch Luft gelockert werden, und geben Sie Beispiele von Erzeugnissen aus der Bäckerei/Konditorei an:
   - schaumig schlagen
   - aufschlagen
   - aufblasen bzw. aufschlagen
3. Erklären Sie den Vorgang der Lockerung beim Aufschlagen bzw. Aufblasen von Eiklar, Eiern, Schlagsahne und Milch.
4. Was geschieht beim Schaumigschlagen von Butter und Margarine?
5. Nennen Sie die zwei Gebäcke, die ausschließlich mit Wasserdampf gelockert werden.
6. Beschreiben Sie die Lockerung der Blätterteiggebäcke und erklären Sie, wie es zu der splittrigen Beschaffenheit kommt.
7. Nennen Sie die zwei Lockerungsarten beim Plunderteig.
8. Erklären Sie die Lockerung der Gebäcke aus Brandmasse.
9. Schlagen Sie Schlagsahne in der Rührmaschine und im Sahnebläser auf. Vergleichen Sie die Lockerung und das Volumen der Schlagsahne.

17 Feine Backwaren aus Hefeteig

Situation

Seit einiger Zeit arbeiten Sie in der Hefeteigabteilung Ihrer Bäckerei/Konditorei. Bevor Sie in eine andere Abteilung wechseln, sollen Sie für den nächsten Auszubildenden, der in der Hefeteigabteilung eingesetzt wird, ein Merkblatt über die Hefeteigherstellung und die Hefeteiggebäcke erstellen.

- Woraus besteht das Grundrezept für einen Hefeteig?
- Welche Hefeteigarten werden unterschieden?
- Wie wird Hefeteig hergestellt?
- Welche Vorgänge erfolgen im Hefeteig während der Teigruhe und warum ist die Teigruhe so wichtig?
- Worin unterscheiden sich die direkte und indirekte Teigführung?
- Welche Hefeteiggebäcke der verschiedenen Hefeteigarten werden angeboten?
- Wie wird Plunderteig hergestellt und zu Plundergebäcken weiterverarbeitet?

LF 1.4

Hefeteiggebäcke gehören zu den Feinen Backwaren, die nach den Bestimmungen der Leitsätze auf 100 % Mehl mindestens 10 % Fett und/oder Zucker enthalten.

Da Hefeteiggebäcke im Gegensatz z. B. zu Brötchen und Broten Fett, Zucker, Eier und Aromen enthalten, werden sie manchmal als Gebäcke aus Hefefeinteig bezeichnet.

Allgemein sind in der Fachsprache und auch bei den Verbrauchern die einfachen Bezeichnungen wie Hefeteige und Hefeteiggebäcke üblich.

Einteilung der Hefeteige

Die Hefeteige werden nach dem Fettanteil im Teig eingeteilt.

Leichter Hefeteig	Mittelschwerer Hefeteig	Schwerer Hefeteig
fettarmer Hefeteig; enthält 100 bis 150 g Fett auf 1000 g Weizenmehl **Gebäckbeispiele:** • Rohrnudeln • Rosinenbrötchen • Kolatschen • Zwieback • Siedegebäcke, z. B. Berliner	Hefeteig mit mittlerer Fettmenge; enthält 150 bis 250 g Fett auf 1000 g Weizenmehl **Gebäckbeispiele:** • Hefezöpfe • Rosinenstuten • Figuren aus Hefeteig • Blechkuchen, z. B. Bienenstich, Streuselkuchen, Pflaumenkuchen	fettreicher Hefeteig; enthält 250 g bis 500 g Fett auf 1000 g Weizenmehl **Gebäckbeispiele:** • Stollen – alle Stollenarten • Osterfladen (Osterbrote)

Die Begriffe „leichter“ und „schwerer“ Hefeteig sind von der Verdauung und somit Bekömmlichkeit der Hefeteiggebäcke abgeleitet.
Leichte Hefeteiggebäcke sind lockere, fettarme Gebäcke, die gut bekömmlich sind. Schwere Hefeteiggebäcke sind fettreiche Gebäcke, die etwas schwerer verdaulich sind.

Der Fettanteil von leichtem, mittelschwerem und schwerem Hefeteig ist in den Bestimmungen der Leitsätze nicht geregelt. Die Mengenangaben sind somit Erfahrungswerte aus der Praxis.

17.1 Teigherstellung der Hefeteige

Rezeptbeispiel: leichter Hefeteig	
1000 g	Weizenmehl, Type 550
400 g	Milch
60 g	Hefe
120 g	Zucker
120 g	Butter oder Backmargarine
150 g	Eier (3 Stück)
10 g	Salz
5 g	natürliches Zitronenaroma
5 g	natürliches Vanillearoma
1870 g	**Hefeteiggewicht**

LF 1.4

Teigtemperatur
Die ideale Teigtemperatur der Hefeteige sollte 24 bis 26 °C betragen. Diese Teigtemperatur wird bei einer Milchtemperatur von 14 bis 18 °C erreicht.

Bei der Verwendung von Butter sollte eine Teigtemperatur von 24 °C erzielt werden, bei der temperaturunempfindlicheren Backmargarine können es 26 °C sein.

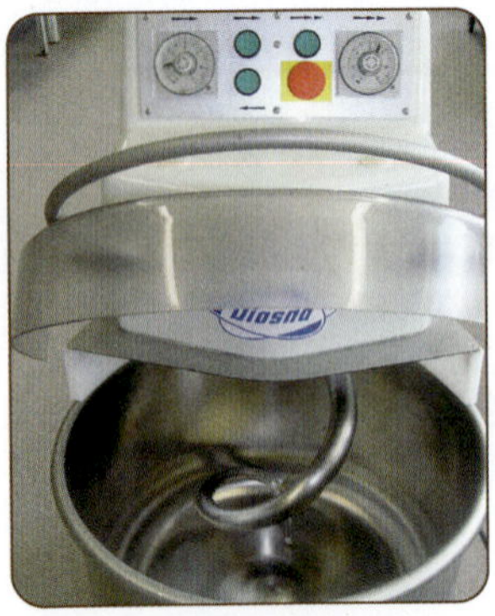

Spiralkneter – ein Schnellkneter zur intensiven Knetung

Knetmaschine
Weizenteige, dazu gehören auch Hefeteige, benötigen Knetmaschinen mit hoher Knetgeschwindigkeit und somit intensiver, starker Knetung. Der Spiralkneter wird in den meisten Betrieben verwendet. Zur Teigherstellung werden alle Zutaten direkt in die Knetmaschine eingewogen.

Das Kneten

Das Kneten der Hefeteige erfolgt in zwei Abschnitten, die sich durch die Knetgeschwindigkeit unterscheiden. Die angegebenen Knetzeiten beziehen sich auf einen Spiralkneter. Die Zeiten der einzelnen Knetphasen werden an den Uhren der Knetmaschine eingestellt.

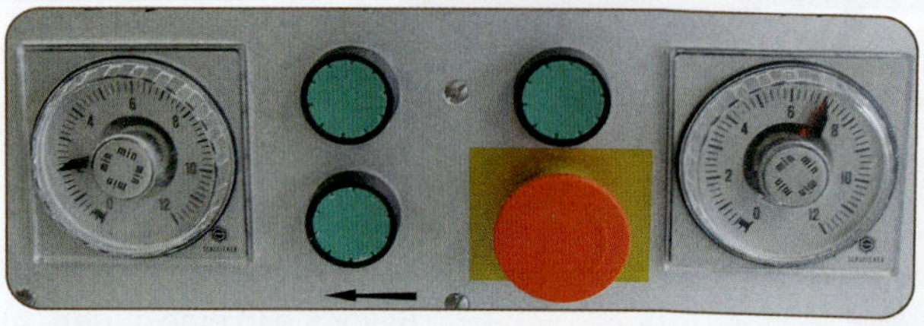

Zeitschaltuhren und Einschaltknöpfe einer Knetmaschine

1. Knetabschnitt: Mischen der Zutaten

Zwei bis vier Minuten werden die Zutaten im Langsamgang vermischt. Nicht kürzer als zwei Minuten, länger als vier Minuten bringt keinen Vorteil.

Vorgänge beim Kneten im Langsamgang
- Die Zutaten des Hefeteigs werden sehr fein verteilt und vermischt.
- Die Mehlbestandteile und der Zucker quellen einen Großteil des Teigwassers, sodass ein Hefeteig mit grober Oberfläche entsteht.

Hefeteig nach dem Mischen der Zutaten

2. Knetabschnitt: Kneten des Hefeteigs

Im Schnellgang wird der gemischte, grobe Hefeteig kräftig geknetet. Die Knetzeiten richten sich nach dem Fettgehalt im Hefeteig:
- leichter und mittelschwerer Hefeteig:
  ca. sieben Minuten
  Das Fett im Hefeteig erschwert anfangs die Kleberbildung, sodass eine etwas längere Knetzeit nötig ist.
- schwerer Hefeteig: ca. vier Minuten kneten, nach vier Minuten im Langsamgang

Bei einer längeren Knetzeit erwärmt sich der Hefeteig zu stark, sodass sich das weich werdende Fett schlecht mit dem Mehl bindet. Außerdem reicht die kurze Knetzeit aus, weil in den fettreichen Hefeteigen wegen des geringen Wasseranteils nur eine schwache Kleberbildung möglich ist.

Vorgänge während des Knetens im Schnellgang

- Alle Zutaten werden sehr stark zu einem einheitlichen Hefeteig zusammengemischt.
- Die Quellung der Mehlbestandteile setzt sich fort, sodass ein „wolliger“, nicht klebender Hefeteig entsteht.
- Ein guter, elastischer Kleber entwickelt sich durch die starken Knetbewegungen. Dabei werden die Klebereiweiße zusammengepresst und „verkleben“.

Fertig gekneteten Hefeteig erkennt man daran, dass er

- eine glatte Teigoberfläche hat,
- beim Anfassen mit bemehlten Händen kaum noch klebt.

Fertig gekneteter Hefeteig

Aufgaben

1. Unterscheiden Sie leichten, mittelschweren und schweren Hefeteig.
2. Erstellen Sie ein Rezept für einen leichten Hefeteig.
3. Welche Teigtemperatur sollen Hefeteige haben und wie wird diese erreicht?
4. Welche Knetmaschine wird für Hefeteige benötigt?
5. Nennen Sie die zwei Knetabschnitte des Hefeteigs und geben Sie jeweils die Zeiten an.
6. Beschreiben Sie die Vorgänge während des Knetens im ersten und zweiten Knetabschnitt.
7. Wie erkennt man einen fertig gekneteten Hefeteig?
8. Kneten Sie einen leichten Hefeteig zwei Minuten langsam und sieben Minuten schnell. Kneten Sie einen anderen leichten Hefeteig vier Minuten langsam und vier Minuten schnell. Stellen Sie daraus Hefezöpfe her. Beurteilen Sie die Gebäcke.

17.2 Teigführungsarten bei Hefeteigen

Bei der Herstellung von Hefeteigen unterscheidet man die direkte und indirekte Teigführung.

Direkte Teigführung

Bei der direkten Teigführung werden alle Zutaten in die Knetmaschine gewogen und **direkt** zu einem Hefeteig geknetet.

Der Vorteil der direkten Teigführung ist die schnelle Herstellung eines Hefeteigs, bei dem alle Zutaten in einem Arbeitsschritt geknetet werden.

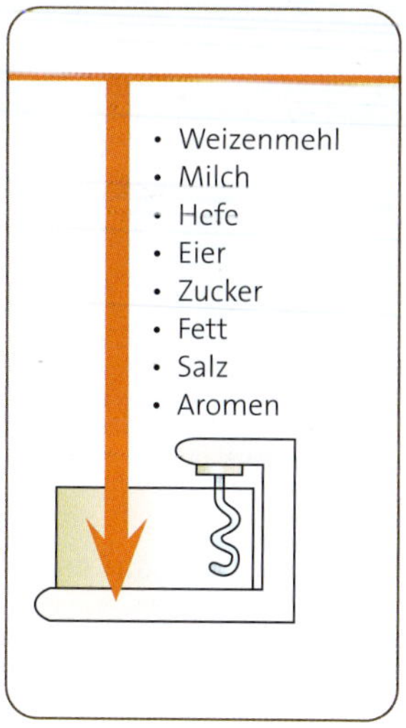

Direkte Teigführung

Indirekte Teigführung

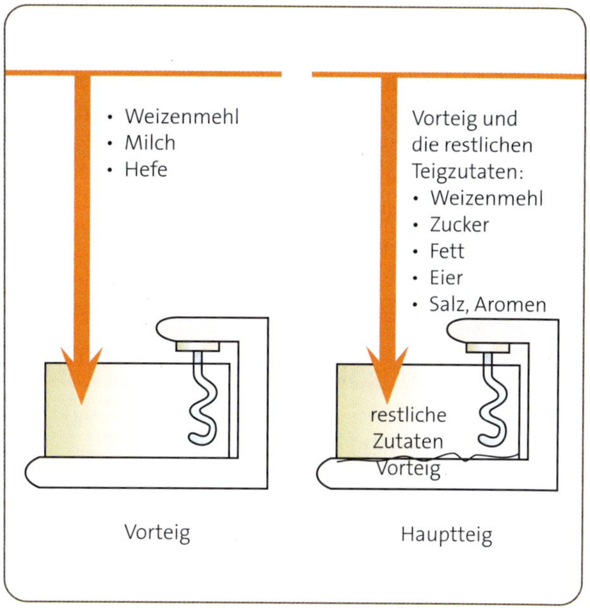

Indirekte Teigführung

Bei der indirekten Teigführung wird der Hefeteig in zwei Etappen, also indirekt zubereitet.

- Zuerst wird ein Vorteig hergestellt.
- Dann wird der reife Vorteig mit den anderen Zutaten zum Hefeteig geknetet.

Herstellung eines Vorteigs

Zutaten eines Vorteigs

Der Vorteig wird aus drei Rohstoffen hergestellt.

- Weizenmehl: 25 bis 40 % der Gesamtmehlmenge für den Vorteig.
- Milch: Bei leichten und mittelschweren Hefeteigen wird ¾ der Milch und bei schweren Hefeteigen die gesamte Milch in den Vorteig gegeben.
- Hefe: Die gesamte Hefemenge des Hefeteigs wird in den Vorteig gegeben.

LF 1.4

Der Vorteig wird intensiv geknetet, bis er an der Oberfläche glatt ist. Es folgt die Stehzeit, in der der Vorteig reifen kann.

Teigausbeute: 175 bis 190
Stehzeit: 30 bis 45 Minuten

Rezeptbeispiel: mittelschwerer Hefeteig für Hefezöpfe

Vorteig		Hefeteig (Hauptteig)	
400 g	Weizenmehl, Type 550	750 g	reifer Vorteig
300 g	Milch	600 g	Weizenmehl, Type 550
50 g	Hefe	100 g	Milch
750 g	**Vorteig**	120 g	Zucker
		200 g	Butter oder Backmargarine
		150 g	Eier (3 Stück)
		10 g	Salz
			Zitronen- und Vanillearoma
		1 930 g	**Teiggewicht**

Teigausbeute: 175
Teigtemperatur: 28 °C
Stehzeit: 30 Minuten

Vorteigreife

Nur ein reifer Vorteig verbessert die Gebäckeigenschaften. Die im Rezept angegebenen Stehzeiten sollen deshalb eingehalten werden. Zudem kann die Vorteigreife durch das Aussehen und vor allem durch das Abtasten des Vorteigs festgestellt werden.

Merkmale der Vorteigreife

Zu junger Vorteig	Reifer Vorteig	Zu alter (zu reifer) Vorteig
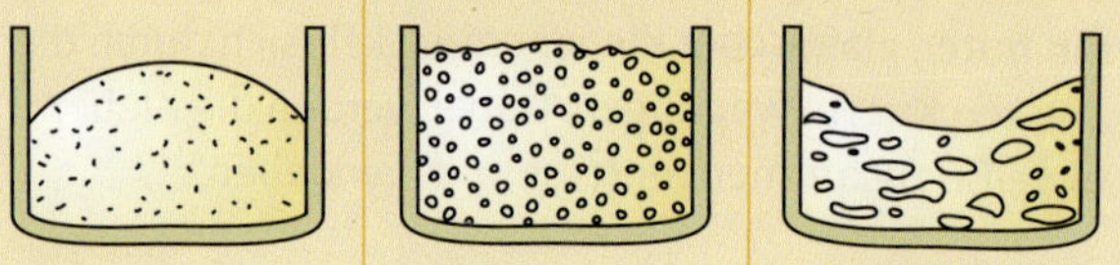		
• gewölbte Teigoberfläche • zu kleines Volumen • zu starker Widerstand beim Abtasten	• ebene, grobe Teigoberfläche • großes Volumen • lockerer Vorteig, der beim Abtasten zum Einfallen neigt	• eingefallener Vorteig • kleines Volumen

Reifungsvorgänge im Vorteig während der Stehzeit

- Die Mehlbestandteile quellen und binden dabei das Wasser der Milch.
- Die Hefe wird besonders gut gärfähig, sodass in den Hefeteig eine triebkräftige Hefe geknetet wird.

Vorteile eines Vorteigs auf die Hefeteiggebäcke

- besonders lockere, weiche Gebäcke
- besserer Geschmack der Gebäcke
- längere Frischhaltung der Gebäcke

Reifer Vorteig

Hefeteige mit Vorteig

Schwerer Hefeteig benötigt unbedingt einen Vorteig, damit die Gebäcke ausreichend gelockert werden, z. B. Hefeteige für Stollen, Osterfladen, Gugelhupf (Napfkuchen). Durch den hohen Fettanteil sind diese Hefeteige wasserarm, sodass die Hefe darin nur schlecht gären kann. Schwerer, fettreicher Hefeteig benötigt somit eine triebkräftige Hefe aus dem reifen Vorteig.

Mit Vorteig gelockertes Gebäck aus schwerem Hefeteig

Auch bei leichtem und mittelschwerem Hefeteig ist ein Vorteig vorteilhaft, weil die Gebäcke dadurch eine zartere, feinporigere Krume und eine längere Frischhaltung erhalten.

Aufgaben

1. Erklären Sie die Begriffe
   - direkte Teigführung,
   - indirekte Teigführung.
2. Nennen Sie die drei Zutaten, aus denen der Vorteig hergestellt wird, und geben Sie die verwendeten Mengen an.
3. Beschreiben Sie die Führung eines Vorteigs:
   - Teigausbeute • Stehzeit
4. Erstellen Sie ein Rezept für mittelschweren Hefeteig mit Vorteig.
5. Erklären Sie die Merkmale der Vorteigreife durch Aussehen und Abtasten von
   - zu jungem Vorteig, • reifem Vorteig,
   - zu altem Vorteig.
6. Beschreiben Sie die Reifungsvorgänge im Vorteig während der Stehzeit.
7. Geben Sie die drei Vorteile der Vorteige für die Hefeteiggebäcke an.
8. Welche Hefeteige müssen mit Vorteig hergestellt werden, um eine ausreichende Lockerung der Gebäcke zu erzielen?
9. Stellen Sie einen mittelschweren Hefeteig mit Vorteigführung her. Vergleichen Sie die Gebäcke mit denen, die mit direkter Teigführung hergestellt wurden.

17.3 Teigruhe und Gare

Beim Kneten werden die Zutaten des Hefeteigs gleichmäßig verteilt und straff zusammengemischt. Deshalb besitzen die Hefeteige direkt nach dem Kneten eine enorme Spannung. Sie sind zäh, weil der Kleber sehr straff ist. In diesem Zustand sind die Weizenteige nicht gut zu verarbeiten. Möchte man einen Strang rollen, reißt er, weil der Teig zu kurz ist. Rollt man den Teig aus, zieht er sich immer wieder zusammen, „der Teig schnurrt". Vor dem Aufarbeiten benötigen Hefeteige deshalb eine Teigruhe.

Teigruhe

Die Teigruhe ist die Zeit nach dem Kneten eines Teigs, in der der Teig ruht, bis er weiterverarbeitet wird.

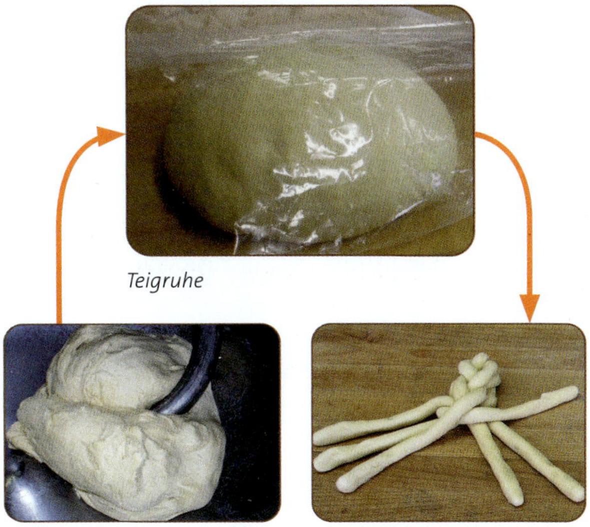

Teigruhe

Hefeteig kneten

Hefeteig aufarbeiten

LF 1.4

Hefeteige benötigen eine Teigruhe von 15 bis 30 Minuten.
Während der Teigruhe müssen Hefeteige mit Folie abgedeckt werden, damit die Teigoberfläche nicht austrocknet und keine Haut bekommt.
Die hautige, borkige Teigoberfläche würde sich nicht mehr auflösen und hart bleiben.

Vorgänge im Teig während der Teigruhe

Während der Teigruhe „reift" der Teig. Die Vorgänge während der Teigreifung wirken sich positiv auf die Verarbeitung der Hefeteige und die Qualität der Gebäcke aus.

Vorgänge im Teig während der Teigruhe	Auswirkungen
Die Mehlbestandteile quellen auf und binden das noch nicht gebundene Teigwasser.	Dadurch verlängert sich die Frischhaltung der Gebäcke, weil das gebundene Wasser nach dem Backen nur langsam von den Gebäcken abgegeben wird.
Der Kleber im Teig entspannt sich und wird wieder elastisch und dehnbar.	• Der Hefeteig mit dem elastischen Kleber lässt sich leicht verarbeiten. Beim Ausrollen reißt er nicht und der ausgerollte Hefeteig zieht sich nicht zusammen. • Dadurch haben die Hefeteiggebäcke eine glatte Oberfläche und die gewünschte Gebäckgröße.
Die Hefetätigkeit wird aktiviert und die Hefe gärt zunehmend gut.	• Der Hefeteig wird locker und lässt sich gut verarbeiten. Außerdem steht für die Teiglinge im Gärraum eine triebkräftige Hefe zur Verfügung. • Die Hefeteiggebäcke werden dadurch gut gelockert und erhalten ein schönes Volumen.

Teigreife nach der Teigruhe

Reifer Teig
Ein reifer Teig ist ein Hefeteig mit ausreichender Teigruhe. Er klebt nicht beim Anfassen mit etwas Mehl und er hat sich entspannt. So ist der lockere Teig gut aufzuarbeiten, er ist gut formbar und ausrollfähig, z. B.

- Teigstränge für Hefezöpfe sind gut formbar,
- Hefeteig für Blechkuchen ist gut ausrollfähig.

LF 1.4

Zu junger Teig
Ein zu junger Teig ist ein zäher, straffer Hefeteig mit zu kurzer Teigruhe.

Zu alter oder überreifer Teig
Ein zu alter oder überreifer Teig ist ein Hefeteig mit zu langer Teigruhe. Dieser Teig ist an der Oberfläche ausgetrocknet.

Pressenruhe (Ballenruhe) bei Hefeteigen

In der handwerklichen Bäckerei/Konditorei wird der Hefeteig z. B. für Hefezöpfe und Berliner zu Pressen, auch Ballen genannt, abgewogen, die meist zu 30 runden Teiglingen geschliffen (gewirkt) werden.

!

Der noch zu junge Hefeteig wird bei ca. halber Teigruhe zu Pressen (Ballen) abgewogen und rundgewirkt. Die straff gewirkten Teigstücke bekommen nun die restliche Teigruhe von fünf bis zehn Minuten. Dabei können sich die Teige nochmals entspannen.

Weil die Pressenruhe (Ballenruhe) hauptsächlich zur Entspannung, aber auch zur Quellung der Mehlbestandteile gegeben wird, ist der häufig verwendete Begriff Pressengare (Ballengare) fachlich nicht korrekt.

Die Gare

Zeitraum der Gare
Nach dem Aufarbeiten der Hefeteige erfolgt die Gare der fertigen Teiglinge.

- Die Gare beginnt, wenn die Teiglinge auf Backbleche gesetzt sind und in den Gärraum geschoben werden.
- Die Gärzeit ist beendet, wenn die Teiglinge genügend gelockert sind und in den Backofen geschoben werden.

Weil im Gärraum die einzelnen Teigstücke gären, wird die Gärzeit manchmal als **„Stückgare“** bezeichnet.

Wichtigster Vorgang während der Gare
Während der Gare gärt die Hefe in den Teiglingen und erzeugt dabei Lockerungsgase. Erst wenn die Teiglinge ausreichend gelockert sind und sie ein großes Volumen erreicht haben, werden sie in den Backofen geschoben.

Gärraumklima

Gärraumtemperatur: 30 bis 35 °C	Relative Luftfeuchtigkeit: 70 bis 75 %
Bei dieser Temperatur gärt die Hefe am besten.	Bei feuchter Luft bleibt die Oberfläche der Teiglinge feucht.

Gärraumarmaturen: Hygrometer und Thermometer

Gärraumtemperatur

Bei 30 bis 35 °C im Teig gärt die Hefe am besten. Deshalb sollte im Gärraum diese Temperatur am Thermometer eingestellt werden.

Im Gärraum sollte jedoch die Temperatur nicht höher als 35 °C sein. Der Teig ist ein schlechter Wärmeleiter. Bei zu warmer Gärraumtemperatur gären die Teiglinge außen schneller als im Teiginneren. Die Teiglinge besitzen dann außen die ideale Gärreife, während sie innen noch zu jung sind. Die Krume bindet sich deshalb schlecht beim Backen, sodass die Gebäckkrume waagerecht reißt und abhebt.

Luftfeuchtigkeit im Gärraum

Bei modernen Gärräumen wird die gewünschte Luftfeuchtigkeit von 70 bis 75 % eingestellt und automatisch reguliert. An einem Hygrometer (Feuchtigkeitsmesser) kann die erreichte Luftfeuchtigkeit abgelesen werden.
Bei einem Gärraum ohne Hygrometer wird Schwaden (Wasserdampf) manuell nach Gefühl zur Luftbefeuchtung in den Gärraum gegeben.

Auswirkung der Luftfeuchtigkeit

Durch die hohe Luftfeuchtigkeit im Gärraum bleibt die Oberfläche der Teiglinge feucht. Nur eine feuchte Teigoberfläche ist elastisch und kann dem Druck der Gärgase von innen nachgeben. Dadurch entstehen eine gute Lockerung und ein großes Volumen der Teiglinge.

Bei zu geringer Luftfeuchtigkeit im Gärraum verhauten die Teiglinge. Sie können wegen der stabilen Teighaut dem Druck der Lockerungsgase von innen nicht nachgeben, die Haut reißt. Auch das Volumen der Teiglinge kann sich nicht vergrößern. Unbefriedigend gelockerte Gebäcke mit kleinem Volumen sind die Folge.
Die Luftfeuchtigkeit darf nicht zu hoch sein, weil sonst die Teigoberfläche zu feucht wird. Es könnten sich Blasen an der Gebäckkruste bilden. Vor allem bei Hefezöpfen würden die Rillen der Flechtungen verkleben, sodass keine Rissbildung (Ausbund) entsteht.

Hohe Luftfeuchtigkeit im Gärraum ergibt lockere Teiglinge mit großem Volumen.

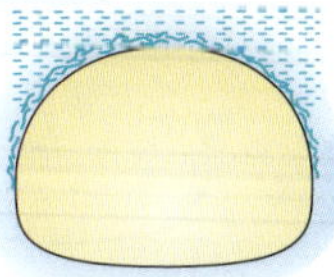

feuchte, elastische Teigoberfläche

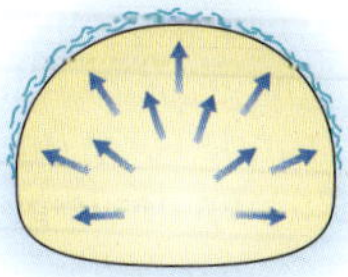

Die elastische Teighaut kann dem Druck der Lockerungsgase im Teiginneren nachgeben.

Trockene Luft im Gärraum ergibt gering gelockerte Teiglinge mit kleinem Volumen.

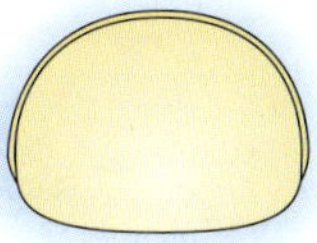

stabile, dicke Teighaut

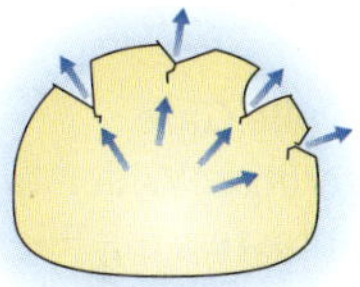

Die zu stabile Teigoberfläche kann dem Gasdruck im Teiginneren nicht nachgeben, die Teighaut reißt auf.

Gärreife

Die optimale Gärreife haben Teiglinge, wenn sie ausreichend durch die Gärgase gelockert wurden und die Gärgase vom Kleber zu Poren gut gehalten werden können. Der Zeitpunkt der optimalen Gärreife muss erkannt werden und zu diesem Zeitpunkt müssen die Teiglinge in den Backofen geschoben werden. Nur so entstehen lockere Hefeteiggebäcke mit großem Volumen und schönem Aussehen.

Gebäckfehler bei zu geringer und zu voller Gare

Zu geringe (zu kurze) Gare
- runde Gebäckform
- kleines Volumen der Gebäcke
- gering gelockerte Gebäcke mit dichter Porung

Zu volle (zu lange) Gare
- flache, breite Gebäckform
- schwacher, unschöner Ausbund
- grobe, ungleichmäßige Porung der Krume
- zu trockene Gebäcke mit wenig Geschmack

Ermitteln der Gärreife

Die Gärreife bei der Gare wird durch Abtasten der Teiglinge mit den Fingern ermittelt. Eine ungefähre Beurteilungshilfe ist die Größe des Volumens der Teiglinge.

Zu geringe Gare
- noch zu starker Widerstand der Teiglinge beim Abtasten
- zu runde Form und zu kleines Volumen der Teiglinge

Richtige Gare = optimale Gärreife
- lockerer Teig mit leichtem Widerstand beim Abtasten
- der Teig ist beim Abtasten elastisch
- schöne Form und großes Volumen der Teiglinge

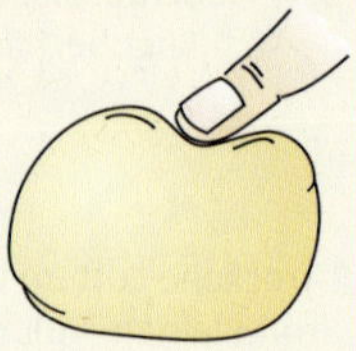

Zu volle Gare
- geringer Widerstand beim Abtasten, die Teiglinge neigen dabei fast zum Einfallen
- der Fingerabdruck bleibt beim Abtasten sichtbar
- zu flache Form der Teiglinge

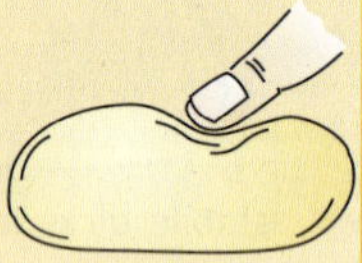

Gärstabilität und Gärtoleranz der Teige

Gärstabile und gärtolerante Teige verbessern die Qualität der Gebäcke und gewährleisten ein großes Volumen sowie ein schönes Aussehen der Backwaren.

Ein Vorteig und eine ausreichend lange Teigruhe verbessern die Gärstabilität und Gärtoleranz der Hefeteige.

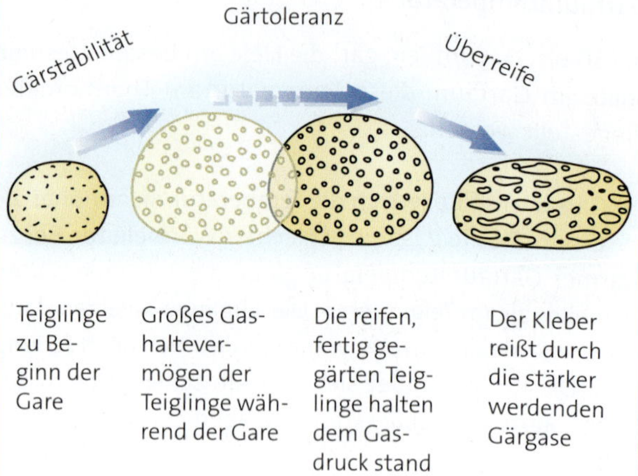

Gärstabilität	Gärtoleranz
Die Gärstabilität ist das Gashaltevermögen der Hefeteige bei der Gare. Gärstabile Hefeteige haben einen sehr dehnbaren, stabilen Kleber, der eine große Menge der Gärgase festhalten kann und nur wenige Gärgase gehen nach außen an die Luft verloren.	Die Gärtoleranz ist der Zeitraum, in dem die Teiglinge bei optimaler Gärreife dem Druck der Lockerungsgase standhalten (ihn erdulden, tolerieren) können und die Teiglinge nicht vergären. Die Gärtoleranz ist überschritten, wenn der Kleber um den meisten Poren reißt. Ein Großteil der Gärgase geht in Luft über und die Teiglinge fallen durch die Übergare zusammen.

Rohrnudeln vor der Gare

Gärreife Rohrnudeln

Aufgaben

1. Erklären Sie, wann die Teigruhe stattfindet.
2. Wie lange sollte die Teigruhe bei Hefeteigen eingehalten werden und wie wird eine Austrocknung der Oberfläche bei der Teigruhe verhindert?
3. Beschreiben Sie die Vorgänge im Hefeteig während der Teigruhe und erklären Sie die positiven Auswirkungen auf die Teigverarbeitung und die Qualität der Hefeteiggebäcke.
4. Erklären Sie folgende Stadien der Teigreife von Hefeteigen:
   - reifer Teig
   - zu junger Teig
   - zu alter Teig
5. Erläutern Sie die Pressenruhe (Ballenruhe) bei Hefeteigen, z. B. für Berliner.
6. Wann beginnt und endet die Gare?
7. Erklären Sie den wichtigsten Vorgang in den Teiglingen während der Gare.
8. Geben Sie das ideale Gärraumklima an:
   - Gärraumtemperatur
   - Luftfeuchtigkeit im Gärraum
9. Warum sollte die Gärraumtemperatur nicht höher als 35 °C sein?
10. Erklären Sie, warum Teiglinge im Gärraum eine ausreichend hohe Luftfeuchtigkeit benötigen.
11. Wann haben die Teiglinge die optimale Gärreife und was geschieht mit den Teiglingen zu diesem Zeitpunkt?
12. Wie wird die Gärreife der Teiglinge ermittelt?
13. Erklären Sie, wie man folgende Gärzustände der Teiglinge erkennt:
    - zu geringe Gare
    - richtige Gare = optimale Gärreife
    - zu volle Gare
14. Beschreiben Sie die Gebäckfehler bei
    - zu geringer Gare,
    - zu voller Gare.
15. Erklären Sie die Begriffe
    - Gärstabilität,
    - Gärtoleranz.
16. Wie können die Gärstabilität und Gärtoleranz verbessert werden?
17. Da für die Feststellung der richtigen Gärreife viel Erfahrung benötigt wird, stellen Sie in der Berufsschule 30 Teiglinge aus Hefeteig her, die Sie unterschiedlich lang im Gärraum belassen und dann backen. Sie notieren dabei den Zustand beim Abtasten der Teiglinge und beurteilen die Backergebnisse.

17.4 Gebäcke aus leichtem und mittelschwerem Hefeteig

Leichter Hefeteig

Gebäcke aus leichtem Hefeteig sind fettarme Gebäcke. Sie sind

- leicht verdaulich und somit
- gut bekömmlich.

Rezeptbeispiel: leichter Hefeteig

1000 g	Weizenmehl, Type 550
400 g	Milch
60 g	Hefe
120 g	Zucker
120 g	Butter oder Backmargarine
150 g	Eier (3 Stück)
10 g	Salz
5 g	Zitronenaroma
5 g	Vanillearoma
1 870 g	**Hefeteiggewicht**

Teigtemperatur: 26 °C

Knetzeit im Spiralkneter:
2 Minuten Langsamgang,
7 Minuten Schnellgang

Teigruhe: ca. 15 Minuten

Backtemperatur: 200 °C

Gebäckbeispiele aus leichtem Hefeteig

Rohrnudeln mit Sultaninen

- In 1870 g Hefeteig (Rezeptbeispiel) 250 g Sultaninen in der Knetmaschine im Langsamgang unterarbeiten.
- Das Teigstück rundwirken und in der Schleifmaschine (Wirkmaschine) zu 30 runden Teiglingen schleifen (wirken).
- Die Teiglinge in eine gefettete Rein geben.
- Die Teiglinge bei voller Gare mit flüssiger Butter bestreichen und in den Backofen schieben.

Backen: 200 °C
Backzeit: ca. 18 Minuten

Die Rohrnudeln nach dem Backen aus der Rein bzw. aus der Form stürzen, sodass die Bodenseite oben liegt. Diese Bodenseite mit flüssiger Butter bestreichen und mit Vanillezucker bestreuen.

LF 1.4

Rohrnudeln mit Sultaninen

Rohrnudeln, gefüllt

- 1870 g Hefeteig (Rezeptbeispiel → Seite 269) rundwirken und in der Schleifmaschine (Wirkmaschine) zu 30 runden Teiglingen schleifen (wirken).
- Nach ca. ⅓ Gare, wenn die Teiglinge locker sind, die Teiglinge flach drücken, entsteinte Kirschen, gebundene Sauerkirschen oder Zwetschgen einlegen.
- Den Teig über die Füllung schlagen und oben zusammendrücken.
- Die gefüllten Teiglinge mit dem Schluss nach unten in eine gefettete Rein oder in ein Schnittenblech (Alu-Rahmenblech) legen.

Rohrnudeln mit gebundenen Sauerkirschen gefüllt

Backen: 200 °C, mit Schwaden
Backzeit: ca. 18 Minuten
Die Rohrnudeln nach dem Backen aus der Rein stürzen, sodass die Bodenseite oben liegt. Diese Bodenseite mit flüssiger Butter bestreichen und evtl. mit Vanillezucker bestreuen.

Rosinenbrötchen

Rosinenbrötchen

- In 1870 g Hefeteig (Rezeptbeispiel → Seite 269) 250 g Sultaninen in der Knetmaschine im Langsamgang unterarbeiten.
- Das Teigstück rundwirken und in der Schleifmaschine (Wirkmaschine) zu 30 runden Teiglingen schleifen (wirken).
- Die runden Teiglinge auf ein mit Backpapier belegtes Blech setzen und in den Gärraum schieben.
- Die Teiglinge bei knapper Gare mit Eistreiche bestreichen und mit gehobelten Mandeln bestreuen.

Eistreiche:
Volleier mit einer großen Prise Salz verrühren.

Backen: 200 °C
Backzeit: ca. 15 Minuten

Kolatschen (Golatschen)

- 1870 g Hefeteig (Rezeptbeispiel) rundwirken und in der Schleifmaschine (Wirkmaschine) zu 30 runden Teiglingen schleifen (wirken).
- Die runden Teiglinge auf mit Backpapier belegte Backbleche setzen und in den Gärraum geben.
- Bei ca. halber Gare die Teiglinge flach drücken, sodass sie gleichmäßig dick sind.
- Auf die flachen, runden Teiglinge die Füllungen punktförmig aufspritzen:
  – Pflaumenmus in die Mitte
  – vier Punkte Mohnfüllung kreuzförmig
  – vier Punkte Quarkfüllung in die Zwischenräume
  Füllung für 30 Teiglinge:
  2 000 g Mohnfüllung → Seite 326
  1500 g Quarkfüllung → Seite 326
- Evtl. etwas Streusel in die Mitte aufstreuen → Seite 348.
- Die Kolatschen bei knapper Gare backen.

Backen: 200 °C, Schwaden geben und nach ca. 1 Minute Zug öffnen
Backzeit: ca. 15 Minuten

Die gebackenen Kolatschen mit Fondant leicht überspritzen.

Kolatschen (Golatschen)

LF 1.4

Mittelschwerer Hefeteig

Gebäcke aus mittelschwerem Hefeteig enthalten mehr Fett im Teig als leichte Hefeteige. Deshalb sind diese Hefeteiggebäcke etwas mürber (weicher).

Rezeptbeispiel: mittelschwerer Hefeteig

1000 g	Weizenmehl, Type 550
400 g	Milch
60 g	Hefe
120 g	Zucker
200 g	Butter oder Backmargarine
150 g	Eier (3 Stück)
10 g	Salz
5 g	Zitronenaroma
5 g	Vanillearoma
1950 g	**Hefeteiggewicht**

Teigtemperatur: 26 °C

Knetzeit im Spiralkneter:
2 Minuten Langsamgang,
7 Minuten Schnellgang

Teigruhe: ca. 15 Minuten

Hefeteiggebäcke

- Hefezöpfe
- Rosinenstuten
- Pinzas
- Figuren aus Hefeteig
- Blechkuchen, z. B. Bienenstich, Streuselkuchen, Pflaumenkuchen, Butterkuchen, Apfelkuchen, Mohnkuchen, Quarkkuchen, Eierschecken

Hefezöpfe

Für Rosinenhefezöpfe werden in den fertig gekneteten mittelschweren Hefeteig vom Rezeptbeispiel (→ oben) noch 200 g gewaschene Sultaninen in der Knetmaschine im Langsamgang untergearbeitet.

Teigstücke zum Flechten

- Vom Hefeteig Teigstücke abwiegen, z. B. 100-g-Teigstücke für Dreistrangzöpfe.
- Für Vier-, Fünf- und Sechsstrangzöpfe Teigstücke von 2100 g bis 2400 g abwiegen und in der Schleifmaschine (Wirkmaschine) zu 30 runden Teiglingen schleifen (wirken). Die einzelnen Teigstücke können auch im Teigteiler mit beliebigen Gewichten abgewogen werden.

Geschliffene (gewirkte) Hefeteiglinge

Flechten zu Hefezöpfen

- Die Teiglinge mit etwas Mehl zu Strängen rollen.
- Durch das Rollen mit etwas Mehl erhalten die Stränge an der Oberfläche eine dünne Mehlschicht. So kleben die Flechtungen nicht zusammen, es entsteht ein schöner Ausbund.
- Die Stränge locker zu einem Zopf flechten, auf gefettete oder mit Backpapier belegte Backbleche setzen und in den Gärraum schieben.

Flechten von Hefezöpfen

Backen: 190 °C, Schwaden geben

> **!** Bei Hefezöpfen, die mit Eistreiche bestrichen sind, keinen Schwaden geben.

Backzeit: ca. 25 Minuten

Hefezöpfe werden entweder nach dem Backen glasiert oder die unglasierten Hefezöpfe werden vor dem Backen mit Eistreiche bestrichen.

Hefezöpfe mit Eistreiche bestreichen

Nach der Gare die Hefezöpfe mit Eistreiche bestreichen und mit gehobelten oder gestiftelten Mandeln bestreuen. Die mit Eistreiche bestrichenen Hefezöpfe in den Backofen ohne Schwaden schieben.

LF 1.4

Möglichkeiten der Herstellung von Eistreiche

- Vollei mit 1 Prise Salz verrühren
- 1 Eigelb und 20 g Milch verrühren
- 1 Vollei, 1 Eigelb, 20 g Milch und 1 Prise Salz verrühren

Durch das Salz werden die Dotterhaut und die Hagelschnur der Eier entzäht, sodass die Eistreiche gut streichfähig ist.

Glasieren der Hefezöpfe

- **Aprikotur**
  Die Hefezöpfe sofort nach dem Backen aprikotieren → Seite 321.
- **Fondant**
  Auf die angetrocknete Aprikotur den temperierten Fondant glasieren → Seite 322.

Sofort nach dem Bestreichen mit dem Fondant können auf die glasierten Hefezöpfe zur Verschönerung geröstete, gehobelte Mandeln gestreut werden.

Mit Eistreiche bestrichene Hefezöpfe

Glasierte Hefezöpfe

Flechtungen für Hefezöpfe

Dreistrangzopf

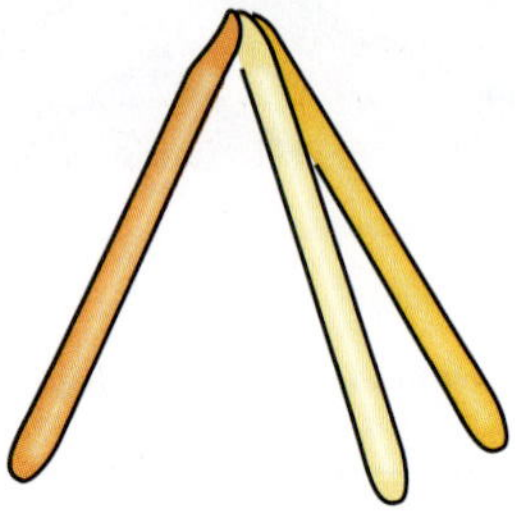

Die Stränge an ihren oberen Enden zusammendrücken.

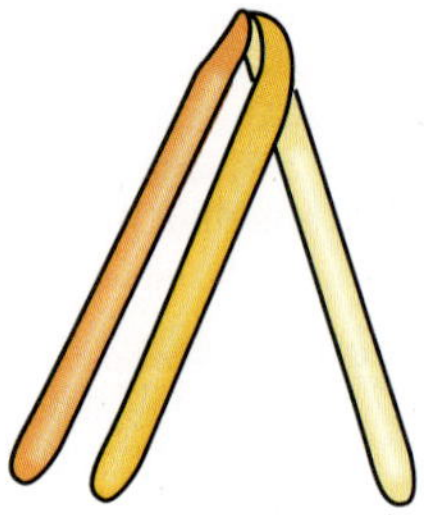

Den rechten Außenstrang nach links führen und als Mittelstrang ablegen.

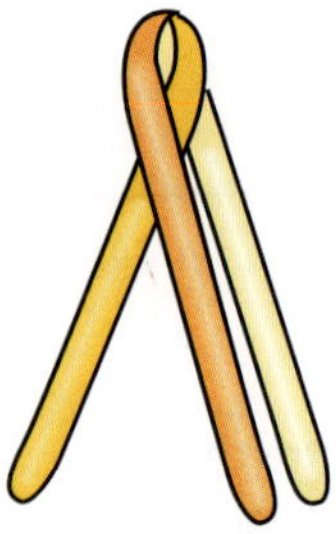

Den linken Außenstrang nach rechts führen und als Mittelstrang ablegen.

Nun abwechselnd den rechten und linken Außenstrang als Mittelstrang ablegen.

Der Dreistrangzopf mit konisch geformten Strängen.

Hoher Vierstrangzopf

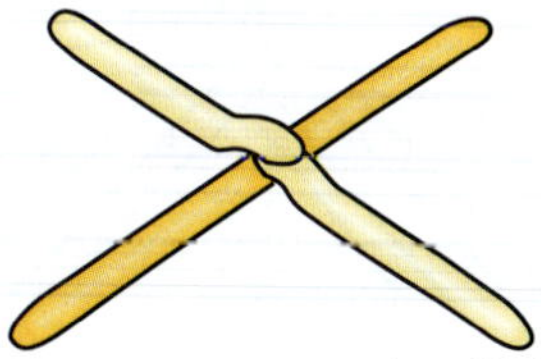

Ausgangsstellung: Vier Stränge zum Kreuz legen und in der Mitte zusammendrücken.

Den rechten Oberstrang mit der rechten Hand nach links unten und gleichzeitig den linken Unterstrang mit der linken Hand nach rechts oben ablegen. Dabei überkreuzen sich die Arme des Bäckers/Konditors nicht.

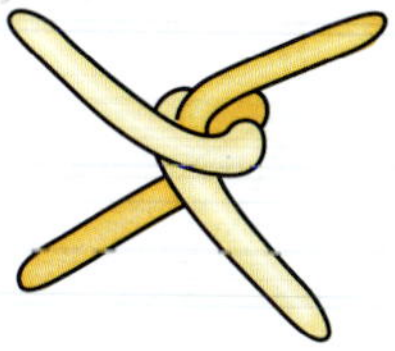

Den linken Oberstrang mit der linken Hand nach rechts unten und gleichzeitig den rechten Unterstrang nach links oben ablegen. Auch hier überkreuzen sich die Arme nicht.

Den rechten Oberstrang mit der rechten Hand nach links unten und gleichzeitig den linken Unterstrang mit der linken Hand nach rechts oben ablegen usw. Beim Flechten überkreuzen sich die Arme nicht.

Die Strangenden zusammendrücken und unter den Zopf einbiegen.

Fünfstrangzopf – Spindelform

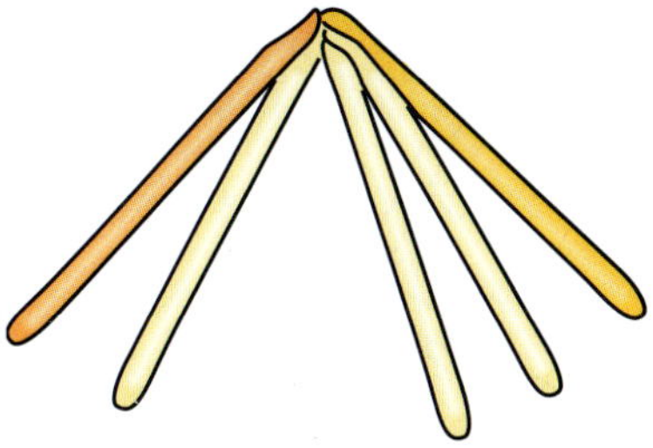

Ausgangsstellung: drei Stränge rechts und zwei Stränge links.

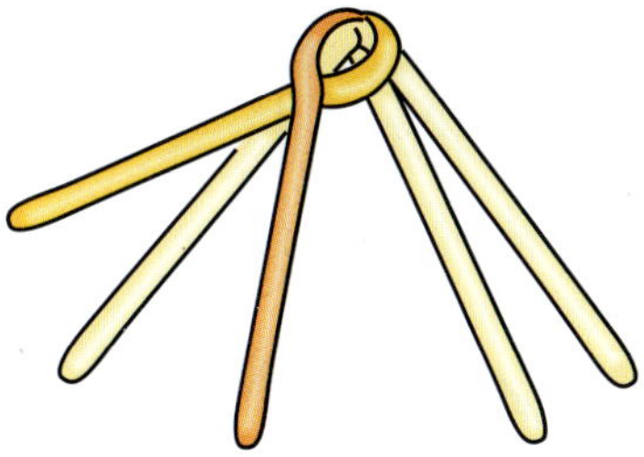

Mit der rechten Hand den rechten und mit der linken Hand den linken Außenstrang hochheben. Den rechten Außenstrang unter den linken nach links außen ablegen. Dann den linken Außenstrang darüber als linken Innenstrang ablegen.

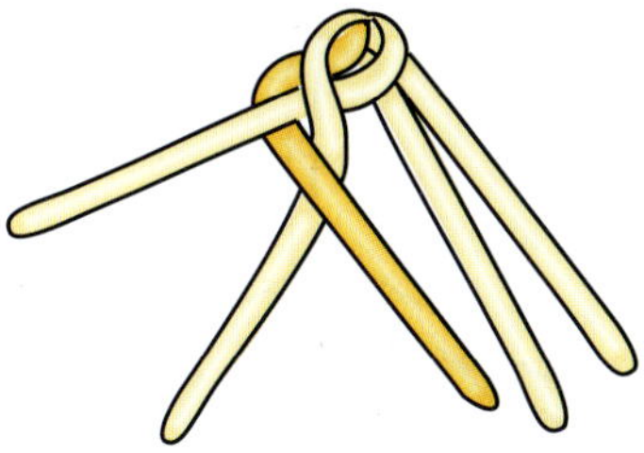

Den linken Mittelstrang über den linken Innenstrang legen. Es liegt wieder die Ausgangsstellung mit drei rechten und zwei linken Strängen vor.

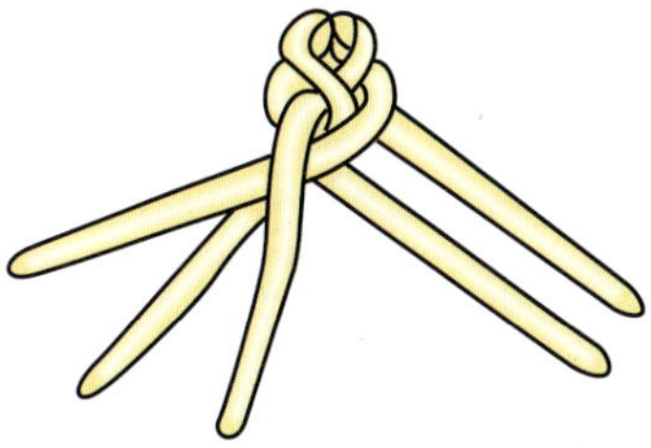

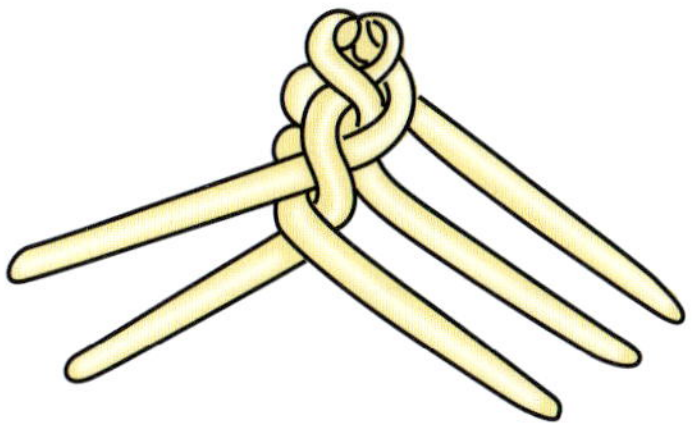

Die Flechtung wird bis zum Schluss so weitergeführt. Dabei sollte immer auf die wiederkehrende Ausgangsstellung geachtet werden.

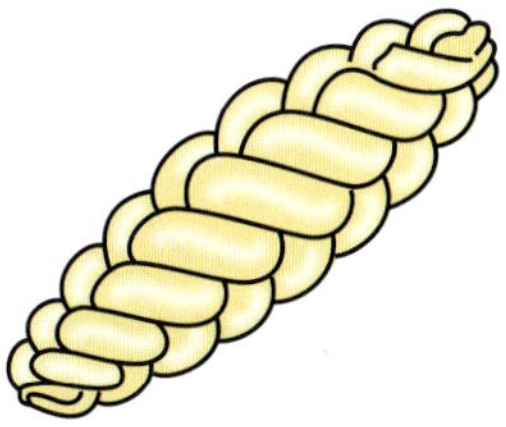

Den fertig geflochtenen Zopf nach links drehen, sodass sich obenauf eine schöne Spindel zeigt und die Fenster unten liegen.

Sechsstrangzopf Wiener Art

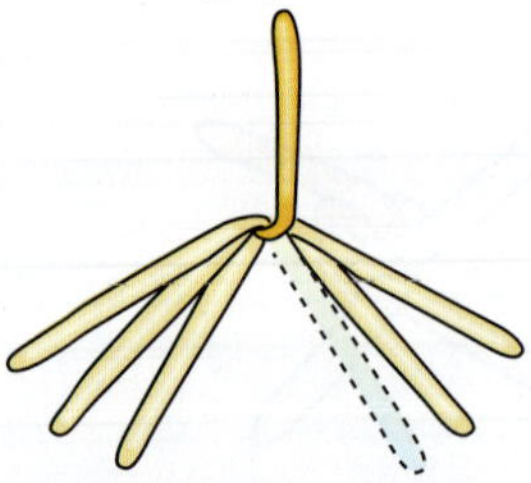

Ausgangsstellung: drei Stränge rechts und drei Stränge links.

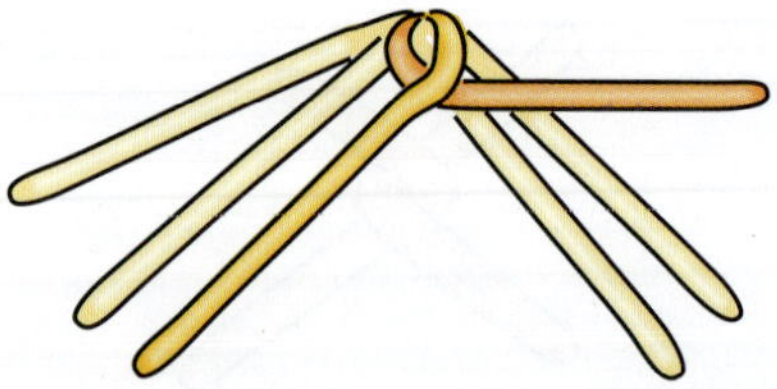

Die linke Hand hebt den linken Mittelstrang, die rechte Hand den rechten Außenstrang. Den linken Mittelstrang unter den Außenstrang nach rechts außen ablegen. Dann den rechten Außenstrang darüber als linken Innenstrang ablegen.

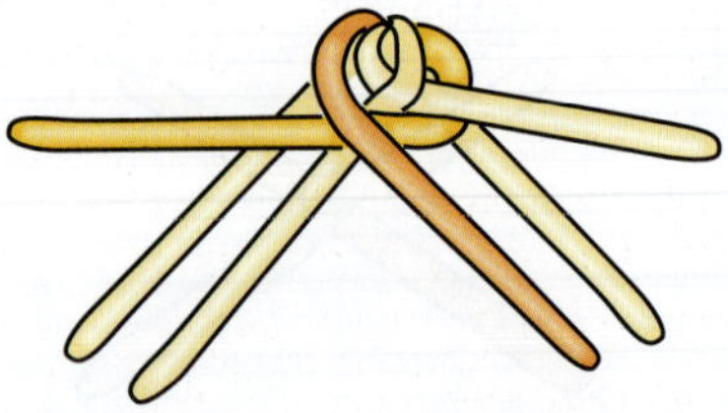

Das Ganze jetzt seitenverkehrt. Den rechten Mittelstrang (rechte Hand) unter den linken Außenstrang nach links außen ablegen. Dann den linken Außenstrang (linke Hand) darüber als rechten Innenstrang ablegen.

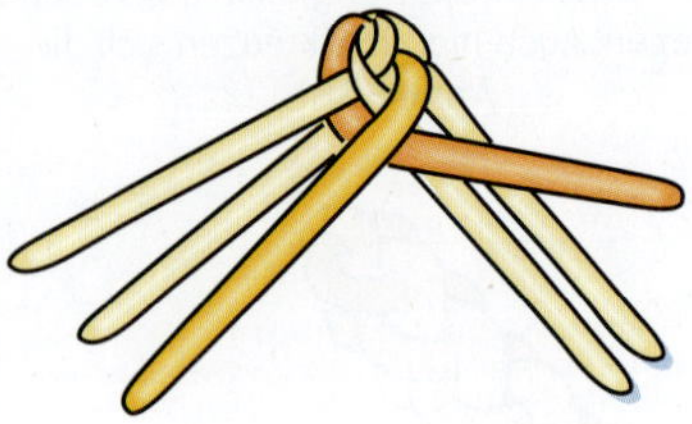

Nun führt man die Flechtung abwechselnd bis zum Schluss so weiter. Den Mittelstrang auf der anderen Seite außen ablegen. Den Außenstrang auf der anderen Seite als Innenstrang ablegen.

Der Wiener Sechsstrangzopf mit den typischen seitlichen „Fenstern".

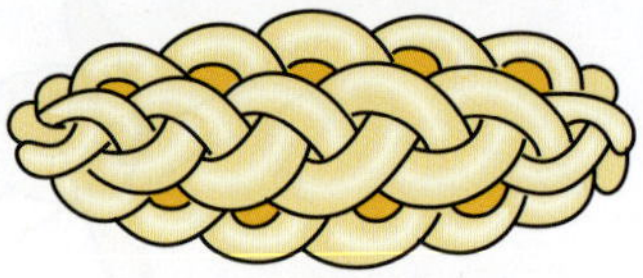

Der Wiener Sechsstrang von oben gesehen.

Sechsstrangzopf Münchner Art

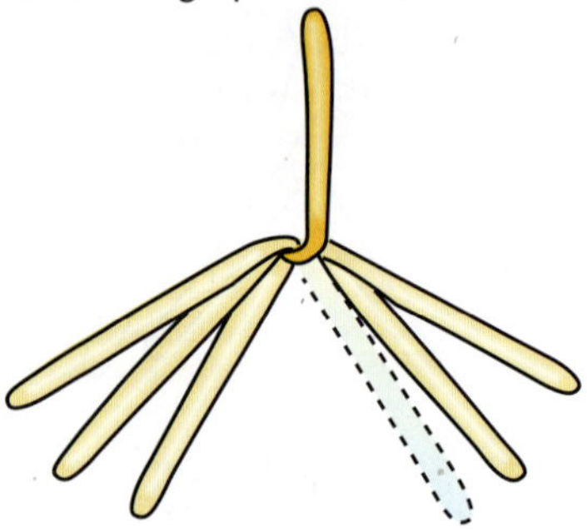

Ausgangsstellung: Der rechte Innenstrang wird als Oberstrang abgelegt. Zuerst erfasst die rechte Hand den linken Außenstrang, dann die linke Hand den Oberstrang.

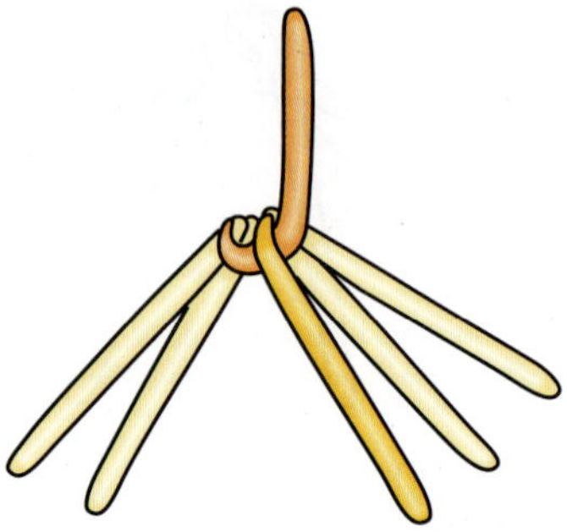

Den linken Außenstrang nach oben führen, er wird neuer Oberstrang. Den Oberstrang als rechten Innenstrang ablegen. Den neuen Oberstrang grundsätzlich in der Hand behalten und niemals auslassen.

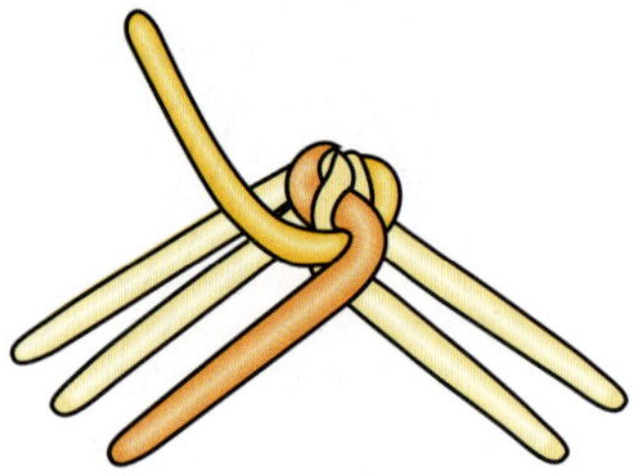

Die linke Hand nimmt den rechten Außenstrang und führt ihn nach oben zum neuen Oberstrang (festhalten). Den Oberstrang als linken Innenstrang ablegen.

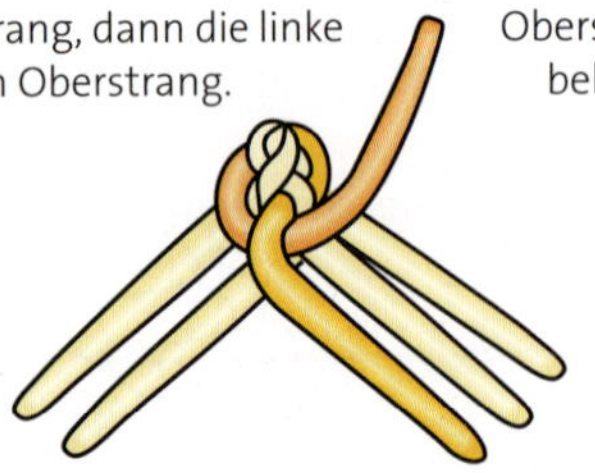

Den linken Außenstrang mit der rechten Hand nach oben führen usw. Die Flechtung bis zum Schluss so weiterführen: Der Außenstrang wird zum neuen Oberstrang. Der Oberstrang wird auf der anderen Seite Innenstrang.

Münchner Sechsstrang

Rosinenstuten

In 1950 g Hefeteig des Rezeptbeispiels (→ Seite 271) 250 g Sultaninen im Langsamgang unterarbeiten.

- 550 g Hefeteig abwiegen und rundwirken.
- Die Teigstücke länglich formen und in gefettete Kastenformen legen, z. B. in Toastbrotformen.
- Die Hefestuten bei voller Gare mit der Schere mehrfach von der Mitte nach außen schräg einschneiden.

Backen: 190 °C, mit Schwaden

Rosinenstuten

Figuren aus Hefeteig, z. B. Osterhasen

Osterhasen aus Hefeteig

- Von dem Hefeteig des Rezeptbeispiels (→ Seite 271) nach der Teigruhe jeweils ein Teigstück mit 1600 g, 1400 g und 1200 g abwiegen und die drei Teigstücke rundwirken.
- Ca. 5 Minuten Teigruhe.
- Die drei Teigstücke in der Schleifmaschine (Wirkmaschine) zu je 30 runden Teiglingen schleifen (wirken).
- Auf ein mit Backpapier belegtes Backblech drei Teiglinge mit unterschiedlichem Gewicht zu Osterhasen in einer Reihe aneinandersetzen:
  – jeweils ein Teigling unten: 1600-g-Teigstück,
  – ein Teigling in der Mitte: 1400-g-Teigstück,
  – ein Teigling oben: 1200-g-Teigstück.
- Nach ca. halber Gare die Teiglinge mit Eistreiche bestreichen.
- Den unteren, größeren Teigling mit gestiftelten Mandeln bestreuen.
  Den oberen, kleineren Teigling mit einer Schere teilen, sodass zwei Ohren entstehen.
- Die Osterhasen in den Ofen schieben.

Ohren der Osterhasen schneiden

Backen: 200 °C, ohne Schwaden

Ausgarnieren der Osterhasen
Die Augen und den Bart mit Eiweißspritzglasur spritzen. Auf die Augen je eine Sultanine setzen.

Zur längeren Frischhaltung können die Osterhasen in Folienbeutel verpackt oder eingeschweißt werden.

Blechkuchen aus Hefeteig

Bekannte Blechkuchen aus Hefeteig sind:

- Streuselkuchen
- Pflaumenkuchen
- Mohnkuchen
- Eierschecken
- Butterkuchen
- Bienenstich
- Quarkkuchen

Hefeteiggewichte für übliche Blechgrößen	
Schnittenblech (Alu-Rahmenblech) von 60 × 40 cm	1300 g Hefeteig
Backblech von 78 × 58 cm = Normgröße eines Backblechs	2600 g Hefeteig

Hefeteig auf ein Blech legen

- Den Hefeteig abwiegen und rechteckig formen.
- Den Hefeteig auf Blechgröße ausrollen, ca. 3 mm dick, und in das Schnittenblech bzw. auf das Backblech gleichmäßig dick auslegen.
- Den Hefeteig auf dem Blech stippen. Durch die kleinen Öffnungen können die Gärblasen beim Backen entweichen, sonst würden starke Wölbungen entstehen.

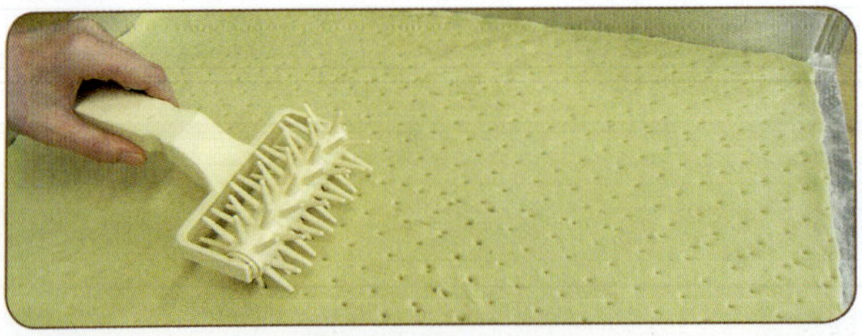

Stippen eines Hefeteigs

Gärreife

Den Hefeteig nach knapper Gare mit Obst oder Füllungen belegen bzw. bestreichen und dann in den Backofen schieben.
Wird der Hefeteig bei knapper Gare gebacken, ergibt dies eine kleinporige Lockerung und der Hefeteig der Blechkuchen ist weich und geschmackvoll. Bei voller Gare wird der Hefeteig zu grobporig, trocknet schneller aus und verliert an Geschmack.

Belag auf den Hefeteig aufbringen

Den Belag, z. B. Zwetschgen, Äpfel, Mohn- oder Quarkfüllung und Streusel, bis zum Blechrand gleichmäßig belegen bzw. verstreichen.

- So erhalten alle Stücke die gleiche Menge an Belag.
- Nach dem Backen müssen nur schmale Ränder weggeschnitten werden, sodass wenig Verschnitt entsteht.

LF 1.4

Backen: 210 °C
Backzeit: ca. 20 Minuten, ca. 25 Minuten bei dicken Füllungen wie beim Mohn- und Quarkkuchen

Entwickeln sich beim Backen Wölbungen auf dem Blechkuchen, sticht man während des Backens mit einem spitzen Messer ein, sodass die Gase entweichen können. Der Blechkuchen wird wieder gleichmäßig eben.

Der Blechkuchen ist fertig gebacken, wenn er an der Unterseite hellbraun ist.

Fertig gebackener Blechkuchen

Schneiden der Blechkuchen

- Die Ränder des Blechkuchens dünn wegschneiden, da der Kunde die Randstücke nicht wünscht.
- Den Blechkuchen in gleich große rechteckige Stücke schneiden, z. B. 9,5 × 6 cm.

Ränder des Blechkuchens dünn abschneiden

Streuselkuchen

1300 g Hefeteig für 1 Blech von 60 × 40 cm
875 g Streusel
evtl. 900 g Vanillecreme → Seite 328

Rezeptbeispiel: Streusel

250 g	Zucker
250 g	Butter oder Backmargarine
375 g	Weizenmehl
	1 Prise Salz (ca. 2 g)
	Zitronen- und Vanillearoma
875 g	**Streusel**

- Weiche Butter, Zucker, Salz und Aromen glatt arbeiten.
- Das Weizenmehl unterarbeiten, bis ein streuselfähiger Mürbeteig entsteht.
- Streusel kühl stellen und dann durch ein grobmaschiges Sieb drücken, damit gleichmäßig große Streusel entstehen.
- Streusel kühl stellen, damit die einzelnen, gleichmäßig großen Streusel fest bleiben und beim Bestreuen nicht kleben.

- Den Hefeteig auf dem Blech nach knapper Gare mit Wasser bestreichen.
- 875 g Streusel gleichmäßig verteilt aufstreuen.
- Auf den Streusel Zimtzucker und gehobelte Mandeln streuen.

Streuselkuchen mit Vanillecreme

Als Alternative kann der Streuselkuchen auch mit Vanillecreme hergestellt werden, damit er nicht so trocken wirkt.

Auf den Hefeteig nach knapper Gare 900 g Vanillecreme (→ Seite 328) gleichmäßig verstreichen und darauf Streusel, Zimtzucker und gehobelte Mandeln streuen.

Backen: 210 °C
Backzeit: ca. 20 Minuten

Streuselkuchen mit Vanillecreme

Einspritzen von Butter in den Hefeteig

Butterkuchen

Bestimmungen der Leitsätze

- Bei „Butterstreuselkuchen" darf für den Hefeteig und für den Streusel als Fett nur Butter verwendet werden.
- Der Gesamtbuttergehalt beträgt mindestens 30 %, bezogen auf das Mehl im Hefeteig.

Butterkuchen

1300 g Hefeteig für 1 Blech von 60 × 40 cm,
250 g Butter

- 250 g Butter schaumig schlagen und in einen Dressierbeutel (Spritzbeutel) mit einer 11-mm-Lochtülle einfüllen.
- Nach knapper Gare Buttertupfen in kurzen Abständen, ca. 1,5 cm, in den Hefeteig einspritzen.
  Damit die Butter in den Hefeteig gelangt, können Vertiefungen, z. B. mit Zeige- und Mittelfinger, in den Hefeteig gedrückt werden.
- Obenauf mit Zimtzucker und gehobelten Mandeln bestreuen.

Backen: 210 °C
Backzeit: ca. 17 Minuten

Bestimmungen der Leitsätze

- Bei Butterkuchen darf als Fett nur Butter verwendet werden. Dies bezieht sich auf den Hefeteig und auf die eingespritzte Butter.
- Der Gesamtbutteranteil beträgt mindestens 30 %, bezogen auf das Mehl im Hefeteig.

Bienenstich

Für 1 Blech von 60 × 40 cm:
1600 g Hefeteig
1000 g Röstmasse
1500 g leichte Vanillecreme

Rezeptbeispiel: Röstmasse für Bienenstichaufstrich

250 g	Zucker	Die Zutaten im Kupferkessel auf 107 °C erhitzen.
100 g	Honig	
100 g	Butter	
250 g	Sahne	
50 g	Glukosesirup	
250 g	gehobelte, geröstete Mandeln	Mandeln in die kochende Masse einrühren und sofort auf den Hefeteig aufstreichen.
1000 g	**Röstmasse**	

LF 1.4

Rezeptbeispiel: leichte Vanillecreme

1000 g Milch 100 g Weizenstärke 100 g Eigelb (5 Stück) natürliches Vanillearoma	• Im Kupferkessel unter ständigem Rühren zu Vanillecreme kochen.
150 g Eiklar (5 Stück) 150 g Zucker 1 Prise Salz (ca. 2 g) **1500 g leichte Vanillecreme**	• Eischnee aufschlagen und unter die fertige, kochende Vanillecreme heben. • Die leichte Vanillecreme sofort in heißem Zustand auf den Hefeteigboden streichen.

Nach knapper Gare die heiße Röstmasse gleichmäßig dünn auf den Hefeteig verstreichen.

Backen: 210 °C
Backzeit: ca. 17 Minuten

- Den ausgekühlten Blechkuchen in Streifen schneiden, z. B. 9,5 cm breit.
- Den Hefeteigstreifen mit einem Sägemesser in der Mitte auseinanderschneiden.
- Die mit Röstmasse bedeckte Hälfte in verkaufsgroße Stücke schneiden, z. B. 6 cm breit.
- Die Füllung auf den Hefeteigboden streichen und die geschnittenen Deckel (Oberteile) darauflegen.
- Nach dem Anziehen (Festwerden) der Füllung die Stücke durchschneiden.

LF 1.4

Möglichkeiten der Bienenstichfüllung
- Vanillecreme
- leichte Vanillecreme (Vanillecreme mit Eischnee)
- Vanillecreme mit Schlagsahne
  1000 g Vanillecreme und 700 g aufgeschlagene Schlagsahne, die mit Gelatine oder Sahnestandmittel gebunden ist.
- Bayerische Creme

Bienenstich

Bestimmungen der Leitsätze
- Der Aufstrich aus Röstmasse beträgt mindestens 20 % des Teiggewichts. Darin müssen mindestens 30 % Mandeln oder Nüsse enthalten sein.
- Mandelbienenstich enthält ausschließlich Mandeln und keine Nüsse.

Apfelkuchen und Pflaumenkuchen (Zwetschgenkuchen)

1300 g Hefeteig für 1 Blech von 60 × 40 cm
Durch die Zugabe von Mürbeteig wird der Blechkuchen mürber und weicht nicht so schnell durch.

Apfelkuchen

ca. 2000 g ungeschälte Äpfel = ca. 1500 g gespaltene Äpfel,
150 g Zimtzucker,
evtl. 50 g Sultaninen

450 g Streusel → Seite 348

Apfelkuchen

- 1500 g in dünne Scheiben geschnittene Äpfel mit Zimtzucker und evtl. mit Sultaninen mischen.
- Nach knapper Gare die Äpfel gleichmäßig auf dem Hefeteig verteilen.
- 450 g Streusel aufstreuen.

Backen: 210 °C
Backzeit: ca. 20 Minuten

Pflaumenkuchen (Zwetschgenkuchen)

Zwetschgenkuchen

Zwetschgenkuchen: ca. 4 000 g Zwetschgen (mit Steinen)

- Zwetschgen entsteinen und auf den Hefeteig nach knapper Gare legen.
- Die Zwetschgen leicht schräg aneinander auf den Hefeteig legen, sodass er flächendeckend dicht belegt ist.
- Die Zwetschgen nach dem Backen mit etwas Zucker bestreuen und sofort aprikotieren → Seite 321. Durch das Aprikotieren trocknen die Früchte nicht aus und erhalten einen schönen Glanz.
- Evtl. 450 g Streusel (→ Seite 348) aufstreuen.

Mohn- und Quarkkuchen

Für 1 Blech von 60 × 40 cm:
1 300 g Hefeteig
1 850 g Mohnfüllung bzw.
1 850 g Quarkfüllung
450 g Streusel

- Auf den Hefeteig nach knapper Gare die Mohn- bzw. Quarkfüllung gleichmäßig verstreichen.
- 450 g Streusel aufstreuen.

Backen: 210 °C
Backzeit: ca. 25 Minuten

Den abgekühlten Mohn- bzw. Quarkkuchen in Stücke schneiden und leicht mit Puderzucker bestauben.

Mohnkuchen

Quarkkuchen

Rezeptbeispiel: Quarkfüllung

1 250 g	Quark, 10 oder 20 % i. Tr.	Alle Zutaten zusammen glatt rühren.
200 g	Zucker	
100 g	Weizenstärke	
150 g	Vollei	
150 g	Butter, flüssig	
	1 Prise Salz (ca. 2 g)	
	Zitronenaroma	
1 850 g	**Quarkfüllung**	

Evtl. 80 g Sultaninen in die Quarkfüllung geben.

Rezeptbeispiel: Mohnfüllung

500 g	Milch	Milch, Zucker, Butter und Salz kochen.
300 g	Zucker	
150 g	Butter oder Margarine	
	1 Prise Salz (ca. 2 g)	
650 g	gemahlenen Mohn	Mohn, Eier, Brösel, Vanillearoma und Zimt in die kochende Flüssigkeit einrühren.
150 g	Vollei (3 Stück)	
100 g	süße Brösel	
	natürliches Vanillearoma, Zimt	
1 850 g	**Mohnfüllung**	

Evtl. 80 g Sultaninen in die Mohnfüllung geben.

Eierschecken

- 1 300 g Hefeteig ausrollen, in ein Schnittenblech legen und stippen.
- Nach knapper Gare 1 600 g Quarkfüllung (→ Seite 326) auf den Hefeteig streichen.
- Auf die Quarkfüllung die Eierscheckenmasse streichen und gehobelte Mandeln darüberstreuen.
- Evtl. Streusel (→ Seite 348) auf die Eierscheckenmasse streuen.

Backen: 200 °C
Backzeit: 35 bis 40 Minuten

Rezeptbeispiel: Eierscheckenmasse

1 250 g	Milch	• Milch, Eigelb und Cremepulver unter ständigem Rühren zu einer Creme kochen (wie Vanillecreme).
280 g	Eigelb (14 Stück)	
120 g	Weizenstärke	
	natürliches Vanillearoma	
500 g	Butter	• Butter in die gekochte Creme rühren, bis sie sich aufgelöst hat, und sofort Weizenmehl unterrühren. • Die Creme abkühlen lassen.
100 g	Weizenmehl	
420 g	Eiklar (14 Stück)	• Eiklar, Zucker und Salz zu Eischnee aufschlagen und in die abgekühlte Creme melieren.
400 g	Zucker	
	1 Prise Salz (ca. 2 g)	
3 070 g	**Eierscheckenmasse**	

LF 1.4

Eierschecken

Pinzas

Pinzas sind lockere Osterbrote, die aus Italien stammen. Sie werden aus mittelschwerem Hefeteig, der besonders eireich ist, hergestellt. Damit die Pinzas eine feinporige und zarte Krume bekommen, wird der Hefeteig mit Vorteig hergestellt.

Pinza

Rezeptbeispiel: Pinza (Rezept ergibt 6 Pinzas)

Vorteig:

400 g	Weizenmehl, Type 550
350 g	Milch
60 g	Hefe
810 g	**Vorteig**

Teigtemperatur: 25 °C
intensiv kneten
Stehzeit: ca. 30 Minuten

Hefeteig (Hauptteig):

810 g	Vorteig
600 g	Weizenmehl, Type 550
150 g	Zucker
200 g	Butter
150 g	Vollei (3 Stück)
100 g	Eigelb (5 Stück)
10 g	Salz
	Zitronen- und Vanillearoma
2 020 g	**Teiggewicht**

Knetzeit im Spiralkneter:
2 Minuten Langsamgang,
7 Minuten Schnellgang

Teigruhe: ca. 15 Minuten

Teiggewicht pro Pinza: 330 g

Aufarbeiten
- Die abgewogenen Teigstücke rundwirken, bis sie an der Oberfläche ganz glatt sind.
- Die runden Teiglinge auf mit Backpapier belegte Backbleche setzen und etwas flach drücken.

Bearbeitung nach der Gare
- Nach knapper Gare (ca. 15 Minuten) die Teiglinge mit Eistreiche bestreichen und etwas antrocknen lassen. Danach ein zweites Mal die Teiglinge mit Eistreiche bestreichen und antrocknen lassen.
- Nach dem Antrocknen der Eistreiche die Teiglinge mit einer in Öl getauchten Schere von der Mitte nach außen in drei gleich große Teile tief einschneiden. Dabei fallen die Teiglinge in der Mitte leicht zusammen.

Backen: 180 °C, bei offenem Zug
Backzeit: ca. 25 Minuten

Einschneiden der mit Eistreiche bestrichenen Pinzas

Vollkornhefeteiggebäcke

Alle Teige und Massen, die mit Mehl hergestellt werden, können auch mit Vollkornmehl zubereitet werden.

Wird für die Rezepte Honig statt Zucker verwendet, muss etwas mehr Vollkornmehl zugegeben werden, da Honig ca. 20 % Wasser enthält.

Vollkorngebäcke eignen sich besonders für Aktionstage oder -wochen.

Außerdem sollen diätlebende Menschen und Diabetiker bevorzugt Vollkornerzeugnisse essen, weil die Ballaststoffe die Resorption verlangsamen und somit die Zuckeraufnahme ins Blut ebenfalls langsamer erfolgt.

Vermahlen der Getreidekörner
Weizen- oder Dinkelgetreidekörner so fein wie möglich zu Vollkornmehl mahlen – zu grobe Schalenteile verhindern eine optimale Volumenentwicklung und Lockerung.

LF 1.4

Quellung von Vollkornmehlen

Vollkornhefeteige benötigen wegen der stark quellenden Ballaststoffe 150 bis 200 g mehr Milch auf 1 kg Vollkorn mehl als andere Hefeteige.

Damit die Ballaststoffe der Getreideschalen Zeit zum Quellen der hohen Wassermenge haben, sind folgende Punkte bei der Teigherstellung zu beachten:

- Vollkornhefeteige mit Vorteig herstellen.
- Vollkornhefeteige benötigen bei der Teigherstellung eine lange Mischzeit im Langsamgang von mindestens sechs Minuten.
- Eine Teigruhe von ca. 30 Minuten ist erforderlich.

Vollkornhefezopf

Rezeptbeispiel: Vollkornhefeteig für Hefezöpfe

Vorteig:

500 g	Weizenvollkornmehl
500 g	Milch
60 g	Hefe
1 060 g	**Vorteig**

Teigausbeute:	200
Teigtemperatur:	26 °C
Stehzeit:	ca. 50 Minuten

Hauptteig:

1 060 g	Vorteig
500 g	Weizenvollkornmehl
100 g	Milch
120 g	Zucker oder Honig
150 g	Butter
150 g	Vollei (3 Stück)
10 g	Salz
	natürliches Zitronen- und Vanillearoma
200 g	Sultaninen
2 290 g	**Teiggewicht**

Knetzeit:	6 Minuten Langsamgang
	6 Minuten Schnellgang
Teigruhe:	ca. 30 Minuten

LF 1.4

Die Verarbeitung zu Zöpfen erfolgt wie beim mittelschweren Hefeteig auf → Seite 272 ff. beschrieben.

Fehler der Hefeteiggebäcke

Gebäckfehler	Ursachen
Hefeteiggebäcke haben ein zu kleines Volumen und eine kleinporige, geringe Lockerung	zu kurze Gärzeit
Hefeteiggebäcke sind zu flach und breitgelaufen	zu lange Gärzeit
Große Hefeteiggebäcke wie Hefezöpfe, Rosinenstuten und Pinzas haben in der Krume einen speckigen, ungelockerten Streifen	Die Gebäcke wurden zu kurz gebacken, sodass die noch zu weichen Poren zusammenfallen.
Hefeteiggebäcke der Blechkuchen sind zu grobporig und etwas trocken	zu lange Gärzeit der Hefeteige Der Hefeteig sollte bei knapper Gare belegt und gebacken werden.
Blechkuchen haben starke Wölbungen an der Oberfläche	• Der Hefeteig wurde auf dem Blech nicht gestippt. • In die Wölbungen wurde beim Backen nicht mit einem spitzen Messer eingestochen, damit die Gase entweichen können.

Prüfmerkmale der DLG für Feine Backwaren

Bei der Beurteilung süßer und pikanter Feiner Backwaren mit oder ohne Hefe durch die DLG werden u. a. folgende Kriterien herangezogen:

Form, Aussehen
- ungleichmäßige, flache, breite, nicht ausgefüllte Form
- eingefallene Oberfläche, unsaubere Seitenflächen
- nicht artgemäßer Ausbund
- ausgelaufene Füllung
- zu viel bestreut, zu ungleichmäßig bestreut
- unsauberer, faltiger, hohler, blasiger Boden
- weißer Rand zu klein (für Berliner)

Oberflächen-, Krusteneigenschaften
- zu ungleichmäßige, helle, dunkle Bräunung
- stumpfe Oberfläche, dunkle Kanten
- rissige, abgerissene, abgeblätterte, zu ungleichmäßige, dünne, dicke, verbrannte Kruste
- ungleichmäßiger, dicker, durchweichter, feuchter, grauer, harter, abblätternder stumpfer Überzug/Auflage
- Garnierung nicht sorgfältig

Lockerung, Krumenbild
- zu ungleichmäßige, geringe, übermäßige Lockerung
- dichte Porung in der Randzone
- ungleichmäßige Blätterung/Schichtung
- Hohlräume, Krumenrisse
- Krume/Füllung unausgewogene Menge
- Früchte ungleichmäßig verteilt, Früchte abgesunken

LF 1.4

Struktur, Elastizität
- bruchanfällige Krume
- splittriger, weicher, harter Bruch
- trockene, raue, feste, strohige, zähe, schmierende, klebende Krume
- ungleichmäßige Konsistenz der Füllung
- wässrige, feste, weiche, leimige Füllung
- ölig, fettig, anhaftend
- grisselig (für Fettcremes)

Geruch
- wenig aromatisch, aromaarm
- überwürzt, einseitig gewürzt
- Nebengeruch, Fremdgeruch
- hefig, gärig
- dumpf/muffig

Geschmack
- aromaarm
- sauer, salzig, süß, bitter
- fettig
- einseitig gewürzt, überwürzt
- hefig, gärig
- Nebengeschmack, Fremdgeschmack

Verkaufsargumente

Qualitätsmerkmale für die Kundenberatung
- Gebäcke aus leichtem und mittelschwerem Hefeteig sind lockere und weiche Gebäcke.
- Es sind fettarme Gebäcke, die gut bekömmlich sind.
- Mittelschwerer Hefeteig enthält etwas mehr Fett als leichter Hefeteig, sodass die Gebäcke etwas weicher sind.
- Frische Gebäcke aus leichtem und mittelschwerem Hefeteig haben den typisch feinen, milden Hefeteiggeschmack.
- Große Hefeteiggebäcke aus mittelschwerem Hefeteig wie Hefezöpfe, Rosinenstuten und Pinzas bleiben etwas länger frisch und sind auch am zweiten Tag noch weich und geschmackvoll.
- Bei in Folie luftdicht eingeschweißten Hefezöpfen, Rosinenstuten und Pinzas verlängert sich die Frischhaltung etwas.
- Verkauft werden sollten jedoch alle Gebäcke aus leichtem und mittelschwerem Hefeteig frisch am Tag der Herstellung.

Frischhaltung
- Je frischer, desto besser schmecken Gebäcke aus leichtem und mittelschwerem Hefeteig.
- Sie sind jedoch Tagesgebäcke und sollten am Tag der Herstellung gegessen werden. Nur an diesem Tag haben sie die gewünschten Qualitätsmerkmale; sie sind weich und haben den feinen Geschmack der Hefeteiggebäcke.

Besondere Eignung der Hefeteiggebäcke
- Hefeteiggebäcke sind typische Kaffeegebäcke zum Nachmittagskaffee und als Zwischenmahlzeit.
- Hefezöpfe, Rosinenstuten und Pinzas eignen sich außerdem noch gut zum Frühstück.
- Diese großen Hefeteiggebäcke sind besonders zum Wochenende beliebt.

Aufgaben

1. Erstellen Sie ein Rezept aus leichtem Hefeteig und geben Sie folgende Angaben an:
   - die optimale Teigtemperatur
   - die Knetzeit im Spiralkneter
   - die Teigruhezeit
2. Nennen Sie bekannte Gebäcke aus leichtem Hefeteig und beschreiben Sie deren Herstellung, die Backtemperatur und die ungefähre Backzeit, z. B. Rohrnudeln, Rosinenbrötchen, Kolatschen.
3. Erstellen Sie ein Rezept aus mittelschwerem Hefeteig und geben Sie die Teigtemperatur, Knetzeit und Teigruhezeit an.
4. Nennen Sie Gebäcke aus mittelschwerem Hefeteig.
5. Beschreiben Sie eine Möglichkeit der Herstellung von Eistreiche.
6. Wann werden z. B. Hefezöpfe mit Eistreiche bestrichen und was muss beim Einschieben in den Backofen beachtet werden?
7. Erklären Sie das Glasieren der Hefezöpfe.
8. Welches Hefeteiggewicht wird in etwa für Blechkuchen bei Blechen von 60 × 40 cm benötigt?
9. Beschreiben Sie die Herstellung eines Blechkuchens aus Hefeteig in Bezug auf
   - Hefeteig auf Bleche legen,
   - Gärreife, bei der die Blechkuchen belegt und gebacken werden,
   - Belag auf den Hefeteig aufbringen,
   - Backtemperatur,
   - Schneiden der gebackenen Blechkuchen.
10. Wie stellt man fest, wann Blechkuchen aus Hefeteig fertig gebacken sind?
11. Beschreiben Sie die Herstellung von
    - Streuselkuchen,
    - Butterkuchen,
    - Bienenstich,
    - Pflaumen- und Apfelkuchen.
12. Erklären Sie die Herstellung von Pinzas:
    - Aufarbeitung
    - Bearbeitung nach der Gare
    - Backen
13. Geben Sie die Ursachen folgender Gebäckfehler der Hefeteiggebäcke an:
    - Hefeteiggebäcke haben ein zu kleines Volumen und eine kleinporige, geringe Lockerung.
    - Hefeteiggebäcke sind zu flach und breitgelaufen.
    - Große Hefeteiggebäcke wie Hefezöpfe, Rosinenstuten und Pinzas haben in der Krume einen speckigen, ungelockerten Streifen.
    - Hefeteiggebäcke der Blechkuchen sind zu grobporig und etwas trocken.
    - Blechkuchen haben starke Wölbungen an der Oberfläche.
14. In Ihrer Bäckerei/Konditorei planen Sie eine Aktion mit dem Thema „Frisch vom Blech". Hierfür wählen Sie passende Blechkuchen aus Hefeteig aus und überlegen sich Verkaufsargumente für die verschiedenen Blechkuchen.

LF 1.4

Rechenaufgaben

1. Für die Herstellung von 30 Stück Butterkuchen werden 1400 g Hefeteig und Butter benötigt. $\frac{1}{7}$ dieses Gewichts ist Butter, die in den Hefeteig gespritzt wird.
   Wie viel kg Hefeteig und wie viel kg Butter werden für 265 Stück Butterkuchen benötigt?
2. Ein Stück Streuselkuchen kostet im Verkauf 1,20 €. Wie viel € kostet ein ganzes Blech mit 56 Stück netto bei einem Mehrwertsteuersatz von 7 %?
3. Es sollen 30 Hefezöpfe mit einem Teiggewicht von je 350 g hergestellt werden. Die Rezeptur für den Hefeteig lautet: 1 kg Weizenmehl, 400 g Milch, 80 g Hefe, 120 g Zucker, 180 g Butter, 150 g Vollei (3 Stück), 10 g Salz, 200 g Sultaninen.
   a) Berechnen Sie die Teigmenge der Rezeptur in kg.
   b) Errechnen Sie die Schlüsselzahl (auf 1 Stelle nach dem Komma) und die Zutatenmengen, die für die 30 Hefezöpfe benötigt werden.
4. Von einem Buttervorrat von 50 kg werden im Laufe einer Woche folgende Mengen entnommen: 13,560 kg; $3\frac{3}{4}$ kg; 5300 g; $6\frac{1}{2}$ kg; 7440 g; $4\frac{1}{4}$ kg
   Wie viel kg bleiben übrig?
5. Eine Lieferung Mandeln hat ein Bruttogewicht von 25 kg und kostet insgesamt 146,40 €.
   Wie viel kostet 1 kg Mandeln tatsächlich, wenn die Tara mit 600 g zu berücksichtigen ist?

17.5 Siedegebäcke aus Hefeteig

Die Geschichte berichtet, dass vor Beginn der Fastenzeit nach altbäuerlichem Brauch ein Festessen bereitet wurde, dessen krönender Abschluss das „Schmalzgebackene" war.

Aus Bayern und Österreich kam der „Krapfen" nach Berlin. Wegen der Bevölkerungsexplosion im 18. Jahrhundert gab es in Berlin viele Straßenbäckereien. Dort waren diese Siedegebäcke besonders beliebt, weil die ballförmigen Teigstücke in großen Pfannen im schwimmenden Fett bei offenem Herdfeuer schnell gebacken werden konnten und man dafür keinen Backofen benötigte. Diese Kuchen aus der Pfanne nannte man sinnigerweise „Pfannkuchen" und weil sie in Berlin so bekannt waren, „Berliner Pfannkuchen"; später wurden sie einfach als „Berliner" bezeichnet.

Traditionsbedingt haben Siedegebäcke in der Karnevalszeit (Fasching) und zu Silvester Hochkonjunktur. Ansonsten sind diese Gebäcke das ganze Jahr über erhältlich und vor allem in der kühleren Jahreszeit beliebt.

Berliner, die klassischen Siedegebäcke

LF 1.4

!

Begriff: Siedegebäcke
Unter Sieden versteht man das Erhitzen von hitzebeständigem Fett, dem Siedefett. Weil die Teiglinge schwimmend in heißem Siedefett gebacken werden, bezeichnet man sie als Siedegebäcke.

Besonderheiten des Hefeteigs für Siedegebäcke

Der Hefeteig für Siedegebäcke ist ein leichter, fettarmer Hefeteig mit hohem Eier- und Eigelbanteil.

Der hohe Eigelbanteil im Hefeteig ist wichtig für Siedegebäcke.

- Eigelbe haben einen Fettanteil von 32 % und enthalten den Emulgator Lezithin. Dadurch bekommen Siedegebäcke eine weiche, zarte Krume mit gleichmäßiger Porung.
- Durch die emulgierende Wirkung des Eigelbs verbessert sich die Oberflächenstruktur des Hefeteigs. So kann das Siedefett nicht in die Teiglinge eindringen. Das Gebäck nimmt beim Backen somit nur eine geringe Menge Siedefett in der dünnen Kruste auf. Bei zu geringem Eigelbanteil saugt das Gebäck mehr Siedefett auf.

Rezeptbeispiel: Hefeteig für Siedegebäcke

Die indirekte Teigführung ist zu bevorzugen.

Direkte Teigführung

1000 g	Weizenmehl, Type 550
400 g	Milch
60 g	Hefe
120 g	Butter oder Backmargarine
100 g	Zucker
100 g	Vollei (2 Stück)
100 g	Eigelb (5 Stück)
10 g	Salz
10 g	Zitronen- und Vanillearoma
1900 g	**Teiggewicht**

Indirekte Teigführung

Vorteig:

400 g	Weizenmehl, Type 550
300 g	Vollmilch
60 g	Hefe
760 g	**Vorteig**

Teigausbeute: 175
Teigtemperatur: 26 °C
Vorteig intensiv kneten
Stehzeit: 30 bis 40 Minuten

Hefeteig (Hauptteig):

760 g	Vorteig
600 g	Weizenmehl, Type 550
100 g	Milch
120 g	Butter oder Backmargarine
100 g	Zucker
100 g	Vollei (2 Stück)
100 g	Eigelb (5 Stück)
10 g	Salz
10 g	Zitronen- und Vanillearoma
1900 g	**Teiggewicht**

Teigtemperatur: 26 °C

Knetzeit im Spiralkneter: 2 Minuten Langsamgang, 7 Minuten Schnellgang

Teigruhe: 2 × 15 Minuten
Nach 15 Minuten den Teig zusammenstoßen und weitere 15 Minuten Teigruhe geben.

Pressengewicht (Ballengewicht): 1400 g

Aufarbeiten: Die Pressen zu runden Teiglingen schleifen (wirken).
Die glatten Teiglinge mit dem Schluss nach unten auf bemehlte Tücher setzen, z. B. auf Kippdielen (mit Tüchern bespannte Holzrahmen).

Runde, glatte Teiglinge zur Gare

Gare:
Gärraumtemperatur: 35 °C
relative Luftfeuchte: 75 %
Nach ca. ¾ Gare die Teiglinge aus dem Gärraum nehmen und in kühler Umgebung kurze Zeit absteifen lassen, bis die Teigoberfläche eine leichte Haut bekommt.

Siedefetttemperatur beim Backen: 170 bis 180 °C

Backen der Siedegebäcke

Zuerst die Oberseite der Siedegebäcke backen und dann die Unterseite.
Jede Seite der Gebäcke zweimal backen.

- **1. Backphase**, ca. 3 Minuten:
  Die Teiglinge mit dem Schluss nach oben in das Siedefett einlegen und sofort das Fettbackgerät mit dem Deckel abdecken.
  Durch das Abdecken während der ersten Backphase entsteht im Fettbackgerät Schwaden (Dampf). Die Teighaut der Teigseite über dem Fett bleibt geschmeidig, sodass sich das Volumen vergrößern kann.

- **2. Backphase**, ca. 3 Minuten:
  Wenn die erste Seite braun gebacken ist, werden die Teiglinge umgedreht, sodass die Unterseite der Siedegebäcke gebacken wird.
  Der Deckel wird nun nicht mehr auf das Fettbackgerät gelegt, da sonst die Kruste der bereits gebackenen Seite aufweicht.
  In dieser Backphase entsteht ein weißer Rand in der Mitte der Siedegebäcke, der sogenannte „Kragen".

- **3. und 4. Backphase**, jeweils ca. 1 Minute:
  Die Ober- und Unterseite der Gebäcke zweimal backen. Durch das zweimalige Backen wird die dünne Kruste stabiler und die Gebäcke fallen beim Abkühlen nicht ein. Die Gebäcke behalten somit ihre Form und die glatte Kruste.

- Vor dem Herausnehmen empfiehlt es sich, die Gebäcke mit einem Gitter ca. 10 Sekunden in das Siedefett zu tauchen, damit der helle Rand stabiler und nicht faltig wird.
- Nach dem Backen das Gitter mit den Gebäcken auf das Abstellblech des Fettbackgeräts schräg stellen, damit das Siedefett ablaufen kann.

Entstehung des hellen Streifens der Siedegebäcke
Die Teiglinge sind gut gelockert. Deshalb taucht der mittlere Teil der Teiglinge beim Backen nicht in das Siedefett ein und bleibt hell. Ein breiter heller Streifen, der auch als Kragen der Gebäcke bezeichnet wird, ist ein Merkmal gut gelockerter Siedegebäcke.

LF 1.4

Backen im Siedefett

Füllen der Berliner
Sofort nach dem Backen werden die Berliner gefüllt.

Füllen der Berliner

Mögliche Füllungen sind:

- Konfitüre, z. B.
  - Aprikosenkonfitüre, evtl. mit Rum abgeschmeckt
  - Mehrfruchtkonfitüre
  - Hiffenmark (Hagebutten)
- Vanillecreme
- Eierlikörcreme (Vanillecreme mit Eierlikör oder Eierlikörpaste),
- Schokoladencreme (Schokoladenpudding)

Ungefüllte Berliner können auch in der Mitte auseinandergeschnitten werden und mit Vanillecreme oder Schokoladencreme gefüllt werden.

Möglichkeiten zum Fertigstellen der Berliner

- **Berliner mit Puderzucker**
  Die Oberfläche der gefüllten Berliner sofort nach dem Backen in Zucker legen, damit die Zuckerkristalle haften bleiben, und leicht mit Puderzucker bestauben. Durch die Zuckerkristalle auf der Oberfläche fällt der Puderzucker nicht von den Berlinern.
- **Berliner, glasiert**
  Die Berliner bis zum weißen Rand aprikotieren und in Fondant tauchen.

Berliner mit Puderzucker und glasierter Berliner

Äußere Merkmale von Berlinern mit hoher Qualität

- rundlich ovale Form mit großem Volumen, das die lockere Beschaffenheit erkennen lässt
- breiter heller Rand
- glatte Kruste

Berliner mit bester Qualität

Besonders große und runde Berliner mit sehr breitem Rand sind zu großporig und deshalb etwas trocken mit geringem Geschmack.

Bekannte Siedegebäcke aus Hefeteig

Siedegebäcke	Typische Besonderheit
 *Ausgezogene*	dicker Rand und hauchdünnes Mittelteil, manchmal mit Sultaninen, in Zimtzucker gewälzt, mit Puderzucker bestaubt oder unbehandelt
 *Zimtnudeln*	längliche, ungefüllte oder gefüllte Siedegebäcke, die nach dem Backen in Zimtzucker gewälzt werden
 *Apfelkrapfen*	ausgerollter Teig, mit geschnittenen Äpfeln belegt und zusammengerollt; nach dem Backen in Zimtzucker gewälzt
 *Donut*	ringförmige Siedegebäcke, die mit Backpulver, statt mit Hefe gelockert werden (Beim Gären mit Hefe würde der Ring in der Mitte zuwachsen.)

Siedegebäcke in Eier tauchen

Einen besonders guten Geschmack und ein schönes, fransiges Aussehen bekommen Ausgezogene und Zimtnudeln, wenn sie in Eier getaucht werden.

- Eier in einer Schüssel leicht verrühren.
- Jede Seite der Siedegebäcke einmal backen, aus dem Siedefett nehmen und leicht abkühlen lassen, damit sie angefasst werden können.
- Die Siedegebäcke in die Eier tauchen, sofort wieder in das Fettbackgerät geben und nur noch kurz backen, bis die Eier gerinnen.

Beim Backen bleiben Rückstände der Eier im Siedefett, das deshalb durchgesiebt werden sollte, um die Verunreinigungen zu entfernen.

Zimtnudeln in Eier getaucht

Besonderheiten der Siedegebäcke

!

Der Hefeteig
- Es ist ein leichter, fettarmer Hefeteig.
- Der Hefeteig besitzt einen wesentlich höheren Eier- und Eigelbanteil als die Hefeteige für andere Gebäcke.

Das Backen
Siedegebäcke werden schwimmend in heißem Fett gebacken, wobei das frische Siedefett den Geschmack der Gebäcke positiv beeinflusst.

Fettgehalt der Siedegebäcke
Siedegebäcke sind relativ fettarme Gebäcke, da im Hefeteig wenig Fett enthalten ist und sie nur an der dünnen Kruste etwas Fett aufnehmen.

Siedegebäcke sind relativ fettarm

Berechnung des Fettgehalts für ein Siedegebäck

Ein Siedegebäck von 45 g enthält ca. 7 g Fett ≙ ca. 16 %.

Zum Vergleich:
Kuchen aus Sandmasse enthalten ca. 30 % Fett (Fettgehalt und Fett der vielen Eigelbe der Eier) und Mürbeteiggebäcke aus 1-2-3-Mürbeteig ca. 33 % Fett.

Bedeutung des Fettgehalts in Siedegebäcken
- Der geringe Fettgehalt im Hefeteig ergibt die feinporige, zarte Krume der Siedegebäcke.
- Der aufgenommene Fettgehalt beim Backen an der dünnen Kruste fördert den Geschmack der Siedegebäcke.

Der Begriff **„Fettgebäcke“** bezieht sich nur auf das Backen im Siedefett, ist jedoch nicht werbewirksam, weil Verbraucher fälschlicherweise meinen, dass die Gebäcke fettreich sind.

Siedefett

Anforderungen an das Siedefett
Zum Backen von Siedegebäcken wird geschmacksneutrales Siedefett verwendet, dessen Rauchpunkt erheblich über der Backtemperatur von 180 °C liegt. Ideal ist Erdnussfett mit einem Rauchpunkt von ca. 230 °C.

LF 1.4

Frisches Siedefett

Veränderung des Siedefetts beim Backen
Durch mehrmaliges Aufheizen und Backen sinkt der Rauchpunkt des Siedefetts zunehmend. Hat das Siedefett den Rauchpunkt der Backtemperatur von 180 °C erreicht, ist es verdorben und somit gesundheitsschädlich. Deshalb muss das Siedefett schon vorher erneuert und entsorgt werden.

Wirkung des Siedefetts auf die Siedegebäcke

- Frisches Siedefett wirkt sich geschmacklich positiv auf die Siedegebäcke aus.
- Durch altes Siedefett bekommen die Gebäcke einen unangenehmen Geschmack und sind dadurch nicht mehr so bekömmlich.

Erkennungsmerkmale von verbrauchtem Siedefett

- Das Fett ist sehr dunkel bis schwarz.
- Das Fett schäumt ohne Teiglinge.
- Das Fett raucht und qualmt bei der Backtemperatur von 180 °C, was einen unangenehm stechenden Fettgeruch ergibt.

Reinigen des Fettbackgeräts

- Verbrauchtes Siedefett komplett aus dem Fettbackgerät entleeren und gesondert entsorgen. Gebrauchtes Siedefett lässt sich durch Auffüllen von frischem Fett nicht erneuern. Deshalb immer das gesamte Fett auswechseln.
- Fettbackgerät sauber mit Spülmittel auswaschen, mit klarem Wasser nachspülen, damit die Spülmittelreste entfernt werden, und trocken wischen. Das neue Fett würde sich in Verbindung mit Spülmittel sofort zersetzen.

Auffüllen des Fettbackgeräts

Festes Siedefett auflösen und in das gereinigte Fettbackgerät gießen, bis die Heizschlangen umspült sind. Erst dann kann festes Siedefett aufgefüllt werden.

Würde man nur festes Siedefett in das Fettbackgerät geben, würden die frei liegenden Heizschlangen beim Aufheizen zu heiß werden und das frische Fett durch Überhitzung schädigen.

Benutztes Siedefett sollte man regelmäßig durchsieben, da Rückstände vom Backen, z. B. Mehl der Teiglinge, die Haltbarkeit des Siedefetts wesentlich verkürzen.

Aufheizen des Siedefetts vor dem Backen

Das Siedefett bei ca. 100 °C auflösen und erst dann die Temperatur auf 170 bis 180 °C schalten.
Zu heißes Siedefett, über 180 °C, verdirbt schneller.
Nach dem Backen sollte das Fettbackgerät mit dem Deckel abgedeckt werden.

Zu flaches Siedegebäck, mit zu schmalem hellen Rand

LF 1.4

Fehler bei Siedegebäcken aus Hefeteig

Gebäckfehler	Mögliche Ursachen
• zu kleine Siedegebäcke • zu schmaler weißer Rand der Siedegebäcke • zu geringe Lockerung der Siedegebäcke	• zu kurze Gare und somit zu wenig Lockerungsgase • Backen in der ersten Backphase ohne Deckel
• zu flache Siedegebäcke • faltige Gebäckkruste • zu kleiner und eingefallener weißer Rand der Siedegebäcke • zu fettige Siedegebäcke	• zu lange Gare • zu geringe Siedefetttemperatur verschließt die Poren der Teiglinge nicht so schnell, sodass diese viel Fett aufnehmen
• faltige Gebäckkruste • zu schwach ausgebackene Gebäckkrume • eingefallener weißer Rand	• zu kurze Backzeit • zu hohe Siedefetttemperatur und somit zu kurze Backzeit • jede Seite der Siedegebäcke wurde nur einmal gebacken
• unangenehmer Geschmack der Siedegebäcke und schlechte Bekömmlichkeit der Gebäcke	• Siedegebäcke in verbrauchtem Siedefett gebacken
• unansehnliche Druckstellen der Berliner beim Verkauf	• die lockeren Berliner wurden beim Verkauf übereinandergestapelt

Verkaufsargumente

Qualitätsmerkmale für die Kundenberatung

- Siedegebäcke werden aus einem leichten, fettarmen Hefeteig mit einem hohen Anteil an Eiern und Eigelben hergestellt.
- Die relativ fettarmen Siedegebäcke sind gut bekömmlich, obwohl sie im Siedefett gebacken werden. Sie werden aus fettarmem Hefeteig hergestellt und nehmen nur beim Backen an der dünnen Kruste etwas Fett auf.
- Es sind lockere und weiche, zarte Gebäcke.
- Die Siedegebäcke haben einen aromatischen, frischen Hefeteiggeschmack mit geschmackvoller Füllung.

Frischhaltung

Je frischer die Siedegebäcke gegessen werden, desto wohlschmeckender sind sie. Sie sollten zumindest am Tag der Herstellung verzehrt werden.

Besondere Eignung der Siedegebäcke

- Siedegebäcke aus Hefeteig eignen sich besonders zu Kaffee und Tee.
- Die lockeren, gut bekömmlichen Siedegebäcke sind bei Kindern sehr beliebt, auch zum Kindergeburtstag.
- Traditionell sind sie im Karneval und zu Silvester begehrt.

Aufgaben

1. Erläutern Sie den Begriff „Siedegebäcke“.
2. Nennen Sie die Besonderheiten des Hefeteigs für Siedegebäcke.
3. Begründen Sie, warum Hefeteig für Siedegebäcke sehr eigelbreich sein soll.
4. Erstellen Sie jeweils ein Rezept eines Hefeteigs für Siedegebäcke bei direkter und indirekter Führung.
5. Nennen Sie die Gärzeit der Teiglinge und beschreiben Sie die Behandlung nach der Gare.
6. Bei welcher Siedefetttemperatur werden Siedegebäcke gebacken?
7. Beschreiben Sie das Backen der Siedegebäcke.
8. Erklären Sie, wie der helle Streifen in der Mitte der Siedegebäcke entsteht.
9. Nennen Sie Füllungen, mit denen Berliner gefüllt werden können.
10. Erläutern Sie, wie Berliner nach dem Füllen fertiggestellt werden können.
11. Nennen Sie die äußeren Merkmale der Berliner mit hoher Qualität.
12. Zählen Sie verschiedene Siedegebäcke auf.
13. Ausgezogene und Zimtnudeln können zur Verbesserung und Verschönerung des Aussehens in Eier getaucht werden. Beschreiben Sie den Vorgang.
14. Erklären Sie die Bedeutung des geringen Fettanteils in Siedegebäcken.
15. Beschreiben Sie die Anforderungen an das Siedefett und erläutern Sie, wie es sich beim mehrmaligen Backen verändert, sodass verbrauchtes Fett erneuert werden muss.
16. Wie wirkt sich frisches und altes Siedefett auf die Siedegebäcke aus?
17. Nennen Sie drei Merkmale des verbrauchten Siedefetts.
18. Beschreiben Sie das Reinigen des Fettbackgeräts.
19. Erläutern Sie, wie ein Fettbackgerät mit frischem Siedefett aufgefüllt wird und wie das Siedefett jeweils vor dem Backen wieder aufgeheizt wird.
20. Nennen Sie die möglichen Ursachen folgender Fehler bei Siedegebäcken:
    - zu kleine Gebäcke, zu schmaler weißer Rand, zu geringe Lockerung
    - zu flache Gebäcke, faltige Kruste, zu kleiner und eingefallener weißer Rand, zu fettige Gebäcke
    - eingefallene, faltige Kruste, zu schwach ausgebackene Krume, eingefallener weißer Rand
    - unangenehmer Gebäckgeschmack und schlechte Bekömmlichkeit der Gebäcke
    - unansehnliche Druckstellen der Berliner beim Verkauf
21. Nennen Sie die Qualitätsmerkmale der Siedegebäcke bei der Kundenberatung.
22. Geben Sie Auskunft über die Frischhaltung der Siedegebäcke.
23. Erklären Sie, wofür sich Siedegebäcke besonders eignen.
24. Damit den Kunden viele verschiedene Berliner angeboten werden können, sollen Sie Vorschläge für mögliche Füllungen machen. Dabei sollen Sie nicht nur herkömmliche, sondern auch besondere Füllungen vorschlagen.

LF 1.4

17.6 Gebäcke aus schwerem Hefeteig

Schwere Hefeteige enthalten viel Fett im Teig. Deshalb sind diese Hefeteiggebäcke besonders mürbe sowie geschmackvoll und halten lange frisch.

Gebäcke	Besonderheiten
Stollen	Weihnachtsgebäcke mit verschiedenen Gewürzen und vielen Früchten wie Sultaninen, Zitronat, Orangeat, Mandeln
Osterfladen, Osterbrote	runde Ostergebäcke mit Früchten wie Sultaninen, Zitronat, Orangeat, Mandeln
Panettone	ein hoher Weihnachtskuchen aus Italien mit einem geringeren Früchteanteil als die Stollen
Nussbeugel	Hefeteighörnchen mit viel Nussfüllung
Brioches	eierreiche Hefeteiggebäcke in Formen gebacken

LF 1.4

Stollen

Das ursprünglich roggenhaltige Früchtebrot verbesserte man mit hellem Weizenmehl, Schmalz und später Butter sowie verschiedenen Trockenfrüchten und Mandeln.

Im Mittelalter war die Herstellung der Stollen nicht ganz einfach, da die stille, besinnliche Vorweihnachtszeit als strenge Fastenzeit galt. Außerdem war in dieser ärmeren Zeit der Gebrauch von Butter für Backwaren verboten.

Verschiedene Stollenarten

Erst 1650 erwirkte der Kurfürst von Sachsen die Aufhebung des Butterverbots, sodass der schon längst beliebten Stollenherstellung nichts mehr im Wege stand. Die Dresdner Bäcker verfeinerten den Stollen in seiner Rezeptur und in der Fertigstellung. Deshalb gilt der Stollen als ein aus Sachsen stammendes Backwerk, das später in ganz Deutschland hergestellt wurde und auf der ganzen Welt bekannt und beliebt ist.

Die Qualität der verschiedenen Stollenarten ist in den Leitsätzen geregelt.

Bestimmungen der Leitsätze	
Stollenarten	Die Prozentzahlen beziehen sich auf das Mehl im Hefeteig.
Stollen	mindestens 30 % Butter oder 30,8 % Margarine, mindestens 60 % Trockenfrüchte
Butterstollen	mindestens 40 % Butter, kein anderes Fett darf verwendet werden, mindestens 70 % Trockenfrüchte
Mandelstollen	mindestens 30 % Butter oder 30,8 % Margarine, mindestens 20 % Mandeln, eine Zugabe von Persipanrohmasse ist nicht üblich
Dresdner Stollen	mindestens 40 % Fett, davon mindestens die Hälfte Butter, mindestens 70 % Trockenfrüchte und mindestens 10 % Mandeln und/oder die entsprechende Menge Marzipanrohmasse, eine Zugabe von Persipanrohmasse ist nicht üblich
Quarkstollen	mindestens 20 % Butter oder 20,5 % Margarine, mindestens 40 % Quark
Mohnstollen, Nussstollen	mindestens 30 % Butter oder 30,8 % Margarine, mindestens 20 % Mohn bzw. 20 % Nüsse, die jeweils zu einer Füllung angemacht werden
Marzipanstollen, Persipanstollen	mindestens 30 % Butter oder 30,8 % Margarine, mindestens 5 % Marzipan- bzw. Persipanrohmasse, bezogen auf das Stollengewicht, bei Marzipanstollen ist die Verwendung von Persipanrohmasse nicht erlaubt

Der Stollen ist ein typisches Gebäck für die Weihnachtszeit, deshalb wird er häufig als Christstollen oder Weihnachtsstollen bezeichnet.
Der Name Stollen kommt von Pfosten oder Stütze, im christlichen Glauben mit der tragenden Kraft des Jesuskinds gleichgesetzt.

Stollen

Besonderheiten der Stollenarten

- Mandel-, Mohn-, Nuss- und Quarkstollen sind Stollen ohne Sultaninen.
- Marzipanstollen enthalten in der Mitte eine Rolle Marzipanrohmasse.
- Quarkstollen werden meistens mit Backpulver gelockert, da durch den Quarkanteil zu wenig Wasser im Teig für die Hefegärung übrig wäre. Quarkstollen werden wie Stollen außen mit flüssiger Butter bestrichen und in Zucker gewälzt, gehören jedoch nicht zu den Hefeteiggebäcken.

Quarkstollen, gebacken

Fertiger Quarkstollen

Bestimmungen der Leitsätze

„Dresdner Stollen" ist eine Herkunftsbezeichnung. Sie dürfen nur in der Umgebung von Dresden hergestellt werden. Auch der Begriff „Stollen nach Dresdner Art" darf außerhalb dieses Schutzgebiets nicht verwendet werden.

Der Hefeteig für Stollen wird wegen des hohen Fettgehalts und somit geringen Wasseranteils grundsätzlich mit Vorteig hergestellt.

Rezeptbeispiel: Butterstollen

Vorteig:

250 g	Weizenmehl, Type 550
200 g	Milch
100 g	Hefe
550 g	**Vorteig**

Teigtemperatur: 25 °C

Vorteig intensiv kneten

Stehzeit: ca. 45 Minuten

Hefeteig (Hauptteig):

550 g	Vorteig
750 g	Weizenmehl, Type 550
500 g	Butter
120 g	Zucker
50 g	Vollei (1 Stück)
20 g	Eigelb (1 Stück)
10 g	Salz
10 g	Stollengewürz
	Zitronen- und Vanillearoma
2 010 g	**Hefeteig**

Teigtemperatur: 25 °C

Knetzeit im Spiralkneter:
4 Minuten Langsamgang,
4 Minuten Schnellgang

Bei längerem Kneten im Schnellgang würde sich die Butter zu stark erwärmen, sodass sich die ölige Butter nicht mehr mit dem Mehl bindet.

Teigruhe: ca. 30 Minuten

Früchte:

800 g	Sultaninen
100 g	Rum
200 g	gestiftelte Mandeln oder grob zerkleinerte Mandeln mit Biss
75 g	Orangeat
75 g	Zitronat
3 260 g	**Stollenteig**

Die Früchte nach der Teigruhe im Langsamgang in den Hefeteig unterarbeiten, bis sie gleichmäßig vermischt sind.

LF 1.4

Herrichten der Früchte für den Hefeteig

- Die gewaschenen Sultaninen einen Tag vorher mit Rum vermischen, gut abdecken und bei warmer Raumtemperatur bis zur Verarbeitung stehen lassen. Die Sultaninen nehmen das Rumaroma auf.
- Mit den Sultaninen sollten auch die Mandeln sowie Zitronat und Orangeat gemischt werden, damit auch sie ebenso temperiert in den Teig kommen.
- Die Mandeln sollten so groß sein, dass sie im Stollen einen Biss aufweisen. Entweder gestiftelte Mandeln verwenden oder geschälte Mandeln zu größeren Mandelstückchen hacken.

Alle Früchte bei Raumtemperatur temperiert unter den Hefeteig mischen, damit der Teig nicht abkühlt.

Früchte in den Hefeteig unterarbeiten

Früchte gleichmäßig im Hefeteig verteilt

Aufarbeiten der Stollen

Den Teig abwiegen, rundwirken und zu gleichmäßigen Teigrollen formen. Die Teigrollen etwas entspannen lassen.

Häufige Stollengewichte:

- 1050 g für 1000-g-Stollen
- 800 g für 750-g-Stollen
- 550 g für 500-g-Stollen

Rundgewirkte Teiglinge zu Rollen formen

Klassische, traditionelle Aufarbeitung

Flachrollen des Mittelstücks und Einkerben des größeren Teigwulstes

Stollen klassisch aufgearbeitet

Die Teigrollen in der Mitte mit dem Rundholz eindrücken und den Mittelteil flach rollen, sodass oben ein kleinerer und unten ein etwas größerer Teigwulst entsteht.
Auf dem größeren Teigwulst mit dem Rundholz eine Kerbe eindrücken.
Den kleinen Teigwulst auf die Kerbe des größeren legen.

Stollen in Stollenformen gebacken

Die Teigrollen in gefettete Stollenformen mit dem Schluss nach oben legen.
Die Kruste, der in Formen gebackenen Stollen, ist etwas weicher als die Kruste bei freigeschobenen Stollen.

Teigrollen in Stollenform

Marzipanstollen

Marzipanstollen enthalten in der Mitte eine Rolle Marzipanrohmasse.
Die Teigrollen kurz entspannen lassen und flach drücken. Jeweils eine Rolle aus Marzipanrohmasse auflegen und den Stollenteig über die Marzipanrohmasserolle schlagen, sodass sie sich in der Mitte der Stollen befindet. Die Teigrollen in Stollenformen einlegen.

Gare

Die Stollen nach kurzer Gare von ca. zehn Minuten in der Backstube (nicht im Gärraum) in den Backofen schieben. Stollenformen vor dem Einschieben in den Ofen mit Deckeln abdecken.
Stollen mit weniger Butter im Hefeteig benötigen eine längere Gare.

Backen: 200 °C
Backzeit: Bei 1000-g-Stollen:
ca. 55 Minuten bei freigeschobenen Stollen (ohne Formen)
ca. 60 Minuten bei Stollen in Formen

Fertig gebackene Stollen

Fertigstellen der Stollen

Buttern

Die noch warmen Stollen, ca. 50 °C, satt mit flüssiger Butter bzw. Butterreinfett bestreichen, auch am Boden, oder die Stollen kurz in flüssige Butter tauchen.

Stollen mit Butter bestreichen

- Die Butter schließt die Poren der Stollenkruste und verzögert somit das Austrocknen der Stollen.
- Die Butter weicht die trockene Stollenkruste etwas auf und macht sie mürbe.

Zuckern

Die gefetteten Stollen in Vanillezucker wälzen, sodass an der gesamten Oberfläche, auch am Boden, die Zuckerkristalle haften.

Stollen in Vanillezucker wälzen

Die anhaftenden Zuckerkristalle an der Stollenoberfläche ziehen bei der Lagerung Luftfeuchtigkeit an, sodass die Kruste mürbe bleibt und nicht hart wird.
Am nächsten Tag werden die abgekühlten Stollen leicht mit süßem Schnee (Dekorpuder) und dann mit Puderzucker bestaubt. Der süße Schnee schmilzt nicht und verhindert bei den verpackten Stollen puderzuckerfreie Stellen.

Verpackungsmöglichkeiten für Stollen

- Stollen in mit Weihnachtsmotiven bedruckten Stollenschlauch schieben. Die beiden Enden mit Klips oder mit Ringelband verschließen.
- Die Stollen in Schrumpffolie einschweißen.

Stollen im Stollenschlauch und eingeschweißter Stollen

Fehler bei Stollen

Stollenfehler	Ursachen
• zu dünne und zu helle Kruste • eingefallene Stollen	zu kurze Backzeit – ungenügend ausgebackene Stollen
zu dicke Kruste	zu lange Backzeit
zu dunkle Kruste	• zu hohe Backhitze • zu lange Backzeit
zu dunkler Boden der freigeschobenen Stollen ohne Formen	zu starke Unterhitze – auf Unterblechen backen oder 20 °C geringere Unterhitze als Oberhitze
• speckige Krume • Wasserstreifen im unteren Teil der Krume	• zu junger Teig – zu kurze Teigruhe • zu kurze Backzeit – Stollen sind ungenügend ausgebacken
ungleichmäßig verteilte Früchte in der Krume	Die Früchte wurden zu kurz untergearbeitet, sodass sie im Hefeteig nicht gleichmäßig vermischt waren.
verfärbte, dunklere Krume	Die Sultaninen wurden zu intensiv im Schnellgang in den Teig geknetet und dabei zerquetscht.

Stollenfehler –
links: zu dicke Kruste;
rechts: zu helle Kruste und ungleichmäßig verteilte Früchte

LF 1.4

Mohn- und Nussstollen

Rezeptbeispiel: Hefeteig für vier Mohn- oder Nussstollen

Vorteig:
400 g Weizenmehl, Type 550
350 g Milch
70 g Hefe

820 g Vorteig

Vorteigtemperatur: 26 °C
Vorteig intensiv kneten
Stehzeit: ca. 30 Minuten

Hefeteig (Hauptteig):
820 g Vorteig
600 g Weizenmehl, Type 550
400 g Butter
120 g Zucker
100 g Vollei (2 Stück)
10 g Salz
10 g Stollengewürz
Zitronen- und Vanillearoma

2060 g Hefeteig

Knetzeit im Spiralkneter:
4 Minuten Langsamgang,
4 Minuten Schnellgang
Bei längerem Kneten im Schnellgang würde sich die Butter erwärmen, sodass der Hefeteig brandig wird und reißt.

Teigruhe: ca. 30 Minuten

Früchte:
200 g gestiftelte oder grob zerkleinerte Mandeln
100 g Zitronat
100 g Orangeat

2460 g Stollenteig

Die Früchte nach der Teigruhe im Langsamgang in den Hefeteig unterarbeiten, bis sie gleichmäßig vermischt sind.

Einrollen des mit Füllung bestrichenen Teigs und Einlegen in die Kastenformen

Rezeptbeispiel: Mohnfüllung für vier Stollen

300 g	Milch	Milch, Zucker und Butter kochen.
350 g	Zucker	
150 g	Butter	
600 g	gemahlener Mohn	Die Zutaten in die kochende Flüssigkeit einrühren.
100 g	Vollei (2 Stück)	
100 g	süße Brösel	
	1 Prise Salz (ca. 2 g)	
	Vanillearoma,	
	Zimt	
1600 g	**Mohnfüllung**	

Rezeptbeispiel: Nussfüllung für vier Stollen

250 g	Milch	Milch, Zucker und Butter kochen.
300 g	Zucker	
150 g	Butter	
700 g	geröstete, geriebene Haselnüsse	Die Zutaten in die kochende Flüssigkeit einrühren.
100 g	süße Brösel	
100 g	Vollei (2 Stück)	
	1 Prise Salz (ca. 2 g)	
	Vanillearoma,	
	Zimt	
1600 g	**Nussfüllung**	

Aufarbeiten der Mohn- bzw. Nussstollen

- Vier 600-g-Teigstücke abwiegen.
- Die Teigstücke 40 × 25 cm ausrollen.
- Mohn- bzw. Nussfüllung gleichmäßig bis zum Rand aufstreichen.
- Den Hefeteig von beiden Breitseiten gegeneinander einrollen und in die Kastenform legen.
- Die Formen einfetten. Ideal sind Toastbrotformen oder Kastenformen ähnlicher Größe.

Auch Stollenformen eignen sich für Mohn- und Nussstollen. Dabei wird jedoch der mit Füllung bestrichene Hefeteig von der Längsseite her rouladenförmig eingerollt und in die Stollenformen gegeben.

Gare: knappe Gare, ca. ¾ Gare
Backtemperatur: 190 °C
Backzeit: 45 bis 50 Minuten

LF 1.4

Mohn- und Nussstollen

Fertigstellen der Stollen

- Die noch warmen Mohn- bzw. Nussstollen, ca. 50 °C, mit flüssiger Butter oder Butterreinfett auf allen Seiten, auch am Boden, bestreichen.
- Die Mohn- bzw. Nussstollen in Vanillezucker wälzen.
- Die abgekühlten Stollen zuerst etwas mit Dekorpuder (süßem Schnee) und dann mit Puderzucker bestauben. Süßer Schnee schmilzt nicht, sodass die Stollen keine zuckerfreien Stellen bekommen.
- Die Mohn- und Nussstollen einschweißen. Auch halbe Stollen können eingeschweißt werden, damit die Schnittfläche sichtbar ist.

Osterfladen (Osterbrote)

Osterfladen, auch Osterbrot genannt, sind typische Ostergebäcke, die in Bezug auf die Zutaten mit Stollen vergleichbar sind. Sie enthalten jedoch etwas weniger Früchte und kein Stollengewürz.

Osterfladen (Osterbrote)

Rezeptbeispiel: Osterfladen (Osterbrote)

Vorteig:

300 g	Weizenmehl, Type 550
250 g	Milch
80 g	Hefe
630 g	**Vorteig**

Teigtemperatur: 26 °C
Vorteig intensiv kneten
Stehzeit: ca. 30 Minuten

Hefeteig (Hauptteig):

630 g	Vorteig
700 g	Weizenmehl, Type 550
120 g	Zucker
400 g	Butter
200 g	Vollei (4 Stück)
10 g	Salz
	Zitronen- und Vanillearoma
2 060 g	**Hefeteig**

Knetzeit im Spiralkneter:
4 Minuten Langsamgang,
4 Minuten Schnellgang

Teigruhe: 30 Minuten

Früchte:

400 g	Sultaninen
60 g	Rum
100 g	gestiftelte Mandeln oder grob zerkleinerte Mandeln
evtl. 50 g	Orangeat
evtl. 50 g	Zitronat
2 720 g	**Teiggewicht** (mit Orangeat und Zitronat)

Die Früchte nach der Teigruhe im Langsamgang in den Hefeteig unterarbeiten, bis sie gleichmäßig vermischt sind.

Die Sultaninen einen Tag vorher mit Rum vermischen, zudecken und bei Raumtemperatur aufbewahren und temperiert in den Hefeteig unterarbeiten.

Teiggewicht je Osterfladen: 600 g
Aufarbeiten: Die abgewogenen Teigstücke rundwirken und mit dem Schluss nach unten auf Backbleche setzen. Die runden Teiglinge dabei etwas flach drücken.

Gare: Gärraumtemperatur: 35 °C
relative Luftfeuchte: 70 %

Nach ca. halber Gare die Teiglinge aus dem Gärraum nehmen und weiterverarbeiten.

Fertigstellen zum Backen

- Bei halber Gare die Teiglinge mit Eistreiche bestreichen und die Eistreiche antrocknen lassen.
  Eistreiche: Vollei und eine große Prise Salz in einem Gefäß mit dem Pinsel verrühren.
- Nach dem Antrocknen der Eistreiche die Teiglinge mit einem scharfen Messer einschneiden – karoförmig oder kreuzweise.
  Karos am besten mit einem elektrischen Messer leicht einschneiden.

Backen: 200 °C, ohne Schwadengabe
Backzeit: ca. 35 Minuten

Glasieren

Häufig werden die Osterfladen (Osterbrote) nach dem Backen aprikotiert und mit Fondant glasiert sowie mit gerösteten, gehobelten Mandeln bestreut → Seite 321.

Unglasierte Osterfladen werden häufig eingeschweißt.

Osterfladen – karoförmig und kreuzförmig eingeschnitten

LF 1.4

Nussbeugel

Der Name kommt von Beuge – biegen.
Nussbeugel sind Hörnchen, bei denen der schwere Hefeteig die Nussfüllung umhüllt.
Nach knapper Gare die Hörnchen zweimal mit Eistreiche bestreichen und antrocknen lassen. Beim Backen entstehen so die feinen Risse an der Gebäckoberfläche.

Nussbeugel

Brioches sind Hefeteiggebäcke mit hohem Butter- und Eieranteil, die in Formen gebacken werden.
Panettone ist ein zylinderförmiger hoher Weihnachtskuchen aus Italien, der dem Gugelhupf (Napfkuchen) ähnlich ist. Der weiche, fettreiche Hefeteig mit Sultaninen, Zitronat und Orangeat wird in der Rührmaschine gerührt.

Brioches

Panettone

Verkaufsargumente

Qualitätsmerkmale für die Kundenberatung

- Allgemein besitzen die Gebäcke aus schwerem Hefeteig wegen des hohen Fettgehalts eine besonders mürbe Beschaffenheit sowie einen sehr aromatischen Geschmack. Gute Qualitäten zeichnen sich durch den aromatischen Buttergeschmack aus.
- Stollen und Osterfladen haben außerdem noch einen hohen Anteil an geschmackvollen Früchten wie Sultaninen, Zitronat, Orangeat und Mandeln.
- Der geschmackvolle Hefeteig der Mohn-, Nuss- und Quarkstollen wird mit Füllungen ergänzt.
- Panettoni sind lockere und geschmackvolle Hefeteiggebäcke mit etwas Sultaninen, Zitronat und Orangeat.

Aufbewahrung und Frischhaltung der Gebäcke

- Alle Gebäcke aus schwerem Hefeteig werden bei nicht zu warmer Raumtemperatur aufbewahrt.
- Durch den hohen Fettgehalt und den geringen Wasseranteil sind die fettreichen Gebäcke lange frisch und lagerfähig. Frisch bedeutet, dass sie längere Zeit ihre mürbe, weiche Beschaffenheit und den guten Geschmack behalten.

Besondere Eignung

- Gebäcke aus schwerem Hefeteig eignen sich vorrangig zu Kaffee und Tee.
- Stollen gehören zur gesamten Weihnachtszeit, werden jedoch häufig vorher ab den ersten kühleren Wochen angeboten.
- Osterfladen (Osterbrote) sind typische Gebäcke zur Osterzeit.
- Panettoni sind ursprünglich Hefeteiggebäcke zur Weihnachtszeit, die heute das ganze Jahr über als Kaffeegebäcke angeboten werden.

Aufgaben

1. Nennen Sie Gebäcke aus schwerem Hefeteig und geben Sie jeweils deren Besonderheiten an.
2. Nennen Sie einige Stollenarten.
3. Geben Sie die Bestimmungen der Leitsätze folgender Stollen an:
   - Butterstollen
   - Dresdner Stollen
4. Erstellen Sie ein Rezeptbeispiel für Butterstollen.
5. Warum werden schwere Hefeteige mit Vorteig hergestellt?
6. Erläutern Sie, warum schwere Hefeteige nicht zu lange im Schnellgang geknetet werden dürfen.
7. Erklären Sie, wie Sultaninen und die anderen Früchte für den Hefeteig hergerichtet werden und wie sie in den Hefeteig untergearbeitet werden.
8. Beschreiben Sie die Gare und das Backen der Stollen.
9. Erklären Sie das Buttern und Zuckern der Stollen und begründen Sie diese Arbeitsschritte.
10. Wie können Stollen für den Verkauf verpackt werden?
11. Geben Sie die möglichen Ursachen bei folgenden Gebäckfehlern bei Stollen an:
    - zu dünne und zu helle Kruste sowie eingefallene Stollen
    - zu dicke Kruste
    - zu dunkle Kruste
    - zu dunkler Boden der freigeschobenen Stollen
    - speckige Krume und Wasserstreifen im unteren Teil der Krume
    - ungleichmäßig verteilte Früchte in der Krume
    - verfärbte, dunkle Krume
12. Erklären Sie die Herstellung der Osterfladen (Osterbrote):
    - Aufarbeiten
    - Fertigstellen zum Backen
    - Gare
    - Backen
13. Erläutern Sie die Qualitätsmerkmale für die Kundenberatung:
    - allgemein alle Gebäcke aus schwerem Hefeteig
    - Mohn-, Nuss- und Quarkstollen
    - Stollen und Osterfladen
14. Geben Sie Auskunft über die Aufbewahrung und Frischhaltung der Gebäcke aus schwerem Hefeteig.
15. Wofür eignen sich die einzelnen Gebäcke aus schwerem Hefeteig besonders?
16. Zur Weihnachtszeit sollen in Ihrer Bäckerei/Konditorei verschiedene Stollensorten angeboten werden. Hierfür wählen sie entsprechende Rezepte aus und stellen die Verkaufsargumente zusammen.

LF 1.4

17.7 Gerührte Hefeteige

Gebäcke aus gerührtem Hefeteig sind
- Gugelhupfe, auch Napfkuchen genannt, und
- Savarins.

Besonderheiten der gerührten Hefeteige
- Gerührte Hefeteige sind besonders weich durch den hohen Fettgehalt und vor allem wegen der vielen Eier und Eigelbe.
- Diese masseähnlichen Hefeteige können nicht geknetet werden, sondern werden in der Rührmaschine gerührt.
- Außerdem werden diese weichen Hefeteige in Formen gebacken.

Gugelhupf

Der Name Gugelhupf kommt vom altdeutschen „Gugel", der Hügel, wegen der hohen Form dieses Hefekuchens. Gebietsweise werden sie als „Napfkuchen" bezeichnet.

Die Gugelhupfform erinnert an die Zeit, als die Türken Wien belagerten (1683). Die Form wurde dem Turban nachgebildet.

Die ringförmige Gugelhupfform hat den backtechnischen Sinn, dass das hohe Hefeteiggebäck sicher durchgebacken werden kann.
In Gugelhupfformen werden häufig auch Marmorkuchen und andere Kuchen aus Sandmasse gebacken.

Gugelhupf

Rezeptbeispiel: Gugelhupf
(ergibt vier Gugelhupfe, in Formen mit 20 cm Durchmesser)

Vorteig:		
450 g	Weizenmehl, Type 550	Teigtemperatur: 25 °C Vorteig intensiv kneten Stehzeit: ca. 30 Minuten
450 g	Milch	
70 g	Hefe	
970 g	**Vorteig**	
Hefeteig (Rührteig):		
400 g	Butter	Butter, Zucker, Salz und Aromen mit einem grobdrahtigen Rührbesen in der Rührmaschine schaumig rühren.
200 g	Zucker	
15 g	Salz	
	Zitronen- und Vanillearoma	
300 g	Vollei (6 Stück)	Eier und Eigelbe nach und nach in die Buttermasse einrühren.
100 g	Eigelb (5 Stück)	
970 g	Vorteig	Den Vorteig und das Mehl gut unterrühren, bis der Teig glatt ist.
550 g	Weizenmehl, Type 550	
2 535 g	**Hefeteiggewicht**	
Früchte:		
250 g	Sultaninen	Die Früchte in den fertig gerührten Hefeteig einrühren, bis sie gleichmäßig vermischt sind.
70 g	Zitronat	
130 g	Mandeln, gestiftelt	
2 985 g	**Teiggewicht**	

LF 1.4

Formen: Gugelhupfformen gut einfetten und bemehlen. Die Formen ca. $^2/_3$ mit Hefeteig füllen.

Gugelhupfteig in Formen gefüllt

Gare: Bei knapper Gare, ca. 15 Minuten, in den Backofen schieben.

Backen: 200 °C
Backzeit: ca. 45 Minuten

Gugelhupf gebacken

Gugelhupfe aus den Formen gestürzt

Die Gugelhupfe erst ca. fünf Minuten nach dem Backen aus den Formen stürzen.

Fertigstellen

- Die Gugelhupfe aprikotieren, mit Fondant glasieren (→ Seite 321) und evtl. mit gehobelten gerösteten Mandeln bestreuen. Oder:
- Die abgekühlten Gugelhupfe mit Puderzucker bestauben.

Glasierte Gugelhupfe

Savarins

Savarins sind eine französische Dessertspezialität, die aus einem gerührten Hefeteig hergestellt wird.
Der Hefeteig ist besonders eierreich und deshalb sehr weich, sodass er in der Rührmaschine gerührt wird.
Die Besonderheiten dieser ringförmigen Desserts sind:

- Die kleinen Hefeteigringe werden in Rumtränke getaucht, sodass sie sehr saftig sind.
- Sie werden aprikotiert und mit Fondant glasiert.
- Die Mitte der Hefeteigringe wird mit Schlagsahne oder Vanillecreme gefüllt.
- Auf die Füllung werden Früchte gelegt, die geliert werden.

Savarins

Verkaufsargumente

Qualitätsmerkmale für die Kundenberatung
- Gugelhupfe (Napfkuchen) sind ei- und fettreiche Hefeteiggebäcke mit Sultaninen und Mandeln. Sie sind mürbe und sehr geschmackvoll.
- Savarins sind besonders eierreiche Hefeteigringe, die in Rumtränke getaucht werden. Es sind somit saftige, nach Rum schmeckende Hefeteigdesserts, bei denen der Hefeteigring mit Schlagsahne oder Vanillecreme gefüllt und mit frischen Früchten garniert wird.

Aufbewahrung und Frischhaltung der Gebäcke
- Gugelhupfe sollen möglichst frisch verkauft werden. Sie sind bei den Kunden bei nicht zu warmer Raumtemperatur einige Tage frisch und somit lagerfähig, weil sie einige Zeit mürbe bleiben und den vollen Hefeteiggeschmack behalten.
- Savarins sollen wegen der Schlagsahne bzw. Vanillecreme und der frischen Früchte darauf am Tag der Herstellung gegessen werden.

Besondere Eignung
- Gugelhupfe sind Hefeteiggebäcke zum täglichen Kaffee und Tee.
- Savarins sind feine Hefeteigdesserts zum Kaffee und sind passend für die festliche Kaffeetafel.
- Die in Rum getränkten Savarins sind nicht für Kinder geeignet.

Aufgaben

1. Nennen Sie Gebäcke aus gerührtem Hefeteig.
2. Geben Sie die Besonderheiten der gerührten Hefeteige an.
3. Beschreiben Sie die Herstellung von Gugelhupf.
4. Erklären Sie die Fertigstellung der kleinen Hefeteigringe zu Savarins.
5. Nennen Sie die Qualitätsmerkmale von
   - Gugelhupfs und
   - Savarins.
6. Geben Sie Auskunft über die Frischhaltung der Gugelhupfe und Savarins.
7. Wofür eignen sich Gugelhupfs und Savarins?
8. Ihre Bäckerei/Konditorei möchte in das Hefeteigsortiment die Savarins aufnehmen. Erstellen Sie ein Rezept für 60 Savarins mit 9 cm Durchmesser bei indirekter Teigführung. Auf 1 kg Weizenmehl kommen 300 g Butter sowie 600 g Eier und 240 g Eigelb. Kochen Sie für die Rumtränke 1 600 g Läuterzucker aus gleichen Teilen Wasser und Zucker und geben Sie 350 g Rum dazu.

17.8 Gebäcke aus Plunderteig

Begriff Plunderteig

Der Plunderteig ist ein leichter Hefeteig, in den schichtweise Ziehfett eingerollt wird. Dieses schichtweise Einrollen des Ziehfetts in den Hefeteig wird als „Tourieren" bezeichnet.

Der Name Plunder hat nichts mit minderwertigem Ramsch (Plunder) zu tun, sondern kommt von pludern, d. h. aufgehen, lockern.

Rezeptbeispiel: leichter Hefeteig für Plunderteig

1000 g	Weizenmehl, Type 550
400 g	Milch
60 g	Hefe
120 g	Zucker
100 g	Backmargarine oder Butter
150 g	Vollei (3 Stück)
10 g	Salz
	Zitronen- und Vanillearoma
1 840 g	**Teiggewicht**

Teigtemperatur: 24 °C
Kühle Milch zugeben, damit das Ziehfett im Hefeteig nicht weich wird.

Knetzeit im Spiralkneter:
2 Minuten Langsamgang,
7 Minuten Schnellgang

Teigruhe: ca. 20 Minuten. Den Hefeteig in Folie einschlagen und in die Kühlung geben, damit die Teigtemperatur gesenkt wird.

Ziehfett

Als Ziehfett eignet sich geschmeidiges und ausrollfähiges Fett. Deshalb werden folgende Ziehfette verwendet:

- **Ziehmargarine**
  Ziehmargarine wird aus der Kühlung genommen und in der Backstube bis zur idealen Verarbeitungstemperatur von ca. 20 °C liegen gelassen. Vorteilhaft ist das einfache Verarbeiten der Ziehmargarine in der warmen Backstube.
- **Ziehmargarine mit Butteranteil** und **fraktioniertes Butterfett**
  Diese Ziehfette vereinen die Vorteile der Ziehmargarine und der Ziehbutter. Die Gebäcke dürfen jedoch nicht als Butterplunder bezeichnet werden.

LF 1.4

- **Butter (Tourierbutter)**
  Butter, auch Tourierbutter genannt, ist das geschmacklich beste Ziehfett, das zudem gut verdaulich ist. Die Butter hat gegenüber Ziehmargarine einen niedrigeren Schmelzbereich und einen höheren Wasseranteil und muss deshalb kühler, bei 15 bis 18 °C, verarbeitet werden. Ziehbutter ist schwieriger zu verarbeiten. Zu kühle Butter ist schlecht ausrollfähig und zu warme und somit zu weiche Butter schmiert leicht beim Ausrollen im Hefeteig, sodass dann die Plundergebäcke nicht so schön blättern (lockern).

Ziehfettplatten werden hauptsächlich in den Bäckereien und Konditoreien verwendet. Die praktischen, verarbeitungsfertigen Ziehfettplatten werden einfach in den Hefeteig eingelegt.

Stangenziehmargarine wird meistens mit etwas Weizenmehl angewirkt, damit sie ausrollfähiger wird. Zum Tourieren wird sie zu einer Platte ausgerollt.

Bestimmungen der Leitsätze
Bei Butterplunder darf ausschließlich Butter verwendet werden. Dies gilt für den Hefeteig und das Ziehfett.

LF 1.4

Plunderarten

In den Bestimmungen der Leitsätze werden zwei Plunderarten unterschieden, die sich wie folgt nach dem Mindestfettgehalt im Plunderteig unterscheiden:

Plunderarten nach den Leitsätzen

Plunder	Dänischer Plunder oder Kopenhagener Plunder
Plunder enthält mindestens 300 g Fett auf 1000 g Weizenmehl im Hefeteig.	Dänischer oder Kopenhagener Plunder enthält mindestens 600 g Fett auf 1000 g Weizenmehl im Hefeteig.

Der Mindestfettgehalt schließt den zugegebenen Fettgehalt des Teigs und die Ziehfettmenge mit ein.

!

Dänischer Plunder oder Kopenhagener Plunder sind besonders fettreiche Plundergebäcke. Sie enthalten mehr Ziehfett als Plundergebäcke.

In Dänemark, dem Ursprungsland der Plundergebäcke, wird Plunderteig mit einem hohen Fettanteil hergestellt.

Dänischer Plunder

Eigenschaften von Hefeteig und Ziehfett zum Tourieren

- Der Hefeteig muss kühl sein, deutlich unter dem Schmelzpunkt des Ziehfetts. Die Teigruhe erfolgt deshalb in der Kühlung.
- Die Festigkeit des Ziehfetts sollte in etwa der Teigfestigkeit gleich sein, damit beim Tourieren gleichmäßige Hefeteig- und Ziehfettschichten entstehen. Das Ziehfett sollte deshalb nicht zu warm und nicht zu kalt sein.
- Der Arbeitsraum beim Tourieren und Aufarbeiten sollte nicht zu warm sein, vor allem beim Tourieren von Butter.

Einschlagen von Ziehfett in den Hefeteig

Den Hefeteig gut doppelt so groß wie das Ziehfett ausrollen.
Den Hefeteig über das Ziehfett schlagen und die Teigenden fest zusammendrücken, damit das Ziehfett beim Tourieren nicht herausgedrückt werden kann.
Das Ziehfett kann entweder auf eine Hälfte oder in die Mitte des Hefeteigs gelegt werden, so wie es in den Abbildungen sichtbar ist.

Ziehfett in eine Hälfte des Hefeteigs legen

Ziehfett in die Mitte des Hefeteigs legen

Das Tourieren

Das Ausrollen des Hefeteigs mit dem eingeschlagenen Ziehfett und das anschließende Übereinanderlegen des Teigs wird als „Tourieren“ bezeichnet. Dabei gelangt das Ziehfett schichtweise in den Hefeteig.

Man unterscheidet zwei verschiedene Touren:

Die einfache Tour

Den Teig ca. 8 mm dick ausrollen und dreifach übereinanderlegen. Zuerst ein Drittel des Teigs und dann das letzte Drittel darüberschlagen.

Einfache Tour

Die doppelte Tour

Den Teig nach der einfachen Tour ca. 8 mm dick ausrollen und vierfach übereinanderlegen. Beide Teigenden nach innen einschlagen und dann noch einmal übereinanderschlagen.

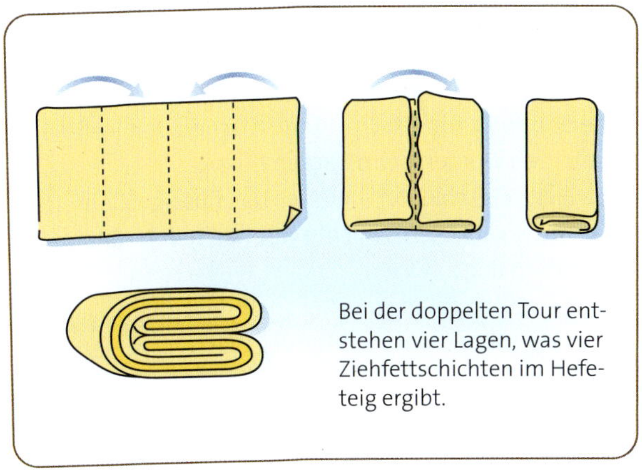

Doppelte Tour

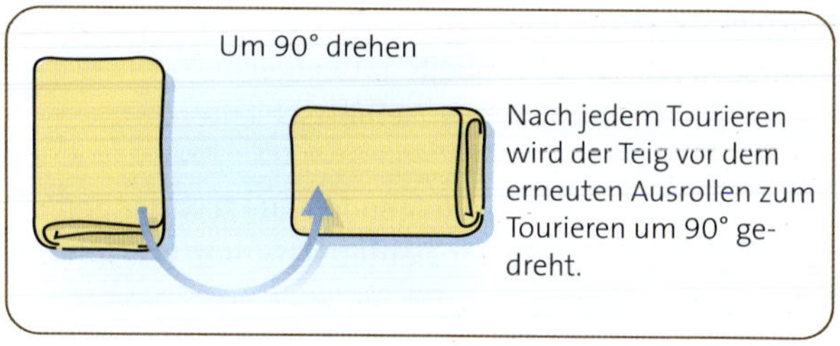

Drehen des Plunderteigs nach jeder Tour

!

Grundsätzliches beim Tourieren

- Den Plunderteig in der Ausrollmaschine in geringen Millimeterabständen dünner ausrollen, damit die Teig- und Ziehfettschichten nicht zusammenkleben und die Ziehfettschichten nicht auseinanderreißen.
- Die Ausrollstärke beträgt ca. 8 mm. Wird der Teig wesentlich dicker oder dünner ausgerollt, führt dies zu Gebäckfehlern.
- Den Plunderteig möglichst rechteckig ausrollen, damit die Hefeteig- und Ziehfettschichten gleichmäßig übereinanderliegen und keine fettfreien Stellen entstehen.
- Vor dem Übereinanderlegen des Teigs beim Tourieren das Staubmehl gründlich abkehren. Staubmehl zwischen den Schichten isoliert die einzelnen Teigschichten voneinander und lässt das Gebäck strohig und trocken werden.

Touren und Anzahl der Touren

Die Ziehfettschichten müssen in einer bestimmten Stärke im Plunderteig vorliegen. Es sollen dünne Ziehfettschichten sein, die eine Trennschicht zwischen den Hefeteigschichten bilden, damit diese nicht zusammenkleben.

- Sind die Ziehfettschichten zu dünn, haben sie keine isolierende Wirkung als Trennschichten, sodass die Hefeteigschichten verkleben. Diesen Plundergebäcken fehlt die lockere Blätterung.
- Sind die Ziehfettschichten zu dick, läuft das Ziehfett bei Hitze im Backofen aus dem Plunderteig. Dies ergibt trockene Gebäcke.

Je höher die Ziehfettmenge ist, die in den Hefeteig touriert wird, desto mehr Ziehfettschichten muss der Plunderteig enthalten, damit die Ziehfettschichten im Plunderteig nicht zu dick werden.

Um die Ziehfettschichten im Hefeteig zu ermitteln, werden die Ziehfettschichten der einzelnen Touren miteinander multipliziert.

Beispiel:
1 einfache Tour und 1 doppelte Tour ergeben
3 × 4 Ziehfettschichten = 12 Ziehfettschichten.

Die Anzahl der Touren bei folgenden Ziehfettmengen ergeben die ideale Stärke der Ziehfettschichten im Plunderteig:

Ziehfettmenge für 1 kg Hefeteig	Touren und Anzahl der Touren	Ziehfettschichten
150 bis 200 g	1 einfache und 1 doppelte Tour	12
250 bis 300 g	3 einfache Touren	27
350 bis 500 g	2 einfache und 1 doppelte Tour	36

Ruhepause nach dem Tourieren
Den Plunderteig nach dem Tourieren in eine Folie einschlagen und ca. 15 Minuten im Kühlschrank bzw. Kühlraum entspannen lassen.
Bei zu kurzer Ruhezeit „schnurrt" (zusammenziehen) der Teig beim Ausrollen und beim Schneiden zu Plunderstückchen.

LF 1.4

Gare
Gärraumtemperatur: ca. 30 °C
relative Luftfeuchte: 70 %
Bei höherer Gärraumtemperatur wird das Ziehfett zu weich oder gar flüssig.

Plunderteiglinge bei knapper Gare aus dem Gärraum nehmen und in den Backofen schieben.
Je mehr Ziehfett in den Plunder touriert wird, desto geringer ist die Gare. Bei hohem Ziehfettanteil ist die physikalische Lockerung durch den Wasserdampf stärker → rechte Spalte.

Backen: 210 °C, mit Schwaden
Backzeit: ca. 10 Minuten

Glasieren
Die ofenheißen Gebäcke sofort nach dem Backen aprikotieren und mit Fondant glasieren → Seite 321.

Plundergebäcke glasieren

Gelieren der Früchte auf Plundergebäcken

Auf die fertig gebackenen Plundergebäcke in Taschenform, die aprikotiert und mit Fondant glasiert sind, können frische Früchte gelegt werden. Auf einen Tupfen Vanillecreme werden verschiedene Früchte mit schönem Farbkontrast aufgelegt. Während der Erdbeersaison eignen sich diese Früchte besonders gut.
Damit die Früchte schön glänzen und nicht austrocknen, werden sie mit Geleeguss bestrichen (geliert).

Plundergebäcke mit gelierten Früchten

Lockerung der Plundergebäcke

Plundergebäcke werden mit Hefe und Wasserdampf gelockert.
Die Hefe erzeugt im Hefeteig Gärgase, die im Teig als Poren festgehalten werden und so den Hefeteig lockern.

Lockerung durch Wasserdampf beim Backen
- Die dünnen Ziehfettschichten zwischen den Hefeteigschichten werden beim Backen flüssig.
- Die Hefeteigschichten nehmen das flüssige Ziehfett auf, das so als Trennschicht zwischen den Hefeteigschichten liegt.
- Die Backhitze gelangt zwischen die einzelnen Hefeteigschichten, sodass ein Teil des Wassers im Hefeteig verdampft.
- Der Wasserdampf hebt die einzelnen Hefeteigschichten nach oben. Es entstehen die blättrige Lockerung und ein zart-splittriger Biss.

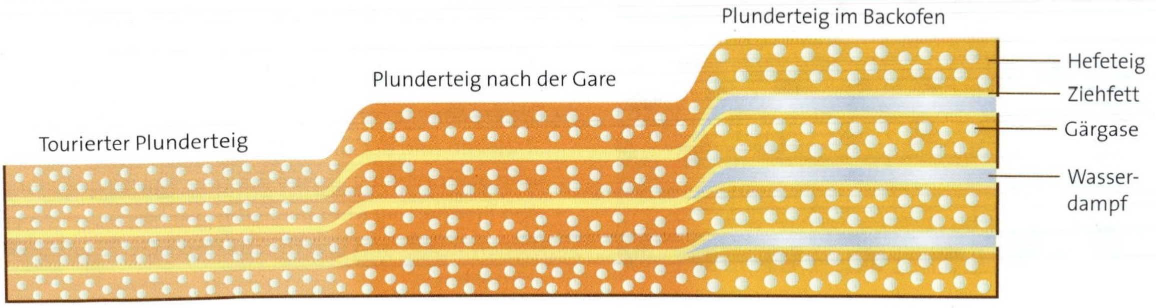

ckerung der Plundergebäcke

Fehler der Plundergebäcke	Ursachen
• Beim Backen läuft Fett aus den Plundergebäcken. • Die Plundergebäcke schmecken etwas trocken und besitzen eine schlechte Blätterung.	• Zu wenig Touren, die Ziehfettschichten waren somit zu dick. • Zu warme Gärraumtemperatur. Sie war höher als der Schmelzpunkt des Ziehfetts.
• Die Plundergebäcke sind zu flach. • Die Plundergebäcke sind ungenügend geblättert, sodass der feinsplittrige Biss fehlt. 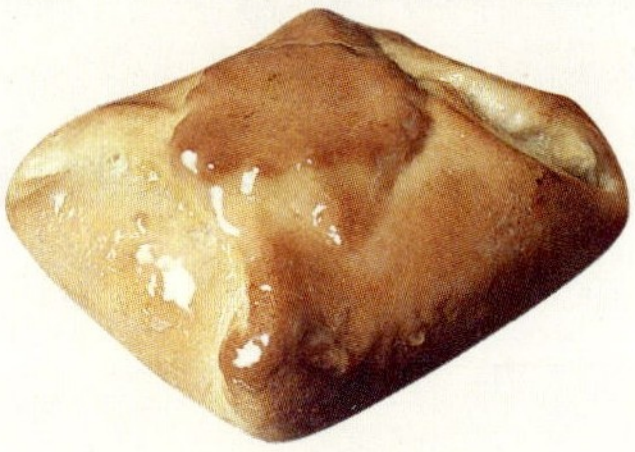	• Die Festigkeit des Hefeteigs und des Ziehfetts war stark unterschiedlich. • Beim Ausrollen wurde der Plunderteig in zu großen Millimeterabständen dünner gerollt, sodass die Ziehfettschichten gerissen sind. • Der Plunderteig wurde beim Tourieren zu dünn, unter 8 mm, ausgerollt sodass die zu dünnen Ziehfettschichten in den Hefeteig eingerollt wurden und keine isolierende Wirkung zwischen den Teigschichten mehr hatten. • Der Plunderteig wurde in einem zu warmen Raum touriert und aufgearbeitet.
Die Plundergebäcke haben ein zu kleines Volumen und sind zu gering gelockert.	Die Plunderteiglinge wurden bei zu knapper Gare in den Ofen geschoben.
Die Plundergebäcke sind zu flach und breitgelaufen.	• Die Plunderteiglinge hatten zu viel Gare. • Die Backzeit war zu kurz, sodass die Gebäcke nach dem Backen einfallen.
Die oberen Schichten der Plundergebäcke blättern beim Glasieren ab.	Der Plunderteig hat zu wenige Touren und deshalb zu dicke Ziehfettschichten.

LF 1.4

Aufarbeitungsbeispiele für Plunderstückchen

Füllungen für Plundergebäcke
Nuss-, Mohn-, Quark-, Apfel-, Marzipanfüllung, gebundene Sauerkirschen, Vanillecreme → Seite 325

Ausrollstärke: 3,5 oder 4 mm
Den Plunderteig in der Ausrollmaschine in geringen Millimeterabständen ausrollen, damit die dünnen Ziehfettschichten im Plunder nicht zerstört werden.
Den ausgerollten Plunderteig auf einem Arbeitstisch auslegen und mit einem scharfen Messer wie bei den folgenden Aufarbeitungsbeispielen schneiden.

Nusshörnchen

- Dreiecke schneiden, z. B. 25 × 12 cm.
- An der Breitseite der Dreiecke ca. 2 cm einschneiden, damit man die Enden beim Rollen der Nusshörnchen auseinanderziehen kann und die Gebäcke somit länger werden.
- Die Dreiecke leicht mit Wasser bestreichen und mit einem Spritzbeutel (Dressierbeutel) die Nussfüllung aufspritzen, zusammenrollen und zu Hörnchen formen. Die eingerollten Teiglinge werden manchmal auch gerade auf die Bleche gesetzt und nicht zu Hörnchen geformt.

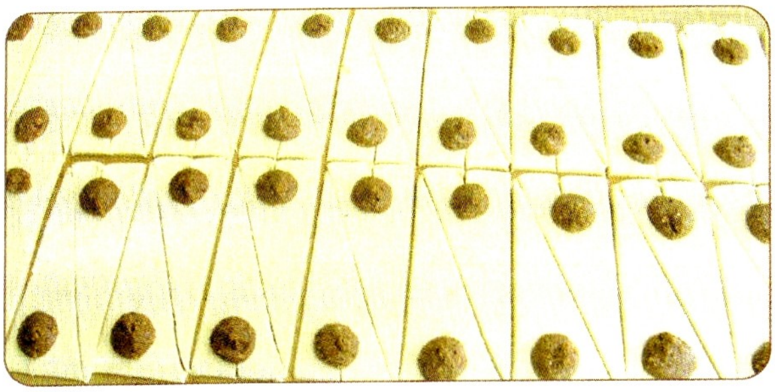

Schneiden und Füllen von Plunderhörnchen

Gerollte Plunderhörnchen

Taschen

- Den ausgerollten Plunderteig zu quadratischen Stücken schneiden, z. B. 12 × 12 cm.
- Die Schnittflächen leicht mit Wasser bestreichen und die Füllung auf jedes Stück aufspritzen.
- Die Ecken der Teiglinge zu Taschen zusammenkleben.
- Die Taschen mit Wasser bestreichen und die zusammengeklebten Teigenden mit einem dünnen ausgestochenen Teigstück abdecken.

Es kann die Füllung auch auf die zusammengelegten Teigtaschen gespritzt werden, sodass die Füllung auf den Gebäcken sichtbar liegt.

Die Füllung gibt den Taschen den Namen, z. B. Quark-, Kirsch-, Apfeltaschen, Vanillecreme-Kirschtaschen → Seite 326.

Aufarbeiten von Plundertaschen

Hahnenkämme

- Den ausgerollten Plunderteig zu rechteckigen Stücken schneiden, z. B. 14 × 10 cm.
- Die geschnittenen Teigstücke leicht mit Wasser bestreichen und auf die vordere Hälfte der Stücke die Füllung aufspritzen, z. B. Nussfüllung, Marzipanfüllung.
- Den Plunderteig über die Füllung schlagen und an der vorderen Seite mit einem scharfen Messer leicht einschneiden.
- Beim Aufsetzen auf die Backbleche die geschnittene Seite der Teiglinge kammförmig etwas auseinanderziehen.

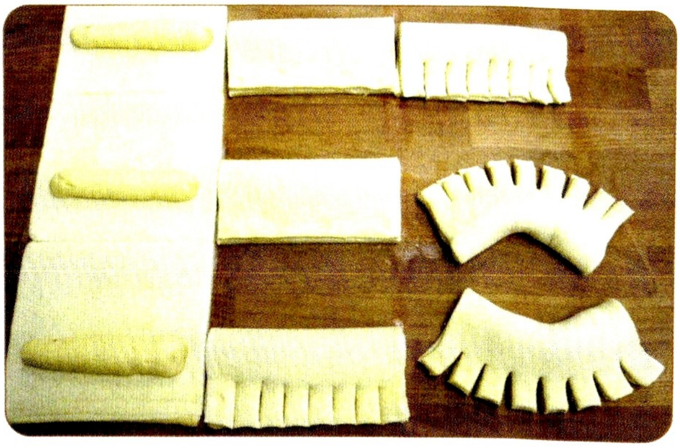

Aufarbeiten von Hahnenkämmen

Hahnenkämme

Schnecken

- Auf den ausgerollten Plunderteig, z. B. 40 cm Breite, die Füllung dünn aufstreichen und den Plunderteig zu einer Rolle rollen.
- Von der Teigrolle ca. 3 cm breite Scheiben schneiden.
- Die Scheiben mit der Schnittfläche auf Backbleche legen.
  Oder:
  Die Scheiben mit einem dünnen Rundholz eindrücken, sodass seitlich Streifen des Plunderteigs und der Füllung sichtbar sind.

Aufgaben

1. Erklären Sie den Begriff „Plunderteig".
2. Warum sollte der Hefeteig für Plunder kühl geführt, also mit kühler Milch hergestellt werden?
3. Wie lange sollte die Teigruhe des Hefeteigs für Plunder betragen und wo sollte die Teigruhe erfolgen?
4. Nennen Sie die Ziehfettarten für Plunderteige und die jeweilige Verarbeitungstemperatur.
5. Welche Vor- und Nachteile haben die Ziehfettarten beim Tourieren bzw. beim Verzehr?
6. In welcher praktischen Form wird Ziehfett überwiegend in den Betrieben verarbeitet?
7. Nennen Sie die Plunderarten und beschreiben Sie die Bestimmungen nach den Leitsätzen.
8. Erläutern Sie den Dänischen Plunder.
9. Beschreiben Sie die Eigenschaften, die der Hefeteig und das Ziehfett zum Tourieren haben sollen:
   - Hefeteigtemperatur
   - Festigkeit von Hefeteig und Ziehfett
   - Raumtemperatur beim Tourieren
10. Erklären Sie den Begriff „Tourieren".
11. Beschreiben Sie das fachgerechte Tourieren:
    - beim Ausrollen bis zur endgültigen Ausrollstärke
    - die Ausrollstärke
    - damit keine ziehfettfreien Stellen im Plunderteig entstehen
    - vor dem Übereinanderlegen des Teigs beim Tourieren
12. Wie viel Teigschichten liegen nach dem Tourieren übereinander?
    - nach einer einfachen Tour
    - nach einer doppelten Tour
13. Errechnen Sie die Ziehfettschichten im Plunderteig nach
    - 1 einfachen und 1 doppelten Tour,
    - 3 einfachen Touren,
    - nach 2 einfachen Touren und 1 doppelten Tour.
14. Nennen Sie die Gärraumbedingungen beim Plunderteig.
    - Gärraumtemperatur
    - relative Luftfeuchtigkeit
15. Bei wie viel Grad C werden Plundergebäcke gebacken?
16. Beschreiben Sie die Faustregel beim Plunderteig mit geringerem Ziehfettanteil und beim dänischen Plunder bzw. Kopenhagener mit höherem Ziehfettanteil:
    - beim Tourieren
    - in Bezug auf die Gärreife bei der Gare
17. Nennen Sie die zwei Lockerungsmittel, die Plundergebäcke lockern.
18. Erklären Sie die Lockerung der Plundergebäcke durch Wasserdampf.
19. Geben Sie die Bestimmungen der Leitsätze für Butterplunder an.
20. Nennen Sie die möglichen Ursachen bei folgenden Fehlern der Plundergebäcke:
    - Beim Backen läuft Fett aus den Plundergebäcken aus. Die Plundergebäcke schmecken etwas trocken und besitzen eine schlechte Blätterung (zwei Ursachen).
    - Das Plundergebäck ist zu flach und ungenügend geblättert, sodass der feinsplittrige Biss fehlt (vier Ursachen).
    - Die Plundergebäcke haben ein zu kleines Volumen und sind zu gering gelockert (eine Ursache).
    - Die Plundergebäcke sind zu flach und breitgelaufen (zwei Ursachen).
    - Die oberen Schichten der Plundergebäcke blättern beim Glasieren ab (eine Ursache).
21. Nennen Sie Füllungen für Plundergebäcke.
22. Erklären Sie die Unterschiede der Croissants gegenüber anderen Plundergebäcken in Bezug auf
    - den Hefeteig,
    - die Ziehfettmenge.
23. Nennen Sie die Bestimmungen der Leitsätze für Buttercroissants.
24. Geben Sie die Qualitätsmerkmale der Plundergebäcke und Croissants für die Kundenberatung an (Gebäckbeschaffenheit, Geschmack, Bekömmlichkeit).
25. Geben Sie Auskunft über die Frischhaltung der Plundergebäcke und Croissants.
26. Wofür eignen sich Plundergebäcke und Croissants besonders gut?
27. Da der Duft frisch gebackener Gebäcke die Kunden anzieht, sollen einige Plundergebäcke im Ladenbackofen frisch gebacken werden. Sie sollen hierfür geeignete Gebäcke auswählen und für das Verkaufspersonal einen Merkzettel für das Backen im Ladenbackofen und die Fertigstellung der Gebäcke verfassen.

LF 1.4

18 Feine Backwaren aus Blätterteig

Situation

Ihre Bäckerei/Konditorei plant eine Aktion „Kaffeegebäcke", bei der die Kunden die Herstellung der Gebäcke in einer dafür eingerichteten kleinen Schaubackstube beobachten können. Sie sind für Blätterteiggebäcke zuständig. Auf einer Schautafel steht das Grundrezept und die verschiedenen Ziehfette stellen Sie aus.
Den Kunden führen Sie die Herstellung der drei Blätterteigarten vor und zeigen das Tourieren. Sie fertigen süße und pikante Blätterteiggebäcke aus den jeweils dafür geeigneten Blätterteigarten.

- Wie viel Ziehfett wird für Blätterteig verwendet und welche Ziehfettarten eignen sich zum Tourieren von Blätterteig?
- Welche drei Blätterteigarten gibt es und wie unterscheiden sie sich voneinander?
- Wie wird Blätterteig touriert und wie viel Lagen enthält fertig tourierter Blätterteig?
- Wie werden Blätterteiggebäcke gelockert?
- In welche vier Gruppen werden Blätterteiggebäcke eingeteilt und welche Blätterteiggebäcke gehören jeweils dazu?

LF 1.4

Diese lockeren, blättrigen Gebäcke entstanden durch Zufall. Ein Konditor versuchte seine Teigfladen rationeller zu backen. Er legte die dünnen Teigfladen übereinander. Damit sie jedoch nicht zusammenklebten, bestrich er die einzelnen Fladen mit Öl. Er backte die Teigfladen übereinander aus. Nach dem Backen stellte er fest, dass die Fladen sich voneinander abgehoben hatten. Zwischen den dünnen Fladen waren sogar Hohlräume entstanden. Der Konditor bemerkte auch, dass die Fladen im Gebäckinneren ebenso knusprig und großblättrig waren.

Nachweislich stellte man schon im frühchristlichen Rom in luxuriöser Gesellschaft Pasteten aus Blätterteig her.

18.1 Blätterteig

Den Namen hat der Blätterteig von der lockeren und blättrigen Beschaffenheit der Gebäcke.

Grundteig (Weizenteig) für Blätterteig

Grundteig		
Hauptzutaten	1 000 g	Weizenmehl, Type 405 oder 550
	500 g	Wasser
	20 g	Salz
teigverbessernde Zutaten	80 g	Backmargarine oder Butter
	40 g	Eigelb (2 Stück)
	60 g	Zucker
Grundteig (Weizenteig)	**1 700 g**	
Ziehfett	1 000 g	
Blätterteiggewicht	**2 700 g**	

Teigtemperatur
22 bis 24 °C, kaltes Wasser oder Eiswasser verwenden

Knetzeit im Spiralkneter
2 Minuten Langsamgang, 7 Minuten Schnellgang.
Den Grundteig zu einem glatten Teig kneten.

Teigruhe
- Den Grundteig rundwirken.
- Den Grundteig in Folie einschlagen, damit sich keine Haut bildet.
- Den Grundteig im Kühlschrank bzw. Kühlraum ca. 30 Minuten ruhen lassen.
  Den Grundteig kann man auch über Nacht in der Kühlung entspannen lassen.

Tourieren: Ziehfett in den Grundteig einlegen und zwei einfache und zwei doppelte Touren im Wechsel geben.

Aufarbeiten: Den Blätterteig ausrollen, Stücke schneiden, Füllung daraufgeben und die Stücke fertigstellen.

Backen: 210 oder 220 °C, ohne Schwadengabe

Geeignete Mehltypen: 405 oder 550

Grundteig für Blätterteig benötigt keinen so starken Kleber, sodass Weizenmehl der Type 405 statt des kleberstarken Mehls der Type 550 verwendet werden kann. Mit diesem etwas kleberschwächeren Mehl entspannt sich der Blätterteig in den Ruhezeiten schneller.

Blätterteig mit dem kleberstarken Mehl der Type 550 sorgt wegen des guten Gashaltevermögens für die beste Lockerung. Der Blätterteig benötigt jedoch unbedingt ausreichende Ruhezeiten zur Kleberentspannung im Blätterteig.

Wirkung der teigverbessernden Zutaten im Grundteig

Zutaten	Wirkung
Backmargarine oder Butter	Durch etwas Fett wird der Grundteig elastischer und lässt sich dadurch besser ausrollen.
Eigelbe	Das Lezithin im Eigelb hat eine emulgierende Wirkung, sodass der Grundteig geschmeidiger wird.
Zucker	Die Gebäckkruste bräunt dadurch schöner und wird röscher (splittriger).

Ziehfett

Grundteig (1 700 g)
davon 1 000 g Weizenmehl
⟷
1 000 g Ziehfett

! Es wird die gleiche Menge Ziehfett in den Grundteig touriert, wie der Grundteig Weizenmehl enthält.

Grundteig und Ziehfett für Blätterteig

Als Ziehfett eignet sich geschmeidiges, ausrollfähiges Fett. Es muss sich beim Ausrollen mit dem Grundteig gleichmäßig mitrollen. Dabei darf es nicht reißen oder schmieren.

Das Ziehfett sollte bei der Verarbeitung in etwa die gleiche Festigkeit wie der Grundteig besitzen. Nur so kann es beim Tourieren mit dem Teig gleichmäßig ausgerollt werden. Ist das Ziehfett zu fest, reißt es, ist es zu weich, schmiert es.

Hauptsächlich wird Ziehfett in den praktischen, verarbeitungsfertigen Platten verarbeitet.

Ziehfettarten	Verarbeitungstemperatur
Ziehmargarine	ca. 20 °C
Ziehmargarine mit Butteranteil	15 bis 18 °C
Butter (Tourierbutter)	10 bis 12 °C
fraktionierte Butter	10 bis 15 °C

Ziehmargarine und auch fraktionierte Butter lassen sich leichter verarbeiten als Butter, weil sie temperaturunempfindlicher sind und deshalb beim Ausrollen während des Tourierens nicht schmieren.

LF 1.4

Geschmacklich ist Butterblätterteig besser. Butterblätterteiggebäcke sind auch leichter verdaulich, da Butter einen niedrigeren Schmelzpunkt hat als Ziehmargarine und bei Körpertemperatur schmilzt.

Blätterteig mit fraktionierter Butter touriert, ist leichter zu tourieren als mit Butter, darf jedoch nicht als Butterblätterteig bezeichnet werden.

Bestimmungen der Leitsätze
Bei „Butterblätterteig" darf für den Grundteig und als Ziehfett ausschließlich Butter verarbeitet werden.

Erklärung: Blätterteig

- Blätterteig besteht aus einem Grundteig, einem Weizenteig, der hauptsächlich aus Weizenmehl, Wasser und Salz besteht.
- In den Grundteig wird ein hoher Anteil an Ziehfett touriert. Blätterteig enthält somit viel Ziehfett.
- Blätterteig wird nur beim Backen durch Wasserdampf gelockert. Er enthält kein zusätzliches Lockerungsmittel wie Hefe oder Backpulver.

Erklärung: Plunderteig
Plunderteig wird aus leichtem Hefeteig hergestellt, in den weniger Ziehfett als in den Blätterteig touriert wird. Deshalb sind Plundergebäcke weicher im Biss und nicht so blättrig und splittrig.

Aufgaben

1. Erstellen Sie ein Grundteigrezept für Blätterteig mit den Hauptzutaten und den teigverbessernden Zutaten.
2. Wie sollte die Teigtemperatur des Grundteigs sein?
3. Beschreiben Sie die Teigruhe des Grundteigs.
4. Welche Mehltypen eignen sich für den Grundteig?
5. Erklären Sie die Wirkungen der teigverbessernden Zutaten.
6. Wie hoch ist die Ziehfettmenge, die in den Grundteig touriert wird?
7. Nennen Sie die Ziehfettarten, die in den Grundteig touriert werden können, und geben Sie die Verarbeitungstemperaturen an.
8. Wie sollte die Festigkeit des Grundteigs und des Ziehfetts beim Tourieren sein? Begründen Sie Ihre Antwort.
9. Geben Sie die Bestimmungen der Leitsätze für Butterblätterteig an.
10. Erklären Sie einen Blätterteig.
11. Wie unterscheiden sich Blätterteig und Plunderteig in Bezug auf
    - den Teig und
    - die Ziehfettmenge?
12. Stellen Sie Blätterteige mit den verschiedenen Ziehfettarten her und vergleichen Sie das Tourieren und die Aufarbeitung sowie die Lockerung und den Geschmack der Gebäcke.

LF 1.4

Rechenaufgaben

1. Für den Grundteig eines Blätterteigs wiegt der Bäcker/Konditor 80 g Butter als teigverbessernde Zutat auf 1 kg Weizenmehl ab. Wie viel kg Butter werden für 6,500 kg Weizenmehl benötigt?
2. Eine Bäckerei/Konditorei stellt Blätterteig mit folgendem Rezept her:

8 000 g	Weizenmehl	320 g	Eigelb
4 000 g	Wasser	400 g	Zucker
160 g	Salz	8 000 g	Ziehfett
640 g	Butter		

   Der Backverlust der Blätterteiggebäcke beträgt 17,5 %. Ein Blätterteiggebäck wiegt ausgebacken 68 g. Wie viel Gebäckstücke erhält die Bäckerei/Konditorei?
3. Der Grundteig für Blätterteig wird aus 4,5 kg Weizenmehl und 2 250 g Wasser hergestellt. Die weiteren Rohstoffe wiegen 1 050 g und in den Grundteig wird 4½ kg Ziehfett touriert.
   a) Ermitteln Sie die Menge des Blätterteigs in kg (Grundteig und Ziehfett).
   b) Wie viel % Ziehfett enthält der Blätterteig?
   c) Aus diesem Blätterteig sollen 246 Blätterteigstückchen aufgearbeitet werden. Wie viel g wiegt der Teig eines Blätterteigstückchens?
   d) Berechnen Sie das Gewicht eines Blätterteigstückchens, bei dem die Füllung 34 % des Teiggewichts beträgt.

18.2 Blätterteigarten

Es gibt drei Blätterteigarten, die sich in der Herstellungsweise unterscheiden.

	Deutscher Blätterteig	Französischer Blätterteig	Holländischer Blätterteig
Unterschiede der Blätterteigarten	 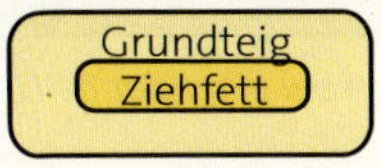	 	 
	Beim deutschen Blätterteig wird der Grundteig um das Ziehfett geschlagen. Der Grundteig befindet sich außen, das Ziehfett ist innen.	Beim französischen Blätterteig wird das Ziehfett über den Grundteig geschlagen. Das Ziehfett befindet sich außen, der Grundteig ist innen. Das Ziehfett muss bei der Verarbeitung gut gekühlt sein.	Beim holländischen Blätterteig liegt das Ziehfett würfelförmig und verteilt im Teig.
Touren	• 1 einfache und • 1 doppelte Tour	• 1 einfache und • 1 doppelte Tour	• 1 einfache Tour • 1 doppelte Tour • 1 einfache Tour • 1 doppelte Tour Die Touren können ohne Ruhepause hintereinander gegeben werden.
Ruhepause	Mindestens 30 Minuten Ruhepause. Der Blätterteig kann auch über Nacht stehen gelassen werden. Den tourierten Blätterteig in eine Folie einschlagen, damit der Teig keine Haut bildet, und im Kühlschrank bzw. Kühlraum lagern.	Mindestens 30 Minuten im Kühlschrank bzw. Kühlraum stehen lassen. Der Blätterteig kann auch über Nacht stehen gelassen werden. Bei kurzer Ruhepause braucht der französische Blätterteig nicht in Folie eingeschlagen zu werden, da das Ziehfett außen liegt und somit eine Hautbildung nicht möglich ist.	
Touren	• 1 einfache Tour und • 1 doppelte Tour	• 1 einfache und • 1 doppelte Tour	
Ruhepause	Mindestens 30 Minuten im Kühlschrank bzw. Kühlraum stehen lassen. Der Blätterteig kann auch über Nacht stehen gelassen werden. Den fertig tourierten deutschen Blätterteig in eine Folie einschlagen.	Mindestens 30 Minuten im Kühlschrank bzw. Kühlraum stehen lassen. Der Blätterteig kann auch über Nacht stehen gelassen werden.	Den fertig tourierten holländischen Blätterteig in Folie einschlagen und vor dem Aufarbeiten mindestens 15 Minuten in der Kühlung entspannen lassen. Der Blätterteig kann auch über Nacht stehen gelassen werden.
Aufarbeiten des Blätterteigs	Der Blätterteig wird bis zur gewünschten Stärke ausgerollt und in Stücke geschnitten.		

LF 1.4

Verwendung der Blätterteigarten

Deutscher und französischer Blätterteig können für alle Blätterteiggebäcke verwendet werden. Beide Blätterteigarten haben eine starke Lockerung und ziehen gut hoch (blättern).

Holländischer Blätterteig kann nur für flache Gebäcke verwendet werden, z. B. für Böden der Holländer Kirschsahnetorte, Holländer Kirschsahneschnitten und Cremeschnitten sowie für Käsegebäck, Käsestangen, Teeblätter, Schweinsohren und Sahnerollen bzw. Schaumrollen. Holländischer Blätterteig enthält wegen der Ziehfettwürfel beim Tourieren unterbrochene Ziehfettschichten. Dadurch ziehen die Gebäcke im Backofen nicht so gut hoch, sie bleiben also flach.

Tourieren der Blätterteige

Alle drei Blätterteigarten erhalten zwei einfache und zwei doppelte Touren, die im Wechsel touriert werden – 1 einfache, 1 doppelte, 1 einfache und 1 doppelte Tour → Tourieren beim Plunderteig, Seite 300.

Die einfache Tour

Den Blätterteig in drei Lagen übereinanderlegen.

LF 1.4

Zusammenlegen bei einer einfachen Tour

Enfache Tour, drei Schichten

Die doppelte Tour

Den Blätterteig in vier Lagen übereinanderlegen.

Zusammenlegen bei einer doppelten Tour

Doppelte Tour, vier Schichten

Der fertig tourierte deutsche Blätterteig enthält 144 Ziehfettschichten (145 Teigschichten). Dabei werden die Ziehfettschichten der einzelnen Touren multipliziert. Der französische Blätterteig enthält 145 Ziehfettschichten.

Tourierter Blätterteig

Grundsätzliches beim Tourieren

- Ausrollstärke: Den Blätterteig beim Tourieren ca. 8 mm dick und möglichst rechteckig ausrollen.
- Den Walzenabstand beim Ausrollen mit der Ausrollmaschine nur in kleinen Abständen verringern, damit die Teig-Ziehfett-Schichten nicht zusammengedrückt werden.
- Vor dem Zusammenlegen des Blätterteigs beim Tourieren das Staubmehl gründlich abkehren, damit das Gebäck nicht trocken wird.
- Den Blätterteig genau zusammenlegen, damit keine ziehfettfreien Stellen entstehen. Den Teig dabei nicht ziehen und drücken.
- Nach jeder Tour den Blätterteig um 90° drehen und die nächste Tour ausrollen. Somit kommen die Enden des Teigs beim Einschlagen der nächsten Tour nach innen.
- Ausreichend Ruhepausen im Kühlschrank bzw. Kühlraum einlegen, damit sich der Kleber im Blätterteig wieder entspannen kann. Durch das häufige Ausrollen wird der Kleber zäh und der Teig straff. Nur ein entspannter Blätterteig lässt sich leicht ausrollen. Ein zu straffer Teig bei zu kurzer Ruhepause reißt beim Rollen und „schnurrt" (zieht sich zusammen).

Tiefgefrieren von Blätterteig

Statt täglich kleine Mengen an Blätterteiggebäcken herzustellen, können fertig aufgearbeitete Blätterteigteiglinge tiefgefroren werden. Damit sie nicht austrocknen, werden sie in Folie eingeschlagen. Bei Bedarf können die Stückchen dann aufgetaut und gebacken werden.

Fertig gebackene Blätterteigstücke sollten nicht tiefgefroren werden, weil sie nach dem Auftauen an der Oberfläche stark abblättern, vor allem beim Glasieren, und so unansehnlich werden.

Holländischer Blätterteig

Rezeptbeispiel: Holländischer Blätterteig

1 000 g	Weizenmehl, Type 550 oder 405	Teigtemperatur: 22 bis 24 °C, kaltes Wasser oder Eiswasser verwenden
550 g	Wasser (kalt)	
20 g	Salz	
60 g	Zucker	
1 000 g	Ziehfett	
2 630 g	**Teiggewicht**	

Herstellung des holländischen Blätterteigs

Die Zutaten werden mit den Ziehfettwürfeln zu einem groben Teig in einem langsam laufenden Hubkneter oder mit der Hand zusammengemischt (angewirkt). Dabei dürfen die Zutaten nur zusammengedrückt und nicht geknetet werden, damit die Fettstücke erhalten bleiben. Holländischer Blätterteig ist ein grober, schwach gebundener Teig.
Durch die Ziehfettstückchen entstehen beim Tourieren größere zusammenhängende Ziehfettschichten, die jedoch unterbrochen sind.

Die Herstellung des holländischen Blätterteigs erfolgt verhältnismäßig schnell. Auch die Touren können ohne Ruhepause gegeben werden. Deshalb nennt man den holländischen Blätterteig im Fachjargon auch „Blitzblätterteig".

Zutaten für die Herstellung von holländischem Blätterteig mit der Hand

Den Teig zu einem Block formen, in Folie einschlagen und ca. 30 Minuten im Kühlschrank bzw. Kühlraum entspannen lassen.

Ziehfettwürfel im Teig

LF 1.4

Aufarbeiten von Blätterteig

Blätterteig ausrollen
Den fertig tourierten Blätterteig in zwei Richtungen ausrollen, damit sich der ausgerollte Blätterteig auf dem Arbeitstisch nicht zusammenzieht.
Zuerst den Blätterteig so lang wie die Bandbreite der Ausrollmaschine ist ausrollen. Den Teig drehen und ihn dann bis zur Ausrollstärke von 3 mm ausrollen.

Schneiden zu Blätterteigstücken
Den Blätterteig nur mit einem scharfen Messer oder einer scharfen Schneidewalze zu Teigstücken schneiden.
Ein stumpfes Messer oder ein stumpfer Ausstecher würde die Teig-Ziehfett-Schichten an den Schnittstellen zusammendrücken. Der Blätterteig würde somit beim Backen an den Schnittstellen nicht hochziehen können.

Füllen und Fertigstellen der Blätterteigstücke
Die Schnittstellen mit Wasser bestreichen und die Füllung auf die Teigstücke aufspritzen oder auflegen.
Den Blätterteig über die Füllung legen und die verschiedenen Blätterteigstücke fertigstellen.
Die fertig aufgearbeiteten Blätterteigstückchen auf ein Backblech setzen.

LF 1.4

Aufarbeiten von Blätterteigstücken

Bestreichen mit Eistreiche
Die Blätterteigstückchen auf dem Backblech dünn mit Eistreiche bestreichen, damit die Gebäcke eine schöne Krustenfarbe bekommen.

Beispiel für eine Eistreiche: Vollei mit großer Prise Salz in einem Gefäß mit einem Pinsel verrühren.

Ruhepausen bei der Blätterteigherstellung

Ruhepausen sind nach jeder Beanspruchung des Teigs notwendig. Beim Kneten des Teigs und durch das Ausrollen beim Tourieren und Aufarbeiten wird der Kleber zäh und der Teig straff.
Bei den Ruhepausen kann sich der Kleber entspannen, sodass der Teig geschmeidiger und elastischer wird.
Sind die Ruhepausen zu kurz, „schnurrt" der Blätterteig beim Aufarbeiten und beim Backen, d. h., die Blätterteigstücke ziehen sich zusammen.

Entspannter und geschnurrter Blätterteig nach dem Schneiden

Backen
210 °C bei gefüllten Blätterteigstückchen,
220 °C bei flachen, ungefüllten Blätterteiggebäcken wie Schweinsohren, Teeblätter, Sahnerollen, Blätterteigböden

Blätterteig ohne Schwadengabe in den Backofen schieben, weil der heiße Dampf des Schwadens die Teig-Ziehfett-Schichten leicht verkleben lassen würde.

Lockerung der Blätterteiggebäcke

Die Lockerung des Blätterteigs erfolgt beim Backprozess durch Wasserdampf (physikalische Lockerung, → Seite 259).

- Durch die Backhitze schmilzt das Ziehfett, das die Teigschichten voneinander trennt.
- Das Ziehfett ist ein guter Wärmeleiter, sodass die Backhitze durch die Ziehfettschichten in das Teiginnere gelangt.
- Die Teigschichten werden dabei stabil, indem die Stärke im Teig verkleistert und der Kleber gerinnt.
- Durch das Eindringen der Backhitze zwischen die Teigschichten entsteht eine Temperatur über 100 °C, sodass ein Großteil des Teigwassers verdampft.
- Der entstehende Wasserdampf hebt die einzelnen stabilen Teigschichten leicht nach oben.
- Bis zum Ende des Backens werden die einzelnen Teigschichten durch die hohe Backhitze im Gebäckinneren leicht rösch.

So erhalten Blätterteiggebäcke eine blättrige, lockere Beschaffenheit und einen zart-splittrigen Biss.

Lockerung der Blätterteiggebäcke

Lockerung der Blätterteiggebäcke beim Backen

Aufgaben

1. Nennen Sie die drei Blätterteigarten und unterscheiden Sie diese in Bezug auf die Verarbeitung des Ziehfetts.
2. Nennen Sie die Touren und die Tourenfolge sowie die Ruhepausen bis zum Aufarbeiten bei
   - deutschem Blätterteig,
   - französischem Blätterteig,
   - holländischem Blätterteig.
3. Beschreiben Sie, für welche Gebäcke die Blätterteigarten verwendet werden, und begründen Sie die Eignung der Blätterteige:
   - deutscher und französischer Blätterteig
   - holländischer Blätterteig
4. Beschreiben Sie die Grundsätze beim Tourieren von Blätterteig in Bezug auf
   - Ausrollstärke,
   - Walzenabstand beim Ausrollen in der Ausrollmaschine,
   - Staubmehl,
   - Zusammenlegen des Teigs, →
   - Drehen nach jeder Tour,
   - Ruhepausen.
5. Erklären Sie, wie sich Blätterteig zum Tiefgefrieren eignet.
6. Erstellen Sie ein Rezept für holländischen Blätterteig.
7. Beschreiben Sie die Herstellung von holländischem Blätterteig.
8. Beschreiben Sie das Aufarbeiten von Blätterteig:
   - Blätterteig ausrollen
   - schneiden zu Blätterteigstücken
   - füllen und fertigstellen
   - bestreichen mit Eistreiche
9. Erklären Sie, warum bei der Herstellung von Blätterteig nach jeder Beanspruchung des Teigs Ruhepausen notwendig sind.
10. Nennen Sie die Backtemperaturen für
    - gefüllte Blätterteiggebäcke,
    - für flache ungefüllte Blätterteiggebäcke.
11. Erklären Sie, wie Blätterteiggebäcke im Backofen gelockert werden.
12. Sie sollen in Ihrer Bäckerei/Konditorei die Unterschiede zwischen deutschem und französischem Blätterteig feststellen. Notieren Sie die Vorteile beim Tourieren und Aufarbeiten der Blätterteige sowie die Lockerung und den Geschmack der Blätterteiggebäcke. Geben Sie Ihrem Chef eine Empfehlung, welcher Blätterteig in Ihrem Betrieb zukünftig hergestellt werden soll.

Rechenaufgabe

Deutscher Blätterteig wird mit einer einfachen, einer doppelten, einer einfachen und einer doppelten Tour touriert. Berechnen Sie die Zahl der Ziehfettschichten nach jeder Tour.

18.3 Blätterteiggebäcke

Einteilung der Blätterteiggebäcke	Gebäckbeispiele
Süße Blätterteigstückchen mit Füllungen	• Quarktaschen, Kirschtaschen – Quarkfüllung, gebundene Sauerkirschen • Apfelrollen – Apfelfüllung • Apfel-, Quark-, Kirschstrudel, Früchtekörbchen – Apfel und Quarkfüllung, gebundene Sauerkirschen, Vanillecreme • Blätterteigbrezeln – Nussfüllung Gefüllte Blätterteiggebäcke werden aprikotiert und mit Fondant glasiert. • Schaumrollen – Baisermasse • Sahnerollen – Schlagsahne
Süße Blätterteigstückchen, in Zucker gerollt oder karamellisiert	• Schweinsohren • Teeblätter – auf der glatten Seite eine dünne Schicht Buttercreme (Fettcreme) und darauf Fettglasur oder Schokoladenkuvertüre
Blätterteigböden für Torten und Desserts	• Holländer Kirschsahnetorten und -schnitten: drei Blätterteigböden bzw. Blätterteigstreifen, gefüllt mit gebundenen Sauerkirschen und Vanillesahne – Schlagsahne mit Vanillearoma → Seite 133 • Cremeschnitten: drei Blätterteigstreifen, gefüllt mit Vanillecreme oder leichter Vanillecreme
Pikante Blätterteiggebäcke	• Käsestangen – geriebener Emmentaler, Gouda oder Edamer • Käsegebäcke – geriebener Emmentaler, Gouda oder Edamer • Pasteten: werden gefüllt mit Ragout fin (Kalbfleisch in weißer Soße) oder mit Gemüse bzw. Pilzen. Es sind kleine Speisen im Café.

LF 1.4

Gefüllte Blätterteigstückchen

Blätterteigbrezel

Cremeschnitte

Pastete

Apfelrollen

Aufarbeitungsbeispiele

Quarktaschen, Kirschtaschen

- Blätterteig 12 × 12 cm schneiden.
- Die Ränder der Quadrate mit Wasser bestreichen.
- Füllung aufspritzen, z. B. Quarkfüllung oder gebundene Sauerkirschen.
- Die Ecken zur Mitte hin legen und zusammendrücken, mit Eistreiche bestreichen und ein dünn ausgerolltes, mit rundem Ausstecher ausgestochenes Blätterteigstück daraufdrücken, damit die Taschen zusammenhalten.
- Die Taschen mit Eistreiche bestreichen.

Blätterteigtaschen – Aufarbeitung

Früchtekörbchen

Schneiden der Früchtekörbchen

- Blätterteig 12 × 12 cm schneiden.
- Ca. 1,5 cm breite Ränder schneiden oder mit dem Früchtekörbchenausstecher eindrücken und mit Wasser bestreichen.
- Die Ränder diagonal zur anderen Seite überklappen.
- Vanillecreme einfüllen und darauf gebundene Sauerkirschen oder andere Früchte geben.

Gebundene Sauerkirschen auf die Vanillecreme geben

Apfelstrudel, Quarkstrudel, Kirschstrudel

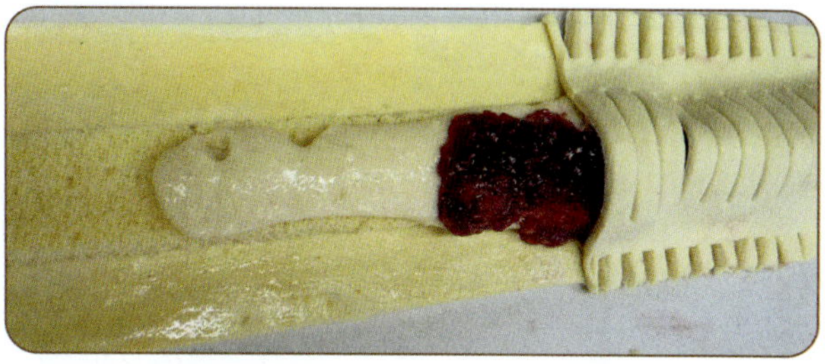

Aufarbeiten von Kirsch-Vanille-Strudel

- Zwei Blätterteigstreifen schneiden:
  - für den Boden 10 × 70 cm,
  - für den Deckel 12 × 70 cm,
  - die Ränder mit Wasser bestreichen.
- Den Blätterteigstreifen für den Boden auf ein Backblech legen und einen dünnen, ca. 5 cm breiten Streifen einer Kapsel in die Mitte des Blätterteigstreifens legen.
- Die Apfelfüllung daraufgeben bzw. Quarkfüllung oder gebundene Sauerkirschen aufspritzen.
- In den Blätterteigstreifen für den Deckel in der Mitte mit einem Roller Streifen einschneiden und ihn auf den Boden mit der Füllung legen. Die Ränder der Streifen seitlich andrücken und die Oberfläche mit Eistreiche bestreichen.

Kirsch-Vanillecreme-Strudel

LF 1.4

Sahnerollen, Schaumrollen

Schaumrolle

- Blätterteig 40 cm breit und 3 mm dick ausrollen.
- Ca. 3 cm breite und 40 cm lange Blätterteigstreifen schneiden und mit Wasser bestreichen.
- Die Streifen spiralförmig auf Metallrollen wickeln, die Oberfläche der Rollen in Zucker tauchen und auf Backbleche setzen.
- Ca. 30 Minuten vor dem Backen entspannen lassen.
- Nach dem Abkühlen die Metallrollen aus den Blätterteigrollen herausziehen und die Gebäcke mit Schlagsahne bzw. Baisermasse füllen.

Schweinsohren

Schweinsohr

- Holländischen Blätterteig oder Restblätterteig 3 mm dick und 55 cm breit ausrollen.
- Den ausgerollten Blätterteig dick mit Zucker bestreuen.
- Den Teig in ca. 6 cm breiten Lagen zweimal locker nach innen einschlagen und zum Schluss zu einer sechsfachen Lage übereina nderlegen.
- 1,5 bis 2 cm breite Stücke schneiden und mit der Schnittfläche auf gefettete oder mit Backpapier belegte Backbleche legen. Die runden Enden etwas auseinanderschieben.

Aufarbeiten der Schweinsohren

- Nach ca. 30 Minuten Ruhepause bei 220 °C und geöffnetem Zug ca. 15 Minuten eine Seite und 7 Minuten die zweite Seite backen.
- Wenn die Seitenränder braun sind, die Schweinsohren umdrehen und die andere Seite backen, bis beide Seiten goldbraun karamellisiert sind.

Teeblätter

Teeblätter

- Holländischen oder Restblätterteig 6 mm dick ausrollen.
- Mit einem gewellten Ausstecher Teigstücke von 8 cm Durchmesser ausstechen.
- Die ausgestochenen Blätterteigstücke mit der Ausrollmaschine dünn zu ovalen Stücken ausrollen, mit Wasser bestreichen und beide Seiten in Zucker legen. Oder den ausgestochenen Blätterteig mit einem Rundholz oval auf Zucker ausrollen.
- Nach ca. 30 Minuten Ruhepause bei 220 °C und geöffnetem Zug ca. 15 Minuten backen.
- Die abgekühlten Teeblätter auf der glatten Seite mit Buttercreme bestreichen und die Creme in der Kühlung absteifen lassen.
- Die Teeblätter mit der Cremeseite in Schokoladenkuvertüre oder Fettglasur tauchen und mit einer Palette leicht abstreifen.

Käsestangen

- 600 g geriebenen Käse (Emmentaler, Edamer, Gouda) mit 20 g edelsüßem Paprika, etwas Salz und Pfeffer mischen.
- 2 000 g Blätterteig ca. 8 mm dick ausrollen und mit Wasser bestreichen.
- 300 g des Käses aufstreuen, eine einfache Tour geben und den Blätterteig kurz entspannen lassen.
- Den Blätterteig 25 cm breit und 3 mm dick ausrollen und auf einen Arbeitstisch legen.
- Den Blätterteig mit Wasser bestreichen und mit den restlichen 300 g des gewürzten Käses bestreuen.
- Den Blätterteig zusammenlegen, sodass er 12,5 cm breit ist.
- Die Teigoberfläche mit Wasser bestreichen und 200 g geriebenen Käse aufstreuen und etwas andrücken. Der Käse obenauf enthält keinen Paprika, weil dadurch der Käse beim Backen eine dunkle, unschöne Farbe bekommen würde.
- Ca. 2,5 cm breite Streifen schneiden, leicht spiralförmig drehen und auf Backbleche setzen.

LF 1.4

- Käsestangen nach ca. 30 Minuten Ruhepause bei 220 °C und geöffnetem Zug ca. 20 Minuten backen.

Käsestangen

Käsegebäcke aus Blätterteig

- 1 000 g holländischen Blätterteig oder Restblätterteig mit ca. 400 g geriebenem Käse, der mit edelsüßem Paprika, Pfeffer und Salz gewürzt ist, in der Knetmaschine im Langsamgang gut vermischen.
- Den Käseblätterteig 4 mm dick ausrollen, mit Eistreiche bestreichen und mit geriebenem Käse, Sesam, Mohn, Kümmel, gehobelten Mandeln und gestiftelten Mandeln bestreuen.
- Verschiedene Formen wie Quadrate, Rechtecke, Dreiecke, Rauten schneiden oder ausstechen, z. B. Blüten, Halbmonde, Ovale.
- Bei 220 °C ca. 10 Minuten backen.

Käsegebäcke aus Blätterteig

Fehler bei Blätterteiggebäcken

Gebäckfehler	Ursachen
Blätterteiggebäcke „schnurren" beim Backen, d. h., sie ziehen sich etwas zusammen.	Die Ruhezeiten waren zu kurz • beim Tourieren und • vor dem Backen.
Die Blätterteiggebäcke sind zu flach und zeigen eine geringe Blätterung (Lockerung).	• Der Teig wurde beim Tourieren zu dünn ausgerollt. • Der Teig war beim Tourieren und Aufarbeiten zu warm, weil er während der Ruhezeiten nicht im Kühlschrank bzw. Kühlraum stand. • Grundteig und Ziehfett hatten nicht die gleiche Festigkeit. • Durch ungenaues Zusammenlegen beim Tourieren entstanden fettfreie Stellen. • Der Blätterteig wurde in zu großen Millimeterabständen ausgerollt, wobei die Ziehfettschichten zerstört wurden.
Die Blätterteiggebäcke backen „wild", d. h., die Gebäckstücke blättern ungleichmäßig hoch.	Die Ziehfettschichten im Blätterteig sind zu dick. • Die Ausrollstärke beim Tourieren war zu dick. • Es wurden zu wenig Touren gegeben.
Die Blätterteiggebäcke ziehen seitlich an den Schnittstellen ungleichmäßig hoch.	Der Blätterteig wurde mit einem stumpfen Messer geschnitten und dabei die Schnittstellen zerdrückt.
Die Gebäcke sind zu trocken.	• Das Staubmehl wurde beim Tourieren und Aufarbeiten nicht abgekehrt. • Wegen zu niedriger Backtemperatur lief beim Backen Fett aus den Gebäcken.
Im Gebäckinneren sind speckige Schichten.	Die Gebäcke sind noch nicht ausgebacken. • Die Backzeit war zu kurz. • Wegen zu hoher Backtemperatur war die Backzeit zu kurz.

LF 1.4

Verkaufsargumente

Qualitätsmerkmale für die Kundenberatung

- Blätterteiggebäcke sind lockere und zart-splittrige Gebäcke.
- Die verschiedenen Blätterteiggebäcke enthalten geschmackvolle und erfrischende Füllungen.
- Gebäcke aus Blätterteig enthalten viel Ziehfett, sind aber wegen der lockeren Beschaffenheit für gesunde Menschen gut bekömmlich.
- Butterblätterteig ist wegen des Buttergeschmacks geschmackvoller als Blätterteig mit Ziehmargarine. Wegen des niedrigeren Schmelzpunkts der Butter ist Butterblätterteig auch bekömmlicher als Blätterteig mit Ziehmargarine. Butter schmilzt bereits bei Bluttemperatur. Der Schmelzpunkt von Ziehmargarine liegt über der Körpertemperatur.

Frischhaltung der Blätterteiggebäcke

Blätterteiggebäcke sind trotz der hohen Ziehfettmenge nur kurze Zeit frisch, weil das Wasser der einzelnen Teigschichten weitgehend beim Backen verdampft.

Blätterteiggebäcke schmecken frisch am besten. Sie sind frisch, solange das Ziehfett weich ist und die Schichten splittrig im Biss sind und somit beim Verzehr splittrig bröckeln.
Verkaufsfähig sind gefüllte Blätterteiggebäcke nur am Tag der Herstellung.
Käsestangen und Käsegebäcke sind einige Tage bei Raumtemperatur lagerfähig.

Am besten schmecken warme Blätterteiggebäcke. Empfehlenswert ist deshalb, wenn kalte Blätterteiggebäcke von den Kunden vor dem Verzehr kurz aufgebacken, dann aber sofort gegessen werden.

Besondere Eignung der Blätterteiggebäcke

- Süße Blätterteigstückchen passen gut zu Kaffee und Tee.
- Die pikanten Käsestangen und Käsegebäck aus Blätterteig sind Knabbergebäcke, die sich auch für Partys und zu alkoholischen Getränken eignen.

LF 1.4

Aufgaben

1. Nennen Sie Beispiele für Blätterteiggebäcke:
   - süße Blätterteigstückchen mit Füllungen
   - süße Blätterteigstückchen, in Zucker gerollt
   - Blätterteigböden für Torten und Desserts
   - pikante Blätterteiggebäcke
2. Nennen Sie die möglichen Ursachen folgender Fehler bei Blätterteiggebäcken:
   - Blätterteiggebäcke schnurren beim Backen.
   - Die Blätterteiggebäcke sind zu flach und zeigen eine geringe Lockerung.
   - Die Blätterteiggebäcke backen „wild".
   - Die Blätterteiggebäcke ziehen an den Seiten bei den Schnittstellen ungleichmäßig hoch.
   - Die Blätterteiggebäcke sind zu trocken.
   - Im Gebäckinneren sind speckige Schichten.
3. Erläutern Sie die Qualitätsmerkmale und Bekömmlichkeit der Blätterteiggebäcke für die Kundenberatung.
4. Welche zwei Vorteile hat Butterblätterteig gegenüber Blätterteig mit Ziehmargarine?
5. Erklären Sie die Frischhaltung der Blätterteiggebäcke und erläutern Sie, wann Blätterteiggebäcke am besten schmecken.
6. Wozu eignen sich folgende Blätterteiggebäcke:
   - süße Blätterteigstückchen,
   - pikante Käsestangen und Käsegebäcke?
7. Ein Kunde im Café beschwert sich, dass die Schweinsohren beim Abbeißen so splittrig bröseln. Sie erläutern ihm diese Qualitätsmerkmale der Blätterteiggebäcke.

Rechenaufgabe

12,500 kg Äpfel werden geschält. Der Schälverlust beträgt 28 %. Zur Herstellung einer Apfelfüllung werden auf 1 kg geschälte Äpfel 120 g Zimtzucker gegeben. Für 1 Stück Blätterteig-Apfelrolle werden 40 g Apfelfüllung benötigt.

a) Wie viel kg Äpfel bleiben nach dem Schälen für die Apfelfüllung übrig?

b) Berechnen Sie, wie viel Zimtzucker für die Apfelfüllung benötigt wird und wie viel kg Apfelfüllung man erhält.

c) Ermitteln Sie, wie viel Blätterteig-Apfelrollen mit dieser Apfelfüllung hergestellt werden können.

19 Glasuren und Füllungen

Situation

Die Fachverkäuferinnen backen im Ladenbackofen gefüllte Plunder- und Blätterteiggebäcke aus. Um die Frische zu demonstrieren, werden die Gebäcke vor den Augen der Kunden glasiert. Sie erläutern einer neuen Kollegin das fachgerechte Aprikotieren und Glasieren mit Fondant und erklären ihr die unterschiedlichen Füllungen, damit sie die Kunden beraten kann.

- Was ist eine Aprikotur und warum wird sie auf Gebäcke gestrichen?
- Was versteht man unter dem „Temperieren des Fondants" und warum muss Fondant temperiert werden?
- Welche Vorteile haben die Glasuren auf den Gebäcken?
- Welche Fehler können beim Glasieren gemacht werden?
- Woraus besteht eine Puderzuckerglasur und wofür wird sie verwendet?
- Welche gefüllten Gebäcke werden in der Bäckerei/Konditorei angeboten und woraus bestehen die Füllungen?

19.1 Zuckerhaltige Glasuren

Die zwei am häufigsten in der Bäckerei/Konditorei verwendeten Glasuren sind Aprikotur und Fondant.

Mit Aprikotur und Fondant werden glasiert:

- Plundergebäcke → Seite 299
- Hefeteiggebäcke wie Hefezöpfe, Gugelhupfe, Savarins, Osterfladen u. a. → Seite 271, 297, 298 und 295
- Blätterteiggebäcke → Seite 316
- oberer Blätterteigboden der Holländer Kirschsahnetorten und -schnitten sowie der Cremeschnitten → Seite 527 und 316
- Teegebäcke aus 1-2-3-Mürbeteig → Seite 337
- Punschdesserts und Mokkaeclairs → Seite 532
- Berliner und Spritzkuchen (Strauben) → Seite 285

Glasierte Plundertasche

Aprikotur

Die Aprikotur bildet die erste Glasurschicht auf den Backwaren und ermöglicht erst das Glasieren mit Fondant.

> **!**
>
> **Herstellen der Aprikotur**
> - Aprikosenkonfitüre glatt rühren und in ein Gefäß geben.
> - Die Aprikosenkonfitüre mit etwas Wasser verdünnen und kochen.

Gekochte Aprikotur zum Aprikotieren

Das Aprikotieren

- Die kochende Aprikotur mit einem Pinsel dünn auf die gesamte Oberfläche der ofenheißen Gebäcke aufstreichen. Das Bestreichen der Gebäcke mit Aprikotur nennt man „Aprikotieren".
- Nur kochend heiße Aprikotur kann dünn auf die Oberfläche der Gebäcke gestrichen werden. Kühlt die Aprikotur bei längerem Aprikotieren ab und wird somit dicker, muss sie erneut aufgekocht werden, evtl. mit etwas Wasser verdünnt, das beim Kochen verloren gegangen ist.

Temperieren des Fondants zum Glasieren

- Der weiche, geschmeidige Fondant wird in einem Gefäß unter ständigem Rühren bei nicht zu starker Hitze auf ca. 37 °C erwärmt. Im Fachjargon spricht man vom „Temperieren des Fondants auf Blutwärme".
- Je nach Streichfähigkeit wird der temperierte Fondant noch mit etwas Wasser verdünnt und auf die aprikotierten Gebäcke gestrichen.

Aprikotur-Gelee

Große Bäckereien/Konditoreien besprühen die Gebäcke mit Aprikotur-Gelee. Aprikotur-Gelee ist Aprikosenkonfitüre mit Pektinen als Bindemittel, die in einem beheizbaren Behälter auf 85 bis 90 °C erhitzt wird. Das dünnflüssige, heiße Aprikotur-Gelee wird mithilfe eines Kompressors mit Druck durch einen Schlauch mit einer Sprühpistole gleichmäßig dünn auf die Gebäcke gesprüht.

Temperierter, streichfähiger Fondant

Fondant

LF 1.4

Fondant ist eine milchig weiße Zuckerglasur der Zuckerindustrie, die gebrauchsfertig im Handel ist.

Fondant von der Zuckerindustrie

Bei der Fondantherstellung wird Zucker mit Wasser und etwas Glukosesirup auf 117 °C zum Flug erhitzt. Der erhitzte Zucker wird sofort abgekühlt und dabei in einem Rührwerk tabliert, d. h. ständig in Bewegung gehalten. Auf diese Weise können sich nur winzige Zuckerkristalle bilden, die lichtundurchlässig sind, das Licht reflektieren und somit eine milchig weiße Zuckermasse ergeben, die geschmeidig ist.

Herrichten des Fondants zum Temperieren

Es sind zwei Fondantarten im Handel:

- Schon mit Wasser verdünnter, streichfähiger Fondant: Er wird aus dem Eimer genommen und in ein Gefäß zum Glasieren gegeben.
- Fester Fondant, der bei Raumtemperatur geschmeidig ist. Dieser Fondant wird aus dem Eimer in ein Gefäß gegeben und mit Wasser streichfähig verdünnt.

Glasieren und Überziehen mit Fondant

Einige Minuten nach dem Aprikotieren kühlt die Aprikotur ab und bildet eine dünne, feste Schicht auf der Oberfläche der Gebäcke. Erst jetzt wird der temperierte Fondant auf die Erzeugnisse dünn glasiert oder überzogen.

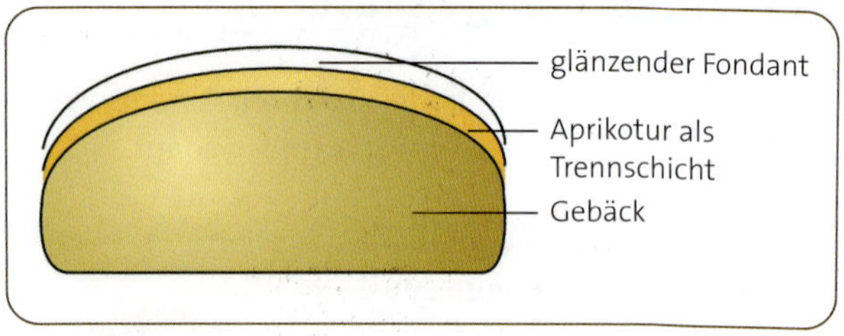

Mit Aprikotur und Fondant glasiertes Gebäck

Wirkungen der Aprikotur in Bezug auf den Fondant

- Wenige Minuten nach dem Aprikotieren kühlt die Aprikotur ab und wird fest. Sie bildet eine dünne Trennschicht auf der Oberfläche der Gebäcke und eine glatte Unterlage für den Fondant. So kann der Fondant dünn und gleichmäßig verstrichen werden.
- Der flüssige Fondant kann wegen der Aprikotur, die wie eine Trennschicht wirkt, nicht in die Gebäcke einfließen und bleibt somit als sichtbare Glasur auf den Gebäcken.
- Auf der festen Aprikoturschicht sieht der Fondant leicht weißlich aus und glänzt.

„Der Fondant ist abgestorben."

Wird der Fondant ohne Aprikotur auf die Gebäcke aufgetragen, entzieht die trockene Gebäckkruste dem Fondant Wasser. Der Fondant trocknet aus und „stirbt ab", d. h., er bekommt ein stumpfes weißes Aussehen und glänzt nicht.

Erkennung eines fachgerecht glasierten Fondants

- Der leicht weiße Fondant glänzt auf den Gebäcken.
- Der Fondant trocknet nach dem Glasieren schnell und klebt nicht beim Anfassen der Gebäcke.

Glasierte Nussschnecken

Geschmacklich und farblich veränderter Fondant

Geschmacklich kann der Fondant zum Glasieren bzw. Überziehen verbessert werden, z. B. mit Zitrone, Rum, Kirschwasser, Schokoladenkuvertüre.
Für Teegebäcke oder Petits Fours, die mit verschiedenfarbigem Fondant überzogen werden, wird Lebensmittelfarbe oder Kuvertüre in den Fondant gerührt.

Mit eingefärbtem Fondant überzogene Teegebäcke

Vorteile glasierter Gebäcke

- Schöneres Aussehen der Gebäcke durch den leicht weißen Fondant, der glänzt.
- Besserer Geschmack der Gebäcke.
  Durch den leicht fruchtigen Geschmack der Aprikotur und die angenehme Süße des Fondants erfolgt eine geschmackliche Abrundung der Gebäcke.
- Die Aprikotur schließt die Poren der Gebäcke, sodass diese nicht so schnell austrocknen und dadurch etwas länger frisch bleiben.

Fachgerecht glasierte Gebäcke

Geschmack- und farbgebende Zutaten zum Fondant	Fondantbezeichnung	Gebäcke, die mit diesem Fondant überzogen werden
flüssige Schokoladenkuvertüre	**Schokoladenfondant (Schokofondant)**	• Othelloschalen aus Biskuitmasse • Sachertorten • Desserts (Schnitten und Dessertstücke) • Teegebäcke aus 1-2-3-Mürbeteig (Plätzchen) • Petits Fours
Mokkapaste oder wasserlöslicher Kaffee, mit etwas Wasser angerührt	**Mokkafondant**	• Mokkaeclairs (Brandmasse) • Desserts (Schnitten) • Teegebäcke aus 1-2-3-Mürbeteig (Plätzchen) • Petits Fours
Lebensmittelfarben wie Rot, Gelb, Grün	**eingefärbter Fondant**	• Teegebäcke aus 1-2-3-Mürbeteig (Plätzchen) • oberer Blätterteigboden für Holländer Kirschsahnetorte • Desserts • Petits Fours

LF 1.4

Aprikotur- und Fondantfehler

Nur mit fachgerecht hergestellten Glasuren und mit sorgfältigem Glasieren werden die Gebäcke verbessert und verschönert.
Mit „Klecksen“ erreicht man sogar bei einwandfrei hergestellten Gebäcken das Gegenteil.
Beispielsweise wenn die Glasuren zu dick und ungleichmäßig aufgetragen werden oder unglasierte Stellen auf den Gebäcken entstehen.
Die unschön aussehenden Gebäcke schmecken an den dicken Glasurstellen zu süß, sodass der Eigengeschmack übertönt wird.

Aprikotur- und Fondantfehler	Ursachen
Der Fondant ist abgestorben, d. h., er ist auf den Gebäcken milchig weiß und glänzt nicht.	Gebäcke wurden mit zu warm temperiertem Fondant, über 40 °C, glasiert. Durch das zu starke Erwärmen entstehen aus den kleinen gelösten Zuckerkristallen beim Abkühlen große Zuckerkristalle, die weiß aussehen und stumpf sind.
• Beim Anfassen der Gebäcke klebt der Fondant, er wird nicht fest. • Der Fondant ist zu durchsichtig auf den Gebäcken. • Der Fondant „zieht Nasen“, d. h., der Fondant läuft seitlich von den Gebäcken ab.	• Der Fondant war beim Glasieren zu kühl temperiert. • Der Fondant wurde zu stark mit Wasser verdünnt und war beim Glasieren zu flüssig.
Der Fondant ist zu dick auf die Gebäcke aufgetragen. Der zu dicke Fondant hat eine stumpfe weiße Farbe und macht die Gebäcke zu süß.	• Der Fondant wurde mit zu wenig Wasser verdünnt und ist somit zu dickflüssig und schlecht streichfähig. • Der Fondant war beim Glasieren zu kühl. • Durch unsauberes Glasieren wurde zu viel Fondant auf die Gebäcke gestrichen.

LF 1.4

Zu dünn, richtig und zu dick glasiert

Puderzuckerglasur

!

Herstellen der Puderzuckerglasur und das Glasieren

- Puderzucker in einem Gefäß mit warmem Wasser verrühren, bis die Glasur weich und streichfähig ist. Verhältnis: 5 Teile Puderzucker und ca. 2 Teile Wasser.
- Die Puderzuckerglasur etwas stehen lassen, bis sich der Puderzucker völlig aufgelöst hat. Sie kann auch über Nacht stehen gelassen werden.
- Vor dem Glasieren die Puderzuckerglasur mit Wasser streichfähig verdünnen.
- Die glatte Puderzuckerglasur mit einem Pinsel auf die gesamte Gebäckoberfläche der noch heißen Gebäcke streichen. Sind die Gebäcke noch heiß, stirbt die Puderzuckerglasur nach dem Glasieren nicht so schnell ab.
  Die Gebäcke können vorher aprikotiert werden, meist wird jedoch darauf verzichtet.

Verwendung von Puderzuckerglasur

Puderzuckerglasur wird nur für Gebäcke verwendet, bei denen die Kunden eine süße, dicke Zuckerglasur wünschen, z. B. bei einfachen Hefeteiggebäcken.
Da die Puderzuckerglasur nicht so dünn und streichfähig wie Fondant ist, wird sie relativ dick auf die Gebäcke gestrichen.

Puderzuckerglasur im Vergleich zu Fondant

- Die Glasur ist dicker, undurchsichtig weiß und glänzt nicht.
- Sie trocknet schnell auf den Gebäcken, reißt dann und platzt leicht von den Gebäcken ab.

Hörnchen mit Puderzuckerglasur

Aufgaben

1. Nennen Sie Bäckerei-/Konditoreierzeugnisse, die mit Aprikotur und Fondant glasiert werden.
2. Beschreiben Sie das Herstellen der Aprikotur und das Aprikotieren.
3. Erklären Sie Aprikotur-Gelee und erläutern Sie, wie dieses auf die Gebäcke aufgetragen wird.
4. Beschreiben Sie
   - das Herrichten des Fondants zum Temperieren,
   - das Temperieren des Fondants zum Glasieren.
5. Wann werden die Gebäcke nach dem Aprikotieren glasiert bzw. überzogen?
6. Welche Wirkungen hat die Aprikotur auf den Fondant?
7. Wie erkennt man fachgerecht glasierten Fondant auf den Gebäcken?
8. Beschreiben Sie, womit Fondant geschmacklich und farblich verändert werden kann, und geben Sie Verwendungsbeispiele an.
9. Nennen Sie die Vorteile der Glasuren auf die Gebäcke.
10. Was versteht man unter dem Fachbegriff „der Fondant ist abgestorben"?
11. Nennen Sie die möglichen Ursachen folgender Fondantfehler:
    - Der Fondant ist abgestorben und auf den Gebäcken milchig weiß und glänzt nicht.
    - Beim Anfassen der Gebäcke klebt der Fondant. Er ist zu durchsichtig auf den Gebäcken und zieht seitlich der Gebäcke Nasen.
    - Der Fondant ist zu dick auf die Gebäcke aufgetragen, hat eine stumpfe weiße Farbe und macht die Gebäcke zu süß.
12. Erklären Sie das Herstellen der Puderzuckerglasur und das Glasieren.
13. Beschreiben Sie die Verwendung von Puderzuckerglasur.
14. Wie unterscheidet sich die Puderzuckerglasur im Vergleich zum Fondant auf den Gebäcken?
15. Eine Kundin beobachtet, wie Sie die frisch gebackenen Blätterteiggebäcke mit Aprikotur und Fondant bestreichen. Sie möchte von Ihnen wissen, ob nicht eine der beiden Glasuren ausreichen würde und ob die Gebäcke durch die beiden Glasuren nicht zu süß werden würden.

19.2 Füllungen

Füllungen haben in verschiedenen Gebäcken eine erfrischende Wirkung und bestimmen weitgehend deren Geschmack.

Füllungen: gebundene Sauerkirschen, Nussfüllung, Vanillecreme, Apfelfüllung

Gebäckgruppen mit Füllungen

- Blechkuchen aus Hefeteig
- Plundergebäcke
- Blätterteiggebäcke
- gefüllte Stollen

LF 1.4

Zur Nuss- und Mohnfüllung werden süße Brösel gegeben. Es sind geriebene Tortenböden und andere Feine Backwaren. Süße Brösel binden Wasser in den Füllungen, sodass die Nuss- und Mohnfüllung längere Zeit weich bleibt. Außerdem verbessern die Brösel den Geschmack.

Rezeptbeispiel: Nussfüllung

500 g	Nüsse, geröstet und gerieben
300 g	süße Brösel
300 g	Zucker
500 g	Milch
	1 Prise Salz (ca. 2 g)
	Vanillearoma, Zimt
1600 g	**Nussfüllung**

Die Zutaten vermischen, bis eine streichfähige Nussfüllmasse entsteht.

Gebäckbeispiele

- Plundergebäcke: Nusshörnchen, Nussschnecken, Hahnenkämme, Nusszöpfe
- Blätterteignussbrezeln
- Nussstollen

Nussfüllung in Plunderhörnchen

Rezeptbeispiel: Mohnfüllung

400 g	Milch	Milch, Zucker, Butter und Salz kochen.
300 g	Zucker	
100 g	Butter	
	1 Prise Salz (ca. 2 g)	
500 g	gemahlener Mohn	Mohn, Brösel, Eier und Gewürze in die kochende Milch einrühren, bis die Zutaten gleichmäßig in der Mohnfüllung verrührt sind.
100 g	süße Brösel	
150 g	Vollei (3 Stück)	
	Zimt, Vanillearoma	
1550 g	**Mohnfüllung**	

Mohn mahlen

Abbrühen von Mohn mit kochender Milch

Gebäckbeispiele
- Plundergebäcke: Mohnschnecken
- Blechkuchen aus Hefeteig: Mohnkuchen
- Mohnstollen

Mohnstollen

Rezeptbeispiel: Quarkfüllung

1000 g	Speisequark (Magerquark oder 20 % Fett i. Tr.)
160 g	Zucker
80 g	Weizenstärke
100 g	Vollei (2 Stück)
120 g	flüssige Butter oder Margarine
	1 Prise Salz (ca. 2 g)
	Zitronenaroma
1460 g	**Quarkfüllung**

Die Zutaten zu einer glatten Quarkfüllung verrühren.

Gebäckbeispiele
- Plundergebäcke: Quarktaschen
- Blätterteiggebäcke: Quarktaschen, Quarkstrudel
- Blechkuchen aus Hefeteig: Quarkkuchen
- Quarkstollen

Quarkfüllung auf einen Hefeteig für Quarkkuchen streichen

Rezeptbeispiel: Marzipanfüllung (Franchipanfüllung)

500 g	Marzipanrohmasse	Marzipanrohmasse, Butter, Zucker, Salz und Zitronenaroma in der Rührmaschine glatt rühren.
300 g	Butter	
250 g	Zucker	
	1 Prise Salz (ca. 2 g)	
	Zitronenaroma	
400 g	Vollei (8 Stück)	Die Eier nach und nach in die Masse geben und schaumig schlagen.
50 g	Weizenmehl	Das Weizenmehl zum Schluss kurz unterrühren.
1450 g	**Marzipanfüllung**	

LF 1.4

Gebäckbeispiele
- Plundergebäcke: Marzipanhörnchen, Marzipanschnecken, Hahnenkämme

Marzipanfüllung

Marzipanfüllung für Plundergebäcke

Rezeptbeispiel: Apfelfüllung

1 000 g Äpfel, in dünne Scheiben geschnitten
100 g Zucker
5 g Zimt

1105 g Apfelfüllung

evtl. 70 g Mandeln, gestiftelt

Unbedingt backfeste und säuerliche Äpfel verwenden, z. B. Boskop, Cox Orange, Grafensteiner, Jonagold, Elstar.

Ca. 1300 g Äpfel schälen, entkernen und in dünne Scheiben schneiden.

Den Zucker mit Zimt vermischen.

Den Zimtzucker erst unmittelbar vor der Verarbeitung unter die Äpfel mischen, da Zucker das Wasser der Äpfel entzieht und die Apfelfüllung wässrig wird.

Gebäckbeispiele
- Plundergebäcke: Apfeltaschen
- Apfelkrapfen (Apfelberliner)
- Blätterteiggebäcke: Apfelstrudel, Apfelrollen
- Apfelstrudel aus Strudelteig
- Blechkuchen aus Hefeteig und Mürbeteig: Apfelkuchen

Apfelfüllung für Apfelstrudel und Apfelkuchen

Rezeptbeispiel: gebundene Sauerkirschen

700 g	Sauerkirschsaft (Saft einer 1/1-l-Dose)	Sauerkirschsaft und Zucker kochen. Bei frischen Sauerkirschen Wasser mit Zucker kochen.
200 g	Zucker	
80 g	Weizenstärke	Weizenstärke mit etwas kaltem Sauerkirschsaft anrühren und mit dem kochenden Sauerkirschsaft unter ständigem Rühren nochmals kräftig aufkochen lassen.
900 g	Sauerkirschen (Kirschen einer 1/1-l-Dose)	Die Sauerkirschen unter den gebundenen Sauerkirschsaft heben.
1880 g	**gebundene Sauerkirschen**	

So wie gebundene Sauerkirschen können auch andere Früchte, z. B. Aprikosen in kleine Würfel geschnitten, mit Saft bzw. Wasser mit Zucker gebunden werden.

Gebäckbeispiele
- Plundergebäcke: Kirschtaschen
- Blätterteiggebäcke: Kirschtaschen, Kirschstrudel
- Kirschstrudel aus Strudelteig
- Torten: Schwarzwälder Kirschsahnetorten, Holländer Kirschsahnetorten

LF 1.4

Gebundene Sauerkirschen für Blätterteig- oder Plunderkirschtaschen

Plunderkirschtaschen mit gebundenen Sauerkirschen

LF 1.4

Rezeptbeispiel: Vanillecreme

900 g	Milch	Milch kochen
100 g	Milch	Zucker, Weizenstärke, Eigelbe, Vanillearoma und Salz mit der Milch klumpenfrei anrühren.
200 g	Zucker	
90 g	Weizenstärke	
40 g	Eigelb (2 Stück)	
	Vanillearoma	Das Angerührte in die kochende Milch geben und unter ständigem Rühren kräftig aufkochen lassen.
	1 Prise Salz (ca. 2 g)	
1330 g	**Vanillecreme**	

Gebäckbeispiele

- Für manche Plunder- und Blätterteiggebäcke wird halb Vanillecreme und halb eine andere Füllung zugegeben, z. B. gebundene Sauerkirschen oder Apfelfüllung.
- Plundergebäcke: Vanillecremebrezeln
- Bienenstichfüllung
- Desserts: Cremeschnitten (mit Blätterteigböden), Liebesknochen aus Brandmasse

Vanillecreme in einer Cremeschnitte

Die Backmittelindustrie bietet für alle Füllungen Convenience-Produkte gebrauchsfertig an. Sie erreichen jedoch nicht die Qualität der herkömmlich hergestellten Füllungen.

Aufgaben

1. Nennen Sie Gebäckgruppen mit Füllungen.
2. Warum werden in Nuss- und Mohnfüllung süße Brösel gegeben?
3. Was sind süße Brösel?
4. Erklären Sie eine Marzipanfüllung.
5. Nennen Sie Gebäckbeispiele, die mit folgenden Füllungen gefüllt werden:
   - Nussfüllung
   - Mohnfüllung
   - Quarkfüllung
   - Marzipanfüllung
   - Apfelfüllung
   - gebundene Sauerkirschen
   - Vanillecreme
6. Ein Kunde wünscht Gebäcke mit erfrischenden Füllungen für eine Gartenfeier. Sie empfehlen ihm die passenden Gebäcke.

Rechenaufgaben

1. Für einen Apfelstrudel werden 3 600 g geschälte und entkernte Äpfel benötigt. Dafür wurden 5 kg Äpfel verwendet. Berechnen Sie den Schälverlust in %.
2. Die Füllmenge einer Dose Sauerkirschen beträgt 1 600 g. In der Dose befinden sich 43 % Saft. Wie viel kg Sauerkirschen und wie viel kg Saft sind in 3 Dosen?
3. Nach den Leitsätzen muss eine Mohnfüllung mindestens 20 % Mohn enthalten. Ermitteln Sie den Mohngehalt im angegebenen Rezept in % und ob dieser den Bestimmungen entspricht. Runden Sie auf 2 Stellen nach dem Komma auf.

20 Feine Backwaren aus Strudelteig

Situation

In Ihrer Bäckerei/Konditorei und im Café bieten Sie einen Apfelstrudel aus Blätterteig und einen Apfelstrudel aus Strudelteig an, der häufig als Wiener Apfelstrudel bezeichnet wird.
Die Kunden fragen oft nach den genauen Unterschieden dieser beiden Strudel.

- Aus welchen Zutaten wird ein Strudelteig hergestellt?
- Welche Strudelarten werden in der Bäckerei/Konditorei angeboten?
- Wie wird ein Apfelstrudel hergestellt?
- Wie wird Apfelstrudel zum Servieren im Café hergerichtet und mit welchen Zugaben wird Apfelstrudel im Café angeboten?

Strudel ist eine Mehlspeise, die zuerst nur mit Äpfeln gefüllt wurde und später mit verschiedenen erfrischenden Füllungen ergänzt wurde.
Der Begriff „Strudel" kommt ursprünglich vom kreisenden Wasserwirbel, der hier auf den gefüllten, rollenförmigen Teig übertragen wird.

Strudel werden nach ihrer Füllung benannt. Am bekanntesten sind

- Apfelstrudel,
- Quarkstrudel,
- Milchrahmstrudel (Sauerrahmstrudel).

Weitere Strudelarten sind z. B. Kirsch-, Zwetschgen- (Pflaumen-), Aprikosen-, Heidelbeer- und Rhabarberstrudel. Außerdem gibt es pikante Strudel.

Apfel-, Quark- und Milchrahmstrudel

LF 1.4

Strudelteig

Strudelteig ist ein Weizenteig, der mit Öl hergestellt wird. Dadurch kann der Teig besonders dünn ausgerollt und dann hauchdünn ausgezogen werden.

Rezeptbeispiel: Strudelteig

Rezept für
- 1 Schnittenblech (Alu-Rahmenblech) von 60 × 40 cm oder
- 2 Schnittenbleche von 60 × 20 cm oder
- Reinen (rechteckige Pfannen mit hohem Rand)

1000 g	Weizenmehl, Type 550
500 g	Wasser
100 g	Vollei (2 Stück)
100 g	Öl (= 120 ml)
10 g	Salz
1710 g	**Strudelteig**

Teigtemperatur: ca. 22 °C, kaltes Wasser, evtl. Eiswasser verwenden

Knetzeit im Spiralkneter:
- 2 Minuten Langsamgang,
- 6 Minuten Schnellgang

Abwiegen: Den Strudelteig zu 4 Teigstücken von je 400 g abwiegen.

Teigruhe: ca. 60 Minuten in Folie eingeschlagen
Der Strudelteig kann auch in Folie eingeschlagen einige Stunden entspannen oder über Nacht in den Kühlschrank bzw. Kühlraum gestellt werden.

Tiefgefrieren: Der Strudelteig kann auch sofort nach dem Kneten in Portionen abgewogen und in Folie verpackt tiefgefroren werden. Der Strudelteig ist sofort nach dem Auftauen ausrollfähig.

Apfelstrudel

Für Apfelstrudel eignen sich nur backfähige, feste Äpfel, die leicht säuerlich sind, z.B. Boskop, Cox Orange, Elstar, Jonagold, Grafensteiner, Berlepsch, Goldparmäne, Ingrid Marie.

Boskop

LF 1.4

Rezeptbeispiel: Apfelfüllung für 4 × 400 g Strudelteig

für 1 Schnittenblech (Alu-Rahmenblech) von 60 × 40 cm oder 2 Schnittenbleche von 60 × 20 cm oder entsprechende Reinen

2400 g	Äpfel in dünnen Scheiben
300 g	Zucker
5 g	Zimt
	etwas Zitronenaroma
2705 g	**Apfelfüllung**

passend sind zusätzlich 150 g Mandeln, gestiftelt und leicht angeröstet

Ca. 3000 g Äpfel schälen, entkernen und zu dünnen Apfelscheiben schneiden; ergibt ca. 2400 g gebrauchsfertige Äpfel.

Die Äpfel mit dem Zucker, Zimt und Zitronenaroma unmittelbar vor dem Belegen des Strudelteigs vermischen. Zu früh zugegebener Zucker würde den Äpfeln den Saft entziehen und die Apfelfüllung wässrig machen.

300 g Butter zum Bestreichen des Strudels im Schnittenblech bzw. in der Rein.

Ausrollen und Ausziehen des Strudelteigs

- Den Strudelteig so dünn wie möglich ausrollen, ca. 1 mm, und auf einen Arbeitstisch bzw. auf ein Strudeltuch (Leinentuch) legen.
- Den Strudelteig von der Mitte aus hauchdünn ausziehen. Dabei mit beiden Händen bis zur Mitte unter den ausgerollten Teig fahren und diesen über die Handflächen oder die Handrücken vorsichtig und gleichmäßig ausziehen. Der Strudelteig darf dabei nicht reißen. Den Strudelteig so lange dehnen und ziehen, bis er durchsichtig ist.
  Für ein Schnittenblech (Alu-Rahmenblech) sollte der Strudelteig ca. 60 × 40 cm ausgezogen sein.

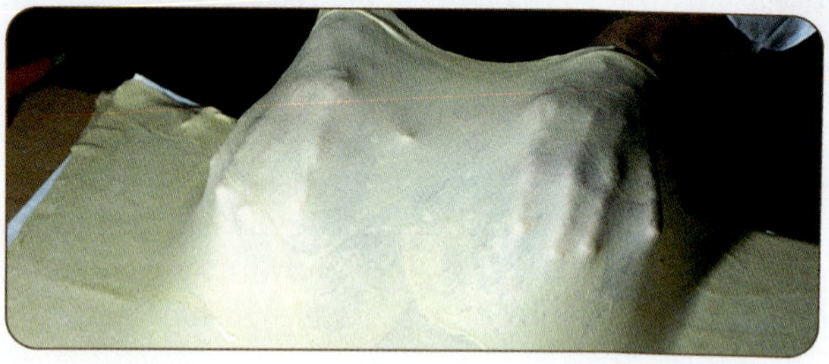

Ausziehen des ausgerollten Strudelteigs

Herstellung von Apfelstrudel

- Den ausgerollten und ausgezogenen Strudelteig mit flüssiger Butter bestreichen.
- Evtl. die bestrichene Teigfläche leicht mit süßen Bröseln bestreuen.
- Auf die Brösel die Apfelfüllung gleichmäßig verteilen.
- Den Teig straff zu einer Rolle zusammenrollen.
- Die Strudelrolle mit dem Schluss nach unten in ein gefettetes Schnittenblech (Alu-Rahmenblech) oder in eine Rein einlegen. Vier Strudel in ein Schnittenblech von 60 × 40 cm oder zwei Strudel in ein Schnittenblech von 60 × 20 cm einlegen.
- Den Strudel an der Oberfläche mit flüssiger Butter bestreichen und in den Backofen schieben.

Apfelfüllung auf dem Strudelteig

Apfelstrudel mit Butter bestreichen

Backen: 200 °C, ohne Schwaden
Backzeit: ca. 60 Minuten
Den Apfelstrudel nach ca. 30 Minuten Backzeit mit flüssiger Butter bestreichen oder mit Sahne bzw. Sauerrahm übergießen.

Apfelstrudel im Schnittenblech

Apfelstrudel in einer Rein

Fertigstellen des Apfelstrudels

Den Apfelstrudel nach dem Backen kurz abkühlen lassen und dann zum Verkauf in Stücke schneiden. Den Apfelstrudel leicht mit Puderzucker bestauben.

Apfelstrudel

Herrichten des Apfelstrudels zum Servieren im Café

Vor dem Servieren im Café sollte abgekühlter Apfelstrudel auf einen Teller gelegt und im Mikrowellengerät erwärmt werden. Danach leicht mit Puderzucker bestauben.

Ergänzungen zum Apfelstrudel im Café

- warme Vanillesoße
- Schlagsahne
- Vanilleeis

Apfelstrudel mit Vanillesoße

Strudel mit Früchtefüllung

Alle Strudel mit Früchten als Füllung werden wie der Apfelstrudel hergestellt, z. B. Kirsch-, Aprikosen-, Heidelbeerstrudel.

Kirschstrudel

1000 g Früchte werden mit 100 g Zucker vermischt und auf dem ausgezogenen Strudelteig, der mit Brösel leicht bestreut ist, gleichmäßig verteilt.

LF 1.4

Quarkstrudel

Quarkstrudel enthält eine Quarkfüllung mit hauptsächlich Quark und saurer Sahne. Ursprünglich kommt der Quarkstrudel aus Österreich, wo er als Topfenstrudel bezeichnet wird, weil Quark dort Topfen heißt.

Rezeptbeispiel: Quarkfüllung für 6 × 280 g Strudelteig

1 Schnittenblech (Alu-Rahmenblech) von 60 × 40 cm – die 6 Quarkstrudel quer in das Rahmenblech legen

1600 g	Quark, 20 % i. Tr.
1200 g	Schmand
400 g	Butter, weich
500 g	Zucker
100 g	Eigelb (5 Stück)
200 g	Weizenmehl
4 g	Salz
	Zitronen- und Vanillearoma
4004 g	**Quarkfüllung**

evtl. noch 150 g Sultaninen zugeben

- Butter, Zucker, Salz und Aromen schaumig schlagen.
- Eigelb nach und nach zugeben.
- Quark, Schmand und Weizenmehl einrühren bis die Quarkfüllung glatt ist.
- Evtl. Sultaninen einrühren.

Herstellung eines Quarkstrudels

- Den Strudelteig dünn ausrollen und ausziehen; Teigfläche für Schnittenbleche ca. 40 × 25 cm, für Reinen ca. 30 × 20 cm.
- Den ausgerollten Strudelteig mit flüssiger Butter bestreichen.
- Die Quarkfüllung auf ca. ¾ der Teigfläche verstreichen.
- Die Quarkstrudel aufrollen und die sechs Strudel quer in ein gefettetes Schnittenblech von 60 × 40 cm oder in Reinen mit dem Schluss nach unten einlegen.

Quarkstrudel

Backen: 190 °C
Backzeit: ca. 60 Minuten
Den Quarkstrudel nach ca. 30 Minuten Backzeit mit flüssiger Butter bestreichen oder mit Sahne bzw. Sauerrahm übergießen.

Milchrahmstrudel

Milchrahmstrudel ist ein Quarkstrudel mit einer Milch-Eier-Masse obenauf, die auch als Royalsoße bezeichnet wird.

Rezeptbeispiel: Milch-Eier-Masse (Royal)

- für 1 Schnittenblech (Alu-Rahmenblech) von 60 × 40 cm oder
- für 4 Reinen von 30 × 20 cm

1200 g	Milch
500 g	Vollei (10 Stück)
150 g	Zucker
	1 Prise Salz (ca. 2 g)
	Vanillearoma
1850 g	**Royalsoße**

- Milch auf ca. 80 °C erhitzen.
- Eier, Zucker, Salz und Vanillearoma verrühren und in die heiße Milch einrühren.

Herstellung eines Milchrahmstrudels

- Einen Quarkstrudel herstellen.
- Nach ca. 20 Minuten Backzeit die Milch-Eier-Masse gleichmäßig über den Quarkstrudel verteilen und weitere 30 Minuten backen lassen.

Backen: 180 °C
Backzeit: ca. 60 Minuten

Milchrahmstrudel

Fehler bei Strudeln

Gebäckfehler	Ursachen
zu weiche Äpfel wie Mus im Apfelstrudel	Es wurden Äpfel mit weichem Fruchtfleisch verwendet, die nicht backfähig sind.
zu geschmacklose Äpfel im Apfelstrudel	Es wurden zu süße Äpfel mit zu geringer Säure verwendet.
zu harte Kruste an der Oberfläche des Strudels	• Der Strudelteig wurde während des Backens nicht mit Fett bestrichen bzw. nicht mit Sahne übergossen. • Bei zu geringer Backhitze zu lange gebacken.
Der Strudelteig im Strudelinneren ist beim Essen klebrig.	• Strudelteig wurde zu dick ausgerollt und zu wenig gezogen. • Zu kurze Backzeit.

Verkaufsargumente

Qualitätsmerkmale für die Kundenberatung

- Strudel sind weiche Gebäcke.
  Die dünnen Teigschichten zwischen der Füllung halten die Feuchtigkeit der Füllungen innen fest.
- Strudel enthalten einen hohen Anteil an erfrischenden Füllungen. Deshalb bestimmt die Füllung weitgehend ihren Geschmack.

Frischhaltung

- Am besten schmecken Strudel, wenn sie warm gegessen werden. Empfehlenswert ist es deshalb, die Strudel unmittelbar vor dem Verzehr aufzuwärmen, z. B. im Mikrowellengerät.
- Strudel können aber auch kalt gegessen werden, jedoch niemals aus dem Kühlschrank.
- Strudel sollten wegen der wasserreichen Füllungen nur am Tag der Herstellung verkauft werden.

Apfel-, Quark- und Milchrahmstrudel eignen sich in Folie verpackt zum Tiefgefrieren.

Besondere Eignung

- Süße Strudel sind geeignete Kaffeegebäcke.
- Als Zwischenmahlzeit sind Strudel ein erfrischender Energieschub.

Aufgaben

1. Nennen Sie bekannte Strudel.
2. Erstellen Sie ein Grundrezept für einen Strudelteig.
3. Nennen Sie Apfelsorten, die sich für Apfelstrudel eignen.
4. Welche Zutaten werden für eine Apfelfüllung verwendet?
5. Beschreiben Sie das Ausrollen und Ausziehen des Strudelteigs.
6. Erklären Sie die Herstellung von Apfelstrudel.
7. Erläutern Sie, wie Apfelstrudel gebacken wird und wie er nach dem Backen verbessert werden kann.
8. Wie wird Apfelstrudel zum Servieren im Café hergerichtet?
9. Welche Ergänzungen werden im Café zum Apfelstrudel angeboten?
10. Erklären Sie, wie sich Quarkstrudel vom Milchrahmstrudel unterscheidet.
11. Nennen Sie die Qualitätsmerkmale der Strudel für die Kundenberatung.
12. Geben Sie Auskunft über die Frischhaltung der Strudel.
13. Wozu eignen sich Strudel besonders gut?
14. Ihre Bäckerei/Konditorei möchte verschiedene Strudel mit süßen Füllungen anbieten. Deshalb informieren Sie sich über mögliche Füllungen und stellen entsprechende Rezepte zusammen.

LF 1.4

Rechenaufgaben

1. Mit folgendem Rezept wird Strudelteig hergestellt:
   1000 g Weizenmehl, 500 g Wasser, 100 g Vollei, 90 g Öl, 10 g Salz
   Berechnen Sie die Zutatenmengen für 28 Strudel, wenn dafür 11,900 kg Strudelteig benötigt wird.
2. Für einen Quarkstrudel im Schnittenblech werden 6 Teile Strudelteige mit je 280 g benötigt. Die Quarkfüllung für diesen Strudel enthält 1,600 kg Quark, 1,200 kg Schmand, 400 g Butter, 500 g Zucker, 100 g Eigelb, 200 g Weizenmehl. Es werden 5 % Backverlust gerechnet. Aus dem Schnittenblech erhält man 36 Quarkstrudel. Berechnen Sie das Gewicht eines Quarkstrudels.

21

Feine Backwaren aus Mürbeteig

Situation

Ihr Chef zeigt Ihnen im Laden die verschiedenen Gebäcke, die aus Mürbeteig hergestellt sind oder die Mürbeteig enthalten, und erläutert Ihnen, dass es verschiedene Mürbeteige gibt, die sich in ihrer Zusammensetzung und Verarbeitung unterscheiden. Deshalb ist die Gebäckvielfalt so groß.

- Wie wird 1-2-3-Mürbeteig hergestellt?
- Was versteht man unter einem brandigen Mürbeteig?
- Wie wird ausgestochenes Teegebäck hergestellt, belegt, gefüllt und überzogen?
- Wie unterscheiden sich Nuss- und Mandelmürbeteig, der Mürbeteig für Spekulatius sowie Käsemürbeteig von 1-2-3-Mürbeteig?
- Welche Besonderheiten hat der Spritzmürbeteig und welche Spritzgebäcke werden daraus hergestellt?
- Warum gehört Streusel zum Mürbeteig und wie wird Streusel hergestellt?

LF 1.4

Alle Mürbeteige bestehen aus drei Grundrohstoffen:

- Weizenmehl
- Fett (Butter oder Backmargarine)
- Zucker

Eier, Eigelb, Salz und Aromen und manchmal Gewürze verbessern die Gebäcke.

!

Namenserklärung: Mürbeteiggebäcke

Mürbeteiggebäcke haben eine mürbe Beschaffenheit, d. h., es sind zarte Gebäcke, die beim Essen im Mund leicht in viele kleine Stücke brechen. Im Gegensatz hierzu gibt es knusprige Gebäcke, die hart im Biss sind und in große Stücke brechen.
Mürbe sind die Gebäcke durch den hohen Fettanteil der Mürbeteige. Mürbe ist das Gegenteil von knusprig.

Mürbeteigarten

- Ausrollfähiger (gerollter) Mürbeteig → Seite 154
- Spritzmürbeteig → Seite 345
- Streusel → Seite 348

Mürbeteige sind Dauerbackwaren

Mürbeteige sind die einzigen Teige ohne Zugabe von Wasser oder Milch. Außerdem enthalten sie besonders viel Fett. Deshalb zählen Mürbeteiggebäcke zu den Dauerbackwaren. Dies hat folgende Gründe:

- Bei der Lagerung der Mürbeteiggebäcke verdunstet kein Wasser wie bei anderen Backwaren, das die Gebäcke trocken werden und auch die Geschmacksstoffe verloren gehen lässt.
- Das Fett, das die Gebäcke weich hält, bleibt erhalten. So bewahren die Gebäcke längere Zeit ihre mürbe Beschaffenheit.

Dauerbackwaren, so auch Mürbeteiggebäcke, sind längere Zeit ohne Qualitätsverluste bei kühler Raumtemperatur lagerfähig.

Mürbeteiggebäcke

21.1 Ausrollfähiger Mürbeteig

Den Namen hat der Mürbeteig, weil er bei der Verarbeitung ausgerollt wird.

Allgemein ist ausrollfähiger Mürbeteig 1-2-3-Mürbeteig, dessen Zutaten, Rezept und Herstellung auf → Seite 153 beschrieben ist.

Ausgerollter Mürbeteig

Rezeptbeispiel: 1-2-3-Mürbeteig

3 000 g	Weizenmehl, Type 405 oder 550
2 000 g	Butter oder Backmargarine
1 000 g	Zucker
200 g	Vollei (4 Stück)
15 g	Salz
20 g	Zitronen- und Vanillearoma
6 235 g	**Mürbeteig**

- Fett, Zucker, Eier, Salz und Aromen in der Knetmaschine glatt arbeiten.
- Das gesiebte Weizenmehl kurz unterarbeiten, bis es nicht mehr sichtbar ist und der Mürbeteig glatt ist.

1-2-3-Mürbeteig benötigt kein Backpulver. Da der Mürbeteig kein Wasser enthält, kann sich kein Kleber bilden, der die Lockerungsgase festhalten kann. Deshalb ist der Mürbeteig nicht wie z. B. der Hefeteig elastisch und zieht sich nach dem Ausrollen auch nicht zusammen. Die Zutaten haben im Mürbeteig einen losen, porösen Zusammenhalt, sodass sie durchgebacken werden können.

Mürbeteig lagern

Den Mürbeteig nach der Herstellung in eine Wanne geben und mindestens einen Tag bis zur Verarbeitung im Kühlschrank oder Kühlraum lagern. Der sich lösende Zucker bindet sich in dieser Zeit mit dem Mehl und dem Fett zu einem gut formbaren und ausrollfähigen Mürbeteig. Er kann für einige Tage auf Vorrat hergestellt werden.

Verarbeitung von Mürbeteig

Mürbeteig wird grundsätzlich gekühlt verarbeitet. Vor dem Ausrollen wird er kurz mit der Hand durchgeknetet, damit er geschmeidig und ausrollfähig wird.

Geschmeidiger Mürbeteig

Backen aller Mürbeteiggebäcke

Backen: 180 bis 190 °C, offener Zug
Backzeit: ca. 10 Minuten

Mürbeteiggebäcke sind richtig ausgebacken, wenn der Gebäckrand und der Gebäckboden hellbraun sind.
Zu dunkel gebackene Mürbeteiggebäcke schmecken bitter und dürfen nicht verkauft werden.

Richtig ausgebackene Mürbeteiggebäcke

Brandiger Mürbeteig

Brandiger Mürbeteig entsteht durch einen Fehler bei der Teigherstellung.
Die Auswirkungen von brandigem Mürbeteig sind:
- Der Mürbeteig reißt beim Ausrollen.
- Die Gebäcke sind hart statt mürbe.

Leicht brandigem Mürbeteig kann etwas Eiklar untergearbeitet werden, damit er wieder ausrollfähig wird. Die Qualität bleibt jedoch schlechter.

Der Mürbeteig wird brandig, wenn er zu lange geknetet wird. Durch die Reibungswärme beim Kneten erwärmt sich das Fett, das schmilzt und ölig wird. Die Fett- und Mehlteilchen, die vorher vermischt waren, trennen sich, sodass die Bindigkeit des Teigs verloren geht. Deshalb sollte auch nicht zu warmes Fett verarbeitet werden.

Mürbeteig mit Butter wird leichter brandig als mit Backmargarine hergestellter Mürbeteig, weil Butter einen geringeren Schmelzpunkt hat und somit eher flüssig wird. Butter muss deshalb kühl verarbeitet werden und der Mürbeteig darf nur kurz geknetet werden.

Brandiger Mürbeteig

Vollkornmürbeteig

Alle Mürbeteige, die mit Mehl hergestellt werden, können auch mit Vollkornmehl hergestellt werden. Manchmal wird statt Zucker Honig verwendet → Seite 126.

LF 1.4

Rezeptbeispiel: ausrollfähiger Vollkornmürbeteig

350 g	Honig oder Zucker
650 g	Butter
1000 g	Weizenvollkornmehl
200 g	Vollei (4 Stück)
40 g	Eigelb (2 Stück)
20 g	Backpulver
5 g	Salz
	Zitronen- und Vanillearoma
2265 g	**Vollkornmürbeteig**

Wegen der Flüssigkeit des Honigs und der Eier kommt es beim Anwirken des Teigs zu einer leichten Kleberbildung, die zu einer festen Teigbindung führt. Deshalb wird für Vollkornmürbeteige Backpulver als Lockerungsmittel benötigt. Ungelockerte Gebäcke aus Vollkornmürbeteig würden zu hart sein.

Nach der Herstellung ist der Vollkornmürbeteig erst nach ausreichender Kühlung ausrollfähig. Er muss mindestens drei Stunden, am besten über Nacht, in der Kühlung lagern. Dabei quellen die Bestandteile des Vollkornmehls die Flüssigkeit auf, sodass der Vollkornmürbeteig stabil und somit ausrollfähig wird.

Pfauenaugen, Spitzbuben

- Den Mürbeteig 3 oder 3,5 mm dick ausrollen.
- Mit einem gewellten Ausstecher runde Mürbeteigstücke von 8 cm Durchmesser ausstechen und auf gefettete oder mit Backpapier belegte Backbleche setzen und backen.

- Ein Blech für die Unterteile backen.
- Auf einem weiteren Blech die Mürbeteigstücke für die Oberteile ausstechen
  - für Spitzbuben: mit einer 15-mm-Lochtülle drei Löcher ausstechen,
  - für Pfauenaugen: mit einem kleinen Ausstecher von ca. 3,5 cm Durchmesser eine Öffnung ausstechen.

Oberteile und Unterteile für Spitzbuben und Pfauenaugen

- Die gebackenen Mürbeteigstücke für die Unterteile mit Johannisbeerkonfitüre bestreichen.
- Die Gebäckoberteile mit Puderzucker bestauben oder in Schokoladenkuvertüre bzw. Fettglasur tauchen und auf die gefüllten Unterteile legen.
- Die Öffnungen mit gekochter Johannisbeerkonfitüre füllen, am besten mit einem Fülltrichter.

Pfauenaugen haben in der Mitte eine Öffnung, **Spitzbuben** enthalten drei kleinere Löcher.

Spitzbuben und Pfauenaugen

Ausgestochene Teegebäcke (Plätzchen)

!

Als Teegebäcke werden alle kleinen Mürbeteiggebäcke, die sich für eine Gebäckmischung eignen, bezeichnet. Sie werden in Gebäckschalen oder Gebäcktütchen verpackt. Dazu zählen z. B. Plätzchen und kleine Spritzgebäcke.

Teegebäcke

- Den Mürbeteig 3 mm dick ausrollen.
- Mit verschiedenen kleinen Formen, ca. 3,5 cm Durchmesser, Mürbeteigstückchen ausstechen und auf gefettete oder mit Backpapier belegte Bleche setzen. Ausstechmatten ermöglichen ein schnelles Ausstechen und ein exaktes, platzsparendes Aufsetzen.

Ausstechmatte für Mürbeteig

Belegte Teegebäcke

Die Mürbeteigstückchen mit Eistreiche bestreichen und bestreuen bzw. belegen mit:

- gehobelten Mandeln
- gestiftelten Mandeln
- halbierten Mandeln
- halbierten Haselnüssen
- geviertelten Walnüssen

Füllungen für Teegebäcke

- Johannisbeerkonfitüre
- Nugatmasse, Nugatcreme
- Marzipanrohmasse, mit Spirituosen weich gearbeitet, z. B. Kirschwasser, Weinbrand, Rum

Füllen von Teegebäcken

Überspritzen der Teegebäcke

Schokoladenkuvertüre oder Fettglasur in ein Spritztütchen geben und die gefüllten Teegebäcke mit feinen Schokoladenfäden überspritzen.

Überziehen der Teegebäcke

- Gefüllte Teegebäcke ganz oder zur Hälfte mit Schokoladenkuvertüre oder Fettglasur überziehen.
- Teegebäcke können auch ganz mit Aprikotur und dann mit Fondant überzogen werden.

LF 1.4

Überspritzte und überzogene Teegebäcke

Mit Fondant überzogene Teegebäcke

Mürbeteigböden als Unterlage für Torten oder Schnitten

Dünne Mürbeteigböden werden dünn mit Aprikosenkonfitüre bestrichen und dienen als Unterlage für Obsttorten und Sahnetorten sowie Obst- und Sahneschnitten. Sie sind eine stabile Unterlage und verhindern ein Durchweichen der Torten und Schnitten.
Dafür wird der Mürbeteig ca. 3 mm dünn ausgerollt, mit einem Tortenring ausgestochen, auf ein Backblech gelegt, gestippt und gebacken.
Große Mürbeteigflächen werden auf dem Blech gestippt. Durch das Einstechen vieler kleiner Löcher wird beim Backen eine Blasenbildung (Wölbung) vermieden.

Mürbeteigboden

LF 1.4

Mürbeteig als Gebäckbestandteil

Mürbeteig dient bei verschiedenen Gebäcken nicht nur als Unterlage, sondern ist ein Bestandteil der Gebäcke, z. B.:
- Apfel- und Pflaumenkuchen aus Mürbeteig
- Käsetorte
- Torteletts (Törtchen) mit Obst oder Sahne
- Nussecken
- Makronentörtchen und Makronenschnitten
- Nugatringe

Mit Mürbeteig gedeckter Apfelkuchen

Tortelett aus Mürbeteig mit Obstbelag

Nussecken

Nugatringe

Fehler bei Mürbeteiggebäcken

Gebäckfehler	Ursachen
Gebäcke aus ausrollfähigem Mürbeteig sind zu dunkel und schmecken bitter.	Die Backzeit war zu lange.
Gebäcke aus ausrollfähigem Mürbeteig sind ungleichmäßig gebacken – einige sind zu dunkel und einige zu hell.	Die Ausrollstärke des Mürbeteigs war ungleichmäßig.
Gebäcke aus 1-2-3-Mürbeteig sind nicht mürbe, sondern etwas hart.	Es wurde brandiger Mürbeteig verarbeitet.

Verkaufsargumente

Qualitätsmerkmale für die Kundenberatung
- Wegen des hohen Fettanteils sind Mürbeteiggebäcke mürbe, d. h. zart und leicht brüchig beim Essen.
- Die Füllungen der Mürbeteiggebäcke wie Johannisbeerkonfitüre und Nugatmasse sollen den Kunden genannt werden, da diese mit den Überzügen wie Schokolade und Fondant den Geschmack der Gebäcke verbessern. →

Verkaufsargumente

- Mürbeteig gibt verschiedenen Gebäcken eine stabile Unterlage, die den Geschmack der Gebäcke verbessert, z. B. Apfelkuchen, Nussecken, Nugatringe, Obsttorten, Obsttorteletts.

Frischhaltung der Mürbeteiggebäcke
Mürbeteiggebäcke sind bei kühler Raumtemperatur mindestens eine Woche lagerfähig und zählen deshalb zu den Dauerbackwaren. Bei verpackten Waren verlängert sich die Frischhaltung.

Besondere Eignung der Mürbeteiggebäcke
- Mürbeteiggebäcke mit ihren verschiedenen Füllungen und Überzügen sind geschmacklich abwechslungsreiche Gebäcke zum Kaffee.
- Teegebäcke sind begehrte Weihnachtsplätzchen.
- Teegebäcke sind auch wohlschmeckende Kleinigkeiten zwischendurch für gemütliche Stunden.
- Wegen der langen Lagerfähigkeit sind Mürbeteiggebäcke für Reisen geeignet.

Aufgaben

1. Aus welchen drei Grundrohstoffen werden alle Mürbeteigarten hergestellt?
2. Erklären Sie, wie der Name Mürbeteig entstand.
3. Nennen Sie die drei Mürbeteigarten.
4. Erstellen Sie ein Grundrezept eines 1-2-3-Mürbeteigs und beschreiben Sie die Herstellung.
5. Warum benötigt 1-2-3-Mürbeteig kein Backpulver?
6. Erläutern Sie, warum Mürbeteig nach der Herstellung bis zur Verarbeitung kühl gelagert wird.
7. Beschreiben Sie, wie Mürbeteiggebäcke gebacken werden, und nennen Sie die ungefähre Backzeit.
8. Wie erkennt man, wann Mürbeteiggebäcke ausgebacken sind und welchen Nachteil haben zu dunkel gebackene Mürbeteiggebäcke?
9. Nennen Sie die Auswirkungen von brandigem Mürbeteig
   - auf das Ausrollen des Mürbeteigs,
   - auf die Beschaffenheit der Mürbeteiggebäcke.
10. Erklären Sie, wie brandiger Mürbeteig entsteht.
11. Nennen Sie Füllungen für Mürbeteiggebäcke.
12. Beschreiben Sie die Herstellung von Teegebäcken bis zum Verkauf.
13. Nennen Sie Gebäcke, bei denen Mürbeteig die Gebäckunterlage ist.
14. Beschreiben Sie die Ursachen folgender Fehler der Mürbeteiggebäcke aus ausrollfähigem Mürbeteig:
    - Gebäcke sind zu dunkel und schmecken bitter.
    - Gebäcke sind ungleichmäßig gebacken – einige sind zu dunkel und einige zu hell.
15. Erklären Sie die Qualitätsmerkmale der Gebäcke aus 1-2-3-Mürbeteig für die Kundenberatung.
16. Warum gehören Mürbeteiggebäcke zu den Dauerbackwaren?
17. Nennen Sie die besondere Eignung der Gebäcke aus 1-2-3-Mürbeteig.
18. Um die Auswirkungen eines brandigen Mürbeteigs kennenzulernen, stellen Sie etwas brandigen Mürbeteig her, arbeiten ihn zu Teegebäck auf und vergleichen sowohl die Herstellung als auch die Gebäcke mit einwandfreiem Mürbeteig.

LF 1.4

Rechenaufgaben

1. Zur Herstellung von Buttergebäck werden Zucker, Butter und Weizenmehl zu einem 1-2-3-Mürbeteig geknetet. Wie viel kg der einzelnen Zutaten benötigt der Betrieb für 19,200 kg Mürbeteig?
2. Für Erdbeertörtchen bietet der Händler Erdbeeren für 4,28 €/kg bfn (brutto für netto) an. Eine 500-g-Schale, Erdbeeren und Schale, kostet 2,16 €. Die leere Schale wiegt 50 g. Berechnen Sie den tatsächlichen Preis für 1 kg Erdbeeren.
3. Berechnen Sie die Materialkosten für folgendes Mürbeteigrezept:

7 200 g Weizenmehl	42,50 €/100 kg
4 800 g Butter	46,00 €/10 kg
2 400 g Puderzucker	1,05 €/kg
15 Eier	0,22 €/Stück
15 Eigelbe	0,13 €/Stück
35 g Salz	0,02 €
Zitronen- und Vanillearoma	0,10 €

21.2 Spezielle ausrollfähige Mürbeteige

Schwarz-Weiß-Gebäcke

1-2-3-Mürbeteig wird mit Kakaopulver dunkel eingefärbt. Für den Schokoladenmürbeteig werden in 1000 g 1-2-3-Mürbeteig ca. 50 g Kakaopulver untergearbeitet.

Schwarz-Weiß-Gebäcke – verschiedene Muster

Heller und Schokoladenmürbeteig werden im Wechsel aneinandergefügt, sodass der gewünschte Farbkontrast von Hell und Dunkel entsteht. Dabei ergeben sich verschiedene Muster wie Spiralen, Ringe, Streifen, Schachbrett u. a.

Spiralenmuster
Einen hellen und einen Schokoladenmürbeteig jeweils ca. 2 mm dick ausrollen.

- Den ausgerollten hellen Mürbeteig mit Wasser bestreichen, den Schokoladenmürbeteig darauflegen und ebenfalls mit Wasser bestreichen.
- Den zusammengeklebten hellen Mürbeteig und Schokoladenmürbeteig zu einer Fläche von 22 cm Breite schneiden und zu einer Rolle zusammenrollen. Die Rolle hat dann einen Durchmesser von ca. 3,5 cm.
- Die Mürbeteigrollen gut durchkühlen lassen, ca. 4 mm dicke Scheiben schneiden und diese auf Backbleche legen.

Schneiden der gekühlten Mürbeteigstangen

Streifenmuster
Einen hellen und einen Schokoladenmürbeteig jeweils ca. 2 mm dick ausrollen.

- Den hellen Mürbeteig mit Wasser bestreichen und den Schokoladenmürbeteig darauflegen.
- Die zusammengesetzten Mürbeteige in 3 cm breite Streifen schneiden und drei Streifen übereinandersetzen. So liegen drei helle und drei Schokoladenstreifen übereinander, mit einer Höhe von ca. 3 cm.
- Einen hellen Mürbeteig 2 mm dick ausrollen, mit Wasser bestreichen und die Mürbeteigstangen damit ummanteln.
- Die Mürbeteigstangen gut durchkühlen lassen, ca. 4 mm dicke Scheiben schneiden und auf Backbleche setzen.

Backen: 190 °C, offener Zug
Backzeit: ca. 10 Minuten

Spiralen- und Streifenmuster

Gebäcke aus Nuss- und Mandelmürbeteig

Nuss- und Mandelmürbeteig ist Mürbeteig mit geriebenen Mandeln bzw. Nüssen. Gebäcke aus diesem Mürbeteig, die mit Johannisbeerkonfitüre gefüllt sind, werden als Linzer Gebäcke bezeichnet.

Rezeptbeispiel: Nussmürbeteig

600 g	Weizenmehl, Type 405 oder 550
300 g	Haselnüsse, geröstet, gerieben
600 g	Butter oder Backmargarine
300 g	Zucker
60 g	Eigelb (3 Stück)
5 g	Salz
	Zitronen und Vanillearoma, Zimt
1865 g	**Teiggewicht**

- Fett, Zucker, Eigelbe, Salz, Aromen und Gewürze in der Knetmaschine kurz glatt arbeiten.
- Weizenmehl sieben und die geriebenen Nüsse zum Mehl geben.
- Das Mehl und die Nüsse zu den anderen Zutaten geben und kurz zu einem glatten Mürbeteig kneten.
- Den Mürbeteig kühl stellen.

LF 1.4

Nussmürbeteig und 1-2-3-Mürbeteig

Für Mandelmürbeteig werden die Nüsse durch geriebene Mandeln ersetzt.

Nuss- und Mandelmürbeteig ist wie 1-2-3-Mürbeteig. Der Anteil an Nüssen bzw. Mandeln wird vom Mehlgehalt abgezogen, sodass Weizenmehl und Nüsse bzw. Mandeln drei Teile ergeben.

Vanillekipferl

Aufarbeitungsbeispiel:

- Nussmürbeteig 10 mm dick ausrollen. Nur selten werden sie aus Mandelmürbeteig hergestellt.
- Den ausgerollten Mürbeteig mit einem runden Ausstecher von 3 cm Durchmesser ausstechen.
- Die ausgestochenen Mürbeteigstückchen etwas lang rollen (nicht zu dünn), Hörnchen formen und auf ein gefettetes oder mit Backpapier belegtes Blech legen.

Backen: 190 °C, offener Zug
Backzeit: ca. 10 Minuten

Die Vanillekipferl sofort nach dem Backen ofenheiß in Vanillezucker wälzen.
Vanillezucker: Zucker mit natürlicher pulverförmiger Vanille mischen.

Vanillekipferl

Spitzbuben (Teegebäck)

- Den Nussmürbeteig 3 mm dick ausrollen.
- Mit rundem, gewelltem Ausstecher Teigstücke von ca. 4 cm Durchmesser ausstechen und auf gefettete oder mit Backpapier belegte Backbleche setzen, z. B. mit Ausstechmatten.
- Ein Blech der Mürbeteigstücke für die Unterteile der Spitzbuben backen.
  Bei den Mürbeteigstücken auf dem anderen Blech ein Loch mit einer 15-mm-Lochtülle ausstechen.

Backen: 190 °C, offener Zug
Backzeit: ca. 10 Minuten

Füllen
Die Unterteile umdrehen und darauf mit einem Fülltrichter große Tupfen gekochter Johannisbeerkonfitüre aufspritzen.
Durch das Kochen glänzt die Konfitüre und wird an der Oberfläche fest, sodass die Gebäcke in der Gebäckmischung nicht zusammenkleben.

Bestauben
Die in der Mitte ausgestochenen Oberteile mit Puderzucker bestauben und auf die gefüllten Unterteile auflegen. Der Puderzucker und die Johannisbeerkonfitüre bilden den gewünschten Farbkontrast.
Die Spitzbuben sorgfältig auf Tabletts oder in Gebäckschalen legen, damit der Puderzucker der Gebäcke nicht verwischt wird und die Konfitüre nicht an den anderen Gebäcken anklebt.

Fertigstellen von Spitzbuben

Spitzbuben

Spekulatius

Besonderheiten von Spekulatius

- Spekulatius sind flache weihnachtliche Figurengebäcke.
- Sie werden aus einem zuckerreichen und fettärmeren Mürbeteig hergestellt. Der Zucker und das Fett werden mengenmäßig getauscht: 1,5 Teile Fett, 2 Teile Zucker und 3 Teile Weizenmehl.
- Aufgrund des hohen Zucker- und geringeren Fettanteils sind Spekulatius sehr knusprige Gebäcke. Der beim Backen geschmolzene Zucker ergibt nach dem Erkalten die knusprige Beschaffenheit.

Rezeptbeispiel: Spekulatius-Mürbeteig

1 000 g	Weizenmehl, Type 405 oder 550
600 g	Zucker
400 g	Butter
100 g	Vollei (2 Stück)
100 g	Milch
30 g	Spekulatiusgewürz
5 g	Hirschhornsalz
5 g	Salz
2 240 g	**Teiggewicht**

- Zucker, Butter, Spekulatiusgewürz, in Wasser aufgelöstes Hirschhornsalz und Salz in der Knetmaschine glatt arbeiten.
- Eier, Milch und Weizenmehl dazugeben und kurz zu einem glatten Mürbeteig kneten.
- Den Spekulatiusteig zugedeckt mindestens 1 Tag bis zur Verarbeitung kühl stellen.

LF 1.4

Der Spekulatiusteig wird in eine Gebäckformmaschine mit Spekulatiuswalzen gegeben. Die flachen Spekulatius mit den barocken Motiven fallen auf gefettete Bleche und werden dann gebacken.

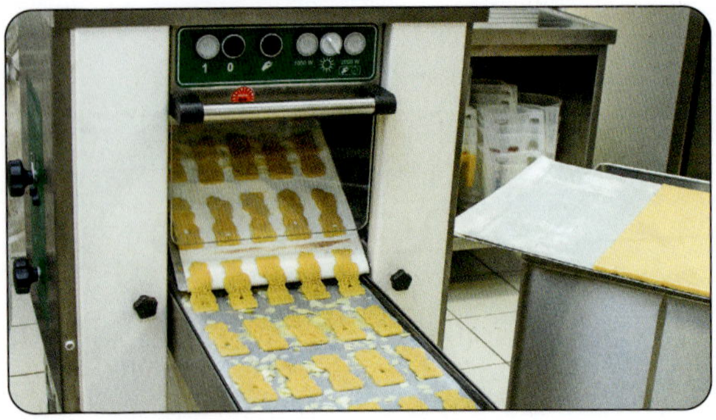

Gebäckformmaschine mit Spekulatiuswalzen

Der Name Spekulatius ist vom lateinischen Begriff „speculum“ abgeleitet, was so viel wie Spiegelbild bedeutet. Früher wurde der Spekulatius-Mürbeteig ausgerollt und in geschnitzte Holzmodeln (Holzformen) gedrückt. Die herausgenommenen Spekulatius waren das Spiegelbild zu den Modeln. Heute verwendet man dafür Gebäckformmaschinen.

Backen: 200 °C, offener Zug
Backzeit: ca. 8 Minuten

Spekulatius verpacken

Die ausgekühlten Spekulatius werden luftdicht verpackt, z. B. im Schrumpftunnel eingeschweißt oder in Folienbeuteln verschweißt.
Nach dem Öffnen der luftdichten Verpackung werden die knusprigen Spekulatius zunehmend weicher, da der hohe Zuckeranteil die Luftfeuchtigkeit aufnimmt.

Spezielle Spekulatiusarten

Butterspekulatius
Sie dürfen als Fett ausschließlich Butter enthalten.
Mandelspekulatius
Der Mürbeteig wird mit geriebenen Mandeln hergestellt.
Gewürzspekulatius
Sie werden mit einem hohen Anteil an Spekulatiusgewürz hergestellt. Geschmacklich dominieren die Gewürze in diesen Gebäcken.

Mutzenmandeln und Mutzen

Mutzenmandeln und Mutzen werden aus einem fettarmen, aber eireichen Mürbeteig hergestellt, der in Siedefett gebacken wird.

Mutzenmandeln

Der Mürbeteig für Mutzenmandeln wird 1 cm dick ausgerollt, mit tropfenförmigem Ausstecher ausgestochen und schwimmend im Siedefett gebacken. Sofort nach dem Backen werden die Mutzenmandeln in Zimtzucker gewälzt.

Mutzenmandeln

Mutzen

Für Mutzen wird der Mürbeteig dünn ausgerollt, rautenförmig mit einer Seitenlänge von ca. 7 cm geschnitten und schwimmend im Siedefett gebacken. Die etwas abgekühlten Mutzen werden leicht mit Puderzucker bestaubt.

Mutzen

Käsegebäcke aus Mürbeteig

Käsemürbeteig ist ein Mürbeteig ohne Zucker, jedoch mit hohem Käseanteil. Als Käse eignen sich geriebener Emmentaler, Edamer, Gouda und Parmesan. Es können auch verschiedene Käsesorten gemischt werden.

Rezeptbeispiel: Käsemürbeteig

1 000 g	Weizenmehl, Type 405 oder 550
700 g	Butter
700 g	Käse, gerieben
200 g	Schlagsahne
150 g	Vollei (3 Stück)
30 g	Paprika, edelsüß
20 g	Salz
10 g	Backpulver
2 810 g	**Teiggewicht**

- Butter, Käse, Sahne, Eier, Paprika und Salz in der Knetmaschine glatt arbeiten.
- Gesiebtes Weizenmehl und Backpulver zugeben und kurz zu einem glatten Teig kneten.
- Den Käsemürbeteig bis zur Verarbeitung gut durchkühlen lassen.

- Den gekühlten Käsemürbeteig 5 mm dick ausrollen.
- Den Käsemürbeteig mit Eistreiche bestreichen und verschiedenartig bestreuen, z. B. mit geriebenem Käse, Kümmel, Mohn, Sesam, gehobelten Mandeln.
- Verschiedene Formen ausstechen oder schneiden, z. B. Rechtecke, Rauten, Kreise, Halbmonde, Blüten.

Backen: 200 °C
Backzeit: ca. 12 Minuten

Gebäckfehler → Seite 338

Käsegebäcke aus Mürbeteig

Verkaufsargumente

Qualitätsmerkmale für die Kundenberatung

- Schwarz-Weiß-Gebäcke bestehen aus hellem Mürbeteig und Schokoladenmürbeteig, in den Kakaopulver geknetet wurde. Der Wechsel von hellem und Schokoladenmürbeteig ergibt den schönen Farbkontrast der Gebäcke.
- Vanillekipferl sind kleine Hörnchen aus Nussmürbeteig, die außen mit Vanillezucker behaftet sind.
- Spitzbuben sind Gebäcke aus Nussmürbeteig, die mit Johannisbeerkonfitüre gefüllt und mit Puderzucker bestaubt werden.
- Spekulatius sind knusprige, feinwürzige, flache weihnachtliche Figurengebäcke. Sie werden aus zuckerreichem und etwas fettärmerem Mürbeteig hergestellt, was zu der knusprigen Gebäckbeschaffenheit führt. Den feinen würzigen Geschmack erhalten die Gebäcke von den verschiedenen Gewürzen der Spekulatiusgewürzmischung.
- Mutzenmandeln und Mutzen sind Mürbeteiggebäcke, die schwimmend in heißem Siedefett gebacken werden. Sie werden aus einem fettarmen, aber eireichen Mürbeteig hergestellt. Mutzenmandeln sind weiche Mürbeteiggebäcke und die flachen Mutzen sind leicht rösch.
- Käsegebäcke aus Mürbeteig sind pikante Mürbeteiggebäcke ohne Zucker, jedoch mit hohem Käseanteil.

Frischhaltung der Mürbeteiggebäcke

Wie alle Mürbeteiggebäcke gehören auch die speziellen Mürbeteiggebäcke zu den Dauerbackwaren, die einige Tage ohne Kühlung die Qualitätsmerkmale behalten.

Bei verpackten Mürbeteiggebäcken verlängert sich die Frischhaltung.

Besondere Eignung der Mürbeteiggebäcke

- Schwarz-Weiß-Gebäcke, Vanillekipferl, Spitzbuben und Spekulatius sind begehrte Weihnachtsgebäcke.
- Mutzenmandeln und Mutzen sind Kaffeegebäcke, vor allem in der kühleren Jahreszeit.
- Die pikanten Käsegebäcke sind kleine Knabbergebäcke, auch passend für Partys und zu alkoholhaltigen Getränken.

LF 1.4

Aufgaben

1. Erklären Sie allgemein die Herstellung von Schwarz-Weiß-Gebäcken.
2. Beschreiben Sie den Unterschied zwischen 1-2-3-Mürbeteig und Nuss- bzw. Mandelmürbeteig.
3. Nennen Sie Gebäcke aus Nuss- bzw. Mandelmürbeteig.
4. Wie werden Vanillekipferl nach dem Backen fertiggestellt?
5. Beschreiben Sie die Herstellung von Spitzbuben.
6. Erläutern Sie die Besonderheiten von Spekulatius.
   - Aussehen der Gebäcke
   - Mengenanteile der Zutaten des Mürbeteigs
   - Beschaffenheit der Gebäcke
7. Warum sind Spekulatius im Gegensatz zu den anderen Mürbeteiggebäcken knusprige Gebäcke?
8. Warum werden Spekulatius grundsätzlich im Verkauf verpackt angeboten?
9. Nennen Sie drei spezielle Spekulatiusarten.
10. Beschreiben Sie die Besonderheiten der Mutzenmandeln und Mutzen in Bezug auf
    - den Mürbeteig,
    - das Backen.
11. Erklären Sie kurz die Herstellung von
    - Mutzenmandeln,
    - Mutzen.
12. Erläutern Sie den Mürbeteig für Käsegebäcke.
13. Für welche Gelegenheiten eignen sich folgende Mürbeteiggebäcke besonders?
    - Schwarz-Weiß-Gebäcke, Vanillekipferl, Spitzbuben und Spekulatius
    - Mutzenmandeln und Mutzen
    - Käsegebäcke aus Mürbeteig
14. Bei einer Aktion backen Sie im Laden frische Mutzenmandeln und Mutzen im Siedefett. Für die Kunden gibt es kleine Kostproben. Viele Kunden sind erstaunt, dass die Mutzenmandeln und Mutzen ganz anders als Berliner schmecken. Sie erklären ihnen diesen Unterschied.

Rechenaufgaben

LF 1.4

1. Für Spekulatius werden 3 Teile Weizenmehl, 2 Teile Zucker und 1 Teil Butter verarbeitet. Wie viel Zucker und Fett werden bei 5,400 kg Weizenmehl benötigt?
2. Es sollen 19,800 kg Nussmürbeteig aus 1-2-3-Mürbeteig hergestellt werden. Ein Drittel des Weizenmehls wird durch geriebene Haselnüsse ersetzt. Berechnen Sie das Gewicht von Zucker, Butter, Weizenmehl und Haselnüssen.
3. Schwarz-Weiß-Gebäcke werden in der Bäckerei/Konditorei in 200-g-Schalen verpackt. Das angegebene Füllgewicht darf höchstens das Zweifache von 4,5 % nach unten abweichen. Berechnen Sie die erlaubte Minusabweichung in g je Gebäckschale.
4. Aus 7,200 kg Weizenmehl soll 1-2-3-Mürbeteig hergestellt werden. Dieser Mürbeteig wird je kg Weizenmehl mit 100 g Vollei, 40 g Eigelb und 5 g Salz verbessert.
   a) Berechnen Sie die Zutatenmengen für Zucker und Butter sowie Eier, Eigelb und Salz. Ermitteln Sie dann das Gesamtgewicht dieses Mürbeteigs.
   b) ⅓ dieses Mürbeteigs wird mit Kakaopulver für Schwarz-Weiß-Gebäcke angewirkt. Wie viel kg Mürbeteig werden zu Schokoladenmürbeteig angewirkt?
   c) 1 kg Mürbeteig wird mit 50 g Kakaopulver zu Schokoladenmürbeteig angewirkt. Wie viel g Kakaopulver werden benötigt?
5. Eine Teegebäckmischung von 250 g soll 5,40 € kosten. Zur Verfügung stehen das Teegebäck A, von dem 250 g 4,80 € kosten, und das Teegebäck B, von dem 250 g 6,20 € kosten.
   a) Berechnen Sie das Mischungsverhältnis.
   b) Vom Teegebäck A ergibt sich ein Rest von 5,600 kg. Wie viel kg werden vom Teegebäck B benötigt, damit die Teegebäckmischung stimmt?
6. Es sollen 3 Sorten Mürbeteiggebäcke zu einer Gebäckmischung von 4,500 kg gemischt werden, die 108,00 € kosten soll. Der jeweilige Kilogrammpreis der Sorte A beträgt 29,00 €, der Sorte B 26,00 € und der Sorte C 20,00 €.
   a) In welchem Verhältnis müssen die 3 Mürbeteigsorten gemischt werden?
   b) Wie viel kg werden von den einzelnen Sorten benötigt?
   c) Berechnen Sie, wie viel ein 200-g-Gebäcktütchen der Gebäckmischung kostet.

21.3 Spritzmürbeteig

Spritzmürbeteig

- Spritzmürbeteig ist ein weicher, massenähnlicher Mürbeteig, der in der Rührmaschine gerührt wird.
- Spritzfähig wird dieser Mürbeteig durch den hohen Fett- und Eieranteil.

Spritzmürbeteig unterscheidet sich also vom ausrollfähigen 1-2-3-Mürbeteig darin, dass er noch mehr Fett und Eier enthält.

Rezeptbeispiel: 1-2-3-Mürbeteig

900 g	Weizenmehl
600 g	Fett (Butter oder Backmargarine)
300 g	Zucker
50 g	Vollei (1 Stück)
5 g	Salz
	Zitronen- und Vanillearoma
1855 g	**Teiggewicht**

Rezeptbeispiel: Spritzmürbeteig

900 g	Weizenmehl
750 g	Fett (Butter oder Backmargarine)
300 g	Puderzucker
200 g	Vollei (4 Stück)
5 g	Salz
	Zitronen- und Vanillearoma
2155 g	**Teiggewicht**

Die Qualität der Spritzgebäcke kann mit Marzipanrohmasse verbessert werden.
Geschmackgebende Zutaten im Spritzmürbeteig sind im Gebäcknamen enthalten.
Schokoladenspritzgebäck: mit Kakaopulver
Nussspritzgebäck: mit geriebenen Nüssen
Mandelspritzgebäck: mit geriebenen Mandeln

Sandgebäcke

Erhöht man den Zuckeranteil des Spritzmürbeteigs, z. B. 550 g Zucker statt 300 g wie im zuvor stehenden Spritzmürbeteigrezept, so besitzen diese Gebäcke eine sandige Beschaffenheit. Man bezeichnet sie deshalb als „Sandgebäcke".

Spritzgebäcke – Teegebäcke

Rezeptbeispiel: Spritzgebäck (helles Spritzgebäck)

900 g	Weizenmehl
750 g	Butter oder Backmargarine
300 g	Puderzucker
200 g	Vollei (4 Stück)
5 g	Salz
	Zitronen- und Vanillearoma
2155 g	**Teiggewicht**

Rezeptbeispiel: Schokoladenspritzgebäck (Schokospritzgebäck)

825 g	Weizenmehl
75 g	Kakaopulver
750 g	Butter oder Backmargarine
300 g	Puderzucker
250 g	Vollei (5 Stück)
5 g	Salz
	Zitronen- und Vanillearoma
2205 g	**Teiggewicht**

Rezeptbeispiel: Nussspritzgebäck, Mandelspritzgebäck

600 g	Weizenmehl
300 g	Nüsse bzw. Mandeln, geröstet und gerieben
600 g	Butter oder Backmargarine
300 g	Puderzucker
200 g	Vollei (4 Stück)
5 g	Salz
	Vanillearoma, Zimt
2005 g	**Teiggewicht**

Rezeptbeispiel: Sandgebäck

900 g	Weizenmehl
750 g	Butter oder Backmargarine
550 g	Puderzucker
250 g	Vollei (5 Stück)
5 g	Salz
	Zitronen- und Vanillearoma
2455 g	**Teiggewicht**

Für Spritzmürbeteige wird Puderzucker statt Kristallzucker verwendet, da sich dieser in dem wasserarmen Mürbeteig schneller auflöst.

Herstellung

- Temperiertes Fett verarbeiten:
  Butter: ca. 20 °C, Backmargarine: 22 bis 24 °C
- Fett, Puderzucker, Salz und Aromen in der Rührmaschine leicht schaumig schlagen.
- Eier nach und nach unterrühren.
- Das gesiebte Mehl, evtl. mit Kakaopulver oder geriebenen Nüssen bzw. Mandeln, nur kurz unterrühren, bis das Mehl nicht mehr sichtbar ist und so ein glatter weicher Teig entsteht.
- Den Spritzmürbeteig sofort auf gefettete, bemehlte oder mit Backpapier belegte Backbleche dressieren (spritzen). Durch längeres Stehen verfestigt sich der Teig durch Verquellung. Dann kann er nur noch schlecht aufdressiert werden.

LF 1.4

Aufdressierter Spritzmürbeteig für Teegebäcke

Backen: 180 °C, offener Zug
Backzeit: ca. 15 Minuten

Teegebäcke

Meistens werden für Teegebäcke mit einer Sterntülle von 9 mm verschiedene kleine Formen aufdressiert, z. B. Bärentatzen, Zungen, Halbmonde, Rosetten, S-Formen.

Sandgebäcke werden mit einer Lochtülle, 9 mm, aufdressiert, z. B. länglich oder punktförmig.

Große Spritzgebäcke

LF 1.4

Diese Spritzgebäcke werden stückweise verkauft.

- Flammende Herzen: mit Sterntülle, 8 mm, aufdressieren.
- Ringe,
- Bögen,
- Zungen

} Mit Sterntülle von 12 mm aufdressieren.

Füllungen für Spritzgebäcke

- Johannisbeerkonfitüre
- Nugatmasse, Nugatcreme
- Marzipanfüllung, mit Spirituosen wie Rum, Kirschwasser, Weinbrand, Grand Marnier u. a. weich gearbeitet

Überzug

Ein Teil der Spritzgebäcke wird in Schokoladenkuvertüre oder Fettglasur getaucht.

Teegebäcke werden manchmal mit der Spritztüte überspritzt.

Linzer Torte, Linzer Schnitten

Linzer Torte und Linzer Schnitten werden aus einem fein gewürzten Mürbeteig mit Nüssen hergestellt. Gefüllt sind sie mit Johannisbeerkonfitüre.

Linzer Torte

Rezeptbeispiel: Spritzmürbeteig für Linzer Torte

Das Rezept ergibt 1 Linzer Torte von 26 oder 28 cm Durchmesser.

300 g	Haselnüsse, gerieben
300 g	süße Brösel
50 g	Weizenmehl
320 g	Butter
150 g	Puderzucker
100 g	Vollei (2 Stück)
20 g	Eigelb (1 Stück)
40 g	Rum
5 g	Zimt
3 g	Nelken
2 g	Salz (1 Prise Salz)
	Zitronen- und Vanillearoma
1290 g	**Linzer Teig**

100 g Johannisbeerkonfitüre

Herstellung

- Einen Tortenring einfetten und auf ein gefettetes oder mit Backpapier belegtes Backblech legen.
- Butter, Puderzucker, Rum, Gewürze, Salz und Aromen leicht schaumig schlagen.
- Eier und Eigelb nach und nach zugeben und glatt rühren.
- Gesiebtes Mehl, Nüsse und Brösel vermischen und kurz einrühren, bis alle Zutaten gut verrührt sind.
- Ca. die Hälfte des Linzer Teigs in den Tortenring einfüllen und gleichmäßig verstreichen.
- Johannisbeerkonfitüre aufstreichen – nicht ganz bis zum Ring streichen, sonst klebt die Konfitüre am Ring.
- Den restlichen Teig mit einer 10-mm-Sterntülle gitterförmig aufdressieren, mit ca. 1 cm Abstand zum Rand des Tortenrings. Den Rand am Ring entlang aufdressieren.
- Evtl. obenauf gehobelte Mandeln streuen.

Backen: 160 °C
Backzeit: ca. 60 Minuten

Linzer Schnitten – Aufdressieren des Gitters

Fehler bei Spritzmürbeteiggebäcken

Gebäckfehler	Ursachen
Spritzgebäcke laufen breit und verlieren die Konturen.	• Es wurde zu warmes und somit zu weiches Fett verarbeitet. • Die Gebäcke wurden bei geschlossenem Zug bei feuchter Backhitze gebacken.
Spritzgebäcke brechen leicht beim Anfassen.	Das Fett wurde zu schaumig geschlagen.
Der Spritzmürbeteig ist zäh und lässt sich schlecht aufdressieren (aufspritzen).	Der Spritzmürbeteig wurde mit dem Mehl zu lange gerührt.

Verkaufsargumente

Qualitätsmerkmale für die Kundenberatung

- Spritzgebäcke sind wegen des hohen Fettgehalts besonders mürbe und brechen beim Verzehr leicht sandig auseinander.
- Es sind geschmackvolle Gebäcke, die durch die verschiedenen Füllungen und den Schokoladenüberzug verbessert werden.
- Linzer Torten und Linzer Schnitten werden aus einem nusshaltigen Spritzmürbeteig mit feinen Gewürzen hergestellt. Sie sind mit Johannisbeerkonfitüre gefüllt.

Frischhaltung der Spritzgebäcke

Wegen des hohen Fettanteils und des niedrigen Feuchtigkeitsgehalts sind Spritzgebäcke Dauerbackwaren. Sie sind so lange frisch und somit lagerfähig, wie sie mürbe sowie geschmackvoll und die Füllungen weich sind.
Werden die Teegebäcke in Tütchen verpackt, verlängert dies die Frischhaltung der Spritzgebäcke. Trockene Spritzgebäcke mit ausgetrockneten Füllungen dürfen nicht mehr im Verkauf sein. →

Spritzgebäcke werden bei nicht zu warmer Raumtemperatur gelagert. Große Spritzgebäcke, die stückweise verkauft werden, sollen nach Ladenschluss mit Folie vor dem Austrocknen geschützt werden.

Besondere Eignung der Spritzgebäcke

- Spritzgebäcke eignen sich besonders zu Kaffee und Tee.
- Teegebäcke passen zu Weihnachten und in jede Gebäckmischung.
- Wegen der langen Lagerfähigkeit sind Spritzgebäcke auch auf Reisen und als Gebäckreserve zu empfehlen.

Aufgaben

1. Erklären Sie Besonderheiten des Spritzmürbeteigs.
2. Wie unterscheidet sich Spritzmürbeteig vom 1-2-3-Mürbeteig in Bezug auf die Rezeptur?
3. Nennen Sie Spritzgebäcke mit geschmackgebenden Zutaten, die sich vom hellen Spritzgebäck unterscheiden.
4. Beschreiben Sie die Herstellung von Spritzmürbeteig.
5. Bei wie viel °C wird Spritzmürbeteig gebacken und wie werden die Gebäcke gebacken, damit sie nicht breitlaufen?
6. Nennen Sie große Spritzgebäcke, die stückweise verkauft werden.
7. Nennen Sie Füllungen für Spritzgebäcke.
8. Erklären Sie die Besonderheiten der Linzer Torten und Linzer Schnitten aus Spritzmürbeteig.
9. Beschreiben Sie die Herstellung einer Linzer Torte.
10. Nennen Sie die Ursachen folgender Fehler bei Spritzgebäcken:
    - Spritzgebäcke laufen breit und verlieren die Konturen.
    - Spritzgebäcke brechen leicht beim Anfassen.
    - Der Spritzmürbeteig ist zäh und lässt sich schlecht aufdressieren.
11. Erklären Sie die Qualitätsmerkmale der Spritzgebäcke für die Kundenberatung.
12. Geben Sie Auskunft über die Frischhaltung der Spritzgebäcke und erläutern Sie die Lagerung.
13. Wofür eignen sich Spritzgebäcke besonders gut?
14. Während der Sommermonate wollen Sie Gebäcktütchen mit Spritzgebäcken als Reiseproviant anbieten. Sie machen Vorschläge für verschiedene Gebäcke und Füllungen dieser Gebäckmischungen.

21.4 Streusel

Streusel ist bröseliger, streufähiger Mürbeteig. Er ist durch den höheren Zuckeranteil ein 2-2-3-Mürbeteig.

Rezeptbeispiel: Streusel

1000 g	Zucker
1000 g	Butter oder Margarine
1500 g	Weizenmehl, Type 405 oder 550
5 g	Salz
	Zitronen- und Vanillearoma
3505 g	**Streusel**

Zutaten für Streusel

LF 1.4

Herstellung

- Weiches oder leicht geschmolzenes Fett mit Zucker und Aromen glatt arbeiten.
- Weizenmehl unterarbeiten, bis eine lockere Bindung des Mürbeteigs mit kleinen Stückchen entsteht. Wird Streusel in der Knetmaschine hergestellt, so darf das Weizenmehl nur kurz eingearbeitet werden.
- Den Streusel mit den ungleichen Stückchen gut durchkühlen und dann durch ein grobmaschiges Sieb drücken. So entstehen gleichmäßig große Streusel.

Gekühlten Streusel durch ein grobmaschiges Sieb drücken

Gleichmäßig große Streusel

Verwendung von Streusel

Streusel dient als Auflage für Gebäcke, überwiegend wird er auf Blechkuchen gestreut. Beispiele für Blechkuchen mit Streusel sind Blechkuchen aus
- Hefeteig: Streusel-, Mohn-, Quark-, Apfelkuchen
- Mürbeteig: Apfel-, Pflaumenkuchen (Zwetschgenkuchen)
- Sandmasse: Aprikosen-, Kirsch-, Apfel-, Rhabarberkuchen

Der mürbe Streusel ist eine geschmackliche Ergänzung auf den verschiedenen Backwaren.

Streusel als Auflage für Blechkuchen

Beim Aufstreuen der Streusel auf die Blechkuchen immer zuerst den Rand bestreuen und dann zur Mitte hin, damit die gesamte Oberfläche gleichmäßig mit Streusel bestreut ist und die Ränder nicht streuselfrei sind.

Streuselkuchen

Aufgaben

1. Erstellen Sie ein Rezeptbeispiel für Streusel und geben Sie die Mengenverhältnisse der Zutaten an.
2. Beschreiben Sie die Herstellung von Streusel.
3. Geben Sie Verwendungsbeispiele für Streusel an.
4. Der neue Auszubildende sucht ein Rezept für Streusel. Sie geben ihm den Tipp, unter Mürbeteigen zu suchen, und erläutern ihm, warum Streusel zu den Mürbeteigen gehört.

22 Braune Lebkuchen und Früchtebrote

Situation

Während der Weihnachtszeit ist die Nachfrage nach Lebkuchen und Früchtebrot groß. Dieses Jahr hat Ihre Bäckerei/Konditorei das Lebkuchensortiment noch erweitert und an Firmen Angebote für passende Lebkuchen und Früchtebrote für die Weihnachtsfeier oder zum Verschenken an die Mitarbeiter und Kunden verschickt. Sie stellen diese Gebäcke zusammen mit Ihrem Praktikanten her. Er möchte nicht nur wissen, warum der Grundteig für die Honiglebkuchen bereits im Sommer hergestellt wurde, sondern auch alles über die verschiedenen Teige und Gebäcke.

- Aus welchen Zutaten wird ein Lebkuchenteig hergestellt?
- Welche Gewürze sind im Lebkuchengewürz enthalten?
- Was ist ein Lagerteig?
- Wie unterscheiden sich Braune Lebkuchen von Honiglebkuchen?
- Womit werden die Braunen Lebkuchen nach dem Backen abgeglänzt?
- Was besagen die Gattungs- und Herkunftsbezeichnungen der Lebkuchen?
- Welcher Teig wird für Früchtebrot hergestellt und welche Früchte werden verwendet?

Viele Jahrtausende war Honig neben süßen Früchten bei uns das wichtigste Mittel zum Süßen. Bereits vor mehr als 4 000 Jahren süßten die Ägypter die Brotteige mit Honig. Die Germanen aßen Honigkuchen zur Wintersonnenwende und überließen die Reste den Toten, damit die armen Seelen den Raunächten trotzten. Da man Honigkuchen in den Wintermonaten backte, wurde er ein immer beliebteres Weihnachtsgebäck.

Im 12. Jahrhundert mischten Mönche in den Klöstern des deutschsprachigen Raums Kräuter und Gewürze in den Honigteig. So begann in den Klöstern der Anfang der Lebküchner-Kunst.

Der Name „Lebkuchen" stammt aus der lateinischen Klostersprache. Vom lateinischen „Libum", das so viel wie Fladen, Kuchen oder Opferbrot bedeutet, leitete man den Begriff „Lebkuchen" ab, der dann später auch als „Lebenskuchen" bezeichnet wurde.

In den Klöstern wurden auch Oblaten – „hostia oblata" – für das geweihte Messopfer hergestellt. So konnten später die feinen, weichen Lebkuchenmassen auf Oblaten gestrichen werden, auf denen sie den nötigen Halt fanden und nicht am Backblech anklebten.

Im Mittelalter (1395) nahmen sich Nürnberger Bäcker mit Begeisterung der Lebkuchenherstellung an. Sie nannten sich „Lebzelter", „Lebküchler" oder „Lebküchner". Die Stadt Nürnberg genehmigte 1643 die Gründung einer Lebküchnerzunft.

Dank der verkehrsgünstigen Lage gelangten die Nürnberger Lebküchner zu Weltruf. Denn zahlreiche Salz- und Handelsstraßen fanden ihren Schnittpunkt in Nürnberg. Der Gewürzhandel hatte sein Zentrum in der Stadt, wobei „Pfeffersäcke" aus Venedig und Genua als ständiger Gewürznachschub für die Backstuben der Lebküchner ankamen.

Nürnberger Lebküchner in alten Zeiten

Da der Lebkuchen früher ausschließlich mit Honig gesüßt wurde, hielten sich die Lebkuchenhersteller eigene Bienenvölker, woraus sich das Nebenprodukt Wachs ergab. Deshalb waren die Lebküchner und später die Konditoren auch „Wachszieher“, die Kerzen und Wachsbilder herstellten.

Lebkuchen werden unterschieden in:

- Braune Lebkuchen
- Oblatenlebkuchen

LF 1.4

22.1 Braune Lebkuchen

Begriff: Braune Lebkuchen

Braune Lebkuchen werden aus „Lebkuchenteig“ hergestellt, bei dem das Mehl mit flüssigem Honig oder mit in Wasser gelösten Zuckerarten zu einem Teig geknetet wird. Wegen des hohen Zuckeranteils sind diese Lebkuchen nach dem Backen besonders braun; daher der Name Braune Lebkuchen.

Die Zutaten für einen Lebkuchenteig

- Weizenmehl
- Roggenmehl
- Honig und/oder Zuckerarten wie Invertzuckercreme, brauner Zucker, Glukosesirup, Zuckersirup (Zucker mit ca. 20 % Wasser)
- Lebkuchengewürz
- Lockerungsmittel: Hirschhornsalz und Pottasche

Neben Weizenmehl wird auch Roggenmehl verarbeitet, weil dadurch die Braunen Lebkuchen weicher werden und kräftiger schmecken.

Die Qualität eines Lebkuchenteigs wird durch die Menge der Honigzugabe bestimmt. Bei geringeren Qualitäten wird der Honig teilweise oder ganz durch Zuckerarten ersetzt.

Invertzuckercreme ist Honigersatz, der umgangssprachlich als Kunsthonig bezeichnet wird. Invertzucker ist Trauben- und Fruchtzucker, der durch den Abbau von Rübenzucker gewonnen wird. Diese Einfachzucker binden besonders viel Wasser und kristallisieren nicht aus, sodass die Gebäcke lange frisch bleiben.

Honig und Zuckerarten für den Lebkuchenteig: brauner Zucker, Invertzuckercreme, Honig (oben); Glukosesirup, Zucker (unten)

Lebkuchengewürz

Das Lebkuchengewürz ist eine abgestimmte, geschmacklich harmonierende Gewürzmischung. Lebkuchengewürz enthält Zimt, Nelken, Piment, Macis, Muskat, Ingwer, Anis, Fenchel, Kardamom, Koriander, Vanille, Zitrone.

Lebkuchengewürz

Lockerungsmittel

- Hirschhornsalz und
- Pottasche

Wirkung der Pottasche

Bei der Lockerung durch Pottasche wird Kohlenstoffdioxid und etwas Kalilauge frei. Kalilauge schwächt den Kleber, sodass breite, flache Poren entstehen und so der Lebkuchenteig in die Breite treibt.

Bestimmungen der Leitsätze

- **Braune Lebkuchen** müssen auf 100 Teile Mehl mindestens 50 Teile Zuckerarten enthalten.
- **Honiglebkuchen** sind Braune Lebkuchen, bei denen mindestens die Hälfte der Zuckerarten Honig sein muss.

Rezeptbeispiele: Honiglebkuchenteig

Grundteige:

750 g Weizenmehl, Type 812 oder 1050	750 g Weizenmehl, Type 812 oder 1050
250 g Roggenmehl, Type 997 oder 1150	250 g Roggenmehl, Type 997 oder 1150
1 000 g Honig	500 g Honig
	400 g brauner Zucker
	100 g Wasser
2 000 g Grundteig	**2 000 g Grundteig**

Lebkuchenteig:

2 000 g Grundteig
40 g Lebkuchengewürz
10 g Hirschhornsalz (1 % der Mehlmenge)
5 g Pottasche (0,5 % der Mehlmenge)

2 055 g Lebkuchenteig

Herstellung eines Grundteigs

- Den Honig auf ca. 70 °C erhitzen, damit sich die Zuckerkristalle lösen. Den Honig nicht zu stark erhitzen, da bei über 80 °C die Aromastoffe verloren gehen.
- Den Honig auf ca. 35 °C abkühlen lassen. Der Honig darf nicht wärmer als mit 40 °C verarbeitet werden, da sonst die Eiweiße des Mehls geschädigt werden.
- Das Mehl mit dem Honig intensiv zu einem Teig kneten, im Spiralkneter 4 Minuten im Langsamgang und 3 Minuten im Schnellgang.

Wird ein Teil des Honigs durch Zuckerarten ersetzt, werden die Zuckerarten im Wasser gelöst und mit dem Honig erhitzt.
Werden nur Zuckerarten ohne Honig verwendet, dann werden die Zuckerarten im Wasser gelöst und in flüssiger Form verarbeitet. Der Teig ist sehr wasserarm, sodass sich die Zuckerkristalle ohne Wasser nicht lösen könnten.

Honig erhitzen

Abgekühlten Honig mit dem Mehl verkneten

Fertig geknetener Grundteig

LF 1.4

Lagern des Grundteigs

Den Grundteig in einem kühlen Raum lagern. Dabei wird er in einen gut verschließbaren Behälter gegeben, damit der Teig nicht austrocknet.
Die Stehzeit des Grundteigs ist erforderlich, weil sich dabei das Mehl und der Honig bzw. die Zuckerarten intensiv binden und so ein glatter Teig entsteht.

Je nach Stehzeit werden zwei Grundteigarten unterschieden:

- **Lagerteig:** Der Grundteig wird in etwa ein bis vier Monate gelagert.
- **Frischteig:** Der Grundteig wird ein bis drei Tage gelagert. In dieser Zeit erhält der Grundteig die nötige Bindung, damit er ausrollfähig wird.

Der Lebkuchenteig kann wegen des hohen Zuckeranteils während der Lagerung nicht verderben. Das Verhältnis von Mehl zu Honig bzw. Zucker ist in etwa 1 : 1.
Empfehlenswert ist die Herstellung eines Lagerteigs.

Vorteile eines Lagerteigs

- Der Honig bzw. die im Wasser gelösten Zuckerarten binden sich an das Mehl, sodass der Lebkuchenteig glatt ist und nicht so stark klebt.
- Während der Lagerzeit bauen die Milchsäurebakterien etwas Zucker zu Milchsäure ab. Dies bewirkt eine leichte Geschmacksverbesserung der Lebkuchen und eine verstärkte Triebleistung der Pottasche, die zur Lockerung Säure benötigt wird.

Herstellung eines Lebkuchenteigs

- Den Grundteig vor dem Verkneten der Zutaten zum Lebkuchenteig warm stellen, z. B. im Gärraum, weil er sonst zu hart zum Kneten ist.
- Hirschhornsalz und Pottasche getrennt voneinander mit kaltem Wasser oder kalter Milch auflösen, sonst reagieren sie sofort.
- Den Grundteig, Lagerteig oder Frischteig sowie das Lebkuchengewürz, aufgelöstes Hirschhornsalz und die Pottasche in die Knetmaschine geben und verkneten, bis die Zutaten gleichmäßig im Lebkuchenteig vermischt sind.

LF 1.4

Bei geringer Säurebildung im Grundteig können 10 g Sauerteig auf 1 kg Grundteig oder einige Tropfen Fruchtsäure zugegeben werden, damit die Pottasche ausreichend reagiert und CO_2 erzeugt.

Das Lebkuchengewürz sowie Hirschhornsalz und Pottasche werden erst vor der Verarbeitung des Lebkuchenteigs in den Grundteig geknetet. Sonst würden die Gewürze ausrauchen und die Lockerungsmittel bereits während der Lagerung wirken.

Backen des Lebkuchenteigs

180 bis 190 °C, bei offenem Zug

Die Lebkuchen nach dem Backen sofort vom Backblech schieben, damit sie nicht nachdunkeln und kleben bleiben.

Lebkuchenteig zum Aufarbeiten

Abglänzen der Lebkuchen

Die Braunen Lebkuchen sofort nach dem Backen mit einem Pinsel dünn mit Dextringlasur bestreichen und somit abglänzen.

Honiglebkuchen mit Dextringlasur bestreichen

Herstellen einer Dextringlasur

100 g Dextrine mit 800 bis 1000 g Wasser in einem Gefäß verrühren und unter ständigem Rühren aufkochen. Damit die Dextringlasur streichfähig ist, gibt man bei Bedarf beim Kochen etwas Wasser dazu.

Herstellen von Dextrinen

Weizenstärke (Weizenpuder) in einer dünnen Schicht auf einem Backblech gleichmäßig verteilen und im Ofen bei ca. 200 °C mittelbraun zu Dextrinen rösten. Die Dextrine zu einem lockeren Pulver sieben.

Durch die Backhitze wird die weiße Weizenstärke zu braunen Dextrinen abgebaut.

Gebäcke aus Lebkuchenteig

Honigkuchen

Honigkuchen sind dickere Lebkuchenstücke, die aus Honigkuchenteig hergestellt werden.

Honigkuchen

- Den Lebkuchenteig 8 mm dick ausrollen und wie Blechkuchen auf ein gefettetes Backblech legen.
- Den Lebkuchenteig mit Milch bestreichen und stippen.
- Auf der Oberfläche des Lebkuchenteigs die Stücke einteilen, damit die Stückgröße sichtbar ist.
- Jedes Stück mit einer halben Belegkirsche und halbierten Mandeln dekorieren.

Backen: 180 °C, bei offenem Zug
Backzeit: ca. 20 Minuten

Weihnachtsfiguren und Lebkuchenherzen

- Den Lebkuchenteig 4 mm dick ausrollen.
- Verschiedene Figuren und Formen ausstechen und auf ein gefettetes oder mit Backpapier belegtes Backblech setzen, z. B.
  - Weihnachtsmänner (Nikoläuse), Schaukelpferde, Tannenbäume, Sterne, Herzen, Halbmonde,
  - Hexenhaus,
  - große Lebkuchenherzen für Volksfeste.
- Den ausgestochenen Lebkuchenteig mit Milch bestreichen, Dekorteile darauflegen und etwas andrücken, z. B. halbierte und gestiftelte Mandeln und Belegkirschen.

Backen: 180 °C, bei offenem Zug
Backzeit: ca. 18 Minuten

Die gebackenen Lebkuchen mit Dextringlasur abglänzen und mit Eiweißspritzglasur ausgarnieren.

Lebkuchenfiguren

St. Gallener Biberle

St. Gallener Biberle sind kleine Lebkuchenstücke mit Marzipanfüllung.

Rezeptbeispiel: St. Gallener Biberle

1 000 g	Lebkuchenteig	
900 g	Marzipan	
Marzipan:		
700 g	Marzipan-rohmasse	Zutaten zu Marzipan anwirken.
170 g	Puderzucker	
30 g	Glukosesirup	
	Zitronenaroma	
900 g	**Marzipan**	

Herstellung

- Den Lebkuchenteig 3 mm dick und 48 × 40 cm groß ausrollen.
- 8 cm breite Streifen schneiden – ergibt 6 Teigstreifen von je 40 × 8 cm.
- Die Teigstreifen mit Wasser bestreichen.
- Das Marzipan in 6 × 150-g-Teile abwiegen und jedes Stück zu einem 40 cm langen Strang rollen.
- Die 6 Marzipanrollen auf die Teigstreifen legen und den Honigkuchenteig um die Marzipanrollen schlagen.
- Jeden Strang auf 50 cm nachrollen.
- Die Lebkuchenrollen gut durchkühlen lassen, mit Milch bestreichen und in stumpfe Dreiecke (Trapeze) schneiden.
- Die Stücke auf Backbleche setzen.

Backen: 190 °C, bei offenem Zug
Backzeit: ca. 18 Minuten
Die ofenheißen Gebäcke mit Dextringlasur abglänzen.

St. Gallener Biberle

Baseler Leckerli

Baseler Leckerli sind rechteckige oder quadratische flache Lebkuchen, die mit Fadenzuckerglasur bestrichen sind.

Rezeptbeispiel: Baseler Leckerli

1000 g	Lebkuchenteig
300 g	Mandeln, grob gehackt oder gestiftelt
100 g	Orangeat
50 g	Zitronat
40 g	Kirschwasser
1490 g	**Baseler Leckerliteig**

Die Zutaten in den Lebkuchenteig gleichmäßig verteilt unterkneten.

LF 1.4

Herstellung

Den Teig 6 mm dick und 56 × 32 cm groß ausrollen, auf ein gefettetes oder mit Backpapier belegtes Backblech legen und mit Milch bestreichen.

Backen: 180 °C, bei offenem Zug
Backzeit: ca. 20 Minuten

- Fadenzuckerglasur (→ Seite 356) mit einem Pinsel auf die heißen Gebäcke streichen, sodass die Glasur nach dem Erkalten weiß wird.
- Die Gebäckplatte in rechteckige Stücke schneiden, z. B. 9 × 6 cm – ergibt 30 Stück.

Baseler Leckerli

LF 1.4

Spitzkuchen

Spitzkuchen sind Lebkuchen mit Sultaninen, Nüssen oder Mandeln sowie Zitronat und Orangeat. Die trapezförmigen Lebkuchenstücke sind mit Schokoladenkuvertüre überzogen; Fettglasur ist nicht erlaubt.

Rezeptbeispiel: Spitzkuchen

1 000 g	Lebkuchenteig
200 g	Sultaninen
100 g	Haselnüsse oder Mandeln, grob gehackt
75 g	Orangeat
50 g	Zitronat
50 g	Rum
1 475 g	**Spitzkuchenteig**

Die Zutaten in den Lebkuchenteig gleichmäßig vermischt unterkneten.

Herstellung

300-g-Teigstücke abwiegen, zu 70 cm langen Strängen rollen und auf Backbleche setzen.

Backen: 180 °C, bei offenem Zug
Backzeit: ca. 20 Minuten

Fertigstellen

- Die gebackenen Stränge am besten in einem Klimaschrank bei hoher Luftfeuchtigkeit über Nacht lagern, bis sie weich sind.
- Die Lebkuchenstränge in Trapeze (stumpfe Dreiecke) schneiden und die Stücke ganz mit Schokoladenkuvertüre überziehen.

Spitzkuchen

Dominosteine

Dominosteine sind kleine mit Schokoladenkuvertüre oder Fettglasur überzogene Würfel aus Schichten von Lebkuchen, Gelee und Marzipan, auch Persipan ist erlaubt. Bei der Bezeichnung „Feinste Dominosteine" ist die Verwendung von Persipan und Fettglasur nicht erlaubt.

Herstellung

- 1 000 g Lebkuchenteig 2,5 mm dick und 78 × 58 cm groß ausrollen.
- Den ausgerollten Teig auf ein gefettetes oder mit Backpapier belegtes Backblech legen und stippen.

Backen: 180 °C, bei offenem Zug
Backzeit: ca. 20 Minuten

Fertigstellen

- Die Lebkuchenplatte gut abkühlen lassen. Heißes Gelee aufstreichen und bis zum Erstarren abkühlen lassen.
- Marzipan 5 mm dick ausrollen und auf die Geleeschicht legen. Bis zum nächsten Tag kühl stellen.
- Die Lebkuchenplatte mit Gelee und Marzipan in 3 × 3 cm große Quadrate schneiden.
- Die Würfel mit Schokoladenkuvertüre oder Fettglasur überziehen.

Rezeptbeispiel: Geleefüllung

450 g	Himbeermark	Alle Zutaten gut aufkochen lassen.
450 g	Gelierzucker	
20 g	Zitronensaft	
920 g	**Geleefüllung**	

Dominosteine

Printen

Printen sind kleine rechteckige Lebkuchen, die fein gestoßenen Kandis enthalten.

- In den Lebkuchenteig feine Kandisstückchen unterkneten.
- Den Printenteig 4 mm dick ausrollen und z. B. in 7 × 3 cm große Rechtecke schneiden.

Backen: 180 °C, bei offenem Zug
Backzeit: ca. 15 Minuten

Fertigstellen der Printen nach dem Backen
- Sofort nach dem Backen mit Dextringlasur abglänzen.
- Nach dem Abkühlen die Printen überziehen mit
  - Schokoladenkuvertüre oder
  - Milchschokoladenkuvertüre.

Printen

Pfeffernüsse (Pfefferkuchen)

Pfeffernüsse werden aus einem eihaltigen, stark gewürzten Lebkuchenteig hergestellt. Die runden Lebkuchen werden dick mit Fadenzuckerglasur überzogen.
Schon im Mittelalter wurden diese Lebkuchen stark gewürzt. Die Gewürze waren namentlich weitgehend unbekannt, sodass man das Gewürz Piment einfach als Pfeffer bezeichnete, weil es ähnlich scharf ist. Daher haben diese Lebkuchen ihren Namen, obwohl kein Pfeffer enthalten ist. Heute bezieht sich der Begriff Pfeffer auf die kräftige Würzung der Lebkuchen. Der zweite Teil des Namens entspricht der runden, nussähnlichen Gebäckform.

Rezeptbeispiel: Pfeffernüsse

1 000 g	Weizenmehl, Type 812 oder 1050
850 g	Zucker
350 g	Vollei (7 Eier)
150 g	Orangeat
40 g	Lebkuchengewürz
5 g	Hirschhornsalz
2 395 g	**Pfeffernussteig**

Herstellung
- Vollei und Zucker schaumig schlagen und mit den restlichen Zutaten in der Knetmaschine zu einem Teig kneten.
- Den Lebkuchenteig 9 mm dick ausrollen, mit einem Ausstecher von 2,5 cm Durchmesser runde Stücke ausstechen und auf ein Backblech setzen.

Backen: 180 °C, bei offenem Zug
Backzeit: ca. 20 Minuten

Die gebackenen Lebkuchen dick mit Fadenzuckerglasur überziehen. Nach dem Erkalten wird die Glasur weiß.

Pfeffernüsse

LF 1.4

Fehler bei Braunen Lebkuchen

Gebäckfehler	Ursachen
Die Lebkuchen haben auf der Oberfläche kleine Risse.	Die Lebkuchen wurden bei feuchter Backhitze, bei geschlossenem Zug gebacken.
An der gesamten Oberfläche der Lebkuchen befinden sich kleine schwarze Punkte.	Hirschhornsalz und Pottasche wurden mit zu wenig Wasser oder Milch aufgelöst, sodass die ungelösten Kristalle dunkle Punkte ergeben.
Die Lebkuchen sind zu flach.	• Es wurden zu wenig Lockerungsmittel zugegeben. • Der Lebkuchenteig hatte zu wenig Säure vom Honig bzw. von den Milchsäurebakterien für die Reaktion der Pottasche, sodass etwas Sauerteig oder Fruchtsäure hätte zugegeben werden müssen.
Lebkuchen, die im Verkauf angeboten werden, sind nicht weich.	Sie sind noch zu frisch und müssen noch in Dosen oder Folienbeuteln gelagert werden.
Die Lebkuchen glänzen nach dem Bestreichen mit Dextringlasur nicht.	Die Dextringlasur war zu dünn, d. h., die Dextrine wurden mit zu viel Wasser aufgekocht.

Kleine schwarze Punkte auf den Lebkuchen

LF 1.4

Fadenzuckerglasur

Herstellen einer Fadenzuckerglasur

- 5 Teile Zucker und 2 Teile Wasser in einem Kupfergefäß auf 107 bis 109 °C zum Faden kochen.
- Den Fadenzucker sofort mit einem Pinsel auf die Gebäcke streichen. Der Fadenzucker stirbt ab, d. h., er wird milchig weiß.

Verwendungsbeispiele

- Baseler Leckerli
- Pfeffernüsse
- Elisenlebkuchen

Elisenlebkuchen mit Fadenzuckerglasur

Gattungsbezeichnungen

Manche Lebkuchen werden mit einem Ortsnamen benannt, z. B. St. Gallener Biberle, Baseler Leckerli und Liegnitzer Bomben. Der Ortsname benennt die Gebäckart (die Gattung) und deren typische Besonderheit, z. B. St. Gallener Biberle sind kleine trapezförmige Lebkuchen mit Marzipanfüllung.

Da die Ortsnamen in der Bezeichnung der Lebkuchen nur die Gebäckart bekannt geben, dürfen diese Gebäcke überall hergestellt werden.
Die Begriffe „echt" oder „original" machen die Lebkuchen zu Herkunftsbezeichnungen.

Herkunftsbezeichnungen

Einige Ortsnamen in Lebkuchenbezeichnungen geben die Herkunft der Lebkuchen an und nicht die Besonderheit der Gebäcke. Die Herkunft dieser Lebkuchen ist geschützt. Die Lebkuchen müssen in den benannten Gebieten hergestellt werden, z. B. Nürnberger Lebkuchen, Aachener Printen und Thorner Pfefferkuchen.
Auch Bezeichnungen wie „Lebkuchen nach Nürnberger Art" oder „Lebkuchen nach Aachener Printen-Rezept" sind nicht erlaubt, da sie für die Verbraucher irreführend sind.

Verkaufsargumente

Qualitätsmerkmale für die Kundenberatung

- Braune Lebkuchen sind sehr weiche und feinwürzige Gebäcke durch die vielen verschiedenen Gewürze.
- Honiglebkuchen sind feinwürzige Gebäcke mit feinem Honiggeschmack.

Lagerung der Braunen Lebkuchen

Lebkuchen sind nach dem Backen in frischem Zustand hart und haben ein geringes Aroma. Der hohe Zuckeranteil der Lebkuchen wird beim Backen flüssig und nach dem Abkühlen sehr hart. Bei der Lagerung wird der Zucker in den Lebkuchen zunehmend weicher und somit auch die Lebkuchen. Auch das Aroma wird intensiver, weil die Aromastoffe der Gewürze die Lebkuchen durchziehen.

Damit die Kunden sofort beim Kauf Braune Lebkuchen mit weicher Beschaffenheit erhalten, werden die Lebkuchen vor dem Überziehen mit Schokoladenkuvertüre bzw. vor dem Verpacken in einem Klimaschrank bei hoher Luftfeuchtigkeit gelagert. Die Lebkuchen nehmen die Luftfeuchtigkeit auf, wobei sich der Zucker schnell wieder erweicht.

Frischhaltung der Braunen Lebkuchen

Braune Lebkuchen, in Dosen oder Folienbeuteln verpackt, bleiben monatelang weich und zählen zu den besonders lagerfähigen Dauerbackwaren.

Besondere Eignung der Braunen Lebkuchen

- Braune Lebkuchen sind typische Gebäcke zur Weihnachtszeit, die zu Kaffee und Tee sowie zu Glühwein und Punsch begehrt sind.
- Die schön ausgarnierten Lebkuchenfiguren, z. B. Weihnachtsmann (Nikolaus), Schaukelpferd, Tannenbaum, sind bei Kindern sehr beliebt.
- Kleinere Lebkuchenfiguren, z. B. Sterne, Herzen, Halbmonde, eignen sich als Behang für den Weihnachtsbaum (Christbaum).
- Kleinere Lebkuchenfiguren wirken als Schmuck auf der Weihnachtsverpackung besonders dekorativ und geben als Tischdekoration bei Weihnachtsfeiern eine festliche Note.

Weihnachtsschmuck aus Honiglebkuchen

LF 1.4

Aufgaben

1. Erläutern Sie kurz die Geschichte der Lebkuchen.
2. Erklären Sie den Begriff „Braune Lebkuchen".
3. Nennen Sie die Zutaten für einen Lebkuchenteig:
   - Mehle
   - Zutaten zum Süßen
   - Aromaverbesserung
   - Lockerungsmittel
4. Nennen Sie Gewürze, die in der Lebkuchengewürzmischung enthalten sind.
5. Geben Sie die Bestimmungen der Leitsätze an:
   - Braune Lebkuchen
   - Honiglebkuchen
6. Erstellen Sie ein Rezeptbeispiel für einen Grundteig und einen Lebkuchenteig.
7. Unterscheiden Sie einen Grundteig in Lagerteig und Frischteig.
8. Wie sollte der Grundteig gelagert werden?
9. Beschreiben Sie die Herstellung eines
   - Grundteigs und
   - Lebkuchenteigs.
10. Warum werden das Lebkuchengewürz sowie das Hirschhornsalz und die Pottasche nicht schon in den Grundteig gegeben?
11. Beschreiben Sie das Backen der Lebkuchenteige.
12. Erklären Sie
    - das Herstellen von Dextrinen,
    - die Herstellung einer Dextringlasur,
    - das Abglänzen der Lebkuchen.
13. Beschreiben Sie das Herstellen einer Fadenzuckerglasur und geben Sie Verwendungsbeispiele an.

→

14 Nennen Sie die Besonderheiten folgender Lebkuchen:
- Honigkuchen
- Weihnachtsfiguren
- St. Gallener Biberle
- Baseler Leckerli
- Dominosteine
- Printen
- Pfeffernüsse

15 Erläutern Sie die Gattungsbezeichnungen bei Lebkuchen und geben Sie Beispiele an.

16 Was besagen die Bezeichnungen „Nürnberger Lebkuchen", „Aachener Printen" und „Thorner Pfefferkuchen"?

17 Geben Sie die Ursachen folgender Fehler bei Lebkuchen an:
- Die Lebkuchen haben auf der Oberfläche kleine Risse.
- An der gesamten Oberfläche der Lebkuchen befinden sich kleine schwarze Punkte.
- Die Lebkuchen sind zu flach.
- Lebkuchen, die im Verkauf angeboten werden, sind nicht weich.

18 Nennen Sie die Qualitätsmerkmale der Braunen Lebkuchen und der Honiglebkuchen für die Kundenberatung.

19 Beschreiben Sie die Beschaffenheit frischer Brauner Lebkuchen und wie sich diese bei der Lagerung verändern.

20 Geben Sie die Frischhaltung Brauner Lebkuchen an.

21 Wofür eignen sich Braune Lebkuchen besonders?

22 Das Schaufenster Ihrer Bäckerei/Konditorei soll in der Weihnachtszeit mit einem Hexenhaus dekoriert werden. Dafür sollen Sie ein Hexenhaus entwerfen und zusammenstellen, welche Zutaten Sie für den Braunen Lebkuchenteig und für die Garnierungen des Hauses benötigen, damit es zu einem Blickfang wird.

Rechenaufgaben

LF 1.4

1 Eine Bäckerei/Konditorei benötigt einen Honigkuchenteig für folgende Lebkuchengebäcke:

Lebkuchenfiguren	7,500 kg
Dominosteine	3 ¼ kg
Spitzkuchen	4 900 g
St. Gallener Biberle	3 4/5 kg
Baseler Leckerli	8 3/8 kg
Pfefferkuchen	6,175 kg

Berechnen Sie die Zutatenmenge des herzustellenden Honigkuchens mit folgendem Rezept (runden Sie auf):

750 g	Weizenmehl	40 g	Lebkuchengewürz
250 g	Roggenmehl	20 g	Hirschhornsalz und Pottasche
1 000 g	Honig		

2 Ein Lebkuchenteig wird aus 12,600 kg Weizenmehl hergestellt. Das sind ¾ des Gesamtmehlanteils.

a) Berechnen Sie den Roggenmehlanteil des Lebkuchenteigs in g.

b) Wie viel kg Zuckerarten müssen nach den Leitsätzen für Braune Lebkuchen mindestens zugegeben werden?

c) Der Lebkuchenteig für Braune Lebkuchen wird mit 60 % Zuckerarten, bezogen auf das Gesamtmehl, hergestellt. Wie viel kg Honig müssen mindestens für Honiglebkuchen zugegeben werden?

3 Fadenzuckerglasur wird im Verhältnis 5:1,8 von Zucker zu Wasser hergestellt. Für 125 Baseler Leckerli benötigt der Bäcker/Konditor 2,5 kg Fadenzuckerglasur.

a) Wie viel Zucker und Wasser muss der Bäcker/Konditor, bei einem Kochverlust von 16,69 % abwiegen?

b) Wie viel Gramm Fadenzuckerglasur werden auf einen Baseler Leckerli glasiert?

4 Braune Lebkuchen werden mit 80 Teilen Zuckerarten auf 100 Teile Mehl hergestellt. Der Lebkuchenteig wird mit 5,250 kg Weizenmehl und 1 750 g Roggenmehl hergestellt. Die verwendeten Zuckerarten bestehen aus 60 % Invertzuckercreme, 35 % braunem Zucker und 5 % Sirup. Für den Lebkuchenteig werden noch 2 % Lebkuchengewürz und 0,75 % Lockerungsmittel, berechnet vom Grundteig aus Mehl und Zuckerarten, verwendet.

a) Wie viel kg Zuckerarten werden insgesamt für den Lebkuchenteig verarbeitet?

b) Berechnen Sie, wie viel g von den einzelnen Zuckerarten verwendet werden.

c) Ermitteln Sie, wie viel Lebkuchengewürz und Lockerungsmittel verwendet werden.

d) Wie viel kg Lebkuchenteig erhält man insgesamt?

22.2 Früchtebrote

Wer in früherer Zeit nicht zu den Allerärmsten gehörte, gönnte sich an den Festtagen zu Weihnachten Brote, die mit getrockneten Birnen verfeinert wurden. Getrocknete Birnen nannte man in Bayern „Kletzen" und im Schwarzwald „Hutzel". So entstanden in diesen Gegenden die geschmackvollen „Kletzenbrote" und „Hutzelbrote". Später verbesserte man die Brote zusätzlich mit vielen verschiedenen getrockneten Früchten wie Pflaumen, Rosinen, Aprikosen sowie mit Nüssen zu „Früchtebroten". In besseren Zeiten kamen noch getrocknete Südfrüchte wie Datteln, Feigen sowie Zitronat und Orangeat hinzu.

Früchtebrote

Rezeptbeispiel: Früchtebrotteig

Teig

500 g	Roggenmehl, Type 997 oder 1150
500 g	Weizenmehl, Type 550
670 g	Birnen- bzw. Zwetschgenwasser oder Milch
50 g	Hefe
20 g	Salz
20 g	Lebkuchengewürz
1 760 g	**Teiggewicht**

Teigtemperatur: 27 °C

Knetzeit im Spiralkneter:
3 Minuten Langsamgang,
4 Minuten Schnellgang

Teigruhe: ca. 20 Minuten

Das Birnen- bzw. Pflaumenwasser wird als Teigflüssigkeit verwendet, da es gelösten Zucker der Früchte enthält.
Bei einer fertig gekauften Früchtemischung nimmt man Milch als Zuguss.

Rezeptbeispiel: Früchtemischung

Früchte

900 g	getrocknete Birnen (Kletzen) ohne Kerngehäuse
900 g	Dörrpflaumen
1 150 g	Feigen
1 000 g	Sultaninen
300 g	Datteln
150 g	Zitronat
150 g	Orangeat
200 g	sehr grob gehackte Haselnüsse
200 g	sehr grob gehackte Mandeln
50 g	Kirschwasser
5 000 g	**Früchtemischung**

- Sultaninen mit Kirschwasser vermischen und zudecken.
- Alle Früchte über Nacht warm stellen.
- Die temperierten Früchte (27 bis 30 °C) nach der Teigruhe im Langsamgang in den Teig unerkneten, bis sie gleichmäßig verteilt sind.

Gewicht des Teigs mit Früchten = **6 760 g**

Teig und Früchte für Früchtebrote

LF 1.4

Herrichten der Trockenfrüchte zum Verarbeiten

- Die harten getrockneten Birnen in 90 °C heißem Wasser weich ziehen lassen. Das Kerngehäuse ausschneiden und die weichen Birnen in große Stücke schneiden.
- Die Dörrpflaumen in Wasser einweichen, über Nacht weich ziehen lassen und in große Stücke schneiden (vierteln).
- Die Feigen vierteln.
- Die Datteln entsteinen und halbieren.

Trockenfrüchte

Aufarbeiten

- 550-g-Teigstücke abwiegen und zu runden oder ovalen Broten formen. Die Waagschale, den Arbeitstisch und die Hände mit Wasser anfeuchten, damit der klebrige Früchtebrotteig gut bearbeitet werden kann.
- Die geformten Teigstücke auf ein mit Backpapier belegtes Backblech setzen und leicht flach drücken.
- Die Brotteiglinge mit Milch bestreichen und mit halbierten Belegkirschen sowie halbierten Mandeln bzw. Walnüssen belegen.

Länglich geformte Früchtebrote

Runde Früchtebrote, mit Milch bestrichen und mit Mandeln und Belegkirschen belegt

Früchtebrote belegt mit Mandeln und Belegkirschen

LF 1.4

Manchmal werden die Brotteiglinge in dünn ausgerollten Hefeteig eingeschlagen. Dadurch wird das Verbrennen der äußeren Früchte verhindert. Allerdings geht dabei auch das rustikale Aussehen verloren.

Gare: ca. 20 Minuten
Gärraumtemperatur: 35 °C
relative Luftfeuchtigkeit: 70 %

Backen: 190 °C, bei offenem Zug, bei 20 °C geringerer Unterhitze oder mit Unterblech backen
Backzeit: 40 bis 45 Minuten

Abglänzen: Die ofenheißen Früchtebrote mit Dextringlasur bestreichen, damit sie glänzen.
Dextringlasur: 100 g Dextrine mit ca. 800 g Wasser kochen → Seite 352

Stärke, Dextrine, Dextringlasur, abgeglänztes Früchtebrot

Gebäckfehler	Ursachen
Die Früchtebrote sind leicht breitgelaufen und haben an der Oberfläche kleine Risse.	Die Früchtebrote wurden bei feuchter Backhitze, bei geschlossenem Zug gebacken.
Die Unterseite der Früchtebrote ist zu dunkel.	Die Früchtebrote wurden bei gleicher Unterhitze wie Oberhitze gebacken. Die Unterhitze sollte ca. 20 °C geringer sein.
Die einzelnen Früchte haben keinen Biss.	Die Trockenfrüchte wurden zu klein geschnitten.

Verkaufsargumente

Qualitätsmerkmale für die Kundenberatung

Früchtebrote sind saftige, fruchtige Gebäcke wegen der vielen verschiedenen Früchte, die mit Lebkuchengewürz fein gewürzt sind.

Informationen für die Kunden

- In dünne Scheiben geschnitten, breitet sich beim Verzehr der Geschmack der Früchte und Gewürze am besten aus.
- Eine besonders dekorative Wirkung hat das Früchtebrot, wenn die dünnen Scheiben fächerartig schräg aneinandergelegt auf ein Tablett gelegt werden.

Frischhaltung

Durch die vielen Früchte bleibt das Früchtebrot lange feucht und geschmackvoll. In Folie verschweißt und bei kühler Raumtemperatur ist es lange lagerfähig.

Besondere Eignung

Früchtebrot ist ein typisches Weihnachtsgebäck, das überwiegend zu heißen Getränken wie Glühwein und Punsch sowie zu Kaffee und Tee gegessen wird. Früchtebrot wird gerne bei Weihnachtsfeiern serviert.

Aufgaben

1. Benennen Sie die Teigzutaten für Früchtebrote und geben Sie die Früchte an, die in den Teig eingearbeitet werden.
2. Erklären Sie, wie die Trockenfrüchte zum Verarbeiten in den Teig hergerichtet werden:
   - getrocknete Birnen
   - Feigen
   - Dörrpflaumen
   - Datteln
3. Beschreiben Sie das Aufarbeiten der Früchtebrote.
4. Erläutern Sie bei Früchtebroten
   - das Backen,
   - die Backzeit,
   - das Abglänzen.
5. Beschreiben Sie die Ursachen folgender Fehler bei Früchtebroten:
   - Die Früchtebrote sind leicht breitgelaufen und haben an der Oberfläche kleine Risse.
   - Die Unterseite der Früchtebrote ist zu dunkel.
   - Die einzelnen Früchte haben keinen Biss.
6. Nennen Sie Qualitätsmerkmale der Früchtebrote.
7. Informieren Sie die Kunden, wie Früchtebrot geschnitten am besten schmeckt und wie die Scheiben auf einem Tablett dekorativ wirken.
8. Geben Sie Auskunft über die Frischhaltung von Früchtebroten.
9. Wofür eignen sich Früchtebrote besonders?
10. Ein Kunde veranstaltet am Nikolaustag eine Weihnachtsfeier für seine Mitarbeiter. Jedem der Mitarbeiter möchte er ein eingeschweißtes Früchtebrot, das die Fachverkäuferinnen festlich verpacken sollen, schenken. Zur Information bei der Feier möchte der Kunde von Ihnen wissen, welche Zutaten in den Früchtebroten sind und ob die Früchtebrote bis Weihnachten frisch bleiben.

LF 1.4

Rechenaufgaben

1. Früchtebrote werden aus 23,660 kg Früchtebrotteig, der aus 6160 g Teig und der Rest aus Früchtemischung besteht, hergestellt.
   a) Aus wie viel % Teig und wie viel % Früchtemischung besteht der Früchtebrotteig? Rechnen Sie mit ganzen Prozentzahlen.
   b) Für ein Früchtebrot wird 550 g Früchtebrotteig abgewogen. Wie viel Früchtebrote erhält man aus den 23,660 kg Früchtebrotteig?
   c) Berechnen Sie den Backverlust in %, wenn das fertig gebackene Früchtebrot 515 g wiegt. Runden Sie auf eine Stelle nach dem Komma.
2. 13,750 kg Früchtemischung enthält 18 % Birnen.
   a) Wie viel g Birnen befinden sich in der Früchtemischung für Früchtebrote?
   b) Durch Herausschneiden des Kerngehäuses aus den im Wasser weich gezogenen Birnen entstand ein Verlust von 14 %. Berechnen Sie die Menge der Birnen, die für diese Früchtebrotmischung benötigt wurde.
   c) Die Früchtemischung besteht aus 18 Teilen Birnen, 19 Teilen Dörrpflaumen, 20 Teilen Sultaninen und 21 Teilen andere Früchte. Der Rest sind Feigen. Wie viel g Feigen befinden sich in der Früchtemischung?

Berufliche Handlung

Eine Firma hat in Ihrem Betrieb für die bevorstehende Weihnachtsfeier Stollen sowie Braune Lebkuchen bestellt. Außerdem erhielten Sie eine Bestellung für ein Gebäckbüfett zum Nachmittagskaffee mit Gebäcken aus Plunder- und Blätterteig sowie Mürbeteig.

Feine Backwaren aus Hefeteig

1. Erstellen Sie ein Rezept aus schwerem Hefeteig für die bestellten Stollen.
2. Vergleichen Sie das Rezept des schweren Hefeteigs für die Stollen mit den Rezepten für einen leichten und mittelschweren Hefeteig.
3. Erklären Sie die direkte und indirekte Teigführung und beschreiben Sie die Qualitätsverbesserung der Gebäcke durch die indirekte Teigführung.
4. Erläutern Sie, warum der schwere Hefeteig für die Stollen mit indirekter Teigführung hergestellt wird.
5. Begründen Sie, warum die Zeiten beim Kneten im Langsamgang und im Schnellgang genau eingehalten werden sollen.
6. Stellen Sie für Hefeteige die richtige Gärraumtemperatur und relative Luftfeuchtigkeit ein und begründen Sie die Einstellungen.
7. Geben Sie Auskunft über die Hefegärung sowie die Lebensbedingungen der Hefe beim Gärvorgang.
8. Erklären Sie den Begriff „Plunderteig“ und was man unter „Tourieren“ versteht.
9. Nennen Sie Füllungen für Plundergebäcke und beschreiben Sie deren Herstellung.
10. Geben Sie an, wie die Plunderteilchen gebacken werden.
11. Erklären Sie, wie die Aprikotur und der Fondant zum anschließenden Glasieren hergestellt werden und wie das Glasieren erfolgt.
12. Stellen Sie eine Auswahl an geeigneten Plundergebäcken für das Gebäckbüfett zusammen.

Feine Backwaren aus Blätterteig

13. Unterscheiden Sie die drei Blätterteigarten und geben Sie Blätterteiggebäcke an, für die sich die Blätterteigarten eignen.
14. Erstellen Sie ein Blätterteigrezept, stellen den Blätterteig her und tourieren ihn. Geben Sie die nötigen Teigruhezeiten an und begründen Sie diese.
15. Erläutern Sie die physikalische Lockerung der Blätterteiggebäcke durch Wasserdampf.
16. Beschreiben Sie das Glasieren der Blätterteigstückchen nach dem Backen.
17. Stellen Sie eine Auswahl an geeigneten Blätterteiggebäcken für das Gebäckbüfett zusammen.

Feine Backwaren aus Mürbeteig

18. Für das Gebäckbüfett wurden Teegebäcke und Spritzgebäcke gewünscht. Stellen Sie für die Teegebäcke einen 1-2-3-Mürbeteig her und erklären Sie, womit Teegebäcke gefüllt und überzogen werden.
19. Erstellen Sie ein Rezept für den Spritzmürbeteig und beschreiben Sie die Herstellung. Geben Sie die Unterschiede zum 1-2-3-Mürbeteig an.
20. Beschreiben Sie die Ursache für brandigen Mürbeteig.
21. Erläutern Sie die speziellen Mürbeteiggebäcke wie Schwarz-Weiß-Gebäcke, Nussmürbeteiggebäcke, Spekulatius, Mutzenmandeln und Käsemürbeteiggebäcke.

Braune Lebkuchen

22. Für die Herstellung der Braunen Lebkuchen benötigen Sie einen Lebkuchenteig. Beschreiben und erklären Sie in diesem Zusammenhang folgende Punkte:
    - Rezept eines Honiglebkuchens mit Grundteig und dessen Weiterverarbeitung zum Lebkuchenteig
    - Zugabe von Hirschhornsalz und Pottasche in den Lebkuchenteig und die Wirkung dieser chemischen Lockerungsmittel
    - Lagerung des Grundteigs als Frischteig und Lagerteig
    - Gebäckbeispiele für Braune Lebkuchen sowie die Herstellung und das Backen der Lebkuchen
    - Qualitätsmerkmale und Frischhaltung der Honiglebkuchen
23. Geben Sie an, wie die Dextringlasur zum Abglänzen der Lebkuchen hergestellt wird.
24. Beschreiben Sie, wie die Fadenzuckerglasur sowie die Eiweißspritzglasur zum Ausgarnieren hergestellt werden.

LF 1.4

LF 2.1
Verkauf aktiv gestalten

23 Erfolgreiches Verkaufen

Situation

Im Fachgeschäft der Bäckerei/Konditorei erwarten die Kunden, dass sie fachgerecht und freundlich bedient werden. Andernfalls können auch die qualitativ besten Waren nicht verkauft werden. Ihre Chefin erklärte Ihnen, dass ein freundliches Auftreten der Fachverkäuferin die Kunden ansteckt und so das Verkaufen enorm erleichtert. Sie versuchen deshalb, die Kunden in Ihrem Fachgeschäft zufrieden zu stellen und sie als Stammkunden zu gewinnen.

- Wie setzt die Fachverkäuferin verbale und nonverbale Ausdrucksweisen beim Verkaufen ein?
- In welchen Schritten läuft der Verkaufsvorgang konkret ab?
- Wie werden besondere Kundengruppen wie Stammkunden, Kinder, Hilfsbedürftige, Menschen mit Behinderung und ausländische Kunden bedient?
- Welche Kaufmotive führen bei den Kunden zu Kaufentscheidungen?

23.1 Die erfolgreiche Fachverkäuferin

Zufriedene Kunden durch Freundlichkeit

Der Kunde ist König

„Der Kunde ist König – die Fachverkäuferin/der Fachverkäufer eine Persönlichkeit."

Die Kunden erwarten eine freundliche und höfliche Fachverkäuferin, die sie selbstbewusst und aufgeschlossen bedient. Nur eine Fachverkäuferin, die ihre Arbeit gerne macht, erfüllt diese Voraussetzungen.

Nonverbale Ausdrucksweise

Nonverbale Kommunikation ist Verständigung durch die Körpersprache ohne Worte.

Zur nonverbalen Ausdrucksweise gehören

das Erscheinungsbild der Fachverkäuferinnen	die Körpersprache der Fachverkäuferinnen
• gepflegtes und hygienisches Aussehen • einheitliche und modern aussehende Berufskleidung • saubere Berufskleidung • ein Namensschild	• Körperhaltung • Mimik: Signale des Gesichtsausdrucks • Gestik: Signale der Bewegungen von Kopf sowie Armen, Händen und Fingern

Schon in den ersten Sekunden beim Betreten des Ladens entscheidet der Kunde gefühlsmäßig, ob er die Fachverkäuferin sympathisch findet. Ein natürlich freundliches Wesen und eine gepflegte Erscheinung kommen immer gut an.

LF 2.1

Ein Lächeln gewinnt Sympathie

Die Sympathien gewinnt eine Fachverkäuferin,

- mit gepflegtem, sauberem und modischem Aussehen,
- durch aufrechte Körperhaltung, die Einsatzbereitschaft ausstrahlt und
- durch ein Lächeln, das eine positive Einstellung ausdrückt.

So stellt eine Fachverkäuferin den ersten Kontakt mit nonverbaler Ausdrucksweise her. Das erleichtert den weiteren Verkaufsvorgang.

Die Bereiche der Körpersprache sowie ihre Signale und deren Bedeutung

Körpersignale geben Aufschluss über die Stimmung des Menschen. Die innere Einstellung der Fachverkäuferin zu ihrer Arbeit im Verkauf ist durch die Körpersprache von den Kunden leicht erkennbar.

Ebenso erkennt die Fachverkäuferin bei Kunden durch die Körpersprache z. B. Zufriedenheit, Unsicherheit, Zweifel, Nachdenklichkeit und Ablehnung, auf die sie beim Verkauf reagieren kann.

Bedeutung	Bereiche	Häufige Signale der Körpersprache
Zustimmung, Zufriedenheit	Körperhaltung	• Die gesamte Vorderseite des Körpers ist zur Fachverkäuferin gerichtet. • Aufrechte Körperhaltung oder Oberkörper leicht nach vorne geneigt. • Blick zur Fachverkäuferin gerichtet.
	Mimik	• Zufriedenes, natürliches Lächeln, das mit einem breit nach oben gezogenen Mund und leicht verengten, strahlenden Augen erkennbar ist.
	Gestik	• Mit dem Kopf nicken. • Sich die Hände reiben. • Die Fingerkuppen von Daumen und Zeigefinger einer Hand aneinanderpressen.
Ablehnung, Enttäuschung	Körperhaltung	• Der Oberkörper wird schräg oder seitlich der Fachverkäuferin zugewandt. • Der Oberkörper ist etwas nach hinten geneigt, um die Distanz zur Fachverkäuferin zu vergrößern. • Der Blick geht an der Fachverkäuferin vorbei.
	Mimik	• Stirnrunzeln • Nase rümpfen und Lippen zusammendrücken. • Ernstes Gesicht mit Mundwinkel nach unten geneigt.
	Gestik	• Mit dem Kopf schütteln. • Hände in die Hüften stemmen. • Faust als Entschlossenheit zeigen.
Unsicherheit, Unschlüssigkeit, Nachdenklichkeit, Zweifel	Körperhaltung	• Gesenkter oder seitlich geneigter Kopf. • Unruhiger Stand oder ständig in Bewegung. • Kurz ausweichender Blick. • Blick nach oben oder nach unten, um eine Lösung zu suchen.
	Mimik	• Augenbrauen hochziehen. • Unterlippe hochziehen.
	Gestik	• Kratzen am Kopf oder hinter dem Ohr. • Die Hände umklammern die Arme. • Über das Kinn streichen. • Eine Hand vor das Gesicht legen.

LF 2.1

Das Winken und Handgeben bei der Begrüßung und Verabschiedung ist nur bei besonders bekannten und vertrauten Kunden üblich.

Freundlicher Gesichtsausdruck

Mürrischer Gesichtsausdruck

Verbale Ausdrucksweise

Verbale Kommunikation ist die sprachliche Ausdrucksweise. Zur verbalen Sprache gehören:

- Ein ausreichender Wortschatz und eine flüssige Sprechweise gehören zur Bildung der Fachverkäuferinnen.
- Zudem drückt die Stimme, z. B. durch Lautstärke und Stimmlage (hoch, tief), Gefühle aus, z. B. Ausgeglichenheit, Freude, Ruhe, aber auch Wut, Traurigkeit und Hektik.
- Das Sprechen wird vervollständigt durch das Sprechtempo und die Sprechpausen, sodass das Gesprochene verarbeitet werden kann.

Ein freundlicher Tonfall ergibt sich ganz von selbst beim Lächeln und bei Zufriedenheit des Verkaufspersonals. So wirkt die verbale Ausdrucksweise auf die Kunden sympathisch.

Die Grundregeln beim Sprechen mit Kunden sind:

- Deutlich und verständlich sprechen. Die Kunden sollen alles verstehen, was die Fachverkäuferin sagt. Bei ausländischen Kunden ohne Dialekt sprechen.
- In einer angenehmen Lautstärke sprechen. Eine zu laute Stimme wirkt auf die Kunden zu bestimmend. Die Kunden schweigen und unterdrücken weitere Kaufwünsche.
- Bei zu leiser Sprechweise verstehen die Kunden wichtige Informationen der Fachverkäuferin nicht. Nur wenige fragen nach, was den Verkaufserfolg verringert.
- Richtiges Sprechtempo wirkt positiv. Zu langsames Sprechen wirkt gelangweilt und zu schnelles Sprechen wirkt hektisch und strahlt Unruhe aus, als ob die Fachverkäuferin keine Zeit hätte.
- Die Betonung wichtiger Wörter unterstützt die Argumente. So wird auch eine monotone (eintönige) Sprechweise, die ermündend wirkt, vermieden.

! Die Körpersprache und das Gesprochene sollen sich gegenseitig ergänzen. Nur gemeinsam ergeben sie eine erfolgreiche Kommunikation beim Verkauf.

LF 2.1

Aufgaben

1. Was versteht man unter
   - nonverbaler Ausdrucksweise,
   - verbaler Ausdrucksweise?
2. Beschreiben Sie die nonverbalen Ausdrucksweisen
   - durch das Erscheinungsbild der Fachverkäuferin,
   - durch die Körpersprache.
3. Geben Sie einige Beispiele für eine positive nonverbale Ausstrahlung der Fachverkäuferin an, welche während des gesamten Verkaufsvorgangs eingehalten werden sollen, um sympatisch zu wirken.
4. Benennen Sie Signale der nonverbalen Körpersprache eines Kunden, wenn er beim Verkaufsvorgang
   - zustimmt bzw. zufrieden ist,
   - ablehnend reagiert und enttäuscht ist,
   - unsicher oder nachdenklich ist bzw. Zweifel hat.

   Diese nonverbalen Körpersignale beziehen sich jeweils auf
   - die Körperhaltung,
   - Mimik und Gestik.
5. Wie erzielt man einen freundlichen Tonfall beim Sprechen?
6. Geben Sie die Grundregeln des Sprechens bei der Kundenberatung an.
7. Üben Sie mit Ihren Kolleginnen Verkaufsgespräche und achten Sie dabei auf die korrekte nonverbale und verbale Ausdrucksweise.
8. Überlegen Sie mit Ihren Kolleginnen, welche charakterlichen und sozialen Fähigkeiten eine Fachverkäuferin haben soll, damit sie beim Umgang mit den Kunden erfolgreich ist. Diese Fähigkeiten sollten natürliche Wesenszüge sein, da sie zum Teil nicht erlernbar sind.

23.2 Der Verkaufsvorgang

Der Verkauf ist ein komplexer Vorgang, der sich in mehrere Phasen unterteilt.

Begrüßen
↓
Erfragen des Kaufwunsches
↓
Empfehlen und Beraten, wenn der Kunde Fragen hat
↓
Herrichten und Verpacken der gewünschten Waren
↓
Kassieren
↓
Verabschieden

Begrüßen der Kunden

Die Begrüßung baut den Kontakt zu den Kunden auf. Einen freundlichen Gruß erwidern sogar unfreundliche oder zerstreute Kunden. Freundlichkeit steckt an. Auch bei ständigem Kundenandrang darf die Begrüßung nicht vernachlässigt werden.

LF 2.1

- Die Kunden sofort mit freundlichem Blickkontakt begrüßen.
- Werden beim Eintreten eines Kunden noch anwesende Kunden bedient, signalisiert die Fachverkäuferin trotzdem mit Blickkontakt, einem Lächeln und einem kurzen Gruß, dass der Kunde willkommen ist, ohne die Aufmerksamkeit von dem zu bedienenden Kunden abzuwenden.

Die Kundin wird lächelnd begrüßt

- Gewöhnlich mit der regional üblichen Grußformel grüßen, oder der Tageszeit angepasst.
- Bekannte Kunden mit Namen ansprechen, Kinder mit Vornamen, da dies persönlich wirkt.
- Bei gelegentlich in die Bäckerei/Konditorei kommenden Kunden möglichst schnell den Namen in Erfahrung bringen und den Namen richtig aussprechen.
- Auch die Begleitpersonen wie Kinder, Ehepartner und Bekannte begrüßen und sie schon dabei in den Verkaufsvorgang mit einbeziehen.
- Kontaktsätze beim Begrüßen bekannter Kunden geben ihnen das Gefühl, dass sie im Betrieb gerne gesehen werden, z. B.

„Guten Morgen, Frau Weiß. Haben Sie Ihre Krankheit überwunden?“

„Guten Abend, Herr Adler. Wie war es im Urlaub?“

„Guten Tag, Frau Lange. Sie waren beim Friseur, die neue Frisur steht Ihnen gut.“

Der Doktor-Titel gehört zum Namen und sollte mit genannt werden, z. B. Guten Tag, Frau Doktor Klug.

Erfragen des Kaufwunsches

Beim Erfragen des Kaufwunsches stellt eine gute Fachverkäuferin abwechslungsreiche Fragen.

Möglichkeiten der Fragestellung:
- „Was wünschen Sie bitte?“
- „Bitte schön, was hätten Sie gern?“
- „Was darf es sein?“
- „Was kann ich für Sie tun?“
- „Welche Wünsche haben Sie?“
- „Was darf ich Ihnen anbieten?“
- „Womit kann ich Ihnen behilflich sein?“
- „Bitte schön, womit kann ich Ihnen helfen?“

> **!**
> Routinemäßig immer die gleiche Frage zu stellen, wirkt gedankenlos und niveauarm. Gleichzeitig dämpft diese Eintönigkeit das Kaufinteresse des Kunden.
> Auch unpersönliche, interessenlose Formulierungen wirken verkaufshemmend, z. B. „Bitte schön?“, „Der Nächste.“, „Sie bekommen?“ oder gar nur ein kurzes Zunicken mit fragendem Blick.

Meistens folgt nach dem Gruß übergangslos die Frage nach dem Kaufwunsch, z. B. „Guten Tag, Frau Liebig. Was hätten Sie gerne?"

Besonderes Interesse am Einkauf der Kunden zeigt die Fachverkäuferin, wenn sie sich vor oder beim Erfragen des Kaufwunsches auf den letzten Einkauf bezieht, z. B.:

„Guten Tag, Frau Fiedler. Wie hat Ihnen unser Dinkelbrot, das ich Ihnen das letzte Mal empfohlen habe, geschmeckt?"

Fragen positiv formulieren

Negative Suggestivfragen vermeiden

Suggestivfragen beim Verkaufsgespräch

!

Suggestivfragen sind Fragen, die die Kunden beeinflussen, ohne dass es ihnen bewusst wird. Die Fachverkäuferin stellt positive Suggestivfragen, um die Kunden zu einem weiteren Kauf zu veranlassen, ohne dass sie sich überredet fühlen.

Die Kunden äußern genau ihren Kaufwunsch.
Vielfach sagen die Kunden nach dem Erfragen des Kaufwunsches genau, was sie kaufen möchten, z. B.:

Fachverkäuferin: „Welchen Wunsch haben Sie?"
Kunde: „Geben Sie mir bitte zwei Stück Käsesahnetorte."

Nun beginnt der alltägliche Verkauf, der sehr häufig vorkommt. Die Fachverkäuferin schneidet die Tortenstücke ab, verpackt sie und stellt sie auf die Verkaufstheke.

Verkaufsgespräche immer mit einer positiven Suggestivfrage fortführen, z. B.:
- „Was darf ich Ihnen außerdem noch anbieten?"
- „Was darf ich Ihnen sonst noch empfehlen?"
- „Darf ich Ihnen noch weitere Gebäcke anbieten?"
- „Was darf es außerdem noch sein?"

Die Kunden überlegen nun, ob sie noch weitere Waren brauchen oder möchten. Häufig wird der Verkauf weitergeführt.

Negative Suggestivfragen grundsätzlich vermeiden! Z. B.:
- „Haben wir es dann?"
- „Ist das alles?"
- „Sonst haben Sie keinen Wunsch mehr?"
- „War es das?"
- „Das wärs dann?"

Negative Suggestivfragen bremsen den Einkauf oder würgen ihn ab. Sie beeinflussen die Kunden weniger oder nichts mehr zu kaufen. Meistens beenden daraufhin die Kunden den Einkauf, weil die Fachverkäuferin darauf hingewiesen hat.

Die Kunden äußern den Kaufwunsch, geben jedoch die Menge oder das Gewicht gar nicht oder ungenau an.
Die Fachverkäuferin fragt mit einer positiven Suggestivfrage nach, z. B.:

Kunde: „Ich hätte gerne Quarktaschen aus Blätterteig."
Fachverkäuferin: „Wie viel Stück darf ich Ihnen davon einpacken?"

oder:

Kunde: „Geben Sie mir bitte ein Vollkornbrot."
Fachverkäuferin: „Darf ich Ihnen das größere 1-kg-Vollkornbrot geben oder möchten sie lieber das kleinere mit 500 g?"

Mit negativen Suggestivfragen verkauft die Fachverkäuferin bestimmt die kleinere Menge, z. B.:
- „Reicht Ihnen ein Stück Quarktasche?"
- „Möchten Sie ein Stück?"
- „Wollen Sie das kleine Vollkornbrot?"
- „Darf ich Ihnen das kleine 500-g-Brot einpacken?"

Empfehlen der Waren

Kunden stellen Fragen an die Fachverkäuferin, wenn sie nicht genau wissen, was sie kaufen wollen:
- Sie kennen das Warenangebot der Bäckerei/Konditorei nicht genau.
- Sie benötigen Waren für einen bestimmten Anlass und wissen nicht, welche dafür am besten geeignet sind.
- Sie benötigen Waren für eine bestimmte Anzahl an Personen und wissen nicht, welche Warenmenge sie kaufen sollen.

Die Kunden erwarten in diesen Situationen, dass die Fachverkäuferin passende Waren empfiehlt. Die Fachverkäuferin sollte jedoch nur so viele Waren empfehlen, dass sie für die Kunden überschaubar bleiben und sich die Kunden die Waren für die Entscheidung merken können.

Beispiele:

Kunde: „Haben Sie Gebäcke aus Mürbeteig?"
Fachverkäuferin: „Ich kann ihnen verschiedene feine Mürbeteiggebäcke, die nur mit Butter hergestellt werden, anbieten, z. B. die Pfauenaugen mit Johannisbeerkonfitüre gefüllt und die Flammenden Herzen, ein zartes Spritzgebäck, das mit Nugatcreme gefüllt ist. Feinwürzig sind die Linzerschnitten und Linzer Torten aus Nussmürbeteig, die mit fruchtiger Johannisbeerkonfitüre gefüllt sind. Das feine Teegebäck in der Gebäckschale, mit Schokoladenkuvertüre überzogen, kann ich Ihnen sehr empfehlen."

LF 2.1

Kunde: „Ich brauche für heute Abend Backwaren für ein größeres kaltes Büfett."
Fachverkäuferin: „Dafür sollten Sie Ihren Gästen verschiedene Brötchensorten anbieten, z. B. unsere Partybrötchen. Es sind kleine Brötchen in Mohn und Sesam getaucht sowie mit Brezelsalz und Kümmel bestreut. Außerdem passen roggenhaltige Kleingebäcke und Mehrkornbrötchen mit verschiedenen Ölsamen wie Sonnenblumenkerne, Kürbiskerne und Leinsamen gut dazu. Frische Laugenbrezeln und Laugengebäcke sollten nicht fehlen. Außerdem können Sie noch kleine Baguettes und Ciabattas dazustellen. Diese Backwaren schmecken natürlich frisch am besten. Ideal wäre es, wenn Sie kurz vor Ladenschluss noch bei uns vorbeikommen könnten. Ich würde die Backwaren backen und Sie können diese dann ofenfrisch mitnehmen."

Kunde: „Meine kleine Tochter hat bald Geburtstag. Zum Kindergeburtstag lädt sie ihre Freundinnen ein. Ich möchte den Kindern gerne verschiedene Gebäcke anbieten."
Fachverkäuferin: „Kinder essen gerne leichte Gebäcke wie Berliner, die ich Ihnen mit Konfitüre und mit Schokolade gefüllt anbieten kann. Empfehlen kann ich Ihnen auch Bienenstich, der dick mit lockerer Vanillecreme gefüllt ist. Sehr beliebt sind außerdem Amerikaner, vor allem, wenn wir auf die Zuckerglasur ein lustiges Gesicht mit Augen, Mund und Nase garnieren. Auch fruchtige Obsttörtchen mit verschiedenen Früchten sind bei Kindern immer begehrt. Besonders freuen würde sich Ihre Tochter bestimmt über eine kleine Geburtstagstorte z. B. mit einem Bild von ihr darauf, das man mitessen kann. Das finden alle Kinder lustig. Die Torte können wir mit Spritzschokolade beschriften, z. B., Der lieben Nadine zum 5. Geburtstag."

Geburtstagstorte empfehlen und diese erklären

Kunde: „Ich hätte gerne Pralinen."
Fachverkäuferin: „Sind die Pralinen für Erwachsene oder für Kinder bestimmt, wegen des Alkoholgehalts einiger Pralinensorten?"
Kunde: „Ich möchte sie einem Herrn schenken."
Fachverkäuferin: „Dann kann ich Ihnen Cognacbohnen, Weinbrand-Kirsch-Pralinen und Trüffelpralinen mit Williams Christ empfehlen. Selbstverständlich sind dies alles feinste frische Pralinen aus eigener Herstellung." →

Kunde: „Das hört sich gut an. Stellen Sie mir doch bitte eine Mischung davon zusammen."
Fachverkäuferin (positive Suggestivfrage): „Von diesen Pralinen kann ich Ihnen sogar eine schöne Pralinenschachtel mit Goldschleife anbieten, die bestimmt gut ankommt. Oder soll ich Ihnen eine kleinere Menge in ein Pralinentütchen abwiegen?"
Die Fachverkäuferin zeigt die Pralinenschachtel.

Kunde: „Welche Gebäcke kann ich den Gästen bei der Party zum Knabbern anbieten?"
Fachverkäuferin: „Käsestangen und die kleinen pikanten Käsegebäcke aus Blätterteig und Mürbeteig eignen sich gut für Partys und passen auch zu alkoholischen Getränken."

!

Die Fachverkäuferin stellt keine Gegenfragen auf Kundenwünsche. Der Kunde würde nicht fragen, wenn er wüsste, welche Waren er kaufen will. Stattdessen bietet sie passende Waren an.

Beispiele:

Kunde: „Ich möchte ein Brot."
Fachverkäuferin: „Da kann ich Ihnen verschiedene Brotsorten anbieten, das hellere Weizenmischbrot, Roggenmischbrot und Roggenbrot, die kräftiger im Geschmack sind. Oder möchten Sie lieber das ballaststoffreiche Vollkornbrot?"
Die Gegenfrage, die nicht gestellt wird, lautet: „Welches Brot wollen Sie?"

Kunde: „Ich brauche verschiedene Backwaren für meine Grillfeier."
Fachverkäuferin: „Zu Gegrilltem passen frische Brezeln und die roggenhaltigen Kleingebäcke, die etwas kräftiger schmecken. Vollkorn- und Mehrkornbrötchen würde ich noch zusätzlich anbieten. Auch die röschen Baguettes sind zu Fleisch und Wurst sehr beliebt.
Die Gegenfrage, die nicht gestellt wird, lautet: „An welche Backwaren haben Sie gedacht?"

Empfehlungen zur Menge und Stückzahl der Waren

Da die Essgewohnheiten unterschiedlich sind, kann man nur ungefähre Regeln aufstellen, wie viel Stück oder Gramm an Ware pro Person verzehrt werden.

Waren	Mengenempfehlung
Plunder- und Blätterteigstücke, Mürbeteiggebäcke, Torten, Schnitten und Dessertstücke	ca. zwei Stück pro Erwachsenem und ein Stück pro Kind
Brötchen und andere Kleingebäcke	ca. zwei bis drei Stück pro Erwachsenem
1-kg-Brot	man erhält ca. 20 Scheiben, zwei bis drei Scheiben Brot pro Erwachsenem

Die Kunden sollten aber später nicht das Gefühl haben, dass ihnen die Fachverkäuferin zu viele Waren aufgeschwatzt hat.

Kunde: „Für die Brotzeit nach dem Wandern brauche ich verschiedene Kleingebäcke. Ich weiß jedoch nicht, wie viele ich für acht Erwachsene und sechs Kinder benötige."
Fachverkäuferin: „Erwachsene essen gewöhnlich zwei bis drei Kleingebäcke, Kinder je ein Stück. Damit die Gebäcke auch reichen, würde ich 20 bis 25 Kleingebäcke vorschlagen."

!

Grundsätzliches beim Empfehlen

- Beim Empfehlen der Waren zeigt die Fachverkäuferin mit einer Handbewegung auf die Ware, die sie gerade erläutert. Manchmal ist es auch sinnvoll, dazu das Gewicht der Ware zu nennen, z. B.: „Diese Gebäckschale wiegt 250 g."
- Die Waren nur empfehlen und dem Kunden nicht aufdrängen.
- Nach dem Empfehlen der Waren dem Kunden Zeit zur Entscheidung lassen.
- Manchmal kann die Fachverkäuferin zum Schluss, wenn sich der Kunde entschieden hat, noch das Gefühl vermitteln, dass er gut gewählt hat, z. B.: „Das Bauernbrot mit reinem Natursauerteig wird Ihnen bestimmt gut schmecken."

Zusatzverkauf

Durch zusätzliche Empfehlungen werden Kunden auf weitere Waren aufmerksam gemacht. Beispiele von möglichen Zusatzverkäufen in der Bäckerei/Konditorei sind:

Die Fachverkäuferin empfiehlt Waren, die sich ergänzen, z. B. im Café:

Kunde: „Ich hätte gerne ein Stück Erdbeerkuchen."
Fachverkäuferin: „Darf ich Ihnen den Erdbeerkuchen mit Schlagsahne geben?"

Die Fachverkäuferin macht die Kunden bei passender Gelegenheit während des Verkaufsvorgangs auf eine neu eingeführte Ware aufmerksam, die dem Kunden noch nicht aufgefallen ist. Die Fachverkäuferin zeigt die Ware, z. B.:

Während die Fachverkäuferin die vom Kunden gewünschten zwei Stück Obsttorten verpackt:

Fachverkäuferin: „Ab heute haben wir wieder Erdbeertörtchen mit frischen Erdbeeren."
Kunde: „Das ist eine gute Idee. Geben Sie mir bitte zwei Erdbeertörtchen mit, damit kann ich meine Kinder überraschen."

LF 2.1

Die Fachverkäuferin bietet Kostproben von Waren an, damit sich die Kunden von der guten Qualität überzeugen können und somit zum Kauf angeregt werden, z. B.:

Die Fachverkäuferin hat bissengroße Stücke von Mohn- und Quarkstollen vorbereitet und bietet diese auf einem Tablett einem Kunden an.

Fachverkäuferin: „Sie dürfen gerne unsere leckeren Mohn- und Quarkstollen probieren, die wir jetzt wieder in der Vorweihnachtszeit führen."
Kunde nach dem Probieren: „Die schmecken beide sehr gut. Ich möchte bitte einen Quarkstollen kaufen. Das nächste Mal nehme ich einen Mohnstollen."

Das zusätzliche Empfehlen von Waren erfordert von der Fachverkäuferin sehr viel Fingerspitzengefühl. Die Kunden dürfen nicht das Gefühl haben, dass ihnen weitere Ware aufgedrängt wird.

Möglichkeit zum Zusatzverkauf nutzen

Kundenberatung

Die Kunden benötigen beim Verkaufsgespräch manchmal den Rat der Fachverkäuferin, wenn sie Fragen zu Bäckerei-/Konditoreierzeugnissen haben. Sie wünschen eine Beratung.

Bei der Kundenberatung gibt die Fachverkäuferin auf die Fragen der Kunden die gewünschten Informationen über die Waren. Mit Argumenten werden die Waren verständlich erklärt, sodass sich die Kunden beim Einkauf leichter entscheiden können und das Gefühl haben, das Richtige eingekauft zu haben.

Verkaufsargumente

!

Verkaufsargumente sind präzise Informationen (Auskünfte) bei der Beratung auf die Fragen der Kunden über die Erzeugnisse der Bäckerei/Konditorei.

Jeder Kunde hat andere Fragen zu den Erzeugnissen der Bäckerei/Konditorei. Alle diese individuellen Kundenfragen werden mit folgenden speziellen Verkaufsargumenten beantwortet. Deshalb muss die Fachverkäuferin ein vollständiges Fachwissen haben.

Geschmacksangaben

„Wie schmecken diese Gebäcke?"
Die Kunden wollen den Geschmack erklärt bekommen, um zu entscheiden, ob dieser ihnen auch zusagt.

Geschmacksrichtungen werden beschrieben mit:
- süß, leicht süß schmeckend, nicht zu süß
- würzig, feinwürzig, pikant, scharf, salzig, etwas bitter, herb

- aromareich ist geschmackvoll, besonders aromatisch ist besonders geschmackvoll, mild-aromatisch, kräftig-aromatisch
- fruchtig, säuerlich, leicht säuerlich
- schokoladenhaltig, nussreich, alkoholhaltig
- feiner Buttergeschmack, mit leichtem Rumgeschmack, intensiver Nussgeschmack
- schmeckt leicht nach Vanille, Zimt, Anis, Kümmel

Geschmackserklärung von Gebäckbeispielen:

- Mandelmakronen sind süße Gebäcke mit feinem Mandelgeschmack.
- Käsegebäcke sind pikante, würzige Gebäcke, mit feinem Käsegeschmack.
- Die Sahnedesserts bestehen aus Vanillesahne und fruchtiger Kirschfüllung.
- Honiglebkuchen sind feinwürzige Lebkuchen mit aromatischem Honiggeschmack.
- Die dünne, knusprige Schicht auf dem Bienenstich ist eine nach Karamell schmeckende Mandelmasse.
- Weizenmischbrote haben einen mild-aromatischen Geschmack, Roggenbrote dagegen schmecken kräftiger, vor allem wegen des höheren Sauerteiganteils.
- Roggenhaltige Kleingebäcke haben einen kräftig-aromatischen Geschmack, wegen des Roggen- und Sauerteiganteils.

Nichtssagende Verkaufsargumente über den Geschmack

Auf die Frage, wie das Gebäck, die Torte oder das Essen schmeckt, soll man folgende Aussagen meiden:

- „Es schmeckt gut."
- „Es ist ein leckeres Gebäck."
- „Geschmackssache."
- „Einigen Kunden schmeckt das Gebäck recht gut, andere sind wiederum nicht so begeistert."
- „Es schmeckt bestimmt gut, weil es viele unserer Kunden gerne kaufen."
- „Am besten Sie probieren das Gebäck selbst."

Nach diesen Antworten wissen die Kunden immer noch nicht, wie das Gebäck schmeckt. Manche sind wegen dieser unqualifizierten Beratung sogar etwas beleidigt.

Beschaffenheit der Erzeugnisse

„Sind die Brötchen rösch?"
„Sind die Kuchen auch schön locker?"
Die Fachverkäuferin benennt die typische Beschaffenheit der Bäckerei-/Konditoreierzeugnisse, die die Qualitätsmerkmale angeben.

- **rösche Kruste, z. B.:**
  Frische Brötchen und Baguettes besitzen eine rösche Kruste.
- **locker und leicht, z. B.:**
  – Eine lockere Krume haben Hefeteiggebäcke wie Hefezöpfe und Berliner.
  – Locker und leicht sind Biskuitgebäcke und Wiener Böden.
  – Besonders locker sind aufgeschlagene Sahne und Eischnee sowie Windbeutel (Brandmassegebäcke).
  – Lockere Gebäcke mit grober Porung sind Baguettes, Ciabattas und Fladenbrote.
- **mürbe, weich im Biss:**
  Diese Beschaffenheit haben fettreiche Gebäcke, z. B. Mürbeteiggebäcke, Stollen, Kuchen aus Sandmasse.
- **weich und zart, z. B.:**
  Weich und zart sind
  – Toastbrote,
  – die Krume von Ciabattas und Fladenbrote,
  – Makronen und Lebkuchen.
- **cremig:**
  – Füllungen können cremig sein, z. B. Bienenstichfüllung aus Vanillecreme und Schlagsahne.
  – Speiseeis von guter Qualität hat eine cremige Beschaffenheit.
- **knusprig, z. B.:**
  Die flachen Gebäcke wie Florentiner, Nussknacker und Spekulatius sind knusprig.
- **zart-splittrig, fein-splittrig, z. B.:**
  Beim Einbeißen in Blätterteiggebäcke, Croissants und Eistüten splittern die feinen, röschen Gebäckschichten leicht ab.
- **getränkt, z. B.:**
  Tortenböden für Cremetorten werden getränkt und sind dann angefeuchtet.

Fruchtige, zart-splittrige Blätterteiggebäcke

Besondere Zutaten und Füllungen in den Waren

Wenn man bei den Bäckerei-/Konditoreierzeugnissen äußerlich nicht erkennen kann, aus welchen Rohstoffen sie hergestellt werden oder welche Füllungen sie beinhalten, fragen die Kunden manchmal danach und erhalten von der Fachverkäuferin detaillierte Antworten.

Beispiele:
- „Ich kann Ihnen Plundergebäcke anbieten, mit Quark-, Apfel-, Aprikosen, Kirsch- und Nussfüllung."
- „Das Typische bei Ciabattas ist, dass der Weizenteig mit Olivenöl hergestellt wird."
- „Der Tortenboden der Spanischen Vanilletorte enthält Schokoladenstückchen. Gefüllt ist diese Torte mit Vanillecreme."
- „Die Roggenbrote sind mit gemahlenem Kümmel, Fenchel, Koriander und Anis fein gewürzt. Diese Brotgewürze schmecken nicht vor, sondern runden den Geschmack ab."
- „Unser Mehrkornbrot enthält neben den Hauptgetreidearten Weizen und Roggen noch weitere Getreidearten wie Hafer, Dinkel und Mais. Zudem sind noch gesunde, geschmackvolle Ölsamen wie Sonnenblumenkerne, Leinsamen, Soja und Kürbiskerne enthalten."

Gesundheitliche Aspekte der Erzeugnisse

Gesundheitsbewusste Kunden wollen die Gesichtspunkte der gesunden Ernährung bei den Backwaren genannt bekommen.

LF 2.1

Beispiele:

Kunde: „Haben Sie fettarme Gebäcke zum Kaffee, da ich fettreiche Lebensmittel nicht so gut vertrage?"
Fachverkäuferin: „Die eierreichen, lockeren Löffelbiskuits sind gut bekömmlich, weil die Biskuitmasse, aus der sie hergestellt werden, in der Rezeptur kein Fett enthält. Wegen der guten Verdaulichkeit eignen sie sich deshalb besonders für kranke Menschen, besonders Menschen mit Magen- und Darmbeschwerden."

Kunde: „Warum sind eigentlich Vollkornbrote so gesund?"
Fachverkäuferin: „Vollkornbrote enthalten einen hohen Anteil verdauungsfördernder Ballaststoffe. Außerdem besitzen sie noch viele Vitamine und Mineralstoffe."

Kunde: „Ich möchte ein Brot, aber ein natürliches Brot ohne Backmittelzusätze."
Fachverkäuferin: „Wir stellen unsere Brote nur mit reinem Natursauerteig her, ohne jegliche Teigsäuerungsmittel von der Backmittelindustrie. Der Natursauerteig wirkt sich vor allem positiv auf den Geschmack aus und verlängert die Frischhaltung der Brote."

Frischhaltung der Erzeugnisse

Im Fachgeschäft werden nur einwandfreie, frische Erzeugnisse verkauft.
„Sie bekommen bei uns nur frische Waren." Diese Aussage beim Kundengespräch ist sehr werbewirksam, sie muss jedoch wahr sein.
Dauerbackwaren sind aber längere Zeit ohne Qualitätsverlust lagerfähig und können während dieser Zeit, in der sie die vollen Qualitätsmerkmale behalten, als frisch bezeichnet werden.

Beratung über die Frischhaltung bei folgenden Gebäckbeispielen:
- **Brezeln, Baguettes, Ciabattas, Croissants**
  Je frischer sie gegessen werden, desto besser schmecken sie. Wir backen sie deshalb mehrmals täglich frisch.
- **Berliner, Plunder- und Blätterteiggebäcke mit Füllungen**
  Diese Gebäcke schmecken frisch am besten, sind aber den gesamten Tag der Herstellung frisch.
- **Dauerbackwaren, z. B. Spritzgebäcke, Pfauenaugen, Linzer Torten, Nussecken, Makronengebäcke**
  Diese Dauerbackwaren behalten ohne Kühlung bis zu einer Woche die Qualitätsmerkmale und sind mürbe und weich im Biss. Sie sollten in einem nicht zu warmen Raum aufbewahrt werden. Deckt man sie mit dünner Folie zu, verzögert dies das Austrocknen.

Dauerbackwaren – ohne Kühlung lange lagerfähig

„Sind die Waren auch frisch?"

Diese Kundenfrage muss sehr häufig von der Fachverkäuferin beantwortet werden, z. B.:

Kunde: „Sind die Windbeutel frisch?"
Fachverkäuferin: „In unserer Bäckerei/Konditorei bieten wir nur frische Waren an. Vor allem die lockere Sahne in den Windbeuteln schmeckt nur frisch gut und nur frische Brandmassegebäcke sind rösch, da sie bei längerer Aufbewahrung durchweichen."

Kunde: „Sind die Mürbeteiggebäcke frisch?"
Fachverkäuferin: „Wir sind bekannt für unsere frischen Backwaren. Mürbeteiggebäcke sind jedoch gut lagerfähig und bleiben einige Tage mürbe und weich, so lange sind sie frisch."

Kundenberatung

Beispiele für Kundenfragen, die eine Beratung erfordern

Kunde: „Was ist das Besondere am Bauernbrot?"
Fachverkäuferin: „Bauernbrot ist ein schmackhaftes Brot, das mit Natursauerteig hergestellt wird. Unser Bauernbrot ist ein Roggenmischbrot, das mit 80 % Roggenmehl und 20 % Weizenmehl hergestellt wird."

Kunde: „Was versteht man unter Mehrkornbrot?"
Fachverkäuferin: „Unsere Mehrkornbrote sind Vollkornbrote mit verschiedenen Getreidearten wie Weizen, Roggen, Dinkel, Hafer und Gerste. Zusätzlich enthalten sie noch Ölsamen wie Sonnenblumenkerne und Leinsamen."

Kunde: „Ciabatta hat einen besonderen Geschmack und es ist innen so schön weich. Woher kommt das?"
Fachverkäuferin: „Ciabatta wird aus einem Weizenteig mit Olivenöl hergestellt, das man leicht herausschmeckt. Die besonders weiche, schmackhafte Krume entsteht durch den sehr weichen Weizenteig, den man ca. zwei Stunden nach dem Kneten reifen lässt."

Kunde: „Was sind eigentlich Elisenlebkuchen?"
Fachverkäuferin: „Elisenlebkuchen sind besonders hochwertige und weiche Lebkuchen, bei denen die Lebkuchenmasse auf Oblaten gestrichen wird. Die besonders gute Qualität wird vor allem durch einen hohen Anteil Mandeln, Marzipanrohmasse und verschiedene Lebkuchengewürze erzielt."

Kunde: „In der Pralinenvitrine bieten sie Champagner-Trüffelpralinen, Cognac-Trüffelpralinen und Amaretto-Trüffelpralinen an. Woraus bestehen die Trüffelpralinen außer dem Alkohol?"
Fachverkäuferin: „Die weiche Trüffelmasse wird aus Schlagsahne und feinster Schokoladenkuvertüre hergestellt, in die je nach Sorte Spirituosen oder andere Geschmacksstoffe eingerührt werden."

LF 2.1

Aufbewahrung bzw. Lagerung der Erzeugnisse

Zu den Informationen über die Frischhaltung gehört auch die Beratung über die richtige Aufbewahrung bzw. Lagerung der Bäckerei-/Konditoreierzeugnisse beim Kunden. Bei richtiger Lagerung verlängern sich die Frischeeigenschaften der Waren gegenüber unsachgemäßer Lagerung.

Beispiele:

Kunde: „Der Hefezopf und der Butterkuchen trocknen bei mir zu Hause über Nacht so schnell aus. Kann ich dagegen nichts tun?"
Fachverkäuferin: „Diese Hefegebäcke schmecken zwar frisch am besten, wenn man sie aber im Haushalt in Folie wickelt, wird das Austrocknen verzögert. So sind sie auch am anderen Tag noch schön weich."

Kunde: „Wie soll ich Brot zu Hause lagern, damit es möglichst lange frisch bleibt?"
Fachverkäuferin: „Brote bleiben im Brotkeramiktopf am längsten frisch, weil darin eine gleichbleibende Temperatur und Luftfeuchtigkeit herrschen. Lagern Sie Brote in luftdichten Plastiktüten, trocknen sie zwar nicht so schnell aus, jedoch wird die rösche Kruste weicher, weil die Feuchtigkeit nicht entweichen kann, die vom Brot abgegeben wird. Auf keinen Fall sollte Brot im Kühlschrank aufbewahrt werden, weil es bei diesen kühlen Temperaturen am schnellsten altert."

Kunde: „Kann ich Brötchen und Brezeln zu Hause tiefgefrieren, damit ich am Sonntag frische Backwaren habe?"
Fachverkäuferin: „Brezeln eignen sich gut zum Tiefgefrieren. Vor dem Einfrieren sollten Sie die frischen Brezeln in Gefrierbeutel geben, damit sie nicht austrocknen. Die Brezeln tauen bei Raumtemperatur schnell auf und schmecken nach kurzem Aufbacken fast wie frisch.
Tiefgefrorene Brötchen schmecken nach dem Auftauen nicht mehr ganz so gut wie frische Brötchen. Die Krume ist dann nicht mehr so weich und das frische Brötchenaroma geht etwas verloren. Manchmal bröckelt auch die Kruste etwas ab."

!

Verkaufsargumente werden von den Kunden nur verstanden, wenn die Informationen kurz und leicht verständlich vorgetragen werden. Zu lange Erklärungen werden meistens nicht verstanden.

Beispiele:

Kunde: „Woraus werden Tiramisudesserts hergestellt?"
Fachverkäuferin: „Als Böden werden Löffelbiskuits ausgelegt, die in Kaffee mit Amaretto getränkt werden. Die schmackhafte, erfrischende Füllung besteht hauptsächlich aus Mascarpone, einem Frischkäse aus Italien."

Kunde: „Woraus besteht die Holländer Kirschsahnetorte?"
Fachverkäuferin: „Die Tortenböden sind aus Blätterteig. Die Torte ist mit gebundenen Sauerkirschen gefüllt, die Schlagsahne ist mit Vanille abgeschmeckt."

Fachausdrücke

!

Fachausdrücke sollen bei der Beratung angewendet werden. Sie müssen jedoch erklärt werden, damit sie für die Kunden verständlich sind.

Beispiele:
„Rohrnudeln bestehen aus **leichtem**, also fettarmem **Hefeteig**." Die Erläuterung „fettarm" macht den Fachausdruck „leicht" verständlich.

„Kirschblätterteigtaschen sind **mit gebundenen Sauerkirschen** gefüllt. Hierfür wird der Kirschsaft mit Weizenstärke zu einer weichen Füllung gebunden, in die die Sauerkirschen eingerührt werden."

„Plundergebäcke werden **mit Aprikotur und mit Fondant glasiert**. Aprikotur ist gekochte Aprikosenkonfitüre und darauf wird Fondant, eine streichfähige Zuckerglasur, gestrichen."

„Unsere Cremetorten sind mit bekömmlicher **deutscher Buttercreme** gefüllt. Deutsche Buttercreme ist schaumig geschlagene Butter mit viel Vanillecreme. Vanillecreme ist Vanillepudding."

Aussprache der Fachausdrücke

Fachausdrücke müssen von den Fachverkäuferinnen unbedingt richtig ausgesprochen werden, z. B. Baiser, Croissants, Petits Fours, Parfait (Sahneeis), Mousse au Chocolat, Quiche Lorraine. Sprechen Kunden bestimmte Begriffe falsch aus, kann die Fachverkäuferin ganz unauffällig korrigieren, indem sie das Wort richtig nachspricht. Die meisten Kunden merken sich dann die richtige Aussprache.

Beispiel:

Kunde: „Ich hätte gerne zwei Stück Baiser."
(Der Kunde spricht, wie Baiser geschrieben wird.)
Fachverkäuferin: „Sehr gerne gebe ich Ihnen die Baiser." *(Die Verkäuferin benützt die richtige französische Sprechweise – Bisee.)*

Einen hohen Warenpreis erklären

„Diese Ware erscheint mir sehr teuer.“ Bringen Kunden diesen Einwand, stellt die Fachverkäuferin die Vorzüge der Waren heraus und erklärt evtl. die zeitaufwendige Arbeitsweise. Dies macht möglicherweise den für die Kunden hoch erscheinenden Preis erklärlich.

Beispiel:
„Unsere Pralinen werden nur mit hochwertigen Rohstoffen hergestellt und enthalten nur feinste Schokolade. Außerdem bieten wir sie nur frisch an. Ansonsten werden sie aus dem Verkauf genommen. Auch die Herstellung der einzelnen Pralinensorten ist sehr zeitaufwendig. Aus diesem Grund ist der Preis etwas höher.“

> **!**
>
> Beim Beraten werden den Kunden die gerade besprochenen Waren gezeigt. Dies erleichtert auch der Fachverkäuferin das Erklären der Erzeugnisse.
>
> Bei Torten, Schnitten, Kuchen und Broten sollten die Anschnittflächen den Kunden zugewandt werden. Dadurch wird den Kunden der Kaufentschluss erleichtert.

Bei der Beratung die Ware zeigen

Den Kunden Zeit für ihre Entscheidung geben

Können sich Kunden trotz der Beratung nicht gleich entschließen, sollte man ihnen Zeit zum Überlegen geben.
Wenn möglich, können noch Kostproben als Entscheidungshilfe angeboten werden.

Ungeduldige Verkäuferin

Dem Kunden das Gefühl geben, gut eingekauft zu haben

Hat sich der Kunde nach der Beratung für ein Bäckerei-/Konditoreierzeugnis entschieden, gibt ihm die Fachverkäuferin das Gefühl gut gewählt zu haben.

Beispiele:
- „Die leckeren Kanapees, die wir abwechslungsreich garnieren, kommen bestimmt bei Ihren Party-Gästen gut an.“
- „Die lockeren, leichten Joghurttörtchen und die Obsttorteletts sind genau das Richtige bei diesen sommerlichen Temperaturen zum Kaffee.“
- „Für Ihre gesunde Ernährung haben Sie mit dem Vollkornbrot, das verschiedene Ölsamen enthält, genau das richtige Brot gewählt“.

Abwiegen

Die meisten Erzeugnisse, die nach Gewicht verkauft werden, sind in der Bäckerei/Konditorei schon vorverpackt, z. B. in Gebäcktütchen oder eingeschweißt in Gebäckschalen. Wünschen jedoch Kunden eine spezielle Pralinen- oder Teegebäckmischung oder eine Mischung mit speziellem Gewicht, wiegt die Fachverkäuferin vor den Augen der Kunden die Erzeugnisse ab. Die Kunden können dabei das Gewicht auf dem Display der Waage ablesen.

Korrektes Abwiegen

Das fachgerechte Abwiegen sollte psychologisch erfolgen. Deshalb legt die Fachverkäuferin bewusst eine etwas geringere Warenmenge auf die Waagschale, z. B. weiß die Fachverkäuferin aus Erfahrung, dass 100 g Pralinen ca. acht Stück ergeben. Sie gibt sechs Stück in das Pralinentütchen, stellt es auf die Waage und wiegt die restlichen Pralinen darauf. Jeder Mensch freut sich, wenn er möglichst viel bekommt.

Die Kunden wären enttäuscht, wenn die Fachverkäuferin gleich zu viel Ware einlegt und dann auf der Waagschale einige Stücke abnimmt. Die Kunden wollen sich nicht etwas nehmen lassen.

Kassieren

Das Kassieren muss korrekt ablaufen. Missverständnisse, die unbewusst, z. B. wegen momentaner Unkonzentriertheit der Kunden und auch der Fachverkäuferin entstehen können, müssen sofort zur Zufriedenheit ausgeräumt werden. Die Fachverkäuferin sollte daher bewusst Blickkontakt zum Kunden halten, um Missbilligung und Zustimmung sofort an der Mimik des Kunden zu erkennen.

Die folgende Reihenfolge muss beim Kassieren eingehalten werden:
- Deutlich den Gesamtbetrag nennen.
- Dieser Betrag muss auch auf dem Display der Kasse für den Kunden gut sichtbar sein.
- Den vom Kunden erhaltenen Geldbetrag deutlich nennen und sich bedanken.
- Das erhaltene Geld sichtbar neben der Kasse ablegen.
- Dem Kunden das herauszugebende Geld nach der „Aufzählmethode" vorzählen, damit der Kunde mitzählen kann.
- Das erhaltene Geld erst dann in die Kasse legen, wenn der Kunde das zurückerhaltene Geld akzeptiert hat.

Die Aufzählmethode beim Herausgeben des Restgelds: Das Restgeld dem Kunden auf den nächstgrößeren, übersichtlichen Betrag aufzählen, z. B.
Der Warenwert beträgt 12,40 €. Der Kunde bezahlt mit einem 50-€-Schein. Die Fachverkäuferin zählt auf:
- Die Ware kostet 12,40 €,
- und 2,60 € sind 15,00 €,
- und 5,00 € sind 20,00 €,
- und 30,00 € sind 50,00 €.
- Vielen Dank.

LF 2.1

Kassiervorgang

Grundsätzlich ausreichend Wechselgeld in der Kasse bereithalten. Die Frage: „Haben Sie es nicht kleiner?", ist ein unbefriedigender Kaufabschluss.

Bargeldlose Bezahlung

Der bargeldlose Zahlungsverkehr erfolgt von Konto zu Konto.

Bei regelmäßigen Lieferungen an Betriebe oder bei größeren Bestellungen handelt es sich um höhere Beträge, wobei der Betrieb dafür Rechnungen ausstellt. Diese werden durch Überweisungen auf das Konto des Empfängers überwiesen, meistens mittels Homebanking.

Eine mögliche Bezahlungsart ist das Bezahlen mit der EC-Karte am Kassenautomat, wobei der Betrag vom Konto des Kunden abgezogen wird. Diese Bezahlung kommt im Laden bei kleineren Beträgen selten vor.

Verabschiedung der Kunden

Die Verabschiedung verläuft ähnlich wie die Begrüßung und ist genauso wichtig, da sie den Gesamteindruck, den die Kunden haben, beschließt.

- Den Blickkontakt weiterhin mit den Kunden und auch mit den Begleitpersonen halten.
- Sich freundlich mit einem passenden Gruß verabschieden und sich nochmals bedanken.
- Bekannte Kunden mit Namen und Kinder mit Vornamen verabschieden.
- Den Kunden bei Bedarf behilflich sein, damit sie die Waren leicht und schadlos mitnehmen können.
- Besondere Aufmerksamkeit und Freundlichkeit durch persönliche Wünsche zeigen, z. B.

  „Wiedersehen Frau Krebs, lassen Sie sich die Gebäcke gut schmecken."
  „Einen schönen Tag noch."
  „Schönes Wochenende."
  „Einen angenehmen Abend wünsche ich Ihnen."
  „Schönen Urlaub."
  „Viel Erfolg bei der Prüfung."
  „Viel Spaß bei der Geburtstagsfeier."
  „Ich wünsche Ihnen, dass Sie schnell wieder gesund werden."
  „Ich bin gespannt, was Sie zu unseren neuen Gebäcken sagen werden."

Die Aufmerksamkeit gehört den Kunden bis nach der Verabschiedung. Erst dann wendet sich die Fachverkäuferin dem nächsten Kunden zu.

Die Kunden fühlen sich abserviert, wenn sich die Fachverkäuferin schon während der Verabschiedung mit den Kolleginnen unterhält.

Aufgaben

1. Nennen Sie die Phasen, in die der Verkaufsvorgang unterteilt werden kann.
2. Beschreiben Sie die korrekte Begrüßung der Kunden, auch der Stammkunden und Kunden mit Begleitpersonen.
3. Geben Sie ein Beispiel einer Begrüßung mit Erfragen des Kaufwunsches an.
4. Nennen Sie Möglichkeiten der Fragestellung beim Erfragen des Kaufwunsches.
5. Erklären Sie, was man unter Suggestivfragen versteht.
6. Nennen Sie positive Suggestivfragen zum Fortführen des Verkaufsvorgangs, nachdem die Kunden schon etwas gekauft haben.
7. Ein Kunde möchte Gebäcke zum Nachmittagskaffee. Empfehlen Sie passende Backwaren.
8. Ein Kunde bestellt Waren für eine größere Familienfeier und ist sich über die Menge unschlüssig. Empfehlen Sie die ungefähre Menge folgender Backwaren für Erwachsene und Kinder:
   - Plunder- und Blätterteigstückchen, Dessertstücke und Schnitten
   - Brötchen, Brezeln und andere Kleingebäcke
9. Beschreiben Sie den Begriff „Zusatzverkauf“ und geben Sie einige Beispiele an.
10. Erklären Sie den Begriff „Verkaufsargumente“.
11. Nennen Sie Beispiele der Geschmacksangaben für Bäckerei-/Konditoreierzeugnisse bei der Kundenberatung.
12. Beschreiben Sie die Beschaffenheit folgender Gebäcke: Baguettes, Hefezöpfe, Mürbeteiggebäcke, Toastbrote, Florentiner, Blätterteiggebäcke.
13. Erklären Sie, wie Fachausdrücke bei der Kundenberatung eingesetzt werden.
14. Wie verhält sich die Fachverkäuferin, wenn sich Kunden trotz Beratung nicht entscheiden können?
15. Ein Kunde ist über einen hohen Warenpreis verwundert. Erklären Sie den hohen Preis von z. B. Pralinen eigener Herstellung, Butterplundergebäcke mit selbst hergestellten Füllungen ohne Fertigprodukte.
16. Erklären Sie das psychologisch richtige Abwiegen, z. B. von Pralinen und Teegebäcken.
17. Der Warenpreis beträgt 8,20 €. Ein Kunde bezahlt mit einem 20-€-Schein. Beschreiben Sie das korrekte Kassieren.
18. Beschreiben Sie das Verabschieden von Kunden, auch von Stammkunden, bekannten Kindern und Kunden in Begleitung.
19. Von dem Stammkunden, Herrn Bitter, haben Sie erfahren, dass er an Laktoseintoleranz leidet. Zum Kaffeetrinken möchte er bei Ihnen Plundergebäcke kaufen. Außerdem fragt er Sie, welche Erzeugnisse mit Früchten Sie anbieten können. Beschreiben Sie die einzelnen Schritte dieses Verkaufsvorgangs. Die Ware, die Herr Bitter kauft, kostet 7,30 € und er bezahlt mit einem 50-€-Schein.

LF 2.1

Rechenaufgaben

1. Ein Großkunde bekommt von der Bäckerei/Konditorei für gelieferte Waren 12 % Rabatt. Bezahlt der Kunde innerhalb einer Woche, darf er vom Nettobetrag nochmals 3 % abziehen. Wie viel muss der Großkunde bei sofortiger Bezahlung bezahlen, wenn der Betrag 528,50 € beträgt?
2. Die Bäckerei/Konditorei stellt einem Kunden eine Rechnung über abgeholte Waren mit einem Betrag von 236,50 € aus. Auf der Rechnung muss der Mehrwertsteuerbetrag ausgewiesen werden. Wie hoch ist dieser?
3. Eine Fachverkäuferin bestellt in Ihrer Bäckerei/Konditorei eine zweistöckige Geburtstagstorte. Dafür bezahlt sie 60,45 €, weil sie 35 % Personalrabatt bekommt. Berechnen Sie den Ladenverkaufspreis dieser Torte.
4. Der Rechnungsbetrag über verschiedene Backwaren für einen Sportverein beträgt 382,40 €. Der Verein bekommt von der Bäckerei/Konditorei 15 % Rabatt. Bei Bezahlung innerhalb 10 Tagen darf der Sportverein vom Nettobetrag nochmals 2 % abziehen. Wie viel € muss der Sportverein bei sofortiger Überweisung bezahlen?

23.3 Einschätzen der Kunden

Kein Mensch ist wie der andere. Deshalb möchte jeder Kunde individuell und entsprechend seinem Typ bedient werden. Das macht den Verkauf so abwechslungsreich, aber manchmal auch schwierig.

Kunden mit ähnlichen Bedürfnissen und Eigenheiten lassen sich wie folgt in Gruppen einteilen und können somit unter Berücksichtigung ihrer speziellen Wünsche und ihres Verhaltens individuell bedient werden.

Besondere Kundengruppen

Die Kunden, die in einem Geschäft einkaufen, lassen sich einteilen in **Stammkunden** und **Gelegenheitskunden**.

Gelegenheitskunden bzw. Laufkunden

Diese Kunden kaufen gelegentlich oder nur zufällig im Betrieb ein.
Laufkunden können Touristen, Spaziergänger oder Menschen auf dem Weg zur Arbeit bzw. auf der Durchreise sein, die zufällig am Betrieb vorbeikommen und spontan einkaufen.

Gelegenheitskunden kaufen nur gelegentlich ein, weil sie insgesamt mit dem Betrieb nicht zufrieden sind. Die Gründe, dass diese Kunden nur hin und wieder kommen, ist Bequemlichkeit, weil der Betrieb sich in der Nähe befindet, oder sie kaufen nur eine bestimmte Ware und kommen deshalb selten.
Die Gelegenheitskunden sollten zur vollsten Zufriedenheit bedient werden, damit sie möglichst zu Stammkunden werden.

LF 2.1

Stammkunden

Diese Kunden kaufen regelmäßig im Betrieb ein.
Warum kommen Stammkunden immer wieder in das Geschäft?

- Sie schätzen den persönlichen Kontakt mit dem Verkaufspersonal.
- Sie sind mit den freundlichen und fachlich qualifizierten Fachverkäuferinnen zufrieden.
- Sie bevorzugen die Qualitätswaren und die Auswahl im Bäckerei-/Konditoreibetrieb.

Sie sind mit dem Betrieb insgesamt zufrieden und es besteht ein gegenseitiges persönliches Vertrauens- und Bindungsverhältnis.

Behandeln der Stammkunden beim Verkauf

- Stammkunden mit Namen ansprechen.
- Auf persönliche Eigenarten der Stammkunden unaufgefordert reagieren, z. B.
  – täglich gewünschte Ware ist schon vorbereitet,
  – nur hell gebackene Brötchen einpacken, oder
  – der Cappuccino wird im Café immer mit Schlagsahne serviert.
- Wenn private Verhältnisse der Kunden bei den Fachverkäuferinnen bekannt sind, sollen sie auf persönliche Ereignisse der Kunden reagieren, z. B. Hochzeit, Trauerfall, Krankheit, Prüfung, Urlaub, Geburtstag, Hobbys. Durch dieses Interesse bekommen die Kunden ein gewisses Zugehörigkeitsgefühl zum Bäckerei-/Konditoreibetrieb.
- Stammkunden stets großzügig behandeln. Mit Kleinlichkeiten Profit zu machen, verärgert die Kunden, die daraufhin Gelegenheitskunden werden oder ganz wegbleiben.

Bedienen von Kindern

Kinder sind sehr empfindsam. Sie wollen als gleichberechtigte Kunden behandelt werden. Die Kinder sollen in der Bäckerei/Konditorei das Gefühl haben, dass sie jederzeit willkommen sind.

Dabei ist zu beachten:

- Bekannte Kinder mit Vornamen ansprechen. Kommen Kinder gelegentlich, sollte die Fachverkäuferin sie nach dem Namen fragen und sich diesen merken.
- Sie werden wie die Erwachsenen der Reihe nach bedient.
- Wie allen anderen Kunden werden ihnen nur einwandfreie Waren gegeben.
- Kindern nichts aufdrängen.
- Damit kleinere Kinder die Waren unversehrt nach Hause bringen können und das Wechselgeld daheim kontrolliert werden kann, die Waren besonders stabil verpacken und den Kassenbon mitgeben.
- Die selbstständige Tätigkeit kleiner Kinder loben und ihnen ein kleines Geschenk geben, z. B. ein Stück Teegebäck.

Bedienen von Kindern

Bedienen hilfsbedürftiger älterer Kunden

Manchmal sind ältere Menschen etwas gebrechlich, sehschwach oder schwerhörig. Viele leben alleine und sind daher manchmal einsam und misstrauisch gegenüber anderen. Sie sind dankbar für jedes freundliche Gespräch. Diese Umstände verlangen vom Verkaufspersonal Verständnis für die Lage dieser Kunden.

- Hilfsbedürftigen und älteren Menschen viel Geduld entgegenbringen.
- Deutlich und verständlich sprechen.
- Diese Kunden benötigen häufig eine ausführlichere Empfehlung und Beratung.
- Schwer hörenden Menschen möglichst alles zeigen.
- Genügend Zeit bei der Kaufentscheidung und beim Bezahlen geben.
- Allgemein diese Menschen hilfsbereit behandeln, z. B. die Tür öffnen.

Bedienen von Menschen mit Behinderungen

Menschen mit Behinderungen sind zum Teil die Schwächsten in unserer Gesellschaft. Sie sind auf unsere Hilfe angewiesen. Moderne, vorbildliche Läden und Cafés ermöglichen Rollstuhlfahrern durch eine Bauweise ohne Stufen (barrierefrei) die notwendige Fortbewegung beim Einkauf oder beim Besuch im Café.
Behandlung dieser Kunden:

- Die Kunden gleichberechtigt behandeln.
- Bei Kundenandrang die übrigen Kunden bitten, gehbehinderte oder gebrechliche Menschen außerhalb der Reihe sofort bedienen zu dürfen.
- Entsprechend dem Grad der Behinderung behilflich sein, z. B. die Waren sicher in der Einkaufstasche verstauen oder die Tür öffnen.

Bedienen von Menschen anderer Nationalitäten

Menschen aus anderen Ländern verstehen manchmal wenig oder gar kein Deutsch. Auch die Geschäftsgewohnheiten sind in ihren Heimatländern eventuell anders als in Deutschland.

- Langsam und nicht zu viel sprechen, möglichst ohne Dialekt. Nicht in die Kindersprache verfallen.
- An der Mimik kann die Fachverkäuferin erkennen, ob der Kunde die Erklärungen verstanden hat.
- Beim Erklären möglichst alles zeigen, auch den Preis am Preisschild oder am Display der Kasse.
- Wörter oder den Preis aufschreiben und zeigen.

Kundentypen

Kunden können entsprechend ihrer Persönlichkeitsmerkmale in Gruppen eingeteilt werden. Erkennt das Verkaufspersonal den Kundentyp, kann der Kunde nach seinen Eigenheiten bedient werden. Grundsätzlich werden auch schwierige und unsympathische Kunden freundlich und fachgerecht behandelt.

Kundentyp	Erkennen der Kundentypen und fachgerechter Umgang
Der entschlossene Kunde 	– Er tritt selbstsicher auf, – hat feste Vorstellungen und – nennt seine Wünsche eindeutig. • Zügig bedienen. • Wenn Beratung gewünscht wird, kurze und klare Verkaufsargumente bringen. • Auf längere Beratung verzichten.
Der unentschlossene Kunde 	– Er weiß nicht genau, was er will, – hat einen hilflos suchenden Blick und – bittet manchmal um Beratung. • Gezielte Fragen stellen. • Nicht zu viele Waren anbieten, um nicht zu verwirren. • Nur kurze, aber klare fachliche Beratung. • Zeit zum Überlegen lassen.
Der anspruchsvolle, qualitätsbewusste Kunde 	– Er wünscht nur hochwertige Erzeugnisse mit besten Rohstoffen, – schaut nicht zuerst auf den Preis, – hat häufig Fragen zu den Zutaten und Waren und – hat häufig gute Warenkenntnisse. • Nur qualitativ hochwertige Bäckerei-/Konditoreierzeugnisse anbieten. • Auch Waren der gehobenen Preisklasse anbieten. • Die Waren mit Verkaufsargumenten genau erklären. • Wenn erforderlich, Geschenkverpackung anbieten.
Der schweigsame und schüchterne Kunde 	– Er redet nur das Nötigste und – antwortet nur knapp und nicht spontan. • Kurze Fragen stellen, auf die der Kunde kurze Antworten geben kann. • Das Minenspiel des Kunden beobachten und darauf reagieren.

Kundentyp	Erkennen der Kundentypen und fachgerechter Umgang
Der gesundheitsbewusste Kunde 	– Er verlangt genaue Aufklärung über die Zusammensetzung der Waren, – wünscht nur Waren ohne Lebensmittelzusatzstoffe und – ist bereit für gesunde Lebensmittel mehr Geld auszugeben. • Die gesundheitlichen Vorzüge der Rohstoffe bzw. der Waren erklären, z. B. bei Vollkornerzeugnissen bzw. fettarmen Gebäcken oder bei verarbeiteten Bio-Lebensmitteln aus der Gegend. • Den höheren Preis gegenüber herkömmlichen Waren erklären, z. B. beim Getreide aus ökologischem Anbau.
Der sparsame Kunde 	– Er fragt sofort nach dem Preis der Waren und – will die Vorteile der Waren höherer Preisklassen gegenüber den preisgünstigeren Waren wissen. • Preisgünstige Waren anbieten. • Bei etwas teureren Waren die höheren Preise erklären, z. B. hochwertige Qualität und aufwendige Herstellungsweise.
Der eilige Kunde 	– Er wartet ungeduldig und wirkt dabei hektisch und nervös, – schaut ernst, – spricht schnell und – versucht sich manchmal vorzudrängeln. • So schnell wie möglich bedienen. • Auf längere Beratung verzichten.

LF 2.1

Nette und angenehme sowie unangenehme, nervige und arrogante Kunden zählen hier nicht zu den Kundentypen. Es gibt auch Kunden, die man nicht sofort in diese Typenmuster einordnen kann, weil sie manchmal beim Einkauf ihr Verhalten verändern. Gründe können sein:

- Der Kunde befindet sich im Moment des Einkaufs in besonders guter oder schlechter Stimmung, in der er anders reagiert als normal.
- Die Ausstrahlung der Fachverkäuferin beeinflusst den Kunden im positiven wie im negativen Sinne.

Kann die Fachverkäuferin keinen Kundentyp erkennen, bedient sie der Situation entsprechend und versucht auf den Kunden einzugehen.

Kaufmotive

Es gibt zwei verschiedene Gründe – Kaufmotive, warum Kunden in einer Bäckerei/Konditorei einkaufen.

Verstandesmäßiges und gefühlsmäßiges Kaufmotiv

Verstandesmäßige Kaufmotive

Beispiel: Eine Kundin trifft sich mit ihrer Freundin am Nachmittag zum Kaffeetrinken.
Da die zwei Damen gerne Obsttorte essen, geht sie in die Bäckerei/Konditorei und kauft zwei Stück einer Obsttorte.

Fazit: Die Kundin ist in fester Kaufabsicht in die Bäckerei/Konditorei gegangen und hat die zwei Stück Obsttorte gekauft.
Das Kaufmotiv wurde vom Verstand geleitet.

Gefühlsmäßige Kaufmotive

Beispiel: Eine Kundin geht an einer Bäckerei/Konditorei vorbei und sieht in der Verkaufstheke eine Obsttorte, die mit den verschiedenen Früchten sehr lecker aussieht. Die Kundin bekommt Appetit und kauft sich spontan zwei Stück der Obsttorte.

Fazit: Die Kundin hat ohne es vorzuhaben zwei Stück Obsttorte gekauft.
Das Kaufmotiv wurde vom Gefühl geleitet.

Das häufigste Kaufmotiv ist der gefühlsgeleitete, spontane Einkauf. Bei diesen nicht geplanten Einkäufen werden unbewusste Wünsche geweckt, z. B. durch schönes Aussehen der Waren im Laden oder durch den appetitlichen Geruch der frisch ausgebackenen Gebäcke im Ladenbackofen.

Gefühlsmäßige Motive	Verstandesmäßige Motive
Aufkommende Gefühle für bestimmte Waren bewegen die Kunden die Ware zu kaufen. Der Kauf war nicht geplant.	Die Kunden kaufen bewusst bestimmte Waren mit fester Kaufabsicht. Sie überlegen sich die Vorteile des Kaufs vorher schon genau.
• **Neugierde:** Die Kunden sehen Waren, die ihnen unbekannt sind und kaufen sie, um diese zu probieren. • **Ansprechende Waren:** Die Kunden sehen schöne, ansprechende Waren in der Bäckerei/Konditorei. • **Aromabeeinflussung:** Im Ladenbackofen backt die Fachverkäuferin frische Gebäcke aus. • **Nachahmungsdrang:** Die Kunden möchten anderen in nichts nachstehen und wünschen deshalb auch dieselben Waren, z. B. „Geben Sie mir bitte das Dinkelbrot, von dem alle meine Bekannten schwärmen." • **Sympathie:** Strahlt das Verkaufspersonal Sympathie aus, kaufen manche Kunden mehr ein, als sie ursprünglich wollten.	• **Ernährung:** Für die tägliche Ernährung werden Backwaren gekauft, z. B. Brote und Brötchen. • **Knappe Finanzen:** Nur das Notwendige und Preisgünstigste wird gekauft. • **Zeitersparnis:** Die Kunden finden nicht die Zeit zum Selbstherstellen der Waren. • **Krankheit:** Die Kunden dürfen nur bestimmte Waren essen, da sie krank sind, z. B. Menschen mit Verdauungsproblemen oder Menschen, die Diät halten, kaufen nur Vollkornbackwaren. • **Qualität:** Für die Kunden kommen nur hochwertige Qualitätswaren aus dem Bäckerei-/Konditoreifachbetrieb in Frage.

Aufgaben

1. Erläutern Sie die Begriffe „Stammkunden" und „Gelegenheitskunden" bzw. „Laufkunden".
2. Erklären Sie, wie Stammkunden in der Bäckerei/Konditorei behandelt werden sollten.
3. Beschreiben Sie, wie folgende Kundengruppen von den Fachverkäuferinnen behandelt und bedient werden:
   - Kinder
   - hilfsbedürftige ältere Kunden
   - Kunden mit Behinderungen
   - Kunden anderer Nationalitäten, die wenig Deutsch sprechen
4. Beschreiben Sie, wie Sie folgende Kundentypen erkennen und wie Sie diese bedienen:
   - unentschlossene Kunden
   - entschlossene Kunden
   - anspruchsvolle, qualitätsbewusste Kunden
   - gesundheitsbewusste Kunden
   - schweigsame Kunden
   - sparsame Kunden
   - eilige Kunden
5. Diskutieren Sie mit Ihren Kolleginnen, wie in Ihrem Betrieb die gefühlsmäßigen Kaufmotive bei den Kunden verstärkt geweckt werden können.

LF 2.1

Rechenaufgaben

1. Nach der Renovierung des Ladens und Cafés einer Bäckerei-/Konditoreifiliale ist der Umsatz um 1285,00 € gestiegen. Das sind 12,4 %. Berechnen Sie den Umsatz vor und nach der Renovierung der Filiale.
2. Seit die Bäckerei/Konditorei mit einem Ladenbackofen Kleingebäcke und Plundergebäcke bäckt und die Kunden somit durch Frische und Aromabeeinflussung zum Kauf angeregt werden, hat der Betrieb jetzt 638 Kundeneinkäufe registriert, im Gegensatz zu vormals 587. Wie viel % Kunden kaufen jetzt mehr ein? Runden Sie die Prozentzahl auf eine Stelle nach dem Komma.
3. Von 350 Kaufentscheidungen sind 98 geplante, verstandesmäßige Einkäufe. Wie viel % Einkäufe sind gefühlsmäßig?

Sales Process – Sales Talk

Foreign customers often speak English. With a basic knowledge of the English language, the salesperson will be able to serve customers in the individual parts of the sales process satisfactorily with simple sentence.

Ausländische Kunden sprechen vielfach Englisch. Mit Grundkenntnissen der englischen Sprache kann die Fachverkäuferin mit einfachen Sätzen die Kunden in den einzelnen Teilen des Verkaufsvorgangs zufriedenstellend bedienen.

Example of a Sales Process

Greeting the Customer
Options:
Hello. *(all day long)*
Good morning. *(until midday, 12 o'clock)*
Good afternoon. *(between 12 noon and 6 p.m.)*
Good evening. *(from 6 p.m. on)*

Asking for the Customer wish
Options:
What would you like?
How can I help you?
What can I do for you?
What do you want?

Recommending of the Goods
Examples:

Customer: Do you have pastries for coffee?
Salesperson: Yes, I can recommend you puff pastries and chocolate cake or cream tortes.

Customer: I would like to have a bread.
Salesperson: Oh yes, I can offer you wheat bread, rye bread and wholemeal bread.

Giving advice to the Customer
Examples:

Customer: What is a Berliner?
Salesperson: Berliners consist of yeast dough, baked in floating fat and filled with jam.

Customer: I would like to have rolls for eight people for breakfast.
Salesperson: I recommend at least two rolls per person, so at least 16 rolls.

Presenting the Goods
When recommending and advising, the goods should always be shown to the customer.

Packaging the Goods
Pack the purchased goods. The salesperson puts the packaged goods on the sales counter.

Collecting the Money
- The salesperson gives a clear indication of the amount to be paid.
- The amount of money is clearly visible on the display.
- The salesperson takes the money.
- The salesperson returns the change and says thank you.

Example:
Salesperson: It costs 13.50 €, please. 20 € – thank you … … and 6.50 € back, thank you very much.

Saying goodbye to the Customer
Say goodbye to the customer with friendly wishes.

Example:
Salesperson: Goodbye and have a nice day.
Customer: Thank you too. Goodbye.

Example of a Sales Talk

Sales Talk with a Regular Customer

Mrs White enters the shop.

Salesperson: Hello Mrs. White. What can I offer you?

Mrs White: My friends visit me this afternoon. That's why I need pastries or tortes for coffee.

Salesperson: Oh yes, I can offer you delicious fruit tortes and desserts. Also danish pastries with nut or cherry filling go well with the coffee.

Mrs White: How many pieces do I need for five people?

Salesperson: Two pieces per person are enough, so ten pieces in total.

Mrs White: Well, can you put together ten different pieces for me?

Salesperson: With pleasure. I will pack the pieces for you. Your friends will enjoy these pastries.

Mrs White: Oh yes, I'm sure.

Salesperson: May I offer you anything else?

Mrs White: No thanks. That's all.

Salesperson: That costs 18.60 €, please.

Mrs White: Here you are. (The customer pays with a 20 € note.)

Salesperson: Thank you, and here is your change – 1.40 €. Thank you very much and enjoy the pastries with your friends. Goodbye.

Mrs White: Thank you for your professional advice. Goodbye.

Exercise

Describe a simple sales talk with an English-speaking occasional customer who wants to buy five rolls and two croissants for breakfast.

Übungsaufgabe

Beschreiben Sie ein einfaches Verkaufsgespräch mit einem Englisch sprechenden Gelegenheitskunden, der fünf Brötchen und zwei Croissants zum Frühstück kaufen möchte.

Vocabulary

to advise	beraten	how many	wie viele
the amount of money	der Geldbetrag	the jam	die Konfitüre
at least	mindestens	the money	das Geld
to bake, baked	backen, gebacken	the nut filling	die Nussfüllung
the change	das Wechselgeld	the occasional customer	der Gelegenheitskunde
the cherry filling	die Kirschfüllung	to offer	anbieten
the chocolate cake	der Schokoladenkuchen	the option	die Möglichkeit
clear indication	klarer Hinweis	to pack, to package	verpacken
clearly visible	deutlich sichtbar	the pastry, the pastries	das Gebäck, die Gebäcke
to collect	kassieren	the puff pastry	das Blätterteiggebäck
to cost	kosten	to recommend	empfehlen
the danish pastry	das Plundergebäck	the regular customer	der Stammkunde
delicious	köstlich, lecker	the roll	das Brötchen
different	verschieden	the rye bread	das Roggenbrot
to enjoy	genießen	the sales counter	die Verkaufstheke
enough	genug	the salesperson	Fachverkäufer/-in
to enter	betreten	the sales process	der Verkaufsvorgang
to fill	füllen	the sales talk	das Verkaufsgespräch
floating fat	schwimmendes Fett	That's all.	Das ist alles.
the friend	der Freund, die Freundin	together	zusammen
friendly wish	freundlicher Wunsch	to visit	besuchen
the goods	die Waren	the wheat bread	das Weizenbrot
the greeting	die Begrüßung	with pleasure	sehr gerne
Have a nice day!	Einen schönen Tag!	the yeast dough	der Hefeteig

Berufliche Handlung

Frau Müller kauft regelmäßig in Ihrer Bäckerei/Konditorei ein. Daher wissen Sie, dass sie eine gesundheitsbewusste Kundin ist und großen Wert auf Waren bester Qualität legt. Sie ist in Begleitung ihres Ehemanns und der kleinen Tochter. Die Kundin kommt zu Ihnen in den Laden, weil sie Brot benötigt. Während des Einkaufs wird plötzlich durch den Duft der frisch ausgebackenen Plundergebäcke aus dem Ladenbackofen bei Herrn Dr. Müller der Wunsch geweckt, diese Gebäcke noch zu kaufen. Frau Müller bekommt außerdem am Wochenende Besuch und möchte Gebäcke zum Kaffee kaufen, die so lange frisch bleiben. Beschreiben Sie den Verkaufsvorgang und achten Sie dabei auf korrekte nonverbale und verbale Ausdrucksweise.

Nonverbale und verbale Ausdrucksweise

1. „Der erste Eindruck ist entscheidend." Erklären Sie diese Aussage. Wie erwecken Sie beim Eintritt der Kunden in Ihr Geschäft einen guten Eindruck?
2. Die Kunden müssen die Fachverkäuferin beim Verkaufsgespräch gut verstehen. Erklären Sie, was die Fachverkäuferin grundsätzlich beim Sprechen beachten muss, damit ihre Stimme sympathisch wirkt.
3. Beim Brotkauf hat die Kundin Fragen zu einem Brot. Wie erkennen Sie an der nonverbalen Ausdrucksweise der Kundin in Bezug auf die Körperhaltung, Mimik und Gestik, dass sie mit der Beratung zufrieden ist?
4. Beim weiteren Verkaufsvorgang beobachten Sie die Kundin vor allem beim Empfehlen und Beraten. Beschreiben Sie die Stimmung der Kundin, wenn Sie folgende nonverbale Anzeichen bei ihr erkennen:
   - Ihr Kopf ist leicht seitlich geneigt und ihr Blick weicht kurz von der Fachverkäuferin ab.
   - Die Augenbrauen sind hochgezogen und sie kratzt sich leicht am Kopf.
   - Sie rümpft die Nase und runzelt die Stirn.
   - Sie schüttelt leicht mit dem Kopf und ihr Mundwinkel ist leicht nach unten geneigt.

Der Verkaufsvorgang

5. Beschreiben Sie die Begrüßung, wenn Frau Müller am Nachmittag mit ihrem Mann, Herrn Dr. Müller, und der kleinen Tochter Maria den Laden betritt. Erfragen Sie auch den Kaufwunsch.
6. Frau Müller sagt, dass sie ein Brot möchte. Empfehlen Sie entsprechend.
7. Die Kundin möchte ein Mehrkornbrot, das Sie in den Gewichtseinheiten von 1 kg und 750 g führen. Fragen Sie mit einer positiven Suggestivfrage nach.
8. Eine Kollegin stellte bei einem Verkauf das verpackte Brot auf die Verkaufstheke und fragte dann: „Haben wir es dann?" Nehmen Sie Stellung zu der Fortführung dieses Verkaufsgesprächs.
9. Herr Dr. Müller erinnert seine Frau, dass sie noch Gebäcke zum Nachmittagskaffe für das Wochenende benötigen. Empfehlen Sie Kaffeegebäcke, die einige Tage frisch bleiben.
10. Nachdem sich die Familie Müller für verschiedene Gebäcke und Desserts entschieden hat, überlegt Frau Müller, wie viel Stück sie für sechs Erwachsene und vier Kinder nehmen soll. Geben Sie ihr Auskunft und machen Sie Vorschläge.
11. Frau Müller wundert sich, dass die tiefgefrorenen Sahnetorten im Supermarkt wesentlich preisgünstiger sind als die Sahnetorten in Ihrer Bäckerei/Konditorei. Erläutern Sie die Berechtigung des höheren Preises in Ihrem Betrieb.
12. Die gekauften Waren der Familie Müller kosten 23,40 €. Die Kundin bezahlt mit einem 100-€-Schein. Beschreiben Sie das korrekte Kassieren.
13. Beschreiben Sie die Verabschiedung der Familie Müller.

Kundengruppen, Kundentypen, Kaufmotive

14. Frau Müller kauft regelmäßig in Ihrer Bäckerei/Konditorei ein. Wie wird diese Kundengruppe bezeichnet und wie wird diese von den Fachverkäuferinnen beim Verkauf behandelt?
15. Die Kundin ist eine gesundheitsbewusste Kundin und wünscht nur Waren bester Qualität. Erklären Sie, wie Sie diese Kundentypen erkennen und wie Sie diese Kunden beim Verkauf bedienen.
16. Geben Sie die Kaufmotive an, die die Kunden zum Kauf bewegen.
17. Benennen Sie das Kaufmotiv, das Frau Müller zum Einkauf eines Brotes bewog. Welches Kaufmotiv hatte Herr Müller als er Plundergebäcke kaufte?

LF 2.2
Waren kundenorientiert verkaufen

24 Weizenkleingebäcke und Weizenbrote

Situation

Für die Frühstücksangebote in Ihrem Café sollen Sie verschiedene Weizenkleingebäcke in die Speisekarte aufnehmen. Außerdem bieten Sie den Gästen als Beilage für Suppen und Salate unterschiedliche Weizenbrote an.

- Welche Brötchen und Brote aus Weizenteig gehören zu einem ausgiebigen Angebot der Bäckerei?
- Welche Zutaten werden für die Herstellung der Weizenteige für Brötchen und Weizenbrote benötigt?
- Wie werden Weizenkleingebäcke und Weizenbrote hergestellt?

Die Römer besetzten 27 v. Chr. bis 260 n. Chr. den süddeutschen Raum bis zum Limes, der damaligen Grenze. Dort bauten sie Wein an und backten „kleine Weizenbrote". Das feine Weizenmehl für diese Kleingebäcke nannten sie im Lateinischen „simila". Die Germanen bezeichneten die kleinen Gebäcke aus simila als „Semmeln". Das Wort **„Semmel"** ist seither in Bayern, Österreich und Südtirol die übliche Bezeichnung dieser Weizenkleingebäcke.

Erst als die Semmeln auch im übrigen Deutschland zu den Standardgebäcken zählte, hängte man diesen kleinen Broten die Verkleinerungssilbe „chen" an und nannte sie **„Brötchen"**.

Rezeptbeispiel: Weizenbrötchen und Weizenbrote

1 000 g	Weizenmehl, Type 550	100 %
560 g	Wasser	56 %
40 g	Hefe	3 %
20 g	Salz	2 %
30 g	Backmittel	3 %
1 650 g	**Teiggewicht**	

Bestimmungen der Leitsätze

- **Weizenkleingebäcke und Weizenbrote** müssen mit mindestens 90 % Weizenmehl hergestellt werden. Bis zu 10 % andere Getreideerzeugnisse z. B. Roggenmehl, sind erlaubt.
- **Kleingebäcke,** so auch Weizenkleingebäcke, sind Gebäcke bis zu 250 g. Das Gewicht bis zu 250 g der Kleingebäcke kann jede Bäckerei selbst bestimmen.
- **Kleingebäcke,** so auch Weizenkleingebäcke, enthalten nicht mehr als 10 % Fett und/oder Zuckerarten bezogen auf den Getreideanteil. Enthalten die Gebäcke mehr Fett und Zucker, gehören sie zu den Feinen Backwaren.

Bei der Berechnung und Angabe der Rezeptur gilt der Hauptrohstoff Mehl als Basis, die mit 100 % bezeichnet wird. Die weiteren Zutaten werden prozentual auf 1 kg Mehl berechnet.

Kleingebäcke

LF 2.2

24.1 Weizenkleingebäcke

Herstellen von Brötchen

Teigherstellung
Zutaten in den Knetkessel der Knetmaschine einwiegen.

Zutaten für einen Brötchenteig

Die Teigherstellung in der Knetmaschine erfolgt in zwei Abschnitten, die sich durch die Knetgeschwindigkeit unterscheiden.

1. Abschnitt: Mischen der Zutaten im Langsamgang
- Die Zutaten 2 bis 4 Minuten im Langsamgang vermischen.
- In diesem Knetabschnitt bindet das Mehl einen Großteil des Teigwassers.

2. Abschnitt: Kneten des Weizenteigs im Schnellgang
- Der Weizenteig wird ca. 6 Minuten im Schnellgang bei hoher Knetgeschwindigkeit intensiv geknetet.
- Bei der kräftigen Knetung bildet sich der Kleber im Weizenteig. Dabei quellen die Eiweiße Gliadin und Glutenin des Weizenmehls das Teigwasser und verkleben bei den Knetbewegungen zum Kleber.
- Außerdem werden beim Kneten die Zutaten gleichmäßig im Teig verteilt und es entsteht ein stabiler Teig. Fertig gekneteter Weizenteig hat deshalb eine glatte Teigoberfläche und klebt beim Anfassen mit etwas Mehl an der Hand kaum noch.

LF 2.2

Weizenteig nach dem ersten Knetabschnitt

Fertig gekneteter Weizenteig

Handwerkliche Weiterverarbeitung des Weizenteigs

Teig abwiegen und rundwirken

Den fertig gekneteten Weizenteig zu großen Teigstücken abwiegen, den sogenannten Pressen oder Ballen. Diese Teigstücke rundwirken.

Pressen (Ballen) abwiegen und rundwirken

Teigruhe

Den Pressen bzw. Ballen eine Teigruhe von ca. 10 Minuten geben. Dabei werden die runden Teigstücke mit Folie abgedeckt, damit die Teigoberfläche nicht austrocknet und keine Haut bekommt.
Nach dem Kneten ist der Kleber im Weizenteig zäh und straff. In der Zeit der Teigruhe entspannt sich der Kleber und wird elastisch. Außerdem beginnt die Hefe zu gären, sodass ein etwas lockerer Weizenteig entsteht, der sich gut weiterverarbeiten lässt.

Pressen (Ballen) Teigruhe geben

Schleifen bzw. Wirken

Die lockeren Pressen bzw. Ballen flach drücken, auf Schleifplatten (Wirkplatten) legen und in der Schleifmaschine (Wirkmaschine) zu Teiglingen teilen und diese rund schleifen (wirken). In den meisten Maschinen entstehen aus einer Presse (einem Ballen) 30 Teiglinge.

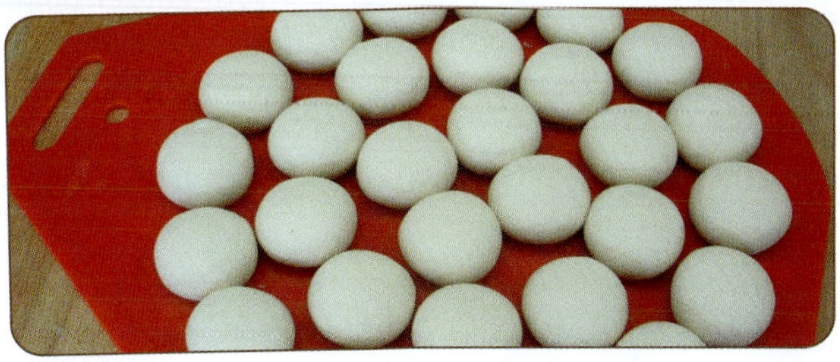

Pressen (Ballen) teilen und schleifen

Aufsetzen und Vorgare der Teiglinge

Die runden Teiglinge auf Gärdielen (Bretter mit Tücher) in gleichem Abstand aufsetzen und ca. 15 Minuten in den Gärraum geben. Bei dieser sogenannten Vorgare werden die Teiglinge durch die Hefegärung leicht gelockert.

Lockere Teiglinge nach der Vorgare

Formen der Teiglinge

Die schon etwas gelockerten Teiglinge zu verschiedenen Formen bearbeiten z. B.: Kaiserbrötchen, Schrippen, Stangen, Hörnchen und Zöpfchen.

Formen der Teiglinge

Gare

Die Teiglinge in einen feuchtwarmen Gärraum schieben. Gärraumklima:

- Gärraumtemperatur: 35 °C
- relative Luftfeuchtigkeit: 70 bis 75 %

Im Gärraum werden die Teiglinge gelockert. Durch die Hefegärung entstehen Gärgase, die vom Kleber im Weizenteig zu kleinen Poren festgehalten werden.

Herrichten der Teiglinge zum Backen

Bei ausreichender Lockerung die Teiglinge zum Backen auf Lochbleche setzen. Für Brötchen mit Ölsamen bzw. Brezelsalz die Teiglinge mit Wasser besprühen und in Mohn, Sesam, Leinsamen und Kürbiskerne tauchen sowie mit Brezelsalz, mit Kümmel gemischt, bestreuen.

Backen

Backtemperatur: 230 °C
Sofort nach dem Einschieben der Teiglinge viel Schwaden in den Backofen geben. Durch den Wasserdampf bleibt die Teighaut elastisch und die Teiglinge können sich ausdehnen. Die Brötchen bekommen dadurch ein größeres Volumen und die Kruste einen leichten Glanz.
Die **Backzeit** beträgt ca. 18 Minuten.

Backen von Brötchen im Stikkenofen

Gärunterbrechung der Teiglinge

Durch Kälte wird die Gare der Teiglinge unterbrochen. Die Teiglinge werden bei ca. –35 °C schockgefrostet und sind so nach kurzer Zeit bis in das Innere durchgefroren. Die gefrorenen Teiglinge werden mit Folien umschlossen, damit sie nicht austrocknen, und im Frosterraum gelagert. Eine Frostertemperatur von –10 °C reicht für die Lagerung bis zu zwei Tagen. Bei längerer Lagerung sind –18 °C erforderlich.

LF 2.2

Viele Bäckereibetriebe liefern tiefgefrorene Teiglinge für Weizenkleingebäcke in die Filialen, die dort im Tiefkühlraum gelagert werden. Die Fachverkäuferinnen können so zu jeder Zeit frische Brötchen und andere Weizenkleingebäcke im Ladenbackofen backen.

- Die Fachverkäuferin nimmt die gefrorenen Teiglinge aus dem Froster,
- legt sie in gleichmäßigem Abstand auf Backbleche,
- lässt sie auftauen und gären und
- schiebt sie dann in den Ladenbackofen.

Gärverzögerung der Teiglinge

Bei Teiglingen für Weizenkleingebäcke kann die Gare bei Kühlschranktemperatur von 0 bis +5 °C gestoppt werden. Sie werden bei dieser kühlen Temperatur von der Bäckerei geliefert und in den Filialen in den Kühlschrank gestellt. Bei Bedarf die Teiglinge im Laden auf Backbleche legen, im Gärraum gären lassen und dann backen.
Der Vorteil der gekühlten Teiglinge ist, dass sie nicht aufgetaut werden müssen und so relativ schnell gären und gebacken werden können. Somit stehen sie bei Bedarf schneller zur Verfügung als die tiefgefrorenen. Da die Teiglinge nur gärverzögert sind, müssen sie am selben Tag gebacken werden.

Durch den angenehmen Geruch, den die frisch gebackenen Backwaren im Laden abgeben, werden viele Kunden zum Kauf angeregt.

Bekannte Weizenkleingebäcke

Rundbrötchen (glatte Brötchen)

LF 2.2

Die glatt geschliffenen (gewirkten) Teiglinge werden unbearbeitet nach der Gärreife in den Backofen geschoben und zu Rundbrötchen gebacken.

Rundbrötchen besitzen den geringsten Krustenanteil aller Brötchen. Die durchgehende, nicht unterbrochene Kruste zieht sich nach dem Backen durch die Wasserverdunstung etwas zusammen, sodass die Kruste leicht bricht. Deshalb bröselt die dünne feinsplittrige Kruste beim Drücken von frischen Rundbrötchen ab.

Rundbrötchen

Gestüpfelte (gestanzte) Brötchen

Die runden Teiglinge werden mit einem Stüpfler tief eingedrückt und nach der Stüpflerform bezeichnet.

Kaiserbrötchen (Kaisersemmeln)

Die Kaisersemmel stammt ursprünglich aus Österreich. Der Wiener Bäckermeister Kayser gab dem Weizenkleingebäck die fünf gebogenen Einkerbungen, die an eine Krone erinnern. Der österreichische Kaiser Josef II., der Sohn der Kaiserin Maria Theresia, gewährte den Bäckern das Privileg, die fünffach gerissene Semmel als Kaisersemmel zu bezeichnen.

Stüpfler für Kaiserbrötchen, Sternbrötchen (Sternsemmeln) und Brötchen mit Ölsamen bzw. Salz

Kaiserbrötchen *Sternbrötchen* *Salzbrötchen*

Bestreute Brötchen

Brötchen mit Ölsamen

Die gestüpfelten Teiglinge an der Oberfläche mit Wasser befeuchten und in Mohn, Sesam, Leinsamen, Kürbiskerne und Sonnenblumenkerne legen (tauchen), damit die Ölsamen flächendeckend kleben bleiben.

Leinsamenbrötchen und Kürbiskernbrötchen

Salzbrötchen

Die gestüpfelten Teiglinge anfeuchten und mit Brezelsalz, das mit etwas Kümmel gemischt ist, bestreuen. Würde man die Teiglinge in Brezelsalz legen, würden die Brötchen zu salzig werden.

Gewickelte Brötchen – Stangen und Hörnchen

Die oval ausgerollten Teiglinge zusammenwickeln (drehen).
Stangen: Salz-, Mohn- und Sesamstangen
Hörnchen: ohne Belag sowie Mohn- und Sesamhörnchen

Hörnchen *Stangen*

Schrippen – Schnittbrötchen

Schrippen einschlagen:
Die runden Teiglinge in der Mitte eindrücken, die zwei Hälften des gedrückten Teiglings übereinanderlegen und länglich rollen. So entsteht bei den länglichen Teiglingen der Länge nach ein offener Schluss, der beim Backen aufreißt.

Schrippen

Schnittbrötchen einschneiden:
Die runden Teiglinge länglich rollen und nach der Gare der Länge nach mit einem Messer einschneiden.

Doppelte Brötchen (Doppelbrötchen)

Zwei runde Teiglinge aneinandersetzen und nach der Gare in der Mitte der Länge nach mit einem Messer einschneiden.

Doppeltes Brötchen

Schlesische Brötchen (Breslauer Brötchen)

Zwei runde Teiglinge einschlagen und aneinandersetzen. Es sind Doppelbrötchen mit kräftigem Ausbund.

Schlesische Brötchen

Baguettebrötchen

Zwei kleine Teiglinge in Mehl tauchen, übereinanderlegen, einschlagen und länglich rollen. Die offenen Stellen der eingeschlagenen Teiglinge reißen beim Backen kräftig auf.

Baguettebrötchen

Rosenbrötchen

Die rundgeschliffenen Teiglinge mit dem offenen Schluss nach oben legen (glatte Seite nach unten), so reißt der Schluss beim Backen kräftig auf.

Rosenbrötchen

LF 2.2

Zöpfchen (Flechtgebäcke)

Die Teiglinge zu Teigsträngen rollen. Die Stränge zu Einstrang- bzw. Zweistrangzöpfchen flechten. Diese können auch mit Mohn, Sesam oder Salz bestreut werden.

Einstrangzöpfchen *Zweistrangzöpfchen*

Qualitätsmerkmale der Brötchen aus Weizenteig

!

Qualitätsmerkmale der Brötchen
- mittleres Gebäckvolumen und schöne Form (nicht zu flach, nicht zu rund)
- goldbraune Kruste, die leicht glänzt
- dünne, rösche Kruste
- lockere Krume mit mittelgroßer Porung
- elastische Krume, die sich beim Schneiden und Bestreichen nicht zusammenballt
- mild-aromatischer, frischer Brötchengeschmack

Brötchen mit goldbrauner, leicht glänzender Kruste mit gleichmäßiger Porung und gut schnittfähiger Krume

Brötchen mit mittlerem Volumen besitzen die beste Qualität.
- Zu große, „aufgeblasene" Brötchen sind zu trocken und schmecken „leer und fade".
- Zu kleine Brötchen sind zu wenig gelockert und deshalb nicht so gut bekömmlich. Aufgrund des kleinen Volumens lehnen die Kunden sie ab.

LF 2.2

Brötchen mit Ausbund

Offene Teigstellen reißen beim Backen auf, sodass ein erhöhter Krustenanteil entsteht. Die aufgerissenen Stellen an der Kruste werden als „Ausbund" bezeichnet. Je kräftiger der Ausbund ist, desto
- höher ist der rösche Krustenanteil der Brötchen,
- kräftiger ist der Geschmack, da sich die intensiven Geschmacksstoffe an der Kruste befinden.

Schrippe und Baguettebrötchen mit kräftigem Ausbund

Rösche Kruste

Die Kruste der Brötchen ist rösch, wenn sie trocken und hart ist und somit beim Zusammendrücken oder Abbeißen knusprig knirscht. Die Rösche und somit die Frische der Brötchen sollen möglichst lange erhalten bleiben.

Mit der Hand zusammengedrückte Brötchen – links: goldbraunes, rösches, frisches Brötchen, rechts: Brötchen ohne Rösche und mit zu heller Krustenfarbe

Behandlung ofenheißer Brötchen

Frisch ausgebackene Brötchen müssen ausdampfen, d. h., der Wasserdampf muss entweichen. Dadurch bleiben die Rösche der Kruste sowie die Geschmacksstoffe der Brötchen erhalten.
- Das erste Ausdampfen soll noch in der Backstube oder in einem normal temperiertem Raum erfolgen. Bei zu kühler Temperatur entsteht Kondenswasser auf der Kruste, dadurch geht ihre Rösche verloren.
- Damit die Brötchen ausdampfen und auskühlen können und keine unschönen Druckstellen bekommen, dürfen sie nicht zu hoch übereinanderliegen, z. B. in Körben.
- Ofenfrische Brötchen dürfen nicht in die kalte, feuchte Morgenluft gestellt werden, da sich dadurch an der Oberfläche der Brötchen Feuchtigkeit bildet und somit die Rösche ebenfalls verloren geht. Zum Beispiel, wenn der Frühstücksservice frische Brötchen bei kalter, feuchter Luft an die Haustür stellt.
- Beim Verkauf dürfen ofenfrische Brötchen nicht in Plastiktaschen gegeben werden, weil sie dann durch den entstehenden Wasserdampf, der nicht entweichen kann, die rösche Kruste verlieren.

Teilgebackene Weizenkleingebäcke

Im Supermarkt werden vorgebackene (teilgebackene) Weizenkleingebäcke angeboten, die der Verbraucher im Haushalt ausbacken kann, z. B. Brötchen, Mini-Baguettes, Milchbrötchen, Hamburger Brötchen. Diese Kleingebäcke werden meist in Großbackbetrieben hergestellt und in Lebensmittelgeschäften verkauft.

Backverfahren

- Die Teiglinge werden bis kurz vor der Krustenbräunung gebacken. Dies ist die halbe bis zwei Drittel Backzeit. Dabei ist die Krume bereits so stabil, dass sie nicht einfällt und so das Gebäckvolumen kaum verkleinert.
- Nach dem Abkühlen auf ca. 50 °C werden diese vorgebackenen Kleingebäcke in Folienbeuteln verpackt und zum Verkauf angeboten.
- Im Haushalt werden sie bei ca. 220 °C fertig gebacken, bis sie goldbraun sind. Sie werden sofort nach dem Backen gegessen.

Vorteile

- Diese Kleingebäcke sind verpackt gut lagerfähig:
  - in Folie luftdicht verpackt: ca. eine Woche;
  - Schutzgas verpackt (Luft wird aus der Verpackung gezogen) oder tiefgefroren: bis drei Monate.
- Der Kunde hat jederzeit frische Backwaren im Haushalt zur Verfügung.

Verkaufsargumente

Informationen für die Kunden bei der Beratung
Brötchen sind lockere und gut bekömmliche Weizenkleingebäcke.

Frischhaltung
Je frischer Brötchen verzehrt werden, desto röscher ist die Kruste und umso besser schmecken sie. Brötchen verlieren ihre Frischeeigenschaften schon ca. fünf Stunden nach dem Ausbacken.

Tiefgefrieren von Brötchen
Weizenbrötchen eignen sich nicht gut zum Tiefgefrieren, da das Wasser in den Brötchen nur schwach gebunden ist und somit relativ schnell entweichen kann.

- Die Krume trocknet bereits nach wenigen Tagen im Froster aus, da auch beim Tiefgefrieren Wasser in den Brötchen verdunstet.
- Nach dem Auftauen splittert die Kruste stark ab, sie bindet sich nicht mehr mit der Krume.

Besondere Eignung
Brötchen eignen sich recht vielseitig, z. B.

- zum Frühstück,
- zum Belegen mit Wurst, Käse, Fisch u. a.,
- zum Belegen für Snacks,
- als Beilage zu Würstchen, Käse, Suppen, Salaten, Fleischspeisen.

Aufgaben

1. Nennen Sie die Bestimmungen der Leitsätze für Weizenkleingebäcke und Weizenbrote in Bezug auf
   - Getreideerzeugnisse,
   - Gewicht der Kleingebäcke,
   - Fett- und Zuckeranteil.
2. Nennen Sie die Zutaten eines Weizenteigs für Brötchen und Weizenbrote.
3. Beschreiben Sie Rundbrötchen.
4. Nennen und beschreiben Sie verschiedene gestüpfelte Brötchen.
5. Beschreiben Sie das Typische folgender Brötchen:
   - Schrippen
   - Doppelte Brötchen
   - Schlesische Brötchen (Breslauer Brötchen)
   - Baguettebrötchen
   - Rosenbrötchen
   - Zöpfchen
6. Erklären Sie, was man unter Brötchen mit Ausbund versteht.
7. Nennen Sie die Qualitätsmerkmale von frischen Brötchen in Bezug auf
   - Volumen,
   - Aussehen der Kruste,
   - Beschaffenheit der Kruste,
   - Porung,
   - Beschaffenheit der Krume,
   - Geschmack.
8. Erläutern Sie, was man unter „Rösche der Brötchen" versteht.
9. Erklären Sie das Backverfahren von teilgebackenen (vorgebackenen) Brötchen. Geben Sie auch die Vor- und Nachteile dieser Brötchen an.
10. Wie sollten ofenheiße Brötchen behandelt werden, damit sie ihre Rösche nicht so schnell verlieren?
11. Geben Sie Auskunft über die Frischhaltung von Brötchen aus Weizenteig.
12. Eine Kundin möchte Brötchen aus Weizenteig tiefgefrieren, damit sie immer Brötchen auf Reserve zu Hause hat. Geben Sie Auskunft.
13. Sie helfen in der Produktion der Bäckerei mit und sollen die Zutaten eines Weizenteigs für Kleingebäcke abwiegen, ausgehend von 1 kg Weizenmehl, und den Teig herstellen. Aus dem Teig sollen Sie Teiglinge für acht verschiedene Weizenkleingebäcke formen, gären und backen.

LF 2.2

Brötchenfehler

Das Aussehen der Brötchen ist entscheidend für den Genuss. Die Qualität der Brötchen kann weitgehend schon nach dem Aussehen der Brötchen beurteilt werden.

Die Abweichungen von den optimalen Qualitätsmerkmalen der Brötchen werden als Brötchenfehler bezeichnet.
Kleine, optische Brötchenfehler werden häufig von Kunden noch toleriert, Brötchen mit Fehlern, die die Genussfähigkeit beeinträchtigen, dürfen nicht in den Verkauf gegeben werden.

Brötchen mit goldbrauner, leicht glänzender Kruste und schönem Ausbund

Die häufigsten Brötchenfehler werden im Folgenden näher erläutert.

Volumenfehler, Formfehler

Volumen und Form der Brötchen	Brötchenfehler	Ursachen
zu große Brötchen (aufgeblasene Brötchen)	• zu trockene Krume wegen der zu großen Porung • etwas leer im Geschmack	• zu hohe Hefemenge im Teig • zu warmer Teig • zu junger Teig (zu kurze Teigruhe) • zu lange Gärzeit
zu kleine Brötchen, mit Rissen an der Kruste	• nicht genügend gelockert und deshalb zu kompakte Krume • negativer optischer Eindruck, der verkaufshemmend ist	• zu fester Teig • zu kurze Knetzeit • zu kurze Gärzeit
zu flache Brötchenform	• unregelmäßige Porung • zu trockene Krume • etwas leer im Geschmack	• zu weicher Teig • zu lange Gärzeit

Brötchen mit mittlerem Volumen sind von bester Qualität. Sie sind weich und elastisch in der Krume und besitzen den vollen mild-aromatischen Brötchengeschmack.

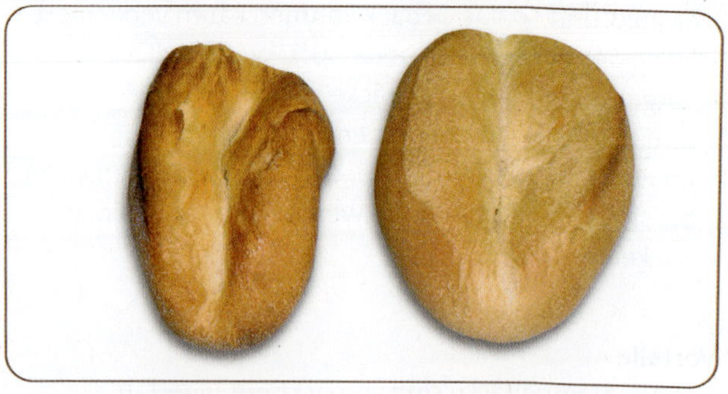

Zu kleines Brötchen *Richtige Brötchengröße*

Krustenfehler

Brötchenfehler	Ursachen
zu starke Bräunung der Kruste	• zu lange Backzeit • zu hohe Backtemperatur
zu helle Kruste mit fehlender Rösche	• zu kurze Backzeit • zu geringe Backtemperatur
glanzlose, matte Kruste	zu geringe Schwadengabe beim Einschieben in den Backofen

Zu starke Bräunung der Brötchenkruste

Zu helle Kruste mit fehlender Rösche

Glanzlose, matte Kruste der Brötchen

Ausbundfehler

Brötchenfehler	Ursachen
zu enger, verklebter Ausbund	• zu weicher Teig • zu feuchte Gare
zu breiter (aufgeklappter) Ausbund	• zu fester Teig • zu warmer Teig • zu trockene Gare

Zu enger, verklebter Ausbund

Zu breiter (aufgeklappter) Ausbund

Krumenfehler

Brötchenfehler	Ursachen
• unelastische und zu feuchte Krume • Die Krume ist schlecht schnitt- und bestreichfähig und ballt sich beim Schneiden und Bestreichen zusammen.	• zu weicher Teig • zu kurze Backzeit
Große Hohlräume in der Krume, vor allem bei gestüpfelten und gedrückten Brötchen, unter der Druckstelle.	• zu früh gestüpfelt oder gedrückt, bei zu kurzer Vorgare und somit zu geringer Lockerung des Teigs • zu kurze Gärzeit
Ungleichmäßige Porung der Krume, die somit etwas trocken und leer im Geschmack ist.	• zu weicher Teig • zu viel Hefe im Teig • zu lange Gärzeit
Zu kleine und dichte Porung und somit zu gering gelockerte Krume (zu kleines Volumen).	• zu fester Teig • zu kurze Knetzeit • zu kurze Gärzeit

Zusammenballende Krume

Hohlräume

Ungleichmäßige Porung

Zu dichte Porung

Aufgaben

1. Nennen Sie die Fehler und die Ursachen von zu großen Brötchen und zu kleinen Brötchen.
2. Geben Sie die Ursachen folgender Brötchenfehler an:
   - zu starke Bräunung der Kruste
   - zu helle Kruste mit fehlender Rösche
   - glanzlose, matte Kruste
3. Welche Ursachen haben ein
   - zu enger, verklebter Ausbund bei Brötchen,
   - zu breiter Ausbund bei Brötchen?
4. Nennen Sie die Ursachen folgender Krumenfehler bei Brötchen:
   - schlechte Schnitt- und Bestreichfähigkeit der Krume
   - große Hohlräume in der Krume, vor allem bei gestüpfelten und gedrückten Brötchen
   - ungleichmäßige Porung
   - zu dichte Porung, zu gering gelockerte Krume
5. Welchen Nachteil haben Brötchen mit zu heller und zu dunkler Kruste beim Verzehr?
6. Beurteilen Sie regelmäßig die Brötchen in Ihrem Betrieb und stellen Sie die Ursachen der Fehler fest. Beschreiben Sie auch die positiven Qualitätsmerkmale der Brötchen.
7. Diskutieren Sie mit Ihren Kolleginnen, bei welcher Garzeit, Backtemperatur und Backzeit Brötchen gebacken werden sollten, damit sie den Kundenwünschen entsprechen.

24.2 Milchbrötchen

Milchbrötchen werden aus einem Brötchenteig hergestellt, für den statt Wasser Vollmilch verwendet wird.

Bestimmungen der Leitsätze
Für Milchgebäcke, und somit auch Milchbrötchen, müssen auf 100 Teile Weizenmehl mindestens 50 Teile Vollmilch verwendet werden.

Rezeptbeispiel: Milchbrötchen	
1 000 g	Weizenmehl, Type 550
650 g	Milch
40 g	Hefe
30 g	Backmittel
20 g	Salz
1 740 g	**Teiggewicht**

Wasseranteil im Teig

Brötchen werden mit demselben Rezept wie Milchbrötchen hergestellt. Statt Milch werden beim Brötchenteig jedoch 560 g Wasser verwendet.

Der Wassergehalt des Milchteigs gegenüber dem Brötchenteig mit Wasser ist in etwa gleich, weil Vollmilch aus 87 % Wasser und 13 % trockenen Bestandteilen wie Zucker, Fett, Eiweiß, Mineralstoffen und Vitaminen besteht. 650 g Vollmilch enthalten ca. 565 g Wasser.

LF 2.2

Vollmilchpulver

Anstelle von Vollmilch kann bei der Teigherstellung auch Vollmilchpulver mit der entsprechenden Menge Wasser verwendet werden. Die mit Vollmilchpulver zubereitete Vollmilch muss jedoch mindestens 3,5 % Milchfett enthalten.
140 g Vollmilchpulver mit 900 g Wasser verrührt, ergibt einen Liter Vollmilch. Bei der Milchteigherstellung das Vollmilchpulver auf das Weizenmehl geben und das Wasser zugießen.

Bekannte Milchgebäcke

Milchbrötchen

Die runden Teiglinge werden in der Mitte tief eingedrückt, sodass zwei zusammenhängende Hälften entstehen.

Milchbrötchen

Milchhörnchen

Die oval ausgerollten Teiglinge werden gewickelt und zu Hörnchen geformt.

Milchhörnchen

Milchbrötchen für „Hamburger" und „Hotdogs"

Durch die Zugabe von Milch sowie etwas Fett und Zucker bekommen die Brötchen die kuchenartige, weiche Beschaffenheit.

Hamburger- und Hotdog-Brötchen

Wirkung der Milch auf die Milchbrötchen

Durch die Zugabe von Milch unterscheiden sich Milchbrötchen von den Brötchen, die mit Wasser hergestellt werden.

- **Stärkere Krustenbräunung**
  Der Milchzucker im Milchbrötchenteig kann von der Hefe nicht vergärt werden, da weder das Mehl noch die Hefe das Enzym Laktase zum Spalten des Milchzuckers besitzen. Deshalb ist die Krustenbräunung der Milchbrötchen stärker:
  – Der Milchzucker karamellisiert beim Backen an der Kruste.
  – Der Milchzucker bildet außerdem mit den Aminosäuren (Bestandteile des Eiweißes) Röstbitterstoffe, die Melanoidine (Maillard-Reaktion → Seite 438).
- **Weiche, feinporige Krume** durch das Milchfett.
- **Vollerer Geschmack** durch das Milchfett, den Milchzucker und das Milcheiweiß.
- **Etwas längere Frischhaltung** durch das Milchfett, das die Krume weich hält.

Brötchen mit Wasser und mit Milch hergestellt

Verkaufsargumente

Qualitätsmerkmale für die Kundenberatung
Die Qualitätsmerkmale der Milchbrötchen ergeben sich durch die Zugabe der Milch im Vergleich zu den Brötchen, die mit Wasser hergestellt werden.
Die Milchbrötchen besitzen durch die Milch
- eine weiche, etwas dunklere Kruste,
- eine weichere und feinporigere Krume,
- einen feineren Brötchengeschmack.

Frischhaltung
Milchbrötchen schmecken frisch am besten.
Sie sind jedoch wegen des Milchanteils etwas länger frisch als Brötchen, die mit Wasser hergestellt werden.
Die Kruste ist weich und kann somit die Rösche nicht verlieren und die Krume bleibt etwas länger weich.

Tiefgefrieren der Milchbrötchen
Wegen des Milchfettanteils eignen sich Milchbrötchen für einige Tage zum Tiefgefrieren. Die weiche Kruste splittert nach dem Auftauen nicht ab, im Gegensatz zu den Brötchen, die mit Wasser hergestellt werden.

Besondere Eignung
Die weichen und mild-aromatischen Milchbrötchen ergänzen sich geschmacklich gut mit Butter, Honig, Konfitüren, Gelees und Marmeladen als Aufstrich sowie mit mildem Käse und feiner Wurst.

LF 2.2

Aufgaben

1. Nennen Sie die Bestimmungen der Leitsätze für Milchbrötchen.
2. Nennen Sie bekannte Milchgebäcke.
3. Geben Sie den Unterschied der Zutaten von Hamburger-Brötchen gegenüber Milchbrötchen an.
4. Erklären Sie die besonderen Merkmale von Hamburger-Brötchen.
5. Beschreiben Sie die Wirkung von Milch auf die Milchbrötchen und wie sie sich von den Brötchen, die mit Wasser hergestellt werden, unterscheiden:
   - Kruste
   - Krume
   - Geschmack
6. Geben Sie die Qualitätsmerkmale der Milchbrötchen bei der Kundenberatung an.
7. Wie lange bleiben Milchbrötchen frisch?
8. Erklären Sie, ob sich Milchbrötchen zum Tiefgefrieren eignen.
9. In Ihrer Bäckerei wollen Sie die Qualität der Milchbrötchen vergleichen, die mit Milch und die mit Milchpulver hergestellt werden. Stellen Sie deshalb Milchbrötchen her, bei denen ein Teig mit Milch und einer mit Milchpulver hergestellt wird. Für den Teig mit Milchpulver müssen Sie das Rezeptbeispiel umstellen. Beurteilen und vergleichen Sie das Aussehen und die Qualität der Milchbrötchen.

24.3 Laugenbrezeln und Laugengebäcke

Laugenbrezeln und Laugengebäcke sind Kleingebäcke, meist aus Weizenmehl, aber auch aus anderem Brotgetreide, die vor dem Backen in Brezellauge getaucht werden.

Laugenbrezeln

Die Brezel ist das Symbol der Bäckerei und steht deshalb im Mittelpunkt des deutschen Bäckerwappens.

Typisch für Brezeln sind der dicke Bauch und die dünner werdenden Enden, die Ärmchen.

Der Brezelteig ist ein fester Weizenteig wie für Brötchen, der zusätzlich noch etwas Fett enthält.

Das Gebäckgewicht beträgt ca. 70 g. Große Brezeln für besondere Feierlichkeiten oder Volksfeste wiegen je nach Größe zwei- bis viermal mehr.

Rezeptbeispiel: Laugenbrezeln

1 000 g	Weizenmehl, Type 550
500 g	Wasser (kalt)
30 g	Hefe
20 g	Salz
20 g	Backmittel, malzhaltig
30 g	Fett (Backmargarine oder Schweineschmalz)
1 600 g	**Teiggewicht**

Schwäbische Brezeln enthalten 50 bis 70 g Fett.

LF 2.2

Herstellen der Laugenbrezeln

- Die Teigstücke zu Strängen formen, die zu den Enden nach außen hin dünner sind.
- Die Teigstränge zu Brezeln schlingen.

Brezelteiglinge in Brezellauge tauchen

- Nach knapper Gare die Brezelteiglinge absteifen lassen, d. h., die Teiglinge kühl stellen oder gefrieren, bis sie an der Teigoberfläche eine stabile Haut bekommen, damit die Brezellauge nicht in das Teiginnere eindringen kann.
- Die abgesteiften Brezelteiglinge ganz in die Brezellauge tauchen und auf Lochbleche setzen.
- Die belaugten Brezelteiglinge mit Brezelsalz bestreuen und backen.

Backen

- Bei 240 °C 13 bis 15 Minuten backen, bis die Brezeln eine dünne, rösche Kruste besitzen. Große Brezeln etwas länger backen.

Aufsetzen der belaugten Teiglinge auf Lochbleche

Belaugungsanlage

Zwei Brezelformen werden unterschieden:

Bayerische Laugenbrezeln	Schwäbische Laugenbrezeln
• Die Ärmchen sind dicker als bei den schwäbischen Brezeln, dafür ist der Bauch nicht so dick. • Die drei Hohlräume sind in etwa gleich groß. • Sie werden nicht eingeschnitten und reißen unregelmäßig leicht an der Kruste auf.	• Sie sind dickbauchig und werden am Bauch nach dem Belaugen eingeschnitten, um einen Ausbund mit schönem Farbkontrast zu erzielen. • Die Ärmchen sind dünner als bei den bayerischen Brezeln.

Bayerische (links) und schwäbische (rechts) Laugenbrezel

Weiße Brezeln sind im Gegensatz zu den Laugenbrezeln nicht in Brezellauge getaucht.

Tiefgefrieren von Brezeln

Brezeln eignen sich gut zum Tiefgefrieren:
- als Teiglinge
- als belaugte Teiglinge
- als fertig gebackene Laugenbrezeln

Die geringe Wassermenge des festen Brezelteigs ist von den Mehlbestandteilen gebunden. Außerdem wird durch das Fett der Teig geschmeidig und weich.

Backen tiefgefrorener Brezelteiglinge

- In der Bäckerei werden tiefgefrorene Teiglinge in Brezellauge getaucht, mit Brezelsalz bestreut und auf Bleche gelegt. Nach nur kurzem Antauen werden sie gebacken.
- Wenn die Brezeln im Ladenbackofen gebacken werden, werden die Brezelteiglinge in der Bäckerei belaugt und tiefgefroren. Im Laden werden die Brezelteiglinge aus dem Froster genommen, auf Bleche gelegt, leicht mit Brezelsalz bestreut und in den Ladenbackofen geschoben und gebacken.
  So können im Ladenbackofen nach Bedarf mehrmals täglich Laugenbrezeln ohne großen Aufwand gebacken und frisch angeboten werden.

Laugengebäcke

Laugengebäcke

Laugenbrötchen, z. B. Kastanien
Runde, kreuzweise eingeschnittene Laugenbrötchen

Laugenstangen
Zu Stangen gewickelte Gebäcke, die häufig drei- bis viermal schräg eingeschnitten werden.

Laugen-Käse-Stangen
Die belaugten Stangen mit einem Messer der Länge nach einschneiden und in den Schnitt geriebenen Käse einstreuen oder einen Käsestreifen einlegen.

Laugen-Käse-Stange

Laugenringe
Gleichmäßig dicke Ringgebäcke, die auch in Kürbiskerne oder Sesam getaucht werden können. Laugenringe eignen sich besonders zum Bestreichen mit Butter.

Laugenzöpfchen
Dies sind geflochtene Einstrangzöpfchen.

Laugencroissants
Croissants in Brezellauge getaucht.

Laugencroissant

Brezellauge

> **!** Brezellauge besteht aus Wasser und ca. 3,5 % Natronlauge (Natriumhydroxid = NaOH). Die Laugenkonzentration sollte nicht höher als 4 % sein, da sonst die Laugengebäcke zu braun werden und unangenehm salzig schmecken.

Handelsformen der Natronlauge

- Flüssige, verdünnte Natronlauge mit einem Natronlaugenanteil von 36 % in Plastikkanistern.
- Feste Natronlauge in Form von Perlen oder Schuppen mit fast 100 % Natronanteil.

Bei der Zubereitung der Brezellauge die Natronlauge in das Wasser geben und verrühren.

Wirkung der Brezellauge

Durch die Brezellauge bekommen die Gebäcke
- den typischen kräftigen Geschmack und
- die dunkelbraune, matt glänzende Krustenfarbe.

Zöpfchen, das zur Hälfte in Brezellauge getaucht wurde

LF 2.2

Entstehung der intensiven Bräunung der Gebäckkruste

Schon beim Belaugen baut die Natronlauge an der Teigoberfläche das Eiweiß zu Aminosäuren ab, sodass diese gelb wird.

Die Aminosäuren verbinden sich mit dem Traubenzucker des Teigs zu Melanoidinen, die im Ofen bräunen. Dieser Vorgang der Verbindung wird als Maillard-Reaktion (→ Seite 438) bezeichnet. Beim Backen läuft eine verstärkte Maillard-Reaktion ab, die für die intensive Krustenbräunung sorgt.

Entstehung des typischen Krustengeschmacks der Laugengebäcke

Beim Backen reagiert die Natronlauge mit dem CO_2 (Kohlenstoffdioxid), dem Gärgas der Hefe, in den Teiglingen. Dabei wird die Natronlauge neutralisiert und es entsteht Soda (Natriumcarbonat), das einen salzigen Geschmack ergibt.

Brezellauge auf Laugengebäcken ist nicht gesundheitsschädlich

Die Brezellauge berührt nur die Teigoberfläche und dringt nicht in das Teiginnere ein. Beim Backen wird die Natronlauge mit dem Kohlenstoffdioxid (CO_2) des Teigs zu harmlosem Soda umgewandelt. Der Lebensmittelzusatzstoff Natronlauge ist somit auf den fertig gebackenen Laugengebäcken nicht mehr vorhanden. Deshalb muss Brezellauge auf den Gebäcken nicht deklariert werden.

Unfallgefahr beim Umgang mit Brezellauge

LF 2.2

Natronlauge, also auch Brezellauge, ist ätzend!
Grundsätzlich vorsichtig mit Brezellauge arbeiten und Schutzhandschuhe sowie Schutzbrille tragen. Vor allem die Augen schützen.

- Brezellauge schmerzt auf der Haut, besonders bei kleinen Schnittverletzungen. Sie schädigt durch die ätzende Wirkung bei häufigem Arbeiten ohne Schutzhandschuhe das Gewebe der Haut. Zum Schutz der Haut deshalb grundsätzlich Schutzhandschuhe tragen.
- Spritzt die Brezellauge oder gar konzentrierte Natronlauge in die Augen, führt dies zu brennenden Augenverletzungen. Deshalb sollte man nach den Vorschriften eine Schutzbrille tragen.

Gelangt Natron- oder Brezellauge in die Augen, muss man diese sofort mit viel Wasser auswaschen und unverzüglich den Arzt (Augenarzt) aufsuchen → Seite 42.
Natron- und Brezellauge sind in deutlich gekennzeichneten Behältern aufzubewahren.

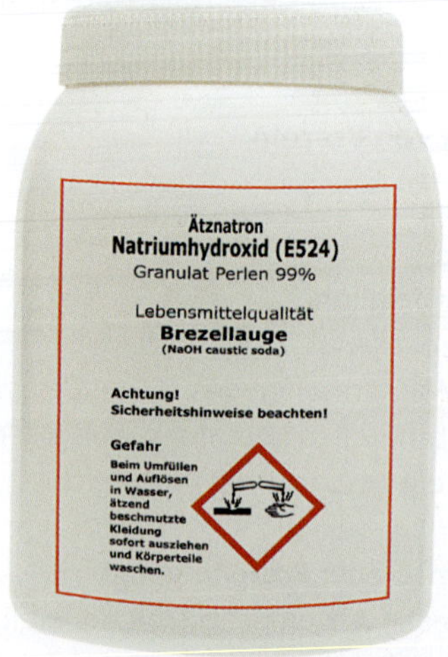

Gefahrenhinweise auf einem Natronlaugebehälter

Verkaufsargumente

Qualitätsmerkmale für die Kundenberatung
Frische Laugenbrezeln und Laugengebäcke haben:
- eine dunkelbraune Krustenfarbe
- einen typisch kräftigen Geschmack
- eine dünne, rösche Kruste
- eine kompakte (gering gelockerte), aber weiche Krume

Frischhaltung von Laugenbrezeln
Laugengebäcke schmecken frisch am besten.
Laugenbrezeln altern wegen des geringen Wasseranteils im Brezelteig sehr schnell.
Aufgrund der kurzen Frischhaltung sollten im Ladenbackofen mehrmals täglich frische Brezeln gebacken werden.

Veränderungen der Laugenbrezeln beim Altern:
- Die Kruste wird feucht und runzlig.
- Die Krume wird trocken und etwas zäh.

Den Kunden sollte man den Hinweis geben, dass alternde Laugenbrezeln und Laugengebäcke vom selben Tag im heißen Ofen aufgebacken kurzfristig wieder die Qualitätsmerkmale frischer Gebäcke erhalten. Nach dem Aufbacken müssen sie jedoch sofort gegessen werden, da sonst die Krume hart wird.

Besondere Eignung
Laugenbrezeln und Laugengebäcke sind zu vielen Speisen passend, z. B.: →

- zum Frühstück, sehr passend sind Butterbrezeln
- als Zwischenmahlzeit
- zu Würstchen und allgemein zur Brotzeit
- zu Salaten
- zum kalten Büfett
- zum Bier, im Biergarten und zum gesellschaftlichen Beisammensein

Aufgaben

1. Nennen Sie die zwei hauptsächlichen Unterschiede des Teigs für Laugenbrezeln gegenüber dem Teig für Brötchen.
2. Beschreiben Sie das Backen der Laugenbrezeln.
3. Unterscheiden Sie bayerische Laugenbrezeln von schwäbischen Laugenbrezeln.
4. Erklären Sie „weiße Brezeln".
5. Geben Sie Auskunft über das Tiefgefrieren der Brezelteiglinge und das Backen der Teiglinge.
6. Nennen Sie verschiedene Laugengebäcke.
7. Wie wirkt Brezellauge auf die Gebäcke?
8. Ein Kunde fragt, ob Brezellauge gesundheitsschädlich ist. Geben Sie Auskunft.
9. Beschreiben Sie die Unfallgefahr beim Umgang mit Brezellauge.
10. Nennen Sie die Qualitätsmerkmale von frischen Laugenbrezeln und Laugengebäcken.
11. Erläutern Sie die Frischhaltung der Laugenbrezeln und Laugengebäcke.
12. Wofür eignen sich Laugenbrezeln und Laugengebäcke besonders?
13. Backen Sie alt gewordene Laugenbrezeln, die frühmorgens gebacken wurden, am Abend im Ofen bei hoher Hitze, bei 200 bis 220 °C, kurz auf. Essen Sie diese sofort nach dem Aufbacken und vergleichen Sie die Qualität mit frisch gebackenen Brezeln.

Rechenaufgabe

Sie sollen mit 10 l Wasser Brezellauge anrichten. Dafür verwenden Sie 33 %ige Natronlauge. Die Brezellauge soll eine Laugenkonzentration von 4 % haben.
Wie viel 33 %ige Natronlauge müssen Sie zugeben?

24.4 Weizenbrote (Weißbrote)

Es werden hauptsächlich drei Formen Weizenbrote unterschieden:

- Weizenlangbrote (Weizenbrotwecken): freigeschobene längliche Brote (Wecken)
- Stangenweißbrote: lange, dünne Stangenformen
- Kastenweizenbrote (Kastenweißbrote): in Kastenformen gebackene Brote mit seitlich dünner Kruste wegen der Form

!

Teige für Weizenbrote
Weizenbrote, auch Weißbrote genannt, werden aus denselben Zutaten wie Brötchen aus Weizenteigen hergestellt.

Weizenlangbrot, Stangenweißbrot, Kastenweizenbrot

Bestimmungen der Leitsätze

- **Mehlanteil**: Weizenbrote (Weißbrote) müssen mit mindestens 90 % Weizenmehl hergestellt werden. Bis zu 10 % andere Mehle können verwendet werden, z. B. Roggenmehl.
- **Gewicht**: Brote, auch Weizenbrote, müssen mindestens 250 g wiegen. Gebäcke unter 250 g sind Kleingebäcke und werden nicht als Brote bezeichnet.

Gewichte der Weizenbrote

Die Bäckereien können die Gewichte ihrer Weizenbrote selbst bestimmen, da es keine vorgeschriebenen Gewichtseinheiten bei Broten gibt. Das Mindestgewicht muss jedoch 250 g betragen, sonst dürfen diese Gebäcke nicht als Brote bezeichnet werden. Gewöhnlich werden höchstens 500-g-Weizenbrote angeboten. Das Volumen der Weizenbrote würde bei einem größeren Gewicht wegen der starken Lockerung zu groß sein.
Für 500-g-Brote werden 600 g Teig abgewogen, weil 100 g durch den Gär- und Backverlust verloren gehen.

LF 2.2

Das Gewicht der Stangenweißbrote richtet sich nach der Länge der Brote, z. B. wiegen 40 cm lange Stangenweißbrote 250 g. Meistens werden Stangenweißbrote 40 cm, 60 cm und 80 cm lang angeboten.

Einschneiden der Teiglinge

Die Brotteiglinge nach der Gare mit einem scharfen Teigmesser einschneiden:

- für Weizenlangbrote und Stangenweißbrote mehrmals leicht schräg einschneiden
- für Kastenweizenbrote einmal in der Mitte der ganzen Länge nach einschneiden.

Einschneiden der Teiglinge für Weizenlangbrote und Stangenweißbrote

Backen: 230 °C und kräftig Schwaden geben
Backzeit: 25 bis 30 Minuten

Nach dem Backen

- Sofort nach dem Ausbacken die Weizenbrote mit Wasser besprühen oder bestreichen, damit sie einen schönen Glanz erhalten.
- Die Weizenbrote wie die Brötchen nach dem Backen ausreichend ausdampfen lassen.
- Frische Weizenbrote nicht in Plastiktaschen geben, da sie durch die Kondenswasserbildung vor allem an der Kruste weich werden.

LF 2.2

Verkaufsargumente

Qualitätsmerkmale für die Kundenberatung
Qualitätsmerkmale der Weizenbrote sind:

- goldbraune Kruste, die leicht glänzt
- rösche, nicht zu dicke Kruste
- sehr lockere und weiche Krume
- milder, frischer Weizenbrotgeschmack

→

Lockeres Weizenbrot mit dünner, röscher Kruste

Weizenbrote sind lockere und leicht bekömmliche Gebäcke mit mildem, frischem Weizenbrotgeschmack.

Frischhaltung der Weizenbrote
Weizenbrote schmecken frisch am besten. Schon nach wenigen Stunden verlieren sie den frischen Geschmack und die Rösche.

- Stangenweißbrote sollten zumindest am Tag der Herstellung gegessen werden.
- Weizenlangbrote und Kastenweizenbrote können wegen des großen Volumens auch noch am Tag nach der Herstellung verzehrt werden, wobei jedoch die Frischemerkmale (rösche Kruste, weiche Krume, frischer Weizenbrotgeschmack) deutlich nachgelassen haben.

Besondere Eignung der Weizenbrote
Weizenbrote eignen sich:

- zum Frühstück
- zu Suppen, Salaten, Käse, Geflügel, Fisch, Fondue
- 15 bis 20 cm lange Stücke Stangenweißbroten in der Mitte auseinandergeschnitten, werden als Sandwiches für Snacks belegt.
- Scheiben von Stangenweißbroten und Kastenweizenbroten werden für Kanapees belegt.

Aufgaben

1. Nennen Sie verschiedene Weizenbrotformen.
2. Beschreiben Sie die Bestimmungen der Leitsätze für Weizenbrote in Bezug auf
   - Mehlanteil im Weizenteig,
   - Gewicht der Brote.
3. Beschreiben Sie die Weizenbrote bei der Kundenberatung und benennen Sie die Qualitätsmerkmale frischer Weizenbrote:
   - Kruste
   - Krume
   - Geschmack
4. Geben Sie Auskunft über die Frischhaltung der Weizenbrote.
5. Wofür eignen sich Weizenbrote besonders gut?
6. Beurteilen Sie die Frischhaltung der Weizenbrote. Testen Sie dabei die Qualitätsmerkmale von Weizenlangbrot, Kastenweizenbrot und Stangenweißbrot ca. fünf Stunden nach dem Ausbacken, ca. 10 Stunden danach und am anderen Tag.

24.5 Spezielle Weizenbrote

Toastbrote

!

Toastbrotteige sind Weizenbrotteige mit zusätzlich
- Fett (Butter oder Margarine), 5 bis 7 %, bezogen auf den Mehlanteil,
- etwas Milch, ca. ⅓ der Teigflüssigkeit ist Milch und ⅔ ist Wasser,
- etwas Zucker, ca. 2 %, bezogen auf den Mehlanteil.

Bestimmungen der Leitsätze
Buttertoastbrote enthalten auf 100 Teile Mehl mindestens 5 % Butter. Ein anderes Fett darf nicht verwendet werden.

Rezeptbeispiel: Toastbrote

1 000 g	Weizenmehl, Type 550
400 g	Wasser
200 g	Milch
40 g	Hefe
20 g	Salz
30 g	Backmittel
50 g	Butter oder Backmargarine
20 g	Zucker
1 760 g	**Teiggewicht**

Wirkung der zusätzlichen Zutaten auf die Toastbrote im Gegensatz zu den Weizenbroten
- **Fett und Milch**
  – feine, zarte, gleichmäßig geporte Krume
  – voller Weizenbrotgeschmack
  – längere Frischhaltung der Toastbrote
- **Zucker**
  Zucker bräunt an der Oberfläche der Toastbrotscheiben beim Toasten (Rösten), weil der Zucker karamellisiert.

Toastbrotscheiben – ungetoastet und getoastet

Weitere Toastbrotarten
- Vollkorntoastbrot
- Dreikorntoastbrot
- Mehrkorntoastbrot
- Bio-Toastbrot bzw. Öko-Toastbrot

Verkaufsargumente

Qualitätsmerkmale für die Kundenberatung
Qualitätsmerkmale der Toastbrote sind:
- hellbraune, dünne und weiche Kruste an allen Seiten
- quadratische Toastbrotscheiben mit kleiner, gleichmäßiger Porung
- sehr weiche, zarte Krume
- feiner, milder Weizenbrotgeschmack

Toastbrote sind lockere und weiche, feine Weizenbrote, die gut bekömmlich sind.

Informationen für die Kunden über das Toasten
Toastbrote werden zum Toasten in ca. 10 mm dicke Scheiben geschnitten.
Getoastete (geröstete) Toastbrotscheiben sind
- außen: leicht knusprig gebräunt,
- innen: weich und zart.

Toastbrote haben wegen des Fett-, Milch- und Zuckeranteils gute Rösteigenschaften.

Getoastete Toastbrotscheiben

Kastenweißbrote werden im Gegensatz zu Toastbroten beim Toasten trocken.

Frischhaltung der Toastbrote
Toastbrote halten einige Tage frisch. In der Verpackung verlängert sich die Frischhaltung etwas.
In der wärmeren Jahreszeit besteht vor allem bei angeschnittenen Toastbroten die Gefahr der Schimmelbildung.

Besondere Eignung der Toastbrote
Wie der Name besagt, eignen sich Toastbrotscheiben zum Toasten (Rösten).
- Wegen der guten Bekömmlichkeit sind sie ideal zum Frühstück.
- Toastbrote passen auch zu Suppen und Salaten.
- Als kleine Mahlzeiten werden getoastete Toastbrotscheiben belegt mit Schinken, Käse, Gemüse u. a. im Café angeboten.

LF 2.2

Baguettes

Baguettes sind eine französische Weizenbrotspezialität. Übersetzt bedeutet ihr Name Stange, Stock oder Leiste, ein Hinweis auf die Stangenform.

Besonderheit des Baguetteteigs
Baguettes werden aus einem weichen und kühlen Weizenbrotteig mit wenig Hefe hergestellt. Somit erhalten die Baguetteteiglinge eine sehr lange Gärzeit. Dadurch bekommen die Baguettes eine grobe, unregelmäßige Porung und einen besonders kräftigen Weizenbrotgeschmack.

Herstellung der Baguettes
- Die Teiglinge werden gewöhnlich 40 cm, 60 cm und 80 cm lang geformt.
- In die Baguetteteiglinge vor dem Backen mit einem scharfen Messer lange, tiefe Schnitte einschneiden. Dadurch entsteht beim Backen der typisch kräftige Ausbund an den Schnittstellen.
- Baguettes bei 250 °C backen, bis eine stabile, kräftige Kruste entsteht.

Unterschiede zwischen Baguettes und Stangenweißbroten

	Baguettes	Stangenweißbrote
Einschnitte	lange und tiefe Schnitte	viele, leicht schräge, aber nicht zu tiefe Schnitte
Ausbund	Kräftiger Ausbund an den Schnittstellen und somit hoher Krustenanteil, der eine starke Kruste und Rösche ergibt.	Geringer Ausbund an den leichten Einschnitten und dünne, rösche Kruste.
Porung	grobe, unregelmäßige Porung	feine, gleichmäßige Porung
Geschmack	kräftiger Weizenbrotgeschmack	milder Weizenbrotgeschmack

Leicht schräge Einschnitte für Stangenweißbrote und lange, tiefe Einschnitte für Baguettes

Verkaufsargumente

Qualitätsmerkmale für die Kundenberatung
Typische Qualitätsmerkmale der Baguettes sind:
- tiefe lange Einschnitte mit kräftigem Ausbund
- kräftige, rösche Kruste
- grobe, unregelmäßige Porung
- kräftiger Weizenbrotgeschmack

Baguettes sind Stangenweißbrote mit einer kräftigen und röschen Kruste sowie einem kräftigen Weizenbrotgeschmack.

Baguette bester Qualität

Frischhaltung der Baguettes
Baguettes schmecken nur frisch besonders gut. Solange die Kruste rösch ist, besitzen sie den kräftigen Weizenbrotgeschmack.
Baguettes werden deshalb in den Bäckereien mehrmals täglich gebacken, z. B. im Ladenbackofen, damit sie den Kunden frisch angeboten werden können.
Bei späterem Verzehr können die Baguettes kurz aufgebacken werden und sollten dann aber sofort gegessen werden.

Besondere Eignung der Baguettes
Baguettes eignen sich ähnlich wie Stangenweißbrote für Salate, Suppen, Geflügel, Fisch, Fondue, Käse oder einfach zum Wein.
Sie müssen nicht aufgeschnitten werden, sondern können stückweise abgebrochen werden.
Sollen die Baguettes in Scheiben geschnitten, mit Butter bestrichen und wie Kanapees belegt werden, sind Stangenweißbrote besser geeignet.

LF 2.2

Ciabattas

Ciabatta ist ein Weizengebäck, das in Italien Tradition hat. Übersetzt heißt Ciabatta „Pantoffel". Davon lässt sich die längliche, etwas breite Form dieser Backwaren ableiten.

!

- Ciabattas werden aus einem weichen Weizenbrotteig mit Olivenöl hergestellt.
- Da der weiche Teig eine besonders lange Teigruhe und Gare erhält, entsteht die grobe, wilde Porung der Ciabattas.

Ciabattas mit unregelmäßiger, grober Porung

Spezielle Ciabattas

- Olivenciabattas mit entsteinten, schwarzen, halbierten Olivenstücken
- Paprikaciabattas mit Paprikastücken
- Tomatenciabattas mit getrockneten Tomaten

Oliven, Paprikastücke und Tomaten werden in den Weizenteig eingearbeitet und mitgebacken.

Gebäckgewichte

Übliche Gebäckgewichte der Ciabattas sind 200 bis 500 g. Unter 250 g gehören Ciabattas zu den Kleingebäcken.

Olivenciabatta

Fladenbrote

Fladenbrote haben ihren Ursprung in der Türkei. Der Name verdeutlicht die runde, flache Form dieser Weizenbrote.

Fladenbrote mit grob geporter Krume

!

- Fladenbrote werden aus einem weichen Weizenbrotteig mit Olivenöl oder anderem Öl hergestellt.
- Der weiche Teig bekommt durch die lange Teigruhe und Gare eine grobe, unruhige Porung.
- Die Fladenbrote werden mit Sesam und Schwarzkümmel bestreut.

Verkaufsargumente

Qualitätsmerkmale für die Kundenberatung

- Ciabattas und Fladenbrot besitzen eine besonders weiche Krume mit unregelmäßiger Porung.
- Sie haben einen sehr aromareichen Weizenteiggeschmack wegen des Olivenöls und der Geschmacksstoffe, die sich in dem weichen Teig bei der langen Teigruhe und Gare bilden.

Frischhaltung

Ciabattas und Fladenbrote schmecken frisch am besten. In frischem Zustand haben sie die sehr weiche Krume und den ausgeprägten guten Weizenbrotgeschmack.

Besondere Eignung von Ciabattas und Fladenbroten

Diese Weizengebäcke eignen sich

- als Beilage zu Salaten, Suppen, Wurst, Käse, Fisch- und Fleischspeisen,
- als Snack auseinandergeschnitten und belegt mit Wurst, Käse, Gurken, Salat, Gemüse u. a.,
- Fladenbrote halbiert für Döner Kebab.

LF 2.2

Aufgaben

1. Wie unterscheiden sich Toastbrote von Weizenbroten hinsichtlich der Zutaten?
2. Beschreiben Sie die Wirkung der zusätzlichen Zutaten in den Toastbroten im Vergleich zu den Weißbroten.
   - Fett und Milch: Krume, Brotgeschmack, Frischhaltung
   - Zucker: Toastbrotscheiben beim Toasten
3. Geben Sie die Bestimmungen der Leitsätze für Buttertoast an.
4. Nennen Sie weitere Toastbrotarten, die statt mit Weizenmehl mit anderen Mahlerzeugnissen hergestellt werden.
5. Nennen Sie die Qualitätsmerkmale von Toastbroten in Bezug auf
   - Kruste,
   - Krumenbeschaffenheit,
   - Porung,
   - Geschmack.
6. Beschreiben Sie die Beschaffenheit der Toastbrotscheiben nach dem Toasten.
7. Geben Sie Auskunft über die Frischhaltung der Toastbrote.
8. Wofür eignen sich Toastbrote besonders gut?
9. Erklären Sie die Besonderheiten des Baguetteteigs und dessen Herstellung zu Baguettes.
10. Wie unterscheiden sich Baguettes von Stangenweißbroten hinsichtlich
    - der Einschnitte,
    - der Porung,
    - des Ausbunds,
    - des Geschmacks.
11. Benennen Sie die Qualitätsmerkmale frischer Baguettes.
12. Geben Sie Auskunft über die Frischhaltung der Baguettes.
13. Wofür eignen sich Baguettes besonders gut?
14. Erklären Sie die Besonderheiten des Weizenteigs für Ciabattas und Fladenbrote.
15. Wie erhalten Ciabattas und Fladenbrote die grobe, unregelmäßige Porung?
16. Beschreiben Sie die Qualitätsmerkmale von Ciabattas und Fladenbroten.
17. Geben Sie Auskunft über die Frischhaltung von Ciabattas und Fladenbroten.
18. Erklären Sie, wofür sich Ciabattas und Fladenbrote besonders gut eignen.
19. Toasten Sie im Toaster eine Scheibe Toastbrot und eine Scheibe Kastenweizenbrot. Beurteilen Sie die Unterschiede der Brotscheiben in Bezug auf Aussehen, innere Beschaffenheit und Geschmack.

Rechenaufgaben

LF 2.2

1. Für ein Ciabatta von 400 g werden 480 g Teig abgewogen.
   a) Wie viel % Verlust entstehen beim Gären und Backen der Ciabattas?
   b) Berechnen Sie das Teiggewicht in kg für 45 Ciabattas.
2. Bei 60 kg Ciabattateig wird mit 3 % Gärverlust und 18 % Backverlust gerechnet.
   a) Berechnen Sie das Gebäckgewicht (Backgewicht).
   b) Ein Ciabatta wiegt 300 g. Wie viel Ciabattas erhält man?
3. Es werden 46 Baguettes mit einem Gebäckgewicht von je 375 g benötigt. Der Gär- und Backverlust beträgt 17,7 %.
   a) Berechnen Sie, wie viel kg Teig hergestellt werden muss.
   b) Wie viel g Teiggewicht wird für jedes Baguette abgewogen?
   c) Das Baguette mit 375 g Gebäckgewicht ist 60 cm lang. Berechnen Sie die Gebäckgewichte und Teiggewichte von einem Baguette, das 40 cm und einem, das 70 cm lang ist.
4. Es sollen 56 Ciabattas mit einem Teiggewicht von je 360 g hergestellt werden. Aus dem Grundrezept mit 1 kg Weizenmehl enthält man 1 800 g Teig.
   a) Wie viel kg Weizenmehl werden für den Ciabattateig benötigt?
   b) Sie sollen für den Ciabattateig das Olivenöl abwiegen. Wie viel g Olivenöl benötigen Sie, wenn auf 5 kg Weizenmehl 200 g Olivenöl im Rezept stehen?
   c) Das Volumen von Öl ist um $\frac{1}{4}$ mehr als das Gewicht von Öl. Berechnen Sie, wie viel mg Olivenöl Sie für den Ciabattateig abmessen müssen.

25 Roggenhaltige Brote und Kleingebäcke

Situation

Roggenhaltige Brote, die mit Sauerteig hergestellt werden, sind sehr werbewirksam. Deshalb erwartet Ihre Chefin, dass Sie den Kunden die Vorteile der Sauerteigbrote erläutern können. Bei der Kundenberatung sollen Sie auch die verschiedenen Brotsorten, die Spezialbrote und die roggenhaltigen Kleingebäcke erklären.

- Wie werden Roggenteige gelockert?
- Woraus besteht ein Sauerteig und welche Produkte werden im Sauerteig gebildet?
- Welche Brotsorten werden nach den verwendeten Mahlerzeugnissen unterschieden?
- Welche Gewichtseinheiten haben Brote und Kleingebäcke im Verkauf?
- Welche Besonderheiten besitzen Brote mit speziellem Backverfahren?
- Welche Qualitätsmerkmale besitzen Brote und welche Brotfehler ergeben sich aus den Abweichungen?

25.1 Sauerteig

Der Sauerteig ist das älteste Triebmittel.
Funde aus Ägypten und Griechenland belegen die saure Vergärung von Brotteig bereits 1800 Jahre vor Christus.

Der erste Sauerteig ist wahrscheinlich aus Zufall entstanden, als ein alter, „vergessener" Teig durch die Milchsäurebakterien aus der Luft versäuert wurde. Aus Sparsamkeit wurde er einem frischen Teig hinzugefügt. Der daraus gebackene Fladen war bekömmlicher und schmeckte aufgrund der Lockerung und Säuerung sehr gut.

Eigenschaften der Weizenteige und Roggenteige

Weizenteige

- Die Eiweiße des Weizenmehls, Gliadin und Glutenin, verbinden sich mit dem Teigwasser beim Kneten des Teigs zum Kleber (→ Seite 78).
- Der dehnbare Kleber hält bei der Gare die Gärgase zu Poren fest.
- Es entstehen gut gelockerte Backwaren mit großem Volumen.

LF 2.2

> **!** Die starke Lockerung der Weizengebäcke erfolgt durch den Kleber in Weizenteigen, der die Gärgase zu Poren festhält.

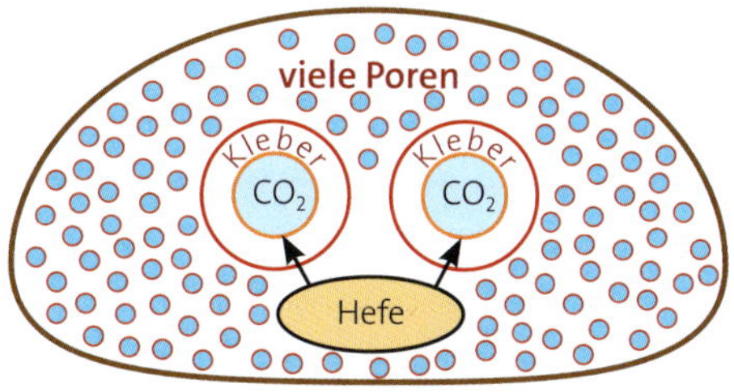

Festhalten der Gärgase zu Poren im Weizenteig

Roggenteige

- Roggenmehl enthält Pentosane (Vielfachzucker), die besonders quellfähig sind und viel Teigwasser binden und so beim Kneten des Roggenteigs zu Schleimstoffen werden.
- Diese Schleimstoffe legen sich beim Kneten zwischen die Eiweiße Gliadin und Glutenin des Roggenmehls, sodass sich diese nicht verbinden können und so kein Kleber entsteht.

> **!**
>
> **Roggenteige besitzen keinen Kleber.**
> Die Kleberbildung wird durch die Pentosane des Roggenmehls verhindert.
> Andere Mehlbestandteile können die Lockerungsgase nur zu kleinen Poren festhalten. Roggengebäcke sind deshalb nur gering gelockert und haben ein kleineres Gebäckvolumen.

Lockerung der Roggengebäcke

Festhalten der Gärgase im Teig

- Die Eiweiße, die Pentosane und die Schalenteile des Roggenmehls quellen das Teigwasser beim Kneten des Roggenteigs und werden zu klebrigen Quellstoffen.
- Diese Quellstoffe haben die Fähigkeit, die Gärgase bei der Gare im Roggenteig zu kleinen Poren festzuhalten.

Festhalten der Lockerungsgase beim Backen

- Durch die Backhitze im Ofen geben Quellstoffe des Roggenteigs das gebundene Wasser ab, das nun von der Stärke des Roggenmehls aufgenommen wird. Es bildet sich dadurch ein leicht dehnbares Stärkegel.
- Die Lockerungsgase in den kleinen Poren des Roggenteigs dehnen sich durch die Hitze im Backofen aus.
- Das Stärkegel kann die sich ausdehnenden Gase festhalten, sodass sich die Poren leicht vergrößern.

Roggengebäcke erhalten dadurch eine kleine Porung, aber eine ausreichende Lockerung.

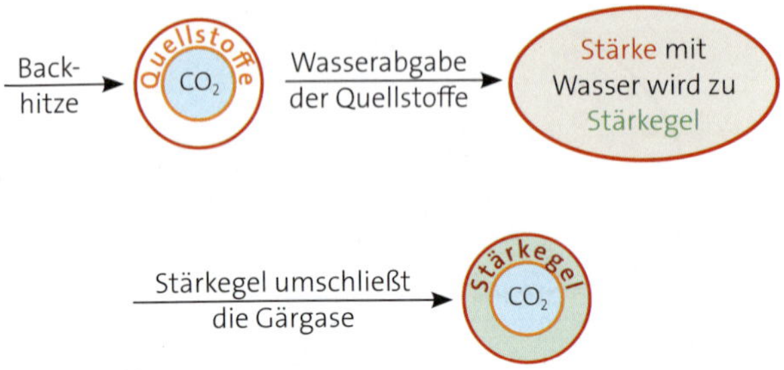

Roggenteige ohne Säuerung

- Roggenmehle besitzen sehr viele stärkeabbauende Enzyme, die Amylasen.
- Diese bauen viel Stärke im Roggenteig zu Malzzucker ab.
- So bleibt beim Backen zu wenig Stärkegel übrig, sodass zu wenig Lockerungsgase festgehalten werden können.

> **!**
>
> Roggenteige ohne Säure hergestellt, ergeben Roggengebäcke, die ungenügend gelockert sind, eine feuchte, schlecht verdauliche Krume haben und ein zu kleines Volumen besitzen.

Roggenbrot ohne Säure

Wirkung von Säure im Roggenteig

Durch Säure im Roggenteig werden die Enzyme in ihrer Tätigkeit gehemmt, sodass fast kein Stärkeabbau erfolgt. Die gesamte Stärke bleibt deshalb im Roggenteig erhalten, die beim Backen ausreichend Gase zur Lockerung festhalten kann.

Erst durch Säure werden Roggenteige backfähig, d. h.:

- Es entstehen gelockerte Backwaren.
- Es entsteht eine elastische Krume, die gut schneid- und streichfähig ist.
- Es wird durch die Säure der Brotgeschmack verbessert.

Durch Säure einwandfrei gelockertes Roggenbrot

!

Roggengebäcke im Vergleich zu Weizengebäcken

- Roggengebäcke haben ein kleineres Volumen.
- Roggengebäcke besitzen eine kleinere und engere Porung.
- Roggengebäcke haben einen kräftigeren Geschmack, vor allem durch den Sauerteig bzw. die Teigsäuerungsmittel.
- Roggengebäcke haben eine dunklere Krume, wegen der dunklen Farbe des Roggenmehls.
- Roggengebäcke bleiben länger frisch, wegen der höheren Wasserzugabe in den Roggenteig.

Vergleich: 500 g Weizenbrot, 1000 g Roggenbrot

Mögliche Säure für Roggenteige
- Sauerteig, der in der Bäckerei selbst hergestellt wird
- Teigsäuerungsmittel von der Backmittelindustrie

Bestandteile der Sauerteige

Sauerteige bestehen aus
- Roggenmehl oder Roggenvollkornschrot,
- Wasser und
- Mikroorganismen.

Roggenmehl, Wasser und aktive Mikroorganismen im Sauerteig

Mikroorganismen im Sauerteig
Milchsäurebakterien bilden im Sauerteig:
- Milchsäure
- Essigsäure
- Alkohol (Ethanol)

} zur Säuerung des Brotteigs und zur Geschmacksverbesserung der Brote
- Kohlenstoffdioxid = CO_2 → zur Lockerung

Sauerteighefen erzeugen im Sauerteig:
- Kohlenstoffdioxid zur Lockerung und
- Alkohol zur Geschmacksverbesserung der Brote.

Reifer Sauerteig

Anstellgut im Sauerteig

Ein Anstellgut ist ein Teig aus Roggenmehl und Wasser, der Milchsäurebakterien und Sauerteighefen enthält.
Eine kleine Menge Anstellgut dient als Grundstock bei der Herstellung eines neuen Sauerteigs, damit sich die Mikroorganismen vermehren können.
Bei der Sauerteigherstellung wird ein Anstellgut mit Roggenmehl und Wasser zu einem Sauerteig geknetet. Während der stundenlangen Stehzeit des Sauerteigs, meist über Nacht, können sich die Milchsäurebakterien und Sauerteighefen vermehren und Säure, Alkohol und Kohlenstoffdioxid bilden.

LF 2.2

Das Anstellgut zur täglichen Sauerteigherstellung erhalten Bäckereien
- durch Abnahme einer kleinen Menge eines reifen Sauerteigs, kurz vor der Brotteigherstellung, oder
- durch einen Reinzuchtsauerteig von der Backmittelindustrie.

Reinzuchtsauerteig

Rechtliche Bestimmung des Sauerteigs

Sauerteig nach den Bestimmungen der Leitsätze
Sauerteig ist ein Teig, dessen Mikroorganismen (Milchsäurebakterien und Hefen) sich in aktivem Zustand befinden oder reaktivierbar (vom Ruhestand wieder zum Leben erweckbar) sind. Sie sind nach Zugabe von Getreideerzeugnissen (Mehl, Vollkornschrot) und Wasser zur fortlaufenden Säurebildung fähig.

Sauerteig ist ein Teig, in dem grundsätzlich Mikroorganismen auf natürliche Weise Geschmacks- und Geruchsstoffe wie Säure und Alkohol sowie das Lockerungsmittel Kohlenstoffdioxid bilden.
Aus Werbegründen wird der Sauerteig auch als Natursauerteig oder betriebseigener Sauerteig bezeichnet.

Getrockneter Sauerteig

Sauerteig wird in der Backmittelindustrie getrocknet und pulverförmig angeboten. Wird der getrocknete Sauerteig in der Bäckerei mit Roggenmehl und Wasser zu einem Teig geknetet, werden die Mikroorganismen wieder aktiv und vermehren sich. Deshalb darf ein getrockneter Sauerteig als natürlicher Sauerteig bezeichnet werden.

Getrockneter Sauerteig

LF 2.2

Teigsäuerungsmittel

!

Teigsäuerungsmittel sind Backmittel, die Säuren enthalten, z. B. Milch-, Essig-, Zitronensäure.

Diese Säuren verhindern genauso den Stärkeabbau durch Enzyme im Roggenteig wie die Säure des Sauerteigs. Deshalb können Teigsäuerungsmittel statt Sauerteig für roggenhaltige Teige verwendet werden.
In unverpackten Broten müssen Teigsäuerungsmittel nicht deklariert (gekennzeichnet) werden.
Bei vorverpackten Broten müssen sie im Zutatenverzeichnis angegeben werden.

Vorteile der Teigsäuerungsmittel

- Schnelle Brotteigherstellung, da die Sauerteigherstellung entfällt.
- Einfache und risikofreie Brotteigherstellung, da keine Sauerteigfehler entstehen können.

Nachteile der Teigsäuerungsmittel gegenüber dem Sauerteig

- Sauerteigbrote schmecken besser als Brote, die mit Teigsäuerungsmittel hergestellt werden. Während der Stehzeiten bilden sich im Sauerteig intensive Geruchs- und Geschmacksstoffe, die den Teigsäuerungsmitteln fehlen, die nur Säure enthalten.
- Brote mit Teigsäuerungsmittel altern schneller, d. h., sie werden schneller trocken und verlieren Geschmacksstoffe. Sauerteigbrote sind länger frisch. Während der langen Stehzeit des Sauerteigs quellen die Mehlbestandteile das Teigwasser und binden es. Deshalb können das Wasser und die Aromastoffe der Sauerteigbrote bei der Brotlagerung nicht so schnell entweichen.

Teigführungsarten für Brotteige

Brote können mit drei verschiedenen Teigführungsarten hergestellt werden:
- direkte Brotteigführung
- indirekte Brotteigführung
- kombinierte Brotteigführung

Die Brotteigführungen werden mit Rezeptbeispielen für Roggenmischbrote, 70 % Roggenmehl und 30 % Weizenmehl, beschrieben.

Direkte Brotteigführung

Rezeptbeispiel: Brotteig mit direkter Teigführung

7 000 g	Roggenmehl
3 000 g	Weizenmehl
7 500 g	Wasser
200 g	Hefe
200 g	Salz
30 g	Brotgewürz
400 g	Teigsäuerungsmittel
18 330 g	**Teiggewicht**

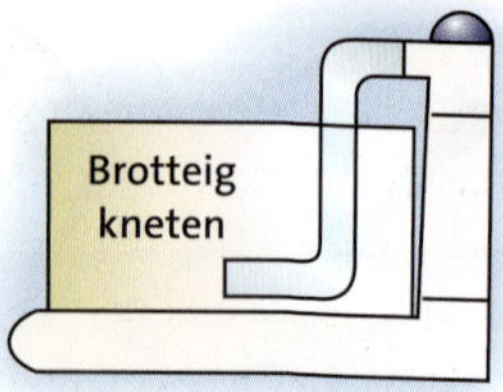

Bei der direkten Brotteigführung werden alle Zutaten für den Brotteig in den Knetkessel gewogen und direkt zu einem Brotteig geknetet.

Die Säuerung bei der direkten Brotteigführung erfolgt ausschließlich durch Teigsäuerungsmittel von der Backmittelindustrie, also ohne Sauerteig.

Indirekte Brotteigführung

Bei der indirekten Brotteigführung erfolgt die Teigherstellung in zwei Schritten.

- Zuerst wird ein Sauerteig hergestellt.
- Dann wird der reife Sauerteig mit den restlichen Zutaten zum Brotteig geknetet.

> **!** Die Säuerung erfolgt ausschließlich durch den Sauerteig. Deshalb dürfen diese Brote als „Sauerteigbrote" bezeichnet werden.

Rezeptbeispiel: Brotteig mit indirekter Teigführung

Sauerteig:

70 g	Anstellgut
3 500 g	Roggenmehl
2 800 g	Wasser
6 370 g	Sauerteig
–70 g	Anstellgut (für den neuen Sauerteig)
6 300 g	**Sauerteig**

Brotteig:

6 300 g	Sauerteig
3 500 g	Roggenmehl
3 000 g	Weizenmehl
4 700 g	Wasser
160 g	Hefe
200 g	Salz
30 g	Brotgewürz
17 890 g	**Teiggewicht**

Vorteile von Sauerteig gegenüber Teigsäuerungsmitteln

- Das Brot ist aromareicher.
- Es hält länger frisch.
- Jede Bäckerei erzeugt ihren eigenen Brotgeschmack, so dass der Kunde seine Geschmacksrichtung wählen kann.
- Die Kennzeichnung „Natursauerteigbrot" ist werbewirksam.

Nachteile

- Die Sauerteigherstellung ist zeitaufwendig.
- Es besteht die Möglichkeit, dass durch unsachgemäßes Arbeiten Sauerteigfehler entstehen, die zu Brotfehlern führen.

Kombinierte Brotteigführung

> **!** Bei der kombinierten Brotteigführung erfolgt die Säuerung der Brotteige kombiniert mit Sauerteig und Teigsäuerungsmittel.

Rezeptbeispiel: Brotteig mit kombinierter Teigführung

Sauerteig:

210 g	Anstellgut
2 100 g	Roggenmehl
1 260 g	Wasser
3 570 g	Sauerteig
–210 g	Anstellgut (für den neuen Sauerteig)
3 360 g	**Sauerteig**

Brotteig:

3 360 g	Sauerteig
3 500 g	Roggenmehl
3 000 g	Weizenmehl
6 240 g	Wasser
160 g	Hefe
200 g	Salz
30 g	Brotgewürz
200 g	Teigsäuerungsmittel
16 690 g	**Teiggewicht**

LF 2.2

Vorteile der kombinierten Säuerung mit Sauerteig und Teigsäuerungsmittel

- Verbesserung des Brotgeschmacks durch den Sauerteig.
- Längere Brotfrischhaltung durch den Sauerteiganteil.
- Sichere Brotteigherstellung, weil die Teigsäuerungsmittel mögliche Sauerteigfehler ausgleichen.

Nachteile

- Der Geschmack und die Frischhaltung bei diesen Broten sind ein Kompromiss.
- Es fallen hohe Kosten der Teigsäuerungsmittel an.
- Die Bezeichnung „Sauerteigbrote" ist nicht erlaubt, da in diesen Broten ausschließlich Sauerteig verwendet werden muss.

Aufgaben

1. Erläutern Sie die Lockerung der Weizengebäcke.
2. Erklären Sie, warum Roggenteige keinen Kleber besitzen.
3. Erklären Sie, wie Roggengebäcke gelockert werden.
   - Festhalten der Gärgase im Teig
   - Festhalten der Lockerungsgase beim Backen
4. Beschreiben Sie den Vorgang in Roggenteigen, wenn diese ohne Säuerung hergestellt werden würden.
5. Beschreiben Sie die Wirkung von Säure im Roggenteig auf die Lockerung der Roggengebäcke.
6. Nennen Sie die Unterschiede zwischen Roggengebäcken und Weizengebäcken in Bezug auf
   - Volumen,
   - Porung,
   - Farbe der Krume,
   - Geschmack,
   - Frischhaltung.
7. Nennen Sie die zwei Möglichkeiten der Säuerung für Roggenteige.
8. Nennen Sie die Bestandteile des Sauerteigs:
   - die zwei Zutaten
   - die zwei Mikroorganismen
9. Nennen Sie die vier Produkte, die Milchsäurebakterien während der Stehzeit im Sauerteig bilden und was sie bewirken.
10. Beschreiben Sie, woraus ein Anstellgut besteht und warum ein Sauerteig nur mit einem Anstellgut hergestellt werden kann.
11. Wie wird Sauerteig nach den Bestimmungen der Leitsätze definiert?
12. Erklären Sie „Teigsäuerungsmittel".
13. Nennen Sie die Vorteile und Nachteile der Teigsäuerungsmittel gegenüber dem Sauerteig.
14. Beschreiben Sie folgende Brotteigführungen und geben Sie die Vor- und Nachteile dieser Teigführungen an.
    - direkte Brotteigführung
    - indirekte Brotteigführung
    - kombinierte Brotteigführung
15. Stellen Sie im Betrieb oder in der Berufsschule Roggenmischbrote mit 70 % Roggenmehl und 30 % Weizenmehl bei direkter und indirekter Brotteigführung her. Beurteilen und vergleichen Sie die Brote in Bezug auf Volumen, Porung, Elastizität und Schnittfähigkeit, Geruch und Geschmack sowie Frischhaltung.

LF 2.2

Rechenaufgabe

62 kg Roggenmischteig wird mit 59 % Mehl hergestellt. Für den Roggenmischteig werden 70 % Roggenmehl und 30 % Weizenmehl verwendet. 55 % des Roggenmehls werden versäuert, d. h. für den Sauerteig verwendet.

a) Berechnen Sie die Gesamtmehlmenge des Roggenmischteigs.
b) Wie viel kg Roggenmehl und Weizenmehl werden für den Roggenmischteig verarbeitet?
c) Wie viel kg Roggenmehl werden versäuert?

25.2 Brotsorten und Brotbezeichnungen

Brot – Grundnahrungsmittel und Statussymbol

!

Das Wort „Brot" entstand im Mittelalter, als die Bäckereien und Brauereien stark verbunden waren, da beide Berufe die Hefe als Gärungsmittel benötigten. Brot ist in der alten Sprache eine Passivform des damaligen Worts für „brauen".

Brot ist ein unentbehrliches Grundnahrungsmittel. Zudem war es früher ein Statussymbol.

- Nur reiche Menschen konnten sich Brote mit gemahlenem Weizen leisten, das so genannte Herrenbrot.
- Dunkles Roggenbrot, das Bürgerbrot, war für die Bürgersleute bestimmt.
- Die Bauern mussten sich mit grobem, nicht sehr schmackhaftem Roggenbrot, gemischt mit Hafer und Gerste, zufrieden geben, dem Bauernbrot.

Die armen Menschen mussten Vollkornbrot aus ungeschältem Getreide essen, weil dieses schnell und lange sättigte – wegen des hohen Ballaststoffanteils, wie man heute weiß.

Brotvielfalt

Bestimmungen der Leitsätze
Brote enthalten nicht mehr als 10 % Fett und/oder Zucker bezogen auf den Mehlanteil oder andere Getreideerzeugnisse.

Brotsorten nach den verwendeten Mahlerzeugnissen

Bestimmungen der Leitsätze

Weizenbrot: mindestens 90 % Weizenmehl	**Roggenbrot:** mindestens 90 % Roggenmehl
Mischbrot: Weizen- und Roggenmehl zu jeweils 50 %	
Weizenmischbrot: mehr als 50 % Weizenmehl, jedes weitere Mehl aus Brotgetreide enthält mindestens 10 %, z. B. Roggenmehl, Weizenmehl	**Roggenmischbrot:** mehr als 50 % Roggenmehl,
Dinkelbrot: mindestens 90 % Dinkelmehl	**Dinkelvollkornbrot:** mindestens 90 % Dinkelvollkorn
Vollkornbrot, Schrotbrot: mindestens 90 % der Getreidemahlerzeugnisse sind Vollkornschrot bzw. Backschrot	
Weizenvollkornbrot: mindestens 90 % Weizenvollkorn	**Roggenvollkornbrot:** mindestens 90 % Roggenvollkorn
Weizenroggen-vollkornbrot: mind. 90 % Vollkorn, davon mehr als 50 % Weizenvollkorn, der Rest Roggenvollkorn	**Roggenweizen-vollkornbrot:** mind. 90 % Vollkorn, davon mehr als 50 % Roggenvollkorn, der Rest Weizenvollkorn
Weizenschrotbrot: mindestens 90 % Weizenbackschrot	**Roggenschrotbrot:** mindestens 90 % Roggenbackschrot
Weizenroggen-schrotbrot: mind. 90 % Backschrot, davon mehr als 50 % Weizenbackschrot, der Rest Roggenbackschrot	**Roggenweizen-schrotbrot:** mind. 90 % Backschrot, davon mehr als 50 % Roggenbackschrot, der Rest Weizenbackschrot

Wird in der Bezeichnung eines Brotes nur ein Brotgetreide genannt, ist dies mindestens 90 % des Getreides, z. B. Roggenbrot.

Wird Brot als Mischbrot mit einem Brotgetreide bezeichnet, enthält es mehr als 50 %, der Rest ist Mehl aus einem anderen Brotgetreide, z. B. Dinkelmischbrot – mehr als 50 % Dinkelmehl.

Bei Broten und Kleingebäcken mit den Angaben **„Traditionelle Rezeptur“** und **„Traditionelle Herstellung“** darf die Bäckerei nur Werbung machen, wenn die Bedingungen der Leitsätze erfüllt sind. Bei diesen Bezeichnungen ist eine industrielle Herstellung ausgeschlossen.

Bestimmungen der Leitsätze
Traditionelle Rezeptur
Die Teige dürfen keine Lebensmittelzusatzstoffe enthalten.
Traditionelle Herstellung
- Die Herstellung der Waren muss durchgehend im selben Betrieb erfolgen.
- Die Formgebung der Teiglinge erfolgt nicht rein maschinell.
- Die Herstellung darf nicht durch Tiefkühlung unterbrochen werden.
- Der Backprozess im Ofen darf nicht unterbrochen werden. Das Aufbacken ist nicht erlaubt.

Sauerteigbrote

Bestimmungen der Leitsätze
Sauerteigbrote dürfen nur mit Sauerteig (Natursauerteig) gesäuert werden. Die Verwendung von Teigsäuerungsmitteln ist nicht erlaubt.

Öko- oder Biobrote

Bestimmungen der Leitsätze
Öko- oder Biobrote sind Brote, bei denen mindestens 95 % der Zutaten aus ökologischem (biologischem) Anbau stammen. Öko- oder Biobrote können Vollkornbrote aber auch Brote mit Roggen- und Weizenmehlen sein.

Bauern- oder Landbrote

Bestimmungen der Leitsätze
Bauern- oder Landbrote mit einem Roggenanteil über 20 % werden mit Sauerteig (Natursauerteig) hergestellt. Es müssen mindestens zwei Drittel des Säureanteils im Brot Sauerteig sein.

Bauern- oder Landbrote mit gemaserter Oberfläche

Die Mehlmischung ist bei Bauern- oder Landbroten nicht vorgeschrieben. Es können Weizenmisch-, Roggenmisch- oder Roggenbrote sein.

Brotformen

Langbrot und Rundbrot

Kastenbrot

Bezeichnungen der Brotformen	Brotformen
Rundbrote (Laibe)	runde Brote
Langbrote (Wecken)	ovale, längliche Brote
Kastenbrote	in Formen gebackene Brote mit geringer seitlicher Kruste
Stangenbrote	lange Brotstangen, die an der Oberfläche mehrmals schräg eingeschnitten sind
Ringbrote	ringförmige Brote
Fladenbrote	flache runde Brot
angeschobene Brote	Brote, die aneinandergeschoben gebacken werden und an diesen Stellen ohne seitliche Kruste sind
freigeschobene Brote	Es sind Rundbrote, Langbrote, Stangen- und Ringbrote, die einzeln im Abstand zu den anderen Broten gebacken werden. Die gesamte Oberfläche ist deshalb mit einer Kruste umgeben.

Aussehen der Brotkruste

Bemehlte und unbemehlte Ringe auf der Brotoberfläche
Gären Brotteiglinge in Brotkörben, ergeben sich die bemehlten Ringe auf dem Brot. Für Kunden, die kein Mehl auf der Brotoberfläche wünschen, werden die bemehlten Brote beim Ausbacken mit Wasser bestrichen.

Bemehltes und mit Wasser bestrichenes Brot

Gemaserte Brote
Die glatte Oberfläche der Brotteiglinge wird in Roggenmehl getaucht, damit sie kräftig bemehlt ist. Bei der Gare vergrößern sich die Brotteiglinge, sodass die bemehlte Oberfläche Risse bekommt, die als „Maserung" bezeichnet werden.

Gemasertes Brot

Krustenbrote
Die Kruste soll bei diesen Broten kräftig aufreißen, um den Krustenanteil der Brote zu erhöhen. Je höher der Krustenanteil, desto höher ist der Anteil der intensiv schmeckenden Röstbitterstoffe, die sich nur an der Kruste befinden.

Krustenbrote

Beim Formen der länglichen oder runden Brotteiglinge entsteht am Ende der glatten Teigoberfläche ein Schluss, an dem der Teig nicht geschlossen ist. Bei Krustenbroten werden die Brotteiglinge mit dem Schluss nach oben in den Backofen geschoben. Da sich die Lockerungsgase ausdehnen, reißt der Schluss kräftig auf.

Brote mit glatter, glänzender Oberfläche
Die Brotteiglinge werden nach der Gare, vor dem Backen, an der Oberfläche mit Wasser bestrichen, damit die Brote nach dem Backen eine glänzende Oberfläche bekommen. Die Teiglinge werden mit einer Stipprolle gestippt, damit die überschüssigen Gase zu Beginn des Backens im Ofen entweichen können, sodass keine Hohlräume unter der Kruste entstehen.

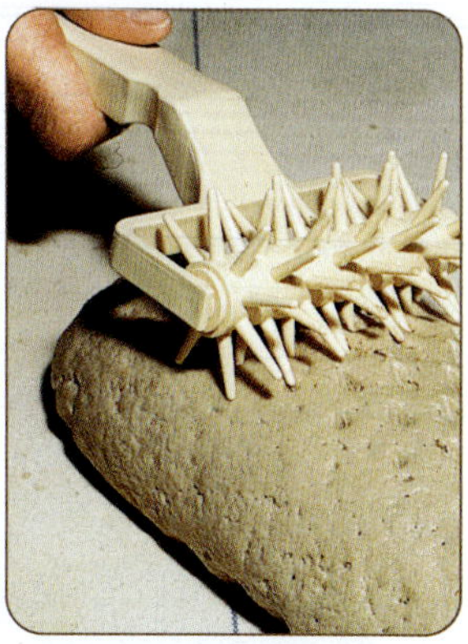

Stippen des Brotteiglings

Sofort nach dem Backen werden die Brote mit Wasser bestrichen oder abgespritzt, damit sie schön glänzen.

Brot mit glatter, glänzender Kruste

Eingeschnittene Brote
Die Brotteiglinge können nach der Gare vor dem Backen eingeschnitten werden, um das Aussehen der Brote zu verschönern. Die leicht aufgerissene Schnittstelle ergibt einen schönen Farbkontrast auf der Brotkruste.

Eingeschnittenes Brot

LF 2.2

Aufbewahrung der Brote im Haushalt

Im Bäckereiladen werden nur frische Brote verkauft. Werden Brote vom Vortag angeboten, müssen die Kunden darauf hingewiesen werden.

Brote sollten im Haushalt bei kühler Raumtemperatur aufbewahrt werden, jedoch nicht zu trocken.
Am längsten hält Brot in einem Brotkeramiktopf frisch. Darin trocknet das Brot nicht so schnell aus, weil Temperatur und Luftfeuchtigkeit konstant bleiben. Die vom Brot abgegebene Feuchtigkeit wird von der Keramik aufgenommen und nach und nach wieder an das Brot abgegeben. Zu viel Feuchtigkeit, die der Keramiktopf nicht mehr aufnehmen kann, entweicht aus den kleinen seitlichen Lüftungslöchern des Brottopfs.

Brot im Brotkeramiktopf

Aber auch spezielle Brotkästen mit Luftschlitzen, z. B. aus Plastik oder luftdichtem Stoff, sind für die Aufbewahrung von Brot geeignet.

Plastiktaschen eignen sich nicht. Sie sind luftdicht, sodass die vom Brot abgegebene Feuchtigkeit nicht entweichen kann. Die Kruste wird dadurch weich.

LF 2.2

Brote sollten nicht im Kühlschrank aufbewahrt werden, weil bei diesen kühlen Temperaturen der schnellste Alterungsprozess erfolgt. Die Stärke im Brot kann bei Kälte das gebundene Wasser nicht gut halten, es entweicht aus der Brotkrume. Das Brot wird trocken.

Brote eignen sich gut zum Tiefgefrieren.
Frische Brote in Plastikbeuteln tiefgefrieren.

Brotfrischhaltung
Bei optimaler Lagerung bleiben Brote mit Sauerteig hergestellt wie folgt frisch:

Weizenbrote (Weißbrote):	zwei Tage
Weizenmischbrote:	zwei bis drei Tage
Roggenmischbrote:	drei bis vier Tage
Roggenbrote:	vier bis fünf Tage
Schrot- und Vollkornbrote:	bis zu einer Woche

Verkaufsargumente

Qualitätsmerkmale für die Kundenberatung
- Weizenmischbrote besitzen eine lockere Krume, sind säurearm und mild-aromatisch im Geschmack.
- Roggenmischbrote haben wegen des höheren Sauerteiganteils einen kräftigeren Geschmack.
- Roggenbrote beinhalten den höchsten Sauerteiganteil und sind deshalb noch kräftiger im Geschmack.
- Schrot- und Vollkornbrote haben wegen der vielen Ballast- und Mineralstoffe sowie Vitamine einen hohen Gesundheitswert. Wegen des hohen Ballaststoffanteils sättigen diese Brote schnell.

Grundregeln bei der Brotberatung

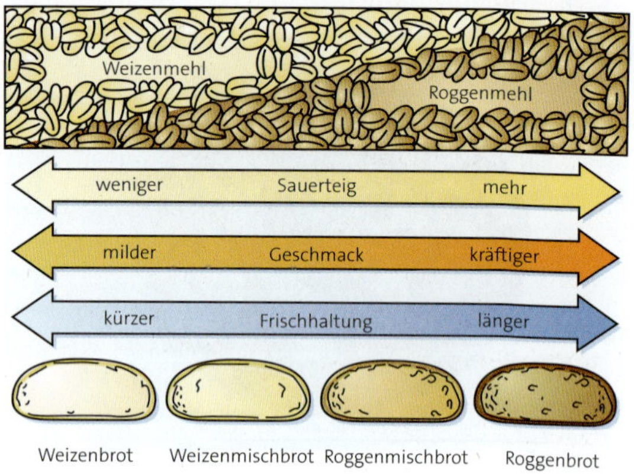

Frischhaltung der Brote
- Je höher der Roggenanteil im Brot, desto länger die Frischhaltung.
- Am längsten bleiben die schalenreichen Schrot- und Vollkornbrote frisch.
- Mit Sauerteig hergestellte Brote halten länger frisch als Brote mit Teigsäuerungsmittel.

Besondere Eignung der Brote
- Weizenmischbrote sind säurearm und eignen sich deshalb gut für Menschen mit einem empfindlichen Magen. Die mild-aromatischen Brote sind ideal für süße Brotaufstriche wie Konfitüren, Honig, aber auch für Wurst- und Käsesorten.
- Roggenmischbrote und Roggenbrote werden von Kunden geschätzt, die den herzhaft, kräftigen Geschmack bevorzugen, z. B. bei der deftigen Brotzeit.

Aufgaben

1. Geben Sie die in den Leitsätzen vorgeschriebenen Mahlerzeugnisse und deren Anteile in Prozent für folgende Brotsorten an:
   - Weizenbrot (Weißbrot)
   - Weizenmischbrot
   - Roggenmischbrot
   - Roggenbrot
   - Weizenvollkornbrot
   - Roggenvollkornbrot
   - Vollkornbrot
   - Hafervollkornbrot
   - Weizenschrotbrot
   - Roggenschrotbrot
   - Schrotbrot
   - Dinkelbrot
   - Dinkelvollkornbrot
2. Nennen Sie die Brotsorten mit folgenden Zusammensetzungen der Mahlerzeugnisse:
   - 60 % Roggenvollkorn und 40 % Weizenvollkorn
   - 60 % Roggenmehl und 40 % Weizenmehl
   - 30 % Roggenmehl und 70 % Weizenmehl
   - 90 % Roggenmehl und 10 % Weizenmehl
3. Erklären Sie den Unterschied zwischen einem Roggenvollkornbrot und einem Vollkornbrot.
4. Geben Sie Auskunft über die Brotkennzeichnung mit Fantasienamen, z. B. Fitnessbrot, damit die Brotsorte für die Kunden nachvollziehbar ist.
5. Wann darf „Sauerteigbrot" als solches bezeichnet werden?
6. Welche Vorteile haben „Sauerteigbrote" gegenüber Broten, die mit Teigsäuerungsmittel hergestellt werden?
7. Nennen Sie die Bestimmungen der Leitsätze für Bauern- oder Landbrot in Bezug auf die Säuerung und die Mehlmischung.
8. Nennen Sie die Bestimmungen der Leitsätze für Öko- bzw. Biobrot.
9. Beschreiben Sie folgende Brote:
   - gemaserte Brote
   - Krustenbrote
10. Geben Sie die Bezeichnungen der Brotformen an:
    - rundes Brot
    - oval, längliches Brot
    - in Formen gebackenes Brot
    - dünnes, lang gerolltes Brot, mehrmals schräg eingeschnitten
    - ringförmiges Brot
    - flaches, rundes Brot
    - seitlich krustenloses Brot
    - Brot, das rundum Kruste besitzt
11. Wie werden Brote im Haushalt optimal aufbewahrt, damit diese möglichst lange frisch bleiben?
12. Ein Kunde gibt Schnittbrot und ein ganzes Brot in den Kühlschrank, damit es länger frisch bleibt. Geben Sie Auskunft über die Auswirkungen.
13. Nennen Sie die Regeln, welche Brote am längsten frisch bleiben in Bezug auf
    - Roggenmehlanteil,
    - Schalenanteil der Getreidekörner,
    - Säuerung.
14. Nennen Sie in etwa die Zeit der Frischhaltung von
    - Weizenbroten,
    - Weizenmischbroten,
    - Roggenmischbroten,
    - Roggenbroten,
    - Schrot- und Vollkornbroten.
15. Wie unterscheidet sich der Geschmack von
    - Weizenmischbroten,
    - Roggenmischbroten und
    - Roggenbroten?
16. Testen Sie freigeschobene Brote mit Sauerteig hergestellt.
    - Weizenmischbrot: 30 % Roggenmehl, 70 % Weizenmehl
    - Roggenmischbrot: 70 % Roggenmehl, 30 % Weizenmehl
    - Roggenbrot

    Beurteilen Sie mit Ihren Kolleginnen den Geschmack und die Frischhaltung der Brote am Tag der Herstellung, nach zwei und nach fünf Tagen.

LF 2.2

Rechenaufgaben

1. Ein Brotteig mit 80 % Roggenmehl und 20 % Weizenmehl wird mit einem Sauerteig hergestellt, bei dem 45 % des Roggenmehls versäuert werden. Das sind 32,400 kg. Berechnen Sie den Anteil des Roggen- und Weizenmehls im Brotteig.
2. Für die Herstellung von Vollkornbroten werden 65 % Roggenvollkornschrot und 35 % Weizenvollkornschrot verwendet. Zusätzlich werden dem Teig 4 % Leinsamen und 5 % Sonnenblumenkerne zugegeben. Der Anteil von Leinsamen und Sonnenblumenkernen enthält 12,600 kg. Berechnen Sie den Anteil von Roggen- und Weizenvollkornschrot sowie von Leinsamen und Sonnenblumenkernen in dem Vollkornteig.

25.3 Gewichte für Kleingebäcke und Brote

> **!** Für Kleingebäcke und Brote bestehen keine Gewichtsvorschriften. Sie können in beliebigen Gewichten verkauft werden.

Kleingebäcke

Kleingebäcke sind z. B. Brötchen, Brezeln, Laugengebäcke. Nach den Bestimmungen der Leitsätze entsprechen Kleingebäcke den Anforderungen der Brote, sie enthalten weniger als 10 Gewichtsteile Fett und/oder Zuckerarten auf 90 Gewichtsteile Getreideerzeugnisse.

> **Bestimmungen der Leitsätze**
> Kleingebäcke wiegen bis 250 g.

Kleingebäcke

Die Gewichte für Brötchen liegen gewöhnlich bei 45 bis 50 g. Brezel und roggenhaltige Kleingebäcke sind meistens etwas schwerer, häufig 50 bis 70 g. Ciabattas, Fladenbrote, kleine Baguettes oder Stangenweißbrote und Vinschgauer Fladenbrote können auch mit einem Gewicht für Kleingebäcke verkauft werden, z. B. mit 100 g, 150 g oder 200 g.

LF 2.2

Ganze Brote

Obwohl die Brotgewichte nicht vorgeschrieben sind, werden zur besseren Kundenübersicht Brote mit einheitlichen Gewichten im Verkauf angeboten.

- Übliche Brotgewichte, die jedoch keine Vorschrift sind: 500 g, 750 g, 1 000 g, 1 250 g, 1 500 g und 2 000 g.
- Die Gewichte für Weizenbrote liegen gewöhnlich zwischen 250 g und 500 g.
- Spezielle Weizenbrote, z. B. Ciabattas und Fladenbrote, die für Snacks oder Partybrötchen belegt werden, wiegen häufig weniger als 250 g und gehören somit zu den Kleingebäcken.

Große Brote können für die Kunden halbiert oder geviertelt sowie in Scheiben geschnitten werden. Besitzt der Bäckereiladen eine elektronische Waage mit Preisberechnung, werden die Brote automatisch gewogen und nach dem tatsächlichen Gewicht berechnet verkauft.

Schnittbrote

Schnittbrote sind in Scheiben geschnittene Brote, die eingeschweißt oder in Folientüten verpackt und mit Clips verschlossen im Laden angeboten werden. Sie dürfen in kleineren Gewichtseinheiten als 250 g angeboten werden. Sie werden trotzdem als Brote bezeichnet. Die üblichen Gewichte für Schnittbrote sind 125 g, 250 g und 500 g.

Gewichtskennzeichnung der Brote

Das Gewicht der Brote muss für die Kunden leicht erkennbar und deutlich sichtbar gekennzeichnet werden.

Brot mit Gewichtsetikett

Unverpackte Brote

Das Brotgewicht muss deutlich lesbar sein:

- auf einem Etikett mit Gewichtsangabe auf dem Brot
- auf einem Preisschild mit der Gewichtsangabe in der Preisschildschiene am Brotregal

Vorverpackte Brote

Bei vorverpackten Broten, z. B. Schnittbrot, steht das Brotgewicht gut sichtbar auf der Verpackung. Das Gewicht bzw. die Menge muss bei allen vorverpackten Broten neben den anderen kennzeichnungspflichtigen Angaben auf der Verpackung angebracht sein.

Korrekt ausgezeichnets vorverpacktes Brot

Gewichtskontrolle bei Broten

Die zulässigen Abweichungen von den angegebenen Brotgewichten im Verkauf (Nenngewichte) sind im Eichgesetz festgelegt.
Bei einer Gewichtsüberprüfung durch die Lebensmittelkontrolleure werden frische Brote geprüft.

Angegebenes Brotgewicht (Nenngewicht)	Zulässige Abweichung nach unten
100 g bis 200 g (Schnittbrot)	9 %
200 g bis 300 g	18 g
300 g bis 500 g	3 %
500 g bis 1 000 g	30 g
1000 g bis 10 000 g	3 %

Gewichtsabweichungen für Brote

Angegebenes Brotgewicht	Mindestgewicht
125 g	113 g (Schnittbrot)
250 g	232 g
500 g	470 g
750 g	720 g
1 000 g	970 g
1 250 g	1 212 g
1 500 g	1 455 g
2 000 g	1 940 g

Aufgaben

1. Geben Sie Auskunft über rechtliche Bestimmungen der Gebäckgewichte für Brote und Kleingebäcke.
2. Nennen Sie die Bestimmungen der Leitsätze für die Gewichte der Kleingebäcke.
3. In welchen Gewichtseinheiten verkaufen Sie in Ihrer Bäckerei Brote, damit das Angebot für die Kunden übersichtlich ist?
4. Beschreiben Sie, wie das Gewicht der Brote kenntlich gemacht wird
   - bei unverpackten Broten,
   - bei vorverpackten Broten.
5. Nennen Sie die zulässigen Höchstabweichungen der Brotgewichte, die nicht unterschritten werden dürfen
   - bei Broten mit 500 bis 1000 g,
   - bei Broten von 1000 bis 10 000 g.
6. Wiegen Sie die Kleingebäcke, z. B. Brötchen, Brezeln, roggenhaltige Kleingebäcke, Ciabattas in Ihrem Betrieb. Auch Ihre Mitschülerinnen in der Berufsschule sollen in ihren Bäckereien die Kleingebäcke wiegen. Vergleichen Sie die Gewichtseinheiten auch mit den Kleingebäcken, die Sie in der Berufsschule herstellen.

LF 2.2

Rechenaufgaben

1. Die Lebensmittelkontrolleure wiegen in einer Bäckerei 4 Packungen vorverpackter Schnittbrote von je 125 g zusammen ab. Die Schnittbrote wiegen bei der Gewichtsprüfung 468 g.
   a) Um wie viel Prozent liegt das Gewicht der 4 Packungen unter dem angegebenen Brotgewicht?
   b) Die zulässige Höchstabweichung nach unten bei diesem Schnittbrot beträgt 9 %. Berechnen Sie, wie viel Gramm die 4 vorverpackten Schnittbrote noch nach unten hätten abweichen dürfen, um noch im zulässigen Bereich von 9 % zu liegen.
2. Kleingebäcke werden mit 34,200 kg Mehl hergestellt. Berechnen Sie, bis zu welchem Gewicht (in g) Fett und Zucker nach den Bestimmungen der Leitsätze zugegeben werden dürfen.
3. Aus 16,800 kg Ciabattateig werden 200-g-Teigstücke abgewogen. Beim Gären entsteht ein Gewichtsverlust von 3 %. Der Gewichtsverlust (Backverlust) im Ofen beträgt 18 %.
   a) Wie viel Teigstücke für Ciabattas erhält man aus dem Ciabattateig?
   b) Berechnen Sie das Gewicht eines gebackenen Ciabattas.

25.4 Brote mit speziellen Backverfahren

Diese Brote werden in einem besonderen Backofen oder mit einem speziellen Backverfahren gebacken und erhalten dadurch einen bestimmten Geschmack und eine andere Krustenbeschaffenheit.

Holzofenbrote

Bestimmungen der Leitsätze

- Der Backherd des Holzofens muss aus steinernem Material gemauert sein.
- **Original Holzofenbrote**
  Bei dieser Bezeichnung der Brote wird der Backraum des Holzofens **direkt** auf der Backfläche mit Holz beheizt.
  Der Backraum wird mit naturbelassenem Holz geheizt und nach dem Abbrennen werden die Teiglinge bei abfallender Temperatur ohne Nachheizen gebacken.
- **Holzofenbrote**
  Bei dieser Bezeichnung der Brote darf in einer separaten Heizkammer mit direktem Zugang zum Backraum geheizt werden. Geheizt wird mit Holz, auch Pellets sind erlaubt.
- Original Holzofenbrote und Holzofenbrote sind freigeschobene oder angeschobene Brote.

LF 2.2

Brote im original Holzofen

Beheizen und Backen der original Holzofenbrote

- Der Backraum wird mit naturbelassenem Holz (Holzscheite) gefüllt und angezündet.
- Nach dem Abbrennen ist eine Temperatur von ca. 350 °C im Backraum erreicht.
- Die Asche wird entfernt und die Backfläche gesäubert.
- Die Teiglinge werden in den Holzofen geschoben und die Brote bei abfallender Temperatur ohne Nachheizen gebacken.

Ein Holzofen mit separater Heizkammer kann auch während des Backprozesses beheizt werden.

Qualitätsmerkmale für Holzofenbrote

- Holzofenbrote sind meist Rundbrote mit hohem Roggenmehlanteil und mit Sauerteig hergestellt.
- Sie haben eine starke Kruste und einen kräftigen Geschmack.

Holzofenbrot mit kräftiger Kruste

Steinofenbrote

Bestimmungen der Leitsätze

Steinofenbrote werden nur auf Backflächen gebacken, die aus Stein sind, z. B. Naturstein oder Schamott. Backflächen aus Metallplatten sind nicht erlaubt.

Auf steinernen Backflächen bekommen Brote eine kräftige Kruste und somit einen kräftigen Geschmack.

Pumpernickel

Bestimmungen der Leitsätze

- Pumpernickel ist Roggenschrot- oder Roggenvollkornbrot mit einer Backzeit von mindestens 16 Stunden.
- Bei Pumpernickel als Roggenvollkornbrot muss mindestens zwei Drittel der Säuremenge aus Sauerteig sein.

Backen von Pumpernickel

Pumpernickel wird in geschlossenen Kastenformen in einer Dampfbackkammer mit Wasserdampf gebacken. Die Backtemperatur beträgt durch den Wasserdampf ca. 100 °C. Wegen der geringen Backtemperatur beträgt die Backzeit mindestens 16 Stunden.

Vorgänge beim Backen

Durch die niedrige Backhitze erfolgt am Anfang wegen des langsamen Temperaturanstiegs in den Brotteiglingen eine verstärkte Enzymtätigkeit. Dabei bauen Enzyme Stärke zu Malz- und Traubenzucker ab.
Diese Zuckerstoffe verbinden sich mit Aminosäuren zu braunen Melanoidinen (– Maillard-Reaktion → Seite 438), die die Brote stark bräunen.

Qualitätsmerkmale für Pumpernickel

- Wegen der niedrigen Backtemperatur haben Pumpernickel keine Kruste.
- Es sind sehr dunkle Brote.
- Pumpernickel schmecken leicht süßlich.
- Es sind gut bekömmliche Brote.
- Pumpernickel halten lange frisch und sind somit gut lagerfähig.

Häufig werden Pumpernickel als Schnittbrote verpackt angeboten.

Pumpernickel

Knäckebrote

Bestimmungen der Leitsätze
Knäckebrote sind getrocknete Flachbrote, die aus Vollkornschrot bzw. Vollkornmehl und Mehl aus Roggen, Weizen und anderen Getreidearten zu den verschiedenen Brotsorten hergestellt werden.

Knäckebrote werden mit denselben Zutaten wie die anderen Brote hergestellt. Überwiegend werden sie von der Brotindustrie luftdicht verpackt angeboten.

Besonderheiten der Knäckebrote

- Es sind besonders knusprige und splittrige Brotscheiben.
- Verpackt ist Knäckebrot sehr lange haltbar und lagerfähig.

Knäckebrote

Gersterbrote (Gerstelbrote)

Nach der Gare, d. h. vor dem Backen, werden die Brotteiglinge an der Oberfläche mit offener Flamme (Bunsenbrenner) abgeflämmt. Dieser Vorgang, von dem der Brotname stammt, wird als „Gerstern" oder „Gersteln" bezeichnet. Durch das Abflämmen entstehen Brandflecke an der Kruste, die die charakteristische Sprenkelung ergeben. An den Brandflecken entstehen Röstbitterstoffe, die den besonderen Geschmack der Brotkruste ergeben.

Gersterbrote

Aufgaben

1. Nennen Sie die Bestimmungen der Leitsätze für Holzofenbrot.
2. Nennen Sie die Qualitätsmerkmale von Holzofenbroten.
3. Geben Sie die Bestimmungen der Leitsätze für Steinofenbrote an und erläutern Sie die Auswirkungen auf die Brote.
4. Beschreiben Sie das Backen von Pumpernickel und die Vorgänge in den Broten beim Backen.
5. Nennen Sie die Qualitätsmerkmale von Pumpernickel.
6. Nennen Sie die Bestimmungen der Leitsätze für Pumpernickel.
7. Geben Sie die Bestimmungen der Leitsätze für Knäckebrote an und erklären Sie die Besonderheiten der Knäckebrote.
8. Beschreiben Sie die Bearbeitung der Teiglinge für Gersterbrote vor dem Backen und erklären Sie die Auswirkungen auf die Brote.
9. Probieren Sie mit Ihren Kolleginnen Roggenbrot, das im Holzofen gebacken wurde und Roggenbrot aus dem Etagenofen. Beurteilen Sie bei diesen zwei Broten vor allem die Kruste sowie den Brotgeschmack und notieren Sie die Unterschiede.

LF 2.2

25.5 Brotbeurteilung und Brotfehler

Damit man Brote beurteilen kann und auch Brotfehler erkennt, müssen die Fachkräfte der Bäckerei die Qualitätsmerkmale der Brote kennen.
Fehlerhafte Brote sollten im Bäckereifachgeschäft grundsätzlich nicht zum Verkauf angeboten werden.

Qualitätsmerkmale der Brote

Die Verbraucher erwarten beim Einkauf im Bäckereifachgeschäft stets frische Brote mit folgenden Merkmalen:
- appetitliche Krustenfarbe
- schöne Brotform
- weiche und elastische Krume, die gut schnitt- und bestreichfähig ist
- angenehmer, aromatischer Brotgeschmack
- lange Frischhaltung der Brote

Schöne Brotformen und appetitliche Krustenfarbe

Weiche und gut schnittfähige Brotkrume

Brotbeurteilung

Durch Brotbeurteilungen können positive Merkmale beibehalten und gleichzeitig Schwachpunkte erkannt werden. Brotfehler lassen sich auf diese Weise sofort beheben.

Bäckereibetrieb
Fachverkäuferinnen und Bäcker sollten die Qualität der eigenen Brote in regelmäßigen Abständen kritisch beurteilen. Die Ergebnisse der Fachverkäuferinnen sollten mit der Produktion besprochen werden, damit die Produktion handeln kann.

Kunden
Fachverkäuferinnen sollen auf die Aussagen der Kunden achten, damit die Brote den Verbrauchererwartungen entsprechen. Die Fachverkäuferinnen geben die positiven und negativen Anmerkungen der Kunden an die Produktion weiter.

Brotprüfer
Fachverbände führen mit den regionalen Bäckerinnungen freiwillige Brotprüfungen durch, z. B. DLG-Brotprüfungen. Die Bäckereien können jede einzelne Brotsorte, die sie im Verkauf anbieten, auf deren Qualität testen lassen. Der Brotprüfer der DLG (Deutsche Landwirtschaftsgesellschaft) gibt die Ergebnisse der geprüften Brote im Detail an die Bäckerei weiter. Einwandfreie Brote werden mit dem DLG-Gütesiegel und der DLG-Urkunde prämiert.
Diese Auszeichnungen sind werbewirksam und können an günstiger Stelle im Laden platziert werden.

DLG-Urkunde

Brotfehler

> **!** Brotfehler sind alle Abweichungen von der optimalen Qualität der Brote. Die Fehler werden meistens bei der Herstellung verursacht.

Nicht immer beeinträchtigen Brotfehler die Genussfähigkeit der Brote, manchmal sind sie nur Schönheitsfehler, z. B. aufgeplatzte Kruste bzw. Krustenrisse oder Hohlräume in der Krume.
Andere Brotfehler wiederum mindern etwas den Genusswert oder verschlechtern ihn sogar entscheidend, z. B. zu dünne und zu helle Kruste oder zu trockene Krume bei zu geringer Lockerung (zu kleine Porung).

Da Brotfehler die verschiedensten Ursachen haben können, ist es manchmal sogar für Fachkräfte schwierig, die ausschlaggebenden Ursachen der Brotfehler zu bestimmen und Maßnahmen dagegen zu treffen. Die bedeutenden Fehler sollten auch von Fachverkäuferinnen erkannt werden, um Korrekturen an die Produktion weiterleiten zu können.
Die häufigsten Brotfehler werden im Folgenden erläutert.

Fehler des Brotgeschmacks

Geschmackliche Brotfehler sind schwerwiegende Fehler. Häufig werden geschmacksarme Brote beklagt. Dies sind auch Brote mit zu trockener Krume oder zu lange gelagerte Brote, die „leer" schmecken.

Brotfehler	Ursachen
zu fader Brotgeschmack	• zu geringe Teigsäuerung • zu wenig Salz im Teig • zu kurze Backzeit
zu saurer Brotgeschmack	• bei zu kühler oder zu langer Stehzeit des Sauerteigs bildet sich zu viel Essigsäure • zu hoher Sauerteiganteil

Fehler der Brotform

Brotfehler	Ursachen
• zu runde Brotform • zu kleines Volumen 	• zu fester Teig • zu wenig Gare = zu kleine Porung • zu hohe Anbacktemperatur
• zu flache Brotform 	• zu weicher Teig • zu geringe Teigsäuerung • zu lange Gare (Übergare) • zu niedrige Anbacktemperatur

Fehler der Brotkruste

Brotfehler	Ursachen
zu helle und zu dünne Kruste und somit fehlende Rösche und geringer Geschmack 	• zu niedrige Backtemperatur • zu kurze Backzeit
zu dunkle Kruste, die leicht bitter schmeckt 	• zu hohe Backtemperatur • zu lange Backzeit
aufgeplatzte Seitenkruste oder zu dünne Seitenkruste 	Brote wurden zu eng, mit nicht genügend Seitenabstand, in den Ofen geschoben und gebacken.
aufgeplatzter Schluss an der Bodenkruste des Brots 	• zu fester Teig • zu wenig Gare • zu viel Mehl beim Aufarbeiten des Brotteiglings in den Schluss eingewirkt
rissige Kruste 	• zu fester Teig • zu wenig Gare • Brotteiglinge ohne Schwaden in den Ofen geschoben

Fehler der Brotkrume

Brotfehler	Ursachen
zu feuchte und unelastische Krume, die schlecht schnitt- und bestreichfähig ist 	• zu weicher Teig • zu geringe Teigsäuerung • zu kurze Backzeit
zu kleine und zu dichte Porung 	• zu fester Teig • zu kurze Teigruhe (zu junger Teig) • zu wenig Gare
ungleichmäßige Porung 	• zu weicher Teig • zu viel Hefe • zu lange Gare (Übergare) • zu geringe Teigsäuerung
großer Hohlraum im Brot 	• zu schwaches Rundwirken, bei dem ein großer Hohlraum im Brotteigling entstand = Wirkfehler • zu viel Mehl beim Rundwirken verwendet
Abbacken der Oberkruste des Brots, d. h., die Kruste bindet sich nicht mit der Krume 	• zu geringe Teigsäuerung • zu hohe Anbacktemperatur
Wasserstreifen = waagerechte ungelockerte Verdichtung im Brot, vor allem im Kastenbrot 	• zu weicher Teig • zu geringe Teigsäuerung • zu kurze Backzeit

LF 2.2

Aufgaben

1. Nennen Sie die Qualitätsmerkmale frischer Brote, die Verbraucher beim Einkauf im Bäckereifachgeschäft erwarten:
   Aussehen, Krume, Geschmack und Frischhaltung der Brote.
2. Die Brote des eigenen Betriebs sollten regelmäßig beurteilt werden. Beschreiben Sie die Möglichkeiten der Brotbeurteilung
   - im eigenen Betrieb,
   - durch die Kunden,
   - bei Brotprüfungen.
3. Erklären Sie den Begriff „Brotfehler".
4. Nennen Sie die Ursachen von
   - fadem Brotgeschmack,
   - zu saurem Brotgeschmack.
5. Geben Sie die Ursachen der Formfehler an:
   - zu runde Brotform, zu kleines Brotvolumen
   - zu flache Brotform
6. Beschreiben Sie die Ursachen folgender Krustenfehler:
   - zu helle und zu dünne Kruste
   - zu dunkle Kruste
   - aufgeplatzte oder zu dünne Seitenkruste
   - aufgeplatzter Schluss an der Bodenkruste
   - aufgeplatzte Kruste
7. Erklären Sie die möglichen Ursachen folgender Krumenfehler der Brote:
   - zu feuchte und unelastische Krume
   - zu kleine und zu dichte Porung
   - ungleichmäßige Krume
   - großer Hohlraum im Brot
   - Abbacken der Oberkruste des Brots, die Krume bindet sich nicht mit der oberen Kruste
   - Wasserstreifen
8. Bei einer betriebsinternen Brotbeurteilung finden Sie verschiedene Brotfehler.
   Ein Brot ist an der Bodenkruste durch eine unsaubere Ofenplatte beschmutzt. Bei einem weiteren Brot stellen Sie an der Brotoberfläche Krustenrisse fest. Ein Brot mit zu dunkler Kruste ist etwas zu trocken und leer im Geschmack. Diskutieren Sie mit Ihren Kolleginnen wie schwerwiegend diese Brotfehler für die Kunden sind. Müssen Brote mit diesen Brotfehlern unbedingt aus dem Verkauf genommen werden oder können manche Brotfehler toleriert werden?

25.6 Roggenhaltige Kleingebäcke

Roggenhaltige Kleingebäcke sind Brötchen, die aus Weizenmisch- oder Roggenmischteigen hergestellt werden.

Da die Gebäcke weniger als 250 g wiegen, werden sie als Kleingebäcke bezeichnet.

Rezeptbeispiel: roggenhaltige Kleingebäcke aus Weizenmischteig

Mehlmischung: 30 % Roggenmehl, 70 % Weizenmehl
Gesamtmehlmenge = 10 kg

Direkte Teigführung

3 000 g	Roggenmehl, Type 1150
7 000 g	Weizenmehl, Type 550
6 400 g	Wasser
300 g	Hefe
200 g	Salz
200 g	Backmittel
150 g	Teigsäuerungsmittel (Herstellerangabe beachten)
30 g	Kümmel, gemahlen
17 280 g	**Teiggewicht**

Indirekte Teigführung

Detmolder Einstufenführung;
50 % des Roggenmehls versäuern;
Anstellgutmenge ≙ 5 % vom Sauerteigmehl

Sauerteig:

75 g	Anstellgut
1 500 g	Roggenmehl
1 200 g	Wasser
2 775 g	Sauerteig
–75 g	Anstellgut
2 700 g	**Sauerteig**

Teigausbeute: 180
Teigtemperatur: 25 °C
Stehzeit: 15 bis 24 Stunden

Teig:

2 700 g	Sauerteig
1 500 g	Roggenmehl, Type 1150
7 000 g	Weizenmehl, Type 550
5 200 g	Wasser
300 g	Hefe
200 g	Salz
200 g	Backmittel
30 g	Kümmel oder Brotgewürz, gemahlen
17 130 g	**Teiggewicht**

Bekannte roggenhaltige Kleingebäcke

Durch die verschiedenen Gebäckformen und die besonderen Zutaten, z. B. Kümmel, Röstzwiebeln und Schinken, ergeben diese Gebäcke eine optische und geschmackliche Abwechslung.
Manchmal werden die Gebäcke gebietsweise mit anderen Namen bezeichnet. Auch die Gebäckformen sind nicht vorgeschrieben und werden beliebig gewählt.

Roggenbrötchen

Bestimmungen der Leitsätze
Roggenbrötchen müssen mindestens 50 % Roggenmehlanteil bezogen auf die Gesamtmehlmenge enthalten.
Alle anderen Brötchen mit der Angabe eines Brotgetreides enthalten mindestens 90 % Mehl des Getreides, z. B. Dinkelbrötchen, Einkornbrötchen.

Roggenbrötchen sind meistens längliche Brötchen mit kräftigem Ausbund. Sie enthalten mehr Roggenmehl als Weizenmehl, z. B. das Rezeptbeispiel → links, jedoch mit 70 % Roggenmehl und 30 % Weizenmehl oder mit 90 % Roggenmehl.

Roggenbrötchen

Kümmelbrötchen

Es sind Roggenbrötchen mit Kümmelkörnern in der Krume und auf der Oberfläche.

Kümmelbrötchen

LF 2.2

Römische Brötchen

Roggenhaltige, doppelte Brötchen mit Kümmel auf der Oberfläche der Brötchen.

Römische Brötchen

Maurerbrötchen

Doppelte roggenhaltige Brötchen mit leicht bemehlter Oberfläche und kräftigem Ausbund.

Maurerbrötchen

Schusterjungen (Schusterbuben)

Eine Presse (ein Ballen) des roggenhaltigen Teigs wird in 30 Teiglinge geteilt.
Es gibt zwei Herstellungsarten:

- Die geteilte Presse (Ballen) wird ganz und zusammenhängend gebacken. Die einzelnen Stücke werden beim Verkauf von der Presse (Ballen) abgebrochen.

Oder:

- Die geteilten Teiglinge werden einzeln als freigeschobene Brötchen gebacken.

Schusterjungen zusammenhängend gebacken

Zeilenbrötchen (Partybrötchen)

Roggenhaltige Brötchen mit halbem Gewicht reihenweise aneinander gereiht – eingeschnitten oder glatte Kruste.

Zeilenbrötchen

Zwiebelbrötchen und Zwiebelstangen

Roggenhaltige Brötchen oder Stangen mit Röstzwiebeln. Die Röstzwiebeln werden in den Teig gemischt.

Zwiebelbrötchen

Schinkenbrötchen

Roggenhaltige Brötchen mit Schinkenwürfeln. In den Teig werden gewürfelte durchwachsene Schinkenstückchen gemischt.

Schinkenbrötchen

LF 2.2

Kürbiskernbrötchen

Brötchen aus Weizenmischteig mit Kürbiskernen auf der Oberfläche der Brötchen.

Kürbiskernbrötchen

Vinschgauer Fladenbrote

Vinschgauer Fladenbrote werden aus einem sehr weichen Roggen- oder Roggenmischteig hergestellt. Das Gebäckgewicht liegt meistens bei 100 bis 200 g. Deshalb zählen Vinschgauer Fladenbrote zu den Kleingebäcken.

Vinschgauer Fladenbrote

Verkaufsargumente

Qualitätsmerkmale für die Kundenberatung
Roggenhaltige Kleingebäcke haben einen kräftigen, würzigen Geschmack wegen
- der Säuerung des Teigs durch Sauerteig oder Teigsäuerungsmittel,
- des gemahlenen Kümmels bzw. Brotgewürzes,
- der kräftig gebackenen Kruste, die intensive Geschmacksstoffe enthält.

Frischhaltung
Die roggenhaltigen Kleingebäcke schmecken wie alle Brötchen frisch am besten. Ihre Frische hält länger als bei Brötchen aus Weizenteigen, weil Roggenmehl und Säure bei der Teigherstellung mehr Wasser binden.

Tiefgefrieren
Roggenhaltige Kleingebäcke, in Folienbeuteln verpackt, eignen sich wie Brote gut zum Tiefgefrieren.

Besondere Eignung der roggenhaltigen Kleingebäcke
- Wegen des kräftigen Geschmacks werden roggenhaltige Gebäcke auch als „Brotzeitgebäcke" bezeichnet. Zur Brotzeit passen sie zu Würstchen, Wurstsorten, Käse, Salaten, Suppen und auch zum Grillen.
- Sie werden für eine Zwischenmahlzeit, auf Reisen und zum Wandern als Wurst- und Käsebrötchen belegt.
- Sie gehören zum Brotbüfett für ein kaltes und warmes Büfett.
- Sie eignen sich zum Belegen für Snacks.
- Sie werden gerne nebenbei zu Getränken gegessen, z. B. Zwiebel- und Schinkenbrötchen im Biergarten.

LF 2.2

Aufgaben

1. Nennen Sie die Zutaten, die für roggenhaltige Kleingebäcke verwendet werden.
2. Wie viel Roggenmehl müssen Roggenbrötchen nach den Bestimmungen der Leitsätze mindestens enthalten?
3. Nennen und beschreiben Sie bekannte roggenhaltige Kleingebäcke.
4. Welche Zwiebeln werden für Zwiebelbrötchen verwendet?
5. Erklären Sie die Qualitätsmerkmale der roggenhaltigen Kleingebäcke bei der Kundenberatung.
6. Geben Sie Auskunft über die Frischhaltung der roggenhaltigen Kleingebäcke und ob sie sich zum Tiefgefrieren eignen.
7. Nennen Sie einige Möglichkeiten, wofür sich roggenhaltige Kleingebäcke besonders gut eignen.
8. In der Berufsschule stellen Sie aus einem Weizen- und einem Roggenmischteig, mit einer Mehlmischung von jeweils 70 % und 30 %, Kleingebäcke her. Beurteilen Sie mit Ihren Kolleginnen und Kollegen die Brötchen in Bezug auf Gebäckvolumen, Porung, Geschmack und Frischhaltung.

26 Vollkornbrote, Schrotbrote, spezielle Brote und Kleingebäcke

Situation

Gesundheitsbewussten Kunden bieten Sie Vollkorn- und Schrotbrote sowie Vollkorn- und Schrotbrötchen an. Kunden, die eine geschmackliche Abwechslung wünschen, empfehlen Sie Spezialbrote, die mit verschiedenen Getreidearten hergestellt werden oder die spezielle Zutaten enthalten. Auch Kleingebäcke mit denselben Rezepturen empfehlen Sie. Bei der Kundenberatung sollen Sie diese Brote und Kleingebäcke erklären.

- Worin unterscheiden sich Vollkorn- und Schrotbrote?
- Wie werden die harten Schalenteile für die Herstellung von Vollkorn- und Schrotbroten weich und kaufähig?
- Welche Spezialbrote und Kleingebäcke mit anderen Getreidearten und mit besonderen Zutaten sowie diätische Brote werden in der Bäckerei angeboten?

26.1 Vollkornbrote, Schrotbrote

LF 2.2

Vermahlen der Getreidekörner

Die Getreidekörner werden bei der Vermahlung zerquetscht (geschrotet). An den zerkleinerten Schalenteilen hängt noch etwas Mehl. Die Schalenteile und Teile des Keimlings sind in kleinen Bruchstücken im Mehl vermischt. Dieses Mahlerzeugnis wird als „Vollkornschrot“ bezeichnet.

Getreidekorn und vermahlenes Getreidekorn

Beim Anfassen von Vollkornschrot spürt man deutlich die Bruchstücke der Getreideschalen.

Beim Vollkornmehl werden die Getreidekörner so fein vermahlen, dass die Schalen nicht mehr spürbar sind und es sich wie Mehl anfühlt.

Links: Roggengetreidekörner und Vollkornschrot
Rechts: Weizengetreidekörner und Vollkornmehl

Vollkorn- und Backschrot

Vollkornschrot	Backschrot
Die ganzen (vollen) Getreidekörner werden vermahlen.	Aus den Getreidekörnern werden vor der Vermahlung die Keimlinge entfernt.
Vollkornschrot enthält alle Bestandteile der Getreidekörner: • Schalen • Mehl • Keimlinge	Backschrot enthält alle Bestandteile der Getreidekörner, außer den Keimlingen: • Schalen • Mehl

Feinheitsgrade des Schrots

Je nach Einstellung des Abstands der Mahlwalzen werden Vollkornschrot und Backschrot in drei Feinheitsgrade gemahlen, bei denen die Schalenteile der Getreidekörner unterschiedlich groß sind:

- grob = Grobschrot
- mittel = Mittelschrot
- fein = Feinschrot

Für die Herstellung von Feinen Backwaren aus Vollkorn werden die Weizengetreidekörner zu **„Vollkornmehl"** vermahlen, gleich dem Feinschrot für Brote.

Vollkornschrote – grob, mittel und fein

Wirkung der Feinheitsgrade auf die Brote

- Grober und mittlerer Vollkorn- und Backschrot: Durch die großen und mittelgroßen Schalenteile werden die Brote locker und erhalten einen weichkernigen Biss.
- Feiner Vollkorn- und Backschrot: Die fein gemahlenen Schalenteile ergeben in Vollkorn- und Schrotbroten eine kompakte, schnittfeste Krume.

Quellen von Grob- und Mittelschrot

Die großen Schalenteile von Grob- und Mittelschrot sind zu hart zum Essen. Sie werden deshalb vor der Brotteigherstellung in Wasser eingeweicht. Die großen, harten Schalenteile quellen im Wasser und werden dabei weich. So erhalten sie in den Broten einen kaufähigen Biss.

- Ca. ⅔ der Menge von Grob- und Mittelschrot wird im Sauerteig verarbeitet und weicht bei der stundenlangen Stehzeit auf.
- Die restliche Menge wird im Brüh- oder Quellstück eingeweicht.

Brühstück und Quellstück

Quellstück	Brühstück
• Teigtemperatur: 20 bis 30 °C • Stehzeit: 10 bis 20 Stunden, meist über Nacht	• Wassertemperatur beim Ansetzen: 70 bis 100 °C • Stehzeit: 1 bis 3 Stunden Je kürzer die Stehzeit, desto höher die Wassertemperatur und umgekehrt.

Grober Roggenvollkornschrot mit den harten Schalenteilen

Quellen von Grobschrot im Brühstück

Auswirkungen des Quellens von Grob- und Mittelschrot im Sauerteig sowie im Quell- oder Brühstück auf die Vollkorn- und Schrotbrote

- Die Schalenteile nehmen beim Quellen Wasser auf, sodass in den Teig viel Wasser geschüttet werden kann.
- Aus den harten Getreideschalen werden weiche, gut kaufähige Schrotteilchen.
- Der hohe Wasseranteil, der in den gequollenen Schalenteilen gebunden ist, bleibt im Brot bei der Lagerung längere Zeit erhalten, was die Frischhaltung der Brote verlängert.

LF 2.2

Gebäckfehler bei zu kurzer Quellzeit

Sind die Schalenteile nicht ausreichend gequollen, befinden sich in der Krume der Vollkorn- und Schrotbrote sowie in Kleingebäcken weiße Schrotteilchen, die sehr hart und schlecht kaufähig sind.
Die feinen Schalenteile des Feinschrots müssen nicht eingeweicht werden und können direkt bei der Teigbereitung zugegeben werden.

Rezeptbeispiel: Roggenschrotbrote mit Detmolder Einstufenführung und Brühstück

Gesamtbackschrotmenge: 10 kg, davon
- 6 000 g Roggenbackschrot, Type 1800, mittel
- 3 500 g Roggenbackschrot, Type 1800, fein
- 500 g fertig gebackenes Brot

Anstellgutmenge: 10 % vom Roggenbackschrot im Sauerteig

Sauerteig:

400 g	Anstellgut
4 000 g	Roggenbackschrot, grob
4 000 g	Wasser
8 400 g	Sauerteig
−400 g	Anstellgut
8 000 g	**Sauerteig**

Teigausbeute: 200
Teigtemperatur: 24 bis 26 °C
Stehzeit: 15 bis 24 Stunden

Brühstück:

2 000 g	Roggenbackschrot, grob
500 g	fertig gebackenes Brot, getrocknet und fein gerieben
2 500 g	Wasser
5 000 g	**Brühstück**

Teigausbeute: 200
Wassertemperatur: 70 bis 100 °C
Stehzeit: 1 bis 3 Stunden

Brotteig:

8 000 g	Sauerteig
5 000 g	Brühstück
3 500 g	Roggenbackschrot, fein
1 700 g	Wasser
100 g	Hefe
200 g	Salz
200 g	Backsirup
18 700 g	**Teiggewicht**

Bestimmungen der Leitsätze

Bei Vollkornbroten müssen mindestens ⅔ der zugesetzten Säuremenge aus Sauerteig stammen. Der Rest kann mit Teigsäuerungsmittel ergänzt werden.

Fertig gekneteter Roggenvollkornteig

Vollkorn- und Backschrotteige sind für Kleingebäcke und für Brote gleich.
Häufig werden Vollkorn- und Schrotbrote in Kastenformen gebacken. In isolierten Kastenformen entsteht seitlich keine Kruste.

Vollkornbrot in Kastenform ohne seitliche Kruste

Verkaufsargumente

Qualitätsmerkmale für die Kundenberatung
- Vollkorn- und Schrotbrote besitzen eine weiche und kernige Krume.
- Durch den vollen Schalenanteil der Getreidekörner ist die Krume dunkel.
- Vollkorn- und Schrotbrote haben eine dünne Kruste. Die in Kastenformen gebackenen Brote besitzen seitlich keine Kruste.

Vollkornbrote und Schrotbrote enthalten die Schalen der Getreidekörner und besitzen deshalb einen hohen Anteil an Ballaststoffen sowie Mineralstoffen und Vitaminen. →

LF 2.2

Verkaufsargumente

Frischhaltung und Aufbewahrung

Vollkorn- und Schrotbrotteige enthalten einen hohen Wasseranteil, weil die Schalenteile der Getreidekörner sehr quellfähig sind und dabei viel Wasser binden. Deshalb bleiben die Vollkorn- und Schrotbrote am längsten frisch, bei optimaler Aufbewahrung mindestens eine Woche. Sie werden im Haushalt aufbewahrt wie alle anderen Brote → Seite 412.

Besondere Eignung

- Vollkornbrote sowie Schrotbrote gehören zur gesunden Ernährung und helfen Übergewicht zu vermeiden.
- Sie eignen sich besonders für Menschen, die Diät leben und zuckerkranke Personen.

Aufgaben

1. Unterscheiden Sie Vollkornschrot und Backschrot.
2. Nennen Sie die Wirkungen der Feinheitsgrade in den Broten von
   - Grob- und Mittelschrot,
   - Feinschrot.
3. In welchen Teigen lässt man Grob- und Mittelschrot vor der Brotteigherstellung quellen?
4. Erläutern Sie die Auswirkungen des Quellens von Grob- und Mittelschrot im Sauerteig sowie im Brüh- bzw. Quellstück auf die Vollkorn- und Schrotbrote.
5. Nennen Sie die Bestimmungen der Leitsätze für Vollkornbrote in Bezug auf die Säuerung.
6. Informieren Sie die Kunden bei der Beratung über die Qualitätsmerkmale und den Gesundheitswert der Vollkorn- und Schrotbrote.
7. Begründen Sie die längere Frischhaltung von Vollkorn- und Schrotbroten gegenüber den Broten, die mit Mehl hergestellt werden.
8. Für welche Menschen eignen sich Vollkorn- und Schrotbrote besonders?
9. Vergleichen Sie mit Ihren Kolleginnen und Kollegen Roggenvollkornbrot und Roggenschrotbrot in Bezug auf Geschmack, Krumenbeschaffenheit und Kaufähigkeit. Diskutieren Sie, warum Roggenschrotbrote hergestellt werden.

Rechenaufgaben

1. 110 kg Vollkornschrot ergeben 203,500 kg Brotteig. Dafür werden 60 % Roggenvollkornschrot und 40 % Weizenvollkornschrot verarbeitet. Vom Roggenvollkornschrot werden 55 % im Sauerteig versäuert. 30 % des gesamten Vollkornschrots wird für das Brühstück verwendet. Die Teigausbeute des Sauerteigs ist 190, des Brühstücks 200 und des Brotteigs 178.
   a) Berechnen Sie den Anteil des Roggenvollkornschrots für den Sauerteig.
   b) Wie viel kg Vollkornschrot wird zum Brühstück verarbeitet?
   c) Berechnen Sie, wie viel kg Vollkornschrot noch in den Brotteig gewogen werden müssen.
2. Für ein Schrotbrot werden 45 kg Backschrot verarbeitet, 70 % Roggenbackschrot und 30 % Weizenbackschrot. 28 % des Roggenbackschrots werden für das Quellstück verwendet. Das Altbrot, das in das Quellstück gegeben wird, beträgt ¼ des Roggenbackschrots im Quellstück.
   a) Ermitteln Sie die Gewichtsanteile von Roggen- und Weizenbackschrot.
   b) Wie viel kg Roggenbackschrot werden für das Quellstück verwendet?
   c) Berechnen Sie den Anteil des Altbrots in g für das Quellstück.
3. Berechnen Sie den Bruttoverkaufspreis für 1 kg Schrotbrot nach folgenden Vorgaben:

Weizenschrot	36 kg	39,75 €/100 kg
Roggenschrot	24 kg	39,00 €/100 kg
Salz	2 %	0,22 €/kg
Hefe	2,5 %	0,95 €/ kg
Reinzuchtsauerteig		2,10 € pauschal

   1200 g Teig ergibt 1 kg Schrotbrot
   Betriebskosten: 28,20 €
   Herstellungszeit: 150 Minuten
   Stundenleistung: 24 kg Brot
   Gewinn und Risiko: 25 %
   Mehrwertsteuer: 7 %
4. Die Materialkosten für 150 kg Roggenvollkornbrot betragen 64,30 €. Jedes Brot wiegt 750 g. In der Stunde werden in der Bäckerei 40 Stück 750-g-Brote hergestellt. Der Stundenkostensatz wird mit 47,50 € angesetzt. Berechnen Sie den Verkaufspreis eines 750-Vollkornbrots bei einem Zuschlag für Gewinn und Risiko von 28 % und dem üblichen Mehrwertsteuersatz.

26.2 Spezielle Brote (Spezialbrote) und Kleingebäcke

Werden Brote mit anderen Getreidearten als mit Weizen und Roggen oder mit besonderen Zutaten hergestellt, werden diese speziellen Brote als Spezialbrote bezeichnet. Der Mindestanteil der besonderen Zutaten in den speziellen Broten ist in den Leitsätzen festgelegt, z. B. bei Mehrkornbroten und Sonnenblumenkernbroten.

Spezialbrote mit besonderen Zutaten

Spezialbrote mit anderen Getreidearten

Getreidearten werden eingeteilt in:

- Brotgetreide: Weizen, Roggen, Dinkel, Einkorn und Emmer
- sonstige Getreidearten: Hafer, Gerste, Mais, Hirse und Reis
- Aus dem backfähigen Mehl des Brotgetreides kann man lockere Backwaren mit großem Volumen herstellen. Aus dem Mehl der sonstigen Getreidearten entstehen nur schlecht gelockerte , flache Gebäcke. Deshalb werden bei den Spezialbroten die sonstigen Getreidearten dem backfähigen Brotgetreide zugegeben, weil die sonstigen Getreidearten alleine nicht backfähig sind.

Die Anzahl der Getreidearten bestimmt den Brotnamen: **Dreikorn-, Vierkorn-, Fünfkorn-, Sechskornbrote und Mehrkornbrote**

Bestimmungen der Leitsätze
Mehrkornbrote sowie Dreikorn-, Vierkorn-, Fünfkorn- und Sechkornbrote enthalten

- mindestens eine Brotgetreideart und
- mindestens eine sonstige Getreideart,
- insgesamt jedoch mindestens drei Getreidearten.
- Von jeder verwendeten Getreideart müssen mindestens 5 % enthalten sein.

Beispiele
Dreikornbrot: Weizen, Roggen und Gerste
Vierkornbrot: Weizen, Roggen, Dinkel und Hafer
Mehrkornbrot: Weizen, Roggen, Gerste, Hafer, Mais und Emmer

Vollkornbrote aus mehreren Getreidearten
müssen mindestens 90 % Vollkorngetreideerzeugnisse enthalten.

Ölsamen in Mehrkornbroten

Brote und Vollkornbrote mit mehreren Getreidearten enthalten häufig neben den verschiedenen Getreidearten geschmackverbessernde und nährwerterhöhende Ölsamen, z. B. Sonnenblumenkerne, Leinsamen, Soja, Sesam, Kürbiskerne. Die Ölsamen zählen jedoch nicht zu den Getreidearten.

Brote mit einer sonstigen Getreideart im Brotnamen

Eine „sonstige Getreideart" bestimmt den Brotnamen, z. B. **Hafer-, Gersten-, Mais-, Reis- und Hirsebrote**.

Bestimmungen der Leitsätze
Der Anteil der namengebenden Getreideart muss mindestens 20 % betragen, berechnet auf den Gesamtgetreideanteil.

Beispiel Haferbrote
Neben den Brotgetreidearten (Roggen, Weizen, Dinkel) sind mindestens 20 % Hafer enthalten.
Die Haferflocken müssen im Wasser eingeweicht werden, damit sie quellen können und weich werden.

Haferbrote

LF 2.2

**Rezeptbeispiel:
Haferbrote mit Detmolder Einstufenführung**

Gesamtmahlerzeugnis: 10 kg, davon
- 4000 g Roggenmehl
- 4000 g Weizenmehl
- 2000 g Haferflocken

50 % des Gesamtroggenmehls werden versäuert
= 2000 g Roggenmehl im Sauerteig
Anstellgutmenge: 200 g ≙ 10 % vom Sauerteigmehl

Sauerteig:

200 g	Anstellgut
2000 g	Roggenmehl, Type 997 oder 1150
1600 g	Wasser
3800 g	Sauerteig
–200 g	Anstellgut
3600 g	**Sauerteig**

Teigausbeute: 180
Teigtemperatur: 26 °C
Stehzeit: 15 bis 24 Stunden

Quellstück:

2000 g	Haferflocken
2000 g	Wasser
4000 g	**Quellstück**

Wassertemperatur: 30 °C
Stehzeit: 2 bis 3 Stunden

Brotteig:

3600 g	Sauerteig
4000 g	Quellstück
2000 g	Roggenmehl, Type 997 oder 1150
4000 g	Weizenmehl, Type 1050
4200 g	Wasser
200 g	Salz
200 g	Hefe
18 200 g	**Teiggewicht**

Spezialbrote mit besonderen Zutaten

Diese Brote enthalten neben den üblichen Rohstoffen der Brote zusätzlich pflanzliche und tierische Zutaten. In den Leitsätzen sind die Mindestanteile der Zutaten im Brot festgelegt.

Getreideerzeugnisse sind nach den Bestimmungen der Leitsätze sämtliche Erzeugnisse aus Getreide: Mehl, Vollkornschrot, Backschrot, Getreideflocken (Haferflocken).

Brote mit pflanzlichen Zutaten	Anteile auf 100 kg Getreideerzeugnisse
• Leinsamenbrote • Sesambrote • Sonnenblumenkernbrote • Kürbiskernbrote • Walnussbrote • Haselnussbrote	mindestens 8 kg (8 %) der im Brot genannten Ölsamen
• Weizenkeimbrote • Kleiebrote	mindestens 10 kg (10 %) Weizenkeime bzw. Speisekleie
Rosinenbrote	mindestens 15 kg (15 %) Rosinen, Sultaninen und/oder Korinthen
• Zwiebelbrote • Kümmelbrote • Gewürzbrote • Kartoffelbrote	Der Geschmack von Zwiebeln, Kümmel, Gewürzen bzw. Kartoffeln muss deutlich wahrnehmbar sein.

Leinsamenbrote

Kürbiskernbrot, Haselnussbrot

Sesambrote

LF 2.2

Brote mit tierischen Zutaten	Mindestanteile auf 100 kg Getreideerzeugnisse
Milchbrote	mindestens 50 l Vollmilch
• Buttermilchbrote • Joghurtbrote	mindestens 15 l Buttermilch bzw. Joghurt
Quarkbrote	mindestens 10 kg (10 %) Speisequark

Brote mit speziellen Backverfahren

Auch Brote, die anders als im gewöhnlichen Ofen gebacken werden, gehören zu den Spezialbroten. Dies sind Holzofenbrote, Steinofenbrote, Pumpernickel, Knäckebrote und Gersterbrote → Seite 416 und 417.

Diätetische Brote

Diätetische Brote sind Brote, die Menschen mit bestimmten Krankheiten und Lebensmittelunverträglichkeiten gesundheitlich vertragen.
Da der Absatz dieser Brote gering ist, werden sie überwiegend in Großbäckereien hergestellt.

Glutenfreie Brote

An **Zöliakie** erkrankte Menschen dürfen keine Backwaren mit Weizen, Roggen, Dinkel, Gerste und Hafer essen, da sie das Klebereiweiß **Gluten** nicht vertragen. Deshalb werden glutenfreie Brote aus Reis und Mais sowie dem Pseudogetreide Amaranth, Buchweizen und/oder Quinoa hergestellt. Die Lockerung der Brote wird durch Zugabe von Stärke und Quellstoffen wie Guarkernmehl und Johannisbrotkernmehl erreicht.

LF 2.2

Glutenfreies Brot

Natriumarme Brote

Natriumarme Brote sind für Menschen, die das Natrium im Salz gesundheitlich nicht vertragen. Diesen Broten wird ein Salzersatz, z. B. Kaliumchlorid, zugegeben.

Omega-3-Brote und Vitaminbrote

Diesen Broten werden gesundheitsfördernde Zutaten wie Omega-3-Fettsäuren (ungesättigte Fettsäuren) und Vitamine zugegeben. Wegen der gesunden Ergänzungsstoffe gehören die Brote zum „Functional Food".

Verkaufsargumente

Qualitätsmerkmale für die Kundenberatung
- *Mehrkornbrote* haben den abwechslungsreichen Brotgeschmack der verschiedenen Getreidearten, häufig noch den Geschmack der zugegebenen Ölsamen.
- Bei Broten mit einer *namengebenden* Nicht-Brotgetreideart, z. B. Hafer, ist zum Brotgeschmack noch der typische Hafergeschmack deutlich erkennbar.
- *Brote mit Weizenkeimen oder Kleie* sind besonders reich an Ballaststoffen.
- Leinsamen-, Sesam-, Sonnenblumenkern-, Kürbiskernbrote u. a. haben durch die ungesättigten Fettsäuren der Ölsamen einen hohen Gesundheitswert und der Geschmack der Ölsamen ist bei den Broten deutlich erkennbar.
- Diätetische Brote eignen sich für Menschen mit bestimmten Krankheiten bzw. Lebensmittelintoleranzen, z. B. glutenfreie Brote für Zöliakieerkrankte.

Frischhaltung
- Spezialbrote sollen wie alle anderen Brote bei kühler Raumtemperatur aufbewahrt werden, ideal im Brotkeramiktopf. Wie bei anderen Broten gilt die Regel: Je mehr Roggenmehl in den Broten, desto länger bleiben sie frisch; Vollkornbrote haben die längste Frischhaltung.

Besondere Eignung
- Bei Spezialbroten können Kunden für jeden Geschmack auswählen.
- Wegen ihrer geschmacklichen Vielfalt sind die Spezialbrote besonders für Brotbüfetts geeignet.
- Diätetische Brote sind für die Ernährung kranker Menschen wichtig.
- Functional-Food-Brote sind für besonders gesundheitsbewusste Menschen.

Kleingebäcke aus verschiedenen Mahlerzeugnissen und besonderen Zutaten

!

Vollkorn- und Schrotbrötchen sowie Brötchen mit verschiedenen Getreidearten entsprechen den Bestimmungen der Leitsätze für Brote und Spezialbrote. Auch die Rezepturen sind denen der Brote meistens gleich.

Kleingebäcke aus verschiedenen Mahlerzeugnissen

Kleingebäcke mit bestimmten Getreideerzeugnissen

Bestimmungen der Leitsätze

Kleingebäcke	Anteile, bezogen auf die Getreideerzeugnisse
Roggenvollkornbrötchen, Roggenweizenvollkornbrötchen, Dinkelvollkornbrötchen	mindestens 90 % des benannten Brotgetreides muss Vollkorn sein
Roggenschrotbrötchen, Weizenroggenschrotbrötchen, Emmerschrotbrötchen	mindestens 90 % des benannten Getreides muss Backschrot sein
Hafer-, Gersten-, Maisbrötchen u. a.	mindestens 20 % des genannten Getreides; der Rest ist anderes Brotgetreide
• Dinkelbrötchen • Einkornbrötchen	• mindestens 90 % Dinkelmehl • mindestens 90 % Einkornmehl →
Dreikorn-, Vierkorn- oder Mehrkornbrötchen	mindestens 5 % von jeder verarbeiteten Getreideart; die Brötchen müssen mindestens drei Getreidearten enthalten, davon • mindestens eine Brotgetreideart (Weizen, Roggen, Dinkel, Einkorn und Emmer) • mindestens eine sonstige Getreideart (Hafer, Gerste, Hirse, Mais, Reis)

Vollkornbrötchen

Kleingebäcke mit tierischen und pflanzlichen Zutaten

Bestimmungen der Leitsätze

Kleingebäcke	Mindestanteil auf 100 kg Getreideerzeugnisse
Milchbrötchen	mindestens 50 l Vollmilch
• Buttermilchbrötchen • Joghurtbrötchen	mindestens 15 l Buttermilch bzw. Joghurt
Quarkbrötchen	mindestens 10 kg (10 %) Speisequark
Rosinenbrötchen	mindestens 15 kg (15 %) Rosinen, Sultaninen und/oder Korinthen
• Leinsamenbrötchen • Kürbiskernbrötchen	mindestens 8 kg (8 %) Leinsamen bzw. Kürbiskerne
• Mohnbrötchen • Sesambrötchen • Sonnenblumenkernbrötchen	Die benannten Ölsamen müssen deutlich sichtbar auf der Gebäckkruste sein.

Leinsamen- und Kürbiskernbrötchen

Weizenroggenvollkornbrötchen mit Sesam und Haferflocken

Die Teiglinge für Mehrkorn- und Vollkornbrötchen werden an der Oberfläche in Getreideflocken, z. B. Haferflocken, sowie in Ölsamen, z. B. Sonnenblumenkerne, Kürbiskerne, Leinsamen, Sesam und Mohn getaucht.

Neben dem höheren Nährwert dieser Ölsamen erhalten diese Brötchen eine geschmackliche und optische Verbesserung.

Sesam- und Mohnbrötchen

Verkaufsargumente

Qualitätsmerkmale für die Kundenberatung

- *Vollkorn- und Schrotbrötchen* besitzen einen großen Gesundheitswert, vor allem wegen des hohen Anteils an Ballast- und Mineralstoffen sowie Vitaminen.
- *Mehrkornbrötchen* und *Haferbrötchen* enthalten neben den verschiedenen Getreidearten meistens noch Ölsamen mit den gesunden ungesättigten Fettsäuren und Ballaststoffen. Die Getreidearten und Ölsamen bestimmen den Geschmack der Brötchen.
- *Dinkelbrötchen* haben wegen des biologisch hochwertigen Eiweißes einen hohen Gesundheitswert. Emmer- und Einkornbrötchen sind für manche glutenempfindliche Menschen verträglich.
- *Dinkelvollkornbrötchen* enthalten das gesunde Eiweiß und den hohen Gehalt an Ballaststoffen, Mineralstoffen und Vitaminen in den Schalen des Dinkelgetreides. →
- Bei *Milchbrötchen, Buttermilchbrötchen, Rosinenbrötchen* u. a. ist der Geschmack der zugegebenen Zutaten deutlich wahrnehmbar.
- *Leinsamen-, Kürbiskern-, Sonnenblumenkern-, Sesam- und Mohnbrötchen* schmecken nach den Ölsamen und haben den Gesundheitswert der vielen ungesättigten Fettsäuren und Ballaststoffe.

Frischhaltung

Vollkorn- und Mehrkornbrötchen sowie die Brötchen mit tierischen und pflanzlichen Zutaten schmecken wie alle Kleingebäcke frisch am besten. Vollkornbrötchen behalten die Frische den gesamten Tag der Herstellung, weil die Schalenteile der Getreidekörner bei der Teigherstellung besonders viel Wasser binden.

Besondere Eignung

Diese Brötchen eignen sich gut

- zum Frühstück,
- zur Brotzeit,
- zum Belegen als Snacks,
- als Zwischenmahlzeit, belegt mit Wurst und Käse,
- zu Würstchen und Fleisch,
- zu Salaten und Suppen,
- zum Brotbüfett für ein kaltes und warmes Büfett.

LF 2.2

Aufgaben

1. Nennen Sie die Bestimmungen der Leitsätze für Mehrkornbrote sowie Dreikorn-, Vierkorn-, Fünfkorn-, Sechskornbrote.
2. Mehrkornbrote enthalten meistens zusätzlich Ölsamen. Erklären Sie die Vorteile der Ölsamen in den Mehrkornbroten.
3. Nennen Sie die Bestimmungen der Leitsätze für Brote, die eine sonstige Getreideart im Brotnamen enthält, z. B. Haferbrot.
4. Was versteht man unter „diätetischen Broten"?
5. Erklären Sie, worauf zöliakiekranke Menschen unverträglich reagieren. Beschreiben Sie, mit welchen Getreidearten die Brote für diese Menschen hergestellt werden.
6. Was ist das Besondere an natriumarmen Broten? Für welche Menschen werden diese Brote hergestellt? →

7 Nennen Sie die Mindestmengen der besonderen Zutaten nach den Bestimmungen der Leitsätze in folgenden Spezialbroten, bezogen auf 100 kg Getreideerzeugnisse in den Broten:
- Leinsamenbrote, Sesambrote, Sonnenblumenkernbrote, Kürbiskernbrote, Walnussbrote, Haselnussbrote
- Weizenkeimbrote, Kleiebrote
- Rosinenbrote
- Gewürzbrote, Kümmelbrote, Zwiebelbrote, Kartoffelbrote
- Milchbrote
- Buttermilchbrote, Joghurtbrote
- Quarkbrote

8 Geben Sie Auskunft über die Frischhaltung von Vollkorn- sowie Mehrkornbrötchen und Brötchen mit tierischen und pflanzlichen Zutaten.

9 Beschreiben Sie die Bestimmungen der Leitsätze folgender Kleingebäcke:
- Vollkorn- und Schrotbrötchen
- Dinkel- und Dinkelvollkornbrötchen
- Mehrkornbrötchen
- Milchbrötchen, Buttermilchbrötchen
- Leinsamen- und Kürbiskernbrötchen
- Mohn-, Sesam- und Sonnenblumenkernbrötchen

10 Wofür eignen sich Brötchen mit verschiedenen Mahlerzeugnissen und Brötchen mit besonderen Zutaten sehr gut?

11 Eine Kollegin erklärt einem Kunden beim Beratungsgespräch den Begriff „Dreikornbrote“: Diese Brote werden in Ihrer Bäckerei aus Weizenmehl, Haferflocken und Sonnenblumenkernen hergestellt. Besprechen Sie diese Aussage.

Rechenaufgaben

1 180 Mehrkornbrötchen werden wie folgt kalkuliert:

Materialkosten:	19,80 €
Betriebskosten:	240 %
Gewinn und Risiko:	25 %
Mehrwertsteuer:	7 %

Berechnen Sie den Ladenpreis für 1 Mehrkornbrötchen.

2 90 kg Buttermilchbrotteig hat einen Gär- und Backverlust von 12,5 %. Die Materialkosten für diese Buttermilchbrote betragen 42,50 €. Die Betriebskosten belaufen sich auf 290 %. Die Mehrwertsteuer ist mit 7 % anzusetzen. 750 g Buttermilchbrot kostet im Laden 2,10 €.
a) Wie viel Buttermilchbrote von je 750 g erhält man aus dem Teig?
b) Berechnen Sie Gewinn und Risiko in %.

3 Das Teiggewicht eines roggenhaltigen Schinkenbrötchens beträgt 72 g. 1/8 davon sind Schinkenstückchen im Teig. Es sollen 540 Schinkenbrötchen hergestellt werden.
a) Berechnen Sie das Teiggewicht in kg für die 540 Schinkenbrötchen.
b) Wie viel kg Schinken werden benötigt?

4 Ein Brötchen wiegt 47 g. Vom Teiggewicht des Brötchens gingen 16 % beim Backen verloren. Berechnen Sie die benötigte Teigmenge für 850 Brötchen (runden Sie auf g auf).

5 100 g Vollkornbrötchen enthalten 43 g verwertbare Kohlenhydrate, 7 g Eiweiß und 1 g Fett. Wie viel kJ und kcal enthält 1 Vollkornbrötchen, das 46 g wiegt? 1 kcal entspricht 4,2 kJ.
Runden Sie auf ganze kJ und kcal.

6 Es werden in einen Weizenteig 4 500 g Kürbiskerne für Kürbiskernbrötchen gegeben. Das sind 12 % auf das Mehl berechnet. Der Teig wird mit 158 Teigausbeute, 4 % Hefe, 2 % Salz und 4 % Backmittel hergestellt.
a) Erstellen Sie das Rezept des Weizenteigs und geben Sie die einzelnen Zutaten und das Teiggewicht in kg an.
b) Wie viel Kürbiskernbrötchen erhält man aus dem Teig, wenn ein Brötchen 60 g wiegt?
c) Ermitteln Sie den Gär- und Backverlust, wenn das gebackene Kürbiskernbrötchen 51 g wiegt.

7 Für 150 Sonnenblumenkernbrötchen werden 900 g Sonnenblumenkerne benötigt. Sonnenblumenkerne enthalten 46 % Fett. Wie hoch ist der Fettgehalt der Sonnenblumenkerne für ein Brötchen?

LF 2.2

27 Backen

Situation

Bei einer betriebsinternen Fortbildung besichtigt das Verkaufspersonal Ihres Betriebs die Backstube Ihrer Bäckerei/Konditorei. Nachdem Ihnen Ihr Chef die unterschiedlichen Backöfen in der Produktion und im Verkauf erklärt hat, beobachten Sie die Veränderungen der Teiglinge beim Backen im Ofen.

- Worin unterscheiden sich ein Etagenofen und ein Stikkenofen?
- Welche Vorteile hat der Ladenbackofen?
- Was geschieht beim Ofentrieb in den Brotteiglingen?
- Wie bilden sich die Krume und die Kruste bei steigenden Temperaturen während des Backprozesses?
- Welche Wirkungen hat der Schwaden beim Backen?
- Wie werden Holzofenbrote gebacken?

Gebäckeigenschaften durch das Backen

- Aus Teigen und Massen entstehen beim Backen verdauliche und gut bekömmliche Gebäcke.
- Die Gebäcke erhalten durch die Backhitze zahlreiche Geruchs- und Geschmacksstoffe, vor allem an der Kruste.
- Die Kruste bekommt eine appetitliche braune Farbe.
- Es entstehen schnitt- und bestreichfähige Backwaren.

LF 2.2

27.1 Backöfen

Etagenofen

Der Etagenofen eignet sich zum Backen aller Backwaren.

Besonderheiten eines Etagenofens

- Ein Etagenofen besteht aus mehreren Öfen übereinander.
- Die Teiglinge für Brote und Kleingebäcke können auf Abziehrahmen in einem Zug schnell in die Öfen auf die Ofenplatten geschoben werden.
- Die Brote und Kleingebäcke werden direkt auf den heißen Ofenplatten gebacken.
- Die Teiglinge und Massen auf Backblechen werden auf die Ofenplatten geschoben und gebacken.

Etagenbackofen

Vorteile eines Etagenofens

Jeder einzelne Ofen hat separate Funktionen:
- Jeder Ofen kann einzeln ein- und ausgeschaltet werden. So kann Energie eingespart werden, weil nur so viele Öfen wie nötig beheizt werden.
- In jedem Backofen kann eine unterschiedliche Backhitze eingestellt werden, sodass in jedem Ofen verschiedene Gebäcke gebacken werden können.
- Durch getrennte Thermostate kann in jedem Backofen die Ober- und Unterhitze gesondert geregelt werden.
- In jedem einzelnen Ofen kann Schwaden gegeben und der Zug gezogen werden. So kann in jedem Ofen feuchte bzw. trockene Backhitze, die die Gebäcke benötigen, gesteuert werden.

Backwaren, die bevorzugt im Etagenofen gebacken werden

- Brote werden direkt auf der heißen Ofenplatte gebacken, die dadurch eine kräftige Kruste erhalten, vor allem auch eine ausgeprägte Bodenkruste.
- Brezeln und roggenhaltige Kleingebäcke bekommen beim direkten Backen auf der heißen Ofenplatte eine bessere Rösche als auf Blechen gebacken.
- Großvolumige Backwaren werden auf Backblechen gebacken, z. B. Kuchen, Tortenböden, Hefezöpfe, Stollen, Osterbrote. Meistens sind es nur wenige Bleche, die in den einzelnen Backöfen eines Etagenofens gebacken werden können. Dies ist energiesparend, da ein Stikkenofen mit wenigen Backblechen nicht gefüllt sein würde.

Brote direkt auf der Ofenplatte gebacken

Stikkenofen

Besonderheiten eines Stikkenofens

- Der gesamte Backraum ist ein schrankartiger Raum. Daher benötigt der Stikkenofen wenig Platz.
- Zum Stikkenofen gehört ein Stikkenwagen mit Rädern, ein Blechwagen, in den je nach Größe 16 bis 20 Backbleche Platz haben.
- Teiglinge oder Massen werden auf Backbleche gegeben und zum Backen mit dem Stikkenwagen in den Backraum (Backofen) gefahren. Die fertig gebackenen Backwaren werden so wieder aus dem Ofen gefahren.
- Es können somit auf einmal 16 bis 20 Backbleche mit Gebäcken gebacken werden.
- In einem Backvorgang kann jedoch nur eine Gebäckart von gleicher Größe, bei gleicher Backhitze und Backzeit gebacken werden, z. B. nur Brötchen oder nur Plundergebäcke.
- Aus Energiegründen sollte nur gebacken werden, wenn der Stikkenwagen voll mit Backblechen bestückt ist.

Stikkenofen mit Stikkenwagen

Vorteile eines Stikkenofens

- Durch die Umluftbeheizung, d. h., gleichmäßige Hitzeverteilung der beheizten Luft, und den sich beim Backen drehenden Stikkenwagen werden alle Gebäcke gleichmäßig gebacken.
- Es können viele Backwaren auf einmal in den Ofen gefahren und ausgebacken werden. Das geht bei keinem Backofen so einfach und schnell wie beim Stikkenofen.

Backwaren, die im Stikkenofen gebacken werden

Es werden überwiegend Gebäcke, die eine dünne Kruste haben sollen gebacken, z. B.
- Brötchen, Baguettes, Ciabattas und Fladenbrote,
- Plunder-, Blätterteig- und Mürbeteiggebäcke,
- Biskuitgebäcke, einzeln gebackene Tortenböden und Kapseln sowie Makronengebäcke und Lebkuchen.

LF 2.2

Ladenbackofen

Besonderheiten eines Ladenbackofens

Ladenbackofen

- Ein Ladenbackofen ist ein kleiner Backofen im Verkaufsraum, in den wenige kleine Backbleche passen.
- Es kann ein Ofen mit einem einzigen kleinen Backraum oder ein kleiner Etagenofen sein.
- Der Backofen ist computergesteuert, d. h., die Backtemperatur, die Schwadengabe und die Backzeit für die verschiedenen Backwaren sind programmiert. Dies ermöglicht dem Verkaufspersonal ein einfaches Bedienen und Backen.

Backen mit dem Ladenbackofen

Beim Einschieben der Teiglinge in den Ladenbackofen wird das Warensymbol angetippt und das Backprogramm läuft dann automatisch ab. Am Ende der Backzeit ertönt ein Signalton und die Bleche mit den Backwaren werden aus dem Ofen genommen.

Vorteile eines Ladenbackofens

- Durch das Ausbacken im Laden sehen die Kunden, dass die Ware frisch ist.
- Der Geruch der ofenfrischen Gebäcke macht Appetit und animiert die Kunden zum Kauf.
- Backwaren, die frisch am besten schmecken, können mehrmals am Tag gebacken und den Kunden frisch angeboten werden.
- Die Fachverkäuferinnen können nach Bedarf Backwaren backen, sodass zu jeder Zeit frische Gebäcke vorhanden sind.

Backwaren, die im Ladenbackofen gebacken werden

Im Ladenbackofen werden hauptsächlich nur kleine Gebäcke gebacken:
- Kleingebäcke, z. B. Brötchen und Brezeln
- Gebäckstückchen aus Feinen Backwaren, z. B. Plunder- und Blätterteiggebäcke

Backen im Ladenbackofen

LF 2.2

Aufgaben

1. Welche positive Eigenschaften bekommen Gebäcke durch das Backen?
2. Beschreiben Sie die Besonderheiten eines Etagenofens in Bezug auf
   - die Anordnung der Öfen,
   - das Backen der Gebäcke.
3. Erklären Sie die Vorteile eines Etagenofens.
4. Nennen Sie die Backwaren, die bevorzugt im Etagenofen gebacken werden und geben Sie die Wirkung des Etagenofens auf die Gebäcke an.
5. Nennen Sie die Besonderheiten eines Stikkenofens in Bezug auf
   - den Backraum,
   - die Stikkenwagen,
   - die Gebäcke eines Backvorgangs.
6. Erläutern Sie die Vorteile eines Stikkenofens.
7. Nennen Sie Gebäcke, die bevorzugt im Stikkenofen gebacken werden.
8. Beschreiben Sie die Besonderheit eines Ladenbackofens in Bezug auf
   - die Backofenart,
   - das Backen mit dem Ladenbackofen.
9. Erläutern Sie das Backen mit einem Ladenbackofen.
10. Erklären Sie die Vorteile eines Ladenbackofens.
11. Welche Backwaren werden hauptsächlich im Ladenbackofen gebacken?
12. Vergleichen Sie in Ihrem Betrieb Brötchen und Plundergebäcke, die im Etagenofen oder im Stikkenofen und Ladenbackofen gebacken werden. Sind Unterschiede festzustellen?

27.2 Vorgänge beim Backen (Backprozess)

Beim Backen gelangt die Backhitze von der Teigoberfläche in das Innere der Teiglinge. Wasser ist dabei ein guter Wärmeleiter. Hauptsächlich dringt die Wärme durch die Poren nach innen.

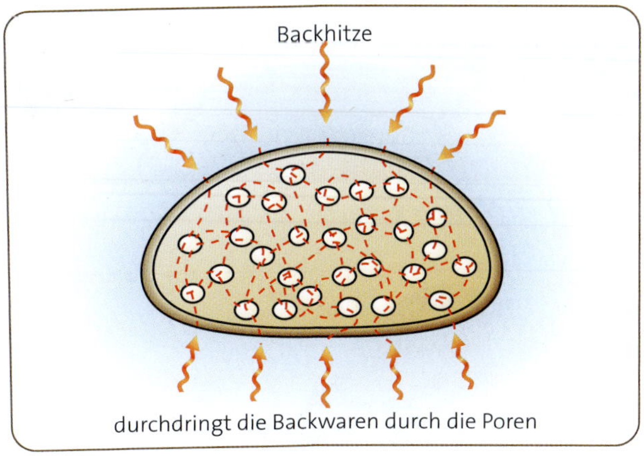

Backen der Teiglinge und Massen zu Gebäcken

Ungelockerte Teiglinge können deshalb nicht ausbacken, sie bräunen nur an der Oberfläche und bleiben im Inneren klebrig und schlecht verdaulich.

Der Backprozess wird in drei Abschnitte unterteilt:
- Ofentrieb
- Krumenbildung
- Krustenbildung

Ofentrieb

Ofentrieb

- Der Ofentrieb beginnt sofort nach dem Einschieben der Teiglinge in den Ofen.
- Beim Ofentrieb vergrößert sich das Volumen der Teiglinge.
- Der Ofentrieb ist beendet, wenn die Teiglinge das endgültige Gebäckvolumen und die Größe der Porung erreicht haben.

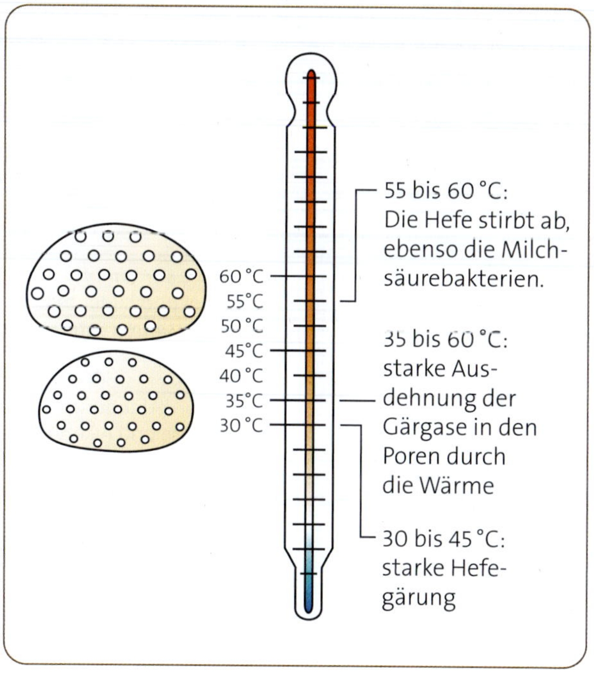

Auswirkungen beim Ofentrieb

Die Teiglinge haben nach der Gare eine Temperatur von ca. 30 °C.

Durch die Backhitze erhöht sich die Temperatur in den Teiglingen zunehmend. Dabei entsteht eine starke Hefegärung und durch die Wärme dehnen sich die Gärgase in den Poren aus. Dadurch kommt es zu einer deutlichen Volumenvergrößerung der Teiglinge. Die Teighaut muss dabei durch den Schwaden feucht und somit elastisch bleiben, damit sie dem Gasdruck nachgeben kann.

Bei ca. 60 °C ist der Ofentrieb abgeschlossen, weil sich die Teigstruktur verfestig hat und deshalb eine Volumenvergrößerung der Teiglinge nicht mehr möglich ist.

Krumenbildung

Bei der Krumenbildung wird aus dem klebrigen Teiginneren durch die Backhitze eine verdauliche, schnitt- und bestreichfähige Krume, die aromatisch schmeckt.

Die Krumenbildung beginnt, indem die Eiweiße gerinnen und die Stärke verkleistert.

Beim Gerinnen geben die Eiweiße das gebundene Teigwasser wieder ab, das gleichzeitig von der Stärke bei der Verkleisterung gebunden wird. So entsteht eine elastische Krume.

LF 2.2

In der Krume steigt die Temperatur beim Backen auf ca. 95 °C, sodass die Krume im gebackenen Gebäck weich bleibt. Erst ab 100 °C verdampft das Wasser, was zum Austrocknen führen würde.

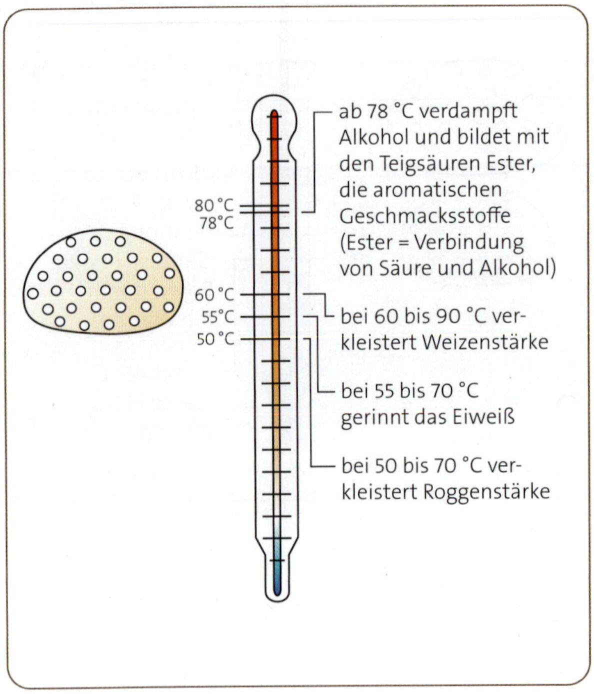

Entstehung der Krume

Krustenbildung

> **!** Die Krustenbildung beginnt, wenn die Teigoberfläche durch die Wasserverdampfung zu einer stabilen und trockenen Randschicht wird. Wenn die Kruste schön gebräunt ist und sie viele Geruchs- und Geschmacksstoffe enthält, ist die Krustenbildung abgeschlossen.

Bildung der Gebäckkruste

Elastische Krume und stabile Kruste

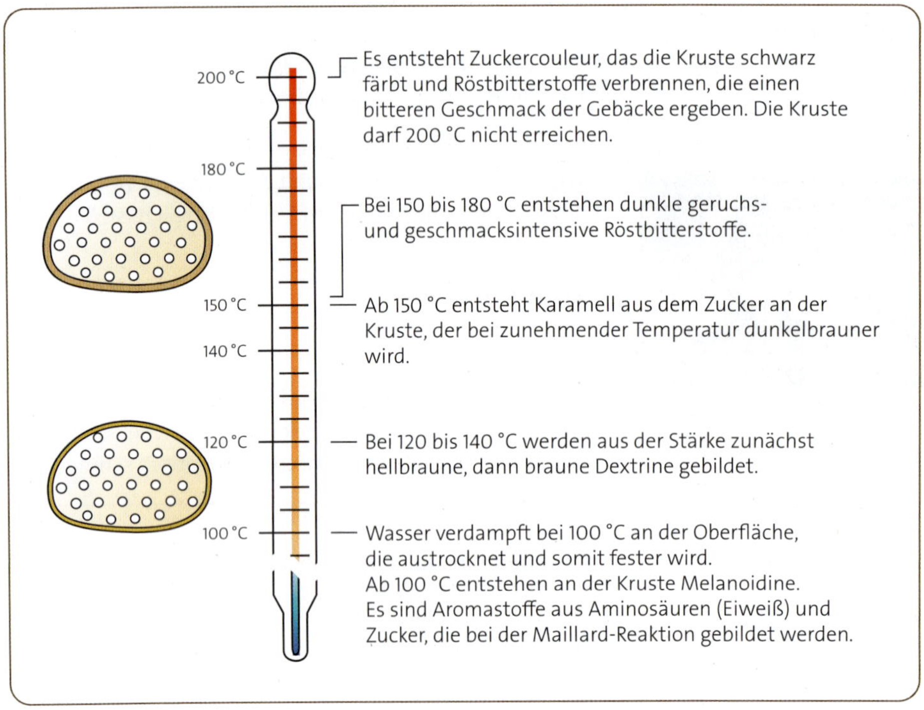

Entstehung der Kruste

Wenn die Teigoberfläche 100 °C erreicht hat, verdampft das Wasser an der Randschicht der Teiglinge, die zur Kruste wird.

Die Backhitze dringt tiefer in die Randschicht ein, sodass die Kruste immer dicker wird. Die Braunfärbung und die Bildung der Aromastoffe nehmen zu.

Je dicker die Kruste und je größer der Krustenanteil bei Gebäcken mit Ausbund ist, umso mehr Geruchs- und Geschmacksstoffe besitzen die Backwaren.

LF 2.2

Aufgaben

1. Erklären Sie folgende Begriffe:
   - Ofentrieb
   - Krustenbildung
   - Krumenbildung
2. Beschreiben Sie die Vorgänge beim Ofentrieb:
   - 30 bis 45 °C
   - 55 bis 60 °C
   - 35 bis 60 °C
3. Erläutern Sie die Vorgänge bei der Krumenbildung:
   - 50 bis 70 °C
   - 60 bis 90 °C
   - 55 bis 70 °C
   - ab 78 °C
4. Erklären Sie, wie durch die Eiweißgerinnung und Stärkeverkleisterung bei der Krumenbildung eine elastische Krume entsteht.
5. Warum bleibt die Krume weich und wird nicht so fest wie die Kruste?
6. Beschreiben Sie die Vorgänge bei der Krustenbildung ab 100 °C:
   - Verfestigung der Kruste
   - Maillard-Reaktion
7. Erklären Sie die Vorgänge bei der Krustenbildung:
   - 120 bis 140 °C
   - 150 bis 180 °C
   - ab 150 °C
8. In Ihrer Bäckerei sind heute Krustenbrote im Angebot. Eine Kundin möchte von Ihnen wissen, wie über der weichen Krume die kräftige Kruste entsteht und warum die Kruste der Brote intensiver schmeckt als die Krume.

27.3 Schwadengabe beim Backen

Beim Einschieben der Teiglinge mit Hefe in den Backofen wird meistens Schwaden in den Ofen gegeben.

> **!** Schwaden ist der Wasserdampf im Ofen oder im Garraum. Unter Schwadengeben versteht man das Einführen von Wasserdampf in den Backofen.

Wirkung von Schwaden beim Ofentrieb

- Der 100 °C heiße Schwaden (Wasserdampf) kühlt auf der ca. 30 °C warmen Teigoberfläche ab und bildet darauf Kondenswasser.
- Die Teigoberfläche bleibt somit feucht und elastisch und kann so dem Druck der sich ausbreitenden Lockerungsgase beim Ofentrieb nachgeben.

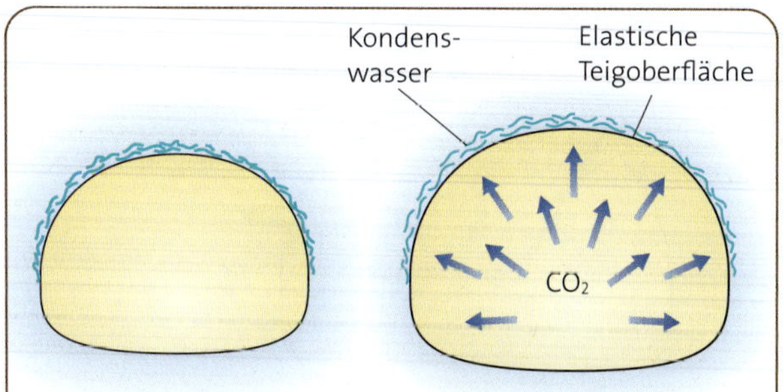

Wirkung von Schwaden

> **!** Durch den Schwaden kann sich das Volumen der Teiglinge beim Ofentrieb vergrößern und sie werden dadurch ausreichend gelockert.

Wirkung des Schwadens auf die Gebäckkruste

Beim Backen bilden sich auf der Gebäckkruste aus Stärke braune Dextrine. Die Dextrine glänzen nur in Verbindung mit heißem Wasser. Deshalb ist das Kondenswasser des Schwadens erforderlich, um eine glänzende Kruste zu erzielen.

> **!** Der Schwaden bewirkt den Glanz der Gebäckkruste, weil Dextrine nur mit Wasser glänzen.

Brötchen mit und ohne Schwaden gebacken

Gebäckfehler ohne Schwadengabe

Werden Teiglinge mit Hefe ohne Schwaden oder mit zu wenig Schwaden in den Ofen geschoben, entsteht aus der trockenen Teigoberfläche sehr schnell eine stabile Kruste. Diese kann den sich ausbreitenden Lockerungsgasen nicht nachgeben und die Gebäckkruste reißt.
Auch bleiben die sich bildenden Dextrine an der Gebäckoberfläche ohne Wasserdampf stumpf in der Farbe.

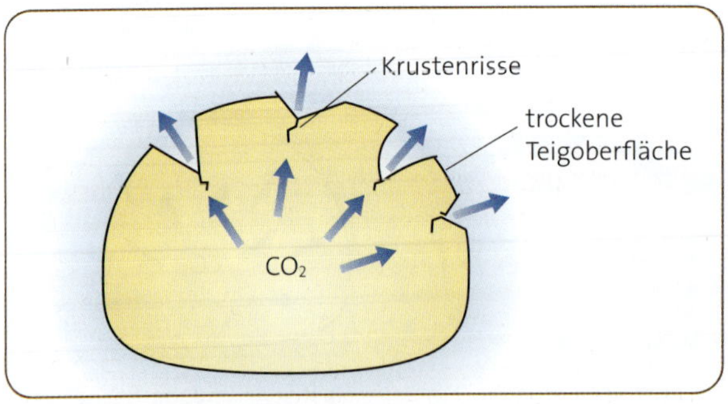

Krustenrisse bei fehlender Schwadengabe

> **!**
> Gebäckfehler durch fehlenden Schwaden sind:
> - kleines Gebäckvolumen
> - rissige Gebäckkruste
> - matte, glanzlose Gebäckkruste

Brötchen mit kleinem Volumen und glanzloser, matter Kruste

Teiglinge, die ohne Schwaden gebacken werden

Teiglinge, deren Oberfläche beim Einschieben in den Backofen bereits feucht und somit elastisch ist, werden ohne Schwaden gebacken. Dies trifft zu bei:

- Teiglingen, die in Brezellauge getaucht sind, z. B. Laugenbrezeln, Laugengebäcke,
- Teiglingen, die mit Eistreiche bestrichen sind, z. B. Hefezöpfe, Blätterteigteiglinge.

LF 2.2

„Der Zug" im Backofen

Jeder Backofen enthält eine kleine Öffnung, die durch einen Kanal nach außen führt. Durch diesen Abzugskanal kann der Wasserdampf aus dem Ofen abziehen. Die Öffnung zum Abzugskanal wird als „Zug" bezeichnet, der geschlossen und geöffnet werden kann.

Geschlossener Zug

Bei geschlossenem Zug ist die Öffnung am Abzugskanal im Ofen mit einer Klappe verschlossen, sodass der Schwaden im Ofen bleibt.

> **!**
> Der Zug wird grundsätzlich geschlossen, bevor beim Einschieben von Teiglingen Schwaden in den Ofen gegeben wird. So bleibt der Wasserdampf im Ofen und die Oberfläche der Teiglinge bleibt lange feucht und elastisch.

Offener Zug

Durch Öffnen des Zugs wird die Klappe des Abzugskanals geöffnet, durch den der Wasserdampf abzieht. Es entsteht eine trockene Backhitze, bei der sich auf den Teiglingen schnell eine Kruste bildet.

Aufgaben

1. Erklären Sie den Schwaden im Ofen und das Schwadengeben.
2. Erläutern Sie die Wirkung von Schwaden beim Ofentrieb.
3. Geben Sie die Wirkung des Schwadens auf die Gebäckkruste an.
4. Nennen Sie die Gebäckfehler, die auftreten, wenn Teiglinge mit Hefe ohne Schwaden bzw. mit zu wenig Schwaden in den Ofen geschoben werden, in Bezug auf
   - das Gebäckvolumen,
   - die Gebäckkruste.
5. Welche Teiglinge mit Hefe werden ohne Schwaden gebacken?
6. Erläutern Sie den Begriff „Zug" im Backofen.
7. Was bewirkt im Backofen
   - ein geschlossener Zug,
   - ein offener Zug?
8. Eine Kundin, die häufiger selbst Brötchen backt, möchte von Ihnen wissen, was sie tun könne, damit ihre Brötchen auch so groß werden und eine so schöne Farbe sowie glänzende Oberfläche bekommen wie die Brötchen der Bäckerei.

27.4 Spezielle Backverfahren für Brote und Kleingebäcke

Backen im Holzofen

Holzofenbrote → Seite 416.

Vorbacken

!

- Dieses Verfahren eignet sich für Roggen- und Roggenmischbrote.
- Die Brotteige werden sehr weich geführt.
- Die Brotteiglinge werden mit sehr hoher Backhitze kurz vorgebacken, bis eine stabile Kruste entsteht.
- Sofort nach dem Vorbacken werden die Brotteiglinge bei normaler Brotbacktemperatur ausgebacken.

Vorbacken der Brotteiglinge

Die Brotteiglinge werden bei voller Gare in einen sehr heißen Backofen bei 350 bis 400 °C ca. fünf Minuten vorgebacken. Die weichen Brotteiglinge erhalten schnell eine stabile Kruste, damit sie nicht breitlaufen können.

Ausbacken der Brote

Sofort nach dem Vorbacken werden die Brote aus dem heißen Ofen genommen und in einen anderen Ofen mit ca. 220 °C geschoben und ausgebacken.

Qualitätsmerkmale der Brote durch das Vorbacken

- Durch das Vorbacken werden gut gelockerte roggenhaltige Brote erzielt. Durch die hohe Anbacktemperatur entsteht in den weichen Teigen ein starker Ofentrieb.
- Die Brote erhalten durch die weiche Brotteigführung einen guten Geschmack und eine lange Frischhaltung.

Unterbruch-Backverfahren

!

Beim Unterbruch-Backverfahren wird das Backen der Brote unterbrochen und zu einem späteren Zeitpunkt fortgesetzt und beendet.

Geeignete Brote

Dieses Verfahren eignet sich nur für
- roggenhaltige Brote mit über 30 % Roggenmehlanteil und
- für Vollkornbrote.

Bei Weizenbroten würden sich die großen Poren durch die Unterbrechung der Backzeit etwas eindrücken und setzen.

Vorbacken

Die Brotteiglinge werden bis zu 50 % der Gesamtbackzeit gebacken.
Die Krumenstruktur ist nun optisch dem fertigen Brot gleich. Die Krumenstabilität ist jedoch noch nicht druckstabil, sie ist weich.

Lagerzeit nach dem Vorbacken

Die vorgebackenen Brote können bei einer Raumtemperatur von ca. 23 °C bis zu 24 Stunden gelagert werden. Die Brote sollten dabei mit Folie abgedeckt werden.

Im Kühlraum bei 4 °C können die Brote bis zu 72 Stunden gelagert werden. Wegen der hohen Feuchtigkeit in der Kühlung ist das Abdecken mit Folie nicht mehr nötig. Es entsteht bei den halbgebackenen Broten in der Kühlung keine **Retrogradation** (Entquellung der Stärke) wie bei fertig gebackenen Broten.

Fertigbacken

Die Brote werden bei ca. 200 °C bei geschlossenem Zug fertig gebacken. Beim Einschieben der Brote Schwaden geben, damit sich die Kruste schön färbt.

Vorteile des Unterbruch-Backverfahrens

Brote können auf Vorrat hergestellt werden. Dies ist vor allem bei Brotsorten, bei denen nur kleinere Mengen benötigt werden, praktisch.
Je nach Kundenbedarf können Brote zu jeder Tageszeit relativ schnell fertiggebacken werden.
Die Qualität der Brote im Unterbruch-Backverfahren ist den einmal gebackenen Broten gleich.

Nachteile

Durch die Lagerzeit zwischen den Backzeiten ergibt sich ein etwas geringeres Brotvolumen.

LF 2.2

Halbgebackene Kleingebäcke

Geeignete Kleingebäcke

Gut geeignet sind
- Weizenkleingebäcke,
- kleine Baguettes,
- roggenhaltige Kleingebäcke und
- Laugengebäcke.

Die Weizenkleingebäcke sollten länglich geformt werden, z. B. zu Schnittbrötchen, sodass das Gebäckvolumen niedrig ist. Zu hohe, großvolumige Weizengebäcke sind nicht geeignet, weil sich nach der kurzen Backzeit die großen, noch nicht stabilen Poren etwas setzen. Das Gebäckvolumen wird niedriger und Setzfalten entstehen seitlich am unteren Rand der Gebäcke.

Vorbacken der Kleingebäcke

- Die Teiglinge 10 bis 12 Minuten backen (ca. 70 % der Gesamtbackzeit).

Die Gebäcke sollten stabil sein, aber fast keine Krustenfarbe haben, nur minimale Bräune.

Lagerung der halbgebackenen Kleingebäcke

- Die halbgebackenen Kleingebäcke sind unverpackt zwei Tage bei Raumtemperatur lagerfähig.
- Ansonsten die Gebäcke nach dem Backen ca. 15 Minuten auskühlen lassen und dann in Folienbeuteln luftdicht verpacken. So sind sie zwei Wochen lagerfähig.
- Bei Filialbelieferung oder Abgabe an Hotels u. a. werden die verpackten Gebäcke bei – 18 °C gefrostet. Schockfrosten ist nicht nötig, weil die Zellen der Krume nicht zerstört werden.

Fertigbacken

- Im Ladenbackofen bei 230 °C mit Schwaden ca. 8 Minuten fertigbacken.
- Im Haushaltsofen bei ca. 210 °C 9 bis 10 Minuten fertigbacken. Die Gebäcke vor dem Fertigbacken an der Oberfläche leicht anfeuchten.

Vorteile

- Die Qualität ist den einmal gebackenen Gebäcken gleich.
- Gebäcke sind für Kunden zu jederzeit vorhanden und können schnell fertiggebacken werden, auch an Sonn- und Feiertagen und im Urlaub.

Fehler	Ursachen
absplitternde Kruste	• zu warme Teigführung • zu trockene Gare • zu lange Backzeit beim ersten Backprozess • zu lange Backzeit oder zu geringe Backtemperatur beim Fertigbacken
Setzfalten	• zu weicher Teig • zu schnelle Gare • zu kurze Backzeit beim ersten Backen
Brezelsalz auf den Laugengebäcken	Unschöne Flecken auf den Laugengebäcken, weil Salz bei der Lagerung bzw. beim Auftauen Feuchtigkeit anzieht. Statt Brezelsalz Ölsamen aufstreuen, z. B. Sesam.

LF 2.2

Aufgaben

1. Erklären Sie das Verfahren beim Vorbacken der Brote.
   - dafür geeignete Brote
   - das Vorbacken
   - das Fertigbacken
   - die Qualitätsmerkmale dieser Brote
2. Beschreiben Sie das Unterbruch-Backverfahren der Brote.
   - dafür geeignete Brote
   - Vorbacken
   - Fertigbacken
   - Vorteile des Unterbruch-Backverfahrens auf die Brote
3. Beschreiben Sie halbgebackene Kleingebäcke.
   - Vorbacken der Kleingebäcke in der Bäckerei
   - Fertigbacken der Kleingebäcke im Ladenofen/Haushalt
   - Vorteile der halbgebackenen Kleingebäcke
4. Backen Sie mit Ihren Kolleginnen halbgebackene Kleingebäcke fertig.
   Vergleichen Sie diese mit den Kleingebäcken, die Sie frisch im Laden verkaufen, in Bezug auf
   - Aussehen der Gebäcke,
   - Geschmack und
   - Preis der Kleingebäcke.

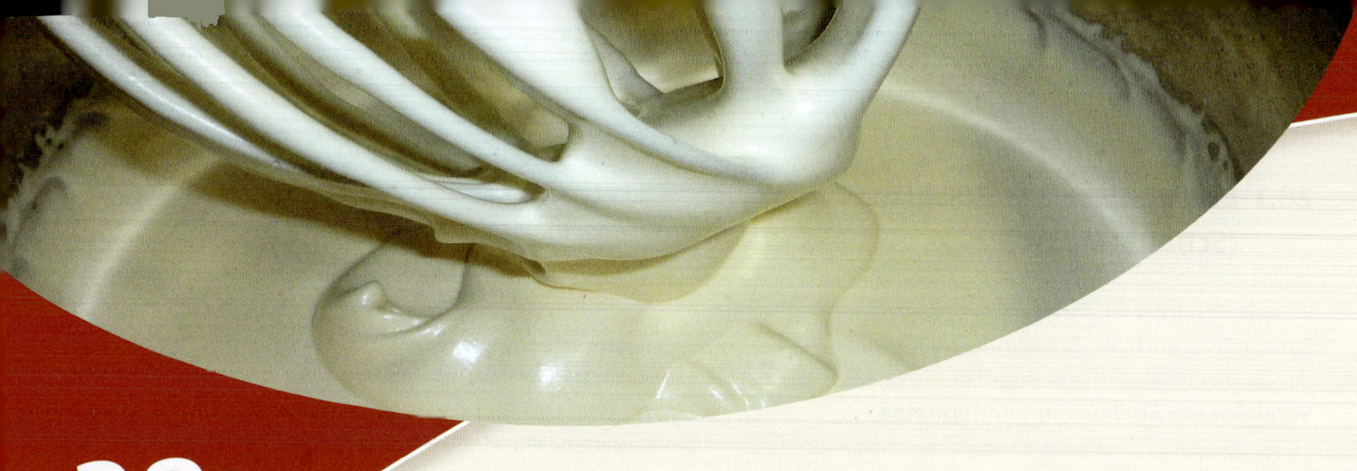

28 Feine Backwaren aus Massen

Situation

Ihre Bäckerei/Konditorei plant eine Aktion über Kaffeegebäcke. Sie sollen dazu Informationstafeln erstellen, die im Ladengeschäft aufgestellt werden.

- Worin unterscheiden sich Teige und Massen?
- Welche Massen gibt es?
- Welche Kaffeegebäcke werden aus Massen hergestellt?
- Welche Besonderheiten zeichnen die Gebäcke aus Massen aus?

Unterscheidung: Teige und Massen

Unterscheidungs-merkmale	Teige	Massen
Arten	• Hefeteige • Plunderteige • Blätterteige • Mürbeteige • Lebkuchenteige	• Biskuitmasse • Wiener Masse • Sandmasse • Baisermasse • Brandmasse • Makronenmasse • Lebkuchenmasse • Röstmasse • Hippenmasse
Hauptrohstoffe	• Mehl • Wasser oder Milch	Eier, Zucker, auch Weizenmehl, Weizenpuder (Weizenstärke) und Fett
Herstellung	Kneten (Ausnahmen: gerührter Hefeteig und Spritzmürbeteig)	Aufschlagen oder Abrösten
Beschaffenheit (Konsistenz)	formbar, rollfähig; geformte Teiglinge behalten ihre Form auch bei der Gare und beim Backen	weich, schaumig; Massen werden aufdressiert (gespritzt) oder in Formen gefüllt und sofort gebacken, da sie gering standfähig sind
Lockerungsmittel	überwiegend Hefe; Ausnahmen: Hirschhornsalz und Pottasche für Lebkuchenteige, Wasserdampf für Blätterteige und Plunderteige	Backpulver, Luft oder Wasserdampf

LF 2.2

Vielfach werden Teige und Massen nicht unterschieden und allgemein als Teige bezeichnet. Fachkräfte kennen jedoch die Unterscheidungsmerkmale.

Einige Bäckereien und Konditoreien stellen die Feinen Backwaren aus Massen mit Convenience-Produkten her. Die Qualität der Erzeugnisse mit den individuellen Rezepturen und herkömmlichen Herstellungsweisen ist jedoch unübertroffen. So wird eine Bäckerei/Konditorei von den Kunden als Fachgeschäft anerkannt und kann sich von den Mitbewerbern, die ausschließlich mit Convenience-Produkten arbeiten, und von der industriell hergestellten Ware abheben.

28.1 Erzeugnisse aus Baisermasse (Schaummasse)

Wegen der lockeren, schaumigen Beschaffenheit wird Baisermasse auch als „**Schaummasse**" bezeichnet.

Vergleich von Eischnee mit Baisermasse

Grundzutaten für Eischnee

1000 g Eiklar
bis zu 1000 g Zucker
ca. 2 g Salz (1 Prise Salz)

Eiklar wird mit Zucker und einer Prise Salz zu Eischnee aufgeschlagen. Der Eischnee wird sofort weiterverarbeitet, z. B. zu Biskuitmasse.

Eiklar, Zucker und Salz

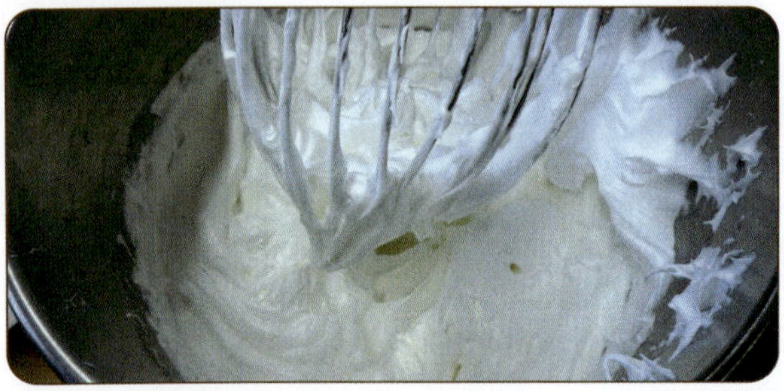

Stabiler, cremiger Eischnee

Grundzutaten für Baisermassen

1000 g Eiklar
1500 bis 2000 g Zucker
ca. 2 g Salz (1 Prise Salz)

- 1000 g Eiklar mit 1000 g Zucker und einer Prise Salz zu Eischnee schlagen.
- 500 g bis 1000 g Puderzucker in den fertigen Eischnee rühren.

Baisermasse mit geschmackgebenden Zutaten:
- Kakaopulver für Schokoladenbaiser
- Mokkapaste für Mokkabaiser
- geriebene Haselnüsse oder Mandeln für Nuss- bzw. Mandelbaiser

!

Baisermasse besitzt das 1,5 bis 2-fache an Zucker, bezogen auf den Eiklaranteil, also einen wesentlich höheren Zuckergehalt als Eischnee.

Durch den hohen Zuckergehalt in der Baisermasse wird der Wassergehalt des Eiklars gebunden, was die bleibende Schaumstabilität längere Zeit gewährleistet.

Eischnee gibt wegen des geringen Zuckeranteils bei der Stehzeit allmählich wieder Wasser ab. Er verliert dabei den stabilen Stand und das große Volumen. Deshalb kann Eischnee nicht für Baisererzeugnisse verwendet werden, da diese zumindest den ganzen Tag in der Verkaufstheke stehen.

Baisererzeugnisse

Schaumrollen

Blätterteigrollen (→ Seite 316) werden innen mit frisch aufgeschlagener Baisermasse mithilfe eines Spritzbeutels gefüllt.

Schaumrollen

Schokoküsse

Hohe Tupfen Baisermasse werden auf Waffelböden gespritzt und mit Fettglasur überzogen. Mehrere Stücke dieser Industrieerzeugnisse werden in Schachteln verpackt angeboten.

LF 2.2

Getrocknete Baisererzeugnisse

Die Baisermasse wird mit einem Dressierbeutel (Spritzbeutel), mit einer Stern- oder Lochtülle, zu den verschiedenen Formen aufdressiert (aufgespritzt).

> **!**
> Die aufdressierte Baisermasse wird im Backofen bei ca. 80 °C getrocknet.
> Die getrockneten Baisererzeugnisse bleiben weiß und sind durch und durch trocken.

Meringen

Spiralen mit großer Sterntülle aufgespritzt. Manchmal wird ein Teil der Meringen in Kuvertüre oder Fettglasur getaucht.

Meringe

Baiserschalen

Sie werden mit Speiseeiskugeln sowie mit Schlagsahne und Früchten gefüllt.

Baiserschale

Baiserböden

- Die dünnen Baiserböden werden mit Buttercreme zu einer Baisertorte zusammengesetzt, z. B. Mandel-Mokka-Baisertorte (Japonaisetorte oder Sarah-Bernard-Torte genannt).
- Einzelne Baiserböden dienen als Unterlage für Eistorten.

Baiserboden

Baiserfiguren

Figuren mit kleinen Tüllen aufdressieren. Die lustigen Figuren eignen sich z. B. als Dekor für Eisbecher oder zum Kindergeburtstag.

Baiserfigur

Abgeflämmte Baisererzeugnisse

- Obsttorten und Obstschnitten mit säuerlichen Früchten wie Johannisbeeren, Sauerkirschen, Stachelbeeren und Rhabarber mit Baisermasse außen dick einstreichen und mit einem Dressierbeutel (Spritzbeutel) mit Sterntülle ausgarnieren.
- Anschließend die Oberfläche der Baisermasse **„abflämmen“**, d. h., die Oberfläche bräunen, am besten mit der offener Flamme eines Bunsenbrenners oder in einem ca. 230 °C heißen Ofen. Innen bleibt die abgeflämmte Baisermasse unverändert weich.

Johannisbeerbaisertorte abflämmen

Johannisbeerbaisertorte

Verkaufsargumente

Qualitätsmerkmale für die Kundenberatung

- Allgemein sind Baisererzeugnisse schaumig und locker und schmecken wegen des hohen Zuckergehalts süß.
- Die säuerlichen Früchte in den abgeflämmten Obstbaisertorten und Obstbaiserschnitten passen gut zur süßen und weichen Baisermasse.
- Schaumrollen sind Blätterteigrollen, die mit süßer und schaumiger Baisermasse gefüllt sind.
- Die weißen getrockneten Baisererzeugnisse schmecken süß und sind durch und durch trocken sowie beim Aufbrechen bröselig.

Frischhaltung

- Schaumrollen sollten am Tag der Herstellung gegessen werden, da die weiche Baisermasse die röschen Blätterteigrollen aufweicht.
- Obstbaisertorten und Obstbaiserschnitten sollten am Tag der Herstellung gegessen werden. Bei längerer Lagerung verliert die Baisermasse zunehmend die Lockerung und wird etwas zäh.
- Getrocknete Baisererzeugnisse sind in einem gut verschlossenen Behälter einige Wochen lagerfähig. Bei offener Lagerung nehmen die Baisererzeugnisse durch den hohen Zuckergehalt Luftfeuchtigkeit auf, sodass sie zäh und klebrig werden.

Besondere Eignung der Baisererzeugnisse

- Baisererzeugnisse werden von Kunden bevorzugt, die Süßes mögen.
- Mit Sahne, Speiseeis und Früchten gefüllte Baiserschalen eignen sich als Sahne- und Eisdesserts.
- Figuren aus getrocknetem Baiser sind ein schöner Dekor für Eisbecher und zum Kindergeburtstag.
- Getrocknete Baiserböden eignen sich nur für Cremetorten, weil Buttercreme bzw. Fettcreme keine Feuchtigkeit abgibt.

Aufgaben

1. Nennen Sie verschiedene Teige und Massen.
2. Nennen Sie die hauptsächlichen Unterscheidungsmerkmale der Teige und Massen in Bezug auf
   - Hauptrohstoffe,
   - Herstellung,
   - Beschaffenheit (Konsistenz),
   - Lockerungsmittel.
3. Nennen Sie die zwei Grundzutaten der Baisermasse und geben Sie das Verhältnis der Zutaten zueinander an.
4. Nennen Sie getrocknete Baisererzeugnisse.
5. Beschreiben Sie, wie aufdressierte Baisererzeugnisse getrocknet werden.
6. Nennen Sie abgeflämmte Baisererzeugnisse.
7. Erklären Sie das Abflämmen der Baisererzeugnisse und geben Sie die Beschaffenheit des abgeflämmten Baisers an.
8. Beschreiben Sie den Kunden die Baisererzeugnisse in Bezug auf Geschmack und Beschaffenheit.
9. Geben Sie Auskunft über die Frischhaltung bzw. Lagerfähigkeit folgender Baisererzeugnisse:
   - abgeflämmte Baisererzeugnisse
   - getrocknete Baisererzeugnisse
10. Welchen Kunden empfehlen Sie Baisererzeugnisse?
11. Schlagen Sie einen Eischnee mit Eiklar und Zucker im Verhältnis 2 : 1 auf und eine Baisermasse im Verhältnis 1 : 2. Füllen Sie die Massen jeweils in Blätterteigrollen. Beurteilen Sie die Schaumrollen in Bezug auf den Geschmack. Beobachten Sie die Schaumrollen ca. sechs Stunden nach der Herstellung.

LF 2.2

Rechenaufgabe

Aus einer Baisermasse mit 750 g Eiklar und 1500 g Zucker werden 80 Meringen gespritzt. Beim Trocknen der Erzeugnisse verdunstet das Wasser des Eiklars, also 82 % des Eiklars.

a) Wie schwer war eine aufgespritzte Meringe vor dem Trocknen? (Runden Sie auf ganze Gramm.)

b) Wie viel g Wasser des Eiklars ist beim Trocknen verdunstet?

c) Berechnen Sie das Gewicht einer Meringe nach dem Trocknen beim Verkauf.

d) Das Eiklar wird mit Eiweißpulver und Wasser im Verhältnis 1,2 : 10 hergestellt. Ermitteln Sie die benötigte Menge an Eiweißpulver und Wasser.

28.2 Backwaren aus Wiener Masse

!

Die Wiener Masse ist wie die Biskuitmasse eine eierreiche Masse. Der einzige Unterschied ist:
- Wiener Masse wird mit einem geringen Anteil Fett hergestellt.
- Biskuitmasse enthält in der Rezeptur kein Fett.

Biskuitmasse wird auf → Seite 161 beschrieben.

Wiener Masse	Biskuitmasse
• 4 Teile Eier • 2 Teile Zucker • 1 Teil Weizenmehl • 1 Teil Weizenstärke • 1 Teil Butter oder Margarine	• 4 Teile Eier • 2 Teile Zucker • 1 Teil Weizenmehl • 1 Teil Weizenstärke

Vergleich der Tortenböden

Die Unterschiede der Tortenböden aus Biskuitmasse und Wiener Masse ergeben sich durch den Fettanteil in der Wiener Masse. Wegen der Vorteile werden überwiegend Wiener Böden hergestellt.

Wiener Böden	Biskuitböden
• lockere, feinporige Tortenböden • etwas weichere und elastischere Tortenböden • etwas längere Frischhaltung, da die Tortenböden nicht so schnell trocknen	• lockere, großporige Tortenböden • weiche, aber etwas trockenere Tortenböden • kurze Frischhaltung, da die Tortenböden schnell trocken werden

Aufgeschlagene Eiermasse für Wiener Masse

Lockerung

Die Lockerung der Wiener Masse und Biskuitmasse erfolgt ausschließlich durch die Luft, die beim Aufschlagen der Eier eingeschlagen und vom Eiweiß festgehalten wird. Die Massen enthalten deshalb kein Backpulver.

Bestimmungen der Leitsätze

Backwaren aus **Wiener Masse** enthalten auf 100 Teile Mehl und Weizenstärke (Weizenpuder) mindestens 66,7 % Vollei und mindestens 6 % Butter oder Margarine.

Rezeptbeispiel:
Wiener Masse für Tortenböden in Ringen

Dieses Rezept ergibt die Masse für einen Tortenring von 26 cm Durchmesser und 6 cm Höhe.

350 g	Vollei (7 Stück)
200 g	Zucker
1	Prise Salz (ca. 2 g)
	Zitronen- und Vanillearoma
120 g	Weizenmehl, Type 405 oder 550
100 g	Weizenstärke
100 g	Butter
870 g	**Wiener Masse**

Herstellung einer Wiener Masse
- Die Eier mit Zucker, Salz und Aromen auf ca. 45 °C erwärmen und dann mindestens 25 Minuten zu einer stabilen Eiermasse aufschlagen.
- Das gesiebte Weizenmehl mit Weizenstärke in die Eiermasse melieren (unterheben) und zum Schluss die flüssige Butter melieren.

Die Wiener Masse in Tortenringe bis ca. 1 cm unter den Rand füllen.

Backen bei 200 °C, 30 Minuten.

Einfüllen der Wiener Masse in Tortenringe

LF 2.2

Fertig gebackener Wiener Boden

Schokoladenböden
Wiener Masse mit Kakaopulver:
Wie das Rezeptbeispiel auf → Seite 447, allerdings werden statt 100 g Weizenstärke 30 g Kakaopulver und nur 70 g Weizenstärke verwendet.

Nussböden, Mandelböden
Wiener Masse mit geriebenen Haselnüssen bzw. Mandeln: Wie das Rezeptbeispiel auf → Seite 447, allerdings werden 100 g geröstete, geriebene Nüsse bzw. Mandeln und dafür nur 50 g statt 100 g Weizenstärke verwendet.

Heller Wiener Boden, Schokoladenboden, Nussboden

Sacherböden aus Sachermasse
Sacherböden sind Tortenböden mit hohem Schokoladenanteil und als Fett darf nur Butter verwendet werden.

Bestimmungen der Leitsätze
Sachermasse ist eine Schokoladenmasse. Sie enthält auf 100 kg Weizenmehl (und Weizenstärke)
- mindestens 100 kg Schokolade oder eine entsprechende Menge Kakaopulver (30 bis 40 g),
- mindestens 100 kg Butter,
- mindestens 200 kg Vollei.

Wiener Masse für einzeln gebackene Tortenböden

Rezeptbeispiel:
Wiener Masse für einzeln gebackene Tortenböden

Dieses Rezept ergibt 6 Böden für eine Torte.

180 g	Eigelb (9 Stück)
50 g	Zucker
	Zitronen- und Vanillearoma
270 g	Eiklar (9 Stück)
100 g	Zucker
1	Prise Salz (ca. 2 g)
80 g	Weizenmehl, Type 405 oder 550
80 g	Weizenstärke
100 g	Butter
860 g	**Wiener Masse**

Die Wiener Masse mit einem Streichring von 26 cm Durchmesser ca. 5 mm dick aufstreichen.
Die Böden bei 210 °C hellbraun backen.

Besonderheiten der einzeln gebackenen Wiener Böden
Die dünnen Tortenböden sind kompakter und nicht so locker und weich wie die hohen Tortenböden aus den Ringen. Außerdem haben sie eine dünne, weiche Krustenhaut, sodass mehrere Böden übereinander bei Torten geschmackvoller sind als die Tortenböden aus Ringen.

Verwendung: z. B. Prinzregententorten, Herrentorten

Aufstreichen der Wiener Masse für einzeln gebackene Tortenböden

Kapseln aus Wiener Masse
Die Wiener Masse wird auf ein mit Backpapier belegtes Blech gestrichen und hellbraun gebacken.
Verwendung der Kapseln:
- Desserts und Petits Fours, z. B. werden Kapseln mit Creme gefüllt, übereinandergesetzt und zu Stücke geschnitten
- Rouladen: Kapseln werden mit Konfitüre, Cremes oder Schlagsahne gefüllt und zu Rouladen gerollt.

LF 2.2

Aufstreichen der Wiener Masse für Kapseln

Sahneroulade

Aufgaben

1. Geben Sie den Unterschied in der Rezeptur zwischen der Biskuitmasse und der Wiener Masse an.
2. Vergleichen Sie Tortenböden aus Biskuitmasse und aus Wiener Masse in Bezug auf
   - Porung der Tortenböden,
   - Beschaffenheit der Krume,
   - Frischhaltung.
3. Wodurch werden Wiener Böden und Biskuitgebäcke gelockert?
4. Nennen Sie den zusätzlichen Rohstoff der Wiener Masse für
   - Schokoladenböden,
   - Nussböden.
5. Erklären Sie die Herstellung einzeln gebackener Wiener Böden.
6. Nennen Sie die Besonderheiten der einzeln gebackenen Wiener Böden gegenüber Wiener Böden in Ringen gebacken.
7. Für welche Torten werden einzeln gebackene Wiener Böden verwendet?
8. Erklären Sie, wie Kapseln aus Wiener Masse hergestellt werden.
9. Wofür werden Kapseln aus Wiener Masse verwendet?
10. Stellen Sie in Ihrer Berufsschule jeweils eine Torte, z. B. Prinzregententorte oder Herrentorte, mit einzeln gebackenen Wiener Böden und mit einem Wiener Boden in einem Ring gebacken her. Beurteilen Sie die Torten in Bezug auf die Lockerung der Tortenböden und auf den Geschmack der Torten.

Rechenaufgaben

1. Wiener Masse für Tortenböden wird mit folgendem Rezept hergestellt:
   2800 g Vollei, 1600 g Zucker, 960 g Weizenmehl, 800 g Weizenstärke, 800 g Butter, 40 g Salz, Zitronen- und Vanillearoma für die ganze Masse.
   Das Rezeptgewicht beträgt ⅔ vom Litergewicht der Wiener Masse, die in Tortenringe gefüllt wird.
   a) Berechnen Sie das Litergewicht der Wiener Masse.
   b) Wie viel Tortenböden erhält man aus der Masse, wenn in einen Tortenring 2,180 l Wiener Masse gefüllt werden?
2. Die aufgeschlagenen Eier für eine Wiener Masse haben ein Litergewicht von 200 g. Nach dem Melieren (Unterheben) von Weizenmehl, Weizenstärke und Butter beträgt das Litergewicht 450 g.
   Für Wiener Böden werden 2100 g Vollei und 1200 g Zucker aufgeschlagen.
   In die Eiermasse werden 720 g Weizenmehl, 600 g Weizenstärke und 600 flüssige Butter meliert.
   Berechnen Sie das Volumen der Masse
   a) nach dem Aufschlagen der Eiermasse,
   b) nach dem Melieren von Weizenmehl, Weizenstärke und Butter.
3. Berechnen Sie die Materialkosten für 1 Wiener Boden mit der Rezeptur der Aufgabe 1.

Vollei	0,16 €/Stück (1 Vollei = 50 g)
Zucker	0,95 €/kg
Weizenmehl	45,00 €/dt
Weizenstärke	0,90 €/kg
Butter	2,80 €/kg
Salz, Aromen	0,30 €/pauschal

LF 2.2

28.3 Gebäcke aus Sandmasse

Sandmassen sind eierreiche Massen mit den gleichen Zutaten wie die Wiener Massen, nur mit einem höheren Fettanteil sowie mehr Zucker und Weizenmehl/Weizenstärke.

Weil bei allen Sandmassen die Butter oder Margarine schaumig gerührt und die anderen Zutaten hineingerührt werden, bezeichnen sie Nichtfachkräfte auch als **„Rührmassen"** und die Kuchen daraus als **„Rührkuchen"**.

Bestimmungen der Leitsätze
Sandmasse enthält mindestens 20% Butter oder Margarine und mindestens 20% Vollei, berechnet auf das gesamte Massengewicht.

Gebäcke aus Sandmasse

Kuchen	Blechkuchen mit Früchten	Kuchen aus kleinen Förmchen
• Sandkuchen • Marmorkuchen • Nusskuchen • Eierlikörkuchen • Rotweinkuchen • Englischer Kuchen • Baumkuchen	• Donauwellen mit Sauerkirschen • Schnitten mit Stachelbeeren, Aprikosen, Sauerkirschen	• Muffins mit Früchten oder Schokoladenstückchen, es sind kleine, runde Kuchen in Papiermanschetten und in kleinen Förmchen gebacken

Blechkuchen aus Sandmasse

Grundrezept für eine Sandmasse

Das Grundrezept für eine Sandmasse ergibt eine „Gleichschwermasse", da alle Hauptzutaten in der Rezeptur die gleiche Menge aufweisen.

Grundrezept für eine Sandmasse, z. B. Sandkuchen

- 500 g Vollei
- 500 g Zucker
- 500 g Butter oder Margarine
- 500 g Weizenmehl/Weizenstärke (250 g/250 g)
- 15 g Backpulver
- 1 Prise Salz (ca. 2 g)
- Zitronen- und Vanillearoma

Die Lockerung der Sandmasse erfolgt mit Backpulver, da beim Aufschlagen der Masse zu wenig Luft eingeschlagen wird.

Bedeutung der Weizenstärke für die Gebäcke

Um eine lockere, weiche Krumenstruktur zu erzielen, wird Sandmasse meist mit Weizenmehl und Weizenstärke zu gleichen Gewichtsteilen hergestellt.

- Verwendet man für Sandmassen nur Weizenmehl, wird die Krume der Kuchen wegen der starken Kleberbildung zu kompakt, mit zu festem Biss. Das Gebäckvolumen ist zu klein.
- Durch die Weizenstärke werden Kuchen aus Sandmasse lockerer und „sandig". Verwendet man nur Weizenstärke, ist die Krume der Kuchen zu locker und zu sandig sowie etwas trocken.
- Beim Backen verkleistert die Weizenstärke bei 60 bis 90 °C und kann dabei das 10-fache des Eigengewichts an Wasser binden. So wird der geringe Wasseranteil von den Eiern in der Sandmasse völlig gebunden, sodass die Kuchen trocken werden und somit sandig wirken.

Lockere Sandkuchen

LF 2.2

Bestimmungen der Leitsätze

- **Sandkuchen:** Sie werden aus Sandmasse hergestellt.
- **Marmorkuchen:** Sie werden aus heller und zu mindestens einem Drittel aus kakaohaltiger Sandmasse hergestellt.
- **Englische Kuchen:** Sie werden aus Sandmasse hergestellt, der auf 100 kg Masse mindestens 30 kg Sultaninen, Korinthen und kandierte Früchte wie Zitronat, Orangeat und Belegkirschen zugegeben werden.

Zitronen- und Eierlikörkuchen sind Sandkuchen, bei denen der Zitronen- bzw. Eierlikörgeschmack deutlich wahrnehmbar ist.

Englischer Kuchen

Kuchenformen

- rechteckige Kastenformen
- Gugelhupfformen (gerippte Ringformen)
- glatte Ringformen
- Rehrückenformen

Ringform, Kastenform, Rehrückenform, Guglhupfform

Marmorkuchen

Die Herstellung von Kuchen aus Sandmasse wird am Beispiel von Marmorkuchen beschrieben. Gegenüber gewöhnlicher Sandmasse wird bei Marmorkuchen ca. ein Drittel der Sandmasse mit Kakaopulver zu einer Schokoladenmasse verrührt.

Rezeptbeispiel: Marmorkuchen

1000 g 1000 g	Butter Zucker 1 Prise Salz (ca. 2 g) Zitronen- und Vanillearoma	Butter, Zucker, Salz und Aromen leicht schaumig schlagen.
1000 g	Vollei (ca. 20 Stück)	Die Eier nach und nach in die Buttermasse rühren, sodass die Masse immer glatt gerührt ist.
500 g 500 g 30 g	Weizenmehl, Type 405 oder 550 Weizenstärke Backpulver	Weizenmehl, Weizenstärke und Backpulver miteinander sieben und zum Schluss in die Masse nur kurz einrühren.
70 g 100 g	Kakaopulver Milch	Kakaopulver mit der Milch anrühren und mit ca. 1/3 der Masse zu einer Schokoladenmasse verrühren.
4200 g	**Masse**	

Einfüllen in Kuchenformen und Marmorieren der Sandmasse

- Die helle Masse in gefettete Formen füllen.
- Die Schokoladenmasse auf die helle Masse geben.
- Mit einer Gabel mit wenigen Drehungen spiralförmig kreisen, damit die Schokoladenmasse zwischen der hellen Masse ein marmoriertes Muster im Kuchen ergibt.

Backen: 200 °C

Backzeit: ca. 45 Minuten, je nach Größe der Kuchen

Überziehen: Die abgekühlten Marmorkuchen mit Schokoladenkuvertüre oder Fettglasur überziehen.

Marmoriertes Muster im Marmorkuchen

LF 2.2

Sandmasse mit Speiseöl

Bei den Rezepturen der Sandmassen, z. B. für Sand-, Eierlikör-, Zitronen und Schokoladenkuchen, kann anstelle von Butter oder Backmargarine Speiseöl verwendet werden.

Die Herstellung der Sandmasse mit Öl erfolgt im einfachen und schnellen „All-in-Verfahren", bei dem alle Zutaten zusammen verrührt werden.
Die Kuchen mit Speiseöl sind weicher und zarter als mit Butter hergestellte Kuchen.

Verkaufsargumente

Qualitätsmerkmale für die Kundenberatung
- Kuchen aus Sandmasse sind ei- und fettreiche Gebäcke.
- Es sind lockere und weiche Kuchen mit aromatischem Kuchengeschmack.

Frischhaltung
Kuchen aus Sandmasse werden bei kühler Raumtemperatur aufbewahrt. Sie sind einige Tage frisch, vor allem eingeschweißte Kuchen.

Nach Ladenschluss sollten nicht verpackte Kuchen im Bäckerei-/Konditoreigeschäft über Nacht mit Folie abgedeckt werden, um das Austrocknen zu verzögern. Diese Empfehlung sollte auch den Kunden gegeben werden.

Unverpackte Kuchen sollten möglichst frisch verkauft werden, weil frische Kuchen die vollen Qualitätsmerkmale besitzen. Sie sind besonders weich und haben den gewünschten vollen Kuchengeschmack. Kaufen Kunden frische Kuchen, können sie bei den Kunden noch gelagert werden.

Besondere Eignung der Gebäcke
- Kuchen aus Sandmasse sind in ihrer Vielfalt auf jedem Kaffeetisch beliebt.
- Wegen der längeren Frischhaltung eignen sie sich auch als Vorratsgebäcke.
- Wegen der problemlosen Lagerung werden Kuchen aus Sandmasse gerne auf Reisen mitgenommen.

Amerikaner

Die Rezeptur der Amerikaner kann keiner Masse zugeordnet werden. Es ist eine teigähnliche Masse aus den Hauptzutaten Mehl und Milch. Da beim Aufschlagen der Masse von Mehl und Milch Kleber entsteht, wird als Lockerungsmittel Hirschhornsalz zugegeben, das stark und großporig lockert. Die flache, glatte Seite der gebackenen Amerikaner dick mit Fondant oder Fettglasur bestreichen.

LF 2.2

Amerikaner

Rezeptbeispiel: Amerikaner

1000 g	Weizenmehl
700 g	Milch
500 g	Zucker
200 g	Butter oder Crememargarine
100 g	Eier (2 Stück)
20 g	Hirschhornsalz
	Zitronen- und Vanillearoma
2520 g	**Masse**

Alle Zutaten zusammen zu einer glatten Masse schlagen.

Die Masse in großen Tupfen auf Backbleche spritzen.
Backen: 200 °C, hellbraun

Verkaufsargumente

Qualitätsmerkmale
- Amerikaner bestehen hauptsächlich aus Weizenmehl, Milch und etwas Zucker.
- Es sind lockere, fettarme Gebäcke, die gut bekömmlich sind.

Frischhaltung
Am Tag der Herstellung schmecken Amerikaner am besten, da sie danach trocken werden.

Besondere Eignung
- Amerikaner sind Kaffeegebäcke.
- Auch Kinder essen sie gerne.

Baumkuchen

Baumkuchen – Symbol der Konditorei; mit Zuckerglasur und mit Schokoladenkuvertüre überzogen

Der Baumkuchen ist das Symbol der Konditorei.
Wegen der hervorragenden Qualität wird der Baumkuchen als König der Kuchen bezeichnet.

Bestimmungen der Leitsätze

- Baumkuchenmassen enthalten auf 100 kg Weizenmehl und Weizenstärke mindestens 100 kg Butter und mindestens 200 kg Vollei.
- Es werden auch Mandeln, Marzipanrohmasse, Nüsse und/oder Nugatmasse zugegeben.
- Backpulver wird nicht verwendet.
- Baumkuchenmassen werden in dünnen Schichten gebacken.
- Der Überzug der Baumkuchenerzeugnisse besteht entweder aus Schokoladenkuvertüre oder Zuckerglasur (Aprikotur und Fondant). Die Verwendung von Fettglasur ist nicht erlaubt.

Baumkuchen wird aus einer sehr eierreichen Sandmasse hergestellt, bei der nur Butter als Fett verwendet werden darf.

Rezeptbeispiel: Baumkuchenmasse	
1000 g	Butter
1000 g	Zucker
2100 g	Vollei (42 Stück)
500 g	Weizenmehl, Type 405 oder 550
500 g	Weizenstärke
300 g	Marzipanrohmasse
100 g	Rum
5 g	Salz
	Zitronen und Vanillearoma
5505 g	**Masse**

Herstellen von Baumkuchen

Baumkuchen werden in einem grillähnlichen Ofen mit Heizschlangen an der Rückwand auf einer Walze gebacken.

Auftragen der Baumkuchenmasse auf eine gebackene Schicht

- Die weiche Baumkuchenmasse wird in einer dünnen Schicht auf die Walze aufgetragen.
- Die dünne Massenschicht auf der sich ständig langsam drehenden Walze wird durch die Hitze der Heizschlangen hellbraun gebacken. So wird Schicht für Schicht auf die Walze aufgetragen und gebacken.
- Nach ca. 12 glatten Schichten wird die aufgetragene Masse mit den Zähnen eines Rechens abgeschabt, damit Ringe entstehen. Circa sechs Schichten ergeben die Ringe.

Mit einem Rechen die Masse abschaben, damit Ringe entstehen

Zuckerglasur
Sofort nach dem Backen die heißen Baumkuchen mit kochender Aprikotur dünn bestreichen und dann mit temperiertem Fondant glasieren.

Überzug
Die völlig ausgekühlten Baumkuchen werden mit Schokoladenkuvertüre bestrichen.

Vorteile der Glasur und der Schokoladenkuvertüre

- Sie verschönern die Baumkuchen.
- Sie verbessern den Geschmack der Baumkuchen.
- Sie verzögern das Austrocknen der Baumkuchen.

LF 2.2

Name des Baumkuchens

Den Namen hat der Baumkuchen wegen des stammförmigen Aussehens. Außerdem sind beim Anschnitt die einzeln gebackenen Schichten zu sehen, die den Jahresringen eines Baums ähnlich sind.

Die einzeln gebackenen Schichten des Baumkuchens

Erzeugnisse aus Baumkuchen

Baumkuchenring

Ein ganzer Ring wird von einem Baumkuchen geschnitten und mit Kuvertüre überzogen.

Halber Baumkuchenring

Ein Baumkuchenring wird halbiert und mit Kuvertüre überzogen.

Baumkuchenspitzen

Ein unglasierter Baumkuchenring wird in kleine trapezförmige Stücke geschnitten. Die Stücke werden mit Kuvertüre überzogen.

Ganzer Baumkuchen

Ein Baumkuchen mit mehreren Ringen wird geschenkmäßig in Klarsichtfolie verpackt.

Baumkuchen, Baumkuchenring, Baumkuchenhalbring, Baumkuchenspitzen

Baumkuchentorte

Die Baumkuchenmasse wird in einem Tortenring Schicht für Schicht im Ofen einzeln gebacken. Die Baumkuchentorte wird mit Schokoladenkuvertüre überzogen. Baumkuchentorten können auch mit Weincreme oder mit Schokoladenbuttercreme gefüllt werden.

Baumkuchentorte

LF 2.2

Verkaufsargumente

Qualitätsmerkmale für die Kundenberatung

Baumkuchenerzeugnisse sind sehr hochwertige Kuchen. Sie werden mit einem besonders hohen Anteil an Eiern hergestellt, als Fett darf nur Butter verwendet werden, kein anderes Fett.
Einen besonderen Geschmack erhalten die Baumkuchen zudem, weil die Masse bei der Herstellung Schicht für Schicht auf einer Walze gebacken wird.

Überzogen werden Baumkuchenerzeugnisse nur mit Schokoladenkuvertüre, Fettglasur ist nicht erlaubt.
Ganze Baumkuchen können auch mit Aprikotur und Fondant glasiert werden.

Frischhaltung und Aufbewahrung

Baumkuchenerzeugnisse sind frisch, solange sie weich sind und aromatisch schmecken. Sie sollen bei kühler Raumtemperatur aufbewahrt werden und bleiben so einige Tage frisch. Um das Austrocknen durch Luft zu verzögern, wird der Anschnitt der Baumkuchen mit Folie abgedeckt. Baumkuchenspitzen werden in Gebäcktütchen aus Folie verpackt und Baumkuchenringe werden meistens in Folie eingeschweißt.

Besondere Eignung

Baumkuchenerzeugnisse sind besonders feine Gebäcke zum Kaffee und Tee. Sie eignen sich auch als Geschenk.

Aufgaben

1. Das Grundrezept für Sandmasse wird in der Fachsprache als Gleichschwermasse bezeichnet. Erklären Sie die Gleichschwermasse.
2. Unterscheiden Sie die drei folgenden Massen in der Rezeptur:
   - Biskuitmasse
   - Wiener Masse
   - Sandmasse
3. Nennen Sie Gebäcke aus Sandmasse.
4. Nennen Sie die Bestimmungen der Leitsätze für
   - Sandkuchen,
   - Marmorkuchen.
5. Beschreiben Sie das Einfüllen der Masse in Formen für Marmorkuchen.
6. Erklären Sie die Besonderheiten der Masse für Amerikaner.
7. Beschreiben Sie die Qualitätsmerkmale der Kuchen aus Sandmasse für die Kundenberatung.
8. Geben Sie Auskunft über die Frischhaltung und Aufbewahrung der Kuchen aus Sandmasse.
9. Wofür eignen sich Kuchen aus Sandmasse besonders gut?
10. Welche Bedeutung hat der Baumkuchen für das Konditorenhandwerk?
11. Nennen Sie die Bestimmungen der Leitsätze für Baumkuchen.
12. Erläutern Sie, woher der Baumkuchen seinen Namen hat.
13. Erklären Sie den Kunden das Backen eines Baumkuchens.
14. Womit werden Baumkuchen überzogen bzw. glasiert?
15. Nennen und beschreiben Sie Erzeugnisse aus Baumkuchen.
16. Erklären Sie die Qualitätsmerkmale der Baumkuchenerzeugnisse bei der Kundenberatung.
17. Beschreiben Sie die Frischhaltung und Aufbewahrung der Baumkuchenerzeugnisse.
18. Wofür eignen sich Erzeugnisse aus Baumkuchen besonders?
19. Sandkuchen sowie auch Baumkuchen werden aus Sandmasse hergestellt. Beurteilen und vergleichen Sie beide Kuchen in Bezug auf Konsistenz und Lockerung sowie Geschmack. Vergleichen Sie auch jeweils die Dauer der Frischhaltung und unterscheiden Sie den Preis der Kuchen.

Rechenaufgaben

1. Ein ganzer Sandkuchen wiegt im Verkauf 350 g. Die Materialkosten für 22 Sandkuchen werden mit 15,90 € ermittelt. In einer Stunde werden 20 Sandkuchen zum Verkauf fertiggestellt. Der Stundenkostensatz beträgt 68,40 €. Wie hoch ist der Verkaufspreis eines Sandkuchens bei 32 % Risiko und Gewinn und der üblichen Mehrwertsteuer?
2. Baumkuchenspitzen werden in 150-g-Tütchen verkauft.
   Die Materialkosten für 10,500 kg dieser Gebäcke werden mit 19,25 € ermittelt.
   In einer Stunde werden 4 500 g Baumkuchenspitzen hergestellt. Der Stundenkostensatz beträgt 74,30 €.
   Berechnen Sie den Verkaufspreis eines Tütchens mit Baumkuchenspitzen bei einem Zuschlag für Risiko und Gewinn von 28 % und dem üblichen Mehrwertsteuersatz.
3. Die Materialkosten für 20 Nusskuchen betragen 16,80 €. Die Betriebskosten betragen 107,52 €. An Gewinn werden 16 % und an Risiko 5 % berechnet.
   a) Berechnen Sie die Betriebskosten in %.
   b) Ermitteln Sie den Nettoverkaufspreis der 20 Nusskuchen.
   c) Wie hoch ist der Bruttoverkaufspreis für einen Nusskuchen im Laden mit der gesetzlichen Mehrwertsteuer?
   d) Berechnen Sie den Bruttoverkaufspreis von 1 Stück Nusskuchen im Café, wenn aus einem Nusskuchen 8 Stücke geschnitten werden.
4. Aus 1 Blech Stachelbeerkuchen werden 24 Stücke geschnitten, die im Laden 33,60 € kosten.
   a) Wie hoch ist der Ladenpreis von 1 Stück Stachelbeerkuchen?
   b) Berechnen Sie den Preis von 1 Stück Stachelbeerkuchen im Café.

LF 2.2

28.4 Gebäcke aus Brandmasse

Den Namen hat die Brandmasse, weil sie bei der Herstellung abgeröstet (abgebrannt) wird.

Rezeptbeispiel: Brandmasse

500 g	Vollmilch	• Milch, Wasser, Fett, Zucker, Salz und Aromen kochen. • Weizenmehl in die kochende Flüssigkeit einrühren und unter ständigem Rühren kräftig abrösten, bis das Mehl die Flüssigkeit gebunden hat. • Eier nach und nach in die auf ca. 40 °C abgekühlte Masse rühren.
500 g	Wasser	
250 g	Erdnussfett oder Butter	
25 g	Zucker	
5 g	Salz	
	Zitronen- und Vanillearoma	
500 g	Weizenmehl, Type 405 oder 550	
650 g	Vollei (13 Stück)	
2 430 g	**Brandmasse**	

Abgeröstete Brandmasse

Die Brandmasse wird in entsprechende Formen für die verschiedenen Gebäcke aufdressiert (aufgespritzt) und dann gebacken.

Aufdressierte Windbeutel, Eclairs und Sahnekirschringe

Lockerung der Brandmassegebäcke

Die großen Hohlräume der Gebäcke entstehen ausschließlich durch die Lockerung mit Wasserdampf (physikalische Lockerung).

- Der hohe Wasseranteil der Brandmasse verdampft beim Backen.
- Der Wasserdampf dehnt sich stark aus und wird von der Kruste festgehalten.
- Die elastische Kruste gibt dem starken Wasserdampfdruck von innen nach und dehnt sich aus.

Die Brandmassegebäcke bekommen so ein großes Volumen. Im Gebäckinneren entstehen große Hohlräume, die von dünnen Zwischenräumen umgeben sind.

Aufdressierte und gebackene Brandmasse

Brandmassegebäcke, ganz und im Anschnitt

Waffeln

Für Waffeln wird die Brandmasse im Waffeleisen bei hoher Hitze gebacken und anschließend mit Puderzucker bestaubt oder in Zimtzucker gewälzt.

Waffeln aus Brandmasse

LF 2.2

Gebäcke aus Brandmasse	Füllung	Dekor bzw. Überzug
Windbeutel 	Schlagsahne, evtl. auf den Gebäckboden Früchte legen	Das Oberteil (Deckel) mit Puderzucker bzw. süßem Schnee (Dekorpuder) bestauben.
Sahnekirsch-ringe (Lucca-Augen) 	Auf das Unterteil der Brand-masseringe gebundene Sauerkirschen füllen und mit Kirschwassersahne auf-dressieren.	Den Deckel aprikotieren und in Fondant tauchen.
Eclairs (Liebesknochen) 	Vanillecreme	Den Deckel mit Kuvertüre oder Fett-glasur überziehen.
Mokkaeclairs 	Mokkasahne	den Deckel mit Mokkafondant überziehen
Spritzkuchen (Strauben) 	ohne Füllung	Die obere Hälfte der Gebäcke nach dem Backen in Fondant tauchen oder die Gebäcke sofort nach dem Backen in Zimtzucker wälzen.

Flockensahnetorte

Die Brandmasse mit einem Streichring auf Backbleche streichen. Für eine Torte werden drei Brandmasseböden benötigt, wobei der obere Boden nach dem Aufstreichen mit Streusel bestreut wird.

Aufgestrichene Brandmasseböden; einer mit Streusel

Die Böden aus Brandmasse werden mit Preiselbeeren eingestrichen und mit Rumsahne gefüllt.

Flockensahnetorte

Spritzkuchen (Strauben)

Die Brandmasse wird zu Ringen aufgespritzt und in heißem Fett (Siedefett) schwimmend gebacken.

Nach dem Backen werden die ungefüllten Spritzkuchen

- zur Hälfte in Fondant getaucht oder
- sofort nach dem Backen in Zimtzucker gewälzt.

Spritzkuchen (Strauben) im Fettbackgerät

Spritzkuchen (Strauben)

Verkaufsargumente

Qualitätsmerkmale für die Kundenberatung
Wegen der großen Hohlräume sind es besonders lockere Gebäcke, innen weich und mit einer röschen Kruste. Füllung und Überzug bestimmen den Geschmack.

Frischhaltung
Gebäcke aus Brandmasse schmecken frisch am besten, da sie wegen der feuchten Füllungen weich werden.

Ungefüllte Brandmassegebäcke eignen sich in Folie verpackt gut zum Tiefgefrieren, sodass täglich die benötigte Anzahl an Gebäcken aus dem Froster entnommen, aufgetaut und gefüllt werden kann.

Besondere Eignung
Erzeugnisse aus Brandmasse mit den verschiedenen Füllungen sind vorzügliche Desserts zu Kaffee und Tee.

Aufgaben

1. Nennen Sie die Zutaten, aus denen Brandmasse hergestellt wird.
2. Erklären Sie die Lockerung der Brandmassegebäcke.
3. Nennen und beschreiben Sie bekannte Brandmassegebäcke.
4. Nennen Sie die Qualitätsmerkmale der Gebäcke aus Brandmasse bei der Kundenberatung.
5. Geben Sie Auskunft über die Frischhaltung der Brandmassegebäcke.
6. Wofür eignen sich Brandmassegebäcke besonders gut?
7. Kosten Sie ein ungefülltes Brandmassegebäck. Beurteilen Sie den Geschmack des Gebäcks. Probieren Sie außerdem einen gefüllten Windbeutel vom Vortag und vergleichen ihn mit einem frischen Windbeutel.

LF 2.2

Rechenaufgaben

1. Aus 5 Liter flüssiger Schlagsahne erhält man nach dem Aufschlagen im Sahnebläser 18 l Sahnevolumen. Für 42 Windbeutel werden 12,600 l Volumen Schlagsahne benötigt.
   a) Wie viel l flüssige Schlagsahne werden für die 42 Windbeutel benötigt?
   b) Ermitteln Sie, wie viel ml flüssige Schlagsahne für 1 Windbeutel benötigt werden. Runden Sie auf.
2. 1 Spritzkuchen (Straube) wiegt nach dem Backen 62 g. Die Brandmasse nimmt beim Backen im Siedefett 12 % Fett auf.
   a) Wie viel g Brandmasse wiegt 1 Spritzkuchen? Runden Sie auf.
   b) Berechnen Sie, wie viel kg Brandmasse für 85 Spritzkuchen (Strauben) hergestellt werden müssen.

28.5 Gebäcke aus Röstmasse

Der Name „Röstmasse" bezieht sich auf die Herstellungsweise dieser Masse, bei der die Grundzutaten stark erhitzt (abgeröstet) werden, damit die Masse ihre Bindigkeit erhält.
Die Röstmasse ist die einzige Masse, die ohne Eier hergestellt und die nicht gelockert wird.

Gebäcke aus Röstmasse

- **Bienenstichauflage** mit gehobelten Mandeln auf dem Hefeteig
- **Florentiner** mit gehobelten Mandeln. Der Boden wird mit Kuvertüre bestrichen, in die mit einem gezackten Schaber (Garnierkamm) ein Wellenmuster gezogen wird.
- **Nussknacker** mit ganzen Nüssen auf einem Mürbeteigboden. Der Boden ist mit Kuvertüre bestrichen.
- **Mandelschnitten** mit gehobelten und gestiftelten Mandeln auf einem Mürbeteigboden.

Mandelschnitten

Bienenstich

Zutaten:
- Honig, Zucker und Glukosesirup
- Butter
- Sahne

} auf 112 °C erhitzen (abrösten)

- Mandeln oder Nüsse → werden in die kochende Masse eingerührt
  - gehobelte Mandeln
  - gestiftelte Mandeln
  - ganze geschälte Nüsse für Nussknacker

Der Zucker der Röstmasse karamellisiert beim Backen. Deshalb haben Röstmassegebäcke einen Karamellgeschmack und eine goldbraune Farbe. Die knusprige Beschaffenheit der Gebäcke entsteht, weil der hohe Zuckeranteil nach dem Erkalten der Gebäcke fest wird.

Florentiner

Rezeptbeispiel: Florentiner

Das Rezept ergibt 50 Florentiner mit 8 cm Durchmesser bei einem Massengewicht von ca. 33 g je Florentiner.

200 g	Honig	Die Zutaten der Grundmasse im Kupferkessel auf 112 °C erhitzen.
300 g	Zucker	
100 g	Glukosesirup	
200 g	Butter	
300 g	Schlagsahne	Beim Erhitzen reduziert sich das Gewicht der Grundmasse durch Verdampfen von Wasser auf 1000 g.
1100 g	Grundmasse	
ergibt nach dem Abrösten		
1000 g	**Grundmasse**	
600 g	Mandeln, gehobelt	Mandeln und Orangeat kurz in die erhitzte Grundmasse rühren.
100 g	Orangeat, fein gehackt	
1700 g	**Florentinermasse**	

- Die Röstmasse in teflonbeschichtete Florentinerformbleche oder in Metallringe geben und flach auseinanderdrücken.
- Auf jeden Florentiner in die Mitte eine halbe Belegkirsche legen und bei 200 °C goldbraun backen.

Überziehen
Die abgekühlten Florentiner an der Unterseite mit Schokoladenkuvertüre bestreichen und mit einem Garnierkamm (gezackten Schaber) Wellen ziehen.

Florentiner

Florentinertorte

Florentinertorte
Eine Florentinertorte ist eine Cremetorte mit Karamellgeschmack. Auf jedes Stück der Torte ein tortenstückgroßes Röstmassegebäck, hergestellt mit dem Florentinerrezept, auflegen.

LF 2.2

Nussknacker

Nussknacker bestehen aus einer Röstmasse mit ganzen Haselnüssen auf Mürbeteigböden.
Die Mürbeteigböden sind mit Schokoladenkuvertüre bestrichen.

Nussknacker

Bestimmungen der Leitsätze

Florentiner und Nussknacker dürfen an der Unterseite nur mit Schokoladenkuvertüre überzogen werden. Fettglasur ist nicht erlaubt.

Verkaufsargumente

Qualitätsmerkmale für die Kundenberatung

- Gebäcke aus Röstmasse sind Gebäcke mit vielen Mandeln bzw. Nüssen mit süßlichem Karamellgeschmack der Masse aus Honig, Sahne und Butter.
- Florentiner und Nussknacker sind knusprige Gebäcke, die an der Unterseite mit Schokoladenkuvertüre bestrichen sind.
- Nussknacker und Mandelschnitten bestehen aus einer knusprigen Röstmasse auf Mürbeteigböden.
- Bienenstich enthält eine dünne Schicht knusprige Röstmasse auf dem Hefeteig.

Frischhaltung und Aufbewahrung

Gebäcke aus Röstmasse sind Dauerbackwaren, die mehrere Tage lagerfähig sind, weil sie kaum Wasser enthalten.

Bienenstich sollte wegen des Hefeteigs und der Füllung am Tag der Herstellung gegessen werden.

Die Röstmassegebäcke bei kühler Raumtemperatur aufbewahren.

Die Gebäcke nicht in den Kühlschrank/Kühlraum geben, da der Zucker die hohe Luftfeuchtigkeit in der Kühlung aufnimmt und die Gebäcke ihre knusprige Beschaffenheit verlieren und zäh werden.

Besondere Eignung

Gebäcke aus Röstmasse eignen sich
- zu Kaffee und Tee,
- als kleine Nascherei während des gesamten Tags,
- wegen der problemlosen Aufbewahrung als Gebäcke für Reisen (außer Bienenstich).

Aufgaben

1. Nennen und beschreiben Sie Gebäcke aus Röstmasse.
2. Nennen Sie die Zutaten der Röstmasse.
3. Womit dürfen Florentiner und Nussknacker nach den Bestimmungen der Leitsätze nur überzogen werden?
4. Nennen Sie die Qualitätsmerkmale der Gebäcke aus Röstmasse bei der Kundenberatung.
5. Geben Sie Auskunft über die Frischhaltung und Aufbewahrung der Gebäcke aus Röstmasse sowie von Bienenstich.
6. Beschreiben Sie, wofür sich Gebäcke aus Röstmasse eignen.
7. Testen Sie bei Florentiner und Nussknacker die Dauer der Lagerfähigkeit bei kühler Raumtemperatur ohne Qualitätsverluste der Gebäcke. Bei einem weiteren Versuch geben Sie Florentiner tagsüber in die Kühltheke und über Nacht in den Kühlschrank. Beurteilen Sie die Gebäcke nach einigen Tagen.

Rechenaufgabe

Die Röstmassezutaten wiegen 1150 g. Beim Erhitzen der Zutaten auf 112 °C verdampft 8,7 % Wasser der Röstmasse. Wie viel g Wasser verdampft und wie viel g Masse bleibt nach dem Erhitzen übrig? Runden Sie auf ganze Gramm.

LF 2.2

28.6 Gebäcke aus Makronenmasse

Makronengebäcke bestehen aus drei Grundzutaten:
- Ölsamen (Schalenfrüchte):
  - Mandeln oder Marzipanrohmasse für Mandelmakronen
  - Haselnüsse für Nussmakronen
  - Walnüsse für Walnussmakronen
  - Kokosflocken für Kokosmakronen
- Zucker
- Eiklar

Die Makronengebäcke werden nach den verwendeten Ölsamen benannt.

Mandel-, Nuss-, Kokosmakronen

Bestimmungen der Leitsätze
- Die alleinige Bezeichnung „Makronen" ist nur bei Mandel- oder Marzipanmakronen erlaubt.
- Alle anderen Makronengebäcke sind entsprechend der Art der verwendeten Ölsamen zu benennen, z. B. Nussmakronen, Kokosmakronen.
- Nussmakronen dürfen nur mit Hasel- oder Walnüssen hergestellt werden. Erd- und Kokosnüsse zählen nicht zu den Nüssen. Makronen wie auch Kokosnüsse müssen als Kokosmakronen gekennzeichnet werden.
- Mandel- und Nussmakronen müssen mindestens 22 % Mandeln bzw. Nüsse enthalten.
- Mandel-, Haselnuss- und Wahlnussmakronen sowie Eigelbmakronen dürfen nur mit Schokoladenkuvertüre überzogen werden, Fettglasur ist nicht erlaubt.

Rezeptbeispiel: Mandelmakronenmasse

1000 g	Marzipanrohmasse
700 g	Zucker
300 g	Eiklar (ca. 10 Stück)
	1 Prise Salz (ca. 2 g)
	Zitronenaroma
2000 g	**Makronenmasse**

Kleine Makronengebäcke

Mandelmakronen

Es sind kleine, rund aufgespritzte Makronen auf Oblaten.

Mandelmakronen

Eigelbmakronen

Eigelbmakronen

- Es sind Mandelmakronen, die mit Eigelb statt mit Eiklar hergestellt werden.
- Der Zuckeranteil der Eigelbmakronen ist geringer, sodass sie nicht so süß schmecken.
- Der Boden der Eigelbmakronen wird in Schokoladenkuvertüre getaucht (abgesetzt).

Die kleinen Gebäcke werden auch als „Konfekt" bezeichnet.

LF 2.2

Schokoladenmakronen (Schokomakronen)

Es sind Makronen, die mit Mandeln und/oder Nüssen sowie mit Kakaopulver hergestellt werden.

Schokoladenmakronen

Nussmakronen

Die kleinen, runden Nussmakronen werden auf Oblaten gespritzt und auf jede Nussmakrone wird eine geschälte Haselnuss gelegt, bei Walnussmakronen eine geviertelte Walnuss.

Nussmakronen

Kokosmakronen

Die Kokosmakronenmasse wird mit einer Sterntülle auf Oblaten gespritzt und gebacken.

Kokosmakronen

Zimtsterne

Makronenmasse aus Mandeln oder Nüssen ausrollen, die Oberfläche mit Eiweißglasur bestreichen, mit einem Sternausstecher ausstechen und backen.

Ausrollen der Makronenmasse zwischen zwei Schienen

Aufstreichen der Eiweißglasur mit der Winkelpalette

Ausstechen der Zimtsterne mit einem Klappausstecher

Zimtsterne

LF 2.2

Größere Makronengebäcke, die stückweise verkauft werden

Mandelhörnchen

- Die Mandelmakronenmasse wird in gehobelten Mandeln gerollt und zu Hörnchen geformt.
- Die Enden der Mandelhörnchen werden in Schokoladenkuvertüre getaucht.

Mandelhörnchen

Makronentörtchen (Ochsenaugen)

Mandelmakronenmasse ringförmig auf runde Mürbeteigunterlagen dressieren (spritzen) und innen mit Konfitüre füllen.

Makronentörtchen

Makronenschnitten

Drei Streifen der Mandelmakronenmasse auf Mürbeteigstreifen spritzen und mit Konfitüre zwischen den Makronenstreifen füllen.

Makronenschnitten

Leipziger Lerchen

Gewellte Förmchen mit Mürbeteig auslegen, mit Makronenmasse füllen und backen.

Nussecken

- Mürbeteig ausrollen und auf ein Backblech legen.
- Die Nussmakronenmasse mit Haselnüssen auf den Mürbeteig streichen und backen.
- Nach dem Backen die Gebäcke zu Dreiecken schneiden und die Ränder mit Fettglasur oder Schokoladenkuvertüre überziehen.

Nussecken

Verkaufsargumente

Qualitätsmerkmale für die Kundenberatung

- Makronengebäcke sind süß schmeckende Gebäcke aus Mandeln oder Nüssen bzw. Kokosflocken.
- Frische Makronengebäcke sind innen sehr weich.
- Eigelbmakronen sind wegen des geringeren Zuckeranteils nur leicht süß. Sie werden am Boden mit Schokoladenkuvertüre abgesetzt.

Frischhaltung und Aufbewahrung

Solange Makronengebäcke weich sind, haben sie den vollen geschmacklichen Genusswert und werden somit als frisch bezeichnet.
Makronengebäcke trocknen wegen des hohen Eiklaranteils schon nach kurzer Zeit aus, da das Eiklar die Feuchtigkeit nicht binden kann und deshalb abgibt.

- Kleine Makronengebäcke werden deshalb möglichst bald nach der Herstellung in Klarsichtbeuteln oder in eingeschweißten Gebäckschalen verpackt. Durch die luftdichte Verpackung sind sie bei kühler Raumtemperatur längere Zeit lagerfähig und gehören zu den Dauerbackwaren.
- Die größeren Makronengebäcke, die stückweise verkauft werden, werden unverpackt im Laden angeboten. Über Nacht sollten sie mit einer Folie abgedeckt oder in einen Klimaschrank mit hoher Luftfeuchtigkeit gelegt werden.

Besondere Eignung

- Die kleinen Mandel-, Nuss-, Kokos-, Schokoladen- und Eigelbmakronen sowie Zimtsterne eignen sich hervorragend für die Weihnachtsgebäckmischung.
- Die feinen Stückgebäcke, z. B. Mandelhörnchen, Makronentörtchen, Nussecken und Leipziger Lerchen, sind begehrte Kaffeegebäcke.
- Die Makronengebäcke sind wegen der etwas längeren Lagerfähigkeit beliebte Gebäcke auf Reisen.

Aufgaben

1. Nennen Sie die drei Grundzutaten der Makronengebäcke.
2. Warum dürfen Makronen, die mit Marzipanrohmasse hergestellt werden, als Mandelmakronen bezeichnet werden?
3. Welche Makronengebäcke dürfen die alleinige Bezeichnung „Makronen“ führen?
4. Womit dürfen Gebäcke aus Mandel- und Nussmakronenmasse nur überzogen werden?
5. Beschreiben Sie folgende Makronengebäcke:
   - Mandelmakronen
   - Nussmakronen
   - Kokosmakronen
   - Schokomakronen
   - Eigelbmakronen
   - Zimtsterne
6. Erklären Sie folgende größere Makronengebäcke, die stückweise verkauft werden:
   - Mandelhörnchen
   - Makronentörtchen
   - Makronenschnitten
   - Leipziger Lerchen
   - Nussecken
7. Erklären Sie die Qualitätsmerkmale der Makronengebäcke bei der Kundenberatung in Bezug auf
   - Geschmack,
   - Beschaffenheit.
8. Erläutern Sie die Qualitätsmerkmale von Eigelbmakronen.
9. Wie lange werden Makronengebäcke als frisch bezeichnet?
10. Beschreiben Sie die Frischhaltung und Aufbewahrung der kleinen und größeren Makronengebäcke.
11. Wofür eignen sich Makronengebäcke besonders gut?
12. Eine Konditorei stellt Makronen mit 1 000 g Marzipanrohmasse, 700 g Zucker und 300 g Eiklar her. Ein anderer Betrieb verwendet 670 g Mandeln, 1 030 g Zucker und 300 Eiklar. Ihr Konditor behauptet, dass die Rezepturen identisch sind und beide Gebäcke als Mandelmakronen bezeichnet werden dürfen. Erklären Sie die Aussage.

LF 2.2

28.7 Gebäcke aus Hippenmasse

Die Hippenmasse ist der Mandelmakronenmasse ähnlich.

Zutaten der Mandelmakronenmasse	Zusätzliche Zutaten
• Marzipanrohmasse • Zucker • Eiklar	• Milch oder Sahne • Weizenmehl

Zutaten und Mengenverhältnis der Hippenmasse

900 g	Marzipanrohmasse
600 g	Zucker
300 g	Eiklar
300 g	Weizenmehl
300 g	Milch und/oder Sahne 1 Prise Salz (ca. 2 g) Vanille- und Zitronenarom
2400 g	**Hippenmasse**

Für Schokoladenhippenmasse statt 300 g Weizenmehl: 220 g Weizenmehl und 80 g Kakaopulver.

Die Zutaten werden zu einer weichen Masse verrührt und dünn auf Backbleche gestrichen. Nach dem Backen lassen sich Hippengebäcke in heißem Zustand formen und biegen.

LF 2.2

Hippengebäcke

Hippenrollen

Die dünne Hippenmasse auf dem Backblech wird sofort nach dem Backen in rechteckige Stücke geschnitten. Die ofenheißen, biegsamen Hippengebäckstücke werden über ein Rundholz gelegt und die Enden zusammengedrückt, sodass sie aneinanderkleben und dünne Rollen ergeben.

Hippenrollen

Die dünnen Hippenrollen werden zu Eisbechern und Eisgetränken gereicht.

Schlotfeger

Es sind Hippenrollen von ca. 3 cm Durchmesser, die mit Schokoladenkuvertüre überzogen und mit Schlagsahne gefüllt sind.

Die Schlagsahne wird erst kurz vor dem Verzehr in die Hippenrollen gefüllt. Befindet sich die Schlagsahne zu lange in den Schlotfegern, werden die Hippenrollen weich und verlieren ihre knusprige Beschaffenheit.

Schlotfeger

Eiswaffeln (Eisgebäcke)

Diese Hippengebäcke in verschiedenen Formen, z. B. rund, dreieckig, rechteckig, herz-, fächer- und blütenförmig, werden auf Eisbecher gegeben.

Eiswaffeln

Eistüten

Eistüten sind Hippengebäcke, in denen Speiseeiskugeln für den Straßenverkauf gegeben werden.

Eistüten

Dekorgebäcke (Schmuckauflagen)

Die Hippenmasse wird mit verschiedenen Motiven, z. B. Blüten, Schmetterlinge, mittels Schablone auf die Bleche gestrichen und gebacken.

Diese Hippengebäcke dienen als besonderer Dekor für Torten, Desserts, Eisbecher und Eisbomben.

Hippenblüte auf einer Eisbombe

Hippengebäck als Dekor auf einem Eisbecher

Duchesse

Duchesse (sprich: Düschess) sind feine Teegebäcke (Plätzchen). Jeweils zwei Duchesse werden mit Nugatmasse oder Ganache gefüllt.

Duchesse

Hippengebäcke von der Industrie

Vielfach werden Hippengebäcke von der Industrie bezogen, da diese wegen der guten Lagerfähigkeit als Massenware preisgünstiger angeboten werden.

Dünne, zartsplittrige, knusprige Hippengebäcke

Verkaufsargumente

Qualitätsmerkmale für die Kundenberatung

- Hippengebäcke sind dünne Gebäcke von splittriger und knuspriger Beschaffenheit.
- Sie haben einen feinen Marzipangeschmack durch den Hauptrohstoff Marzipanrohmasse.

Frischhaltung und Aufbewahrung

- Solange die Hippengebäcke ihre knusprige, splittrige Beschaffenheit und den feinen Geschmack haben, sind sie frisch.
- Hippengebäcke sind besonders lange lagerfähige Dauerbackwaren.
- Sie müssen bei der Lagerung luftdicht verpackt werden, z. B. in Folien oder Dosen.
- Werden Hippengebäcke unverpackt aufbewahrt, ziehen die trockenen Gebäcke und dessen hoher Zuckeranteil die Luftfeuchtigkeit an und lassen sie weich und zäh werden.
- Bei Schlotfegern die Schlagsahne erst beim Verkauf in die Hippenrollen füllen. Ist die Schlagsahne zu lange in den Hippenrollen, werden sie weich und verlieren die gewünschte knusprige Beschaffenheit.

Besondere Eignung der Hippengebäcke

- Schlotfeger sind feine Sahnedesserts zum Kaffee und als Nachspeise.
- Hippenrollen und Eisgebäcke sind eine geschmackliche Ergänzung zu Speiseeis und wirken zudem sehr dekorativ auf Eisbechern und Eisgetränken.

LF 2.2

Aufgaben

1. Nenne Sie den Hauptrohstoff und die Zutaten, aus denen eine Hippenmasse hergestellt wird.
2. Nennen und beschreiben Sie Gebäcke aus Hippenmasse. Geben Sie auch die Verwendung der Hippengebäcke an.
3. Beschreiben Sie die Qualitätsmerkmale der Hippengebäcke bei der Kundenberatung in Bezug auf Beschaffenheit und Geschmack.
4. Geben Sie Auskunft über die Frischhaltung und Aufbewahrung der Hippengebäcke.
5. Lagern Sie einige Hippengebäcke luftdicht in Folien und einige unverpackt auf einem Tablett ca. drei Wochen in einem kühlen Raum. Beurteilen Sie dann die Hippengebäcke und erklären Sie die richtige Aufbewahrung.

Rechenaufgabe

3,200 kg Hippenmasse wird aus 3 Teilen Marzipanrohmasse, 2 Teilen Zucker, 1 Teil Eiklar, 1 Teil Weizenmehl, 0,5 Teile Milch und 0,5 Teile Sahne hergestellt. Ermitteln Sie das Gewicht der einzelnen Rohstoffe in g.

28.8 Gebäcke aus Lebkuchenmasse

Es werden zwei Lebkuchenarten unterschieden:
- die Braunen Lebkuchen aus Lebkuchenteigen → Seite 350
- die Oblatenlebkuchen aus Lebkuchenmassen

Die Lebkuchenteige und Lebkuchenmassen haben von der Zusammensetzung der Zutaten außer den Lebkuchengewürzen keine Gemeinsamkeit.

Oblatenlebkuchen

Die weichen Lebkuchenmassen werden auf Oblaten als Unterlage gestrichen, da sie sonst nicht gebacken werden können. Deshalb werden die Lebkuchen aus Lebkuchenmasse als „Oblatenlebkuchen" bezeichnet.

Zutaten der Lebkuchenmasse für Oblatenlebkuchen
- Mandeln und/oder Hasel- bzw. Walnüsse
- Zucker
- Eiklar
- etwas Weizenmehl
- Zitronat, Orangeat
- Lebkuchengewürze → Seite 350
- evtl. Hirschhornsalz → Seite 256

Oblaten

Oblaten sind dünne weiße Blätter. Sie werden aus Weizenstärke und Wasser hergestellt, die zu einer flüssigen Masse verrührt und zwischen erhitzten Platten getrocknet wird.

Die trockenen Oblaten enthalten kein Wasser und sind deshalb besonders lange haltbar.

LF 2.2

Eigenschaften der Oblaten
- Sie haben keinen Eigengeschmack.
- Sie bleiben auch unter der Masse trocken, weil sie keine Feuchtigkeit anziehen.
- Sie schützen die Oblatenlebkuchen an der Unterseite vor dem Austrocknen.

Lebkuchenqualität

Im Fachgeschäft der Bäckerei-/Konditorei werden nur hochwertige Oblatenlebkuchen mit einem hohen Mandel- und/oder Nussanteil hergestellt, wie in den Leitsätzen beschrieben.

„Weiße Lebkuchen" sind Oblatenlebkuchen von geringer Qualität, bei denen kein Mandel- und Nussanteil vorgeschrieben ist. Diese preisgünstigen Oblatenlebkuchen werden von der Lebkuchenindustrie angeboten.

Bestimmungen der Leitsätze
- **Feine Oblatenlebkuchen** enthalten in der Masse mindestens 12,5 % Mandeln und/oder Nüsse.
- **Feinste Oblatenlebkuchen** dazu gehören **Elisenlebkuchen**, weisen auf höchste Qualität hin. Die Masse enthält mindestens 25 % Mandeln und/oder Hasel- bzw. Walnüssen. Die Verwendung anderer Ölsamen, z. B. Erd- und Kokosnüsse, ist nicht erlaubt.
- **Feinste Oblatenlebkuchen**, dazu gehören auch **Mandel-, Marzipan- und Makronenlebkuchen**, enthalten ebenfalls mindestens 25 % Mandeln und Nüsse, wobei der Mandel- gegenüber dem Nussanteil überwiegt.
- **Nusslebkuchen oder Haselnuss- bzw. Walnusslebkuchen** enthalten in der Masse mindestens 20 % Hasel- und/oder Walnüsse. Der namengebende Nussanteil überwiegt - bei Haselnusslebkuchen die Haselnüsse, bei Walnusslebkuchen die Walnüsse. Die Verwendung anderer Nussarten ist nicht zulässig.
- **Schokoladenüberzug:** Für die Oblatenlebkuchen ist nur Schokoladenkuvertüre erlaubt, keine Fettglasur.

! Nürnberger Lebkuchen ist eine Herkunftsbezeichnung. Sie müssen im Raum Nürnberg hergestellt werden.

Elisenlebkuchen

Elisenlebkuchen überzogen, glasiert, unglasiert

Elisenlebkuchen werden verschiedenartig angeboten:
- mit Schokoladenkuvertüre (→ Seite 518) überzogen
- mit Fadenzuckerglasur (→ Seite 356) glasiert
- unglasiert, mit halbierten Mandeln belegt

Elisenlebkuchen gehört zur besten Qualität der Oblatenlebkuchen. Deshalb wurden diese hochwertigen Lebkuchen nach der heiligen Elisabeth, der Schutzpatronin der Lebküchner, benannt.

Rezeptbeispiel: Elisenlebkuchen

500 g	Eiklar
900 g	Zucker
8 g	Hirschhornsalz
500 g	Marzipanrohmasse
150 g	Orangeat
150 g	Zitronat
500 g	Mandeln, gerieben
150 g	Mandeln gehobelt und geröstet
125 g	süße Brösel
125 g	Weizenmehl, Type 405 oder 550
40 g	Lebkuchengewürz
3 148 g	**Lebkuchenmasse**

- Marzipanrohmasse mit einem Teil des Eiklars weich arbeiten.
- Eiklar, Zucker und Hirschhornsalz zu einem schmierigen Eischnee schlagen.
- Marzipanrohmasse in den Eischnee geben und glatt rühren.
- Orangeat und Zitronat in einer Metallschnecke, ähnlich dem Fleischwolf, fein durchdrehen.
- Orangeat, Zitronat, Mandeln, Brösel, Weizenmehl und Lebkuchengewürz in den Eischnee einrühren, bis sie gleichmäßig in der Masse vermischt sind.

Handwerkliches Aufarbeiten der Masse zu Elisenlebkuchen

- Auf Oblaten mit 9 cm Durchmesser 60 g Masse wiegen, z. B. die Oblaten auf eine Waage legen und mit einem 1/20-Eisportionierer abwiegen.
- Die Oblate mit der Masse auf einen Lebkuchenstreicher, einen Drehteller, legen. Mit einem Streichdeckel die Masse kuppelförmig aufstreichen.
- Die Oblatenlebkuchen auf ein mit Backpapier belegtes Backblech setzen.
- Für unglasierte und mit Fadenzuckerglasur bestrichene Elisenlebkuchen auf die Lebkuchen drei oder vier halbierte Mandeln legen und auf der Masse leicht andrücken.
- Die aufgestrichenen Lebkuchen mindestens 12 Stunden bei Raumtemperatur trocknen lassen, am besten über Nacht, und am anderen Tag backen.

In Großbetrieben wird die Masse in einer Lebkuchenstreichmaschine automatisch abgewogen und auf Oblaten gestrichen.

Aufstreichen der Masse mit dem Lebkuchenstreicher

Elisenlebkuchen mit Mandeln belegen

Backen: 180 °C, bei offenem Zug
ca. 20 °C geringere Unterhitze oder mit Unterblech backen

Backzeit: ca. 25 Minuten

Nusslebkuchen

Nusslebkuchen oder Haselnusslebkuchen werden mit gerösteten Haselnüssen wie Elisenlebkuchen auf Oblaten gestrichen und gebacken.

Sie werden im Verkauf angeboten:
- mit Milchschokoladenkuvertüre überzogen
- jeder Lebkuchen mit einer Haselnuss in der Mitte nicht überzogen

Walnusslebkuchen werden mit Walnüssen hergestellt und mit einer halbierten oder geviertelten Walnuss in der Mitte dekoriert.

Nusslebkuchen

LF 2.2

Verkaufsargumente

Qualitätsmerkmale für die Kundenberatung

- Elisen- und Nusslebkuchen sind feinwürzige Mandel- bzw. Nussgebäcke. Sie enthalten einen hohen Anteil an Mandeln bzw. Nüssen sowie viele verschiedene Lebkuchengewürze.
- Oblatenlebkuchen sind besonders weiche Gebäcke.
- Überzogen werden Oblatenlebkuchen nur mit hochwertiger Schokoladenkuvertüre, Fettglasur ist nicht erlaubt.

Frischhaltung und Aufbewahrung

- Oblatenlebkuchen sind frisch, solange sie weich sind und den vollen Geschmack besitzen.
- Oblatenlebkuchen zählen zu den Dauerbackwaren. Nach einiger Zeit trocknen sie jedoch aus, da der Wasseranteil des Eiklars nicht gebunden ist und zunehmend in Luft übergeht. Mit dem Feuchtigkeitsverlust verlieren die Oblatenlebkuchen auch den feinen Geschmack.
- Mit Schokoladenkuvertüre überzogene Oblatenlebkuchen bleiben länger frisch, da die Kuvertüre oben und die Oblaten unten für Luftabschluss sorgen.
- Verpackte Oblatenlebkuchen bleiben länger frisch. Deshalb werden sie für den Verkauf in Folientüten oder in Dosen luftdicht verschlossen.

Besondere Eignung

- Oblatenlebkuchen sind Weihnachtsgebäcke, die jedoch schon in der Herbstzeit beliebt sind.
- Hübsch verpackt sind Oblatenlebkuchen ein begehrtes kleines Geschenk.

LF 2.2

Aufgaben

1. Nennen Sie die Zutaten der Oblatenlebkuchen.
2. Nennen Sie die Gewürze, die sich in einer Lebkuchengewürzmischung befinden.
3. Erklären Sie, woraus Oblaten hergestellt werden.
4. Beschreiben Sie die Eigenschaften der Oblaten und wie sie sich auf die Lebkuchen auswirken.
5. Nennen Sie die Bestimmungen der Leitsätze für folgende Oblatenlebkuchen in Bezug auf den Mandel- bzw. Nussgehalt:
   - feine Oblatenlebkuchen
   - Nusslebkuchen
   - feinste Oblatenlebkuchen wie
     – Elisenlebkuchen
     – Mandel-, Marzipan- und Makronenlebkuchen
6. Nennen Sie die drei Möglichkeiten der Fertigstellung von Elisenlebkuchen zum Verkauf.
7. Womit dürfen Oblatenlebkuchen nur überzogen werden, welcher Überzug ist nicht erlaubt?
8. Erklären Sie die Fadenzuckerglasur, mit der Elisenlebkuchen glasiert werden können.
9. Wie werden Nusslebkuchen fertiggestellt und im Verkauf angeboten?
10. Was besagt der Begriff „Nürnberger Lebkuchen"?
11. Nennen Sie die Qualitätsmerkmale von Elisen- und Nusslebkuchen in Bezug auf
    - Geschmack,
    - Beschaffenheit.
12. Geben Sie Auskunft über die Frischhaltung der Oblatenlebkuchen und erklären Sie, wie die Oblatenlebkuchen aufbewahrt werden.
13. Wofür eignen sich Oblatenlebkuchen sehr gut?
14. Ihre Bäckerei-/Konditorei möchte Oblatenlebkuchen in der Weihnachtszeit als kleine Geschenke verpackt anbieten. Sie sollen dafür verschiedene Oblatenlebkuchen auswählen. Machen Sie Vorschläge für Geschenkverpackungen.

Rechenaufgabe

1. Berechnen Sie den Ladenpreis für einen Nusslebkuchen. Für 150 Nusslebkuchen gilt:

Materialkosten:	0,22 € je Nusslebkuchen
Arbeitszeit:	80 Nusslebkuchen je Stunde
Stundenkostensatz:	56,00 €
Gewinn und Risiko:	27 %
Mehrwertsteuer:	7 %

2. Ein Weihnachtsteller mit 15 Elisenlebkuchen kostet im Laden 24,00 €. Berechnen Sie die Materialkosten für einen Elisenlebkuchen bei 370 % Betriebskosten, 32 % Gewinn und Risiko mit der üblichen Mehrwertsteuer.

Rolls, Breads and Fine Baked Goods in the Bakery and Confectionery

Your bakery is located near the Czech border. A Czech company writes in an English e-mail that they want to get rolls and breads for their canteen daily delivered from your bakery. You answer in English and offer different baked goods.	*Ihre Bäckerei befindet sich in der Nähe zur tschechischen Grenze. Eine tschechische Firma schreibt in einer englischsprachigen E-Mail, dass sie für die Kantine täglich Brötchen und Brote von Ihrer Bäckerei geliefert bekommen möchte. Sie antworten in englischer Sprache und bieten verschiedene Backwaren an.*

Example of a Business E-mail

Dear Mr Novak,

Thank you very much for your interest in our bakery goods.
We can offer you freshly baked goods every day, for example:

- wheat rolls (1)
- rolls with poppy seeds (2), sesame (3) and pumpkin seeds (4)
- milk rolls (5) (rolls made with milk)
- pretzels (6)
- special wheat breads: baguettes (7); ciabattas (8), made with olive oil
- rye rolls (9)
- rye rolls with caraway (10) or onions (11)
- multigrain rolls with various cereals (12)
- rye breads (13)
- whole grain breads (14)

We hope that our offer meets your expectations. Please visit us in our bakery, so that we can show you the baked goods and give you some samples.

Yours sincerely
Max-Josef Hoffmann, Bäckerei Hoffmann

Exercise Create an information flyer for all employees in your bakery. Name all small wheat rolls and breads of your bakery in English and German.	***Übungsaufgabe*** *Erstellen Sie Informationsflyer für alle Mitarbeiter in Ihrer Bäckerei. Nennen Sie alle Weizenkleingebäcke und Brote Ihrer Bäckerei in Englisch und Deutsch.*

E

Vocabulary

the bakery goods	die Bäckereiwaren	the onions	die Zwiebeln
the business	das Geschäft	the roll with poppy seeds	das Mohnbrötchen
cereals	Getreide, Getreidearten	the pumpkin seeds	die Kürbiskerne
dear Mr	sehr geehrter Herr	the rye roll with caraway	das Roggenbrötchen mit Kümmel
the expectation	die Erwartung	the sample	die Kostprobe
fresh baked goods	frische Backwaren	the roll with sesame	das Sesambrötchen
made	gemacht, hergestellt	the whole grain bread	das Vollkornbrot
the milk roll	das Milchbrötchen	the wheat roll	das Weizenbrötchen
the multi grain roll	das Mehrkornbrötchen	Yours sincerely	Mit freundlichen Grüßen
the offer	das Angebot		

Fine Baked Goods in the Bakery and Confectionary

Your shop has many foreign customers, so you should know the English names for fine baked goods from batter. This facilitates successful sales with English-speaking customers.	*Ihr Laden hat viele ausländische Kunden, daher sollten Sie die englischen Bezeichnungen für Feine Backwaren aus Massen kennen. Dies erleichtert den erfolgreichen Verkauf mit Englisch sprechenden Kunden.*

Example of a Sales Talk

A customer enters the store. The saleswoman welcomes always in German.

Saleswoman: Guten Tag. Was wünschen Sie?
Customer: Excuse me! Do you speak English?
Saleswoman: Yes, a little. What can I do for you?
Customer: I will visit my sister and would like to bring cake for tea.
Saleswoman: No problem. We have various delicious cakes for you like biscuit cake, marble cake and sheet cake with cherries or apricots. I can also recommend the fine pyramid cake.
Customer: Oh fine, please give me two pieces of marble cake.
Saleswoman: With pleasure. May I show you other goods that go well with tea? Here we have cream puff and bee sting. The strawberry cream roulades, the currant meringue torte and the fruit torte taste very good, too.
Customer: It all looks so good. Please give me two pieces of cream roulades.
Saleswoman: Of course. Do you have any other wishes?
Customer: No, thank you, that's all.
Saleswoman: Here I give you some coconut macaroons for free to taste.

After paying.

Saleswoman: Thank you and goodbye. Enjoy the goods.
Customer: Goodbye and thanks for the good advice.

E

Exercise Have a sales talk in English with your classmate: The customer wants to buy rolls and breads as well as fine baked goods.	***Übungsaufgabe*** *Führen Sie mit Ihrem Mitschüler/Ihrer Mitschülerin ein Verkaufsgespräch in Englisch: Der Kunde möchte Brötchen und Brot sowie Feine Backwaren kaufen.*

Vocabulary

the bee sting	der Bienenstich	Excuse me	Entschuldigen Sie
the biscuit cake	der Sandkuchen	the marble cake	der Marmorkuchen
the cherry, cherries	die Kirsche, Kirschen	the pyramid cake	der Baumkuchen
the coconut macaroon	die Kokosmakronen	to recommend	empfehlen
the cream puff	der Windbeutel	the sheet cake	der Blechkuchen
the currant meringeue torte	die Johannisbeerbaiser-torte	the strawberry cream roulade	die Erdbeersahneroulade
good advice	gute Beratung	taste very good too	schmeckt auch sehr gut

Berufliche Handlung

Der Laden und das Café Ihrer Bäckerei-/Konditorei wurde nach der Renovierung wieder eröffnet. Zu diesem Anlass startet eine Aktionswoche zum Thema „Feine Gebäcke zum Kaffee". Dafür stellen Sie Gebäcke der verschiedenen Massen zusammen. Damit das Verkaufspersonal in Ihrem Betrieb die Kunden ausreichend informieren kann, schreiben Sie die Verkaufsargumente der Gebäcke jeder Massenart auf.

Baisermasse

1. Da Sie Erzeugnisse aus Baisermasse anbieten, erklären Sie den Kunden die Herstellung einer Baisermasse.
2. Nennen Sie getrocknete Baisererzeugnisse und erläutern deren Herstellung und Lagerung.
3. Beschreiben Sie den Aufbau einer Johannisbeerbaisertorte bzw. Johannisbeerbaiserschnitte und geben die Qualitätsmerkmale an.

Eierhaltige, aufgeschlagene Massen

4. Nennen Sie die Gebäcke aus Wiener Masse. Geben Sie die Zutaten an, aus der die Wiener Masse hergestellt wird.
5. Erklären Sie das Besondere der Sachermasse für Sacherböden, die in den Bestimmungen der Leitsätze festgelegt sind.
6. Auf einem Informationsplakat sollen Sie Kaffeegebäcke aus Sandmasse beschreiben. In einer übersichtlichen Tabelle unterteilen Sie verschiedene Kuchen sowie Blechkuchen und Kuchen, in kleinen Formen hergestellt.
7. Bei der Kundenberatung sollen Sie die Zutaten der Gebäcke aus Sandmasse benennen und die Mengenverhältnisse der Zutaten (Gleichschwermasse) angeben.
8. Nennen und erklären Sie das Symbol der Konditorei und die verschiedenen Erzeugnisse daraus. Benennen Sie auch die Zutaten sowie den Überzug und die Glasur und beschreiben Sie die Herstellung.
9. Erklären Sie die Qualitätsmerkmale und die Frischhaltung der Kuchen aus Sandmasse.

Abgeröstete Massen

10. Gebäcke aus Brandmasse mit verschiedenen Füllungen sind Desserts zum Kaffee. Schreiben Sie für die Aktion einige Brandmassegebäcke zusammen und geben Sie die Füllungen sowie den Dekor bzw. den Überzug an.
11. Brandmasse enthält keine Hefe und kein Backpulver. Erklären Sie die Lockerung der Brandmassegebäcke und wie die großen Hohlräume in den Gebäcken entstehen.
12. Beschreiben Sie die Qualitätsmerkmale sowie die Frischhaltung der Gebäcke aus Brandmasse.
13. Zählen Sie Gebäcke aus Röstmasse auf und beschreiben Sie diese.
14. Erläutern Sie die Qualitätsmerkmale der Gebäcke aus Röstmasse bei der Kundeberatung und geben Sie Auskunft über die Frischhaltung der Gebäcke.

Makronenmassen, Hippenmassen

15. Benennen Sie die Zutaten der Gebäcke aus Mandelmakronenmasse.
16. Beschreiben Sie die folgende Makronengebäcke: Nuss- und Kokosmakronen, Eigelb- und Schokoladenmakronen, Zimtsterne und Nussecken, Makronentörtchen und Makronenschnitten sowie Mandelhörnchen.
17. Bei der Kundenberatung erklären Sie die Qualitätsmerkmale der Makronengebäcke sowie die Frischhaltung und die Aufbewahrung der Gebäcke.
18. Sie erstellen ein Plakat mit dem Sie Hippengebäcke erklären. Zu den Abbildungen der verschiedenen Hippengebäcke geben Sie die Gebäcknamen an, benennen die Zutaten der Gebäcke, aus denen sich der vorwiegende Geschmack der Gebäcke ergibt und beschreiben die typische Beschaffenheit der Hippengebäcke.

Lebkuchenmassen

19. Nennen Sie hochwertige Oblatenlebkuchen und geben Sie an, wie viel Prozent Mandeln bzw. Nüsse die Lebkuchen nach den Bestimmungen der Leitsätze mindesten enthalten müssen.
20. Zählen Sie die Zutaten für Oblatenlebkuchen auf und erklären Sie die Qualitätsmerkmale sowie die Frischhaltung der Lebkuchen.

LF 2.3
Speisen herstellen und anrichten

29 Speisen in der Bäckerei, Konditorei und im Café

Situation

Morgens, nach dem Eröffnen des Cafés richten Sie in der Caféküche Ihrer Bäckerei/Konditorei verschiedene Arten von Frühstück her, die häufig bestellt werden. Tagsüber richten Sie Salatteller mit frischen Zutaten an. Für die Snacktheke bereiten Sie verschiedene Snacks immer wieder frisch zu.

- Mit welchen Bestandteilen servieren Sie ein Frühstück?
- Wie richten Sie Salatteller her?
- Wie werden Obstsalate hergestellt?
- Wie werden belegte Snacks belegt?
- Wie werden überbackene Snacks hergestellt?
- Welche gebackene Snacks werden in der Bäckerei/Konditorei angeboten?
- Wie werden Kanapees zubereitet?

29.1 Frühstück

Das gemütliche Frühstück im Konditorei-/Bäckerei-Café zählt für viele Gäste zu den angenehmen Gewohnheiten. Vor allem am Wochenende und an arbeitsfreien Tagen ersetzt das erweiterte Frühstück oder das Frühstücks-/Brunchbüfett zum Teil das Mittagessen.

LF 2.3

Frühstück

In der Speisekarte wird das Frühstück in verschiedenen Varianten angeboten. Zusätzlich können spezielle Wünsche berücksichtigt werden.

Beispiele der Frühstücksangebote sind: kleines Frühstück, großes Frühstück, Fitnessfrühstück, Wellnessfrühstück, Powerfrühstück, Schlemmerfrühstück, Luxusfrühstück.

Standardfrühstück

Dazu werden angeboten:

- **Getränke:** Kaffee, Tee, Früchte- oder Kräutertee, Kakaogetränk, Trinkschokolade (heiße Schokolade) oder Milch
- **Backwaren:** Brötchen, Brezeln, Brotscheiben, getoastete Toastbrotscheiben
- **Aufstrich:** Butter, Konfitüre, Honig, Nugatcreme
- **Beläge:** Schinken, Wurst, Käse

Auf Wunsch können Vollkornbrötchen oder Vollkornbrot, Mehrkornbrötchen oder Mehrkornbrot sowie Milchbrötchen bestellt werden.

Erweitertes Frühstück

Zugaben können sein:
- weich gekochtes Ei oder Rührei
- Schinken mit Ei
- Croissant, Hefezopfscheiben
- Müsli:
  Joghurt, Quark oder Milch mit
  - Cornflakes, Haferflocken,
  - Trockenobst, in Stückchen geschnittenem Frischobst Joghurt natur oder Fruchtjoghurt
- Fruchtsäfte, Gemüsesäfte
- Frischobst, Obstsalat
- ein Glas Sekt, evtl. mit Orangensaft gemischt

Das erweiterte Frühstück bietet sich bei besonderen Anlässen und auch zum Brunch (spätes, ausgedehntes Frühstück) an.

Müsli

Das Frühstücksei

Die meisten Gäste wünschen ein weich gekochtes Frühstücksei. Der Gast sollte jedoch nach seinen Vorlieben wählen können.

Die Kochzeiten eines mittelgroßen Eies:
4 Minuten: sehr weich
6 Minuten: weich
8 Minuten: fest

Zubereitung:
- Nur frische Eier verwenden.
- Am stumpfen Ende, an der Luftkammer, mit einem Eierpikser einstechen, damit die Schale beim Kochen nicht platzt.
- Die Eier mithilfe eines Löffels oder Schaumlöffels vorsichtig in kochendes Wasser einlegen.
- Nach dem Kochen die Eier mit kaltem Wasser „abschrecken", damit die Eier sich leicht von der Schale lösen.

Rückgabe von Frühstücksresten

Alle offenen, unverpackten Lebensmittel, die den Gästen serviert werden, können nachteilig beeinflusst werden. Zurückgegebene Speisen dürfen deshalb grundsätzlich nicht wieder verwendet werden.

Platzieren und Herrichten eines Frühstücksgedecks

- Der Teller mit Serviette steht direkt in der Mitte vor dem Gast.
- Das Messer liegt rechts vom Teller, mit der Schneideseite zum Teller, die Gabel links vom Teller.
- Die Tasse auf einer Untertasse wird rechts, schräg oberhalb des Tellers gestellt.
- Der Henkel der Tasse steht nach rechts, schräg nach unten geneigt, 4- oder 5-Uhr-Stellung des Henkels.
- Der Teelöffel liegt oberhalb des Henkels und parallel zum Henkel.
- Wird ein Kännchen serviert, steht dies oberhalb der Tasse, mit dem Henkel schräg nach rechts unten zum Gast.
- Beilagen, z. B. kleines Kännchen Kaffeesahne oder Zucker, werden oberhalb der Tasse serviert.

Frühstücksgedeck

Aufgaben

1. Geben Sie an, was ein Standardfrühstück enthält.
2. Nennen Sie mögliche Zugaben für ein erweitertes Frühstück.
3. Nennen Sie die Zutaten für ein Müsli.
4. Erklären Sie die Zubereitung von Frühstückseiern.
5. Beschreiben Sie das Platzieren und Herrichten eines Frühstückgedecks.
6. Im Café werden folgende Frühstücke bestellt: Fitnessfrühstück und Schlemmerfrühstück. Stellen Sie die Zugaben für die zwei Frühstücke zusammen.

LF 2.3

29.2 Salate, Obstsalate

Hauptzutaten für Salate

Blattsalate

- Kopfsalat
- Feldsalat
- Eisbergsalat
- Endiviensalat
- Radicchio
- Schikoree (Chicorée)
- Chinakohl
- Lollo bionda
- Lollo rosso
- Rucola

Gemüse

rohes Gemüse:

- Tomaten
- Gurken
- Radieschen
- Rettich
- Karotten
- Paprika (grün, gelb, rot)
- Kohlrabi
- Oliven

gegartes Gemüse (in gesalzenem Wasser vorsichtig kochen, sodass das Gemüse noch etwas „Biss" hat):

- Blumenkohl
- Spargel
- Bohnen
- Erbsen
- Sellerie
- Weißkohl

Geschmacksgebende Zutaten

- gekochte Eier
- Schinken
- Puten- und Hühnerfleisch in Streifen geschnitten
- Krabben, Thunfisch, Sardellen, Meeresfrüchte
- Pilze, z. B. Champignons
- Käse: Emmentaler, Edamer, Gouda, Parmesan, Schafskäse, Mozzarella
- Zwiebeln
- Peperoni

Würzstoffe

- Salz
- Gewürze, z. B. Pfeffer, Oregano, Thymian
- Kräuter, z. B. Schnittlauch, Petersilie, Dill, Estragon, Borretsch, Zitronenmelisse, Kerbel
- Zitronensaft

LF 2.3

Frischer, gemischter Salat

Nur frische Zutaten für Salate

Grundsätzlich werden nur frische Zutaten für Salate verwendet, denn nur sie haben

- den beliebten Biss,
- die frische, natürliche Farbe,
- den erfrischenden Geschmack und
- einen hohen Vitamingehalt.

Wenn möglich, sollte Gemüse der Saison verwendet werden. Es schmeckt nicht nur besser, es ist auch preiswerter.

! Nur so viel Salate und Gemüse einkaufen, wie kurzfristig verwendet werden – je frischer, desto besser. Die kurzzeitige Lagerung erfolgt am besten kühl, bei 1 bis 4 °C bei hoher Luftfeuchtigkeit.

Waschen und Putzen von Salaten und rohen Gemüsen

- Salate und Gemüse gründlich waschen, am besten in einer Schüssel in viel kaltem Wasser, aber nicht im Wasser liegen lassen, damit die wasserlöslichen Vitamine nicht auslaugen.
- Bei Blattsalaten alle äußeren ungenießbaren und welken Blätter entfernen.
- Die Salatblätter nach dem Waschen gründlich abtropfen lassen, damit die Salatsoße beim Marinieren des Salats nicht zu wässrig wird.

Zubereiten der Blattsalate und Gemüse

- Gemüse schneiden oder reiben, z. B.
  - Gurken in Scheiben,
  - Tomaten in Stücke oder Scheiben,
  - Zwiebeln in dünne Scheiben oder Würfel,
  - Radieschen halbieren oder vierteln,
  - Karotten reiben oder in Scheiben.
- Salate in mundgerechte Stücke zerpflücken.

Salatsoßen (Salatsaucen)

Essig-Öl-Salatsoße – Vinaigrette

Die Essig-Öl-Salatsoße, die in der Fachsprache als „Vinaigrette" (sprich: Vinägret) bezeichnet wird, eignet sich für alle Salate.

Zutaten einer Essig-Salat-Soße:

- 100 ml Essig
- 200 ml Salatöl
- ca. 3 g Salz
- mit Pfeffer, Salatkräutern und etwas Zucker abschmecken

Salatsoßen

Salatteller mit Dressing

Salate marinieren

Kurz vor dem Servieren werden die Salate mit Salatsoße „angemacht“, das wird in der Fachsprache als „marinieren der Salate“ bezeichnet.
Beim Marinieren werden alle Salatzutaten in eine ausreichend große Schüssel gegeben und die Salatsoße darüber verteilt. Den Salat gründlich mischen, damit die Salatsoße alle Salatzutaten umfließen kann und somit den Salat geschmacklich verbessert. Beim Mischen den Salat behutsam wenden, um die Salatzutaten nicht zu beschädigen. Marinierter Salat sollte saftig sein, jedoch nicht in der Salatsoße schwimmen.

Salat mit Vinaigrette

Dressings

Dressings sind Salatsoßen mit einer geschmacksgebenden Hauptzutat, z. B. Joghurt, Crème fraîche, Quark, Mayonnaise, Senf. Dressings sind wegen der Hauptzutaten etwas dickfließende Salatsoßen.

Rezeptbeispiel: Joghurtdressing (Sauerrahmdressing)

200 g	Joghurt (oder Sauerrahm)
40 g	Orangensaft
20 g	Zitronensaft
40 g	Öl
2 bis 3 g	Salz

mit Pfeffer, Salatkräutern und etwas Zucker abschmecken

Anrichten und Servieren von Salaten

- Den marinierten, gut gekühlten Salat in angemessenen Portionsgrößen auf Teller geben.
- Auf eine harmonische Farbgestaltung mit Farbkontrast der Salatzutaten achten.
- Frische Küchenkräuter aufstreuen, damit die Salate pikant und würzig schmecken sowie gesund aussehen.
- Bei Salaten mit Dressings wird das Dressing unmittelbar vor dem Servieren auf den Salat gegeben oder getrennt in einem Schälchen dazu gereicht.
- Salate mit Scheiben von Weißbrot, Fladenbrot, Ciabatta oder mit Brötchen im Körbchen servieren.
- Als Besteck werden Messer und Gabel, z. B. mit einer Serviette umwickelt, gereicht.

Salatteller

- Salate mit einer Hauptzutat, nach der der Salat benannt ist, z. B. Kartoffelsalat, Nudelsalat, Reissalat, Wurstsalat.
- Salate, nur aus einem Gemüse, z. B. Tomatensalat, Gurkensalat, Blattsalat, Weißkrautsalat.
- Rohkostsalate: aus rohem und gegartem Gemüse zusammengestellt, z. B. Schichtsalat.
- Gemischte Salate: aus beliebigen Salatzutaten zusammengestellt, mit Essig-Öl-Salatsoße mariniert und manchmal mit Dressings verfeinert, z. B. gemischter Salat, auch mit Putenstreifen oder Schinkenrollen, griechischer Bauernsalat.

Nudelsalat

Schichtsalat

Rezeptbeispiel: Griechischer Bauernsalat

400 g Tomaten	in Scheiben oder Stücke schneiden
250 g Gurken	in Scheiben schneiden und diese halbieren
150 g Paprika	in Streifen oder Würfel schneiden
150 g Zwiebeln	in Ringe schneiden
150 g schwarze Oliven, entsteint	
einige milde Peperoni	

Die Zutaten mit Vinaigrette (Essig-Öl-Salatsoße) marinieren und auf Tellern anrichten.
250 g gewürfelten Schafkäse auf den Salat verteilen.
Als Dekor Salatkräuter über den Salat streuen.

Griechischer Bauernsalat

Obstsalate

Für Obstsalate eignet sich jedes Frischobst. Am besten schmecken reife Früchte, da nur sie das typische Fruchtaroma, den gewünschten Biss und die natürlichen frischen Farben besitzen. Dosenfrüchte sollten nur dann verwendet werden, wenn kein Frischobst angeboten wird.

Zum Herstellen von Obstsalat verschiedene Früchte herrichten, die einen farblich und geschmacklich abwechslungsreichen Obstsalat ergeben.

Frisches, reifes Obst

Herrichten von Obstsalat

- Früchte waschen, entkernen, entsteinen oder schälen.
- Größere Früchte in kleine, mundgerechte Stücke schneiden.
- Bananen, Birnen, Äpfel und frische Ananas müssen gleich nach dem Schneiden mit Zitronensaft gemischt werden, weil sie sonst unansehnlich braun werden.
- Die hergerichteten Früchte in eine genügend große Schüssel geben, durchmischen und gekühlten Fruchtsaft, z. B. Orangensaft, nach Belieben zugeben.
- Der Obstsalat kann noch mit Spirituosen abgeschmeckt werden, z. B. mit Grand Marnier, Amaretto, Kirschwasser, Rum.
- Der Obstsalat sollte vor dem Verzehr noch ca. ein bis zwei Stunden im Kühlschrank/Kühlraum ziehen.

Anrichten von Obstsalat

Den gut gekühlten Obstsalat in Schalen oder tiefe Teller portionieren und mit Teelöffeln servieren.
Auf den Obstsalat kann noch eine Kugel Speiseeis gegeben werden.

Obstsalate in Gläsern

LF 2.3

Verkaufsargumente

Qualitätsmerkmale bei der Beratung

- Salate gehören zur gesunden Ernährung. Sie sind energiearm, dafür aber reich an Vitaminen und Mineralstoffen sowie Ballaststoffen.
- Salate und Obstsalate sind zu jeder Gelegenheit gut bekömmlich und erfrischend.
- Salate und Obstsalate sind mit ihren verschiedenen Zutaten bzw. Früchten geschmacklich ein abwechslungsreicher Genuss.

Frischhaltung

Je frischer die Salatzutaten sind, desto besser sind der Geschmack und der Biss und umso schöner ist das Aussehen. Salatzutaten deshalb nicht zu lange auf Vorrat kaufen.
Hergerichtete Salatzutaten müssen innerhalb eines Tags zu Salaten angemacht werden.

Besondere Eignung

- Salatteller mit ihrer geschmacklichen Vielfalt eignen sich sowohl als Zwischenmahlzeit oder als Hauptgericht, aber auch als Beilage zu Speisen.
- Obstsalate sind als gut bekömmliche Nachspeisen oder als erfrischender Obstgenuss für zwischendurch geeignet.
- Bekömmliche, erfrischende Salate und Obstsalate sind vor allem in den Sommermonaten sehr begehrt.

Aufgaben

1. Nennen Sie die Hauptzutaten für Salate:
   - Blattsalate
   - Gemüse
   - geschmackgebende Zutaten
   - Würzstoffe
2. Erläutern Sie, warum nur frische Rohstoffe für Salate verwendet werden.
3. Beschreiben Sie, wie Salate und Gemüse gewaschen und wie Blattsalate geputzt werden.
4. Nennen Sie die Zutaten der Salatsoße „Vinaigrette“.
5. Erklären Sie das Marinieren von Salaten.
6. Erläutern Sie, woraus Dressings bestehen.

→

7. Beschreiben Sie das Anrichten und Servieren der Salate.
8. Nennen Sie bekannte Salate.
9. Beschreiben Sie das Herrichten von Obstsalat.
10. Wie wird Obstsalat zum Servieren angerichtet?
11. Erklären Sie die Qualitätsmerkmale von Salaten und Obstsalaten bei der Kundenberatung.
12. Geben Sie Auskunft über die Frischhaltung der Salatzutaten.
13. Wofür eignen sich Salate und Obstsalate besonders gut?
14. Da in den Sommermonaten Obstsalate sehr gefragt sind, sollen Sie verschiedene Früchte so kombinieren, dass sie geschmacklich und farblich gut harmonieren. Entwerfen Sie drei Vorschläge.

Rechenaufgaben

1. Zum Anrichten von Salat werden 6,500 kg Gemüse benötigt. Der Putzverlust wird mit 7 % berechnet.
   a) Wie viel kg Gemüse müssen eingekauft werden?
   b) Durchschnittlich kostet 1 kg Gemüse 2,90 €. Wie viel € kostet das Gemüse im Einkauf?
   c) Wie viel € beträgt der Putzverlust?
2. Es werden für einen Obstsalat verarbeitungsfertige Früchte ohne Schalen benötigt: 2 750 g Bananen, 2 400 g Orangen und $2^1/_4$ Ananas. Der Schalenanteil der Bananen beträgt 8,4 %, der Orangen 7 % und der Verschnitt der Ananas 800 g. Berechnen Sie, wie viel kg Bananen, Orangen und Ananas benötigt werden und wie viel % Verschnitt bei den Ananas entsteht.
3. Für einen Obstsalat werden 2,300 kg Ananas aus Dosen benötigt. Eine Dose wiegt einschließlich Inhalt 850 g. Die Tara beträgt 3,53 %, Saft sind 360 ml (g) enthalten. Wie viele Ananasdosen müssen geöffnet werden?
4. 1 kg Aprikosen kostet im Einkauf 1,60 €.
   a) Berechnen Sie die Kosten für die Aprikosensteine, die mitbezahlt werden müssen, wenn von 20 kg Aprikosen nach dem Entsteinen 16,050 kg übrig bleiben.
   b) Wie viel % machen die Steine der Aprikosen aus?

LF 2.3

29.3 Snacks

> Snacks sind kleine zubereitete Speisen zum sofortigen Verzehr (Imbiss).

Der Snackbereich hat vor allem in Bäckerei-Verkaufsläden eine große Bedeutung, da zunehmend mehr Mahlzeiten außer Haus eingenommen werden. In der Bäckerei werden kalte und warme Snacks angeboten, z. B. für Berufstätige als kleines Mittagessen oder als Zwischenmahlzeit sowie für den kleinen Hunger der Spaziergänger und beim Einkaufsbummel.

Snacks

Belegte Snacks

> Belegte Snacks sind Brötchen und andere Kleingebäcke, die mit verschiedenen Lebensmitteln belegt werden, z. B. mit Salat, Gemüse, Wurst, Schinken, Käse oder Fisch.

LF 2.3

Backwaren zum Belegen für Snacks

- Brötchen aus Weizenteig, z. B. Kaisersemmeln, Schrippen, Zöpfchen
- Baguettebrötchen
- Laugenzöpfchen, Laugenstangen, Laugencroissants
- kleine Ciabattas
- kleine Stangenweißbrote, kleine Baguettes
- Bagels (Gebäckringe aus Weizenteig, der etwas Zucker und Fett enthält)
- Roggenbrötchen
- Vollkornbrötchen
- Mehrkornbrötchen
- Dinkelbrötchen, Dinkelvollkornbrötchen

> Zum Belegen der Snacks grundsätzlich nur frische Backwaren verwenden.

Backwaren für Snacks

Backwaren auseinanderschneiden
Mit einem scharfen Sägemesser (Wellenschliffmesser) $\frac{2}{3}$ für den Boden (Unterteil) und $\frac{1}{3}$ für den Deckel (Oberteil) schneiden. Werden die Gebäcke in der Mitte durchgeschnitten, wirkt der Deckel zu dominant und überdeckt den Belag.

Fachgerecht auseinandergeschnittene Backwaren, rechts mit einem Aufstrich bestrichen

Bestreichen der Backwaren
Die Schnittseiten des Bodenteils und des Deckels der Backwaren werden bestrichen, damit sie nicht austrocknen. Bei zu dickem Bestreichen wird der Snack zu weich sowie zu fetthaltig.

Als Aufstrich eignen sich:
- Butter
- Remoulade
- Mayonnaise
- Frischkäse, Kräuterfrischkäse
- Zaziki

Beläge für Snacks

Hauptbeläge: Wurst, Fleisch, Käse, Fisch	Salate	Gemüse, Ei	Kräuter, Gewürze, Salz
• Salami • Schinken (ohne Fettrand) • Schwarzgeräuchertes • Bratenfleisch	• Lollo bionda oder • Eisbergsalat Es sind Salate, die nicht welken und knackig frisch bleiben.	• Tomaten • Salatgurken • Radieschen • Paprika • Zwiebeln	• Petersilie • Schnittlauch • Dill • frische Kräuter
• Mozzarella, • Camembert, • Käsescheiben, z. B. Gouda, Edamer, Emmentaler		gekochte Eier (ca. 12 Minuten kochen) in Scheiben geschnitten	• Gewürze, z. B. Pfeffer, Paprika, Basilikum
Fisch, z. B. Lachs und Thunfisch			• Salz • Kräutersalz
Krabben			

Belegen der Snacks

Salatblatt
Ein Blatt Lollo bionda so auf das Unterteil des Gebäcks legen, dass der gekräuselte Teil vorne etwas über das Gebäck steht und beim fertigen Snack gut sichtbar ist.

Lollo bionda auf dem Gebäck

Gemüse und Eierscheiben
Tomaten, Salatgurken und hartgekochte Eier in Scheiben schneiden.

Gemüse und Eierscheiben von links nach rechts auf den Lollo bionda legen – nicht über den Gebäckrand hinaus. Eine bewährte Methode zum Erreichen eines schönen Farbkontrastes ist die „Ampelbelegung": eine Scheibe Tomate, eine Scheibe Ei und eine Scheibe Salatgurke.

Das Belegen mit Gemüsesorten und deren farbliche Zusammenstellung ist verschiedenartig möglich. Neben Tomaten und Gurken können z. B. auch Radieschen in Scheiben, Paprika in Streifen und Zwiebelringe aufgelegt werden.

Ampelbelegung

Das Gemüse und die Eier können statt auf den Lollo bionda auch oben auf die Wurst, den Schinken oder den Käse gelegt werden.

Hauptbeläge
Salami, Schinken und Schwarzgeräuchertes in Scheiben schneiden, ebenso Käsescheiben herrichten. Zum Belegen eignen sich z. B. auch Lachs, Forellenfilets, Krabben. Die Scheiben einmal überschlagen und von links nach rechts so auflegen, dass die geschlossene runde Seite vorne leicht schräg sichtbar ist.

Belegen von Salami

Den Deckel auflegen

Den Deckel des Gebäcks etwas nach hinten geneigt schräg auflegen, damit der gesamte Belag sichtbar bleibt. Das Gemüse und die Eier können statt auf den Lollo bionda auch oben auf die Wurst, den Schinken oder den Käse gelegt werden. So sehen die Kunden, aus welchen Lebensmitteln sich die Snacks zusammensetzen, und sie können somit den richtigen Snack wählen.

Sichtbarer Belag durch den nach hinten geneigten Deckel

Snacks, verschieden belegt

LF 2.3

Käse-Tomaten-Snacks

Eine weitere Snackart ist das Belegen mit Tomatenscheiben und Mozzarella- oder Camembertscheiben im Wechsel. Dafür werden Mozzarella bzw. Camembert und Tomaten in ca. 5 mm dicke Scheiben geschnitten.

- Die Schnittseiten der aufgeschnittenen Gebäcke mit einem Aufstrich bestreichen und ein Blatt Lollo bionda auflegen.
- Tomatenscheiben und Käsescheiben von links nach rechts im Wechsel schräg fächerartig aneinander auf das Salatblatt legen.
- Tomaten und Käse z. B. mit Basilikum bestreuen oder mit Basilikumblättern belegen.
- Den Deckel des Gebäcks leicht nach hinten geneigt auflegen.

Mozzarella-Tomaten-Snack

Grundsätze bei der Herstellung der belegten Snacks

- Nur frische Backwaren verwenden.
- Nur frische Lebensmittel für die Beläge verwenden.
- Bei den belegten Snacks sollen alle einzelnen Lebensmittel der Beläge für die Kunden sichtbar sein.
- Die Lebensmittel sollen so belegt werden, dass sie in den Snacks einen schönen, ansprechenden Farbkontrast ergeben.

Präsentation von belegten Snacks im Laden

Die Möglichkeiten der Präsentation sind:

- Besonders attraktiv wirken die belegten Snacks auf schwarzen Tabletts.
- In einer „Snackwelle", einer wellenförmigen Halterung aus Edelstahl oder durchsichtigem Plastik, haben die Snacks einen sicheren Halt und verrutschen nicht. In dieser platzsparenden Halterung werden die belegten Zutaten in den Snacks gut sichtbar gezeigt.

Die Snacks werden reihenweise auf Tabletts oder in Snackwellen gelegt.
Die Snacks einer Reihe sollten die gleiche Länge haben, sonst wirken sie ungeordnet aufgelegt und die dekorative Wirkung geht verloren.

Präsentation von belegten Snacks auf einem Tablett

Sandwiches

Lord Sandwich, der Besitzer des englischen Postwesens im 18. Jahrhundert, war leidenschaftlicher Glücksspieler. Damit er seine Glücksspiele nicht unterbrechen musste, ließ er sich von seinem Diener kaltes Fleisch zwischen zwei Toastbrotscheiben servieren. So wurden die Sandwiches, die so nebenbei gegessen werden können, bekannt.

> !
> Sandwiches sind belegte Snacks, bei denen zwei Brotscheiben in der Mitte gefüllt sind und direkt übereinanderliegen.

Im Gegensatz zu den belegten Snacks sind die Beläge der Sandwiches kaum oder gar nicht sichtbar.

Brote, die sich für Sandwiches eignen

- Toastbrote, getoastet
- Kastenweizenbrote
- Kastenbrote: Weizenmisch-, Roggenmisch-, Roggenbrote
- Vollkornbrote in Kastenform
- Fladenbrote
- kleine Vinschgauer Fladenbrote

Zubereiten von Sandwiches

- Kastenbrote in 8 bis 10 mm dicke Brotscheiben schneiden.
- Beide Brotscheiben bestreichen, z. B. mit Butter, Remoulade, Frischkäse.
- Die Zutaten für die Beläge auf die untere Brotscheibe legen. Die Beläge sind die gleichen wie für belegte Snacks, z. B. Salatblätter, Schinken, Wurst, Käse, Fisch, Eierscheiben, Tomaten, Gurken, Paprika, Kräuter.
- Die zweite Brotscheibe direkt auf den Belag legen.

Herstellungsschritte Sandwich

Kastenförmige Brotscheiben werden nach dem Belegen häufig diagonal halbiert und als dreieckige Sandwiches angeboten.

Dreieckige Sandwiches mit Toastbrot

- Getoastete Toastbrotscheibe mit Aufstrich bestreichen.
- Belegen mit z. B. Schinken, Käse und Gemüse.
- Die zweite Toastbrotscheibe auflegen.
- Den Sandwich diagonal durchschneiden

Beispiel: Sandwiches aus Fladenbrot

- Fladenbrot in der Mitte mit einem Sägemesser (Wellenschliffmesser) auseinanderschneiden und die Schnittflächen des Bodens und des Deckels mit Kräuterfrischkäse bestreichen.
- Tomatenscheiben auf die gesamte Fläche des Bodenteils deckend auflegen.
- Zwiebeln, in Ringe oder Würfel geschnitten, auflegen.
- Den Deckel darauflegen und das Fladenbrot mit einem scharfen Wellenschliffmesser vierteln.
- Die zwei Schnittseiten jedes geviertelten Fladenbrots mit Kräuterfrischkäse bestreichen und in klein geschnittenen Schnittlauch tauchen.

Tomaten-Sandwich

LF 2.3

Herstellen der Snacks vor den Kunden

Werbewirksam ist das Herstellen der belegten Snacks vor den Augen der Kunden. Die Kunden sehen, dass die Snacks frisch belegt sind und sie können die Lebensmittel für den Belag selbst wählen. Dabei muss jedoch auf äußerste Sauberkeit geachtet werden.

- Die Fachverkäuferin arbeitet mit Einweghandschuhen.
- Die Arbeitsfläche aus leicht abwischbarer Metallplatte ist stets sauber.
- Die Lebensmittel werden auf einem sauberen Schneidbrett geschnitten.
- Die Lebensmittel, z. B. Wurst, Schinken, Käse und Gemüse, übersichtlich auf Schalen oder Tabletts zum Belegen bereitstellen.

Hygienische Arbeitsweise

Verkauf von belegten Snacks und Sandwiches

- Snacks sollen in einer gekühlten Snacktheke im Laden angeboten werden, damit sie ihr frisches Aussehen nicht verlieren.
- Belegte Snacks sollen nach dem Belegen höchstens zwei Stunden im Verkauf sein. Danach sollen wieder neue Snacks belegt werden, sodass sie den ganzen Tag über frisch angeboten werden.
- Die belegten Snacks beim Verkauf nicht mit bloßen Händen anfassen, sondern z. B. mit einer Serviette.
- Den belegten Snack auf einen stabilen Pappteller legen und mit einer Serviette in einer Tüte verpacken. Beschichtete, fettabweisende Tüten sind vorteilhaft.

Wraps

Wrap heißt übersetzt „einwickeln, verpacken". Den Namen erhielten diese Snacks aufgrund ihrer Herstellung. Wraps sind gefüllte, aufgerollte Fladen. Sie werden üblicherweise in der Snacktheke kalt angeboten, werden im Café aber auch manchmal warm serviert.

LF 2.3

Als Basis werden hauptsächlich dünne „Tortillafladen" aus weichem Weizenteig gebacken.

Rezeptbeispiel: Tortillafladen

1000 g	Weizenmehl, Type 405 oder 550
750 g	Wasser, kalt
120 g	Öl (150 ml)
10 g	Salz
1880 g	**Teig**

Die Zutaten zu einem weichen, glatten Teig kneten.

Teigruhe: ca. 30 Minuten

Backen der Tortillafladen

- Öl in einer Pfanne erhitzen.
- Einen 1 mm dünnen Teig von ca. 20 cm Durchmesser bei mittlerer Hitze backen. Jede Seite einmal kurz backen, bis kurz vor dem Braunwerden des Randes.

Die Tortillafladen werden sofort nach dem Backen gefüllt, da sie in warmem Zustand am besten rollfähig sind.

Füllung

Die Wrapfüllungen können beliebig gewählt werden, z. B.
- Gemüse: Salate und Paprikaschoten in Streifen, Tomaten, Salatgurken, Karotten, Zwiebeln
- Pilze, Mais
- Käse
- Fleisch in Streifen: Putenbrust, Rindfleisch, Hähnchen
- Fisch
- Salz und Gewürze: Pfeffer, Oregano, Kümmel, Chili

Fertigstellen der Wraps

- Die Tortillafladen dünn bestreichen, damit sie nicht trocken werden, z. B. mit Mayonnaise, Remoulade, Frischkäse, Crème fraîche, Joghurt.
- Die Füllung auf den Tortillafladen gleichmäßig verteilen
- Die gefüllten Tortillafladen einrollen.
- Die Rolle in der Mitte schräg auseinanderschneiden. Durch den schrägen Schnitt kommt die Füllung optisch besser zur Geltung.
- Den unteren Teil in Alufolie einschlagen, damit die Wraps mit der Hand gegessen werden können.

Wraps im Verkauf

Verkaufsargumente

Qualitätsmerkmale für die Kundenberatung
Nur frisch belegte Snacks sind von guter Qualität.
- Die Backwaren sind frisch und enthalten deshalb eine rösche Kruste und weiche Krume sowie den feinen Brötchengeschmack.
- Sie sind mit frischem Salat und Gemüse belegt, die den gewünschten Biss und die natürliche, appetitliche Farbe haben.
- Nur frische Wurst, frischer Schinken, Käse oder Fisch werden belegt, die weich sind und so am besten schmecken.
- Wraps sind weiche, dünne Tortillafladen, die z. B. mit Gemüse, Käse, Fleisch und Fisch gefüllt sind.

Frischhaltung
Die Snacks werden frisch angeboten, und sollten so frisch wie möglich verzehrt werden. Snacks verlieren schnell ihre Frische und somit die Qualitätsmerkmale.

Die Gebäcke nehmen Feuchtigkeit auf und werden weich, der Salat und das Gemüse werden welk und die Wurst, der Schinken, der Käse u. a. trocknen etwas aus.

Belegte Snacks sollen nach dem Belegen höchstens zwei Stunden im Verkauf sein.

Besondere Eignung
Belegte Snacks und Wraps eignen sich zum sofortigen Verzehr für den kleinen Hunger oder als Zwischenmahlzeit.

Überbackene Snacks

!

Überbackene Snacks sind halbierte Backwaren, die mit verschiedenen Lebensmitteln, wie z. B. Gemüse sowie Wurst und Schinken belegt und obenauf mit geriebenem Käse bestreut werden. Beim Überbacken im Ofen bei hoher Hitze zerläuft der Käse und bräunt leicht, wenn gewünscht.

Geeignete Backwaren
- Fladenbrote
- kurze Baguettes
- Ciabattas
- Baguettebrötchen
- kurze Stangenweißbrote

Nur frische Gebäcke verwenden.

Herstellen überbackener Snacks
- Die Backwaren in der Mitte auseinanderschneiden. Jede Hälfte des Gebäcks dient als Unterlage für die überbackenen Snacks.
- Die Schnittflächen der halbierten Gebäcke bestreichen, z. B. mit Remoulade oder Frischkäse.
- Die Backwaren flächendeckend belegen, z. B. mit Gemüse, Wurst, Schinken und obenauf mit geriebenem Käse. Als geriebener Käse eignen sich Emmentaler, Gouda und Edamer.
- Die Snacks in einem Ofen bei ca. 220 °C überbacken, bis der Käse leicht angebräunt ist.

Schnittflächen der Gebäcke bestreichen

Backwaren mit Belag zum Überbacken

Überbackene Snacks

Tiefgefrorene Snacks
Die fertig belegten Snacks werden häufig tiefgefroren in die Verkaufsläden geliefert und dort bei Bedarf aufgetaut und im Ladenbackofen überbacken.

Beispiele für überbackene Snacks

Kleines Stangenweißbrot, Fladenbrot oder Ciabatta auseinanderschneiden und jede Gebäckhälfte mit Kräuterfrischkäse oder Remoulade bestreichen. Jede Gebäckhälfte wird als Snackunterlage verwendet und zu einem Snack belegt.

Überbackene Snacks – italienische Art
- Tomatenscheiben auf das bestrichene Gebäck auflegen.
- Mozzarella in dünne Scheiben schneiden und darauflegen.
- In Ringe geschnittene Zwiebeln auflegen.
- Mit Salz, Basilikum und Oregano würzen.
- Etwas Balsamico darübergeben.

Überbackener Snack – italienische Art

Überbackene Snacks – griechische Art
- Tomatenscheiben auf das bestrichene Gebäck legen.
- Paprika – rot, gelb und grün – in Würfel schneiden und aufstreuen.
- Gewürfelten Schafskäse darauflegen.
- Schwarze, entsteinte Oliven darauflegen.
- Geriebenen Emmentaler flächendeckend aufstreuen.

LF 2.3

Überbacken der Snacks
Bei 220 °C überbacken, bis der Käse zerlaufen und leicht gebräunt ist.
Fladenbrote für den Verkauf in vier Teile schneiden.

Überbackener Snack – griechische Art

Verkauf von überbackenen Snacks
Den heißen überbackenen Snack auf einen Pappteller legen. Eine Serviette dazugeben und in einer beschichteten, fett- und wasserabweisenden Tüte verpacken, die nicht durchweicht.

Überbackener Snack auf einem Pappteller mit Serviette

Verkaufsargumente

Qualitätsmerkmale für die Kundenberatung
Überbackene Snacks sind frische Gebäcke, die belegt sind, z. B. mit Gemüse, Wurst, Schinken und Käse. Nach dem Überbacken sind die warmen Gebäcke mit geschmolzenem Käse überzogen.

Verzehrfertige, heiße, überbackene Snacks

Verzehr der überbackenen Snacks
Überbackene Snacks schmecken warm am besten. Deshalb werden sie direkt vor dem Verzehr überbacken und den Kunden im Laden sowie den Gästen im Café heiß überreicht.
Abgekühlte überbackene Snacks können unmittelbar vor dem Essen im vorgeheizten Ofen bei ca. 220 °C erhitzt werden, damit der Käse warm und weich ist.

Besondere Eignung
Überbackene Snacks eignen sich ofenwarm zum sofortigen Verzehr für den kleinen Hunger oder als Zwischenmahlzeit.

Gebackene Snacks

> **!** Bei gebackenen Snacks wird der Teig mit der Füllung bzw. dem Belag auf dem Teig gebacken.

Bekannte gebackene Snacks sind z. B.:

- Laugenkäsestangen
- Käse-Schinken-Brezeln, Käse-Salami-Brezeln
- Schinken- und Käsesnacks aus Brötchenteig
- Pizzabrötchen
- Sauerrahmfladen
- Pizzaschnitten
- Schinken- und Käseblätterteigsnacks
- Würstchen im Schlafrock

Laugenkäsestangen

Laugenstangen nach dem Belaugen in der Mitte der Länge nach einschneiden und geriebenen Käse einlegen.

Laugenbrezeln mit Belag

Laugenbrezeln nach dem Belaugen mit einer Scheibe Emmentalerkäse belegen und darauf Schinken oder Salami legen. Darauf können noch Paprikastreifen gelegt werden.

Laugenkäsestange und Käse-Schinken-Brezel

Schinken- und Käsesnacks

Auf einen ausgerollten Brötchenteig wird entweder Schinken oder Käse, gesalzen und gepfeffert, gelegt und zu Stangen eingerollt.

Schinken und Käse auf dem Brötchenteig

Schinken- und Käsesnacks aus Brötchenteig

Pizzabrötchen

Weizenmischteig mit ca. 30 % Roggenmehlanteil zu runden Brötchenteiglingen schleifen (wirken). Die Teiglinge nach kurzer Gare flach ausrollen und wie Pizzas belegen, z. B. Tomatenmark, gewürfelte Schinkenstücke, gewürfelte Paprika, geriebener Käse.

Pizzabrötchen

Pizzaschnitten

Pizzaschnitten sind in rechteckige Stücke geschnittene Pizzas. Der auf Backbleche ausgelegte Teig wird wie die Pizzas mit beliebigen Zutaten belegt → Seite 586.

Pizzaschnitte

LF 2.3

Sauerrahmfladen
Weizenmischteig mit ca. 30 % Roggenmehlanteil zu runden Brötchenteiglingen schleifen (wirken). Die Teiglinge nach kurzer Gare in der Teigausrollmaschine oval ausrollen. Die ausgerollten Teiglinge flächendeckend gut mit Schmand bestreichen und gewürfelte Schinkenstückchen auflegen. Die Sauerrahmfladen sofort nach dem Backen mit Schnittlauch bestreuen.

Sauerrahmfladen

Schinken- und Käseblätterteigsnacks
Blätterteig ca. 3 mm dick ausrollen und zu Dreiecken von ca. 25 cm Höhe schneiden. Die Blätterteigdreiecke mit Schinken oder Käse belegen, aufrollen und die Oberfläche mit Eistreiche bestreichen. Folgende Varianten sind möglich:

- gekochten Schinken für Schinkensnacks
- Käsescheiben (Emmentaler, Gouda, Edamer) für Käsesnacks. Den Käse mit Salz, Pfeffer und Paprika würzen.
- Schinken und Käse für Schinken-Käse-Snacks

Schinken- und Käseblätterteigsnacks

Würstchen im Schlafrock
Blätterteig ca. 3 mm dick ausrollen und zu rechteckigen Teigstücken schneiden. Wiener Würstchen oder Debrecziner auflegen und den Blätterteig zu Rollen überschlagen. Die Blätterteigrollen mit Eistreiche bestreichen.

Würstchen im Schlafrock

Käse-Spinat-Blätterteigtaschen
Blätterteig ca. 3 mm dick ausrollen und zu Quadraten schneiden. Die Blätterteigstücke mit Fetakäse und Spinat füllen und zu Taschen überschlagen.

Käse-Spinat-Blätterteigtaschen

Am besten schmecken Blätterteigsnacks in warmem Zustand. Die Kunden sollten deshalb informiert werden, dass abgekühlte Blätterteigsnacks kurz bei ca. 200 °C aufgebacken werden sollten.

Verkauf von gebackenen Snacks
→ vergl. überbackene Snacks, Seite 482.

Warmhalten der Snacks
In einer Warmhaltevitrine können gebackene Snacks bis zu drei Stunden für den Verzehr warmgehalten werden. Die Snacks werden aus dem Ofen genommen und sofort in heißem Zustand in die Warmhaltevitrine gegeben. Bei einer Temperatur von über 80 °C und hoher Luftfeuchtigkeit werden die gebackenen Snacks heiß gehalten.

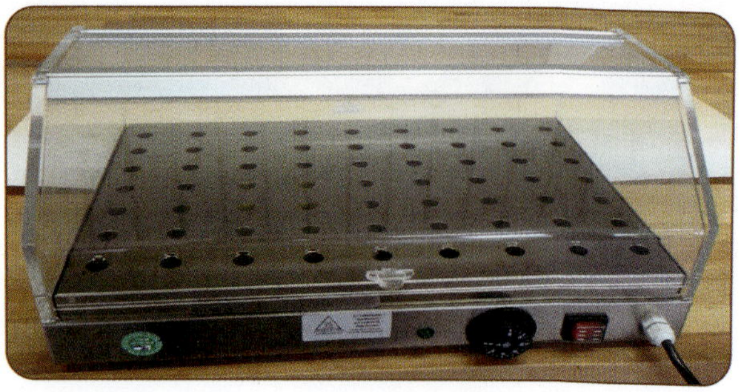
Warmhaltevitrine

LF 2.3

Verkaufsargumente

Qualitätsmerkmale für die Kundenberatung
Gebackene Snacks sind pikante Speisen.
Der Geschmack wird jeweils von dem Gebäck und der Füllung bzw. dem Belag bestimmt.

Verzehr der gebackenen Snacks
Gebackene Snacks sollten ofenheiß gegessen werden, da sie heiß am besten schmecken. Abgekühlte gebackene Snacks direkt vor dem Essen im vorgeheizten Backofen bei ca. 220 °C, wenn möglich mit Schwadengabe erhitzen. Die Snacks dann sofort verzehren.

Besondere Eignung
- Gebackene Snacks eignen sich zum sofortigen Verzehr für den kleinen Hunger oder als Zwischenmahlzeit. Sie werden im Laden und im Café angeboten.
- Die gebackenen Snacks mit ihrem pikanten Geschmack werden gerne zu Erfrischungsgetränken sowie Bier und Wein gegessen.

Aufgaben

1. Erklären Sie den Begriff „Snacks".
2. Nennen Sie Backwaren, die sich für „belegte Snacks" eignen.
3. Wie werden Backwaren für belegte Snacks auseinandergeschnitten?
4. Nennen Sie Aufstrichmöglichkeiten, mit denen Backwaren für Snacks bestrichen werden können.
5. Nennen Sie die Beläge, die sich für belegte Snacks eignen.
6. Beschreiben Sie das fachgerechte Belegen der Snacks mit beliebigen Belägen.
7. Wie wird der Deckel der Backwaren auf die belegten Snacks gelegt? Begründen Sie dies.
8. Erklären Sie die Grundsätze bei der Herstellung von belegten Snacks in Bezug auf
   - Backwaren und Lebensmittel für die Beläge,
   - Sichtbarkeit der Beläge,
   - schönes, ansprechendes Aussehen.
9. Beschreiben Sie die richtige Präsentation der belegten Snacks im Laden.
10. Erklären Sie den Begriff „Sandwich".
11. Nennen Sie Brote, die sich zum Belegen für Sandwiches eignen.
12. Erklären Sie anhand eines Beispiels die Herstellung von Sandwiches.
13. Benennen Sie die Backwaren für Wraps und deren Zutaten. Beschreiben Sie das Backen.
14. Womit können Wraps gefüllt werden?
15. Erklären Sie „überbackene Snacks".
16. Nennen Sie geeignete Backwaren für überbackene Snacks.
17. Beschreiben die Herstellung und das Überbacken der überbackenen Snacks.
18. Erklären Sie „gebackene Snacks".
19. Nennen Sie verschiedene gebackene Snacks und beschreiben Sie deren Herstellung.
20. Wie sollten gebackene und überbackene Snacks gegessen werden, weil sie so am besten schmecken?
21. Bei einer Aktion „Frische Snacks – nach Ihren Wünschen belegt" sollen Sie auf einem Arbeitstisch im Laden den Kunden die Herstellung belegter Snacks demonstrieren, wobei die Kunden die Beläge selbst wählen können. Besorgen Sie sich dafür geeignete Backwaren und Lebensmittel für die Beläge. Überlegen Sie sich, wie Sie diese hygienisch und übersichtlich den Kunden auf dem Arbeitstisch zeigen und die Snacks werbemäßig vor den Augen der Kunden zubereiten.

LF 2.3

Rechenaufgaben

1. Zum Belegen von Snacks benötigt eine Bäckerei/Konditorei 4,200 kg Tomaten, 3 250 g Salatgurken, 1,350 kg Radieschen, 1 ¾ kg Paprika, 8 Köpfe Salat Lollo bionda. Beim Säubern und Zubereiten des Gemüses fallen folgende Verluste an: Tomaten 4 %, Salatgurken 8 %, Radieschen 10 %, Paprika 13 %, Salat 20 %.
   Wie viel kg von jedem Gemüse und wie viel Köpfe Salat müssen eingekauft werden? →

2 Die Materialkosten für 120 Laugenstangen, die zu Snacks belegt werden, betragen 11,40 €.
Der Einkaufspreis von Schinken und Gemüse zum Belegen macht 490 % der Materialkosten der Laugenstangen aus. Berechnen Sie die gesamten Materialkosten eines Snacks.

3 Die Materialkosten für 25 Sandwiches betragen 10,50 €. Für 45 belegte Snacks belaufen sich die Materialkosten auf 23,85 €.
Um wie viel Cent und um wie viel % sind die Materialkosten eines belegten Snacks höher?

4 5 Fachverkäuferinnen benötigen für die Herstellung von 160 Sandwiches eine halbe Stunde.
Wie lange brauchen 2 Fachverkäuferinnen für die Herstellung von 240 Sandwiches?

5 Eine Bäckerei/Konditorei kauft eine Kiste Remoulade vom Handel. In einer Kiste befinden sich 40 Dosierflaschen mit insgesamt 30 kg Inhalt.
Ca. 4 % Verlust entsteht bei der Entnahme der Remoulade aus der Flasche.
Wie viel g Verlust entsteht bei einer Flasche?

29.4 Kanapees (Canapés)

Die deutsche Schreibweise ist Kanapees und die französische Canapés. Beide Schreibweisen sind richtig.

!

Kanapees sind kleine, dekorativ belegte und garnierte Brote mit unterschiedlichem Belag und Dekor.

Kanapees ergeben durch die verschiedenen Beläge auf den Broten und den dekorativen Garnierungen obenauf eine gemischte, bunte Platte, die bei besonderen Anlässen einen schönen Blickfang darstellt.

Brote als Unterlage
- Stangenweißbrote, Kastenweizenbrote, getoastete Toastbrote
- Weizenmisch-, Roggenmisch-, Roggen- und Vollkornbrote, Pumpernickel

Brotscheiben und Brotformen für Kanapees
- Toastbrote, Kastenweißbrote und die anderen Brote in ca. 10 mm dicke Scheiben schneiden und die Brotscheiben zu Dreiecken, Quadraten oder Rechtecken schneiden bzw. mit einem Ausstecher rund ausstechen.
- Stangenweißbrote schräg zu ovalen 15 bis 20 mm dicke Scheiben schneiden.

Die Brotscheiben sollten nicht zu groß sein und in etwa die gleiche Größe haben.

Brotformen für Kanapees

Abwechslungsreich belegte und garnierte Kanapees

Butter als Aufstrich
Die Brote mit Butter bestreichen.

Hauptbeläge
- roher und gekochter Schinken
- Salami
- Fleischwurst (Aufschnittwurst)
- Leberstreichwurst
- Schnittkäse, z. B. Emmentaler, Edamer, Gouda
- Camembert
- Frischkäse, Kräuterfrischkäse
- Fisch, z. B. Lachs, geräuchertes Forellenfilet, Räucheraal

Schinken, Salami, Wurst und Käsescheiben ca. 3 mm dick schneiden

Zutaten zum Garnieren
- Eierscheiben
- Tomaten, Radieschen, Salatgurken, Paprika (rot, gelb, grün)
- Essiggurken, Maiskölbchen
- entsteinte Oliven, Zwiebelringe
- Obst, z. B. Kiwis, Mandarinen, Erdbeeren, Weintrauben, Physalis
- Shrimps
- Kaviar
- Schnittlauch, Petersilie, Dillzweig, Blatt Zitronenmelisse, Blatt Feldsalat

LF 2.3

Herstellung von Kanapees

- Frische Brote in Scheiben schneiden.
- Die Brote mit Butter bestreichen.
- Auf die Brote geschmackbestimmende Hauptbeläge auflegen.
- Mit farblich abgestimmten Zutaten die Kanapees dekorativ garnieren.

Grundsätzlich nur frische Brote sowie Beläge und Zutaten zum Garnieren verwenden.

Frische Kanapees

Platten und Tabletts

Kanapees auf schwarzen Platten gelegt, kommen besonders zur Geltung.
Auf Silbertabletts wird der Wert der Kanapees optisch gesteigert.

Auflegen der Kanapees auf Platten und Tabletts

- Kanapees in Reihen auf Platten bzw. Tabletts legen. Jede Reihe enthält die gleich belegte Kanapeeart.
- Die Reihen so zusammenstellen, dass auf jeder Platte bzw. jedem Tablett sich Kanapees mit geschmacklich abwechslungsreichen Belägen befinden.
- Die Reihen der Kanapees sollen einen schönen Farbkontrast ergeben, sodass die Platten bzw. Tabletts ein farbenfrohes Gesamtbild ergeben.
- Werden die Kanapees in einem gewissen Abstand auf Platten bzw. Tabletts gelegt, kommt jedes einzelne Stück besser zur Geltung.

Kanapees auf einer Platte belegt

Kanapees frisch liefern und servieren

Nur frisch belegte Kanapees sehen appetitlich aus und schmecken gut.

- Die Kanapees erst kurz vor der Lieferung belegen.
- Die belegten Kanapees sofort auf Platten und Tabletts legen, diese mit Folien abdecken und in den Kühlraum/ Kühlschrank stellen. Somit trocknen die Beläge der Kanapees bei der Lieferung und bei der Lagerung vor dem Servieren nicht aus und bleiben frisch.

Besondere Eignung der Kanapees

- Kanapees eignen sich für Feierlichkeiten und Partys als kleine Happen.
- Besonders passend sind sie für Stehempfänge, da sie auch im Stehen bequem mit der Hand zu essen sind.
- Aufgrund des geringen Sättigungswerts und der abwechslungsreichen Beläge eignen sich Kanapees auch als Vorspeisen, die appetitanregend wirken.

Aufgaben

1. Erklären Sie, was man unter Kanapees versteht.
2. Nennen Sie Brote, die sich für Kanapees eignen.
3. Wie dick sollten die Brote für Kanapees geschnitten werden und welche Brotformen eignen sich?
4. Nennen Sie mögliche Beläge und Zutaten für Garnierungen für Kanapees.
5. Beschreiben Sie die Herstellung von Kanapees.
6. Erklären Sie das fachgerechte Auflegen der Kanapees auf Platten und Tabletts.
7. Wofür eignen sich Kanapees besonders gut?
8. Ihr Betrieb soll für die Einweihungsfeier einer Firma Kanapees zum Stehempfang liefern. Erklären Sie Ihren Kolleginnen die Herstellung der verschieden belegten Kanapees. Sie sind auch verantwortlich, dass die auf den passenden Platten und Tabletts gelegten Kanapees in frischem Zustand den Gästen serviert werden.

Rechenaufgabe

Der Belag für Kanapees setzt sich zusammen aus 6 Teilen Schinken, 2 Teilen Salami, 5 Teilen Schnittkäse und 3 Teilen Lachs.
Errechnen Sie die Mengenanteile jedes einzelnen Belags in g für die Kanapees auf 4 Tabletts, wenn für 1 Tablett 2,400 kg Belag gerechnet wird.

LF 2.3

29.5 Diätetische Ernährung

Kranke Menschen müssen wegen angeborener oder im Laufe des Lebens auftretender Krankheiten Diät halten. Dies erfordert eine diätetische Ernährung.

Krankheiten	Diätische Ernährung
Starkes Übergewicht bis Adipositas (➔ Seite 191)	Langanhaltende kalorienreduzierte Ernährung und regelmäßige sportliche Aktivität sind erforderlich.
Diabetes mellitus = Zuckerkrankheit (➔ Seite 192)	Ballaststoffreiche Vollkornbackwaren bevorzugen, ausreichend Obst und Gemüse essen, zuckerhaltige Lebensmittel und Getränke stark einschränken.
Laktoseintoleranz = Milchzuckerunverträglichkeit (➔ Seite 194)	Milch und Milcherzeugnisse meiden.
Fruktoseintoleranz = Fruchtzuckerunverträglichkeit (➔ Seite 195)	Obst und Obstsäfte sowie zuckerhaltige Lebensmittel stark reduzieren.
Zöliakie = Glutenunverträglichkeit (➔ Seite 195)	Alle Speisen und Backwaren aus Weizen, Dinkel, Roggen, Gerste und Hafer meiden, die das Eiweiß Gluten enthalten.

LF 2.3

Diätetische Backwaren

Diätetische Backwaren sind Gebäcke, die für kranke Menschen verträgliche Inhaltsstoffe enthalten.

Glutenfreie Backwaren

Für Zöliakiekranke werden Teige und Massen mit einer Mischung aus glutenfreiem Mehl, Stärke und Bindemittel wie Guarkernmehl und Johannisbrotkernmehl hergestellt, das im Fachhandel erhältlich ist. Es ist Mehl aus Mais und Reis sowie Mehl aus Pseudogetreide wie Buchweizen, Amaranth und Quinoa. Diese glutenfreien Mehle enthalten keinen Kleber zur Lockerung. Damit die Gebäcke ausreichend gelockert werden und somit ein zufriedenstellendes Volumen erzielen, werden die Mehle mit Stärke und Bindemittel gemischt.

Glutenfreier Sandkuchen

Rezeptbeispiel: glutenfreier Sandkuchen

1000 g Vollei (ca. 20 Stück)
1000 g Zucker
1000 g Speiseöl
500 g Maismehl oder Reismehl
500 g Maisstärke oder Reisstärke
50 g Backpulver
1 Prise Salz (ca. 2 g)
natürliches Zitronen- und Vanillearoma

4 050 g Sandkuchenmasse

- Alle Zutaten zusammen in einem Kessel im All-in-Verfahren ca. 10 Minuten bei mittlerer Geschwindigkeit rühren.
- Die weiche Sandmasse mit einem Schöpflöffel in gefettete und bemehlte Kastenformen füllen.

Für **Zitronenkuchen** wird in die Sandkuchenmasse ca. 20 g natürliches Zitronenaroma zugegeben, damit der Zitronengeschmack im Sandkuchen geschmacklich deutlich wahrnehmbar ist.
Für **Marmorkuchen** ca. 1/3 der Sandmasse mit 70 g Kakaopulver zu einer Schokoladenmasse verrühren.

Backen: 190 °C, bei geschlossenem Zug
Backzeit: 50 bis 60 Minuten, je nach Größe der Kuchen

Die abgekühlten Kuchen
- mit Puderzucker bestauben oder
- mit Kuvertüre bzw. Fettglasur überziehen.

Vegetarische Konditoreierzeugnisse

!

Vegetarierinnen und Vegetarier essen pflanzliche Lebensmittel und nur Produkte von lebenden Tieren, z. B. Milch, Milcherzeugnisse, Eier und Honig. Sie essen keine Lebensmittel von getöteten Tieren, z. B. Fleisch und Wurstwaren sowie Fisch und Meeresfrüchte.

Fast alle Backwaren und Erzeugnisse der Bäckerei/Konditorei eignen sich für Vegetarier, da sie keine Bestandteile von Fleisch und Fisch enthalten. Auch Speiseeis und Geleeguss auf Obsttoren und Obstdesserts enthalten verschiedene pflanzliche Bindemittel und keine tierische Gelatine.

Vegetarische Snacks

Von Vegetarier/-innen abgelehnt werden:

- Erzeugnisse mit Schlagsahne, da diese mit Gelatine gebunden wird. Gelatine wird aus Knochen und Häuten von geschlachteten Tieren gewonnen.
- Kleine Gerichte im Café, die Fleisch bzw. Fisch enthalten, dies sind z. B. Snacks mit Salami oder Schinken, Salate mit Schinken, Putenstreifen, Hühnerfleisch oder Meeresfrüchte, Gulaschsuppe, Spaghetti bolognese, Toast Hawaii.

Vegane Konditoreierzeugnisse

!

Veganerinnen und Veganer ernähren sich ausschließlich von pflanzlichen Lebensmittel. Sie verzichten auf alle Lebensmittel tierischer Herkunft.

Backwaren, Pralinen und Speiseeis für Veganer/-innen enthalten nur pflanzliche Lebensmittel, also keine Eier, Milch, Milcherzeugnisse (Sahne, Quark, Käse).
Frei von tierischen Produkten sind:

- Marzipan, Nugatmasse, Krokant, Konfitüre und Fruchtsoßen, z. B. Erdbeersoße
- Schokoladenartikel mit dunkler Kuvertüre, ausgenommen Milchkuvertüre und weiße Schokolade
- Pralinen, ausgenommen Trüffelpralinen, weil diese Schlagsahne enthalten
- Eissorten wie Fruchteis, Frucht-Sorbet, da sie ohne Milch und Eier hergestellt werden.

Von Veganer/-innen abgelehnt werden:

Im Café verzichten Veganer/-innen

- auf kleine Gerichte, die Milch, Eier, Fleisch und Fisch enthalten.
- auf Milchgetränke.
- Cremeeis, Milcheis, Sahneeis.

Gebäcke bzw. Erzeugnisse	Sie enthalten
aus Hefeteig, Butterhefeteig	Milch, Eier, Butter
aus Blätterteig, Butterblätterteig	Eigelbe, Butter
aus Mürbeteig, Buttermürbeteig	Eier, Eigelbe, Butter
aus Honigkuchenteig, Lebkuchenteig	Honig
aus Baisermasse, Makronenmasse, Lebkuchenmasse	Eiklar
aus Biskuit-, Wiener- und Sandmasse	Eier, evtl. Butter
aus Brandmasse	Milch, Eier
aus Röstmasse	Honig, Butter, Schlagsahne
aus Hippenmasse	Eiklar, Milch bzw. Schlagsahne
mit Nussfüllung, Mohnfüllung	Milch, süße Brösel aus eierhaltigen Massen
mit Vanillecreme, Vanillesoße	Milch
mit Käse bzw. Quarkfüllung (Frischkäse)	Käse, Quark
mit Schlagsahne	Schlagsahne, Gelatine als Bindemittel
mit Buttercreme	Butter, Eier, evtl. Milch
Käsetorte, Käsesahnetorte	Quark, Milch, Eier, Schlagsahne
Mousse, Bayerische Creme	Eier, Milch

Im Speiseplan der Veganer/-innen stehen täglich eiweißreiche Speisen wie Sojaprodukte (z. B. Tofu), Hülsenfrüchte (Linsen, Erbsen, Bohnen) und Nüsse, um dem Körper mit ausreichend Eiweiß zu versorgen.

Veganes Gericht – Bandnudeln (ohne Eier) mit Tomatensoße

LF 2.3

Dishes in the Bakery, Confectionery and Café

The Breakfast

You serve an English-speaking guest at the café who orders breakfast.	*Sie bedienen im Café einen Englisch sprechenden Gast, der ein Frühstück wünscht.*

Waiter: Good morning. What would you like?
Guest: Hello. I would like a breakfast, please.
Waiter: A menu in German and English is on the table. Please have a look inside.
Guest: Ok, thank you, one moment please.
Waiter: Take your time.

After a short time.

Guest: I would like to have a standard breakfast.
Waiter: Would you like to drink coffee or tea?
Guest: Black tea, please.
Waiter: Would you like rolls, bread or toast? You can also get a bit of everything.
Guest: I would prefer rolls, please.
Waiter: All right. The breakfast includes butter, jam and honey as well as ham, sausage and cheese.
Guest: Oh fine. Can I also have an egg and a glass of orange juice?
Waiter: Of course. I´ll bring you the breakfast right away.

Exercise
Write a similar order process in English and German. The guest wishes an extended breakfast for brunch.
- Welcome the guest and determine the wish of the guest.
- Offer all sorts of drinks and food for breakfast (→ pages 470 and 471).
- Give an advice, for example: name the ingredients of a cereal, explain the connection of consistency and cooking times in eggs.

Übungsaufgabe
Schreiben Sie einen ähnlichen Bestellvorgang in Englisch und Deutsch auf. Der Gast wünscht ein erweitertes Frühstück zum Brunch.
- *Begrüßung des Gastes und den Wunsch des Gastes ermitteln.*
- *Alle möglichen Getränke und Speisen des Frühstücks anbieten (→ Seite 470 und 471).*
- *Beratung, z. B. Zutaten des Müslis nennen, Abhängigkeit von Konsistenz und Kochzeiten bei Eiern erklären.*

Snacks

In the shop and café of the bakery and confectionery snacks are popular dishes. Write down the individual components of the snacks in English with the new apprentices. Also name the various snacks.	*Im Laden und Café der Bäckerei und Konditorei sind Snacks beliebte Speisen. Schreiben Sie mit der neuen Auszubildenden die einzelnen Bestandteile der Snacks in Englisch auf. Benennen Sie auch die verschiedenen Snacks.*

Composition of a Salami Snack from bottom to top.

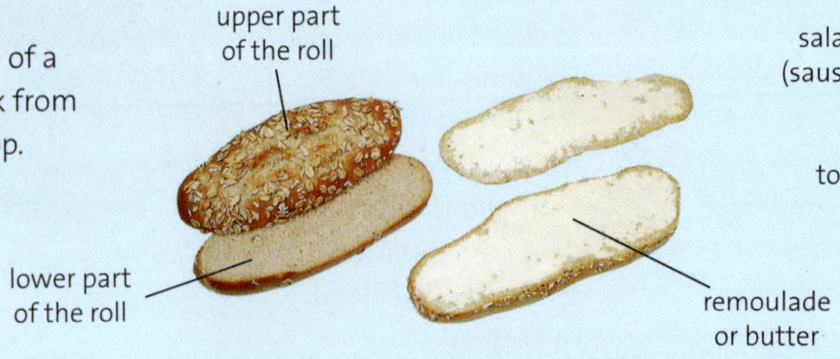

Which snacks does the company offer? For example:

Mozzarella and tomato snacks

Sandwiches

Gratinated snacks

Ham and cheese pretzels with salami or ham, vegatables and cheese

Pizza slices

Onion cakes

Exercise
Name the foods for pizza toppings, e.g. salami pizza, ham mushroom pizza, vegetarian pizza.

Übungsaufgabe
Nennen Sie die Lebensmittel, mit denen Pizzas belegt sind, z. B. Salamipizza, Schinken-Champignon-Pizza, vegetarische Pizza.

Vocabulary

after a short time	nach kurzer Zeit	the ingredient	die Zutat
all right	alles klar	lettuce leaves	Salatblätter
the apprentice	die Auszubildende, der Auszubildende	the lower part	der untere Teil
the butter	die Butter	the menu	die Speisekarte
the cheese	der Käse	Oh fine!	Oh prima! Oh gut!
the company	die Firma, der Betrieb	of course	selbstverständlich
the composition	die Zusammensetzung, der Aufbau	one moment	einen Moment
the cucumber	die Salatgurke	the onion cake	der Zwiebelkuchen
to describe	beschreiben	the pizza slice	die Pizzaschnitte
e.g. (for example)	z. B. (zum Beispiel)	to prefer	bevorzugen, lieber mögen
everything	alles	the prezel	die Brezel
from bottom to top	von unten nach oben	right away	gleich, jetzt sofort
to get	bekommen	the sausage	die Wurst
a glass of orange juice	ein Glas Orangensaft	the snack	der Snack, der Imbiss
gratinated	überbacken	the table	der Tisch
the guest	der Gast	Take your time.	Lassen Sie sich Zeit.
the ham	der Schinken	to toast	toasten
have a look inside	schauen Sie hinein	the tomato	die Tomate
the honey	der Honig	the topping	der Belag
includes	beinhaltet	the upper part	der obere Teil
		the vegetables	das Gemüse
		the waiter	die Bedienung

E

Berufliche Handlung

Über das Wochenende findet eine große Musikveranstaltung statt. Ihr Betrieb hat bei der Veranstaltung einen Snackstand für die Verköstigung der Besucher. Sie werden für die Leitung der Organisation, Planung und Durchführung beauftragt. Auf Ihrem Stand sollen Sie eine Vielfalt an belegten, überbackenen und gebackenen Snacks anbieten, wobei die Besucher die Herstellung beobachten können. Für die Verantwortlichen, Mitwirkenden und Ehrengäste der Veranstaltung sollen Sie für einen Stehempfang Platten mit Kanapees bereitstellen.

Belegte Snacks

1. Stellen Sie eine Auswahl belegter Snacks mit verschiedenen Belägen zusammen.
2. Für die Produktion erstellen Sie eine Liste mit verschiedenen Backwaren, die sich für die belegten Snacks eignen.
3. Schreiben Sie die Hauptbeläge sowie die Salate, Gemüsesorten, Kräuter und Gewürze auf, die Sie zum Belegen der Snacks benötigen.
4. Überlegen Sie, wie Sie die einzelnen Snacks belegen.
5. Weisen Sie Ihre Mitarbeiterinnen an, wie sie die belegten Snacks den Kunden ansprechend präsentieren.
6. Beschreiben Sie für die Kolleginnen die Zusammensetzung von verschiedenen Sandwiches, die diese für die Herstellung benötigen.

Überbackene Snacks

7. Stellen Sie verschiedene überbackene Snacks zusammen, die Sie bei der Veranstaltung anbieten können.
8. Überlegen Sie, welche Backwaren sich für die überbackenen Snacks eignen.
9. Erklären Sie Ihren Kolleginnen in welchem Zustand die überbackenen Snacks am besten schmecken und zu welchem Zeitpunkt Sie deshalb die Snacks für die Kunden überbacken sollen. Weisen Sie auch auf die Ofentemperatur zum Überbacken hin und wie sie erkennen, wann die Snacks fertig überbacken sind.

Gebackene Snacks

10. Schreiben Sie die gebackenen Snacks auf, die Sie bei der Musikveranstaltung anbieten können.
11. Erstellen Sie für Ihre Mitarbeiterinnen Informationsblätter mit Verkaufsargumenten über die gebackenen Snacks. So sollen die Kolleginnen bei der Kundenberatung die Zusammensetzung und Qualitätsmerkmale der gebackenen Snacks erklären können, z. B. für Käse-Schinken-Brezeln, Pizzabrötchen und Sauerrahmfladen.
12. Von Ihrem Betrieb erhalten Sie an Ihrem Stand die Snacks ca. dreiviertel gebacken. Geben Sie Auskunft, bei welcher Backtemperatur die Snacks fertig gebacken werden und zu welchem Zeitpunkt, damit sie am besten schmecken.
13. Richten Sie das Arbeitsgerät und das Material her, das beim Verkauf der gebackenen und überbackenen Snacks benötigt wird:
    - Arbeitsgerät zum Abnehmen der Snacks vom Backblech
    - Unterlagen, auf die die Snacks gelegt werden und die jeweilige Zugabe zum sauberen Verzehr
    - Verpackungsmaterial, wenn Kunden die Snacks verpackt wünschen

Kanapees

14. Wählen Sie passende Brote für Kanapees aus.
15. Überlegen Sie, in welchen Formen die Brote für Kanapees ausgeschnitten und ausgestochen werden können.
16. Stellen Sie eine Einkaufsliste für den Aufstrich, die Hauptbeläge und die Zutaten zum Garnieren der Kanapees zusammen.
17. Probieren Sie verschiedene Möglichkeiten zum Belegen und Garnieren der Kanapees aus.
18. Legen Sie die Kanapees so auf Platten und Tabletts, dass sie geschmacklich und optisch abwechslungsreich auf die Gäste wirken.
19. Erklären Sie Ihren Kolleginnen,
    - wann Sie die Kanapees herstellen,
    - wie Sie die Kanapees auf den Platten und Tabletts frisch halten, wenn sich der Stehempfang verspätet.

LF 2.4
Produkte verkaufsfördernd präsentieren

30 Waren verkaufsfördernd präsentieren

Situation

Mit Geschenkverpackungen will Ihre Bäckerei/Konditorei einen besonderen Kundenservice bieten und so Kunden an ihr Fachgeschäft binden. Sie achten auch in Ihrem Betrieb darauf, dass die Bäckerei-/Konditoreierzeugnisse auf Thekenblechen und Tabletts zum Kauf anregend präsentiert werden. In regelmäßigen Abständen haben Sie den Auftrag, das Schaufenster und die Dekorationstische zu gestalten.

- Welche Möglichkeiten gibt es beim Verpacken von Bäckerei- und Konditoreierzeugnissen?
- Wie werden Kartonagen verpackt und verschönert?
- Welche Grundsätze werden beim Belegen von Tabletts und Platten beachtet?
- Wie werden Schaufenster und Dekorationstische gestaltet?

30.1 Werbung

Durch Werbung werden die Erzeugnisse der Bäckerei/Konditorei den Verbrauchern bekannt. Die Waren finden dadurch das Interesse der Kunden, die diese zwanglos gerne kaufen.

Ziele der Werbung

- Neue Kunden sollen gewonnen werden.
- Die schon bestehenden Kunden sollen gehalten werden. Es wird ihnen bestätigt, dass sie bisher schon in der richtigen Bäckerei/Konditorei eingekauft und die richtige Wahl getroffen haben.
- Dadurch erhöht sich der Umsatz und somit der Gewinn, sodass der Betrieb weiterhin erfolgreich bestehen kann.

Vorteile der Werbung

Für die Kunden

- Die Kunden erfahren, welche Waren die Bäckerei/Konditorei anbietet und welche neuen Waren eingeführt werden.
- Durch die Wareninformationen bei der Werbung erlangen Kunden Kenntnisse über die Zusammensetzung und Qualität der Waren.
- Die vollständige Warenkenntnis erspart den Kunden Zeit beim Einkaufen.
- Die Kunden können Preise vergleichen, was die Kaufentscheidung erleichtert.
- Die Kunden erfahren Neuerungen des Betriebs.

Für die Bäckerei/Konditorei

- Durch die Werbung werden mehr Waren verkauft, wobei sich der Gewinn des Betriebs erhöht.
- Durch die Werbung bleibt die Bäckerei/Konditorei bei den Verbrauchern weiterhin in Erinnerung und macht den Betrieb interessant.
- Arbeitsplätze können somit gesichert und die Zahl der Arbeitsplätze erhöht werden.

Werbemittel

Eine grundsätzliche Werbung stellt ein moderner und sauberer Bäckerei-/Konditoreibetrieb dar, damit die Kunden gerne eintreten und sich wohlfühlen – Hausfassade, Laden, Café und Terrassencafé.

Die Bäckerei/Konditorei hat jedoch viele Möglichkeiten der Werbung, mit dem Einsatz verschiedener Werbemittel, z. B.:

- Schaufenstergestaltung
- Werbeplakate
- Flyer
- Werbetafeln vor dem Laden als Außenaufsteller
- beschriftetes Verpackungsmaterial
- gepflegte, modern gestaltete Speise- und Getränkekarte
- beschriftete Lieferfahrzeuge
- Präsentation im Internet
- Inserate und Werbebeilagen in Zeitungen und Anzeigenblättern
- regionale Rundfunk- und Fernsehwerbung

Werbemaßnahmen

Ständige bedeutende Werbemaßnahmen im Verkauf sind:

- Waren ansprechend im Laden ausstellen (präsentieren).
- Wünsche der Verbraucher ermitteln und diese erfüllen, z. B. Waren der aktuellen Verbraucherwünsche in einem modernen Laden und Café anbieten, in dem die Kunden gerne einkaufen und sich Gäste wohlfühlen.
- Stets frische Qualitätswaren von freundlichen Fachverkäuferinnen anbieten.
- Mit Aktionen bestimmte Waren bekanntmachen.
- Für Kunden und Gäste angenehme und bequeme Öffnungszeiten des Bäckerei-/Konditoreibetriebs anbieten.

LF 2.4

Freundliche Fachverkäuferin im gemütlichen Café mit frischer Qualitätsware

Werbewirkung

Damit Werbemaßnahmen und die dabei eingesetzten Werbemittel ihre Wirkung bei den Kunden erzielen, sollte bei deren Einsatz die bewährte AIDA-Regel bedacht werden. Sie ist in vier Bereiche unterteilt:

AIDA-Modell	
A	**A = Attention (Aufmerksamkeit)** Die Kunden sollen durch die Werbung auf die Erzeugnisse der Bäckerei/Konditorei aufmerksam gemacht werden.
I	**I = Interest (Interesse)** Die Werbeaussagen sollten für die Kunden interessant gestaltet werden, damit sie sich angesprochen fühlen und Interesse an den Erzeugnissen entsteht.
D	**D = Desire (Bedürfnis, Verlangen)** Bei den Kunden soll der Wunsch geweckt werden, die Bäckerei-/Konditoreierzeugnisse zu bekommen und diese zu kaufen.
A	**A = Action (Handlung, Reaktion)** Die Konsequenz (Folge, Auswirkung) ist, dass die Kunden in das Bäckerei-/Konditoreigeschäft kommen und die gewünschten Waren kaufen.

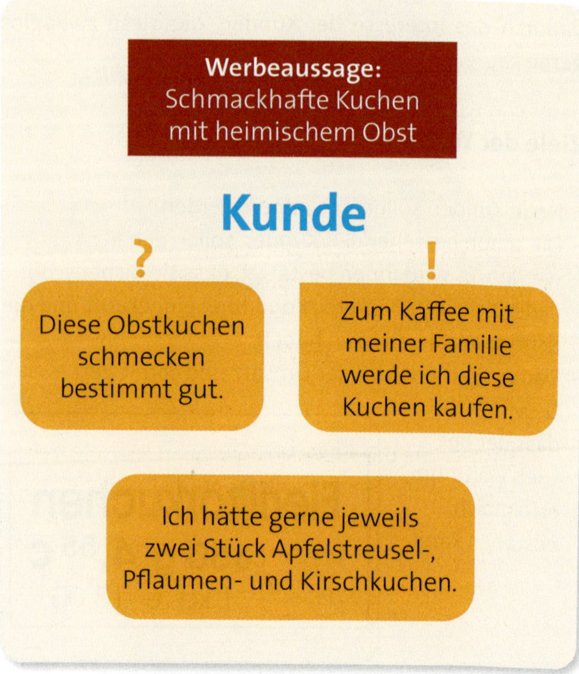

Werbegedanken

- Verbraucher werden teilweise mit Werbebotschaften überhäuft. Deshalb sollte der Betrieb gezielt mit interessanten Werbeaussagen werben, um eine nichtssagende Informationsüberlastung zu vermeiden.
- Stammkunden sind eher bereit, die Waren der Werbeangebote zu kaufen, weil ihnen die Warenqualität bekannt ist. Werbemaßnahmen sind jedoch erst richtig erfolgreich, wenn auch Neukunden und Gelegenheitskunden gewonnen werden.
- Die Qualität der in der Werbung angebotenen Waren muss die Kunden überzeugen, damit sie auch zukünftig die Waren kaufen.

Warenpräsentation als erfolgreiches Werbemittel

- Ein besonders wirksames Werbemittel ist die fachgerechte Warenpräsentation im Laden. Die ansprechend gezeigten Waren animieren die Kunden zum Kauf.
- Vom Aussehen der Waren können die Kunden die Qualität ableiten und das Preis-Leistungs-Verhältnis erkennen.

Ansprechend präsentierte Waren

Aufgaben

1. Erklären Sie den Sinn von Werbung.
2. Erläutern Sie die Vorteile der Werbung
   - für die Kunden,
   - für den Betrieb.
3. Nennen Sie mögliche Werbemittel einer Bäckerei/Konditorei.
4. Beschreiben Sie mögliche Werbemaßnahmen.
5. Erklären Sie das AIDA-Modell.
6. Überlegen Sie mit Ihren Kolleginnen, welche Werbemittel und Werbemaßnahmen in Ihrem Betrieb bereits eingesetzt werden und welche Werbemöglichkeiten noch sinnvoll ergänzt werden können.

30.2 Geschenkverpackungen von Bäckerei- und Konditoreierzeugnissen

Hübsch verpackte Pralinen

Durch hübsche Verpackungen werden Bäckerei-/Konditoreierzeugnisse zu beliebten Geschenkartikeln. Pralinen, Teegebäcke, Marzipanartikel, Baumkuchen, Schokoladenhohlfiguren u. a. werden durch die Verpackung aufgewertet und sind ein bedeutendes Werbemittel für die Bäckerei und Konditorei.

Pralinen-Karton mit Sichtfenster und passender Schleife

Dekorative Kartons für Pralinen und Teegebäcke werden vom Fachhandel bezogen und in der Bäckerei/Konditorei befüllt. Vorteilhaft sind Kartons mit Sichtfenster, damit der Inhalt sichtbar ist. Eine Schleife seitlich am Geschenkkarton verschönert das Geschenk.

Kartonagen, z. B. Pralinenschachteln, können auch selbst mit einem Geschenkpapier verpackt und mit einer Schleife verschönert werden.

Verpackte Kartonage mit Schleife

LF 2.4

Verpacken in Klarsichttütchen

Teegebäcke, Pralinen und Marzipanfiguren können in luftundurchlässige Klarsichttütchen verpackt und mit Bändern oder Ringelbändern verschnürt werden. Firmenetiketten werden werbewirksam an den gekräuselten Ringelbändern oder auf der Tütchenkrone befestigt. Eine kleine Schleife, die am Knotenpunkt des Ringelbands befestigt wird, kann zusätzlich die Verpackung verschönern.

Pralinen in Folientütchen mit Biedermeierschleife

Klarsichttütchen mit Ringelband

Splissen

Splissen eines Bandes

Mit den dünnen Nadeln eines **„Splissers"** kann das Ringelband in feine dünne Streifen zum Bandende hin geschnitten werden. Sehr wirkungsvoll ist das Splissen von breiten Nylonbändern bei Geschenkverpackungen.

Folientütchen mit gesplisstem Ringelband und mit Schleife

Verpacken in Folie

Die Folienverpackung hat den Vorteil, dass die Bäckerei-/Konditoreierzeugnisse sichtbar sind und durch die luftundurchlässige Folie die Frischhaltung der Waren verlängert wird. Als Geschenk verpackt dekoriert eine Schleife an der Folienkrone.

In Folie können verpackt werden:

- Hohlfiguren aus Schokolade wie Ostereier, Osterhasen, Nikoläuse, Maikäfer, Muttertagskörbchen
- Pralinen oder sonstige Spezialitäten in Porzellantassen oder kleinen Porzellantöpfen
- Baumkuchen

Geschenk in Folie verpackt

Einschweißen

Teegebäck wird in Schalen aus Pappe gegeben und mit Schrumpffolie luftdicht versiegelt. Die Folie zieht sich in einem heißen Schrumpftunnel zusammen und umschließt die Gebäcke ganz dicht. Ein Ringelband oder eine kleine Schleife auf der Teegebäckschale ergeben ein kleines Geschenk. Ein Firmenetikett, das sichtbar auf der Verpackung angebracht ist, sieht schön aus und ist eine wirksame Werbung.

Eingeschweißte Teegebäckschale

Umwickeln der Kartonagen mit Bändern

Je nach Kartongröße werden beliebig breite Bänder verwendet, häufig die 5 oder 10 mm breiten Ringelbänder. Bei allen Varianten des Bänderbindens müssen die Bänder straff um die Kartons gebunden sein.

Bänder über die Ecken um die Kartonage binden

Breite Bänder werden über zwei Ecken gebunden und schmale Bänder über vier Ecken. Das Binden über vier Ecken ist nur eine Fortsetzung, wenn schon zwei Ecken gebunden sind.

❶ Das Band mit dem Daumen in der Mitte einer Breit- oder Längsseite der Kartonage festhalten. Dabei lässt man ca. 25 cm eines Bandendes überstehen.
❷ und ❸ Das Band nun abwechselnd zuerst über und dann unter die Ecken führen. Dabei darf das Band nicht verdreht werden.
❹ Wenn die Ecken umwickelt sind, wird das Bandende fest am Anfangspunkt durchgezogen und doppelt verknotet.

Die vier Schnittpunkte der Bänder liegen auf der Oberseite der Kartonage, da diese dekorativ wirken.

Arbeitsablauf

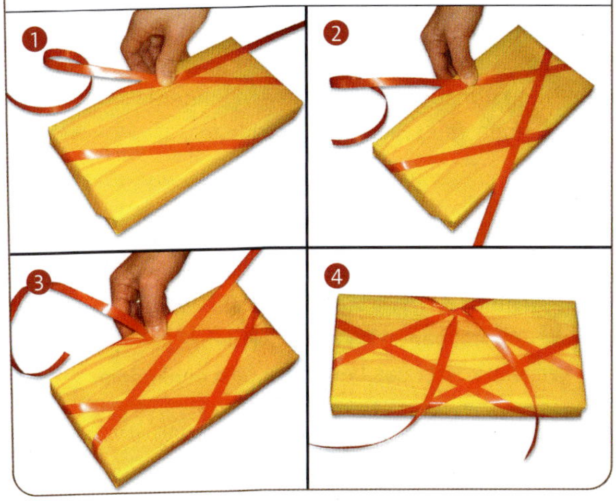

Band über die Ecken gebunden

Bänder kreuzweise um die Kartonage binden

Das Band wird straff um die Längs- und Breitseite der Kartonage gelegt. Beim Umwickeln darf sich das Band nicht verdrehen. Die Bandenden des umwickelten Bandes doppelt verknoten.

Band kreuzweise gebunden

Bänder in Strahlen um die Kartonage binden

Bei Kartonagen mit Normalgrößen eignen sich die dünnen Ringelbänder.

Band strahlenförmig gebunden

LF 2.4

Biedermeierschleife

1 Das Band zu einer Schlinge legen.

2 Das hintere Band der Schlaufe zum Kreuzpunkt drücken und die Schleife an diesem Kreuzpunkt zu einem kleinen Punkt zusammenschieben (raffen).

3 und 4 Ein schmales Band um den Kreuzpunkt legen und dort verknoten. Nach dem Befestigen auf dem Geschenkartikel die zwei Schlaufen nach oben ziehen und die beiden Enden nach unten.

Arbeitsablauf

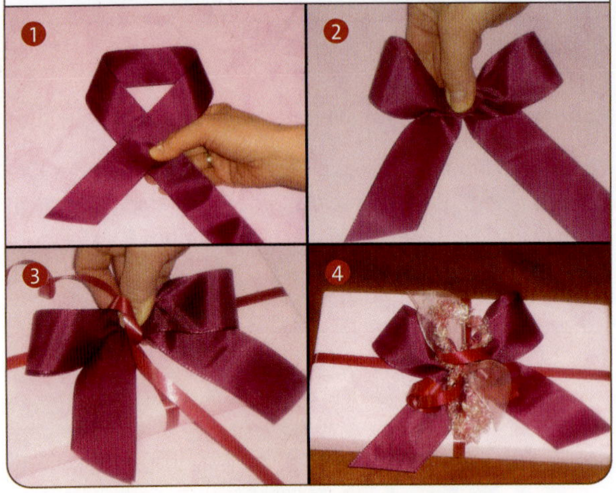

Schneiden der Bandenden

Die zwei nach unten stehenden Enden der Schleife werden mit einer Schere wie folgt abgeschnitten:

- Beide Enden der Schleife schräg schneiden, sodass die langen Spitzen nach außen stehen.

Oder:

- Das Ende eines Bandes zusammenlegen und von der offenen Seite zur Mitte hin schräg einschneiden, damit ein „Schwalbenschwanz“ entsteht. Auch in das zweite Bandende der Schleife einen Schwalbenschwanz schneiden.

Einfache Biedermeierschleife mit den langen Spitzen der Bandenden nach außen und doppelte Biedermeierschleife mit Schwalbenschwanz

Aufgaben

1. Verpackungen sollen sparsam eingesetzt werden. Erklären Sie diese Aussage und geben Sie Beispiele an.
2. Nennen Sie Beispiele von Bäckerei-/Konditoreierzeugnissen, die mit folgenden Verpackungsarten verpackt den Kunden angeboten werden:
   - in Klarsichttütchen
   - eingeschweißt
   - in Folie verpackt
3. Erklären Sie das „Splissen“ von Ringelbändern und anderen Nylonbändern.
4. Nennen und erklären Sie die Möglichkeiten, wie Ringelbänder um Kartonagen gebunden werden können.
5. Erläutern Sie die zwei Möglichkeiten, wie Bandenden der Biedermeierschleifen geschnitten werden können.
6. Üben Sie eine Verpackungsart für folgende Geschenkpackungen:
   - undurchsichtige Pralinenschachtel
   - Pralinenschachtel mit Sichtfenster
   - Folientütchen mit Pralinen
   - Geschenke in Folie verpacken
   - Splissen von Nylon- und Ringelbändern
   - Ringelbänder um Kartonagen binden
   - Binden einer Biedermeierschleife

LF 2.4

Rechenaufgabe

Eine Kartonage für Lebkuchen misst 15 cm × 10 cm × 6 cm. Es werden 17 Lebkuchenkartons mit Geschenkpapier verpackt. Dafür werden 35 % mehr Geschenkpapier benötigt als die Oberfläche der Kartonage beträgt.

a) Berechnen Sie, wie viel m^2 Geschenkpapier für die 17 Kartonagen benötigt werden.

b) Wie viel kostet das benötigte Geschenkpapier insgesamt, wenn 1 m^2 13,00 € kostet?

30.3 Belegen von Tabletts und Platten

Für besondere Anlässe und für Werbezwecke werden Tabletts und Platten besonders dekorativ belegt.

Erzeugnisse, die sich dafür eignen:

- Teegebäcke
- Pralinen
- Petits Fours
- Käsefours
- Kanapees (Canapés)

Tabletts und Platten, die die Qualität der Waren optisch heben:

- Edelstahl- und Silbertabletts
- Spiegelplatten
- Schwarze Tabletts und Platten für pikante Waren wie Käsefours und Kanapees

Tablettformen: rechteckig, oval, rund
Plattenformen: rechteckig, oval, halbkreisförmig, dreieckig

Alle Tablett- und Plattenformen können in geraden oder schrägen Reihen belegt werden.

In schrägen Reihen belegtes Tablett

Kreisförmig belegtes Silbertablett

Bei runden oder ovalen Platten können Teegebäcke und Pralinen im Kreis angeordnet werden. Das Belegen erfolgt von der Mitte aus, wobei grundsätzlich vom Mittelpunkt ausgehend kreisförmig gelegt wird.

Belegen mit Teegebäcken

- Die Teegebäcke werden in geraden Reihen, Reihe für Reihe nebeneinander gelegt.
- Das Auflegen der Teegebäcke erfolgt gewöhnlich von links nach rechts.
- Bei größeren Tabletts ist auch das Belegen von der Mitte ausgehend möglich. Nachdem die Mittelreihe belegt ist, wird eine Reihe links und rechts davon mit jeweils gleich aussehenden Teegebäcken belegt usw.
- Werden Teegebäcke fächerartig gelegt, ist der Abstand jedes der schräg aneinander gelegten Gebäcke exakt gleich groß.
- Die Teegebäcke beim fächerartigen Belegen nicht zu schräg stellen, da sonst die einzelnen Gebäcke schlecht sichtbar sind und das Tablett unübersichtlich wirkt.
- Teegebäcke, die beim fächerartigen Belegen unstabil sind, z. B. Spritzgebäcke, werden nebeneinander gelegt.

Fächerartig gelegte Teegebäcke

Belegen mit Petits Fours, Käsefours und Kanapees

Damit jedes dieser schön ausgarnierten Backwaren gut zur Geltung kommt, werden diese in Reihen und in kleinem Abstand voneinander gelegt. Dafür eignen sich große Tabletts, Platten oder Spiegelplatten.

Petits Fours in Abständen auf eine Platte gelegt

LF 2.4

Belegen von Spiegelplatten

Pralinen, Petits Fours, Käsefours und Kanapees werden in Reihen mit etwas Abstand voneinander auf Spiegelplatten gelegt, damit der Spiegeleffekt erzeugt wird.

Pralinen auf einer Spiegelplatte

Legen von größeren Gebäcken

Größere Gebäcke, die stückweise verkauft werden, werden reihenweise nebeneinander auf Tabletts gelegt. Dabei werden die stabilen Gebäcke, z. B. Spritzgebäcke, Plunder- und Blätterteiggebäcke, fächerartig aneinander gelegt, wobei auf gleichmäßigen Abstand der einzelnen Gebäcke geachtet werden muss. Auch hier sollte auf den Farbkontrast geachtet werden.

Flammende Herzen fächerartig gelegt

LF 2.4

!

Grundregeln für das Belegen von Tabletts und Platten

- Bei Erzeugnissen mit unterschiedlichen Farben werden helle und dunkle Reihen im Wechsel gelegt, sodass es zum **„Farbenkontrast"** kommt, der entscheidend für ein belebtes Gesamtergebnis ist.
- Bei Erzeugnissen mit verschiedenen Formen müssen die Reihen abwechselnd in unterschiedlichen Formen aufgelegt werden, sodass ein **„Formenkontrast"** entsteht.
- **Nur gleich große Erzeugnisse** auf einer Platte bzw. einem Tablett ergeben eine homogene Einheit.

Aufgaben

1. Nennen Sie kleine Bäckerei-/Konditoreierzeugnisse, die dekorativ auf Tabletts und Platten gelegt werden.
2. Welche Tabletts und Platten werden verwendet, um diese Qualitätswaren optisch hervorzuheben?
3. Erklären Sie, wie rechteckige und ovale Tabletts und Platten belegt werden.
4. Beschreiben Sie, wie runde und halbkreisförmige Tabletts und Platten belegt werden und wo man mit dem Belegen beginnt.
5. Beschreiben Sie das Belegen von Teegebäcken auf Tabletts.
6. Welche Tabletts und Platten eignen sich zum Belegen von Petits Fours, Käsefours und Canapés? Wie werden diese Waren belegt, damit sie besonders gut zur Geltung kommen?
7. Beschreiben Sie das Belegen von stückweise verkauften Gebäcken auf Tabletts.
8. Belegen Sie Teegebäcke oder Pralinen auf Tabletts bzw. Platten verschiedener Formen und beachten Sie dabei die Grundregeln für das Belegen – Farb- und Formenkontrast sowie die Größe der Erzeugnisse.

Rechenaufgaben

1. Ein Silbertablett ist 62 cm lang und 35 cm breit. Berechnen Sie, wie viel m^2 5 Silbertabletts auf einem zu dekorierenden Tisch beanspruchen.
2. Ein rechteckiger Spiegel mit 80 × 70 cm wird diagonal durchgeschnitten, sodass zwei dreieckige Spiegelplatten zum Belegen für Pralinen entstehen. Auf 1 dm^2 der Spiegelplatten passen beim Belegen 6 Pralinen. Berechnen Sie, mit wie viel Pralinen eine dreieckige Spiegelplatte belegt werden kann.
3. Auf einem Thekenblech von 2 400 cm^2 passen im Durchschnitt 45 verschiedene Backwaren, die stückweise verkauft werden. In einer Gebäcktheke von 360 cm × 40 cm werden zwei Etagen mit Thekenblechen belegt.
   Berechnen Sie, wie viel Thekenbleche in der Gebäcktheke Platz haben und wie viel Backwaren in der Gebäcktheke ausgestellt werden können.

30.4 Gestalten von Tischen und Schaufenstern

Dekoriertes Schaufenster

Bäckereien und Konditoreien wollen den Verbrauchern ihr Warenangebot im Schaufenster zeigen, um das Kaufinteresse zu wecken.

Bäckereien/Konditoreien ohne Schaufenster

In vielen Bäckerei- und Konditoreiläden sind Schaufenster nicht mehr vorhanden. Die Gründe können sein:

- Die Ladenfront des Geschäfts besteht aus großen Glaselementen mit einer Ladentür aus Glas. Weil so der gesamte Laden mit den Waren von außen einsehbar ist, erübrigt sich das Schaufenster.
- Befindet sich der Laden an einem abgas- und staubarmen Standort, z. B. an autofreien Plätzen und in Fußgängerzonen, dürfen die Glaselemente der Ladenfront weggeschoben oder abgenommen werden, sodass in der warmen Jahreszeit der Laden zum Gehweg hin offen ist.
- In Kaufhäusern oder Einkaufspassagen ist der Laden im Gebäude integriert, sodass die Passanten auf begehbaren Wegen an der Verkaufstheke vorbeikommen.

Zum Gehweg hin geöffnete Ladenfront

Ausstellflächen der Waren hinter der Glasfront des Ladens

Bei Läden mit großen Glasfronten dienen häufig Ausstellflächen hinter den Fenstern (ähnlich breiten Fensterbrettern) als Schaufensterersatz. Es können auch zwei Ausstellflächen stufenförmig übereinander angeordnet sein, damit die Waren gut sichtbar sind.

Es sind Schaufenster ohne Rückwand.

Um diese Ausstellungsflächen optisch etwas vom Laden abzugrenzen, kann dahinter ein feines, auch leicht transparentes Dekorationstuch von oben abgehängt werden.

Dekorierte Ausstellungsflächen hinter der Glasfront als Schaufenster

Regale als Ausstellungsflächen

Bei Betrieben ohne Schaufenster können vor allem vorverpackte Waren in Regalen im Laden von den Kunden gut sichtbar ausgestellt werden, z. B. eingeschweißte Kuchen, Baumkuchen, Waren in Geschenkverpackungen.

Vorverpackte Waren in Regalen ausgestellt

LF 2.4

Schaufenster

Vorteile des Schaufensters

Für den Bäckerei-/Konditoreibetrieb:
- Die Bäckerei/Konditorei kann das Warenangebot zeigen.
- Neue oder besondere Waren können gezeigt werden.
- Spezialitäten des Hauses können herausgestellt werden.
- Waren für besondere Festtage werden gezeigt.

Für die Betrachter des Schaufensters:
- Sie sehen, welches Warenangebot der Betrieb hat.
- Sie können nach dem Aussehen der Waren beurteilen, ob ihnen die Waren zusagen.
- Sie können Vorentscheidungen treffen, ob sie den Preis akzeptieren.

Anlässe für Schaufensterdekorationen

- eine Saison, z. B. Weihnachten, Ostern, Karneval, Silvester, Ernte Dank, Valentinstag
- besondere Festtage, z. B. Konfirmation, Kommunion, Muttertag, Schulbeginn, Hochzeit, Kindergeburtstag
- aktuelle Anlässe, z. B. Aktionen im Betrieb, Jubiläum, Sportveranstaltung wie Olympiade, Weltmeisterschaft, Bürger- oder Straßenfest
- spezielle Waren bekannt machen, z. B. Spezialitäten und Neuigkeiten im Betrieb

!

Das Schaufenster muss für die Passanten interessant bleiben
- Nur aktuelle und originelle Schaufensterdekorationen ziehen Menschen an und wecken das Kaufinteresse.
- Die Schaufensterdekoration lebt von der Aktualität und muss deshalb nach einiger Zeit erneuert werden, damit sie die Anziehungskraft behält.
- Bleibt eine Dekoration zu lange im Schaufenster, wird sie von den Passanten nicht mehr beachtet.

Wahrnehmungsfelder im Schaufenster

Das Aussagekräftigste soll in Augenhöhe und darunter platziert werden.

	über Augenhöhe: findet kaum Beachtung	
beiläufige Beachtung	**Augenhöhe:** stärkste Beachtung	beiläufige Beachtung
	unter Augenhöhe: starke Beachtung	

Dekorierte Tische

Als Schaufensterersatz dienen manchmal Tische, die mit bestimmten Waren dekoriert werden. Diese Tische können im Laden platziert oder hinter die Glasfront der Außenfassade gestellt werden, damit die Ware von außen betrachtet werden kann.

Auf Bestellung übernehmen Bäckereien/Konditoreien die Gestaltung von Tischen bei besonderen Anlässen, z. B. bei Hochzeiten und Geburtstagsfeiern sowie für Kaffee- und Brotzeitbüfetts. Waren werden dabei auf einem festlichen Tisch übersichtlich und dekorativ angerichtet.

Die Gäste können Waren vom Dekorationstisch wählen, die ihnen dann überreicht oder serviert werden. Oder die Gäste bedienen sich selbst am dekorierten Tisch.

Gestaltungsgrundsätze zum Dekorieren von Schaufenstern und Tischen

Abwechslungsreiche Grundgestaltung eines Tisches

Grundaufbau unter dem Dekorationstuch

Die Waren auf eine Ebene zu stellen, wirkt öde und laienhaft.

Verschiedene Ebenen im Schaufenster und auf Tischen bringen Abwechslung und beleben. Dadurch werden die einzelnen Waren gut sichtbar und wirken schöner.
- Absätze und Stufen als Unterbau im Schaufenster bzw. auf dem Tisch aufstellen. Als Unterbau eignen sich alle Gegenstände, die so stabil sind, dass die Waren sicher stehen.
- Die Absätze sollen hinten höher aufgebaut werden und stufenweise nach vorne abfallen, damit die Waren für die Passanten übersichtlich dargestellt und nicht verdeckt werden.
- Die Absätze und Stufen sollten jedoch nicht zu hoch aufgebaut werden, besonders auf Tischen.

Dekorationstuch

- Ein Dekorationstuch über den Unterbau legen, sodass die untergestellten Gegenstände nicht mehr sichtbar sind.
- Das Dekorationstuch zwischen den Absätzen locker anbringen und stellenweise raffen, damit es gefällig liegt. Straff gezogene Tuchstellen zwischen den Absätzen und größere glatte Flächen wirken unschön. Deshalb muss das Dekorationstuch genügend groß sein. Zu große Tücher seitlich einschlagen.
- Bei einem Schaufenster wird über die Rückwand ein weiteres Dekorationstuch gelegt. Hat dieses Dekorationstuch eine andere Farbe als das Tuch für den Unterbau, ergibt der Farbkontrast eine lebhaftere Ansicht.
- Es kann zusätzlich ein einzelner Schal wie ein lockerer Streifen über dem Dekorationstuch angebracht werden, der besonders kreativ wirkt.
- Die Dekorationstücher sind farblich mit dem Ausstellungsmotiv und der Waren abzustimmen (→ Farben Seite 208).

> **!**
> **Bedingungen für Dekorationstücher**
> - Die verschiedenen Farben der Dekorationstücher und Schals müssen farblich harmonieren.
> - Die Dekorationstücher müssen sauber und gebügelt sein.

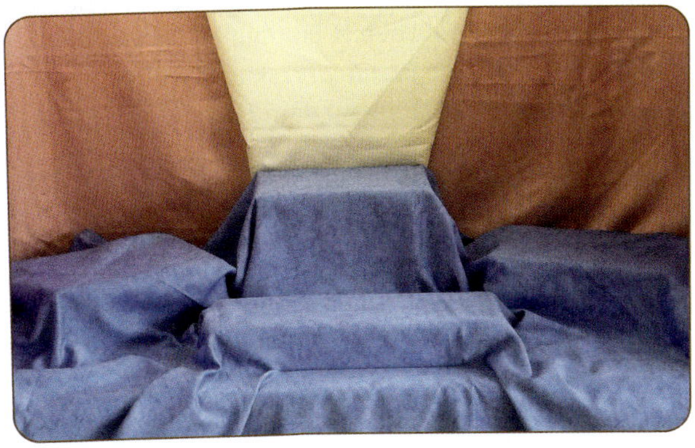

Dekorationstuch über dem stufenweisen Unterbau, Dekorationstücher an der Rückwand

Dekorationsgrundsätze

- Große und hohe Waren hinten aufstellen, kleine und niedrige vorne anordnen, damit die Ausstellungsstücke nicht verdeckt werden.
- Grundsätzlich dürfen Waren und Dekorationsstücke weder ganz, noch teilweise verdeckt werden.
- Die richtige Warenmenge ausstellen, sodass sie vom Betrachter schnell überblickt werden kann. Zu viel Ware wirkt erdrückend und unübersichtlich, zu wenig Ware wirkt leer und nicht ansprechend.
- Tabletts, Platten und Körbe können zur besseren Draufsicht auf die Waren leicht schräg gestellt werden. Dafür wird unter dem hinteren Teil der Tabletts, Platten und Körbe eine flache Unterlage gelegt. Die Ausstellungsstücke dürfen jedoch nicht rutschen.
- Nur schöne sowie saubere und unbeschädigte Tabletts, Platten und Körbe verwenden.
- Nur volle Tabletts und Körbe wirken ansprechend.
- Gleiche Waren in Gruppen ausstellen, damit sie schnell zu überblicken sind und erkannt werden.
- Beim Dekorieren darauf achten, dass die Waren auf dem Unterbau sicher stehen und nicht rutschen oder umfallen können.
- Den Blickfang, eine besonders attraktive Ware oder ein Dekorationsstück, in den stärksten Beachtungsbereich der Betrachter stellen → Seite 500.
- Wärmeempfindliche Waren, die sich z. B. durch Sonneneinstrahlung oder fehlende Kühlung optisch verändern, im Schaufenster durch Attrappen ersetzen.
- Im Schaufenster muss jede Ware eindeutig mit einem Preisschild gekennzeichnet sein. Preisschilder dürfen die Ware nicht verdecken.

Blickfang

Im Schaufenster oder auf einem dekorierten Tisch sollte ein Blickfang angebracht sein. Dieser soll durch seine Auffälligkeit für Aufmerksamkeit sorgen und den Blick auf die Waren lenken.

Als Blickfang können verwendet werden:

- Plakat
- Schaustücke aus Teig
- ein ganzer Baumkuchen
- große Schokoladenhohlfiguren, z. B. Weihnachtsmann, Osterhase, Osterei
- auffällige, schön ausgarnierte Torte, z. B. mehrstöckige Festtagstorte, Formtorte wie Herztorte
- Arbeitsgeräte der ausgestellten Waren, z. B. Kuchenform, Kaffeeservice
- historische oder alte Geräte, z. B. Zunftzeichen, Backmodel, Brotschneidegerät
- Grundrohstoffe der ausgestellten Waren, z. B. Getreidekörner, Getreideähren zum Thema Vollkornbackwaren

Dreistöckige Festtagstorte als Blickfang

LF 2.4

Grundsätzliches für die Schaufensterdekoration und dekorierte Tische

- Dekorierte Schaufenster und Tische müssen gut beleuchtet sein.
- Die gesamte Dekoration muss farblich abgestimmt sein.
- Dekorationstücher und Dekorationsteile müssen immer sauber und ordentlich sein.
- Nur schöne Waren auf einwandfreie Tabletts, Platten und Körbe legen.
- Es dürfen keine Waren und Dekorationsteile verdeckt sein.

Aufgaben

1. Nennen Sie die Vorteile des Schaufensters
   - für den Bäckerei-/Konditoreibetrieb,
   - für den Betrachter des Schaufensters.
2. Nenne Sie Anlässe für Schaufensterdekorationen.
3. Wodurch bleibt das Schaufenster für Passanten interessant?
4. Beschreiben Sie die Wahrnehmungsfelder der Menschen, die vor dem Schaufenster stehen.
5. Erklären Sie, für welche Anlässe Bäckereien/Konditoreien Tische dekorieren können.
6. Beschreiben Sie den Grundaufbau unter dem Dekorationstuch beim Dekorieren von Schaufenstern und Tischen.
7. Erläutern Sie, was bei den Dekorationstüchern beachtet werden soll in Bezug auf
   - das Überlegen des Dekorationstuchs über den Unterbau,
   - Dekorationstücher für Schaufenster,
   - die Farbe der Dekorationstücher.
8. Nennen Sie die Dekorationsgrundsätze beim Gestalten von Schaufenstern und Tischen in Bezug auf
   - Anordnung großer und kleiner Waren,
   - Warenmenge,
   - Stellen der Tabletts, Platten und Körbe zur besseren Draufsicht auf die Waren,
   - Menge der Waren auf Tabletts und in Körben,
   - Warenausstellung zum schnellen Erkennen der Waren,
   - Position des Blickfangs,
   - wärmeempfindliche Waren,
   - Preiskennzeichnungspflicht.
9. Erklären Sie, was man unter einem Blickfang bei der Dekoration versteht und nennen Sie Beispiele von Blickfängen.
10. Überlegen Sie sich Schaufensterdekorationen für folgende Anlässe:
    - Silvester
    - Aktion „Fit für den Sommer"
    - 10-jähriges Firmenjubiläum

    Außerdem sollen Sie einen Festtagstisch für eine Hochzeitsfeier dekorieren. Empfehlen Sie dem Kunden geeignete Waren und skizzieren Sie Darstellung der Waren auf dem Tisch.

Rechenaufgaben

LF 2.4

1. Ein Schaufenster hat folgende Maße: Länge 1,20 m, Tiefe 60 cm, Höhe 80 cm. Die Grundfläche des Schaufensters enthält Absätze und Stufen. Deshalb wird ein Dekorationstuch benötigt, das 450 % größer ist als die Grundfläche.
   a) Berechnen Sie, wie viel m² Dekorationstuch über den Unterbau der Grundfläche des Schaufensters benötigt werden.
   b) Ermitteln Sie, wie viel m² Dekorationstuch für die Rückwand und die zwei Seitenwände des Schaufensters benötigt werden. Eine Seitenwand hat die Tiefe des Schaufensters.
2. In einer Dekorationsfirma kosten Dekorationstücher 27,50 € pro m² und Tischläufer 8,50 € je m, jeweils ohne Mehrwertsteuer. Bei einer Aktion bietet die Firma 16 % Rabatt für die Dekorationstücher und 8 % für die Tischläufer vom Nettopreis an. Eine Bäckerei/Konditorei bestellt für 4 Schaufenster und benötigt für jedes Schaufenster 4,75 m² Dekorationstücher und 3,40 m Tischläufer. Berechnen Sie, wie viel die Bäckerei/Konditorei für die Waren insgesamt zum Aktionspreis inklusive Mehrwertsteuer bezahlen muss.

Presenting Goods in the Store

The goods are beautifully and clearly presented on the trays in your bakery/confectionary. The following sentences are often used while shopping from the customers, who answers the saleswoman.	*Die Waren werden in Ihrer Bäckerei/Konditorei schön und übersichtlich auf den Tabletts präsentiert. Folgende Sätze werden häufig beim Einkauf von den Kunden benutzt, die die Fachverkäuferin beantwortet.*

Customer:
Please give me five apple bags of danish pastry. (1)
I would like to have puff pastry with cherry filling. (2)
Do you have short breads? (3) und (4)

Saleswoman:
With pleasure. May I offer you anything else?
Of course. How many pieces do you want?
Sure. or: Certainly. I can offer you tea biscuits and shortbread cookies.

Packaging Goods as Present

If goods of the bakery and confectionery are packaged as a present, the level of the specialty shop is raised. A customer wants to buy pralines for a gift. Offer possibilities.	*Werden Waren der Bäckerei und Konditorei als Geschenk verpackt, hebt dies das Niveau des Fachgeschäfts. Ein Kunde möchte Pralinen für ein Geschenk kaufen. Bieten Sie Möglichkeiten an.*

Example of a Sales Talk

Customer: I would like to have pralines as a present.
Salesperson: Oh yeah. I can put together different pralines in a bag. I can pack the bag as a present. We also have boxes for pralines. With a bow on it, these are beautiful presents.
Customer: Very good. I'll take both, the bag of pralines and the box for pralines.
Salesperson: May I put 200 gram or 100 gram pralines in the bag?
Customer: I' ll take 100 gram, please.
Salesperson: With pleasure. I will pack the pralines beautifully. So you will have nice presents.

Exercise A customer wants to buy 500 gram of tea biscuits, which he wants to have packed as a present. Note down the sales talk in German and English.	***Übungsaufgabe*** *Ein Kunde möchte 500 g Teegebäcke kaufen, das er als Geschenk verpackt haben möchte. Notieren Sie das Gespräch auf Deutsch und Englisch.*

E

Vocabulary

anything else	sonst noch etwas	may I offer you	darf ich Ihnen anbieten
the bag	die Tüte, das Tütchen	the present	das Geschenk
both	beide, beides	short bread	Mürbeteiggebäck
the bow	die Schleife	shortbread cookie	Spritzgebäck
the box, boxes	die Schachtel, die Schachteln	tea biscuit	Teegebäck

Statement of Places

A customer is standing in front of the sales counter. He names the positions of the goods he would like to have.	Ein Kunde steht vor der Verkaufstheke. Er nennt die Positionen der Waren, die er haben möchte.

"I would like to have the shortbreads **on** the tray, **left** in the counter, **next to** the danish pastries."
"I would like to have the baguette in the basket on the **right side, beside** the rolls."
"I have chosen the puff pastries **at the end of** the counter, **above** the yeast dough pastries, **near** the sheet cakes."
"Could I have the tea biscuits **between** the shortbread cookies and the chocolate shortbread cookies **under** the petits fours, please?"
"I would like to have the butter cake **in front of** the bee sting cake and the apple cake **over there**."
"I choose the fruit desserts **behind** the strawberry desserts."
"I would like the marzipan figures **opposite** the pralines."
"I take the rye bread **straight ahead** in the **second row** in the bread shelf."
"I would like to have the wholemeal bread **in the corner** of the **third row** in the bread shelf and the rolls **at the bottom** in the **first row**."
"Could I have the multigrain bread at the **top on the fourth row** of shelves?"

Statement of Places – Ortsangaben

at	an	between	zwischen	at the end of	am Ende von
in	in	next to	neben	over there	da drüben, dort drüben
on	auf	beside	neben	in the corner	in der Ecke
above	über, oberhalb	opposite	gegenüber	in the first row	in der ersten Reihe
at the top	oben, ganz oben	near	nahe, in der Nähe	second row	zweite Reihe
under	unter	left, on the left	links	third row	dritte Reihe
at the bottom	unten	right, on the right	rechts	fourth row	vierte Reihe
behind	hinter	straight ahead	geradeaus		
in front of	vor				

Exercise Early in the morning you put goods in the sales counter and shelves in your bakery. Describe in English where the goods are from the point of view of the salesperson. Use the details of the places in the box above.	***Übungsaufgabe*** *Frühmorgens legen Sie Waren in die Verkaufstheke und Regale Ihrer Bäckerei. Beschreiben Sie in Englisch, wo die Waren aus Sicht der Fachverkäuferin stehen. Benutzen Sie dabei die Ortsangaben im obigen Kasten.*

E

Vocabulary

the apple cake	der Apfelkuchen	the place	der Ort, der Platz, die Stelle
the basket	der Korb	point of view	Sichtweise, Standpunkt
the bread shelf, shelf	das Brotregal, Regal	to put	legen, stellen
to choose	wählen	the shelf, shelves	das Regal, die Regale
chocolate shortbread cookies	Schokoladenspritzgebäcke	the strawberry dessert	das Erdbeerdessert
		the tray	das Tablett
the butter cake	der Butterkuchen	to take	nehmen
the fruit dessert	das Früchtedessert	the yeast dough pastry	das Hefeteiggebäck

Berufliche Handlung

Ihre Bäckerei/Konditorei setzt schon seit längerer Zeit verstärkt auf beste Qualität der Waren, um sich von den Mitbewerbern abzusetzen. Beim neuen Marketingkonzept, für das Sie verantwortlich sind, sollen verschiedene Waren verkaufsfördernd verpackt und im Laden ansprechend präsentiert werden. Außerdem bietet Ihr Betrieb den Kunden als besonderen Service, die Waren als Geschenk zu verpacken und mit Schleifen zu verschönern. Für Festlichkeiten können die Kunden auch Pralinen, Teegebäcke und Petits Fours bestellen, die Sie dekorativ auf Tabletts oder Platten belegen. Um die belegten Tabletts und Geschenkpackungen den Kunden zu präsentieren, gestalten Sie ein originelles Schaufenster.

Werbung

1. Überlegen Sie mit Ihren Kolleginnen in Ihrer Bäckerei/Konditorei, welche Ziele die Werbung erreichen soll.
2. Mit welchen Werbemitteln und Werbemaßnahmen können Bäckereien/Konditoreien den Verkauf von mehr Waren erzielen?
3. Nach dem Sie die geeigneten Werbemittel und Werbemaßnahmen ermittelt haben, prüfen Sie jedes Werbemittel bzw. jede Werbemaßnahme mit dem AIDA-Modell, ob eine erfolgreiche Werbewirkung zutrifft.

Geschenkmäßiges Verpacken

4. Einer Kollegin zeigen Sie das Verpacken von Teegebäcken und Pralinen in Klarsichttütchen, die mit Ringelbändern verschlossen und mit einem Firmenetikett beklebt werden. Erklären Sie ihr den Verpackungsvorgang.
5. Welche Waren können in Ihrer Bäckerei/Konditorei in Folie verpackt werden?
6. Eine Kundin kauft ein Schokoladenosterei mit Pralinen gefüllt. Zum Verpacken verwenden Sie eine Folie und Ringelband, das Sie splissen. Sie verpacken vor der Kundin und erklären dabei die einzelnen Arbeitsschritte.
7. Sie zeigen und erklären Ihren Kolleginnen die Herstellung eines Pompons und binden ihn auf die Verknotung des Ringelbands beim Schokoladenei.
8. Damit alle Fachverkäuferinnen in Ihrer Bäckerei/Konditorei perfekt verpacken, demonstrieren und erklären Sie bei einer betriebsinternen Fortbildung das Verpacken von Kartonagen, z. B. bei Pralinenschachteln.
   - Sie zeigen das Schneiden des Verpackungspapiers für die richtige Größe und
   - das exakte Verpacken der Kartonage.
   - Dann demonstrieren Sie die verschiedenen Techniken beim Umwickeln von 10 mm breiten Ringelbändern um die Pralinenschachtel, z. B. über vier Ecken, kreuzweise und strahlenförmig.

Belegen von Tabletts und Platten

9. Eine Firma bestellt für eine Konferenz auf den Teilnehmertischen zum Kaffee Teegebäcke. Außerdem sollen verschiedene Pralinen angeboten werden. Ihre Bäckerei/Konditorei soll die Teegebäcke und Pralinen schön auf Tabletts belegt liefern. Beschreiben Sie, worauf Sie achten:
   - beim Belegen von Teegebäcke auf rechteckige und ovale Tabletts
   - beim Belegen von Pralinen auf runde Tabletts

Schaufenster und Dekorationstische gestalten

10. Von Ihrer Chefin erhalten Sie den Auftrag, ein Schaufenster zum Thema „Ostern“ zu gestalten.
    Überlegen Sie, welche Waren mit welchem Verpackungsmaterial als Geschenk verpackt im Schaufenster ausgestellt werden können. Richten Sie Waren sowie verschiedene Tabletts und Platten her, die für die Schaufensterdekoration belegt werden.
    Was könnte als Blickfang dienen und welche Dekorationsteile können verwendet werden? Stellen Sie farblich passende Dekorationstücher in der richtigen Größe bereit. Zeichnen Sie dann eine Skizze, wo und wie Sie die Ausstellungsstücke im Schaufenster darstellen. Auf der Skizze soll auch der stufenförmige Unterbau erkennbar sein. Beachten Sie die Dekorationsgrundsätze beim Gestalten des Schaufensters.

LF 2.4

LF 3.1
Besondere Verkaufssituationen gestalten

31 Besondere Verkaufssituationen

Situation

Im Laden Bestellungen anzunehmen, gehört für Sie zum beruflichen Alltag. Da Ihre Bäckerei/Konditorei eine Homepage hat, geben Kunden Bestellungen auch per E-Mail auf. Am nächsten Sonntag ist Muttertag und Sie bereiten sich auf Kundenandrang vor. Bei einer kurzen betriebsinternen Verkaufsschulung bespricht Ihre Chefin mit Ihnen, wie Sie reagieren, wenn die von Kunden gewünschte Ware nicht mehr vorrätig ist. Sie erklärt auch, dass Reklamationen großzügig gehandhabt werden und wie Sie sich bei Ladendiebstahl verhalten sollen.

- Wie werden Bestellungen aufgenommen?
- Wie verhält sich eine Fachverkäuferin bei Kundenandrang?
- Was bieten Sie Kunden an, wenn die gewünschte Ware nicht mehr vorhanden ist?
- Wie verhalten Sie sich bei Diebstahl von Kunden?
- Wie reagieren Sie bei Reklamationen?

31.1 Annahme von Bestellungen

Benötigen Kunden für einen bestimmten Zeitpunkt spezielle Waren, bestellen sie diese oft schon vorher in der Bäckerei/Konditorei. Damit gehen sie sicher, dass sie diese Waren bestimmt bekommen.

Gründe der Kunden für eine Vorbestellung

- Wunsch nach speziellen Waren für einen bestimmten Anlass, z. B. Hochzeitstorte, Kanapees
- Bedarf größerer Warenmengen, z. B. mehrere Torten zur Familienfeier, Brötchen oder Brezeln für eine Betriebsfeier oder für ein Vereinsfest
- Wunsch nach Waren, die an bestimmten Tagen wegen der häufigen Nachfrage ausgehen könnten, z. B. Baguettes an Silvester, Berliner zur Karnevalszeit
- Bestellung von Waren und diese bis zu einem späteren Abholzeitpunkt zurücklegen lassen, z. B. bis kurz vor Ladenschluss.

LF 3.1

Möglichkeiten, wie Kunden Bestellungen aufgeben

- mündlich, d. h. persönlich im Laden
- telefonisch
- per Fax
- per E-Mail

Gibt ein Kunde eine Bestellung auf und sichert eine Bäckerei/Konditorei zu, die Ware dem Kunden zu geben, entsteht rechtlich ein Kaufvertrag, der für beide Vertragspartner verbindlich ist. D. h., der Betrieb muss die bestellten Waren zu dem vereinbarten Zeitpunkt bereitstellen und der Kunde muss die Waren annehmen und bezahlen.

Wichtige Kontaktdaten und Bestellangaben schreibt die Fachverkäuferin bei der mündlichen und telefonischen Bestellungsannahme sofort in ein Bestellbuch oder auf ein Bestellformular. Das Schreibmaterial mit einem Terminkalender liegt immer griffbereit, vor allem beim Telefonieren in Telefonnähe.

Ablauf der Bestellungsannahme

Notizen bei der mündlichen und telefonischen Bestellungsannahme:

- Name, Adresse und Telefonnummer, evtl. E-Mail-Adresse des Kunden
- die bestellten Waren sowie Stückzahl bzw. Menge
- besondere Wünsche, z. B. Dekor und Garnierung von Festtagstorten, Geschenkverpackung
- bei Sonderbestellungen der ausgemachte Preis
- vereinbarte Zahlungsbedingung bzw. Vermerk über eine bereits erfolgte Anzahlung
- Abholdatum bzw. Lieferdatum mit genauer Uhrzeit sowie Lieferanschrift
- Datum der Bestellungsannahme
- Name, wer die Bestellung angenommen hat

Notieren der Bestellung

Bestellung

Kunde: ______________________
Anschrift: ______________________
Tel.: ______________________
E-Mail: ______________________

Menge	Ware	Einzelpreis

Anmerkungen, z. B. besondere Wünsche, Lieferanschrift, Zahlungsbedingungen:
____
____

Abholdatum: ______________________
Lieferdatum: ______________________
Uhrzeit: ______________________

Bestelldatum:

Fachverkäuferin:

Anzahlung

Bei Bestellungen über einen größeren Geldbetrag sollte man vor allem unbekannte Kunden um eine Anzahlung bitten. Dadurch vermindert man das finanzielle Risiko, wenn die bestellten Waren nicht abgeholt werden.

Abschluss der Bestellungsannahme

- Die Fachverkäuferin versichert dem Kunden, die Bestellung auszuführen und pünktlich bereitzustellen bzw. zu liefern.
- Zum Schluss bedankt sich die Fachverkäuferin für den Auftrag und verabschiedet sich freundlich, wenn möglich nennt sie den Namen des Kunden.
- Manchmal bietet es sich an, den Kunden in seiner Bestellung zu bestätigen, z. B.: „Die schön ausgarnierte Geburtstagstorte wird Ihnen bestimmt gut gefallen und Sie werden sicher damit bei der Feier gut ankommen."

Bestellformulare

Bestellformulare sind sehr hilfreich, damit keine Eintragungen vergessen werden. Das Original bleibt im Laden, der Durchschlag kommt als Backzettel zur Produktion.

!

Missverständnisse vermeiden

Bei der telefonischen und mündlichen Bestellaufnahme können Hörfehler oder andere Verständigungsprobleme entstehen, sodass die Fachverkäuferin die Bestellung fehlerhaft aufschreibt. Dies kann zu Ärger führen. Die Grundregeln bei der telefonischen und mündlichen Bestellungsannahme sind daher:

- Die Fachverkäuferin wiederholt die Angaben des Kunden zur Kontrolle, um Hörfehler zu vermeiden. Der Kunde hört die Wiederholung und kann bei Bedarf sofort korrigieren.
- Schwierige Namen und Adressen sollte sich die Fachverkäuferin buchstabieren lassen. Die Kunden sind verärgert, wenn sie mit falschem Namen angesprochen werden oder wenn auf einer Rechnung der Name nicht korrekt angegeben ist.
- Die Fachverkäuferin nimmt keine Bestellung an, die der Betrieb nicht ausführen kann. Bei Unklarheiten nimmt sie sofort Rücksprache mit der Produktion.

Regeln beim Telefonieren

- Wenn das Telefon läutet, nicht zum Telefon hasten, damit die Stimme ruhig wirkt.
- Während des gesamten Telefonats konzentriert zuhören, um alle Angaben korrekt aufzunehmen.
- Beim Telefonieren etwas lächeln. Dadurch wirkt die Stimme für den Kunden freundlich und angenehm.
- Deutlich sprechen und klar formulieren.
- Dem Kunden zuhören und ihn nicht unterbrechen. Jeder Kunde möchte ausreden und die Fachverkäuferin überhört so keine wichtigen Informationen.
- Da beim Telefonieren kein Sichtkontakt besteht, sollte die Fachverkäuferin bei lang anhaltendem Sprechen des Kunden mit kurzen Erwiderungen eine Bestätigung geben, dass sie mithört und die Bestellung aufnimmt.

Wie meldet sich die Fachverkäuferin am Telefon?

- freundlich grüßen
- den Namen des Betriebs nennen
- den eigenen Namen angeben
- den Wunsch erfragen

Zum Beispiel:
„Guten Morgen, Bäckerei/Konditorei Teiglein. Sie sprechen mit Frau Lang. Was kann ich für Sie tun?"

Freundlicher Gesichtsausdruck beim Telefonieren

Den Kunden mit Namen ansprechen

Gewöhnlich meldet sich der Kunde am Telefon mit Namen, den sich die Fachverkäuferin sofort merken sollte, um ihn gleich mit dem Namen ansprechen zu können. Wird der Name nicht richtig verstanden, sofort nachfragen.

LF 3.1

Bestellungen per E-Mail

Die Bäckerei/Konditorei bestätigt sofort nach dem Eingang der E-Mail den Auftrag des Kunden mit einer Rückmeldung.
In der Antwort-E-Mail bedankt sich der Betrieb für den Auftrag, führt nochmals alle Einzelheiten auf und versichert dem Kunden, die Bestellung zur vollsten Zufriedenheit auszuführen.

Aufgaben

1. Welche Möglichkeiten der Bestellaufgabe haben Kunden in der Bäckerei/Konditorei?
2. Welche Notizen sollte sich die Fachverkäuferin bei einer mündlichen und telefonischen Bestellungsannahme machen?
3. Beschreiben Sie, wie die Fachverkäuferin die telefonische Bestellungsannahme mit dem Kunden abschließt.
4. Erklären Sie, wie Missverständnisse bei einer mündlichen und telefonischen Bestellungsannahme vermieden werden können.
5. Nennen Sie die Regeln beim Telefonieren.
6. Wie meldet sich die Fachverkäuferin am Telefon?
7. Beschreiben Sie, wie eine Bäckerei/Konditorei auf eine Bestellung per E-Mail reagiert.
8. Eine Stammkundin bestellt telefonisch für Samstag, den 08.03. .. um 12.00 Uhr eine Festtagstorte zum Kindergeburtstag. Den Dekor besprechen Sie mit der Kundin. Außerdem bestellt sie 10 Stück Bienenstich und 10 Berliner. Die Waren werden von der Kundin abgeholt. Sie geben der Stammkundin einen Preisnachlass von 8 %. Spielen Sie die Bestellungsannahme mit Ihrer Kollegin nach und notieren alle Angaben, wobei Sie fehlende Angaben ergänzen.

31.2 Kundenandrang

Zeiten von Kundenandrang

Unerwarteter Kundenandrang kommt gelegentlich vor. Kundenandrang ist zu erwarten, z. B.

- am Wochenende,
- an Feiertagen,
- vor besonderen Festtagen, z. B. Weihnachten, Ostern
- zu gewissen Stunden des Tages, z. B. vor Schulbeginn, zur Mittagszeit der umliegenden Firmen,
- bei außergewöhnlichen Veranstaltungen, z. B. Volksfest, Sportfest, Bürgerfest.

Vorbereiten auf Kundenandrang

Auf den vorhersehbaren Kundenandrang kann sich der erfahrene Betrieb vorbereiten, z. B.

- genügend Waren bereithalten,
- Vorbestellungen frühzeitig herrichten,
- ausreichend Wechselgeld in die Kasse legen,
- die Anzahl des Personals erhöhen.

Verhalten bei Kundenandrang

- Jeden Kunden freundlich bedienen und auch beim Eintreten in den Laden freundlich mit Blickkontakt begrüßen und zum Schluss verabschieden.
- Zügig bedienen, um die Wartezeiten der Kunden zu verringern. Dabei jedoch immer ruhig und konzentriert bleiben. Trotzdem auf die Kundenwünsche eingehen und wenn nötig auch beraten. Auch die Waren werden wie sonst sorgfältig verpackt.
- Die Kunden der Reihe nach bedienen und Kinder dabei nicht übersehen und somit verärgern. Hat die Fachverkäuferin die Übersicht bei der Reihenfolge verloren, so fragt sie die Kunden, wer an der Reihe ist. Menschen mit Behinderungen und Menschen, die aus Gesundheitsgründen nicht so lange stehen können, sollten mit Zustimmung der übrigen Kunden vorrangig bedient werden.

Die Kunden bei Kundenandrang beruhigen

Beispiele:

- Ihnen fällt auf, dass ein Kunde sich durch das Warten schon sehr unruhig verhält.
  „Gleich komme ich zu Ihnen. Es dauert nicht mehr lange."
- Sie beginnen mit dem Verkaufsgespräch bei einem Kunden, der durch das Warten schon unruhig geworden ist und jetzt endlich an der Reihe ist.
  „Es tut mir leid, dass Sie so lange warten mussten. Jetzt bin ich aber für Sie da."

Die Fachverkäuferin darf sich von gestressten Kunden nicht anstecken lassen. Kopfloses, unruhiges Bedienen verzögert nur den Kaufvorgang und die Nervosität der Fachverkäuferin geht auf die Kunden über.

! Die Kunden sollen bei Kundenandrang zügig bedient werden, jedoch nicht das Gefühl bekommen, dass sie wenig beachtet und schnell abgefertigt werden.

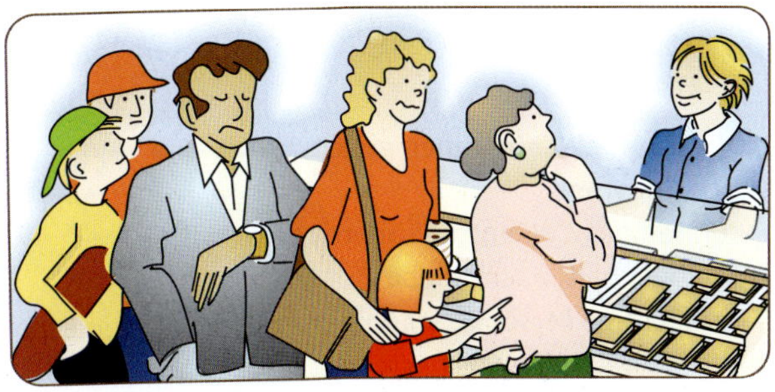

Kundenandrang

Aufgaben

1. Nennen Sie Zeiten, bei denen es zu Kundenandrang im Bäckerei-/Konditoreiladen kommen kann.
2. Erklären Sie, wie sich eine Bäckerei/Konditorei auf vorhersehbaren Kundenandrang vorbereiten kann.
3. Beschreiben Sie das Verhalten einer Fachverkäuferin bei Kundenandrang.
4. Wie kann eine Fachverkäuferin unruhig gewordene Kunden bei Kundenandrang besänftigen?
5. Üben Sie mit Ihren Kolleginnen in einem Rollenspiel das Verhalten der Fachverkäuferin bei Kundenandrang. Dabei haben Sie es auch mit eiligen und ungeduldigen Kunden zu tun sowie mit Kunden, die sich vordrängen.

31.3 Vom Kunden gewünschte Ware ist nicht vorhanden

Manchmal kommt es vor, dass die vom Kunden gewünschte Ware schon ausverkauft ist, oder Ihre Bäckerei/Konditorei diese Ware nur an bestimmten Tagen im Sortiment hat, oder dass der Kunde die Ware aus einem anderen Geschäft kennt und Sie diese Ware gar nicht führen.
Der Kunde ist darüber enttäuscht. Genau auf diese Ware hat sich der Kunde eingestellt und gefreut. Möglicherweise ist er sogar extra deswegen zu Ihrer Bäckerei/Konditorei gekommen.
Die Fachverkäuferin versucht die Enttäuschung abzuschwächen.

Verhalten der Fachverkäuferin

- Dem Kunden sagen, dass es Ihnen leidtut, dass die Ware nicht vorhanden ist.
- Dem Kunden erklären, warum die Ware nicht vorhanden ist. Ehrliche Antworten akzeptieren die Kunden meistens.
- Dem Kunden sofort als Alternative ähnliche Waren anbieten und diese dem Kunden möglichst zeigen, sodass er sich leichter entscheiden kann.

Kaufhemmend sind folgende Formulierungen:

- „Haben wir nicht mehr."
- „Wir haben nur noch diese eine Sorte hier."

LF 3.1

Beispiele

Kunde: „Ich hätte gerne zwei Stück Erdbeertorte."
Fachverkäuferin: „Ach schade. Heute war die Nachfrage nach Erdbeertorten besonders hoch, sodass wir sie schon alle verkauft haben. Aber ich kann Ihnen die leckere Himbeertorte und die Waldbeerentorte mit den gemischten Waldbeeren anbieten." Die Fachverkäuferin zeigt auf die Waren.

Die Fachverkäuferin bietet ähnliche Ware an

Fachverkäuferin: „... das Sonnenblumenbrot ist heute schon ausverkauft. Dafür kann ich Ihnen jedoch das Mehrkornbrot mit Sonnenblumenkernen, Kürbiskernen und Leinsamen anbieten."

Nicht vorhandene Ware – eine Ausnahme
Nicht vorhandene Waren sollten eine Ausnahme sein, da Kunden sonst verärgert sind und dem Betrieb fernbleiben. Wenn bestimmte Waren öfter frühzeitig ausverkauft sind oder Kunden häufig nach Waren fragen, die Ihre Bäckerei/Konditorei nicht im Angebot hat, dann sollte dies die Fachverkäuferin der Betriebsleitung mitteilen, damit die Kundenwünsche erfüllt werden können.

LF 3.1

Nicht vorhandene Ware bei der Zusammenstellung einer Warenlieferung

Ist beim Herrichten einer Lieferung eine bestellte Ware nicht vorhanden, gibt die Fachverkäuferin beim Kunden Bescheid, z. B. telefonisch, dass diese Ware im Moment nicht vorrätig ist. Sie bietet dafür sofort ähnliche Ware als Alternative an und fragt, ob sie damit diese Ware ersetzen darf. Jeder Kunde wäre verärgert, wenn er ohne Rücksprache die von ihm gewünschte Ware durch eine andere ersetzt bekommt.

Aufgaben

1. Beschreiben Sie, wie sich die Fachverkäuferin verhält, wenn die vom Kunden gewünschte Ware nicht vorhanden ist.
2. Wie verhält sich eine Fachverkäuferin, wenn beim Zusammenstellen einer Lieferung eine gewünschte Ware nicht vorhanden ist?
3. Ein Kunde möchte von Ihrer neuen Kollegin Plunderquarktaschen. Nach der Antwort: „Wir haben keine mehr", wartet sie auf die Reaktion des Kunden. Der Kunde überlegt kurz und verlässt dann den Laden. Besprechen Sie mit Ihrer Kollegin den Verkaufsvorgang und erklären ihr, wie sie den Kunden hätte bedienen sollen.

31.4 Diebstahl

Diebstahl ist in der Bäckerei/Konditorei durch den Bedienungsverkauf kaum möglich. Nur bei vorverpackten Waren (Fertigpackungen) aus Regalen oder Verkaufsständern im Kundenbereich ist Diebstahl möglich.

Die Gründe für Diebstähle im Laden können sein:
- Mutprobe von Kindern und Jugendlichen, ob der Diebstahl klappt
- auf Wünsche nicht verzichten zu wollen, ohne genügend Geld zu besitzen

Wann gilt Ware als gestohlen?
Als Diebstahl gilt, wenn ein Kunde die Ware ohne zu bezahlen mitnimmt und den Laden verlassen will. Die Ware wird meistens, unbemerkt von den Fachverkäuferinnen, versteckt, z. B. in einer Tasche oder in einem Kleidungsstück, und unbezahlt mitgenommen. Manchmal kaufen Kunden Waren und ein Teil der Waren wird ohne Bezahlung mitgenommen.

Ladendiebstahl

Vorbeugende Maßnahmen gegen Ladendiebstahl
- Kunden nicht alleine im Laden lassen: „Gelegenheit macht Diebe".
- Verdächtige Personen ständig beobachten. Ladendiebe blicken häufig nervös nach allen Seiten, vor allem in die Richtung der Fachverkäuferinnen.

Verhalten einer Fachverkäuferin beim Diebstahl im Laden

- Der Kunde sollte erst auf den Diebstahl angesprochen werden, wenn sich die Fachverkäuferin ganz sicher ist, dass der Kunde etwas nicht bezahlt hat und den Laden verlassen möchte.
  Bei unberechtigter Vermutung verlieren Sie den Kunden bestimmt, zudem wird er zukünftig schlecht über Ihren Betrieb sprechen.
- Die Fachverkäuferin sollte dem Kunden noch eine Chance zum Bezahlen geben, indem sie ihn beim Kassieren darauf aufmerksam macht, die versteckte Ware zu bezahlen.
  Zum Beispiel: „Haben wir wirklich alles berechnet?“ oder: „Sind Sie sicher, dass wir alles in die Kasse eingetippt haben?“
- Wenn dies vergeblich ist, die verdächtige Person auffordern, die gestohlene Ware herauszugeben.
- Bei den Anschuldigungen und Anweisungen an die verdächtige Person sachlich und ruhig bleiben, auch wenn diese ausfallend wird.
- Sprechen Sie die verdächtige Person möglichst im Beisein einer Kollegin oder eines Kunden an, die als Zeugen dienen.
- Bei unbekannten Personen kann sich die Fachverkäuferin die Personalien geben lassen, am besten durch Vorlage des Personalausweises.
- Bei Wiederholungstätern oder bei schwerwiegendem Ladendiebstahl, kann die Betriebsleitung oder Filialleitung Anzeige erstatten.

!

Grundsätze beim Ladendiebstahl

- Die Fachverkäuferin hat ohne Zustimmung der Kunden kein Recht in Taschen der Kunden einzusehen oder gar Kleidung zu durchsuchen.
  Diese Durchsuchungsmaßnahmen sind nur der Polizei erlaubt.
- Die Betriebsleitung oder Filialleitung entscheidet, ob Anzeige erstattet und/oder Hausverbot ausgesprochen wird.
- Kinder beim Diebstahl nachsichtiger behandeln als Erwachsene.
  Je nach Alter wirkt die Fachverkäuferin erzieherisch auf Kinder ein oder gibt den Erziehungsberechtigten Bescheid.
- Die Fachverkäuferin sollte den Diebstahl mit der Betriebsleitung besprechen.

Aufgaben

1. Erklären Sie, wann eine Ware als gestohlen gilt.
2. Nennen Sie vorbeugende Maßnahmen gegen Ladendiebstahl.
3. Beschreiben Sie das Verhalten einer Fachverkäuferin bei einem Ladendiebstahl.
4. Sie sind sich nicht ganz sicher, ob die Kundin ein Pralinentütchen in die Handtasche gesteckt und nicht bezahlt hat. Sie bitten die Kundin ihre Tasche zu öffnen, damit Sie nachsehen können. Die Kundin verweigert Ihnen das Einsehen in ihre Handtasche. Sie gibt auch ihren Namen und ihre Adresse nicht an. Beraten Sie mit Ihren Kolleginnen wie Sie rechtlich vorgehen können. Was ist, wenn die Vermutung nicht zutrifft?

31.5 Reklamation (Beschwerde)

Kunden, die mit einer Bäckerei/Konditorei unzufrieden und enttäuscht sind, reagieren unterschiedlich. Entweder sie beschweren sich im Betrieb oder sie meiden die Bäckerei/Konditorei.

Gründe, warum Kunden reklamieren

Kunden, die sich beschweren, wollen der Bäckerei/Konditorei das Fehlverhalten mitteilen, damit der Betrieb weiß, was er falsch gemacht hat. Diese Kunden erwarten dann, dass sich der Fehler künftig nicht mehr wiederholt. Vielfach hoffen sie auch, dass sie dafür entschädigt werden.

Reklamationen von Kunden sind für den Betrieb sehr hilfreich

- Die Bäckerei/Konditorei erfährt, welche Fehler gemacht wurden.
- Der Betrieb kann in Zukunft diese Fehler vermeiden.
- Der verärgerte Kunde kann wieder zufriedengestellt werden. Er bleibt dem Betrieb erhalten und er verbreitet die Unzufriedenheit bei anderen Menschen nicht weiter.

Reklamationen ernst nehmen

LF 3.1

Eine Reklamation ist zwar für jede Fachverkäuferin unangenehm, aber für jeden Bäckerei-/Konditoreibetrieb von Vorteil.

Die Devise lautet deshalb: Lieber eine Reklamation über sich ergehen lassen, als unzufriedene Kunden haben, die man irgendwann verliert und die schlechte Werbung machen.

!

Verhalten der Fachverkäuferin bei Reklamationen

- Dem Kunden ruhig zuhören und ihn ausreden lassen.
- Freundlich bleiben und sich nicht provozieren lassen. Niemals laut werden, auch wenn es der Kunde ist: „Lautstärke ist kein Argument."
- Sich sofort entschuldigen. Dieses Einsehen beruhigt den Kunden und mildert seine Verärgerung.
- Sich für den Hinweis bedanken.
- Eine Lösung anbieten, z. B. Ersatz der Ware oder Geldrückgabe, und den Kunden fragen, ob er damit einverstanden ist.
- Dem Kunden versichern, dass dieser Fehler nicht mehr vorkommen wird.
- Den Kunden bei einem späteren Einkauf fragen, ob er jetzt zufrieden ist.

Bei der Behandlung von Reklamationen gibt es kein Patentrezept. Jede Situation muss individuell, mit viel Fingerspitzengefühl geregelt werden.

Jede Reklamation soll an die zuständige Stelle im Betrieb weitergeleitet werden, damit künftig Fehler vermieden werden können.

Bei Reklamation ruhig bleiben

Ersetzen der Ware bei berechtigter Reklamation

- Dem Kunden die gleiche oder eine ähnliche Ware als Ersatz anbieten. Dabei dem Kunden die Ware zeigen, damit er sich von der einwandfreien Qualität überzeugen kann.
- Ist der Kunde mit einem Ersatz der Ware nicht einverstanden, bietet ihm die Fachverkäuferin die Geldrückgabe an.
- Als Entschädigung oder Wiedergutmachung für die Unannehmlichkeiten und den zeitlichen sowie finanziellen Aufwand etwas dazugeben, z. B. ein Stück Torte mehr.

Fehlverhalten bei berechtigter Reklamation

- Das Problem des Kunden verniedlichen, z. B. „So schlimm ist das doch nicht."
- Den Fehler nicht einsehen und sich gegen den Kunden verteidigen.

Verhalten bei unberechtigter Reklamation

- Dem Kunden den Irrtum fachlich begründen, sodass er überzeugt ist.
- Aber auch bei unberechtigter Reklamation Zugeständnisse machen, damit der Kunde zufrieden ist.
- Nur bei völlig zu Unrecht vorgebrachter oder provokativer Reklamation kann die Fachverkäuferin den Sachverhalt ruhig erklären und es dabei belassen.

Berechtigte Reklamationen	Unberechtigte Reklamationen
• Die Fachverkäuferin hat falsche Ware eingepackt. • Der Kunde wurde über die Ware von der Fachverkäuferin falsch informiert. • Die Ware ist nicht mehr frisch. • Die Ware ist verdorben. • Die Ware weicht von den Qualitätsmerkmalen ab. • falsche Preisberechnung • unfreundliche Bedienung • schlechter Service • unhygienisches Verhalten der Mitarbeiter	• Die Ware schmeckt dem Kunden nicht. • Der Kunde hatte über die Ware eine andere Vorstellung, z. B. andere Geschmacksrichtung oder andere Füllung. • Die Ware ist dem Kunden zu teuer. • Die Ware ist durch unsachgemäße Behandlung oder Lagerung beim Kunden nicht mehr in Ordnung.

LF 3.1

!

Grundsätzliche Regel beim Umgang mit einer Reklamation
Die Zufriedenheit der Kunden ist das vorrangige Ziel der Bäckerei/Konditorei. Der Wert der reklamierten Ware ist meistens gering, ein verlorener Kunde stellt einen wesentlich größeren Schaden dar.

Beispiele für Reklamationen

Kunde: „Die Brötchen waren das letzte Mal zu dunkel und die Kruste zu fest."
Fachverkäuferin: „Es tut mir leid, dass Sie zu dunkle Brötchen bekommen haben. In Zukunft werde ich Ihnen die helleren Brötchen aussuchen. Wenn Sie heute Brötchen wünschen, gebe ich Ihnen zwei Brötchen mehr kostenlos mit."

Kunde: „Bei den zwei Kirsch-Joghurtsahneschnitten, die ich letztes Mal gekauft habe, war die Sahne nicht mehr ganz in Ordnung. Sie war schon leicht säuerlich."
Fachverkäuferin: „Das ist aber ärgerlich, da wir unsere Sahnetorten und Sahneschnitten jeden Tag frisch herstellen. Entschuldigen Sie diese Unannehmlichkeit. Ich werde diese Beschwerde gleich an unsere Konditorei weiterleiten. Hilfreich wäre für uns, wenn Sie die Möglichkeit gehabt hätten, die Ware noch am selben Tag zurück zu bringen. So könnten wir bei der Molkerei reklamieren. Darf ich Ihnen als Entschädigung frische Sahneschnitten einpacken?"

!

Regeln für die Fachverkäuferin bei Reklamationen
- Geringfügige Beanstandungen, ob zu Recht oder zu Unrecht, erledigt die Fachverkäuferin ohne lange Diskussion großzügig.
- Auch bei Reklamationen, die nicht eindeutig der Bäckerei/Konditorei zuzuschreiben sind, verfährt die Fachverkäuferin großzügig (kulant).
- Eine Reklamation sollte kein Aufsehen erregen. Sie sollte möglichst nicht vor anderen Kunden lange ausgetragen werden.

Umtausch und Zurücknahme von Waren

Der Betrieb ist nicht verpflichtet, Waren, die schon im Besitz der Kunden gewesen sind, umzutauschen oder zurückzunehmen. Einwandfreie vorverpackte Waren, bei denen die Verpackung unbeschädigt ist, kann die Bäckerei/Konditorei kulant (großzügig entgegenkommend) zurücknehmen.
Von Kunden zurückgenommene unverpackte Waren dürfen nach dem Hygienegesetz nicht mehr verkauft oder weiterverarbeitet werden. In Papiertüten oder Rollenpapier verpackte Waren gehören nicht zu den vorverpackten Waren.

Umtausch
Eine Kundin hat ein Roggenmischbrot gekauft und bringt es, nachdem sie zu Hause war, der Bäckerei zurück und möchte dafür ein Vollkornbrot, weil ihre Familie lieber das ballaststoffreichere Vollkornbrot möchte. Die Bäckerei ist nicht verpflichtet das Roggenmischbrot zurückzunehmen, denn das Brot müsste entsorgt werden.

Zurücknahme
Ein Verein hat für das Sommerfest 400 Brötchen und 50 Stück Apfelkuchen bestellt. Wegen des schlechten Wetters sind 100 Brötchen und 15 Stück Apfelkuchen übrig geblieben. Der Verein möchte, dass die Bäckerei/Konditorei diese Brötchen und Apfelkuchen zurücknimmt. Die Bäckerei/Konditorei sollte die Rücknahme ablehnen, weil diese Waren nach dem Hygienegesetz nicht mehr verkauft werden dürfen.

Aufgaben

1. Beschreiben Sie allgemein das Verhalten einer Fachverkäuferin bei Reklamationen.
2. Wie ersetzt die Fachverkäuferin dem Kunden die Ware, die berechtigt reklamiert wurde?
3. Erklären Sie, wie sich die Fachverkäuferin bei unberechtigter Reklamation verhält.
4. Nennen Sie Beispiele berechtigter und unberechtigter Reklamationen von Kunden.
5. Beschreiben Sie die rechtliche Grundlage beim Umtausch und bei der Zurücknahme von Bäckerei-/Konditoreierzeugnissen.
6. Ein Kunde kaufte 100 g Mandelsplitterpralinen. Er reklamiert, dass die Kuvertüre der Pralinen grau war, als er zu Hause das Tütchen öffnete. Wie würden Sie sich bei dieser Reklamation verhalten?

Special Sales Situations

Acceptance of an Order

A foreign company located in Germany orders baked goods for a small company party by phone. You are responsible for the order in your bakery and confectionery.

Eine ausländische Firma, ansässig in Deutschland, bestellt für eine kleine Betriebsfeier telefonisch Backwaren. Sie sind in Ihrer Bäckerei und Konditorei für die Bestellungen verantwortlich.

Order

customer: Jennifer Sweet
address: Oxford Street 132
Post Code: W1 / Town: London
telephone: 0044 118 119
e-mail: j.sweet@gmail.com

quantity	product	single price
40	rolls	0.40 €
20	danish pastries	1.30 €
1	cheesecake	25.50 €
2	fruit tortes	28.00 €

remarks: The goods are paid at pickup.
pick-up date: Friday, 13 April 20XX
time: 2.00 p.m.
order date: Monday, 09 April 20XX
salesperson: Anna Groß

Exercise
1. Translate the information on the order form and transfer it to your exercise book.
2. Write down your own example order in German and English.

Übungsaufgabe
1. *Übersetzen Sie die Angaben auf dem Bestellschein und übertragen Sie diese in Ihr Übungsheft.*
2. *Schreiben Sie eine eigene Beispielbestellung in Deutsch und Englisch.*

Customer Complaints

A customer complains in the bakery, because the bought goods aren't in order.

Ein Kunde beschwert sich in der Bäckerei, weil die gekaufte Ware nicht in Ordnung ist.

Customer: Hello. I'm not satisfied with the rolls I just bought.
Look, they are too dark and too dry.
Salesperson: I'm sorry. You're right. The rolls were in the oven too long. May I give you some fresh, bright rolls?
Customer: I agree, if these rolls are perfect.
Salesperson: Sure, they are. I'll give you three rolls for free as a compensation.
Customer: Thanks, that's very kind of you.
Salesperson: Sorry for our mistake. It will not happen again. Goodbye and have a nice day.
Customer: Thank you very much and goodbye.

Exercise
1. Evaluate the complaint and the behavior of the salesperson in the example.
2. Practice other customer complaints.

Übungsaufgabe
1. *Beurteilen Sie die Reklamation und das Verhalten der Fachverkäuferin bei dem Beispiel.*
2. *Üben Sie andere Kundenreklamationen.*

Examples of customer complaints:
Customer:

a) I have a problem. I told you that I am allergic to almonds. They gave me marzipan pralines in the praline mixture.
b) You did not listen to my shopping rightly. I ordered a raspberry torte and got a strawberry torte .
c) The marble cake is already old. I want you to give me a fresh cake for that.
d) I'm very upset. The fruit desserts are not fresh anymore. They are completely soaked.
e) I must complain. The bread I bought was burned on the ground and had a crust that was too hard.

The saleswoman gives correct answers:
Saleswoman:

a) Excuse me the mistake. That will not happen anymore.
b) I'm sorry that this happend. I will of course exchange them and give you a strawberry torte.
c) I can understand you well. Apologise this inconvenience.
d) That's really annoying. That must not happen. Of course. I'll take them back and give you fresh fruit desserts.
e) I can understand your anger. Sorry, we sold the bread by mistake.

Vocabulary

the acceptance	die Annahme
the address	die Anschrift, die Adresse
to agree	einverstanden sein
allergic	allergisch
the almonds	die Mandeln
the anger	der Ärger
annoying	ärgerlich
to apologise	sich entschuldigen
back	zurück
the behaviour	das Verhalten
bright	hell
to buy, bought	kaufen, gekauft
by mistake	aus Versehen, versehentlich
the compensation	die Entschädigung
to complain	beschweren
the complaint	Beschwerde, Reklamation
completely soaked	völlig (komplett) durchgeweicht
the costumer complaint	die Kundenbeschwerde
dark	dunkel
dry	trocken
to evaluate	beurteilen, bewerten
to exchange	austauschen
fresh	frisch
to happen	passieren
I´m sorry	es tut mir Leid
the inconvenience	die Unannehmlichkeit
kind	nett, freundlich
the mistake	der Fehler
the mixture	die Mischung
the order	die Bestellung
the order date	das Bestelldatum
the order form	der Bestellschein

the oven	der Ofen
to pick up	abholen
the pick-up date	das Abholdatum
the product	die Ware, das Erzeugnis
the quantity	die Menge
the raspberry torte	die Himbeertorte
the remark	die Anmerkung
satisfied	zufrieden, befriedigt
to sell, sold	verkaufen, verkauft
the single price	der Einzelpreis
special sales situation	besondere Verkaufssituation
sure	sicher
to tell, tould	erzählen, erzählte
too	auch, ebenfalls
to translate	übersetzen
to understand	verstehen
upset	verärgert
you´re right	Sie haben Recht

E

Berufliche Handlung

Ihre Bäckerei/Konditorei veranstaltet eine Fortbildung für alle Fachverkäuferinnen des Hauptgeschäfts und der Filialen. Die Verkaufstrainerin gestaltet zum Thema „Besondere Verkaufssituationen" fünf Stationen, die in Workshops gruppenweise durchlaufen werden. Sie werden als Leiterin Ihrer Gruppe bestimmt. An den Stationen werden folgende Aufgaben als Rollenspiele geübt.

Annahme von Bestellungen

1. Ein unbekannter Kunde möchte in Ihrem Laden Waren für eine Feier zum 75. Geburtstag bestellen. Es sind ca. 50 Gäste zum Kaffeetrinken in einem Lokal geladen. Der Kunde stellt sich dafür eine besonders schöne Geburtstagstorte vor und weitere verschiedene Waren, die zum Kaffee geeignet sind. Sie beraten den Kunden und notieren die Bestellung in das Bestellformular. Um das Formular vollständig auszufüllen, ergänzen Sie Fehlendes mit ausgedachten Angaben.
2. In einem weiteren Rollenspiel telefonieren Sie mit einem Kunden, der einige Waren bei Ihnen bestellt. Besprechen Sie mit den Kolleginnen in Ihrer Gruppe, wie sich eine Fachverkäuferin am Telefon meldet und welche Regeln beim Telefonieren zu beachten sind. Üben Sie auch, wie bei der telefonischen Bestellungsannahme Hörfehler vermieden werden.

Kundenandrang

3. Eine Kollegin wird beauftragt, als Fachverkäuferin die anderen Teilnehmer bei Kundenandrang zu bedienen. Eine Kundin wirkt dabei nervös, weil sie warten muss und eine andere Kundin drängt sich vor. Wie beruhigen Sie die nervöse Kundin und wie verhindern Sie das Vordrängen, damit andere Kunden nicht verärgert werden? Besprechen Sie zum Schluss das Verhalten der Fachverkäuferin bei Kundenandrang und schreiben Sie die einzelnen Schritte übersichtlich auf.

Ausverkauf der gewünschten Ware

4. In Ihrer Bäckerei/Konditorei sind in letzter Zeit öfter Pflaumenkuchen schon mittags ausverkauft gewesen, worauf die Kunden enttäuscht reagierten. Eine Kollegin ist der Meinung, dass Pflaumenkuchen immer schnell ausgeht, weil übrig gebliebener Pflaumenkuchen am nächsten Tag nicht mehr verkauft werden darf. Diskutieren Sie in Ihrer Gruppe darüber. Kann dieses Problem gelöst werden?

Ladendiebstahl

5. Überlegen Sie, ob in Ihrem Bäckerei-/Konditoreiladen ein Diebstahl möglich ist.
6. Besprechen Sie mit Ihren Kolleginnen, wann eine Ware im Laden als gestohlen gilt.
7. Eine Kollegin hat einen Kunden in Verdacht, eine vorverpackte Ware ohne Bezahlung in die Einkaufstasche gesteckt zu haben. Sie verlangt von der Kundin, dass sie die Tasche öffnet, um nachschauen zu können. Die Kollegin möchte auch gleich eine Anzeige erstatten und Hausverbot erteilen. Erklären Sie in Ihrer Gruppe das korrekte Verhalten einer Fachverkäuferin bei Ladendiebstahl und erläutern Sie die Rechte einer Fachverkäuferin.

Reklamationen

8. Beauftragen Sie Ihre Kollegin aufzuschreiben, welche Nachteile dem Betrieb entstehen, wenn verärgerte Kunden nicht reklamieren. Erklären Sie dann, welche Vorteile Reklamationen von unzufriedenen Kunden für den Betrieb haben.
9. Schreiben Sie Beispiele von berechtigten und unberechtigten Reklamationen zusammen, die die Kunden manchmal vortragen.
10. Erklären Sie Ihren Kolleginnen wie Reklamationen von einer Fachverkäuferin richtig behandelt werden. Nennen Sie auch die grundsätzliche Regel beim Abhandeln von Beschwerden, damit die Kunden wieder gerne im Betrieb einkaufen.
11. Ein Kunde kaufte für eine Betriebsfeier in Ihrer Bäckerei/Konditorei mehrere verschiedene unverpackte Kuchen. Am folgenden Tag möchte der Kunde, dass Sie die übriggebliebenen Kuchen zurücknehmen oder diese für andere Waren umtauschen. Wie reagiert die Fachverkäuferin darauf?

LF 3.1

LF 3.2
Waren
fachlich fundiert
verkaufen

32 Torten, Desserts und Süßspeisen

Situation

Ihre Bäckerei/Konditorei bewirbt sich für die Lieferung von Torten und Desserts eines großen Cafés. Für die Ausschreibung sollen Sie Torten verschiedener Formen, Desserts und Petits Fours aufführen sowie deren Füllungen wie Buttercremes und Schlagsahne. Für besondere Anlässe bieten Sie Torten mit individuellen Garnierungen an. Sie beschreiben auch Torten, gefüllt mit Konfitüre und gekochten Cremes. Das Angebot vervollständigen Sie mit Süßspeisen.

- Welche Tortenformen gibt es und was sind Desserts und Petits Fours?
- Wie werden Torten hergestellt?
- Welche Garnierungen sind für besondere Anlässe auf Torten und Desserts möglich und mit welchen Spritzglasuren wird garniert?
- Welche Buttercremearten werden unterschieden und welche Cremetorten sind bekannt?
- Welche Sahnetorten und Sahnedesserts bieten Sie in Ihrer Bäckerei/Konditorei an?
- Wie werden Obsttorten und Obstschnitten hergestellt?
- Welche Süßspeisen und süße Soßen werden in der Bäckerei/Konditorei angeboten?

32.1 Tortenformen, Desserts und Petits Fours

Tortenformen

Entsprechend ihrem Äußeren werden Torten nach ihrer Form und Verwendung unterschieden.

Anschnitttorten

- runde Torten
- Kuppeltorten (gewölbte Torten)
- konische Torten (nach oben kleiner werdend)
- Ringtorte

Runde Anschnitttorte

Kuppeltorte

Frankfurter Kranz

Konische Torte

Anschnitttorten

Tortendurchmesser: 26 oder 28 cm (außer Kleintorten)
Stückzahl: hohe Torten, 6 bis 8 cm: 16 Stück; flache Torten, ca. 4 cm hoch: 12 oder 14 Stück
Garnierung: jedes Stück gleich
Verkauf: stückweise im Laden und Café
Kleintorten: 14 bis 20 cm Durchmesser, ca. 4 cm hoch
Sie eignen sich für die kleine Kaffeerunde mit wenigen Personen, als kleines Geschenk, als Festtagstorte, z. B. zum Kindergeburtstag.

Flache Anschnitttorte

Festtagstorten

Festtagstorten sind besonders attraktiv ausgarnierte Torten zu bestimmten Anlässen, z. B. Geburtstag, Taufe, Hochzeit, Muttertag.

- runde Festtagstorten
- Formtorten, z. B. Herz-, Wappen-, Blütenform
- Etagen- oder Aufsatztorten sind mehrere Torten übereinander, wobei sich der Durchmesser der Torten nach oben verringert.
  – Auf einem Tortenständer werden mehrere Torten etagenweise übereinandergestellt.
  – Zwei bis drei Torten werden direkt aufeinandergesetzt.

Formtorte: Vierblättriges Kleeblatt

Formtorte

Formtorte: Spielkarte

Herzförmige Formtorte

Rechteckige Formtorte

Formtorten

Geburtstagstorte

Kleintorte zum Kindergeburtstag

Bildtorte

Dreistöckige Festtagstorte

Etagentorte

Zweistöckige Geburtstagstorte

Festtagstorten

LF 3.2

Desserts

Der französische Begriff „Dessert“ bedeutet eigentlich Nachtisch. In der Bäckerei/Konditorei werden jedoch tortenähnliche Erzeugnisse, die eine andere Form als Torten haben, als Desserts bezeichnet, da sie in früherer Zeit als besondere Nachspeise gereicht wurden.

Dessertbeispiele:
- Creme-, Sahne- und Obstdessertschnitten
- Rouladen, gefüllt mit Creme, Sahne oder Konfitüre
- Sahnetörtchen und Obsttörtchen
- Gebäckstücke mit Creme oder Sahne gefüllt, z. B. Windbeutel, Eclairs, Sahneomeletts, Schlotfeger

Verschiedene Desserts

Petits Fours

Petits Fours (sprich: Peti Furs) sind kleine Desserts, die ca. 3 × 3 × 3 cm groß sind.
Hergestellt werden sie mit Kapseln aus Wiener Masse, die dünn mit Buttercreme oder Konfitüre gefüllt und mit Fondant bzw. eingefärbtem Fondant überzogen werden.
Jedes Stück der Petits Fours wird mit Schokoladenspritzglasur ausgarniert.

Petits Fours

Käsefours

Käsefours sind kleine, pikante Gebäcke, die mit Käsebuttercreme oder Käsecreme gefüllt und abwechslungsreich garniert sind.
Bestandteile von Käsefours
- Gebäcke: Vollkornbrote, Knäckebrote, Kräcker, kleine Gebäcke aus Brandmasse, Mürbeteig, Blätterteig
- Füllung:
  – Käsebuttercreme: Weichkäse, Butter, Kräuter und Gewürze oder
  – Käsecreme: Weichkäse, Kräuter und Gewürze.
- Garnierungen: verschiedene Gemüse- und Obstsorten sowie Küchenkräuter und Kaviar

Käsefours

Aufgaben

1. Beschreiben Sie Anschnitttorten in Bezug auf
   - Tortenformen,
   - Stückzahlen der Torten,
   - Durchmesser der Torten,
   - Garnierung.
2. Nennen und beschreiben Sie verschiedene Festtagstorten.
3. Erklären Sie den Begriff „Desserts“ in der Bäckerei/Konditorei.
4. Beschreiben Sie die Zusammensetzung von Petits Fours.
5. Erklären Sie Käsefours und benennen Sie die Bestandteile aus denen sie hergestellt werden.
6. Rühren Sie folgende Zutaten zu einer glatten Käsecreme: 500 g Weichkäse, 40 g Schlagsahne, 15 g Dill, 5 g gemahlenen Kümmel sowie etwas Salz, Paprika und Kräuter. Füllen Sie verschiedene Gebäcke mit der Käsecreme und garnieren Sie die Käsefours mit beliebigen Gemüse- und Obstsorten, ähnlich der obigen Abbildung. Belegen Sie die Käsefours fachgerecht auf ein Silbertablett.

32.2 Herstellen von Torten

Torten setzen sich aus Tortenböden und Füllungen zusammen. Die gefüllten und außen eingestrichenen Torten werden entsprechend ausgarniert. Die folgende Abbildung zeigt eine fachgerechte Cremetorte:

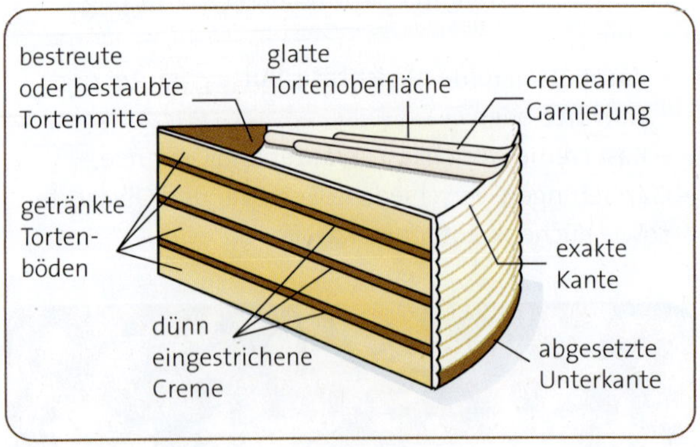

Tortenböden

- Biskuitböden
- Wiener Böden: helle Wiener Böden, Schokoladenböden, Nussböden, Mandelböden
- einzeln gebackene Wiener Böden
- Sacherböden = schokoladenhaltige Böden
- Kapseln (auf Backbleche gestrichene Biskuit- oder Wiener Masse)
- getrocknete Baiserböden

Schneiden der Tortenböden

Tortenböden werden mit einem langen Sägemesser waagerecht in gleich dicke Scheiben geschnitten. Ein Tortenboden wird gewöhnlich für Sahnetorten zweimal und für Cremetorten dreimal durchgeschnitten.

Exakt geschnittene Tortenböden

Tränken der Tortenböden

Rezeptbeispiel: Tränke für Tortenböden – Rumtränke	
1000 g Wasser (1 l) ca. 750 g Zucker (Zuckermenge nach Belieben)	Wasser mit Zucker kochen. Dieses Zuckerwasser wird als **Läuterzucker** bezeichnet. Den Läuterzucker abkühlen lassen.
100 bis 200 g Rum (ca. 36 % vol) oder andere Spirituose, z. B. Weinbrand	Nach dem Abkühlen des Läuterzuckers den Rum einrühren, sodass eine Rumtränke entsteht. Statt Rum können auch andere Spirituose verwendet werden, z. B. für eine Kirschwassertränke.

Die Tortentränke darf nicht zu viel Alkohol enthalten und geschmacklich hervorstechen. Ein dezenter (unaufdringlicher) Alkoholgeschmack soll die Tortenböden lediglich verfeinern.
Werden Torten ohne Alkohol gewünscht, z. B. zum Kindergeburtstag, kann als Tortentränke Fruchtsaft verwendet werden.

Bei der Tortenherstellung wird jede Tortenbodenscheibe mit Tortentränke befeuchtet, damit die Böden immer frisch wirken.

Einstreichen von Torten

- Die Tortenbodenscheiben tränken.
- Creme, Schlagsahne oder Konfitüre als Tortenfüllung auf die getränkten Tortenböden geben und mit einer Palette verstreichen.
- Die Torte an der Oberfläche und am Rand mit der entsprechenden Füllung einstreichen. Mit einem glatten oder gezackten Schaber um den Rand der Torte ziehen. Der Tortenrand ist dann glatt bzw. gezackt. Nach dem Einstreichen dürfen die Tortenböden nicht mehr sichtbar sein.

Einstreichen (Füllen) der Tortenböden

Die Tortenoberfläche mit einer Palette glatt streichen

Ausgarnieren der Anschnitttorten

- Die eingestrichene Torte mit einem Torteneinteiler in 16 Stücke einteilen.
- Die Mitte der Torte bleibt ohne Garnierung und wird mit Dekormaterial bestreut, z. B. Kakaopulver, Schokoladenstreusel, Schokoladenspäne, geröstete gehobelte Mandeln, Krokantstreusel.
- Mit dem Dressierbeutel (Spritzbeutel) und einer Lochtülle oder Sterntülle auf jedes Stück eine Garnierung anbringen, wobei der Mittelkreis frei bleibt. Cremetorten erhalten wegen der Bekömmlichkeit wenig Creme als Garnierung, Sahnetorten werden großzügig mit Schlagsahne ausgarniert.

Ausgarnieren einer Cremetorte

Auf jedes Stück der ausgarnierten Torte als Dekor z. B. eine Nuss, Mokkabohne, Mandarinenscheibe, Kirsche oder ein Schokoladenornament auflegen.

> **!**
> Das Dekormaterial wird der Geschmacksrichtung der Torte angepasst, z. B. auf eine Mokkatorte Schokoladenspäne streuen und eine Mokkabohne auf jedes Stück legen.

Fachgerechte Cremetorte: cemearme Garnierung, keine Cremegarnierung im Mittelkreis, abgesetzte Unterkante

Eindecken mit Marzipan

Mit Schokolade, Fettglasur und Fondant überzogene Torten werden häufig dünn mit Marzipan eingedeckt, entweder die Tortenoberfläche oder die ganze Torte. Die Schokolade bzw. der Fondant können somit nicht in die Torte sickern.

Überziehen von Torten

Die Torte auf ein Ablaufgitter geben. Auf die Tortenoberfläche Schokoladenkuvertüre, Fettglasur oder Fondant gießen und mit einer Palette die Tortenoberfläche mit wenigen Zügen glatt streichen. Dabei läuft der Überzug über den Rand der Torte und bedeckt diesen.

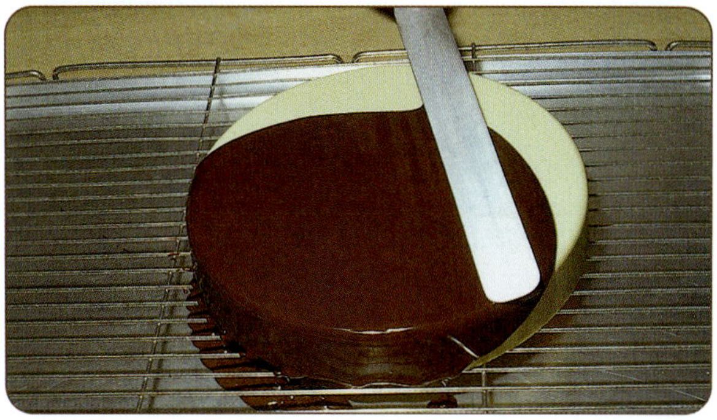

Überziehen einer Torte

LF 3.2

Aufgaben

1. Nennen Sie verschiedene Tortenböden, die zur Tortenherstellung verwendet werden.
2. Nennen Sie die Zutaten einer „Tortentränke“ und erklären Sie deren Herstellung.
3. Beschreiben Sie das Einstreichen von Torten.
4. Erläutern Sie das ausgarnieren von Anschnitttorten.
5. Erklären Sie das Eindecken von Torten mit Marzipan und das Überziehen von Torten.
6. Beim Einteilen der Torten mit dem Torteneinteiler, z. B. nach dem Überziehen der Torten oder auf dem Geleeguss der Obsttorten, verschwimmt manchmal die Einteilung, die dann nicht mehr sichtbar ist. Üben Sie das Einteilen der Torten mit einer Palette in 16, 12 und 14 Stück, bis die Tortenstücke gleich groß eingeteilt sind.

Rechenaufgaben

1. Der Bäckerei-/Konditoreibetrieb verlangt bei einer Bestellung für 80 Desserts 112,00 €. Die Materialkosten betragen 21,00 €. Die Betriebskosten sind mit 280 % und die Mehrwertsteuer mit 7 % zu berücksichtigen. Wie hoch wurden Risiko und Gewinn in € und % berechnet?
2. Ein Frankfurter Kranz kostet im Café 30,40 €. Wie viel kostet ein Stück Frankfurter Kranz im Laden, der in 16 Stücke eingeteilt ist, wenn die Mehrwertsteuer im Café 19 % und der Caféaufschlag 23 % betragen?
3. Ein Rahmen Tiramisudesserts mit 28 Stück kostet im Laden 42,00 €.
   Welchen Betrag verlangt der Konditoreibetrieb im Café, wenn der Caféaufschlag 21,5 % beträgt?
4. Es soll Läuterzucker für eine Tortenbodentränke mit 4 Teilen Wasser und 3 Teilen Zucker hergestellt werden. Dafür werden 2,340 kg Zucker verwendet.
   a) Wie viel g Wasser wird verwendet und wie viel wiegt der gesamte Läuterzucker?
   b) Für eine Rumtränke wird dem Läuterzucker 11 % Rum zugegeben (runden Sie auf ganze Gramm ab). Berechnen Sie den Rumanteil in g und wie viel kg die gesamte Rumtränke wiegt.

LF 3.2

32.3 Garnierungen und Tortendekor

Spritzglasuren und das Garnieren

Als Spritzglasuren eignen sich

- Schokoladenspritzglasur und
- Eiweißspritzglasur.

Die Spritzglasuren werden zum Garnieren in eine Spritztüte, auch Garniertüte genannt, gefüllt.

Beim Garnieren wird aus der kleinen runden Öffnung an der Spitze der Spritztüte die Spritzglasur in „dünnem Faden“ gedrückt. Die Spritzglasur muss zähfließend und geschmeidig sein, damit der dünne Faden in einem Zug garniert werden kann und nicht abreißt. Mit etwas hochgezogener Spritztüte wird der Faden beim Garnieren in die gewünschte Richtung geführt.

Spritzglasur in dünnem Faden garnieren

Schokoladenspritzglasur (Spritzschokolade)

Schokoladenspritzglasur, auch Spritzschokolade genannt, besteht aus Schokoladenkuvertüre oder Zartbitterschokolade, die im Wasserbad oder im Mikrowellengerät erwärmt und aufgelöst wird. In die flüssige Schokolade tropfenweise Läuterzucker zugeben und mit einem Löffel zu einer glatten, zähfließenden und geschmeidigen Schokoladenspritzglasur rühren.

Glatt gerührte Spritzschokolade

Stückgarnierungen

Wie der Name besagt, wird jedes Stück einer Torte sowie jedes einzelne Dessert und Petit Four mit Schokoladenspritzglasur ausgarniert. Die verschiedensten Stückgarnierungen können mit gefärbter Konfitüre verschönert werden.

Tortenstückgarnierungen

Desserts mit Stückgarnierungen

Randgarnierungen

Festtagstorten werden häufig am Rand mit einer schwungvollen, fortlaufenden Garnierung umrahmt. Diese Randgarnierungen bilden einen schmuckvollen Rahmen um die Festtagstorten.

Garnierschrift auf Schriftbändern

Festtagstorten werden in Garnierschrift aus Spritzschokolade in Druckschrift und Schreibschrift auf Schriftbändern beschriftet.

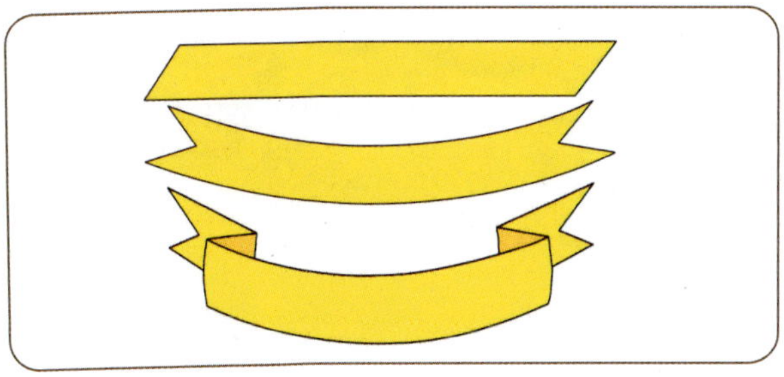

Schriftbänder aus Marzipan

Für Schriftbänder wird Marzipan ca. 2 mm dick ausgerollt und zu länglichen 1,5 bis 2,5 cm breiten Marzipanstreifen geschnitten.

Festtagstorte mit Schriftbändern

Festtagstorte mit Beschriftung in Schreibschrift

Festtagstorte mit Randgarnierungen und Garnierschriften

Ornamente als Schmuckauflage

Ornamente sind Schmuckauflagen mit verschiedenen Motiven. Diese werden mit Schokoladenspritzglasur auf durchsichtiges Pergamentpapier mit Vorlagen darunter gespritzt. Nach dem Festwerden der Schokoladenspritzglasur werden die Ornamente auf Torten gelegt.

Auf besondere Festtagstorten werden Figuren aus dunkler Schokolade, Vollmilch- und weißer Schokolade garniert und als Schmuckauflage auf die Torten gelegt. Gitterförmige Ornamente aus Schokoladen- oder Eiweißspritzglasur werden als sogenannte „Tortenaufsätze" gestellt.

Garnieren von Schokoladenornamenten auf einer Vorlage

Ist die Schokolade der Ornamente fest, werden sie vom Papier abgezogen

Schokoladenornamente auf einer Festtagstorte zur Taufe

Torte mit Schokoladenaufsatz und Schokoladenornament auf jedem Stück

Eiweißspritzglasur

Eiweißspritzglasur wird aus 1 Teil Eiklar und ca. 5,5 Teilen Puderzucker hergestellt. Eiklar und Puderzucker werden zu einer glatten und geschmeidigen Spritzglasur gerührt.

Zutaten der Eiweißspritzglasur

Geschmeidig angerührte Eiweißspritzglasur

Verwendung von Eiweißspritzglasur

- Garnierungen mit der weißen Eiweißspritzglasur ergeben einen besonders schönen Farbkontrast auf mit Schokolade überzogenen Festtagstorten, Desserts und Petits Fours.
- Braune Lebkuchen für Figuren zu Weihnachten und Weihnachtsbaumbehang erhalten durch die Garnierungen mit Eiweißspritzglasur das besondere und lebhafte Aussehen. Lebkuchenherzen werden mit Eiweißspritzglasur ausgarniert und mit Sprüchen beschriftet.
- Die Augen von Marzipanfiguren werden dick mit Eiweißspritzglasur garniert, bevor mit Schokoladenspritzglasur die Pupillen darauf gespritzt werden. Dadurch bekommen die Marzipanfiguren die übertrieben großen Augen und das lustige Aussehen.

Mit Eiweißspritzglasur ausgarnierte Weihnachtslebkuchen

Mit Eiweißspritzglasur und Schokoladenspritzglasur garnierte Augen der Marzipanfiguren

Bilder auf Torten

Ein persönliches Bild auf einer Torte bietet einen ganz besonderen Bezug zum festlichen Anlass. Ein Foto oder Bild, das meistens der Kunde mitbringt, wird gescannt. Das gescannte Bild wird mit einem Drucker mit Lebensmittelfarben auf eine essbare Unterlage gedruckt, die wie ein dickes Blatt aussieht, z. B. Fondant- oder weißes Schokoladenpapier.

Torte mit Bild

Aufgaben

1. Nennen Sie die zwei Spritzglasuren, die sich in einer Spritztüte zum Garnieren eignen.
2. Nennen Sie die Zutaten und erklären Sie die Herstellung einer Schokoladenspritzglasur.
3. Beschreiben Sie Stückgarnierungen und nennen Sie Bäckerei-/Konditoreierzeugnisse, auf die sie garniert werden.
4. Erläutern Sie Randgarnierungen.
5. Was sind Schriftbänder mit Garnierschrift?
6. Erklären Sie Ornamente und Figuren als Schmuckauflagen.
7. Beschreiben Sie, womit eine Eiweißspritzglasur hergestellt wird.
8. Geben Sie Beispiele an, wofür Eiweißspritzglasur in der Bäckerei/Konditorei verwendet wird.
9. Ein Kunde möchte eine Torte zum Geburtstag seines Kinds bestellen. Sie bieten ihm eine Torte mit dem Bild des Kinds an. Er kann sich nicht vorstellen, wie dieses Bild für die Torte gemacht wird und dass das Bild essbar ist. Geben Sie Auskunft und erklären Sie die Herstellung des Bilds für die Torte.

32.4 Buttercremes, Fettcremes und Cremetorten

Bestimmungen der Leitsätze

- Für **Buttercreme** darf als Fett ausschließlich Butter verwendet werden. Der Butteranteil in der Buttercreme muss mindestens 20 % betragen.
- Wird die Butter ganz oder teilweise durch Margarine ersetzt, wird sie als **Fettcreme** bezeichnet. Cremes aus Convenience-Produkten sind Fettcremes, da sie aus Margarine bestehen.

Fettcremes

In der Praxis wird Fettcreme einfach als „Creme" bezeichnet, da dieser Begriff werbewirksamer ist, z. B. Schokoladencreme, Nusscreme.

Buttercremes

Es werden drei Buttercremearten unterschieden. Jede Buttercremeart enthält neben dem Hauptrohstoff Butter jeweils weitere typische Zutaten.

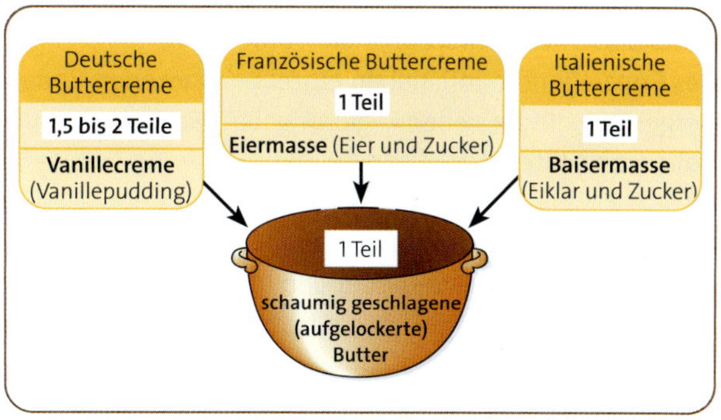

Buttercremearten mit den dazugehörenden Zutaten

Besonderheiten der Buttercremearten

Deutsche Buttercreme	Französische Buttercreme	Italienische Buttercreme
Sie ist eine gut bekömmliche Creme wegen des hohen Vanillecremeanteils und somit geringen Buttergehalts.	Sie ist eine besonders geschmackvolle Creme wegen des hohen Butter- und Eieranteils.	Sie ist eine süßliche und lockere Creme wegen der Baisermasse in dieser Creme.

LF 3.2

Geschmackgebende Stoffe

In Buttercremes und Fettcremes werden Geschmacksstoffe eingerührt, die der Creme und meistens auch den Torten den Namen geben, z. B.:

- Aromapasten: Schokoladen-, Nuss-, Mokka-, Eierlikör-, Champagner-, Ananas-, Mandarinenpaste
- Spirituosen: Kirschwasser, Weinbrand, Rum

Die richtige Dosierung der Geschmacksstoffe, nicht zu viel und nicht zu wenig, ist für eine gute Qualität der Cremes Voraussetzung.

Buttercremes enthalten den angenehmen Buttergeschmack und sind deshalb geschmacklich besser als Fettcremes mit Margarinegeschmack.

Käsebuttercreme: 1 Teil Butter, 1 Teil Milchcreme (Vanillecreme ohne Zucker), 1,5 Teile Käse sowie Salz und Gewürze
Käsecreme: Weichkäse oder Frischkäse sowie Salz und Gewürze

Cremetorten

Prinzregententorte

Zu den klassischen Cremetorten zählt die Prinzregententorte. Ein Münchner Hofkonditor stellte diese Torte für einen bayerischen Prinzregenten her, der eine Vorliebe für Schokolade hatte. Ursprünglich wurde die Torte zu Ehren des Prinzregenten mit sieben einzeln gebackenen Böden hergestellt, die die sieben Regierungsbezirke Bayerns symbolisieren sollten.

Aufbau einer Prinzregententorte

- einzeln gebackene Wiener Böden; die Anzahl der Böden kann beliebig nach der Höhe der Torte bestimmt werden.
- gefüllt mit Schokoladencreme
- überzogen mit Schokoladenkuvertüre oder Fettglasur

Prinzregententorte

Frankfurter Kranz

- kranzförmiger Tortenboden aus Sand-, Wiener- oder Biskuitmasse
- gefüllt und eingestrichen mit Buttercreme beliebiger Geschmacksrichtung
- außen eingestreut mit Mandel- oder Nusskrokantstreusel
- einem Tupfen Creme auf jedem Stück, evtl. mit einer Belegkirsche als Farbtupfer

Frankfurter Kranz

Weitere Cremetorten

Häufig ergibt sich aus dem Geschmack der Creme der Name der Torte, z. B. Nusscremetorte, Mokkacremetorte, Schokoladencremetorte, Mandarinencremetorte.

Cremedesserts

Mit Creme gefüllte Desserts werden wie Cremetorten hergestellt, haben jedoch eine andere Form als Torten. Statt Tortenböden werden Kapseln verwendet, die aus Wiener Masse oder Biskuitmasse auf Bleche gestrichen und gebacken werden. Die Kapseln werden mit Creme gefüllt und eingestrichen und zu Schnitten, Rouladen und anderen Dessertformen hergestellt.

Cremedessert

> **!**
>
> **Verzehr von Cremetorten und Cremedesserts**
> Cremetorten und -desserts sollen nicht zu kalt direkt aus der Kühltheke oder gar aus dem Kühlschrank gegessen werden, da die Creme dann noch zu fest ist. Der zarte, cremige Schmelz und der volle Geschmack der Buttercreme können sich erst bei Wärme entfalten. Deshalb sollten Cremeerzeugnisse etwas temperiert bei 15 bis 20 °C gegessen werden.

LF 3.2

Verkaufsargumente

Qualitätsmerkmale für die Kundenberatung

- Cremetorten und Cremedesserts sind besonders geschmackvolle Erzeugnisse mit lockeren, getränkten Tortenböden bzw. Kapseln und feiner Creme, bei der der namengebende Geschmacksstoff dominiert, z. B. Schokolade, Nuss, Eierlikör.
- Buttercremes sind wegen der angenehmen Butternote geschmacklich besser als Fettcremes, die mit Margarine hergestellt werden.
- Cremetorten und Cremedesserts sind keine fettig schmeckenden Erzeugnisse, da die Creme nur dünn eingestrichen wird.
- Cremetorten und Cremedesserts nicht zu kalt essen. Die Creme hat temperiert den besten Geschmack und einen zarten Schmelz.

Aufbewahrung und Frischhaltung

- Cremetorten und Cremedesserts werden in der Kühlung aufbewahrt und sind mindestens vier Tage lagerfähig. Sie sind frisch, solange die Tortenböden weich sind.
- Cremetorten und Cremedesserts sind kurzzeitig aufbewahrt bei Raumtemperatur nicht empfindlich. Sie können z. B. bei Festlichkeiten einige Zeit ohne Kühlung auf dem Festtagstisch stehen.

Besondere Eignung

- Cremetorten und Cremedesserts sind typische Erzeugnisse zu Kaffee und Tee.
- Cremetorten sind für Festtagstorten besonders geeignet, da sie auf dem Festtagstisch temperaturunempfindlich sind.

Aufgaben

1. Nennen Sie die Bestimmungen der Leitsätze für Buttercreme und Fettcreme.
2. Nennen Sie die drei Buttercremearten, beschreiben Sie die typischen Zutaten und geben Sie jeweils das Gewichtsverhältnis zur Buttermenge an.
3. Beschreiben Sie die Besonderheiten der drei Buttercremearten.
4. Nennen Sie geschmackgebende Stoffe, die in Buttercremes und Fettcremes eingerührt werden und den Cremes den Namen geben.
5. Nennen Sie die Zutaten von Käsebuttercreme und Käsecreme. →
6. Beschreiben Sie den Aufbau
   - einer Prinzregententorte,
   - eines Frankfurter Kranzes,
   - einer Mandel-Mokka-Baisertorte (Sarah-Bernard-Torte),
   - von Cremetorten verschiedener Geschmacksrichtungen.
7. Nennen Sie verschiedene Cremedesserts.
8. Informieren Sie die Kunden über Cremetorten und Cremedesserts in Bezug auf
   - Bekömmlichkeit,
   - Beschaffenheit der Tortenböden,
   - Abschneiden der Stücke.
9. Geben Sie Auskunft über die Aufbewahrung und Frischhaltung der Cremetorten und -desserts.
10. Wofür empfehlen Sie Cremetorten und Cremedesserts besonders?
11. Eine Kundin ist der Meinung, dass Cremetorten besonders fetthaltige Erzeugnisse sind. Widerlegen Sie, dass ein Stück Cremetorte mit deutscher Buttercreme besonders fetthaltig ist und vergleichen Sie den Fettanteil mit einem Stück Sahnetorte. Außerdem findet die Kundin, dass die Creme beim Essen zu fest ist und wenig Geschmack hat. Sie erzählt Ihnen, dass sie die Cremetorten zu Hause im Kühlschrank aufbewahrt. Geben Sie der Kundin Tipps, wie Cremetorten und Cremedesserts am besten schmecken.

Rechenaufgaben

1. Für eine fünfstöckige Hochzeitstorte werden 5,350 kg Buttercreme benötigt. Es wird deutsche Buttercreme im Verhältnis 1 Teil Butter und 1,75 Teile Vanillecreme hergestellt. Berechnen Sie, wie viel g Butter und wie viel g Vanillecreme für die Buttercreme benötigt werden.
2. 12 Muttertagsherzen werden mit französischer Buttercreme hergestellt. Für ein Muttertagsherz werden 450 g Butter benötigt. Die französische Buttercreme wird mit 1 Teil Butter und 0,9 Teile Eiermasse hergestellt. Die Eiermasse besteht je zur Hälfte aus Eiern und Zucker. Berechnen Sie, wie viel kg Buttercreme für die 12 Muttertagsherzen benötigt werden und ermitteln Sie den Anteil an Butter, Eier und Zucker in kg.

LF 3.2

32.5 Schlagsahne, Sahnetorten und Sahnedesserts

Schlagsahne

Schlagsahne wird in der Molkerei aus Milch und Milchfett hergestellt. Der Milch wird so viel Milchfett zugegeben, bis mindestens 30 % Milchfett enthalten sind.

Die Schlagsahne wird in der Bäckerei/Konditorei bei der Verarbeitung aufgeschlagen, z. B. für Sahnetorten und Sahnedesserts sowie im Café für Erdbeertorte mit Sahne, Eisbecher und Kaffeegetränke.

§

Gesetzliche Bestimmung
Schlagsahne, auch Schlagrahm genannt, enthält mindestens 30 % Milchfett.

Obwohl in der modernen Bäckerei/Konditorei die Schlagsahne nicht mehr aufgeschlagen, sondern aufgeblasen wird, spricht man immer noch vom „Aufschlagen der Schlagsahne".

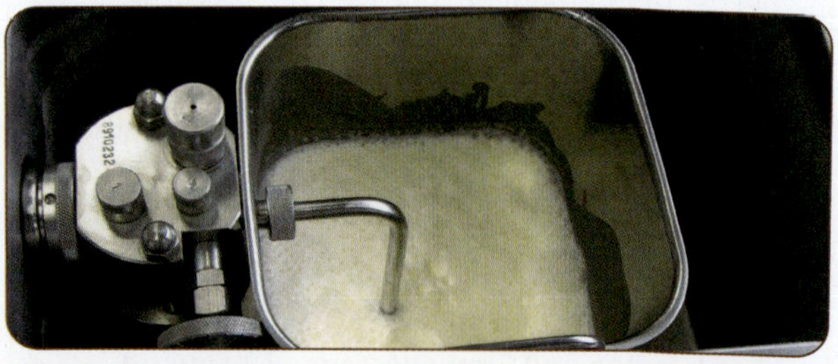

Flüssige Sahne im Schlagsahneautomat

Aufschlagmöglichkeiten:	Rührmaschine 	Sahneautomat 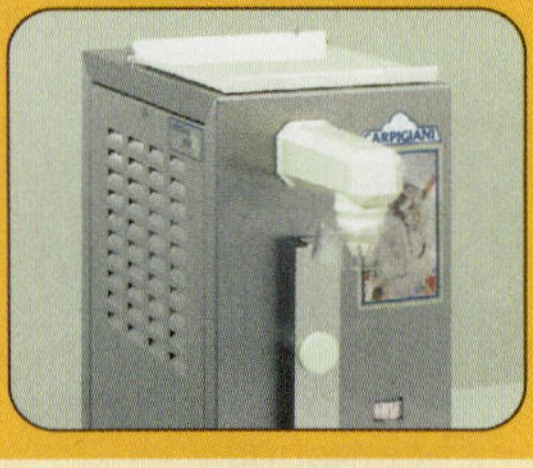	Sahnebläser 
Aufschlagen der Sahne	In der Rührmaschine wird mit einem feindrahtigen Rührbesen bei hoher Rührgeschwindigkeit Luft in die Schlagsahne eingeschlagen.	Flüssige Schlagsahne befindet sich in einem gekühlten Behälter im Sahneautomat. Von dort wird die Schlagsahne über ein Röhrchen angesaugt und Luft eingeblasen. Die Schlagsahne kommt sofort aus der Tülle. Am Sahneautomat kann die gewünschte Festigkeit der Schlagsahne eingestellt werden, für halb bis stabil aufgeschlagene Schlagsahne.	Ein Kompressor an der Unterseite des Sahnebläsers bläst Luft durch die Schlitze in den Kessel. Die Luft wird in die Schlagsahne eingeblasen, während gleichzeitig das sich drehende Rührgitter für das gleichmäßige Aufblasen der Schlagsahne sorgt.
Ergebnis	Dies ergibt eine kompakte Schlagsahne mit relativ geringer Lockerung und kleinem Sahnevolumen.	Sofort nach dem Einschalten des Sahneautomats kommt lockere und standfeste Schlagsahne mit großem Volumen aus der Tülle. Diese Schlagsahne ist voluminöser und somit lockerer als die in der Rührmaschine aufgeschlagene Schlagsahne.	Innerhalb kurzer Zeit kann eine große Menge (bis zu 5 l flüssige Schlagsahne) besonders lockere und standfeste Schlagsahne aufgeschlagen werden. Im Sahnebläser erhält man das größte Sahnevolumen.
Verwendung	Wegen des nicht idealen Ergebnisses wird Schlagsahne nur noch bei geringem Sahneverbrauch in der Rührmaschine aufgeschlagen.	Der Sahneautomat ist ideal für den Einsatz im Laden und im Café, weil zu jeder Zeit frisch aufgeschlagene Schlagsahne zur Verfügung steht. Auch bleibt kein aufgeschlagener Sahnerest übrig.	Ideal zum Aufschlagen der Schlagsahne in der Produktion der Bäckerei/Konditorei wegen der schnellen Herstellung großer Sahnemengen mit bestem Ergebnis von besonders lockerer und stabiler Schlagsahne sowie großem Volumen.

LF 3.2

Die ideale **Sahnetemperatur** beim Aufschlagen ist ca. 4° C.

Vorgänge beim Aufschlagen bzw. Aufblasen von Schlagsahne

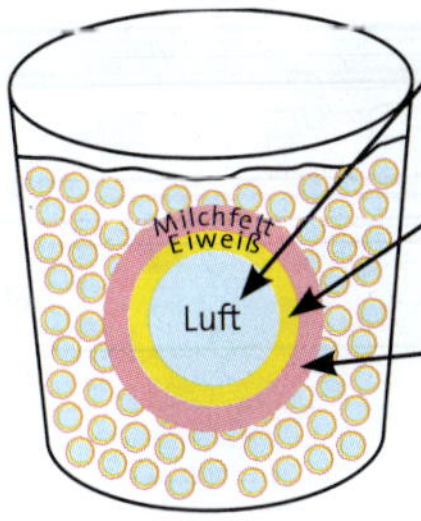

- Luft wird in die Schlagsahne eingeschlagen bzw. eingeblasen.
- Die Eiweiße der Schlagsahne halten Luft in vielen kleinen Poren fest.
- Das Milchfett der Schlagsahne umschließt außen in einer dünnen Schicht die Luftbläschen, sodass diese nicht zusammenfallen.

Optimal aufgeschlagene (aufgeblasene) Schlagsahne ist deshalb locker und standfest.

Tiefgefrorene Schlagsahne ist nicht aufschlagfähig. Die Eiskristalle zerstören die Strukturen der Eiweiße und der Fette, die deshalb beim Aufschlagen die Luft nicht mehr festhalten können.
H-Sahne (ultrahocherhitzte Schlagsahne) wird durch Hitze bei 135 bis 150 °C haltbar gemacht. Durch die Hitze werden die Eiweiße beschädigt, sodass sich die Schlagsahne nicht mehr so gut aufschlagen lässt.

Bindemittel für Schlagsahne

Aufgeschlagene Schlagsahne gibt nach ca. drei Stunden ungebundenes Wasser ab, verliert dadurch ihren Stand und das lockere Gefüge.
Deshalb wird in Schlagsahne, die für Sahnetorten und Sahnedesserts bestimmt ist, Bindemittel gegeben. Die Bindemittel binden das freie, ungebundene Wasser der aufgeschlagenen Schlagsahne, sodass sie die Stabilität und Lockerung behält.

In Schlagsahne, die nach dem Aufschlagen innerhalb kurzer Zeit gegessen wird, gibt man kein Bindemittel, z. B. in Schlagsahne, die direkt vor dem Servieren auf Erdbeertorten, Eisbecher, Kaffeegetränke oder heiße Schokolade gegeben wird.

Als Bindemittel eignen sich Blattgelatine und pulverförmige Sahnestandmittel (modifizierte Stärke). Sie sind geschmacks- und geruchsneutral und binden das Wasser bei Kälte, z. B. in der Schlagsahne der Sahnetorten und Sahnedesserts.

Blattgelatine-, eingeweicht und flüssig sowie pulverförmiges Sahnestandmittel

Süßen der Schlagsahne

Etwas Zucker rundet den Geschmack der Schlagsahne positiv ab. Sie sollte jedoch nicht zu stark gesüßt werden.
Für einen Liter flüssige Schlagsahne rechnet man 30 bis 50 g Zucker.
In den Sahneautomat und Sahnebläser wird Flüssigzucker (zwei Teile Zucker in einem Teil Wasser aufgelöst) zugegeben, da Puderzucker die Luftschlitze verstopfen würde.
Beim Aufschlagen in der Rührmaschine wird in die fast fertig aufgeschlagene Sahne Puderzucker gerührt.

Schlagsahne für süße Erzeugnisse im Laden oder Café wird üblicherweise nicht gesüßt, z. B. auf Obsttorten, Eisbechern sowie für Kaffee- und Schokoladengetränke.

Geschmacksgebende Stoffe

Für Sahnetorten und Sahnedesserts wird in die aufgeschlagene Schlagsahne ein Geschmacksstoff eingerührt, der den Namen der Sahne angibt, z. B.:
- Aromapasten wie Vanille-, Nuss-, Mokka-, Schokoladen-, Eierlikör-, Erdbeerpaste, Himbeerpaste
- flüssige Schokoladenkuvertüre für Schokoladensahne
- Fruchtmark wie Erdbeer- oder Himbeermark
- Spirituosen wie Kirschwasser, Rum, Weinbrand

Die Geschmacksstoffe in der Schlagsahne geben häufig den Torten und Desserts den Namen, z. B. Eierlikörsahnetorte, Erdbeersahneschnitten, Schokosahneroulade.

Geschmacksstoff und Gelatine in die Schlagsahne einrühren

Sahnetorten

Aufbau (Zusammensetzung) von Sahnetorten

Die in Scheiben auseinander geschnittenen Tortenböden werden dick mit Schlagsahne eingestrichen (gefüllt) und mit dicken Rosetten oder Punkten ausgarniert. Cremetorten dagegen sind dünn mit Creme eingestrichen und cremearm garniert.

Sahnetorte dick mit Schlagsahne einstreichen

Mit einem gezackten Schaber die Schlagsahne am Tortenrand abziehen

Sahnerosetten garnieren

LF 3.2

Die Sahnetorten werden meistens nach der Geschmacksrichtung der Schlagsahne benannt.
Nachfolgend wird die Zusammensetzung bekannter Sahnetorten beschrieben, so wie die Kunden die Torten erwarten.

Schokoladensahnetorte (Schokosahnetorte)
Schokoladenböden mit Schokosahne einstreichen und Schokospäne oben als Dekor auf die Torte streuen.

Schokoladensahnetorte

Erdbeersahnetorte
Wiener Böden, manchmal helle und Schokoladenböden im Wechsel, mit Erdbeersahne einstreichen. Auf jedes Stück eine Sahnerosette garnieren und eine Erdbeere darauflegen. Gehobelte, geröstete Mandeln oder gehackte Pistazien dienen als Dekor.

Erdbeersahnetorte

Eierlikörsahnetorte
Nussböden mit Eierlikörsahne einstreichen. Als Dekor Eierlikör dünn auf die Oberfläche der Torte streichen oder die ausgarnierte Torte mit Eierlikör überspritzen.

Eierlikörsahnetorte

Schwarzwälder Kirschsahnetorte

Bestimmungen der Leitsätze
- Es werden Schokoladentortenboden und/oder helle Wiener Böden oder Biskuitböden verwendet.
- Die Torte mit Schlagsahne einstreichen.
- Gefüllt wird die Torte mit Kirschen oder gebundenen Kirschen.
- Das zugegebene Kirschwasser muss geschmacklich deutlich wahrnehmbar sein.
- Die Torte wird mit Schokoladenspänen garniert.

Schwarzwälder Kirschsahnetorte

Holländer Kirschsahnetorte, Holländer Kirschsahneschnitten
- Drei Blätterteigböden
- Den oberen Blätterteigboden mit roter Konfitüre und mit Fondant glasieren.
- Füllung:
  - gebundene Sauerkirschen auf dem unteren Blätterteigboden,
  - Schlagsahne mit Vanille abgeschmeckt
- Dekor: eine Schlagsahnerosette und evtl. eine Süßkirsche auf jedes Stück auflegen

Holländer Kirschsahnetorte und Kirschsahneschnitte

Flockensahnetorte → Seite 457

Sahnetorten und Sahnecremetorten

Bestimmungen der Leitsätze
- **Sahnetorten**
  Die Füllungen und Garnierungen der Sahnetorten enthalten mindestens 60 % Schlagsahne.
  Füllungen und Garnierungen sind alle Bestandteile der Torten, außer den Tortenböden.
- **Sahnecremetorten**
  Die Füllungen und Garnierungen der Sahnecremetorten enthalten 20 bis 60 % Schlagsahne.

In der Praxis werden Sahnecremetorten auch als Sahnetorten bezeichnet.
Sahnecremetorten enthalten weniger Schlagsahne als Sahnetorten. Dafür enthalten Sahnecremetorten neben Schlagsahne einen hohen Anteil an geschmackbestimmenden Zutaten, die den Torten den Namen geben, z. B.:

Sahnecremetorten	Geschmacksbestimmende Zutaten
Käsesahnetorten	Quark
Joghurtsahnetorten	Naturjoghurt, meistens mit Früchten, z. B. Himbeer-Joghurtsahnetorte mit Naturjoghurt und Himbeermark
Weinsahnetorten	Weißwein
Fruchtsahnetorten	Früchte, z. B. Heidelbeersahnetorten mit Heidelbeermark oder Orangensahnetorten mit frisch gepresstem Orangensaft

Ungefähre Zusammensetzung einer Sahnecreme
15 bis 20 % Zucker, Eigelb und Gelatine
40 % geschmackbestimmende Zutaten
40 bis 45 % Schlagsahne
100 % Sahnecreme

Käsesahnecreme: Fond mit Milch
- 150 g Milch, 200 g Zucker, 80 g Eigelb, 10 g Gelatine = 28,5 %
- 500 g Quark = 32,5 %
- 600 g Schlagsahne = 39 %

LF 3.2

Sahnecremetorten

Der Aufbau aller Sahnecremetorten ist ähnlich,
z. B. Aufbau einer Käsesahnetorte von unten nach oben:
- dünner Mürbeteigboden
- eine Scheibe heller Wiener Boden
- evtl. Früchte auf den Wiener Boden, z. B. Pfirsiche, Mandarinen
- Käsesahnecreme als Hauptteil der Torte
- eine Scheibe heller Wiener Boden oben, mit süßem Schnee (Dekorpuder) bestaubt

Käsesahnetorte

Himbeer-Joghurtsahnetorte

Weinsahnetorte

Sahnedesserts

Zu den Sahnedesserts gehören:
- Gebäckstücke, die mit Schlagsahne gefüllt sind, z. B. Windbeutel, Sahneomeletts, Sahnerollen, Schlotfeger.
- Sahneschnitten und Obstsahneschnitten: Sie werden in Rahmenblechen (Schnittenblechen) ähnlich der Sahnetorten hergestellt. Zum Verkauf werden sie in quadratische oder rechteckige Stücke geschnitten.
- Sahnerouladen: Kapseln werden mit Schlagsahne verschiedener Geschmacksrichtungen bestrichen und zu Rouladen gerollt.

LF 3.2

Himbeersahnedessert

Zitronensahneroulade

Tiramisudesserts

Tiramisu ist ein aus Italien stammendes Dessert. Es besteht aus in Kaffee getränkte Löffelbiskuits und Sahnecreme mit Mascarpone. Bestaubt ist es mit Kakaopulver.

!

Mascarpone ist ein cremiger, fetthaltiger Frischkäse aus Italien mit 80 % Fett i. Tr.
Bei der Herstellung von Mascarpone gerinnt Rahm (Fett) der Kuhmilch mit Zitronen- oder Weinsäure. Das ergibt den besonderen Geschmack.

Rezeptbeispiel: Tiramisusahnecreme

Dieses Rezept eignet sich für ein Rahmenblech von 60 x 20 x 5 cm.

200 g	Eigelb (ca. 10 Stück)	• Eigelb und Zucker schaumig schlagen.
100 g	Zucker	• Eiklar, Zucker und Salz zu Eischnee aufschlagen.
240 g	Eiklar (ca. 8 Stück)	In den Mascarpone melieren (heben):
100 g	Zucker	
	1 Prise Salz (ca. 2 g)	• zuerst das schaumige Eigelb
500 g	Schlagsahne	• dann die aufgeschlagene Sahne
2 000 g	Mascarpone	
3 140 g	**Tiramisusahnecreme**	• zum Schluss den Eischnee

Löffelbiskuits: 750 g
Kaffeetränke: 200 g kalten Espresso mit 150 g Amaretto verrühren

Herstellen von Tiramisudesserts

- Die Löffelbiskuits leicht in Kaffeetränke tauchen und den Rahmen flächendeckend wie einen Boden damit auslegen.
- Die Hälfte der Tiramisusahnecreme einfüllen und verstreichen.
- Darauf wieder in Kaffee getränkte Löffelbiskuits flächendeckend auslegen.
- Die restliche Tiramisusahnecreme einfüllen und glatt streichen.
- Die Tiramisudesserts im Kühlschrank/Kühlraum gut durchkühlen lassen, bis sie schnittfest sind.
- Die durchgekühlten Tiramisudesserts in Stücke schneiden und mit Kakaopulver bestauben.

Getränkte Löffelbiskuits auf der Tiramisusahnecreme

Tiramisudesserts in Stücke geschnitten

Verkaufsargumente

Qualitätsmerkmale bei der Kundenberatung
Sahnetorten und Sahnedesserts bestehen aus lockeren Tortenböden sowie lockerer und erfrischender Schlagsahne. Deshalb sind sie trotz der fetthaltigen Sahne gut bekömmlich.

Frischhaltung
- Sahnetorten und Sahnedesserts schmecken am Tag der Herstellung am besten. Die lockere Schlagsahne fällt spätestens am Tag darauf etwas zusammen, schmeckt dann leicht fettig und ist nicht mehr so gut bekömmlich.
- Sahnetorten und Sahnedesserts mit Sahnecreme sind kompakter (dichter, nicht so locker) als Erzeugnisse mit Schlagsahne und sind deshalb ca. zwei Tage frisch.
- Sahnetorten und Sahnedesserts müssen wegen der temperaturempfindlichen Schlagsahne in der Kühltheke oder im Kühlschrank/Kühlraum aufbewahrt werden. Bei hoher Luftfeuchtigkeit von 85 bis 95 % wird eine Hautbildung an der Oberfläche der Schlagsahne verhindert.

Tiefgefrieren eingesetzter Sahnecremetorten
- Sahnetorten eignen sich nicht zum Tiefgefrieren, da die besonders lockere Schlagsahne beim Frosten einfällt und somit an Volumen verliert.
- Frische Sahnecremetorten und Sahnecremedesserts können ohne Qualitätsverlust tiefgefroren werden, weil die Sahnecreme mit ihrer dichten Struktur nicht zusammenfallen kann und geringe Lockerung erhalten bleibt.

Besondere Eignung
- Sahne- und Sahnecremeerzeugnisse sind stets beliebt zum Kaffee.
- Deshalb passen sie gut zur Kaffeetafel bei Feierlichkeiten, z. B. Hochzeit, Taufe, Geburtstag.
- Da die lockeren und erfrischenden Sahnedesserts gut bekömmlich sind, eignen sie sich als Nachspeise.

Aufgaben

1. Erklären Sie, woraus Schlagsahne besteht und hergestellt wird.
2. Nennen Sie den Mindestfettgehalt von Schlagsahne nach den gesetzlichen Bestimmungen.
3. Nennen Sie die drei Aufschlagmöglichkeiten für Schlagsahne und beschreiben Sie die Sahneergebnisse nach dem Aufschlagen sowie die Verwendung im Bäckerei-/Konditoreibetrieb.
4. Beschreiben Sie die Vorgänge beim Aufschlagen und Aufblasen von Schlagsahne.
5. Welche Temperatur soll die Schlagsahne beim Aufschlagen haben?
6. Erläutern Sie, warum in aufgeschlagene Schlagsahne für Torten und Desserts Bindemittel zugegeben werden.
7. Wie viel Gramm Zucker werden für 1 l flüssige Schlagsahne berechnet und in welcher Form gibt man den Zucker in die Schlagsahne im Sahneautomat bzw. Sahnebläser? →

8 Beschreiben Sie den Aufbau bzw. die Zusammensetzung folgender Sahnetorten:
- Schokoladensahnetorte
- Erdbeersahnetorte • Eierlikörsahnetorte
- Holländer Kirschsahnetorte bzw. -schnitten
- Schwarzwälder Kirschsahnetorte

nach den Bestimmungen der Leitsätze.

9 Nennen Sie die Bestimmungen der Leitsätze für
- Sahnetorten,
- Sahnecremetorten.

10 Nennen Sie Sahnecremetorten mit den jeweiligen geschmackbestimmenden Zutaten.

11 Beschreiben Sie den Aufbau einer Käsesahnetorte von unten nach oben.

12 Nennen Sie verschiedene Sahnedesserts.

13 Erklären Sie „Mascarpone".

14 Beschreiben Sie die Herstellung von Tiramisudesserts.

15 Nennen Sie die Qualitätsmerkmale der Sahnetorten und Sahnedesserts bei der Kundenberatung.

16 Geben Sie Auskunft
- über die Frischhaltung und Aufbewahrung von Sahnetorten bzw. Sahnedesserts und
- der Möglichkeit des Tiefgefrierens.

17 Wofür eignen sich Sahnetorten und Sahnedesserts besonders?

18 Sie sollen in der Produktion mithelfen, eine Käsesahnecreme herzustellen. Beschreiben Sie die Herstellungsschritte mit folgenden Zutaten der Rezeptur: Milch, Zucker, Eigelb, Gelatine, Quark, Schlagsahne.

Rechenaufgabe

Sahnecreme enthält nach den Leitsätzen 20 bis 60 % Schlagsahne.

a) Die Käsesahnecreme für 8 Käsesahnetorten wiegt 12,360 kg. Wie viel g Käsesahnecreme befindet sich in einer Käsesahnetorte?

b) Die Käsesahnecreme enthält 32 % Quark. Ermitteln Sie den Quarkanteil in g in einer Käsesahnetorte.

c) Für eine Käsesahnetore werden 600 g Schlagsahne verarbeitet. Wie viel % Schlagsahne enthält die Käsesahnecreme? Erfüllt sie die Bestimmungen der Leitsätze?

LF 3.2

32.6 Konfitüren, Gelees, Marmeladen, Torten und Desserts mit Konfitüre

Bei der Herstellung von Konfitüren, Gelees und Marmeladen werden Früchte oder Fruchtsaft mit Gelierzucker aufgekocht.

!

- **Konfitüren** bestehen aus Früchten und Zucker.
- **Gelees** bestehen aus Fruchtsaft und Zucker.
- **Marmeladen** bestehen aus Zitrusfrüchten und Zucker. Für Marmeladen dürfen nur Zitrusfrüchte verwendet werden, z. B. Orangen.

Gelierzucker

Gelierzucker ist Zucker mit Pektinen und etwas Zitronensäure.

Zitronensäure gibt den süß schmeckenden Konfitüren, Gelees und Marmeladen einen leicht säuerlichen Geschmack, der auch den Fruchtgeschmack etwas hervorhebt.

!

Pektine

Pektine sind Bindemittel, die das Wasser der Früchte in Konfitüren, Gelees und Marmeladen binden und diese somit streichfähig werden.

Pektine werden aus dem Saft und den Schalen saurer Früchte gewonnen. Besonders pektinreich sind Quitten, Äpfel und Zitrusfrüchte.

Herstellung

Früchte bzw. Fruchtsaft und Zucker werden unter ständigem Rühren ca. vier Minuten aufgekocht. Bei ca. 105 °C binden die Pektine einen Teil des Wassers der Früchte. Der andere Wasserteil wird von der hohen Zuckermenge gebunden. Deshalb sind Konfitüren, Gelees und Marmeladen beim Abkühlen streichfähig.

Zutaten für Konfitüre (links), Aprikosenkonfitüre (rechts)

Konfitürenverordnung

Die Konfitürenverordnung regelt, wie viel Gramm Früchte bzw. Fruchtsaft für die Herstellung von 1 000 g Konfitüre, Gelee und Marmelade verwendet werden müssen. Der Früchteanteil bezieht sich somit auf den Fruchtgehalt vor dem Kochen.

§

Gesetzliche Bestimmungen

Für 1 000 g Konfitüre, Gelee und Marmelade wird bei der Herstellung ein Mindestanteil an Früchten verwendet, der Rest ist Zucker.

Bezeichnungen	Mindestfruchtanteil
Konfitüre extra	450 g Früchte (45 %)
Konfitüre	350 g Früchte (35 %)
Gelee extra	450 g Fruchtsaft (45 %)
Gelee	350 g Fruchtsaft (35 %)
Marmelade	200 g Früchte oder Fruchtsaft von Zitrusfrüchten (20 %)

Ausnahmen:

- Johannisbeerkonfitüre extra und Johannisbeergelee extra werden mit mindestens 350 g Johannisbeeren für 1 000 g des Enderzeugnisses hergestellt.
- Johannisbeerkonfitüre und Johannisbeergelee werden mit mindestens 250 g Johannisbeeren für 1 000 g des Enderzeugnisses hergestellt.

Für Konfitüre extra und Gelee extra dürfen keine Äpfel, Birnen, nicht steinlösende Pflaumen, Melonen und Trauben verwendet werden.

Konfitüre (oben), Gelee (links), Marmelade (rechts)

Fruchtaufstrich

Fruchtaufstriche haben einen höheren Fruchtgehalt und somit geringeren Zuckeranteil als Konfitüren und Gelees. Der Fruchtgehalt von 1 000 g Fruchtaufstrich beträgt 500 bis 750 g. Der qualitativ hochwertige Fruchtaufstrich wird vorwiegend im Café zum Frühstück als Aufstrich verwendet. Der Fruchtaufstrich fällt nicht unter die Konfitürenverordnung, sodass der Fruchtgehalt nicht vorgeschrieben ist.

§

Gesetzliche Bestimmungen der Deklaration

- Die verwendete Fruchtart muss auf dem Behältnis für Konfitüren, Gelees und Marmeladen angegeben werden z. B. Aprikosenkonfitüre, Himbeergelee, Bitterorangenmarmelade.
- Bei Konfitüren und Gelees, die mit mehreren Früchten hergestellt werden, müssen die einzelnen Früchte in absteigender Reihenfolge des Gewichtsanteils gekennzeichnet werden.
  Es kann auch die Bezeichnung „Mehrfruchtkonfitüre“ oder „ Mehrfruchtgelee“ angegeben werden.

Torten mit Konfitüre gefüllt

Sachertorten

Die berühmteste Schokoladentorte der Welt hat ihren Ursprung im kaiserlichen Wien. Franz Sacher hat sie 1832 schon als 16-jähriger junger Koch beim Fürst Metternich gebacken und sie so, wie sie heute noch beliebt ist, zusammengestellt. Sein Sohn, Besitzer des Hotels Sacher in Wien, führte die Tradition der original Sachertorte fort. „Bevorzugen Sie die Sachertorte mit Schlag?“, so fragt die Bedienung in Wiener Cafés. Dort wird die Sachertorte üblicherweise mit Schlagsahne (Schlagobers) gegessen.

Bestimmungen der Leitsätze

Aufbau einer Sachertorte

- Tortenboden: Sacherboden aus schokoladenhaltiger Sachermasse (Wiener Masse) → Seite 447
- Füllung der Sachertorte: Aprikosenkonfitüre extra (mindestens 45 % Aprikosenanteil)
- Überzug: Schokoladenkuvertüre oder Schokoladenfondant (Fondant mit Kuvertüre mischen, bis er schokoladenbraun ist). Fettglasur ist nicht erlaubt.

LF 3.2

Auf jedes Stück der Sachertorte wird mit Schokoladenspritzglasur das Wort „Sacher" in Schreibschrift garniert.

Sachertorte

Punschtorten und Punschdesserts

Punschtorten und -desserts sind mit Punschfüllung gefüllt, daher der Name.
Die Punschfüllung besteht aus Aprikosenkonfitüre mit Rum verrührt. Der Rum ist geschmacklich deutlich wahrnehmbar. Allgemein werden Erzeugnisse mit Rum als Punsch bezeichnet.

Aufbau einer Punschtorte und Punschdesserts

- Wiener Boden für Punschtorte, Kapseln für Punschdesserts mit Rumtränke tränken.
- Den Tortenboden bzw. die Kapseln mit Punschfüllung (Aprikosenkonfitüre mit Rum) einstreichen.
- Die Tortenoberfläche bzw. die Dessertoberfläche mit Marzipan dünn eindecken.
- Die Torte und Desserts mit Fondant überziehen.
- Jedes Tortenstück und jedes Dessert mit Schokoladenspritzglasur garnieren und mit einem Stück Belegkirsche als Farbtupfer belegen.

Punschtorte

Linzer Torten und Linzer Schnitten

Es sind Torten bzw. Schnitten aus Nussspritzmürbeteig mit Johannisbeerkonfitüre gefüllt → Seite 346.

Verkaufsargumente

Qualitätsmerkmale bei der Kundenberatung
- Sachertorten sind schokoladenhaltige Torten, mit Aprikosenkonfitüre gefüllt und mit Schokoladenkuvertüre oder Schokoladenfondant überzogen.
- Punschtorten und Punschdesserts sind süß schmeckende Torten, bei denen der helle Tortenboden mit rumhaltiger Aprikosenkonfitüre gefüllt und mit Fondant überzogen ist.
- Linzer Torten sind feinwürzige Torten aus Nuss- oder Mandelmürbeteig, die mit Johannisbeerkonfitüre gefüllt sind.

Frischhaltung
- Sachertorten und Punschtorten sowie Punschdesserts sind so lange frisch, solange die Tortenböden und die Konfitüre weich sind.
- Linzer Torten sind trockene Torten, da sie aus Mürbeteig bestehen. Sie sind einige Tage ohne Kühlung bei nicht zu warmer Raumtemperatur lagerfähig.

Besondere Eignung
Die mit Konfitüre gefüllten Torten und Desserts sind geschmackvolle Erzeugnisse zum Nachmittagskaffee.

Aufgaben

1. Erklären Sie, aus welchen Zutaten folgende Erzeugnisse bestehen:
   - Konfitüren
   - Gelees
   - Marmeladen
2. Erläutern Sie, was Gelierzucker ist.
3. Erklären Sie, was Pektine sind und geben Sie an, woraus sie gewonnen werden.
4. Nennen Sie den Unterschied zwischen Konfitüren und Gelees.
5. Welche Früchte dürfen nur bei der Marmeladenherstellung verwendet werden?
6. Nennen Sie den Mindestfruchtgehalt, der bei der Herstellung für 1000 g Konfitüre, Gelee und Marmelade nach der Konfitürenverordnung verwendet werden muss:
   - Konfitüre extra
   - Gelee extra
   - Konfitüre
   - Gelee
   - Marmelade

→

LF 3.2

7. Erklären Sie Fruchtaufstrich, deren Qualität und die überwiegende Verwendung.
8. Nennen Sie die gesetzlichen Bestimmungen der Deklaration für Konfitüren, Gelees und Marmeladen bei der Verwendung
   - einer Fruchtart,
   - mehrerer Fruchtarten.
9. Beschreiben Sie den Aufbau der Sachertorte, der in den Bestimmungen der Leitsätze festgelegt ist.
10. Beschreiben Sie den Aufbau einer Punschtorte und von Punschdesserts.
11. Für ein Café sollen Sie hochwertigen Fruchtaufstrich mit 70 % Fruchtgehalt selbst herstellen. Richten Sie die Zutaten her und wiegen Sie diese für 5 kg Fruchtaufstrich vor dem Kochen ab. Stellen Sie dann den Fruchtaufstrich her.

Rechenaufgaben

1. Eine Bäckerei/Konditorei verkauft im Café täglich 3 Sachertorten, die jeweils in 16 Stücke eingeteilt sind. Die 3 Sachertorten werden mit folgendem Rezept hergestellt:

420 g Butter	2,10 €/kg
900 g Vollei (18 Stück)	0,14 €/Stück
540 g Zucker	0,95 €/kg
450 g Kuvertüre	5,20 €/kg
300 g Mandeln	5,40 €/kg
360 g Weizenmehl	0,45 €/kg
Salz, Aromen	0,20 €/insgesamt

Wie viel kostet ein Stück Sachertorte im Café bei folgenden Kalkulationsgrundlagen:

Betriebskosten:	240 %
Gewinn/Risiko:	34 %
Caféaufschlag:	23 %
Mehrwertsteuer:	19 %

2. Die Materialkosten für 30 Punschdesserts betragen 4,80 €. Für die Herstellung werden 35 Minuten benötigt. Der Stundenkostensatz beträgt 66,60 €. Für Gewinn und Risiko werden 27 % veranschlagt, der Caféaufschlag beträgt 16 %. Berechnen Sie den Preis für ein Punschdessert im Café.

32.7 Obsttorten, Obstschnitten

Herstellen von Obsttorten

- Einen dünnen Mürbeteigboden mit Aprikosenkonfitüre dünn bestreichen. Der Mürbeteigboden verhindert das Durchweichen der Obsttorte.
- Einen halben Wiener Boden oder Biskuitboden, höchstens 3 cm hoch, auf den Mürbeteig legen.
- Die Oberfläche des Tortenbodens mit Vanillecreme bestreichen. Statt Vanillecreme kann auch Johannisbeer- oder Aprikosenkonfitüre aufgestrichen werden.
- Einen Tortenring um den Tortenboden stellen und Obst einer Sorte oder gemischte Früchte auflegen, bis der Tortenboden gut bedeckt ist. Gemischte Früchte sollen so belegt werden, dass sie einen lebhaften Farbkontrast ergeben.
- Einen Geleeguss kochen und sofort mit einem Pinsel auf die Früchte streichen, bis sie völlig bedeckt sind und somit nicht austrocknen. Nach dem Anziehen des Geleegusses den Tortenring abnehmen.
- Den Rand der Obsttorte mit Vanillecreme oder Konfitüre dünn einstreichen und mit gehobelten gerösteten Mandeln bestreuen.

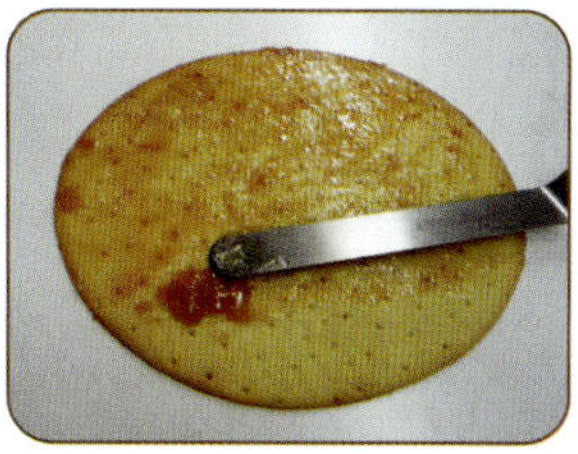

Mürbeteigboden mit Konfitüre bestreichen

Tortenboden mit Vanillecreme bestreichen

Tortenrand der gelierten Obsttorte einstreichen

An den Tortenrand gehobelte geröstete Mandeln drücken

Aufbau einer Obsttorte

LF 3.2

Obstschnitten

Obstschnitten werden in einem Rahmenblech wie Obsttorten hergestellt.
- Den Mürbeteigboden mit Konfitüre bestreichen.
- Kapseln aus Wiener Masse auflegen und diese mit Vanillecreme oder Konfitüre bestreichen.
- Obst flächendeckend auflegen, nicht zu wenig.
- Das Obst gut mit Geleeguss abdecken.
- Die Obstschnitten in rechteckige oder quadratische Stücke schneiden.

Mürbeteigboden im Rahmen mit Konfitüre bestrichen

Kapsel auf dem Mürbeteigboden mit Vanillecreme bestrichen

Gelierte Obstschnitten

LF 3.2

Obsttörtchen, Obsttorteletts

Obsttörtchen, auch Obsttorteletts genannt, haben den gleichen Aufbau wie Obsttorten.
- Kleine runde Förmchen werden mit Mürbeteig ausgelegt und gebacken.
- Wiener Boden in die Mürbeteigtörtchen geben.
- Obst auflegen und mit Geleeguss gelieren.

Obsttörtchen, Obsttorteletts

Geleeguss (Tortenguss)

Früchte auf Obsttorten, Obstschnitten und Obsttörtchen sowie Obst auf Plunder- und Blätterteigstückchen werden mit Geleeguss abgedeckt. Durch den Geleeguss
- glänzt das Obst und
- es behält sein frisches Aussehen, weil es nicht austrocknet.

!
- Geleeguss wird hergestellt aus Wasser, etwas Zucker und Geleepulver.
- Geleepulver ist ein Gemisch aus verschiedenen Bindemitteln.
- Die Bindemittel quellen im Wasser stark auf und binden das Wasser, sodass der Geleeguss schnell fest und schnittfähig wird.

Bindemittel im Geleepulver für Geleeguss	
Agar-Agar, Carrageen	aus Rotalgen (Meeresalgen)
Alginate	aus Grün- und Braunalgen
Johannisbrotkernmehl	ein Mehl aus den Samenkernen des Johannisbrotbaums
Guarkernmehl	getrocknete Samen der Guarpflanze

Herstellen und Verarbeiten von Geleeguss
- Wasser oder Fruchtsaft der Dosenfrüchte kochen.
- Geleepulver mit Zucker mischen und in die kochende Flüssigkeit einrühren und nochmals kräftig aufkochen lassen.

- Den Geleeguss in heißem Zustand auf die Früchte aufgetragen.
- Der Geleeguss kühlt schnell ab und ist dann auf den Früchten der Obsterzeugnisse sofort fest und schnittfähig.

Geleeguss auf Erdbeerschnitten

Verkaufsargumente

Qualitätsmerkmale bei der Kundenberatung

Obsttorten, Obstschnitten und Obsttörtchen sind gut bekömmliche, fruchtige Torten bzw. Desserts, die sehr erfrischend sind. Dazu passt Schlagsahne gut.

Frischhaltung

Obsttorten, Obstschnitten und Obsttörtchen sollen am Tag der Herstellung verkauft werden. Wegen der feuchten Früchte sind sie höchstens zwei Tage in der Kühlung lagerfähig. Das Obst weicht dann den Tortenboden durch und die Früchte werden unansehnlich.

Besondere Eignung

- Obsttorten, Obstschnitten und Obsttörtchen passen immer zu Kaffee und Tee.
- Die saftigen, erfrischenden Obsterzeugnisse sind vor allem in der warmen Jahreszeit beliebt.
- Auch Kinder bevorzugen die leichten Obsterzeugnisse.

Aufgaben

1. Beschreiben Sie die Herstellung von
   - Obsttorten,
   - Obstschnitten,
   - Obsttörtchen (Obsttorteletts).
2. Warum werden Früchte auf Obsttorten, Obstschnitten und Obsttörtchen sowie auf Plunder- und Blätterteiggebäcken mit Geleeguss abgedeckt? →
3. Mit welchen Zutaten wird Geleeguss hergestellt?
4. Beschreiben Sie die Herstellung und Verarbeitung von Geleeguss für Obsterzeugnisse.
5. Nennen Sie mögliche Bindemittel im Geleepulver für Geleeguss und geben Sie an, woraus sie gewonnen werden.
6. Erklären Sie, wie Bindemittel im Geleeguss wirken.
7. Erläutern Sie die Qualitätsmerkmale von Obsttorten, Obstschnitten und Obsttörtchen.
8. Geben Sie Auskunft über die Frischhaltung von Obsttorten, Obstschnitten und Obsttörtchen.
9. Wofür eignen sich Obsttorten, Obstschnitten und Obsttörtchen besonders?
10. In der Bäckerei/Konditorei sollen Obsttorten mit verschiedenen Früchten hergestellt werden. Stellen Sie dafür geeignete Früchte zusammen, die eine geschmackliche und farbliche Abwechslung auf den Obsttorten ergeben. Richten Sie alle Bestandteile für die Herstellung der Obsttorten der nach Reihe her.

Rechenaufgaben

1. Für eine Obsttorte benötigt die Bäckerei/Konditorei Geleeguss aus 350 ml Wasser. Der Geleeguss wird wie folgt hergestellt: 1 kg Wasser, 150 g Zucker und 20 g Bindemittel. Berechnen Sie, wie viel g der einzelnen Zutaten für einen Geleeguss für 12 Obsttorten benötigt werden.
2. Ein Stück Erdbeertorte kostet im Laden 1,60 €. Für die ganze Erdbeertorte mit 14 Stück werden 7,20 € Gewinn und Risiko und 270 % Betriebskosten berechnet.
   Wie hoch ist der Materialpreis einer ganzen Erdbeertorte bei 7 % Mehrwertsteuer?
3. Ein Bäcker/Konditor stellt in 1 Stunde und 50 Minuten 6 Obsttorten her. Die Betriebsstunde kostet 51,50 €. Die Materialkosten einer Obsttorte betragen 7,40 €. Berechnen Sie die Selbstkosten für eine Obsttorte.
4. Zur Herstellung von Obstschnitten werden 2,300 kg Bananen, 600 g Kiwi, 1½ kg Erdbeeren, 1⅕ kg Weintrauben und 1100 g Pfirsiche verbrauchsfertig benötigt. Der Putzverlust der Früchte beträgt im Durchschnitt 6,5 %.
   Wie viel kg Früchte müssen für die Obstschnitten eingekauft werden?

LF 3.2

32.8 Stärke als Bindemittel

Stärke

Stärke gewinnt man aus

- Mehl vom Getreide (Mehl besteht bis zu 70 % aus Stärke),
- Kartoffeln.

Stärke wird wegen ihrer glatten, pulverförmigen Beschaffenheit auch als Stärkepuder bezeichnet. Unter dem Mikroskop sieht man Stärke jedoch körnerförmig.
Weinstärke ist ein bedeutendes Bindemittel in der Bäckerei/Konditorei. Sie wird in der Praxis häufig als **„Weizenpuder“** bezeichnet.

Stärke bei ansteigender Wassertemperatur

Stärkebindung bei ansteigender Wassertemperatur

LF 3.2

!

Stärke kann bis zum Zehnfachen des Eigengewichts an Wasser binden.
Den Vorgang, bei dem die Stärke das Wasser bindet, nennt man **Verkleisterung**. Die Stärke verkleistert (bindet) das Wasser vollständig bei 90 °C. Deshalb wird die Flüssigkeit gekocht (100 °C), damit das gesamte Wasser auch sicher gebunden ist.

Beispiele für die Verkleisterung der Stärke

- Vanillecreme kochen – Milch wird durch Stärke gebunden
- Binden von Fruchtsaft, z. B. bei gebundenen Sauerkirschen
- Andicken von Soßen
- Beim Backen verkleistert die Stärke des Mehls das Wasser der Teige und Massen, sodass eine elastische und schnittfähige Gebäckkrume entsteht.

Vanillecreme

Entquellung der verkleisterten Stärke

Die verkleisterte Stärke gibt das gebundene Wasser nach einiger Zeit langsam wieder ab, da es nach dem Abkühlen nicht festgehalten werden kann.
Diese Abgabe des Wassers von der Stärke bezeichnet man als „Retrogradation“ (lateinisch: Rückbildung).

Beschleunigt wird die Rückbildung der Stärke beim Aufbewahren im Kühlschrank/Kühlraum, da die Stärke bei Kälte das Wasser nicht mehr gut binden kann.

Retrogradation in Backwaren
Durch die Entquellung (Rückbildung) der Stärke werden Backwaren bei zunehmender Aufbewahrungszeit alt, d. h. trocken. Weil die Retrogradation durch Kälte beschleunigt wird, sollte man Backwaren, z. B. Kuchen oder Brot (Schnittbrot), nicht in die Kühlung geben (→ Seite 177).

Modifizierte Stärke (Quellstärke)

Bei der industriellen Herstellung lässt man Stärke in heißem Wasser verkleistern. Die verkleisterte Stärke wird getrocknet und pulverisiert und als modifizierte Stärke oder Quellstärke bezeichnet.

!

Modifizierte Stärke quillt in kaltem Wasser auf und kann somit kaltes Wasser binden.

Kaltcremepulver

Kaltcremepulver ist modifizierte Stärke mit Vanillearoma und Vollmilchpulver.

350 g Kaltcremepulver in 1 l kaltes Wasser gerührt, ergibt Vanillecreme.

Saftbinder

Saftbinder ist modifizierte Stärke, die in kalten Fruchtsaft gerührt wird und diesen bindet.

Beispiel: Für gebundene Sauerkirschen wird Saftbinder mit etwas Zucker in den Sauerkirschsaft der Dosenfrüchte gerührt. In den gebunden Sauerkirschsaft werden die Sauerkirschen eingerührt.

Vorteil der modifizierten Stärke

Kaltes Wasser bzw. kalter Fruchtsaft wird besonders schnell und einfach gebunden.

Nachteil der modifizierte Stärke

Die Vanillecreme mit Kaltcremepulver und der gebundene Sauerkirschsaft mit Saftbinder gebunden, schmecken nicht so gut wie Vanillecreme und Fruchtsaft, die mit Stärke beim Kochen gebunden werden.

Aufgaben

1. Woraus wird Stärke als Bindemittel gewonnen?
2. Erklären Sie den Begriff „Verkleistern der Stärke" und geben Sie die Wassertemperatur an, bei der Weizenstärke verkleistert.
3. Nennen Sie Beispiele der Verkleisterung der Stärke in der Bäckerei/Konditorei.
4. Erklären Sie den Vorgang der Retrogradation der Stärke.
5. Woraus besteht „modifizierte Stärke" und welche Eigenschaft besitzt modifizierte Stärke im Wasser?
6. Woraus besteht Kaltcremepulver und wie wird es zu Vanillecreme verarbeitet?
7. Beschreiben Sie das Binden von Fruchtsaft mit modifizierter Stärke, z. B. bei gebundenen Sauerkirschen.
8. Nennen Sie den Vorteil und den Nachteil von Kaltcremepulver und Saftbinder.
9. Stellen Sie Vanillecreme durch Verkleisterung der Stärke her und stellen Sie Vanillecreme mit Kaltcremepulver her. Vergleichen Sie mit Ihren Kolleginnen den Geschmack und die Konsistenz der beiden Vanillecremes.

32.9 Gekochte Cremes

Gekochte Cremes haben einen hohen Anteil an Flüssigkeit, der beim Kochen durch Stärke gebunden (verkleistert) wird.

Gekochte Cremes	Flüssigkeit, die durch Stärke gebunden wird
• Vanillecreme • Weincreme • Fruchtcreme	• Milch • Weißwein • Fruchtsaft

Vanillecreme

Vanillecreme ist eine Milchcreme, die auch als Vanillepudding bezeichnet wird.

Puddings werden mit Puddingpulver beim Kochen gebunden. Puddingpulver ist Stärke mit Geschmacksstoffen, z. B. natürliches Vanille- oder Erdbeeraroma, Kakaopulver.

Rezeptbeispiel: Vanillecreme

900 g	Milch	• 900 g Milch und Zucker kochen.
200 g	Zucker	
100 g	Milch	• Eigelb, Weizenstärke, Salz und Vanillearoma mit 100 g kalter Milch anrühren.
80 g	Eigelb (4 Stück)	
90 g	Cremepulver	
	1 Prise Salz (ca. 2 g) natürliches Vanillearoma	• Das Angerührte in die kochende Milch einrühren und die Vanillecreme unter ständigem Rühren nochmals aufkochen, damit die Milch vollständig gebunden wird.
1370 g	**Vanillecreme**	

Beim Abkühlen wird die Vanillecreme fest und streichfähig.

Plundergebäck mit Vanillecreme

LF 3.2

Leichte Vanillecreme

Leichte Vanillecreme ist eine Vanillecreme, der nach dem Kochen Eischnee untergerührt wird. Dadurch wird die Vanillecreme besonders locker und bekömmlich.

Leichte Vanillecreme wird deshalb

- als Füllung, z. B. für Bienenstich und Eclairs (Liebesknochen) verwendet,
- in Gläser gefüllt als Nachspeise oder Dessert angeboten.

Rezeptbeispiel: leichte Vanillecreme

1000 g	Milch	• Vanillecreme kochen.
120 g	Eigelb (6 Stück)	
90	Weizenstärke	
	natürliches Vanillearoma	
180 g	Eiklar (6 Stück)	• Eiklar, Zucker und Salz zu Eischnee schlagen.
200 g	Zucker	
	1 Prise Salz (ca. 2 g)	• Den Eischnee unter die fertig gekochte Vanillecreme heben.
1590 g	**leichte Vanillecreme**	

Eischnee in die Vanillecreme rühren, ergibt leichte Vanillecreme

Verwendung von Vanillecreme und leichter Vanillecreme

- Plundergebäcke
- Blätterteiggebäcke
- Bienenstich
- Eclairs (Liebesknochen)
- Cremeschnitten (Blätterteigdesserts)
- Berliner mit Vanillecreme (Vanillekrapfen)

Eclairs (Liebesknochen) mit Vanillecreme

Weincreme

Rezeptbeispiel: Weincreme

1000 g	Weißwein	Alle Zutaten unter ständigem Rühren kräftig aufkochen.
300 g	Zucker	
120 g	Eigelb (6 Stück)	
100 g	Weizenstärke	
	Saft von 1 Zitrone	
1520 g	**Weincreme**	

Bei der klassischen Herrentorte werden einzeln gebackene Wiener Böden mit Weincreme gefüllt und mit Schokoladenkuvertüre überzogen. Auf jedem Stück der Herrentorte wird ein „H" in Schreibschrift garniert.

Herrentorte mit Weincreme gefüllt

Fruchtcremes

Bei Fruchtcremes wird Fruchtsaft oder Saft der Dosenfrüchte durch Stärke gebunden. In den gebundenen Fruchtsaft werden dann ganze oder klein geschnittene Früchte eingerührt, z. B. gebundene Sauerkirschen, gebundene Aprikosen.

Fruchtcremes werden als Füllung verwendet, z. B. für Plunder- und Blätterteiggebäcke.

Gebundene Sauerkirschen

LF 3.2

Käsetorte

Käsetorte, gebietsweise auch Käsekuchen genannt, ist eine Käsemasse auf Mürbeteig gebacken. Die Käsetorte besteht vorwiegend aus

- einem hohen Anteil Quark und Milch sowie
- aus Eigelb und Eischnee mit Zucker.

Die Käsemasse enthält einen geringen Anteil Weizenstärke, die einen Teil der Käsemasse beim Backen bindet, und ist deshalb mit gekochter Creme vergleichbar.

Käsetorte

Verkaufsargumente

Qualitätsmerkmale bei der Kundenberatung

- Gekochte Cremes enthalten in der Rezeptur kein Fett. Deshalb sind sie auch in größeren Mengen gut bekömmlich.
- Durch den hohen Flüssigkeitsanteil wie Milch, Fruchtsaft bzw. Weißwein sind gekochte Cremes erfrischend.
- Leichte Vanillecreme ist durch den Eischnee eine besonders lockere und bekömmliche Vanillecreme. Deshalb können Gebäcke damit dick gefüllt werden, z. B. im Bienenstich.
- Die Käsetorte ist eine cremige Torte mit hohem Quarkanteil. Die fettarme Käsetorte wirkt erfrischend und ist gut bekömmlich.

Frischhaltung

- Vanillecreme und Fruchtcreme sind weiche Füllungen, die am Tag nach der Herstellung wegen der Rückbildung der Stärke etwas Wasser abgeben und somit an Qualität verlieren. Deshalb weichen die Gebäcke auch etwas auf und sind dadurch nicht lagerfähig.
- Käsetorten sind in der Kühlung bis zu vier Tage lagerfähig. Sie geben dann das gebundene Wasser leicht ab, sodass die Qualität der Käsetorte verloren geht.

→

Besondere Eignung

- Gekochte Cremes eignen sich als Füllung für die verschiedensten Gebäcke.
- In Gläsern gefüllt werden gekochte Cremes als Desserts und Nachspeisen angeboten.
- Käsetorten sind beliebt zum Kaffee.

Aufgaben

1. Nennen Sie drei gekochte Cremes und die Flüssigkeiten in diesen Cremes, die gebunden werden.
2. Womit werden die Flüssigkeiten in gekochten Cremes gebunden?
3. Beschreiben Sie die Herstellung von Vanillecreme.
4. Erklären Sie „leichte Vanillecreme".
5. Nennen Sie Verwendungsbeispiele von Vanillecreme und leichter Vanillecreme.
6. Nennen Sie die Zutaten von Weincreme und geben Sie die Verwendung von Weincreme an.
7. Erklären Sie die Herstellung von Fruchtcremes.
8. Nennen Sie Fruchtcremes und geben Sie an, wofür sie verwendet werden.
9. Nennen Sie die hauptsächlichen Zutaten, aus denen Käsetorten hergestellt werden.
10. Geben Sie die Qualitätsmerkmale der gekochten Cremes und Käsetorten bei der Kundenberatung an.
11. Beschreiben Sie die Frischhaltung der gekochten Cremes und Käsetorten?
12. Wofür eignen sich gekochte Cremes und Käsetorten besonders?
13. Stellen Sie z. B. in der Berufsschule Vanillecreme und leichte Vanillecreme her und füllen damit Bienenstich oder Eclairs. Vergleichen Sie mit Kolleginnen die Qualitätsmerkmale der Füllungen und stellen Sie die Unterschiede heraus.

LF 3.2

Rechenaufgabe

Ein Stück Käsetorte kostet im Laden 1,70 € und im Café 2,20 €. Wie hoch ist der Caféaufschlag in %, unter Berücksichtigung der gesetzlichen Mehrwertsteuersätze im Café und im Laden?

32.10 Süßspeisen

> **!** Süßspeisen sind gekochte Cremes und Sahnecremes in verschiedenen Geschmacksrichtungen. Sie werden als Desserts oder Nachspeise gekühlt serviert.

Im Konditorei-Café werden Süßspeisen wie folgt bezeichnet:

Schüsselcremes

Sahnecremes oder gekochte Cremes werden nach der Herstellung in Stielgläser oder Dessertschalen (kleine gläserne Schüsseln!) gefüllt, in die Kühlung gegeben und nach dem Festwerden in diesen feinen Gefäßen serviert.

Sturzcremes

Sahnecremes oder gekochte Cremes werden nach der Herstellung in kleine, nicht zu hohe Formen gefüllt, in die Kühlung gegeben und nach dem Anziehen (Festwerden) aus den Formen auf Dessertteller gestürzt. Daher kommt der Name Sturzcreme.

Schüssel- und Sturzcremes werden häufig vor dem Servieren mit etwas Schlagsahne und Früchten garniert.

Sturzcreme und Schüsselcreme

Bayerische Creme

Die Bayerische Creme ist eine Sahnecreme aus

- Schlagsahne,
- Vanillecreme, mit Gelatine statt Weizenstärke
- Geschmacksstoff, z. B. Fruchtmark, Schokoladenkuvertüre oder Spirituose

Die Vanillecreme und die Schlagsahne werden mit Gelatine gebunden.

Rezeptbeispiel: Bayerische Creme

500 g	Milch	Die Zutaten unter ständigem Rühren auf ca. 85 °C erhitzen – Fachausdruck: zur Rose abziehen. Durch Gerinnen der Eiweiße wird die Vanillecreme etwas zähfließend.
100 g	Eigelb (5 Stück)	
120 g	Zucker	
	1 Prise Salz (ca. 2 g Salz)	
	Vanillearoma	
12 g	Gelatine (6 Blätter)	Die eingeweichte Gelatine in die heiße Vanillecreme rühren, die sich sofort auflöst.
Eine beliebige geschmackliche Zutat, z. B.: • 150 g Schokoladenkuvertüre, flüssig • 80 g Likör, z. B. Grand Marnier (Orangenlikör), Eierlikör, Amaretto • 30 g Kaffee- oder Espressopulver • 300 g Fruchtmark, z. B. Erdbeeren		• Eine geschmackliche Zutat einrühren. • Die Creme auf 20 bis 25 °C abkühlen lassen.
500 g	Schlagsahne	Die Schlagsahne aufschlagen und in die abgekühlte Vanillecreme heben.
1232 g	**Bayerische Creme**	

(Gewicht ohne Geschmacksstoff)

Die Bayerische Creme sofort in Gläser/Formen füllen und kühl stellen, bis sie angezogen hat (festgeworden ist). Vor dem Servieren wird die Bayerische Creme als Sturz- oder Schüsselcreme mit Schlagsahne und Früchten garniert.

> **!** **Qualitätsmerkmale und besondere Eignung**
> Durch den hohen Anteil an Vanillecreme und Schlagsahne ist Bayerische Creme ein gut bekömmliches Dessert im Café, auch gut geeignet als Nachspeise.

Bayerische Cremes in verschiedenen Geschmacksrichtungen

Mousse (französisch: Schaum)

Mousse (sprich: Mus) ist nach den Leitsätzen ein aufgeschlagenes, schaumiges, süßes Dessert.
Mousse ist eine Sahnecreme aus
- aufgeschlagener Sahne,
- schaumiger Eiermasse aus Eiern und Zucker,
- Schokolade, Fruchtmark, Vanille oder Spirituose.

Die klassische Mousse ist Mousse au Chocolat mit dem Geschmack der Zartbitterschokolade.

Rezeptbeispiel: Mousse au Chocolat		
100 g	Vollei (2 Stück)	Eier und Eigelbe mit Zucker schaumig schlagen.
40 g	Eigelb (2 Stück)	
50 g	Zucker	
4 g	Gelatine (2 Blätter)	• Die eingeweichte Gelatine erwärmen, bis sie dünnflüssig ist. • Flüssige Gelatine, flüssige Schokoladenkuvertüre und Cognac in die schaumige Eiermasse rühren.
200 g	Kuvertüre, dunkel	
30 g	Cognac	
400 g	Schlagsahne	• Die aufgeschlagene Sahne vorsichtig unter die Masse rühren, damit das Volumen nicht verloren geht. • Die Mousse mindestens 3 Stunden vor dem Servieren kühlen.
824 g	**Schokoladenmousse**	

Serviermöglichkeiten von Mousse

- Mousse in Stielgläser füllen und nach dem Kühlen mit Schlagsahne und Früchten garnieren.
- Mousse in kleine Formen füllen, nach dem Kühlen auf Dessertteller stürzen und mit Schlagsahne und Früchten ausgarnieren.
- Mousse mit einem Löffel auf einen Teller portionieren und nach dem Kühlen mit Frucht- oder Schokoladensoße sowie Früchten garnieren. So wird Mousse als Nachspeise serviert.

!

Qualitätsmerkmale

Mousse ist eine Sahnecreme aus Schlagsahne mit einer lockeren Eiermasse und mit einem Geschmacksstoff, der der Mousse den Namen gibt.
Wegen der rohen Eier muss Mousse am Tag der Herstellung verzehrt werden.

Mousses als Nachspeise dekorativ serviert

Weincreme und Fruchtcreme

Weincremes und Fruchtcremes sind gekochte Cremes aus Wein bzw. Fruchtsaft, die als Schüssel- oder Sturzcreme nach dem Erkalten mit Schlagsahne und Früchten garniert und dann serviert werden.

Rezeptbeispiele: Weincreme		Fruchtcreme	
650 g	Weißwein, trocken	1000 g	Fruchtsaft (Orangen-, Maracuja-, Johannisbeersaft u. a.)
350 g	Ananassaft (von Dosenfrüchten)		
300 g	Zucker	100 g	Zucker
120 g	Eigelb (6 Stück)	120 g	Eigelb (6 Stück)
90 g	Weizenstärke	90 g	Weizenstärke
30 g	Zitronensaft von $\frac{1}{2}$ Zitrone	30 g	Zitronensaft von $\frac{1}{2}$ Zitrone
1540 g	**Weincreme**	**1340 g**	**Fruchtcreme**

Alle Zutaten unter ständigem Rühren kräftig kochen.

Fruchtcreme als Sturzcreme und Weincreme als Schüsselcreme

LF 3.2

Rote Grütze

Rote Grütze ist eine Fruchtcreme mit einem hohen Anteil an roten Früchten.

Rote Grütze

Rezeptbeispiel: Rote Grütze (Fruchtcreme)

250 g	Fruchtsaft, z. B. Kirschsaft	• Fruchtsaft, Zucker und Weizenstärke unter ständigem Rühren kochen, sodass der Fruchtsaft gebunden ist.
200 g	Zucker	
50 g	Weizenstärke	
300 g	rote Johannisbeeren	• Früchte und evtl. Spirituose einrühren.
300 g	Kirschen	
300 g	Himbeeren	
300 g	Erdbeeren stückeln	Es können auch tiefgefrorene Früchte verwendet werden.
1700 g	**Rote Grütze**	

Es können 20 g Grand Marnier oder eine andere Spirituose zugegeben werden.

Gelees

Gelees sind erfrischende gekochte Cremes aus überwiegend Früchten oder Fruchtsäften sowie Wein oder Sekt. Sie werden meist in Stielgläser gefüllt und nach dem Anziehen mit Schlagsahne, Früchten und Eisgebäck aus Hippenmasse ausgarniert.

Weingelee und Himbeer-Weingelee

LF 3.2

Rezeptbeispiel: Himbeer-Weingelee

500 g	Himbeeren, frisch oder tiefgefroren	• Himbeeren, Zucker und Rotwein kochen.
150 g	Zucker	• Die Flüssigkeit mit einem Mixstab (Pürierstab) glatt rühren und dann durch ein Sieb passieren.
250 g	Rotwein	
evtl. 30 g	Himbeergeist	
8 g	Gelatine (4 Blätter)	• Eingeweichte Gelatine in die heiße Flüssigkeit einrühren.
		• Evtl. Himbeergeist einrühren
		• Den Himbeerwein auf ca. 10 °C abkühlen lassen.
100 g	Himbeeren	• Die Himbeeren in Gläser einlegen.
1038 g	**Himbeer-Weingelee**	

- Den abgekühlten Himbeerwein über die Himbeeren bis ca. 1 cm unterhalb der Glasränder einfüllen.
- Die Gläser mit dem Himbeerwein in den Kühlschrank stellen, bis er zu einem Gelee anzieht.
- Vor dem Servieren jede Portion mit einer Sahnerosette, einer Himbeere darauf und evtl. einem Hippengebäck ausgarnieren.

Aufgaben

1. Erklären Sie die Begriffe
   - Schüsselcremes,
   - Sturzcremes.
2. Nennen Sie die drei Hauptbestandteile, aus denen Bayerische Creme hergestellt wird.
3. Beschreiben Sie, wie Bayerische Creme nach der Herstellung bis zum Servieren fertiggestellt wird.
4. Aus welchen drei Hauptbestandteilen besteht eine Mousse?
5. Woraus wird Mousse au Chocolat hergestellt?
6. Erklären Sie „Weincremes“ und „Fruchtcremes“.
7. Nennen Sie die Zutaten von „Roter Grütze“ und beschreiben Sie die Herstellung.
8. Erklären Sie Gelees und beschreiben Sie die Gelees mit verschiedenen Früchten und Getränken.
9. Stellen Sie mit den angegebenen Rezepturen Bayerische Schokoladencreme und Mousse au Chocolat her. Beurteilen Sie die zwei Süßspeisen mit Ihren Kolleginnen. Stellen Sie dabei die Rezepturen gegenüber und notieren jeweils die Zutaten, die den Unterschied der anderen Süßspeise ausmacht.

32.11 Süße Soßen (Saucen)

Bekannte süße Soßen sind:

Vanillesoße

Vanillesoße ist nur leicht gebundene Vanillecreme, die noch fließfähig ist. Sie wird mit demselben Rezept wie Vanillecreme hergestellt, jedoch bindet man 1 Liter Milch für Vanillecreme mit 90 g Stärke und für Vanillesoße mit 30 g (→ Vanillecreme Seite 537).

Schokoladensoße (Schokosoße)

Schokoladensoße ist Vanillesoße mit Kakaopulver.

Rezeptbeispiel: Vanillesoße und Schokoladensoße

1000 g Milch 200 g Zucker 80 g Eigelb 30 g Weizenstärke natürliches Vanillearoma	Alle Zutaten unter ständigem Rühren aufkochen.
1310 g Vanillesoße	

Für Schokoladensoße werden zusätzlich noch 40 g Kakaopulver zugegeben.

Abgekühlte Vanille- und Schokoladensoße kann wieder im Mikrowellengerät erwärmt und glatt gerührt werden.

Schokoladensoße

Erdbeersoße

Fruchtsoßen

Fruchtsoßen bestehen aus Fruchtmark, das mit Zucker und Zitronensaft geschmacklich abgerundet wird.
Zucker verfeinert den Fruchtgeschmack und Zitronensaft verstärkt den Fruchtgeschmack und wirkt erfrischend.
In jede Fruchtsoße kann etwas Spirituose, die geschmacklich passt, zugegeben werden.

Fruchtmark

Früchte werden durch Mixen zu einem feinen Fruchtbrei püriert. Befinden sich darin störende Teile wie Samenkörnchen, Kerne oder Schalen, z. B. bei Himbeeren, Johannisbeeren und Kiwis, wird das Fruchtmark durch ein Sieb passiert, damit es glatt ist.
Für Fruchtmark der Fruchtsoßen werden nur reife Früchte verwendet, da nur sie den optimalen Fruchtgeschmack besitzen. Beste Qualität besitzen auch tiefgefrorene Früchte.

Mixen (Pürieren) von Früchten zu Fruchtmark

Rezeptbeispiele für verschiedene Soßen

Rezeptbeispiel: Erdbeersoße

1000 g Erdbeeren 150 g Zucker etwas Zitronensaft evtl. etwas Cointreau oder Grand Marnier (Likör mit Geschmack von Bitterorangen)	• Frische Erdbeeren, Zucker und Zitronensaft mit einem Mixstab (Pürierstab) fein pürieren. • Die Erdbeersoße kann mit Cointreau abgeschmeckt werden.

Rezeptbeispiel: Himbeersoße

1000 g Himbeeren 150 g Zucker etwas Zitronensaft, evtl. etwas Himbeergeist	• Frische Himbeeren, auch tiefgefroren, mit dem Mixstab pürieren und durch ein Sieb passieren. • Himbeermark mit Zucker und Zitronensaft mit einem Mixstab zu einer feinen Soße mixen. • Himbeersoße kann mit Himbeergeist verfeinert werden.

Rezeptbeispiel: Johannisbeersoße

1000 g rote Johannisbeeren 300 g Zucker evtl. 50 g Cassis-Likör (aus schwarzen Johannisbeeren)	• Frische rote Johannisbeeren, auch tiefgefroren, mit einem Mixstab pürieren und durch ein Sieb passieren. • Johannisbeermark mit Zucker und evtl. mit Cassis-Likör abschmecken und mit einem Mixstab zu einer homogenen Soße mixen.

Rezeptbeispiel: Aprikosen- oder Pfirsichsoße

900 g Aprikosen oder Pfirsiche 150 g Wasser 200 g Zucker etwas Zitronensaft	• Wasser, Zucker und Zitronensaft kochen. • Die geschälten und entsteinten Aprikosen oder Pfirsiche in der heißen Flüssigkeit ziehen lassen, bis sie weich sind. • Die Aprikosen oder Pfirsiche mit der Flüssigkeit, Zucker, Wasser und Zitronensaft mit einem Mixstab zu einer feinen, glatten Soße pürieren.

Rezeptbeispiel: Kiwisoße

1000 g Kiwi ca. 50 g Zucker etwas Zitronensaft evtl. etwas Weinbrand	• Reife Kiwis halbieren, Fruchtfleisch auslöffeln und mit einem Mixstab pürieren. • Das Kiwimark durch ein Sieb passieren, damit die Kerne entfernt werden. • Kiwimark, Zucker und Zitronensaft und evtl. etwas Weinbrand mit einem Mixstab zu einer feinen Kiwisoße mixen.

LF 3.2

Verwendungsbeispiele von süßen Soßen

Für Backwaren werden meistens warme süße Soßen verwendet, kalte süße Soßen zum Dekorieren.

- Apfelstrudel mit Vanillecreme
- Palatschinken (kleine gefüllte Pfannkuchen)
- Crêpes (besonders dünne gefüllte Pfannkuchen)
- Süßspeisen dekorieren, z. B. Mousse auf Teller portioniert und für Sturzcremes
- Eisbecher
- Eisdesserts

Eisdessert mit süßer Soße

Aufgaben

1. Erklären Sie „Vanillesoße" und nennen Sie den Unterschied zur Vanillecreme.
2. Erläutern Sie „Schokoladensoße".
3. Nennen Sie die Zutaten, mit denen Fruchtsoßen hergestellt werden.
4. Wie wird Fruchtmark hergestellt und wie können die Samenkerne oder Fruchtkerne entfernt werden?
5. Beschreiben Sie die Herstellung einer
   - Himbeersoße,
   - Aprikosen- bzw. Pfirsichsoße.
6. Nennen Sie Verwendungsbeispiele von süßen Soßen in der Bäckerei/Konditorei.
7. Als Nachspeise in Ihrem Café sollen Sie auf einem Teller Speiseeis mit Mousse portionieren. Richten Sie daneben einen Spiegel mit süßen Soßen an, in dem sich die Farben der Soßen kunstvoll verlaufen.

33 Süßwaren

Situation

Bei einem Kindergartenfest soll ein Konditor aus Ihrem Betrieb die Herstellung von Marzipan demonstrieren und verschiedene lustige Marzipanfiguren und Marzipanrosen modellieren, die Sie schminken und verpacken sollen. „Süßes ist Genuss", ist das Motto des Festes, sodass Sie Teegebäck mit Nugatmasse gefüllt und Krokanteier anbieten.

- Woraus bestehen Marzipan- und Persipanrohmasse?
- Wie wird Marzipan hergestellt und wie erhöht sich die Qualität von Marzipan?
- Was versteht man unter Lübecker Marzipan und Königsberger Marzipan?
- Woraus bestehen Nugatmasse, Nusspaste, Nugat und Nugatcreme?
- Wie wird Krokant hergestellt?

33.1 Marzipan- und Persipanrohmasse, Marzipanerzeugnisse

Zu Zeiten der Hanse, als die Kaufleute mit Schiffen Waren aus dem Mittelmeerraum in die norddeutschen Hafenstädte brachten, waren vor allem in zwei Städten an der Ostsee, in Lübeck und Königsberg (dem heutigen Kaliningrad in Russland), die Mandeln sehr begehrt. Dort stellte man aus geriebenen Mandeln und Zucker einen „Teig" her und bezeichnete die daraus geformten Stücke als „Marzipan". Der Name wurde von „Marci panis" abgeleitet, was Markusbrot bedeutet, da das teure, wertvolle Marzipan nur am gefeierten Markustag zu bekommen war. In Königsberg aromatisierte man Marzipan mit Rosenwasser. Vor allem die Konditoren in Lübeck verfeinerten das Marzipan, das heute noch ein Markenzeichen von Lübeck ist.

Marzipanrohmasse

Bestimmungen der Leitsätze
Marzipanrohmasse besteht aus ca. zwei Dritteln Mandeln und einem Drittel Zucker (höchstens 35 % Zucker).

Marzipanrohmasse und ihre Bestandteile

Marzipanrohmasse	
⅔ Mandeln	⅓ Zucker

Güteklassen

M0 (Marzipanrohmasse – null) = beste Qualität, mit feinem Mandelgeschmack. Es werden nur süße Mandeln verwendet.

MI (Marzipanrohmasse – eins) = geringere Qualität, mit etwas herbem Geschmack durch Bittermandeln. Nach den Leitsätzen dürfen unter den süßen Mandeln bis zu 12 % bittere Mandeln enthalten sein.

LF 3.2

Lagerung von Marzipanrohmasse

Der hohe Fettgehalt der Mandeln bestimmt die Lagerbedingungen:

- kühl, ideal sind 15 bis 18 °C
  nicht im Kühlraum, weil dort wegen der hohen Feuchtigkeit Schimmelgefahr besteht
- in Folie eingewickelt, damit die Oberfläche nicht austrocknet
- frei von Fremdgerüchen

Verwendung von Marzipanrohmasse:

Als Hauptbestandteil für	Als Zugabe in Teigen und Massen zur Verbesserung der Gebäckqualität
• Marzipan • Marzipanfüllung → Seite 326 • Mandelmakronengebäcke • Marzipanpralinen	• Mandelmürbeteiggebäcke • Spritzgebäcke • Nuss- und Mandelkuchen • Elisenlebkuchen • Marzipanstollen • Baumkuchen

Erzeugnisse aus Marzipanrohmasse

Persipanrohmasse

Bestimmungen der Leitsätze

Persipanrohmasse besteht aus ca. zwei Dritteln entbitterten bitteren Mandeln, Aprikosen- und/oder Pfirsichkernen und einem Drittel Zucker (höchstens 35 %). Sie enthält zudem noch 0,5 % Stärke, bezogen auf die gesamte Persipanrohmasse.

LF 3.2

Persipanrohmasse		
⅔ entbitterte bittere Mandeln, Aprikosen- und/oder Pfirsichkerne	⅓ Zucker	

0,5 % Stärke, berechnet auf die gesamte Persipanrohmasse

Stärke ist in Persipanrohmasse als Hilfe für die Lebensmittelkontrolle enthalten. Jod färbt Stärke blau. So kann Persipanrohmasse einfach getestet und von Marzipanrohmasse unterschieden werden.

Geschmack der Persipanrohmasse

Bittere Mandeln und Aprikosen- sowie Pfirsichkerne enthalten bittere Stoffe (Amygdalin), aus denen im Körper giftige Blausäure gebildet wird. Diese Bitterstoffe werden zwar zur Herstellung der Persipanrohmasse entfernt, trotzdem schmeckt Persipanrohmasse leicht herbbitter im Gegensatz zum feinen Mandelgeschmack der Marzipanrohmasse.

Das Innere der Aprikosenkerne für Persipanrohmasse

Lagerung von Persipanrohmasse

- in einem kühlen Lagerraum
- in Folie eingewickelt, damit die Oberfläche nicht austrocknet

Verwendung von Persipanrohmasse

Die preisgünstige Persipanrohmasse hat eine geringe Qualität und wird als Ersatz für Marzipanrohmasse verwendet:

- Füllungen, z. B. Nussfüllung
- Persipanstollen und Persipanmakronen.

Persipanstollen und Persipanmakronen sind von geringerer Qualität und werden deshalb im Fachbetrieb der Bäckerei/Konditorei nicht hergestellt.

Deklaration

- Bei vorverpackten Waren wird die Zugabe von Persipanrohmasse im Zutatenverzeichnis angegeben.
- Unverpackte Stollen und Makronen mit Persipanrohmasse müssen als „Persipanstollen" und „Persipanmakronen" deklariert werden, damit eine Verwechslung mit Marzipanrohmasse ausgeschlossen ist und so die Verbraucher nicht irregeführt werden.

Marzipan

Bestimmungen der Leitsätze
Marzipan wird aus Marzipanrohmasse und höchstens der gleichen Gewichtsmenge Zucker hergestellt. Der Zucker kann durch bis zu 3,5 % Glukosesirup oder 5 % Sorbit, bezogen auf das Gesamtgewicht des Marzipans, ersetzt werden.

Marzipan	
auf 1 Teil Marzipanrohmasse	höchstens bis zu 1 Teil Puderzucker

bis zu 3,5 % Glukosesirup oder 5 % Sorbit, auf das gesamte Marzipangewicht berechnet

Beispiel:
- 1000 g Marzipanrohmasse
- höchstens 1000 g Puderzucker

} = höchstens 2000 g Marzipan

- höchstens 70 g Glukosesirup (3,5 % vom gesamten Marzipangewicht)

Statt 1000 g Puderzucker werden 930 g Puderzucker und 70 g Glukosesirup verwendet, weil das Glukosegewicht von der Puderzuckermenge abgezogen werden muss.

Marzipanrohmasse, Puderzucker, Glukosesirup

Glukosesirup bzw. Sorbit wird dem Marzipan zur besseren Frischhaltung zugegeben, damit es nicht so schnell austrocknet. Sie verhindern das Auskristallisieren des Zuckers, der dann hart werden würde. Ebenso binden sie die Feuchtigkeit des Marzipans, sodass das Marzipan längere Zeit feucht und geschmeidig bleibt.

Anwirken von Marzipan bei der Marzipanherstellung
Marzipanrohmasse, Puderzucker und Glukosesirup werden zu Marzipan angewirkt, d. h. nur schonend zusammengemischt. Beim intensiven Kneten in der Knetmaschine würde der Fettgehalt der Mandeln ölig werden. Das ölige Fett verbindet sich nicht mehr gut mit den Zutaten, sodass es nach außen tritt und das Marzipan gärig werden würde.

Sofort nach dem Anwirken wird Marzipan in Folie eingeschlagen, damit es nicht austrocknet.

Verwendung von Marzipan
Hauptsächlich wird Marzipan zum Modellieren von Marzipanartikel verwendet, z. B. Marzipanfiguren, Marzipanrosen.

Modelliertes Marzipan

Modellieren und Färben von Marzipanerzeugnissen

Modellieren des Marzipans heißt „Formen“ zu verschiedenen Figuren und Rosen.
Die modellierten Marzipanerzeugnisse werden mit Lebensmittelfarbe gefärbt, in der Fachsprache „geschminkt“. Am besten ist dafür ein Airbrushgerät geeignet, ein Druckluftgerät mit Spritzpistole, damit ein sparsames Sprühen der Lebensmittelfarben möglich ist. Geschminkte Marzipanerzeugnisse wirken lebhafter und ansprechender.

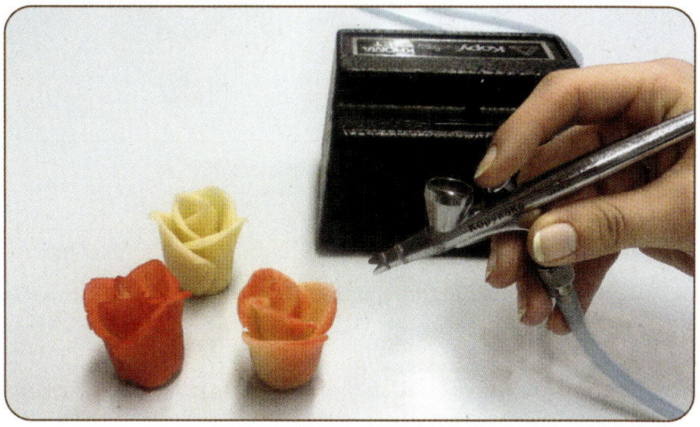

Schminken von Marzipan mit Airbrush

!
Grundsätzlich sollte dezent (unaufdringlich) geschminkt werden, denn „weniger ist mehr“. Überfärbte Marzipanerzeugnisse wirken unnatürlich und wirklichkeitsfremd.

LF 3.2

Marzipanqualität
Je höher der Anteil an Marzipanrohmasse und somit je geringer der Puderzuckeranteil im Marzipan ist, desto intensiver ist der Mandelgeschmack und umso weicher ist das Marzipan. Puderzucker macht das Marzipan süß und trocken, jedoch auch preisgünstiger.

„Edelmarzipan" und **„Gütemarzipan"** sind Begriffe, die manchmal auf gute Qualität hinweisen. Diese Bezeichnungen haben jedoch nach den Leitsätzen keine rechtliche Bedeutung.

Lübecker Marzipan
Dies sind Marzipanerzeugnisse aus hochwertigem Marzipan, mit geringem Puderzuckeranteil. „Lübecker Marzipan" ist eine geschützte Herkunftsbezeichnung, d. h., diese Marzipanerzeugnisse müssen aus Lübeck stammen.

Königsberger Marzipan
Königsberger Marzipan ist ebenfalls Qualitätsmarzipan mit wenig Puderzucker.
Typisch für Königsberger Marzipanerzeugnisse ist die abgeflämmte Oberfläche.

Königsberger Marzipan, gestanzt und modelliert

Abflämmen bedeutet, dass die Oberfläche der Marzipanerzeugnisse bei hoher Hitze leicht gebräunt wird, das Innere des Marzipans bleibt weich.

LF 3.2

„Königsberger Marzipan" ist eine Gattungsbezeichnung und kann unter dem Namen überall hergestellt werden. Der Name benennt nur die Besonderheit dieser Marzipanerzeugnisse: die abgeflämmte Oberfläche.

Verpacken der Marzipanerzeugnisse

Damit Marzipanerzeugnisse nicht so schnell austrocknen und weich bleiben, werden sie in Folientütchen verpackt oder luftdicht eingeschweißt.

In Folie verpackte Marzipanfiguren

Verkaufsargumente

Qualitätsmerkmale bei der Kundenberatung
- Marzipanrohmasse ist eine süßliche Masse mit feinem Mandelgeschmack durch den hohen Mandelanteil.
- Die Marzipanqualität wird bestimmt vom Marzipanrohmassegehalt. Je höher der Marzipanrohmassegehalt und somit geringer der Zuckeranteil bei Marzipan ist, desto intensiver ist der Mandelgeschmack und desto weniger süß schmeckt das Marzipan. Marzipan von hoher Qualität ist deshalb angenehm weich.
- Lübecker Marzipan sind hochwertige Marzipanerzeugnisse, die aus Lübeck stammen müssen.
- Königsberger Marzipan ist hochwertiges Marzipan mit abgeflämmter Oberfläche.
- Persipanrohmasse schmeckt ähnlich wie Marzipanrohmasse, jedoch leicht bitter.

Frischhaltung
- Marzipan- und Persipanrohmasse ist in Folie verpackt und bei kühler, nicht zu feuchter Lagerung lange haltbar.
- Marzipanerzeugnisse sind in Folie luftdicht verpackt bei kühler Raumtemperatur über Wochen lagerfähig.
- Marzipan ist so lange frisch, wie es weich ist und den milden Mandelgeschmack hat.
- Je geringer der Puderzuckeranteil im Marzipan ist, desto länger ist es weich und frisch.

Besondere Eignung
- Marzipanerzeugnisse sind süßliche Genussmittel, die sich zu jeder Zeit und für jeden feierlichen Anlass zum Verzehr eignen.
- Marzipanfiguren sind als kleine Geschenke beliebt.
- Marzipanrosen verschönern und verbessern Festtagstorten zu jedem Anlass.

Aufgaben

1. Nennen Sie die Zutaten und ihre Mengenverhältnisse für
   - Marzipanrohmasse,
   - Persipanrohmasse.
2. Nennen Sie die zwei Güteklassen von Marzipanrohmasse und geben Sie die Unterschiede an.
3. Nennen Sie Beispiele für die Verwendung von Marzipanrohmasse in der Bäckerei/Konditorei
   - als Hauptrohstoff,
   - als Zutat für Teige und Massen zur Qualitätsverbesserung.
4. Beschreiben Sie den Geschmack der Persipanrohmasse im Gegensatz zur Marzipanrohmasse.
5. Wofür kann Persipanrohmasse verwendet werden und wie kann für Kunden eine Verwechslung mit Marzipanrohmasse vermieden werden?
6. Geben Sie die richtige Lagerung von Marzipan- und Persipanrohmasse an.
7. Nennen Sie die Zusammensetzung von Marzipan mit den Bestimmungen der Leitsätze.
8. Erklären Sie, warum Stärkesirup oder Sorbit in Marzipan gegeben wird.
9. Erläutern Sie die Zusammensetzung der Zutaten bei Marzipan mit hoher Qualität.
10. Wofür wird Marzipan in der Bäckerei/Konditorei verwendet?
11. Erklären Sie Lübecker Marzipan und Königsberger Marzipan.
12. Erklären Sie das Schminken von Marzipanerzeugnissen.
13. Wie wird das Austrocknen der Marzipanerzeugnisse bei der Lagerung im Verkauf verhindert?
14. Nennen Sie die Qualitätsmerkmale bei der Kundenberatung von
   - Marzipanrohmasse,
   - Marzipanerzeugnissen,
   - Lübecker Marzipan,
   - Königsberger Marzipan.
15. Geben Sie Auskunft über die Frischhaltung von Marzipanrohmasse und Marzipanerzeugnissen.
16. Wofür eignen sich Marzipanerzeugnisse besonders gut?
17. Beraten Sie Kunden und empfehlen Sie den Dekor mit passenden Marzipanerzeugnissen bei der Bestellung von Festtagstorten, z. B.:
   - Hochzeitstorte
   - Geburtstagstorte
   - Kindergeburtstagstorte

Rechenaufgaben

1. Die Personalkosten in einer Bäckerei/Konditorei betragen 154,00 € in der Stunde. Ein Meister, zwei Gesellen und ein Auszubildender sind im Betrieb beschäftigt.
   a) Wie hoch ist der Stundenkostensatz der einzelnen Beschäftigten, wenn die Kosten im Verhältnis von 2 : 1,5 : 0,5 stehen?
   b) Der Geselle stellt Marzipanrosen für eine Torte in 50 Minuten her. Berechnen Sie die Personalkosten für die Marzipanrosen.
2. 16,800 kg Marzipan wird mit 30 % Puderzucker, auf die Marzipanrohmasse berechnet, und 3,5 % Glukosesirup, auf das Gesamtgewicht des Marzipans berechnet, hergestellt. Berechnen Sie das Gewicht der einzelnen Marzipanzutaten.
3. Es sollen 4,200 kg Marzipan mit der höchstzulässigen Puderzuckermenge und der zulässigen Höchstmenge an Glukosesirup hergestellt werden. Berechnen Sie von jedem Rohstoff die Menge in kg, die benötigt wird.
4. Es wird 6,600 kg Marzipan aus Marzipanrohmasse und Puderzucker im Verhältnis 10 : 6,5 hergestellt. Der Glukosesirupanteil beträgt 3 % des gesamten Marzipangewichts, der vom Puderzuckeranteil abgezogen wird.
   Folgende Rohstoffe kauft der Betrieb ein:

Marzipanrohmasse	5,10 €/kg
Puderzucker	0,95 €/kg
Glukosesirup	1,70 €/kg

   a) Wie viel kg von jedem Rohstoff werden verarbeitet?
   b) Wie hoch ist der Materialpreis für dieses Marzipan?
   c) Eine Marzipanfigur wiegt 60 g. Wie viele Marzipanfiguren erhält man aus dem Marzipan?
   d) Berechnen Sie den Verkaufspreis einer Marzipanfigur, wenn 290 % Betriebskosten, 32 % Gewinn und Risiko und 7 % Mehrwertsteuer berücksichtigt werden.

LF 3.2

33.2 Nugatmassen (Nougatmassen)

Neben der eingedeutschten Schreibweise für Nugat ist auch die ursprüngliche französische Schreibweise **Nougat** richtig.

Zusammensetzung der Nugatmassen

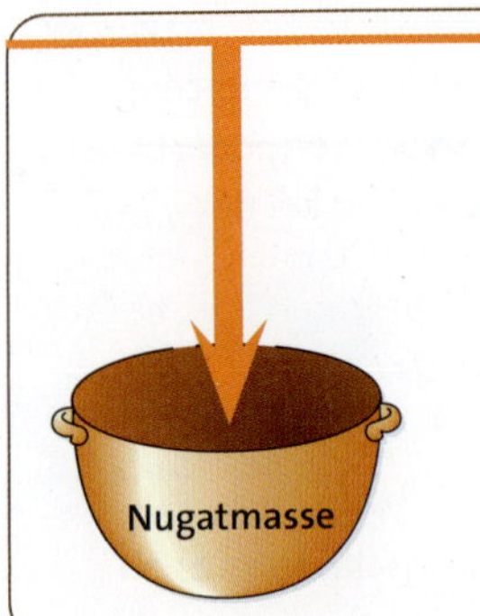

- **Mandeln und/oder Haselnüsse**
- **Zucker,** höchstens 50 %, auf die gesamte Nugatmasse berechnet
- **Kakaoerzeugnisse:**
  - Kakaobutter
  - Kakaopulver
  - Schokolade

Zutaten der Nugatmassen

Sorten der Nugatmassen

Mandelnugatmasse	Nussnugatmasse
• nur Mandeln • milder Mandelgeschmack • hellbraun	• nur Nüsse • kräftiger Nussgeschmack • dunkelbraun

Mandel- und Nussnugatmasse

LF 3.2

Verwendung von Nugatmassen

- Nugatbuttercreme (Nugatcreme)
- Nugatsahne
- Nugateis
- Füllung für Teegebäcke aus Mürbeteigen
- Füllung für Waffeln
- Füllung für Crêpes und Palatschinken
- Füllung für gestanztes Königsberger Marzipan
- Nugatpralinen

Gestanztes Königsberger Marzipan, mit Nugatmasse gefüllt

Nusspaste

Nusspaste gehört nach den Leitsätzen zur Nugatmasse. Nusspaste besteht aus Nüssen und Zucker ohne Kakaoerzeugnisse. Sie enthält höchstens 50 % Zucker.

Verwendung von Nusspaste

Nusspaste wird verwendet als Geschmacksstoff für
- Nussbuttercreme (Nusscreme),
- Nusssahne und
- Nusseis.

Walnusspaste

Nugat (Nougat)

Nugat ist Nugatmasse mit zusätzlich Zucker. Deshalb schmeckt Nugat süßer als Nugatmasse mit geringerem Nuss- bzw. Mandelgeschmack. Der Nugatmasse dürfen höchstens 50 % Zucker, berechnet auf die Nugatmasse, zugegeben werden.

Nugat	
1 Teil Nugatmasse	höchstens ½ Teil Zucker

Ein Teil des Zuckers kann durch Sahne- oder Milchpulver ersetzt werden, so entstehen
- Sahnenugat,
- Milchnugat.

Nugatcreme

Unterschied zwischen Nugatcreme und Nugatmassen:
- Nugatcreme besitzt einen geringen Anteil an Haselnüssen oder Mandeln, mindestens 10 %.
- Sie enthält einen hohen Zuckeranteil, höchstens 67 %.
- Sie enthält pflanzliche Speisefette oder Speiseöle. So ist sie weich und streichfähig.

Nugatcreme wird häufig als Füllung für industriell hergestellte Waffeln und als Brotaufstrich verwendet.

Lagerung von Nugatmassen, Nugat und Nugatcreme

- kühl, ideal sind 15 bis 18 °C, nicht im Kühlschrank/Kühlraum lagern, weil dort wegen der hohen Feuchtigkeit Schimmelgefahr besteht
- frei von Fremdgerüchen, denn die fettreichen Nugatmassen nehmen sofort Fremdgerüche an
- in Plastik- oder Alufolie einschlagen, weil so das Austrocknen der Oberfläche verhindert wird

Bei richtiger Lagerung sind Nugatmassen längere Zeit lagerfähig.

Aufgaben

1. Nennen Sie die Zutaten der Nugatmassen.
2. Nennen Sie die drei Nugatmassen nach den enthaltenen Schalenfrüchten.
3. Wofür werden Nugatmassen in der Bäckerei/Konditorei verwendet?
4. Beschreiben Sie, woraus Nusspaste besteht.
5. Wofür wird Nusspaste in der Bäckerei/Konditorei verwendet?
6. Erklären Sie, woraus Nugat besteht.
7. Beschreiben Sie, woraus Nugatcreme besteht.
8. Wofür wird Nugatcreme verwendet?
9. Geben Sie an, wie Nugatmassen, Nugat und Nugatcreme gelagert werden.
10. Probieren Sie mit Ihren Kolleginnen Nussnugatmasse, Mandelnugatmasse, Nugat und Nugatcreme und beurteilen Sie die Geschmacksunterschiede. Füllen Sie diese Erzeugnisse in Mürbeteiggebäcke und bestreichen Sie diese jeweils auf Brötchen. Diskutieren Sie, welche Erzeugnisse sich für die Verwendungsart am besten eignen.

33.3 Krokant

Krokant besteht aus 2 Teilen karamellisiertem Zucker und 1 Teil gerösteten Mandeln oder Nüssen. Deshalb gibt es
- Mandelkrokant aus Mandeln und
- Nusskrokant aus Haselnüssen.

Rezeptbeispiel: Krokant

1000 g	Puderzucker	• Puderzucker und Glukosesirup hellbraun karamellisieren.
60 g	Glukosesirup	• Mandeln oder Nüsse in den karamellisierten Zucker einrühren.
500 g	geröstete, gehobelte oder gehackte Mandeln oder Nüsse	
1600 g	**Krokant**	

Mandeln oder Nüsse in den karamellisierten Zucker rühren

Hartkrokant

Der heiße Krokant ist geschmeidig und kann ausgerollt werden. Nach dem Abkühlen wird der Zucker im Krokant sehr hart. Deshalb wird er als Hartkrokant bezeichnet.

Harter, knuspriger Krokant

Qualitätsmerkmale von Hartkrokant
- Die Mandeln bzw. Nüsse des Krokants haben einen süßlichen Karamellgeschmack.
- Krokant ist hart und knusprig im Biss.

LF 3.2

Erzeugnisse aus Hartkrokant

Krokantstreusel

Heißen Krokant nach der Herstellung ausrollen und abkühlen lassen. Den Hartkrokant zu kleinen Stückchen stoßen, sodass kleine, gleichmäßige Krokantstreusel entstehen.

Ausgerollter Krokant und Krokantstreusel

Verwendung von Krokantstreusel

Frankfurter Kranz mit Krokantstreusel

- Krokantstreusel als äußere Schicht des Frankfurter Kranzes: Krokantstreusel wird auf den außen mit Buttercreme eingestrichenen Frankfurter Kranz gedrückt.
- Krokantstreusel als Dekor auf Torten, Desserts und Eisbecher streuen.

Krokanteier

Heißen Krokant dünn ausrollen und in Eiformen legen. Den noch warmen, geschmeidigen Krokant an den Rändern der Eiformen abschneiden. Nach dem Erkalten lösen sich die Eiformen leicht vom Hartkrokant.

Krokantei

Krokanteier werden mit Eiweißspritzglasur und Schokoladenspritzglasur ausgarniert und sind ein attraktives Ostergeschenk. Die Krokanteier können auch mit Pralinen gefüllt werden.

Dekorteile aus Hartkrokant

Den warmen Krokant dünn ausrollen und in bestimmte Formen schneiden oder ausstechen. Die Krokantteile werden als Dekor auf Festtagstorten gelegt.

Dekorteile aus ausgerolltem Krokant ausstechen

Dekorteile als Halbmonde und Krokantschale für Marzipanrosen

Lagerung der Krokanterzeugnisse

- Krokantstreusel und Dekorteile aus Hartkrokant auf Vorrat hergestellt, werden in luftdichten Behältern bei trockener Raumtemperatur aufbewahrt und sind so lange lagerfähig. Unverpackt zieht der hohe Zuckeranteil die Luftfeuchtigkeit an und der Krokant wird klebrig und zäh.
- Krokanteier werden in Folie für Geschenke luftdicht verpackt.

Aufgaben

1. Erklären Sie, woraus Krokant hergestellt wird.
2. Erläutern Sie die Qualitätsmerkmale von Hartkrokant.
3. Wofür werden Krokantstreusel verwendet?
4. Beschreiben Sie, wie Krokanterzeugnisse gelagert werden.
5. Stellen Sie z. B. in der Berufsschule Hartkrokant her. Lösen Sie den Puderzucker beim Karamellisieren nach und nach auf. Rühren Sie gehobelte, geröstete Mandeln in den hellbraun karamellisierten Zucker. Geben Sie etwas Speiseöl auf den Arbeitstisch und auf ein Rollholz und rollen Sie den Krokant dünn aus. Stechen Sie einen Teil des Krokants mit einem Ausstecher für Dekorteile aus und stoßen den restlichen Krokant mit dem Rollholz zu Krokantstreusel. Probieren Sie dann den Hartkrokant und beurteilen ihn. Lassen Sie einen Teil des Krokants offen, unverpackt im Raum stehen und beobachten die Veränderungen in den nächsten Tagen.

LF 3.2

34 Kakaoerzeugnisse

Situation

Viele Backwaren, Torten, Desserts, Speiseeis und Getränke in der Bäckerei/Konditorei und im Café enthalten die verschiedensten Kakaoerzeugnisse, wobei einige schon im Namen das Wort Schokolade beinhalten. In der Berufsschule sollen Sie deshalb im Fachunterricht ein Referat über die verschiedenen Kakaoerzeugnisse und deren Eigenschaften sowie Verwendungsmöglichkeiten halten. Unterteilen Sie auch die schokoladenhaltigen Pralinen nach den Hauptrohstoffen.

- Was ist Kakaopulver und Kakaobutter und wie werden diese Kakaoerzeugnisse hergestellt?
- Woraus bestehen Schokolade und Schokoladenkuvertüre und wie unterscheiden sie sich?
- Wie unterscheidet sich Fettglasur von der Schokoladenkuvertüre?
- Warum und wie wird Schokoladenkuvertüre temperiert?
- Was versteht man unter Pralinen und in welche Pralinensorten werden sie unterteilt?

34.1 Kakaofrüchte, Kakaomasse

Kakaobaum, Kakaofrucht, Kakaobohnen

Kakaofrüchte

Die Kakaobäume wachsen in den feuchtheißen Ländern am Äquator. Sie tragen das ganze Jahr über Blüten sowie reife und unreife Früchte.

Die 15 bis 25 cm langen Kakaofrüchte sind zuerst grün und färben sich dann gelb oder rotbraun.

Die länglichen Kakaofrüchte enthalten jeweils bis zu 50 weißlich gelbe, mandelförmige Samenkerne, die geschmacksarm sind.

Die Samenkerne werden aus dem Fruchtfleisch der Kakaofrüchte entfernt und zu „Kakaobohnen“ aufbereitet.

Helle Samenkerne im Fruchtfleisch der Kakaofrucht

Braune Kakaobohnen nach dem Fermentieren

LF 3.2

Aufbereitung der Samenkerne zu Kakaobohnen

Aufbereitung der Samenkerne zu Kakaobohnen	Veränderungen der Samenkerne zu Kakaobohnen
Fermentation Die Samenkerne werden bei ca. 50 °C fermentiert. Beim Fermentieren erfolgt ein starker Abbau der Nährstoffe durch Enzyme.	• Erste Aromastoffe entstehen. • Die hellen Samenkerne färben sich braun.
Trocknen der Kakaobohnen	Die getrockneten Kakaobohnen sind haltbar und können in andere Länder transportiert und dort geröstet werden.
Rösten der Bohnen Die Röstung der Bohnen erfolgt bei 120 bis 130 °C, 10 bis 35 Minuten.	Bildung • des Kakaoaromas und • der kakaobraunen Farbe.

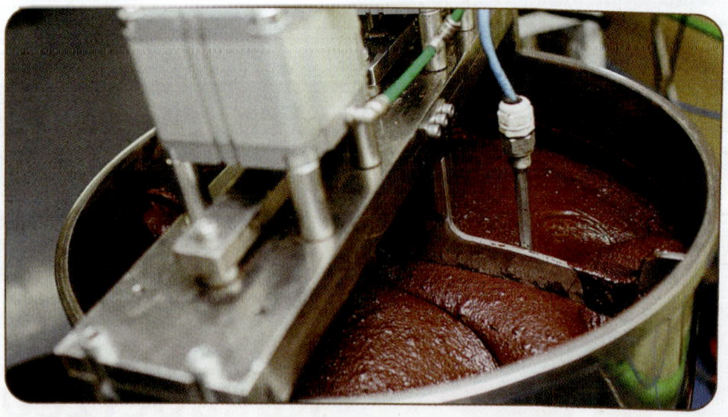

Kakaomasse

Kakaomasse

Die gerösteten zerkleinerten Kakaobohnen werden mehrmals durch erwärmte Walzen gegeben. Dabei schmilzt das Fett der Kakaobohnen, es entsteht die glatte, zähflüssige, schwarze Kakaomasse.

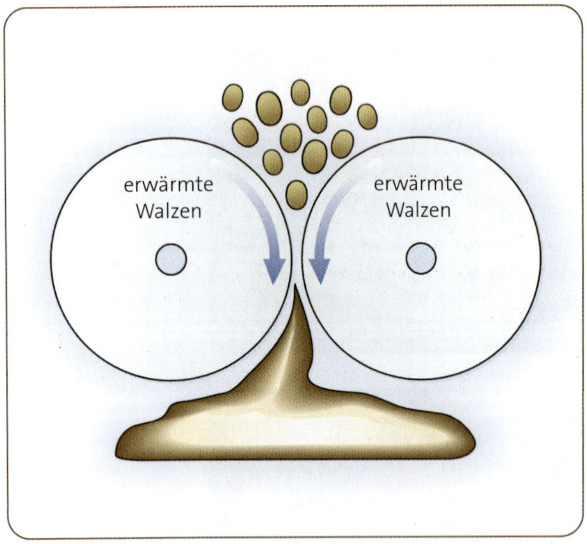

Herstellung der Kakaomasse

Die Kakaomasse ist eine schwarze, herb-bitter schmeckende Masse, die alle Bestandteile der Kakaobohne enthält.

Inhaltsstoffe der Kakaomasse	Bedeutungen für die Ernährung
54 % Kakaobutter (Fett der Kakaobohne) 12 % Eiweiß 7 % Stärke	sehr energiereich
9 % Ballaststoffe 5 % Wasser 3 % Mineralstoffe Vitamine	gesunde Nährstoffe
6 % Gerbstoffe	bitterer Geschmack und sie wirken stopfend
2 % Säuren 0,6 % Aromen	appetitanregend
1,2 % Theobromin 0,2 % Koffein	regen das Nervensystem leicht an

- Die Kakaomasse ist ein energiereiches Nahrungsmittel mit einem hohen Anteil an wertvollem Fett, der Kakaobutter.
- Sie besitzt auch einen besonders hohen Gehalt an Ballaststoffen, Mineralstoffen und Vitaminen.
- Die Kakaoerzeugnisse, die aus der Kakaomasse gewonnen werden, zählen zu den Genussmitteln, vor allem wegen der leicht anregenden Wirkung von Theobromin auf das Nervensystem sowie des Gehalts an Gerbstoffen, Säuren und Aromen.

Bearbeitung der Kakaomasse

Die stark erwärmte Kakaomasse wird unter hohem Druck gepresst, wobei sich die Kakaobutter verflüssigt und der größte Teil davon abfließt.
Übrig bleibt der gepresste, fettarme, so genannte „Presskuchen". Dieser Kakao wird vermahlen und dann zu Kakaopulver gesiebt.

LF 3.2

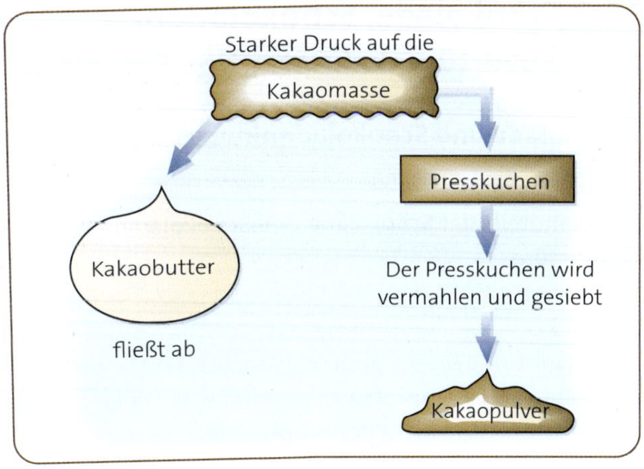

Herstellung von Kakaobutter und Kakaopulver

Presskuchen

Verflüssigte Kakaobutter fließt ab

Kakaopulver, auch Kakao genannt

Je nachdem wie stark die Kakaomasse ausgepresst wird, enthält das Kakaopulver mehr oder weniger Kakaobutter.

Arten von Kakaopulver und deren Bezeichnungen	
Kakaopulver (Kakao)	enthält mindestens 20 % Kakaobutter
• fettarmes Kakaopulver (Kakao) oder • stark entöltes Kakaopulver (Kakao)	enthält weniger als 20 % Kakaobutter, der Kakaobutteranteil muss auf der Verpackung in Prozent gekennzeichnet werden
Schokoladenpulver	Mischung von Kakaopulver und Zucker; mindestens 32 % Kakaopulver
• Trinkschokoladenpulver, • gezuckerter Kakao oder • gezuckertes Kakaopulver	Mischung von Kakaopulver und Zucker; mindestens 25 % Kakaopulver

Bei Schokoladen- und Trinkschokoladenpulver wird dem Kakaopulver ein hoher Anteil Zucker zugegeben. Der Kakao und auch der Kakaobutteranteil müssen bei diesen zwei Erzeugnissen in Prozent gekennzeichnet werden.

Verwendung von Kakaopulver

- Marmorkuchen
- Schokoladenspritzgebäck
- Schokoladeneis
- zum Bestauben von Torten und Desserts als Dekor
- Schokoladentortenboden
- Schwarz-Weiß-Gebäcke

Kakaopulver

Kakaobutter

Kakaobutter in fester und flüssiger Form

Die Kakaobutter wird durch Auspressen der Kakaomasse gewonnen.

Aussehen: Kakaobutter hat eine hellgelbe Farbe.
Schmelzpunkt: Der Schmelzpunkt liegt bei 32 bis 34 °C, weil Kakaobutter aus ca. 40 % ungesättigten Fettsäuren besteht. Deshalb spürt man beim Essen den angenehmen, zarten Schmelz im Mund.
Geschmack: Der Geschmack ist besonders mild.

Verwendung der Kakaobutter

- Kakaobutter in der Spraydose wird auf die modellierten Marzipanerzeugnisse gesprüht, damit sie leicht glänzen und sich durch den dünnen Fettfilm die Frischhaltung etwas verlängert.
- Flüssige Kakaobutter wird in die Schokoladenkuvertüre eingerührt, um diese zu verdünnen. So können die Bäckerei-/Konditoreierzeugnisse besonders dünn überzogen werden.

LF 3.2

Aufgaben

1. Beschreiben Sie die Kakaobäume, die Kakaofrüchte und deren Samenkerne.
2. Erklären Sie die Aufbereitung der Samenkerne zu Kakaobohnen.
3. Beschreiben Sie die Herstellung, das Aussehen und den Geschmack der Kakaomasse.
4. Nennen Sie die Inhaltsstoffe der Kakaomasse zu den angegebenen Prozentanteilen:
   - Hauptbestandteil: 54 %
   - bitterer Geschmackstoff: 6 %
   - gesunde Nährstoffe: 9 und 3 %
   - regt das Nervensystem leicht an: 1,2 %
5. Welche Kakaoerzeugnisse entstehen beim Abpressen der Kakaomasse?
6. Nennen Sie die vier Arten von Kakao- und Schokoladenpulver und geben Sie deren vorgeschriebenen Bestandteile an.
7. Wofür wird Kakaopulver in der Bäckerei/Konditorei verwendet?
8. Beschreiben Sie die Kakaobutter in Bezug auf
   - Farbe,
   - Schmelzpunkt,
   - Geschmack.
9. Geben Sie die Verwendung von Kakaobutter an.
10. Diskutieren Sie mit Ihren Kolleginnen, ob Tiramisudesserts mit Kakaopulver bestaubt und Schokoladeneis mit Kakaopulver hergestellt werden sollte, oder ob Schokoladen- oder Trinkschokoladenpulver verwendet werden sollte.
    Rühren Sie jeweils in eine Tasse heiße Milch 30 g Kakaopulver, Schokoladenpulver und Trinkschokoladenpulver. Beurteilen Sie mit Ihren Kolleginnen die Milchgetränke.

Rechenaufgabe

In einem Karton befinden sich 16 Blöcke Kakaomasse mit je 2 500 g. Die Kakaomasse besteht aus 54 % Kakaobutter, 6 % Gerbstoffen und 1,2 % Theobromin.

a) Wie viel kg Kakaobutter, Gerbstoffe und Theobromin befinden sich in diesem Karton?

b) Diese Kakaomasse enthält 6,400 kg Kohlenhydrate, 4,800 kg Eiweiß, 1200 g Mineralstoffe. Berechnen Sie den prozentualen Anteil dieser drei Bestandteile in der Kakaomasse.

LF 3.2

34.2 Schokolade, Schokoladenkuvertüre, kakaohaltige Fettglasur

Schokolade und Schokoladenkuvertüre

!

Bestandteile der Schokolade und Schokoladenkuvertüre

- Kakaomasse: Kakao und Kakaobutter
- Zucker
- Erlaubt sind bis 5 % andere pflanzliche Fette, die nicht von der Kakaofrucht stammen, bezogen auf das Gesamtgewicht der Schokolade.

Wird die Schokolade bzw. Schokoladenkuvertüre mit bis zu 5 % anderen Fetten ergänzt, muss dies deutlich lesbar deklariert (gekennzeichnet) werden: „enthält neben Kakaobutter auch andere pflanzliche Fette“.

!

Unterschied: Schokolade und Schokoladenkuvertüre

Schokolade und Schokoladenkuvertüre bestehen aus den gleichen Bestandteilen. In der Schokoladenkuvertüre ist jedoch mehr Kakaobutter enthalten.

Schokoladenkuvertüre mit dem hohen Kakaobutteranteil ist fließfähiger als Schokolade und deshalb besonders zum Überziehen von Bäckerei-/Konditoreierzeugnissen geeignet.
Daher wird Schokoladenkuvertüre in den Leitsätzen als Schokoladenüberzugsmasse bezeichnet.

§

Gesetzliche Bestimmungen

Nach der Kakaoverordnung muss

- Schokolade mindestens 18 % Kakaobutter und
- Schokoladenkuvertüre mindestens 31 % Kakaobutter enthalten.

Das Wort „Kuvertüre“ kommt aus dem Französischen und bedeutet so viel wie Umschlag oder Überzug. Dies weist bereits auf die überwiegenede Verwendung der Kuvertüre hin: zum Überziehen der Waren.

!

Schokoladenkuvertüre wird in der Praxis kurz als Kuvertüre bezeichnet.

Arten der Schokoladen und Schokoladenkuvertüren

Schokolade und Schokoladenkuvertüre (Kuvertüre)
Sie besitzen einen hohen Kakaoanteil und sind deshalb schwarz in der Farbe und schmecken zartbitter.

Milchschokolade und Milchschokoladenkuvertüre (Milchkuvertüre)
Sie enthalten im Gegensatz zur Schokolade und Schokoladenkuvertüre
- einen geringeren Kakaoanteil,
- einen höheren Kakaobutteranteil und
- Milchpulver, das enthält Milchfett, Milchzucker und Milcheiweiß.

Milchschokolade und Milchkuvertüre haben eine braune Farbe und einen milden Schokoladengeschmack.

Weiße Schokolade
Weiße Schokolade besteht aus
- Kakaobutter,
- Milchpulver und
- einem höheren Zuckeranteil.

Weiße Schokolade hat eine weiße Farbe, weil sie keinen Kakao enthält. Sie schmeckt süß und hat den milden Geschmack der Kakaobutter und der Milchbestandteile.

Kuvertüre, Milchkuvertüre, weiße Schokolade

Verwendung von Kuvertüre

Bestimmungen der Leitsätze
Folgende Waren dürfen nur mit Schokoladenüberzugsmasse (Kuvertüre, Milchkuvertüre und weiße Schokolade) überzogen werden, Fettglasur ist nicht erlaubt:
- Sachertorten, Herrentorten
- Mandelmakronengebäcke, Nussmakronen
- Florentiner, Nussknacker
- Printen und Spritzkuchen (Braune Lebkuchen)
- Elisen- und Nusslebkuchen
- Pralinen
- Baumkuchen

Kuvertüre, Milchkuvertüre und weiße Schokolade sind von hochwertiger Qualität und können deshalb uneingeschränkt für alle Bäckerei-/Konditoreierzeugnisse verwendet werden.

Bestimmungen der Leitsätze
- Enthalten Bäckerei-/Konditoreierzeugnisse im Namen das Wort „Schokolade" oder die Abkürzung „Schoko", müssen diese Waren Kakaoerzeugnisse oder Kakao im Teig oder in der Masse, in der Füllung und oder im Überzug enthalten.
- Diese Kakaoerzeugnisse müssen im fertigen Erzeugnis geschmacklich deutlich wahrnehmbar sein.

Beispiele: Schokoladenspritzgebäck, Schokoladenkuchen, Schokoladentortenboden, Schokoladenbuttercreme, Schokoladensahne, Schokoeis

Kakaohaltige Fettglasur

!

Bestandteile der Fettglasur
- Kakao (ohne Kakaobutter)
- kakaofremde Fette wie Erdnuss-, Kokos-, Palmkernfett
- Zucker

!

Unterschied: Fettglasur und Schokoladenkuvertüre
Fettglasur enthält kakaofremde Pflanzenfette, sodass im Gegensatz zur Schokoladenkuvertüre die hochwertige Kakaobutter fehlt.

Fettglasur ist eine fetthaltige Überzugsmasse und im Vergleich zur Schokoladenkuvertüre von geringerer Qualität, weil ihr der typische Schokoladengeschmack fehlt, der durch die Kakaobutter bestimmt wird. Fettglasur mit den geringerwertigen kakaofremden Fetten wird als preisgünstiger Ersatz für Schokoladenkuvertüre verwendet.

Eigenschaften der Fettglasur auf den überzogenen Gebäcken:
- zieht schnell auf den Gebäcken an
- hat auf den Gebäcken einen schönen Glanz
- ist auf den Gebäcken weich und lässt sich auf Torten und Desserts leicht durchschneiden

LF 3.2

Deklarationspflicht

Um Verwechslungen mit Schokoladenkuvertüre auf Bäckerei-/Konditoreierzeugnissen auszuschließen, muss jede Ware, die mit Fettglasur überzogen ist, deklariert (gekennzeichnet) werden.

- Bei unverpackten Waren im Laden erfolgt die Deklaration am einfachsten auf dem Preisschild oder auf einem zusätzlichen Schild unverwechselbar neben der Ware.

- Bei vorverpackten Waren wird die Fettglasur im Zutatenverzeichnis angegeben.

Ein Gesamtschild im Laden zur Kennzeichnung aller Waren, die mit Fettglasur überzogen sind, reicht nicht aus, z. B. „Unsere Backwaren werden mit kakaohaltiger Fettglasur überzogen."
Auch die Bezeichnung „Schokoladenüberzug" ist bei mit Fettglasur überzogenen Erzeugnissen nicht zulässig.

Vor- und Nachteile von Fettglasur gegenüber Schokoladenkuvertüre

Vorteile	Nachteile
• preiswerter • braucht beim Verarbeiten nur erwärmt und nicht temperiert zu werden • glänzt immer auf den überzogenen Waren und wird nicht grau • ist weich und kann auf den Torten und Desserts leicht durchgeschnitten werden	• der typische Schokoladengeschmack fehlt • überzogene Gebäcke müssen deklariert werden • darf nicht für bestimmte Qualitätswaren verwendet werden • Waren mit Fettglasur dürfen folgende Bezeichnungen nicht führen: „feinst" „extra fein" „beste"

LF 3.2

Lagerung aller Kakaoerzeugnisse

Kakaoerzeugnisse sind wegen des niedrigen Wassergehalts gut lagerfähig.

Optimale Lagerbedingungen:

- kühl, ideal sind 15 bis 18 °C
- trocken, bei normaler Luftfeuchtigkeit im Lagerraum
- frei von Fremdgerüchen

Aufgaben

1. Nennen Sie die Bestandteile der Schokolade und Schokoladenkuvertüre.
2. Beschreiben Sie den Unterschied zwischen Schokolade und Schokoladenkuvertüre.
3. Erklären Sie folgende Schokoladen und Schokoladenkuvertüren in Bezug auf Bestandteile, Farbe und Geschmack:
   - Schokolade und Schokoladenkuvertüre
   - Milchschokolade und Milchschokoladenkuvertüre
   - weiße Schokolade
4. Nennen Sie die Erzeugnisse der Bäckerei/Konditorei, die nach den Bestimmungen der Leitsätze nur mit Kuvertüre überzogen werden dürfen, Fettglasur ist nicht erlaubt.
5. Was schreiben die Bestimmungen der Leitsätze bei Bäckerei-/Konditoreierzeugnissen vor, die im Namen das Wort Schokolade oder die Abkürzung Schoko beinhalten, z. B. Schokoladenspritzgebäcke, Schokoladentortenböden, Schokoeis?
6. Nennen Sie die Bestandteile der Fettglasur.
7. Wie unterscheidet sich Fettglasur gegenüber Schokoladenkuvertüre?
8. Beschreiben Sie die Fettglasur in Bezug auf
   - Verarbeitung,
   - Verwendung,
   - Eigenschaften auf den überzogenen Gebäcken.
9. Erklären Sie die Deklarationspflicht bei Gebäcken, die mit Fettglasur überzogen sind, bei
   - unverpackten Waren,
   - vorverpackten Waren.
10. Nennen Sie die Vor- und Nachteile von Fettglasur gegenüber Schokoladenkuvertüre.
11. Beschreiben Sie, wie alle Kakaoerzeugnisse gelagert werden sollten.
12. Befragen Sie verschiedene Menschen, z. B. Ihre Mitschülerinnen in der Berufsschule, Kolleginnen, Kunden und Bekannte, ob ihnen Kuvertüre, Milchkuvertüre oder weiße Schokolade auf den Bäckerei-/Konditoreierzeugnissen besser schmeckt. Tragen Sie das Gesamtergebnis zusammen und notieren Sie die Geschmacksangaben speziell der Männer, Frauen, Kinder und älteren Menschen. Können Sie Vorlieben einer Gruppe für eine bestimmte Kuvertüre bzw. Schokolade herausfinden?

34.3 Temperieren und Verarbeiten von Schokoladenkuvertüre

Kuvertüre muss zur Verarbeitung temperiert werden. Dafür muss die feste Kuvertüre erwärmt werden, um sie aufzulösen, d. h. zu verflüssigen.

!

Temperieren von Kuvertüre

Die Kuvertüre, Milchkuvertüre und die weiße Schokolade müssen auf 30 bis 32 °C temperiert werden.

- Schokoladenkuvertüre: 32 °C
- Milchschokoladenkuvertüre: 31 °C
- weiße Schokolade: 30 °C

Danach werden sie gründlich verrührt, damit die Bestandteile der Kuvertüre zu einer homogenen Einheit vermischt werden. So können die Kuvertüren verwendet werden.

Ideale Verarbeitungstemperatur

Auswirkungen des Temperierens

- Bei 30 bis 32 °C hat Kuvertüre die richtige Konsistenz zum Überziehen (nicht zu dick- und nicht zu dünnflüssig).
- Durch das Temperieren verbinden sich die Bestandteile der Kuvertüre wie Kakao, Kakaobutter und Zucker. Deshalb wird die Kuvertüre beim Abkühlen auf den überzogenen Erzeugnissen fest und bekommt einen schönen Glanz.

Zu warme Schokoladenkuvertüre, über 32 °C

Kakaobutter besteht aus verschiedenen Fettsäuren, die in zu warmem Zustand unterschiedlich große Kristalle haben. Die Kakaobutter mit den großen, unregelmäßigen Kristallen bindet sich schlecht mit dem Kakao und Zucker in der Kuvertüre. Die Kuvertürebestandteile können sich nicht zusammenschließen.

Die Auswirkungen sind:

- Die schwereren, festen Kakaoteile setzen sich in der Kuvertüre unten ab.
- Die leichtere, flüssige Kakaobutter drängt an die Oberfläche der Kuvertüre. Deshalb sieht Kuvertüre nach dem Festwerden grau aus oder hat graue Streifen.

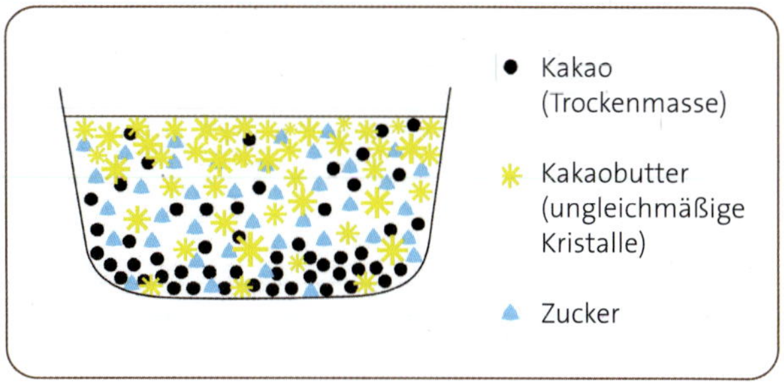

Temperierte Schokoladenkuvertüre

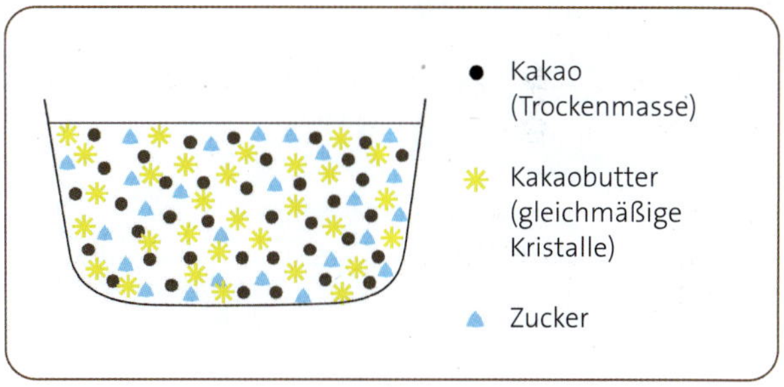

Beim Temperieren der Kuvertüre auf 30 bis 32 °C verändern sich die großen, unregelmäßigen Kristalle der Kakaobutter zu kleinen, gleichmäßig großen Kristallen. Diese verbinden sich mit dem Kakao und dem Zucker zu einer homogenen (einheitlichen) Schokoladenmasse.

Die Auswirkungen sind:

- Die Kuvertüre zieht nach dem Überziehen auf den Erzeugnissen schnell an und wird besonders hart.
- Die Kuvertüre glänzt auf den Erzeugnissen.

Das Festwerden von flüssiger Schokoladenkuvertüre beim Abkühlen auf den Erzeugnissen wird in der Fachsprache als „Anziehen“ oder „Erstarren“ bezeichnet.

!

Merkmale richtig temperierter Schokoladenkuvertüre auf den Erzeugnissen

- Die Kuvertüre besitzt einen schönen seidigen Glanz.
- Die Kuvertüre ist nach dem Anziehen hart im Bruch und Biss.

Kuvertürefehler	Ursachen
Fettreif = Die Kuvertüre der überzogenen Erzeugnisse ist grau oder hat graue Streifen.	• Kuvertüre wurde zu warm temperiert verarbeitet. • Kuvertüre wurde vor der Verarbeitung nicht ausreichend durchgerührt. • Das zu überziehende Gebäck war nicht ausgekühlt. • Das überzogene Erzeugnis wurde zu warm gelagert.
Zuckerreif = Die Kuvertüre der überzogenen Erzeugnisse hat eine raue Oberfläche ohne Glanz.	Die Kuvertüre auf den überzogenen Waren wurde feucht, z. B. Lagerung in zu feuchter Kühlung. Durch die Feuchtigkeit wird der gelöste Zucker in der Kuvertüre körnig, er kristallisiert aus.
Es befinden sich Fingerabdrücke auf der Kuvertüre der Waren.	• Kuvertüre wurde mit feuchten Fingern angefasst oder • Kuvertüre wurde zu lange mit den Fingern gehalten. Die Säure der Haut ergibt Flecken.
Die Waren sind zu dick mit Kuvertüre überzogen worden. Die Kuvertüre hat ein mattes, glanzloses Aussehen, manchmal mit Grauschimmer.	Die Kuvertüre war beim Verarbeiten zu kühl temperiert.

Glänzende Kuvertüre mit hartem, glattem Bruch

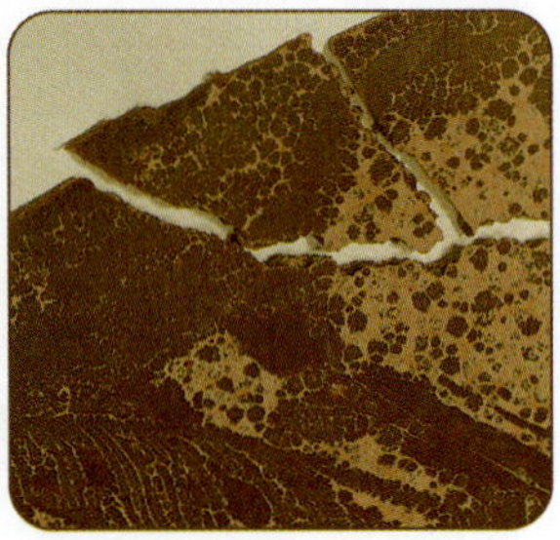

Graue Kuvertüre mit unregelmäßigem Bruch

Graue Kuvertüre auf Pralinen

!

In die flüssige Kuvertüre darf kein Wasser gelangen, da sie sonst stockt, d. h. fest wird. Kuvertüre, z. B. in einer Schüssel, darf nicht direkt auf einem Gasherd oder einer Elektroplatte erwärmt werden, da sie sofort klumpig wird und verbrennt.

Fettreif

Graue Kuvertüre und Kuvertüre mit grauen Streifen sind die häufigsten Kuvertürefehler.

Übersteigt die Temperatur der Kuvertüre 32 °C, werden aus den kleinen, gleichmäßigen Kristallen der Kakaobutter große, ungleichmäßige Kristalle. Diese verlieren ihre Bindung mit dem Kakao und Zucker. Die leichtere Kakaobutter steigt nach oben und die schweren Kakaoteile sinken nach unten → Seite 559.

Durch die nach oben gestiegene Kakaobutter sieht die Kuvertüre grau aus oder sie ist mit grauen Streifen durchzogen.

Einteilen der Schokoladenkuvertüre auf überzogenen Torten und Desserts

Die dünne und harte Kuvertüreschicht auf Torten und Desserts muss vor dem Abschneiden durchtrennt werden, weil sie beim Schneiden abspringen (abbrechen) würde.

Beim Einteilen der Kuvertüre auf überzogenen Torten wird ein Torteneinteiler erwärmt und auf die Oberfläche der Torte gedrückt. Die dünne Kuvertüreschicht schmilzt beim Eindrücken und wird somit durchtrennt. Die Kuvertüre auf überzogenen Dessertstreifen wird mit einem warmen Messer durchtrennt.

Durchtrennen der Schokoladenkuvertüre

LF 3.2

Schokoladenhohlfiguren

Als Geschenk verpackte Schokoladenhohlfigur

Schokoladenhohlfiguren sind Figuren mit unterschiedlichen Motiven, die außen aus dünner Kuvertüre bestehen und innen hohl sind. Die Schokoladenhohlfiguren werden dekorativ in Folie verpackt und mit einer Schleife verschönert. So sind sie beliebte Geschenke aus der Konditorei, z.B. Weihnachtsmann, Osterhase, Ostereier, Muttertagsherzen, Maikäfer.

Gießen von Schokoladenhohlfiguren

Füllen der Form mit Kuvertüre

Auslaufen der Kuvertüre aus der Form

- Eine Plexiglasform (durchsichtige Plastikform) bis zum Rand mit Schokoladenkuvertüre füllen.
- Nach dem Umdrehen der Form läuft die Schokoladenkuvertüre wieder in den Kuvertürebehälter. An der Formenwand bleibt eine Schicht Schokoladenkuvertüre hängen. Bei großen Formen wiederholt man den Vorgang nochmals, damit durch die doppelte Schicht die Schokoladenhohlfigur stabiler wird.
- Figuren mit Kuvertüre, Milchkuvertüre und weißer Schokolade ergeben wegen der drei Farben lebhafte Schokoladenfiguren.

Aufgaben

1. Beschreiben Sie das Temperieren der Kuvertüren und weißen Schokolade.
2. Erklären Sie die Auswirkungen des Temperierens auf die Kuvertüre. →
3. Erklären Sie, was in zu warmer Schokoladenkuvertüre, über 32 °C, geschieht.
4. Beschreiben Sie die Veränderungen der Kakaobutter in der Schokoladenkuvertüre beim Temperieren.
5. Nennen Sie die Merkmale richtig temperierter Schokoladenkuvertüre auf überzogenen Waren.
6. Erklären Sie, wie ein Fettreif auf der Kuvertüre der überzogenen Waren entsteht.
7. Nennen Sie die Ursachen folgender Kuvertürefehler:
   - Zuckerreif
   - Fingerabdrücke befinden sich auf der Kuvertüre der Ware.
   - Die Waren sind zu dick mit Kuvertüre überzogen und die Kuvertüre hat ein mattes, glanzloses Aussehen, manchmal mit Grauschimmer.
8. Beschreiben Sie, wie Torten und Desserts, die mit Kuvertüre überzogen sind, eingeteilt werden.
9. Erklären Sie „Schokoladenhohlfiguren" und beschreiben Sie, wie sie als Geschenke verpackt werden.
10. Beschreiben Sie das Gießen von Schokoladenhohlfiguren.
11. Ein Kunde kauft in Ihrem Betrieb Gebäcke, die mit Kuvertüre überzogen sind, und lässt diese an einem warmen Sommertag im Auto liegen. Er beschwert sich bei Ihnen, weil die Kuvertüre auf den Gebäcken grau ist. Geben Sie dem Kunden eine fachliche Auskunft.

Rechenaufgaben

1. Ein Konditor hat Kuvertüre zu kühl temperiert. Beim Überziehen von Gebäcken mit der zu dicken Kuvertüre wurden 4,340 kg Kuvertüre verbraucht. Dies sind 8,5 % mehr als beim Überziehen mit richtig temperierter Kuvertüre. Wie viel g Kuvertüre wird bei richtig temperierter Kuvertüre benötigt und wie viel g Kuvertüre wurde bei der zu kühl temperierten Kuvertüre mehr verbraucht?
2. Schokoladenkuvertüre enthält 60 % Kakaobestandteile und 38 % Kakaobutter in der Gesamtkuvertüre. Der Kakaobutteranteil beträgt 9,500 kg. Berechnen Sie die Kuvertüremenge und den Anteil an Kakao sowie an Zucker in kg.

LF 3.2

34.4 Pralinen

Berühmtheit erlangte der französische Marschall Choiseu du Plessis-Praslin, der vom Sonnenkönig Ludwig XIV. als Beobachter nach Regensburg geschickt wurde. Dort stellte ihm sein deutscher Koch besondere kleine Süßigkeiten her. Er überzog die bis dahin bekannten überzuckerten Mandeln und Nüsse mit der gerade in Frankreich in Mode gekommenen Schokolade. Er nannte diese kleine Süßigkeit zu Ehren des Marschalls „Praline", was er von dessen Namen ableitete.

§

Gesetzliche Bestimmungen nach der Kakaoverordnung

Unter dem Begriff „Pralinen" versteht man bissengroße Erzeugnisse, bei denen der Schokoladenanteil mindestens 25 % beträgt.

Wird bei diesen „bissengroßen Erzeugnissen" der vorgeschriebene Anteil von 25 % Schokolade nicht erreicht, werden sie als **„Konfekt"** bezeichnet.

Pralinensorten

Pralinensorten

Die Einteilung der vielen verschiedenen Pralinen erfolgt nach den hauptsächlichen enthaltenen Grundzutaten, die neben der Schokolade enthalten sind.

LF 3.2

Pralinensorten	Grundzutaten und weitere geschmackgebende Zutaten
Marzipanpralinen	Grundzutat: Marzipanrohmasse; mögliche geschmackgebende Zutaten: • Spirituosen, z. B. Weinbrand, Rum, Kirschwasser, Liköre • Nüsse, Mandeln, Pistazien und Krokant
Nugatpralinen	Grundzutat: Nugatmasse; mögliche Zutaten: Schokolade, Nüsse, Mandeln, Pistazien
Krokantpralinen	Grundzutat: Krokant, der aus karamellisiertem Zucker mit Mandeln oder Nüssen besteht. • Krokantpralinen enthalten neben Krokant meistens Marzipan oder Nugatmasse. • Weichkrokantpralinen: Krokant mit Schlagsahne und Butter • Blätterkrokantpralinen: Hartkrokant und Nugatmasse in sehr dünnen Schichten
Trüffelpralinen	Grundzutat: Trüffelmasse oder Ganache; Herstellung: Schokoladenkuvertüre in kochender Schlagsahne auflösen und mit geschmackgebenden Zutaten verfeinern, z. B.: Weinbrand, Rum, Kirschwasser, beliebiger Likör, Mokka, Vanille.
Früchtepralinen	Grundzutat: Früchte; • Mandelsplitter (Mandelsplitterpralinen) • ganze Mandeln und Nüsse karamellisiert • Trockenfrüchte, z. B. Feigen, Datteln, Sultaninen • Dickzuckerfrüchte, z. B. Ananas, Aprikosen, Ingwer Die Früchte werden mit Schokolade zu Pralinen verarbeitet.
Likörpralinen	Grundzutat: Spirituosen oder Liköre Die Pralinen sind außen mit Schokoladenkuvertüre umgeben. • Gefüllt sind die Pralinen mit einer Spirituose oder einem Likör, z. B. Cognac bei den Cognacbohnen. • In Weinbrand-Kirschpralinen befindet sich im Weinbrand eine Kirsche.

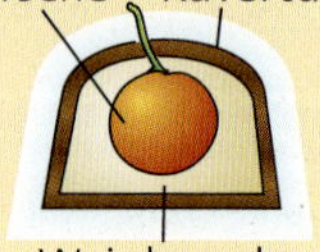

Pralinenbeispiele

Pistazien-Marzipanpralinen

Rezeptbeispiel: Pistazienmarzipan

1000 g	Marzipanrohmasse	Alle Zutaten zu Pistazienmarzipan anwirken. Die Pralinen mit Kuvertüre überziehen
250 g	Pistazien, fein gerieben	
120 g	Rum, 60 % vol	
1370 g	**Pistazienmarzipan**	

Pistazien-Marzipanpralinen

Trüffelpralinen

Trüffel ist eine Pilzart, die unter der Erde wächst und in der Gastronomie eine besondere Spezialität darstellt. Ein französischer Confiseur kreierte eine Trüffelimitation mit einer feinen Masse aus Sahne und Zartbitterschokolade, die er zu Kugeln formte und diese in Schokolade tauchte.

Eine Trüffelmasse, die in der Fachsprache auch als „Ganache" bezeichnet wird, wird hergestellt aus
- Kuvertüre, Milchkuvertüre oder weißer Schokolade,
- Schlagsahne und
- einem Geschmacksstoff, z. B. eine Spirituose, ein Likör, Mokka-, Vanille-, Erdbeeraroma.

Die Trüffelmasse wird überwiegend in z. B. kugelförmige, ovale und runde Schokoladenhohlkörper gefüllt, sodass die Kuvertüre außen die Trüffelmasse vor zu schnellem Austrocknen schützt.

Rezeptbeispiel: Cognac-Trüffelmasse

500 g	Schlagsahne	• Schlagsahne mit Glukosesirup kochen.
100 g	Glukosesirup	• Klein gehackte Kuvertüre in der gekochten Schlagsahne verrühren, bis sie sich aufgelöst hat.
900 g	Kuvertüre oder Milchkuvertüre	• In die auf ca. 40 °C abgekühlte Trüffelmasse den Cognac einrühren.
150 g	Cognac	
1650 g	**Cognac-Trüffelmasse**	

Herstellung von Cognac-Trüffelpralinen
- Die Cognac-Trüffelmasse auf ca. 27 °C abkühlen und in Schokoladenhohlkugeln füllen.
- Die gefüllten Pralinenkugeln in Kuvertüre tauchen und die Kuvertüre etwas anziehen lassen.
- Die Pralinen auf einem Gitter rollen, bis die Kuvertüre grobe Spitzen zieht.

Cognac-Trüffelpralinen

Eierlikör-Trüffelpralinen
In diesem Beispiel wird eine Eierlikör-Trüffelmasse in runde oder ovale Schokoladenhohlkörper gefüllt.

Eierlikör-Trüffelmasse in Schokoladenhohlkörper füllen

Eierlikör-Trüffelpralinen

LF 3.2

Schichtnougatpralinen

Rezeptbeispiel: Schichtnugatmasse für Pralinen

1000 g	Nussnugatmasse
200 g	dunkle Schokoladenkuvertüre
1000 g	Mandelnugatmasse
100 g	Kakaobutter
2300 g	**Masse für Nugatpralinen**

- Nussnugatmasse mit temperierter Kuvertüre mischen.
- Mandelnugatmasse mit weicher Kakaobutter mischen.
- 2 mm dicke Schichten von dunkler und heller Nugatmasse im Wechsel übereinanderlegen.

Schichtnugatpralinen

Mandelsplitterpralinen

Rezeptbeispiel: Mandelspitterpralinen

1000 g	Mandeln, gestiftelt, leicht geröstet
1000 g	Schokoladenkuvertüre
2000 g	**Mandelsplitter**

Die gestiftelten Mandeln mit Schokoladenkuvertüre verrühren und daraus mit einem kleinen Löffel Häufchen auf ein Papier legen.

Mandelsplitterpralinen

Likörpralinen

Weinbrand-Kirschpralinen

Krokantpralinen

Krokantpralinen

Früchtepralinen

Dattel-Marzipanpralinen

Kandierte Ananaspralinen mit weißer Schokolade und Kuvertüre

LF 3.2

Lagerung von Pralinen

- kühl, ideal sind 15 bis 18 °C
- trocken, bei geringer Luftfeuchtigkeit
- frei von Fremdgerüchen

In speziellen Pralinenvitrinen sind die optimalen Bedingungen zur Lagerung von Pralinen gegeben.

Präsentation in der Pralinenvitrine

Pralinen in der Pralinenvitrine im Laden

Jede Pralinensorte auf einem kleinen Tablett aufrichten und in die Pralinenvitrine stellen, sodass jede Sorte gut sichtbar ist.

Helle und dunkle Pralinen auf den Tabletts im Wechsel nebeneinander stellen, damit jede Sorte durch die farbliche Abwechslung zur Geltung kommt und ansprechend wirkt.

Möglichst nur volle Tabletts ausstellen, da nur diese verkaufsfördernd wirken. Deshalb werden die Tabletts ständig aufgefüllt.

Volle Pralinentabletts mit jeweils einer Sorte

Verkauf von Pralinen

- Beim Aufrichten der Pralinen auf Tabletts werden weiße Baumwollhandschuhe verwendet, um Fingerabdrücke zu vermeiden.
- Beim Verkauf fasst die Fachverkäuferin die Pralinen mit einer Pralinenzange an. Die Pralinen werden in ein Folientütchen gegeben, das anschließend mit einem Clip, Ringelband oder Schleife verschlossen wird.

!

Pralinen niemals mit bloßen Händen anfassen, da die Fingerabdrücke auf der Kuvertüre sichtbar sind und dies beim Verkauf vor den Kunden unhygienisch wirkt.

Einfüllen der Pralinen in ein Tütchen mit einer Pralinenzange

Pralinentütchen mit Schleife

Verkaufsargumente

Qualitätsmerkmale für die Kundenberatung

- Pralinen aus der Konditorei sind hochwertige Erzeugnisse, die nur mit besten Zutaten und mit hohem Schokoladenanteil hergestellt werden.
- In der Konditorei werden nur frische Pralinen angeboten. Dies ist der Vorteil gegenüber preisgünstigen Industriepralinen.
- Der Name jeder Pralinensorte gibt die vorherrschende Geschmacksrichtung an, z. B. Marzipan-Krokantpralinen, Mandelsplitterpralinen, Champagner-Trüffelpralinen.

→

LF 3.2

Verkaufsargumente

Frischhaltung und Aufbewahrung

Je nach Pralinensorte sind Pralinen einige Tage frisch. Beispielsweise sind Mandelsplitterpralinen aus Mandeln und Kuvertüre länger frisch als Trüffelpralinen aus Sahne und Kuvertüre.

- In der Pralinenvitrine im Laden bei kühler Lagerung und trockener Luftfeuchtigkeit sind Pralinen am längsten lagerfähig.
- In einem kühlen Raum sind luftdicht in Pralinentütchen verpackte Pralinen einige Zeit lagerfähig.

Bei zu langer Lagerung verändern sich Pralinen nachteilig:

- Geschmacksstoffe gehen verloren.
- Kuvertüre verändert sich geschmacklich nachteilig.
- Pralinen werden trocken.

Besondere Eignung

- Pralinen sind jederzeit ein passendes Geschenk, z. B. als kleine Aufmerksamkeit, als Begrüßungsgeschenk, als Geschenk zum Geburtstag und Valentinstag.
- Pralinen eignen sich als kleine, süße Köstlichkeiten zwischendurch beim angenehmen Beisammensein und bei Partys.
- Kindern nur Pralinen ohne Alkohol anbieten.

Aufgaben

1. Nennen Sie die gesetzliche Bestimmung für Pralinen.
2. Nennen Sie die sechs Pralinensorten, die nach den hauptsächlich enthaltenen Zutaten benannt werden.
3. Erklären Sie folgende bekannte Pralinen:
   - Schichtnugatpralinen
   - Krokantpralinen
   - Mandelsplitterpralinen
4. Beschreiben Sie, woraus Trüffelpralinen hergestellt werden.
5. Geben Sie die optimale Lagerung der Pralinen an.
6. Beschreiben Sie, wie Pralinen im Laden den Kunden präsentiert werden.
7. Erklären Sie, wie Pralinen angefasst werden
   - beim Aufrichten auf Tabletts,
   - beim Einfüllen in Tütchen im Verkauf.
8. Erklären Sie die Qualitätsmerkmale der Pralinen in der Konditorei bei der Kundenberatung.
9. Geben Sie die Frischhaltung der Pralinen an.
10. Wofür eignen sich Pralinen besonders gut?
11. Eine Kundin hätte gerne 200 g gemischte Pralinen und fragt, welche Pralinen Sie anbieten. Außerdem möchte sie 100 g Pralinen für ein Kind. Nennen Sie der Kundin verschiedene Pralinen.

Rechenaufgaben

LF 3.2

1. Cognac-Trüffelpralinen werden aus Schlagsahne, Kuvertüre und Cognac im Verhältnis von 1 : 1,8 : 0,3 hergestellt.
   Berechnen Sie die Anteile der einzelnen Zutaten in 5,270 kg Trüffelmasse.
2. Eine Pralinenmischung enthält Krokant-, Trüffel-, Nugat- und Mandelsplitterpralinen im Verhältnis 0,7 : 2,3 : 1,2 : 2,8.
   a) Wie viel g der jeweiligen Pralinen sind in dieser Mischung, wenn 210 g Krokantpralinen enthalten sind?
   b) Berechnen Sie das Gewicht der Pralinenmischung in kg.
3. Vier Sorten Pralinen werden gemischt:
   750 g zu 9,00 € je 250 g — 1200 g zu 3,80 € je 100 g
   1⅛ kg zu 4,20 € je 125 g — ⅘ kg zu 8,60 € je 200 g
   Wie viel kosten 125 g der Pralinenmischung?
4. Für eine Pralinenmischung werden vier Sorten gemischt, die je 100 g 3,80 €, 4,70 €, 4,20 € und 4,50 € kosten.
   a) Berechnen Sie das Verhältnis auf eine Stelle gerundet bei einem Mischungspreis von 4,30 €/100 g.
   b) Von der vierten Pralinensorte sind 600 g in der Mischung enthalten. Wie viel g werden von den übrigen Sorten benötigt?
   c) Wie viel g werden von jeder Sorte benötigt, wenn eine Pralinenmischung 2½ kg wiegen soll?

35 Speiseeis

Situation

Bereits im Frühling beginnt das beste Eisgeschäft. Sie präsentieren die verschiedenen Eissorten in der Eistheke und beachten auch die Hygiene beim Verkauf von Speiseeis. Für die Eiskarte im Café sollen Sie die Zutaten der Eissorten und die Geschmacksrichtungen angeben. Sie beschreiben auch die Besonderheiten der Eisspezialitäten wie Eistorten, Eisbomben und Eisdesserts sowie den Aufbau der verschiedenen Eisbecher.

- Welche Speiseeissorten gibt es und wie sind die Qualitätsbestimmungen der Leitsätze und die Bestimmungen für die Deklaration?
- Wie wird Speiseeis hergestellt?
- Wie wird Speiseeis verkauft und wie sind die hygienischen Bestimmungen dabei?
- Welche bekannten Eisspezialitäten gibt es?
- Wie wird ein Eisbecher hergerichtet?

Ein findiger Zuckerbäcker aus Sizilien erzeugte im Jahre 1530 künstliche Kälte mit Salpeter. Speiseeis konnte nun mit geringem technischen Aufwand hergestellt werden.

Bald waren italienische Gelatieri (Eishersteller) an den prunkvollen europäischen Fürstenhöfen tätig. Ihr guter Ruf der gehobenen Speiseeisherstellung ist bis heute geblieben.

Als 1851 die Kältemaschine erfunden wurde, konnte man Speiseeis in größeren Mengen produzieren, was zum großen Durchbruch der Speiseeisherstellung führte.

Mit der Veröffentlichung der ersten deutschen Speiseeisverordnung 1933 wurde der Begriff Speiseeis zu einer amtlichen Bezeichnung.

Speiseeis

Bestimmungen der Leitsätze

Begriffsbestimmung:
Was wird als Speiseeis bezeichnet?

Speiseeis ist eine Zubereitung verschiedener Zutaten, die

- in einem Gefrierprozess hergestellt,
- in gefrorenem Zustand in den Verkauf gebracht und
- dazu bestimmt ist, in gefrorenem Zustand verzehrt zu werden.

LF 3.2

35.1 Speiseeissorten

Bestimmungen der Leitsätze

- Speiseeis darf im Verkauf als „Eis“ bezeichnet werden, mit Ausnahme von Wassereis.
- Speiseeissorten mit den folgenden **Bezeichnungen** müssen die beschriebenen Mindestanforderungen erfüllen.
  Die Prozentzahlen beziehen sich auf das Gewicht des gesamten Speiseeises.

1. **Cremeeis oder Eiercremeeis** enthält mindestens 50 % Milch. Auf 1 l Milch müssen mindestens 270 g Vollei oder 90 g Eigelb zugegeben werden. Wasser wird nicht zugegeben.
2. **Milcheis** enthält mindestens 70 % Milch.
   Statt Milch können auch Joghurt, Sauermilch, Buttermilch oder Kefir verwendet werden, z. B. bei Joghurteis.
3. **Fruchteis** enthält mindestens 20 % Früchte.
   Bei Fruchteis aus Zitrusfrüchten und anderen sauren Früchten mit einem Zitronensäuregehalt von mindestens 2,5 %, beträgt der Fruchtanteil mindestens 10 %, z. B. Zitronen, Orangen, Maracujas, schwarze Johannisbeeren.
4. **Frucht-Sorbet oder Sorbet** enthält mindestens 25 % Früchte.
   Bei Frucht-Sorbets aus Zitrusfrüchten und anderen sauren Früchten – mit einem Zitronensäuregehalt von mindestens 2,5 % – beträgt der Fruchtanteil mindestens 15 %, z. B. Zitronen, Orangen, Maracujas, schwarze Johannisbeeren. Milch und Milchbestandteile dürfen in diesem Speiseeis nicht verwendet werden.
5. **Rahmeis, auch Sahneeis genannt, Fürst Pückler Eis** enthält mindestens 18 % Milchfett aus der bei der Herstellung verwendeten Sahne (Rahm).
6. **Eiscreme** enthält mindestens 10 % Milchfett.
7. **Fruchteiscreme** enthält mindestens 8 % Milchfett und einen deutlich wahrnehmbaren Fruchtgeschmack.
8. **Wassereis** erfüllt nicht die Anforderungen der anderen Speiseeissorten und ist somit geringwertiges Eis.

LF 3.2

Speiseeissorten in der Konditorei	Speiseeissorten von der Eisindustrie
• Milcheis • Cremeeis • Fruchteis • Frucht-Sorbet • Sahneeis (Rahmeis)	• Eiscreme • Fruchteiscreme • Frucht-Sorbet • Wassereis

- Das cremige und leichte Milcheis wird von den Verbrauchern bevorzugt. Cremeeis ist geschmackvoller, aber wegen der vielen Eigelbe auch fetthaltiger.
- In Frucht-Sorbet dürfen keine Milcherzeugnisse enthalten sein. Deshalb ist es für Menschen mit Laktoseintoleranz (Milchzuckerunverträglichkeit) geeignet. In Fruchteis darf Milch verarbeitet werden.
- Wassereis ist geringwertiges Speiseeis und findet im Fachbetrieb der Konditorei keine Verwendung.
- Sahneeis wird für Eisspezialitäten wie Eistorten und Eisdesserts hergestellt.

Speiseeissorten in der Eistheke

Bestimmungen für die Deklaration (Kennzeichnung)

Bestimmungen der Leitsätze

- Speiseeis kann nach der Geschmacksrichtung benannt werden, z. B. Vanilleeis, Schokoladeneis, Nusseis; ausgenommen Wassereis.
- Bei Fruchteis, Frucht-Sorbet und Fruchteiscreme können die Früchte namengebend sein, z. B. Erdbeereis, Himbeer-Sorbet.
- Wird bei Milcheis statt Milch überwiegend Joghurt, Sauermilch oder Kefir verwendet, mit mindestens 3,5 % Milchfett wie Vollmilch, können die Milcherzeugnisse namengebend sein, z. B. Joghurteis, Sauermilch-Zitroneneis.
- Vanilleeis muss mit Vanilleschoten oder natürlichem Vanillearoma hergestellt werden. Der Vanillegeschmack ist deutlich wahrnehmbar.

§

Gesetzliche Bestimmungen der Deklaration von Speiseeis

- Eis darf lose nur zum Verkauf angeboten werden, wenn die Speiseeissorte auf einem Schild oder einem Aushang neben dem Eisverkauf deutlich lesbar angegeben ist.
- Ist das Eis zum Verzehr im Café bestimmt, z. B. im Eisbecher, steht die Bezeichnung zusätzlich auf der Speisekarte bzw. Eiskarte.
- Wird Speiseeis mit künstlichen Aromen hergestellt, muss dies deklariert werden, z. B. Milcheis mit Vanillearoma, Eiscreme mit Nussgeschmack, Eis mit Erdbeergeschmack.

Softeis

Softeis ist keine eigenständige Speiseeissorte, es bezeichnet nur die lockere und weiche Beschaffenheit dieses Speiseeises (soft = weich).

Softeis

Herstellung von Softeis

- Milcheispulver vom Handel (Convenience-Produkt) wird mit Wasser oder Milch angerührt und in die Softeismaschine gegossen.
- In der Softeismaschine wird der Eismix bei geringer Kälte von −4 bis −7 °C gekühlt und mit Luft aufgeschäumt, bei einer Volumenzunahme bis zu 80 %.

Weil Softeis nicht so kalt gefroren und viel Luft eingeführt wird, ist es ein besonders lockeres, weiches Eis.

Aufgaben

1. Was versteht man nach den Bestimmungen der Leitsätze unter dem Begriff „Speiseeis“?
2. Nennen Sie die acht Speiseeissorten und deren Mindestanforderungen, die nach den Bestimmungen der Leitsätze festgelegt sind.
3. Erklären Sie, zu welcher Eissorte Joghurteis oder Sauermilcheis gehören. Wann dürfen sie als Joghurteis und Sauermilcheis bezeichnet werden?
4. Nennen Sie den Unterschied von Fruchteis und Frucht-Sorbet. Bei welcher Lebensmittelintoleranz ist Frucht-Sorbet geeignet?
5. Geben Sie die Bestimmungen der Leitsätze für Vanilleeis an.
6. Beschreiben Sie die gesetzlichen Bestimmungen für die Deklaration beim Verkauf von Eis aus der Eistheke und beim Eisverkauf im Café.
7. Erklären Sie die Herstellung und Beschaffenheit von Softeis.
8. Stellen Sie im Berufsschulunterricht oder in Ihrem Betrieb Vanilleeis aus Milcheis und Cremeeis her. Vergleichen Sie die Rezepturen und beurteilen Sie die Eissorten im Geschmack und in der Konsistenz.

Rechenaufgaben

1. Nach den Leitsätzen enthält Cremeeis mindestens 50 % Milch. Auf 1 l Milch müssen mindestens 90 g Eigelb zugegeben werden.
   a) Für 5 l Cremeeis benötigt ein Konditor 4 kg Eismix (die Zutaten des Eises), der 3 650 ml Volumen enthält. Ermitteln Sie die Volumenausbeute in ml und % (runden).
   b) Berechnen Sie die vorgeschriebenen Mindestanteile an Milch und Eigelb für 4 kg Eismix.
2. 11,820 kg Cremeeis wird mit 7 050 g Milch und 960 g Eigelb hergestellt. Wie viel % Milch und wie viel % Eigelb sind enthalten? Ermitteln Sie, ob die Bestimmungen der Leitsätze erfüllt sind.
3. Milcheis enthält mindestens 70 % Vollmilch. 4 kg Eismix für Milcheis wird mit Magermilchpulver, das 0,3 % Milchfett enthält, hergestellt. Wie viel g Butter muss zugegeben werden, um den vorgeschriebenen Milchfettanteil zu erreichen?

LF 3.2

35.2 Herstellung von Speiseeis

Zutaten für Speiseeis

Zutaten	Technologische Bedeutung
• Wasser der Milch und • Wasser des Fruchteises	• Wasser löst die trockenen Zutaten. • Nur Wasser gefriert in der Eismaschine.
• Milch und • Sahne (nicht im Fruchteis)	Das Milchfett der Milch und Sahne ergibt • eine cremige, weiche Beschaffenheit des Eises, • einen guten Geschmack.
Fruchtmark und Zitronensaft; nur bei Fruchteis	Geschmacksstoff
Zucker	• süßt das Eis • bindet Wasser im Eis
Dextrose (Traubenzucker) oder Glukosesirup: Bis zu 25 % des Zuckers für das Eis kann durch Dextrose oder Glukosesirup ersetzt werden.	• Dextrose und Glukosesirup binden genauso Wasser wie Zucker. • Dextrose hat nur ca. 30 % und Glukosesirup ca. 50 % der Süßkraft von Zucker, so schmeckt das Eis nicht so süß.
Magermilchpulver	Es enthält ca. 46 % Milcheiweiß. • Milcheiweiß ist ein starker Quellstoff, der Wasser bindet und • beim Gefrieren Luft aufnehmen kann, damit das Eis lockerer und cremiger wird.
Eisbindemittel, z. B. Johannisbrotkernmehl, Guarkernmehl	Eisbindemittel quellen im Eismix und binden dabei Wasser.
Geschmacksgebende Zutaten für Milcheis und Cremeeis, z. B.	• natürliches Vanillearoma • Kakaopulver • Aromen in Pastenform, z. B. Nuss-, Eierlikör-, Mokkapaste • Schokolade für Stracciatellaeis

LF 3.2

Der Eismix

Die Zutaten werden zusammen mit einem Mixstab zu einem flüssigen, glatten „Eismix" verrührt. Der Eismix sollte aus ca. 65 % Wasser und 35 % trockenen Bestandteilen bestehen.

- Im Eismix lösen sich die trockenen Zutaten im Wasser.
- Die trockenen Zutaten wie Zucker, Dextrose, Magermilchpulver und Eisbindemittel binden einen Teil des Wassers im Eismix.
- Das nicht gebundene, freie Wasser wird in der Eismaschine zu kleinen Eiskristallen gefroren, sodass es ein festes, gefrorenes Eis mit cremiger Konsistenz ergibt.

Rezeptbeispiele:

Milcheis	Cremeeis
1000 g Milch	1000 g Milch
200 g Schlagsahne	150 g Schlagsahne
200 g Zucker	140 g Eigelb (7 Stück)
40 g Dextrose	250 g Zucker
50 g Magermilchpulver	40 g Dextrose
45 g Eisbindemittel	50 g Magermilchpulver
Geschmacksstoff	45 g Eisbindemittel
	Geschmacksstoff
1535 g Eismix	**1685 g Eismix**

Zu diesen Basisrezepten wird ein Geschmacksstoff gegeben, der dem Eis den Namen gibt, z. B.:
- 40 g Vanillepaste oder 1 Vanilleschote für Vanilleeis
- 70 g Kakaopulver für Schokoladeneis
- 80 g Nusspaste für Nusseis; oder andere Aromapasten

Geschmacksgebende Zutaten für Milcheis und Cremeeis: Aromapasten, Kakaopulver, Vanilleschoten

Milcheis mit Milcherzeugnissen

Milcheis mit erfrischendem Joghurt, Quark, Buttermilch, Sauermilch oder Kefir ist wegen seiner erfrischenden Wirkung besonders beliebt. Alle diese Sorten können mit Fruchtmark hergestellt werden, z. B. Buttermilch-Zitroneneis oder Joghurt-Kirscheis.

Marmoriertes Joghurt-Kirscheis

Rezeptbeispiele: Fruchteis

Erdbeereis

700 g	Wasser
300 g	Milch
500 g	Zucker
80 g	Dextrose
45 g	Magermilchpulver
90 g	Eisbindemittel für Fruchteis
850 g	Erdbeermark
50 g	Zitronensaft
2 615 g	**Eismix**

Statt Milch können insgesamt 1000 g Wasser verwendet werden.

Zitroneneis

1000 g	Wasser
400 g	Zucker
50 g	Dextrose
40 g	Magermilchpulver
50 g	Eisbindemittel für Fruchteis
300 g	Zitronensaft
1840 g	**Eismix**

Gefriervorgang in der Eismaschine

Die Eismaschine besteht aus

- einer Gefriertrommel aus Edelstahl, die von außen stark gekühlt wird und
- einem Rührwerk mit Spateln.

Gefriertrommel der Speiseeismaschine

Den Eismix in die Eismaschine gießen und dann zu Speiseeis frieren.

- Dabei befördert das Rührwerk mit den Spateln den flüssigen Eismix an die rotierende und stark gefrierende Trommelwand.
- Direkt an der Trommelwand gefriert eine dünne Schicht des Eismixes. Die Spateln schaben das dünnschichtig Gefrorene von der Trommelwand ab und vermischten es wieder mit dem übrigen Eismix.
- Durch die ständige Bewegung des Eismixes und dem schnellen Gefrieren an der Trommelwand bilden sich kleine Eiskristalle, was den zarten, sämigen Schmelz von Speiseeis ergibt.
  Beim Gefrieren ohne Bewegung würde der Eismix langsam von außen nach innen gefrieren. Dabei würden große Eiskristalle entstehen, die das Eis hart machen und beim Verzehr unangenehm grob wirken.
- Während des schnellen Rührens wird Luft in das Eis eingeschlagen, die als winzige Luftbläschen festgehalten werden.
  Das Eis wird somit locker und cremig. 1 kg flüssiger Eismix ergibt 1,300 l bis 1,500 l Volumen fertig gefrorenes Eis.
- Das fertig gefrorene Speiseeis wird aus der Eismaschine in gekühlte Edelstahlschalen gefüllt, die in die Eistheke gestellt werden.

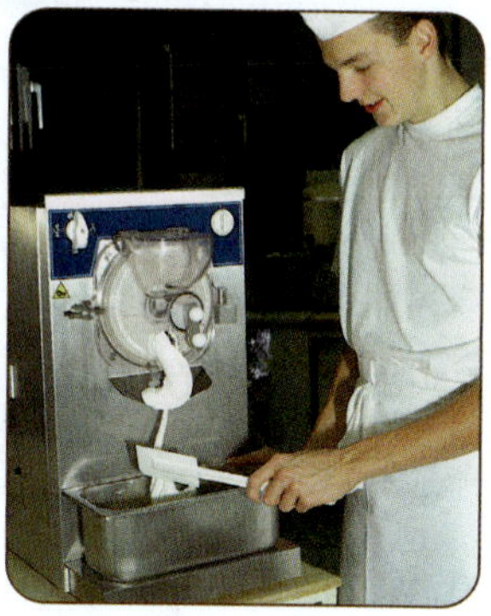

Entnahme von Speiseeis aus der Eismaschine

Aufgaben

1. Beschreiben Sie einen Eismix und erklären Sie die Vorgänge der Zutaten im Eismix.
2. Nennen Sie die Zutaten von
   - Milcheis, z. B. Vanilleeis und Schokoladeneis
   - Fruchteis, z. B. Erdbeereis und Zitroneneis
3. Erklären Sie den Gefriervorgang von Speiseeis in der Eismaschine.
4. Wenn der Gefriervorgang in der Eismaschine bis zum fertigen Eis acht Minuten beträgt, entnehmen Sie jeweils etwas Eis nach sechs, acht und zehn Minuten aus der Eismaschine. Beurteilen und vergleichen Sie das Eis der unterschiedlichen Gefrierdauer. Gefrieren Sie außerdem etwas Eismix in einer Schale im Gefrierschrank und beurteilen Sie dieses Eis.

Rechenaufgabe

Aus 3 940 ml Eismix für Cremeeis entsteht ein Volumen von 5 l Speiseeis. Berechnen Sie die Volumenzunahme.

35.3 Verkauf von Speiseeis, Hygiene beim Umgang mit Speiseeis

Verkauf von Speiseeis

!

Qualitätsmerkmale von hochwertigem Speiseeis
- Gutes Milch- und Cremeeis sowie Fruchteis und Frucht-Sorbet ist fest gefrorenes Eis mit cremiger Konsistenz. Es schmilzt beim Verzehr sofort auf der Zunge.
- Eis ist nicht zu hart und nicht zu weich gefroren. Es befinden sich im Eis keine harten, großen Eiskristalle.
- Eis schmeckt süßlich mit einem intensiven Geschmack der Geschmackszutat, nach der das Eis benannt ist, z. B. Vanilleeis, Schokoladeneis, Erdbeereis.

Beliebtheit der Eissorten

Eine gewisse Auswahl an Speiseeissorten muss den Kunden in der Eistheke angeboten werden. Die beliebtesten Eissorten dürfen jedoch nicht fehlen: Vanille, Schokolade, Erdbeer, Nuss, Stracciatella, Cappuccino, Joghurt und Zitronen.

- Bei warmem Wetter sind alle Eissorten gefragt. Besonders beliebt sind jedoch das erfrischende Fruchteis, z. B. Erdbeereis, Zitroneneis, und das Eis mit säuerlichen Milcherzeugnissen, z. B. Joghurteis, Buttermilcheis.
- Bei nicht so warmem Wetter werden eher die gefühlt wärmeren Eissorten aus Milcheis oder Cremeeis bevorzugt, z. B. Vanilleeis, Schokoladeneis, Nusseis.

LF 3.2

Temperatur in der Eistheke

Speiseeis wird in der Eistheke bei –14 bis –16 °C aufbewahrt. Bei dieser Temperatur lässt sich das Eis der Konditorei am besten portionieren.
Industrieeis wird bei –18 °C gelagert und portioniert. Bei –18 °C ist Konditoreis zu hart zum Portionieren und zum Essen.

Lagerung von Speiseeis

Nach Ladenschluss übriggebliebenes Eis sollte mit Pergamentpapier oder Alufolie abgedeckt und im Froster bei –18 °C gelagert werden.

Portionieren von Eis beim Verkauf

Die Größe des Eisportionierers bestimmt die Größe der Eiskugel. Die Portionierer sollen übervoll mit Eis gefüllt werden, weil die Kunden große Eiskugeln bevorzugen. Das Abstreifen des Eisportionierers wird als kleinlich angesehen und ist somit verkaufshemmend.

Großzügig portioniertes Eis erfreut die Kunden

Den Eisportionierer in das Wasser der Portionierspüle tauchen und das Wasser auf dem Abtropfgitter an der Portionierspüle abklopfen, damit keine Wassertropfen auf die Oberfläche des Speiseeises gelangen, die dann zu unangenehmen, großen Eiskristallen gefrieren. Schwämme und Tücher zum Abtropfen sind unhygienisch.

!

Psychologisch richtig ist es, kleinere Portionierer übervoll mit Speiseeis zu füllen, da die Kunden optisch große Eiskugeln bevorzugen. Daher ist es besser, kleinere Eisportionierer als größere zu wählen.

Präsentieren von Speiseeis in der Eistheke

Alle Eissorten sollen in der Eistheke gut sichtbar sein und attraktiv ausgestellt werden.

- Die Kunden sollen eine schöne Draufsicht auf die Eissorten in der Eistheke haben.
- Die Eissorten sollten in der Eistheke einen lebhaften Farbkontrast bilden. Zwischen den hellen Eissorten sollten dunkle oder rote Eissorten stehen.
- Die Eisschalen sollten hoch über den Rand hinaus gefüllt werden. Die Eisoberfläche sollte ansprechend dekoriert werden, z. B. mit einer Tülle große Tupfen spritzen. Einfallslos sehen Eisschalen mit glatt abgestrichenem Eis aus.
- Möglichst gefüllte Eisschalen in die Eistheke stellen. Weniger als bis zur Hälfte gefüllt, wirken sie verkaufshemmend.
- Bei den Eisschalen, aus denen schon Eis entnommen wurde, wirken verschmierte Ränder unansehnlich und unsauber. Deshalb immer wieder den Rand mit einem Schaber abschaben und die Eisoberfläche wieder dekorativ herrichten.
- Einheitliche Schilder mit den Eisnamen sollten gut lesbar bei allen Eissorten stehen. Dies erleichtert den Kunden die Wahl und ein zügiger Verkauf ist möglich.
- Der Preis, z. B. für eine Kugel Eis, muss gut sichtbar an oder bei der Eistheke angebracht sein.

Präsentation von Speiseeis in der Eistheke

Hygiene beim Umgang mit Speiseeis

Speiseeis ist ein idealer Nährboden für Mikroorganismen, da es viele Nährstoffe und einen hohen Wassergehalt besitzt. Gelangen Mikroorganismen durch Unsauberkeit bei der Herstellung in den flüssigen Eismix, vermehren sie sich besonders stark. Das Eis wäre dann gesundheitsschädlich.

Gefrieren tötet die Mikroorganismen nicht ab, daher wirken sie sofort beim Verzehr des Eises im Körper. Deshalb ist hygienisches Arbeiten vor allem bei der Herstellung, aber auch beim Verkauf von Speiseeis, besonders wichtig.

> **!** Verdorbenes und somit gesundheitsschädliches Speiseeis ist besonders gefährlich, weil es weder äußerlich noch am Geschmack erkennbar ist. Krankheiten treten schnell auf, z. B. Schwäche, Übelkeit, Erbrechen. Es können schwere Krankheiten entstehen, z. B. Salmonellose.

Hygiene bei den Früchten

- Frischobst vor der Verarbeitung gründlich waschen.
- Obst darf nicht angefault sein, da sonst Fäulniserreger enthalten sind.
- Das Obst zum Herrichten für Eisbecher darf an den Schalen keine Giftstoffe enthalten. Vor allem Orangen und Zitronen müssen ungespritzt sein.

Hygienisch einwandfreies und unbehandeltes Obst auf dem Eisbecher

Hygiene beim Personal

- Nur gesunde Personen dürfen Speiseeis herstellen und verkaufen. Sie dürfen keine Erkrankungen wie Schnupfen und Husten sowie keine offenen Verletzungen an den Händen und Armen haben.
- Die Arbeitskleidung muss während der gesamten Arbeitszeit sauber sein.
- Grundsätzlich nur mit sauberen Händen arbeiten. Vor dem Arbeiten mit Eis und nach jeder Arbeitsunterbrechung die Hände mit Flüssigseife waschen und mit Einweghandtüchern abtrocknen.
- Die Eistheke ständig mit einwandfrei sauberen Spültüchern und Geschirrtüchern abwischen und sauber halten.

Hygienischer Verkauf von Eis

Aufgetautes Speiseeis

Eis darf bei der Aufbewahrung nicht auftauen. Als aufgetaut gilt Speiseeis, wenn es die Temperatur von −4 °C überschritten hat. Die Gradzahl ist jedoch gesetzlich nicht festgeschrieben.

> **!**
> Speiseeis, das bereits aufgetaut war, muss weggeschüttet werden. Es darf nicht wieder gefroren und verkauft werden, da sich gesundheitsschädigende Mikroorganismen beim Auftauen im Eis besonders stark vermehren.

Aufgaben

1. Beschreiben Sie die Qualitätsmerkmale von Speiseeis.
2. Nennen Sie die Temperatur in der Eistheke, bei der sich Konditoreieis am besten portionieren lässt. Bei wie viel °C wird Industrieeis gelagert und portioniert?
3. Erklären Sie das psychologisch richtige Portionieren von Eis, damit die Kunden zufrieden sind.
4. Erläutern Sie das Portionieren von Eis im Verkauf.
5. Beschreiben Sie, wie die verschiedenen Eissorten in der Eistheke den Kunden verkaufsfördernd präsentiert werden.
6. Erklären Sie, warum bei der Eisherstellung und beim Eisverkauf besonders hygienisch gearbeitet werden muss.
7. Beschreiben Sie die hygienischen Vorschriften beim Umgang mit Speiseeis in Bezug auf
   - Hygiene bei den Früchten,
   - Hygiene beim Personal.
8. Erklären Sie, was mit aufgetautem Speiseeis geschieht.
9. Beobachten Sie über einen bestimmten Zeitraum, z. B. drei Monate, welche Eissorten in Ihrer Konditorei bei den Kunden am beliebtesten sind. Achten Sie auch darauf, welche Eissorten bei besonders warmem Wetter und welche bei kühleren Temperaturen von den Kunden bevorzugt werden.
   Versuchen Sie anschließend Ihre Beobachtungen zu erklären und geben Sie die Ergebnisse an die Konditoren der Eisherstellung weiter.

LF 3.2

35.4 Eisspezialitäten

Eisspezialitäten sind Eistorten, Eisbomben und Eisdesserts. Sie werden überwiegend aus Sahneeis (Rahmeis) hergestellt.

Sahneeis bzw. Rahmeis (Halbgefrorenes)

Wie der Name besagt, besteht Sahneeis aus Schlagsahne mit einem Geschmacksstoff, das im Froster (Tiefkühlschrank/Tiefkühlraum) zu Eis gefroren wird. Sahneeis ist somit das einzige Speiseeis, das nicht in der Eismaschine hergestellt wird.
Da Schlagsahne auch Rahm genannt wird, wird dieses Eis nach den Bestimmungen der Leitsätze auch als Rahmeis bezeichnet.

Herstellung von Sahneeis

Sahneeis wird entweder aus Schlagsahne oder Parfait (sprich: Parfä) hergestellt.

Schlagsahne	Parfait (sprich: Parfä)
1. Schlagsahne aufschlagen. 2. Etwas Zucker in die Schlagsahne geben, ca. 80 g auf 1 l Schlagsahne. 3. Eine geschmacksgebende Zutat in die aufgeschlagene Schlagsahne einrühren, die der Schlagsahne den Namen gibt, z. B.: • flüssige Schokoladenkuvertüre für Schokoladensahne • Erdbeermark und Erdbeerpaste für Erdbeersahne	1. Vollei und Eigelb mit Zucker schaumig schlagen. 2. Eine geschmacksgebende Zutat in die Eiermasse einrühren (wie links bei der Schlagsahne). 3. Schlagsahne aufschlagen und in die Eiermasse melieren (unterheben).
Sahneeis besteht aus Schlagsahne mit etwas Zucker und einer geschmacksgebenden Zutat. Es ist Schlagsahne, wie sie auch für Sahnetorten verwendet wird.	Parfait besteht aus Schlagsahne mit einer geschmacksgebenden Zutat und einer Eiermasse aus Eiern, Eigelb und Zucker. Im Parfait verbessern die schaumig geschlagenen Eier den Geschmack der Schlagsahne.

In der Praxis wird das Sahneeis für Eistorten, Eisbomben und Eisdesserts überwiegend mit dem voller schmeckenden Parfait statt mit der Schlagsahne hergestellt.

Herstellung von Eistorten

- Parfait in einen Tortenring füllen und die eingesetzte Torte in den Froster stellen und tiefgefrieren.
- Einen getrockneten Baiserboden mit Schokoladenkuvertüre bestreichen oder eine Scheibe eines Tortenbodens mit aufgeschlagener Sahne bestreichen.
- Die tiefgefrorene Eistorte auf den Boden setzen.
- Die Eistorte wie eine Sahnetorte mit Schlagsahne außen einstreichen und ausgarnieren.

Baiserboden mit Schokoladenkuvertüre bestrichen

Fürst-Pückler-Eistorte

Hermann Fürst von Pückler (1785–1871) galt als Feinschmecker. Sein Konditormeister hat ihm zu Ehren die Fürst-Pückler-Eistorte kreiert.
Der farbliche Aufbau der Fürst-Pückler-Eistorte ist von unten nach oben in den Bestimmungen der Leitsätze festgeschrieben.

- untere Schicht braun: Schokoladensahneeis
- mittlere Schicht hell: Vanillesahneeis
- obere Schicht rot: Erdbeersahneeis

Die tiefgefrorene Eistorte wird wie eine Sahnetorte mit Schlagsahne eingestrichen und beliebig ausgarniert.

Fürst-Pückler-Eistorte mit Baiserboden als Unterlage

Eisbomben

Eisbomben sind halbkugelförmige Eisspezialitäten, die mit Schlagsahne und verschiedenen Dekormittel ausgarniert werden.

Zusammensetzung von Eisbomben

- Die Eisbomben enthalten außen einen „Mantel“, der aus einer oder zwei Schichten Milcheis oder Cremeeis und/oder Fruchteis besteht.
- Der Kern ist das Innere der Eisbomben, der aus Sahneeis besteht.

Zusammensetzung einer Eisbombe

- Das Speiseeis für den Mantel und das Parfait für den Kern werden in verschieden große, halbkugelförmige Metallformen von ¼ bis 2 l gefüllt (eingesetzt) und tiefgefroren.
- Häufig werden die tiefgefrorenen Eisbomben auf dünne Tortenböden oder getrocknete Baiserböden gestürzt.
- Die Eisbomben mit Schlagsahne und Dekormittel ausgarnieren, ähnlich der Sahnetorten.

Servieren von Eisbomben

Eisbomben werden je nach Größe in vier, sechs oder acht Stücke geschnitten und auf Dessertteller serviert.

Eisdesserts

Eisdesserts sind Eisspezialitäten in verschiedenen Formen, z. B.:

- Ring- und Gugelhupfformen (Napfkuchenformen)
- rechteckige Kastenformen
- halbrunde Rehrückenformen
- Eisrouladen: Kapseln mit Milcheis, Fruchteis bzw. Parfait

Eisdesserts

Die tiefgefrorenen Eisdesserts werden wie Eistorten und Eisbomben mit Schlagsahne und Dekormittel ausgarniert.

LF 3.2

Stücke abschneiden

Von den Eistorten, Eisbomben und Eisdesserts Stücke mit einem glatten, angewärmten Messer schneiden und auf einen Dessertteller legen.

Eisdesserts abgeschnitten

Servieren

Die Eisspezialitäten aus Sahneeis ca. fünf Minuten leicht anschmelzen lassen und dann servieren. Das Eis ist dann nicht mehr so hart und hat einen zarten Schmelz. Auch der Geschmack kommt im weicheren Sahneeis besser zur Geltung.

> **!**
> Weil das gefrorene Sahneeis vor dem Servieren etwas angetaut wird, wird es in der Fachsprache der Konditorei auch als „Halbeis" oder „Demi-glace" bezeichnet.

Besondere Eignung der Eisspezialitäten

Eistorten, Eisbomben und Eisdesserts sind besonders an warmen Tagen ein erfrischendes Dessert im Café. Sie eignen sich auch als schmackhafte Nachspeise.

Aufgaben

1. Erklären Sie den Begriff „Sahneeis".
2. Erläutern Sie Schlagsahne und Parfait für Sahneeis und geben Sie den Unterschied an.
3. Beschreiben Sie die Herstellung von Eistorten.
4. Beschreiben Sie den farblichen und geschmacklichen Aufbau einer Fürst-Pückler-Eistorte von unten nach oben.
5. Erläutern Sie die Zusammensetzung von Eisbomben.
6. Erklären Sie Eisdesserts und nennen Sie verschiedene Formen.
7. Beschreiben Sie das Schneiden und Servieren von Eistorten, Eisbomben und Eisdesserts.
8. Wozu eignen sich Eistorten, Eisbomben und Eisdesserts?
9. Stellen Sie eine Eistorte mit Schlagsahne und eine mit Parfait des gleichen Geschmacksstoffs her. Beurteilen Sie die Eistorten nach dem Einstreichen und Ausgarnieren mit Ihren Kolleginnen in Bezug auf Geschmack und Konsistenz beim Verzehr.

LF 3.2

35.5 Eisbecher

Die Eisbecher können die Gäste im Café und Terrassen-Café nach ihrem persönlichen Geschmack wählen. Wie die Eisbecher aussehen und in welchem Glas oder welcher Schale sie serviert werden, sehen die Gäste in einer bebilderten Eiskarte. Die Gäste erwarten jedoch, dass die fertigen Eisbecher mit den Abbildungen in der Eiskarte übereinstimmen.

Die Bezeichnungen (Namen) der Eisbecher bestimmen die Zusammensetzung der Zutaten, z. B. Früchtebecher, Schokoladenbecher, Bananensplit.

Zutaten für Eisbecher

- Milcheis bzw. Cremeeis und Fruchteis bzw. Frucht-Sorbet
- Früchte, möglichst aus Frischobst
- süße Soßen (→ Seite 543)
- Liköre, z. B. Eierlikör, Amarettolikör, aber auch alkoholhaltigere Spirituosen wie Kirschwasser
- Schlagsahne
- Eisgebäcke, z. B. Hippenrollen, Waffeln

Die Zutaten für die Eisbecher können in jedem Betrieb beliebig zusammengesetzt werden.

Verschiedene Eisbecher

Süße Soßen – Eissoßen

Süße Soßen (Saucen) werden für Eisbecher auch Eissoßen genannt. Sie sind auf → Seite 543 beschrieben.
Sie können auf Vorrat hergestellt werden, da sie in der Kühlung lagerfähig sind.

Toppings

Toppings sind süße Soßen, die in Plastiktropfflaschen im Handel erhältlich sind. Es sind Eissoßen mit hohem Zuckeranteil, damit sie lange haltbar sind. Viele Konditoreien verwenden Toppings aus Zeitgründen.

Gläser und Schalen für Eisbecher

Für die verschiedenen Eisbecher sollten die Gläser unterschiedliche Formen haben – hohe und breite Gläser sowie flache Schalen. Schöne Gläser werten die Eisbecher optisch auf.
Vor dem Herrichten der Eisbecher werden die Gläser und Schalen in der Kühlung gekühlt. An warmen Gläsern und Schalen würde das Eis beim Einfüllen leicht antauen und unangenehme große Eiskristalle verursachen.

Herstellen von Eisbechern

Beim Herrichten der Eisbecher ist bei der Zusammensetzung der Zutaten und der optischen Gestaltung Fantasie und Kreativität gefragt.

Beispiel der Zubereitung eines Eisbechers

- Ein gekühltes Glas für den Eisbecher aus der Kühlung nehmen.
- In hohe Gläser süße Soße bzw. Topping oder farbigen Likör eingießen, sodass die Flüssigkeit an der Innenwand des Glases dünn herabfließt. Zwei farblich unterschiedliche Flüssigkeiten ergeben einen lebhaften Kontrast.
- Einen kleinen Sahnetupfen, ca. 40 g, in das Glas spritzen, um den Eisbecher optimal zu vergrößern (zu erhöhen).
- Die Eissorten mit dem Eisportionierer möglichst in der Mitte des Eisbechers hochstapeln, damit der fertige Eisbecher optisch hoch und groß erscheint.
- Meistens werden vier Kugeln Eis in einen Eisbecher gegeben, wobei Vanilleeis, als das beliebteste Eis, in keinem Eisbecher fehlen darf.
- Süße Soße bzw. Topping oder Likör über die Eiskugeln gießen.
- Auf das Eis Früchte geben. Möglichst nur frische Früchte verwenden.
  Größere Früchte, z. B. Melonenstreifen, frische Ananas- oder Orangenscheiben, können auf den Glasrand gesteckt werden, damit der Eisbecher größer erscheint.
- Eine Schlagsahnehaube als Rosette oder Punkte obenauf spritzen.
- Die Schlagsahne dekorieren, z. B.
  – süße Soße bzw. Topping oder Likör überspritzen oder
  – Früchte, Schokoladenspäne, Krokantstreusel oder gehackte Pistazien darübergeben.
- Hippenrollen oder andere Eisgebäcke zum Schluss in die Schlagsahne stecken.

Auf Wunsch der Gäste können Eisbecher auch ohne Alkohol zubereitet werden.

Appetitanregend ist es, wenn die Gäste die Herstellung des Eisbechers beobachten können.

Servieren von Eisbechern

Eisbecher werden auf einem Tablett mit einem langstieligen Löffel serviert.

Servieren eines Eisbechers

Klassische Eisbecher

Klassische Eisbecher, d. h. traditionell beliebte Eisbecher, liegen immer im Trend.

Gemischtes Eis mit und ohne Schlagsahne

- Eiskugeln verschiedener Geschmacksrichtungen, üblich sind Vanilleeis, Schokoladeneis, Erdbeereis
- Eisgebäck
- mit oder ohne Schlagsahne

Gemischtes Eis, mit und ohne Sahne

LF 3.2

Bananensplit

Flache, ovale, schiffchenähnliche Schale:

- drei Kugeln Eis, z. B. Vanilleeis
- eine der Länge nach halbierte Banane seitlich vom Speiseeis anlegen oder in Scheiben geschnittene Bananen seitlich anordnen
- Schlagsahnerosetten oder Schlagsahnepunkte aufspritzen
- Schokoladensoße
- Eisgebäck

Bananensplit

Erdbeereisbecher

- In ein gekühltes Glas Erdbeersoße einfließen lassen und einen Punkt Schlagsahne einspritzen.
- Einige halbierte Erdbeeren einlegen.
- Zwei Kugeln Erdbeereis und zwei Kugeln Vanilleeis portionieren.
- Schlagsahnehaube aufdressieren.
- Erdbeersoße über die Schlagsahne spritzen.
- Halbierte Erdbeeren auflegen.
- Hippenrollen oder anderes Eisgebäck auf die Schlagsahne stecken.

Erdbeereisbecher

Eisbecher, die nach einer bestimmten Frucht bezeichnet werden, z. B. **Kiwieisbecher**, werden ähnlich dem Erdbeereisbecher hergestellt, jedoch mit Kiwieis, Kiwisoße und halbierten Kiwischeiben.

Schwarzwälder Kirschbecher

- In ein gekühltes Glas Schokoladensoße und Vanillesoße einfließen lassen und einen Punkt Schlagsahne einspritzen.
- Zwei Kugeln Vanilleeis und zwei Kugeln Schokoladeneis portionieren.
- Sauerkirschen einlegen.
- Kirschwasser übergießen.
- Schlagsahnehaube aufdressieren.
- Schokoladensoße überspritzen.
- Kirschen auflegen und Schokoladenspäne aufstreuen.
- Hippenrolle oder anderes Eisgebäck in die Schlagsahne stecken.

Schwarzwaldbecher

Der **Schokoladenbecher** wird ähnlich dem Schwarzwälder Kirschbecher hergestellt, jedoch ohne Kirschen und Kirschwasser, aber mit viel Schokoladensoße.

Vanilleeis mit heißen Himbeeren

- Vanilleeis, drei oder vier Kugeln
- heiße Himbeeren
- evtl. ein Schuss Himbeergeist
- Schlagsahne
- Eisgebäck

Himbeeren im Mikrowellengerät erhitzen und zum portionierten Vanilleeis in das Glas geben.

Vanilleeis mit heißen Himbeeren

LF 3.2

Kindereisbecher

Die Becher für Kinder sollen flach und breit sein. Die Eiskugeln mit Früchten, Waffeln und anderem Dekor zu lustigen Figuren und Motiven ausgarnieren, z. B. Biene Maja. Kindereisbecher enthalten keinen Alkohol.

Kindereisbecher

Weitere bekannte Eisbecher

- Früchteeisbecher: enthält neben Vanilleeis verschiedene Eisfruchtsorten mit vielen verschiedenen Früchten
- Amarettoeisbecher: enthält Joghurt-Amarettoeis, Amarettolikör (Mandellikör aus Italien) und Schokoladen- oder Karamellsoße
- Amarenaeisbecher: enthält Kirscheis, Amarenakirschen und Amarenasirup
  Amarenakirschen sind dunkle zuckerhaltige Kirschen mit dem Geschmack von Bittermandeln, Vanille und Amaretto.
  Kirschen werden mit Zucker, Bittermandel- und Vanillearoma und Amaretto gekocht. So befinden sich die Amarenakirschen im Amarenasirup.
- Mokkaeisbecher: enthält Mokkaeis und Mokkalikör

Aufgaben

1. Nennen Sie süße Soßen (Eissoßen) und erklären Sie Toppings.
2. Beschreiben Sie allgemein das Herstellen von Eisbechern.
3. Wie werden Eisbecher serviert?
4. Erklären Sie die Herstellung einiger klassischer Eisbecher:
   - gemischte Eisbecher mit und ohne Sahne
   - Bananensplit
   - Amarettoeisbecher
   - Erdbeereisbecher
   - Früchteeisbecher
   - Vanilleeis mit heißen Himbeeren
5. Stellen Sie süße Soßen her, z. B. Erdbeersoße, Himbeersoße.
   Vergleichen Sie die süßen Soßen mit Toppings in Plastikflaschen von der Industrie in Bezug auf Geschmack und Wirtschaftlichkeit für Ihren Betrieb.
6. Stellen Sie einen Eisbecher her, den Sie selbst im Café bestellen würden.
   Geben Sie dem Eisbecher einen passenden Namen.

Rechenaufgaben

1. Die Zutaten eines Eisbechers enthalten 72 g Fett, 64 g Kohlenhydrate und 11 g Eiweiß.
   Berechnen Sie den Nährwert des Eisbechers, wenn der Energiegehalt von 1 g Kohlenhydrate und 1 g Eiweiß jeweils 17 kJ und 1 g Fett 37 kJ beträgt.
2. Zur Herstellung von 6 Eisbomben benötigt ein Konditor 75 Minuten. Der Stundenkostensatz beträgt 32,40 €. Der Materialpreis beträgt 22,80 €.
   Es wird mit 31 % Gewinn und Risiko, einem Caféaufschlag von 23 % und mit 19 % Mehrwertsteuer gerechnet.
   Berechnen Sie den Cafépreis für ein Stück der Eisbombe, wenn jede Eisbombe in 8 Stücke eingeteilt wird.
3. Der Cafépreis von Vanilleeis mit heißen Himbeeren beträgt 5,20 €. Für Gewinn und Risiko werden 0,95 € veranschlagt und die Betriebskosten werden mit 280 % verrechnet.
   Berechnen Sie die Materialkosten in € bei einem Mehrwertsteuersatz von 19 %.
4. Eine Eistorte wiegt 2 800 g. Darin sind 580 g Kohlenhydrate und 210 g Eiweiße enthalten.
   a) Berechnen Sie den Gehalt an kJ dieser Nährstoffe (für den Energiegehalt vgl. Aufgabe 1).
   b) Die Eistorte besteht zu 32 % aus Fett. Ermitteln Sie den Fettanteil der Eistorte in g und berechnen Sie den Kilojoulegehalt des Fettanteils.
   c) Wie hoch ist der Energiegehalt eines Eistortenstücks in kJ und kcal, wenn die Torte in 16 Stücke eingeteilt wird?

LF 3.2

Tortes and Desserts

Many customers want tortes and desserts in the bakery and confectionary. Therefore, it is important to be able to give advice to the customers well on the large offer – also in English, if the customers are not German-speaking.

Viele Kunden wünschen Torten und Dessert in der Bäckerei und Konditorei. Daher ist es wichtig, die Kunden bei dem großen Angebot gut beraten zu können – auch in Englisch, wenn die Kunden nicht deutschsprachig sind.

Only tortes named according to their taste can be translated into English:

Nut buttercream torte – *Nussbuttercremetorte*

Egg liqueur buttercream torte – *Eierlikörbuttercreme-torte*

Egg liqueur cream torte – *Eierlikörsahnetorte*

Chocolate cream torte – *Schokoladensahnetorte*

Strawberry cream torte – *Erdbeersahnetorte*

Raspberry yoghurt cream torte – *Himbeer-Joghurt-Sahnetorte*

Cheese cream torte – *Käsesahnetorte*

Currant meringne torte – *Johannisbeerbaisertorte*

Tortes, which are only known in German-speaking countries, are not translated into English:

Prinzregententorte

Frankfurter Kranz

Schwarzwälder Kirschsahne-torte

Sachertorte

Exercise

Practice sales talks with your classmate.

- Offer the customer fruit tortes and fruit desserts.
- The customer wants desserts, e. g. tiramisu desserts, cream roulades, cream desserts, desserts filled with jam.

Tortes and desserts filled with cream and whipped cream are both called cream tortes und cream desserts in English.

Tortes are also called cakes, flans or gateaus in English.

Übungsaufgabe

Üben Sie mit Ihrer Mitschülerin Verkaufsgespräche.

- *Bieten Sie dem Kunden Obsttorten und Obstdesserts an.*
- *Der Kunde wünscht Desserts, z. B. Tiramisudessert, Sahnerouladen, Cremedesserts, Desserts mit Konfitüre gefüllt.*

Torten und Desserts mit Creme und Schlagsahne gefüllt werden im Englischen beide als Cremetorten oder Cremedesserts bezeichnet.

Torten werden im Englischen auch als cakes, flans oder gateaus bezeichnet.

Pralines

The new apprentice should be able to explain the types of pralines in the customer service. Therefore she should create a poster with your help with all types of pralines and the main ingredients.	*Die neue Auszubildende soll die Pralinensorten bei der Kundenberatung erklären können. Daher soll sie mit Ihrer Hilfe ein Plakat gestalten mit allen Pralinensorten und den hauptsächlichen Zutalen.*

Pralines contain at least 25% chocolate. The types of pralines are named after their main ingredients. Assign the following types of pralines to the pictures and descriptions: *marzipan pralines – fruit pralines – truffles pralines – krokant pralines – liqueur pralines – nougat pralines*

These are the main ingredients of pralines:

These pralines are filled with liqueurs or spirits, e.g. egg liqueur or brandy.

These pralines are made of nougat mixture. Nougat mixture consists of nuts or almonds and sugar.

These pralines are made from marzipan raw mixture, which consists of almonds and sugar.

These pralines are filled with truffles mixture. Truffles mixture is made of chocolate and whipped cream with spirit or natural flavour, e.g. rum or strawberry flavour.

These pralines are made of fruits, e.g. almond slivers.

These pralines are made of brittle. Brittle consists of caramelized sugar with almonds or nuts.

Exercise Complete the sentences at the sales talk: • Chocolate consists of ... • The two ingredients of Marzipan are ...	***Übungsaufgabe*** *Ergänzen Sie die Sätze beim Verkaufsgespräch.* *• Schokolade besteht aus ...* *• Die zwei Zutaten von Marzipan sind ...*

Vocabulary

the almond slivers	die Mandelsplitter	important	wichtig
to assign	zuordnen	known	bekannt
the butter cream	die Buttercreme	the liqueur	der Likör
the brandy	der Weinbrand	the marzipan raw mixture	die Marzipanrohmasse
the brittle	der Krokant	to name	benennen
caramelized sugar	karamellisierter Zucker	natural flavour	natürliches Aroma
the chocolate	die Schokolade	the nut	die Nuss
the cocoa	der Kakao	only	nur
to complete	ergänzen	the picture	das Bild
consists, consist of	besteht, bestehen aus	the sugar	der Zucker
to contain	enthalten	raspberry, raspberries	Himbeer, Himbeeren
to determine	bestimmen	the rum	der Rum
the description	die Beschreibung	the shape	die Form
the filling	die Füllung	the spirit	die Spirituose
following	folgend	the taste	der Geschmack
the fruits	die Früchte	types of tortes	Tortenarten
German-speaking countries	deutschsprachige Länder	the truffes	die Trüffel
		the wipped cream	die Schlagsahne

E

Berufliche Handlung

Die Marketingstrategie Ihrer Konditorei ist, das Eisgeschäft zu verstärken. Deshalb planen Sie mit der Geschäftsführung Ihres Betriebs für die Neueröffnung des renovierten Cafés mit Terrasse das Angebot der Eissorten verschiedener Geschmacksrichtungen, die im Trend liegen. Sie sollen auch beliebte Eisbecher zusammenstellen und diese dekorativ herrichten. Auch Eisspezialitäten sollen im Café angeboten werden, die in der Eiskarte mit den Eisbechern abgebildet werden.

1. Stellen Sie in Ihrer Konditorei Milcheis und Cremeeis sowie Fruchteis und Frucht-Sorbet her. Beurteilen Sie in Ihrem Betrieb die Eissorten und entscheiden Sie dann, welche Eissorten von Ihren Kunden bevorzugt werden.
2. Bei Befragungen im Verkauf erfahren Sie, dass einige Kunden Laktoseintoleranz haben. Schreiben Sie ein Werbeplakat, auf dem Sie die Eissorte für diese Zielgruppe bekanntgeben und nennen Sie die Zutaten in diesem Eis.
3. Überlegen Sie, welche Milcheissorten statt mit Milch mit anderen Milcherzeugnissen hergestellt werden können.
4. Nachdem Sie das fertig gefrorene Eis aus der Eismaschine entnommen haben, geben Sie den Kunden Kostproben von diesem Eis. Besprechen Sie mit den Kunden die Qualitätsmerkmale von hochwertigem Speiseeis.
5. Stellen Sie die optimale Temperatur in der Eistheke ein, indem Sie das Eis beim Portionieren und beim Verzehr testen.
6. Testen Sie in Ihrem Betrieb Speiseeis, das ca. eine Woche alt ist, und beschreiben Sie die Abweichungen der Qualitätsmerkmale zu frischem Eis.
7. Entscheiden Sie sich in Ihrem Betrieb, welche Größe des Eisportionierers Sie verwenden wollen. Beachten Sie dabei das psychologisch richtige Portionieren von Eis im Verkauf, damit die Kunden zufrieden sind.
8. Zeigen Sie Ihren Kolleginnen anhand einer Portionierspüle mit Portionierdusche das richtige und hygienische Portionieren von Eis im Verkauf.
9. Mit Ihren Kolleginnen sollen Sie die verschiedensten Eissorten in den Eisschalen in die Eistheke stellen. Beachten Sie dabei die Regeln, damit die Eissorten den Kunden verkaufsfördernd präsentiert werden.
10. Ihre Chefin beauftragt Sie, die Kolleginnen über die Hygiene beim Umgang mit Speiseeis zu unterrichten. Schreiben Sie einen Hygieneplan, der folgende Punkte beinhalten soll:
    - Hygiene bei den zu verarbeitenden Früchten
    - Hygienevorschriften des Personals
    - Hygiene beim Verkauf von Speiseeis
11. Nach einem Stromausfall ist das übriggebliebene Speiseeis über Nacht aufgetaut. Ihre Kollegin probiert das aufgetaute Eis und findet es geschmacklich noch einwandfrei. Sie möchte das Eis wieder in der Eismaschine gefrieren und in den Verkauf geben.
    Geben Sie Auskunft. Erklären Sie auch, warum verdorbenes Speiseeis so gefährlich ist.
12. Für den Verkauf von Eisspezialitäten im Café erstellen Sie ein Werbeplakat, das die Besonderheiten einer Fürst-Pückler-Eistorte beschreibt. Informieren Sie dabei die Kunden über die farbliche und geschmackliche Zusammensetzung der Fürst-Pückler-Eistorte.
13. Erklären Sie den Kunden die Herstellung von Parfait für die Eisspezialitäten.
14. In der Tiefkühltheke stellen Sie Eisbomben aus. Sie präsentieren den Kunden eine Eisbombe im Anschnitt. Beschreiben Sie auf einem Schild daneben die Zusammensetzung der Eisbomben mit ihren unterschiedlichen Bestandteilen.
15. Überlegen Sie in Ihrem Betrieb, welche Eisdesserts in welchen Formen als Eisspezialitäten im Café angeboten werden können.
16. Zeigen Sie Ihren Kolleginnen, wie im Café Eistorten, Eisbomben und Eisdesserts angeschnitten und serviert werden.
    Erklären Sie auch, in welchem Zustand die Eisspezialitäten am besten schmecken.
17. Bei der Eröffnung der Filiale demonstrieren Sie vor den Kunden die Herstellung von Eisbechern. Richten Sie klassische Eisbecher her, z. B. einen Früchteeisbecher, Amarettoeisbecher und Kindereisbecher.

LF 3.3
Gerichte herstellen
und anrichten

36 Gerichte in der Bäckerei und Konditorei

Situation

Sie helfen in der Caféküche Ihrer Bäckerei/Konditorei mit und stellen mit Ihrer Kollegin die im Café bestellten kleinen Gerichte wie Toasts, Suppen, Nudelgerichte, Teigspeisen, Aufläufe und Gratins sowie Eierspeisen frisch her.

- Wie werden verschiedene Toastvariationen zubereitet?
- Welche Suppen werden in Ihrem Café angeboten?
- Aus welchen Zutaten bestehen Nudeln und wie werden sie zu Nudelgerichten zubereitet?
- Wie werden die Teigwaren wie Pizzas, Zwiebelkuchen und Quiches hergestellt?
- Welche Eierspeisen werden in Ihrer Speisekarte angeboten und wie werden sie hergestellt?

36.1 Toasts

> **!** Toasts sind getoastete (geröstete) Toastbrotscheiben, die mit verschiedenen Zutaten wie Schinken, Salami, gegartem Fleisch oder Fisch belegt und mit Käse überbacken werden.

Toastbrote

Toastbrote werden aus einem Weizenbrotteig mit Butter oder Margarine und Milch sowie etwas Zucker hergestellt und in Kastenformen gebacken. Toastbrote haben deshalb

- eine dünne Kruste und
- eine weiche, zarte Krume → Seite 399.

Toasten der Toastbrotscheiben

Unter Toasten versteht man das leichte Anrösten der Oberfläche der Toastbrotscheiben. Dafür wird Toastbrot in 1 cm dicke Scheiben geschnitten. Die Toastbrotscheiben werden in einem Toaster von den Heizschlangen an der Oberfläche leicht geröstet (getoastet).

> **!** Die getoasteten Toastbrotscheiben sind
> - außen leicht knusprig (durch den Zucker und den Milchzucker) und
> - innen weich (durch das Fett und das Milchfett).

Herstellen von Toasts

- Die getoasteten Toastbrotscheiben etwas abkühlen lassen und dann mit Butter bestreichen.
- Die bestrichenen Toastbrotscheiben mit Schinken, Salami, gegartem Fleisch oder Fisch belegen.
- Darauf Gemüse legen, z. B. Tomaten, Gurken, Spargel oder Pilze.
- Scheibenkäse (Schmelzkäse) obenauf legen.
- Im Ofen bei hoher Hitze überbacken, bis der Käse zerlaufen ist.
- Den Toast auf einen vorgewärmten Teller legen und eventuell garnieren, z. B. mit Salatblättern, geviertelten Tomaten oder Petersilie.
- Den heißen Toast sofort servieren.

Toast Hawaii

Dieser klassische Toast ist mit gekochtem Schinken und einer Scheibe Ananas belegt sowie mit Käse überbacken.

Nach dem Überbacken etwas Preiselbeeren in die Mitte des Toast Hawaii geben. Ganze Preiselbeeren werden mit Zucker und etwas Wasser gekocht und sind so von der Industrie erhältlich.

Herstellung Toast Hawaii

Toast Hawaii mit Preiselbeeren in der Mitte

Eignung von Toasts
Toasts eignen sich als Zwischenmahlzeit, aber auch als Hauptmahlzeit.

Aufgaben

1. Erklären Sie Toasts.
2. Woraus werden Toastbrote hergestellt und welche Qualitätsmerkmale besitzen sie?
3. Erklären Sie das Toasten der Toastbrotscheiben und welche Besonderheiten die Toastbrotscheiben nach dem Toasten besitzen.
4. Beschreiben Sie allgemein die Herstellung von Toast.
5. Beschreiben Sie die Herstellung von Toast Hawaii.
6. Wofür eignen sich Toasts?
7. Überlegen Sie sich Toasts mit verschiedenen Belägen, die den Toasts den Namen geben und im Café angeboten werden können.

LF 3.3

36.2 Suppen

Die Grundlagen der Suppen sind Brühen, die meist mit Gemüse und Fleisch gekocht werden.
Suppen werden in klare und gebundene Suppen unterteilt.

Klare Suppe

Gebundene Suppe

- Die aromareichen **klaren Suppen** sind appetitanregend für die nachfolgenden Speisen, z. B. Rinder-, Geflügel-, Fischbrühe (Bouillon = Brühe aus Fleisch und Knochen).
- **Gebundene Suppen** sind sättigende Suppen, je nach verwendeten Rohstoffen, z. B. Cremesuppen, Tomatenrahmsuppen, gebundene Gemüsesuppen, Gemüseeintöpfe.

Rezeptbeispiel: Klare Suppe – Rindfleischbrühe

1500 g	Rinderknochen
750 g	Rinderkochfleisch (Querrippe oder Tafelspitz)
3500 g	Wasser
200 g	Gemüsebündel: Karotten, Lauch, Sellerie, Zwiebeln
	Kräutersträußchen: Petersilie, Liebstöckel u. a.
	Salz und Gewürze: Pfefferkörner, Lorbeer, Wacholderbeeren

- Klein gehackte Rinderknochen blanchieren, bis das Fleisch weich ist.
- Fleisch kalt abspülen und mit kaltem Wasser langsam aufkochen lassen, dabei den auftretenden Schaum ab und zu mit der Schöpfkelle abschöpfen.
- Rinderkochfleisch dazugeben und langsam kochen lassen, 2 bis 3 Stunden, bis das Fleisch gar ist – nicht sprudelnd kochen, sonst wird die Brühe trübe.
- Ca. 1 Stunde vor dem Abseihen Salz, Gewürze und Kräuter dazugeben.
- Das Fleisch herausnehmen, wenn es weich ist, und in kleine Würfel schneiden.
- Die Brühe abseihen.

Zum **Servieren** der Rindfleischsuppe die Fleischwürfel in vorgewärmte Suppentassen oder Suppenteller geben, mit Brühe auffüllen und mit gehackter Petersilie bestreuen.

Rezeptbeispiel: Zwiebelsuppe

1 800 g	Zwiebeln
200 g	Butter
2 500 g	Kraftbrühe
300 g	Weißwein
250 g	Weizenbrot oder Toastbrot
100 g	Emmentaler und/oder Parmesan
	Pfeffer, Muskat, evtl. Knoblauch

- Zwiebeln in Streifen schneiden und in einem Topf in der Butter glasig dünsten.
- Brühe und Weißwein einfüllen und ca. 15 Minuten leicht am Siedepunkt haltend kochen lassen.
- Getoastete Weizenbrotscheibe oder Weizenbrotwürfel auf die Suppe legen, mit Käse bestreuen und bei 200 bis 220 °C im Ofen goldbraun überbacken (gratinieren).

Zwiebelsuppe

Rezeptbeispiel: Gulaschsuppe

1000 g	Rinderschmorfleisch
300 g	Öl (360 ml)
500 g	Zwiebeln, gewürfelt
3 000 g	Fleischbrühe oder Wasser
150 g	Paprika, edelsüß
500 g	Kartoffeln, gewürfelt
500 g	Gemüsepaprika, rot und grün, gewürfelt
300 g	Tomaten, gewürfelt
	Salz, Pfeffer, Kümmel, Knoblauch, Majoran

→

- Rindfleisch in ca. 2 × 2 cm große Würfel schneiden.
- In genügend großem Topf das Öl erhitzen und gewürfeltes Rindfleisch und Zwiebeln dünsten.
- Edelsüßen Paprika darüberstreuen sowie Salz und die Gewürze hinzufügen.
- Fleischbrühe oder Wasser in den Topf gießen.
- Auf kleiner Hitze garen und nach ca. 1 Stunde Kartoffeln, Gemüsepaprika und Tomaten zugeben.
- Die Kartoffeln sollen während des Garprozesses leicht zerfallen und die Suppe binden.
- Wenn das Fleisch gar ist, die Suppe mit Salz und Gewürzen abschmecken, kurz ziehen lassen und servieren.

Gulaschsuppe

Zur rationellen Verarbeitung kann Gulaschsuppe portionsweise tiefgefroren werden.

Anrichten von Suppen

Suppenteller

Suppentasse

- Suppen in Suppentassen mit Untertassen oder Suppenteller von 0,2 l oder 0,25 l geben.
- Das Geschirr vorwärmen.
- Suppen mit Kräutern, saurer oder süßer Sahne, Currypulver oder Paprikapulver garnieren.
- Mit einem Esslöffel servieren.

LF 3.3

Verkaufsargumente

Qualitätsmerkmale bei der Beratung
- Suppen sind gut bekömmliche, aromatische Speisen.
- Klare Suppen sind appetitanregend und deshalb gut geeignet als Vorspeisen.

Informationen bei der Beratung
- Gulaschsuppe ist eine würzige Suppe mit Rindfleisch, Kartoffeln und Gemüse.
- Zwiebelsuppe ist eine Kraftbrühe mit Zwiebeln und obenauf mit getoastetem Weizenbrot und mit Käse bestreut.

Besondere Eignung der Suppen
- Im Bäckerei-/Konditorei-Café werden Suppen als Zwischenmahlzeit oder kleine Mahlzeit gegessen.
- Gebundene Suppen, z. B. Gulaschsuppe, Serbische Bohnensuppe, dienen mit Brot oder Brötchen serviert als kleine Mahlzeit.

Aufgaben

1. Erklären Sie Gulaschsuppe und Zwiebelsuppe.
2. Beschreiben Sie das Anrichten der Suppen.
3. Wofür eignen sich Suppen besonders gut?
4. Ihr Betrieb möchte das Angebot der Suppen mit einer vegetarischen Gemüsesuppe, Serbischen Bohnensuppe und Tomatensuppe erweitern. Informieren Sie sich über entsprechende Rezepte und Herstellungsanleitungen, z. B. in Fachbüchern.

36.3 Teigwaren, Nudelgerichte

Teigwaren sind Nudeln in den verschiedenen Formen, z. B. Spaghetti, Bandnudeln, Makkaroni, Penne, Rigatoni. Nudeln werden aus einem eierreichen Weizenteig hergestellt und deshalb als Teigwaren bezeichnet.

Meistens werden industriell hergestellte, getrocknete, kochfertige Nudeln verwendet. Sie können aber auch einfach in der Bäckerei/Konditorei hergestellt werden.

Spaghetti, Bandnudeln, Makkaroni, Penne, Rigatoni

Rezeptbeispiel: Weizenteig für Nudeln

1000 g	Hartweizengrieß
500 g	Vollei (ca. 10 Stück)
80 g	Öl (100 ml)
10 g	Salz
1590 g	**Teig**

Manchmal wird im Nudelrezept auf Öl verzichtet.
- Die Zutaten zu einem glatten Teig kneten, ca. 6 Minuten im Spiralkneter.
- Teigruhe mindestens 60 Minuten, dabei den Teig in Folie einschlagen.
- Nudelteig aufarbeiten, z. B. dünn ausrollen und schneiden.
  Nudelmaschinen erleichtern das Aufarbeiten und es ergeben sich die bekannten Nudelformen.
- Die Nudeln auf einem Blech ausbreiten und mindestens über Nacht trocknen lassen.

Nudeln kochen
- In einem großen Topf ausreichend Wasser kochen und Salz dazugeben. Auf 1 kg Nudeln rechnet man ca. 5 l Wasser und auf 1 l Wasser ca. 10 g Salz.
- Nudeln in das sprudelnd kochende Salzwasser geben. Wenn das Wasser wieder aufkocht, die Nudeln umrühren, damit sie nicht zusammenkleben.
- Je nach Dicke der Nudeln 5 bis 14 Minuten bei geöffnetem Deckel fertig kochen, sodass sie bissfest sind – nicht zu weich kochen.
- Nach dem Kochen in ein Sieb schütten und das Wasser gut abtropfen lassen.

! Nudeln werden unbedingt bissfest, „al dente", gekocht.

Verbessern der Nudeln
Einen volleren Geschmack erhalten die Nudeln, wenn sie nach dem Absieben in zerlassener Butter in der Pfanne erhitzt werden – die Nudeln dabei nicht anrösten.

Nudeln können auf Vorrat gekocht werden
Auf Vorrat gekochte Nudeln werden nach dem Kochen mit kaltem Wasser abgebraust, mit Folie oder in einem Behälter abgedeckt und kühl gelagert. So wird das Austrocknen der Nudeln verhindert. Bei Gebrauch werden die Nudeln in kochendem Wasser erwärmt, in der Pfanne mit Butter geschwenkt und angerichtet.

LF 3.3

Nudelgerichte

Spaghetti bolognese

Rezeptbeispiel: Spaghetti mit Sauce bolognese

Rezept für 4 Portionen

200 g	Zwiebeln gehackt (1 große Zwiebel)
40 g	Speiseöl (50 ml)
80 g	durchwachsener Schinken, fein gehackt
400 g	mageres Rinderhackfleisch
500 g	Tomatensoße
40 g	Rotweinessig
50 g	Zucker
1	Teelöffel Oregano
1310 g	**Sauce bolognese**

600 g Spaghetti al dente kochen

frisch geriebener Parmesan zum Servieren

- Öl in einer Pfanne erhitzen, gehackte Zwiebeln darin dünsten und den Schinken darin leicht anbräunen.
- Das Rinderhackfleisch zugeben und unter Rühren gut bräunen.
- Mit Tomatensoße und Rotweinessig aufgießen sowie Zucker und Oregano zugeben.
- Aufkochen lassen und dann bei niedriger Hitze 15 Minuten köcheln lassen. Dabei ständig rühren, damit die Soße nicht anbrennt.

Anrichten von Spaghetti mit Sauce bolognese

- Spaghetti in einer Pfanne mit Butter schwenken und auf einen Teller geben.
- Die Sauce bolognese in der Mitte darübergeben.
- Frisch geriebenen Parmesan, z. B. in einem Schälchen mit kleinem Löffel, dazu servieren. Der Gast kann den Parmesan nach eigenem Belieben darüberstreuen.
- Spaghetti bolognese mit Löffel, Gabel sowie Serviette servieren.

Spaghetti bolognese

Gefüllte Teigwaren

- Ravioli und Tortellini: gefüllt mit Fleisch, Käse oder Gemüse
- Maultaschen: gefüllt mit Spinat oder Hackfleisch
- Lasagne und Cannelloni werden in einer Auflaufform mit Hackfleisch, Gemüse, Tomaten- und Béchamelsoße (besteht überwiegend aus Milch und Kalbsbrühe) gefüllt und mit Käse überbacken.

Gefüllte Teigwaren, Teigwarenblätter für Lasagne, Cannelloni

Käsespätzle

- Weichen, eierreichen Weizenteig durch einen Spätzlehobel in kochendes Salzwasser schaben. Spätzle kochen, bis sie an der Wasseroberfläche schwimmen und in einem Sieb abtropfen lassen.
- Die Spätzle mit viel geriebenem Käse mischen.
- Mit Butter angebräunte Zwiebeln auf den Käsespätzle verteilen und servieren.

Käsespätzle

Aufgaben

1. Nennen Sie die Zutaten, aus denen Nudeln hergestellt werden.
2. Beschreiben Sie das Kochen von Nudeln und wie sie vor dem Servieren behandelt werden, um einen volleren Geschmack zu erzielen.
3. Nennen Sie gefüllte Teigwaren und die Füllungen.
4. Erklären Sie das Anrichten und Servieren von Spaghetti bolognese.
5. Beschreiben Sie die Herstellung von Käsespätzle.
6. Sie sollen in der Küche Schinkennudeln für das Café herstellen und zum Servieren bereitstellen. Beschreiben Sie die Arbeitsschritte.

LF 3.3

36.4 Teigspeisen

Pizzas

> **!**
> Pizzas werden aus einem Weizenteig mit Öl hergestellt.
> Der dünn ausgerollte Pizzateig wird für die verschiedenen Pizzas mit unterschiedlichen Zutaten belegt und mit Käse überbacken.

Runde Pizzas werden im Café als Hauptmahlzeit angeboten. Rechteckige Pizzaschnitten oder Stücke von großen runden Pizzas werden im Laden als Snacks verkauft.

Pizza als Hauptmahlzeit

Pizzaschnitten als Snacks

Haut der Tomaten schälen

Für Pizzas können frische Tomaten ohne Haut verwendet werden.

- Stielansatz der Tomaten mit einem spitzen Messer herausschneiden.
- Die Haut kreuzweise einschneiden und die Tomaten ca. 10 Sekunden in kochendes Wasser tauchen.
- Die Tomaten kurz in kaltem Wasser abschrecken.
- Die Tomatenhaut abziehen.

Rezeptbeispiel: Pizzateig

Das Rezept ergibt 8 runde Pizzas mit je 200 g Pizzateig. Für ein Backblech von 60 × 40 cm rechnet man 1000 g Teig.

1000 g	Weizenmehl, Type 550	Teigtemperatur: 26 °C
500 g	Wasser	Knetzeit:
30 g	Hefe	• 2 Minuten Langsamgang
15 g	Salz	
80 g	Öl (100 ml)	• 6 Minuten Schnellgang
1625 g	**Teig**	Teigruhe: ca. 30 Minuten

Aufarbeiten des Pizzateigs

- Den Pizzateig 2 mm dick ausrollen.
- Den ausgerollten Teig auf gefettete Bleche legen.
- Den Teig auf dem Blech stippen, mit Öl bestreichen und mit den Zutaten belegen.

Rezeptbeispiel: Pizzabelag

Zutaten für 1 runde Pizza

100 g	Tomaten, Haut schälen und klein schneiden oder Konserventomaten verwenden
100 g	Schinken oder Salami
50 g	Zwiebeln
100 g	Paprika, rot und gelb
100 g	Champignons aus Konserven
100 g	Käse, gerieben oder Mozzarella in dünnen Scheiben
	Salz, Oregano, Pfeffer, Paprika, Basilikum
550 g	**Pizzabelag**

Zutaten für 1 Backblech von 60 x 40 cm

500 g	Tomaten, Haut schälen und klein schneiden oder Konserventomaten verwenden
500 g	Schinken oder Salami
250 g	Zwiebeln
500 g	Paprika, rot und gelb
500 g	Champignons aus Konserven
500 g	Käse, gerieben
	Salz, Oregano, Pfeffer, Paprika, Basilikum
2750 g	**Pizzabelag**

Zusätzliche mögliche Beläge:
Peperoni (mild oder scharf), schwarze entsteinte Oliven, Thunfisch, Sardellen, Knoblauch

LF 3.3

Belegen der Pizzas
- Zerkleinerte Tomaten auf dem Teig gleichmäßig verteilen.
- Auf die Tomaten etwas Salz geben und mit Oregano, Pfeffer, Paprika sowie Basilikum würzen.
- Schinken oder Salami auflegen.
- Zwiebeln in dünne Scheiben oder würfelförmig geschnitten darübergeben.
- Paprika, rot und gelb in kleine Streifen geschnitten verteilen.
- Champignons verteilen.
- Geriebenen Käse darüberstreuen.

Die belegten Pizzas können ohne Gare in den Ofen geschoben werden, höchstens bis 10 Minuten Gare.

Backen: mindestens 250 °C bei Ober- und Unterhitze
Der dünne Pizzateig soll durch eine hohe Backhitze möglichst schnell gebacken werden.

Backzeit:
- ca. 25 Minuten die runde Pizza
- ca. 30 Minuten die Pizza für Pizzaschnitten

Wenn der Pizzaboden leicht braun färbt, ist die Pizza fertig gebacken.

Zwiebelkuchen

!

Zwiebelkuchen besteht aus einem dünnen Teig mit einem saftigen, pikanten Belag aus Zwiebeln, Schinken, saurer Sahne und Käse.
Der Teig für Zwiebelkuchen kann aus Hefeteig, zuckerlosem Mürbeteig oder Quarkteig hergestellt werden.

Rezeptbeispiel: Zwiebelkuchen

Das Rezept ergibt vier Zwiebelkuchen mit je 28 cm Durchmesser oder ein Backblech von 60 × 40 cm.

Quarkteig

500 g	Weizenmehl, Type 550
100 g	Butter, flüssig
200 g	Magerquark
200 g	Vollei (4 Stück)
20 g	Backpulver
10 g	Salz
1030 g	**Quarkteig**

- Alle Zutaten zu einem glatten Teig kneten.
- Den Teig kühl stellen, bis er ausrollfähig ist.
- Den Teig 2 ¼ mm dick ausrollen und in 4 gefettete Tortenringe oder auf 1 Blech von 60 × 60 cm auslegen.

→

Belag

1200 g	Zwiebeln
100 g	Butter
400 g	gekochter Schinken oder durchwachsener geräucherter Schinken
	Pfeffer, frisch gemahlen
200 g	Emmentaler Käse, gerieben
400 g	saure Sahne oder Schmand
200 g	Vollei (4 Stück)
10 g	Kümmel, gemahlen
2 510 g	**Belag**

- Die Zwiebeln würfelförmig oder in feine Ringe schneiden.
- Butter in einer Pfanne erhitzen und die Zwiebeln darin glasig dünsten.
- Den Schinken in kleine Würfel schneiden und in die glasigen Zwiebeln rühren.
- Zwiebeln mit dem Schinken auf dem Teig verteilen.
- Pfeffer darübermahlen.
- Geriebenen Käse mit Eiern, saurer Sahne und gemahlenen Kümmel verrühren und darübergießen.

Backen: 210 °C, bei offenem Zug
Backzeit: ca. 25 Minuten

Zwiebelkuchen in Stücke schneiden, z. B.:
- runder Zwiebelkuchen in 8 Stücke schneiden
- vom Blech: 10 × 8 cm große Stücke schneiden

Zwiebelkuchen in Tortenform

Verkaufen und Servieren

Zwiebelkuchen schmecken in warmen Zustand am besten. Deshalb sollten sie heiß im Laden verkauft bzw. im Café serviert werden. Abgekühlte Zwiebelkuchen vor dem Verkauf bzw. Servieren im Café im Mikrowellengerät oder im Backofen bei ca. 220 °C erhitzen.

Besondere Eignung

Zwiebelkuchen ist eine pikante Zwischenmahlzeit bzw. ein Snack. Zwiebelkuchen passt besonders zu Wein. Tradition hat er im Herbst zum Federweißen, einem aus der Gärung genommen noch nicht ganz vergorener Wein.

Quiches

Quiche, sprich Kisch, ist ein pikanter Kuchen, ursprünglich eine französische Spezialität.

Quiches werden in niedrigen Tortenformen hergestellt und dann wie Tortenstücke verkauft oder sie werden in kleinen Förmchen hergestellt und als kleine Törtchen verkauft.

!

- Der Boden für die Quiches ist ein zuckerloser Mürbeteig, selten wird Blätterteig verwendet.
- Der pikant gewürzte Belag auf dem Teig besteht aus Eiern, saurer Sahne, Zwiebeln, Käse sowie einer geschmackbestimmenden Zutat, die der Quiche den Namen gibt, z. B. Tomaten-, Lachs-, Brokkoli-, Spargelquiche.

Quiche Lorraine, sprich: Kisch Loren, ist die traditionell bekannte Quiche mit durchwachsenem Schinken, Eiern, Schmand, Zwiebeln und Käse.

Rezeptbeispiel: Quiche Lorraine

Das Rezept ergibt 4 Quiches Lorraine mit je 28 cm Durchmesser.

Pikanter Mürbeteig

1 000 g	Weizenmehl, Type 550
500 g	Butter
150 g	Wasser
10 g	Backpulver
15 g	Salz
	Paprika, Pfeffer
1 675 g	**Teig**

- Alle Zutaten zusammen zu einem glatten Mürbeteig kneten.
- Den Mürbeteig kühl stellen, bis er ausrollfähig ist.
- Den gekühlten Mürbeteig 3,5 mm dick ausrollen und in gefettete niedrige Backformen geben.

Mürbeteig in flacher Form für Quiches →

Quiche-Lorraine-Belag

1 200 g	Zwiebeln
100 g	Butter
800 g	durchwachsener Schinken
800 g	Schmand
850 g	Vollei (17 Stück)
	Salz
	Pfeffer, Paprika
	Petersilie, Schnittlauch
650 g	Emmentaler Käse, gerieben
4 400 g	**Belag**

- Die Zwiebeln würfelförmig schneiden.
- Butter in der Pfanne erhitzen und die Zwiebeln darin glasig dünsten.
- Den Schinken in kleine Würfel schneiden und in die glasigen Zwiebeln rühren.
- Zwiebeln und Schinken auf den Mürbeteig in den Formen verteilen.
- Schmand, Eier, geriebenen Käse, Salz, Gewürze und Kräuter verrühren.
- Den Belag mit einer Schöpfkelle gleichmäßig in den Formen verteilen.

Backen: 200 °C
Backzeit: ca. 25 Minuten

Quiche Lorraine

Besondere Eignung

Quiches werden stückweise verkauft und sind als Zwischenmahlzeit oder als Snack beliebt.

Die pikanten Gebäcke sind zum Wein besonders empfehlenswert.

Quiches heiß essen

Die Quiches sowie auch Quiche Lorraine schmecken heiß am besten. Deshalb werden sie in heißem Zustand den Kunden überreicht oder im Café serviert.

Abgekühlte Quiches vor dem Verkauf im Laden bzw. Servieren im Café im Mikrowellengerät oder im Backofen bei hoher Hitze, 200 bis 220 °C, erwärmen, bis sie heiß sind.

LF 3.3

Häufig werden Quiches und Zwiebelkuchen zur rationellen Herstellung tiefgefroren. Vor dem Verkauf werden sie aufgetaut und im Ladenbackofen bei 200 bis 220 °C erhitzt und den Kunden überreicht.

Aufgaben

1. Aus welchen Zutaten wird ein Pizzateig hergestellt?
2. Nennen Sie mögliche Zutaten für den Belag von Pizzas.
3. Beschreiben Sie den Teig von Zwiebelkuchen und nennen Sie die Zutaten für den Belag auf dem Teig.
4. Erklären Sie den Teig für Quiches und nennen Sie die Zutaten für den Belag der Quiches.
5. Erläutern Sie das Besondere von Quiche Lorraine.
6. Wofür eignen sich Zwiebelkuchen und Quiches besonders gut?
7. Erklären Sie, wie Zwiebelkuchen und Quiches am besten schmecken und sie deshalb in diesem Zustand im Laden verkauft bzw. im Café serviert werden sollten.
8. Ihr Betrieb möchte im Café verschiedene Pizzas anbieten. Sie sollen bei der Pizzaherstellung mithelfen. Überlegen Sie sich die Herstellung eines Pizzateigs und wie dieser ausgerollt und auf das Blech zum Belegen gelegt wird. Notieren Sie sich die Zutaten für vegetarische Pizzas und für Pizzas mit verschiedenen Käsesorten. Erklären Sie, wie die Zutaten der Reihe nach belegt werden und stellen Sie die Backtemperatur am Ofen für die Pizzas ein.

Rechenaufgaben

1. Für ein Stück Zwiebelkuchen wird ein Nettoverkaufspreis im Laden von 1,30 € ermittelt. Im Café liegt der Nettoverkaufspreis bei 1,56 €.
   a) Berechnen Sie den Caféaufschlag in %.
   b) Wie hoch ist der Ladenpreis?
   c) Errechnen Sie den Preis im Café.
2. Für eine ganze Quiche Lorraine wurde ein Ladenpreis von 11,60 € ermittelt. Die Quiche Lorraine wird in 8 Stücke eingeteilt. Der Caféaufschlag wurde mit 23 % veranschlagt. Errechnen Sie den Verkaufspreis für 1 Stück Quiche Lorraine im Café.

36.5 Eierspeisen

Gekochte Eier

Gekochte Eier gehören zum Frühstück, sind Bestandteil von gemischtem Salat und werden in belegte Snacks gegeben.

- Die Eier am stumpfen Ende mit einem Eierpieker einstechen. So kann beim Kochen der Eier die sich ausdehnende Luft entweichen. Dadurch platzen die Eierschalen beim Kochen nicht auf.
- Die Eier vorsichtig mithilfe eines Löffels oder Schaumlöffels in kochendes Wasser legen.
- Die Eier bei siedendem (kochendem) Wasser einige Minuten kochen lassen. Bei steigender Temperatur in den Eiern gerinnt das Eiweiß, sodass der Eiinhalt fester wird.
- Die Eier nach dem Kochen in kaltem Wasser abschrecken, damit sie nicht nachgaren. Außerdem lösen sich dadurch die Schalen leicht beim Abschälen, weil sich der Eiinhalt durch das kalte Wasser etwas zusammenzieht und sich so von der Schale trennt.

Die Kochzeiten der Eier richten sich nach der gewünschten Festigkeit, die die Eier haben sollen, und nach der Größe der Eier:

- weiche Frühstückseier: 4 bis 6 Minuten
- hart gekochte Eier für Salate: 8 bis 10 Minuten
- schnittfeste Eier für belegte Snacks: 12 Minuten

Die Eier mit einer Nadel pieken

Hart gekochte Eier in Scheiben geschnitten und geviertelt

Spiegeleier

- Fett in einer Pfanne erhitzen und zerlaufen lassen.
- Eier aufschlagen und vorsichtig nebeneinander in die Pfanne geben.
- Nur das Eiklar leicht salzen.
- Die Eier so lange stocken lassen, dass das Eigelb noch weich bleibt.

LF 3.3

Die Spiegeleier auf einen vorgewärmten Teller geben und mit Brot servieren.
Spiegeleier werden beim **Strammen Max** auf ein Salamibrot gegeben und serviert.

Spiegeleier

Eier mit Schinken (Ham and eggs)
Durchwachsenen Schinken in einer Pfanne mit Fett anbraten, dann die Eier daraufgeben und stocken lassen. Sofort auf einen Teller geben, salzen, pfeffern und servieren.

Rühreier

Eigelb und Eiklar sind bei Rühreiern völlig vermischt.
- Eier in eine Schüssel einschlagen, mit etwas Salz und Pfeffer würzen und verrühren.
- In einer Pfanne etwas Fett erhitzen und die verrührten Eier in die Pfanne gießen.
- Bei geringer Hitze die Eier unter ständigem Bewegen mit einem Pfannenwender zu einer weichen, saftigen Eiermasse stocken lassen.

Die Rühreier können noch mit weiteren Zutaten ergänzt werden, z. B. mit Schinken, Spargel, Champignons, Pilzen, Krabben. Dabei werden die Zutaten in einer Pfanne mit etwas Fett angebraten und die verrührten Eier dazugegeben. Rühreier werden auf einem vorgewärmten Teller heiß serviert.

Rühreier

Omeletts

!

Zutaten
Omeletts werden nur aus Eiern und etwas Salz hergestellt, ohne Zucker und Mehl. Sie werden deshalb auch als Eieromeletts bezeichnet.

Qualitätsmerkmale
Omeletts sind weiche, saftige Eierspeisen.

Omeletts dürfen nicht mit den Sahneomeletts aus Biskuitmasse verwechselt werden → Seite 163.

Herstellen von Omeletts
Bei der Herstellung von Omeletts werden pro Portion drei Eier gerechnet.
- Eier und etwas Salz mit einem Handrührbesen oder Rührgerät kräftig durchrühren.
- Etwas Butter in einer Pfanne erhitzen und die verrührten Eier hineingießen.
- Die Eier mit einem Bratenwender bewegen, damit sich frische und leicht gestockte (geronnene) Eiermasse gleichmäßig vermischen. Das fertige Omelett ist leicht gestockt (fest) und innen weich.

Verrührte Eier in die Pfanne gießen

Omeletts auf einen Teller geben

- Durch Schräghalten der Pfanne mit dem Bratenwender die hintere Hälfte des Omeletts nach vorne überschlagen.
- Die Pfanne schräg halten und das Omelett auf einen vorgewärmten Teller gleiten lassen und sofort heiß servieren.

LF 3.3

Mit dem Bratenwender das Omelett überschlagen und auf einen Teller geben

Füllungen
Omeletts werden häufig mit Schinken, Spargel, Pilzen und Käse gefüllt. Die Füllung wird auf das fertige Omelett gegeben, das dann zusammengelegt wird.
Es können aber auch Schinken, Käse, Kräuter u.a. mit den Eiern in der Pfanne mitgebacken werden.

Süße Omeletts werden gefüllt mit
- Konfitüre oder
- Apfelmus.

Mit Pilzen gefülltes Omelett

Rezeptbeispiel: Pilzfüllung für Omeletts

100 g	Butter
100 g	Zwiebeln, fein gehackt
250 g	Champignons, Austernpilze oder Pfifferlinge
100 g	durchwachsener Schinken, gewürfelt
50 g	Weißwein
	Petersilie, fein gehackt
	Salz
	Pfeffer, frisch gemahlen
600 g	**Füllung**

- Zwiebeln in Butter glasig dünsten und mit dem Schinken anbraten.
- Pilze dazugeben und bei kräftiger Hitze heiß rühren.
- Weißwein und Petersilie zugeben, leicht salzen und pfeffern.
- Füllung auf das Omelett geben und das Omelett überschlagen.

Pfannkuchen (Eierkuchen)

!

Pfannkuchen werden aus einer Eiermasse, bestehend aus Eiern, Milch und Weizenmehl hergestellt. Sie werden in einer Pfanne dünn und hellbraun gebacken.

Rezeptbeispiel: Pfannkuchen

250 g	Vollmilch
100 g	Weizenmehl, Type 405 oder 550
20 g	Zucker
	Prise Salz (ca. 2 g)
150 g	Vollei (3 Stück)
520 g	**Masse**

- Milch, gesiebtes Weizenmehl, Zucker und Salz gut verrühren.
- Eier einrühren und zu einer glatten Masse rühren.
- Butter oder Öl in der Pfanne erhitzen und die Masse mit einer Schöpfkelle in die Pfanne geben, sodass der Boden gleichmäßig bedeckt ist.
- Wenn der Pfannkuchen hellbraun ist, ihn mit einem Bratenwender umdrehen und die andere Seite hellbraun backen.

Für einen **Schinken-Pfannkuchen** wird die Eiermasse dünn in die Pfanne gegossen und dann Stücke von gekochtem Schinken verteilt.

Pfannkuchen werden meist mit Konfitüre gefüllt und mit Puderzucker bestaubt.
Zu Pfannenkuchen kann aber auch Apfelmus serviert werden.

Besondere Eignung
Pfannenkuchen eignen sich als feine warme Zwischenmahlzeit oder als Dessert. Sie werden sofort nach der Herstellung warm serviert.

Gefüllte Pfannkuchen

LF 3.3

Palatschinken

Palatschinken sind kleine Pfannkuchen mit Füllung, z. B. Quark-, Sahne-, Früchte-, Schokoladenfüllung oder Konfitüre.

Crêpes

Crêpes sind besonders dünne Pfannkuchen, die nach dem Backen mit verschiedenen Füllungen verfeinert werden, z. B. mit Nugatfüllung, Schokolade, Konfitüren, Fruchtsoßen, Likören.

Nach dem Füllen werden Crêpes zusammengerollt oder zusammengelegt und sofort serviert.

Kaiserschmarrn

!

Begriffserklärung

Kaiserschmarrn ist ein lockerer fingerdicker Pfannkuchen in mundgerechten Stücken.

Servieren

Nach dem Backen wird der Kaiserschmarrn auf einen Teller gegeben, mit Puderzucker bestaubt und mit Apfelmus als Beilage serviert.

Bei der Herstellung werden die Eier der Pfannkuchenmasse getrennt und aus dem Eiklar und Zucker wird Eischnee geschlagen. So entsteht ein lockerer Kaiserschmarrn.

In die Pfannenkuchenmasse können auch Sultaninen gegeben werden.

Backen

- Fett in einer Pfanne erhitzen.
- Die Pfannkuchenmasse dick in die Pfanne gießen und hellbraun backen.
- In der Pfanne wird der Kaiserschmarrn mit einem Bratenwender in mundgerechte Stücke geteilt und kurz fertig gebacken, sodass er innen noch weich ist.

Kaiserschmarrn mit Apfelmus

LF 3.3

Aufgaben

1. Erklären Sie die Herstellung von gekochten Eiern und geben Sie die Kochzeiten für weiche, hart gekochte und schnittfeste Eier an.
2. Beschreiben Sie die Herstellung von Spiegeleiern.
3. Wie werden Rühreier hergestellt?
4. Nennen Sie die Zutaten, aus denen Omeletts hergestellt werden. Geben Sie die Qualitätsmerkmale der Omeletts an.
5. Beschreiben Sie die Herstellung von Omeletts und wie sie auf die Teller gegeben werden.
6. Nennen Sie mögliche Füllungen der Omeletts.
7. Nennen Sie die Zutaten, aus denen Pfannkuchen hergestellt werden.
8. Beschreiben Sie die Herstellung von Pfannkuchen.
9. Womit werden Pfannkuchen gefüllt und wie werden sie serviert?
10. Erklären Sie
    - Palatschinken und
    - Crêpes.
11. Erklären Sie einen Kaiserschmarrn und beschreiben Sie, wie er serviert wird.
12. Im Café will Ihr Betrieb Omeletts mit verschiedenen Füllungen anbieten. Überlegen Sie sich mögliche pikante und süße Füllungen und erstellen Sie Rezepte für pikante Füllungen.

Rechenaufgabe

4 Portionen Kaiserschmarrn werden mit folgendem Rezept hergestellt:

200 ml	Milch	80 g	Zucker
200 ml	Schlagsahne	60 g	Butter
400 g	Eier (8 Stück)	150 g	Sultaninen
350 g	Weizenmehl		

Puderzucker zum Bestauben

Berechnen Sie den Materialpreis für 1 Portion Kaiserschmarrn bei folgenden Einkaufspreisen:

Milch:	0,68	€/l
Schlagsahne:	1,95	€/l
Eier:	0,12	€/Stück
Weizenmehl:	0,43	€/kg
Zucker:	0,90	€/kg
Butter:	3,70	€/kg
Sultaninen:	4,75	€/kg
Puderzucker:	0,15	€/pauschal

Dishes in the Bakery and Confectionary

Many guests in the café prefer small dishes for a small appetite or as a snack. The bakery/ confectionary-cafés menu offers popular small dishes.	*Viele Gäste im Café bevorzugen kleine Gerichte für den kleinen Hunger oder als Zwischenmahlzeit. In der Speisekarte im Bäckerei-/Konditorei-Café werden beliebte kleine Gerichte angeboten.*

Toasts

Toast Hawaii is a well-known and popular toast.
For the manufacturing of Toast Hawaii the following ingredients are needed:
toast, pineapple, ham, cheese, butter and cowberries.

These are the manufactoring steps of Toast Hawaii:

1. Toast slice of toast.
2. Spread the toast with butter.
3. Put the ham on top.
4. Put a pineapple slice on the ham.
5. Put a cheese slice on top.
6. Gratinate the toast in the oven.
7. Add cowberries to the middle of the toast.

Vocabulary

to add	dazugeben
the cowberries	die Preiselbeeren
to gratinate	überbacken
the manufacturing	die Herstellung
manufacturing steps	Herstellungsschritte
the middle	die Mitte
the mushroom	der Pilz
the pineapple	die Ananas
popular	beliebt
the slice	die Scheibe
well-known	bekannt, sehr bekannt

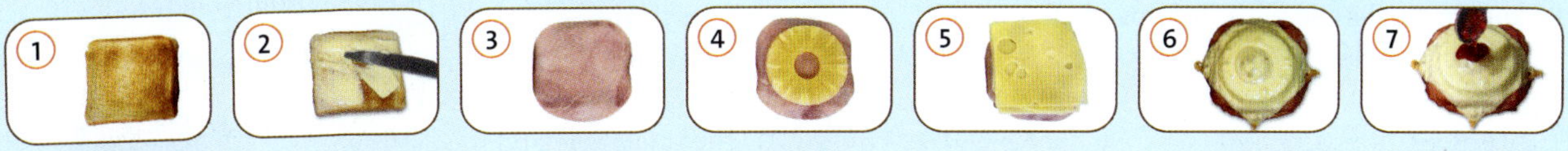

Exercise Describe the ingredients of another toast, e.g. asparagus toast, mushroom toast.	***Übungsaufgabe*** *Beschreiben Sie die Zutaten eines weiteren Toasts, z. B. Spargeltoast, Pilztoast.*

Egg Dishes

Boiled eggs are used for various dishes in the café. To cook eggs they are placed in boiling water. During cooking, the eggs change their firmness.

Different cooking times of the eggs lead to different firmness of the eggs. The firmness of the eggs determines their use for certain dishes.

• soft-boiled eggs	• hard-boiled eggs	• firm eggs
• 4 to 6 minutes	• 8 to 10 minutes	• 12 minutes
• breakfast	• salad plate	• sandwiches

Vocabulary

boiled egg	gekochtes Ei
boiling water	kochendes Wasser
to change	verändern, wechseln
to cook	kochen
during	während
firm egg	schnittfestes Ei
the firmness	die Festigkeit
the fried egg	das Spiegelei
the omelette	das Omelett
the pancake	der Pfannkuchen
to place	legen
the scrambled egg	das Rührei
to use	verwenden, benutzen
various	verschiedene

E

These egg dishes are often offered in the café:

Fried eggs

Scrambled eggs

Omelette

Pancakes

Exercise

1. Explain the dish "ham and eggs".
2. Name vegetables and spicy ingredients, which can be added to scrambled eggs.
3. What are sweet pancakes filled with?

Übungsaufgabe

1. *Erklären Sie das Gericht „Schinken mit Eier".*
2. *Nennen Sie Gemüse und pikante Zutaten, die in Rühreier gegeben werden können.*
3. *Womit werden süße Pfannkuchen gefüllt?*

Pasta Dishes

For pasta dishes noodles of different forms are used, e.g. spaghetti, tagliatelle, rigatoni.
A delicious pasta dish in the café is tagliatelle with shrimps. Shrimps are small prawns.

Recipe for tagliatelle with shrimps sauce:

400 g tagliatelle
20 g butter
20 g flour
300 g frozen shrimps
250 g cream
salt, white pepper, parsley

Manufacturing

- Cook the tagliatelle in salt water al dente.
- Heat the butter with flour.
- Add the shrimps and fry lightly.
- Stir in the cream and cook for two minutes.
- Season the sauce with salt and white pepper.
- Pour the shrimps sauce over the tagliatelle and mix lightly.
- Put the pasta dish on a plate and sprinkle with chopped parsley.

Exercise

1. Describe in English how noodles are cooked al dente.
2. Translate the recipe and the manufacturing of tagliatelle with shrimps sauce.

Übungsaufgabe

1. *Beschreiben Sie in Englisch, wie Nudeln al dente gekocht werden.*
2. *Übersetzen sie das Rezept und die Herstellung von Bandnudeln mit Shrimpssoße.*

Vocabulary

to chop, chopped	hacken, gehackt	the plate	der Teller
the flour	das Mehl	the prawn	die Garnele
the form	die Form	the recipe	das Rezept
to frozen	gefroren, tiefgefroren	the salt water	das Salzwasser
to heat	erhitzen	to season	abschmecken
to mix lightly	leicht mischen	the shrimps	die Shrimps
the noodles	die Nudeln	to stir in	einrühren
the parsley	die Petersilie	the tagliatelle	die Bandnudeln
the pasta dish	das Nudelgericht	white pepper	weißer Pfeffer

Berufliche Handlung

Viele Ihrer Gäste im Café und auf der Caféterrasse essen gerne in gemütlicher Atmosphäre kleine Gerichte, die in der Speisekarte angeboten werden. Bei einer betriebsinternen Fortbildung stellen Sie die Speisen in der Caféküche her. Für die Bedienungen sollen Sie ein Merkblatt erstellen, auf dem die Erklärungen der einzelnen kleinen Gerichte für die Beratung der Gäste und Tipps für das fachgerechte Servieren angegeben sind.

1. Ein Spargeltoast und ein Toast Hawaii ist bestellt. Beschreiben Sie mit Ihren Kolleginnen jeweils die einzelnen Arbeitsschritte zur Fertigstellung dieser Toasts.
2. Eine fertig gekochte Zwiebelsuppe sollen Sie in eine Suppentasse geben und die Zwiebelsuppe zum Servieren fertigstellen.
3. Der Gast hat eine Gulaschsuppe bestellt. Erklären Sie, wie die Gulaschsuppe in einem Suppenteller serviert wird.
4. Mit Ihren Kolleginnen sollen Sie Nudeln selbst herstellen. Erstellen Sie ein Nudelrezept und beschreiben Sie die Herstellung.
5. Für Spaghetti bolognese sollen Sie nicht selbst hergestellte, sondern getrocknete Nudeln al dente kochen. Erklären Sie das Kochen der Nudeln. Wie können Nudeln vor dem Servieren verbessert werden, damit sie einen volleren Geschmack erhalten?
6. In der Speisekarte werden Schinkennudeln mit Ei angeboten. Überlegen Sie, welche Nudelformen dafür verwendet werden können. Beschreiben Sie die Herstellung der Schinkennudeln mit Ei.
7. In die Speisekarte des Cafés sollen Käsespätzle aufgenommen werden. Suchen Sie sich mit Ihren Kolleginnen ein Rezept aus dem Internet. Stellen Sie die Spätzle mit dem richtigen Werkzeug her. Richten Sie Käsespätzle her und servieren Sie diese.
8. Bei der Fortbildung sollen Sie mit zwei Kolleginnen eine Schinken-Salami-Pizza herstellen.
   Erstellen Sie zuerst ein Rezept für den Pizzateig. Beschreiben Sie dann das Aufarbeiten, bis er zum Belegen bereit ist.
   Richten Sie die Zutaten für den Pizzabelag her und belegen Sie den Pizzateig in der richtigen Reihenfolge. Geben Sie auch noch Zutaten an, die je nach Geschmack zusätzlich von den Gästen zum Belag gewählt werden können.
9. Für die Pizzas wollen Sie frische Tomaten selbst enthäuten und sie dann auf den Pizzateigen verteilen. Demonstrieren Sie dies Ihren Kolleginnen.
10. Stellen Sie im Ofen die richtige Backtemperatur ein und begründen Sie die Backtemperatur.
11. Erstellen Sie ein Informationsblatt über Zwiebelkuchen. Benennen Sie dabei die Zutaten für den Teig und den Belag.
12. Geben Sie auf dem Informationsblatt auch an, wofür der Zwiebelkuchen im Laden und im Café besonders zu empfehlen ist.
13. Zwiebelkuchen schmecken heiß am besten. Überlegen Sie, wie Sie abgekühlte Zwiebelkuchen vor dem Verkauf erwärmen können.
14. Einem Gast im Café sollen Sie Quiche Lorraine erklären. Benennen Sie den Teig und die Zutaten für den Belag.
15. Quiche Lorraine bekommen Sie in Ihr Café tiefgefroren, die so bei Bedarf aus dem Froster genommen werden. Erklären Sie Ihren Kolleginnen die Bearbeitungsvorgänge von der Entnahme aus dem Froster bis zum Servieren der Quiche Lorraine.
16. Zeigen Sie ihren Kolleginnen das Kochen der Eier. Erklären Sie auch die Kochzeiten für weich gekochte Frühstückseier, hart gekochte Eier für Salate und schnittfeste Eier zum Belegen für Snacks.
17. Als Extras zum Frühstück bietet Ihr Café Rühreier und Eier mit Schinken (Ham and eggs) an. Demonstrieren und erklären Sie dabei die Herstellung dieser Eierspeisen.
18. Da eine neue Speisekarte erstellt wird, sollen Sie zur Information der Gäste Omeletts kurz beschreiben. Nennen Sie die Zutaten und die Qualitätsmerkmale der Omeletts und geben Sie an, welche Omelettfüllungen möglich sind.
19. Beschreiben Sie in der Speisekarte auch die Unterschiede von Pfannkuchen zu Palatschinken sowie zu Crêpes. Nennen Sie auch mögliche Füllungen dieser Eierspeisen.
20. Als besondere Mehlspeise bieten Sie Kaiserschmarrn an. Erklären Sie einem Gast „Kaiserschmarrn". Richten Sie den gebackenen Kaiserschmarrn auf einem Teller an.

LF 3.4
Gerichte und Getränke präsentieren und servieren

37 Getränke

Situation

Sie sollen im Café bedienen und dabei die Gäste beraten können. Deshalb besuchen Sie eine vom Betrieb ausgehende Fortbildungsveranstaltung über Getränke. Mit den Kursteilnehmern erarbeiten Sie die Herkunft und die Inhaltsstoffe von Kaffee und Tee. Sie unterscheiden Erfrischungsgetränke, Biere, Weine und Spirituosen. Im praktischen Teil dieser Fortbildung werden die Getränke fachgerecht zubereitet und serviert.

- Welche Kaffeegetränke werden im Café angeboten?
- Welche Wirkung haben die Inhaltsstoffe des Tees auf den Körper?
- Wie wird Tee zubereitet?
- Wie werden Trinkschokolade und andere Milchgetränke zubereitet?
- Wie unterscheiden sich die Erfrischungsgetränke und die Biere?
- Was besagt das Weinetikett und wie werden Weine und Schaumweine serviert?
- Welche bekannten Spirituosen werden im Café angeboten?

Im Bäckerei-/Konditorei-Café sollen sich die Gäste wohlfühlen. Sie können alle Erzeugnisse der Bäckerei/Konditorei bestellen und auch die verschiedensten Getränke genießen.

Die Gäste erwarten im Café nur beste Getränke, die fachgerecht serviert werden.

Das Getränkesortiment im Café wird unterteilt in:

Aufgussgetränke	Alkoholfreie Getränke	Alkoholische Getränke
• Kaffee • Tee • Trinkschokolade	• Milch und Milchmischgetränke • Mineralwässer • Fruchtgetränke • Limonaden	• Bier • Wein • Sekt • Spirituosen

LF 3.4

37.1 Kaffee

Kaffee stammt den Erzählungen nach höchstwahrscheinlich aus der Provinz „Kaffa“, dem Hochland des heutigen Äthiopiens. Die Seefahrer brachten den Kaffee über den türkischen Hafen „Mokka“ nach Europa.

Nach einem lebhaften Kaffeehandel in den Hansestädten entstand 1677 das erste deutsche Kaffeehaus in Hamburg und in etwa der gleichen Zeit eröffnete in Leipzig das Kaffeehaus „Zum Coffee Baum“, in dem ursprünglich nur Kaffee getrunken wurde. Bald darauf entstand in vielen deutschen Städten ein Kaffeehaus. Es war ein Treffpunkt und eine Informationsstätte für Kaufleute und Politiker, aber auch eine Begegnungsstätte für Schriftsteller, Musiker und Maler.

Als später in deutschen Konditoreien der Einfluss französischer Süßspeisen besonders stark war, erhielt das Kaffeehaus das französische Wort „Café“.

Der Name Kaffee ist in allen Sprachen der Welt ähnlich. Vermutlich setzt er sich aus den Wortursprüngen der ersten Kaffeeländer zusammen, in denen man damals in Arabien von „gahwa“ (der Erregende) und in der Türkei von „kahweh“ sprach.

Kaffee im Café

Kaffee ist das meistgetrunkene und beliebteste Getränk in Deutschland. Es ist wegen der anregenden Wirkung ein ideales Frühstücksgetränk und begehrt zur Entspannung in der freien Zeit.
Das hervorragende Aroma ist besonders passend zu den Erzeugnissen der Bäckerei/Konditorei. Deshalb spricht man bei Feinen Backwaren und Torten sowie Desserts von Kaffeegebäcken, obwohl sie auch zu anderen Getränken gegessen werden.

Kaffeeanbaugebiete

Die Anbaugebiete des Kaffees liegen in den tropischen Zonen des Äquators von Süd- und Mittelamerika über Afrika bis nach Asien, z. B. Brasilien, Kolumbien, Äthiopien, Vietnam, Indonesien.

Kaffeebohnen

An der Kaffeepflanze (Sträucher) wachsen kirschenähnliche Früchte, die in reifem Zustand rot sind. Jede Frucht enthält zwei helle Bohnen, die als Rohkaffee bezeichnet werden. Der Rohkaffee wird in die Röstereien der verschiedenen Länder verschickt. Beim Rösten erhalten die Kaffeebohnen die kaffeebraune Farbe und das feine Aroma, den Geruch und Geschmack.

Kaffeefrüchte des Kaffeestrauchs

Geröstete Kaffeebohnen

Sorten der Kaffeebohnen

Bohnensorten	Anbaugebiet
Kaffee Arabica Es sind Kaffeebohnen von bester Qualität. Kaffee Arabica ergibt ein intensives, aber mildes Kaffeearoma (Kaffeegeruch und -geschmack). Der Kaffee hat eine feine Säure und einen hohen Anteil aromatischer ätherischer Öle sowie wenig Bitterstoffe.	**Hochlandkaffee** Während der langen Reifezeit in den Bergen zwischen 600 und 2000 m bilden sich in den Kaffeefrüchten viele feine Geschmacksstoffe.
Kaffee Robusta Die Kaffeebohnen enthalten mehr Bitterstoffe. Sie ergeben deshalb einen etwas bitteren und kräftigeren Kaffeegeschmack. Kaffee Robusta besitzt einen höheren Koffeingehalt.	**Tieflandkaffee** Schnelleres Wachstum und deshalb kürzere Reifezeit in Tieflagen unter 600 m.

Inhaltsstoffe der Kaffeebohnen und ihre Wirkungen

Inhaltsstoffe	Wirkungen im Körper
Koffein Kaffeebohnen enthalten 1,5 bis 2 % Koffein.	• Koffein ist geruchlos und schmeckt etwas bitter. • Es regt die Herztätigkeit an und fördert somit die Durchblutung, sodass der Blutdruck sich erhöht. • Auch das zentrale Nervensystem wird angeregt. Der Körper und das Gehirn werden deshalb leistungsfähiger. Beim Trinken von Kaffee wirkt das Koffein in kürzester Zeit, die Wirkung lässt jedoch schnell wieder nach.
Säuren Kaffeebohnen enthalten ca. 3,5 % Gerbsäuren.	Sie regen die Bildung der Verdauungssäfte an und fördern somit die Verdauung. Dabei wird mehr Salzsäure im Magen gebildet, was bei empfindlichen Menschen zu Magenbeschwerden führt.
Ätherische Öle Kaffeebohnen enthalten ca. 12,5 % ätherische Öle.	Ätherische Öle sind die hauptsächlichen Aromageber des Kaffees. Sie verflüchtigen sich im Kaffee und sorgen so für einen intensiven Geruch und Geschmack.

LF 3.4

Arten des Kaffees

Kaffee

Kaffee, das sind die gerösteten Kaffeebohnen, gemahlen oder ungemahlen, mit allen Inhaltsstoffen der Kaffeebohnen.

Espressobohnen

Die Espressobohnen sind stärker geröstete Kaffeebohnen, die dadurch einen kräftigeren Geschmack erhalten. Durch die starke Röstung gehen scharfe Säuren verloren, sodass Espresso magenverträglicher ist.

Espressobohnen werden zur Herstellung von Espresso verwendet. Sie können aber auch wie die Kaffeebohnen für die Kaffeeherstellung verwendet werden.

Entkoffeinierter Kaffee

Diese Kaffeebohnen dürfen höchstens 0,1 % Koffein enthalten. Das entkoffeinierte Getränk besitzt wegen des fehlenden Koffeins keine anregende Wirkung. Deshalb eignet sich dieser Kaffee für Herzkranke sowie für Menschen mit hohem Blutdruck und für Menschen, die nach dem Genuss von Kaffee Schlaflosigkeit verspüren.

Löslicher Kaffee

Löslicher Kaffee, auch **Kaffee-Extrakt** oder **Instantkaffee** genannt, ist pulverförmiger oder gekörnter gefriergetrockneter Kaffee, der in heißem Wasser sofort löslich ist. Er dient hauptsächlich als Automatenkaffee und für die schnelle Kaffeezubereitung. Wegen der geringeren Qualität (weniger Aroma) findet er im Konditorei-/Bäckerei-Café keine Verwendung.

Löslicher Kaffee

Lagerung von Kaffee

- Kaffee in luftdicht verschlossenen und lichtundurchlässigen Behältern,
- bei kühler Raumtemperatur und
- trocken lagern.

Durch Wärme, Feuchtigkeit, Sauerstoff der Luft und Licht verliert der Kaffee den Geschmack.
Frischer Kaffee schmeckt am besten, da bei zunehmender Lagerung der Geschmacksverlust zunimmt.
Kaffeebohnen sind länger frisch als gemahlener Kaffee.

LF 3.4

Kaffeevollautomat

Moderne Kaffeevollautomaten stellen automatisch Kaffeegetränke bester Qualität her. Sie erfüllen verschiedene Funktionen in einem Gerät:

- Kaffee zubereiten
- Espresso zubereiten
- spezielle Kaffeegetränke zubereiten, z. B. Cappuccino, Latte macchiato, Espresso, Milchkaffee, entkoffeinierter Kaffee
- Milch aufschäumen
- Milch erwärmen
- kochendes Wasser ablassen, z. B. für Tee

Jede Tasse Kaffeegetränk wird im Kaffeevollautomat einzeln frisch zubereitet. Durch Knopfdruck des gewünschten Kaffeegetränks am Kaffeevollautomat dosiert sich die Menge der Kaffeebohnen automatisch. Die Kaffeebohnen werden frisch gemahlen und sofort mit heißem Wasser zum Kaffeegetränk zubereitet.

Kaffeevollautomat

Kaffee zubereiten (brühen)

- Im Kaffeevollautomat werden die Kaffeebohnen mittelfein gemahlen.
- Frisches, kaltes Wasser wird auf 92 bis 96 °C erhitzt und über das Kaffeepulver gegossen. Bei Wasser über 96 °C gehen Aromastoffe verloren, bei Wasser unter 92 °C lösen sich zu wenig Aromastoffe.
- Während das heiße Wasser durch das Kaffeepulver fließt, lösen sich die Aromastoffe des Kaffees im Wasser, sodass heißer, aromatischer Kaffee in die Tasse läuft.

Espresso zubereiten

- Im Kaffeevollautomat werden die Espressobohnen sehr fein gemahlen.
- Frisches, kaltes Wasser wird gekocht. Das Wasser wird dann bei 88 bis 94 °C durch das sehr fein gemahlene Espressopulver bei ca. 9 bar durchgepresst.
- Durch den kurzen Kontakt des Wassers beim Durchpressen lösen sich die Aromastoffe des Espressopulvers, jedoch wenig Säuren und Bitterstoffe. Deshalb ist Espresso gut bekömmlich.
- Da die Espressobohnen stärker geröstet sind, besitzt Espresso einen kräftigeren Geschmack als Kaffee.

Kaffeepulvermenge für Kaffeegetränke

Je mehr Kaffeepulver für eine Tasse des Kaffeegetränks verwendet wird, desto „stärker" ist der Kaffee, d. h., desto koffeinhaltiger ist der Kaffee und desto kräftiger ist der Geschmack.

In die angegebene Wassermenge für eine Tasse Kaffeegetränk werden folgende Kaffeepulvermengen gegeben, um eine gute Qualität der Kaffeegetränke zu erzielen:

- 1 Tasse Kaffee: 150 ml = 7 bis 8 g Kaffeepulver
- Espresso für z. B. Cappuccino und Latte macchiato: 150 ml = 7 bis 8 g Espressopulver
- 1 Tasse Espresso: 30 ml = ca. 7 g Espressopulver

!

Voraussetzungen für eine gute Qualität der Kaffeegetränke

- Kaffeebohnen Arabica verwenden.
- Frisch geröstete Kaffeebohnen verwenden – Kaffeebohnen nicht zu lange lagern.
- Kaffeebohnen direkt vor der Kaffeeherstellung frisch vermahlen. Im Kaffeevollautomaten geschieht dies automatisch.
- Den Kaffee vom Kaffeevollautomaten in angewärmte Tassen und Kännchen geben, damit der Kaffee möglichst lange beim Gast heiß und somit aromatisch bleibt.
- Den Kaffee sofort nach der Herstellung servieren.

Kaffeegetränke

Tasse Kaffee

- 1 Tasse Kaffee enthält meistens 150 ml.
- 1 große Tasse Kaffee enthält 200 bis 230 ml.
- Ein Kännchen Kaffee, auch eine „Portion Kaffee" genannt, enthält 300 ml Kaffee für 2 Tassen.

- 1 Tasse Kaffee mit 150 ml enthält 100 bis 120 mg Koffein.
- 1 Tasse Espresso mit 30 ml enthält ca. 30 mg Koffein.

Im Vergleich:
- 1 Tasse schwarzer Tee mit 150 ml enthält ca. 50 mg Koffein.
- 1 Flasche Cola mit 330 ml enthält ca. 35 mg Koffein.

Kaffeegetränk	Besonderheit
Tasse Kaffee	Tasse Kaffee mit Zucker und Kaffeesahne bzw. Schlagsahne servieren.
Cappuccino (wörtlich: Kapuze aus Milchschaum)	• runde, halbkugelförmige Cappuccinotasse mit ca. 150 ml Espresso • Espresso mit Milchschaum obenauf • Auf den Milchschaum etwas Kakaopulver streuen.
Milchkaffee oder Melange (sprich: Melasch)	• große Kaffeetasse mit 200 bis 230 ml • halb heißer Kaffee und halb heiße Milch
Latte macchiato	• Kaffeeglas mit 200 ml • unten: heiße Milch Mitte: Espresso oben: aufgeschäumte Milch
Espresso	• kleine Espressotasse mit dickem Rand • 30 oder 40 ml starker Espresso • mit Zucker servieren
Eiskaffee	• hohes vorgekühltes Glas (Eiskaffeeglas) • zwei Kugeln Vanilleeis • das Glas mit kaltem Kaffee füllen • obenauf eine Schlagsahnehaube • Sahne mit Schokostreusel bestreuen

Cappuccino

LF 3.4

Latte macchiato

Eiskaffee

Aufbau von Latte macchiato

Die heiße Milch ist kühler und somit dichter als der heiße Espresso, der etwas leichter ist. Deshalb schwimmt der Espresso auf der Milch. Der Milchschaum ist am leichtesten und befindet sich deshalb oben.

Kaffeegetränke mit Spirituosen

Die Spirituosen grundsätzlich nur angewärmt in den Kaffee geben oder im passenden Glas separat mit dem Kaffee servieren.

Kaffee mit Schuss

Kaffeebezeichnung	Besonderheit
Kaffee mit Schuss	Zu einer Tasse Kaffee separat im Glas 2 cl oder 4 cl einer beliebigen Spirituose servieren, z. B. Weinbrand, Cognac, Zwetschgenwasser, Himbeergeist, Grappa oder Liköre wie Eierlikör, Amaretto, Grand Marnier. →

LF 3.4

Kaffeebezeichnung	Besonderheit
Irish Coffee	• In ein vorgewärmtes Irish-Coffee-Stielglas 4 cl Irish Whiskey und 1 bis 2 Kaffeelöffel braunen Zucker geben und verrühren. • Das Glas mit heißem, starkem Kaffee bis ca. 1 cm unter dem Glasrand füllen. • Halb geschlagene Sahne über einen Kaffeelöffelrücken gleiten lassen, sodass die Sahne an der Oberfläche bleibt und nicht in den Kaffee sinkt. Der heiße Irish Coffee wird mit einem Trinkhalm durch die kühle Sahne getrunken.
Pharisäer	In eine Tasse Kaffee 2 oder 4 cl Rum geben. Eine Schlagsahnehaube obenauf dressieren.
Russischer Kaffee	In eine Tasse Kaffee 2 oder 4 cl Wodka geben und mit braunem Kandis als Beilage servieren.

Irisch Coffee

Servieren von Kaffee

- Kaffeegetränke werden auf eine Untertasse gestellt, auf die ein kleiner Löffel gelegt wird.
- Dazu wird Zucker, portioniert und verpackt, und Kaffeesahne serviert.
- Zusätzlich kann ein kleines Gebäck oder ein Schokoladentäfelchen dazugegeben werden. Damit erfreut man die Gäste.

Beim Servieren eines Kännchens Kaffee wird am Tisch beim Gast eine Tasse Kaffee aus dem Kännchen eingeschenkt.

Aufgaben

1. Wo wird Kaffee hauptsächlich angebaut?
2. Beschreiben Sie die Kaffeefrüchte der Kaffeepflanzen und wie daraus Kaffeebohnen werden.
3. Nennen Sie die zwei Kaffeebohnensorten und beschreiben Sie diese. Geben Sie auch die Qualitätsmerkmale an.
4. Nennen Sie die drei hauptsächlichen Inhaltsstoffe des Kaffees und erklären Sie deren Wirkungen im Körper.
5. Erklären Sie die folgenden Kaffeearten:
   - Kaffee
   - entkoffeinierter Kaffee
   - Espresso
   - löslicher Kaffee
6. Wie sollte Kaffee gelagert werden und wodurch verliert Kaffee bei der Lagerung den Geschmack?
7. Nennen Sie die Funktionen eines Kaffeevollautomaten.
8. Beschreiben Sie die Herstellung im Kaffeevollautomaten von
   - Kaffee (Überbrühen),
   - Espresso.
9. Nennen Sie die Voraussetzungen, damit eine gute Qualität der Kaffeegetränke erreicht wird.
10. Geben Sie die Kaffeepulvermengen für Kaffeegetränke mit folgender Wassermenge an:
    - Kaffee mit 150 ml
    - Espresso mit 30 ml
    - Espresso mit 150 ml
11. Beschreiben Sie bei folgenden Kaffeegetränken, wie sie zum Servieren zubereitet werden:
    - Tasse Kaffee
    - Milchkaffee
    - Espresso
    - Cappuccino
    - Latte macchiato
    - Eiskaffee
12. Beschreiben Sie folgende Kaffeegetränke mit Spirituosen:
    - Kaffee mit Schuss
    - Pharisäer
    - Irish Coffee
    - Russischer Kaffee
13. Erklären Sie, wie Kaffeegetränke serviert werden.
14. Stellen Sie je einen Cappuccino mit Kaffee und mit Espresso her. Beurteilen Sie mit Ihren Kolleginnen die Kaffeegetränke in Bezug auf Geschmack und Bekömmlichkeit.
    Zum Aufschäumen der Milch für Cappuccinos verwenden Sie einmal fettarme Milch mit 1,5 % Fettgehalt und dann Vollmilch mit 3,5 % Fett. Beurteilen Sie die Unterschiede der aufgeschäumten Milch in Bezug auf Stabilität und cremiger Beschaffenheit sowie im Volumen.

37.2 Tee

„Any time is tea time", sagen die Engländer. Die aromatischen Tees sowie Kräuter- und Früchtetees mit den geschmacklichen Abwechslungen sind bei vielen Gästen im Café ganzjährig beliebt und eignen sich wie Kaffee besonders gut zu den Bäckerei- und Konditoreierzeugnissen.

!

Tee
Unter dem Begriff „Tee" versteht man nur das Getränk aus den jüngsten, oberen Blättern des Teestrauchs aus tropischen und subtropischen Gebieten. Je kleiner und feiner die oberen Teeblätter sind, desto besser ist die Qualität des Tees.

Feine zarte Teeblätter

Hauptsächliche Teeanbaugebiete

- Indien:
  - **Assam** im Norden Indiens ist das größte Teeanbaugebiet der Welt. Assamtee zeichnet sich durch ein kräftiges Aroma aus.
  - **Darjeeling** ist ein bis zu 2000 m hochgelegenes Anbaugebiet an den Südhängen des Himalajas in Indien. Darjeelingtee gehört mit dem besonders feinen aromatischen Geschmack zu den besten Teesorten.
- Sri Lanka (früher hieß die Insel südlich von Indien Ceylon): **Ceylontee** besitzt ein angenehm kräftiges Aroma.
- **China** liefert hauptsächlich grünen Tee.
- **Indonesien** und einige **afrikanische Länder** wie Kenia und Uganda sind weitere Teeanbaugebiete.

Teeblätter der Teesträucher

LF 3.4

Teemischungen

In Gebieten und Ländern, in denen hauptsächlich Tee getrunken wird, haben sich Teemischungen aus verschiedenen Teeanbaugebieten mit unterschiedlichem Teegeschmack entwickelt, z. B. ostfriesische, englische und russische Teemischungen.

Teesorten

Schwarzer Tee

- Nach dem Pflücken der Teeblätter lässt man sie welken (etwas trocknen).
- Dann werden die Teeblätter in einer Rollmaschine gerollt, sodass die Zellen aufbrechen und der Zellsaft frei wird.
- Danach werden sie bei feuchtwarmer Luft fermentiert.

Vorgänge in den Teeblättern bei der Fermentation

- Der Zellsaft der Teeblätter oxidiert mit dem Sauerstoff der Luft.
- Dabei entwickeln sich geschmackvolle ätherische Öle.
- Das Koffein der Teeblätter wird freigesetzt.
- Die grünen Teeblätter verfärben sich kupferrot.

Durch das anschließende Trocknen bis zu 100 °C wird die Fermentation beendet. Beim Trocknen werden die Teeblätter dunkler und lange haltbar.

Grüner Tee

Beim grünen Tee werden die Teeblätter getrocknet und gerollt, jedoch nicht fermentiert. Deshalb haben die Teeblätter nach dem Trocknen eine dunkelgrüne Farbe. Grüner Tee ist dadurch hell im Aufguss, schwarzer Tee ist dunkler.

Schwarzer Tee – dunkler Aufguss und grüner Tee – heller Aufguss

Aromatisierte schwarze Tees

Schwarzer Tee wird mit natürlichen Früchten, Gewürzen, natürlichen Aromen oder ätherischen Ölen aromatisiert. Die Geschmacksrichtung wird gekennzeichnet, z. B. „aromatisierter Tee – Wildkirsche". Bei guter Qualität sollte das Aroma den typischen Teegeschmack nicht ganz überdecken.

Aromatisierter schwarzer Tee

Formen der Teeblätter

Die Teeblätter sind in verschiedenen Formen im Handel:

- Blatttee: ganze oder grob gebrochene Blätter
- Broken Tee: mehrmals gebrochene Teeblätter
- Fannings und Dust: fein zerkleinerte Blätter im Teebeutel

Teekenner bevorzugen meistens Teeblätter, weil diese den geschmackvolleren Tee ergeben sollen. Es gibt jedoch auch hochwertige Tees in Teebeuteln, die eine gute, aromatische Teequalität ergeben. Teebeutel sind eine bequeme Art Tee herzustellen. Die Verwendung von losen Teeblättern oder Teebeutel liegt in der persönlichen Entscheidung.

Fannings links im Teebeutel und rechts Blatttee

Inhaltsstoffe des Tees und ihre Wirkungen

Tee belebt und beruhigt. Diese scheinbar widersprüchliche Wirkungsweise verdankt der Tee zwei einander ergänzenden Inhaltsstoffen, dem Koffein und den Gerbstoffen. Die Gerbstoffe binden das Koffein, das somit kaum die Herztätigkeit im Körper erhöht, im Gegensatz zum Kaffee.

Inhaltsstoffe	Wirkungen
Koffein Teeblätter enthalten 2 bis 4 % Koffein.	Koffein steigert die Durchblutung des Gehirns und stimuliert leicht das Nervensystem. Da das Koffein an die Gerbstoffe gebunden ist, geht es verzögert in das Blut über und wirkt deshalb nur leicht.
Gerbstoffe (Tannine) Teeblätter enthalten 5 bis 12 % bittere Gerbstoffe.	• Gerbstoffe geben dem Tee einen herb-bitteren Geschmack. • Sie beruhigen den Magen und die Därme. Deshalb wirkt Tee bei Unwohlsein und Erkrankungen.
Mineralstoffe Teeblätter enthalten 4 bis 6 % Mineralstoffe.	Viele Mineralstoffe, z. B. Kalium, Mangan, Kalzium, Magnesium, Fluor, tragen zur Gesunderhaltung bei.
Ätherische Öle Teeblätter enthalten ca. 1 % ätherische Öle.	Ätherische Öle sind die hauptsächlichen Geruchs- und Geschmacksstoffe (Aromastoffe).

Kräuter- und Früchtetees

!

Kräuter- und Früchtetees werden aus getrockneten Pflanzenteilen oder aus Kräutern und Gewürzen von heimischen oder südländischen Pflanzen gewonnen. Sie enthalten kein Koffein und werden deshalb auch als **„teeähnliche Erzeugnisse“** bezeichnet.
Kräuter- und Früchtetees enthalten viele ätherische Öle sowie Mineralstoffe und Vitamine.

Von links oben: Kamillentee, Pfefferminztee, Rooibostee, Kräutertee, Früchtetee

Kräuter- und Früchtetees gibt es in den verschiedensten Geschmacksrichtungen. Sie haben auch gesundheitsfördernde Wirkungen, indem sie bei Husten, Halsschmerzen, Entzündungen oder Magen-Darm-Probleme helfen. Außerdem dienen Mischungen aus Pflanzenteilen, Kräuter und Gewürzen gegen Unwohlsein, z. B. als Schlaftee, Abführtee, Blutreinigungstee.

Pflanzenteile	Beispiele für Kräuter- und Früchtetees
Blätter	Pfefferminztee, Brennnesseltee, Melissentee, Rooibostee (Rotbuschtee)
Blüten	Kamillentee, Lindenblütentee, Malventee (Hibiskustee)
Früchte	Hagebuttentee, Apfeltee, Früchtetee (Mischungen aus Früchten)
Wurzeln	Ingwertee, Baldriantee
Mischung aus Kräutern und Gewürzen	Kräutertee, ayurvedischer Gewürztee (Gewürzmischung)

Lagerung von Tee sowie Kräuter- und Früchtetees

Durch hohe Luftfeuchtigkeit, Licht und Wärme verlieren Tees ihren Geschmack. Deshalb sollten sie kühl, trocken und dunkel gelagert werden.
Tees in gut verschließbaren, luftdichten Dosen, die lichtundurchlässig sind, lagern; in einem kühlen Raum. So sind Tees lange lagerfähig, zwei bis drei Jahre in ungeöffneten Packungen.

Tee im Folienbeutel in einer Teedose lagern

LF 3.4

Teezubereitung

Teetassen und Teekannen bestehen aus Porzellan, Keramik oder Glas und dürfen nur für Tee, nicht für andere Getränke, verwendet werden.
Eine Tasse enthält ca. 200 ml Tee.

- Vorgewärmte Tassen, Gläser oder Teekännchen verwenden, damit das Getränk im kalten Teegeschirr nicht so schnell abkühlt.
- Für eine Tasse oder ein Glas mit 200 ml Wasser benötigt man
  – einen Teebeutel oder
  – ca. 2 g Teeblätter, entspricht einem gehäuften Teelöffel.

  Die Teeblätter am besten in einen Teefilter aus Papier geben, damit sie nach der Ziehzeit leicht aus dem Tee genommen werden können.
- Weiches, kalkarmes Wasser schmeckt im Tee am besten.

Schwarzer Tee sowie Kräuter- und Früchtetees

- Frisches Wasser aufkochen und abwarten, bis es nicht mehr sprudelt. So beträgt die Wassertemperatur ca. 95 °C. Dieses wird nun über die Teeblätter bzw. den Teebeutel von schwarzem Tee bzw. Kräuter- und Früchtetees gegossen.
  Beim Übergießen mit kochendem, 100 °C heißem Wasser verflüchtigen sich sofort viele ätherische Öle, sodass der Tee nicht mehr so gut schmeckt.
- Während der Teebeutel oder die Teeblätter im Wasser schwimmen, zieht der Tee, d. h., die Geschmacks- und Farbstoffe der Teeblätter lösen sich im Wasser.

Ziehzeit von Schwarztee

Die Ziehzeit beeinflusst die Farbe und den Geschmack des Tees sowie die Wirkung des Tees auf den Körper.

Tee nach drei Minuten und nach fünf Minuten Ziehzeit

1 Minute	
2 Minuten 3 Minuten	Bei einer Ziehzeit von zwei bis drei Minuten hat sich das Koffein der Teeblätter im Wasser gelöst. Die Geschmacks- und Farbstoffe haben sich erst teilweise gelöst. Nur wenige Gerbstoffe haben sich gelöst. • Der Tee wirkt anregend. • Der Geschmack ist mild. • Der Tee hat eine helle Farbe.
4 Minuten 5 Minuten	Bei vier bis fünf Minuten Ziehzeit haben sich viele Gerbstoffe gelöst, die das Koffein binden. So kann das Koffein nur schwach im Körper wirken. Die Geschmacks- und Farbstoffe haben sich im Wasser gelöst. • Der Tee wirkt beruhigend. • Der Geschmack ist kräftiger. • Die Teefarbe ist dunkler.
über fünf Minuten	Bei einer Ziehzeit über fünf Minuten wird schwarzer Tee zunehmend bitterer, da sich immer mehr bittere Gerbstoffe im Tee lösen.

Ziehzeit von Kräuter- und Früchtetees

Kräuter- und Früchtetees sollen sechs bis zehn Minuten ziehen, damit sich alle Aromastoffe lösen können und die Tees den vollen Geschmack erhalten.

Kräuter- und Früchtetees enthalten keine bitteren Gerbstoffe, sodass die Tees bei der längeren Ziehzeit nicht bitter werden.

Zubereitung von grünem Tee

- Frisches, weiches Wasser kochen. Gekochtes Wasser beeinflusst den Teeschmack positiv.
- Das kochende Wasser auf ca. 70 °C abkühlen lassen. Entweder ein Thermometer verwenden oder das kochende Wasser 5 bis 10 Minuten abkühlen lassen.
- Das abgekühlte Wasser über die grünen Teeblätter gießen und ca. 2 Minuten ziehen lassen.
  Da grüner Tee mehr bittere Gerbstoffe enthält, würde bei einer Ziehzeit von über 3 Minuten der grüne Tee unangenehm bitter schmecken. Auch bei zu heißem Wasser lösen sich viele Gerbstoffe, die den grünen Tee bitter machen.

Herausnehmen der Teeblätter bzw. des Teebeutels nach der Ziehzeit

Die Ziehzeit des Tees kann der Gast selbst bestimmen, indem er den Teebeutel bzw. den Teefilter mit den Teeblättern aus dem Tee herauszieht und auf eine extra dafür bereitgestellte Ablageschale legt.

LF 3.4

Beilagen zum Tee

Der Gast wählt Tee mit bestimmten Beilagen, die den Geschmack des Tees beeinflussen:
- Tee mit Zitrone
- Tee mit Milch
- Tee mit Kandiszucker
- Tee mit Honig

Niemals in den Tee Milch und Zitrone zusammen hineingeben, weil Milcheiweiß durch die Zitronensäure gerinnt und im Tee dann die ausgeflockten Teilchen zu sehen sind.

Tee mit Rum

Zum Tee in der Tasse bzw. im Glas wird 2 cl Rum in einem Spirituosenglas oder in einer kleinen Portionsflasche serviert. Der Rum sollte Raumtemperatur haben.

Tee mit Schuss

Zum Tee wird eine angewärmte Spirituose im typischen Glas serviert, z. B. Weinbrand, Whisky, Calvados, Grappa.

Servieren von Tees

Tee wird auf einem Tablett serviert:
- Die Teetasse bzw. das Teeglas steht auf einem Unterteller mit Papiermanschette.
- Der Teelöffel liegt auf dem Unterteller parallel hinter dem Henkel in „4-Uhr-Stellung".
- Zucker ist portioniert in Papier verpackt, auf Wunsch Kandiszucker oder Süßstoff.
- Die Beilage steht auf dem Gedeck, z. B. eine Scheibe Zitrone auf einem Schälchen.
- Eine Ablageschale steht für den Teebeutel bzw. den Teefilter mit den Teeblättern bereit.

Teegedeck

Aufgaben

1. Was versteht man unter dem Begriff „Tee"?
2. Nennen Sie hauptsächliche Anbaugebiete von Tee.
3. Erläutern Sie „Teemischungen" und geben Sie Beispiele an.
4. Erklären Sie die Vorgänge in den Teeblättern bei der Fermentation für schwarzen Tee.
5. Beschreiben Sie die Teeblätter für grünen Tee und erläutern Sie den Unterschied bei der Bearbeitung der Teeblätter gegenüber dem schwarzen Tee.
6. Erklären Sie „aromatisierte schwarze Tees".
7. Welche Formen der Teeblätter sind im Handel erhältlich?
8. Nennen Sie die Inhaltsstoffe des Tees und beschreiben Sie deren Wirkungen im Körper.
9. Erklären Sie Kräuter- und Früchtetees.
10. Nennen Sie Kräuter- und Früchtetees aus verschiedenen Pflanzenteilen.
11. Wie sollen Tees sowie Kräuter- und Früchtetees gelagert werden?
12. Beschreiben Sie die Teezubereitung von schwarzem Tee sowie Kräuter- und Früchtetees in Bezug auf
    - Teegeschirr,
    - Teemenge,
    - Wasser.
13. Erklären Sie die Auswirkungen folgender Ziehzeiten beim schwarzen Tee:
    - zwei bis drei Minuten
    - vier bis fünf Minuten
    - über fünf Minuten
14. Wie lange sollten Kräuter- und Früchtetees ziehen?
15. Erklären Sie die Zubereitung von grünem Tee.
16. Nennen Sie Beilagen, die zum Tee serviert werden können.
17. Erklären Sie Tee mit Rum sowie Tee mit Schuss und geben Sie an, wie diese Getränke serviert werden.
18. Beschreiben Sie das Servieren von Tee.
19. Stellen Sie jeweils schwarzen Tee mit Teeblätter und hochwertigen Tee im Teebeutel her. Beurteilen Sie die Farbe des Aufgusses und den Geschmack der Tees bei gleicher Ziehzeit.
20. Stellen Sie schwarzen und grünen Tee her. Unterscheiden Sie die Tees in Bezug auf den Geschmack.

LF 3.4

37.3 Milchgetränke

Ein Glas Milch erfrischt und schmeckt gut.
Überwiegend werden jedoch im Café verschiedene Milchgetränke bestellt, bei denen Milch mit geschmackgebenden Zutaten gemischt wird.

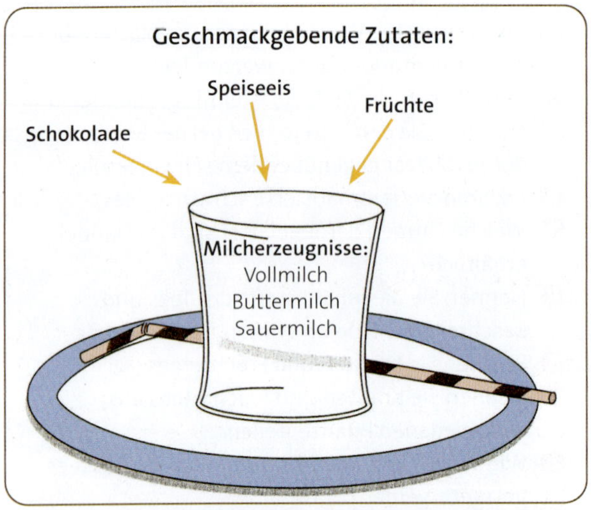

Milchgetränke mit Früchten

Trinkschokolade (heiße Schokolade)

Herstellung

Für Trinkschokolade werden meistens große Tassen für 200 ml Milch verwendet.

- Milch bis auf 70 °C erhitzen. Über 70 °C gerinnt das Eiweiß der Milch.
- 200 ml heiße Milch in eine Tasse geben und mit ca. 15 g löslichem Schokoladenpulver verrühren. Statt Schokoladenpulver können auch 30 g Zartbitterschokolade eingerührt werden.
- Auf die Trinkschokolade eine Schlagsahnehaube spritzen und darauf Schokoladenspäne streuen.

LF 3.4

Trinkschokolade, auch heiße Schokolade genannt, besteht aus heißer Milch, in die Zartbitterschokolade oder Schokoladenpulver verrührt wird, sodass der Schokoladengeschmack dominiert.

Trinkschokolade mit Spirituosen

- Heiße Schokolade mit Schuss, mit 2 cl Weinbrand
- Russische Schokolade, mit 2 cl Wodka
- Heiße Schokolade, mit 2 oder 4 cl Likör, z. B. Schokoladenlikör, Amaretto oder Baileys (Irischer Whiskey mit Sahne, 17 % vol)

Die temperierten Spirituosen in entsprechenden Gläsern auf einem kleinen Tablett neben der Tasse Trinkschokolade servieren.

Servieren von Trinkschokolade

Die Tasse Trinkschokolade auf eine Untertasse stellen und einen Teelöffel darauflegen.
Zucker, portioniert und verpackt, dazugeben.
Ein Schokoladentäfelchen oder ein kleines Gebäck ist eine gerngesehene Zugabe.

Trinkschokolade (heiße Schokolade)

Eisschokolade

Eisschokolade ist Trinkschokolade mit Vanilleeis.

- Ein hohes, schlankes Glas kühlen.
- In das gekühlte Glas zwei Kugeln Vanilleeis geben.
- Das Glas mit kalter Trinkschokolade füllen.
- Eine Schlagsahnehaube aufspritzen.
- Die Schlagsahne mit Schokoladenspänen bzw. Kakaopulver bestreuen oder mit Schokoladensoße überspritzen.
- Eisschokolade auf einem Unterteller mit Trinkhalm und langstieligem Eislöffel servieren.

Eisschokolade

Milchmixgetränke mit Früchten

Bei Milchmixgetränken wird Milch (Vollmilch) mit Früchten mit einem Mixstab zu einem feinen Milchgetränk gemixt. Statt Milch können auch die leicht säuerliche Buttermilch oder Sauermilch verwendet werden.

Rezeptbeispiel: Bananenmilch (Erdbeermilch)

200 ml Milch
160 g Bananen (Erdbeeren)
1 Spritzer Zitronensaft

- Bananen (Erdbeeren) in kleine Stücke schneiden und mit dem Zitronensaft mit einem Mixstab oder im Mixgerät zu feinem Fruchtmark (Mus) pürieren.
- Die Milch auf das Bananenmark (Erdbeermark) gießen und mit dem Mixstab bzw. Mixgerät fein mixen.

Bananenmilch herstellen

Erdbeermilch

Rezeptbeispiel: Aprikosen-Buttermilch

200 ml Buttermilch
160 g Aprikosen, entsteint
15 g Zitronensaft
Zucker als Beilage servieren.

- Die Aprikosen zerkleinern und mit Zitronensaft sowie etwas Buttermilch mit dem Mixstab oder Mixgerät fein pürieren.
- Die restliche Buttermilch dazugeben und nochmals mixen.

Milchshakes

Milchshakes sind Milchmixgetränke mit Milch, Früchten und Speiseeis. Das Speiseeis sollte geschmacklich und farblich zu den Früchten passen.

Rezeptbeispiel: Erdbeermilchshake

200 ml Milch
150 g Erdbeeren
100 g Erdbeereis

- Erdbeeren zu Fruchtmark pürieren.
- Milch, Erdbeermark und Erdbeereis mit einem Pürierstab oder im Mixgerät mixen.

Servieren von Milchmixgetränken

Die Milchmixgetränke gut gekühlt in schöne Gläser oder Stielgläser füllen. Diese auf Unterteller stellen und mit Trinkhalm sowie langstieligen Eislöffel servieren.
Früchte eignen sich als Dekoration, z. B.:
- Zitronen-, Orangen- oder Kiwischeiben auf den Glasrand stecken.
- Bananenscheibe oder Erdbeeren auf den Trinkhalm stecken und auf das Glas legen.
- Das Getränk auf einem kleinen Tablett servieren und darauf z. B. Kirschen oder Johannisbeeren am Stiel legen.

Aufgaben

1. Beschreiben Sie die Herstellung von Trinkschokolade (heißer Schokolade).
2. Nennen Sie Trinkschokoladen mit Spirituosen.
3. Wie wird Trinkschokolade serviert, auch mit Spirituosen?
4. Erklären Sie die Herstellung von Eisschokolade.
5. Beschreiben Sie die Herstellung von Bananen- oder Erdbeermilch.
6. Erklären Sie Milchshakes.
7. Beschreiben Sie die Herstellung von Erdbeermilchshake.
8. Erklären Sie, wie Milchmixgetränke serviert werden.
9. Stellen Sie ein Kakaogetränk aus 200 ml heißer Milch mit 10 g löslichem Kakaopulver her. Geben Sie Zucker nach Ihrem Geschmack dazu. Vergleichen Sie das Kakaogetränk mit der Trinkschokolade und beurteilen Sie, ob das Kakaogetränk den Erwartungen der Gäste entsprechen würde.

LF 3.4

37.4 Erfrischungsgetränke

Alkoholfreie Erfrischungsgetränke dienen nicht nur als Durstlöscher oder Getränke zu Speisen, sie sind auch wegen des vielseitigen und guten Geschmacks beliebt.

Bestimmungen der Leitsätze
Erfrischungsgetränke sind Getränke ohne Alkohol.

Fruchtgetränke

Fruchtsäfte
Fruchtsäfte bestehen zu 100 % aus Früchten, z. B. Apfel-, Orangen-, Traubensaft. Sie enthalten keine Farb- und Konservierungsstoffe.
Mehrfruchtsaft besteht aus einer Mischung von zwei oder mehreren Fruchtsäften.
Frisch gepresster Fruchtsaft aus frischen, reifen Orangen ist von bester Qualität.

Gemüsesäfte
Gemüsesäfte sind 100 % reiner Saft von Gemüsesorten, z. B. Tomaten- und Karottensaft.

Verschiedene Fruchtsäfte

Fruchtsaftschorlen
Fruchtsaftschorlen sind eine Mischung aus mindestens 50 % Fruchtsaft, aufgefüllt mit Mineralwasser, auch Trinkwasser ist erlaubt, z. B. Apfelsaftschorle (Apfelschorle).
Durch den hohen Wasseranteil sind Fruchtschorlen ein idealer Durstlöscher mit dem guten Geschmack der Fruchtsäfte. Der geringe Fruchtzuckergehalt gibt nur eine leichte Süße, liefert jedoch dem Körper Energie, die vor allem bei sportlichen Tätigkeiten vorteilhaft ist.

LF 3.4

Fruchtnektare
Fruchtnektare enthalten je nach Fruchtart
- 25 bis 50 % Fruchtsaft oder Fruchtmark,
- der Rest ist Wasser und Zucker (höchstens 20 % Zucker im Fruchtnektar).

Der vorgeschriebene Mindestfruchtanteil ist wegen des unterschiedlichen Säuregehalts verschieden. Der Fruchtgehalt muss auf dem Etikett in Prozent angegeben werden. Der Mindestfruchtgehalt beträgt z. B. bei Apfelnektar 50 %, Sauerkirschnektar 35 % und Johannisbeernektar 25 %.
Dickflüssige Fruchtnektare enthalten neben dem Fruchtsaft noch fein zerkleinertes Fruchtfleisch.

Fruchtsaftgetränke
Fruchtsaftgetränke enthalten 6 bis 30 % Fruchtsaft, der Rest ist Wasser und Zucker.
Die verwendeten Früchte bestimmen den Mindestfruchtsaftgehalt:
- Kernobst und Trauben: 30 %
- Zitrusfrüchte: 6 %
- alle anderen Früchte: 10 %

Um den Fruchtgehalt geschmacklich zu verstärken, enthalten Fruchtsaftgetränke natürliche Aromastoffe der Früchte.
Der Fruchtsaftanteil muss auf dem Etikett in Prozent angegeben werden.

Fruchtsaftgehalt verschiedener Fruchtgetränke

Limonaden
Limonaden sind süße, gezuckerte und kohlensäurehaltige Getränke mit geringem Fruchtsaftanteil. Sie bestehen aus natürlichen Stoffen:
- Wasser mit Kohlensäure
- Zucker, mindestens 7 % des Gewichts der Limonade
- 3 bis 15 % Fruchtsaft
- natürliche Aromastoffe
- Zitronensäure

Cola ist eine koffeinhaltige Limonade, die durch die Zugabe von Zuckercouleur die dunkle Farbe erhält.

Spezi ist eine Mischung aus halb Orangenlimonade und halb Cola.

Tonic Water und **Bitter Lemon** sind Limonaden mit dem Bitterstoff Chinin, einem natürlichen Bitterstoff aus dem Chinarindenbaum, der in tropischen Ländern wächst.

Kalorienreduzierte Fruchtgetränke

Es sind Erfrischungsgetränke, die statt Zucker Süßstoff enthalten, sogenannte Light-Getränke.

Natürliches Mineralwasser

> **!**
>
> **Begriffsbestimmung**
>
> Natürliches Mineralwasser ist Wasser mit vielen Mineralstoffen, das so aus der Quelle kommt und am Quellort in Flaschen abgefüllt wird. Deshalb die Bezeichnung „natürliches Mineralwasser".

Gewinnung von Mineralwasser

Das Wasser hat sich in verschiedenen Erdschichten im Boden mit vielen Mineralstoffen angereichert und kommt so aus der Quelle. Dieses natürliche Mineralwasser entspricht der Reinheit der Trinkwasserverordnung und wird direkt am Quellort in Flaschen abgefüllt.

Jede der Mineralwasserquellen muss amtlich anerkannt sein und wird genauestens überwacht. Die Mineralwasserflaschen müssen mit dem Namen der Quelle gekennzeichnet sein.

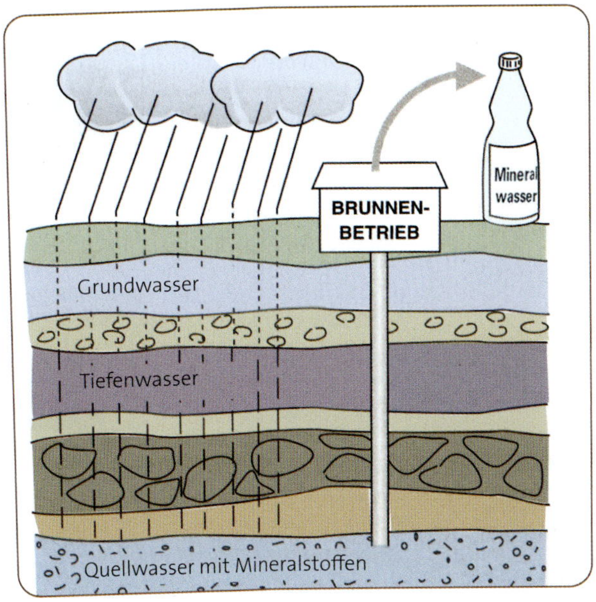

Entstehung des Mineralwassers

Kohlensäureanteil

Mineralwässern dürfen keine Stoffe zugesetzt werden, außer Kohlensäure. Deshalb unterscheidet man:

- Mineralwasser mit viel Kohlensäure: erfrischend durch den hohen Kohlensäureanteil
- Mineralwasser mit mittlerem Kohlensäureanteil (Medium)
- Mineralwasser ohne Kohlensäure: magenverträglich wegen der fehlenden Kohlensäure

Eignung von Mineralwasser

- Das kalorienlose (joulelose) Mineralwasser mit den vielen Mineralstoffen gehört zur gesunden Ernährung und ist fester Bestandteil bei einer Diät.
- Mineralwasser ist der ideale Durstlöscher, da es keinen Zucker enthält.

Servieren von alkoholfreien Erfrischungsgetränken

Gläser

Kristallklare Bechergläser und Stielgläser zeigen das gehobene Niveau eines Cafés. Gläser mit Werbeaufschrift wirken gewöhnlich.

Originalflasche

Bei Mineralwasser ist es gesetzlich vorgeschrieben, das Mineralwasser mit der Originalflasche zu servieren, damit die Gäste sicher sind, kein Tafelwasser oder Leitungswasser zu erhalten. Auch der Name der Quelle ist auf dem Flaschenetikett ersichtlich.
Die Bedienung öffnet erst am Tisch des Gastes die Flasche und schenkt als Zeichen des Services etwas von dem Getränk in das Glas.
Fruchtsäfte und Cola können mit der Flasche serviert werden.

Mineralwasser muss mit der Originalflasche serviert werden

Getränketemperatur beim Servieren

Grundsätzlich werden alkoholfreie Erfrischungsgetränke aus dem Kühlschrank heraus mit 7 bis 10 °C serviert. **Eiswürfel** können an heißen Tagen für Erfrischungsgetränke angeboten werden.

Aufgaben

1. Welche Getränke sind nach den Bestimmungen der Leitsätze „Erfrischungsgetränke"?
2. Beschreiben Sie folgende Fruchtgetränke:
   - Fruchtsäfte
   - Fruchtnektare
   - Gemüsesäfte
   - Limonaden
   - Fruchtschorlen
   - Cola
   - kalorienreduzierte Fruchtgetränke
3. Erklären Sie den Begriff „natürliches Mineralwasser".
4. Beschreiben Sie, wie Mineralwasser gewonnen wird.
5. Unterscheiden Sie Mineralwässer nach dem Kohlensäuregehalt.
6. Wofür eignet sich Mineralwasser besonders gut?
7. Beschreiben Sie, wie Erfrischungsgetränke serviert werden:
   - Gläser für Erfrischungsgetränke
   - Getränketemperatur beim Servieren
8. Erklären Sie, wie Mineralwasser nach den gesetzlichen Bestimmungen serviert werden muss.
9. Diskutieren Sie mit Ihren Kolleginnen, ob im Bäckerei-/Konditorei-Café die Erfrischungsgetränke in feinen, kristallklaren Fruchtsaftgläsern serviert werden sollen, oder ob Gläser mit einem Getränkenamen, die von den Firmen günstig erhältlich sind, ausreichen. In welcher Größenordnung sollten Erfrischungsgetränke am besten im Café serviert werden: 0,2 l, 0,33 l, 0,5 l, 0,75 l?

Rechenaufgaben

1. Orangensaft wird im Café frisch gepresst angeboten. Die Bäckerei/Konditorei kauft die Orangen für 2,10 € je kg ein. Beim Pressen der Orangen entsteht ein Verlust von 40 %. Berechnen Sie den Materialpreis für ein Glas von 0,2 l Orangensaft (1 l entspricht 1000 g).
2. 1 l Mineralwasser enthält folgende Mineralstoffe:
   - Hydrogencarbonat: 1,48 %
   - Sulfat: 1,11 %
   - Natrium: 1,09 %
   - Chlorid: 0,1 %
   - Kalzium und Fluorid: 0,03 %

   Berechnen Sie, wie viel g Mineralstoffe in einer 0,7-l-Flasche Mineralwasser enthalten sind. →
3. Ein Lieferant bietet Tomatensaft in 0,7-l-Flaschen zu 0,65 € und 1-Liter-Packungen zu 0,90 € an. Welches ist das günstigere Angebot?
4. In der Getränkeindustrie werden 1¼ hl Orangenlimonade hergestellt. Die Limonade setzt sich wie folgt zusammen: 7 % Zucker, 3 % Orangensaft, 0,5 % Aromastoffe und Zitronensäure. Der Rest ist Wasser.
   a) Wie viel hl Wasser werden für die Orangenlimonade verarbeitet?
   b) Berechnen Sie den Zuckergehalt in kg.
   c) Ermitteln Sie, wie viel l Orangensaft zugegeben werden.
   d) Wie viel g Aromastoffe und Zitronensäure sind in der Orangenlimonade?

37.5 Biere

Rohstoffe im Bier

Malz Die Stärke von Getreide wird durch Enzyme zu Malzzucker abgebaut.	Malz gibt dem Bier einen malzigen, d. h. leicht süßlichen Geschmack. Für Bier wird hauptsächlich Malz aus Gerste verwendet, für Weißbier (Weizenbier) Gerste und Weizen.	
Hopfen	Wirkungen von Hopfen im Bier: • gibt den feinen bitteren Biergeschmack • festigt den Bierschaum • hat eine beruhigende, ermüdende Wirkung nach dem Trinken	
Hefe	Hefe vergärt den Zucker des Malzes zu Alkohol und Kohlenstoffdioxid. Daraus entsteht im Bier Kohlensäure.	
Wasser	Die Qualität des Wassers ist entscheidend für die Qualität der Biere, weil Bier aus über 90 % Wasser besteht.	

LF 3.4

Das Reinheitsgebot von 1516 besagt, dass Bier nur mit vier natürlichen Zutaten hergestellt werden darf: Malz, Hopfen, Hefe und Wasser. Auch heute wird Bier noch häufig nach dem ältesten Lebensmittelgesetz in Deutschland gebraut.

Bier – ein natürliches Getränk

Biersorten

In Deutschland gibt es eine große Biervielfalt. Zu den üblichen Biersorten gibt es noch regional weitere Bierspezialitäten, z. B. Altbier, Kölsch, Rauchbier.
„Radler" oder **„Alsterwasser"** ist halb helles Bier und halb weiße Limonade.

Biersorten	Typisches
• Helles Bier • Export	neutraler Biergeschmack, nicht zu malzig, nicht zu hopfig
Dunkles Bier	malziger Biergeschmack
Pils	feinbitterer Hopfengeschmack mit stabilem Bierschaum
Weißbiere (Weizenbiere) • Hefeweißbier • Kristallweizenbier • Dunkles Weißbier • Berliner Weiße	Weißbiere haben einen hohen Kohlensäureanteil; • mit leichtem Hefearoma • klares hefefreies Weizenbier mit Zitronenscheibe im Glas • leicht malzig, mit leichtem Hefearoma • leichtes, alkoholarmes Weißbier mit Himbeer- oder Waldmeistersirup
Starkbier oder Bockbier genannt, Doppelbockbiere	dunkle, malzhaltige Biere mit kräftigem Malzgeschmack und hohem Alkoholgehalt

Biersorten nach dem Alkoholgehalt	Alkoholgehalt
Alkoholfreies Bier	höchstens 0,5 % vol
Leichtes Bier	2,5 bis 3 % vol
Helles Bier, dunkles Bier, Pils, Export, Weißbiere (Weizenbiere)	ca. 5 % vol
Starkbier, Bockbier, Doppelbock (erkennbar an der Namensendung „ator")	über 6 % vol

Biertemperatur

Nur gekühltes Bier entfaltet seinen vollen Geschmack. Biere werden dunkel und kühl im Kühlschrank/Kühlraum bei 4 bis 7 °C gelagert.

Unmittelbar vor dem Servieren wird Bier aus dem Kühlschrank genommen. So hat es beim Gast die ideale Trinktemperatur von 7 bis 9 °C.

Zu kaltes Bier	Zu warmes Bier
• verliert an Aroma • schäumt nicht richtig	• schmeckt schal • erfrischt nicht, da die Kohlensäure sofort entweicht • schäumt stark beim Einschenken, wobei sich der Schaum nicht lange hält

Biergläser

Nur im richtigen Bierglas kann sich der Biergeschmack entfalten und sich die appetitliche Schaumkrone bilden.

- Im schmalen Pilsglas stabilisiert sich der Schaum.
- Im Weißbierglas (Weizenbierglas) bleibt die erfrischende Kohlensäure des Weißbiers lange erhalten. In dem hohen, vom Fuß nach oben weiter werdenden Weißbierglas hat die Kohlensäure einen langen Weg, bis sie an der Bieroberfläche entweichen kann (wie beim Sekt).
- Helles Bier aus dem Zapfhahn in einer Biertulpe oder einem Bierglas mit Henkel servieren.
- Fein wirken Stielgläser, die mit Bierflaschen mit 0,33 l Inhalt serviert werden.

LF 3.4

Typische Biergläser

> **!** Biergläser müssen vollkommen fett- und spülmittelfrei gespült sein, da sonst der Schaum zusammenfällt und die Biere unappetitlich aussehen.

Servieren von Bier

- Gläser mit Fuß, z. B. Stielgläser, werden über dem Fuß mit einer Papiermanschette versehen, um ablaufende Flüssigkeit aufzufangen.
- Wird Bier in der Flasche mit einem Glas serviert, wird als Servicegeste etwas Bier in das Glas eingeschenkt. Die Flasche wird so abgestellt, dass das Flaschenetikett zum Gast zeigt. Ist ein Aufdruck auf dem Bierglas, zeigt auch dieser zum Gast.

Aufgaben

1. Nennen Sie die vier Rohstoffe aus denen Bier hergestellt wird.
2. Erklären Sie, was man unter „Malz" für die Bierherstellung versteht.
3. Welchen geschmacklichen Einfluss hat Malz auf das Bier?
4. Nennen Sie die drei Wirkungen von Hopfen im Bier.
5. Welche Aufgabe erfüllt die Hefe bei der Bierherstellung?
6. Beschreiben Sie den Biergeschmack von malzigen und hopfigen Bieren.
7. Nennen Sie bekannte Biersorten und geben Sie die typischen Merkmale an.
8. Was versteht man unter „leichtem Bier" und „alkoholfreiem Bier"? →
9. Beschreiben Sie das Servieren von Bier in der Flasche mit einem Glas.
10. Erklären Sie die Lagerung von Bier und geben Sie die Trinktemperatur an, bei der Bier am besten schmeckt.
11. Welche Nachteile hat zu kaltes/zu warmes Bier?
12. Erklären Sie, was beim Spülen von Biergläsern besonders beachtet werden muss. Begründen Sie dies.
13. Nehmen Sie ein Bierglas, das nach dem Spülen mit Spülmittel nicht mit klarem Wasser nachgespült worden ist. Schenken Sie helles Bier in dieses Glas und beobachten die Schaumbildung beim Einschenken und nach ca. fünf Minuten.

Rechenaufgaben

1. Ein Café schenkt Bier aus einem 50-Liter-Fass aus. Es werden 110 Biergläser mit 0,3 l und 60 Gläser mit 0,25 l gezapft. Berechnen Sie den Schankverlust des Bieres in %.
2. Ein Café bietet Pils vom Fass an und hat 4 Fässer mit je 30 l ausgeschenkt. Ermitteln Sie, wie viele Biergläser von 0,3 l ausgeschenkt wurden, bei einem Verlust beim Einschenken von 4,5 %.
3. Eine Flasche Pils wird im Café für 2,80 € angeboten. Der Bäckerei-/Konditoreibetrieb rechnet mit 230 % Betriebskosten, 55 % Gewinn und der gesetzlichen Mehrwertsteuer von 19 %.
   Wie hoch sind die Materialkosten für einen Kasten Pils mit 20 Flaschen?
4. Eine Brauerei beliefert ein Konditorei-/Bäckerei-Café mit 3 Fässern Bier mit insgesamt 90 l für 118,80 €.
   a) Wie hoch ist der Einkaufspreis für 1 hl Bier?
   b) Ermitteln Sie, wie viele Biergläser von 0,3 l bei einem Ausschankverlust von 3,5 % aus den 3 Fässern ausgeschenkt werden können (runden Sie auf ganze Gläser ab).
   c) Berechnen Sie den Umsatz, wenn ein Glas Bier 2,40 € kostet.
   d) Mit welchem Gesamtzuschlag auf den Materialpreis rechnet der Betrieb?
5. Das Pils, das im Bäckerei-/Konditorei-Café ausgeschenkt wird, besitzt 5,1 % vol Alkohol. Berechnen Sie den Volumenalkoholgehalt in ml von einer Flasche Pils mit 0,33 l Volumen.

LF 3.4

37.6 Weine und Schaumweine

Weine

Das Getränk aus dem vergorenen Saft der Weintrauben wird als Wein bezeichnet.

Der Most der Weintrauben, das ist der Saft der Weintrauben, wird zu Wein vergoren. Dabei vergärt die Hefe den Zucker des Traubensafts zu Kohlenstoffdioxid und vor allem zu Alkohol.

Weinarten

Rotwein, Roséwein, Weißwein

- **Weißwein:** aus Weißweintrauben (helle Weintrauben)
- **Rotwein:** aus Rotweintrauben (rote/blaue Weintrauben)
- **Roséwein:** aus Rotweintrauben
- **Rotling:** aus einem Verschnitt (Mischung) von Weiß- und Rotweintrauben

Der Saft aller Weintrauben ist hell. Der Saft der hellen Weintrauben wird deshalb zu Weißweinen vergoren.

Bei der Rotweinherstellung bleiben bei der Gärung die Schalen im Traubensaft der roten und blauen Weintrauben. Dabei lösen sich die Farbstoffe der Schalen im gärenden Wein, sodass aus dem hellen Traubensaft rote Weine entstehen.

Bei den Roséweinen bleiben die Schalen der roten und blauen Weintrauben nur kurz im Traubensaft, solange bis der Saft eine rosa Farbe erhält.

Helle Trauben

Rote bzw. blaue Trauben

Rebsorten

Weintrauben wachsen an Weinstöcken, auch Rebstöcke oder Reben genannt. Die Weintraubensorten werden als Rebsorten bezeichnet.

Rebsorten für Weißwein helle Weintrauben	**Rebsorten für Rotwein und Roséwein** rote bzw. blaue Weintrauben
• Müller-Thurgau	• Spätburgunder (Pinot Noir)
• Riesling	• Portugieser
• Silvaner	• Trollinger
• Kerner	• Lemberger
• Weißburgunder	• Schwarzriesling
• Scheurebe	• Dornfelder
• Bacchus	• Regent
• Gutedel	• Domina
• Gewürztraminer	• Merlot
• Chardonnay	• Cabernet Sauvignon

Qualitätsstufen (Güteklassen) deutscher Weine

Deutsche Weine
Deutsche Weine sind einfache Weine der niedrigsten Qualitätsstufe. Die Weintrauben müssen in Deutschland gelesen (geerntet) und die Weine in Deutschland hergestellt werden. Sie enthalten keine geografische Herkunftsangabe auf dem Etikett.

Deutsche Landweine
Deutsche Landweine sind Weine von etwas höherer Qualität. Sie müssen zu 85 % aus einem der 26 „geschützten geografischen Landweingebiete (g.g.A.)“ stammen, das auf dem Flaschenetikett angegeben ist, z. B. Bayerischer Bodensee-Landwein. Sie werden in den Geschmacksrichtungen „trocken“ oder „halbtrocken“ angeboten.

Deutsche Qualitätsweine
Es sind Weine gehobener Qualität. Die Weintrauben müssen zu 100 % aus einem der 13 Weinanbaugebieten mit geschützter Ursprungsbezeichnung (g.U.) stammen und dort hergestellt werden. Die Qualität der Weine wird amtlich geprüft, was die amtliche Prüfnummer (AP-Nummer) auf dem Flaschenetikett bestätigt.

Prädikatsweine
Prädikatsweine sind Qualitätsweine gehobener Qualität. Bei den Prädikatsweinen ist der Reifezustand der Weintrauben bei der Lese entscheidend. Je länger die Weintrauben an der Rebe hängen, desto mehr Zucker hat sich in den Weintrauben gebildet, der die Gärung fördert und den Geschmack bestimmt.

Prädikate	Weintrauben zur Weinherstellung
Kabinett	reife Weintrauben
Spätlese	vollreife Weintrauben aus der späten Lese
Auslese	vollreife und edelfaule Weintrauben; verdorbene und unreife Weintrauben werden aussortiert
Beerenauslese	edelfaule Weintrauben
Trocken-beerenauslese	edelfaule, rosinenartig geschrumpfte Weintrauben
Eiswein	Es müssen Weintrauben der Beerenauslese und Trockenbeerenauslese sein. Die Lese der Weintrauben muss bei mindestens –7 °C und kälter erfolgen. Auch die Kelterung (Auspressen des Traubensafts) erfolgt noch im gefrorenen Zustand der Weintrauben.

Geschmacksangaben der Weine

Der Restzucker und der Säureanteil in den Weinen beeinflussen den Geschmack der Weine.

Der Restzucker ist der Zucker, der nicht vergoren wird und im Wein übrig bleibt.

Geschmacks-angaben	Restzuckergehalt in Gramm je Liter Wein
trocken	• bis 4 g/l • bis 9 g/l bei hohem Säureanteil • nicht süß schmeckende Weine
halbtrocken	• bis 12 g/l • bis 18 g/l bei hohem Säureanteil • gering süßliche Weine
lieblich	• bis 45 g/l • süßliche Weine
süß	• mehr als 45 g/l • süß schmeckende Weine

Deutsche Weinanbaugebiete als geschützte Ursprungsbezeichnungen

LF 3.4

Die 13 geschützten Ursprungsbezeichnungen der Weinanbaugebiete in Deutschland befinden sich am Rhein und dessen Nebenflüssen sowie im Osten Deutschlands an der Elbe und deren Nebenflüssen Saale und Unstrut:

• Ahr • Baden • Franken • Hessische Bergstraße	• Mittelrhein • Mosel • Nahe • Pfalz • Rheingau	• Rheinhessen • Saale-Unstrut • Sachsen • Württemberg

Sonnige Weinhänge entlang der Mosel

Deutschland ist das nördlichste Weinanbaugebiet der Welt, das jedoch ausgezeichnete und wegen der unterschiedlichsten Boden- und Klimabedingungen geschmacklich vielfältige Weine hervorbringt.

Deutsche Weinanbaugebiete

Das Weinetikett

Das Etikett an der Weinflasche ist der Pass des Weins. Es enthält wichtige Informationen über den Wein.

Beispieletikett: Prädikatswein

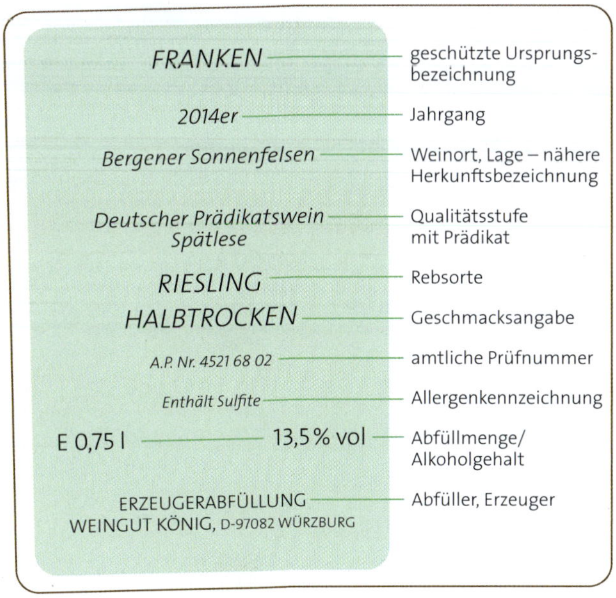

Lagerung der Weine

Die ideale Lagertemperatur ist gleichzeitig die ideale Trinktemperatur.
Weine sollten dunkel bei möglichst gleichbleibender Temperatur gelagert werden, im Weinkeller oder Weinklimaschrank.

- Weißweine und Roséweine: 8 bis 13 °C
- Rotweine: 13 bis 18 °C

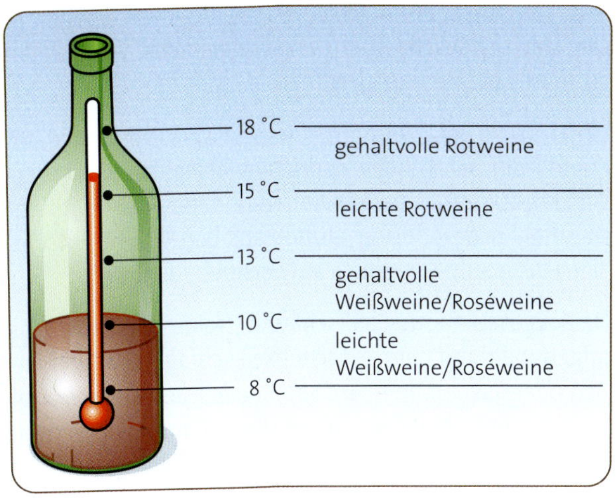

Lager- und Trinktemperaturen der Weine

Die Regel besagt:

- Weißweine und Roséweine kühl lagern und trinken, Rotweine temperierter, d. h. etwas wämer trinken.
- Je höher der Gehalt an Alkohol, Süße und Säure, desto länger ist die Lagerfähigkeit und desto höher ist die Trinktemperatur.

Weinflaschen mit Naturkorken verschlossen, liegend lagern. Dabei wird der Korken vom Wein umspült, der nicht austrocknet und dicht bleibt. Trockene Weinkorken ziehen sich zusammen, sodass luftdurchlässige Poren entstehen. Weinflaschen mit Schraubverschluss oder Kronkorken können stehend gelagert werden.

Ist der Korken einmal aus der Flasche gezogen, muss der Wein bald getrunken werden, da sich durch das Eindringen von Sauerstoff geschmackliche und farbliche Veränderungen ergeben.

Servieren von Wein

Im Konditorei/Bäckerei-Café werden gewöhnlich offene Weine mit 0,25 l (Viertel) oder mit 0,2 l bestellt.
Sie können folgendermaßen serviert werden:

- Den Wein am Büfett einschenken und im Weißwein- bzw. Rotweinglas servieren.
- Den Wein in einer kleinen Karaffe (bauchiger Krug) mit einem kleinen Weinglas (Achtel-Glas = $^1/_8$ l) servieren und beim Gast das Glas ca. halb voll schenken.

Weingläser haben einen leicht geschlossenen Kelch. Rotweingläser sind etwas größer und bauchiger als Weißweingläser.

Likörweine

Likörweine bestehen aus

- Wein,
- zusätzlich Alkohol von destilliertem Wein und
- konzentriertem Traubensaft mit hohem Zuckeranteil.

LF 3.4

Likörweine sind besonders geschmackvoll und alkoholhaltiger als Weine, z. B. Samos (Griechenland), Sherry (Spanien), Marsala (Italien), Madeira (Portugal).

Schaumwein, Sekt

Schaumweine sind Weine mit hohem Kohlensäureanteil. Sekt ist Schaumwein von hoher Qualität.

Herstellung

- Verschiedene Weine werden zu einer „Cuvée" (sprich: Küweh) gemischt. Die Qualität der Weine bestimmt das Sektergebnis.
- Dem „verschnittenen" (gemischten) Wein werden Hefe und Zucker zugegeben.
- Es erfolgt eine zweite Gärung, in der die Hefe den zugegebenen Zucker in Alkohol und Kohlenstoffdioxid vergärt, der zu Kohlensäure wird.
- Nach der zweiten Gärung wird Sekt mindestens neun Monate gelagert, damit der Geschmack harmonischer wird und der Sekt mit der Kohlensäure eine homogene Einheit ergibt. Dem Sekt wird dann die Hefe entnommen.

Sekt

Für Sekt werden Weine von hoher Qualität verschnitten (gemischt). Lang anhaltendes, feines Perlen (Moussieren) des Sekts im Glas ist ein Zeichen von hoher Qualität.

Als **Champagner** darf nur der berühmte Sekt aus Frankreich bezeichnet werden. Die Weine müssen aus der „Champagne" (östlich von Paris) stammen und dort zu Sekt hergestellt werden.

Prosecco Spumante ist Qualitätssekt aus Italien. Prosecco Frizzante ist dagegen preiswerter Perlwein.

Perlwein

Perlwein, auch Secco genannt, ist Wein mit geringerem Gehalt an Kohlensäure als Schaumwein. Die Kohlensäure wird meistens dem Wein zugegeben. Perlwein gehört nicht zu den Schaumweinen und darf deshalb nicht in Schaumweinflaschen gefüllt und verdrahtet werden, um Verwechslungen auszuschließen.

Sektgläser

Für Sekt eignen sich schlanke, hohe Gläser. Die Perlen der Kohlensäure haben einen langen Weg, bis sie an der Oberfläche entweichen können. Somit bleiben das Prickeln (Moussieren) im Glas und die spritzige Wirkung beim Trinken möglichst lange erhalten.

Sektkelch

LF 3.4

Die Sektschale sollte nicht verwendet werden, da durch die große Oberfläche die Kohlensäure und auch Geschmacksstoffe schnell entweichen können.

Sektschale

Geschmacksangaben bei Schaumweinen

Geschmacksangaben	Restzucker in g pro
mild, sweet oder doux	bis 50 g/l
halbtrocken, medium dry oder demi-sec	zwischen 32 und 50 g/l
trocken, dry oder sec	zwischen 17 und 32 g/l
extra trocken oder extra dry	zwischen 12 und 17 g/l
herb oder brut	bis 12 g/l
extra herb	0 bis 6 g/l
naturherb oder brut nature	bis 3 g/l

Servieren von Sekt

Sekt wird aus der Kühlung bei 5 bis 8 °C serviert und auch so kühl getrunken.

Gewöhnlich wünschen die Gäste im Konditorei-/Bäckerei-Café entweder ein Glas Sekt von 0,1 l oder eine kleine Flasche mit 0,2 l Inhalt (Piccolo).
Die kleinen Sektflaschen sind wegen des Schraubverschlusses problemlos zu öffnen.

Eine Flasche Sekt wird mit einem Sektglas serviert. Beim Öffnen der Sektflasche den Drahtverschluss aufdrehen. Den Korken etwas herausdrehen und ihn dabei mit dem Daumen sichern, bis er lautlos aus der Flasche rutscht. Den Flaschenhals niemals auf Personen richten.

Da Sekt stark moussiert (schäumt), sollte dabei das Glas angehoben und beim Einschenken schräg gehalten werden oder das auf dem Tisch stehende Glas mit einer Unterbrechung eingießen, um ein Überschäumen zu verhindern. Das Glas wird bis zu drei Viertel gefüllt.

Aufgaben

1. Nennen Sie die drei Weinarten und die Farbe der Trauben, aus denen sie hergestellt werden.
2. Erklären Sie, wie Rotwein die rote Farbe bekommt, obwohl der Saft der Trauben hell ist.
3. Nennen Sie bekannte Rebsorten für
   - Weißwein,
   - Rotwein und Roséwein.
4. Wie heißen die 13 deutschen Weinanbaugebiete mit geschützten Ursprungsbezeichnungen?
5. Nennen Sie die Qualitätsstufen deutscher Weine, beginnend mit den einfachsten Weinen. Geben Sie auch die Prädikatsstufen an.
6. Erklären Sie die Bedingungen von Eiswein.
7. Nennen Sie die vier Geschmacksangaben für Weine, die überwiegend vom Restzuckergehalt bestimmt werden.
8. Nennen Sie die gesetzlich verpflichtenden und die freiwilligen Angaben auf dem Etikett der Weinflaschen.
9. Beschreiben Sie die Lagerbedingungen der Weine im Weinlager.
10. Geben Sie die Lager- und Trinktemperatur der folgenden Weine an:
    - leichte Weißweine und Roséweine
    - gehaltvolle Weißweine und Roséweine
    - leichte Rotweine
    - gehaltvolle Rotweine
11. Wie werden Weinflaschen mit Naturkorken gelagert?
12. Unterscheiden Sie Weißwein- von Rotweingläsern.
13. Beschreiben Sie, wie Weine im Café serviert werden.
14. Nennen Sie die drei Bestandteile, aus denen Likörweine hergestellt werden und erklären Sie den Unterschied zu Wein.
15. Nennen Sie bekannte Likörweine.
16. Erläutern Sie, was man unter „Schaumwein“ und „Sekt“ versteht.
17. Beschreiben Sie die Herstellung von Sekt.
18. Erklären Sie „Champagner“ und „Prosecco Spumante“.
19. Erläutern Sie „Perlwein“.
20. Geben Sie die Geschmacksangaben von Sekt an, die durch den Restzuckergehalt bestimmt werden.
21. Beschreiben Sie das Servieren von Sekt und geben Sie die Trinktemperatur an.
22. Diskutieren Sie mit Kolleginnen, welcher Verschluss für Weinflaschen vorteilhafter ist, Naturkorken oder Schraubverschluss bzw. Kronkorken.
23. Schenken Sie in Sektgläser ein: Schaumwein, hochwertigen Sekt und Perlwein. Beobachten Sie das Moussieren (Schäumen) der Getränke beim Einschenken und einige Zeit danach das Perlen der Kohlensäure in den Getränken.

Rechenaufgaben

1. Qualitätswein wird in 6er-Kartons mit 0,75-l-Flaschen gekauft. Es werden 12 Kartons für 417,60 € geliefert. Im Café wird der Wein in Gläsern zu 0,2 l ausgeschenkt. Der Schankverlust beträgt 3 %. Berechnen Sie den Materialwert je Glas.
2. Der Konditorei-/Bäckereibetrieb bezahlt für einen Karton Wein mit 12 Flaschen von je 0,75 l 31,20 €. Es werden 180 % Betriebskosten, 75 % Gewinn, 5 % Umsatzbeteiligung der Bedienung und die gesetzliche Mehrwertsteuer gerechnet. Wie viel kostet ein Glas Wein mit 0,25 l im Café?
3. Eine Flasche Wein mit 0,75 l Inhalt hat 12 % Volumenalkohol und einen Restzuckergehalt von 12 g je l Wein. Da Alkohol leichter ist als Wasser, entsprechen beim Alkohol 5 Teile des Volumens 4 Teile des Gewichts → Seite 616.
   a) Berechnen Sie den Anteil des Alkohols der 0,75-l-Flasche Wein in g.
   b) Ermitteln Sie, wie viel kJ ein Glas Wein mit 250 ml dieses Weines enthält. 1 g Alkohol entspricht 29 kJ und 1 g Restzucker 17 kJ.
4. 1 Flasche Piccolo mit 0,2 l Sekt kostet nach einer Preiserhöhung von 7,5 % im Café 8,60 €.
   a) Wie viel kostete der Sekt vor der Preiserhöhung?
   b) Um wie viel € wurde der Preis für 1 Glas Sekt angehoben, wenn ein Piccolo zwei Gläser ergeben?

LF 3.4

37.7 Spirituosen

Spirituosen werden in der Produktion der Bäckerei/Konditorei z. B. für Cremes, Füllungen, Glasuren und Pralinen verwendet.
Im Café werden hochwertige Schnäpse und Liköre zum Genuss und zum Wohlbefinden der Gäste angeboten.

> !
> Spirituosen sind Getränke mit einem hohen Alkoholgehalt von mindestens 15 % vol.
> Der Alkoholgehalt wird bei allen alkoholischen Getränken in „% vol" (Volumenprozent) angegeben.

Alkoholgehalt in % vol

Alkoholhaltige Getränke bestehen hauptsächlich aus Wasser und Alkohol. Der Inhalt in Flaschen kann nur in der Volumenmenge, in ml oder l, angegeben werden und nicht in der Gewichtsmenge, weil Alkohol leichter ist als Wasser. Deshalb ist das Volumen des Alkohols höher als das Gewicht des Alkohols.

- 1 l (1 000 ml) Wasser wiegt 1 kg (1 000 g)
- 1 l (1 000 ml) Alkohol wiegt 0,800 kg (800 g)
- 100 ml Volumen Alkohol entsprechen 80 g Alkohol (5 Teile Volumen ≙ 4 Teile Gewicht)

Beispiel:

Ein Liter (1 000 ml) einer Spirituose mit 40 % vol besteht aus 400 ml Alkohol und 600 ml Wasser.
400 ml Alkohol entsprechen ca. 320 g Alkohol.

Destillieren von Alkohol

Das Destillieren von Alkohol wird in der Umgangssprache auch als das „Brennen von Alkohol" bezeichnet. Beim Destillieren (Brennen) werden aus einer alkoholischen Flüssigkeit der Alkohol und die Aromastoffe entnommen, z. B. aus Wein, Obstwein, vergorenem Zuckerrohrsaft und Getreidemaische, bei der die zu Zucker abgebaute Stärke vergoren wird.

Destillieren

- Eine alkoholhaltige Flüssigkeit mit ca. 15 % vol wird erhitzt.
- Bei 78,3 °C verdampft der Alkohol, die Aromastoffe bei 78,5 °C.
- Der Alkoholdampf mit den Aromastoffen wird abgekühlt und somit flüssig. So erhält man reinen Alkohol (Ethanol) von 90 bis 96 % vol mit den Geschmacksstoffen der alkoholischen Flüssigkeit, die destilliert wurde.

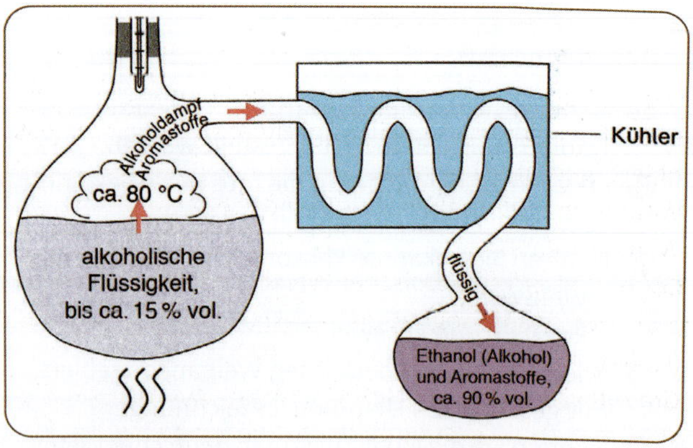

Destillieren von Alkohol

Unterschiede der Spirituosenherstellung

Beispiel Weinbrand:

Wein wird destilliert, sodass ein Destillat von ca. 90 % vol Alkohol entsteht. Das Destillat wird in Eichenfässer gelagert. Nach der Lagerung wird Wasser in das Destillat gegeben, bis der Brandy mindestens 36 % vol und Weinbrand in Deutschland mindestens 38 % vol erreicht hat. Bei der Zugabe von Wasser in das Destillat spricht man von „Spirituosen auf Trinkstärke bringen".

Beispiel Himbeergeist (Spirituosen mit der Endung „-geist"):

In ein Destillat mit ca. 90 % vol einer beliebigen alkoholischen Flüssigkeit, die als „Neutralalkohol" oder „Primasprit" bezeichnet wird, werden Himbeeren eingelegt. Der Alkohol entzieht den Himbeeren das Aroma (Geschmack und Geruch). Hat das Destillat das Himbeeraroma angenommen, wird es mit Wasser auf den vorgeschriebenen Alkoholgehalt von 37,5 oder 40 % vol für Himbeergeist trinkfertig gebracht. Es dürfen keine Aroma- oder Farbstoffe zugegeben werden.

„Geist" wird hauptsächlich aus Beeren, z. B. Holunder-, Vogel-, Brom-, Heidelbeeren, Schlehen hergestellt. Beim Vergären von Beerensaft entstehen wegen des geringen Zuckergehalts nur bis zu 6 % vol, zu wenig Alkohol zum rentablen Destillieren.

Braunfärbung der Spirituosen

Nach dem Destillieren haben Spirituosen grundsätzlich ein klares Aussehen. Die goldbraune Farbe entsteht bei Weinbrand und Whisky während der Lagerung des Destilats in Eichenfässern. Je länger die Lagerzeit in den Eichenfässern andauert, desto harmonischer wird der Geschmack dieser Getränke.
Brauner Rum erhält die Farbe durch Zugabe von Zuckercouleur.

LF 3.4

Bedeutende Spirituosen

Die Einteilung der hochprozentigen Spirituosen erfolgt nach den alkoholischen Flüssigkeiten, aus denen sie destilliert (gebrannt) werden.

Weinbrand, international als **Brandy** bezeichnet, wird aus Wein destilliert.

Cognac ist ein französischer Weinbrand, der aus der Region der Stadt Cognac in Frankreich stammen muss (Herkunftsbezeichnung).

Grappa wird aus Weintrester gewonnen, der aus Italien stammen muss (Herkunftsbezeichnung). Trester sind die Rückstände ausgepresster Weintrauben, in denen der noch übrig gebliebene Traubensaft vergoren wird.

Obstbrand

Obstbrände aus einer Frucht sind z. B.:

- Kirschwasser
- Zwetschgenwasser
- Williams: nur aus Birnen der Sorte Williams
- Obstler: aus Äpfeln und Birnen
- Calvados: aus französischem Apfelwein (Cidre), stammt aus Frankreich (Herkunftsbezeichnung)
- **Geist:** Himbeergeist, Schlehengeist, Holundergeist

Getreidespirituosen

- Whisky, Whiskey:
  - Scotch Whisky (aus Schottland)
  - Irish-Whiskey (aus Irland)
  - Bourbon Whiskey (aus USA)
- Korn, Doppelkorn
- Wodka: meist aus Getreide, aber auch mit Kartoffeln

Spirituosen aus Zuckerrohr

- Rum: brauner Rum enthält zusätzlich Zuckercouleur
- Rum-Verschnitt: mindestens 5 % echter Rum, der restliche Alkohol ist Neutralalkohol von unbestimmten alkoholischen Flüssigkeiten
- Arrak: aus Reis und Zuckerrohr

Liköre

Besonderheiten der Liköre

- Sie schmecken besonders intensiv durch den geschmackgebenden Grundstoff, der meist den Likörnamen vorgibt.
- Sie sind süß schmeckend durch den zugegebenen Zucker.
- Sie haben je nach Likörart einen unterschiedlichen Alkoholgehalt von mindestens 15 % vol bis 40 % vol.

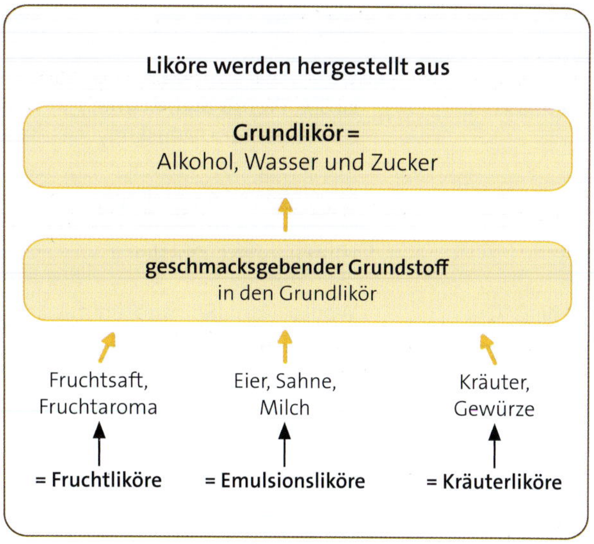

Emulsionsliköre

- Eierlikör: mindestens 240 g Eigelb auf 1 l Eierlikör
- Amaretto: Mandeln (aus Italien)
- Vanille-, Schokoladen-, Kaffee-, Kakao-, Nusslikör u. a. enthalten die namengebenden Geschmacksstoffe

Fruchtsaftliköre (enthalten mindestens 20 % Fruchtsaft)

- Maraschino: Sauerkirschen (Maraskakirsche)
- Cassis: schwarze Johannisbeeren
- Kirschlikör: Sauerkirschsaft

Fruchtaromaliköre

- Cointreau: Schalen von grünen Bitterorangen und Schalen süßer Orangen und Kräuter (aus Frankreich)
- Grand Marnier: in Cognac eingeweichte Bitterorangen (aus Frankreich)
- Curaçao: grüne Schalen der Curaçaoorangen

Kräuter- und Bitterliköre

Jägermeister, Fernet Branca, Campari

Servieren von Spirituosen

Spirituosen werden in 2 cl oder 4 cl serviert. In speziellen Gläsern kann sich das Aroma besser entfalten.

Auch die richtige Trinktemperatur ist entscheidend, damit der volle Geschmack der Spirituosen zur Geltung kommt.

Grundsätzlich gilt: Je mehr Eigengeschmack, desto temperierter sollten die Spirituosen getrunken werden. Kälte unterdrückt den Geschmack, das Aroma kann sich nicht entfalten.

Lager- und Trinktemperatur	Spirituosen
16 bis 20 °C	Liköre, Weinbrand, Cognac, Calvados, Rum, Whisk(e)y
12 bis 16 °C	Kirschwasser, Zwetschgenwasser, Williamsbirne, Grappa, Himbeergeist, Obstler
1 bis 3 °C	Wodka, Korn (Spirituosen mit wenig Eigengeschmack)

Nach dem Einschenken der Spirituosen werden die Flaschen sofort wieder verschlossen. Spirituosen verlieren beim Aufbewahren nicht an Qualität und verderben wegen des hohen Alkoholgehalts auch nicht.

Spirituosen in speziellen Gläsern

Aufgaben

1. Erklären Sie den Begriff „Spirituosen".
2. Erläutern Sie, warum der Alkoholgehalt in der Volumenmenge und nicht nach Gewicht auf den Flaschen der Spirituosen angegeben ist.
3. Beschreiben Sie das Destillieren (Brennen) von Alkohol.
4. Unterscheiden Sie die Spirituosenherstellung durch Destillieren, z. B. beim Weinbrand, und durch Einlegen von Früchten in den Alkohol, z. B. beim Himbeergeist.
5. Woher erhalten Weinbrand und Whiskey sowie Rum die Braunfärbung?
6. Erklären Sie folgende Getränke:
   - Weinbrand, Brandy
   - Cognac
   - Grappa
7. Nennen Sie bekannte Obstbrände und Obstgeiste.
8. Nennen Sie Spirituosen aus Getreide.
9. Woraus werden Rum und Arrak hergestellt? →
10. Nennen Sie die Zutaten, aus denen Liköre hergestellt werden – Grundlikör und geschmacksgebende Grundstoffe.
11. Nennen Sie die geschmacksgebenden Grundrohstoffe bei folgenden Likören:
    - Eierlikör
    - Amaretto
    - Cassis
    - Kirschlikör
    - Cointreau
    - Grand Marnier
    - Curacao
    - Jägermeister, Campari
12. In welchen Volumeneinheiten werden Spirituosen in Gläsern serviert?
13. Nennen Sie die idealen Trinktemperatur von:
    - Wodka, Korn
    - Kirschwasser, Williams, Grappa, Himbeergeist
    - Liköre, Weinbrand, Calvados, Rum, Whiskey
14. Sie sollen mit Spirituosen flambieren, sodass sie beim Anzünden brennen. Testen Sie bei Raumtemperatur z. B. Eierlikör mit 24 % vol, Weinbrand mit 40 % vol und Rum mit 54 % vol. Diskutieren Sie die Ergebnisse.

Rechenaufgaben

1. Das Gewicht des Alkohols in alkoholischen Getränken beträgt 4/5 des Volumens. Berechnen Sie das tatsächliche Alkoholgewicht einer 0,75-l-Flasche Kirschwasser mit 40 % Alkoholgehalt (1 l entspricht 1000 g).
2. Aus einer Grappaflasche mit 0,7 l Inhalt sind bereits 17 Gläser von 2 cl ausgeschenkt worden.
   a) Wie viel ml sind noch in der Flasche?
   b) Wie viel 4-cl-Gläser für Kaffee mit Schuss sind noch enthalten?
3. 32 Gläser Weinbrand werden aus einer 0,7-l- Flasche ausgeschenkt zu je 2,50 €. Berechnen Sie die Materialkosten für diese Flasche, wenn mit 180 % Betriebskosten, 65 % Gewinn, 22 % Caféaufschlag gegenüber dem Ladenpreis und der gesetzlichen Mehrwertsteuer gerechnet wird.
4. Eine Flasche Likörwein mit 0,75 l hat einen Alkoholgehalt von 15 % vol.
   a) Wie viel ml Alkohol sind in der Flasche Likörwein enthalten?
   b) Wie viel Volumenprozent Alkohol nimmt man beim Trinken eines Glases Likörwein mit 50 ml auf?

LF 3.4

38 Servieren von Getränken und Speisen

Situation

Damit Sie alle Bereiche Ihrer Bäckerei/Konditorei kennenlernen, sollen Sie heute im Café bedienen. Um die Gäste fachgerecht bedienen zu können, üben Sie vorher mit Ihrer Chefin das Servieren und Abservieren von Speisen und Getränken. Für die Getränke wählen Sie die richtigen Tassen und Gläser aus und achten auf die ideale Trinktemperatur.

- Wie werden Getränke zum Gast gebracht und auf den Tisch gestellt?
- Wie erfolgt das Eingießen und Abstellen von Getränken in Flaschen bzw. Karaffen?
- Wie wird ein Gedeck für Speisen auf dem Tisch platziert?
- Wie werden Speisen serviert und die Teller sowie das Besteck abgeräumt?

Wirkung des Cafés auf Gäste

Die Tische und die Stühle im Café müssen grundsätzlich sauber sein. Deshalb muss sofort, wenn ein Gast den Tisch verlässt, abgeräumt und sauber gemacht werden. Verschmutzte Tischdecken oder Dekorationsdeckchen werden ausgewechselt.

Speisen- und Getränkekarten sowie Karten für Speiseeis müssen sauber, ohne Flecken und nicht abgegriffen für die Gäste bereitliegen. Sie müssen aufgeräumt auf dem Tisch liegen oder in einer Halterung stecken.

Damit ein Café freundlich und einladend wirkt, sollten die Tische ansprechend dekoriert werden, z. B. mit Blumen.

Bedienen der Gäste

- Die Gäste suchen sich gewöhnlich selbst einen geeigneten Tisch aus. Das Begrüßen und Bedienen erfolgt bis zum Verabschieden nach den Regeln des Verkaufsvorgangs (→ Seite 366).
- Das Servieren erfolgt im Allgemeinen zügig, aber ohne Hektik. Zu lange Wartezeiten akzeptieren die meisten Gäste nicht.
- Heiße Getränke und Speisen müssen sofort nach der Herstellung serviert werden, damit sie nicht abkühlen.
- Beim Servieren eines alkoholischen Getränks wünscht man dem Gast, dass es ihm angenehm ist, z. B. „zum Wohle“.
- Nachdem die Speisen auf dem Tisch abgestellt sind, wünscht man „guten Appetit“.
- Beim Abräumen wird der Gast gefragt, ob es ihm geschmeckt hat und alles zur Zufriedenheit war.

Das Servieren von Speisen und Getränken wird auch in den Kapiteln 29 und 37 beschrieben.

Herrichten von Gläsern und Tassen sowie Geschirr und Besteck

- Gläser, Tassen und Kännchen sowie Geschirr und Besteck vor Gebrauch auf Sauberkeit und Unversehrtheit prüfen.
- Für warme Getränke und Speisen angewärmte Tassen und Gläser sowie Teller und Suppentassen verwenden.
- Die Gläser und Tassen aus hygienischen Gründen nicht am Trinkrand anfassen oder gar hineinfassen.

LF 3.4

Getränke zum Gast bringen und auf den Tisch stellen

- Getränkeflaschen und Gläser sowie Kännchen und Tassen auf einem Tablett zum Gast bringen.
- Die Getränke wenn möglich rechts vom Gast einsetzen, d. h., von der rechten Seite des Gasts auf den Tisch stellen.
- Das Glas bzw. die Tasse oder ein Gedeck (kleines Tablett) in der Mitte vor dem Gast abstellen.
- Der Henkel von Gläsern steht rechts vom Gast und griffbereit leicht schräg zu ihm ausgerichtet (in der Vier-Uhr-Stellung).
- Das Weinglas nur am Stiel anfassen. Die Hand am Bauch des Weinglases könnte den Wein etwas erwärmen und Fingerabdrücke am Weinglas sehen unschön aus.

Einsetzen eines Weinglases

Servieren von warmen Getränken in Tassen

- Die Tasse mit Kaffee- und Teegetränken oder heißer Schokolade auf eine Untertasse stellen.
- Den Henkel der Tasse ist grundsätzlich griffbereit nach rechts, leicht schräg zum Gast gerichtet (in der Vier-Uhr-Stellung).
- Der kleine Löffel liegt hinter dem Tassenhenkel parallel zum Henkel.
- Die Tasse in die Mitte vor dem Gast platzieren.

Eine Tasse Kaffee korrekt serviert

LF 3.4

Getränke eingießen (einschenken)

- Werden Getränke in Flaschen oder Wein in Karaffen serviert, gießt die Bedienung symbolisch als Geste des guten Services etwas Getränk in das Glas, jedoch höchstens halb füllen.
- Das Einschenken erfolgt ebenfalls möglichst von der rechten Seite des Gasts.
- Beim Eingießen wird die Flasche bzw. Karaffe knapp über dem Glas, ca. 1 cm, geführt. Die Flasche oder Karaffe darf das Glas nicht berühren. Auch ein zu hohes Einschenken ist nicht fachgerecht. Dabei können außerdem Spritzer verursacht werden.
- Die Flasche bzw. Karaffe darf nach dem Einschenken nicht tropfen. Durch leichtes Drehen der Flasche zum Schluss, kann das Tropfen vermieden werden.

Abstellen der Flasche bzw. Karaffe nach dem Eingießen

- Das Glas steht in der Mitte vor dem Gast und die Flasche bzw. Karaffe wird seitlich rechts oberhalb des Glases abgestellt.
- Die Flasche wird so abgestellt, dass das Etikett der Flasche zum Gast gerichtet ist.

Servier- und Trinktemperatur der Getränke

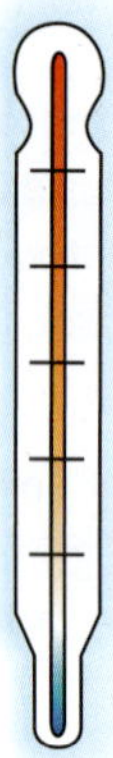

1–3 °C	Wodka, Korn
5–8 °C	Sekt
7–9 °C	Bier
7–10 °C	Fruchtsäfte, Cola, Limonade, Mineralwasser
10–13 °C	Weißwein, Roséwein
15–18 °C	Rotwein
16–20 °C	Spirituosen, z. B. Liköre, Rum, Whisky, Weinbrand, Kirschwasser, Williams, Himbeergeist

Abräumen der leeren Gläser bzw. Tassen

- Auch wenn das Glas oder die Tasse leer ist, bleiben sie solange auf dem Tisch, bis der Gast eine neue Bestellung aufgibt oder bezahlt hat und das Café verlässt. Somit wird der Gast nicht genötigt oder gehetzt, sich etwas Neues zu bestellen oder das Café zu verlassen.
- Nachdem der Gast den Tisch verlassen hat, wird sofort abgeräumt und der Tisch sauber gemacht, damit er sofort wieder für neue Gäste bereitsteht.

Platzieren eines Gedecks für Speisen

- Messer rechts vom Teller, Schneideseite nach innen
- Löffel rechts vom Messer
- Gabel links vom Teller
- Dessertlöffel oberhalb des Tellers, mit dem Griff rechts; oder Dessertlöffel und Kuchengabel oberhalb des Tellers, mit dem Griff des Dessertlöfffels rechts und dem Griff der Kuchegabel links
- Getränk etwas oberhalb der Messerspitze
- Serviette in der Mitte

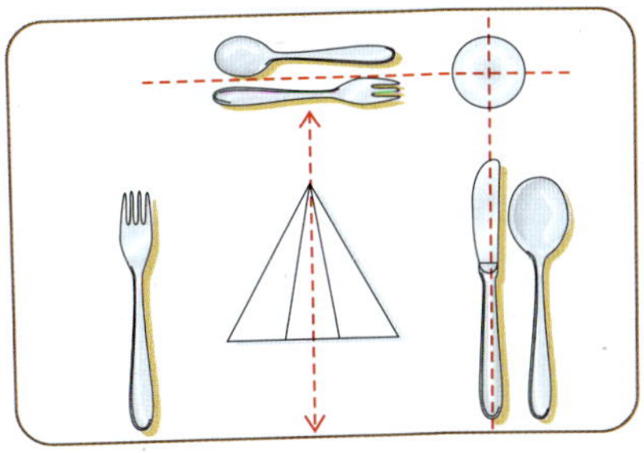

Grundgedeck

Grundregel für das Platzieren des Bestecks

Die mit der rechten Hand benutzten Bestecke liegen rechts vom Teller und entsprechend liegen die Bestecke links vom Teller, die mit der linken Hand benutzt werden. Die beim Essen zuerst gebrauchten Bestecke liegen außen vom Teller, z. B. rechts vom Teller innen das Messer, der Suppenlöffel außen.

Servieren der Speisen

- Die Speisen auf einem Tablett oder frei in der Hand getragen zum Gast bringen.
- Die Speisen möglichst von rechts einsetzen.
- Das Besteck mit einer Serviette ebenfalls möglichst rechts vom Gast auf den Tisch legen.
- Niemals in die Teller oder Suppentassen fassen.
- Die Bestecke immer am Griff anfassen und nicht an den vorderen Teilen.
- Das Geschirr darf beim Servieren nicht mit der Kleidung in Berührung kommen.

Abräumen

Nachdem der Gast fertig gespeist hat, werden Teller und Besteck abgeräumt, möglichst von rechts.

Servieren von Kaffee und Torte bzw. Desserts

Die klassische Bestellung im Café ist ein Kaffeegetränk und ein Stück Torte, Dessert oder ein Gebäckstück, z. B. Pflaumenkuchen, Apfelstrudel, Tiramisudessert, Windbeutel.

Die Bedienung setzt das Bestellte möglichst von der rechten Seite des Gasts ein. Zuerst den Teller mit der Torte, Dessert bzw. Gebäckstück direkt vor dem Gast abstellen und dann die Kaffeetasse rechts neben dem Teller.

Tortenstück und Kaffee

Stellung des Tortenstücks auf dem Teller

Die Tortenspitze steht leicht schräg nach links zum Gast gerichtet. Die Kuchengabel liegt rechts neben der Torte und auch neben dem Dessert bzw. Gebäckstück mit dem Griff zum Gast. Der Gast kann somit bequem mit dem Essen beginnen.

Aufgaben

1. Wie werden Tassen und Teller für warme Getränke bzw. Speisen vorbereitet?
2. Erläutern Sie die Bedeutung eines Füllstrichs auf dem Glas.
3. Beschreiben Sie, wie Getränke zum Gast gebracht und dort abgestellt werden.
4. Wie werden warme Getränke serviert?
5. Erklären Sie das Eingießen von Getränken in Gläser beim Gast.
6. Wie wird eine Flasche bzw. Karaffe nach dem Eingießen auf dem Tisch des Gasts abgestellt?
7. Beschreiben Sie das Platzieren der Bestecke für Speisen um den Teller auf dem Tisch des Gasts: Teller, Messer, Gabel, Löffel, Dessertlöffel.
8. Beschreiben Sie, wie eine Tasse Kaffee und ein Stück Torte im Café beim Gast am Tisch abgestellt werden.
9. Ein Gast möchte im Café ein spätes Frühstück zum Brunch ausdehnen. Geben Sie Empfehlungen an Speisen und Getränke für das Frühstück und für den Brunch. Skizzieren Sie, wie Sie die Speisen und das Besteck sowie die Getränke auf dem Tisch des Gasts platzieren.

Beverages

In the bakery und confectionary café only the best quality drinks are offered. Coffee, tea and drinking chocolate go well with bakery/confectionary products. Guests also enjoy the tasteful soft drinks and alcoholic drinks.	*Im Bäckerei- und Konditorei-Café werden nur Getränke von bester Qualität angeboten. Kaffee, Tee und Trinkschokolade passen gut zu den Bäckerei-/Konditoreierzeugnissen. Die Gäste genießen auch die geschmackvollen Erfrischungsgetränke und alkoholische Getränke.*

In the afternoon Mr and Mrs High go to the café of the confectionary König and sit down at a table. After they have looked at the menu and drinks, the friendly waitress comes to the guests.

Waitress: Good day. What can I bring you?
Guests: Hello.
Mr High: A latte macchiato for my wife and a hot chocolate for me please.
Waitress: Do you have any other wishes?
Mrs High: Yes, please. A piece of strawberry torte with cream for me.
Mr High: I would like a tiramisu dessert, please.
Waitress: Thank you. I´ll bring your order right now.

The waitress serves the drinks as well as the torte and the dessert.
Waitress: Here you are. Enjoy.
Guests: Thank you very much.

Exercise Explain to the guests the following coffee drinks in complete sentences. • Example: Cappuccino consists of espresso with milk froth on top. • Latte macchiato • Iced coffee	***Übungsaufgabe*** *Erklären Sie den Gästen folgende Kaffeegetränke in ganzen Sätzen.* • *Beispiel: Cappuccino besteht aus Espresso mit Milchschaum obenauf.* • *Latte macchiato* • *Eiskaffee*

Mr and Mrs High want to drink another glass of wine. Help the guests to find the right choice.

Waitress: What else can I bring you?
Mr High: Which wine do you have?
Waitress: Well, I can offer you good white wines, red wines and rosé wines.
Mrs High: I would like to have a slightly sweet white wine.
Mr High: For me a not so sweet red wine please.
Waitress: May I give the lady a semi-dry riesling and bring the gentleman a dry trollinger?
Mr High: Oh fine, that sounds good. We want these wines, please.
Waitress: Of course, thank you.

red wine, rosé wine, white wine

Exercise Have a conversation between Mr and Mrs High and the waitress. The couple High would like to drink sparkling wine now. The waitress explains in the conversation, what is meant by sparkling wine, champagne and proseco spumante.	***Übungsaufgabe*** *Führen Sie ein Gespräch zwischen Herrn und Frau High und der Bedienung. Das Ehepaar High möchte nun Sekt trinken.* *Die Bedienung erklärt in dem Gespräch, was man unter Sekt, Champagner und Prosecco Spumante versteht.*

E

Spirits

Spirits are drinks with high alcohol content. The alcohol of an alcoholic beverage is removed by distillation. These 90 % alcohol is diluted with water until it is drinkable as a spirit drink.

Spirit	Alcoholic drink from
brandy	wine
cognac	wine from France, from the Cognac region
cherry water	cherries
williams pear	pears, variety williams
• whisky • vodka	grain
rum	sugarcane

Liqueurs are spirit	Flavouring
advocaat	eggs
amaretto	almonds
cassis	blackcurrant juice
cherry liqueur	cherry juice
cointreau	orange peels
grand marnier	orange peels soaked in cognac
campari, aperol	herbs

Exercise

1. Name the three ingredients for a basic liqueur, which is included in each liqueur. Which flavors are given in the basic liqueur, for
   - fruit liqueurs,
   - emulsion liqueurs?
2. Name the spirits, icluding liqueurs, with designation of origin from France and Italy.

Übungsaufgabe

1. *Nennen Sie die drei Zutaten für einen Grundlikör, der in jedem Likör enthalten ist. Welche Geschmacksstoffe werden in den Grundlikör gegeben, für*
   - *Fruchtliköre,*
   - *Emulsionsliköre?*
2. *Nennen Sie die Spirituosen, so auch Liköre, mit Herkunftsbezeichnung aus Frankreich und Italien.*

Vocabulary

the advocaat	der Eierlikör
the alcohol content	der Alkoholgehalt
the beverage	das Getränk
the beverage typ	die Getränkeart
the cherry juice	der Kirschsaft
to consist	bestehen
to dilute	verdünnen
drinkable	trinkfähig, trinkbar
the drinking chocolate	die Trinkschokolade
the flavouring	der Geschmacksgeber
the grain	das Getreide
the guest	der Gast
the herbal tea	der Kräutertee
the herbs	die Kräuter
here you are	bitteschön
the hot chocolate	die heiße Schokolade
the ice chocolate	die Eisschokolade
the iced coffee	der Eiskaffee
the mineral water	das Mineralwasser
the orange peel	die Orangenschale
the pear	die Birne
the region	die Region, das Gebiet
removed by destillation	durch Destillation entnommen
the right choice	die richtige Wahl
the rosé wine	der Roséwein
semi-dry	halbtrocken
to serve	servieren
slightly sweet white wine	leicht süßlicher Weißwein
to soaking, soaked	einweichen, eingeweicht
the sparkling wine	der Sekt
the sugarcane	der Zuckerrohr
tasteful	geschmackvoll
that sounds good	das hört sich gut an
the waitress	die Bedienung
the wife	die Ehefrau
the wine	der Wein

E

Berufliche Handlung

Ihre Bäckerei/Konditorei hat eine neue Filiale mit Café und Caféterrasse eröffnet. Vor der Eröffnung erhalten Sie eine Einweisung in Theorie und Praxis an dem neuen Kaffeevollautomat, mit dem alle warmen Getränke hergestellt werden können. Die Erfrischungsgetränke, Bier, Wein und Sekt werden in Kühlschränke eingelagert, in denen Sie die richtigen Temperaturen einstellen. Spirituosen halten Sie für die Bestellungen bereit. Sie werden auch beauftragt die richtigen Tassen und Gläser für die Getränke zu bestellen. Außerdem sollen Sie Ihren Kolleginnen das Servieren aller Getränke demonstrieren, damit die anspruchsvollen Gäste fachgerecht bedient werden.

1. Stellen Sie im Kaffeevollautomaten die Kaffeepulvermenge ein, für
   - 1 Tasse Kaffee mit 150 ml,
   - Cappuccino und Latte macchiato mit 150 ml,
   - 1 Tasse Espresso mit 30 oder 40 ml.
2. Zeigen Sie Ihren Kolleginnen das Zubereiten in den richtigen Tassen und Gläser sowie das Servieren folgender Kaffeegetränke:
   - Kaffee
   - Cappuccino
   - Milchkaffee
   - Latte macchiato
   - Espresso
   - Eiskaffee
3. Beschreiben Sie für die Getränkekarte Kaffee mit Spirituosen:
   - Kaffee mit Schuss
   - Irish Coffee
   - Pharisäer
   - Russischer Kaffee
4. Beschreiben Sie in der Getränkekarte den Begriff „Tee“ und die Anbaugebiete des Tees.
5. Unterscheiden Sie die Zubereitung der Teeblätter von schwarzem und grünem Tee.
6. Benennen Sie die Inhaltsstoffe des Tees und geben Sie deren Wirkungen im Körper an.
7. Bereiten Sie schwarzen und grünen Tee zu. Beachten Sie die Ziehzeiten und erklären Sie die Veränderungen der Tees während der Ziehzeit.
8. Überlegen Sie, welche Kräuter- und Früchtetees Sie im Café anbieten können.
9. Erklären Sie, wie Sie folgende Getränke für die Gäste herrichten:
   - 1 Tasse Trinkschokolade (heiße Schokolade)
   - 1 Glas Bananenmilch
   - 1 Glas Erdbeermilchshake
   - 1 Glas Eisschokolade
10. In der Getränkekarte Ihres Cafés werden verschiedene Erfrischungsgetränke angeboten. Ein Gast möchte die Unterschiede von Fruchtsaft, Fruchtnektar, Fruchtschorle, Limonade und Cola wissen. Geben Sie Auskunft.
11. Demonstrieren Sie Ihren Kolleginnen das Servieren von Mineralwasser im Café nach den gesetzlichen Bestimmungen.
12. Diskutieren Sie mit Ihren Kolleginnen, welche Biere die Gäste in Ihrem Café wünschen und richten Sie die entsprechenden Gläser für jede Biersorte her. Bei welcher Temperatur sollten Biere serviert werden?
13. Sie sollen das Wichtigste über Weine aufschreiben, damit sie die Gäste fachgerecht beraten und bedienen können. Notieren Sie die
    - Rebsorten für Weißweine sowie Rotweine und Roséweine,
    - Qualitätsstufen deutscher Weine und die Prädikate,
    - Geschmacksangaben der Weine,
    - richtige Lagerung und Trinktemperatur der Weine,
    - Weingläser für Weißweine und Rotweine.
14. Erklären Sie die Herstellung von Schaumweinen. Erläutern Sie den Begriff „Sekt“ und nennen Sie je einen Qualitätssekt aus Frankreich und Italien.
15. Ein Gast wünscht einen Schnaps. Empfehlen Sie bekannte Spirituosen:
    - Weinbrand aus Frankreich und Weintresterspirituose aus Italien
    - Obstbrände
    - Getreidespirituosen
    - Spirituosen aus Zuckerrohr
16. Erläutern Sie, woher Weinbrände und Whiskys sowie Rum die hellbraune Farbe bekommen.
17. Zeichnen Sie auf, wie Besteck aus Messer, Gabel, Löffel, kleiner Löffel und kleiner Gabel um den Teller für die Speisen vor dem Gast platziert werden.
18. Ein Gast bestellt eine Tasse Kaffee und ein Stück Torte. Stellen Sie das Bestellte fachgerecht beim Gast auf den Tisch.

LF 3.5
Umsatz und Kundenbindung durch Verkaufsaktionen fördern

39 Aktionen im Bäckerei- und Konditoreibetrieb

Situation

Damit Ihre Bäckerei/Konditorei bei den Kunden und anderen Verbrauchern in Erinnerung bleibt, startet Ihr Betrieb in gewissen Abständen Werbeaktionen.
Dabei erstellen Sie mit Ihren Kolleginnen und Kollegen einen Ablaufplan der Aktion, indem die einzelnen Punkte der Planung aufgeführt sind. Auch die Durchführung und die Grundsätze der Auswertung und Bewertung werden dargestellt.

- Welche Anlässe gibt es für Aktionen in der Bäckerei/Konditorei?
- Welche Punkte müssen bei der Orientierung und Information sowie bei der Planung einer Aktion berücksichtigt werden, damit die Durchführung ein Erfolg wird?
- Wie wird die Aktion nach der Durchführung ausgewertet und bewertet?

Gründe für Aktionen

- Durch eine Aktion wird die Bäckerei/Konditorei bei vielen Menschen bekannt oder sie wird wieder in Erinnerung gerufen.
- Es können neue Kunden gewonnen werden.
- Gelegenheitskunden werden zu Stammkunden.
- Stammkunden werden noch enger an den Betrieb gebunden.
- Bei einer Aktion können neue oder spezielle Waren vorgestellt und bekannt gemacht werden.
- Durch eine leistungsstarke Aktion kann sich die Bäckerei/Konditorei von der Konkurrenz abheben.
- Das Image des Betriebs und der Mitarbeiter wird erhöht.

Anlässe zur Durchführung von Aktionen

Die Anlässe muss jeder Bäckerei-/Konditoreibetrieb entsprechend den Bedürfnissen auswählen.
Beispiele für Anlässe sind:

- Geschäftseröffnung, Wiedereröffnung nach einer Renovierung, Eröffnung einer Filiale
- Firmenjubiläum
- saisonale Festtage, z. B. Silvester, Karneval, Schulanfang, Valentinstag
- festliche Feiertage, z. B. Ostern, Weihnachten, Muttertag
- örtliche Feste, z. B. Bürgerfest, Stadt- bzw. Ortsfest, Fest eines Vereins
- große Sportereignisse, z. B. Weltmeisterschaft, Olympiade
- regionale oder internationale Spezialitäten
- Steigerung des Verkaufs spezieller Waren
- Einführung eines neuen Erzeugnisses
- gemeinnützige Aktionen, z. B. der Erlös des Verkaufs wird dem Kindergarten oder der Jugend im Sportverein gespendet

Ideenfindung im Team

Die Betriebsleitung sollte zusammen mit den Mitarbeitern Anregungen und Ideen für die Aktionswoche sammeln. Jeder Mitarbeiter hat eigene Ideen und Erfahrungen, was Kunden wünschen. Dabei ist es wichtig, die Mitarbeiter früh einzubeziehen, damit sich das ganze Team mit der Aktion identifiziert.

Eine Aktion erfordert:

Planung einer Aktion

Ablaufplan einer Aktion
Planen • Thema und Leitspruch (Motto) der Aktion finden • Zielgruppe ermitteln • Zeitraum und Dauer der Aktion bestimmen • Waren für die Aktion zusammenstellen • Materialbedarf ermitteln • Möglichkeiten für die Dekoration suchen • Werbemöglichkeiten festlegen • Aktionen und kostenlose Zugaben einplanen • Kalkulation der Waren und der Werbemittel durchführen • Personaleinsatz und Personalschulung bestimmen
Durchführen
Auswerten und Bewerten

Thema und Leitspruch (Motto) der Aktion

Zuerst muss das Thema für die Aktion, das sich aus den Beispielen der Anlässe ergibt, gefunden werden.
Steht das Thema fest, wird ein origineller Leitspruch (Motto) formuliert. Der Leitspruch soll das Gefühl der Verbraucher ansprechen und Interesse wecken.

Frische Erdbeeren

Beispiel:
Thema der Aktion:
Erdbeeren in Erzeugnissen der Bäckerei/Konditorei und im Café.
Leitspruch (Motto) der Aktion:

„Rund um die Erdbeere"

Weitere Beispiele für Leitsprüche:

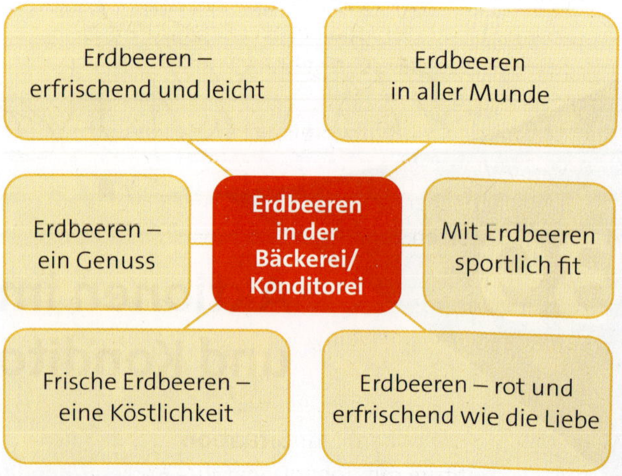

Zielgruppe

Es muss herausgefunden werden, welche Kundengruppen von diesem Thema besonders angesprochen werden, z. B. Kinder, Jugendliche, Erwachsene, Qualitätsbewusste, um die passenden Erzeugnisse für den Verkauf im Laden und im Café festlegen zu können. Auch die Dekoration und die Werbung sind darauf abzustimmen.
Eine Aktion mit Erdbeeren in Bäckerei-/Konditoreierzeugnissen spricht fast alle Verbraucher an.

Zeitraum

Aufgrund der Erdbeerernte im Juni eignet sich dieser Monat am besten. In der schon warmen Jahreszeit wünschen die Kunden die ersten erfrischenden Erzeugnisse aus heimischem Obst. In dieser Zeit besitzen Erdbeeren den vollen Geschmack und schmecken besonders gut. Es kann auch mit Erdbeeren aus der Region geworben werden, um den Umwelt- und Gesundheitswert besonders herauszustellen.

Zu Beginn der Erdbeerernte haben die meisten Menschen Lust auf Erdbeeren. Es kann eine ganze Aktionswoche oder ein langes Wochenende geplant werden, z. B. von Samstag bis Samstag oder von Donnerstag bis Samstag.

Bei der genauen Festlegung der Termine müssen Feiertage und Schulferienzeiten berücksichtigt werden.

Waren für die Aktion zusammenstellen

Es sollten möglichst viele Erzeugnisse mit Erdbeeren im Laden und im Café angeboten werden, z. B.:
- Erdbeertorten
- Erdbeertorteletts (Erdbeertörtchen)

- Plundertaschen mit Vanillecreme und Erdbeeren obenauf
- Erdbeersahnetorten und Erdbeer-Charlotten
- Erdbeerdesserts (Erdbeersahneschnitten)
- Erdbeereis
- Baiserschalen mit Erdbeereis, Schlagsahne und Erdbeeren
- Erdbeereisbecher
- Erdbeereistorten, Erdbeereisbomben und Erdbeereisdesserts
- Süßspeisen: Erdbeermousse, Bayerische Creme mit Erdbeeren, Erdbeer-Weingelee
- Crêpes mit Erdbeersoße
- Pfannkuchen mit Erdbeeren gefüllt
- Obstsalate mit hohem Erdbeeranteil und Erdbeersoße
- Erdbeerkonfitüre mit hohem Erdbeeranteil

Erdbeereisbecher

Erdbeersoße pürieren (mixen)

Erdbeergelee

Erdbeerkonfitüre

Erdbeergetränke im Café

- Erdbeermilch
- Erdbeermilchshake
- Erdbeer-Wein-Sorbet oder Erdbeer-Sekt-Sorbet
- Erdbeertee
- Erdbeerlikör

Erdbeermilch

Materialbedarf

Rezepturen

Nachdem das Warensortiment für die Aktion zusammengestellt ist, werden Rezepte erstellt und die Herstellungsweisen festgelegt.

Warenmengen

Als nächstes werden die benötigten Mengen der Rohstoffe für die einzelnen Tage und für die Aktion insgesamt ermittelt. Es müssen ausreichend, aber aus wirtschaftlichen Gründen nicht zu viel, Rohstoffe bestellt werden.

Verpackungsmaterial

Um die Aktionswaren verkaufsfördernd zu verpacken, werden die Arten der Verpackungen festgelegt. Die Menge der Verpackungsmaterialien wird anhand der benötigten Warenmenge ermittelt.

Lieferantenauswahl und Warenbestellung

- Mögliche Lieferanten werden ausgesucht.
- Dann werden Qualität und Preise der Rohstoffe verglichen, sowie der Verpackungsmaterialien der Lieferanten.
- Die Lieferanten müssen in der Lage sein, frische Erdbeeren täglich zu liefern.
- Die Erdbeeren sollten möglichst aus der Region kommen. Heimische Erdbeeren können in der Werbung hervorgehoben werden.
- Es sollte geprüft werden, ob ein Bedrucken des Verpackungsmaterials mit der Aktion möglich ist.

Warenlagerung

Die gelieferte Ware muss kontrolliert und dann sofort fachgerecht gelagert werden. Es muss also genügend Lagerraum zur Verfügung stehen, z. B. ausreichend Platz im Kühlraum für die Erdbeeren.

Frisch gepflückte Erdbeeren

Dekoration

Je auffälliger eine Aktion gestaltet wird, desto größer wird der Erfolg sein. Die Dekoration soll auf die Aktion aufmerksam machen. Der gesamte Betrieb sollte entsprechend dem Motto dekoriert werden, z. B.:

- An der Hausfassade und auf dem Vorplatz des Betriebs wird mit Plakaten, Luftballons usw. auf die Aktion aufmerksam gemacht.
- Das Schaufenster weckt das Interesse der Passanten und informiert sie über die Aktion, z. B. mit Plakaten und Dekorationsmaterial passend zur Aktion.
- Beim Eintreten in den Verkaufsraum und in das Café wird mit Postern und Aufklebern die Aufmerksamkeit auf die Aktion gelenkt.
- Speisen- und Getränkekarten, evtl. in Erdbeerform, und Servietten mit dem Aufdruck von Erdbeeren sehen schön aus und informieren gezielt über die Waren der Aktion.
- Auf den Preisschildern im Laden ist das Motto der Aktion sichtbar.
- Das Verkaufspersonal ist attraktiv und nett gekleidet, z. B. mit roten Arbeitsschürzen oder Schürzen mit Erdbeermotiven, auffallenden Krawatten und pfiffigen Kopfbedeckungen.

Die Auswahl des Dekorationsmaterials muss unter Berücksichtigung des Budgets erfolgen.

Flyer für eine Erdbeeraktion

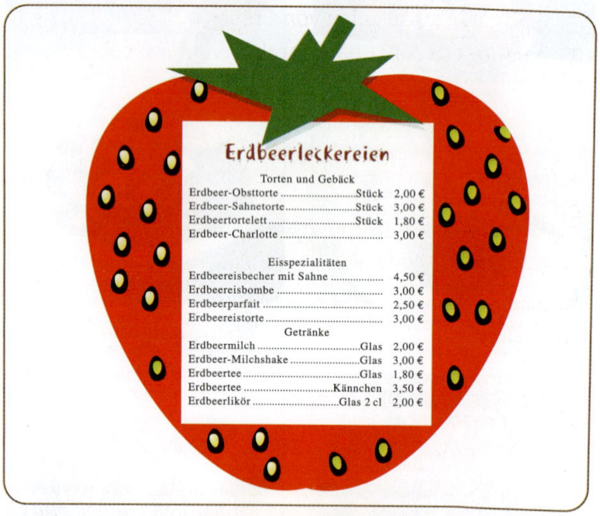

Erdbeerleckereien

Torten und Gebäck		
Erdbeer-Obsttorte	Stück	2,00 €
Erdbeer-Sahnetorte	Stück	3,00 €
Erdbeertortelett	Stück	1,80 €
Erdbeer-Charlotte		3,00 €
Eisspezialitäten		
Erdbeereisbecher mit Sahne		4,50 €
Erdbeereisbombe		3,00 €
Erdbeerparfait		2,50 €
Erdbeereistorte		3,00 €
Getränke		
Erdbeermilch	Glas	2,00 €
Erdbeer-Milchshake	Glas	3,00 €
Erdbeertee	Glas	1,80 €
Erdbeertee	Kännchen	3,50 €
Erdbeerlikör	Glas 2 cl	2,00 €

Speise- und Getränkekarte mit Erdbeererzeugnissen

Erdbeergirlande als Dekoration

Werbung

Durch Werbung können möglichst viele Verbraucher angesprochen werden. Die Werbemaßnahmen müssen jedoch rechtzeitig vor der Aktion erfolgen.

Werbemittel im Betrieb, z. B.:

- Straßenaufsteller vor dem Betrieb aufstellen.
- Werbeplakate im Laden und Café anbringen.
- Flyer im Laden und Café auslegen.
- Verpackungsmaterial mit Aufdruck von Erdbeeren verwenden.
- Spezielle Speise- und Getränkekarten entsprechend der Aktion erstellen.

Öffentliche Werbung (Public Relation), z. B.:

- Anzeigen in der lokalen Presse sowie im lokalen Rundfunk und Fernsehen
- Internetseite mit Informationen zur Aktion
- Aufkleber auf Lieferautos

Kleine kostenlose Geschenke

Von den Kunden, besonders von Kindern, werden kleine Geschenke während der Aktion gerne angenommen, z. B.:

- Erdbeerlollis
- Erdbeerfruchtgummis
- Erdbeeren aus Marzipan modelliert
- Luftballons in Erdbeerform
- Papiermützen mit Erdbeeraufdruck und Firmenlogo

Gewinnspiele für Kunden

Gewinnspiele mit kleinen Gewinnen, auch mit einem größeren Hauptgewinn, ziehen die Kunden förmlich an, z. B.:

- ein Kreuzworträtsel
- ein Glücksrad in Erdbeerform
- ein Los bei jedem Einkauf

Bei der Auswahl der Werbemaßnahmen müssen die Kosten durchdacht und die Zeiten für die Fertigstellung der Werbemittel berücksichtigt werden.

Demonstration der Warenherstellung

Besonderes Interesse bei den Besuchern der Aktion findet die Herstellung verschiedener Waren vor den Augen der Kunden. Dabei werden auch Fragen der Kunden beantwortet.

Bei der Erdbeeraktion eignet sich die Demonstration der Herstellung von z. B.:

- Erdbeertorten und Erdbeersahnetorten bzw. -schnitten,
- Erdbeereisbecher,
- Erdbeersoße zum Füllen von Crêpes und Pfannkuchen.
- Erdbeeren aus Marzipan (modellieren und schminken).

Erdbeersahnetorte

Erdbeertorte

Kalkulation

Die Preise der Waren müssen genau kalkuliert werden, damit die Aktion auch wirtschaftlich ein Erfolg wird. Es sollte auch das Nachfolgegeschäft berücksichtigt werden, das man sich nach der Aktion erhofft.

Für die Kalkulation der Warenpreise müssen folgende Punkte feststehen:

- Preise der Rohstoffe
- Personalkosten
- Kosten, die bei der Aktion anfallen, z. B. für Dekoration und Werbung

Wenn verschiedene Erzeugnisse bei der Aktion mit dem gleichen Preis ausgezeichnet werden können, erleichtert dies die Preisangabe bei der Werbung und ist für die Kunden und das Verkaufspersonal übersichtlich.

Kooperationspartner

In die Aktion können Kooperationspartner einbezogen werden, um einen noch größeren Personenkreis anzusprechen und um die Kosten der Aktion aufteilen zu können.

Als Kooperationspartner für die Erdbeeraktion bietet sich vor allem der Erdbeerlieferant an, aber auch Lieferanten anderer Lebensmittel.

Personalplanung und Personalschulung

Im Team werden die notwendigen Arbeitsschritte und Aufgaben besprochen und die Zuständigkeiten verteilt. Zur besseren Übersicht werden Ablaufpläne und Checklisten entwickelt.

Durchführung von Aktionen

Die Aktionen werden entsprechend der Planung vorbereitet und durchgeführt.

Auswerten und Bewerten von Aktionen

Der Erfolg einer Aktion lässt sich konkret am Umsatz messen. Wenn viele neue Kunden gekommen sind, spricht dies für eine passende Auswahl der Waren und Werbemittel.

!

Die Auswertung der Aktion sollte gemeinsam mit allen Mitarbeitern erfolgen.
Positives wie Negatives wird notiert und besprochen. So können die Erfahrungen und Ergebnisse der Aktion in Zukunft auf andere Aktionstage bzw. Aktionswochen übertragen werden.

Anhand des Verkaufs bestimmter Gebäcke, Speisen und Getränke lassen sich Vorlieben erkennen. Auch die Rückmeldungen der Kunden haben eine große Aussagekraft, z. B. „Die Erdbeersahneschnitten waren ausgesprochen lecker." Die Mitarbeiter berichten über die positiven und negativen Eindrücke während der Aktionstage.

Die Betriebsleitung gibt zum Schluss allen Mitarbeitern ein Feedback zur Aktion.

- Welche Waren wurden gerne und welche nicht so gerne angenommen?
- Waren die Kunden zufrieden? Gab es Lob und/oder Kritik der Kunden?
- Gab es Reklamationen?
- Wurden neue Kunden dazu gewonnen?
- Welche Kundengruppen hat die Aktion besonders angesprochen?
- Wurde der geplante Umsatz erreicht?
- Waren Zeit und Dauer der Aktion richtig geplant?
- Reichte das anwesende Personal? War die Arbeitsbelastung für das Personal angemessen?
- Welche Werbemittel und Werbemaßnahmen waren besonders wirkungsvoll?
- War die Werbung ausreichend?

Abschließend wird festgestellt, ob ähnliche Aktionen sinnvoll sind und was bei einer neuen Aktion verbessert werden kann.

Auf jeden Fall werden die Leistungen der Beschäftigten gewürdigt. Dies verspricht erneute Motivation für weitere Aktionen.

Aufgaben

1. Welchen Gründe haben Aktionen für die Bäckerei/Konditorei?
2. Nennen Sie Anlässe für Aktionen einer Bäckerei/Konditorei.
3. Nennen Sie die einzelnen Schritte des Ablaufplans einer Aktion.
4. Geben Sie an, was bei der Lieferantenauswahl und der Warenbestellung beachtet werden muss.
5. Welche Werbemaßnahmen können bei einer Aktion eingesetzt werden?
   - Werbemittel im Betrieb
   - Öffentliche Werbung
6. Erklären Sie, wie Aktionen sinnvoll ausgewertet und bewertet werden, damit für weitere Aktionen Fehler vermieden werden und das Positive übernommen werden kann.
7. Planen Sie eine Aktionswoche zum Thema „Fit in den Sommer".
8. Ihre Bäckerei/Konditorei eröffnet eine neue Filiale. Planen Sie eine Aktion zur Geschäftseröffnung.
9. „Äpfel – eine Genuss in Gebäcken" Mit diesem Leitspruch (Motto) sollen Sie eine Aktion planen.
10. Planen Sie einen Aktionstag mit dem Motto „Alles Liebe zum Muttertag".

Rechenaufgaben

1. Eine Bäckerei/Konditorei hat pro Monat einen durchschnittlichen Umsatz von 28 900,00 €. Durch die Aktionswoche steigt der Umsatz um 6 %. Für die Werbung wurden im Vorfeld 1734,00 € ausgegeben. Berechnen Sie die Werbekosten in %.
2. Der Einheitspreis für einige verschiedene Erdbeererzeugnisse dieser Aktion im Café beträgt je 2,90 €. Dabei wird mit 145 % Gemeinkosten, 13 % Caféaufschlag und der gesetzlichen Mehrwertsteuer kalkuliert. Berechnen Sie den Materialpreis dieser Waren.
3. Der Obsthändler bietet Erdbeeren für 4,28 €/kg bfn (brutto für netto) an. Eine 500-g-Schale, Erdbeeren und Schale, kostet 2,16 €. Die leere Schale wiegt 50 g. Berechnen Sie den tatsächlichen Preis für 1 kg Erdbeeren.
4. Die Bäckerei/Konditorei berechnet die Werbekosten der Aktion für Dekoration, Plakate und Flyer. $\frac{5}{8}$ der Gesamtkosten entfallen auf die Dekoration, 5,3 % auf Plakate und die Kosten für die Flyer betragen 76,80 €. Berechnen Sie die Gesamtwerbekosten in € sowie die Kosten für die Dekoration und die Plakate.
5. Die Bäckerei/Konditorei macht mit Inseraten auf die Aktion aufmerksam.
   a) Die Kosten für je ein Inserat in zwei lokalen Zeitungen betragen zusätzlich 86 % von den bisherigen Gesamtwerbekosten von 238,51 €. Wie viel € kosten die Inserate?
   b) In einer weiteren Zeitung mit einer höheren Leserzahl kostet ein Inserat 78,60 € weniger als die beiden anderen Inserate zusammen. Berechnen Sie die Inseratkosten für diese Zeitung in € und in %, bezogen auf die Gesamtwerbekosten von 238,51 €.

Berufliche Handlung

Ihre Bäckerei/Konditorei möchte eine Aktion veranstalten, bei der Siedegebäcke im Mittelpunkt stehen. Es soll eine Werbeaktion sein, mit der der Absatz von Siedegebäcken gesteigert wird und der Betrieb mit den Qualitätserzeugnissen an Image gewinnt. Sie werden beauftragt, eine Werbeaktion mit Siedegebäcken zu planen, durchzuführen und auszuwerten.

1. Sie orientieren sich, wann die Aktion mit Siedegebäcken am erfolgreichsten ist. In welcher Jahreszeit sind Siedegebäcke bei Kunden am beliebtesten und wann haben Siedegebäcke Hochsaison?
2. Würden Sie Silvester oder die Karnevalszeit für die Werbeaktion bevorzugen? Begründen Sie Ihre Antwort.
3. Überlegen Sie, über welchen Zeitraum diese Aktion sinnvoll ist.
   a) Bei einer Bäckerei/Konditorei mit überwiegend Gelegenheitskunden, z. B. in der Fußgängerzone, in belebten Straßen oder Plätzen
   b) Bei einer Bäckerei/Konditorei mit vielen Stammkunden
4. Legen Sie den Zeitraum dieser Aktion fest.
5. Machen Sie Vorschläge für ein Motto, unter dem die Aktion starten soll.
6. Sie planen die Aktion eine Woche vor dem Karnevalsende und sie soll am Freitag und Samstag durchgeführt werden. Damit die Aktion auffällt, sollen Siedegebäcke vor den Augen der Kunden gebacken werden. Wo und wie lässt sich dies durchführen?
7. Überlegen Sie, welche verkaufsfördernde Maßnahmen bei dieser Backvorführung beachtet werden sollen.
   a) Siedefett im Fettbackgerät
   b) Arbeitstische, Arbeitsgeräte und Ausstellungsbleche (Tabletts)
   c) Berufskleidung der Bäcker/Konditoren und des Verkaufspersonals
   d) Fachpersonal stellt bei der Aktion den Fachbetrieb dar
8. Überlegen Sie, ob bei dieser Aktion auch andere Firmen mit einbezogen werden können.
9. Welche Siedegebäcke können angeboten werden?

10. Damit die nötigen Rohstoffe in ausreichender Menge bestellt werden können, wird ein Grundrezept erstellt. Schreiben Sie mithilfe des Fachbuchs ein Grundrezept mit Vorteig für Siedegebäcke aus Hefeteig auf der Basis von 1 kg Weizenmehl.
11. Nennen Sie die Qualitätsmerkmale von Berlinern in Bezug auf Aussehen, Beschaffenheit, Bekömmlichkeit.

Weitere Aufgaben auf S. 630

LF 3.5

Planning a Promotion

Your bakery and confectionary shop wants to carry out a promotion. "Pastries with apples from the region" should be the motto of the promotion. With your colleagues you have planned the promotion.

Ihre Bäckerei und Konditorei möchte eine Werbeaktion durchführen. „Gebäcke mit Äpfel aus der Region" soll das Motto der Aktion sein. Mit Ihren Kolleginnen haben Sie die Aktion geplant.

You have planned following processes:

- **Best time: The ideal season is apple harvest in autumn.**
- **Duration of the promotion: One week, from Monday to Saturday.**

Pastries with apples from different doughs:

Shortcrust: covered apple cake

Yeast dough: apple cake with crumble

Puff pastry: apple rolls

Danish pastry: apple bags

Yeast dough baked in fat: apple donuts

Strudel dough: apple strudel

You write advertising posters in relation to the

- **origin of the apples,**
- **suitable apples with good taste,**
- **good pastry quality due to fresh apples.**

We only use apples from our region.

We only process ripe, firm apples with a sweet-sour taste.

Freshly peeled apples are the basis of the good quality of our pastries.

The decoration should confirm the statements of the advertising posters.

- Place a box of apples with the label of the growing area on a stool.
- Place some nice apples next to a table.
- Place a big poster with apples on the tree in the bakery and confectionary.

The interest of the customers should be directed towards the promotion.

The manufacturing of the different pastries can be closely followed by the customers on a large screen.

Customers should be attracted to the promotion.

- The pastries with apples are offered at a low promotion price.
- Customers are offered small samples of pastries.
- In a raffle, pastries or apples can be won.

Advertising measures should reach many consumers and draw attention to the promotion.

- Public advertising:
  – Advertisements in local newspapers
  – Website for the promotion
- Flyer in the shop and cafe

The flyer for the apple week:

Apple Week

from the 25th until the 30th of September

Taste and enjoy our pastries with delicious apple filling.

- apple cake made of shortcrust
- apple cake with crumble of yeast dough
- apple rolls made of puff pastry
- apple puffs made of Danish pastry
- apple donuts made of yeast dough baked in fat
- apple strudel made of strudel dough

We only process ripe apples from our region. The short delivery routes of the apples protect the environment.

Come over. Convince yourself of the high quality of the pastries with freshly peeled apples.

We are open daily from 07:30 a.m. until 08:00 p.m. and Saturday until 04:00 p.m.

We are looking forward to you.

Your bakery and confectionary Kaiser
Obstgartenstraße 3 in Backhausen

Exercise

Plan similar promotions with the following motto:

- Delicious cake – for coffee and tea
- Sourdough breads – a pleasure of nature
- Gourmet breakfast – enjoy in a pleasant atmosphere

Übungsaufgabe

Planen Sie ähnliche Werbeaktionen mit folgendem Motto:

- *Leckere Kuchen – zu Kaffee und Tee*
- *Sauerteigbrote – ein Genuss der Natur*
- *Schlemmerfrühstück – in angenehmer Atmosphäre genießen*

Vocabulary

the advertisement	das Inserat
the advertising measures	die Werbemaßnahme
the advertising poster	das Werbeplakat
the apple strudel	der Apfelstrudel
attentive, attentively	aufmerksam
to attract	anlocken
the autumn	der Herbst
baked in fat	in Fett gebacken
best time	bester Zeitpunkt
to carry out	durchführen
Come over!	Kommen Sie vorbei!
to confirm	bestätigen
the contest	das Gewinnspiel
Convince yourself!	Überzeugen Sie sich!
the delivery route	der Lieferweg
the to direct the interest	das Interesse lenken
the dough	der Teig
to draw attention	aufmerksam machen
the duration	die Dauer, die Länge
the environment	die Umwelt
to follow	verfolgen
freshly peeled apples	frisch geschälte Äpfel
large screen	großer Bildschirm
local newspaper	lokale Zeitung
to look forward to sth.	sich auf etwas freuen
the origin	die Herkunft
the pastry quality	die Gebäckqualität
to place	stellen, aufstellen, legen
the planning	die Planung
to process	verarbeiten
the promotion	die Werbeaktion
the promotion price	der Aktionspreis
to protect	schützen
public advertising	öffentliche Werbung
to reach	erreichen
the region	die Region
the season	die Jahreszeit
the shortcrust	der Mürbeteig
the statement	die Aussage
sweet-sour taste	süß-säuerlicher Geschmack
the tree	der Baum
to try	probieren, versuchen
the website	die Internetseite
the week	die Woche
to win, won	gewinnen, gewonnen

E

12 Beschreiben Sie, wie die Siedegebäcke fachgerecht auf die Ausstellungsbleche belegt werden.
a) Berliner
b) Ausgezogene

13 Überlegen Sie, wie das Verpackungsmaterial in die Werbung mit einbezogen werden kann.

14 Plakate informieren die Passanten über die Besonderheiten der Berliner und anderer Siedegebäcke. Welche Informationen sollen oder können die Plakate enthalten?

15 Wie kann der Verkaufsraum dekoriert werden?

16 Beschreiben Sie, wie Sie bei der Aktion die Lockerung der Berliner und die Füllungen zeigen können.

17 Bei Aktionen können auch Preisangebote gemacht werden. Mit welchen Sonderpreisen kann die Bäckerei/Konditorei bei den Siedegebäcken werben?

18 Welche zusätzlichen Aktionen können den Umsatz steigern?

19 Gezielte Werbung fördert den Erfolg der Aktion. Beschreiben Sie die Werbemöglichkeiten.

20 Entwerfen Sie ein Werbeplakat für diese Aktion im DIN-A3-Format.

21 Schreiben Sie ein Informationsplakat im DIN-A3-Format, auf dem die Qualitätsmerkmale der Berliner dargestellt werden. Dieses Plakat soll bei der Aktion beim Backen und Verkauf sowie im Schaufenster gut sichtbar angebracht werden.

22 Erstellen Sie einen Flyer für diese Aktion.

23 Nennen Sie die Kostenfaktoren dieser Aktion.

24 Sie sollen den Ablauf der Aktion kontrollieren. Beschreiben Sie, welche Punkte Sie beachten müssen.

25 Erklären Sie, wie Betriebsinhaber und Mitarbeiter die Aktion zum Schluss auswerten können, um festzustellen, ob die Aktion ein Erfolg war.
a) Betriebsinhaber
b) Mitarbeiter

Rechenaufgaben

1 Für die Aktion bestellt die Bäckerei/Konditorei bei einer Fettfirma 6 Kartons Erdnussfett als Siedefett. In einem Karton sind 8 Stangen Erdnussfett mit je 2,500 kg. 1 kg Erdnussfett kostet 2,90 €. Die Fettfirma gibt für die Aktion 18 % Rabatt. Wie viel muss für das Erdnussfett bezahlt werden?

2 Die Bäckerei/Konditorei machte bei der Aktion am Freitag 4 137,00 € Umsatz. Das sind 18,2 % mehr als im Durchschnitt an anderen Freitagen. Der Umsatz an gewöhnlichen Samstagen beträgt im Durchschnitt 3 850,00 €. Am Aktionssamstag stieg der Umsatz um 760,00 €.
a) Wie hoch ist der Umsatz an gewöhnlichen Freitagen im Durchschnitt?
b) Berechnen Sie den Umsatz am Samstag der Aktion in € und ermitteln Sie, wie viel % Umsatz mehr gemacht wurde.
c) Um wie viel € und wie viel % war der Umsatz insgesamt am Freitag und Samstag bei der Aktion höher als an gewöhnlichen Freitagen und Samstagen?

3 Für das Schaubacken stellen die Bäcker/Konditoren 18,200 kg Hefeteig her. Daraus sollen 390 Berliner gebacken werden.
a) Berechnen Sie das Teiggewicht eines Teiglings und das Pressengewicht (Ballengewicht) für 30 Teiglinge.
b) Berechnen Sie das Gewicht eines Berliners, wenn der Einwiege- und Gärverlust 3 % und der Backverlust 11,5 % beträgt.
c) Sie erklären den Kunden, dass Berliner fettarme Gebäcke sind. Wie viel g Fett enthält ein Berliner?
In 18,200 kg Hefeteig für 390 Berliner befinden sich 1,156 kg Butter. Beim Backen nimmt ein Berliner 7,5 % Fett an der dünnen Kruste auf.

LF 3.5

Rezeptverzeichnis

Sachwortverzeichnis

L

M

W

Z

Bildquellenverzeichnis

A

AICHINGER GmbH, Wendelstein: S. 20/1
Aigner GmbH, Gunskirchen b. Wels: S. 36/2
akg-images GmbH, Berlin: S. 8/2 (historic-maps); 8/3
Alamy Ltd., Oxon, Großbritannien: S. 9/2 (Album/Alamy Stock Foto); 197 (Francis Joseph Dean/Deanpictures)
Amtsblatt der Europäischen Kommission, Brüssel, Belgien (www.eur-lex.europa.eu): S. 233/3-5

B

Berufsgenossenschaft Nahrungsmittel und Gastgewerbe (BGN), Mannheim: S. 34/1,2
bpk Bildagentur für Kunst, Kultur und Geschichte, Berlin: S. 8/1
Bund für Lebensmittelrecht und Lebensmittelkunde e. V. (BLL), Berlin: S. 240
Bundesanstalt für Landwirtschaft und Ernährung, Bonn: S. 31/2

C

Carpigiani Deutschland GmbH, Filderstadt-Bernhausen: S. 524/3
Classic Conditorei & Café Röntgen GmbH, Steffenshagen: S. 18/1
CMA, Bonn: S. 119/1
Conditorei-Museum, Kitzingen: S. 9/1

D

Deko-Schneider GmbH, Augsburg: S. 626/2
Detia Garda GmbH, Lautenbach: S. 63/1-7; 64/1-3
Deutsche Zöliakie-Gesellschaft e. V., Stuttgart: S. 195/1,2
Deutscher Brauer Bund e. V., Bonn: S. 608/3
Deutscher Kaffeeverband e. V., Hamburg: S. 595/1
Deutsches Brotmuseum, Ulm: S. 7/2
DGE-Ernährungskreis® Deutsche Gesellschaft für Ernährung e. V., Bonn: S. 189/1
DIN Deutsches Institut für Normung e. V., Berlin: S. 35/5; 36/3; 41/2
DLG e. V., Frankfurt am Main: S. 30/2-4

E

Erasmi & Carstens GmbH & Co. KG, Lübeck: S. 233/2
Europäische Kommission, Brüssel, Belgien: S. 31/3
Fotohaus Rudolf Scholz, Werbe- und Industriefotografie, Deggendorf: S. 97/2; 123/3; 125/1; 141/2,3,5; 142/6; 161; 174/1,2; 228/3; 229/1; 253; 254/1-3; 354/1; 355/1,3; 375/2; 387/7,8; 405/3; 454/3; 494/5; 495/1; 497/1-3; 533/5; 550/1; 560/4; 563/1; 565/2; 575/1; 606/1

F

Freie und Hansestadt Hamburg, Bezirksamt Altona (Fachamt Verbraucherschutz, Gewerbe und Umwelt): S. 236/2,3
FRITSCH GmbH, Markt Einersheim: S. 23/2

G

G3 Werbefotos, Roman Graggo, Regensburg: S. 75/3
GmF, Vereinigung Getreide-, Markt- und Ernährungsforschung e. V., Bonn: S. 96/3

H

Hahn, Konrad, München: S. 12/2; 13/3; 22/3; 50/2; 78/4; 79/1a,b,2; 93/1; 96/2; 102/1; 130/1; 134/2; 135/1-3; 144/5; 145/1-5; 148/1; 157/1-3; 162/1; 168/1; 179/1; 198; 205/1,2,4,5; 206/2; 233/6; 255/1; 258/2; 259/3; 276/3; 281; 288; 293/4; 296/2,4; 298/5; 300/2; 316/3,4; 317/1; 323/1; 328/2; 330/2; 334/1; 337/5; 338/1; 340/1-3; 341/2,3,4; 342/2; 350/2; 353/2; 354/2; 357; 360/1,3; 371; 384/1,2,4; 385/4; 387/4; 388/1,2; 393; 394/1,4; 395/4; 397; 398/1; 405/2; 410/3; 411/2; 412/1; 416/1; 425/1,2; 437/3; 439/2; 453/1; 456/2-5; 457/3,4; 459/1,3,4; 460; 462/5-7; 464/5,6; 465/1; 467/1; 482/4; 483/4; 497/4; 498/1; 513/1; 515/1-3; 517/1,3-5; 518/1-3; 519/3; 520/2-4,6; 527/1,2; 528/3; 531; 535; 543/2,3; 548/2; 550/4; 552/3,5; 555/5; 560/1-3; 561/1; 564/1,2; 565/1; 571/2,4; 602; 625/2
hb-technik GmbH, Schwanenstadt, Österreich: S. 100/1
Hiestand & Suhr Handels- und Logistik GmbH, Vogtsburg-Achkarren: S. 394/3
HOBART GmbH, Offenburg: S. 524/4

I

Info-Zentrum Schokolade, Leverkusen: S. 555/3
IREKS GmbH, Kulmbach: S. 86/2; 342/1; 387/6; 390/1; 391/4-6; 410/5; 420/5; 429/1,3; 431/1
iStockphoto, Berlin: S. 38/3 (frankoppermann); 144/4 (eli_asenova); 144/6 (Roman Samokhin); 144/7 (LianeM); 181/1 (Catherine Yeulet); 236/1 (Dan Comaniciu); 553/2 (Helena Lovincic); 553/3 (TinaFields); 611/2,3 (Chiyacat)

J

Jung Zeelandia GmbH, Frankfurt am Main: S. 629/1

K

K&S Aktiengesellschaft, Kassel: S. 128/2
Kessler & Comp. GmbH & Co. KG, Bonn: S. 546/2
Kleiber, Susanne, Hamburg: S. 17; 27/1,2; 33/2; 35/1-4; 36/1; 38/1; 40; 41/3-5; 42/1,2; 43/1-9; 44; 46; 47/2; 48; 50/1; 54/1; 55; 58/1-3; 59; 60/1; 62/1,2; 65; 66/1-6; 67/2; 70/1; 72; 74/1-3; 75/1,2; 76/1,2; 78/5; 81; 82/1,2; 83/1,3a-c; 84; 86/1; 87; 88/2,3; 90/2; 92/1; 94/1,2; 95; 96/1; 98/1,2; 99/1,2; 107; 108/2,3; 109/1; 111/2; 112/1; 119/2,3; 122/2; 126/2; 130/2; 136; 138/7; 146/1; 149/1; 151/3; 167/1-4; 170; 176/1; 177/1; 181/2; 182/1-5; 183; 185/1,2; 187/1; 188/1; 190/1,2; 191; 194/2; 206/1; 207/2; 209/2; 211/1,3; 212; 221/1-3; 230/2; 235/2; 244/2,3; 246/1; 247; 249/2; 250/1-4; 251/1,2; 252/2; 255/2,4a,b; 256/1; 257/1a,b,2; 258/1; 260/1; 263/1,3; 264/2a-c; 267/2; 268/1,2; 272/3; 273/1,2; 274/1,2; 301/1-3; 303/1; 305/6; 315/1; 318/4; 322/3; 363/2; 367/1,2; 370; 375/3; 379/2-5; 380/6-8; 403/2; 404/2,3; 406/2; 409/1,2; 412/2; 437/1,2; 438/1,4; 439/1; 440/1; 505; 507; 508/1,2; 509; 510; 516/1; 519/5; 521/3; 525/1; 536/2-5; 550/2; 554/2; 559/1,3; 562/2; 569/1; 604/1; 606/2; 607/1-3; 613/3; 616; 621/1; 623; E1/1,2,4; E9; E10

L

Loderbauer, Josef, Deggendorf: S. 7/1; 10/2,3; 11/1,2; 12/1,3,4-7; 13/2,4; 14; 15/1,2; 16/1,2; 19/2-4; 20/2-6; 21/2-8; 22/1,2,4-7; 23/1,3-5; 24; 29; 31/1,4; 32; 33/1; 43/10; 45; 47/1,3; 49/2; 51; 52/1,2; 54/2,3; 57; 60/2,3; 61; 66/7; 67/1; 70/2; 71/1,2; 73; 75/4; 77; 78/1-3,6; 79/3,4; 80/1,2; 83/2; 88/1; 89; 90/1; 91; 92/2; 93/2; 97/1; 99/3; 102/2; 103/1,2; 106; 108/1; 109/2,3; 110/1-3; 111/1,2; 112/3; 113/1-5; 115/1,2; 116; 117/1-3; 119/4; 120/1,2; 121; 122/1,3,4; 123/1,2; 124/1,2; 125/2,3; 126/1; 127/1,2; 129; 131/1-9; 132/1,2; 133/1,2; 134/1,3,4; 137/1-3; 138/1-6; 140; 141/1,4; 142/5,7; 143/1-3; 144/8; 145/2; 146/2-4; 147/1-3; 148/2; 149/2; 151/1,2; 152; 153/1; 153/2; 154/1,2; 155; 156/1-3; 159/1-3; 162/2,3; 163/1-3; 165; 166; 171/1,2; 172/1-3; 173/1-3; 176/2; 177/2,3; 178; 179/2; 185/3; 187/2; 188/2; 189/2; 193; 194/1; 195/3; 196; 199/1,2; 200/1,2; 201/1,2; 202/1,2; 203/1-3; 204/1-4; 205/3; 206/3-5; 207/1,3; 208/1,2; 209/1; 211/2; 213/1,2; 214/1-3; 215/1,3-5; 216/1-5; 217/1-3; 218; 219/1,2; 220/1,2; 222; 223/1,2; 224/1a; 225/1-3; 226/1-3; 227/1-4; 228/1,2,4; 229/2; 230/1; 231/1,2; 232; 233/1; 235/1; 237/1,2; 238/1-3; 241; 242; 243; 244/1; 246/2; 249/1,3; 252/1; 255/3; 256/2,3; 257/3,4; 259/1,2; 260/2,3; 261; 262/1-3; 263/2; 264/1,3; 265/1-4; 267/1; 268/3,4; 270/1-4; 271/1,2; 272/1,2; 275/1-3; 276/1,2; 277/1-3; 278/1,2; 279/1,2; 280/1-3; 284; 285/1-3; 286/1-6; 287/1-3; 290; 291/1-3; 292/1-7; 293/1-3; 294; 295/1,2; 296/3; 297; 298/1-4; 300/1,3; 302/1,2; 303/2; 304/1-5; 305/1-3,5,7,8; 306; 308; 309; 311/1-3; 312/1-5; 313/1,2; 314/1,2; 315/2; 316/1,2,5; 317/2-5; 318/1-3; 319/1,2; 321/1-3; 322/1,2; 323/2,3; 324/1,2; 325; 326/1-5; 327/1-3; 328/1,3; 329/1,2; 330/1,3; 331/1-6; 332/1,2; 334/2; 335/1-3; 336/1-3; 337/1-4; 338/2-5; 341/1; 343/1,2; 345; 346/1-3; 347; 348/1-5; 349; 350/3; 351/1-3;

352/1-3; 353/1; 355/2; 356/1,2; 359/1,2; 360/2,4,5; 363/1; 364; 366; 368; 372; 373; 375/1; 376; 378; 383/1,2; 384/3,5; 385/1,2; 386/1,2,5,6; 387/1-5; 388/3; 390/2-5; 391/1-3; 392/1,2; 395/1-3; 398/2; 399/1,2; 400/1,2; 401/1-3; 403/1; 404/1,4; 405/1,4; 406/1; 410/1,2,4,6,7; 411/1,3,4-6; 414/1,2; 416/2; 417/1,3; 418/1,3; 419/1-7; 420/1-3,6; 421/1,2; 422/1,2,4-6; 423/1-3; 425/3; 426/1,2; 428/1,2; 429/2; 430; 431/2,3; 432/2; 434/1; 435/2; 436/1,2; 438/2,3; 440/2,3; 441; 442; 443; 444/1-3; 445/1-6; 447/1,2; 448/1-3; 449/1,2; 450/1,2; 451/1-3; 452; 453/2-4; 454/1,2; 456/1; 457/1,2,5-7; 458/1,2; 459/2; 461/1-4; 462/1-4,8,9; 463; 464/1-4; 465/2; 466; 467/2,3; 470/1,2; 471/1; 472; 473/1-4; 474/1-4; 476/1-3; 477/1-3; 478/1-4; 479/1,2; 480/1,2; 481/1-3; 482/1-3; 483/1-3,5; 484/1-5; 486/1,2; 487/1,2; 488; 489/1-3; 491/1,2; 492; 493/1-4; 494/1-4; 495/2-8; 496/1,2; 498/2; 499/1-4; 500; 501/1,2; 504; 506; 513/2-5; 514/1-8,10-12; 516/2,3; 517/2; 519/1,2,4,6; 520/1,5,7; 521/1; 522/1-3; 524/1,2; 525/2,3; 526/1-6; 528/1,2,4,5; 529/1,2; 530; 532/1,2; 533/1-4; 534/1-4; 536/1; 538/1-4; 539; 540/1,2; 541/1,2; 542/1,2; 543/1; 544; 545/1,2; 547/1-3; 548/1; 550/3; 551/1,2; 552/1,2,4; 553/1,4; 555/2,4; 557; 558; 559/2; 561/2,3; 562/1; 563/2-4; 564/3-6; 565/3,4; 567/1,2; 568; 569/2; 570; 571/1,3; 572/1,2; 573/1-3; 575/2-4; 576/1,2; 577/1,2; 578/1-4; 579; 581/; 582/1; 582/2; 582/3; 582/4; 583/1; 583/2; 583/3; 583/4; 584/; 585/1; 585/2; 585/3; 586/1; 586/2; 587; 588/1,2; 589/1,2; 590/1-3; 591/1-3; 592; 594; 595/2; 596/1,2; 597/1,2; 598/1-4; 599/1; 600/2,3; 601/1,2; 603; 604/2-4; 605/1,2; 610; 611/1; 618; 619; 620/1,2; 621/2; 625/1,3,5; 626/1,3; 627/1,2; 629/2-6; 630/1; E1/3,5; E3; E4; E5/1-4; E6/1-6; E7; E8; E11/1-12; E12/1-6; E13/1-7; E14/1-5; E15/1-3; E16/1,2; E17/1-9
Louis Steitz Secura GmbH + Co. KG, Kirchheimbolanden: S. 38/2

M

mauritius images GmbH, Mittenwald: S. 128/1
Max Rubner-Institut, Bundesforschungsinstitut für Ernährung und Lebensmittel, Institut für Sicherheit und Qualität bei Getreide, Detmold: S. 420/4
Mestemacher GmbH, Gütersloh: S. 30/1; 414/3; 418/2
MIWE Michael Wenz GmbH, Arnstein: S. 168/2; 385/3; 435/1

O

OKAPIA KG Michael Grzimek & Co., Frankfurt am Main: S. 69 (imagebroker/Bernard)

Q

Quatsling, Liane, Hamburg: S. 41/1

S

Schäfer Dein Bäcker GmbH, Limburg: S. 25/1
Schnitzer GmbH & Co. KG, Offenburg: S. 100/2; 424/1
Shutterstock Images LLC, New York, USA: S. 21/1 (Taras Vyshnya); 25/2 (REDPIXEL.PL); 49/1 (Voronin76); 139/1-3 (Vector things); 278/3 (kathringabriel); 305/4 (orinocoArt); 392/3 (Tarasyuk Igor); 392/4 (Evgeny Karandaev); 396 (My Sunnyday); 432/1 (ILEISH ANNA); 514/9 (Kite_rin); 521/2 (Canon Boy); 537 (orinocoArt); 546/1 (Valentyn Volkov); 554/1 (Max4e Photo); 599/2 (Eky Studio); 600/1 (Mockup Cloud); 608/1 (Julia Artamonova); 608/2 (George Dolgikh); 608/4 (Anton Starikov); 609 (Iurii Kachkovskyi); 612/1 (Valery Shanin); 612/2 (Rainer Lesniewski); 613/2 (gresei); 614/1,2 (Andrey Arkusha); 624 (Tim UR); 625/4 (nadianb); 625/6 (Tiplyashina Evgeniya)
Stadtbibliothek im Bildungscampus Nürnberg: S. 350/1
stock.adobe.com: S. 13/1 (contrastwerkstatt); 37 (Volker Witt); 131/10 (Schlierner); 142/1-4 (margo555); 144/1 (vasi_100); 144/2 (johny87); 144/3 (Aleksandr Ugorenkov); 231/3 (evgenia sh); 296/1 (Luiz)

U

Ulmer Spatz, Bingen am Rhein: S. 386/3,4; 408/1
UN Economic Commission for Europe, Genf, Schweiz (www.unece.org): S. 39/1,2

W

Wolf, Sylvia, Wiesbaden: S. 365/1,2; 380/9; 424/2
WP BAKERYGROUP, Bielefeld: S. 434/2
WP Lebensmitteltechnik RIEHLE GmbH, Aalen: S. 394/2

Z

Zentralverband des Deutschen Bäckerhandwerks e. V., Bad Honnef (www.baeckerhandwerk.de): S. 10/1